Ansätze einer Konzernbesteuerung
in Deutschland

Europäische Hochschulschriften
Publications Universitaires Européennes
European University Studies

Reihe V
Volks- und Betriebswirtschaft

Série V Series V
Sciences économiques, gestion d'entreprise
Economics and Management

Bd./Vol. 2997

PETER LANG
Frankfurt am Main · Berlin · Bern · Bruxelles · New York · Oxford · Wien

Lutz Richter

Ansätze einer Konzernbesteuerung in Deutschland

Eine betriebswirtschaftliche Analyse
spezifischer steuerrechtlicher
und zivilrechtlicher Aspekte
und Fragestellungen
sowie grenzüberschreitender
Betrachtungsweisen aus nationaler
Sicht im Kontext (eines Entwurfs) des
Unternehmenssteuerfortentwicklungsgesetzes
(UntStFG)

PETER LANG
Europäischer Verlag der Wissenschaften

Bibliografische Information Der Deutschen Bibliothek
Die Deutsche Bibliothek verzeichnet diese Publikation in der Deutschen Nationalbibliografie; detaillierte bibliografische Daten sind im Internet über <http://dnb.ddb.de> abrufbar.

Zugl.: Saarbrücken, Univ., Diss., 2003

D 291
ISSN 0531-7339
ISBN 3-631-51406-9

www.peterlang.de

Vorwort

Die vorliegende Arbeit, die im Wintersemester 2002/2003 von der Rechts- und Wirtschaftswissenschaftlichen Fakultät der Universität des Saarlandes als Dissertation angenommen wurde, entstand während meiner Tätigkeit als Wissenschaftlicher Mitarbeiter am Betriebswirtschaftlichen Institut für Steuerlehre und Entrepreneurship, Lehrstuhl für Betriebswirtschaftslehre, insb. Betriebswirtschaftliche Steuerlehre, Institut für Existenzgründung/Mittelstand, an der Universität des Saarlandes, Saarbrücken.

Meinem verehrten akademischen Lehrer und Erstgutachter, Herrn Univ.-Professor Dr. Heinz Kußmaul, gilt mein besonderer Dank für die mir gewährte großzügige Unterstützung und für die Betreuung und Umsetzung meines Promotionsvorhabens sowie für seine positive Einflussnahme auf meinen akademischen Werdegang. Herrn Univ.-Professor Dr. Hartmut Bieg bin ich für die Übernahme des Zweitgutachtens zu großem Dank verpflichtet.

Den Kollegen des Lehrstuhls danke ich für ihr gezeigtes Interesse am Gelingen dieser Arbeit. Einen sehr herzlichen Dank sage ich sowohl Frau Dr. Martina Petersen und Herrn Dipl.-Kfm. Oliver Blank für ihre stets motivierende Unterstützung als auch Frau Silke Blasius, die mir nicht nur ermutigend zur Seite stand, sondern auch beim Korrekturlesen eine große Hilfe war.

Ganz besonderen Dank schulde ich meinen Eltern, die meine schulische und universitäre Ausbildung stets förderten. Sie haben mich während der gesamten Promotionsphase, die durch zahlreiche und teilweise steinige für meine Arbeit relevante (geplante) Steuergesetzänderungen geprägt war, stets motiviert und liebevoll begleitet. Ihnen ist diese Arbeit gewidmet.

Saarbrücken, im Mai 2003 Lutz Richter

Inhaltsübersicht

Inhaltsverzeichnis

Abbildungsverzeichnis

Tabellenverzeichnis

Anlagenverzeichnis

Abkürzungsverzeichnis

A

a.A. .... anderer Ansicht

Abs. .... Absatz

Abschn. .... Abschnitt

abzgl. .... abzüglich

AfA .... Absetzung für Abnutzung

AG .... Aktiengesellschaft; Die Aktiengesellschaft (Zeitschrift)

AktG .... Aktiengesetz

Alt. .... Alternative

a. M. .... am Main

AmtsG .... Amtsgericht

Anm. .... Anmerkung

AO .... Abgabenordnung

AP .... Ausgleichsposten

Art. .... Artikel

Aufl. .... Auflage

Az. .... Aktenzeichen

B

BAG .... Bundesarbeitsgericht

BAnz. .... Bundesanzeiger

BayObLG .... Bayerisches Oberstes Landesgericht

BayObLGZ .... Entscheidungen des Bayerischen Obersten Landesgerichts in Zivilsachen

BB .... Betriebs-Berater (Zeitschrift)

BBK .... Buchführung, Bilanz, Kostenrechnung (Loseblattsammlung)

begr. .... begründet

BetrVerfG .... Betriebsverfassungsgesetz

BewG .... Bewertungsgesetz

BFH .... Bundesfinanzhof

BFHE .... Entscheidungen des Bundesfinanzhofs

BFH/NV .... Sammlung amtlich nicht veröffentlichter Entscheidungen des Bundesfinanzhofs

BGBl. .... Bundesgesetzblatt

BGH .... Bundesgerichtshof

BGHZ.......................... Entscheidungen des Bundesgerichtshofs in Zivilsachen

BHV .... Beherrschungsvertrag

BiRiLiG........................ Bilanzrichtliniengesetz

BMF .... Bundesministerium der Finanzen

BPG .... Buchprüfungsgesellschaften

BR-Drs. .... Bundesrats-Drucksache

BStBl. .... Bundessteuerblatt

BT-Drs. .... Bundestags-Drucksache

B.V. .... Besloten Vennootschap met beperkte aansprakelijkheid

BVerfG......................... Bundesverfassungsgericht

bzgl. .... bezüglich

bzw. .... beziehungsweise

C

ca. .... circa

D

DB .... Der Betrieb (Zeitschrift)

DBA .... Doppelbesteuerungsabkommen

DBA-Schweiz .... Doppelbesteuerungsabkommen zwischen Deutschland und der Schweiz

DG Bank .... Deutsche Genossenschaftsbank AG

d.h. .... dass heisst

DM .... Deutsche Mark

DStR............................ Deutsches Steuerrecht (Zeitschrift)

DStRE .... DStR-Entscheidungsdienst (Zeitschrift)

DStZ............................ Deutsche Steuerzeitung

DSV............................. Dauerschuldverhältnis

d. Verf. .... der Verfasser

E

EAV .... Ergebnisabführungsvertrag

EFG .... Entscheidungen der Finanzgerichte

eG....................................eingetragene Genossenschaft
EGAktG........................Einführungsgesetz zum Aktiengesetz
EGV...............................EG-Vertrag
Erg.-Lfg. ....Ergänzungslieferung
ESt ....Einkommensteuer
EStB..............................Der Ertragsteuerberater (Zeitschrift)
EStDV...........................Einkommensteuer-Durchführungsverordnung
EStG ....Einkommensteuergesetz
EStR...............................Einkommensteuer-Richtlinien
etc..................................et cetera
EU ....Europäische Union
EuGH.............................Europäischer Gerichtshof
EUR ....Euro
EuroBilG.......................Euro-Bilanzgesetz
EuroEG.........................Euro-Einführungsgesetz
e.V..................................eingetragener Verein
EWG..............................Europäische Wirtschaftsgemeinschaft
EWR..............................Europäischer Wirtschaftsraum
EWS...............................Europäisches Wirtschafts- & Steuerrecht (Zeitschrift)
ext. ....extern

F

f.....................................folgende
ff....................................fortfolgende
FG ....Finanzgericht
FGO ....Finanzgerichtsordnung
Fn. ....Fußnote
FN-IdW.........................Fachnachrichten des Instituts der Wirtschaftsprüfer e.V. (Zeitschrift)
FR ....Finanz-Rundschau (Zeitschrift)

G

GbR...............................Gesellschaft des bürgerlichen Rechts
gem. ....gemäß
GewKSt ....Gewerbekapitalsteuer
GewSt ....Gewerbesteuer

GewStG .... Gewerbesteuergesetz
GewStR .... Gewerbesteuer-Richtlinien
GG .... Grundgesetz
ggf. .... gegebenenfalls
GKV .... Gesamtkostenverfahren
GmbH .... Gesellschaft mit beschränkter Haftung
GmbHG .... Gesetz betreffend die Gesellschaften mit beschränkter Haftung
GmbHR .... GmbH-Rundschau (Zeitschrift)
GrESt .... Grunderwerbsteuer
GrEStG .... Grunderwerbsteuergesetz
GuV .... Gewinn- und Verlustrechnung

H

Halbs. .... Halbsatz
HFA .... Hauptfachausschuss
HFR .... Höchstrichterliche Finanzrechtsprechung (Zeitschrift)
HGB .... Handelsgesetzbuch
h.M. .... herrschende Meinung
HR .... Handelsregister
hrsg. .... herausgegeben

I

i. Allg. .... im Allgemeinen
i. Br. .... im Breisgau
i.d.F. .... in der Fassung
i. d. R. .... in der Regel
IdW .... Institut der Wirtschaftsprüfer e.V.
i.e.S. .... im engeren Sinne
i.H.v. .... in Höhe von
INF .... Die Information über Steuer und Wirtschaft (Zeitschrift)
IRS .... Internal Revenue Service
insb. .... insbesondere
insg. .... insgesamt
int. .... intern
InvZulG .... Investitionszulagengesetz

i.S. ....im Sinne
i.S.d. ....im Sinne des
IStR...................................Internationales Steuerrecht (Zeitschrift)
i.S.v. ....im Sinne von
i.V.m.. ....in Verbindung mit
IWB ....Internationale Wirtschafts-Briefe
i.w.S. ....im weiteren Sinne

J

JbFStR ....Jahrbuch der Fachanwälte für Steuerrecht
JR......................................Juristische Rundschau (Zeitschrift)
JuS ....Juristische Schulung (Zeitschrift)
JZ ....Juristenzeitung

K

KapAEG ....Kapitalaufnahmeerleichterungsgesetz
KapESt..............................Kapitalertragsteuer
KiSt...................................Kirchensteuer
Kj. ....Kalenderjahr
KG ....Kommanditgesellschaft
KGaA................................Kommanditgesellschaft auf Aktien
km ....Kilometer
KonTraG...........................Gesetz zur Kontrolle und Transparenz im Unternehmensbereich
KSt....................................Körperschaftsteuer
KStG ....Körperschaftsteuergesetz
KStR ....Körperschaftsteuer-Richtlinien

L

lfd.....................................laufende
LG.....................................Landgericht
LSt ....Lohnsteuer
lt. ....laut

M

m.a.W. ....mit anderen Worten
m. E. ....meines Erachtens

mind. .... mindestens
Mio. .... Millionen
MitbestG........................ Mitbestimmungsgesetz
MittRhNotK .... Mitteilungen der Rheinischen Notarkammer (Zeitschrift)
MontanmitbestG.......... Montan-Mitbestimmungsgesetz
Mrd. .... Milliarden
m. w. N. .... mit weiteren Nachweisen

N

NJW .... Neue juristische Wochenschrift (Zeitschrift)
Nr. .... Nummer
n.rkr. .... nicht rechtskräftig
NWB .... Neue Wirtschafts-Briefe
NZG .... Neue Zeitschrift für Gesellschaftsrecht

O

OECD .... Organization for Economic Cooperation and Development
OECD-MA .... OECD-Musterabkommen
OFD .... Oberfinanzdirektion
OG .... Organgesellschaft
OHG .... Offene Handelsgesellschaft
OLG .... Oberlandesgericht
o.O. .... ohne Ortsangabe
OT .... Organträger
o. V. .... ohne Verfasser

P

PDS .... Partei der demokratischen Sozialisten
PHU .... Personenhandelsunternehmen
PIStB .... Praxis Internationale Steuerberatung (Zeitschrift)

R

Rdz., Rdz. .... Randziffer
RGBl. .... Reichsgerichtsblatt
RGH .... Reichsgerichtshof
RGZ .... Entscheidungen des Reichsgerichts in Zivilsachen

RIW ....Recht der internationalen Wirtschaft (Zeitschrift)

rkr...............................rechtskräftig

Rn., Rdn., Rdnr.,
RdNr. ....Randnummer

RWE ....Rheinisch-Westfälische Elektrizitätswerke AG

S

S. ....Seite, Satz

SABI ....Sonderausschuss Bilanzrichtlinien-Gesetz

s.b.S. ....siehe besonders Seite

SBV ....Sonderbetriebsvermögen

sog. ....so genannter; so genannte; so genanntes

SolZ ....Solidaritätszuschlag

SolZG...........................Solidaritätszuschlagsgesetz

StÄndG ....Steueränderungsgesetz

StB ....Der Steuerberater (Zeitschrift)

Stbg..............................Die Steuerberatung (Zeitschrift)

StbJb ....Steuerberater-Jahrbuch

StBp ....Die steuerliche Betriebsprüfung (Zeitschrift)

StEK ....Steuererlasse in Karteiform

StEntlG ....Steuerentlastungsgesetz

SteuerStud...................Steuer und Studium (Zeitschrift)

StEuglG ....Steuer-Euroglättungsgesetz

StSenkG.......................Steuersenkungsgesetz

StuB ....Steuern und Bilanzen (Zeitschrift)

StückAG ....Stückaktiengesetz

StuW ....Steuer und Wirtschaft (Zeitschrift)

T

Teil-EAV ....Teilergebnisabführungsvertrag

Tz. ....Teilziffer

U

u. a. ....und andere, unter anderem

u.d.B. ....unter der Bedingung

UKV.............................Umsatzkostenverfahren

UmwG........................ Umwandlungsgesetz
UntStFG...................... Unternehmenssteuerreformentwicklungsgesetz
UntStFG-E.................. Entwurf eines Unternehmenssteuerreformentwicklungsgesetzes
UR.............................. Umsatzsteuer-Rundschau (Zeitschrift)
USA............................ Vereinigte Staaten von Amerika
USt............................. Umsatzsteuer
UStG........................... Umsatzsteuergesetz
UStR........................... Umsatzsteuer-Richtlinien
u. U............................ unter Umständen
UVR........................... Umsatzsteuer- und Verkehrsteuer-Recht (Zeitschrift)

V

vBP............................ vereidigte(r) Buchprüfer
vEK............................ verwendbares Eigenkapital
vGA............................ verdeckte Gewinnausschüttung
vgl.............................. vergleiche
vororganschaftl........... vororganschaftlich
vs............................... versus
VSt............................. Vermögensteuer
VZ.............................. Veranlagungszeitraum

W

WiB........................... Wirtschaftsrechtliche Beratung (Zeitschrift)
WiSt........................... Wirtschaftswissenschaftliches Studium (Zeitschrift)
Wj.............................. Wirtschaftsjahr
WM............................ Wertpapier-Mitteilungen (Zeitschrift)
WP............................. Wirtschaftsprüfer
WPG........................... Wirtschaftsprüfungsgesellschaft(en)
WPg............................ Die Wirtschaftsprüfung (Zeitschrift)

Z

z. B............................ zum Beispiel
ZfbF........................... Zeitschrift für betriebswirtschaftliche Forschung
ZG.............................. Zwischengesellschaft
ZGR........................... Zeitschrift für Unternehmens- und Gesellschaftsrecht

ZHR ....Zeitschrift für das gesamte Handelsrecht und Wirtschaftsrecht

ZIP ....Zeitschrift für Wirtschaftsrecht

ZuSEG ....Zeugen- und Sachverständigen-Entschädigungsgesetz

z. T. ....zum Teil

zzgl. ....zuzüglich

Symbolverzeichnis

a .... Vomhundertsatz der vorvertraglich gebildeten Summe aus gesetzlicher Rücklage und Kapitalrücklagen i.S.v. § 272 Abs. 2 Nr. 1-3 HGB in Bezug auf das Grundkapital

AZ .... Ausgleichszahlungen

B .... andere Einkunftsarten

GK .... Grundkapital

gRL_{150} .... Zuführungsbetrag zur gesetzlichen Rücklage i.S.v. § 150 Abs. 2 AktG

gRL_{300} .... Zuführungsbetrag zur gesetzlichen Rücklage i.S.v. § 300 Nr. 1 AktG

h .... gewerbesteuerlicher Hebesatz

$|JFB_{OT}|$ .... (betragsmäßiger) Jahresfehlbetrag des Organträgers

$JÜ_{OG}$ .... (vorläufiger) Jahresüberschuss der Organgesellschaft

$JÜ_{OT}$ .... (vorläufiger) Jahresüberschuss des Organträgers

$JÜ_{OT}^{E}$ .... (endgültiger) Jahresüberschuss des Organträgers

$JÜ_{f}$ .... fiktiver Jahresüberschuss

m .... Gewerbesteuermesszahl

s_{e} .... Ertragsteuersatz

s_{ESt} .... Einkommensteuersatz

s_{ESt}^{g} .... Einkommensteuersatz bei isolierter gewerbesteuerlicher Organschaft

s_{ESt}^{gk} .... Einkommensteuersatz bei gewerbe- und körperschaftsteuerlicher Organschaft

s_{GewSt}^{eff} .... effektiver Gewerbesteuersatz

s_{KSt} .... Körperschaftsteuersatz

s_{SolZ} .... Solidaritätszuschlagssatz

$SdE_{(+)}$ .... Summe der positiven Einkünfte

$SdE_{(-)}$, $|SdE_{(-)}|$ .... Summe der (betragsmäßigen) negativen Einkünfte

ΔV_{nach} .... Differenz des Vermögenszuwachses nach Steuern

$|VT|$ .... (betragsmäßiger) Verlusttransfer

VV .... Verlustvortrag

zvE .... zu versteuerndes Einkommen

A. Einleitende Bemerkungen

I. Motivation

Die Verflechtungen von mehreren bislang rechtlich und wirtschaftlich selbstständigen Unternehmen, die über laufende Liefer- und Leistungsbeziehungen hinausgehen und je nach Bindungsintensität bis zum Verlust der rechtlichen Selbstständigkeit eines oder mehrerer Unternehmen führen können, werden als **Unternehmenszusammenschlüsse** bezeichnet.[1] Als Ziele eines Unternehmenszusammenschlusses können bspw. die Risikodiversifikation, die Wirtschaftlichkeitserhöhung durch Erzielung von Rationalisierungseffekten oder die Stärkung der Wettbewerbsfähigkeit durch Verbesserung der Marktstellung genannt werden.[2] Dabei steht das in einer Marktwirtschaft verfolgte betriebswirtschaftliche **Oberziel der langfristigen Gewinnmaximierung** im Mittelpunkt der Betrachtungen.[3] Dieses ist untrennbar mit der Verfolgung der Minimierung von Kosten verbunden, zu denen Steuern grundsätzlich zählen.[4]

Ein dem Unternehmenszusammenschluss untergeordnetes Themengebiet stellt die **Konzentration von Unternehmen** dar, bei der die rechtliche Selbstständigkeit der Zusammenschlusspartner erhalten bleibt, während die wirtschaftliche Selbstständigkeit von mind. einem Partner verloren geht. Einer Unternehmenskonzentration ist u.a. der Konzern zuzuordnen.[5] Entgegen der Handhabung im Handelsrecht (§ 297 Abs. 3 S. 1 HGB) ist in Deutschland keine auf die Einheitstheorie rekurrierende „echte" Konzernbesteuerung, die zwei Unternehmen nicht nur als wirtschaftliche, sondern auch als fiktive rechtliche Einheit auffasst, existent. Da steuerliche Doppelbelastungen in einem Unternehmensverbund eintreten können bzw. sich steuerliche Verluste eines Partners u.U. nicht durch Gewinne eines anderen Partners ausgleichen lassen, ist insofern ein Widerspruch zu den Zielen von Unternehmenszusammenschlüssen gegeben. Ein Ausweg bestünde in der Schaffung einer tatsächlichen rechtlichen Einheit mittels Herbeiführung einer Fusion. Zur Vermeidung dieser Strategie hat der Steuergesetzgeber als Ansätze einer Konzernbesteuerung die Rechtsinstitute der „Organschaft" und des „Schachtelprivilegs" eingeführt.

Auf das Organschaftsrecht bezugnehmend, sind als bisherige bedeutsame Einschnitte insb. die Einführung des körperschaftsteuerlichen Anrechnungsverfahrens im Jahre 1977 sowie die Abschaffung der (kumulativen) Allphasen-Bruttoumsatzsteuer ohne Vorsteuerabzug im Jahre 1968 anzuführen, durch welche die Bedeutung der Organschaftsregelungen abgenommen haben. Nach mehr als 20 Jahren seit der letzten tiefgreifenden Änderung gelangt die Organschaft wiederum in den Mittelpunkt der steuerlichen Diskussion. Durch das **StEntlG 1999/2000/2002**[6], **StSenkG**[7] und **UntStFG**[8] wurde deren bedeutsame Umbruchphase im er-

---

[1] Vgl. SELCHERT, FRIEDRICH. W. (2002), S. 114.
[2] Vgl. dazu und weiterführend WÖHE, GÜNTER (2000a), S. 323 ff.
[3] Vgl. WÖHE, GÜNTER (1997), S. 6 f.
[4] Vgl. zum Kostencharakter von diversen Steuerarten ausführlich DÖRING, ULRICH (1984), S. 13 ff.
[5] Vgl. KUSSMAUL, HEINZ (1994), S. 101.
[6] Vgl. „Steuerentlastungsgesetz 1999/2000/2002" vom 24. März 1999, S. 304 ff.

tragsteuerlichen Bereich eingeleitet, welche zu einer Steigerung ihrer Anwendungshäufigkeit sowie zu erhöhtem Beratungsbedarf führen wird. Hinsichtlich der Wirkungsweisen der Gesetzesnovellen auf das Organschaftsrecht ist zwischen solchen unmittelbarer und mittelbarer Art zu differenzieren. Unter den Erstgenannten sind die in den entsprechenden Gesetzesparagraphen genannten Voraussetzungen und die sich daran unmittelbar anknüpfenden Rechtsfolgen zu verstehen. Als Beispiele seien die Abschaffung des körperschaftsteuerlichen Anrechnungsverfahrens mit all seinen Folgewirkungen sowie die Einführung eines beschränkten horizontalen Verlustausgleiches bei Einkommensteuersubjekten gem. § 2 Abs. 3 EStG zu nennen. Als schwieriger gestalten sich die mittelbaren Wirkungen, die dem Organschaftsrecht durch das bloße Streichen von Gesetzesvorschriften, insb. von Tatbestandsvoraussetzungen, anhaften. Die Problematisierung jener Bereiche sowie der Versuch zu deren Lösung werden in dieser Arbeit anhand von ausgewählten Themengebieten vorgenommen.

II. Aufbau der Untersuchungen

Im Anschluss an die Abgrenzung des Untersuchungsgegenstandes in **Kapitel A.III** liefert **Kapitel B.I** einen ersten Überblick bzgl. der objektiven Tatbestandsvoraussetzungen von Organschaftskonzernen, während sich **Kapitel B.II** die Erläuterung der entsprechenden subjektiven Prämissen zum Gegenstand setzt. In den **Kapiteln B.III bis B.VI** werden diese Vorabausführungen insofern miteinander vernetzt, als dass die einzelnen objektiven Sachlagen in Abhängigkeit des jeweiligen Adressatenkreises formuliert und einer detaillierten und kritischen Analyse im Hinblick auf die neue Rechtslage unterzogen werden. Parallel dazu sind stets formale und materielle Parallelen zum aktienrechtlichen (Unterordnungs-)Konzern i.S.v. § 18 Abs. 1 S. 1 AktG aufzuzeigen. Als weitere Besonderheit ist die Untersuchung des Verhältnisses zwischen den Tatbeständen eines Organschaftsverhältnisses und denen einer in mehreren Variationen möglichen Betriebsaufspaltung sowie die den Praxisfall darstellenden mehrstufigen (Organschafts-)Konzernstrukturen anzuführen. **Kapitel B.VII** rundet die Untersuchungen ab, indem u.a. ein Vorschlag zur Vereinheitlichung der Rechtsordnung unterbreitet wird.

In **Kapitel C.I** werden im Bereich der KSt zunächst ausgewählte Folgewirkungen des Eintretens in einen Organschaftskonzern für die unmittelbar beteiligten Gesellschaften isoliert aufgezeigt und handels-, aktien- und steuerrechtlich problematisiert. Das in diesem Hauptkapitel verbindende Element stellt **Kapitel C.I.3** dar, in dem etwaige handels- und steuerrechtliche Diskrepanzen in sachlicher und zeitlicher Hinsicht bewältigt sowie Überlegungen mit vororganschaftlichem Bezug angestellt werden. **Kapitel C.I.4** widmet sich der steuer- und bilanzrechtlichen Berücksichtigung von sich organkreisextern befindlichen Gesellschaftern. Dabei wird insb. untersucht, ob innerhalb dieser Personengruppe Vermögenseinbußen durch die Ersetzung des körperschaftsteuerlichen Anrechnungsverfahrens stattgefunden haben. **Kapi-**

[7] Vgl. „Gesetz zur Senkung der Steuersätze und zur Reform der Unternehmensbesteuerung (Steuersenkungsgesetz – StSenkG)" vom 23. Oktober 2000, S. 1433 ff.

[8] Vgl. „Gesetz zur Fortentwicklung des Unternehmenssteuerrechts (Unternehmenssteuerfortentwicklungsgesetz – UntStFG)" vom 20. Dezember 2001, S. 3858 ff.

tel C.II, das die gewerbesteuerliche Organschaft unter besonderer Berücksichtigung von vororganschaftlichen Verlusten zum Gegenstand hat, fällt vergleichsweise knapp aus, da sich größtenteils auf bereits dargelegte Thematiken und Denkansätze Bezug nehmen lässt. Das Verbindungsglied zwischen beiden ertragsteuerlichen Organschaftskonzernen verkörpert **Kapitel C.III**, in dem ein Modell zur Durchführung eines steuerlichen Vorteilhaftigkeitsvergleiches im Kontext des UntStFG-E[9] bzw. des UntStFG formuliert und angewandt wird. Darüber hinaus sind auch Vorzüge der (ertragsteuerlichen) Organschaft im Hinblick auf den durch das StEntlG 1999/2000/2002 eingeführten beschränkten horizontalen Verlustausgleich i.S.v. § 2 Abs. 3 EStG zu analysieren und in Fallgruppen einzuteilen. **Kapitel C.IV** geht kurz auf die Organschaftskonzerne im Bereich der USt und GrESt ein, wobei der Schwerpunkt der Ausführungen und Gestaltungsmöglichkeiten auf Letzterer ruht.

Letztlich spricht **Kapitel D** drei ausgewählte Themenbereiche an, die von den Änderungen des UntStFG-E bzw. UntStFG materiell betroffen sind. Insb. der nach wie vor gesetzlich nicht kodifizierte organschaftliche Ausgleichsposten sowie „...die Erleichterung grenzüberschreitender Organschaften [im Originaltext fett, d. Verf.] mit Blick auf die stärkere internationale Verflechtung von Unternehmen..."[10] werden in den Mittelpunkt der Betrachtungen gestellt. **Kapitel E** beendet diese Arbeit mit einem eigens formulierten gesetzgeberischen Vorschlag unter Berücksichtigung der aufgegriffenen Problembereiche.

III. Abgrenzung des Untersuchungsgegenstandes

Die Abgrenzung des Untersuchungsgegenstandes wird an dieser Stelle dualistisch vorgenommen. Zunächst ist der Gesamttitel dieser Arbeit in seine wörtlichen Einzelbestandteile zu zerlegen und zu erklären. Im Anschluss daran wird eine weitere Eingrenzung vorgenommen, die sich dem Wortlaut des Titels (aus Platz- und Transparenzgründen) nicht unmittelbar entnehmen lässt.

Die als **Titelüberschrift** gewählten „Ansätze einer Konzernbesteuerung in Deutschland" umfassen neben den Organschaftskonzernen auch die bereits erwähnten Schachtelkonzerne, die i.w.S. im KSt-Recht und GewSt-Recht präsent sind und national bzw. international ausgestaltet sein können.[11] Im Gegensatz zu Organschaftskonzernen bezwecken jene die Vermeidung einer wirtschaftlichen Doppelbelastung bzw. -entlastung auf Ebene des hierarchisch **untergeordneten** Unternehmens, das ausgeschüttete bzw. zugewiesene Gewinnanteile bereits versteuert bzw. zugewiesene Verlustanteile steuerlich genutzt hat bzw. noch nutzen wird.[12] Die Definition und die Folgewirkungen eines Schachtelkonzerns sind als vergleichsweise unproblematisch anzusehen, zudem sich darüber streiten lässt, wer durch den Schachtelkonzern im KSt-Recht überhaupt privilegiert wird, da eine Steuerbefreiung an keine Mindestbeteiligung, Mindesthaltefrist und Aktivitätsklausel geknüpft ist. Da sich Schachtel- und Organ-

[9] Vgl. „Entwurf eines Gesetzes zur Fortentwicklung des Unternehmenssteuerrechts (Unternehmenssteuerfortentwicklungsgesetz – UntStFG)" vom 17. August 2001.

[10] Begründung zum „Entwurf eines Gesetzes zur Fortentwicklung des Unternehmenssteuerrechts (Unternehmenssteuerfortentwicklungsgesetz – UntStFG)" vom 17. August 2001, S. 39.

[11] Vgl. §§ 8b Abs. 1 KStG, 8 Nr. 8, 9 Nr. 2, Nr. 2a, Nr. 7 und Nr. 8 GewStG.

schaftskonzern gegenseitig insofern ausschließen, als dass der Schachtelkonzern bei Normenkonflikten subsidiär zu betrachten ist[13], wird dieser v.a. im Rahmen des steuerlichen Vorteilhaftigkeitsvergleiches bei Unterstellung des Nichtvorliegens einer ertragsteuerlichen Organschaft in Kapitel C.III (ab S. 248) herangezogen.

Die in der **Titelunterschrift** angeführten „zivilrechtlichen Aspekte" lassen sich als Rechtsvorschriften und daran anknüpfende Wirkungsweisen definieren, die sich auf das Aktienrecht, das GmbH-Recht sowie vereinzelt auf das Recht der Genossenschaften beziehen. Weiterhin umfasst der Wortlaut auch das Handelsrecht, sei es die Bezugnahme auf Handelsgesellschaften (§§ 105-177a HGB) oder die Vorschriften, die den handelsrechtlichen Einzelabschluss tangieren (§§ 238-289 HGB). Gleiches gilt für die Vorschriften über die Prüfung von Jahresabschlüssen (und Lageberichten), sofern der Einzelabschluss davon betroffen ist (§§ 316-324 HGB). Im Gegensatz dazu hat diese Arbeit nicht die mit dem handelsrechtlichen Konzernabschluss einhergehenden Fragestellungen zum Untersuchungsgegenstand.

Erfolgt die Einbeziehung von „grenzüberschreitenden Betrachtungsweisen", wird sich des ohne Bezug auf einen bestimmten ausländischen Staat nehmenden OECD-MA bedient, an welchem sich die meisten von Deutschland abgeschlossenen DBA orientieren. Eine weitere Einschränkung dieses Themenbereiches wird „direkt vor Ort" in Kapitel D.III (ab S. 366) vorgenommen. Ferner signalisiert das Abstellen auf das UntStFG bzw. auf dessen Entwurf, dass eine Bestandsaufnahme „de lege lata" stattfindet, die im Zuge der Aufdeckung und Diskussion von Problembereichen zwangsläufig auch zu Verbesserungsvorschlägen führen wird. Dagegen bildet die Frage einer „echten" Konzernbesteuerung „de lege ferenda" nach handelsrechtlichem Vorbild keinen Gegenstand der Untersuchungen. Letztlich signalisiert der Zusatz „im Kontext eines (Entwurfs) eines Unternehmenssteuerfortentwicklungsgesetzes" zum einen den stetig währenden Anpassungsprozess, dem der Verfasser ausgesetzt war, zumal der am 17.8.2001 als BR-Drs. veröffentlichte Entwurf des UntStFG am 20.12.2001 in materiell bedeutsamer Veränderung in geltendes Recht umgesetzt wurde. Zum anderen werden nicht ausschließlich Änderungen durch das UntStFG-E bzw. UntStFG betrachtet, da es u.a. vielmehr die Verbindungsstelle zum bestehenden Organschaftsrecht aufzuzeigen gilt.

Dem Titel nicht entnehmbar ist die ausschließliche Bezugnahme auf privatwirtschaftliche Rechtsformen. Etwaige infrage kommende juristische Personen des öffentlichen Rechts werden nur genannt, in ihren Wirkungsweisen aber nicht weiter verfolgt. Die in Verbindung mit der wirtschaftlichen Eingliederung zumeist simultan erwähnten Themenbereiche „Organschaft und Holdinggesellschaften" bzw. „Organschaft und Betriebsaufspaltung" wurden durch die jüngste Unternehmenssteuerreform gleichermaßen betroffen, weswegen in dieser Arbeit nur eine – die letzte – Alternative Berücksichtigung findet, zumal für diese zusätzlich auch im Bereich der finanziellen Eingliederung Erläuterungsbedarf gegeben sein wird. Umwandlungen im Kontext der Organschaft bleiben unbetrachtet, da keine Besonderheiten gegenüber der Situation ohne Organschaft auftreten. Im Zuge der Berücksichtigung von außen stehenden Gesellschaftern wird der gesellschaftsrechtliche Aspekt der Analyse außen vor gelassen, da

---

[12] Vgl. KUSSMAUL, HEINZ (2000), S. 568.

[13] Vgl. BFH-Urteil vom 26.1.1972, S. 358 f.

sich mit ihm mannigfaltige Problematiken inkl. Bewertungsfragen stellen, die den Umfang dieser Arbeit sprengen würden. Unbenommen dessen wird sich den steuer- und bilanzrechtlichen Fragestellungen gewidmet.

Den „Lebenszyklus" eines Organschaftskonzerns aufgreifend, wird ausschließlich die Begründung und die sich daran zeitlich anschließende Fortführung betrachtet. Etwaige mit der Begründung in unmittelbarem Zusammenhang stehende Transaktionen (z.B. steuerliche Folgen des Erwerbs der Beteiligung zur Begründung eines Organschaftsverhältnisses) werden den Untersuchungen ebenso außen vor gelassen wie die Beendigung des Organschaftsverhältnisses und die damit einhergehenden gesellschaftsrechtlichen Rahmenbedingungen. Steuerrechtlich ist das vollständige Abstrahieren von letzterem Aspekt nicht möglich, da die Veräußerung der Organbeteiligung einen zentralen Stellenwert im Rahmen des organschaftlichen Ausgleichspostens einnimmt.[14] Jener Miteinbezug lässt sich im Hinblick auf die hier vorgenommene Abgrenzung dennoch rechtfertigen, als dass **während** des **laufenden** Organschaftsverhältnisses **vorausschauend** auf **etwaige** zukünftige Veräußerungsvorgänge geblickt wird, deren tatsächlicher Eintritt nach jetzigem Kenntnisstand noch ungewiss ist.

Der Rechtsstand dieser Arbeit wird mit dem 1.1.2002 festgesetzt. Die Berücksichtigung von Literaturquellen und Rechtsprechungsnachweisen erfolgte bis zum 31.5.2002. Im Zuge der letzten Überarbeitung fand das sog. Flutopfersolidaritätsgesetz[15], welches materielle Auswirkungen auf Kapitel C.I.4.a) (ab S. 224), Kapitel C.III.2 (ab S. 250) sowie Kapitel C.III.3.c) (ab S. 282) besitzt, Eingang in diese Arbeit.

[14] Vgl. Kapitel D.I (ab S. 312).

[15] Vgl. „Gesetz zur Änderung steuerrechtlicher Vorschriften und zur Errichtung eines Fonds „Aufbauhilfe" (Flutopfersolidaritätsgesetz)" vom 19. September 2002, S. 3651 ff.

B. Problemspezifische Definition der Organschaftskonzerne

I. Einordnung und Systematisierung

Im Steuerrecht existieren mehrere Organschaftskonzerne, deren Definition bzw. Umfang an einzelnen Tatbestandsvoraussetzungen von der jeweiligen Einzelsteuerart abhängig ist. Hierbei gilt es global zwischen den Ertragsteuern einerseits und den Verkehr- bzw. Verbrauchsteuern[16] andererseits zu differenzieren. Während in formaler Hinsicht[17] im Kontext des StSenkG und des UntStFG-E ein Weg **contra** eine wünschenswerte **Harmonisierung der Tatbestandsvoraussetzungen** eingeschlagen wurde[18], sorgte das UntStFG aufgrund des endgültigen Wegfalls der wirtschaftlichen und organistorischen Eingliederung im Bereich der ertragsteuerlichen Organschaft für eine teilweise Relativierung[19]. Im Gegenzug herrschen nun (formale) Unterschiede zwischen der Einmutter- und Mehrmütterorganschaft. In Abbildung 1 (S. 7) sind die jeweiligen Prämissen überblicksartig dargestellt. Die durchgezogenen Linien verkörpern dabei die Differenzen i.w.S., die die einzelnen Unterschiede bzgl. der Anzahl der Tatbestandsvoraussetzungen betreffen; die gestrichelten Linien charakterisieren die Differenzen i.e.S., welche (mögliche) Unterschiede innerhalb identischer Tatbestandsvoraussetzungen ausmachen.

In den nachstehenden Kapiteln werden die vier **Eingliederungskriterien** einer kritischen Analyse – jeweils differenziert nach Einmutter- und Mehrmütterorganschaft bzw. nach den einzelnen Steuerarten – entsprechend Abbildung 1 (S. 7) unterzogen, wobei ebenfalls auf deren Zusammenwirken einzugehen ist. Es wird sich ferner zeigen, dass die im Gesetz zwar kodifizierten Tatbestandsvoraussetzungen von ihrem Wortlaut her sehr weit formuliert sind und – mangels genauerer Konkretisierung – z.T. nur **wenige Aufschlüsse bzgl. ihrer praktischen Anwendbarkeit** liefern.[20] Ferner gilt es zu beanstanden, dass vom Gesetzgeber einheitlich geforderte Tatbestandsmerkmale für verschiedene Steuerarten unterschiedlich ausgelegt werden.[21]

---

[16] Während die GrESt eindeutig den (speziellen) Verkehrsteuern zuzuordnen ist, hat die USt eine „Doppelfunktion" inne. Zum einen stellt sie eine (allgemeine) Verkehrsteuer dar, da sie gem. § 1 Abs. 1 Nr. 1 UStG an Lieferungen und sonstige Leistungen anknüpft. Zum anderen verkörpert die USt eine (allgemeine) Verbrauchsteuer, da – bei Unterstellung ihrer Weiterleitung an den Endverbraucher – dieser den Steuerträger verkörpert. Vgl. hierzu KUSSMAUL, HEINZ (2000), S. 265.

[17] Vgl. bzgl. der materiellen Folgen die kritischen Stellungnahmen in Kapitel B.V.3 (ab S. 126) und Kapitel B.VII (ab S. 165).

[18] Man denke bspw. an die entgegen der körperschaftsteuerlichen Organschaft nicht mögliche Addition mittelbarer und unmittelbarer Beteiligungen bei der GewSt oder die „optionale" gewerbesteuerliche Organschaft, die alternativ mittels einer finanziellen, wirtschaftlichen und organisatorischen Eingliederung oder einer finanziellen Eingliederung und eines EAV begründet werden konnte. Vgl. Art. 6 Nr. 1 des „Gesetzes zur Senkung der Steuersätze und zur Reform der Unternehmensbesteuerung (Steuersenkungsgesetz – StSenkG)" vom 23. Oktober 2000, S. 1460 und Art. 4 Nr. 1 des „Entwurfs eines Gesetzes zur Fortentwicklung des Unternehmenssteuerrechts (Unternehmenssteuerfortentwicklungsgesetz – UntStFG)" vom 17. August 2001, S. 25 f.

[19] So wurde die in Fn. 18 erwähnte zweigleisige gewerbesteuerliche Organschaft nicht ins Gesetz übernommen.

[20] Vgl. hierzu ebenso PACHE, SVEN (1995), S. 712.

[21] Vgl. PACHE, SVEN (1997), S. 929.

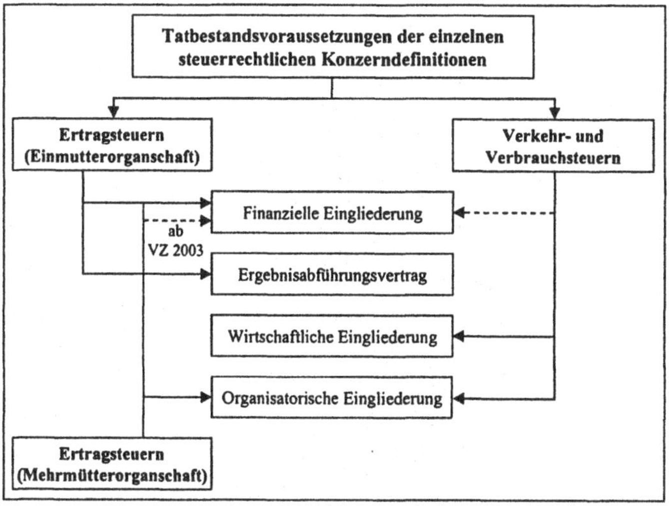

Abbildung 1: Objektive (Mindest-)Tatbestandsvoraussetzungen der einzelnen steuerrechtlichen Konzerndefinitionen[22]

II. Teilnehmer innerhalb nationaler strukturierter Organschaftskonzerne

Als direkte Beteiligte eines Organschaftskonzerns lassen sich steuerartenunabhängig der **Organträger** (Organmutter, beherrschendes Unternehmen)[23] und die **Organgesellschaft** (Organ, Organtochter, Tochtergesellschaft, Schachteltochter, beherrschtes Unternehmen)[24] anführen.[25] In diesem Hauptkapitel werden ausschließlich die für beide Gesellschaften maßgeblichen Rechtsformen und deren Besonderheiten genannt sowie kurz erläutert. Zusätzliche Ansässigkeitskriterien finden an dieser Stelle nur rudimentäre Erwähnung. Dem internationalen Aspekt wird hier keine Aufmerksamkeit gewidmet, da jener eine vertiefende Behandlung in Kapitel D.III.1.a) (ab S. 367) erfährt.

---

[22] In Abbildung 1 bildet die ertragsteuerliche Einmutterorganschaft den Vergleichsmaßstab. Die finanzielle Eingliederung ist für alle vier Steuerarten obligatorisch, wobei im Bereich der Verkehr- und Verbrauchsteuern materielle Unterschiede auftreten können, was durch die gestrichelten Pfeile zum Ausdruck kommt. Analoges gilt für die Mehrmütterorganschaft ab VZ 2003.

[23] Vgl. PEZZER, HEINZ-JÜRGEN (2002), § 11, Rz. 113.

[24] Vgl. PEZZER, HEINZ-JÜRGEN (2002), § 11, Rz. 114.

[25] Um die Verwendung mehrerer Begrifflichkeiten zu vermeiden, wird im steuerlichen Kontext stets von einem OT bzw. einer OG gesprochen, obwohl im Rahmen der Untersuchung der einzelnen Eingliederungskriterien noch gar nicht feststeht, ob überhaupt ein wirksames Organschaftsverhältnis zustande kommt und solch eine Titulierung als gerechtfertigt erscheint. Ferner wird mit OT stets die Konzernspitze, d.h., das hierarchisch auf oberster Stufe angesiedelte Unternehmen gemeint. Diese Abgrenzung erlangt bei mehrstufigen Unternehmensverbindungen Bedeutung.

1. Organgesellschaft

Der Kreis infrage kommender **Rechtsformen für eine OG** im Bereich der Ertragsteuern[26] ist § 14 Abs. 1 S. 1 KStG zu entnehmen (AG oder KGaA). Gem. § 17 KStG werden auch „andere Kapitalgesellschaften" als OG zugelassen, was den Adressatenkreis ausschließlich um die GmbH erweitert. Nach Auflösung der Rechtsformen der Kolonialgesellschaft und bergrechtlichen Gewerkschaft wäre eine Umbenennung der Überschrift von § 17 KStG in „GmbH als Organgesellschaft" begrüßenswert. Die OG hat nicht notwendigerweise eine gewerbliche Betätigung auszuüben. Die **Gewerblichkeit kraft Rechtsform** ist als ausreichend zu erachten (§ 2 Abs. 2 S. 1 GewStG).[27] Hinsichtlich der **Ansässigkeit** müssen OG sowohl ihren Sitz als auch ihre Geschäftsleitung im Inland besitzen (§ 14 Abs. 1 S. 1 KStG). Mittels der doppelten Inlandsbindung soll die Nachprüfbarkeit der Organschaftsvoraussetzungen durch den deutschen Steuergesetzgeber anscheinend gewährleistet werden.

Unabhängig von den zulässigen Rechtsformen ist eine **subjektiv steuerbefreite Kapitalgesellschaft als OG ungeeignet**[28], da sie der grundsätzlichen Intention der Organschaftsregelungen, eine **zweifache** Besteuerung ein und desselben Steuerobjektes zu vermeiden, Widerspruch leistet[29].

Im Umkehrschluss zu §§ 14 Abs. 1 S. 1, 17 KStG können Personenhandelsgesellschaften (inkl. der steuerlich als solche zu qualifizierenden GmbH & Co. KG sowie der GmbH & atypisch Still)[30] keine OG darstellen. Als Begründung des Ausschlusses solcher Subjekte wird für die körperschaftsteuerliche Organschaft das steuerliche Transparenzprinzip angeführt, nach dem die erwirtschafteten Ergebnisse der Personenhandelsgesellschaft auch ohne Bestehen einer Organschaft den Gesellschaftern (anteilig) zugerechnet werden.[31] Aus gewerbesteuerlicher Sicht stellt eine Personenhandelsgesellschaft das Steuersubjekt dar (§ 5 Abs. 1 S. 3 GewStG). Eine materielle Auswirkung von deren Gewerbeergebnissen findet aufgrund der Neutralisierungsvorschriften der §§ 8 Nr. 8, 9 Nr. 2 GewStG auf Gesellschafterebene nicht statt. Der BFH führt dabei die Vorrangigkeit dieser Normen im Vergleich zum Organschaftsverhältnis an.[32] Diese Rechtsprechung steht in Widerspruch zum BFH-Urteil vom 26.1.1972, das gerade die Priorität eines Organschaftsverhältnisses hervorhebt.[33] Letzterem ist aufgrund von dessen restriktiveren Regelungen zuzustimmen. Im Schrifttum[34] wird im Zuge des

---

[26] Eine Harmonisierung ist § 2 Abs. 2 S. 2 GewStG zu entnehmen, wonach eine OG i.S.d. KStG vorliegen muss.

[27] Vgl. BFH-Urteil vom 21.1.1970, S. 349 für die KSt und BFH-Urteil vom 8.12.1971, S. 289 f. sowie Urteil des FG Hamburg vom 28.11.1985 (rkr.), S. 414 für die GewSt.

[28] Vgl. BFH-Urteil vom 9.10.1974, S. 180. Im zu beurteilenden Sachverhalt lag eine Unterstützungskasse in der Rechtsform einer GmbH vor, die die persönlichen Steuerbefreiungen der §§ 5 Abs. 1 Nr. 3 KStG, 3 Nr. 9 GewStG in Anspruch nahm.

[29] Vgl. BFH-Urteil vom 9.10.1974, S. 180.

[30] Vgl. im Allgemeinen BFH-Beschluss vom 25.6.1984, S. 758 sowie im Speziellen BFH-Beschluss vom 24.3.1994, S. 400; BFH-Urteil vom 7.3.1973, S. 562 f; BFH-Urteil vom 10.11.1983, IV R 56/80, S. 151; BFH-Urteil vom 25.1.1995, S. 592 und BFH-Urteil vom 25.7.1995, S. 795.

[31] Vgl. SCHEUCHZER, MARCO (1994), S. 125, Fn. 233.

[32] Vgl. BFH-Urteil vom 25.7.1995, S. 795.

[33] Vgl. BFH-Urteil vom 26.1.1972, S. 358 f.

[34] Vgl. primär ROSER, FRANK (2001), S. 629 sowie PRINZ, ULRICH (1999b), S. 650 und ferner HEURUNG, RAINER/HEINSEN, OLIVER/SPRINGER, MASCHA (2001b), S. 1609 und HÖNLE, BERND M. (1986), S. 1251, der

UntStFG deswegen die Forderung nach der gewerbesteuerlichen Anerkennung einer Personenhandelsgesellschaft als OG bzw. nach dem Einräumen eines Wahlrechts zu deren Anerkennung erhoben. Dies gilt es einerseits zu begrüßen. Andererseits würde damit eine Disharmonisierung der ertragsteuerlichen Organschaftsregelungen einhergehen, da mittels eines unterschiedlichen Adressatenkreises bzgl. der OG eine ausschließliche gewerbesteuerliche Organschaft möglich wäre. Die mögliche Gegenmaßnahme – gleichzeitige Anerkennung einer Personenhandelsgesellschaft als OG im KSt-Recht – würde aufgrund von deren Transparenz gegen das soeben erwähnte Postulat der Vermeidung einer wirtschaftlichen Doppelbesteuerung verstoßen. Zusammenfassend ist die Beseitigung rechtsformspezifischer Ungleichbehandlungen zulasten einheitlicher subjektiver Tatbestandsvoraussetzungen nach meiner Meinung zu präferieren. Zusätzlich bestünde die Notwendigkeit, den Kreis der infrage kommenden OG im ertragsteuerlichen Bereich um eingetragene Genossenschaften zu erweitern.[35, 36]

Fraglich ist, ob Kapitalgesellschaften bereits im Frühstadium vor ihrer rechtlichen Entstehung als OG anzuerkennen sind. Eine **Vorgründungsgesellschaft**[37] kommt m. E. aufgrund ihrer Rechtsform als GbR mit der Konsequenz der steuerlichen Behandlung als Personengesellschaft sowie der Wesensungleichheit mit der späteren Vorgesellschaft und Kapitalgesellschaft nicht in Betracht, da ihre Rechte und Pflichten nicht automatisch auf die spätere Kapitalgesellschaft übergehen.[38] Wird die sich zeitlich daran anschließende **Vorgesellschaft** (Gründergesellschaft oder wirtschaftlich entstandene Kapitalgesellschaft), die keine GbR, sondern eine Gesamthandsgesellschaft eigener Art bzw. eine teilrechtsfähige Wirkungseinheit darstellt[39], betrachtet, fehlt dieser zu ihrer rechtlichen Vollwertigkeit die HR-Eintragung; sie geht quasi liquidationslos in die Kapitalgesellschaft über (§ 41 Abs. 1 S. 1 AktG).[40] Da im Bereich der ertragsteuerlichen Organschaft der Abschluss eines EAV obligatorisch ist und jener ebenfalls der HR-Eintragung bedarf, wird eine Vorgesellschaft aufgrund deren späterer Eintragung für die körperschaftsteuerliche Organschaft als unzulässig erachtet.[41] Damit ist ebenfalls das Urteil des FG Hamburg, das eine Vorgesellschaft für eine gewerbesteuerliche Organschaft als OG legitimierte[42], durch das UntStFG obsolet geworden. Zusammenfassend wird das Steuerrecht in diesem Bereich durch zivilrechtliche Regelungen eingeschränkt, obwohl die Vorge-

---

die gewerbesteuerliche Differenzierung von OG in Personenhandels- und Kapitalgesellschaften als willkürlich erachtet. In Kapitel B.III.4 (ab S. 60) wird ein ähnlicher Sachverhalt aufgegriffen.

35 Vgl. REUL, ADOLF (1987), S. 54.

36 Die materiellen Auswirkungen dieser Regelungen de lege ferenda werden in dieser Arbeit ausgeklammert.

37 Jene entsteht, wenn die Gründungsmitglieder bereits vor dem notariellen Abschluss der Satzung bzw. des Gesellschaftsvertrages Vereinbarungen über die Errichtung der Kapitalgesellschaft getroffen haben. Vgl. KUSSMAUL, HEINZ (2000), S. 434.

38 Vgl. BFH-Urteil vom 8.11.1989, S. 91 f.

39 Vgl. HÜFFER, UWE (2002), § 41 AktG, Rn. 4 und Rn. 10.

40 Die Vorgesellschaft wird bei einer späteren HR-Eintragung sowohl zivilrechtlich als auch steuerrechtlich wie die spätere Kapitalgesellschaft behandelt. Vgl. BFH-Urteil vom 11.4.1973, S. 569 und BFH-Urteil vom 9.3.1978, S. 487.

41 Vgl. SCHMIDT, LUDWIG/MÜLLER, THOMAS/STÖCKER, ERNST E. (1999), Rz. 44.

42 Vgl. Urteil des FG Hamburg vom 28.11.1985 (rkr.), S. 414 f.

sellschaft mit der späteren Kapitalgesellschaft wesensgleich ist[43] und eine subjektive KSt-Pflicht bzw. GewSt-Pflicht kraft (wesensgleicher) Rechtsform geschaffen wird[44].

Bei den **Verkehr- und Verbrauchsteuern** stellen §§ 2 Abs. 2 Nr. 2 UStG, 1 Abs. 4 Nr. 2b GrEStG auf die Eignung von juristischen Personen als OG ab. Davon sind ausschließlich juristische Personen des Privatrechts in Betracht zu ziehen[45], da Gebilde des öffentlichen Rechts hoheitlichen Aufgaben unterliegen und deswegen in kein privatwirtschaftliches Unternehmen eingegliedert sein können.[46] **Vorgesellschaften** können dann OG sein, falls sie (zu einem späteren Zeitpunkt) auch tatsächlich ins HR eingetragen werden.[47] Es erfolgt insofern eine **OG-Qualifikation unter Vorbehalt**, die m. E. nach obigem Gesagten nur dann Anwendung findet, falls kein gleichzeitiger ertragsteuerlicher Organschaftskonzern vorliegt. Die getroffenen Aussagen und Kritikpunkte hinsichtlich der OG-Eigenschaft einer Personenhandelsgesellschaft gelten sinngemäß.[48]

2. Organträger

Der mögliche, **für einen OT infrage kommende „klassische" Personenkreis** inkl. Ansässigkeitskriterien ist im Vergleich zur OG weiter gefasst. Abbildung 2 stellt diesen, in § 14 Abs. 1 Nr. 2 KStG normierten Bereich überblicksartig dar.

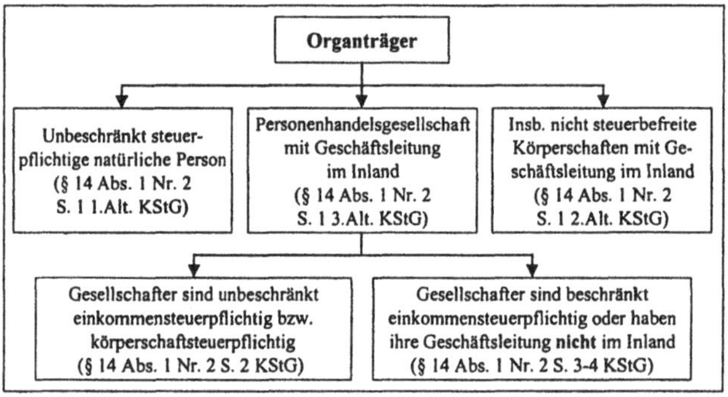

Abbildung 2: „Klassischer" Personenkreis eines Organträgers bei körperschaftsteuerlicher Organschaft[49]

---

[43] Vgl. BFH-Urteil vom 13.3.1981, S. 601.

[44] Vgl. Urteil des FG Hamburg vom 28.11.1985 (rkr.), S. 414 f. Eine Steuerpflicht entsteht dann, wenn die Gesellschafter durch einen Vorvertrag zum Abschluss des Gesellschaftsvertrages verpflichtet sind, die Vorgesellschaft nach außen hin in Erscheinung tritt und die spätere HR-Eintragung erfolgt. Vgl. BFH-Urteil vom 11.4.1973, S. 569 f.

[45] Dies sind neben den Kapitalgesellschaften die Erwerbs- und Wirtschaftsgenossenschaften sowie der Versicherungsverein auf Gegenseitigkeit.

[46] Vgl. BFH-Urteil vom 20.12.1973, S. 311 f. und Urteil des FG Niedersachsen vom 13.3.1970 (n.rkr.), S. 633.

[47] Vgl. BFH-Urteil vom 9.3.1978, S. 486 f.

[48] Vgl. BFH-Urteil vom 8.2.1979, S. 362 f., wonach eine Personenhandelsgesellschaft einschließlich einer GmbH & Co. KG als nicht unselbstständig angesehen wird. Vgl. dazu auch Urteil des FG Baden-Württemberg vom 10.5.1994 (n.rkr.), S. 1021 f.

[49] Als Personenhandelsgesellschaft werden durch den Verweis auf § 15 Abs. 1 Nr. 2 EStG die OHG, die KG und jede andere Gesellschaft erfasst, bei der die Gesellschafter als Mitunternehmer anzusehen sind. Der OT

Im Zuge des UntStFG trat eine bedeutsame Änderung hinsichtlich der Ansässigkeitskriterien bei Personenhandelsgesellschaften, deren etwaigen körperschaftsteuerpflichtigen Mitunternehmern sowie bei Kapitalgesellschaften ein. Der doppelte Inlandsbezug, der den Sitz **und** die Geschäftsleitung im Inland forderte[50], wurde zugunsten eines einfachen Inlandsbezuges in Form der inländischen Geschäftsleitung i. S. v. § 10 AO aufgegeben.[51] Die Konsequenzen und damit einhergehenden Problembereiche werden in Kapitel D.III.1.a) (ab S. 367) ausführlich aufgezeigt.

Neben der entsprechenden Rechtsform hat der OT ferner ein gewerbliches Unternehmen zu unterhalten (§ 14 Abs. 1 S. 1 KStG)[52], das gem. Abschn. 48 Abs. 1 S. 2 KStR bei Erfüllung der Voraussetzungen eines Gewerbebetriebes i. S. v. § 2 GewStG vorliegt. Nach der allgemeinen Vorschrift des § 2 Abs. 1 S. 2 GewStG ist unter einem Gewerbebetrieb ein gewerbliches Unternehmen i.S.d. EStG zu verstehen. Mittels dieses Verweises wird eindeutig auf § 15 Abs. 2 EStG Bezug genommen.[53] Die Gegenansicht von SCHUHMANN[54] steht eindeutig mit dem Gesetzeswortlaut in Widerspruch.[55] Bei einer Kapitalgesellschaft, einer eingetragenen Genossenschaft und einem Versicherungsverein auf Gegenseitigkeit ist ein Gewerbebetrieb kraft Rechtsform ausreichend (§ 2 Abs. 2 S. 1 GewStG).[56] Andere juristische Personen des Privatrechts stellen mangels eines Gewerbebetriebes GewSt-Subjekte kraft wirtschaftlichen Geschäftsbetriebes dar (§ 2 Abs. 3 GewStG und Abschn. 15 Abs. 1 GewStR). Eine GmbH & Co. KG unterhält stets einen Gewerbebetrieb, wenn eine oder mehrere Kapitalgesellschaften persönlich haftende Gesellschafter sind und nur diese oder Nicht-Gesellschafter zur Geschäftsführung befugt sind (gewerblich geprägte Personengesellschaft gem. § 15 Abs. 3 Nr. 2 GewStG).

Im Gegensatz zur OG kann ein OT auch eine **Vorgesellschaft** sein.[57] Diese Ungleichbehandlung lässt sich m. E. durch die nicht erforderliche HR-Eintragung des EAV am Sitz des OT erklären.

---

bzw. dessen Gesellschafterkreis dürfen analog zur OG nicht subjektiv steuerbefreit sein, da das Ergebnis der OG durch eine Organschaftsbegründung ansonsten steuerfrei gestellt wäre.

50 Durch diese Bestimmung sollte vermieden werden, dass bei Sitz und Geschäftsleitung des OT und der OG in zwei Staaten Doppelerfassungen stattfinden. Vgl. GROTHERR, SIEGFRIED (1996), S. 364.

51 Während die unbeschränkte Steuerpflicht bei natürlichen Personen eine hinreichende Voraussetzung für die OT-Eigenschaft ist, erweist sich diese bei den übrigen Rechtsformen nur als notwendige Voraussetzung. So ist bspw. der alleinige Sitz in Deutschland nicht ausreichend.

52 Vgl. auch BFH-Urteil vom 21.6.1972, S. 723.

53 Gleicher Ansicht: KARSTEN, KLAUS (1991), S. 894. Vgl. für den Bereich der GewSt BFH-Urteil vom 17.12.1969, S. 260.

54 Vgl. SCHUHMANN, HELMUT (2001), S. 26.

55 Vgl. KNOBBE-KEUK, BRIGITTE (1993), S. 699 f.

56 Die in dieser Arbeit noch an mehreren Stellen aufzugreifende Genossenschaft vermag gem. § 1 Abs. 2 GenG Beteiligungen an allen Gesellschaftsformen und somit auch an einer anderen Genossenschaft zu halten. Vgl. GROSSFELD, BERNHARD/BERNDT, JOACHIM (1998), S. 120. Im Praxisfall liegt eine 100%ige oder eine annähernd 100%ge Beteiligung vor. Eine reine kapitalistische Beteiligung wird vom Beteiligungsbegriff des § 1 Abs. 2 GenG nicht gedeckt, da die Genossenschaft ihre Mitglieder nicht durch Kapital, sondern durch Leistungen fördert. Jener Förderzweck muss den Hauptzweck der Genossenschaft darstellen, wobei auch die Verfolgung von Nebenzwecken durch § 1 Abs. 2 GenG legitimiert ist. Die Gewinnerzielung kann solch einen Nebenzweck darstellen. Vgl. m. w. N. PIRNER, BARBARA (1993), S. 21 ff. und S. 146.

57 Vgl. SCHMIDT, LUDWIG/MÜLLER, THOMAS/STÖCKER, ERNST E. (1999), Rz. 52.

Im **Recht der Verkehr- und Verbrauchsteuern** kann jedes Unternehmen i.S.v. § 2 Abs. 1 S. 1 UStG die OT-Eigenschaft innehaben.[58]

3. Außen stehende Gesellschafter als indirekte Teilnehmer

Neben den beiden unmittelbaren Teilnehmern eines Organschaftsverhältnisses können weitere Gesellschafter an der OG beteiligt sein. Diese befinden sich außerhalb des Organkreises und werden dementsprechend als außen stehende Gesellschafter tituliert. Es sei vorweggenommen, dass sich deren exakte Definition nicht eindeutig vornehmen lässt, sondern den jeweiligen Beteiligungsstrukturen entsprechend flexibel auszulegen ist. Dabei entsteht Diskussionsbedarf bei mehrstufigen Konzernen sowie u. U. bei Personenhandelsgesellschaften als OT. Es sei bzgl. näherer Erläuterungen auf Kapitel B.III.3.a)(2) (ab S. 36), Kapitel B.IV.2.a)(4) (ab S. 96) sowie Kapitel C.I.4 (ab S. 224) verwiesen.

4. Statistische Erhebungen

Hinsichtlich der Aufkommenshäufigkeit von Organschaftsverhältnissen in Deutschland untermauern die empirischen Erhebungen des Statistischen Bundesamtes deren große Praxisrelevanz. Die im Turnus von drei Jahren erscheinende **Körperschaftsteuerstatistik** notierte für die Jahre 1995 bzw. 1992 (in Klammern) folgende Anzahl an OG in Abhängigkeit von deren Rechtsform (Tabelle 1):

	OG mit positivem Einkommen	**OG mit negativem Einkommen**	***gesamt***
AG, KGaA	192 (166)	107 (83)	*299 (249)*
GmbH	8.800 (7.852)	5.678 (4.349)	*14.478 (12.201)*
gesamt	*8.992 (8.018)*	*5.785 (4.432)*	*14.777 (12.450)*

Tabelle 1: Anzahl der Organgesellschaften in den Jahren 1995 (1992) in Deutschland bei körperschaftsteuerlicher Organschaft[59]

Im Bereich der ebenfalls alle drei Jahre publizierten **Gewerbesteuerstatistik** wurden im Jahre 1995 bei insg. 10.828 OG Gewerbeerträge nachgewiesen.[60] Die dazugehörigen Rechtsform (-gruppen) der OT schlüsseln sich wie in Tabelle 2 (S. 13) auf:

[58] Vgl. z.B. BFH-Urteil vom 7.12.1978, S. 358 und BFH-Urteil vom 8.2.1979, S. 364 für eine OHG, KG und GmbH & Co. KG sowie BFH-Urteil vom 20.4.1988, S. 794 für eine juristische Person des öffentlichen Rechts.

[59] Vgl. Statistisches Bundesamt (1998), KSt 1992, S. 32 und Statistisches Bundesamt (2000), KSt 1995, S. 30. Hierbei wurden auch OG erfasst, die selbst OT sind. Eine Aufschlüsselung nach der Rechtsform des OT ist der Statistik nicht entnehmbar.

[60] Vgl. Statistisches Bundesamt (2000), GewSt 1995, S. 13. In diesem Bereich wurden die OG nicht weiter nach Rechtsformen aufgeschlüsselt. Eine Auflistung von OG mit Gewerbeverlusten blieb dem Verfasser verborgen.

Rechtsform(-gruppe) des OT	
Einzelunternehmen	765
Personenhandelsgesellschaften	3.755
Kapitalgesellschaften, eG, VVaG	6.103
übrige juristische Personen	205
gesamt	*10.828*

Tabelle 2: Anzahl der Organgesellschaften im Jahre 1995 in Deutschland in Abhängigkeit von der Rechtsform(-gruppe) des Organträgers bei gewerbesteuerlicher Organschaft

Die Anzahl der OG der jährlich geführten **Umsatzsteuerstatistik** bleibt ebenso wie eine Splittung in Rechtsformen unerfasst.[61] Aufschlüsse werden nur bzgl. der Anzahl der Organkreise geliefert, die sich im Jahre 1998 auf 11.164 beliefen (1997: 10.121; 1996: 8.752).[62] Statistische Erkenntnisse über die GrESt existieren nicht.

Zusammenfassend ist in der Praxis eine **Zunahme von Organschaftskonzernen in den besagten Steuerarten** zu erkennen.

III. Finanzielle Eingliederung

Die finanzielle Eingliederung der OG in das Unternehmen des OT hat (neben dem EAV) durch das StSenkG und das UntStFG im ertragsteuerlichen Bereich an Bedeutung gewonnen. Die Legaldefinition findet sich in § 14 Abs. 1 Nr. 1 KStG wieder. Demgemäß muss dem OT u. a. **die Mehrheit der Stimmrechte**[63] aus den Anteilen an der OG zustehen.[64] Die Höhe der Kapitalanteile ist unbeachtlich. Eine mögliche **Divergenz** zwischen beiden Kategorien ist bei sog. **unterproportionalen** bzw. **überproportionalen Stimmrechten** existent, die beide eine Inkongruenz von Einflussnahme und Risikoübernahme seitens der Gesellschafter auf die Gesellschaft implizieren. Auf die denkbaren Ausnahmefälle dieses Grundsatzes der Proportionalität von Kapitaleinsatz und Stimmrecht, die in Abhängigkeit von der Rechtsform der OG aufgrund der Maxime der Satzungsautonomie entstehen können, wird nachstehend detailliert eingegangen, während im Anschluss daran der gesetzlich verwendete Begriff der „Mehrheit der Stimmrechte" kritisch hinterfragt und abgeleitet wird.

---

61 Vgl. explizit Statistisches Bundesamt (2000), USt 1998, S. 16.

62 Vgl. Statistisches Bundesamt (1999), USt 1997, S. 19 sowie Statistisches Bundesamt (2000), USt 1998, S. 19 und S. 29, auf der eine Aufgliederung nach Wirtschaftszweigen vorgenommen wird.

63 Unter dem Begriff des Stimmrechts, das ein sog. Mitgliedschaftsrecht des Gesellschafters darstellt, ist das Recht zu verstehen, an Beschlüssen der Hauptversammlung bzw. Gesellschafterversammlung gestaltend teilnehmen zu dürfen. Vgl. hierzu HEIDER, KARSTEN (2000), § 12 AktG, Rn. 5.

64 Somit stellt eine auf einer ausschließlichen oder teilweisen Verschuldung basierende finanzielle Abhängigkeit der OG keine finanzielle Eingliederung i. S. v. § 14 Abs. 1 Nr. 1 KStG dar. Vgl. BFH-Urteil vom 26.4.1966, I 44/64, S. 377; BFH-Urteil vom 18.1.1967, S. 259 und BFH-Urteil vom 25.9.1968, S. 24. Gleiches gilt, wenn zum Zeitpunkt des Beginns der finanziellen Eingliederung ein schuldrechtlicher Anspruch auf Übertragung der Anteile an der OG besteht. Vgl. Urteil des FG Hamburg vom 6.12.1985 (rkr.), S. 416.

1. Divergenzen zwischen Stimmrechten und Kapitalanteilen

a) Unterproportionale Stimmrechte bei Aktiengesellschaften

Ein **unterproportionales Stimmrecht** liegt dann vor, wenn die Stimmkraft eines Gesellschafters geringer als die aus den Anteilen erwachsende kapitalmäßige Beteiligung an der Gesellschaft ist.[65] Bei einer **AG** ist diese Konstellation bei Gewährung von

- „stimmrechtslosen" **Vorzugsaktien** (§§ 12 Abs. 1 S. 2, 60 Abs. 3, 139 Abs. 1 AktG) sowie
- **Höchst-/Maximalstimmrechten bzw. Abstufungen** als besondere Erscheinungsform eines Höchststimmrechts (§ 134 Abs. 1 S. 2 AktG)

denkbar.[66]

Im Rahmen „stimmrechtsloser **Vorzugsaktien**"[67], welche nicht nur Nennwertaktien, sondern alternativ auch Stückaktien (unechte nennwertlose Aktien)[68] darstellen können, wird der generelle Verlust des Stimmrechts im Rahmen dieser angesprochenen Aktiengattung i.d.R. durch einen, sich auf den Bilanzgewinn beziehenden Dividendenvorzug sowohl in betragsmäßiger als auch in zeitlicher Hinsicht kompensiert[69]. Da das AktG keinerlei gesetzliche Vorschriften bzgl. des Kompensationsumfangs trifft, kann ein (theoretisch) noch so geringer Vorzug die Stimmrechtslosigkeit ausgleichen.[70] Der Begriff der „stimmrechtslosen Vorzugsaktie" impliziert jedoch kein generelles Verbot der Stimmrechtsausübung, da § 141 Abs. 1 und Abs. 2 AktG ein sog. **rudimentäres Stimmrecht im Rahmen von Sonderbeschlüssen** generieren, das sich auf die Beschränkung bzw. Aufhebung des Vorzuges sowie auf die Möglichkeit der

[65] Vgl. z.B. HEIDER, KARSTEN (2000), § 12 AktG, Rn. 28.

[66] Der Erwerb eigener Aktien gem. §§ 71 ff. AktG führt nach § 71b AktG zum Verlust der mit diesen Anteilen verbundenen Rechte (inkl. Stimmrechte), so dass ebenfalls ein unterproportionales Stimmrecht vorliegt. Diese Ausprägungsform wird im Folgenden den Überlegungen außen vor gelassen, da, wie noch in Kapitel B.III.2 (ab S. 22) zu zeigen sein wird, auch im Steuerrecht eigene Anteile keine Berücksichtigung im Rahmen der Stimmrechtsbemessung finden.

[67] Vgl. bzgl. der Bedeutung von Vorzugsaktien anhand statistischer Erhebungen BEZZENBERGER, TILMAN (1991), S. 36 ff.

[68] Vgl. „Gesetz über die Zulassung von Stückaktien (Stückaktiengesetz – StückAG)" vom 25. März 1998, S. 590 ff. Die Bezeichnung als eine „unechte nennwertlose Aktie" ist darauf zurückzuführen, dass ihr ein fiktiver bzw. latenter Nennwert als Ergebnis der Division des Grundkapitals durch die Anzahl der Aktien zugeordnet wird. Vgl. z.B. HEIDER, KARSTEN (1998), S. 2; SEIBERT, ULRICH (1998), S. 2 und S. 17; SCHÜRMANN, THOMAS (1998), S. 3162 sowie STEFFAN, BERNHARD/SCHMIDT, VOLKER (1998), S. 565.

[69] BIEG und KUSSMAUL sprechen im Rahmen dieser Kompensation auch von relativen Vorzugsaktien. Vgl. BIEG, HARTMUT/KUSSMAUL, HEINZ (2000b), S. 106. Unter betragsmäßiger Hinsicht wird verstanden, dass die Grundregel des § 60 Abs. 1 AktG zwar besagt, dass sich der Anteil der Aktionäre am Bilanzgewinn nach der Höhe ihrer Kapitalbeteiligung und somit unter Berücksichtigung der §§ 12 Abs. 1 S. 1, 134 Abs. 1 S. 1 AktG nach der Höhe ihrer Stimmrechte bemisst, aber kraft Satzung gem. § 60 Abs. 3 AktG eine andere Verteilung des Bilanzgewinns erfolgen kann. Es kommen dabei alternativ eine prozentuale Bemessung des Dividendenvorzuges am Anteil des Grundkapitals, der auf die Vorzugsstückaktie entfällt oder ein konstanter Betrag pro Vorzugsstückaktie in Betracht. Vgl. IHRIG, HANS-CHRISTOPH/STREIT, GEORG (1998), S. 206. Der Begriff der zeitlichen Hinsicht soll zum Ausdruck bringen, dass zunächst die Vorzugsaktionäre aus dem Bilanzgewinn bedient werden müssen, bevor die Stammaktionäre ihre Dividende erhalten. Vgl. hierzu das BGH-Urteil vom 8.10.1952, S. 264.

[70] Vgl. HÜFFER, UWE (2002), § 139 AktG, Rn. 7.

Ausgabe weiterer Vorzugsaktien bezieht.[71] Ferner sieht § 140 Abs. 2 AktG eine automatische Wiedergewährung der Stimmrechtsausübung dann vor, wenn der Vorzug in einem bestimmten Jahr nicht oder nur unvollständig geleistet wurde und der rückständige Betrag in dem nächsten Jahr neben dem dort anfallenden (planmäßigen) Vorzug nicht gezahlt wird. Analoges gilt für denjenigen Fall, in dem kein Bilanzgewinn erzielt wird[72] bzw. die Zahlung des zur Ausschüttung beschlossenen Bilanzgewinns unterbleibt[73]. Die Aktionäre besitzen für die dem säumigen Jahr folgenden Gewinnverwendungsbeschlüsse ein Stimmrecht, welches bei vollständiger Leistung der rückständigen Beträge und der Vorzugsdividende des laufenden Jahres automatisch erlischt.[74] Hierbei wird der **kumulative Dividendencharakter** der Vorzugsaktie in den Vordergrund gestellt.[75] Letztlich ist noch diejenige (in der Praxis kaum vorkommende)[76] Fallkonstellation anzusprechen, bei der die Emission von Vorzugsaktien – entsprechend den Stammaktien – fortwährend mit der Gewährung von Stimmrechten verbunden ist, da das AktG ein Wahlrecht bzgl. der Ausstattung von Vorzugsaktien mit Stimmrechten offeriert (§§ 12 Abs. 1, 139 Abs. 1 AktG).[77]

Unter einem **Höchststimmrecht** wird die satzungsmäßige Beschränkung des Einflusspotenzials auf Entscheidungen von Aktionären verstanden, die einen hohen Aktienbesitz innehaben. Das aus den Aktien erwachsende Stimmrecht kann durch zusätzliche Aktienerwerbe bis zu einem bestimmten festgelegten Betrag gesteigert werden. Darüber hinaus sind keine Stimmrechtserhöhungen mehr möglich. Dadurch vermindert sich der Stimmrechtsanteil der durch die Beschränkung tangierten (Groß-)Aktionäre, währenddessen eine gleichzeitige Erhöhung des Stimmrechtsanteils der nicht betroffenen (Klein-)Aktionäre einhergeht. Die Stimmrechtsbeschränkung, welche einer **Satzungsänderung** bedarf (§ 134 Abs. 1 S. 2 AktG), ist mittels einer Kapitalmehrheit von mind. 75% herbeizuführen (§ 179 Abs. 2 AktG). Somit können die (Groß-)Aktionäre – falls sie über eine Sperrminorität verfügen – eine solche geplante Satzungsänderung kippen.[78] In der Unternehmenspraxis belaufen sich die Beschränkungen pro Aktionär auf 5-10% des Aktienkapitals.[79]

Eine **Abstufung** stellt eine **gestaffelte Form eines Höchststimmrechts** dar, weil bis zu einer bestimmten Aktienstückzahl die daraus resultierende volle Stimmenzahl gewährt wird, während auf die darüber hinausgehende Stückzahl nur eine gekürzte Stimmenzahl entfällt.[80] Auch

[71] Vgl. ZÖLLNER, WOLFGANG (1988), § 12 AktG, Anm. 5.
[72] Vgl. REUTER, DIETER (1985), S. 105.
[73] Vgl. DEPENBROCK, HARTWIG (1975), S. 196.
[74] Vgl. HÜFFER, UWE (2002), § 140 AktG, Rn. 7. Da die Anzahl der Vorzugsaktien im Vergleich zur Anzahl der Stammaktien gering ist, können die Vorzugsaktionäre trotz des (temporären) Auflebens ihrer Stimmrechte keinen bedeutsamen Einfluss auf unternehmerische Entscheidungen geltend machen.
[75] Vgl. DEPENBROCK, HARTWIG (1975), S. 193 sowie KLEIN, GABRIELE (1981), S. 25 und S. 33.
[76] Vgl. KLEIN, GABRIELE (1981), S. 33, S. 37 ff. sowie S. 73.
[77] Diese Gestaltungsart von Vorzugsaktien bleibt in den nachfolgenden Überlegungen unberücksichtigt.
[78] Vgl. IMMENGA, ULRICH (1975), S. 1042.
[79] Vgl. SCHNEIDER, UWE H. (1990), S. 57.
[80] Vgl. HÜFFER, UWE (2002), § 134 AktG, Rn. 6. So können bspw. bei einem Besitz von mehr als 1.000 Aktien nur noch 10 Aktien eine Stimme gewähren. Im Rahmen dieses Beispiels ist es meiner Meinung nach belanglos, ob die Existenz von Stück- oder Nennwertaktien unterstellt wird.

mehrmalige Abstufungen sowie Abstufungen in Kombination mit einem Höchststimmrecht sind denkbar.[81, 82]

Höchststimmrechte bzw. Abstufungen dürfen gem. § 134 Abs. 1 S. 5 AktG **nicht für einzelne Aktionäre bzw. Aktionärskreise** wie z.B. ausländische Aktionäre bzw. Nicht-Mitglieder der Gründerfamilie festgesetzt werden, da diese Maßnahme faktisch einem Mehrstimmrecht gleichkäme.[83] Allerdings kann ein Höchststimmrecht ohne die Zustimmung davon betroffener Aktionäre, die nicht den gerade genannten Kategorien angehören, durch eine Satzungsänderung herbeigeführt werden, da auch weiterhin eine Mitbestimmung seitens der Aktionäre möglich ist.[84, 85]

Im Rahmen des Höchststimmrechts ist § 134 Abs. 1 S. 6 AktG zu beachten, der diesem **keinerlei Bedeutung für die Berechnung einer nach dem Gesetz oder der Satzung erforderlichen Kapitalmehrheit** beimisst. Das Höchststimmrecht kann seit Bestehen des KonTraG ausschließlich von nicht börsennotierten AG in Anspruch genommen werden.[86]

b) Überproportionale Stimmrechte bei Aktiengesellschaften

Bei einem **überproportionalen Stimmrecht** verhält sich der obige Sachverhalt gerade umgekehrt. Die Gewährung von **Mehrstimmrechtsaktien**[87] (auch als „Herrschaftsaktien"[88] oder

---

[81] Vgl. ZÖLLNER, WOLFGANG (1985), § 134 AktG, Anm. 30. In Ergänzung zum Sachverhalt in Fn. 80 (S. 15) gewähren bspw. ab 2.000 Aktien nur noch 20 Aktien eine Stimme. Ab dem Besitz von 3.000 Aktien wird gar kein Stimmrecht mehr gewährt.

[82] Von Vorzugsaktien differieren Höchststimmrechte bzw. Abstufungen in zwei wesentlichen Punkten: Zum einen wird die über das Höchststimmrecht bzw. die Abstufung hinausgehende verlorene bzw. verminderte Stimmkraft durch keinen Dividendenvorzug kompensiert, zum anderen bezieht sich das Höchststimmrecht bzw. die Abstufung auf die Stimmrechtsbeschränkung bei einem Gesellschafter, während die Vorzugsaktie auf die Stimmrechtsbeschränkung einer Aktie Bezug nimmt und daher eine eigene Aktiengattung verkörpert. Vgl. hierzu BGH-Urteil vom 14.7.1954, S. 269; BAUMS, THEODOR (1990), S. 221 und S. 225; BEZZENBERGER, TILMAN (1991), S. 90; ZÖLLNER, WOLFGANG (1985), § 134 AktG, Anm. 46 sowie ZÖLLNER, WOLFGANG/NOACK, ULRICH (1991), S. 118.

[83] Vgl. BGH-Urteil vom 19.12.1977, S. 123 und Urteil des OLG Düsseldorf vom 21.6.1976, S. 1047. Vgl. zum Mehrstimmrecht Kapitel B.III.1.b) (ab S. 16).

[84] Vgl. dazu das BGH-Urteil vom 19.12.1977, S. 117 ff., s.b.S. 122 und 124 f. sowie das auf die Art. 3 Abs. 1, 14 Abs. 1 GG Bezug nehmende Urteil des OLG Düsseldorf vom 21.6.1976, S. 1045, s.b.S. 1047 f.

[85] Verfassungsrechtliche Bedenken äußern hierzu IMMENGA, MEILICKE sowie ZÖLLNER als Mindermeinungen. Für sie verstößt die Festsetzung von Höchststimmrechten ohne Berücksichtigung der davon betroffenen Aktionäre gegen den Gleichheitsgrundsatz nach Art. 3 Abs. 1 GG, da das Prinzip der proportionalen Gleichbehandlung – ausgedrückt durch das Verhältnis zwischen der Anzahl der Stimmrechte und der Nennbeträge der Aktien – ab einer bestimmten vorgegebenen Grenze beschnitten wird. Vgl. hierzu IMMENGA, ULRICH (1975), S. 1043 sowie ZÖLLNER, WOLFGANG (1963), S. 122 f. und ZÖLLNER, WOLFGANG (1985), § 134 AktG, Anm. 48 f. IMMENGA räumt jedoch ein, dass kein Verstoß gegen den Gleichheitsgrundsatz vorliegt, wenn die durch das Höchststimmrecht betroffenen Aktionäre dem Beschluss zustimmen würden. Vgl. IMMENGA, ULRICH (1975), S. 1043. Weiterhin werden die über der Höchstgrenze bedeutungslos gewordenen Stimmrechte dem Eigentumsschutz gem. Art. 14 Abs. 1 S. 1 GG entzogen. Vgl. IMMENGA, ULRICH (1975), S. 1045 und deutlich MEILICKE, WIENAND (1971), S. 1145.

[86] Vgl. Art. 11 Nr. 1 des „Gesetzes zur Transparenz und Kontrolle im Unternehmensbereich (KonTraG)" vom 27. April 1998, S. 793. Vgl. bzgl. der Abgrenzung von börsennotierten und nicht börsennotierten Gesellschaften auch § 3 Abs. 2 AktG bzw. HEIDER, KARSTEN (2000), § 3 AktG, Rn. 40. Eine Übergangsregelung für vor dem 1. Mai 1998 von der Satzung geschaffene Höchststimmrechte bei börsennotierten Aktiengesellschaften lief zum 1. Juni 2000 gem. § 5 Abs. 7 EGAktG aus.

[87] Mehrstimmrechtsaktien stellen ein Instrumentarium zur Abwehr des Erwerbs der Stimmrechtsmehrheit mittels dahinter stehenden Kaufs von Aktien durch ausländische bzw. inländische Konkurrenten dar und verkörpern eine Alternativlösung zu den Höchststimmrechten bzw. Abstufungen. Allerdings ist ihre Daseinsberech-

„Überaktien“[89] bezeichnet), welche i. d. R. als vinkulierte Namensaktien (§ 68 Abs. 2 AktG) ausgegeben werden[90] und sich nicht auf die Auszählung der Kapitalmehrheit auswirken[91], erscheint seit Bestehen des KonTraG gem. § 12 Abs. 2 AktG augenscheinlich als vollständig verboten.[92, 93] Allerdings gilt es die in § 5 EGAktG kodifizierten Übergangsvorschriften zu wahren, wonach die Hauptversammlung mit einer Dreiviertel-Kapitalmehrheit die Fortführung der zum 1. Juni 2003 erlöschenden Mehrstimmrechtsaktien beschließen kann. Deren Eigentümer sind dabei von der Stimmrechtsausübung ausgeschlossen (§ 5 Abs. 1 EGAktG).[94]

MILDE-BÜTTCHER stellt zu Recht fest, dass der Gesetzgeber im Rahmen des KonTraG den Wortlaut des § 216 Abs. 1 S. 2 AktG anscheinend übersehen hat, da noch auf die alte Rechtsvorschrift des § 12 Abs. 2 S. 2 AktG Bezug genommen wird. Folglich könnte eine AG im Rahmen einer Kapitalerhöhung aus Gesellschaftsmitteln sowohl (neue) Mehrstimmrechtsaktien ausgeben als auch den Umfang des Stimmrechts bereits bestehender Mehrstimmrechtsaktien erhöhen.[95] Demgegenüber stellt sich die Frage, ob die Rechtsvorschrift des § 216 Abs. 1 S. 2 AktG überhaupt materielle Bedeutung erlangt. MILDE-BÜTTCHER und auch HÜFFER stellen in diesem Kontext auf die Rechtsunsicherheit dieser Situation ab und vertreten die Meinung, dass Mehrstimmrechtsaktien bis zu deren Verfall am 1. Juni 2003 gem. § 5 Abs. 1 EGAktG genehmigungsfrei ausgegeben werden können.[96] M. E. ist der Wortlaut dieser Norm streng grammatikalisch auszulegen. Es ist zunächst davon auszugehen, dass § 12 Abs. 2 S. 2

---

tigung im Zeitalter zunehmender internationaler bzw. nationaler Verflechtung infrage zu stellen. Vgl. hierzu HEIDER, KARSTEN (2000), § 12 AktG, Rn. 40; SAENGER, INGO (1997), S. 1813 und SCHWARK, EBERHARD (1993), S. 368.

88 Vgl. SCHMULEWITZ, MAXIMILIAN (1927), S. 133 ff.

89 Vgl. BONDI, ARTHUR (1930), S. 186.

90 Vgl. BRÄNDEL, OLIVER C. (1991), S. 176 und S. 178; PELTZER, MARTIN (1997), S. 93 sowie SAENGER, INGO (1997), S. 1818. Mittels vinkulierter Namensaktien und dem damit verbundenen Kontrollmechanismus über den dahinter stehenden Aktionärskreis soll gewährleistet werden, dass die Unternehmensinteressen gewahrt bleiben. Vgl. BIEG, HARTMUT/KUSSMAUL, HEINZ (2000b), S. 104. Vinkulierte Namensaktien können sowohl in Form von Nennwertaktien als auch in Form von Stückaktien emittiert werden.

91 Vgl. BGH-Urteil vom 28.11.1974, S. 212.

92 Vgl. Art. 1 Nr. 3 des „Gesetzes zur Kontrolle und Transparenz im Unternehmensbereich (KonTraG)“ vom 27. April 1998, S. 786. Vor der Verabschiedung des KonTraG konnte das generelle Verbot der Ausgabe von Mehrstimmrechtsaktien nur dann durch ministerielle Ermächtigung durchbrochen werden, wenn die Erfordernis der Wahrung überwiegend wirtschaftlicher Belange notwendig war. Vgl. § 12 Abs. 2 S. 2 i.d.F. des AktG 1965. Dieser Kontext bezog sich sowohl auf die Neuanschaffung von Mehrstimmrechtsaktien als auch auf deren Erhöhung. Vgl. ZÖLLNER, WOLFGANG (1988), § 12 AktG, Anm. 9 ff. Vgl. bzgl. verfassungsrechtlicher Bedenken im Rahmen der Beseitigung von Mehrstimmrechten SAENGER, INGO (1997), S. 1817 ff. und ZÖLLNER, WOLFGANG/HANAU, HANS (1997), S. 206 ff.

93 Mehrstimmrechtsaktien wurden von kommunalen Aktionären seit dem Jahre 1924 an RWE gehalten und sicherten eine Stimmrechtsmehrheit in den Hauptversammlungen. Im Jahre 1998 wurde die Aufhebung der Mehrstimmrechtsaktien beschlossen. Vgl. Internet: www.rwe.com/de/investor_relations/aktie/aktie.jsp (Stand: 1.7.2002).

94 Unabhängig vom Erlöschen der Mehrstimmrechte kann die Hauptversammlung bereits schon vor dem 1. Juni 2003 deren Auflösung mit einer hälftigen Kapitalmehrheit beschließen (§ 5 Abs. 1 EGAktG). Der Inhaber der erloschenen Mehrstimmrechte kann in beiden Fällen einen Ausgleich für den Verlust seiner bisherigen Sonderstellung gem. § 5 Abs. 3 EGAktG verlangen. Vgl. ebenfalls Art. 11 Nr. 1 des „Gesetzes zur Kontrolle und Transparenz im Unternehmensbereich (KonTraG)“ vom 27. April 1998, S. 793 sowie CLAUSSEN, CARSTEN P. (1998), S. 178 f. Vgl. zur Bewertung von Mehrstimmrechtsaktien im Rahmen eines Ausgleiches HERING, THOMAS/OLBRICH, MICHAEL (2001), S. 25 ff.

95 Vgl. MILDE-BÜTTCHER, MANFRED (1999), S. 1073 ff., s.b.S. 1075.

96 Vgl. HÜFFER, UWE (2002), § 216 AktG, Rn. 5 und – den konkreten Wortlaut des § 216 Abs. 1 S. 2 AktG vorschlagend – MILDE-BÜTTCHER, MANFRED (1999), S. 1075.

AktG, auf den in § 216 Abs. 1 S. 2 AktG verwiesen wird, in der aktuellen Fassung des AktG enthalten ist. Da § 12 Abs. 2 AktG nur aus einem Satz besteht, der die Ausgabe von Mehrstimmrechten explizit verbietet, läuft diese Vorschrift ins Leere.[97] Daraus resultiert folgende Konsequenz: Hätte der Gesetzgeber den Willen besessen, § 12 Abs. 2 S. 2 AktG zumindest befristet auch weiterhin Geltung zu verleihen, hätte er den Verweis in § 216 Abs. 1 S. 2 AktG mit dem Zusatz einer Vorfassung des AktG kennzeichnen müssen. Da dies unterlassen wurde, ist dem Verweis m. E. keine materielle Bedeutung beizumessen.[98]

Auch bei noch nicht vollständig eingezahlten Aktienbeträgen kann ein überproportionales Stimmrecht vorliegen. Gem. § 134 Abs. 2 AktG begründet i. d. R. die **vollständige Leistung der Einlage** inkl. des Agios[99] im Falle einer Überpariemission (§ 54 Abs. 2 AktG) das Stimmrecht, es sei denn, die Satzung sieht vor, dass bereits das Stimmrecht bei Leistung der gesetzlichen Mindesteinlage[100] oder einer satzungsmäßig höheren Mindesteinlage entfaltet wird.

Sind **alle** Aktien unvollständig eingezahlt, wird das Stimmrecht gem. § 134 Abs. 2 S. 4 AktG schon aufgrund von Teilleistungen gewährt. Hier räumt die Leistung der Mindesteinlage eine Stimme ein.[101]

---

97 Zustimmend MILDE-BÜTTCHER, MANFRED (1999), S. 1074.

98 Hinsichtlich der Abgrenzung zwischen Mehrstimmrechtsaktien und Höchststimmrechten bzw. Abstufungen sind folgende Aussagen zu treffen: Einerseits gewähren Mehrstimmrechtsaktien jedem diese Anteile innehabenden Aktionär einen (konstanten) Stimmrechtsvorteil, während Höchststimmrechte bzw. Abstufungen nur denjenigen Aktionären einen Stimmrechtsvorteil verschaffen, die nicht von der Ausprägungsform dieses unterproportionalen Stimmrechts betroffen sind. Vgl. hierzu ähnlich MEILICKE, WIENAND (1971), S. 1146. Der Stimmrechtsvorteil ist dabei umso größer, je mehr Aktionäre von dieser Maßnahme tangiert werden. Andererseits unterscheiden sich Mehrstimmrechtsaktien von Höchststimmrechten bzw. Abstufungen insoweit, dass sie einer bestimmten Aktie und nicht einem bestimmten Personenkreis anhaften. Vgl. BGH-Urteil vom 19.12.1977, S. 123.

99 Bei Nennwertaktien stellt das Agio die (positive) Differenz zwischen Ausgabekurs und jeweiligem Nennwert, bei Stückaktien die (positive) Differenz zwischen Ausgabekurs und anteiligem Betrag am Grundkapital dar.

100 Die gesetzliche Erlaubnis zur Ausgabe von nur teileingezahlten Stückaktien wird durch § 10 Abs. 2 S. 1 AktG sichergestellt. Ob im Rahmen der Regelung der gesetzlichen Mindesteinlage ausschließlich Bareinlagen bzw. bei gemischten Einlagen der Anteil der Bareinlagen betroffen sind, ist strittig. § 36a Abs. 2 S. 1 AktG sieht vor, dass Sacheinlagen vollständig zu leisten sind. Diese Aussage findet in Satz 2 derselben Rechtsvorschrift ihre Relativierung. Demnach sind Übertragungen von Vermögensgegenständen auf die Gesellschaft innerhalb von fünf Jahren nach ihrer HR-Eintragung zu leisten. Dieser Streitpunkt spielt für die folgenden Überlegungen keine Rolle, weshalb im Folgenden nur kurz der Meinungsstand in der Literatur wiedergegeben werden soll: GANSKE ist der Auffassung, dass mit § 36a Abs. 2 S. 1 AktG die Begründung des schuldrechtlichen Anspruches auf Übertragung eines Vermögensgegenstandes und mit Satz 2 dessen Vollzug gemeint ist. Vgl. GANSKE, JOACHIM (1978), S. 2462; HÜFFER, UWE (1979), S. 1067 sowie PENTZ, ANDREAS (2000), § 36a AktG, Rn. 13 ff. Zum gleichen Ergebnis gelangen KREBS/WAGNER, die den Anwendungsbereich des § 36a Abs. 2 S. 1 AktG ausschließlich für reine Nutzungs- bzw. Gebrauchsüberlassungen erachten. Vgl. KREBS, KARSTEN/WAGNER, JENS (1998), S. 473. A.A.: MAYER, DIETER (1990a), S. 539 und S. 542 f.; KRAFT, ALFONS (1987), S. 194 ff. sowie KRAFT, ALFONS (1988), § 36a AktG, Rn. 9 ff., die unter Satz 2 ausschließlich schuldrechtliche Ansprüche des Aktionärs gegenüber Dritten subsumieren.

101 Vom Wortlaut könnte es sich m.E. dabei grundsätzlich um die gesetzliche oder eine satzungsmäßig (höhere) Mindesteinlage handeln. Da § 134 Abs. 2 S. 4 AktG gerade einen satzungsmäßigen Eingriff ausschließt, verbleibt die gesetzliche Mindesteinlage. Allerdings wird – entgegen der Regelung des § 134 Abs. 2 S. 2 AktG – überraschend von der Kommentarliteratur unter „Mindesteinlage" die gesetzliche Mindesteinlage **ohne** das Agio verstanden. Vgl. z.B. HÜFFER, UWE (2002), § 134 AktG, Rn. 18 und ZÖLLNER, WOLFGANG (1985), § 134 AktG, Anm. 56. Relativierend ist anzufügen, dass das Agio bei einer vollständigen Leistung der Einlage im Rahmen der Stimmrechtsbemessung auch keinerlei Rolle spielt, da auf Nennbeträge bzw. auf Stückzahlen abgestellt wird (§ 134 Abs. 1 S. 1 AktG). ZÖLLNER räumt jedoch ein, dass diese Praktikabilitäts-

Wird ein höherer Betrag als die gesetzliche Mindesteinlage eingezahlt, sind wegen der vorzunehmenden Verhältnisrechnung Stimmenbruchteile gem. § 134 Abs. 2 S. 5 AktG nur dann zu berücksichtigen, wenn sie volle Stimmen gewährleisten.[102] Weiterhin gilt es bei Aktien mit unterschiedlichen Nennwerten zu klären, welcher Betrag als Mindesteinlage deklariert werden soll.[103] Hierbei ist m. E. auf die Aktie mit dem niedrigsten Nennwert (1 EUR) abzustellen, da ansonsten die Bruchteilsregelung des § 134 Abs. 2 S. 5 AktG Aktionäre mit eben genannten „geringwertigen" Nennwerten benachteiligen würde.

Zusammenfassend liegt ein Stimmrecht vor, das von der **konkreten Ausgestaltung der Satzung der AG** abhängig ist. Bei Unterstellung der gesetzlichen Vorschriften ist bis zur vollständigen Leistung der Einlage (inkl. des Agios) die kapitalmäßige Beteiligung größer als das daraus erwachsende Stimmrecht (**unterproportionales Stimmrecht**). Stellt man auf die Satzungsautonomie ab, kann auch ein **überproportionales Stimmrecht** derart entstehen, als dass z. B. „ein Viertel einer Aktie" ein volles Stimmrecht impliziert; es werden sozusagen „Quasi-Mehrstimmrechtsaktien" geschaffen. Als Besonderheit verbietet § 134 Abs. 2 S. 6 AktG analog zu Höchststimmrechten bzw. Abstufungen die satzungsmäßige Beschränkung der erwähnten Vorschriften auf einzelne Aktionäre bzw. auf bestimmte Aktiengattungen.

c) Unter- und überproportionale Stimmrechte bei alternativen Rechtsformen einer Organgesellschaft

Liegt eine **KGaA** als OG vor, ist **Komplementären** mit Ausnahme der in § 285 Abs. 2 S. 1 AktG geregelten Bereiche kein Stimmrecht einzuräumen.[104] Für **Kommanditaktionäre** gelten entsprechende Vorschriften wie für Aktionäre bei einer AG (§ 278 Abs. 3 AktG), da die Spezialvorschriften der §§ 279-290 AktG keine Ausnahmeregelungen zu den eben angesprochenen Sachverhalten liefern. Gleiches gilt für die bereits erörterten Regelungen in § 5 EGAktG bzgl. Höchststimm- und Mehrstimmrechten, da § 26 EGAktG ihre explizite Anwendung auch auf die KGaA vorsieht.[105]

---

regelung ausschließlich aus Bequemlichkeitsgründen hinsichtlich der Rechenbarkeit erfolgt. Als Konsequenz resultiert daraus die Gleichstellung zwischen der Mindesteinlage einer Aktie ohne Agio und einer solchen mit Agio. M. E. ist das hervorgebrachte Argument der Kommentarliteratur zwar einsichtig, aber wegen des Gesetzeswortlautes des § 134 Abs. 2 S. 4 AktG dennoch nicht tragbar.

102 Beläuft sich der Nennbetrag bzw. der bei Stückaktien anteilige Betrag auf 1 EUR, beträgt die Mindesteinlage 0,25 EUR, die gem. § 8 Abs. 2 S. 1 und Abs. 3 S. 3 AktG 1 Stimme impliziert. Werden auf 20 Aktien 5,20 EUR eingezahlt, wäre dem Bruchteil i.H.v. 0,20 EUR gem. § 134 Abs. 2 S. 5 AktG keinerlei materielle Bedeutung beizumessen.

103 Bei Stückaktien können aufgrund § 8 Abs. 3 S. 2 AktG keine quantitativen Unterschiede hinsichtlich der Beteiligung am Grundkapital entstehen. Vgl. dazu ebenso HEIDER, KARSTEN (1998), S. 4 und KOLB, SUSANNE/PÖLLER, RALF (1998), S. 857 und S. 859.

104 Diese Folgerung stellt den Umkehrschluss aus § 285 Abs. 1 AktG dar.

105 Eine **Sonderstellung** nimmt ein **Komplementär** ein, der **gleichzeitig Kommanditaktionär** ist, da ihm ein aus seinen Aktien grundsätzlich zustehendes Stimmrecht gem. § 285 Abs. 1 S. 1 AktG partiell eingeschränkt wird (§ 285 Abs. 1 S. 2 AktG). Hierbei handelt es sich insb. um Beschlüsse über die Wahl und Abberufung des Aufsichtsrates, die Entlastung der Komplementäre sowie die Wahl von Abschlussprüfern. Interessant ist, wie zu verfahren wäre, wenn sämtliche Komplementäre gleichzeitig Kommanditaktionäre wären, da vom Gesetzeswortlaut her keiner der in § 285 Abs. 1 S. 2 AktG aufgeführten Beschlüsse gefasst werden könnte. DREISOW legt die Rechtsvorschrift nicht grammatikalisch, sondern nach ihrem Sinn und Zweck (mögliche Interessenkonflikte zwischen Komplementären und Kommanditaktionären) aus und sieht unter diesen Umständen § 285 Abs. 1 S. 2 AktG als nicht anwendbar an, da kein Interessengegensatz stattfinden kann. Ande-

Bei einer **GmbH** können kraft Gesellschaftsvertrages ebenfalls Höchststimmrechte bzw. Abstufungen geschaffen werden. Weiterhin ist ein autonomer Ausschluss bestimmter Geschäftsanteile vom Stimmrecht möglich.[106] Auch die Möglichkeit eines überproportionalen Stimmrechts kann aufgrund von Mehrstimmrechten entstehen, die autonom durch den Gesellschaftsvertrag geschaffen werden können[107]; ein explizites Verbot dieser Anteile wie in § 12 Abs. 2 AktG existiert im GmbHG nicht[108]. Ein Ausschluss des Stimmrechts aufgrund einer unvollständigen Leistung der Stammeinlage ist im GmbH-Recht – entgegen der Regelung im AktG – nicht existent.[109, 110]

Im Rahmen der umsatz- sowie grunderwerbsteuerlichen Organschaft können auch **Genossenschaften** als OG fungieren. Diesen ist eine **Sonderstellung** beizumessen, da sie keine Kapitalkörperschaft[111] darstellt. Kapitalmehrheiten existieren nicht, weil zum einen die Geschäftsanteile[112] für alle Genossen gleich hoch sind und es zum anderen kein festes Gesellschaftskapital gibt.[113, 114]

Die Stimmrechtsregelungen sind gesetzlich sehr restriktiv festgelegt, da jeder Genosse unabhängig von seinem Kapitalanteil nur **eine Stimme** besitzt (§ 43 Abs. 3 S. 1 GenG).[115] Aller-

---

renfalls könnten bspw. die nach § 285 Abs. 1 S. 2 Nr. 6 AktG benötigten Abschlussprüfer nicht bestellt werden. Vgl. ausführlich m. w. N. DREISOW, RUDOLF (1977), S. 851 ff. Diese Meinung bejahend: SEMLER, JOHANNES/PERLITT, JOHANNES (2000), § 280 AktG, Rn. 17 und SEMLER, JOHANNES/PERLITT, JOHANNES (2000), § 285 AktG, Rn. 21. Ferner kann einem komplementäridentischen Kommanditaktionär aufgrund der Satzungsautonomie verboten werden, das Stimmrecht aus seinen Aktien auszuüben. Vgl. dazu SCHAUMBURG, HARALD/SCHULTE, CHRISTOPH (2000), Rz. 16 und ausführlich SEMLER, JOHANNES/PERLITT, JOHANNES (2000), § 285 AktG, Rn. 11.

106 Vgl. BGH-Urteil vom 14.7.1954, S. 269; VOGEL, WOLFGANG (1986), S. 39 f. sowie ZÖLLNER, WOLFGANG (1963), S. 45 und S. 120. Diese Regelung erinnert an die „stimmrechtslosen" Vorzugsaktien, allerdings ohne Gewinnvorzug. Vgl. bzgl. Stimmverboten in Einzelfällen auch LUTTER, MARCUS/HOMMELHOFF, PETER (2000), § 47 GmbHG, Rn. 13 ff.

107 Vgl. hierzu mit weiteren autonomen Ausgestaltungsmöglichkeiten FISCHER, KLAUS K. (1999), Rz. 81.

108 Vgl. MAYER, DIETER (1990b), S. 63. Relativierend hierzu äußert sich SCHMIDT, für den bei großen Publikumsgesellschaften keine Mehrstimmrechte ohne eine sachliche Begründung zugelassen werden sollten. Vgl. SCHMIDT, KARSTEN (1997), S. 608.

109 Vgl. LUTTER, MARCUS/HOMMELHOFF, PETER (2000), § 47 GmbHG, Rn. 1.

110 Von der Berücksichtigung eigener Anteile (§ 33 GmbHG) wird aus denselben Gründen wie im Aktienrecht abgesehen (vgl. dazu Fn. 66 (S. 14)).

111 Dies ist aus der im Vergleich zu einer Kapitalgesellschaft verschiedenen Funktion des eingesetzten Kapitals ableitbar. Während im Rahmen der Kapitalanlage bei einer Kapitalgesellschaft primär die Renditeerzielung erstrebt wird, besitzen die Anteile an einer Genossenschaft einen beitragsähnlichen Charakter, der den Geschäftsbetrieb in Gang zu setzen und zu erhalten bezweckt. Vgl. LEMBKE, HANNO (1973), S. 78 f.

112 Im Gegensatz zum GmbH-Recht, wo der Geschäftsanteil die mitgliedschaftlichen Rechte und Pflichten determiniert, stellt der genossenschaftliche Geschäftsanteil den Beteiligungshöchstbetrag hinsichtlich der Einlagen von Genossen dar (§ 7 Nr. 1 GenG). Vgl. BEUTHIEN, VOLKER (2000), § 7 GenG, Rn. 1.

113 Vgl. DETTEN, KNUT VON (1995), S. 10 f. und REUL, ADOLF (1997), S. 116 f. Das Statut kann mit einer Dreiviertelmehrheit der abgegebenen Stimmen (§ 16 Abs. 2 Nr. 2 GenG) festlegen, dass sich ein oder mehrere Genossen mit mehr als einem Geschäftsanteil beteiligen dürfen (§ 7a GenG). Auch hier entsteht grundsätzlich kein mehrfaches Stimmrecht. Vgl. BEUTHIEN, VOLKER (2000), § 7a GenG, Rn. 3 und BEUTHIEN, VOLKER (2000), § 43 GenG, Rn. 17. Da diese gesetzlich bestimmte Möglichkeit i. d. R. nicht angewendet wird, soll sie im Weiteren auch nicht verfolgt werden. Vgl. hierzu BAYER, WALTER (2000), § 16 AktG, Rn. 16.

114 Vgl. auch Urteil des OLG Frankfurt a. M. vom 21.11.1995 (rkr.), S. 140, das die Beherrschung einer Genossenschaft durch Anteilsbesitz ausschließt.

115 Es besteht offenkundig eine Analogie zu den Personenhandelsgesellschaften, in denen (nach dem Willen des Gesetzgebers) nach Köpfen abgestimmt wird (z.B. §§ 119 Abs. 2, 161 Abs. 2 HGB). Vgl. ebenso BAUDENBACH, CARL/OETTINGHAUS, SUSANNE (1985), S. 269, für die das personalistische Element der Genossenschaft im Vergleich zur Kapitalgesellschaft vordergründig ist.

dings sieht der Gesetzgeber für sog. **Primärgenossenschaften** (Einzelgenossenschaften)[116] ebenfalls die Schaffung von Mehrstimmrechten kraft Änderung des Statuts vor, deren Höchstgrenze auf drei Stimmen limitiert ist.[117] Als Voraussetzung dafür wird die besondere Förderung des Geschäftsbetriebs durch den jeweiligen Genossen verlangt (§ 43 Abs. 3 S. 2-4 GenG).[118] Das Mehrstimmrecht darf seine erweiternde Wirkung bei Beschlüssen der Generalversammlung, die eine mindestens 75%ige Stimmrechtsmehrheit benötigen und die das Statut auch nicht mildernd ändern kann, nicht entfalten (§ 43 Abs. 3 S. 5 GenG). **Ausnahmen** gelten für sog. **Zentralgenossenschaften** (Sekundärgenossenschaften).[119] Für sie findet die genannte Förderungsvoraussetzung, die quantitative Begrenzung der Mehrstimmrechte sowie deren Nichtausübung bei einer notwendigen qualifizierten Stimmrechtsmehrheit keine Anwendung.[120] Das Stimmrecht der Genossen kann vielmehr entsprechend der Höhe ihrer Geschäftsguthaben[121], der Anzahl der Geschäftsanteile oder nach einem anderen Maßstab ermittelt werden. Keine Wirkung erfahren Mehrstimmrechte bei Vertretern von Genossen in der die Generalversammlung ersetzenden Vertreterversammlung (§ 43a Abs. 3 S. 3 GenG).[122]

Stimmrechtslose Geschäftsanteile können, falls von der Generalnorm des § 43 Abs. 3 S. 1 GenG ausgegangen wird, kraft Statuts nicht geschaffen werden.[123] Ebenso ist der Stimmrechtsausschluss aufgrund einer unvollständigen Leistung der Geschäftsanteile nicht möglich.[124] Höchststimmrechte bzw. Abstufungen sind im Rahmen der Gewährung von Mehrstimmrechten denkbar.

---

116 Die Mitglieder einer Primärgenossenschaft sind ausschließlich oder überwiegend natürliche Personen. Vgl. „RK" (1992), S. 509.

117 Dadurch soll die Beschneidung der mit nur einer Stimme ausgestatteten Genossen möglichst gering gehalten werden. Vgl. dazu LEMBKE, HANNO (1973), S. 29.

118 Unter dem unbestimmten Rechtsbegriff der „besonderen Förderung" werden im Schrifttum diejenigen Maßnahmen verstanden, die zur Verbesserung der Kapitalbasis der Genossenschaft geeignet sind. Dazu zählen u.a. die Anzahl der Geschäftsanteile (§ 7a GenG), die Höhe des Geschäftsguthabens, die jeweiligen Umsätze der Genossen mit der Genossenschaft sowie eine etwaige Mitarbeit in Organen der Genossenschaft. Vgl. BAUDENBACH, CARL/OETTINGHAUS, SUSANNE (1985), S. 272 f. sowie ausführlich LEMBKE, HANNO (1973), S. 33 und S. 96 ff.

119 Unter einer Zentralgenossenschaft, deren Legaldefinition sich in § 43 Abs. 3 S. 6 GenG wiederfindet, wird eine Genossenschaft subsumiert, deren Genossen ausschließlich oder überwiegend ebenfalls Genossenschaften darstellen. Vgl. hierzu auch BFH-Urteil vom 18.4.1961, S. 282 und WINTER, HANS-WERNER (1992), S. 750.

120 Vgl. § 43 Abs. 3 S. 6 GenG.

121 Das Geschäftsguthaben ist von dem Geschäftsanteil einer Genossenschaft strikt abzugrenzen. Während der Geschäftsanteil den Einlagenhöchstbetrag eines Genossen festlegt und eine fixe Größe darstellt, ermittelt sich das variable und in der Bilanz gem. § 337 Abs. 1 S. 1 HGB auszuweisende Geschäftsguthaben als Summe der Einlagen und Gewinnzuweisungen abzüglich der Verlustzuweisungen und stellt folglich die tatsächliche finanzielle Beteiligung dar. Vgl. dazu REUL, ADOLF (1997), S. 116.

122 Jene kann bei Genossenschaften mit mindestens 1.500 Mitgliedern zustande kommen, falls das Statut deren Bildung vorsieht.

123 Vgl. BEUTHIEN, VOLKER (2000), § 43 GenG, Rn. 17; GRÄSER, BERND (2001), § 43 GenG, Rn. 14 und LEMBKE, HANNO (1973), S. 14.

124 Vgl. BEUTHIEN, VOLKER (2000), § 7 GenG, Rn. 7 und PÖHLMANN, PETER (2001), § 7 GenG, Rn. 5.

2. Mehrheit der Stimmrechte i.S.v. § 14 Abs. 1 Nr. 1 KStG

Nach der Verdeutlichung der notwendigen strikten **Differenzierung zwischen Kapitalanteilen und Stimmrechten** ist der Begriff der im KStG geforderten „Mehrheit der Stimmrechte", der in der Literatur spärlich und unpräzise behandelt wird, ausführlich zu beleuchten. Hierbei sind zwei praxisnahe Problembereiche aufzuwerfen, die im Folgenden unter Zuhilfenahme der Finanzrechtsprechung näher erläutert sowie problematisiert werden sollen:

- Wie ermittelt sich die Mehrheit der Stimmrechte i. Allg. (Stimmrechtsmehrheit dem Grunde nach)?
- Von welcher Mehrheit ist im Rahmen der finanziellen Eingliederung auszugehen (Stimmrechtsmehrheit der Höhe nach)?

a) Stimmrechtsmehrheit dem Grunde nach

Als Ausgangsbasis wird zur Beurteilung der Frage, welche Determinanten die Höhe des prozentualen Stimmrechtsanteils beeinflussen, generell die Relation der **im wirtschaftlichen Eigentum**[125] des OT befindlichen Stimmrechte zu den gesamten Stimmrechten an der OG herangezogen. Eine finanzielle Eingliederung kann nicht durch den ausschließlich das zivilrechtliche Eigentum innehabenden Treuhänder zustande kommen, der Anteile an einer OG verwaltet und kraft eines Treuhandvertrages die (Mehrheit der) Stimmrechte im eigenen Namen, aber weisungsgebunden im fremden Interesse auszuüben hat.[126] Entsprechende Einschränkungen gelten für die Sicherungsübereignung und den Sicherungseigentümer.

Als **Modifikation des Zählers** des Quotienten kommt eine Berücksichtigung von **Höchststimmrechten bzw. Abstufungen**[127] als Form von Stimmrechtsbeschränkungen in Betracht. Zunächst ist sich den Auswirkungen von Stimmrechtsbeschränkungen auf die Stimmrechtsmehrheit i.S.v. § 14 Abs. 1 Nr. 1 KStG näher zu widmen. Für WINTER berechnet sich die körperschaftsteuerliche Stimmrechtsmehrheit nach § 16 Abs. 3 AktG.[128] Hiernach bemisst sich diese Größe nach der Anzahl der Stimmen, „...die es [das Unternehmen bzw. hier: der OT, d. Verf.] aus den ihm gehörenden Anteilen ausüben kann...".[129] Somit folgert BAYER, dass sich Stimmrechtsbeschränkungen nicht auf die Berechnung der Stimmrechtsmehrheit niederschlagen dürfen, da es unerheblich ist, ob die Stimmrechte vom Unternehmen auch tatsächlich ausgeübt werden können.[130] M.E. müssen Stimmrechtsbeschränkungen auf jeden Fall in den Überlegungen Berücksichtigung finden, da § 16 Abs. 3 S. 1 AktG zwingend vorsieht, dass das Unternehmen sein Stimmrecht aus den ihm gehörenden Anteilen „ausüben kann" und nicht

[125] Vgl. PACHE, SVEN (1995), S. 716; in etwas abgeschwächter Form SCHWEND, GEORG/HALL, ANITA (1984), S. 99 und Urteil des FG Niedersachsen vom 7.6.1990 (rkr.), S. 291.

[126] Der Treuhänder hat für steuerliche Zwecke regelmäßig nachzuweisen, wem die von ihm treuhänderisch verwalteten Sachen oder Rechte gehören. Anderenfalls sind sie ihm zuzurechnen (§ 159 Abs. 1 AO). Vgl. hierzu ausführlich WÖHE, GÜNTER (2000b), S. 1202 ff.

[127] Vgl. zu den beiden Begriffen die Ausführungen in Kapitel B.III.1.a) (ab S. 14).

[128] Vgl. WINTER, WILLI (2002), § 14 KStG, Anm. 117.

[129] § 16 Abs. 3 S. 1 AktG.

[130] Vgl. BAYER, WALTER (2000), § 16 AktG, Rn. 39. A.A.: ADLER, HANS/DÜRING, WALTHER/SCHMALTZ, KURT (1997), § 16 AktG, Tz. 19 f.; HÜFFER, UWE (2002), § 16 AktG, Rn. 11 sowie KÜTING, KARL-HEINZ/WEBER, CLAUS-PETER (2001a), S. 12.

„ausüben könnte". Aus diesem Grund sind Stimmrechtsbeschränkungen sowohl im Rahmen der Ermittlung der aktienrechtlichen als auch der körperschaftsteuerlichen Stimmrechtsmehrheit zu berücksichtigen, da dem OT zwar die Stimmrechte aus den Anteilen zustehen, er sie aber nicht ausüben und somit u.U. seinen Willen nicht in der OG (rechtlich) durchzusetzen vermag.[131]

Dem OT gewährte Stimmrechte aufgrund von **Stimmbindungsverträgen**[132, 133] sowie **Stimmrechtsvereinbarungen** bzw. **Stimmrechtsvollmachten**[134] sind **nicht hinzuzurechnen**. Dies bedeutet – bezogen auf Tabelle 3 (S. 24) –, dass diese Größen von den Stimmrechten des OT **subtrahiert** werden müssen, falls sie in ihnen enthalten sind.

Umgekehrt wirken sich **Stimmrechtsverbote**[135] für einzelne Geschäfte zwischen OT und OG nicht auf die finanzielle Eingliederung aus[136] und müssen somit **hinzugerechnet** werden, falls sie in der Ausgangsgröße noch unberücksichtigt waren. **Mehrstimmrechte** sind demzufolge ebenfalls zu berücksichtigen und **hinzuzurechnen**. Anteile von Gesellschaftern mit gleichgerichteten wirtschaftlichen Interessen dürfen nicht miteinander addiert werden und begründen somit ebenfalls keine finanzielle Eingliederung.[137]

Bzgl. der **Änderungen des Nenners** des Quotienten sind von der Gesamtzahl sämtlicher Stimmrechte der OG mangels Gewährung von Stimmrechten solche aus eigenen Anteilen in Abzug zu bringen.[138]

---

131 Gleicher Ansicht: REUTER, HANS-PETER (1970), Tz. 1516v.

132 Unter einem Stimmbindungsvertrag wird eine schuldrechtliche Vereinbarung verstanden, im Rahmen derer der zur Stimmbindung Verpflichtete – sei es auf vertraglicher Basis oder durch Einzelweisungen – die ihm zustehenden Stimmrechte zwecks gemeinsamer Interessendurchsetzung zukünftig (einheitlich) mit dem zur Stimmbindung Weisenden ausübt. Vgl. FISCHER, KLAUS K. (1999), Rz. 118 und HÜFFER, UWE (2002), § 133 AktG, Rn. 25 ff. Stimmbindungsverträge sind bei einem für die Stimmbindung „zu rechtfertigenden Grund" zivilrechtlich wirksam und lassen sich bei gegensätzlicher Ausübung des Stimmrechts auch nicht anfechten. Ein „zu rechtfertigender Grund" ist z.B. bei der vertraglichen Bindung des Treuhänders an die Weisungen des Treugebers bzw. bei Konsortialverträgen unter Gesellschaftern gegeben. Vgl. SCHMIDT, KARSTEN (1997), S. 861 und S. 1832. Wird hingegen von einem oder mehreren Gesellschaftern gegen einen von **allen** Gesellschaftern abgeschlossenen Stimmbindungsvertrag verstoßen, gilt der Vertrag als anfechtbar. Unabhängig von der Anfechtbarkeit können Schadensersatzansprüche des Weisenden geltend gemacht werden. Vgl. hierzu das für das GmbH-Recht Geltung erlangende grundlegende BGH-Urteil vom 20.1.1983, S. 1911. Ein Vertrag, in dem sich der Aktionär den Weisungen des Vorstandes, des Aufsichtsrates bzw. eines abhängigen Unternehmens unterwirft, ist nichtig (§ 136 Abs. 2 S. 1 AktG).

133 Vgl. hierzu das Urteil des FG Niedersachsen vom 7.6.1990 (rkr.), S. 290 ff., in dem ein Stimmrechtsanteil von 49% zzgl. einer Stimmbindungsverpflichtung über die restlichen 51% der Stimmrechtsanteile nicht zur Begründung einer finanziellen Eingliederung ausreicht. Als Begründung führt das Gericht an, dass unbenommen einer Stimmbindungsverpflichtung dem OT **kein wirtschaftliches Eigentum** an den besagten Anteilen zusteht. Vgl. hierzu auch BFH-Urteil vom 31.3.1976, S. 512. Diesen Sachverhalt offenlassend: Urteil des FG Hamburg vom 6.12.1985 (rkr.), S. 416.

134 Stimmrechtsvollmachten widersprechen dem gesetzlichen Wortlaut des § 14 Abs. 1 Nr. 1 KStG, wonach die Stimmrechte dem OT **aus den Anteilen** an der OG zustehen müssen.

135 Vgl. hierzu § 136 Abs. 1 AktG, der ein Stimmrechtsverbot bei der Entlastung eines Aktionärs, einer endgültigen oder vorübergehenden Befreiung von einer Verbindlichkeit eines Aktionärs bzw. der Geltendmachung eines Anspruchs gegenüber eines Aktionärs vorsieht. Für das GmbH-Recht enthält § 47 Abs. 4 GmbHG dementsprechende Regelungen.

136 Vgl. BFH-Urteil vom 26.1.1989, S. 456.

137 Vgl. o.V. (1987), R 94.

138 Vgl. o.V. (1987), R 94; THEISEN, MANUEL R. (2000), S. 568 und VEIGEL, G. (1986), S. 436. Das Steuerrecht geht insofern mit dem Gesellschaftsrecht konform einher. Während der Gesellschaft gemäß des Gesetzeswortlautes des § 71b AktG explizit die Mitgliedschaftsrechte im Falle des Haltens eigener Aktien entzogen

Zusammenfassend lässt sich folgende Formel, die aus Anschaulichkeitsgründen in Tabelle 3 aufgelistet wird, ableiten:

	Stimmrechte des OT
–	Stimmrechte aufgrund von Stimmrechtsbeschränkungen (Höchststimmrechte bzw. Abstufungen)
–	Stimmrechte aufgrund von Stimmbindungsverträgen
–	Stimmrechte aufgrund von Stimmrechtsvollmachten
+	Mehrstimmrechte
+	Stimmrechte aufgrund von Stimmrechtsverboten
÷	**Gesamtzahl sämtlicher Stimmrechte der OG**
–	Stimmrechte aus eigenen Anteilen der OG
=	**Stimmrechtsrelation gem. § 14 Abs. 1 Nr. 1 KStG**

Tabelle 3: Ermittlung der Stimmrechtsrelation gem. § 14 Abs. 1 Nr. 1 KStG[139]

Aus Tabelle 3 wird ersichtlich, dass die Stimmrechtsrelation – entgegen der Behauptung von HÜBL –[140] nicht notwendigerweise eine Mehrheit von über 50% impliziert, falls die OG über Stimmrechte aus eigenen Anteilen verfügt.

b) Stimmrechtsmehrheit der Höhe nach

Bzgl. der Stimmrechtsmehrheit in quantitativer Hinsicht ist zu untersuchen, ob als „Mehrheit der Stimmrechte" eine einfache oder eine qualifizierte Mehrheit als sachgerecht anzusehen ist. Die Beurteilung ist von den in der Satzung, dem Gesellschaftsvertrag bzw. dem Statut geregelten Stimmrechtsverhältnissen abhängig. Generell bedarf es für Beschlüsse der Hauptversammlung der einfachen Stimmenmehrheit, d.h. 50%+1 Stimme (§ 133 Abs. 1 AktG[141]).[142] Übereinstimmend verhält es sich bei einer GmbH (§ 47 Abs. 1 GmbHG) bzw. einer Genossenschaft (§ 43 Abs. 2 S. 1 GenG) als infrage kommende OG. Sowohl per Gesetz als auch autonom per Satzung, Gesellschaftsvertrag bzw. Statut kann eine höhere benötigte Stimmrechtsquote festgelegt werden.

Nachstehend ist auf den **Sinn und Zweck** des § 14 Abs. 1 Nr. 1 S. 1 KStG abzustellen. Dabei wird zunächst ein Überblick bzgl. der Meinungen im Schrifttum gegeben. Für WÖHE stellt die Erfüllung der finanziellen Eingliederung die Beherrschung und folglich die Unterordnung der

werden, geht diese Regelung im GmbHG aus § 33 nicht hervor. Eine gleichartige Behandlung wird in der Rechtsprechung befürwortet. Vgl. BGH-Urteil vom 30.1.1995, S. 1027 f. und bereits RGH-Urteil vom 21.10.1921, S. 66 f.

139 In Tabelle 3 wird implizit davon ausgegangen, dass sich in den Ausgangsgrößen von Zähler und Nenner die im Anschluss daran zu subtrahierende(n) bzw. die zu addierende(n) Größe(n) enthalten bzw. nicht enthalten ist (sind).

140 Vgl. HÜBL, LEO (1969), S. 290.

141 Gleiches gilt mittels § 278 Abs. 3 AktG für Kommanditaktionäre einer KGaA.

142 Auch Sonderbeschlüsse (bspw. die von Vorzugsaktionären) fallen gem. § 138 S. 2 AktG unter die Regelungen des § 133 Abs. 1 AktG. Vgl. HÜFFER, UWE (2002), § 133 AktG, Rn. 6 bzw. HÜFFER, UWE (2002), § 138 AktG, Rn. 4.

OG unter den Willen des OT dar.[143] Simultan wird durch die finanzielle Eingliederung die Ausgangsbasis für die wirtschaftliche und v.a. die organisatorische Eingliederung bei den Verkehr- und Verbrauchsteuern geschaffen. Wird abweichend von den gesetzlichen (Mindest-) Bestimmungen eine satzungsmäßige höhere Stimmrechtsmehrheit festgelegt (z.B. 75%), hat sich die Erfüllung der finanziellen Eingliederung nach diesem Vomhundertsatz zu richten, um die jederzeitige Durchsetzung des Willens des OT bei entsprechenden Beschlüssen der OG gewährleisten zu können.

Kritischer ist die Fallkonstellation zu betrachten, bei der sich die Verabschiedung von Beschlussvorlagen nach unterschiedlichen (kraft Satzung oder Gesetz vorgegebenen) Vomhundertsätzen richtet.[144] Das Schrifttum liefert hierzu nur wenige konkrete Empfehlungen. Für PACHE sind in solchen „Mischfällen" „...insbesondere Art und Umfang der Angelegenheiten, die einer qualifizierten Mehrheit bedürfen, von ausschlaggebender Bedeutung."[145] „Ist [...] lt. Satzung der OG generell oder ganz überwiegend für deren Beschlüsse eine qualifizierte Mehrheit erforderlich, muß der OT für die finanzielle Beherrschung auch über diese qualifizierte Mehrheit der Stimmrechte verfügen. Ist für die Gesellschafterbeschlüsse teilweise die einfache, teilweise eine qualifizierte Mehrheit erforderlich, muß nach dem Gesamtbild der Verhältnisse entschieden werden [...]"[146], so der Meinungsstand von WITT und hieran anschließend WINTER[147] sowie SCHWEND und HALL[148]. Zustimmend äußert sich auch HERLINGHAUS, für den i.d.R. die einfache Stimmrechtsmehrheit als ausreichend erachtet wird, aber „Besonderheiten gelten [...], wenn die Satzung generell die qualifizierte Mehrheit vorsieht."[149]

Bei sämtlichen und m.E. als sachgerecht einzustufenden Aussagen gilt hinsichtlich ihrer Praktikabilität zu bedenken, dass durch die Termini „Art und Umfang der Angelegenheiten", „ausschlaggebende Bedeutung" bzw. „Gesamtbild der Verhältnisse" zusätzliche unbestimmte Rechtsbegriffe geschaffen werden, die es für konkrete Sachverhalte auszulegen gilt. So wäre bspw. eine Differenzierung zwischen „wichtigen" und „unwichtigen" Angelegenheiten vonnöten, während bzgl. des Umfangs der Angelegenheiten das zu erreichende Ausmaß bzw. dessen quantitative Ermittlung zu hinterfragen wäre. Als naheliegend würde sich ein zweistufiges Vorgehen erweisen, das zunächst eine subjektive Qualifizierung von Beschlüssen in die Kategorien „wichtig" und „unwichtig" vornimmt, während im Anschluss daran eine objektive

---

[143] Vgl. WÖHE, GÜNTER (1997), S. 115 sowie BFH-Urteil vom 18.1.1967, S. 259. Ähnlich und im Speziellen für die GmbH argumentiert auch o.V., für den in der Gesellschafterversammlung die Möglichkeit zur Beherrschung gegeben sein muss. Vgl. o.V. (1987), R 93. Relativierend äußert sich WITT, der typischerweise nicht nur die Möglichkeit, sondern auch die tatsächliche Inanspruchnahme des Willens des OT in der Gesellschafterversammlung der OG mittels der Stimmrechtsmehrheit gegeben sieht. Vgl. WITT, GEORG (1999), Tz. B32.

[144] Vgl. bzgl. der Bedenken bei verschiedenen Vomhundertsätzen bereits HÜBL, LEO (1972), S. 86. Vgl. hierzu auch den Sachverhalt des Urteils des Hessischen Finanzgerichts vom 3.5.2000 (n.rkr.), S. 205 f., in dem Beschlüsse der OG „grundsätzlich" mit einer Stimmrechtsmehrheit von 65% gefasst wurden; Für einige nicht näher spezifizierte Beschlüsse war eine Mehrheit von 75% der Stimmen erforderlich. Das Gericht sah die Mehrheit von 65% als maßgebliche Untergrenze an.

[145] PACHE, SVEN (1995), S. 716.

[146] WITT, GEORG (1999), Tz. B34.

[147] Vgl. WINTER, WILLI (2002), § 14 KStG, Anm. 117.

[148] Vgl. SCHWEND, GEORG/HALL, ANITA (1984), S. 100.

Quantifizierung der auf der ersten Stufe als „wichtig" erachteten Beschlüsse stattfindet, um feststellen zu können, ob deren Gesamtheit als „(ganz) überwiegend" oder „generell" beurteilt werden kann. Hierzu wäre bspw. eine Relation zu der Anzahl aller möglichen Beschlüsse zu bilden, die im jeweiligen konkreten Sachverhalt schwer zu ermitteln ist.

Aufgrund der m.E. geringen Praxistauglichkeit dieses Schemas sollten als konkrete Entscheidungshilfe **Beschlussgegenstände** untersucht werden, die zivilrechtlich speziell **im Kontext von Organschaftsverhältnissen** benötigt werden und an die zumeist restriktivere Anforderungen als eine Stimmrechtsmehrheit von 50% zzgl. 1 Stimme geknüpft sind. Als Paradebeispiel ist der Abschluss eines EAV oder BHV anzuführen.[150]

Einen weiteren „wichtigen" Beschluss stellt die **Möglichkeit der Änderung der Satzung**, des Gesellschaftsvertrages bzw. des Statuts dar, auf welche z.B. bei der Umstellung des Wirtschaftsjahres der OG bei Begründung oder Beendigung eines Organschaftsverhältnisses zurückgegriffen wird.[151] Der exakte notwendige **Umfang der Beschlussmehrheit** ist jedoch **von der Rechtsform der OG abhängig**. So wird im Aktienrecht eine 75%ige Kapitalmehrheit zzgl. einer einfachen Stimmrechtsmehrheit (§§ 133 Abs. 1, 179 Abs. 2 S. 1 AktG) sowie im GmbH-Recht und Genossenschaftsrecht eine jeweils 75%ige Stimmrechtsmehrheit (§§ 53 Abs. 2 S. 1 GmbHG, 16 Abs. 2 und Abs. 4 GenG) gefordert. Ferner kann jene 75%-Grenze im GmbH-Recht und Genossenschaftsrecht ausschließlich verschärft, im Aktienrecht hingegen auch vermindert werden, wobei die Untergrenze sich in Form einer 50%igen Kapitalmehrheit konkretisiert, da § 179 Abs. 2 S. 1 AktG nur gestattet, die Kapitalmehrheit in einer anderen Höhe festzulegen und nicht gänzlich abzuschaffen.[152]

Als Gegenargument ließe sich anführen, dass auch eine einfache Stimmrechtsmehrheit für Unternehmensverträge ausreichend ist, falls andere Gesellschafter der OG dafür stimmen. Dem ist zu entgegnen, dass dieses Szenario aufgrund von Interessenkonflikten nur schwer vorstellbar ist und deshalb der „worst case" betrachtet und nicht auf die Hilfe anderer, nicht in den Organkreis eintretender Gesellschafter bei der Beschlussfassung gesetzt werden sollte. Letztlich wäre eine Präsenzmehrheit auf der Haupt-, Gesellschafter- oder Generalversammlung vorstellbar, die trotz einfacher Stimmrechtsmehrheit den Abschluss solcher Unternehmensverträge ermöglichen könnte.[153] Hierauf wird noch an späterer Stelle in diesem Kapitel eingegangen.

Bislang wurde ersichtlich, dass eine **Disharmonisierung** sowohl innerhalb des Gesellschaftsrechts als auch zwischen Gesellschafts- und Steuerrecht besteht. Eine Stimmrechtsmehrheit, deren Höhe von der Rechtsform der OG abhängig gemacht wird, ist abzulehnen. M.E. ist die Festlegung einer **qualifizierten (Mindest-)Stimmrechtsmehrheit** von 75% zzgl. 1 Stimme

---

[149] HERLINGHAUS, ANDREAS (2000), S. 1111, Fn. 51.

[150] Vgl. zu diesen Themen ausführlich Kapitel B.IV (ab S. 66) und Kapitel B.VI.2.a)(1) (ab S. 130). Momentan wird aus Vereinfachungsgründen keine Divergenz zwischen Kapitalanteil und Stimmrecht angenommen. Deren Einbezug erfolgt in einem gesonderten Kapitel. Vgl. Kapitel B.III.2.c) (ab S. 30).

[151] Vgl. dazu ausführlich Kapitel B.III.3.d) (ab S. 56).

[152] Vgl. m. w. N. und im Speziellen Kapitel B.IV.2.a)(1)(a) (ab S. 70) sowie Kapitel B.IV.2.a)(2)(a) (ab S. 81).

[153] In den Gesetzestexten wird von „dem bei der Beschlussfassung vertretenen Kapital" (z.B. §§ 179 Abs. 2 S. 1, 293 Abs. 1 S. 2 AktG) bzw. von „den abgegebenen Stimmen" (z.B. §§ 53 Abs. 2 S. 1 GmbHG, 16 Abs. 2 GenG) gesprochen. Vgl. dazu SCHUBERT, WERNER/KÜTING, KARLHEINZ (1981), S. 78 f., Fn. 11.

als am praktikabelsten zu erachten.[154] Eine implizite Bestätigung erfolgt durch die Rechtsprechung, die eine finanzielle Eingliederung dann annimmt, wenn „...ein eigenes maßgebendes Mitspracherecht in der Gesellschafterversammlung gewährleistet [wird, d.Verf.]".[155, 156]

Jene bisher gewonnenen Erkenntnisse erfahren meiner Meinung nach eine Bekräftigung durch die jüngst vom BFH zur Mehrmütterorganschaft geforderte Harmonisierung mit dem Aktienrecht, insb. mit § 17 AktG[157], welcher mittels eines Analogieschlusses auch für das GmbH-Recht sowie das Genossenschaftsrecht Anwendung findet[158], weswegen der Versuch einer Projektion auf die Einmutterorganschaft unternommen wird.

Bei Einordnung der diskutierten Problematik in die aktienrechtliche Vermutungskette sind folgende Überlegungen abzuleiten: In § 16 Abs. 1 AktG wird von einer Mehrheitsbeteiligung ausgegangen, die mangels einer genauen gesetzlichen Regelung als alternativ 50% zzgl. 1 Stimme (oder 50% zzgl. 1 Anteils)[159] interpretiert wird.[160] In einem zweiten Schritt wird (widerlegbar) vermutet, dass sich das in Mehrheitsbesitz befindliche Unternehmen auch in einem Abhängigkeitsverhältnis befindet und ein beherrschender Einfluss auf dieses ausübbar ist (§ 17 Abs. 2 AktG).[161] Diese Annahme ist bspw. insofern widerlegbar, als dass Beschlussmehrheiten in Betracht kommen, für die die (einfache) Stimmrechtsmehrheit nicht ausreichend ist[162], was meiner Meinung nach ebenfalls auf die finanzielle Eingliederung bei einfacher Mehrheit zutrifft.[163] Unterstützend wirken der für ertragsteuerliche Zwecke abzu-

---

[154] Eine qualifizierte Mehrheit existierte bereits in den umsatzsteuerlichen Organschaftsregelungen. Eine finanzielle Eingliederung wurde davon abhängig gemacht, dass dem OT sowohl mehr als 75% der Anteile als auch mehr als 75% der Stimmrechte zustanden. Vgl. hierzu Art. 1 Nr. 1 des „Elften Gesetzes zur Änderung des Umsatzsteuergesetzes" vom 16. August 1961, S. 609 sowie BFH-Urteil vom 7.5.1968, S. 618 und BFH-Urteil vom 23.7.1970, S. 774 ff.

[155] BFH-Urteil vom 18.1.1967, S. 259. Vgl. ebenfalls BFH-Urteil vom 24.1.1968, S. 317.

[156] Bekräftigend dazu äußert sich HÜBL, der eine mittelbare Beteiligungskonstellation, innerhalb der ein OT zu 60% an einer Zwischengesellschaft beteiligt ist, beurteilt. Er konstatiert, dass die Unterstellung einer Beherrschung der Zwischengesellschaft sehr infrage zu stellen ist, da sie in der „...Allgemeinheit weder der gesellschaftsrechtlichen Situation noch der durch Gesellschaftsvertrag oder Satzung im Einzelfall geschaffenen Wirklichkeit [entspricht, d. Verf.]." HÜBL, LEO (1972), S. 87.

[157] Vgl. BFH-Urteil vom 9.6.1999, I R 37/98, S. 347 ff.; BFH-Urteil vom 9.6.1999, I R 43/97, S. 155 ff. sowie ausführlich Kapitel B.III.4 (ab S. 60).

[158] Der im Rahmen der aktienrechtlichen Vermutungskette der §§ 16 ff. AktG benutze Begriff des „Unternehmens" ist rechtsformneutral auszulegen, wobei er in den angesprochenen Bereichen nur definitorischen Charakter besitzt, ohne dabei unmittelbare Rechtsfolgen anzuordnen. Vgl. für das GmbH-Recht LUTTER, MARCUS/HOMMELHOFF, PETER (2000), Anhang zu § 13 GmbHG, Rn. 5; ROSENBACH, GEORG (1999), Rz. 2; SINA, PETER (1993), S. 643; ZÖLLNER, WOLFGANG (2000), Rn. 5 sowie für das Genossenschaftsrecht z.B. BEUTHIEN, VOLKER (1996), S. 351; DETTEN, KNUT VON (1995), S. 5 ff. und S. 106; HOLTKAMP, WERNER (1994), S. 5 sowie REUL, ADOLF (1997), S. 48 f., S. 76 ff. und S. 184 ff.

[159] Das Einklammern der Anteilsmehrheit soll diese nicht qualitativ im Kontext des § 16 Abs. 1 AktG abwerten; vielmehr ist sie für die organschaftlichen Überlegungen unmaßgeblich.

[160] Vgl. KÜTING, KARLHEINZ (1987), S. 349 sowie KÜTING, KARLHEINZ (1994), S. 385. A.A. hinsichtlich der Gesetzesinterpretation ist MÖHRING, für den die gesetzliche Mehrheitsbeteiligung eindeutig ist, da § 16 AktG „klare Richtlinien" enthält. Vgl. MÖHRING, PHILIPP (1974), S. 430.

[161] Vgl. hierzu auch BGH-Urteil vom 26.3.1984, S. 628 f., das den beherrschenden Einfluss als gesellschaftsrechtlich bedingt oder zumindest vermittelt ansieht. Gleicher Ansicht: KOPPENSTEINER, HANS-GEORG (1985), S. 811 ff., s.b.S. 824.

[162] Vgl. EMMERICH, VOLKER/SONNENSCHEIN, JÜRGEN/HABERSACK, MATHIAS (2001), S. 55; HÜFFER, UWE (2002), § 17 AktG, Rn. 21 und mit Beispiel MÖHRING, PHILIPP (1974), S. 431.

[163] Zu beachten gilt, dass vertragliche Gestaltungen wie bspw. die Erhöhung von Beschlussmehrheiten mit dem Ziel, die Abhängigkeit zu widerlegen, für die Beurteilungen nicht maßgebend sind.

schließende EAV bzw. BHV, die in der Kommentarliteratur als ausreichend für eine „(quasi) unwiderlegbare Vermutung" eines aktienrechtlichen Konzerns (§ 18 Abs. 1 AktG) und damit auch für ein „(quasi) unwiderlegbares Abhängigkeitsverhältnis" angesehen werden.[164, 165] M.a.W.: Es ist meiner Meinung nach nicht ausreichend, dass der OT aufgrund einer einfachen Stimmrechtsmehrheit die OG nur beherrschen **kann**, weil ihm (notwendige) Stimmen zum Abschluss von z.T. (steuer-)gesetzlich geforderten Unternehmensverträgen fehlen und somit eine **tatsächliche** Beherrschung – wie im Steuerrecht vorgesehen – ausgeschlossen wird. Insofern ist die im Aktienrecht formulierte Zielsetzung, dem Vorstand bzw. der Geschäftsführung Weisungen zu erteilen, für organschaftliche Zwecke zu eng formuliert.[166]

In einem nächsten Schritt gilt es, einen praxisrelevanten und das Gesellschafts- und Steuerrecht verbindenden Gedankengang aufzugreifen und klarzustellen. Die aus dem Aktienrecht, GmbH-Recht und Genossenschaftsrecht abgeleitete Stimmrechtsmehrheit i.S.v. § 14 Abs. 1 Nr. 1 KStG ist definiert als der Überschuss der abgegebenen Ja-Stimmen über die abgegebenen Nein-Stimmen. Eine Stimmenthaltung wirkt materiell wie die Nichtabgabe der Stimme und beeinflusst die Stimmrechtsmehrheit nicht.[167] Somit kann es – je nach Anzahl der bei Beschlüssen vertretenen Stimmen – zu unterschiedlichen Stimmrechtsmehrheiten kommen. Dieser Gesichtspunkt wird im Rahmen der aktienrechtlichen Vermutungskette aufgegriffen, wonach eine Minderheitsbeteiligung i.S.v. § 16 AktG durch eine nachhaltige Präsenzmehrheit auf Gesellschafterversammlungen entgegen § 17 Abs. 2 AktG zum Abhängigkeitsverhältnis führen kann.[168] Nach dem Willen des Steuergesetzgebers sollte aber die Möglichkeit beste-

---

[164] Vgl. dazu generell BGH-Urteil vom 4.3.1974, S. 196. A.A.: BAYER, WALTER (2000), § 18 AktG, Rn. 45. Relativierend: ADLER, HANS/DÜRING, WALTHER/SCHMALTZ, KURT (1997), § 17 AktG, Tz. 57 f.; ALTMEPPEN, HOLGER (1998), S. 1854; HÜFFER, UWE (2002), § 17 AktG, Rn. 12; HÜFFER, UWE (2002), § 291 AktG, Rn. 27; KLEY, KARL-LUDWIG (1986), S. 7; KORT, MICHAEL (1988a), S. 685; KRIEGER, GERD (1992), S. 432 sowie EMMERICH, VOLKER/SONNENSCHEIN, JÜRGEN/HABERSACK, MATHIAS (2001), S. 170, die konstatieren, dass ein EAV allein kein Weisungsrecht begründet, was aus § 308 Abs. 1 AktG herleitbar ist, wonach keine Leitungsmacht durch seinen alleinigen Abschluss begründet wird. Allerdings ist bei seinem Abschluss aufgrund des Eingriffs in die Organisation der OG eine Abhängigkeit i.S.v. § 17 AktG gegeben, wobei davon nicht die unwiderlegbare Konzernvermutung des § 18 Abs. 1 S. 2 AktG tangiert wird. Vielmehr findet die widerlegbare Vermutung eines (faktischen) Konzerns i.S.v. § 18 Abs. 1 S. 3 AktG Anwendung, die sich jedoch kaum entkräften lässt. Beim Meinungsstand bei ROSENBACH begründen BHV und EAV Abhängigkeitsverhältnisse, wobei nicht eindeutig erkennbar ist, ob auch eine isolierte Betrachtung möglich ist. Vgl. ROSENBACH, GEORG (1999), Rz. 4. Missverständlich: ZÖLLNER, WOLFGANG (2000), Rn. 80, für den ein faktischer Konzern ohne BHV **oder** EAV besteht. A.A.: BFH-Urteil vom 17.12.1969, S. 261, in dem dem Steuerpflichtigen kraft EAV ein Weisungsrecht eingeräumt wird, sowie VENROOY, GERD J. VAN (1981), S. 680 f. und BAYER, WALTER (2000), § 17 AktG, Rn. 65, für den ein beherrschender Einfluss eher zu verneinen ist.

[165] Vgl. bzgl. des Rückschlusses auf § 17 AktG KOPPENSTEINER, HANS-GEORG (1988), § 17 AktG, Rn. 13, der konstatiert: „Wenn an die Abhängigkeit eines Unternehmens dort die Vermutung geknüpft wird, daß es mit dem herrschenden einen Konzern bildet, so ist zu erwarten, daß sich aus dem, was einen Konzern ausmacht, auf den Abhängigkeitsbegriff zurückschließen läßt."

[166] Vgl. bzgl. der Zielsetzung ADLER, HANS/DÜRING, WALTHER/SCHMALTZ, KURT (1997), § 17 AktG, Tz. 29 f. und Tz. 104; BAYER, WALTER (2000), § 17 AktG, Rn. 26 und Rn. 58 ff.; EMMERICH, VOLKER/SONNENSCHEIN, JÜRGEN/HABERSACK, MATHIAS (2001), S. 44 ff.; KOPPENSTEINER, HANS-GEORG (1988), § 17 AktG, Rn. 52; MÖHRING, PHILIPP (1974), S. 441; RITTNER, FRITZ (1976), S. 1515 und ROSENBACH, GEORG (1999), Rz. 3.

[167] Vgl. zum Aktienrecht BGH-Urteil vom 20.3.1995, S. 153, zum GmbH-Recht BGH-Urteil vom 21.3.1988, S. 74 sowie zum Genossenschaftsrecht BEUTHIEN, VOLKER (2000), § 43 GenG, Rn. 8 und GRÄSER, BERND (2001), § 43 GenG, Rn. 8. Stimmenthaltungen sind insb. nicht den Nein-Stimmen zuzurechnen.

[168] Vgl. EMMERICH, VOLKER/SONNENSCHEIN, JÜRGEN/HABERSACK, MATHIAS (2001), S. 49 f.; KÜTING, KARL-HEINZ (1994), S. 289 und MÖHRING, PHILIPP (1974), S. 436 mit Beispiel.

hen, **stets und aus eigener Kraft** den entscheidenden Einfluss des OT auf die OG zu ermöglichen, wobei dies nicht von (objektiv nicht eindeutig nachprüfbaren, subjektiv beeinflussbaren und im Einzelfall von der Finanzverwaltung zu verifizierenden) Präsenzmehrheiten, deren Einschätzung zudem als „zufällig“[169] oder „nachhaltig“ vorzunehmen wäre, abhängig zu machen ist.[170] Im Steuerrecht sollte von der **Betrachtung des Idealfalles** ausgegangen werden, d.h., es wird die Anwesenheit sämtlicher Gesellschafter unterstellt.[171]

Zu guter Letzt könnte der **Wegfall der wirtschaftlichen und organisatorischen Eingliederung im ertragsteuerlichen Bereich für eine restriktive Auslegung** der Stimmrechtsmehrheit sprechen. Der (u.a.) nicht mehr benötigte BHV sowie die aktienrechtliche Eingliederung gewährleisteten bisher, dass die Beherrschungsmöglichkeit der finanziellen Eingliederung auch tatsächlich durchgeführt wurde.[172, 173] Der EAV vermag diese Instrumentarien, die bei Interessenkollisionen zwischen OT und OG dazu geeignet waren, den eigenen Willen von Letzterer zu unterdrücken, nicht zu ersetzen. M.E. stellt der EAV von seinen Rechtsfolgen zwar ebenfalls eine gewisse Willensbeeinflussung der OG hinsichtlich deren Gewinnverwendung dar, wobei die **Bindungsintensität zwischen beiden Unternehmen durch die Bestimmungen des StSenkG und UntStFG abgenommen** hat. Deswegen sind an die finanzielle Eingliederung (als Ersatztatbestand) strengere Anforderungen zu knüpfen. Zur Bekräftigung dieser Ausführungen kann auf den IdW-Steuerfachausschuss verwiesen werden, der bereits im Jahre 1992 die Abschaffung der wirtschaftlichen und organisatorischen Eingliederung bei gleichzeitiger Erhöhung der Stimmrechtsmehrheit auf 75 % forderte.[174] Der mögliche Einwand, diese Überlegungen hätten eine Vermengung von mehreren Eingliederungstatbeständen zur Folge, ist sicherlich gerechtfertigt. Jedoch gilt es zu bedenken, dass die finanzielle Eingliederung die **Ausgangslage zur Machtausübung** zu schaffen hat und zwangsläufig die (gesellschaftsrechtlichen) Erfordernisse des EAV berücksichtigen muss. Ferner werden die Konturen zwischen der finanziellen Eingliederung und des EAV durch die Forderung einer 75 %igen Stimmrechtsmehrheit nicht verwischt, da genügend materielle Unterschiede zwischen beiden Kriterien existieren, die deren Nebeneinander rechtfertigen.

In diesen Kontext ist die bereits in Kapitel B.III.1.c) (ab S. 19) angesprochene **Sonderbehandlung einer Genossenschaft** zu beurteilen und einzuordnen. Da die gesetzliche Mindest-

---

169 „Dabei darf es sich allerdings nicht nur um rein zufällige Entwicklungen oder einen zufälligen Eingriff handeln, die einem Unternehmen im einzelnen Fall zwar dazu verhelfen mögen, seinen Willen zur Geltung zu bringen, die sich aber wegen ihrer Abhängigkeit von der jeweiligen Sachlage einer voraussehenden Lenkung entziehen [...].“ Urteil des LG Oldenburg vom 14.3.1991 (n.rkr.), S. 1636.

170 Nach analogen Kriterien wäre meiner Ansicht nach eine Minderheitsbeteiligung bei im Übrigen zersplittetem Stimmrechtsbesitz zu beurteilen.

171 Gleicher Meinung hinsichtlich einer objektiven Betrachtungsweise ist auch DEHMER, HANS (1987), Rz. 78.

172 Vgl. hierzu HOLLATZ, ALFRED (1994), S. 856 und KNOBBE-KEUK, BRIGITTE (1993), S. 701.

173 Die Vornahme einer Differenzierung zwischen ertragsteuerlicher Organschaft einerseits und der Organschaft bei den Verkehr- und Verbrauchsteuern andererseits sollte meiner Meinung nach aus Vereinheitlichungsgründen schon deshalb unterbleiben, da das Körperschaftsteuerrecht den Ausgangs- bzw. Orientierungspunkt für die gesamten Organschaftsregelungen bildet.

174 Vgl. IdW-Steuerfachausschuss (1992), S. 134 und diese Regelung im Schrifttum begrüßend: BREUNINGER, GOTTFRIED E./PRINZ, ULRICH (1995), S. 2085 sowie PRINZ, ULRICH (1999), S. 649 f. Vgl. hierzu auch GROTHERR, SIEGFRIED (1995), S. 133 und KREBÜHL, HANS-HERBERT (1995), S. 744.

anzahl der Genossen mit sieben festgeschrieben ist (§ 4 GenG)[175], aber jedem Genossen unter bestimmten Umständen maximal nur drei Stimmrechte einzuräumen sind (§ 43 Abs. 3 S. 2-4 GenG), ist eine Stimmrechtsmehrheit in der Generalversammlung und erst recht eine statutarische Änderung gem. § 16 Abs. 2 und Abs. 4 GenG nur unter sehr restriktiven Voraussetzungen möglich.[176] Bei **Primärgenossenschaften** greift eine Mehrheitsregelung u.U. nur dann ein, falls ein Genosse ein anderes Unternehmen gem. § 17 AktG beherrscht, dieses ebenfalls Mitglied an dieser Genossenschaft ist und denen Mehrstimmrechte eingeräumt werden.[177] Diese im Rahmen des Aktienrechts getroffene richtige Aussage ist m. E. dahingehend zu relativieren, dass bei statutarischen Änderungen Mehrstimmrechten gem. § 43 Abs. 3 S. 5 GenG keine materielle Bedeutung gebührt, weshalb eine Durchsetzungsmöglichkeit nur in sehr seltenen Ausnahmefällen gegeben ist. LIESER und JUNG formulieren treffend, dass sich das Mehrstimmrecht de facto auf Unwesentlichkeiten beschränkt.[178] Somit kommen im Nachfolgenden insb. **Zentralgenossenschaften als OT einer OG im Rechtskleid einer Genossenschaft** in Betracht, da für diese die erläuterten restriktiven Regelungen gem. § 43 Abs. 3 S. 6 GenG keine Anwendung finden.[179]

c) Beeinflussung der Stimmrechtsmehrheit der Höhe nach durch Schaffung von unter- und überproportionalen Stimmrechten?

Während der Einbezug von über- und unterproportionalen Stimmrechten in die Ermittlung der Stimmrechtsmehrheit des OT in Kapitel B.III.2.a) (ab S. 22) aufgezeigt wurde, sollen im Folgenden Überlegungen zu ihrer Schaffung angestellt werden. Angenommen sei die Situation, bei der ein (künftiger) OT die in dieser Arbeit vertretene 75 %ige Stimmrechtsmehrheit an der (künftigen) OG nicht ausüben kann und ohne Kauf von neuen Anteilen dennoch deren finanzielle Eingliederung begehrt. Dabei sind zwei Strategien denkbar: Einerseits ließen sich überproportionale Stimmrechte für die (künftige) OG schaffen. Andererseits könnten die Stimmrechte der übrigen Gesellschafter in Form von unterproportionalen Stimmrechten beschnitten werden.

Bei überproportionalen Stimmrechten ließe sich eine qualifizierte Stimmrechtsmehrheit, nicht aber eine qualifizierte Kapitalmehrheit schaffen. Da Letztere im Aktienrecht maßgeblich ist und die **Mehrstimmrechte** keine Auswirkungen auf die Auszählung der Kapitalmehrheit

---

175 Diese Mindestanzahl muss – entgegen der Anzahl der Gründungs- und Fortsetzungsmitglieder einer KGaA – stets eingehalten werden, da bei deren Unterschreitung die Genossenschaft aufzulösen ist (§ 80 Abs. 1 GenG).

176 Theoretisch könnte der Fall eintreten, dass die Generalversammlung personell so unterbesetzt ist, dass ein Genosse mit drei (Mehr-)Stimmrechten dennoch die Stimmrechtsmehrheit erlangt. Obwohl des Gesetz keine Mindestanzahl an Mitgliedern bei Beschlüssen vorsieht, wird in der Kommentarliteratur die Anwesenheit von mind. drei Mitglieder gefordert. Vgl. BEUTHIEN, VOLKER (2000), § 43 GenG, Rn. 7; GRÄSER, BERND (2001), § 43 GenG, Rn. 7 und auch WESTERMANN, HARRY (1972), S. 372. Wegen der geringen Praxisrelevanz soll hiervon jedoch abgesehen werden. Vgl. mit statistischen Nachweisen REUL, ADOLF (1997), S. 118.

177 Vgl. MERLE, WERNER (1979), S. 269 bzw. bzgl. der Frage der Übertragbarkeit der aktienrechtlichen Regelungen auf das Umsatzsteuerrecht Kapitel B.III.3.b) (ab S. 43).

178 Vgl. LIESER, JOACHIM/JUNG, CHRISTIAN (1972), S. 910.

179 Vgl. DETTEN, KNUT VON (1995), S. 12; GROSSFELD, BERNHARD/BERNDT, JOACHIM (1998), S. 120 und bereits das für die KSt geltende BFH-Urteil vom 18.4.1961, S. 282, das sich in diesem Aspekt modifikationslos auf den jetzigen Geltungsbereich der USt transferieren lässt.

besitzen[180], ist in diesem Bereich kein Gestaltungsspielraum möglich. Anders verhält es sich im GmbH-Recht, wo auf eine 75%ige Stimmrechtsmehrheit abgestellt wird. Wie in Kapitel B.III.1.c) (S. 19) bereits ausgeführt, können Mehrstimmrechte ausschließlich kraft Gesellschaftsvertrages geschaffen werden, wofür eine Dreiviertel-Mehrheit der abgegebenen Stimmen vorherrschend ist (§ 53 Abs. 2 GmbHG). Als Möglichkeiten zu deren Einführung käme eine Präsenzmehrheit in der Gesellschafterversammlung in Betracht, da auf die Anzahl der abgegebenen Stimmen abzustellen ist. Ferner wäre die Zuhilfenahme von Stimmen einer weiteren Gesellschaft denkbar. Dazu sei folgender beispielhafter Sachverhalt betrachtet.

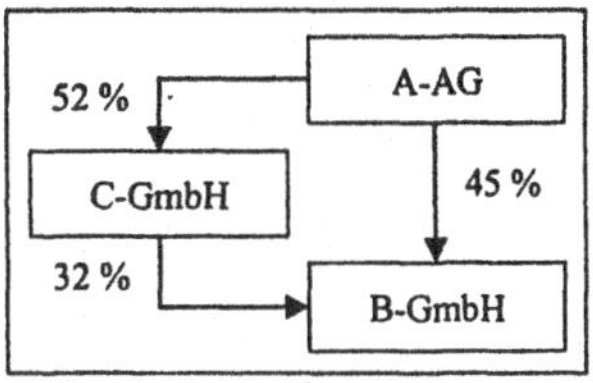

Eine finanzielle Eingliederung der B-GmbH in die A-AG ist nach den hier geforderten Stimmrechtserfordernissen nicht möglich. Übt die A-AG auf die C-GmbH dagegen einen Einfluss in dem Maße aus, dass C auf der Gesellschafterversammlung der B-GmbH im Sinne der A-AG stimmen wird, wäre die Schaffung von Mehrstimmrechten ebenfalls denkbar. Allerdings ließe sich der Ausschluss von Mehrstimmrechten bei der Ermittlung der Stimmrechtsmehrheit in Abhängigkeit vom jeweiligen Beschlussgegenstand kraft Gesellschaftsvertrages erreichen.[181] Wird der hierzu notwendige Beschluss parallel zur Schaffung der Mehrstimmrechte gefasst, ist von deren Einschränkung kaum bzw. zumindest in den bezweckten Bereichen nicht auszugehen. Ist der Beschluss der Schaffung der Mehrstimmrechte zeitlich nachgelagert, besitzt die die Mehrstimmrechte innehabende Gesellschaft bereits eine 75%ige Stimmrechtsmehrheit und vermag einen solchen Beschluss zu verhindern.

Die Schaffung von **Höchststimmrechten bzw. Abstufungen** bedarf einer mind. 75%igen Kapitalmehrheit bei einer AG/KGaA, die der potenzielle OT nicht selbst aufzubringen imstande ist. Eine weiterführende Diskussion scheidet analog zu den Mehrstimmrechten deswegen aus, da sich Höchststimmrechte nicht auf die Bemessung der Kapitalmehrheit auswirken (§ 134 Abs. 1 S. 6 AktG). Bei einer GmbH lassen sich ebenfalls Höchststimmrechte schaffen, wobei es zur notwendigen Änderung des Gesellschaftsvertrages einer Dreiviertelmehrheit der abgegebenen Stimmen bedarf. Es gelten dabei die zu den Mehrstimmrechten getroffenen Aussagen analog. Die restriktive Regelung des § 134 Abs. 1 S. 5 AktG, wonach Höchststimmrechte nicht für einzelne Aktionäre bzw. Aktionärskreise festgesetzt werden dürfen, ist aufgrund der Vertragsautonomie bei einer GmbH – soweit ersichtlich – nicht existent.

---

180 Vgl. BGH-Urteil vom 28.11.1974, S. 212.

181 Vgl. BAYER, WALTER (2000), § 17 AktG, Rn. 123.

Die in Kapitel B.III.1.a) (ab S. 14) aufgezeigten „stimmrechtslosen“ **Vorzugsaktien** vermögen **keine Divergenzen zwischen Stimmrechts- und Kapitalmehrheit** zu bewirken. Im Umkehrschluss zu § 140 Abs. 2 S. 2 AktG ist zu konstatieren, dass Vorzugsaktien nicht bei der Berechnung einer nach dem Gesetz oder der Satzung erforderlichen Kapitalmehrheit zu berücksichtigen sind. Der Miteinbezug in die Berechnung der Kapitalmehrheit ist dann geboten, wenn die Vorzugsdividende in einem Jahr nicht oder nur teilweise geleistet wurde und der rückständige Betrag im nächsten Jahr nicht neben der vollen Vorzugsdividende dieses Jahres nachgezahlt wird (§ 140 Abs. 2 S. 2 AktG). Genau dann lebt aber das Stimmrecht auf.

Im Rahmen der **unvollständigen Leistung der Einlage** kann je nachdem ein temporäres unter- bzw. überproportionales Stimmrecht geschaffen werden. Da § 14 Abs. 1 Nr. 1 KStG nicht auf die vollständige Leistung von Einlagen abstellt, wäre im Falle der Ausgestaltung eines überproportionalen Stimmrechts auch eine finanzielle Eingliederung zu einer AG/KGaA denkbar, deren Grundkapital nicht vollständig eingezahlt ist. Allerdings vermag ausschließlich die Satzung ein solches überproportionales Stimmrecht zu manifestieren, zu deren Änderung es einer Dreiviertel-Kapitalmehrheit bedarf (§ 179 Abs. 2 S. 1 AktG), an der es gerade mangelt.

Zusammenfassend ist die Schaffung von über- und unterproportionalen Stimmrechten bei einer AG/KGaA zu keiner Begründung einer finanziellen Eingliederung geeignet. Dagegen lässt sich eine solche im GmbH-Recht in Form von Mehrstimmrechten bzw. Höchststimmrechten kreieren. Bzgl. dieser Ungleichbehandlung zeichnen sich unterschiedliche gesellschaftsrechtlich bedingte Beschlussmehrheiten sowie eine größere Vertragsautonomie für verantwortlich.

3. Einmutterorganschaft

Unter dem Begriff der „Einmutterorganschaft“ soll im Folgenden das Verhältnis zwischen **einem**[182] **beherrschenden Unternehmen** (OT) und **einem beherrschten Unternehmen** (OG) verstanden werden.[183]

---

[182] Den Wortlaut des § 14 Abs. 1 S. 1 KStG betrachtend, wird auf **ein** Unternehmen verwiesen. Die beiden Interpretationsmöglichkeiten (unbestimmter Artikel oder Zählwort) wird eindeutig zugunsten der letzten Alternative entschieden. Vgl. BFH-Urteil vom 20.8.1986, I R 150/82, S. 458 sowie BFH-Beschluss vom 24.3.1998, S. 449 mit dem Versuch der Übertragung auf mehrere Unternehmen und bereits in der früheren Rechtsprechung BFH-Urteil vom 25.6.1957, I 22/55 U, S. 174 ff. Eindeutig ist hingegen der Wortlaut in § 2 Abs. 2 Nr. 2 S. 1 UStG, wo auf **das** Unternehmen verwiesen wird. § 1 Abs. 4 Nr. 2b GrEStG spricht wiederum von **einem** Unternehmen, welches ebenso als Singularbegriff aufzufassen ist. Im GewStG trat durch das UntStFG (unbewusst) insofern eine Klarstellung ein, als dass durch den geänderten Wortlaut des § 2 Abs. 2 S. 2 GewStG die Eingliederung in „**ein** Unternehmen“ entfallen ist. Vgl. auch Abschn. 14 Abs. 6 S. 1 GewStR.

[183] Mehrere, sich auf einer hierarchischen Ebene befindliche (Schwester-)Gesellschaften können keinen Organkreis begründen. Vgl. z.B. BFH-Beschluss vom 31.10.1990, S. 372; BFH-Urteil vom 23.7.1959, V 47/56 U, S. 394; BFH-Urteil vom 23.7.1959, V 176/55 U, S. 377; BFH-Urteil vom 25.10.1960, S. 70; BFH-Urteil vom 26.4.1966, I 44/64, S. 377; BFH-Urteil vom 17.4.1969, V 44/65, S. 414; BFH-Urteil vom 12.6.1974, S. 22; BFH-Urteil vom 3.2.1993, S. 516 f.; BFH-Urteil vom 25.1.1995, S. 592 und BFH-Urteil vom 18.12.1996, S. 443.

a) Ertragsteuern

Die für die KSt und GewSt gleichermaßen geltende finanzielle Eingliederung[184] wird von drei voneinander zu differenzierenden Bestimmungsfaktoren beeinflusst, die im Folgenden unter Zuhilfenahme der jeweiligen Rechtsform des OT einzeln betrachtet und problematisiert werden. Die Determinanten sind im Einzelnen:

- Unmittelbare und mittelbare **Beteiligungsstrukturen**[185];
- **Gesellschafterstruktur** des OT in der Rechtsform einer Kapitalgesellschaft oder Personenhandelsgesellschaft;
- **Ansässigkeit der Gesellschafter** des OT in der Rechtsform einer Personenhandelsgesellschaft, wobei sich des Wohnsitzstaatsprinzips[186] bedient wird. Auf diesen grenzüberschreitenden Aspekt wird in Kapitel D.III.1.a)(3) (ab S. 376) gesondert ausführlich eingegangen.

(1) Unmittelbare und mittelbare Beteiligungsstrukturen

Im Rahmen möglicher **Beteiligungsstrukturen** im körperschaftsteuerlichen Organkreis ist nach der Gesetzessystematik zwischen einer reinen unmittelbaren, einer reinen mittelbaren, einer gemischten mittelbaren sowie einer kombinierten unmittelbaren und (gemischten) mittelbaren Beteiligungsstruktur zu differenzieren.[187] Die Rechtswirkungen sämtlicher Alternativen werden im Falle des Erreichens der Gesamtstimmrechtsmehrheit im Endergebnis in § 14 Abs. 1 Nr. 1 KStG gleichgestellt. Durch das StSenkG wurde eine **wesentliche Änderung der finanziellen Eingliederungsvoraussetzung** bewirkt: Das bis dato untersagte Additionsverbot gemischter mittelbarer sowie kombinierter mittelbarer und unmittelbarer Beteiligungen wurde aufgehoben[188] und den vielfach geäußerten Bedenken des Schrifttums statt gegeben, die z.B. dazu evtl. notwendige Umschichtungen bislang bestehender Beteiligungsstrukturen zur Erlangung der Stimmrechtsmehrheit kritisierten[189] oder beanstandeten, dass das Abhängigkeitsverhältnis bei reinen mittelbaren Beteiligungen schwächer sein könnte als bei kombinierten unmittelbaren und mittelbaren Beteiligungen[190].[191]

---

[184] Vgl. Abschn. 14 Abs. 1 S. 2 GewStR.

[185] Vereinfachend wird nicht mehr von einem „Zustehen der Stimmrechte“, sondern von Beteiligungsstrukturen gesprochen.

[186] Das der Abgrenzung der deutschen Steuerhoheit dienende Wohnsitzstaatsprinzip besagt, dass die unbeschränkte Steuerpflicht an die in §§ 8-11 AO geregelten Legaldefinitionen „Wohnsitz“, „gewöhnlicher Aufenthalt“, „Geschäftsleitung“ und „Sitz“ anknüpft. Vgl. ROSE, GERD (2000), S. 26 sowie S. 28 ff.

[187] Diese **Grundbeteiligungsstrukturen** lassen sich aus jeder noch so komplexen Beteiligungskette herausfiltrieren und auf sämtliche Rechtsformen eines OT anwenden. Auch die an späterer Stelle in Augenschein genommene Besonderheit des SBV der Gesellschafter bei einer OT-Personenhandelsgesellschaft sind ohne Weiteres integrierbar. Vgl. zum SBV ausführlich Kapitel B.III.3.a)(2) (ab S. 36).

[188] Vgl. Art. 3 Nr. 6a des „Gesetzes zur Senkung der Steuersätze und zur Reform der Unternehmensbesteuerung (Steuersenkungsgesetz – StSenkG)“ vom 23. Oktober 2000, S. 1453.

[189] Vgl. WÖHE, GÜNTER (1997), S. 120.

[190] Vgl. SCHMIDT, LUDWIG/MÜLLER, THOMAS/STÖCKER, ERNST E. (1999), Rz. 93.

[191] Somit wird zum einen der (potenzielle) die Voraussetzungen für eine finanzielle Eingliederung erfüllende **Adressatenkreis erweitert** und **körperschaftsteuerliche Organschaften schneller geschaffen** (einen zivil- und steuerrechtlichen EAV vorausgesetzt). Zum anderen ist die erzielte Übereinstimmung mit dem kraft

Eine reine unmittelbare Beteiligung liegt genau dann vor, wenn der OT selbst an der OG Anteile hält und die ihm daraus zustehenden Stimmrechte ausübt. Von einer reinen mittelbaren Beteiligung wird gesprochen, wenn der OT über mindestens eine nachgeschaltete Zwischengesellschaft an der OG beteiligt ist, wobei sich auf einer hierarchischen Ebene jeweils nur eine (Zwischen-)Gesellschaft befinden darf und die Beteiligung an jeder zwischengeschalteten Gesellschaft die Mehrheit der Stimmrechte gewährt (§ 14 Abs. 1 Nr. 1 S. 2 KStG). Die **Rechtsform der Zwischengesellschaft** ist **unerheblich**, wobei die mittelbare Beteiligung auch über eine Gesellschaft gehalten werden darf, die kraft Gesetzes keine OG verkörpern kann (z.B. Personenhandelsgesellschaft).[192, 193]

Sind in Abwandlung auf einer hierarchischen Ebene mindestens zwei (Schwester-)Gesellschaften vorhanden, liegt eine gemischte mittelbare Beteiligungsstruktur vor. Eine kombinierte unmittelbare und (gemischte) mittelbare Beteiligungsstruktur wird durch eine Verbindung zwischen einer reinen unmittelbaren und einer reinen oder gemischten mittelbaren Beteiligungsstruktur charakterisiert. Sämtliche generellen Möglichkeiten werden in Abbildung 3 (S. 35) schematisch dargestellt.

Gleichzeitig fand durch das StSenkG eine stillschweigende **Annäherung** an die aktienrechtliche Vermutungskette statt. Die Anspruchsgrundlage stellt **§ 16 Abs. 4 AktG** dar.[194] Diese Additionsvorschrift berücksichtigt sowohl gemischte mittelbare als auch kombinierte unmittelbare und (gemischte) mittelbare Beteiligungen. Bei den in Abbildung 3 (S. 35) dargestellten Beteiligungsstrukturen ließen sich bei sämtlichen mittelbaren Gefügen die Stimmrechtsquoten des OT an der Zwischengesellschaft durch die Unterstellung des § 17 AktG substituieren. Materielle Unterschiede sind dann präsent, wenn die Stimmrechtsmehrheit und das Abhängigkeitsverhältnis voneinander divergieren.[195] Insofern ist eine Harmonisierung zu Abbildung 3 (S. 35) nur dann gegeben, wenn sich die **Abhängigkeitsvermutung des § 17 Abs. 2 AktG nicht widerlegen** lässt.

Rechtsprechung konstituierten Additionsgebot im Rahmen der Mehrmütterorganschaft zu begrüßen. Vgl. dazu BFH-Urteil vom 14.4.1993, S. 124 ff. und Kapitel B.III.4 (ab S. 60).

192 Vgl. BFH-Urteil vom 2.11.1977, S. 75 und BFH-Urteil vom 22.4.1998, S. 688. Als einzige Prämisse muss die Zugehörigkeit der Beteiligung an der OG zum Gesamthandsvermögen der Personenhandelsgesellschaft erfüllt sein. Dabei schließt der BFH das SBV der Gesellschafter explizit aus. Vgl. hinsichtlich des SBV Kapitel B.III.3.a)(2) (ab S. 36). Vgl. auch NIEMANN, OTTO (1977), S. 84, der vor dem Ergehen des BFH-Urteils vom 2.11.1977 darauf aufmerksam macht, dass die durch die Beteiligung vermittelte Herrschaftsmacht an der Zwischengesellschaft die gleiche sein muss wie bei der unmittelbaren finanziellen Eingliederung einer OG.

193 Ein gewerbliches Einzelunternehmen ist dazu ungeeignet, da keine Anteile an ihm gehalten bzw. Stimmrechte ausgeübt werden können. Vgl. für den Bereich der USt, wobei eine Transformation auf das Ertragsteuerrecht unbedenklich ist, Urteil des FG München vom 9.12.1987 (n.rkr.), S. 389.

194 Nach dieser Rechtsnorm sind den Stimmrechten (Anteilen) des mit Mehrheit beteiligten Unternehmens auch Stimmrechte (Anteile) hinzuzurechnen, die einem von ihm abhängigen Unternehmen i.S.v. § 17 AktG gehören.

195 Beispiele liefern KÜTING, KARLHEINZ/WEBER, CLAUS-PETER (2001a), S. 18 und RITTNER, FRITZ (1976), S. 1513 ff.

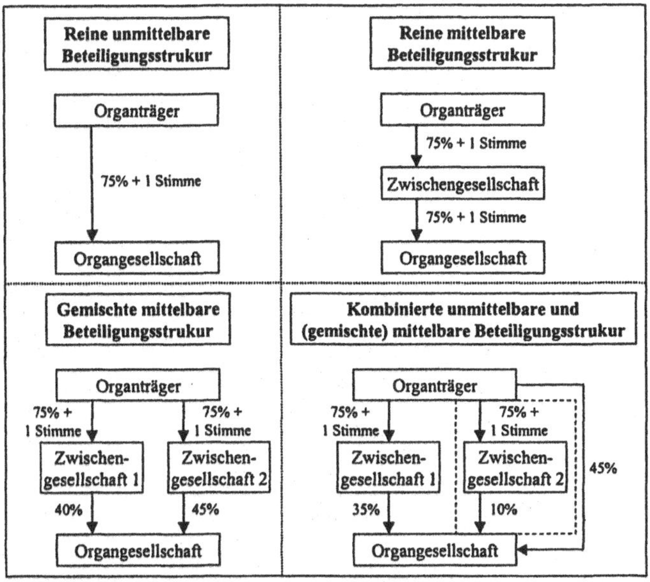

Abbildung 3: Systematisierung der möglichen Beteiligungsstrukturen im Rahmen der finanziellen Eingliederung gem. § 14 Abs. 1 Nr. 1 KStG[196]

Abschließend ist unter Bezugnahme auf mittelbare Beteiligungsstrukturen auf die konkrete Ermittlung des Stimmrechtsanteils des OT an der OG einzugehen. Dabei stehen die additive Ermittlung und die multiplikative Verknüpfung zur Auswahl.[197] Einige Autoren orientieren sich in ihren Fallbeispielen an der multiplikativen Berechnung.[198] M.E. ist hingegen der Meinung von KÜTING und WEBER beizupflichten, die solch eine Vorgehensweise nur im Falle der Ermittlung des Ausschüttungsanteils für sinnvoll halten.[199] Im Zuge der Übertragung dieser von beiden Autoren formulierten These auf das Organschaftsrecht kann eine multiplikative Berechnung schon deswegen keine Anwendung erfahren, da kein Bilanzgewinn ausgeschüttet wird. Weiterhin sind der Sinn und die Aussagekraft mehrerer multiplikativ verknüpfter Stimmrechte infrage zu stellen. Letztlich ist sich des Argumentes der Willensdurchsetzung des OT in der OG zu bedienen. Wenn der OT seinen Willen in der Zwischengesellschaft aufgrund einer Stimmrechtsmehrheit durchsetzen kann, ist diese Einflussnahme nicht nur anteillig, sondern in vollem Umfang zu berücksichtigen.[200] Diesem Gedankengang wird im Wortlaut des

[196] Bei der vierten Beteiligungsstruktur stellt der mit gestrichelten Linien umrahmte Bereich der Zwischengesellschaft 2 den Fall der kombinierten unmittelbaren und gemischten mittelbaren Beteiligungsstruktur dar.

[197] Ebenfalls infrage stellend: HEURUNG, RAINER/HEINSEN, OLIVER/SPRINGER, MASCHA (2001), S. 185.

[198] Vgl. FENZL, BARBARA/HAGEN, CHRISTIANE (2000), S. 291, Fn. 13; HERLINGHAUS, ANDREAS (2000), S. 1112; KOLLRUSS, THOMAS (2001b), S. 133 und WITT, GEORG (1999), Tz. B36.

[199] Vgl. KÜTING, KARLHEINZ/WEBER, CLAUS-PETER (2001a), S. 13. Vgl. hierzu ebenfalls mit Berechnungsbeispiel SCHUBERT, WERNER/KÜTING, KARLHEINZ (1974b), S. 596 sowie STADLER, RAINER/NOWLAN, JACKIE (2000), S. 280 f. Infrage stellend, sich jedoch zugunsten dieser Möglichkeit entscheidend: RÖDDER, THOMAS (2000), § 14 KStG, S. 567.

[200] Vgl. allgemein KÜTING, KARLHEINZ/WEBER, CLAUS-PETER (2001a), S. 12.

§ 14 Abs. 1 Nr. 1 S. 2 KStG Rechnung getragen. Die **additive Berechnung** ist als einzige **sinnvolle Variante** anzusehen.[201]

(2) Gesellschafterstruktur des Organträgers

Im Kontext der **Gesellschafterstruktur** gilt es zwischen Kapitalgesellschaften und Personenhandelsgesellschaften als mögliche OT zu differenzieren.

Wird eine Beteiligung von **Gesellschaftern einer OT-Kapitalgesellschaft** an der OG gehalten, ist deren Höhe aufgrund des unzulässigen Durchgriffs nicht in die Berechnung der finanziellen Eingliederung der OG in den OT mit einzubeziehen.[202] Ferner wäre m. E. einzuwenden, dass für die notwendige Willensausübung des OT auf die OG nicht zwingend von einer Willensidentität zwischen Gesellschaft und Gesellschaftern ausgegangen werden kann; diese These ist hingegen bei einer Personalunion anzunehmen.

Die obige Aussage ist im Generellen dann anwendbar, wenn die Beteiligungen der Gesellschafter im Privatvermögen gehalten werden. Wird unterstellt, dass zumindest ein Gesellschafter des OT ebenfalls als OT fungieren kann (Personenhandelsunternehmen oder Kapitalgesellschaft), kann ein Einfluss auf die in Abbildung 3 (S. 35) vorgenommene Systematik entstehen. Als weitere Voraussetzung ist das Halten der Anteile am OT (Stimmrechtsmehrheit!) und/oder an der OG im (steuerlichen) Betriebsvermögen des Gesellschafters zu nennen. In diesen Fällen wird eine in verschiedenen Formen mögliche[203] mittelbare Beteiligungsstruktur geschaffen.

Weitreichendere Folgen entstehen bei **Gesellschaftern einer OT-Personenhandelsgesellschaft.** Aufgrund des steuerlichen Transparenzprinzips kann sich unmittelbar sehr wohl ein Einfluss der aus den Anteilen der Gesellschafter resultierenden Stimmrechte an der OG auf die Höhe der Stimmrechte des OT an der OG ergeben. Eine Einordnung lässt sich auch hierbei anhand von Abbildung 3 (S. 35) vornehmen. Da von der hierarchischen Struktur her eine mittelbare Beteiligung vorliegt, die Personenhandelsgesellschaft jedoch als solche den OT verkörpert, ist von einer sog. **„uneigentlichen mittelbaren Beteiligung"** zu sprechen.[204, 205]

Die Voraussetzung bildet das Halten der Anteile im (steuerlichen) Betriebsvermögen des OT. Jene können sich einerseits im Gesamthandsvermögen der Personenhandelsgesellschaft selbst

---

[201] Der OT ist bei der gemischten mittelbaren Beteiligungsstruktur in Abbildung 3 (S. 35) indirekt zu 85% (40%+45%) und bei der kombinierten Beteiligungsstruktur direkt bzw. indirekt zu 90% (35%+10 %+45 %) an der OG beteiligt. Vgl. hierzu ebenfalls GROTHERR, SIEGFRIED (2000a), S. 1735. Bei Anwendung der multiplikativen Ermittlungsweise läge im ersten Fall keine finanzielle Eingliederung vor, da die Beteiligungsquote echt größer als 63,75% wäre.

[202] Ähnlich argumentierte der BFH, der von der Eigenschaft des OT als Körperschaftsteuersubjekt auf die Notwendigkeit des „tatsächliche Haltens" der Anteile an der OG schließt. Vgl. BFH-Urteil vom 25.10.1960, S. 70. Vgl. dazu auch BFH-Urteil vom 18.4.1961, S. 284; BFH-Urteil vom 1.2.1966, S. 286 und BFH-Urteil vom 12.6.1974, S. 22.

[203] Vgl. Abbildung 3 (S. 35).

[204] Vgl. zu dieser begrifflichen Kreation HÜBL, LEO (1972), S. 86.

[205] Die Personenhandelsgesellschaft und deren Gesellschafter sind dazu gedanklich als eine Einheit aufzufassen, die in Abbildung 3 (S. 35) mit „Organträger" tituliert wird.

befinden; andererseits ist eine Zugehörigkeit zum Vermögen der Gesellschafter möglich.[206] Abschn. 52 Abs. 2 S. 4 KStR stellt klar, dass diese Anteile im Falle einer Anerkennung der Organschaft dem (notwendigen) SBV II[207] der Gesellschafter zugeordnet werden müssen, um den Geschäftsbeziehungen zwischen OT und OG Ausdruck zu verleihen[208]. Insofern stellt die **Zugehörigkeit zum SBV II** keine Tatbestandsvoraussetzung, sondern eine **Rechtsfolge** dar.[209]

Der BFH hat zu der **alternativen Zuteilung** in seinem Urteil vom 26.2.1972 Stellung bezogen. Materiell gilt es, stets die jederzeitige Willensbeherrschung der OG durch den OT zu gewährleisten. Neben dem naheliegendsten Fall des Haltens der Beteiligung im **Gesamthandsvermögen** wird bei der Beteiligungszuordnung zum SBV der Gesellschafter unterstellt, dass jene, gleichzeitig als Gesellschafter der OG fungierende Subjekte ihren aufgrund ihrer Stimmrechte in deren Haupt- bzw. Gesellschafterversammlung geltenden Einfluss kraft enger personeller Verflechtung zum OT diesem insofern überlassen, als dass sie ihre Stimmrechte in seinem Interesse ausüben.[210] Hierzu bedarf es keines Vertrages wie bspw. einer Stimmrechtsvollmacht oder einer Stimmrechtsbindung.[211] Eine Bekräftigung erfolgt durch den BFH-Beschluss vom 24.4.1991 auf dem Gebiet des Bewertungsrechts, der die Zurechnung der Anteile zum SBV der Gesellschafter davon abhängig macht, dass keine bloße Privatanlage erfolgt, sondern die Anteile den Zwecken der Personenhandelsgesellschaft dienen.[212]

Aus den angeführten Urteilen ist zum einen eine **zivilrechtliche Betrachtungsweise des BFH** erkennbar, da er strikt zwischen Gesellschaft und Gesellschafter differenziert.[213] Zum

---

206 Ausgehend von letzterer Möglichkeit ist die OT-Personenhandelsgesellschaft überhaupt nicht an der OG beteiligt.

207 Vgl. BFH-Urteil vom 26.4.1966, I 44/64, S. 377 und – diese Rechtsprechung fortführend – BFH-Urteil vom 3.7.1969, S. 555 f. Unter dem (notwendigen) SBV II der Gesellschafter werden diejenigen in deren Eigentum befindlichen Wirtschaftsgüter subsumiert, die objektiv der Beteiligung des Gesellschafters an der Personenhandelsgesellschaft dienlich sind oder diese fördern. Vgl. hierzu KUSSMAUL, HEINZ (2000), S. 446 ff. und SCHNEIDER, NORBERT (2000), S. 91. Durch die BFH-Rechtsprechung wird explizit festgelegt, dass auch die Beteiligung an einer Kapitalgesellschaft zu dieser Vermögenskategorie gehören kann, falls sie für das Unternehmen der Personenhandelsgesellschaft vorteilhaft ist. Zum (notwendigen) SBV I ist der Unterschied insofern gegeben, dass die Beteiligung nicht der Personenhandelsgesellschaft zur Nutzung überlassen und von ihr als solcher für ihren Betrieb verwendet wird, sondern im Verfügungsbereich der Gesellschafter verbleibt und von diesen zum Vorteil der Personenhandelsgesellschaft eingesetzt wird. Vgl. BFH-Urteil vom 7.7.1992, S. 329 f. und BFH-Urteil vom 3.3.1998, VIII R 66/96, S. 676 f.

208 Vgl. BFH-Beschluss vom 24.4.1991, S. 578; BFH-Urteil vom 7.3.1996, S. 736 und BFH-Urteil vom 3.3.1998, VIII R 66/96, S. 675 ff.

209 Vgl. BFH-Urteil vom 7.7.1992, S. 330.

210 Vgl. primär BFH-Urteil vom 26.10.1972, S. 384 und darauf aufbauend BFH-Urteil vom 12.1.1977, I R 204/75, S. 358 sowie BFH-Urteil vom 28.4.1983, S. 692 und die Ausführungen von CONRAD, HANS-GEORG (1974), S. 63 und SCHMIDT, LUDWIG (1971), S. 238.

211 Vgl. SCHMIDT, LUDWIG/MÜLLER, THOMAS/STÖCKER, ERNST E. (1999), Rz. 352, die in dem Sachverhalt des BFH-Urteils vom 12.1.1977, I R 204/75, S. 357 ff., keinen Anhaltspunkt für solch eine vertragliche Vereinbarung sehen.

212 Vgl. BFH-Beschluss vom 24.4.1991, S. 578.

213 Vgl. BFH-Urteil vom 26.10.1972, S. 384. NIEMANN vertritt die Ansicht, dass der BFH zu Recht eine reine zivilrechtliche Sichtweise vertritt, da die durch die finanzielle Eingliederung ermöglichte Herrschaftsmacht nur durch das Zivilrecht und nicht durch das Steuerrecht vermittelt wird. Das (steuerliche) Betriebsvermögen stellt lediglich das notwendige Instrumentarium zur steuerlichen Gewinnermittlung dar. Vgl. hierzu auch NIEMANN, OTTO (1977), S. 48. M.E. übersieht NIEMANN, dass der BFH in seinem Urteil vom 26.10.1972

anderen tritt auch die **wirtschaftliche Betrachtungsweise** in Erscheinung, deren Gewichtung m.E. diejenige des Zivilrechts kompensiert und überlagert. Im Falle einer finanziellen Eingliederung der OG zu einem Gesellschafter wird die Personenhandelsgesellschaft nach wie vor als OT angesehen[214]; folglich ist eine Verknüpfung zwischen dem OT und dessen Gesellschafter herzustellen, die in einer Überlassung des Einflusses des Gesellschafters besteht. Es werden Parallelen zur Überlassung von Arbeitskraft oder Kapital deutlich, die in § 15 Abs. 1 Nr. 2 S. 2 EStG im Rahmen der additiven Gewinnermittlung die wirtschaftliche Einheit zwischen einer Personenhandelsgesellschaft und ihren Gesellschaftern manifestieren.[215] Somit wird sich auch im Bereich der Organschaft an der sog. Beitragstheorie nach WOERNER[216] orientiert, wonach der (die) Gesellschafter mittels der Einflussüberlassung an den OT einen Beitrag zur Förderung des Gesellschaftszweckes leistet (leisten).

Als fragwürdig erweist sich die Lage bei **stark voneinander divergierenden Beteiligungsverhältnissen** der Gesellschafter an der OT-Personenhandelsgesellschaft zum einen und an der OG zum anderen. Da nicht genau quantifiziert bzw. umrissen werden kann, wann „stark" voneinander divergierende Beteiligungsverhältnisse vorliegen, soll die in Abbildung 4 dargestellte Beteiligungsstruktur den folgenden Erläuterungen und Diskussionen als Ausgangsbeispiel dienen. Erschwerend tritt hinzu, dass nicht sämtliche Gesellschafter des OT an der OG beteiligt sein müssen. Als ausreichend wird die Stimmrechtsausübung **einzelner Gesellschafter** erachtet.[217]

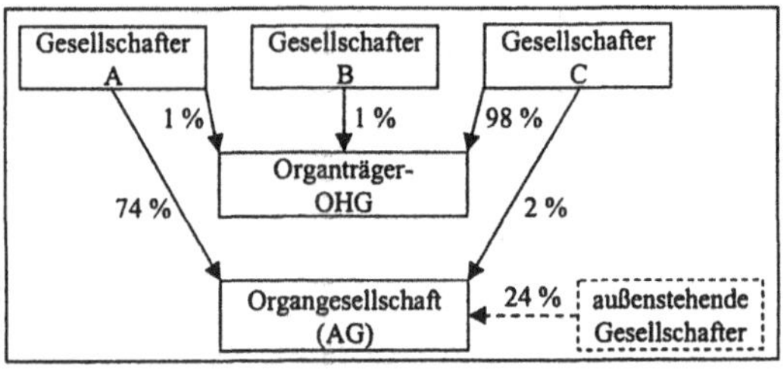

Abbildung 4: Beispielhafte Beteiligungsstruktur einer finanziellen Eingliederung in eine Organträger-Personenhandelsgesellschaft bei stark voneinander divergierenden Beteiligungsverhältnissen

Aus Abbildung 4 wird ein Interessenkonflikt zwischen den Gesellschaftern A und C ersichtlich. C beherrscht mit seinem Anteil von 98% die Personenhandelsgesellschaft auf direktem Wege und ist imstande, Weisungen an A hinsichtlich der Stimmrechtsausübung bei der OG zu erteilen, obwohl C nur einen Anteil von 2% an dieser hält. Er beherrscht die OG faktisch. Bei Begründung eines körperschaftsteuerlichen Organschaftsverhältnisses führt die OG ihren ge-

bzgl. dieser Aussagen den Konjunktiv anwendet, da sie im konkreten Sachverhalt keinen näheren Zusammenhang zur Urteilsfindung besitzen und nicht weiter erörtert und vertieft werden.

214 So auch NIEMANN, OTTO (1977), S. 59 und S. 116.

215 Vgl. DÖLLERER, GEORG (1975), S. 1075. Vgl. hierzu ebenfalls FELIX, GÜNTHER/STRECK, MICHAEL (1976), S. 251 und in abgeschwächter Form CONRAD, HANS-GEORG (1974), S. 62.

216 Vgl. WOERNER, LOTHAR (1974), S. 596.

217 Vgl. BFH-Urteil vom 12.1.1977, I R 204/75, S. 358.

samten Gewinn kraft EAV an den OT ab, wobei A einen Gewinnanteil von 1% zugewiesen bekommt, obwohl er zu 74% an der OG beteiligt ist.[218] Bei C verhält sich der Sachverhalt gerade umgekehrt. Diese von HÜBL[219] eingeräumten Bedenken und seine Meinung, für eine Anerkennung der Personenhandelsgesellschaft als OT muss „...wenigstens eine gewisse Ausgewogenheit der beiden Beteiligungen vorhanden sein“[220], sind m.E. zu bezweifeln, denn es müssten die Begriffe „gewisse Ausgewogenheit“ bzw. „abweichende Beteiligungsverhältnisse“ genauer definiert bzw. in bestimmten Intervallen quantifiziert werden. Dem Steuergesetzgeber ist insofern Recht zu geben, als dass er nicht zwischen solchen Fallkonstellationen differenziert, sondern auch in dem in Abbildung 4 (S. 38) dargelegten Fall eine finanzielle Eingliederung von 76% (74%+2%) anerkennen würde. Meiner Meinung nach sind in einem solchen Beteiligungsfall vielmehr die Gesellschafter des OT aufgerufen, eine solche Situation zu erkennen und entsprechend darauf zu reagieren bzw. diese zu gestalten.[221] Einige dazu dienende Lösungsvorschläge sollen im Folgenden aufgezeigt und diskutiert werden.

Aus Sicht des Gesellschafters A bestünde die Möglichkeit, die körperschaftsteuerliche Organschaft gar nicht zustande zu kommen zu lassen. Den „Schalthebel“ stellt der Abschluss des EAV dar. In Vorwegnahme zu Kapitel B.IV (ab S. 66) benötigt ein steuerlich wirksamer EAV u.a. die Zustimmung einer mindestens qualifizierten Mehrheit auf der Hauptversammlung der OG, die Gesellschafter A **eigens** aufgrund seiner Sperrminorität blockieren könnte.[222] Aus diesem Grund lässt sich m.E. die von Beteiligungsverhältnissen unabhängige implizierte **(unwiderlegbare) Annahme einer Interessenhomogenität** zwischen Gesellschafter und OT erklären, da die als **Rechtsfolge** darstellende Umqualifikation ins SBV bei solch einem Votum gar nicht stattfände.

Bei einer Unterstellung des Zustandekommens der körperschaftsteuerlichen Organschaft wäre das Gestaltungspotenzial in der Änderung des gesetzlichen[223], bisher vertraglich[224] oder stillschweigend[225] vereinbarten Gewinnverteilungsschlüssels des OT zu sehen, der simultan Ge-

---

218 Die Überlegungen erlangen m.E. auch bei der Nichtentnahme von Gewinnen Geltung, weil die damit verbundene wertmäßige Zunahme der Kapitalkonten der Gesellschafter Auswirkungen auf spätere Perioden besitzen, sei es auf die spätere Entnahme von Gewinnen, sei es auf das Ausscheiden der Gesellschafter und der damit verbundenen finanziellen Abgeltung ihrer Kapitalkonten.

219 Vgl. HÜBL, LEO (1972), S. 85.

220 HÜBL, LEO (1972), S. 85.

221 Zustimmend auch NIEMANN, der in solchen Fällen davon ausgeht, dass die Gesellschafter beim Abschluss eines EAV ihre Beziehungen zueinander einvernehmlich geklärt haben. Vgl. NIEMANN, OTTO (1977), S. 55. Deutliche Worte findet auch CONRAD, für den ein etwaiges Gewinnverteilungsproblem im Aufgabenbereich der Gesellschafter anzusiedeln ist. Vgl. CONRAD, HANS-GEORG (1974), S. 62.

222 Ferner besäße er die Möglichkeit, die Entscheidung in der Gesellschafterversammlung der Personenhandelsgesellschaft zu blockieren.

223 Vgl. § 121 Abs. 1 und Abs. 3 HGB. Vgl. auch mit kritischen Anmerkungen zur gesetzlichen Regelung sowie mit Verbesserungsvorschlägen zur Bewertung von Kapital-, Arbeits- und Haftungsleistungen SELLE, BETTINA (1993), S. 2040 ff.

224 Eine sehr gute Übersicht über gebräuchliche vertragliche Verteilungsschlüssel von Gewinnen und Verlusten liefert FALKHAUSEN, JOACHIM FREIHERR VON (1995), Rdnr. 14 ff.

225 Vgl. hierzu das BGH-Urteil vom 17.1.1966, S. 826 f., im Rahmen dessen bei einer OHG widerlegbar eine Abänderungsvereinbarung nach über 20jähriger vom Gesellschaftsvertrag abweichender Gewinnverteilung vermutet wurde.

sellschafter A hinsichtlich seines entgangenen Gewinnanspruches aus der Beteiligung an der OG entschädigt und eine geänderte Zuweisung des Gewinnanteils bewirkt.[226]

Innerhalb der immensen Variationsbreite möglicher gesellschaftsvertraglicher Regelungen kommen zwei naheliegende Möglichkeiten in Betracht. Die Festlegung des Gewinnverteilungsschlüssels nach der Beteiligungsquote der Gesellschafter an der OG oder dessen Bestimmung nach Maßgabe der Beteiligungshöhe am OT. Für die erste Variante spricht, dass der nicht an der OG beteiligte B auch keinen Gewinnanteil zugewiesen bekommt.[227] Diese Vereinbarung vernachlässigt, dass nicht ausschließlich der Gewinn der OG, sondern auch der eigene Gewinn des OT, an welchem B sehr wohl aufgrund des Zurverfügungstellens von Kapital zu partizipieren hat, auf die Gesellschafter verteilt wird. Ferner gilt zu bedenken, dass die sich im SBV II von A und C befindlichen Anteile an der OG dem Gesellschaftszweck zugute kommen, von dem alle Gesellschafter, d.h. auch B, profitieren.[228] Des Weiteren sind nach meiner Ansicht auch die handelsrechtlichen Regelungen hinsichtlich von Gesellschafterbeschlüssen zu berücksichtigen. Sind die Beschlüsse gem. der gesetzlichen Regelung des § 119 Abs. 1 HGB einstimmig zu fassen[229], könnte die eben angesprochene Änderung der Gewinnverteilung ohne die (hier nicht anzunehmende) Zustimmung von B nicht zustande kommen. Auch bei der in einer Vielzahl von Praxisfällen[230] vorherrschenden Beschlussfassung kraft Gesellschaftsvertrages nach Köpfen (§ 119 Abs. 2 HGB) oder nach anderen privatautonomen sachlichen Gesichtspunkten wie z.B. nach Kapitalanteilen (§ 119 HGB i.V.m. § 109 HGB)[231]

---

[226] Wird von einer stillschweigenden Vereinbarung abgesehen, geht die Änderung eines Gewinnschlüssels mit einer Modifikation des Gesellschaftsvertrages einher. Hierzu ist nicht das Einstimmigkeitsprinzip zwingend notwendig; vielmehr wird es nach herrschender Meinung als ausreichend erachtet, wenn das kraft der Privatautonomie mögliche Mehrheitsprinzip Anwendung erlangt. Vgl. hierzu ausführlich mit dem bisherigen Meinungsstand im Schrifttum GÖBEL, REINHARD (1990), S. 30 ff. sowie VOGEL, WOLFGANG (1986), S. 99.

[227] So die Meinung von HÜBL, LEO (1972), S. 85. Gesellschaftsrechtlich ist solch ein Ausschluss vom Gewinn und vom Verlust möglich. Vgl. BGH-Urteil vom 6.4.1987, S. 690 sowie FALKHAUSEN, JOACHIM FREIHERR VON (1995), Rdnr. 14 und Rdnr. 36 f., wobei natürlich das weitere Engagement des vom Gewinn auszuschließenden Gesellschafters hinsichtlich des gemeinsam zu verfolgenden Gesellschaftszweckes infrage zu stellen ist.

[228] DÖLLERER nimmt einen Vergleich mit derjenigen Situation vor, in der ein Gesellschafter der Personenhandelsgesellschaft z.B. seine Arbeitskraft überlässt. An der (dadurch angenommenen) Gewinnsteigerung partizipiert nicht ausschließlich der erwähnte, sondern alle Gesellschafter, unabhängig davon, ob sie der Personenhandelsgesellschaft Wirtschaftsgüter oder Leistungen überlassen haben. Vgl. DÖLLERER, GEORG (1975), S. 1075.

[229] Einstimmigkeit von Gesellschafterbeschlüssen i.S.d. § 119 Abs. 1 HGB bedeutet, dass nicht nur die an der Gesellschafterversammlung teilnehmenden, sondern alle Gesellschafter – sei es auch nachträglich – dem Beschluss zustimmen müssen. Vgl. VOGEL, WOLFGANG (1986), S. 99 und S. 184 sowie WEIPERT, LUTZ (1995), Rdnr. 7.

[230] Vgl. BARZ, CARL H. (1972), S. 36 sowie WEIPERT, LUTZ (1995), Rdnr. 8 und Rdnr. 16.

[231] Die zur Erfassung und Dokumentation der Kapitalanteile dienenden Kapitalkonten können gänzlich als variabel (so sieht es § 120 HGB vor) oder teilweise als variabel (Kapitalkonten II) und teilweise als fix (Kapitalkonten I) ausgestaltet sein. In ersterem Fall kann das (variable) Kapitalkonto bei einem Überschuss der darauf geführten Verluste und Entnahmen über die nicht entnommenen Gewinne und die Einlagen negativ werden. Damit geht der Verlust des Stimmrechts des Gesellschafters einher. Zu dessen Vermeidung wird das Kapitalkonto in einen fixen und variablen Teil aufgespalten und auch getrennt in der Bilanz der Personenhandelsgesellschaft ausgewiesen. Das Gewicht des Stimmrechts bemisst sich nach der Höhe des fixen Kapitalkontos, welches das aufzubringende und einzulegende Kapital aufnimmt, während auf dem variablen Kapitalkonto nicht entnommene Gewinne, Verluste und Entnahmen geführt werden. Vgl. bzgl. der gesellschaftsrechtlichen Regelungen ENSTHALER, JÜRGEN (1999), § 119 HGB, Rz. 24; ENSTHALER, JÜRGEN (1999), § 120 HGB, Rz. 9 f. und HERRMANN, HANS J./NEUFANG, BERND (2000), S. 2602 sowie zum Bilanzrecht REINHARD, HERBERT (1995), § 247 HGB, Rn. 93.

käme m.E. keine Mehrheit für eine Änderung der Gewinnverteilung zustande, da C ebenfalls eine solche Regelung boykottieren würde.

Bei der zweiten infrage kommenden Alternative ist eine **Umverteilung des Gesamtgewinns** erkennbar: Gesellschafter A erhält gem. seiner Beteiligung am OT einen geringeren Gewinn als er ohne körperschaftsteuerliche Organschaft im Ausschüttungsfall von der OG und des OT zusammen erhalten hätte. Davon profitiert C, dessen Situation gerade in konträrer Weise beschrieben werden kann. Der benachteiligte A wird nur schwer zu dieser Möglichkeit überzeugt werden können, da er für seine, durch die Nutzungsüberlassung der Anteile eingetretene Beschneidung seiner Gesellschaftsrechte eine Entschädigung erhalten möchte.

M.E. wäre ein **Übereinkommen** dahingehend zu treffen, dass die Gewinnpartizipation der an der OG beteiligten Gesellschafter zu Lasten derjenigen von Gesellschafter B geregelt wird. Deshalb bietet sich die Vereinbarung einer **zweigleisigen Gewinn- und Verlustverteilungsstrategie** an. Da beide Gesellschaften ihren Gewinn selbstständig ermitteln, könnte meiner Meinung nach der originäre Gewinn des OT im Verhältnis der Kapitalkonten auf die Gesellschafter aufgeteilt werden, während von demjenigen der OG die Gesellschafter A und C im Verhältnis ihrer Anteile partizipieren würden.[232] Deren Beteiligung am OT wird durch den Einsatz des Wirtschaftsgutes „Beteiligung an der OG" gestärkt. Dieser verschafft dem OT einen unmittelbaren wirtschaftlichen Vorteil, wobei die betreffenden **Gesellschafter als solche** zugleich eine **Verstärkung ihrer eigenen Stellung** verspüren, welche sich in Form der Teilhabe an einem erhöhten Gesellschaftsgewinn niederschlägt.[233]

Aus diesen Überlegungen heraus sind mögliche **Ausgleichszahlungen an Gesellschafter A m. E. zu verneinen**. Entgegen des „klassischen" Falles **entgeht ihm nicht der Gewinnanspruch dem Grunde nach**. Der Höhe nach können Vermögenseinbußen durchaus eintreten, welchen in gesellschaftsvertraglicher Hinsicht vorzubeugen ist. Ferner wäre bei Bejahung eines „außen stehenden Gesellschafters" im Zuge einer praktischen Umsetzung infrage zu stellen, was unter „stark voneinander abweichenden Beteiligungsverhältnissen" zu verstehen ist. Hielte Gesellschafter A in Abwandlung zu Abbildung 4 (S. 38) nur 5% an der OG und Gesellschafter C 71%, hätte A ebenfalls (geringere) Vermögeneinbußen zu verzeichnen. Wäre er auch in diesem Falle als „außen stehend" zu betrachten? Ein weiteres Argument gegen Ausgleichszahlungen liefert die in Abschn. 52 Abs. 2 S. 4 KStR geregelte Fiktion der **wirtschaftlichen Einheit** zwischen dem OT und seinen Gesellschaftern.

[232] Analog argumentiert WINTER, der die strikte Trennung zwischen der Verteilung des Gewinns des OT und der OG hervorhebt. Vgl. WINTER, WILLI (2002), § 14 KStG, Anm. 67. A.A.: JANSEN, KARL/STÜBBEN, DIRK (1984), S. 1500, für die beide Größen ununterscheidbar miteinander vermengt werden und folglich nicht abweichend von dem Gewinnverteilungsschlüssel der Personenhandelsgesellschaft auf die Gesellschafter verteilt werden dürfen.

[233] Vgl. GSCHWENDTNER, HUBERTUS (1998), S. 677 sowie SCHNEIDER, NORBERT (2000), S. 92 f.

Abschn. 52 Abs. 2 S. 3 KStR bejaht ebenfalls eine Zusammenrechnung von Anteilen der Personenhandelsgesellschaft mit solchen seiner Gesellschafter an der OG.[234] Insofern kann jene sowohl in die Personenhandelsgesellschaft als auch in deren Gesellschafter finanziell eingegliedert sein. Die Rechtsfolge wird im Schrifttum differenziert beurteilt.[235] Aus dem Kreise der Skeptiker äußert WITT seine Bedenken am deutlichsten. Für ihn ist bei Geltung einer solchen Beteiligungsstruktur nicht eindeutig ersichtlich, in welches Subjekt die finanzielle Eingliederung der OG überhaupt erfolgt. Des Weiteren werden durch die Additionsmöglichkeit „...dieser Beteiligungen unterschiedlicher Qualität [...] neue Organschaftsmöglichkeiten eröffnet [...], die nicht in das logisch aufgebaute System der finanziellen Eingliederung passen."[236] Meiner Ansicht nach lässt sich solch ein „Mischfall" nach den gesamten Erläuterungen ebenfalls rechtfertigen, da es für die Überlassung des Einflusses der Gesellschafter an die Personenhandelsgesellschaft unerheblich sein muss, ob Letztgenannte zusätzlich an der OG beteiligt ist oder nicht. Ferner spricht gegen die Bedenken von WITT, dass der EAV mit der Personenhandelsgesellschaft selbst abgeschlossen werden muss. Gleiches galt hinsichtlich des Adressaten der wirtschaftlichen und organisatorischen Eingliederung vor dem StSenkG. Die gesamten organschaftlichen Voraussetzungen sind auf die Personenhandelsgesellschaft fokussiert, wobei im Rahmen der finanziellen Eingliederung auf die Hilfe etwaiger Anteile von Gesellschaftern zurückgegriffen wird.

Letztlich ist darauf hinzuweisen, dass dieselben Grundsätze analog für **Kapitalgesellschaften als Mitunternehmer** Anwendung finden, da jene kraft Rechtsprechung ebenfalls SBV II besitzen können.[237] Mittels dieser Regelung wird durch den Mitunternehmerbegriff eine Zuordnungsfunktion geschaffen, aufgrund derer die eine Mitunternehmerschaft betreffenden Sachverhalte in der Gewinnermittlung derselben einzubeziehen sind. Somit werden die Anteile an der OG für steuerliche Zwecke als SBV klassifiziert, auch wenn sie an sich zum Betriebsvermögen der Kapitalgesellschaft zählen würden.[238] Letztere Bilanzierungsweise wird gerade in der Handelsbilanz vollzogen, so dass eine Durchbrechung des Maßgeblichkeitsprinzips vorliegt.[239] In diesem Kontext tritt m. E. eine Besonderheit insofern ein, als dass eine Einordnung in Abbildung 3 (S. 35) von der gewählten Vermögenskategorie abhängig ist. Kommt kein Organschaftsverhältnis zustande, verbleibt die Beteiligung an der OG im (steuerlichen) Betriebsvermögen der Kapitalgesellschaft. Dies schließt nicht aus, dass sich unter Zuhilfenahme der Beteiligung ein anderes Organschaftsverhältnis (bei entsprechender Stimmrechtsmehrheit) kreieren lässt. Insofern kann sich der Zustimmungsbeschluss zum EAV auf der Hauptver-

---

[234] So auch geschehen im BFH-Urteil vom 12.1.1977, I R 204/75, S. 357 ff. DÖLLERER hält diese Möglichkeit m.E. auch zu Recht für zulässig, da die wirtschaftliche Einheit zwischen Gesellschaft und Gesellschafter in den Vordergrund tritt. Dem pflichtet auch HÜBL bei, für den entsprechend zur Mehrmütterorganschaft eine einheitliche Willensbildung der OT-Personenhandelsgesellschaft und deren Gesellschafter gegenüber der OG erfolgen muss. Vgl. DÖLLERER, GEORG (1975), S. 1075 und HÜBL, LEO (1972), S. 84.

[235] Die Möglichkeit der finanziellen Eingliederung zur Personenhandelsgesellschaft und deren Gesellschafter bejahen SCHMIDT, LUDWIG/MÜLLER, THOMAS/STÖCKER, ERNST E. (1999), Rz. 354 sowie WINTER, WILLI (2002), § 14 KStG, Anm. 192. A.A. sind HÜBL, LEO (1972), S. 85 und WITT, GEORG (1999), Tz. B41.

[236] WITT, GEORG (1999), Tz. B41.

[237] Vgl. BFH-Urteil vom 18.7.1979, S. 753 f., der das SBV als eine alle Mitunternehmerschaften betreffende (steuerliche) Vermögenskategorie behandelt.

[238] Vgl. dazu allgemein UELNER, ADALBERT (1994), RdNr. 36.

[239] Vgl. BFH-Urteil vom 18.7.1979, S. 754.

sammlung der OG bzw. auf der Gesellschafterversammlung der Personenhandelsgesellschaft als ein gestalterisches Moment erweisen.

Wird auf eine **unbeschränkt steuerpflichtige natürliche Person**, die ein gewerbliches Einzelunternehmen betreibt, welches als OT fungiert, näher eingegangen, gilt es zu beachten, dass sich die die Stimmrechte für eine finanzielle Eingliederung vermittelnden Anteile im notwendigen Betriebsvermögen des Einzelunternehmens befinden.[240] Etwaige Stimmrechte des Ehegatten an derselben OG – seien sie im Privatvermögen oder in einem anderen Betriebsvermögen gehalten – dürfen nicht mit den Stimmrechten des Einzelunternehmers addiert werden.[241] M.E. ist von dieser Maßnahme nicht auf ein generelles Zusammenrechnungsverbot von Ehegattenanteilen zu schließen, da im Falle einer gleichzeitigen Beteiligung an einer OT-Personenhandelsgesellschaft bzw. an der OG eine Zusammenrechnung wie unter fremden Dritten erfolgen müsste. Wäre dem nicht so, läge ein deutlicher Widerspruch zu Art. 6 Abs. 1 GG vor.

b) Verkehr- und Verbrauchsteuern

Die finanzielle Eingliederung bei der **USt** ist in § 2 Abs. 2 Nr. 2 UStG gesetzlich normiert, jedoch nicht näher ausgeführt. Da kein expliziter Verweis auf die ertragsteuerlichen Regelungen der §§ 14 Abs. 1 Nr. 1 KStG, 2 Abs. 2 S. 2 GewStG erfolgt, ist eine **begriffliche Deckungsgleichheit infrage zu stellen**. Diese Meinungstendenz findet durch Abschn. 21 Abs. 4 UStR ihre Bestätigung.[242] Die finanzielle Eingliederung ist im umsatzsteuerlichen Bereich vielmehr **weiter auszulegen**. Das Ziel dieses Kapitels besteht im Herausarbeiten jener relevanten (feinen) Unterschiede unter Zuhilfenahme der Finanzrechtsprechung.

Gem. Abschn. 21 Abs. 4 S. 1 UStR ist zur Begründung der finanziellen Eingliederung der **Besitz der entscheidenden Anteilsmehrheit** an der OG zu subsumieren, um Beschlüsse in dieser jederzeit durchsetzen zu können.[243] In Satz 2 derselben Verwaltungsvorschrift wird eine Beteiligung von mehr als 50% vorgeschlagen, falls die Beteiligungs- und Stimmrechtsverhältnisse identisch sind. Der wesentliche Unterschied zu den Ertragsteuern besteht zum

[240] Vgl. BFH-Urteil vom 24.1.1968, S. 317.

[241] Vgl. WITT, GEORG (1999), Tz. B42. M.E. lässt sich dieses Additionsverbot zweifach interpretieren: Zum einen fehlt dem Einzelunternehmer sowohl das zivilrechtliche als auch das wirtschaftliche Eigentum an den Ehegattenstimmrechten; zum anderen kann selbst durch einen Stimmbindungsvertrag oder eine Stimmrechtsvollmacht dieses Verbot nicht umgangen werden, da sich solche Vereinbarungen nicht auf die Höhe der Stimmrechtsmehrheit auswirken, wie bereits in Tabelle 3 (S. 24) dargelegt wurde.

[242] Vgl. hierzu ebenfalls SEITRICH, PETER (1989), S. 192 und VÖLKEL, DIETER/KARG, HELMUT (2001), S. 271. Ein möglicher Grund könnte insb. in der rechtsformunabhängigen Umsatzbesteuerung gesehen werden, falls das Unternehmen als Unternehmer gem. § 2 Abs. 1 UStG zu qualifizieren ist. Vgl. BFH-Beschluss vom 14.1.1988, S. 472; BFH-Beschluss vom 2.10.1990, S. 418; BFH-Urteil vom 17.11.1966, S. 103; BFH-Urteil vom 2.2.1967, S. 501; BFH-Urteil vom 17.4.1969, V 44/65, S. 414; BFH-Urteil vom 2.8.1979, S. 51 und Urteil des FG des Saarlandes vom 9.7.1993, S. 176, die die im ertragsteuerlichen Bereich ergangene Rechtsprechung nicht modifikationslos auf die USt anwenden möchten. A.A.: Urteil des FG Rheinland-Pfalz vom 12.3.1987 (n.rkr.), S. 430, das eine Differenzierung für nicht sinnvoll hält.

[243] Eine finanzielle Eingliederung zwischen einer KG und ihrer Komplementär-GmbH ist nicht möglich, da ein **anderes** Unternehmen in das Unternehmen des OT einzugliedern ist (§ 2 Abs. 2 Nr. 2 UStG), wobei die KG und die Komplementär-GmbH keine voneinander verschiedenen Unternehmen darstellen. Vgl. BFH-Urteil vom 19.7.1973, S. 765; BFH-Urteil vom 14.12.1978, S. 289 und BIRKHOLZ, H. (1979), S. 5. Ferner kann die KG kraft ihrer Rechtsform keine OG verkörpern.

einen darin, dass eine konkrete Beteiligungsmindestquote genannt wird und zum anderen, dass es nicht auf die Stimmrechtsmehrheit, sondern auf die **entscheidende** Stimmrechtsmehrheit ankommt.[244] Meiner Ansicht nach bekräftigt jene Aussage die in Kapitel B.III.2.b) (ab S. 24) vertretene Meinung zur (Mindest-)Höhe der Stimmrechte.[245] Ein weiteres, zunächst verwunderliches Unterschiedsmerkmal – das Abstellen auf Kapitalanteile – kann nicht bestätigt werden, da Abschn. 21 Abs. 4 S. 2 UStR Divergenzen zwischen Kapitalanteilen und Stimmrechten (vermutlich aus Vereinfachungsgründen) ausschließt.[246]

Hinsichtlich (reinen) unmittelbaren und mittelbaren Beteiligungen besteht eine Übereinstimmung mit den ertragsteuerlichen Regelungen.[247] Ob das durch das StSenkG aufgehobene Additionsverbot Geltung für den umsatzsteuerlichen Bereich entfaltet, kann mangels genauerer Konkretisierung nicht eindeutig geklärt werden. M.E. spricht weder der Wortlaut des § 2 Abs. 2 Nr. 2 UStG noch eine mögliche erkennbare gegenteilige Intention des Steuergesetzgebers dagegen, so dass eine Divergenz (bewusst oder unbewusst) beseitigt wurde.[248] Dieser Aspekt erlangt v.a. bei den bereits in Kapitel B.III.2.b) (ab S. 24) angesprochenen Primärgenossenschaften eine große Bedeutung, da eine Stimmrechtsmehrheit mittels § 16 Abs. 4 AktG in der Generalversammlung nur dann möglich ist, wenn ein Mitglied ein oder mehrere abhängige Unternehmen gem. § 17 AktG besitzt, die selbst die Mitgliedschaft an der Primärgenossenschaft inne haben und Mehrstimmrechte ausüben können.[249] Bei Unterstellung der Unwiderlegbarkeit der Abhängigkeitsvermutung (§ 17 Abs. 2 AktG) sind der potenzielle Kreis an OT und somit auch die Organschaftsmöglichkeiten im umsatzsteuerlichen Bereich durch das StSenkG (explizit) bei infrage kommenden Primärgenossenschaften erweitert worden.

Weiterführend ist die Anwendbarkeit der in Kapitel B.III.3.a)(2) (ab S. 36) erläuterten Grundsätze bzgl. des Haltens der Anteile an der OG im SBV II der Gesellschafter auf den umsatz-

---

244 Vgl. hierzu den aktuellen Sachverhalt des BFH-Urteils vom 22.11.2001, S. 215.

245 Diese Überlegungen werden von TISCHER bestätigt, der je nach den Erfordernissen des Gesetzes oder der Satzung, des Gesellschaftsvertrages bzw. Statuts die einfache oder qualifizierte Stimmrechtsmehrheit oder sogar die Verfügungsmacht über sämtliche Stimmen als maßgebend ansieht. Vgl. TISCHER, FRANK (1985), S. 77. Früher beinhaltete das UStG eine konkrete Mindestbeteiligungs- bzw. Mindeststimmrechtsgrenze. Mit In-Kraft-Treten des „Elften Gesetzes zur Änderung des Umsatzsteuergesetzes" vom 16. August 1961 wurde die finanzielle Eingliederung genau dann bejaht, wenn dem OT mehr als 75% der Stimmrechte **und** 75% der Anteile an der OG zustanden. Vgl. Art. 1 Nr. 1 des „Elften Gesetzes zur Änderung des Umsatzsteuergesetzes" vom 16. August 1961, S. 609 sowie BFH-Urteil vom 23.7.1970, S. 774 ff. und Urteil des FG Niedersachsen vom 13.3.1970 (n.rkr.), S. 633.

246 Gleicher Ansicht: SEITRICH, PETER (1989), S. 189 sowie das Urteil des FG Hamburg vom 4.6.1998 (rkr.), S. 1191. Auffallend ist dennoch, dass häufig ausschließlich von Anteilen gesprochen wird. Vgl. dazu stellvertretend das Urteil des FG Baden-Württemberg vom 18.4.1996 (n.rkr.), S. 148.

247 Vgl. Abbildung 3 (S. 35). Vgl. für mittelbare Beteiligungen z.B. Urteil des FG Hamburg vom 4.6.1998 (rkr.), S. 1191; Urteil des FG München vom 17.9.1987 (rkr.), S. 90; Urteil des FG München vom 9.12.1987 (n.rkr.), S. 389; SEITRICH, PETER (1989), S. 189; TISCHER, FRANK (1985), S. 77 sowie WEISS, EBERHARD (1980), S. 51.

248 Als Indiz für eine bereits vor dem StSenkG erlaubte Addition von mittelbaren und unmittelbaren Beteiligungen liefert WEISS, für den ein Mutter-Tochter-Enkel-Verhältnis gegeben ist, falls die Mutter- und Tochtergesellschaft den entscheidenden Anteilsbesitz zusammen vereinen. Vgl. WEISS, EBERHARD (1980), S. 51 und zustimmend HEIDNER, HANS-HERMANN (2000), § 2 UStG, Rz. 107. Unklar hingegen KOLLRUSS, THOMAS (2001a), S. 85. A.A.: PRINZ, ULRICH (2000), S. 1258, der auch nach dem StSenkG eine solche Addition (ohne nähere Begründung) verneint.

249 Vgl. MERLE, WERNER (1979), S. 269.

steuerlichen Bereich zu transferieren.[250] Der BFH hat in seiner Rechtsprechung zur umsatzsteuerlichen Organschaft diese Beteiligungskonstellation grundsätzlich bejaht[251] und in zwei jüngeren Urteilen weiterführend konkretisiert, dass „...in **beiden** Gesellschaften **dieselben** Gesellschafter **zusammen** über die Mehrheit der Anteile oder Stimmrechte verfügen...“.[252] Aus der grammatikalischen Auslegung des zitierten Wortlautes ist zu schließen, dass bei der **USt** anscheinend eine **strenge Gesellschafteridentität** gefordert wird, während im **Ertragsteuerbereich** die Beteiligung **einiger Gesellschafter** an der OG ausreichend ist[253]. Daraus ist weiterhin als signifikanter Unterschied abzuleiten, dass offenbar die an der OG beteiligten (Personen-)Gesellschafter zusammen die Stimmrechtsmehrheit erlangen müssen. Den Stimmrechten der OT-Personenhandelsgesellschaft als solcher an der OG wäre nach obigem Wortlaut im Zuge der Bemessung der Stimmrechtsmehrheit keine Bedeutung beizumessen.[254] Ob dieses implizite Additionsverbot vom BFH bewusst geplant war, lässt sich nicht beantworten. Eher das Gegenteil ist zu vermuten und zu befürworten.[255] Jüngst lag dem Hessischen Finanzgericht ein ähnlicher Sachverhalt vor; hier fand das eben erwähnte (und befürchtete) Verbot der Zusammenrechnung einer unmittelbaren Beteiligung der OT-Personenhandelsgesellschaft mit der Beteiligung eines Gesellschafters Bestätigung.[256] Beim BFH wurde Revision gegen das Urteil unter dem Az. V R 50/00 eingelegt.

In diesem Kontext gilt es zu untersuchen, ob die im Schrifttum und der BFH-Rechtsprechung vertretene Meinung noch haltbar ist, dass bei einem Gesellschafter zwingend eine entsprechende Mehrheitsbeteiligung und bei zwei Gesellschaftern gleich hohe Beteiligungen an der OG zu bestehen haben.[257] M.E. ist diesen Grundsätzen keine Beachtung (mehr) zu schenken, da kraft des ergangenen BFH-Urteils zum einen die Gesellschafter zusammen über die Stimmrechtsmehrheit verfügen und zum anderen nicht notwendigerweise nur zwei Gesellschafter an der OT-Personenhandelsgesellschaft beteiligt sein müssen.[258] Folglich kann eine

---

[250] Im Schrifttum wird von einer sog. „mittelbaren Beteiligung“ gesprochen, die der „uneigentlichen mittelbaren Beteiligung“ in dieser Arbeit gleichzusetzen ist. Vgl. z.B. SEITRICH, PETER (1989), S. 189; TISCHER, FRANK (1985), S. 77 und WEISS, EBERHARD (1980), S. 52. Vgl. für Fälle der Betriebsaufspaltung BFH-Urteil vom 16.4.1991, S. 832 f.

[251] Vgl. BFH-Beschluss vom 28.2.1996, S. 335; BFH-Urteil vom 16.12.1965, S. 301; BFH-Urteil vom 13.4.1967, S. 544; BFH-Urteil vom 2.8.1979, S. 51; Urteil des FG Hamburg vom 4.6.1998 (rkr.), S. 1192 sowie Urteil des FG München vom 20.1.1994 (n.rkr.), S. 1021.

[252] BFH-Urteil vom 20.1.1999, S. 1137 (Hervorhebungen im Originaltext nicht fett). Der Originalwortlaut wird auch im Urteil des Hessischen Finanzgerichts vom 3.5.2000 (n.rkr.), S. 206 verwendet. Vgl. hierzu auch BFH-Beschluss vom 28.2.1996, S. 335, für den in solch einem Fall eine finanzielle Eingliederung ausreichend sein **kann**; somit wird ersichtlich, dass restriktivere Voraussetzungen an diese Beteiligungskonstellation geknüpft sind als im Ertragsteuerrecht.

[253] Vgl. BFH-Urteil vom 12.1.1977, I R 204/75, S. 358.

[254] Dies gilt selbstverständlich nur dann, falls überhaupt Gesellschafter an der OG beteiligt sind.

[255] Gem. des Wortlautes wäre keine finanzielle Eingliederung gegeben, wenn die OT-Personenhandelsgesellschaft selbst zu 40% und deren beide Gesellschafter zu insgesamt 40% an der OG beteiligt wären. Diese Ungleichbehandlung zum ertragsteuerlichen Bereich kann m.E. trotz voneinander divergierender Eingliederungsmerkmale als nicht sinnvoll erachtet werden.

[256] Vgl. Urteil des Hessischen Finanzgerichts vom 3.5.2000 (n.rkr.), S. 205 f.

[257] So TISCHER, FRANK (1985), S. 79; WEISS, EBERHARD (1980), S. 52 sowie BFH-Urteil vom 18.5.1995, S. 85.

[258] Vgl. BFH-Urteil vom 20.1.1999, S. 1136 f.

in unterschiedlichem Umfang bestehende Beteiligung an der OG seitens der Gesellschafter der OT-Personenhandelsgesellschaft analog zum Ertragsteuerrecht bestehen.[259]

Letztlich drängt sich die Frage auf, ob die Anteile an der OG auch im **Privatvermögen** der Gesellschafter der OT-Personenhandelsgesellschaft gehalten werden können. M.E. sprechen **mehr Gründe für als gegen diese These**. Einerseits verleiht der Gesellschafter durch den Ausweis der Beteiligung im SBV II seinem Willen, die Beteiligung an der OG dem (steuerlichen) Betriebsvermögen des OT zu widmen, Ausdruck. Andererseits ist der Sinn und Zweck dieser Zuordnung aus rein umsatzsteuerlicher Sicht kritisch infrage zu stellen, da das SBV ausschließlich für ertragsteuerliche Zwecke Relevanz entfaltet.[260] M.E. ist eine Gleichbehandlung nicht dadurch zu rechtfertigen, dass die Personenhandelsgesellschaft im USt-Recht genauso wie im GewSt-Recht das betreffende Steuersubjekt (§§ 2 Abs. 1 S. 1 GewStG, 2 Abs. 1 UStG) darstellt. Diese Argumentation verkennt, dass die Zuordnungsfrage zum SBV II ausschließlich für die GewSt von Relevanz ist, da deren Früchte Einfluss auf die Höhe des Gewerbeertrages i.S.v. § 7 S. 1 GewStG nehmen.

Im Schrifttum wird es teilweise sogar als zulässig erachtet, dass bei einem **OT als Einzelunternehmen** die Anteile an der OG im Privatvermögen des Einzelunternehmers gehalten werden dürfen, da die Willensbildung des Einzelunternehmens nicht von der des dahinter stehenden Einzelunternehmers abweichen kann.[261] Diese Ansicht gilt es schon vor dem Hintergrund der nicht existenten zivilrechtlichen und steuerrechtlichen Leistungsbeziehungen zu begrüßen.[262] Etwaige Anteile eines Ehegatten dürfen zur Begründung der Stimmrechtsmehrheit nicht hinzugerechnet werden, da keine unwiderlegbare Annahme gleichgerichteter wirtschaftlicher Interessen besteht.[263]

Ob die aufgestellten Grundsätze auch unter der Annahme einer **OT-Kapitalgesellschaft** Gültigkeit erlangen, wird im Schrifttum grundsätzlich bejaht und mit der im USt-Recht ausgeprägteren wirtschaftlichen Betrachtungsweise begründet.[264] Meiner Ansicht nach gilt es die-

---

[259] Unbeachtlich für die Aussage ist, dass in dem zu beurteilenden Sachverhalt die Gesellschafter Ehegatten waren.

[260] Das SBV ist Ausdruck für das Bestehen einer Mitunternehmerschaft. Dem Umsatzsteuerrecht ist jedoch der Begriff des Mitunternehmers fremd. Vgl. zum Letztgesagten: Urteil des FG Baden-Württemberg vom 18.4.1996 (n.rkr.), S. 148.

[261] Vgl. TISCHER, FRANK (1985), S. 78.

[262] Anders verhält es sich im ertragsteuerlichen Bereich. Gem. § 14 Abs. 1 Nr. 2 S. 1 KStG wird das Einzelunternehmen als OT angesehen, welchem gem. § 14 Abs. 1 Nr. 1 S. 1 KStG die Stimmrechte zustehen (zivilrechtliches oder zumindest wirtschaftliches Eigentum!). Hierauf nimmt das UStG keinen expliziten Bezug.

[263] Vgl. Verfügung der OFD Koblenz vom 17.11.1986, S. 244.

[264] Gleicher Meinung sind unter dem Vorbehalt des Abschlusses eines entsprechenden Stimmrechtsbindungsvertrages zwischen dem OT und dessen Gesellschafter SCHMIDT, LUDWIG/MÜLLER, THOMAS/STÖCKER, ERNST E. (1999), Rz. 1275 und klarstellend (ohne Stimmrechtsbindungsvertrag) BFH-Urteil vom 2.2.1967, S. 501. Auch SEITRICH hält eine Durchbrechung des Durchgriffsverbotes bei einer Kapitalgesellschaft für umsatzsteuerliche Zwecke für gerechtfertigt, indem er auf die Vorschrift des § 2 Abs. 2 Nr. 2 UStG verweist, nach der die OG umsatzsteuerrechtlich unselbstständig ist. Vgl. SEITRICH, PETER (1989), S. 190 f. M.E. werden zwei Ebenen vermischt, die es voneinander zu trennen gilt: Die Ebene der Tatbestandsvoraussetzungen, zu denen u.a. auch die finanzielle Eingliederung gehört und die Ebene der Rechtsfolgen, denen die umsatzsteuerliche Unselbstständigkeit der OG zuzuordnen ist. Es erscheint nicht sachgerecht, Tatbestandsvoraussetzungen bereits anhand potenziell eintretender Rechtsfolgen zu erweitern, die wiederum von der Erfüllung der Voraussetzungen abhängig sind. A.A. ist TISCHLER, FRANK (1985), S. 78 f., der von einer (fälschlichen) Gleichsetzung der Sphäre der Kapitalgesellschaft mit der Sphäre der Gesellschafter spricht. Dem gilt es zu

sen Sachverhalt näher zu konkretisieren und v.a. gegen die jüngere BFH-Rechtsprechung abzugrenzen, nach der es für die finanzielle Eingliederung nicht ausreichend sein soll, dass zwei Kapitalgesellschaften von einem Dritten anteilsmäßig beherrscht werden, weil ansonsten ein Gleichordnungsverhältnis vorliegt und nicht ersichtlich ist, welches Unternehmen in das andere eingegliedert ist.[265] In diesem Falle ist es von Irrelevanz, ob ein Unternehmen wirtschaftliche Funktionen des anderen Unternehmens übernimmt[266], da alle Eingliederungsmerkmale – insb. die finanzielle Eingliederung – kumulativ erfüllt sein müssen.[267] Der wesentliche Unterschied zwischen beiden Beteiligungsstrukturen besteht m.E. darin, dass die OT-Kapitalgesellschaft im ersten Fall an der OG (mittelbar oder unmittelbar) beteiligt sein muss, um dem geforderten Über- und Unterordnungsverhältnis Ausdruck zu verleihen. Liegt eine solche Beteiligung nicht vor, ist der zweite Sachverhalt gegeben.

Eine Besonderheit besteht bei **Genossenschaften** als infrage kommende OG. Da jedem Genossen unabhängig von seinem Kapitalanteil gem. § 43 Abs. 3 S. 1 GenG grundsätzlich[268] nur eine Stimme gewährt wird, lässt sich im Rahmen der finanziellen Eingliederung nicht die Stimmrechtsmehrheit als quantifizierbarer Maßstab zur Möglichkeit der Willensbildung heranziehen. Es muss sich vielmehr anderer qualitativer Eingliederungsmerkmale wie der wirtschaftlichen und organisatorischen Eingliederung bedient werden, wobei das Gesamtbild sämtlicher Erfordernisse entscheidend ist.[269]

Die **GrESt** stellt einen Randbereich innerhalb der Organschaftsregelungen dar, weshalb sie innerhalb der Literatur kaum Erwähnung findet.[270] Die grunderwerbsteuerliche Organschaft findet ihre Gesetzesgrundlage in § 1 Abs. 3 Nr. 1 2. Alt. und Abs. 4 Nr. 2b GrEStG. Dieses Konstrukt ist nur schwer als solches identifizierbar, da die Unternehmen analog zu § 17 AktG als „herrschend" und „abhängig" bezeichnet werden (§ 1 Abs. 3 Nr. 1 2. Alt. GrEStG). Bei einer näheren Betrachtung erfolgt die Legaldefinition des Begriffes der „Abhängigkeit" als finan-

---

entgegnen, dass auch bei einer Personenhandelsgesellschaft für Zwecke der Umsatzsteuer diese beiden Sphären existent sind, wonach diese als Steuersubjekt i.S.v. § 2 Abs. 1 UStG umsatzsteuerliche Leistungen mit ihren Gesellschaftern durchführen kann.

265 In der früheren Rechtsprechung war solch eine Beteiligungskonstellation durch den V. Senat als zulässig erachtet worden. Vgl. BFH-Urteil vom 17.4.1969, V R 123/68, S. 507. Da kein Über-Unterordnungsverhältnis gegeben war, fand eine Abweichungsanfrage gem. § 11 Abs. 3 FGO durch den XI. Senat statt, der der V. Senat zustimmte. Vgl. BFH-Beschluss vom 28.2.1996, S. 334 f.; Urteil des FG München vom 17.9.1987 (rkr.), S. 90; Urteil des FG München vom 20.1.1994 (n.rkr.), S. 1020 und BFH-Urteil vom 18.12.1996, S. 441 ff. Die Problematik infrage stellend: Urteil des FG Hamburg vom 4.6.1998 (rkr.), S. 1193. Dennoch wendete der I. Senat bereits im Jahre 1966 diese Grundsätze auf die USt an. Vgl. BFH-Urteil vom 1.2.1966, S. 286. Ungeachtet dessen können jedoch beide Kapitalgesellschaften OG des beherrschenden Dritten sein, falls dieser ein Unternehmer i.S.d. UStG ist. Vgl. STADIE, HOLGER (1996), S. 336.

266 In dem zu beurteilenden Fall handelte es sich um die Übernahme des Auslandsexportes. Vgl. BFH-Urteil vom 18.12.1996, S. 442.

267 Das FG Hamburg verschärft diese Aussage insofern, dass die finanzielle Eingliederung als tragender Verknüpfungspunkt ein unverzichtbares Merkmal darstellt. Vgl. Urteil des FG Hamburg vom 4.6.1998 (rkr.), S. 1190 f. Vgl. ebenfalls BFH-Urteil vom 22.6.1967, S. 715 f.; BFH-Beschluss vom 26.2.1998, S. 1268; BFH-Urteil vom 20.2.1992, S. 135 sowie Verfügung der OFD Koblenz vom 17.11.1986, S. 244.

268 Gem. § 43 Abs. 3 S. 2 GenG kann das Statut ebenfalls die Gewährung von Mehrstimmrechten vorsehen, falls die Genossen den Geschäftsbetrieb in besonderer Weise fördern.

269 Vgl. BFH-Urteil vom 23.4.1964, S. 347 und BFH-Urteil vom 19.11.1964, S. 183.

zielle, wirtschaftliche und organisatorische Eingliederung (§ 1 Abs. 4 Nr. 2b GrEStG). Diese unglückliche und aus aktienrechtlicher Sicht unzutreffende Bezeichnung sollte bereinigt werden.[271] Den Wortlaut des § 1 Abs. 4 Nr. 2b GrEStG betrachtend, ist eine identische Wortwahl zur umsatzsteuerlichen Vorschrift in § 2 Abs. 2 Nr. 2 UStG gegeben.[272] Sowohl die BFH-Rechtsprechung und die OFD[273] als auch das Schrifttum[274] verweisen deshalb auf die Ausführungen zur USt.[275] Ein signifikanter **Unterschied** besteht darin, dass bei der GrESt die Anteile an der OG **keinesfalls im Privatvermögen** der Gesellschafter einer Personenhandelsgesellschaft gehalten werden dürfen.[276] Sinngemäßes gilt für den Fall eines Einzelunternehmens.

c) Sonderfall: Finanzielle Eingliederung und personelle Verflechtung im Rahmen der Betriebsaufspaltung

An dieser Stelle wird das gesetzlich nicht kodifizierte Rechtsinstitut der **Betriebsaufspaltung**[277], das noch an anderer Stelle dieser Arbeit eine wichtige Position einnimmt[278], in die vorgenommene Systematik eingeordnet. Unter einer Betriebsaufspaltung wird in ihrer allgemeinsten Form die Aufteilung einzelner Funktionsbereiche auf mind. zwei zivil- und steuerrechtlich selbstständige Unternehmen verstanden, die bisher von nur einer einzelnen Gesellschaft wahrgenommen wurden.[279] Weiterhin kann auch der Transfer von Wirtschaftsgütern Gegenstand einer Betriebsaufspaltung sein.[280] Die Zuweisung der Funktionsbereiche zu den einzelnen Unternehmen ist vielfältig gestaltbar. Im Folgenden wird das Hauptaugenmerk auf die strukturelle[281] sowie die funktionale[282] Betriebsaufspaltung gerichtet.

Um detaillierte Aussagen treffen zu können, muss ferner die jeweilige Form der Betriebsaufspaltung identifiziert werden. Wird die Besitz- bzw. Produktionsgesellschaft im Rechtskleid eines Personenhandelsunternehmens betrieben, die Betriebs- bzw. Vertriebsgesellschaft dagegen als Kapitalgesellschaft, liegt eine eigentliche (typische) Betriebsaufspaltung vor. Bei einer

---

270 Stellvertretend soll DÖRNER genannt werden, der explizit betont, dass ein Organschaftsverhältnis außer in den drei genannten „klassischen" Steuerarten nicht anerkannt wird. Vgl. DÖRNER, BERNHARD M. (2001), S. 417.

271 Vgl. Näheres in Kapitel C.IV.2 (ab S. 302).

272 Das GrEStG von 1940 nahm noch ausdrücklich Bezug auf das UStG. Vgl. HEINE, KURT (2000), S. 856, Fn. 24.

273 Vgl. BFH-Urteil vom 8.11.1978, S. 154 und Verfügung der OFD Münster vom 7.12.2000, S. 366.

274 Vgl. EDER, ULRICH (1994), S. 737; FISCHER, KLAUS (1997), § 1 GrEStG, Rn. 964 f.; HOFMANN, RUTH (1996), § 1 GrEStG, Rn. 99 und PAHLKE, ARMIN (1999), § 1 GrEStG, Rz. 340.

275 Obwohl in § 1 Abs. 3 Nr. 3 GrEStG von einer „Anteilsvereinigung" gesprochen wird, sind für die finanzielle Eingliederung die Stimmrechte maßgebend.

276 Vgl. BFH-Urteil vom 20.3.1974, S. 769 ff.

277 Als Synonyme werden die Begriffe „Betriebs(ab-)spaltung", „Betriebs(auf-)teilung", „Betriebszerlegung" oder „Doppelgesellschaft" verwandt.

278 Vgl. Kapitel B.V.1 (ab S. 115) und Kapitel B.V.2 (ab S. 120).

279 Im Folgenden soll stets von zwei Unternehmen ausgegangen werden. Es besteht die Möglichkeit, eine Betriebsaufspaltung auch in mehrere Unternehmen zu vollführen, deren Anzahl die in dieser Arbeit abgeleiteten Aussagen materiell nicht beeinflusst. Vgl. z.B. BFH-Urteil vom 24.4.1991, S. 714.

280 Vgl. z.B. DEHMER, HANS (1987), Rz. 1 und KNOPPE, HELMUT (1985), S. 38 f.

281 Unter einer strukturellen Betriebsaufspaltung wird die Teilung eines Unternehmens in eine Besitz- und eine Betriebsgesellschaft verstanden.

282 Erfolgt die Betriebsaufspaltung in eine Produktions- und eine Vertriebsgesellschaft, wird von funktionaler Betriebsaufspaltung gesprochen.

umgekehrten (atypischen) Betriebsaufspaltung sind die jeweiligen Gesellschaftstypen gerade zu tauschen.[283] Werden sämtliche aus der Betriebsaufspaltung hervorgegangenen Unternehmen als Kapitalgesellschaften geführt, ist eine kapitalistische Betriebsaufspaltung gegeben.[284, 285]

Wenn im Kontext der Organschaft von Betriebsaufspaltung gesprochen wird, konzentrieren sich die Ausführungen ausschließlich auf die sog. sachliche Verflechtung.[286] Gar keine Beachtung wird dem anderen Tatbestandsmerkmal – der personellen Verflechtung – geschenkt, welche kraft BFH-Rechtsprechung dann vorliegt, wenn die sich hinter beiden Unternehmen befindlichen Gesellschafter einen **einheitlichen geschäftlichen Betätigungswillen** in beiden Unternehmen besitzen und **in der Lage sind**, diesen tatsächlich auch auszuüben; die Verwirklichung einer ungespaltenen Willensausübung ist insofern obligatorisch, eine vertragliche Bindung ist nicht zwingend vorgeschrieben.[287] Beide Gesellschafter müssen (zusammen) einen Einfluss auf Beschlüsse der Gesellschafterversammlung besitzen.[288]

Die personelle Verflechtung ist im Folgenden aufzuspalten, da sie sowohl die finanzielle als auch die organisatorische Eingliederung tangiert. Erfolgt die (isolierte) Konzentration auf den ersten Teilaspekt, dient als Ausgangspunkt der Untersuchungen die Aussage von SCHNEELOCH, nach dem „...bei einer Betriebsaufspaltung [...] die finanzielle Eingliederung für alle [...] Steuerarten zu bejahen [ist, d. Verf.]“.[289] Hinsichtlich der Ausführungen in Tabelle 4 (S. 50 ff.) ist vorwegzunehmen, dass die **Definition der personellen Verflechtung nicht mit derjenigen der finanziellen Eingliederung völlig deckungsgleich** ist. Eine personelle Verflechtung impliziert keine finanzielle Eingliederung; der Umkehrschluss ist ebenfalls unzulässig. Zu einer detaillierten Untersuchung bedarf es einer Differenzierung zwischen den einzel-

---

283 Darauf wird in Kapitel B.V.1 (ab S. 115) und in Kapitel B.V.2 (ab S. 120) näher Bezug genommen.

284 Die mitunternehmerische Betriebsaufspaltung (beide aus der Betriebsaufspaltung hervorgegangenen Unternehmen stellen Personenhandelsgesellschaften dar) ist nur aus Vollständigkeitsgründen zu erwähnen, da sie an der Nichteignung des abhängigen Unternehmens als OG scheitert. Ferner ist zu betonen, dass auch Genossenschaften in Form von Halte- und Verpächtergenossenschaften in den (theoretischen) Kreis der Besitzgesellschaften einzuordnen sind. Vgl. dazu ausführlich BEUTHIEN, VOLKER (1996), S. 351 und S. 356 sowie PIRNER, BARBARA (1993), S. 33 ff.

285 Vgl. zu den einzelnen Begriffsdefinitionen z.B. BRANDMÜLLER, GERHARD (1997), Tz. A10 ff.; DEHMER, HANS (1987), Rz. 13 ff.; überblicksartig FICHTELMANN, HELMAR (1999), Rdnr. 4 und Rdnr. 10 sowie KROSCHEL, JÖRG/WELLISCH, DIETMAR (1999), S. 401 und S. 405 ff. Das BFH-Urteil vom 16.9.1994, S. 78, legt den Begriff der kapitalistischen Betriebsaufspaltung weiter als im Schrifttum aus, indem darunter auch eine Besitzkapital- und eine Betriebspersonengesellschaft verstanden werden können. Vgl. dazu auch KUHSEL, RAINER (1998), S. 2194.

286 Vgl. Kapitel B.V.1 (ab S. 115) und Kapitel B.V.2 (ab S. 120).

287 Vgl. dazu grundlegend BFH-Beschluss vom 8.11.1971, S. 65; BFH-Urteil vom 29.7.1976, S. 752; BFH-Urteil vom 28.1.1982, S. 480; BFH-Urteil vom 17.3.1987, S. 859; BFH-Urteil vom 12.10.1988, S. 153; BFH-Urteil vom 8.3.1989, S. 716 und weiterführend z.B. BFH-Urteil vom 26.3.1992, S. 831 sowie BFH-Urteil vom 17.9.1992, S. 96.

288 Vgl. BFH-Urteil vom 14.8.1974, S. 113.

289 SCHNEELOCH, DIETER (1991), S. 808. M.E. im jüngeren Schrifttum ähnlich argumentierend: WEHRHEIM, MICHAEL (2001), S. 914, der auf Grund einer finanziellen Verflechtung/Eingliederung im Rahmen einer Betriebsaufspaltung auf eine Organschaft schließt, sowie FAULHABER, MARKUS (2000), S. 609, der konstatiert: „Das Merkmal der finanziellen Eingliederung liegt bei einer Betriebsaufspaltung ohnehin vor.“

nen Formen der Betriebsaufspaltung[290] sowie zwischen den Ertragsteuern, der USt sowie der GrESt.[291]

	Personelle Verflechtung	Finanzielle Eingliederung		
		Ertragsteuern	Umsatzsteuer	Grund-erwerbsteuer
Basis der Beherrschungsform der Betriebsgesellschaft	gesellschafts-rechtlich oder faktisch[292]	gesellschaftsrechtlich[293]		
Art der Beschlussmehrheit	Stimmrechts-mehrheit (h.M.)[294]	Stimmrechtsmehrheit		

[290] Im Gegensatz dazu ist es für die sachliche Verflechtung unerheblich, welche Rechtsformen miteinander verbunden sind. Diesen Gedankengang bestätigt KUHSEL, RAINER (1998), S. 2195.

[291] In Tabelle 4 erfolgt eine ausschließliche Betrachtung der strukturellen Betriebsaufspaltung, da im Rahmen der finanziellen Eingliederung keine materiellen Unterschiede zur funktionalen Betriebsaufspaltung bestehen. Diese sind erst im Bereich der wirtschaftlichen Eingliederung präsent. Vgl. Kapitel B.V.1 (ab S. 115) und Kapitel B.V.2 (ab S. 120).

[292] In Einzelfällen kann eine personelle Verflechtung auch im Rahmen einer sog. faktischen Betriebsaufspaltung bestehen, wonach die das Besitzunternehmen beherrschenden Personen zwar nicht an der Betriebsgesellschaft beteiligt sind, diese jedoch aufgrund besonderer Umstände faktisch beherrschen können. Ein Anwendungsfall stellt die Position eines Großgläubigers dar. Vgl. BFH-Urteil vom 29.7.1976, S. 752; BFH-Urteil vom 16.6.1982, S. 664; BFH-Urteil vom 30.7.1985, S. 361; BFH-Urteil vom 27.11.1985, S. 363; BFH-Urteil vom 9.9.1986, VIII R 198/84, S. 29 f.; BFH-Urteil vom 12.10.1988, S. 154; BFH-Urteil vom 1.12.1989, S. 500 ff. und BFH-Urteil vom 27.8.1992, S. 136. Mit dem Terminus „Großgläubiger" wurden Nichtgesellschafter der Betriebsgesellschaft bezeichnet, die dieser 3.027.352 DM (BFH-Urteil vom 9.9.1986) bzw. 456.462,07 DM (BFH-Urteil vom 1.12.1989) als Darlehenssumme überließen. Der erste Augenschein verdichtet sich dann, „...wenn der Großgläubiger die Geschäftsführung in dem Unternehmen vollständig an sich zieht." BFH-Urteil vom 9.9.1986, VIII R 198/84, S. 30. Damit ist die alleinige Geschäftsführung der Betriebsgesellschaft gemeint. Vgl. hierzu auch BFH-Urteil vom 1.12.1989, S. 502 sowie das Urteil des Schleswig-Holsteinischen Finanzgerichts vom 16.9.1987 (n.rkr.), S. 250, wo einer Besitzgesellschaft ein Darlehen gewährt wurde und der Gläubiger jederzeit berechtigt war, Tilgungsraten in beliebiger Höhe zurückzufordern, soweit die Gesellschaft dadurch nicht in Liquiditätsengpässe gerät. Einem Großgläubiger ist ein Gesellschafter des Besitzunternehmens gleichzustellen, der die einzige fachkundige Person in der Betriebsgesellschaft ist und deren Gesellschafter hinsichtlich des Fachwissens als inkompetent einzuschätzen sind. Vgl. ausführlich Urteil des Schleswig-Holsteinischen Finanzgerichts vom 16.9.1987 (n.rkr.), S. 250. A.A.: BFH-Urteil vom 27.2.1991, XI R 25/88, S. 455 sowie NEUFANG, BERND (1988), S. 161. Kritisch äußert sich auch FICHTELMANN, der die personelle Verflechtung durch die bloße Hinzunahme eines weiteren fachkundigen Gesellschafters am Betriebsunternehmen vermeidet. Vgl. FICHTELMANN, HELMAR (1999), Rdnr. 172. SÖFFING bemerkt, die faktische Beherrschung führe entgegen der gesellschaftsrechtlichen Beherrschung aufgrund ihrer schwierigen Auslegung zu Rechtsunsicherheiten. Vgl. SÖFFING, GÜNTER (2001), S. 134. Hinsichtlich der ersten Teilaussage ist SÖFFING zuzustimmen. Im Rahmen einer gesellschaftsrechtlichen Verknüpfung sind m. E. ebenfalls Auslegungsschwierigkeiten präsent (z.B. bei Ehegatten und einer Widerlegung der sog. Personengruppentheorie). Hierbei ist auf nachstehende Aussagen zu verweisen. Eine faktische Betriebsaufspaltung lag auch vor, als der Gesellschafter-Geschäftsführer der Betriebsgesellschaft nur zu 49% an dieser beteiligt war, aber kraft einer Vollmacht seines verstorbenen Vaters diese bis zu 98% aufstocken konnte. Vgl. BFH-Urteil vom 29.1.1997. Gleiches gilt, wenn die beherrschenden Personen nur an der Besitzgesellschaft oder an gar keinem Unternehmen beteiligt sind. Vgl. dazu ausführlich DEHMER, HANS (1987), Rz. 291 ff.

[293] Bei der finanziellen Eingliederung wurde eine ausschließliche finanzielle Abhängigkeit verneint. Vgl. m. w. N. Fn. 64 (S. 13).

[294] Generell kommen sowohl die Kapital- als auch die Stimmrechtsmehrheit in Frage. Vgl. BRANDMÜLLER, GERHARD (1997), Tz. C97. Die h.M. in Rechtsprechung und Literatur spricht sich wie im Organschaftskonzernrecht für die Maßgeblichkeit der Stimmrechtsmehrheit aus. Vgl. BFH-Urteil vom 23.7.1981, S. 61; BFH-Urteil vom 1.2.1990, S. 563; BFH-Urteil vom 26.11.1992, S. 877; BVerfG-Beschluss vom 12.3.1985, S. 476; KNOPPE, HELMUT (1985), S. 184; SCHMIDT, LUDWIG (2002), § 15 EStG, Rz. 827; SCHNEELOCH, DIETER (1991), S. 763; SÖFFING, GÜNTER (2001), S. 131; Urteil des FG Baden-Württemberg vom 14.11.1996

	Personelle Verflechtung	Finanzielle Eingliederung		
		Ertragsteuern	Umsatzsteuer	Grund-erwerbsteuer
Beteiligungshöhe	i. d. R. 50% + 1 Stimme [295]	50% bzw. 75% zzgl. 1 Stimme (strittig)[296]		
Zulässigkeit der Beteiligungs-strukturen gem. Abbildung 3	ja[297]			

(rkr.), S. 532 und Urteil des FG Niedersachsen vom 5.9.1979 (n.rkr.), S. 615 und vermutlich – wenn auch nicht eindeutig formuliert – BFH-Urteil vom 28.1.1982, S. 480; BFH-Urteil vom 26.1.1989, S. 456 und BFH-Urteil vom 24.8.1989, S. 1014. Für eine Maßgeblichkeit der Kapitalanteile plädieren BFH-Urteil vom 18.10.1972, S. 29; BFH-Urteil vom 16.6.1982, S. 664; BFH-Urteil vom 27.11.1985, S. 363; BFH-Urteil vom 18.2.1986, S. 613; BFH-Urteil vom 1.12.1989, S. 502 und z.B. SÖFFING, GÜNTER (1983), S. 443. Nicht differenzierend: BFH-Urteil vom 26.11.1992, S. 877, das fälschlicherweise von einer Anteils- auf eine Stimmrechtsmehrheit schließt. Nach meinem Dafürhalten ist sich der Dominanz der Stimmrechtsmehrheit anzuschließen, da nur sie die Möglichkeit der Durchsetzung eines einheitlichen geschäftlichen Betätigungswillens als Beherrschungsmerkmal gewährleistet.

295 Die h.M. spricht sich für eine mind. geltende einfache Mehrheit aus, da es für eine Beherrschung der Betriebsgesellschaft ausreicht, wenn zumindest die „Geschäfte des täglichen Lebens" seitens des Besitzunternehmens gelenkt werden können. Vgl. BFH-Urteil vom 8.1.1969, S. 348; BFH-Urteil vom 12.11.1985, VIII R 240/81, S. 298 f.; BFH-Urteil vom 24.8.1989, S. 1014 sowie BFH-Urteil vom 26.11.1992, S. 877. Falls kraft Gesellschaftsvertrages der Betriebsgesellschaft eine höhere Stimmrechtsmehrheit vereinbart wurde, ist diese maßgebend. Vgl. BFH-Urteil vom 27.2.1991, XI R 25/88, S. 455, wonach eine qualifizierte Mehrheit (75%) für Beschlüsse notwendig war. Vgl. auch BFH-Urteil vom 21.5.1974, S. 616 und BFH-Urteil vom 9.11.1983, S. 213. Eine generelle qualifizierte Anteilsmehrheit forderte das BFH-Urteil vom 18.10.1972, S. 29, unter Bezugnahme auf den BFH-Beschluss vom 8.11.1971, S. 63 ff. Demnach sind an die personelle Verflechtung „strenge Anforderungen" zu stellen. Das BFH-Urteil vom 18.10.1972 interpretierte diese restriktive Auslegung i.S. einer zusätzlichen Beeinflussung sog. konstitutiver Entscheidungen, wie z.B. die Möglichkeit der Änderung des Gesellschaftsvertrages. An dieser Rechtsprechung wird nicht mehr festgehalten. Vgl. BFH-Urteil vom 28.11.1979, I R 141/75, S. 162.

296 M.E. stehen die in Fn. 295 (S. 51) befindlichen Aussagen bzgl. der Stimmrechtsquoten in keinem Widerspruch zu der in Kapitel B.III.2.b) (ab S. 24) geführten Diskussion, da eine Betriebsaufspaltung (ohne Organschaftsverhältnis) sowie das Organschaftskonzernrecht zwei nicht unmittelbar vergleichbare Rechtsinstitute darstellen. Meiner Ansicht nach kann generell dahingestellt bleiben, ob der bei der personellen Verflechtung im Zuge des einheitlichen geschäftlichen Betätigungswillens geforderte Umfang der zu beeinflussenden Geschicke der Betriebsgesellschaft auf „alltägliche Geschäfte" begrenzt oder zusätzlich auf konstitutive Entscheidungen ausgedehnt wird, zumal die Begriffe zunächst definiert und gegeneinander abgegrenzt werden müssten. Wesentlich ist aus meiner Sichtweise, dass der Abschluss, die Änderung sowie die Beendigung von Miet- und Pachtverträgen zur Überlassung wesentlicher Betriebsgrundlagen gewährleistet werden, die einen essenziellen Bestandteil einer Betriebsaufspaltung ausmachen und m.E. – wenn man dennoch eine Einordnung vornimmt – entgegen den zitierten Quellen in Fn. 295 (S. 51) kein „alltägliches Geschäft" darstellen. Restriktiver ist die finanzielle Eingliederung zu sehen. Bei ihr bestehen Verknüpfungspunkte zu konkreten Vorschriften des Gesellschaftsrechts, die **andere** bestimmte **gesetzlich** geregelte qualifizierte Mehrheiten vorsehen. Die finanzielle Eingliederung bildet vielmehr das Fundament der Beherrschungsmöglichkeit, auf dem die jeweiligen weiteren Merkmale aufbauen bzw. das durch diese Merkmale konkretisiert wird. Zusammenfassend lässt sich m.E. die Aussage von DEHMER als sehr treffend anführen, die zwar nur im Zusammenhang mit der personellen Verflechtung getroffen wurde, jedoch auch auf diesen Vergleich übertragen werden kann: „Damit wird dem Gesellschaftsrecht kein zu großes, sondern das ihm **gebührende** [Hervorhebung durch den Verfasser] Gewicht beigemessen." DEHMER, HANS (1987), Rz. 85.

297 Eine auf einer mittelbaren Beteiligung beruhende personelle Verflechtung ist ebenfalls ausreichend. Allerdings muss die Zwischengesellschaft in der Lage sein, den Einfluss auch weitervermitteln zu können. Vgl. BVerfG-Beschluss vom 12.3.1985, S. 477; BFH-Urteil vom 23.7.1981, S. 61; BFH-Urteil vom 16.6.1982, S. 664; BFH-Urteil vom 10.11.1982, S. 137; BFH-Urteil vom 27.8.1992, S. 135 und BFH-Urteil vom 28.11.2001, S. 261. Vgl. bzgl. der Zwischenschaltung einer GmbH und einer ausländischen Gesellschaft BFH-Urteil vom 14.8.1974, S. 113, der Zwischenschaltung einer AG BFH-Urteil vom 28.1.1982, S. 481 sowie der Zwischenschaltung einer Personenhandelsgesellschaft KNOPPE, HELMUT (1985), S. 190 und das Beispiel bei DEHMER, HANS (1987), Rz. 129 f. Vgl. dazu ebenfalls „en." (1975), S. 2108; FICHTELMANN, HELMAR (1999), Rdnr. 151 sowie die Fallbeispiele bei BRANDMÜLLER, GERHARD (1997), Tz. C104.

	Personelle Verflechtung	Finanzielle Eingliederung		
		Ertragsteuern	Umsatzsteuer	Grund-erwerbsteuer
1. Eigentliche Betriebsaufspaltung				
a. Einzelunternehmen ist an der Betriebsgesellschaft beteiligt				
Vermögenskategorie	notwendiges Betriebsvermögen[298]		Betriebs- oder Privat-vermögen	notwendiges Betriebs-vermögen
b. Personenhandelsgesellschaft ist an der Betriebsgesellschaft beteiligt				
Vermögenskategorie	Gesamthandsvermögen			
c. Personenhandelsgesellschafter sind an der Betriebsgesellschaft beteiligt				
Vermögenskategorie	notwendiges Sonderbetriebsvermögen II[299]		Privat-vermögen ausreichend	kein Privat-vermögen
Gesellschafteridentität	nicht notwendig[300]		anscheinend notwendig (strittig)[301]	

[298] Vgl. Urteil des FG Münster vom 25.7.1996 (n.rkr.), S. 98 f.

[299] Vgl. für die personelle Verflechtung ansatzweise BFH-Urteil vom 21.5.1974, S. 616; BFH-Urteil vom 23.7.1981, S. 61; BFH-Urteil vom 12.11.1985, VIII R 240/81, S. 297 f.; BFH-Urteil vom 8.3.1989, S. 715; BFH-Urteil vom 24.4.1991, S. 716; BFH-Urteil vom 12.2.1992, S. 725; BFH-Urteil vom 16.9.1994, S. 78 sowie eindeutiger BFH-Urteil vom 15.5.1975, S. 783; BFH-Urteil vom 14.8.1975, S. 90; BFH-Urteil vom 1.8.1979, S. 50 und im Schrifttum DÖRNER, BERNHARD M. (2001), S. 526; SCHMIDT, LUDWIG (1980), S. 51; SCHNEELOCH, DIETER (1991), S. 805; SÖFFING, GÜNTER (1996), S. 1226 sowie SCHULZE ZUR WIESCHE, DIETER (1989), S. 817 f.

[300] Am deutlichsten tritt die personelle Verflechtung im Falle einer Beteiligungsidentität (Beteiligung derselben Personen in identischem Umfang an beiden Unternehmen) hervor. Vgl. BFH-Urteil vom 23.11.1972, S. 248; BFH-Urteil vom 29.7.1976, S. 752; BFH-Urteil vom 5.9.1991, S. 350 sowie BVerfG-Beschluss vom 12.3.1985, S. 476. Diese Situation stellt eine hinreichende, jedoch keine notwendige Bedingung dar, weil für eine Beherrschungsidentität (Beteiligung derselben Personen an beiden Unternehmen) auch unterschiedliche Beteiligungsverhältnisse ausreichend sein können. Vgl. BFH-Beschluss vom 8.11.1971, S. 65; BFH-Urteil vom 2.8.1972, S. 796; BFH-Urteil vom 12.11.1985, VIII R 240/81, S. 297; BFH-Urteil vom 27.8.1992, S. 134; Urteil des FG Baden-Württemberg vom 14.11.1996 (rkr.), S. 532 sowie Urteil des FG Düsseldorf vom 25.11.1993 (n.rkr.), S. 483. Ferner wird es als ausreichend angesehen, wenn verschiedene Personen oder Personengruppen an beiden Unternehmen (in unterschiedlichem Maße) beteiligt sind. Als Voraussetzung müssen diese zusammen in beiden Unternehmen über die Mehrheit der Stimmrechte verfügen (sog. Personengruppentheorie). Sodann wird **widerlegbar** angenommen, dass die Gruppe über gleichgerichtete Interessen verfügt und diese auch in beiden Unternehmen einheitlich ausübt, um sich gegenüber den anderen (nicht gruppierten) Gesellschaftern durchsetzen zu können. Vgl. hierzu die Sachverhalte im BFH-Urteil vom 12.11.1985, VIII R 240/81, S. 296; BFH-Urteil vom 23.1.1991, S. 405; BFH-Urteil vom 26.11.1992, S. 876 und jüngst BFH-Urteil vom 24.2.2000, S. 816 f. Vgl. zur Widerlegung der Personengruppentheorie die Erläuterungen in Fn. 304 (S. 53). Grenzen **können** der Beherrschungsidentität in Form „extremer" Beteiligungsabweichungen an Besitz- und Betriebsgesellschaft gesetzt sein, weil sie die Annahme gleichgerichteter Interessen in der Personengruppe ausschließen können. Diese Sachverhalte sind einzelfallbedingt zu entscheiden. Vgl. dazu Näheres in Fn. 302 (S. 52).

[301] Vgl. Kapitel B.III.3.b) (ab S. 43).

	Personelle Verflechtung	Finanzielle Eingliederung		
		Ertragsteuern	Umsatzsteuer	Grund-erwerbsteuer
„extreme" Beteiligungsabweichungen	i. d. R. nein[302]	ja[303]		
Widerlegung trotz mehrheitlicher Beteiligung	möglich[304]	m. E. nicht möglich		
2. Kapitalistische Betriebsaufspaltung				
a. Kapitalgesellschaft ist an der Betriebsgesellschaft beteiligt				
Vermögenskategorie	Betriebsvermögen			

302 Ob Beteiligungsverhältnisse als „extrem" einzustufen sind, kann nicht pauschal, sondern ausschließlich anhand von Fallbeispielen, die der Finanzrechtsprechung zugrunde lagen, beantwortet werden. Vgl. BFH-Urteil vom 12.10.1988, S. 152, wonach ein Einzelunternehmer zu 0,4% an der Besitzgesellschaft beteiligt war. Seine Ehefrau hielt die restlichen 99,6% der Anteile. Als nicht „extrem" wurden Beteiligungsverhältnisse von 50% zu 50% sowie von 88% zu 12% eingestuft. Begründet wurde die Entscheidung damit, dass wegen der Parität keine Person isoliert ihren Willen im Besitzunternehmen und somit in der Doppelgesellschaft durchsetzen kann. Vgl. BFH-Urteil vom 23.11.1972, S. 249; BFH-Urteil vom 24.2.1994, S. 467 f. sowie BFH-Urteil vom 17.3.1987, S. 859, in dem ein Beteiligungsverhältnis von 50% zu 50% und von 90% zu 10% zu beurteilen war. In dieselbe Richtung gehend: BFH-Urteil vom 24.2.1994, S. 467, das eine personelle Verflechtung bejahte, falls zwei Gesellschafter paritätisch an der Besitzgesellschaft, aber zu 98% und 2% an der Betriebsgesellschaft beteiligt sind. Analog BFH-Urteil vom 23.11.1972, S. 247 (50% zu 50% sowie 88% zu 12%). Übereinstimmend wurde in der Rechtsprechung bislang das Vorliegen „extremer" Beteiligungsverhältnisse angenommen, wenn ein Gesellschafter am Besitzunternehmen zu mehr als 50% und an der Betriebsgesellschaft zu weniger als 50% beteiligt ist und es sich beim anderen Gesellschafter gerade umgekehrt verhält. Vgl. BFH-Urteil vom 2.8.1972, S. 796 (Beteiligungsverhältnis von 90% zu 10% sowie von 10% zu 90%); Urteil des FG Düsseldorf vom 25.11.1993 (n.rkr.), S. 483 sowie im Schrifttum zustimmend NEUFANG, BERND (1988), S. 157. Unschlüssig ist der BFH in seinem Urteil vom 20.9.1973, S. 869 ff., bei dem eine Beteiligungsrelation von 40% zu 20% zu 40% bzw. 0,73% zu 41,27% zu 58% vorlag. Vgl. hierzu auch die Beteiligungskonstellation im Rahmen des BFH-Urteils vom 15.5.1975, S. 781 f. A.A.: UNVERICHT, WILLI (1989), S. 997. In drei jüngeren FG-Urteilen ist von diesem formulierten Grundsatz abgewichen worden. Vgl. Urteil des FG Baden-Württemberg vom 14.11.1996 (rkr.), S. 533 (Beteiligungsverhältnis betrug 55% zu 45% und 20% zu 80%). In der Urteilsbegründung wird angeführt, dass die Relation von 55% zu 45% dem Verhältnis von 50% zu 50% „nahe" käme. Vgl. ebenfalls Urteil des FG Niedersachsen vom 8.7.1998 (n.rkr.), S. 1517, das bei einem Beteiligungsverhältnis von 60% zu 40% und von 40% zu 60% keine „extremen" Unterschiede erkannte, sowie Urteil des Schleswig-Holsteinischen Finanzgerichts vom 28.6.2000 (n.rkr.), S. 626 ff. (80% zu 20% sowie 20% zu 80%). Gleicher Ansicht ist das BFH-Urteil vom 24.2.2000, S. 816 ff.

303 Vgl. Abbildung 4 (S. 38).

304 Die in Fn. 300 (S. 52) aufgeführte Personengruppentheorie ist widerlegbar. Es muss mittels konkreter Tatsachen nachgewiesen werden, dass bspw. Interessengegensätze innerhalb dieser als homogen angenommenen und die Stimmrechtsmehrheit besitzenden Gruppe vorhanden sind (familiäre bzw. wirtschaftliche Differenzen). Vgl. BFH-Urteil vom 18.10.1972, S. 29 und BFH-Urteil vom 15.5.1975, S. 782. Vgl. zurückhaltend auch BFH-Urteil vom 23.11.1972, S. 248, das offen lässt, ob eine solche Konstellation für eine Widerlegung als geeigneter Maßstab anzusehen ist. Einigkeit besteht insofern darin, dass unterschiedlich ausgestaltete Stimmrechte (z.B. Stimmrechtsbindungsverträge) einen Widerlegungsgrund darstellen können. Einen Ausnahmetatbestand stellt die Beteiligungsidentität dar; hier ist der einheitliche geschäftliche Betätigungswille stets anzunehmen. Vgl. DEHMER, HANS (1987), Rz. 58.

<table>
<tr><th rowspan="2"></th><th rowspan="2">Personelle Verflechtung</th><th colspan="3">Finanzielle Eingliederung</th></tr>
<tr><th>Ertragsteuern</th><th>Umsatzsteuer</th><th>Grunderwerbsteuer</th></tr>
<tr><td colspan="5">b. Kapitalgesellschafter sind an der Betriebsgesellschaft beteiligt</td></tr>
<tr><td>Gesellschafteridentität</td><td colspan="2" rowspan="2">nicht möglich[305]</td><td rowspan="2">ggf. möglich[306]</td><td rowspan="2">nicht möglich</td></tr>
<tr><td>„extreme“ Beteiligungsabweichungen</td></tr>
</table>

Tabelle 4: Synoptischer Vergleich von personeller Verflechtung und finanzieller Eingliederung

Einer gesonderten Untersuchung bedarf die Frage der **Hinzurechnung von Ehegattenanteilen** im Rahmen der Mehrheitsermittlung, die aus Veranschaulichungsgründen nicht in Tabelle 4 integriert wurde. Es ist vorwegzunehmen, dass die folgenden Überlegungen allesamt auf einer **gesellschaftsrechtlichen** Beherrschungsform beruhen.

Bei einem Einzelunternehmen als Besitzunternehmen bzw. OT wurde bei der finanziellen Eingliederung eine solche Möglichkeit auf dem Gebiet aller relevanten Steuerarten verneint.[307] Im Bereich der personellen Verflechtung schränkte der BVerfG-Beschluss vom 12.3.1985 die Zusammenrechnung von Ehegattenanteilen erheblich ein, da – analog zum Organschaftskonzernrecht – von einem Folgeschluss der Existenz der Ehe auf gleichgerichtete Interessen der Ehegatten nicht ausgegangen werden darf.[308] Ein wesentlicher Unterschied liegt darin begründet, dass bei der personellen Verflechtung eine **widerlegbare Vermutung** vorliegt, welche vom BVerfG sehr unbestimmt formuliert wurde.[309] Dadurch findet zwangsläufig eine elegante Verlagerung der damit verbundenen Auslegungsfragen auf die BFH-Rechtsprechung statt.[310] Jene hat zur Vermutungswiderlegung einen sog. Negativkatalog for-

---

305 Für Zwecke der personellen Verflechtung können die Anteile der Gesellschafter am Betriebsunternehmen (Kapitalgesellschaft) der Besitzkapitalgesellschaft aufgrund des steuerrechtlichen Durchgriffverbotes nicht zugerechnet werden. Die aus der Betriebsaufspaltung hervorgegangenen Unternehmen stehen vielmehr im Verhältnis wie Schwesterkapitalgesellschaften zueinander. Vgl. BFH-Urteil vom 1.8.1979, S. 50 sowie daran festhaltend BFH-Urteil vom 22.10.1986, S. 360 und BFH-Urteil vom 20.5.1988, S. 740.

306 Im Rahmen der USt ist es für die Besitzkapitalgesellschafter grundsätzlich möglich, die Anteile am Betriebsunternehmen im Privatvermögen zu halten. Ist jedoch die Besitzkapitalgesellschaft nicht selbst an der Betriebskapitalgesellschaft beteiligt, wird gerade dasjenige Gleichordnungsverhältnis kreiert, welches in Kapitel B.III.3.b) (ab S. 43) kraft Rechtsprechung keine umsatzsteuerliche Organschaft begründet. Vgl. die Nachweise in Fn. 265 (S. 47).

307 Vgl. hierzu WITT, GEORG (1999), Tz. B42 sowie Verfügung der OFD Koblenz vom 17.11.1986, S. 244.

308 Vgl. BVerfG-Beschluss vom 12.3.1985, S. 481.

309 „Wenn aber zusätzlich zur ehelichen Lebensgemeinschaft Beweisanzeichen vorliegen, die für die Annahme einer personellen Verflechtung durch gleichgerichtete wirtschaftliche Interessen sprechen, wäre der Einwand unbegründet.“ BVerfG-Beschluss vom 12.3.1985, S. 481. In der früheren Rechtsprechung wurde die Feststellungslast hinsichtlich der Addition von Ehegattenanteilen gerade umgekehrt behandelt; hier musste vom Finanzamt widerlegt werden, dass keine gleichgerichteten Interessen vorlagen. Vgl. BFH-Urteil vom 18.10.1972, S. 29 und BFH-Urteil vom 10.11.1982, S. 138.

310 „Es ist nicht Aufgabe des Bundesverfassungsgerichts, in diesem Zusammenhang auf mögliche Fallgestaltungen einzugehen.“ BVerfG-Beschluss vom 12.3.1985, S. 481. Darauf entgegnet WOERNER: „Wenn das BVerfG besonders hervorhebt, es sei nicht seine Aufgabe, auf mögliche Fallgestaltungen einzugehen, so kann jedes Oberste Bundesgericht, das mit weiser Zurückhaltung judiziert, diesen Satz auch für sich reklamieren.“ WOERNER, LOTHAR (1986), S. 741.

muliert.[311] Allerdings bleibt die FG- und BFH-Rechtsprechung bis dato eine Antwort hinsichtlich der Formulierung positiver Sachverhalte bzw. Beweisanzeichen schuldig.[312] Dadurch wird m. E. der Eindruck erweckt, dass sich die widerlegbare Vermutung der Nichtzusammenrechnung von Ehegattenanteilen als ein „Quasi-Verbot“ entpuppt.[313]

Gleiche (widerlegbare) Grundsätze gelten für den Fall, in dem **beide** Ehegatten **alternativ** nur an der Besitz(personen-)gesellschaft oder nur an der Betriebsgesellschaft beteiligt sind.[314] Eine finanzielle Eingliederung ist m. E. bei solch einer Beteiligungskonstellation nicht vorstellbar. Eine Abgrenzung ist zum sog. **„Wiesbadener Modell“** vorzunehmen, innerhalb dem ein Ehegatte zu 100 % am Besitzunternehmen und der andere Ehegatte zu 100 % an der Betriebsgesellschaft beteiligt ist.[315] Aufgrund der Begründung des BFH vom 30.7.1985[316] ist davon auszugehen, dass bei Existenz des „Wiesbadener Modells“ eine **unwiderlegbare Vermutung von nicht gleichgerichteten Interessen** der Ehegatten besteht. Ob dieses Modell subsidiär zur faktischen Beherrschung anzusehen ist, kann nicht exakt beurteilt werden. Legt man das BFH-Urteil vom 29.7.1976 zugrunde, wurde bei Geltung des „Wiesbadener Modells“ eine faktische Betriebsaufspaltung bejaht.[317] Ob die Gerichte auch nach dem 12.3.1985

---

[311] Demnach führen insb. das jahrelange konfliktfreie Zusammenwirken der Ehegatten innerhalb der Doppelgesellschaft oder die Finanzierung der Beteiligung der Ehefrau durch den Ehemann **nicht** bereits zu einer Anteilszusammenrechnung. Vgl. BFH-Urteil vom 27.11.1985, S. 363 f. und das im Anschluss ergangene BMF-Schreiben vom 18.11.1986, S. 537 f. sowie diese Rechtsprechung ergänzend BFH-Urteil vom 18.2.1986, S. 613, das die Addition von Ehegattenanteilen verneinte, obwohl die Ehefrau in der Vergangenheit stets die unternehmerischen Entscheidungen ihres Ehemannes akzeptiert hat und der Gesellschaftsvertrag vorsah, dass Miet- und Pachtverhältnisse nur bei einem gemeinsamen Handeln beider Ehegatten gekündigt werden können. Vgl. BFH-Urteil vom 18.2.1986, S. 613. Den Beispielen des Negativkataloges widersetzte sich das Urteil des Schleswig-Holsteinischen Finanzgerichts vom 16.9.1987 (n.rkr.), S. 251 f. Es wurde bemängelt, dass das BVerfG lediglich „in eine Richtung“ gedacht hat, also von einer Ehe nicht unmittelbar auf gleichgerichtete wirtschaftliche Interessen folgerte. Der Umkehrschluss muss hingegen nach Meinung des FG erlaubt sein, da z.B. ein jahrelanges konfliktfreies Zusammenwirken der Ehegatten durchaus als Beweisanzeichen für eine über die Ehe hinausgehende personelle Verflechtung und somit für gleichgerichtete wirtschaftliche Interessen gewertet werden kann. Dieser Auffassung ist beizupflichten.

[312] Vgl. kritisch UNVERICHT, WILLI (1989), S. 996, nach dem der BVerfG-Beschluss quasi unterstellt, dass gleichgerichtete wirtschaftliche Interessen bei Ehegatten kaum noch vorstellbar seien. M. E. liegt die Vermutung nahe, dass die Rechtsprechung selbst darüber uneinig ist, welche Beweisanzeichen für eine Widerlegung überhaupt gegeben sein müssen.

[313] Ähnlicher Ansicht: RANFT, ECKART (1988), S. 84. Zieht man das nicht veröffentlichte Urteil des FG Baden-Württemberg vom 22.11.1988, I K 55, 57, 58/85, heran, das eine Addition von Ehegattenanteilen zuließ, müssen die Beweisanzeichen für eine personelle Verflechtung im Sachverhalt vorliegen. Hier war die Ehefrau stille Gesellschafterin an der Betrieb-GmbH. Weiterhin übernahm sie nicht nur Bürgschaften für Kredite der GmbH gegenüber Kreditinstituten; sie gewährte vielmehr der GmbH selbst ebenfalls Kredite. Vgl. bzgl. des Urteils UNVERICHT, WILLI (1989), S. 996. Auch das BFH-Urteil vom 24.7.1986, S. 913 ff., das ebenfalls eine Addition zuließ, jedoch durch den BVerfG-Beschluss aufgehoben wurde, blieb bei seinem Standpunkt, weil die Ehepaare durch gemeinsames Handeln eine „zusätzliche enge Wirtschaftsgemeinschaft“ eingegangen waren.

[314] Vgl. SCHMIDT, LUDWIG (2002), § 15 EStG, Rz. 846.

[315] Vgl. BFH-Urteil vom 30.7.1985, S. 359 ff.

[316] Nach der Erläuterung der Grundsätze des BVerfG-Beschlusses wird angeführt: „Es braucht nicht aufgeklärt zu werden, ob im Streitfall solche zusätzlichen Beweisanzeichen gegeben sind.“ BFH-Urteil vom 30.7.1985, S. 361.

[317] Vgl. BFH-Urteil vom 29.7.1976, S. 752 f. Im konkreten Sachverhalt waren ausschließlich die Ehemänner am Besitzunternehmen, die Ehefrauen nur an der Betriebsgesellschaft beteiligt. Die Ehemänner befanden sich zugleich dort in einem Angestelltenverhältnis und besaßen – entgegen den Gesellschafterinnen – Fachkenntnisse.

dementsprechend entscheiden würden, bleibt dahingestellt; m. E. ist nicht davon auszugehen[318].

Zusammenfassend ist eine **Kongruenz zum Organschaftsrecht** dann gegeben, falls beide Ehegatten **jeweils** an der Besitz- **und** Betriebsgesellschaft beteiligt sind. Daraus lässt sich folgern, dass im Rahmen der personellen Verflechtung der Gruppentheorie der Vorzug gegenüber dem vom BVerfG geprägten Grundsatz des Ausschlusses von Ehegattenanteilen dem ersten Anschein nach zu geben ist.[319]

d) Zeitliche Voraussetzungen

Die Voraussetzung der finanziellen Eingliederung hat **vom Beginn des Wirtschaftsjahres der OG an ununterbrochen** bis zu dessen Ende zu bestehen (§ 14 Abs. 1 Nr. 1 S. 1 KStG).[320] Gleiches gilt für die Gewerbesteuer über § 2 Abs. 2 S. 2 GewStG. Da die finanzielle Eingliederung im Verhältnis zum OT bestehen muss, sind somit die Voraussetzungen des OT ebenfalls vom Beginn des Wirtschaftsjahres der OG an ununterbrochen zu erfüllen.[321]

Entsteht aus einer ursprünglich mittelbaren eine unmittelbare Beteiligungsstruktur, indem z. B. die zwischengeschaltete Gesellschaft ihre Anteile an der OG an den OT veräußert, ändert dieser Geschäftsvorfall genauso wenig an der durchgängigen finanziellen Eingliederung wie der umgekehrte Fall, in dem der OT Anteile an der OG auf eine neu gegründete Zwischengesellschaft transferiert. Die gleichen Grundsätze gelten für die Übertragung von Anteilen aus dem SBV II der Gesellschafter ins Gesamthandsvermögen.[322]

Innerhalb der zeitlichen Voraussetzungen erlangt die **Bildung von sog. Rumpfwirtschaftsjahren**[323] durch die OG eine große Bedeutung, da Organschaftsverhältnisse dadurch früher konstruiert werden können, es sei denn, der Beginn des bisherigen Wirtschaftsjahres ist zufällig mit dem Zeitpunkt der Begründung der finanziellen Eingliederung kongruent.

Im Zuge dieser Umstellungen ist nicht nur § 14 Abs. 1 Nr. 1 S. 1 KStG maßgebend. Vielmehr müssen zusätzlich auch „allgemeine“ steuerrechtliche sowie zivilrechtliche Regelungen in der

---

318 Gleicher Ansicht: WOERNER, LOTHAR (1986), S. 738. A.A.: NEUFANG, BERND (1988), S. 162.

319 Vgl. zustimmend im Schrifttum: DEHMER, HANS (1987), Rz. 166 und Rz. 171; KNOPPE, HELMUT (1985), S. 187; NEUFANG, BERND (1988), S. 157 f.; SCHNEELOCH, DIETER (1991), S. 764; SCHMIDT, LUDWIG (2002), § 15 EStG, Rz. 845; UNVERICHT, WILLI (1989), S. 996; WOERNER, LOTHAR (1986), S. 738 sowie in der Rechtsprechung explizit z.B. BFH-Urteil vom 23.11.1972, S. 248 und BFH-Urteil vom 24.2.2000, S. 817.

320 Ein Wirtschaftsjahr umfasst grundsätzlich einen Zeitraum von 12 Monaten. Vgl. § 8b S. 1 EStDV. Die in § 8b S. 2 EStDV aufgelisteten Ausnahmefälle finden in den folgenden Ausführungen Berücksichtigung. Eine vertragliche Rückwirkung im Falle des Beteiligungserwerbs während des Wirtschaftsjahres ist unzulässig. Vgl. BFH-Urteil vom 18.6.1969, S. 569 f.

321 Vgl. WINTER, WILLI (2002), § 14 KStG, Anm. 114.

322 Vgl. WITT, GEORG (1999), Tz. B44.

323 Die Dauer eines Rumpfwirtschaftsjahres, das ebenfalls als Wirtschaftsjahr i.S.v. § 14 Abs. 1 Nr. 1 S. 1 KStG angesehen wird, ist geringer als 12 Monate. Erfolgt keine Umstellung des Wirtschaftsjahres, ist die finanzielle Eingliederung frühestens ab Beginn des nächstgelegenen bisherigen Wirtschaftsjahres der OG möglich.

sich m.E. anbietenden nachstehenden zeitlichen Reihenfolge bedacht werden[324]. Dazu bedarf es **allgemein steuerrechtlich**

- dem **Einvernehmen des** (örtlich zuständigen) **Finanzamtes,** in dessen Bezirk sich die Geschäftsleitung der OG befindet (§ 20 Abs. 1 AO)[325]

sowie **zivilrechtlich**

- eines **Beschlusses der Haupt- bzw. Gesellschafterversammlung der OG;**[326]
- der notariellen **Beurkundung** des Beschlusses;
- der **Eintragung** des Beschlusses ins HR[327].

Zur Verdeutlichung sollen die Ausführungen an den in Abbildung 5 (S. 58) aufgeführten Beispielen ausgerichtet werden. Sowohl der OT als auch die OG besitzen ein kalenderidentisches Wirtschaftsjahr.

Annahmegemäß soll in dem in Abbildung 5 (S. 58) dargestellten **Fall a** die finanzielle Eingliederung zum 1.8.01 erfüllt sein.[328] Stellt die OG ihr bisheriges kalenderidentisches Wirtschaftsjahr nicht um, kann die Eingliederung frühestens zum 1.1.02 erfolgen. Eine quotale Zurechnung ihres Einkommens zu $^5/_{12}$ (1.8.-31.12.01) ist nicht erlaubt.

---

324 Vgl. BMF-Schreiben vom 18.5.1990, S. 1164 sowie für das GmbH-Recht BFH-Urteil vom 13.9.1989, I R 105/86, S. 326 f. und BFH-Urteil vom 18.9.1996, S. 378 ff.

325 Gem. § 7 Abs. 4 S. 3 KStG ist die Umstellung des Wirtschaftsjahres auf ein vom Kalenderjahr abweichendes Jahr steuerlich nur dann wirksam, wenn sie im Einvernehmen mit dem Finanzamt vorgenommen wird. Es ist unerheblich, ob diese Umstellung von einem Kalenderjahr oder von einem davon abweichenden anderen Wirtschaftsjahr geschieht. Wird auf ein Kalenderjahr umgestellt, ist die Zustimmung des Finanzamtes nicht erforderlich (Umkehrschluss zu § 7 Abs. 4 S. 3 KStG).

326 Zur Umstellung des Wirtschaftsjahres bedarf es einer Änderung der Satzung bzw. des Gesellschaftsvertrages. Hinsichtlich der Beschlussmehrheiten im GmbH-Recht und Aktienrecht sei auf die Ausführungen zum EAV verwiesen. Vgl. Kapitel B.IV.2.a)(1)(a) (ab S. 70) und Kapitel B.IV.2.a)(2)(a) (ab S. 81).

327 Der Beschluss ist zunächst beim HR anzumelden, von diesem zu prüfen, dort einzutragen und bekannt zu machen. Mit der Eintragung ins HR erlangt die Satzungsänderung ihre Außenwirkung (§ 54 Abs. 3 GmbHG). Es reicht nicht aus, falls eine Eintragung im Verlauf des bereits umgestellten Wirtschaftsjahres eintritt. Jene zivilrechtliche Rückwirkung ist im Umkehrschluss auch steuerrechtlich schädlich. Vgl. dazu klarstellend BFH-Urteil vom 18.6.1969, S. 570; BFH-Urteil vom 7.7.1983, S. 55; BFH-Urteil vom 13.9.1989, I R 105/86, S. 326; BFH-Urteil vom 18.9.1996, S. 379 und Urteil des FG Nürnberg vom 6.10.1998 (rkr.), S. 1694. Im Handelsrecht sind die Publizitätswirkungen des § 15 HGB zu beachten.

328 In Abbildung 5 (S. 58) kann unter dem Begriff der „finanziellen Eingliederung" sowohl der Erwerb der Anteile an der OG mit einer sofortigen Eingliederung als auch die Begründung eines Organschaftsverhältnisses ungeachtet eines in der Vergangenheit stattgefundenen Anteilserwerbes verstanden werden.

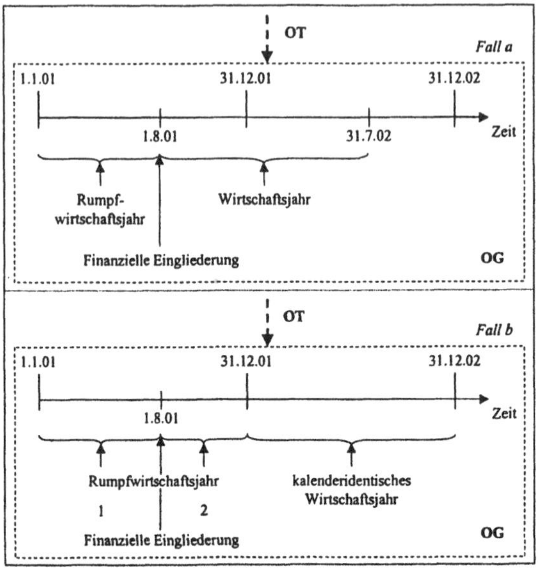

Abbildung 5: Grundstrukturen der zeitlichen Voraussetzungen bei finanzieller Eingliederung im Rahmen einstufiger Organschaftskonzerne[329]

Alternativ besteht für die OG die Möglichkeit, auf ein Wirtschaftsjahr vom 1.8. eines Jahres bis zum 31.7. des jeweiligen Folgejahres umzustellen, das von der Zustimmung des Finanzamtes gem. § 7 Abs. 4 S. 3 KStG abhängig ist. Die Billigung hat durch das Finanzamt zu erfolgen, „...wenn für die Umstellung „beachtliche", „einleuchtende" oder „ernsthafte" Gründe wirtschaftlicher Art angeführt werden."[330] Im Rahmen von Organschaftsverhältnissen sind solche Gründe stets gegeben.[331] Ferner müssen die erwähnten zivilrechtlichen Voraussetzungen bis zum 1.8.01 erfüllt werden. Damit geht die **Bildung eines Rumpfwirtschaftsjahres** seitens der OG einher (1.1.01 - 31.07.01). Jene hat zum 31.07.01 einen Jahresabschluss zu erstellen. Ferner wird die aus steuerlicher Sicht bedeutsame **Trennung der vororganschaftlichen von der organschaftlichen Zeit** vollzogen.[332]

In **Fall b** in Abbildung 5 möchte die OG ihr Kalenderjahr auch nach Begründung des Organschaftsverhältnisses weiterführen (z.B. zwecks Harmonisierung des Abschlussstichtages mit dem OT). Hierzu ist die Bildung von **zwei direkt aufeinander folgenden Rumpfwirtschaftsjahren** notwendig. Fraglich ist die Zulässigkeit dieser Maßnahme. Die dazu generell ergangene und sich demgegenüber ablehnend geäußerte BFH-Rechtsprechung[333] wurde spe-

[329] Vgl. hierzu ebenfalls ALBROD, PETER (1991), S. 234 ff. In Abbildung 5 stimmt der 31.12. eines Jahres mit dem 1.1. des jeweiligen Folgejahres überein.

[330] BFH-Urteil vom 9.1.1974, S. 240.

[331] Vgl. Abschn. 53 Abs. 2 S. 3 und Abs. 3 S. 1 KStR.

[332] Vgl. hierzu Näheres in Kapitel C.I.3.d) (ab S. 221) und Kapitel C.II.1.c) (ab S. 240).

[333] Vgl. BFH-Urteil vom 7.2.1969, S. 338 und relativierend STRECK, MICHAEL/SCHWEDHELM, ROLF (1988), S. 679, die ausschließlich dann eine Unzulässigkeit von zwei aufeinander folgenden Rumpfwirtschaftsjahren

ziell für Organschaftsverhältnisse durch einen Nichtanwendungserlass[334] durchbrochen und ist explizit in den Verwaltungsanweisungen geregelt[335]. Zur Beurteilung gelten die bereits für den Fall a dargelegten Grundsätze. Im Rahmen der zweiten Umstellung auf das Kalenderjahr ist keine Zustimmung des Finanzamtes notwendig (Umkehrschluss zu § 7 Abs. 4 S. 3 KStG).[336]

Schwierigkeiten treten bei **mehrstufigen Organschaftskonzernen** auf, falls eine OG, die gleichzeitig selbst OT ist, zwei Rumpfwirtschaftsjahre bildet. Abbildung 6 illustriert einen beispielhaften Fall.

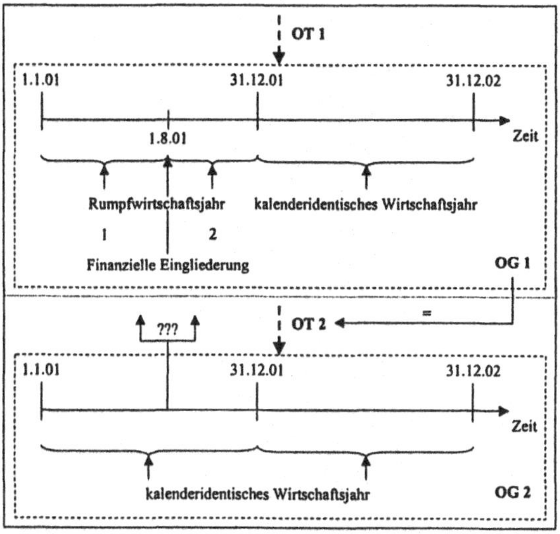

Abbildung 6: Problembereich der zeitlichen Voraussetzungen bei finanzieller Eingliederung im Rahmen mehrstufiger Organschaftskonzerne

Die in Abbildung 6 titulierte OG 2 mit kalenderidentischem Wirtschaftsjahr muss ihr eigens erzieltes Einkommen z.T. dem Rumpfwirtschaftsjahr 1 und z.T. dem Rumpfwirtschaftsjahr 2 der OG 1 zurechnen.[337] Der m.E. einzig richtige **Aufteilungsmaßstab** bemisst sich nach dem in beiden Zeiträumen jeweils erzielten **(Teil-)Einkommen** der OG 2. Insofern ist zum 1.8.01 eine **(fiktive) Bilanz und GuV** zu erstellen, die das Einkommen des Wirtschaftsjahres 01 verursachungsgerecht aufteilt und zurechnet. Andere Verteilungsmaßstäbe wie bspw. eine Aufteilung „pro rata temporis“ lassen sich nicht rechtfertigen, da bei starken Einkommensschwankungen der OG 2 in den Rumpfwirtschaftsjahren 1 und 2 nicht dasjenige Einkommen

sehen, wenn die zweite Umstellung bereits bei der ersten Entscheidung zugunsten eines Rumpfwirtschaftsjahres geplant war.

[334] Vgl. BMF-Schreiben vom 17.11.1989, S. 2512.

[335] Vgl. Abschn. 53 Abs. 3 S. 2 KStR.

[336] Besäße der OT dagegen ein vom Kalenderjahr abweichendes Wirtschaftsjahr, müsste ebenfalls seitens des Finanzamtes die Zustimmung erteilt werden (Abschn. 53 Abs. 3 S. 2 und S. 3 KStR).

[337] Vgl. zur Einkommenszurechnung in den Folgejahren Kapitel C.I.3.a) (ab S. 208).

ermittelt und zugerechnet werden kann, das auch tatsächlich in diesen Zeiträumen erwirtschaftet wurde.[338]

Hinsichtlich **USt** und **GrESt** ist §§ 2 Abs. 2 Nr. 2 S. 1 UStG, 1 Abs. 4 Nr. 2b GrEStG nicht zu entnehmen, dass an deren finanzielle Eingliederung spezielle zeitliche Voraussetzungen geknüpft sein müssen.[339] Vielmehr treten die organschaftlichen Folgen bei deren erstmaliger Erfüllung (i.V.m. den anderen Eingliederungsvoraussetzungen) in Kraft.[340] Dieser kaum erwähnte Unterschied lässt sich m.E. auf den Charakter der Verkehr- und Verbrauchsteuern zurückführen, deren Bemessungsgrundlage sich bilanzunabhängig gestaltet.

4. Mehrmütterorganschaft

Im Folgenden sind die **Besonderheiten** der finanziellen Eingliederungsvoraussetzungen bei Begründung des in der Praxis[341] bedeutsamen Rechtsinstitutes einer Mehrmütterorganschaft herauszustellen. Im Rahmen dieses steuerlichen Instrumentariums schließen sich **mindestens zwei beherrschende Unternehmen** zwecks einer **einheitlichen Willensbildung** zu einer GbR i.S.v. § 705 BGB zusammen, welche die Koordination von deren Willen übernimmt, um die OG einheitlich zu leiten.[342, 343] Der für die Entstehung notwendige (formlose) Gesellschaftsvertrag zwischen den GbR-Gesellschaftern hat gem. § 705 BGB den gemeinsamen Zweck sowie die Art seiner Verwirklichung zu enthalten und kann schriftlich, mündlich oder konkludent vereinbart werden.[344] Eine Kombination zwischen diesen Alternativen ist ebenfalls erlaubt.[345] Die Bildung einer faktischen Gesellschaft ist insofern nicht möglich.[346]

---

338 Gestaltungspotenzial in Form von Rumpfwirtschaftsjahren entsteht analog im Rahmen der Beendigung der finanziellen Eingliederung. Wird bspw. die Beteiligung an der OG während deren Wirtschaftsjahres veräußert und dieser Transaktion nicht mit dessen Umstellung entgegengewirkt, findet das in diesem Wirtschaftsjahr erzielte Einkommen organschaftlich keine Berücksichtigung. Bei der Bildung eines Rumpfwirtschaftsjahres durch die OG, das auf den Veräußerungszeitpunkt endet, unterliegt das bis dahin erzielte Einkommen den organschaftlichen Regelungen. Vgl. SCHMIDT, LUDWIG/MÜLLER, THOMAS/STÖCKER, ERNST E. (1999), Rz. 176. Die organschaftliche Zeit wird insofern von der nachorganschaftlichen Zeit getrennt.

339 Vgl. BFH-Urteil vom 11.4.1991, S. 140.

340 Bestätigend: DÖRNER, BERNHARD M. (2001), S. 449 und PRINZ, ULRICH (2000), S. 1256.

341 Demnach haben 57% aller mittelständischer deutscher Unternehmen Kooperationen realisiert. Vgl. DG Bank (2000), S. 12.

342 Das Erfordernis des Zusammenschlusses von mind. zwei Unternehmen wird bereits durch das Zivilrecht impliziert, da eine Einpersonen-GbR nicht existiert. Analoges gilt für den Fall, dass alle Gesellschafter bis auf einen aus der Gesellschaft ausscheiden. Vgl. SCHMIDT, KARSTEN (1997), S. 1730 und S. 1765 sowie bzgl. eines konkreten Sachverhaltes BFH-Urteil vom 9.6.1999, I R 43/97, S. 156. Vgl. bzgl. der Notwendigkeit der gemeinsamen Willensbildung im Aktienrecht BGH-Urteil vom 30.9.1986, S. 4.

343 Die Gesellschafter der GbR müssen allesamt selbst die OT-Eigenschaft gem. § 14 Abs. 1 Nr. 2 KStG erfüllen.

344 Eine stillschweigende oder mündliche Vereinbarung wird im Schrifttum deshalb abgelehnt, da der Wille sämtlicher beteiligter Gesellschaften aus Sicherheitsgründen (möglichst schriftlich) fixiert werden sollte, v.a. dann, wenn Vereinbarungen die in §§ 706-740 BGB normierten dispositiven Regelungen ändern sollen. Dieser Aspekt erlangt m.E. bei Beschlussfassungen eine große Bedeutung, da im Falle keiner gesellschaftsvertraglichen Modifikationen das Einstimmigkeitsprinzip gem. § 709 Abs. 1 BGB zur Anwendung kommt (als ausreichend wird eine konkludente Willensübereinstimmung der Gesellschafter angesehen). Sind sich die Gesellschaften über bestimmte Maßnahmen uneinig, kann der Wille in solch einem Fall nicht an die OG weitergeleitet werden. Insofern bietet sich die vertragliche Festlegung einer Mehrheitsregelung – sei sie einfach oder qualifiziert – an, wobei es im Zweifelsfall auf die Mehrheit der stimmberechtigten und nicht etwa auf die der erschienenen Gesellschafter ankommt (§ 709 Abs. 2 BGB). Auch hier wäre eine konkludente Änderung des Gesellschaftsvertrages möglich; erschwerend kommt bei dieser Form hinzu, dass an solche

Als Besonderheit zur Einmutterorganschaft stellt die **GbR als OT** eine **reine Innengesellschaft**[347] ohne einen auf ein Handelsgewerbe gerichteten gewerblichen Geschäftsbetrieb dar[348], welche zudem kein Gesamthandsvermögen[349] besitzt und auch keine Bilanzen zu erstellen hat.[350] Sie übt keine eigenständige unternehmerische Funktion am Markt aus, sondern wird ausschließlich gegenüber der OG tätig.[351]

Steuerrechtlich leitete der BFH im Jahre 1993 die Mehrmütterorganschaft aus den körperschaftsteuerlichen Regelungen zur Einmutterorganschaft per **teleologischer Reduktion** ab.[352] Dieses als Gewohnheitsrecht kodifizierte Rechtsinstitut wurde in den Verwaltungsanweisungen näher spezifiziert (Abschn. 52 Abs. 6 und Abs. 7 KStR; Abschn. 14 Abs. 6 GewStR). In jüngster Zeit trat ein Wandel der BFH-Rechtsprechung hinsichtlich der Frage der OT-Eigenschaft der GbR ein. Im Gegensatz zur Vorinstanz[353] wurden als OT die einzelnen, sich zusammenschließenden Unternehmen und nicht mehr die GbR als solche angesehen (**Lehre der mehrfachen Abhängigkeiten**), da die finanzielle (und zu diesem Zeitpunkt noch geforderte wirtschaftliche und organisatorische) Eingliederung unmittelbar zu den GbR-Gesell-

---

Modifikationen in der Praxis strengere Anforderungen gestellt werden. Vgl. RAUPACH, ARNDT/KLOTZ, SIMONE (1994), S. 139; SCHMIDT, KARSTEN (1997), S. 1731 f.; ULMER, PETER (1997), § 705 BGB, RdNr. 48 f. und ULMER, PETER (1997), § 709 BGB, RdNr. 65 und RdNr. 81. Im Rahmen des Gesellschaftsvertrages ist sowohl die Einräumung von Mehrfachstimmrechten als auch stimmrechtsloser Mitgliedschaftsrechte möglich. Vgl. dazu BGH-Urteil vom 14.5.1956, S. 370 und SCHMIDT, KARSTEN (1997), S. 606.

345 Vgl. ULMER, PETER (1997), § 705 BGB, RdNr. 98.

346 Vgl. ULMER, PETER (1997), § 705 BGB, RdNr. 1.

347 Unter einer Innengesellschaft wird das fehlende Auftreten der GbR nach außen verstanden. Die Gesellschafter schließen vielmehr Geschäfte in ihrem eigenen Namen ab.

348 Dem an dieser Stelle möglichen Einwand, es sei ein Widerspruch zu der zwingend vorgeschriebenen gewerblichen Tätigkeit des OT erkennbar, ist entgegenzuhalten, dass die gewerbliche Tätigkeit von **sämtlichen**, in der GbR zusammengeschlossenen Unternehmen als ausreichend angesehen wird. Vgl. z.B. den die sog. Gepräge-Rechtsprechung aufhebenden BFH-Beschluss vom 25.6.1984, S. 761 und S. 763; KLOSE, ANDREAS (1985), S. 1847 sowie UHRMANN, KARL (1993), S. 175 und S. 180. Demnach kann von einer gewerblichen Prägung (nicht diejenige nach § 15 Abs. 3 Nr. 2 EStG!) der GbR oder einer Abfärbung der Gewerblichkeit auf die GbR ausgegangen werden. Ähnlich argumentiert NIEMANN, für den die GbR nur eine Wirkungseinheit darstellt, die die OG beherrscht und deren Zielsetzung darauf gerichtet ist, die OG den GbR-Gesellschaftern dienstbar zu machen. Vgl. NIEMANN, OTTO (1977), S. 108 und S. 162 ff., s.b.S. 167-169. Einen anderen Ansatzpunkt fand der BFH in der früheren Rechtsprechung, indem er die gewerbliche Qualifikation des OT von der OG ableitete, die stets einen Gewerbebetrieb kraft Rechtsform gem. § 2 Abs. 2 S. 1 GewStG darstellt. Vgl. BFH-Urteil vom 25.6.1957, I 22/55 U, S. 181. Die GbR ist zusammenfassend als OT zu bezeichnen, der sich in einer nicht gewerblichen Personengesellschaft konkretisiert.

349 Folglich kann der in § 14 Abs. 1 Nr. 2 KStG genannte Personenkreis keinen GbR-Gesellschafter darstellen, da die Beteiligung in dessen Gesamthandsvermögen zu halten wäre, an dem es gerade mangelt. Vgl. bzgl. des Analogschlusses BFH-Urteil vom 28.4.1983, S. 691 f. Wie ersichtlich, ist die explizite Vereinbarung einer Innengesellschaft im Gesellschaftsvertrag für die Mehrmütterorganschaft von großer Bedeutung, da der gerade erwähnte Gesellschafterkreis bei einer Gesamthandsvermögen besitzenden Außengesellschaft ebenfalls in Betracht käme.

350 Vgl. bzgl. der OT-Eigenschaft einer GbR z.B. BFH-Beschluss vom 24.3.1998, S. 448 und BFH-Urteil vom 8.10.1986, S. 191.

351 Vgl. RAUPACH, ARNDT/KLOTZ, SIMONE (1994), S. 137.

352 Vgl. BFH-Urteil vom 14.4.1993, S. 126, nach dem sich die Rechtsgrundlage der Mehrmütterorganschaft nicht aus § 14 Nr. 3 KStG a.F., sondern aus dem (teleologisch reduzierten) § 14 Nr. 1 KStG a.F. bemisst. Vgl. auch BFH-Beschluss vom 24.3.1998, S. 449. A.A.: Urteil des Hessischen Finanzgerichts vom 6.5.1987 (rkr.), S. 581, das u.a. auf die in § 14 Nr. 3 S. 1 KStG a.F. i.V.m. § 15 Abs. 1 Nr. 2 EStG geforderte Gewerblichkeit der Personengesellschaft abstellt.

353 Vgl. Urteil des FG München vom 12.3.1997 (n.rkr.), S. 1036 f.

schaftern besteht.[354] In der Urteilsbegründung stellte der BFH explizit auf eine **Harmonisierung mit dem Aktienrecht**, insb. mit § 17 AktG ab.[355, 356] Jene Rechtsprechung sollte durch einen geplanten koordinierten Ländererlass in allen noch nicht bestandskräftigen Fällen anzuwenden sein.[357] Dieser als fortschrittlich erscheinende Akt stellt nichts anderes als die Wiederaufnahme von bereits zum Zeitpunkt der Legitimation der körperschaftsteuerlichen Organschaft diskutierten Stoffes dar.[358] Zu dem besagten Ländererlass kam es nicht, da die aktuelle BFH-Rechtsprechung kraft eines Nichtanwendungserlasses des BMF ausschließlich auf den konkreten Urteilsfall angewendet werden durfte. Veranlagungen sollten nach der in den KStR und GewStR geregelten Rechtslage unter dem Vorbehalt der Nachprüfung (§ 164 AO) erfolgen, da zu diesem Zeitpunkt mit einer gesetzlichen Regelung der Mehrmütterorganschaft zu rechnen war, die auch eine rückwirkende Änderung entfalten sollte.[359] Deren mit Spannung erwartete Normierung wurde dahingehend enttäuscht, dass die in den Richtlinien geregelten

---

[354] Vgl. BFH-Urteil vom 9.6.1999, I R 37/98, S. 347 ff.; BFH-Urteil vom 9.6.1999, I R 43/97, S. 155 ff. und bereits schon vorher in Erwägung ziehend BFH-Beschluss vom 24.3.1998, S. 449. Vgl. auch die Sachverhaltsdarstellung bei OTTERSBACH, JÖRG H. (2000), S. 1460 f. Relativierend: LOHSE, W. CHRISTIAN/MADLE, ULRICH (2001), S. 734 und PEZZER, HEINZ-JÜRGEN (2000), S. 159, für die die GbR weiterhin den OT verkörpern kann, falls sie über einen eigenständigen gewerblichen Zweck verfügt, was nicht den Regelfall darstellt.

[355] Gem. § 17 AktG sind abhängige Unternehmen rechtlich verselbstständigt, auf die ein anderes (herrschendes) Unternehmen unmittelbar oder mittelbar einen beherrschenden Einfluss ausüben kann. Das Wort „ein" wird im Aktienrecht teleologisch ausgelegt, da es laut Rechtsprechung den Gesetzeszweck besser zum Ausdruck bringt. Es findet somit auch auf mehrere beherrschende Unternehmen Anwendung („mehrfache Abhängigkeit" oder „Mehrmütterherrschaft"), da es als unmaßgeblich anzusehen ist, ob der aus Sicht des beherrschten Unternehmens („Gemeinschaftsunternehmen" oder „Jointventure") zu betrachtende Beherrschungswille von einem oder mehreren übergeordneten Unternehmen gebildet wird. Es ist nicht als sachgerecht zu beurteilen, warum die OG gegenüber den einzelnen GbR-Gesellschaftern unabhängig, aber im Verhältnis zur GbR selbst als abhängig angesehen wird, da der Einfluss der gleiche ist. Vgl. BFH-Beschluss vom 24.3.1998, S. 449. Kritik gilt es insofern zu üben, als dass ausschließlich auf das Aktienkapital und nicht auch auf die damit implizierten Stimmrechte i.S.v. § 16 Abs. 1 AktG verwiesen wird. Vgl. bereits BAG-Beschluss vom 18.6.1970, S. 1595 f. sowie primär BAG-Beschluss vom 30.10.1986, S. 1551 ff.; BGH-Urteil vom 4.3.1974, S. 196 f. und S. 199; BGH-Urteil vom 16.2.1981, S. 73; BGH-Urteil vom 30.9.1986, S. 3 und Urteil des OLG Karlsruhe vom 30.5.1972, S. 1572 f. Zustimmend in der Literatur: EMMERICH, VOLKER/GANSWEID, WOLFGANG (1975), S. 299; LUTTER, MARCUS (1973), S. 115 ff. und wahrscheinlich auch GESSLER, ERNST (1974), S. 476 ff. Vgl. hierzu die Analogie hinsichtlich mehrstufiger Abhängigkeiten bei SCHUBERT, WERNER/KÜTING, KARLHEINZ (1974a), S. 570. Aus der Rechtsprechung folgt, dass die Mehrmütterherrschaft bei keiner Widerlegung gem. § 18 Abs. 1 S. 3 AktG Konzerntatbestände erfüllt. Hierbei bildet jedes der beherrschenden Unternehmen mit dem beherrschten Unternehmen einen faktischen (Unterordnungs-)Konzern. Der in § 17 AktG geregelten Abhängigkeit versucht man im Steuerrecht zu folgen. Für beide Gebiete gilt, dass sowohl die finanzielle Eingliederung als auch die Abhängigkeit Instrumentarien zu einer möglichen Einflussnahme darstellen. Vgl. für das Aktienrecht z.B. BAG-Beschluss vom 30.10.1986, S. 1554; ELLERICH, MARIAN/KÜTING, KARLHEINZ (1980), S. 1975; GESSLER, ERNST (1974), S. 479; MÖHRING, PHILIPP (1974), S. 429 f. und S. 440 sowie Urteil des OLG Karlsruhe vom 30.5.1972, S. 1573.

[356] Dieser Verweis stellt eine erneute Wende im historischen Wechselspiel zwischen Aktien- und Steuerrecht dar. Vor der Normierung des § 17 AktG orientierte sich das Aktienrecht an der steuerlichen Rechtsprechung zur Mehrmütterorganschaft. Nun verhält sich der Sachverhalt gerade umgekehrt. Vgl. dazu GESSLER, ERNST (1974), S. 477.

[357] Vgl. WALTER, WOLFGANG (2000), S. 1089.

[358] Die körperschaftsteuerliche Organschaft wurde im Jahre 1969 normiert. Vgl. § 7a des „Körperschaftsteuergesetzes (KStG 1968)" vom 13. Oktober 1969, S. 635 f. Damals sollte die finanzielle Eingliederung in mehrere OT an die Behandlung im AktG gebunden werden. Dort wurde allerdings das Wort „ein" als Zahlwort ausgelegt. Vgl. hierzu ECKHARDT, WALTER (1969), S. 927. Der Steuergesetzgeber vertrat daraufhin die Meinung, dass eine Organschaft zu mehreren OT dann möglich sei, falls diese Form aktienrechtlich anerkannt wird. Vgl. KIRCHHOF, PAUL/RAUPACH, ARNDT (2001), S. 7. Dies ist längst geschehen. Vgl. Fn. 355 (S. 62).

[359] Vgl. BMF-Schreiben vom 4.12.2000, S. 1571.

Wortlaute in §§ 14 Abs. 2 KStG, 2 Abs. 2 S. 3 GewStG i.d.F. des UntStFG kodifiziert wurden.[360] Die **Lehre der mehrfachen Abhängigkeiten** wurde **verworfen.**[361] Impliziten Widerspruch leistete dagegen der BFH in seinem Urteil vom 26.4.2001, wo er die Grundsätze zur Lehre der mehrfachen Abhängigkeit konkret anwandte, indem er den Gewinn aus der Veräußerung von Beteiligungen der GbR-Gesellschafter an der OG diesen und nicht der GbR selbst zurechnete. Die Meinung der Finanzverwaltung bzw. des Gesetzgebers ist in diesem Kontext als noch zweifelhafter anzusehen.[362]

Nach geltendem Recht ist im Bereich der **KSt** festzustellen (§ 14 Abs. 2 S. 2 Nr. 1 KStG), dass sich die Aussagen und Problembereiche hinsichtlich der im Rahmen der Einmutterorganschaft festgelegten Determinanten der finanziellen Eingliederung entsprechend auf die Mehrmütterorganschaft übertragen lassen.[363] Gem. § 14 Abs. 2 S. 2 Nr. 1 KStG muss **jeder Gesellschafter der GbR an der OG beteiligt** sein, wobei diesen Gesellschaftern die Stimmrechtsmehrheit zuzustehen hat.[364] Die Kodifizierung im Bereich der **GewSt** verweist auf § 14 Abs. 2 KStG, so dass von identischen Tatbestandsvoraussetzungen auszugehen ist (§ 2 Abs. 2 S. 3 GewStG).

Die **Tauglichkeit der beiden zitierten BFH-Urteile aus dem Jahre 1999** sind an dieser Stelle sowie in anderen Kapiteln[365] kritisch zu beleuchten. Die Folgerung, die GbR verlöre unter Annahme dieser Rechtsprechung gänzlich ihre Daseinsberechtigung, erweist sich m. E. als Trugschluss, da auch im Falle der Anerkennung der einzelnen Unternehmen als OT nach wie vor eine koordinierte einheitliche Willensbildung bzw. eine gemeinsame Herrschaft gegenüber der OG zwingend vorzunehmen ist und sich diese am besten kraft des Instrumentariums einer GbR vermittelt lässt.[366]

---

[360] Vgl. Art. 2 Nr. 6 und Art. 4 Nr. 1 des „Gesetzes zur Fortentwicklung des Unternehmenssteuerrechts (Unternehmenssteuerfortentwicklungsgesetz – UntStFG)" vom 20. Dezember 2001, S. 3864 und S. 3873.

[361] Vgl. auch IdW (2001), S. 579, in der von einer „Missachtung des höchsten deutschen Finanzgerichts" gesprochen wird. Die Begründung zum UntStFG-E führt zunächst „Gründe der Haushaltssicherung der Gemeinden" an, während sie an anderer Stelle von „verfahrensrechtlichen Problemen" der BFH-Urteile spricht. Vgl. Begründung zu Art. 2 Nr. 6 des „Entwurfs eines Gesetzes zur Fortentwicklung des Unternehmenssteuerrechts (Unternehmenssteuerfortentwicklungsgesetz – UntStFG)" vom 17. August 2001, S. 58 sowie S. 39.

[362] Vgl. o. V. (2001), S. 244.

[363] Erwähnenswert ist die bereits seit 1993 kraft BFH-Rechtsprechung zugelassene Addition von unmittelbaren und mittelbaren sowie mehreren mittelbaren Beteiligungen im Bereich der Mehrmütterorganschaft, welche kraft der einheitlichen Willensbildung der in der GbR zusammengefassten Unternehmen zu erklären versucht wird. Vgl. BFH-Urteil vom 14.4.1993, S. 127, Beispiele Nr. 1 und 2 sowie daran anschließend BFH-Beschluss vom 24.3.1998, S. 448 f. Davor bestand ein ausschließliches Additionsgebot bei unmittelbaren Beteiligungen, Vgl. mit Beispielen BMF-Schreiben vom 24.8.1983, S. 1650 f. sowie mit Kritikpunkten an dieser Regelung KLOSE, ANDREAS (1985), S. 1848 f. und stellvertretend das BFH-Urteil vom 8.10.1986, S. 191 f., das die Zulässigkeit der Zusammenrechnung der in der GbR vereinigten mittelbaren und unmittelbaren Stimmrechte „ernstlich" in Betracht zieht.

[364] Besitzt im Extremfall bereits ein Unternehmen alleine die Stimmrechtsmehrheit, ist eine Mehrmütterorganschaft trotzdem zulässig. Hierbei ist das Augenmerk in besonderem Maße auf die Intensität der kraft Gesellschaftsvertrag notwendigen Führungsmitarbeit der anderen Gesellschafter an der Willensbildung zu lenken. Vgl. NIEMANN, OTTO (1977), S. 110 f. Hinsichtlich der **zeitlichen Voraussetzungen** gilt es zu beachten, dass die GbR vom Beginn des Wirtschaftsjahres der OG an ununterbrochen besteht und **jeder** Gesellschafter seit diesem Zeitpunkt ununterbrochen an Letzterer beteiligt ist (§ 14 Abs. 2 S. 2 Nr. 1 und Nr. 2 KStG).

[365] Vgl. Kapitel B.IV.3 (ab S. 112) und Kapitel B.VI.3 (ab S. 162).

[366] Vgl. ebenfalls für das Aktienrecht ADLER, HANS/DÜRING, WALTHER/SCHMALTZ, KURT (1997), § 17 AktG, Tz. 41; ALTMEPPEN, HOLGER (2000), § 291 AktG, Rn. 111; BAYER, WALTER (2000), § 17 AktG, Rn. 83;

Der BFH schlägt als **Alternativlösung** den **Abschluss eines Stimmrechtsbindungsvertrages** vor.[367, 368] Dieses im Aktienrecht durchaus zur Stimmrechtspoolung geeignete Instrumentarium[369] bereitet m.E. steuerrechtlich dergestalt Probleme, als dass die einzelnen Unternehmen nach dem Wegfall der GbR als Verbindungsglied isoliert nebeneinander stehen. Streng genommen dürften die Stimmrechte aus den einzelnen Beteiligungen nicht mehr miteinander addiert werden.[370] Bekräftigend ist das Verbot der Berücksichtigung von Stimmrechtsbindungen im Rahmen der Stimmrechtsmehrheit in Kapitel B.III.2.a) (ab S. 22) anzuführen.

Aus diesen Gründen ist nach dem Sinn und Zweck der Aufhebung der OT-Eigenschaft der GbR zu fragen. Im Schrifttum[371] wird die mangelnde Gewerblichkeit derselben kritisiert, welche eine bedeutsame Wirkung für die gewerbesteuerliche Mehrmütterorganschaft entfaltet, da die GbR als (gewerblich geprägter) OT bislang selbst das GewSt-Subjekt verkörperte.[372] Erleidet die OG bspw. Verluste, können diese gewerbesteuerlich nicht sofort mit etwaigen Gewinnen der GbR-Gesellschafter ausgeglichen werden, da die den Gesellschaftern einkommensteuerlich bzw. körperschaftsteuerlich zugewiesenen Verluste gewerbesteuerlich gem. § 8 Nr. 8 GewStG neutralisiert werden. Es findet vielmehr ein Verlustvortrag auf Ebene der im

---

HÜFFER, UWE (2002), § 17 AktG, Rn. 14; EMMERICH, VOLKER/SONNENSCHEIN, JÜRGEN/HABERSACK, MATHIAS (2001), S. 52 und ULMER, PETER (1977), S. 469 f.

367 Vgl. BFH-Beschluss vom 24.3.1998, S. 450; BFH-Urteil vom 9.6.1999, I R 37/98, S. 348 und BFH-Urteil vom 9.6.1999, I R 43/97, S. 157.

368 Alternativ kämen organisatorische Bindungen wie bspw. personelle Verflechtungen innerhalb der Vorstände, Liefer- und Kreditbeziehungen einerseits oder tatsächliche Umstände andererseits in Betracht, die als faktische Koordinierung bezeichnet werden. Unter letzterem Aspekt ist z.B. eine paritätische Beteiligung zweier Familienstämme an den herrschenden Unternehmen zu verstehen, welche zum einen eine gemeinsame Mehrheitsbeteiligung an dem beherrschten Unternehmen halten und zum anderen ein gleichförmiges Abstimmungsverhalten erkennen lassen. Vgl. BGH-Urteil vom 4.3.1974, S. 193 ff. und generell BAG-Beschluss vom 30.10.1986, S. 1553 sowie BAG-Beschluss vom 16.8.1995, S. 1692 f. Vgl. dazu ebenfalls ADLER, HANS/DÜRING, WALTHER/SCHMALTZ, KURT (1997), § 17 AktG, Tz. 48 ff.; EMMERICH, VOLKER/GANSWEID, WOLFGANG (1975), S. 297; GESSLER, ERNST (1974), S. 480 f. sowie LUTTER, MARCUS (1973), S. 117. A.A. ist SCHWEDA, JOACHIM (1974), S. 1993 ff., der die Unterstellung einer gleichgerichteten Interessenverfolgung kritisiert. GESSLER stellt fest, dass der beherrschende Einfluss bei vertraglichen oder organisatorischen Bindungen deren Zweck und Folge ist, während im Rahmen tatsächlicher Umstände der beherrschende Einfluss ohne Zutun der übergeordneten Unternehmen entsteht. Vgl. GESSLER, ERNST (1974), S. 479. Von essenzieller Bedeutung ist, dass die organisatorischen Bindungen und tatsächlichen Umstände nicht unbedingt einen beherrschenden Einfluss zu vermitteln vermögen; sie sind vielmehr dazu geeignet, einen gesellschaftsrechtlich bedingten Einfluss zu verstärken. Vgl. dazu das grundlegende BGH-Urteil vom 26.3.1984, S. 628 f.; für das GmbH-Recht SINA, PETER (1993), S. 643 und im Kontext von Genossenschaften GROSSFELD, BERNHARD/BERNDT, JOACHIM (1998), S. 117 f.

369 Vgl. z.B. ADLER, HANS/DÜRING, WALTHER/SCHMALTZ, KURT (1997), § 17 AktG, Tz. 42 f.

370 Untermauert sowie verdeutlicht werden kann diese Aussage, wenn man sie auf die Einmutterorganschaft überträgt. Die GbR bildet die Personengesellschaft, die selbst keine Anteile an der OG hält, und die in der GbR zusammengeschlossenen Unternehmen stellen deren Gesellschafter dar. Bislang dürfen Anteile der Gesellschafter an der OG miteinander addiert werden. Bei Wegfall der GbR und einer weiterhin legalisierten Zusammenrechnung wäre diese Maßnahme nach meiner Meinung systemimmanent. Vgl. auch die Erläuterungen in Fn. 349 (S. 61). Stellt man jedoch auf die weiterhin Geltung erlangende einheitliche Willensausübung ab, könnte eine Addition vertreten werden, wie sie auch bei Gemeinschaftsunternehmen i.S.v. § 17 AktG zulässig ist. Vgl. HÜFFER, UWE (2002), § 17 AktG, Rn. 13.

371 Vgl. RAUPACH, ARNDT (1996), S. 447; RAUPACH, ARNDT/KLOTZ, SIMONE (1994), S. 142 und wahrscheinlich auch KREUZER, RAINER (1981), S. 399.

372 Vgl. Abschn. 14 Abs. 6 S. 5 und S. 6 GewStR, in denen explizit geregelt ist, dass sich der gewerbesteuerliche Organkreis ausschließlich aus der GbR und der OG zusammensetzt.

gewerbesteuerlichen Bereich intransparenten GbR gem. § 10a GewStG statt.[373] Diese bedauernswerte Situation wurde auch nach dem UntStFG beibehalten (§ 2 Abs. 2 S. 3 GewStG) Durch die neue BFH-Rechtsprechung wäre eine entsprechend § 180 Abs. 1 Nr. 2a AO erfolgende (anteilige) sofortige Ergebnisverrechnung zwischen der OG und den mehreren Unternehmen mit damit einhergehenden steuerlichen Vorteilen ermöglicht worden.

Aus den bisherigen Überlegungen ließe sich ein **Kompromiss** schließen. Zum einen könnte an der GbR weiter festgehalten werden, wobei zum anderen die gewerbesteuerliche Intransparenz des OT aufzuheben wäre. Letztere könnte man m. E. durch eine Regelung, ähnlich wie für Arbeitsgemeinschaften in § 2a GewStG substituieren, wonach deren Betriebstätten für gewerbesteuerliche Zwecke als (anteilige) Betriebstätten gelten. Durch diesen Lösungsvorschlag würde am einfachsten der zeitlich früheren Nutzungsmöglichkeit von Gewerbeverlusten, der (weiteren) Annäherung an das Aktienrecht und der Beibehaltung der GbR als „Interessenbündelungsinstrumentarium" Genüge getan.

Die Rechtsprechungsänderung hinsichtlich der OT-Eigenschaft löste eine (wahrscheinlich ungewollte) bedeutende Diskussion im **umsatzsteuerlichen Bereich** aus, da hier bis dato eine **Mehrmütterorganschaft** aufgrund der fehlenden Unternehmereigenschaft der GbR als reine Innengesellschaft **nicht möglich** war.[374] Deren Prägung durch die Unternehmereigenschaft sämtlicher Gesellschafter wurde ebenfalls verworfen.[375] Überträgt man die Grundsätze der beiden BFH-Urteile und stellen die Gesellschafter der GbR umsatzsteuerliche Unternehmer dar, ließe sich eine Mehrmütterorganschaft durchaus konstituieren. Dennoch sind zwei Gegenargumente aufzuführen: Einerseits umfassten die von beiden Urteilen[376] tangierten Rechtsnormen nur den ertragsteuerlichen Bereich.[377] Andererseits ist die nicht unbedingte Deckungsgleichheit im Ertragsteuerrecht und Umsatzsteuerrecht anzuführen, die nach meiner Ansicht auch Geltung für die Mehrmütterorganschaft entfaltet. Der Meinungsaustausch dürfte nach der Rückkehr zur bisherigen Rechtslage als beendet anzusehen sein.

Ab dem **Veranlagungszeitraum 2003** erreicht die Konfusion im Rahmen der Mehrmütterorganschaft ihren vorläufigen Höhepunkt. Der Mindest**anteil** eines jeden GbR-Gesellschafters an der OG hat sich seit Beginn von deren Wirtschaftsjahr auf **25 %** zu belaufen, wobei allen

---

[373] Im Falle der Auflösung der GbR geht dieser Verlustvortrag verloren und ist ebenfalls nicht den GbR-Gesellschaftern zurechenbar. Vgl. OTTERSBACH, JÖRG H. (2000), S. 1461. Das gleiche Dilemma gilt für den Fall, in dem die OG einen Gewerbeertrag und die GbR-Gesellschafter Gewerbeverluste erzielen.

[374] Vgl. PRINZ, ULRICH (1993), S. 731; RAUPACH, ARNDT/KLOTZ, SIMONE (1994), S. 140, Fn. 47 sowie ROSENBACH, GEORG (1999), Rz. 108 unter Bezugnahme auf ein nicht veröffentlichtes Urteil des FG Baden-Württemberg. Auch bei EMMERICH, VOLKER/GANSWEID, WOLFGANG (1975), S. 295, Fn. 11; o. V. (1988), R 13 sowie in der Monographie „Die Organschaft" von SCHMIDT, MÜLLER und STÖCKER bleibt eine umsatzsteuerliche Mehrmütterorganschaft unerwähnt. Der BFH hat in einem Urteil speziell für die USt konkretisiert, dass der OT nur ein Unternehmer und nicht eine Vielzahl von Einzelpersonen oder Gesellschaftern verkörpern kann. Aufgrund der dort erfolgten Hervorhebung des Wortes „ein" ist von der Interpretation als Zählwort auszugehen. Vgl. BFH-Urteil vom 2.8.1979, S. 51 und bestätigend SCHUHMANN, HELMUT (1997a), S. 131. A.A.: REUTER, HANS-PETER (1970), Tz. 648 sowie Tz. 663.

[375] Vgl. BFH-Urteil vom 17.4.1969, V 44/65, S. 414.

[376] Vgl. BFH-Urteil vom 9.6.1999, I R 37/98, S. 347 ff. und BFH-Urteil vom 9.6.1999, I R 43/97, S. 155 ff.

[377] A.A.: WALTER, WOLFGANG/GROSCHUPP, MATTHIAS (2000), S. 449, welche konstatieren, dass „[der BFH, d. Verf.] mit seinem neuesten Urteil zur Mehrmütterorganschaft, das zur Gewerbesteuer ergangen ist, [...] seine Rechtsprechung in eine Richtung, die gerade für die [...] Umsatzsteuerproblematik Lösungsansätze liefert [...] eröffnet [...]". Nach meiner Meinung ist dieser Folgeschluss nicht erlaubt.

GbR-Gesellschaftern die **Stimmrechts**mehrheit zustehen muss (§ 34 Abs. 6 Nr. 4 KStG i.d.F. des UntStFG).[378] Abgesehen von der missglückten und nicht zu rechtfertigenden Differenzierung zwischen Kapitalanteilen und Stimmrechten[379] dürfen zukünftig max. 4 Gesellschafter an einer Kooperation partizipieren, um etwaige steuerliche Vorteile nutzen zu können.[380] Aus verfahrenstechnischer Sicht sollten dadurch anscheinend Bagatellbeteiligungen ausgeschlossen werden.[381] Bei Betrachtung der wirtschaftlichen Vorgänge werden Produkt- bzw. Verfahrensentwicklungen, im Rahmen derer es mehrerer Unternehmen bedarf, u.U. steuerlich bestraft. Dies widerspricht der Zielsetzung der Sicherung des Standortes „Deutschland". Der Mindest**stimmrechtsanteil** sollte auf jeden Fall gesenkt werden. Hierzu bietet sich die Festlegung einer Grenze von 10% an, die schon aus Gründen der Harmonisierung mit den Beteiligungsgrenzen des gewerbesteuerlichen Schachtelprivilegs zu wählen wäre.

IV. Aktienrechtlicher Ergebnisabführungsvertrag

1. Bedeutung für den ertragsteuerlichen Organschaftskonzern

Der EAV hat seit Ergehen des StSenkG und des UntStFG eine **bedeutsamere Stellung** im Rahmen der **ertragsteuerlichen Organschaftsregelungen** eingenommen, da er nicht traditionell für körperschaftsteuerliche, sondern nun auch für gewerbesteuerliche Zwecke eine materielle Tragweite entfaltet.[382]

Die steuerliche Rechtsgrundlage des EAV ist in § 14 Abs. 1 Nr. 3 KStG normiert. § 14 S. 1 KStG ist zu entnehmen, dass seine Begriffsbestimmung sowie seine nähere inhaltliche Konkretisierung nicht originär dem Steuerrecht entstammen. Der EAV ist vielmehr rein aktienrechtlich geprägt und stellt einen Unternehmensvertrag i.S.v. § 291 Abs. 1 S. 1 AktG dar, weshalb an ihn bei Existenz einer AG oder KGaA als OG auch gesellschaftsrechtliche Erfordernisse zu knüpfen sind.[383] Gleiches gilt auch für die GmbH als OG, deren spezielle Vorschriften gem. § 17 KStG auf § 14 KStG verweisen.[384] Dadurch tritt vermehrt die Notwendig-

---

378 Vgl. Art. 2 Nr. 16 des „Gesetzes zur Fortentwicklung des Unternehmenssteuerrechts (Unternehmenssteuerfortentwicklungsgesetz – UntStFG)" vom 20. Dezember 2001, S. 3868.

379 Dieser, als evtl. sprachliche Ungenauigkeit im Gesetzeswortlaut einzuordnende Aspekt wird in der Gesetzesbegründung in deutlicher Weise bekräftigt. Vgl. Begründung zu Art. 2 Nr. 16 des „Entwurfs eines Gesetzes zur Fortentwicklung des Unternehmenssteuerrechts (Unternehmenssteuerfortentwicklungsgesetz – UntStFG)" vom 17. August 2001, S. 63.

380 Gnädigerweise treten diese Bestimmungen erst ab 2003 in Kraft, wobei lapidar verkündet wird: „Die Regelung erlaubt es den Unternehmen, sich bis 2003 auf die geänderten Anforderungen einzustellen." Begründung zu Art. 2 Nr. 16 des „Entwurfs eines Gesetzes zur Fortentwicklung des Unternehmenssteuerrechts (Unternehmenssteuerfortentwicklungsgesetz – UntStFG)" vom 17. August 2001, S. 63.

381 Gleicher Ansicht: IdW (2001), S. 579.

382 Der Abschluss von EAV außer für steuerliche Zwecke hat in der Praxis kaum Bedeutung. Vgl. hierzu KNEPPER, KARL HEINZ (1982), S. 2062. Vgl. bzgl. der bis zu diesem Zeitpunkt erachteten Entbehrlichkeit eines EAV für Zwecke der GewSt z.B. BFH-Urteil vom 14.10.1987, S. 193; BFH-Urteil vom 27.6.1990, I R 62/89, S. 2247 und BFH-Urteil vom 25.7.1995, S. 795.

383 WEIGEL spricht treffend von einer ungeschriebenen Voraussetzung, die sich in der zivilrechtlichen Wirksamkeit konkretisiert. Vgl. WEIGEL, THEODOR (1991), S. 505.

384 Vgl. dazu explizit BGH-Urteil vom 14.12.1987, S. 230.

keit der Kenntnis von gesellschaftsrechtlichen Aspekten in den Vordergrund, die es neben den steuerlichen Aspekten detailliert zu erläutern sowie zu problematisieren gilt.[385]

Auf das **Verhältnis zwischen Gesellschaftsrecht und Steuerrecht** eingehend, ist festzuhalten, dass das Steuerrecht im Rahmen der Organschaft trotz seiner Eigenständigkeit einerseits das **Folgerecht** im Verhältnis zum Gesellschaftsrecht darstellt. Der Inhalt der verwendeten gesellschaftsrechtlich wurzelnden Begriffe ist mit dem gleichen Gedankengut für steuerliche Zwecke auszulegen[386]; bei **Konkurrenzverhältnissen** zwischen beiden Rechtsgebieten ist dem **Gesellschaftsrecht stets der Vorzug** zu erteilen.[387] Andererseits verkörpert das Gesellschaftsrecht aus rein steuerlicher Betrachtungsweise ein „notwendiges Übel", welches auf jeden Fall beachtet und zugleich an die teilweise strengeren steuerlichen Voraussetzungen angepasst werden muss.[388] Hier kann im übertragenen Sinne von einer „quasi-umgekehrten Maßgeblichkeit" gesprochen werden.

Letztlich wird das Gesellschaftsrecht durch die gerade erwähnte aktuelle Änderungsmaßnahme des Steuergesetzgebers, welche aus formeller[389] Sicht auf den ersten Blick als unproblematisch erscheint, auf den Prüfstand gestellt. War in der Praxis bislang zumeist der Abschluss eines (gesellschaftsrechtlich nicht geregelten) sog. Organschaftsvertrages, der einen mit einem BHV kombinierten EAV darstellt[390, 391], zu verzeichnen, stellt sich künftig in zunehmendem Maße die Existenzfrage **sog. isolierter EAV**.[392] Deren generelle Zulässigkeit ist im Aktien-

---

385 Obwohl ausschließlich auf die Rechtsnorm des § 291 Abs. 1 AktG verwiesen wird, ist unstrittig, dass auch die §§ 293 ff. AktG Anwendung finden. Vgl. MILATZ, JÜRGEN E. (1995), S. 371.

386 Vgl. HÖNLE, BERND M. (1979), S. 489 f. sowie ebenfalls BLUMERS, WOLFGANG/SCHMIDT, GERHARD (1991), S. 34 und VENZMER, KURT J. (1990), S. 306.

387 Vgl. z.B. BFH-Urteil vom 12.7.1967, S. 782 und bzgl. des Verhältnisses zwischen Konzern-Steuerrecht und Konzern-Gesellschaftsrecht SKIBBE, MANFRED (1976), S. 170 ff. DÖLLERER formuliert treffend die These „Rechtssicherheit durch Maßgeblichkeit des Zivilrechts". Vgl. DÖLLERER, GEORG (1987), S. 54. Vgl. bzgl. einer m. E. dennoch wesentlichen Ausnahme zu diesem Grundsatz die Anmerkungen in Fn. 639 (S. 106).

388 Damit ist die steuerlich geforderte (Mindest-)Laufzeit des EAV gemeint. Vgl. dazu später Kapitel B.IV.2.b)(1) (ab S. 106).

389 Vgl. bzgl. materieller Bedenken das Kapitel B.VII (ab S. 165).

390 Vgl. z.B. KRIEGER, GERD (1992), S. 432; SCHWARZ, OLIVER (1994), S. 54; STRASSBERGER, CLAUS P. (1965), S. 9 und S. 34 sowie ZEIDLER, FINN (1999), S. 692. Manchmal wird diese Vertragskombination auch als „Organschaftsvertrag mit Ergebnisabführung" bezeichnet. Vgl. BGH-Beschluss vom 24.10.1988, S. 325 und S. 330 f. Differenzierend für das GmbH-Recht TIMM, WOLFRAM (1989), S. 15, der ohne Quellenangabe behauptet, Organschaftsverträge stellen im Gegensatz zu isolierten EAV die Ausnahme dar. Relativierend hierzu HOFFMANN-BECKING, MICHAEL (1994), S. 58, der diese Aussage auf die ältere GmbH-Praxis bezieht. Des Öfteren wird in der Rechtsprechung sowie in der Literatur von einem sog. „Organisationsvertrag" gesprochen, da über die Wirkungen eines bloßen schuldrechtlichen Austauschvertrages in die Unternehmensstruktur der Tochtergesellschaft eingegriffen wird. Vgl. hierzu z.B. Beschluss des BayObLG vom 16.6.1988, S. 204 und S. 208; BGH-Beschluss vom 24.10.1988, S. 331; Beschluss des LG Konstanz vom 26.11.1992, S. 444; Urteil des OLG Stuttgart vom 29.10.1997 (n.rkr.), S. 586; BAYER, WILHELM F. (1975), S. 162 f.; HOMMELHOFF, PETER/FREYTAG, LARS F. (1996), S. 1412; KROPFF, BRUNO (1993b), S. 518; SCHNEIDER, UWE H./REUSCH, PETER (1989), S. 713 f.; TIMM, WOLFRAM (1981), S. 1492 sowie ULMER, PETER (1989), S. 11. Es darf jedoch nicht übersehen werden, dass der EAV auch reine schuldrechtliche Elemente im Zuge von Ausgleichszahlungen zugunsten Dritter enthält. Vgl. HOFFMANN-BECKING, MICHAEL (1994), S. 58.

391 Der Grund dieser häufig gewählten Kombination lag zum einen darin, dass der BHV für körperschaftsteuerliche Zwecke die organisatorische Eingliederung unwiderlegbar vermuten ließ und der EAV daneben als selbstständiges Tatbestandsmerkmal trat. Zum anderen sind sich die gesellschaftsrechtlichen Voraussetzungen beider Unternehmensverträge sehr ähnlich.

392 Vgl. bzgl. deren Praxisrelevanz nach dem UntStFG Kapitel B.VII (ab S. 165).

konzernrecht unumstritten.[393] Dieser Aspekt erlangt ebenso für eine GmbH als OG Geltung[394], wobei die Anzahl der hier vorherrschenden isolierten EAV tendenziell höher als im Aktienrecht ist.[395]

Auf dem Gebiet der **umsatzsteuerlichen und grunderwerbsteuerlichen Organschaft** ist ein EAV nicht zwingend notwendig; sein Abschluss wird jedoch nicht bemängelt, wobei die im Folgenden angeführten Formalien nicht notwendigerweise einzuhalten sind.[396] Da er keinerlei inhaltliche Auswirkungen auf die Rechtsfolgen innerhalb dieser beiden Rechtsinstitute besitzt, wird von ihm in diesem Kapitel abstrahiert.[397]

---

393 Vgl. dazu, wenn auch auf die geringe Praxisrelevanz isolierter EAV aufmerksam machend ALTMEPPEN, HOLGER (1999), S. 2454; KROPFF, BRUNO (1993b), S. 523 f. sowie MÜLLER, WELF (2000a), Tz. 256. Vgl. ebenfalls EBENROTH, CARSTEN TH./PARCHE, ULRICH (1989), S. 638 f. und S. 646; KLEY, KARL-LUDWIG (1986), S. 6 f.; MÜLLER, HANS-PETER (1987), S. 377 und S. 382 sowie BGH-Urteil vom 11.11.1991, S. 506 und Beschluss des LG Kassel vom 15.11.1995, S. 239. Vielfach wird zur Begründung und Untermauerung § 316 AktG herangezogen, der die Möglichkeit offeriert, einen EAV ohne beherrschendes Element abschließen zu können. A.A.: ADLER, HANS/DÜRING, WALTHER/SCHMALTZ, KURT (1997), § 18 AktG, Tz. 68; EMMERICH, VOLKER/SONNENSCHEIN, JÜRGEN/HABERSACK, MATHIAS (2001), S. 172; PENTZ, ANDREAS (2000), S. 1105, Fn. 13, für die solche Verträge (ausschließlich im Aktienkonzernrecht) dennoch umstritten sind, sowie VENROOY, GERD J. VAN (1986), S. 612 ff., s.b.S. 615. Vgl. dazu auch das ältere Schrifttum, in dem eine Unzulässigkeit vorlag, so z.B. bei GANSWEID, WOLFGANG (1976), S. 79.

394 Vgl. HECKSCHEN, HERIBERT (1989b), S. 1274; HÖNLE, BERND M. (1979), S. 485; KNEPPER, KARL HEINZ (1994), S. 377; KORT, MICHAEL (1988a), S. 685; KORT, MICHAEL (1988b), S. 83; ROSENBACH, GEORG (1999), Rz. 11 und SCHNEIDER, UWE H. (1986a), S. 22. Vgl. hierzu auch HOFFMANN-BECKING, MICHAEL (1994), S. 58, der § 17 KStG zur Begründung eines isolierten EAV zu Hilfe nimmt.

395 Vgl. zur Begründung Kapitel B.VI.2.a)(1)(d) (ab S. 141).

396 Vgl. dazu explizit für die USt BFH-Urteil vom 11.4.1991, S. 140 f.

397 Unbenommen davon ist der Abschluss eines EAV mit einer eG als in diesen Steuergebieten mögliche OG strittig. Ablehnend: GROSSFELD, BERNHARD/BERNDT, JOACHIM (1998), S. 120 und S. 122 f. sowie MERLE, WERNER (1979), S. 266 ff., die einen Widerspruch zu der gem. § 18 S. 2 GenG zwingenden Rechtsvorschrift des § 19 Abs. 1 GenG erkennen, wonach das von der Generalversammlung festgestellte Ergebnis des Geschäftsjahres auf die Genossen zu verteilen ist. M.E. wendet BEUTHIEN dagegen zu Recht ein, dass solche Bedenken deswegen nicht berechtigt sind, weil der Betrag einer Ergebnisabführung als Aufwand bereits in dem nach § 19 Abs. 1 GenG zu verteilenden Bilanzergebnis enthalten ist; § 48 Abs. 1 GenG regelt lediglich den Zuständigkeitsbereich der Generalversammlung und tätigt keine Aussagen darüber, zu wessen Gunsten der Jahresüberschuss zu verwenden ist. Ferner muss eine Ergebnisabführung nicht notwendigerweise dem Förderzweck der Genossenschaft entgegenstehen (naturale und nichtkapitalistische Förderung der einzelnen Genossen), da sich der andere Vertragspartner verpflichten könnte, förderzwecktaugliche Leistungen für die Genossen bereitzustellen. Weiterhin ist eine Ergebnisabführung im Zuge von Tätigkeiten, die einen Nebenzweck darstellen, denkbar. Vgl. BEUTHIEN, VOLKER (1991), S. 135 und S. 150 ff.; REUL, ADOLF (1997), S. 176 sowie zustimmend DETTEN, KNUT VON (1995), S. 134, für den der Nutzen eines EAV im Vergleich zu den damit einhergehenden konzernrechtlichen Vorschriften in einem Missverhältnis steht und „rein theoretischer Natur" ist. Vgl. bzgl. der geringen Praxisrelevanz ebenso PIRNER, BARBARA (1993), S. 56. Zusammenfassend ist der Abschluss eines EAV unter diesen restriktiven Bedingungen möglich. Ergänzend sei hinzuzufügen, dass bei einem EAV § 19 GenG materiell gar nicht zur Anwendung kommen kann, da es kein Bilanzergebnis zu verteilen gibt. Die Begriffe „Ergebnisermittlung" und „Ergebnisverwendung" werden von den zitierten Kritikern unzulässigerweise als Synonyme verwendet. Vgl. bzgl. der Eignung einer eG als **Muttergesellschaft** im Rahmen von Unternehmensverträgen z.B. EMMERICH, VOLKER/SONNENSCHEIN, JÜRGEN/HABERSACK, MATHIAS (2001), S. 524.

2. Einmutterorganschaft

a) Gesellschaftsrechtliche Voraussetzungen

Gem. § 291 Abs. 1 S. 1 AktG verpflichtet sich ein Unternehmen (Tochtergesellschaft) in der Rechtsform einer AG bzw. KGaA[398] mit ihrem **effektiven Sitz im Inland**[399, 400], seinen **gesamten Gewinn unter Berücksichtigung der §§ 300 Nr. 1, 301 AktG**[401] an ein anderes Unternehmen (Muttergesellschaft) abzuführen. Den Gesellschaftern wird für die Vertragsdauer kraft der Muttergesellschaft legitimierenden Sonderrechte regelmäßig das gesetzlich gesicherte Gewinnbezugsrecht genommen.[402] Da umgekehrt auch eine Verpflichtung zum Verlustausgleich gem. § 302 Abs. 1 AktG[403] besteht, wird im Folgenden verallgemeinernd von einem EAV gesprochen. Für eine GmbH als Tochtergesellschaft ist solch ein Vertrag nirgends gesellschaftsrechtlich geregelt. Zur Orientierung und Zuhilfenahme wird sich deswegen an den Vorschriften der §§ 291 ff. AktG unter Berücksichtigung gesellschaftsrechtlicher Strukturunterschiede orientiert.[404]

In Abgrenzung zum EAV reichen ein **Teil-EAV** oder ein **Gewinngemeinschaftsvertrag**, die ebenfalls aktienrechtliche Unternehmensverträge i.S.v. § 292 Abs. 1 Nr. 1 und 2 AktG verkörpern, im Umkehrschluss für steuerliche Zwecke nicht aus. Gleiches gilt für einen **reinen Verlustübernahmevertrag**, die die Muttergesellschaft zugunsten der Tochtergesellschaft abschließt, um eine Insolvenz abzuwenden oder deren Kreditfähigkeit zu steigern.[405]

Hinsichtlich der gesellschaftsrechtlichen Voraussetzungen und Problemfelder ist es nachstehend aus Transparenzgründen unabdingbar, eine Systematisierung nach der Art der jeweils vorliegenden Unternehmensverbindung zu treffen. Abbildung 7 (S. 70) nimmt eine solche Gruppierung vor. Es finden ausschließlich Unternehmensverbindungen Berücksichtigung, die auch bei den an späterer Stelle erläuterten steuerlichen Prämissen zulässig sind.[406] Ferner sei darauf hinzuweisen, dass die Untersuchungen nicht für aktienrechtliche Eingliederungstatbe-

---

398 Vgl. § 278 Abs. 3 AktG. Wenn sich im Folgenden auf aktienrechtliche Normen bezogen wird, impliziert dies stets den KGaA betreffenden Zusatz „i.V.m. § 278 Abs. 3 AktG“. Spezielle für diese Rechtsform geltende Vorschriften werden explizit kenntlich gemacht.

399 Diese nicht gesetzlich normierte Anforderung lässt sich aus dem Sinn und Zweck des deutschen Aktienkonzernrechts ableiten, das den Schutz ausländischer Gesellschaften nicht bezwecken kann. Vgl. dazu HÜFFER, UWE (2002), § 291 AktG, Rn. 5.

400 Der effektive Sitz einer AG bzw. KGaA muss nicht notwendigerweise mit dem Sitz laut Satzung gem. §§ 5 Abs. 1 AktG, 11 AO übereinstimmen.

401 Vgl. dazu detailliert Kapitel C.I.1.a)(1)(a) (ab S. 171) und Kapitel C.I.1.a)(2)(a)(iii) (ab S. 183).

402 Vgl. §§ 60 AktG, 29 GmbHG sowie TIMM, WOLFRAM (1986), S. 1388.

403 Vgl. Kapitel C.I.1.a)(3) (ab S. 185).

404 Vgl. Beschluss des LG Kassel vom 15.11.1995, S. 239 und im Schrifttum bestätigend KROPFF, BRUNO (1993b), S. 521 ff. sowie ausführlich untersuchend RICHTER, WOLFGANG/STENGEL, ARNDT (1993), S. 1862 ff.

405 Vgl. SCHWARZ, OLIVER (1994), S. 53.

406 Demzufolge wird vom Abschluss von Unternehmensverträgen mit Personenhandelsgesellschaften abstrahiert.

stände (§§ 319 ff. AktG) Relevanz erlangen, da dort §§ 293-296 AktG sowie §§ 298-303 AktG keine Anwendung finden (§ 324 Abs. 2 S. 1 AktG).[407]

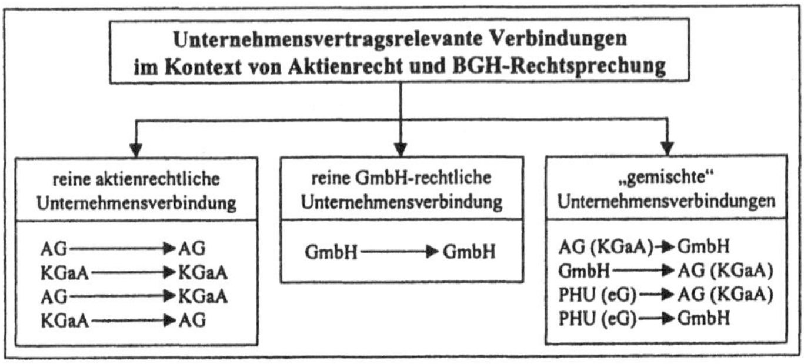

Abbildung 7: Systematisierung der Unternehmensverbindungen im Rahmen von aktienrechtlichen Unternehmensverträgen[408]

(1) Reine aktienrechtliche Unternehmensverbindung

(a) Zustimmungsbeschlüsse bei der Mutter- und Tochtergesellschaft

Hinsichtlich der **Tochtergesellschaft** bedarf es bei einer reinen aktienrechtlichen Unternehmensverbindung der Zustimmung von deren Hauptversammlung.[409] Der Zustimmungsbeschluss ist notariell zu beurkunden (§ 130 Abs. 1 S. 1 AktG), wobei es sich um eine einer Satzungsänderung ähnlichen Beschlussfassung handelt, die nicht den allgemeinen Regelungen des § 179 AktG, sondern vielmehr dem in § 293 Abs. 1 S. 1 AktG normierten lex specialis unterliegt (§ 293 Abs. 1 S. 4 AktG). Dazu bedarf es mind. einer **Dreiviertelmehrheit des bei der Beschlussfassung vertretenen Grundkapitals zzgl. einer einfachen Stimmrechtsmehrheit.**[410] Beide Grenzen können kraft Satzung ausschließlich erhöht werden (§§ 133 Abs. 1 2. Halbs., 293 Abs. 1 S. 3 AktG).

Strittig ist, ob der Rechtsvorschrift des § 293 Abs. 1 S. 4 AktG überhaupt materielle Bedeutung beizumessen ist oder ob nicht doch § 179 Abs. 2 AktG als lex generalis berücksichtigt werden sollte. Die auf den ersten Blick erscheinende Kongruenz zwischen § 179 Abs. 2 AktG und § 293 Abs. 1 AktG weist m. E. einen bislang nicht eindeutig erwähnten wesentlichen

---

[407] Als einzige Voraussetzung ist der Vertrag schriftlich zu fassen (§ 324 Abs. 2 S. 2 AktG). Vgl. dazu näher Kapitel B.VI.2.a)(2) (ab S. 147) sowie Kapitel C.I.1.a)(2)(b) (ab S. 185). Im Kontext rein steuerlicher (Effizienz-)Überlegungen wird sich die Anzahl solcher Kombinationen auf ein Minimum beschränken.

[408] Die in Abbildung 7 in der rechten Spalte aus Platzgründen verwendete Abkürzung „PHU" bedeutet „Personenhandelsunternehmen".

[409] Stellt die Tochtergesellschaft eine KGaA dar, ist im Generellen dem Komplementär, der nicht gleichzeitig Kommanditaktionär ist, ebenfalls ein Stimmrecht in bestimmten Fällen einzuräumen (§ 285 Abs. 2 S. 1 AktG). Dementsprechendes gilt für eine KGaA als Mutter. Der Kommentarliteratur ist zu entnehmen, dass solche bestimmte Fälle auch sog. Grundlagengeschäfte sind, unter die ein Unternehmensvertrag zweifelsohne einzuordnen ist. Vgl. HÜFFER, UWE (2002), § 285 AktG, Rn. 2 sowie hinsichtlich der Grundlagengeschäfte BGH-Beschluss vom 30.1.1992, S. 193; BGH-Urteil vom 5.4.1993, S. 751 und S. 753 sowie bereits vorher PRIESTER, HANS-JOACHIM (1986), S. 173 und REHBINDER, ECKARD (1977), S. 613.

[410] Vgl. bzgl. des zusätzlichen Erfordernisses einer Stimmrechtsmehrheit BGH-Urteil vom 28.11.1974, S. 212 f.

materiellen Unterschied auf: Entgegen § 293 Abs. 1 S. 3 AktG kann die 75%ige Kapitalmehrheit gem. § 179 Abs. 2 S. 2 1. Halbs. AktG auch bis zu einer 50%igen Kapitalmehrheit gemindert werden[411]; die Ausnahmevorschrift des § 179 Abs. 2 S. 2 2. Halbs. AktG findet m. E. dabei keine Anwendung, da der Abschluss eines EAV keine Änderung des Gegenstandes des Unternehmens gem. § 23 Abs. 3 Nr. 2 AktG darstellt.[412] Maßgebend zur Beantwortung dieses Problems ist, ob der Abschluss eines EAV eine Satzungsänderung bewirkt. ALTMEPPEN, KORT und ZÖLLNER konstatieren, dass die durch den EAV überlagerten und teilweise außer Kraft gesetzten gesetzlichen und etwaigen satzungsmäßigen Vorschriften[413] nach seiner Beendigung **automatisch** wieder Geltung erlangen, was bei einer Satzungsänderung nicht der Fall sein wird.[414] EMMERICH, SONNENSCHEIN und HABERSACK vertreten die Ansicht, dass der Abschluss eines EAV die gesellschaftsrechtliche Verfassung der Tochtergesellschaft ändere, was i. d. R. eine dementsprechende Satzungsänderung nach sich zöge.[415] Daraus folgert KOPPENSTEINER, EAV seien wie Satzungsänderungen zu interpretieren.[416] Dieser Meinung ist nicht beizupflichten. Meiner Ansicht nach ist deutlich danach zu differenzieren, ob der EAV eine ausreichende Grundlage darstellt, um eine Satzungsänderung bewirken zu können – dies ist als richtig zu erachten – oder ob er zwingend eine Satzungsänderung nach sich zieht. Eine teleologische Reduktion von § 293 Abs. 1 S. 4 AktG kommt somit nicht in Betracht. Deshalb ist es sachgerecht, den Terminus „eine einer Satzungsänderung ähnliche Beschlussfassung" zu verwenden.

Die gesellschaftsrechtliche Wirksamkeit bedarf in einer reinen aktienrechtlichen Unternehmensverbindung zusätzlich der (ebenfalls nach § 130 Abs. 1 S. 1 AktG notariell zu beurkundenden) Zustimmung der Hauptversammlung der **Muttergesellschaft**, falls diese ihren Sitz

---

[411] Vgl. BGH-Urteil vom 28.11.1974, S. 212 f.

[412] Zur Begründung dieser These ist die strikte und notwendige Differenzierung zwischen Gesellschaftszweck und Unternehmensgegenstand anzuführen. Beide Termini stehen in einer sog. Mittel-Zweck-Relation, wobei unter einem Gesellschaftszweck das allgemeine Unternehmensziel zu subsumieren ist, das in nach dem erwerbswirtschaftlichen Prinzip agierenden Unternehmen die Gewinnerzielung für ihre Gesellschafter bzw. die Gewinnmaximierung darstellt. Der Unternehmensgegenstand umfasst dagegen die einzusetzenden Mittel, die zum Erreichen des Gesellschaftszwecks vorgegeben werden. Vgl. bzgl. weiterer Abgrenzungsvarianten m. w. N. TIEVES, JOHANNES (1998), S. 15 f. und S. 23 ff. Festzuhalten bleibt, dass der Begriff des Gesellschaftszwecks im Aktienrecht entgegen demjenigen des Unternehmensgegenstands nicht gesetzlich genannt ist. Allerdings bedarf es in diesem Zusammenhang seiner Zuhilfenahme, da der Abschluss eines EAV auf Ebene der Tochtergesellschaft zu keiner Beeinträchtigung ihres Unternehmensgegenstandes, wohl aber ihres Gesellschaftszweckes führt, was sich bspw. durch die gesetzlichen Regelungen zum Minderheitenschutz gem. §§ 304 ff. AktG ableiten lässt.

[413] Bei den gesetzlichen Vorschriften handelt es sich einerseits gem. § 291 Abs. 3 AktG um die Einlagenrückgewähr, die Verwendung des Jahresüberschusses sowie um die Gewinnverteilung (§§ 57, 58, 60 AktG). Andererseits sieht § 316 AktG die Nichtanwendung der §§ 312-315 AktG vor, die den Bericht zu verbundenen Unternehmen regeln. Mittels der Nichtanwendung der allgemeinen Kapitalerhaltungsvorschriften werden im Gegenzug andere Sicherungsmaßnahmen seitens des Gesetzgebers ergriffen (§§ 300 ff. AktG). Vgl. ausführlich die Kapitel C.I.1.a)(1) (ab S. 170) und C.I.1.a)(3) (ab S. 185). Im Rahmen eines EAV mit einer GmbH ist zu beachten, dass § 291 Abs. 3 AktG nicht analog anwendbar ist, d.h., die u.a. einen Bestandsschutz des Stammkapital fordernden §§ 30, 31, 32a GmbHG erlangen weiterhin Geltung. Vgl. HOMMELHOFF, PETER/FREYTAG, LARS E. (1996), S. 1411; KORT, MICHAEL (1986), S. 49 und S. 146 sowie RAISER, THOMAS (2001), § 54, Rdn. 34.

[414] Vgl. ALTMEPPEN, HOLGER (2000), § 291 AktG, Rn. 25 und Rn. 39; KORT, MICHAEL (1988b), S. 81 und S. 83 sowie ZÖLLNER, WOLFGANG (2000), Rn. 37a.

[415] Vgl. EMMERICH, VOLKER/SONNENSCHEIN, JÜRGEN/HABERSACK, MATHIAS (2001), S. 162.

[416] Vgl. KOPPENSTEINER, HANS-GEORG (1987), Vor § 291 AktG, Rn. 69.

im Inland inne hat (§ 293 Abs. 2 S. 1 AktG).[417] Das bisher Gesagte bzgl. Kapitalanteil- und Stimmrechtserfordernissen bei der Tochtergesellschaft gilt dementsprechend (§ 293 Abs. 2 S. 2 AktG).

(b) Unternehmensvertragsbericht und -prüfung i.S.v. §§ 293a ff. AktG

Neben den Zustimmungsbeschlüssen sind hinsichtlich der formalisierenden Vorschriften der **Unternehmensvertragsbericht** (§ 293a AktG) sowie die **Unternehmensvertragsprüfung** (§§ 293b ff. AktG) in den Vordergrund zu stellen, die erst in jüngerer Zeit[418] zwecks verbesserter Information[419] der Aktionäre der **Mutter- und Tochtergesellschaft** vor deren Zustimmung zum Unternehmensvertrag sowie zu deren Schutz in den Gesetzestext eingefügt wurden. Trotz ihrer großen Relevanz wird diesen Vorschriften und ihren teilweisen für die praktische Handhabung strittigen Problembereichen im Schrifttum – mit Ausnahme der Kommentarliteratur – sehr wenig Beachtung gezollt. Da sich eine Missachtung der Vorschriften auch auf die steuerliche Seite auswirkt[420], ist eine Erläuterung und Problematisierung an dieser Stelle unumgänglich.[421]

---

[417] A.A. bzgl. der Ansässigkeit ist FEDDERSEN, DIETER (1986), S. 142. Ob es sich beim Aktionärskreis um Inländer und/oder Ausländer handelt, ist für die Beurteilungen von Irrelevanz. Vgl. BÄRWALDT, ROMAN/SCHABACKER, JOACHIM (1998), S. 188 f.

[418] Vgl. Art. 6 Nr. 6 und Art. 7 Nr. 1 des „Gesetzes zur Bereinigung des Umwandlungsrechts (UmwBerG)" vom 28.10.1994, S. 3261 f.

[419] Der Unternehmensvertragsbericht sowie der anhängige Prüferbericht bezwecken, eine zuverlässige sowie transparente Beurteilungsgrundlage und somit eine Entscheidungshilfe für die Aktionäre bzgl. der Abgabe ihrer Stimme(n) darzustellen. Diese sollen imstande sein, anhand konkreter Zahlenwerte eine **Plausibilitäts- und Stichhaltigkeitskontrolle** durchführen zu können. Das nicht erklärte Ziel stellt die **Richtigkeitskontrolle**, d.h. die Verifizierung des Unternehmensvertrages hinsichtlich seines Inhalts, seiner rechtlichen Korrektheit und seiner Angemessenheit der Kompensationsleistungen an Minderheitsaktionäre dar; dies ist vielmehr die Aufgabe des Vertragsprüfers. Vgl. Beschluss des OLG Düsseldorf vom 15.3.1999, S. 419 und Beschluss des OLG Hamm vom 4.3.1999, S. 424 f. sowie im Schrifttum AHA, CHRISTOF (1996), S. 34 und S. 64 ff.

[420] Bei nur unzureichenden Angaben kann der Beschluss der über den EAV befindenden Hauptversammlung angefochten werden, was eine zeitliche Verzögerung der HR-Eintragung nach sich zieht und das Wirksamwerden aus steuerlicher Sicht – mit evtl. damit einhergehenden Nachteilen – ebenfalls verlangsamt. Vgl. dazu auch Kapitel B.IV.2.a)(1)(c) (ab S. 78).

[421] Mit den §§ 293a ff. AktG wurde eine Harmonisierung mit den Regelungen im Zuge des Abschlusses eines Verschmelzungsvertrages bezweckt (§§ 8-12 UmwG), da nach Meinung des Gesetzgebers eine Ähnlichkeit hinsichtlich der Unterwerfung unter die Herrschaft eines anderen Rechtsträgers gegeben ist. Analog verhält es sich mit den Folgen bei den Aktionären der übertragenden Gesellschaft bzw. der Tochtergesellschaft. Vgl. BUNGERT, HARTWIN (1995), S. 1384 f. sowie sich kritisch äußernd auf S. 1386 und S. 1387 f. Vgl. hierzu ebenfalls HUMBECK, JOCHEN (1995), S. 1893. Dieser aus einer wirtschaftlichen Betrachtungsweise hervortretende erste Vergleichspunkt gilt m.E. insb. für das Bestehen eines BHV. Ob der Abschluss eines anderen Unternehmensvertrages (insb. isolierter EAV) in wirtschaftlicher Betrachtungsweise einer Verschmelzung gleichkommt, ist zu bezweifeln (man denke insb. auch an die in § 292 AktG normierten anderen Unternehmensverträge, z.B. Betriebspachtverträge!). Für eine restriktive Auslegung plädiert ALTMEPPEN, der sogar eine teleologische Reduktion der §§ 293a ff. AktG auf Unternehmensverträge i.S.v. § 291 AktG sehen möchte. Dabei ist auffallend, dass er einen isolierten EAV zwar auch als einen einer Verschmelzung ähnlichen Tatbestand interpretiert, seine Praxisrelevanz jedoch aus steuerlichen Gründen verwirft. Vgl. ALTMEPPEN, HOLGER (1998), S. 1854 ff., S. 1865 und Fn. 12. M.E. löst der isolierte EAV trotz seiner im Vergleich zum BHV geringeren Bindungsintensität ebenfalls die Folgen der §§ 293a ff. AktG aus, da sein isolierter Abschluss erstens unstrittig möglich ist, zweitens die genannten Vorschriften ansonsten vermehrt nach dem StSenkG ins Leere laufen würden und drittens auch ein isolierter EAV Kompensationsmaßnahmen bzgl. außen stehender Aktionäre impliziert, die wiederum in wirtschaftlicher Betrachtungsweise mit der Situation einer Verschmelzung in Verbindung gebracht werden könnten. Nach meinem Dafürhalten bleibt dennoch der generelle Widerspruch bestehen, dass mittels der eingefügten Rechtsvorschriften ein indirekter Transfer von

Der **Unternehmensvertragsbericht** ist vom Vorstand[422] **jeder** am Unternehmensvertrag beteiligten AG bzw. KGaA schriftlich zu erstellen, wobei es auch zulässig ist – diese Alternative wird in der Praxis aus Kostengründen vorgezogen –, dass der Bericht von beiden Vorständen gemeinsam angefertigt wird (§ 293a Abs. 1 S. 1 1. Halbs. AktG).[423,424] Hinsichtlich der **Pflichtkomponenten des Berichtes** ist sowohl der Abschluss des Unternehmensvertrages[425] als auch der Vertrag im Einzelnen[426] zu erläutern und zu begründen. Einen wesentlichen Bestandteil zum Aktionärsschutz stellt zusätzlich die Angemessenheit von Ausgleichs- und Abfindungszahlungen sowohl der Methodik als auch der Höhe im Rahmen der Interessensberücksichtigung von Minderheitsaktionären (§§ 304 f. AktG) dar.[427] Im Rahmen der negativen Abgrenzung brauchen nicht notwendigerweise Tatsachen angegeben werden, die einen der beiden Vertragspartner selbst schädigen. Dementsprechendes gilt auch für ein mit einem der Vertragspartner verbundenes Unternehmen.[428] Allerdings sind die Gründe für solche Berichtslücken darzulegen (§ 293a Abs. 2 AktG). Die Aufstellung des Unternehmensberichtes kann unterbleiben, wenn dies **alle** Aktionäre **beider** Vertragspartner durch eine öffentlich

---

Bestimmungen über die Verschmelzung auf das Organschaftskonzernrecht stattfindet, das gerade zur Vermeidung einer Fusion geschaffen wurde.

422 Im Praxisfall wird i. d. R. vom Grundsatz der Gesamtgeschäftsführung gem. § 77 AktG abgewichen. Vielmehr fällt die Berichterstellung in den Aufgabenbereich im Voraus bestimmter Vorstandsmitglieder, die sich für den Bericht kraft ihrer Unterschrift als verantwortlich zeigen. Vgl. ALTMEPPEN, HOLGER (2000), § 293a AktG, Rn. 29 und Rn. 32 ff.

423 Das in § 293a Abs. 1 S. 1 AktG zusätzliche Erfordernis der Zustimmungspflicht der Hauptversammlung nach § 293 AktG ist im Rahmen dieser Untersuchungen stets erfüllt.

424 Handelt es sich bei einem Vertragspartner um eine KGaA, so tritt (treten) als besonderes Spezifikum der (die) Komplementär(e) an die Stelle des Vorstands (§ 278 Abs. 2 AktG i.V.m. §§ 114, 161 Abs. 2, 164 HGB). Vgl. SCHAUMBURG, HARALD/SCHULTE, CHRISTOPH (2000), Rz. 12.

425 Unter diesem unbestimmten Rechtsbegriff lassen sich bei einem BHV Angaben über das Tätigkeitsfeld, den Marktanteil oder auch die Gesellschafterstruktur erwarten. Vgl. ALTMEPPEN, HOLGER (2000), § 293a AktG, Rn. 39. Im Rahmen eines isolierten EAV sollte es meiner Ansicht nach ausreichen, wenn als damit verbundener unternehmerischer Zweck steuerliche Gründe angeführt werden.

426 Hierbei ist strittig, ob die jeweiligen aktienrechtlichen Vorschriften zur Begründung von Unternehmensverträgen (wiederholend) ausgeführt werden sollen. Wird sich an einem (fiktiven durchschnittlichen) Aktionär orientiert, der keine aktienrechtlichen Vorkenntnisse besitzt, ist eine solche Vorgehensweise zu bejahen. Vgl. BUNGERT, HARTWIN (1995), S. 1388. A.A.: HÜFFER, UWE (2002), § 293a AktG, Rn. 13. Die Aufnahme der Regelungen dient m. E. als Basis zur (plausibleren) Erklärung der einzelnen Bestandteile sowie der damit verbundenen Zielsetzungen des Unternehmensvertrages. An dieser Stelle ist eine Abgrenzung zu dem bereits erwähnten § 124 Abs. 2 S. 2 AktG vorzunehmen, der auf die Bekanntgabe des wesentlichen Inhalts des Unternehmensvertrages im Rahmen der Ladung zur Hauptversammlung abstellt. Nicht notwendig ist die Anführung von Meinungsäußerungen von Vorstandsmitgliedern des jeweils anderen Unternehmens insb. dann, wenn die damals geäußerte Ansicht wieder revidiert wurde. Vgl. Urteil des LG Essen vom 8.2.1999 (rkr.), S. 331.

427 Dabei ist die zur Unternehmensbewertung angewandte betriebswirtschaftliche Methode anzugeben. Vgl. Urteil des LG Essen vom 8.2.1999 (rkr.), S. 331. Es wird eine bereits vor der Abstimmung zum Unternehmensvertrag durch externe Dritte überprüfte Entschädigung außen stehender Aktionäre bezweckt. Vgl. HUMBECK, JOCHEN (1995), S. 1893. Die Berechnungen sind hierbei für einen (fiktiven und) nicht fachlich vorgebildeten Aktionär nachvollziehbar darzustellen. Vgl. Beschluss des OLG Hamm vom 4.3.1999, S. 424. Im Unternehmensvertragsbericht ist ferner auf weitere mögliche Ermittlungsmethoden sowie die Gründe der Angemessenheit angewandter Methoden einzugehen. Vgl. BUNGERT, HARTWIN (1995), S. 1386.

428 Dieser Aspekt erlangt m. E. im Falle sämtlicher Beteiligungsstrukturen, die nicht unmittelbar sind, eine Bedeutung, da die Zwischengesellschaften aktienrechtlich ebenfalls als verbundene Unternehmen zu beurteilen sind (§§ 16 f. AktG i.V.m. § 15 AktG). Vgl. dazu Abbildung 3 (S. 35).

beglaubigte Erklärung (keine notarielle Beurkundung notwendig!) kundtun (§ 293a Abs. 3 AktG).[429]

Während der Unternehmensvertragsbericht ausschließlich durch eine entsprechende Erklärung abbedungen werden kann, wird eine Befreiung von der Vertragsprüfung, für die seit dem KonTraG[430] gem. § 293b Abs. 1 S. 1 1. Halbs. AktG nur ein Prüfer ausreichend ist, für jede vertragschließende Gesellschaft kraft Gesetzes genau dann angeordnet, wenn eine 100%ige Tochtergesellschaft vorliegt (§ 293b Abs. 1 S. 1 2. Halbs. AktG).[431] Die Vorschrift des § 293a Abs. 3 AktG ist gem. § 293b Abs. 2 AktG entsprechend anzuwenden. Die einzige sinnvolle Interpretation dieses zunächst erscheinenden Widerspruchs liegt darin, dass auf die Vertragsprüfung auch in denjenigen Fällen verzichtet werden kann, in denen die Beteiligungshöhe geringer als 100% ist. Kritisch gilt es zu hinterfragen, weshalb eine solche kraft Gesetzes erleichternde Regelung nicht auch im Rahmen des Unternehmensvertragsberichtes getroffen wurde, da diesem in 100%-Beteiligungsfällen mit dem nicht vorhandenen Minderheitenschutz ebenso seine wesentliche Funktion entzogen wird.[432]

Von praktischer Relevanz ist die Frage, ob der Unternehmensvertragsbericht neben dem eigentlichen Unternehmensvertrag auch notwendigerweise Gegenstand der Unternehmensvertragsprüfung ist. M. E. geht aus dem Wortlaut des § 293b Abs. 1 AktG eindeutig hervor, dass der Bericht nicht in den Prüfungsumfang mit einzubeziehen ist.[433] Allerdings ist er im Rah-

---

[429] Eine restriktive Auslegung dieser Gesetzespassage fordert ALTMEPPEN, HOLGER (1998), S. 1861 f. und S. 1866, der die Befreiung auch im Rahmen eines einseitigen Verzichtes erreichen möchte. Hierbei bedient er sich des Extremfalls, bei dem nur ein einziger Aktionär der Tochtergesellschaft für das Erstellen des Unternehmensvertragsberichtes votiert und die Aktionäre der Muttergesellschaft dies zu dulden haben. Als Bekräftigung des nicht wörtlich auszulegenden Gesetzeswortlautes des § 293a Abs. 3 AktG macht ALTMEPPEN (m. E. zu Recht) darauf aufmerksam, dass bei den in § 292 AktG genannten Unternehmensverträgen sowieso nur ein einseitiger Verzicht möglich ist, weil die Zustimmung der Hauptversammlung der Muttergesellschaft bei solchen Verträgen obsolet ist (§ 293 Abs. 2 AktG). Solange eine eindeutige Willensäußerung des Gesetzgebers aussteht, sind m. E. schon allein aus Gründen der Rechtssicherheit die gesetzlichen (restriktiveren) Regelungen einzuhalten. Folglich impliziert auch die Beteiligungsstruktur in Form einer 100%igen Tochtergesellschaft nicht notwendigerweise den Verzicht auf eine Unternehmensberichterstattung, da bei Unternehmensverträgen gem. § 291 Abs. 1 S. 1 AktG neben der Muttergesellschaft als alleiniger Aktionär zusätzlich deren Aktionäre einstimmig gegen den Bericht votieren müssen (§ 293 Abs. 2 AktG). Dieser beidseitige Verzicht wird bei großen Publikumsgesellschaften i. d. R. ins Leere laufen, da ein Einstimmigkeitsverzicht schwer vorstellbar ist.

[430] Vgl. Art. 1 Nr. 29 des „Gesetzes zur Kontrolle und Transparenz im Unternehmensbereich (KonTraG)“ vom 27. April 1998, S. 788.

[431] § 293b Abs. 1 S. 1 2. Halbs. AktG formuliert exakt: „...daß sich alle Aktien der abhängigen Gesellschaft in der Hand des herrschenden Unternehmens befinden [müssen, d. Verf.].“ Von der Wortwahl verwendet der Gesetzgeber die in § 17 AktG genannten Fachbegriffe. Folglich muss mit der (steuerlichen) finanziellen Eingliederung ein (aktienrechtliches) Abhängigkeitsverhältnis einhergehen, damit diese Vorschrift überhaupt materielle Wirkung entfaltet. A.A. ist im Rahmen von § 293c Abs. 1 S. 1 AktG, in dem ebenfalls der Begriff „abhängige Gesellschaft“ verwendet wird, HÜFFER, UWE (2002), § 293c AktG, Rn. 2. Dafür will er eine Anwendung der im Rahmen der aktienrechtlichen Vermutungskette verwendeten Termini im Rahmen des § 293d Abs. 1 S. 2 AktG zulassen, was m. E. auch sachgerecht ist. Hier sind gegenüber dem Vertragsprüfer nicht nur die beiden vertragschließenden Unternehmen, sondern auch Konzernunternehmen (§ 18 AktG) sowie abhängige und herrschende Unternehmen (§ 17 AktG) auskunftspflichtig.

[432] Von Bedeutsamkeit erweist sich die Unabhängigkeit der §§ 293a Abs. 3, 293b Abs. 2 AktG voneinander. Bei einem Verzicht auf den Vertragsbericht könnte (theoretischerweise) trotzdem eine Vertragsprüfung stattfinden. Somit ist für die praktische Handhabung auf die Erstellung von mehreren Verzichtserklärungen zu achten. Vgl. ALTMEPPEN, HOLGER (2000), § 293a AktG, Fn. 115.

[433] Gleicher Ansicht sind auch BUNGERT, HARTWIN (1995), S. 1390 und HUMBECK, JOCHEN (1995), S. 1896. Alternativ könnte als Begründung angeführt werden, dass im Falle des (theoretisch möglichen und vom Ge-

men seiner Informationsfunktion im Bedarfsfall als Hilfsmittel zur Beseitigung von Undurchschaubarkeiten im Rahmen der Vertragsprüfung zu verwenden, insb. zur nachrichtlichen Berechnung von Ausgleichs- und Abfindungszahlungen, sofern nicht ein Bewertungsgutachten einer WPG zur Verfügung steht.[434] Der oder die **Vertragsprüfer**[435, 436], auf welche im nächsten Absatz noch ausführlicher einzugehen ist, ist bzw. sind **vom Vorstand der Tochtergesellschaft zu bestimmen.**[437] Alternativ ist eine antragsgebundene Bestimmung durch das Landgericht möglich, in dessen Bezirk die Tochtergesellschaft ihren Sitz hat (§ 293c Abs. 1 AktG).[438] Die Möglichkeit zur gemeinsamen Bestellung durch die Vertragspartner – ggf. im Rahmen eines Verständigungsverfahrens – wird durch das KonTraG[439] ebenfalls eröffnet (§ 293c Abs. 1 S. 2 AktG).[440]

Die Bestellung des bzw. der Vertragsprüfer(s) ruft m. E. trotz des zunächst eindeutig erscheinenden Verweises auf § 319 Abs. 1 S. 1 HGB Interpretationsschwierigkeiten hervor, die bislang im Schrifttum nur unzureichend problematisiert wurden.[441] Die folgende Diskussion ist insofern von bedeutsamer Relevanz, da eine fehlende Prüfbefähigung zu einer Nichtigkeit des Bestellungsaktes bzw. des Gerichtsbeschlusses führt und eine HR-Eintragung nicht vorgenommen werden kann. In § 319 Abs. 1 S. 2 AktG wird die Relevanz der zur handelsrechtlichen Rechnungslegung notwendigen Größenklassen gem. § 267 HGB zum Ausdruck gebracht. Die angeführte Rechtsnorm bezieht sich in diesem Kontext implizit auf die Prüfung

---

setzgeber offerierten) Verzichts gem. § 293a Abs. 3 AktG mit einer trotzdem stattfindenden Vertragsprüfung auch kein Vertragsbericht existent wäre.

434 Vgl. ALTMEPPEN, HOLGER (2000), § 293b AktG, Rn. 11 und dazu ebenfalls Beschluss des OLG Hamm vom 4.3.1999, S. 423.

435 Dem in § 143 AktG genannten und als Sonderprüfer bestellbaren Personenkreis kommt in diesem Zusammenhang insofern keine Bedeutung zu.

436 Vgl. bzgl. der Änderungen des auch für die Unternehmensvertragsprüfung relevanten § 319 Abs. 2 HGB (Ausschlussgründe für die Vertragsprüferauswahl) durch das KonTraG KÜTING, KARLHEINZ/GARNIER, SEBASTIAN VON (2001), S. 460 ff.

437 Kritisch ist dabei anzumerken, dass der Vorstand der Tochtergesellschaft gleichzeitig den bzw. die Vertragsprüfer für die Muttergesellschaft mitbestimmt.

438 Den Antrag stellt der Vorstand der Tochtergesellschaft. Durch die Wahl des Landgerichtes wird eine Bündelung von Unternehmensverträge betreffende Zweifelsfragen bei einem einzigen Gericht erzielt (vgl. dazu auch das Spruchstellenverfahren gem. § 306 AktG). Ferner soll die Unabhängigkeit des Vertragsprüfers unterstrichen bzw. seine Akzeptanz bei der Muttergesellschaft erhöht werden. Vgl. BUNGERT, HARTWIN (1995), S. 1389. Vgl. hierzu auch ALTMEPPEN, HOLGER (1998), S. 1864, der als Gesetzeszweck im Zuge der „kontraproduktiven Prüferbestellung" durch die Tochtergesellschaft eine Loslösung vom beherrschenden Einfluss der Muttergesellschaft sieht. Aus seiner Sicht sollte die Muttergesellschaft für sich selbst den Vertragsprüfer bestellen.

439 Vgl. Art. 1 Nr. 30a des „Gesetzes zur Kontrolle und Transparenz im Unternehmensbereich (KonTraG)" vom 27. April 1998, S. 788.

440 Mit dem bzw. den Prüfern ist ein Geschäftsbesorgungsvertrag abzuschließen. Probleme treten insb. dann auf, wenn die vom Landgericht bestellten Vertragsprüfer Honorare für die Bewertungsgutachten erheben, die mit dem sog. „Zeugen- und Sachverständigen-Entschädigungsgesetz" nicht in Einklang stehen (der Honorarhöchstsatz beläuft sich auf 37,50 EUR bis 78 EUR pro Stunde gem. § 3 Abs. 2 und 3 ZuSEG) und sich die beteiligten Gesellschaften nicht bereit erklären, den geforderten Stundensatz finanziell zu übernehmen. Vgl. dazu SEETZEN, UWE (1999), S. 567. Das OLG Düsseldorf beschloss, dass der bzw. die vom Landgericht bestellte(n) Vertragsprüfer dennoch zur Erstellung des Gutachtens (nach den niedrigeren gesetzlich festgelegten Stundensätzen) verpflichtet sind. Vgl. Beschluss des OLG Düsseldorf vom 26.9.1997, S. 38.

441 So geschehen bei ALTMEPPEN, HOLGER (2000), § 293d AktG, Rn. 2 sowie EMMERICH, VOLKER (2001), § 293c AktG, Rdnr. 1, wonach bei AG bzw. KGaA als Vertragsprüfer **grundsätzlich** WP bzw. WPG infrage kommen.

von großen und mittelgroßen AG bzw. KGaA.[442] Bei einer konsequenten und strikten Auslegung dieser Vorschrift wäre sowohl bei einer kleinen AG bzw. KGaA als auch bei einer AG bzw. KGaA, die § 319 HGB aufgrund § 264 Abs. 3 HGB nicht anzuwenden brauchen[443], zum einen die Möglichkeit der Unternehmensvertragsprüfung gem. § 293b AktG sowie zum anderen die infrage kommende berufliche Qualifikation des Vertragsprüfers zu problematisieren.

Meiner Ansicht nach ist den handelsrechtlichen Größenkriterien i.S.v. § 267 HGB sowie § 264 Abs. 3 HGB im Rahmen der Unternehmensvertragsprüfung keine materielle Bedeutung beizumessen, da auch bei diesen Kapitalgesellschaften insb. der Schutz der Aktionäre zu gewährleisten ist.[444] Allerdings dienen die Größenkriterien meiner Meinung nach dazu, den Kreis der Vertragsprüfer exakt zu determinieren. Hinsichtlich einer kleinen AG bzw. KGaA lässt sich m. E. eine Kongruenz zu § 319 Abs. 1 HGB insofern herstellen, dass sich diese einer freiwilligen Abschlussprüfung unterziehen können.[445] Die Auswahl der Vertragsprüfer wird dabei ins Ermessen der Gesellschaft gestellt (zumeist werden nähere Bestimmungen in der Satzung getroffen), wobei bestimmte Berufsqualifikationen zu beachten sind.[446] Wird keine satzungsmäßige Bestimmung vereinbart oder eine freiwillige Prüfung nicht beabsichtigt, muss auf die gesetzlichen Bestimmungen des § 319 Abs. 1 HGB verwiesen werden. Fehlerquellen können im Hinblick auf § 293c Abs. 1 S. 2 AktG insb. dann entstehen, wenn der bzw. die Vertragsprüfer gemeinsam bestellt werden; hier ist eine „Schnittmenge" der infrage kommenden Vertragsprüfer zu bilden.[447]

Hinsichtlich der Verantwortlichkeit des bzw. der Vertragsprüfer mit den daran geknüpften Sanktionen gelten die in § 323 HGB durch das KonTraG erhöhten Haftungssummen entsprechend (§ 293d Abs. 2 AktG).[448] Die Vertragsprüfer haben einen schriftlichen Prüfungsbericht

---

[442] Vgl. § 316 Abs. 1 S. 1 HGB i.V.m. § 267 Abs. 2 und Abs. 3 HGB.

[443] Diese Rechtsvorschrift wurde erst in jüngerer Zeit eingefügt. Vgl. dazu Art. 1 Nr. 1 des „Gesetzes zur Verbesserung der Wettbewerbsfähigkeit deutscher Konzerne an Kapitalmärkten und zur Erleichterung der Aufnahme von Gesellschafterdarlehen (Kapitalaufnahmeerleichterungsgesetz – KapAEG)" vom 20. April 1998, S. 707. Vgl. bzgl. der dafür notwendigen fünf kumulativ zu erfüllenden Bedingungen die Ausführungen bei KÜTING, KARLHEINZ/GARNIER, SEBASTIAN VON (2001), S. 469 f.

[444] Zudem liefern die §§ 293a ff. AktG keine Aufschlüsse, die solch eine ungleiche Behandlung bestätigen.

[445] Die Motive sind analog zu denen einer Pflichtprüfung zu sehen (z.B. Darlegung der Ordnungsmäßigkeit des Jahresabschlusses gegenüber Gesellschaftern sowie gegenüber Kreditinstituten). Vgl. ADLER, HANS/ DÜRING, WALTHER/SCHMALTZ, KURT (1997), § 316 HGB, Tz. 36.

[446] Vgl. ADLER, HANS/DÜRING, WALTHER/SCHMALTZ, KURT (1997), § 316 HGB, Tz. 36. Bei einer kleinen AG bzw. KGaA kommen neben WP und WPG auch vBP sowie BPG in Betracht.

[447] Als unproblematisch ist die Fallkonstellation zu beurteilen, bei der sich jeweils zwei mittelgroße oder jeweils zwei große oder eine mittelgroße und eine große AG bzw. KGaA gegenüberstehen. Hier kommen ausschließlich WP oder WPG in Betracht (§ 319 Abs. 1 S. 1 HGB). Analoges gilt, wenn mindestens eine kleine AG bzw. KGaA beteiligt ist, die freiwillig ihren Jahresabschluss prüfen lassen möchte und keine diesbezüglichen Satzungsbestimmungen getroffen hat oder die die gesetzliche Bestimmung des § 319 Abs. 1 S. 1 HGB in Anspruch nimmt. Werden zwei prüfungswillige kleine AG bzw. KGaA betrachtet, die besondere Satzungsbestimmungen enthalten, ist der Kreis der gemeinsamen infrage kommenden Vertragsprüfer zu bilden. Wird eine solche Größenklasse mit einer großen oder mittelgroßen AG bzw. KGaA kombiniert, ist wiederum die restriktive Bestellung von WP oder WPG maßgebend.

[448] Es ist hinsichtlich der Vertragsprüfung eine Gewissenhaftigkeit sowie eine Unparteilichkeit zu wahren. Geschäfts- oder Betriebsgeheimnisse, die im Rahmen der Prüfung erfahren wurden, dürfen nicht weiter verwertet werden (§ 323 Abs. 1 HGB). Bei einer Verletzung dieser Grundsätze beläuft sich die Ersatzpflicht des bzw. der **fahrlässig** handelnden Vertragsprüfer(s) für eine Prüfung anstelle von 500.000 DM auf jetzt 1.000.000 EUR. Wird im Speziellen der Vertrag einer AG geprüft, die Aktien mit amtlicher Notierung ausgegeben hat, beträgt die Haftungssumme jetzt 4.000.000 EUR (vorher: 500.000 DM; § 323 Abs. 2 HGB).

mit einer Schlusserklärung anzufertigen, in dem zum einen die Vollständigkeit des Unternehmensvertrages[449] sowie zum anderen die angewandten Methoden und deren Angemessenheit bzgl. der Ausgleichs- bzw. Abfindungszahlungen testiert werden (§ 293e Abs. 1 AktG).[450] Diese Unterlagen sind dem Vorstand der Tochtergesellschaft vorzulegen.[451] Auch auf diesen kann entsprechend den Bestimmungen und Voraussetzungen des § 293a Abs. 3 AktG verzichtet werden (293e Abs. 2 AktG).[452]

Um der Informationsfunktion Rechnung zu tragen, ist der Unternehmensvertrag als solcher, die Jahresabschlüsse und Lageberichte[453] beider Vertragspartner der letzten drei Geschäftsjahre, der (die) Unternehmensvertragsbericht(e) der Vorstände und die Prüfungsberichte vom Zeitpunkt der Einberufung sowie während der Zeitdauer der dem Unternehmensvertrag zustimmenden Hauptversammlung in den Geschäftsräumen der Mutter- und Tochtergesellschaft auszulegen (§§ 293f Abs. 1, 293g Abs. 1 AktG). Auf Wunsch ist jedem Aktionär unverzüglich und kostenlos eine Abschrift dieser Unterlagen zu erteilen (§ 293f Abs. 2 AktG).[454, 455]

Vgl. hierzu Art. 2 Nr. 11 des „Gesetzes zur Kontrolle und Transparenz im Unternehmensbereich (KonTraG)" vom 27. April 1998, S. 791 und die weiteren Ausführungen bei KÜTING, KARLHEINZ/GARNIER, SEBASTIAN VON (2001), S. 467. Die unbeschränkte Haftung bei einem **vorsätzlichen** Handeln bleibt unberührt. Vgl. hierzu HOPT, KLAUS J. (1986), S. 466 und S. 505. Diese nach fünf Jahren verjährende Ersatzpflicht kann kraft Vertrages weder ausgeschlossen noch der Höhe nach gemindert werden (§ 323 Abs. 4 und 5 HGB). Demgegenüber werden die gesetzlich fixierten Beträge als Höchstbeträge angesehen. Vgl. HOPT, KLAUS J. (1986), S. 466.

449 Auf den konkreten (Mindest-)Inhalt eines Unternehmensvertrages, der im Rahmen der §§ 291 ff. AktG nirgends explizit geregelt ist, sondern eher als ein „Flickwerk" zu charakterisieren ist, wird in Kapitel B.IV.2.a)(1)(c) (ab S. 78) eingegangen. Vgl. dazu auch BGH-Urteil vom 5.4.1993, S. 753.

450 Ein Vorschlag hinsichtlich des Aufbaus eines Prüfungsberichtes und der Formulierung einer Schlusserklärung findet sich bei HUMBECK, JOCHEN (1995), S. 1897. Auch in diesem Bereich gilt es hinsichtlich der Wortwahl bzw. des Niveaus auf den (fiktiven) durchschnittlichen Aktionär Rücksicht zu nehmen, dem im Bedarfsfall eine eigenständige Plausibilitätskontrolle zusteht. Vgl. ALTMEPPEN, HOLGER (2000), § 293e AktG, Rn. 13.

451 Von Irrelevanz ist, ob die Vertragsprüfer durch diesen oder durch das Landgericht bestellt wurden. Vgl. HÜFFER, UWE (2002), § 293e AktG, Rn. 2.

452 Durch den Verzicht auf den Prüfungsbericht sollen anfallende Berichtskosten gespart werden. Bei einer unter 100% liegenden Beteiligung dürfte von § 293e Abs. 2 AktG im Praxisfall kein Gebrauch gemacht werden, da eine (insb. für Aktionäre veranlasste) Vertragsprüfung ohne einen Bericht sowie eine Schlusserklärung als wenig sinnvoll erscheint.

453 Mittels der Auslage dieser Unterlagen soll dem Informationsbedürfnis für die Verlustausgleichspflicht gem. § 302 AktG Genüge getan werden. Vgl. BUNGERT, HARTWIN (1995), S. 1454 f. Auch hier gilt es kritisch anzumerken, dass eine kleine AG bzw. KGaA i.S.v. § 267 Abs. 1 HGB nicht zur Erstellung eines Lageberichtes verpflichtet ist. Als relativierendes Argument ist seine fakultative Aufstellung anzuführen (§ 264 Abs. 1 S. 3 HGB).

454 In der Praxis werden diese Aspekte mittels der Einladung zu den Hauptversammlungen kundgetan. Vgl. BUNGERT, HARTWIN (1995), S. 1450. Unabhängig davon besteht für beide Vertragspartner im Zuge der Bekanntmachung der Tagesordnung (i. d. R. mit der Einladung) die Pflicht zur Anzeige des wesentlichen Inhaltes des Unternehmensvertrages (nicht notwendigerweise sein konkreter Wortlaut!) sowie der Name des jeweils anderen Vertragspartners (§ 124 Abs. 2 S. 2 AktG). Vgl. hierzu auch WERNER, WINFRIED (1988), S. 411 f.

455 Der Vorschlag von ALTMEPPEN, sämtliche Aktionäre könnten in der über den Unternehmensvertrag entscheidenden Hauptversammlung die Verzichtserklärungen gem. §§ 293a Abs. 3, 293b Abs. 2 und 293e Abs. 2 AktG ausüben, ist näher zu beleuchten. Vgl. ALTMEPPEN, HOLGER (1998), S. 1862 f. Abgesehen vom Problem des Erscheinens aller Aktionäre zur Hauptversammlung, das sich durch die Möglichkeit der Erstellung einer Abwesenheitserklärung ausräumen ließe, ist dieser Gedankengang m. E. schon deswegen zu verwerfen, da den zeitlichen Bestimmungen des § 293f Abs. 1 Nr. 3 sowie Abs. 2 AktG nicht entsprochen wird (§ 293f AktG ist mit „**Vorbereitung** der Hauptversammlung" überschrieben). ALTMEPPEN geht zwar ebenfalls insofern auf die genannten Rechtsvorschriften ein, als dass die Verzichtserklärungen vor der Beschluss-

Im Falle der Befreiung von der Pflicht zur Erstellung eines Berichtes und zur Vertragsprüfung ist ausschließlich der Unternehmensvertrag auszulegen.[456] Innerhalb der Hauptversammlung ist der Unternehmensvertrag vom Vorstand mündlich zu erläutern und zur Niederschrift zu erklären, wobei jedem Aktionär ein zusätzliches Auskunftsrecht einzuräumen ist (§ 293g Abs. 2 und Abs. 3 AktG).[457]

(c) Zusätzliche formale Erfordernisse

Der EAV bedarf der **Schriftform** (§ 293 Abs. 3 AktG), welche in Vorwegnahme auch zwingend auf reine GmbH-rechtliche sowie auf „gemischte" Unternehmensverbindungen zu transferieren ist[458]. Die ausdrückliche oder sogar falsche Bezeichnung des EAV als solchen führt nicht zu dessen Unwirksamkeit oder Nichtigkeit, da vielmehr maßgeblich ist, dass sich der Vertrag nach seinem Inhalt auch eindeutig als ein solcher identifizieren lässt.[459]

Der **Inhalt** eines EAV lässt sich systematisierend in **Pflicht- und Wahlkomponenten** einteilen, wobei sich hinsichtlich der letzten Kategorie nur Empfehlungen ableiten lassen, die aufgrund der Vertragsautonomie keinen Anspruch auf Vollständigkeit erheben. Als Pflichtkomponente ist die vertragliche Auflage zur gesamten Gewinnabführung anzuführen (§ 291 Abs. 1 S. 1 AktG). Bei einer unter 100% befindlichen Beteiligung der Mutter- an der Tochtergesellschaft erlangen **Ausgleichs- bzw. Abfindungsregelungen** i.S.v. §§ 304 f. AktG an die an der Tochter beteiligten (Minderheits-)Aktionäre einen bedeutsamen Stellenwert, wobei an beide Begrifflichkeiten unterschiedliche gesetzliche Folgen anknüpfen. Werden **keine Ausgleichszahlungen** (§ 304 AktG) vertraglich vereinbart[460], sind sowohl der EAV (§ 304 Abs. 3 S. 1 AktG) als auch der Hauptversammlungsbeschluss nichtig, da gem. § 241 Nr. 3 AktG Vorschriften zum Gläubigerschutz – einem der Hauptanliegen des Konzernrechts –

---

fassung erfolgen müssten. Dadurch wird meiner Ansicht nach impliziert, dass auch tatsächlich ein solches einstimmiges Votum zustande zu kommen hat. Scheitern die Verzichtserklärungen (dies ist bei großen Publikumsgesellschaften denkbar, im Rahmen derer keine „Stimmungslage" einzufangen ist), wäre eine neue Hauptversammlung einzuberufen. Der damit verbundene (zeitliche und kostenträchtige) Mehraufwand rechtfertigt eine Verwerfung dieses Vorschlages.

[456] Auf die Auslegung von Jahresabschlüssen und Lageberichten der letzten drei Geschäftsjahre soll insofern auch verzichtet werden. M.E. ist aus Gründen der Rechtssicherheit und des geringen Mehraufwands dennoch auf sie zurückzugreifen. Generell ist der Meinung der Kommentarliteratur beizutreten, die den Sinn und Zweck des § 293f Abs. 1 Nr. 2 AktG infrage stellt. Vgl. dazu ALTMEPPEN, HOLGER (2000), § 293g AktG, Rn. 2 und HÜFFER, UWE (2002), § 293f AktG, Rn. 4.

[457] Dadurch soll eine Übereinstimmung des geschlossenen Unternehmensvertrages mit dem mündlich vorgetragenen Wortlaut in der Hauptversammlung gewährleistet werden. Vgl. HÜFFER, UWE (2002), § 293g AktG, Rn. 2. Weiterhin wird der Unternehmensvertrag nochmals in verständlicher Art und Weise wiedergegeben und erläutert.

[458] Vgl. BGH-Beschluss vom 30.1.1992, S. 192 und TIMM, WOLFRAM (1989), S. 13.

[459] Vgl. Urteil des LG Hamburg vom 29.1.1991 (rkr.), S. 366. Das Gericht ließ offen, ob der EAV dann unwirksam ist, wenn er im Rahmen des Zustimmungsbeschlusses falsch bezeichnet wird. Diese Frage ist meiner Meinung nach nicht exakt beantwortbar, wobei tendenziell das Gegenteil anzunehmen ist. Für eine Unwirksamkeit spricht die Vorspiegelung falscher Tatsachen gegenüber den anwesenden Gesellschaftern. Der abzustimmende Vertrag ist hingegen in der Tagesordnung abgedruckt, die jeder Gesellschafter vor der Zusammenkunft der Hauptversammlung erhält. Gem. des Inhaltes sollte für einen „juristisch nicht vorgebildeten Gesellschafter" erkennbar sein, dass ein (zwar falsch bezeichneter) EAV vorliegt.

[460] Im Falle unangemessener Ausgleichszahlungen ist weder der EAV noch sein Zustimmungsbeschluss anfechtbar oder nichtig. Vielmehr muss das Landgericht, in dessen Bezirk die Tochtergesellschaft ihren Sitz hat, über eine angemessene Ausgleichszahlung befinden (§§ 304 Abs. 3, 306 Abs. 1 AktG). Vgl. hierzu auch Urteil des OLG München vom 14.6.1991 (n.rkr.), S. 362.

verletzt werden (Pflichtkomponente!). Ein nichtiger EAV führt neben der Verweigerung der HR-Eintragung vielmehr auch zur Versagung der steuerlichen Anerkennung (§ 41 Abs. 1 S. 2 AO).[461] Im Gegensatz dazu ist bei einem vertraglichem Fehlen von **Abfindungszahlungen** (§ 305 AktG) eine Nichtigkeit nicht in Betracht zu ziehen (§ 305 Abs. 5 S. 2 AktG; Wahlkomponente!).[462]

Die angesprochene Behandlung der Kompensationsmaßnahmen steht m.E. in **Widerspruch** zum Unternehmensvertragsbericht und seiner Prüfung. Ausgleichszahlungen müssen gem. § 293a Abs. 1 S. 1 AktG im Vertragsbericht hinsichtlich ihrer Höhe geregelt sein.[463] Analoges gilt für Abfindungszahlungen dem Grunde und der Höhe nach. Die Angemessenheit beider Kompensationsinstrumente ist gem. § 293e Abs. 1 S. 2 AktG zu verifizieren. Genügt der Vertragsbericht nicht den gestellten Anforderungen und/oder unterbleibt eine Bestätigung durch den/die Vertragsprüfer, stellt sich die Frage der daran anknüpfenden Rechtsfolgen.[464] Einigkeit besteht darin, dass der Hauptversammlungbeschluss gem. § 243 Abs. 1 AktG angefochten werden kann. Da die Durchführung der Vertragsprüfung vom Registergericht überwacht wird, spricht sich die h.M. für die Verweigerung der HR-Eintragung des Unternehmensvertrages aus.[465] Dies lässt sich m.E. ebenfalls mit der Vorschrift des § 241 Nr. 3 AktG zum Gläubigerschutz begründen.

Eine diese negativen Folgen vermeidende Umgehungsmöglichkeit besteht im möglichen einstimmigen beidseitigen Verzicht auf den Bericht, die Prüfung sowie den Prüfungsbericht (§§ 293a Abs. 3, 293b Abs. 2, 293e Abs. 2 AktG). Dazu werden die außen stehenden Aktionäre im Falle fehlerhafter Ausgleichs- und Abfindungszahlungen kaum ihre Einwilligung erteilen, sondern auf eine schriftliche Fixierung bestehen. Somit stellen Ausgleichszahlungen der Höhe nach sowie Abfindungszahlungen dem Grunde und der Höhe nach m.E. ebenfalls **„Quasi-Pflichtkomponenten"** dar. Die restriktiven Bestimmungen der §§ 293a ff. AktG gehen §§ 304 Abs. 3 S. 1, 305 Abs. 5 S. 2, 306 AktG als Spezialrechte vor. Damit ist keine völlige Bedeutungslosigkeit des § 306 AktG verbunden.[466]

---

[461] § 41 Abs. 1 S. 1 AO als lex generalis, wonach die Unwirksamkeit eines Rechtsgeschäftes für die Besteuerung unerheblich ist, solange bzw. soweit die Vertragspartner das wirtschaftliche Ergebnis eintreten lassen, entfaltet keine Wirkung, da sich aus den Steuergesetzen (§§ 14 Abs. 1 S. 1, 17 S. 1 KStG) zwingend etwas anderes ergibt. Vgl. BFH-Urteil vom 30.7.1997, S. 34.

[462] A.A.: ZEIDLER, FINN (1999), S. 693.

[463] Ausgleichszahlungen dem Grunde nach stellen sowieso Pflichtkomponenten dar, weshalb sie hier vernachlässigt werden.

[464] Werden die Ausgleichs- und Abfindungszahlungen bestätigt, fallen jedoch aufgrund von Bewertungsfehlern zu niedrig aus, wobei den Vertragsprüfern Fahrlässigkeit oder sogar Vorsätzlichkeit vorzuwerfen ist, gelten die in Fn. 448 (S. 76) näher erläuterten Sanktionsmaßnahmen.

[465] Vgl. hierzu ALTMEPPEN, HOLGER (2000), § 293a AktG, Rn. 66 und Rn. 72; ALTMEPPEN, HOLGER (2000), § 293b AktG, Rn. 20; ALTMEPPEN, HOLGER (2000), § 293e AktG, Rn. 23 sowie HUMBECK, JOCHEN (1995), S. 1898. Als Gegenargument wäre hervorzubringen, dass der Unternehmensvertragsbericht sowie der Prüfungsbericht dem HR weder notwendigerweise vorzulegen noch darin einzutragen sind.

[466] § 306 AktG tritt vielmehr hinsichtlich seiner Anwendungshäufigkeit in den Hintergrund. Unbenommen der §§ 293a ff. AktG wäre denkbar, im Falle einer nicht möglichen oder nur unzureichenden Plausibilitätskontrolle seitens der Aktionäre eine Überprüfung durch das zuständige Landgericht durchführen zu lassen. Als Relativierungsargument ist anzuführen, dass ausreichend viele Möglichkeiten durch den Gesetzgeber eröffnet werden, reine Verständnisprobleme bereits im Vorfeld zu beseitigen.

Eine weitere „Quasi-Pflichtkomponente" stellt die gesellschaftsrechtlich zwar nicht gebotene, aber für ertragsteuerliche Zwecke notwendige vertragliche Vereinbarung einer Mindestlaufzeit dar.[467] Ferner ist hinsichtlich der in § 17 S. 2 Nr. 2 KStG geforderten Verlustübernahme eine vertragliche Übereinkunft zu erzielen.[468] Letztlich bietet sich die Definition und Ermittlung des „ganzen abzuführenden Gewinns" an, im Rahmen dessen gleichzeitig eine Einflussnahme auf Bilanzierungs- und Bewertungsregelungen der Tochter sowie eine Rücklagendotierung i.S.v. § 14 Abs. 1 Nr. 4 KStG näher konkretisiert bzw. gänzlich ausgeschlossen werden können.[469] Vorausschauend sollte zusätzlich die Anpassung fixer Ausgleichszahlungen aufgrund steuerlicher Änderungen zur Vermeidung von Vermögenseinbußen vertraglich geregelt werden.[470] Die vertragliche Vereinbarung sog. aufgeschobener EAV sollte dagegen vermieden werden.[471]

Gem. § 294 Abs. 2 AktG wird der **Unternehmensvertrag** erst mit seiner **Eintragung ins HR** des Amtsgerichtes gesellschaftsrechtlich wirksam, in dessen Bezirk sich der Sitz der Tochtergesellschaft befindet.[472] Eine zusätzliche Eintragung des Vertrages ins HR der Muttergesellschaft ist unzulässig; im Schrifttum wird zum einen die Einreichung des Jahresabschlusses zzgl. eines (etwaigen) Lageberichtes zum HR und eventuell zum Bundesanzeiger und zum anderen die jederzeitige Einsichtnahmemöglichkeit der Niederschrift der Hauptversammlung sowie ihrer Anlagen als ausreichende Informationsquelle für Gläubiger, Arbeitnehmer oder künftige Gesellschafter angesehen (§§ 9 Abs. 1 HGB, 325 HGB, 130 Abs. 5 AktG).[473]

Was die **Niederschriften der Zustimmungsbeschlüsse der Hauptversammlungen** anbelangt, ist derjenigen der Mutter eine Doppelfunktion beizumessen, falls beide Gesellschaften ihren Sitz nicht im gleichen Amtsgerichtsbezirk inne haben: Einerseits muss sie u.a. im Rahmen der Eintragung des Unternehmensvertrages zum HR der Tochtergesellschaft beigefügt werden.[474] Andererseits ist eine Einreichung zum HR der Muttergesellschaft gem. § 130

---

467 Vgl. § 14 Abs. 1 Nr. 3 S. 1 KStG; BFH-Urteil vom 5.7.1990, S. 122 und Urteil des FG Rheinland-Pfalz vom 28.10.1985 (n.rkr.), S. 255. Vgl. dazu ausführlich Kapitel B.IV.2.b)(1) (ab S. 106).

468 Vgl. detaillierter Kapitel B.IV.2.b)(1) (ab S. 106). In diesem Kontext sei auf die Anmerkung von ULMER aufmerksam gemacht, wonach eine im steuerlichen Bereich getroffene Regelung für das Gesellschaftsrecht nicht vorgreiflich ist. Vgl. ULMER, PETER (1989), S. 14. Diese zwar richtige Aussage gilt es zu relativieren, da es auch wenig sinnvoll ist, sich auf die Freiheiten des Gesellschaftsrechts zu berufen, die u.U. für das Steuerrecht wenig oder gar nicht brauchbar sind. Hier greift die „quasi-umgekehrte Maßgeblichkeit" des Steuerrechts ein. Es muss sich in Anlehnung an die Begrifflichkeit der im Bilanzrecht verwendeten „Einheitsbilanz" um einen „Einheits-EAV" handeln.

469 Vgl. MÜLLER, HANS-PETER (1987), S. 385 ff. sowie ausführlich Kapitel C.I.1.a)(1)(a) (ab S. 171) und Kapitel C.I.1.a)(2)(a)(i) (ab S. 175).

470 Vgl. dazu mit einem Belastungsvergleich Kapitel C.I.4.a) (ab S. 224).

471 Vgl. Kapitel C.I.3.d) (ab S. 221).

472 Die Anmeldung erfolgt nach dem Gesetzeswortlaut durch deren Vorstand (AG) bzw. Komplementäre (KGaA).

473 Vgl. z.B. Beschluss des AmtsG Duisburg vom 18.11.1993, S. 2522; KROPFF, BRUNO (1993b), S. 526 sowie ausführlich VETTER, EBERHARD (1994), S. 111 ff. und S. 114 f. A.A.: HOMMELHOFF, PETER (1982), S. 319 f. und SCHNEIDER, UWE H. (1986b), S. 187, die eine Eintragungspflicht für notwendig erachten. Vgl. bzgl. der näheren Gründe die Ausführungen in Fn. 552 (S. 92).

474 Vgl. § 294 Abs. 1 AktG bzgl. der weiteren vom Vorstand der Tochtergesellschaft notwendigen anzumeldenden Unterlagen (insb. Bestehen und Art des Unternehmensvertrages, Name der Muttergesellschaft, Niederschrift des Beschlusses der Hauptversammlung der Muttergesellschaft gem. § 293 Abs. 2 AktG).

Abs. 5 AktG geboten. Gleiches gilt für die Niederschrift des Zustimmungsbeschlusses der Hauptversammlung der Tochter, wobei deren HR maßgebend ist.

(2) Reine GmbH-rechtliche Unternehmensverbindung

(a) Zustimmungsbeschluss bei der Tochtergesellschaft

Eine **reine GmbH-rechtliche Unternehmensverbindung** entbehrt jedweder gesetzlichen Grundlage. Da eine solche Beziehung nicht verboten ist[475], orientieren sich deren Bestimmungen vornehmlich an den Rechtsgrundlagen des Aktienkonzernrechts unter Berücksichtigung von gesellschaftsrechtlichen Unterschieden.[476] Kraft des umfassenden, die auf diesem Gebiet vorherrschende bisherige Rechtsentwicklung verschärfenden[477] sowie klarstellenden[478] BGH-Beschlusses vom 24.10.1988 zum (Unternehmens-)Vertragskonzern[479] ist ebenfalls ein notariell zu beurkundender Zustimmungsbeschluss der Gesellschafterversammlung der **Tochtergesellschaft** vonnöten[480, 481]; allerdings finden mangels spezieller expliziter Regelungen die Vorschriften über Änderungen hinsichtlich des Gesellschaftsvertrages Anwendung (§§ 53 f. GmbHG).[482, 483] Es handelt sich hierbei eher um eine „Hilfsnorm", da der EAV auf-

---

475 Dies ist schon alleine aus den §§ 14, 17 KStG ableitbar, wo deren gesellschaftsrechtliche Akzeptanz vorausgesetzt wird.

476 Vgl. dazu EMMERICH, VOLKER (1976), S. 6 und S. 8 f. sowie insb. KROPFF, BRUNO (1993b), S. 521 f.

477 Vor diesem Beschluss stellte das Urteil des OLG Düsseldorf vom 20.3.1980 (n.rkr.) die erste obergerichtliche Rechtsprechung dar, die sich mit den Wirksamkeitsvoraussetzungen von Unternehmensverträgen im GmbH-Recht befasste. Es wurde sich an den steuerrechtlichen Regelungen, wie sie § 17 KStG vorsieht, orientiert. Der gegen das Urteil eingelegten Revision konnte nicht mehr stattgegeben werden, da es während des Verfahrens zu einem Vergleich beider Parteien kam. Vgl. dazu TIMM, WOLFRAM (1981), S. 1491 unter Bezugnahme auf den BGH-Richter HANS-JOACHIM FLECK.

478 SCHNEIDER und REUSCH sprechen von einem „Meilenstein auf dem Weg der höchstrichterlichen Ausgestaltung des GmbH-Konzernrechts, wobei von einem Schlusspunkt noch keine Rede sein kann", ULMER und VETTER von einer „gesetzesgleich wirkenden höchstrichterlichen Fortbildung". Vgl. SCHNEIDER, UWE H./ REUSCH, PETER (1989), S. 713; ULMER, PETER (1989), S. 10 und VETTER, EBERHARD (1993), S. 172. A.A.: WEIGEL, THEODOR (1991), S. 506 f. und S. 509, der die Ignoranz einer Vielzahl von Fragen kritisiert.

479 Vgl. BGH-Beschluss vom 24.10.1988, S. 325 ff. und in jüngerer Zeit bestätigend Beschluss des LG Konstanz vom 26.11.1992, S. 443 ff. sowie Beschluss des OLG Zweibrücken vom 2.12.1998, S. 329. Vielfach wird im BGH-Beschluss von einer „Satzungsänderung" gesprochen. Richtigerweise müsste es „Änderung des Gesellschaftsvertrages" heißen. Dieser formelle Fehler wird im Folgenden richtig gestellt.

480 Im Umkehrschluss muss der EAV als solcher nicht notariell beurkundet werden. Vgl. TIMM, WOLFRAM (1989), S. 13.

481 Somit sind die jeweiligen Geschäftsführer nicht mehr befugt, den Unternehmensvertrag abschließen. Dies entsprach bis zu diesem Zeitpunkt der praktischen Handhabung. Vgl. HECKSCHEN, HERIBERT (1989a), S. 29.

482 Vgl. Beschluss des BayObLG vom 16.6.1988, S. 204 sowie BGH-Beschluss vom 24.10.1988, S. 325, S. 331 und S. 338. A.A.: Beschluss des OLG Düsseldorf vom 4.9.1991, S. 62. Die Hinzuziehung von GmbH-rechtlichen Regelungen als Argumente für eine kraft EAV notwendige Änderung des Gesellschaftsvertrages darf im Aktienkonzernrecht nicht erfolgen. Unbenommen dessen wird meiner Ansicht nach auch im GmbH-Recht trotz des Verweises auf die gesellschaftsvertragsändernden Vorschriften durch den Abschluss eines Unternehmensvertrages keine Änderung des Gesellschaftsvertrages als solchen herbeigeführt; vielmehr wird dessen Vollendung einer **Änderung des Gesellschaftsvertrages gleichgestellt**. Vgl. dazu auch BGH-Urteil vom 14.12.1987, S. 230 f. und im Schrifttum FLUME, WERNER (1989), S. 668; LUTTER, MARCUS (1988), S. 182; LUTTER, MARCUS/HOMMELHOFF, PETER (2000), § 53 GmbHG, Rn. 3; PRIESTER, HANS-JOACHIM (1989a), S. 1013; RICHTER, WOLFGANG/STENGEL, ARNDT (1993), S. 1861; TIMM, WOLFRAM (1989), S. 14 und S. 18; ULMER, PETER (1989), S. 12 sowie eine Änderung des Gesellschaftsvertrages bezweifelnd Beschluss des BayObLG vom 16.6.1988, S. 208; Beschluss des OLG Celle vom 19.10.1987 (rkr.), S. 47 und Urteil des OLG Düsseldorf vom 20.3.1980 (n.rkr.), S. 1316. Vgl. dazu auch ZÖLLNER, WOLFGANG (1989), S. 913, für den eine abschließende Differenzierung von untergeordneter Bedeutung ist. Diese Analogie zur

grund seiner zeitlichen Begrenzung als atypische Modifikation des Gesellschaftsvertrages nicht in diesen aufgenommen wird.[484] Er beinhaltet vielmehr Bestimmungen außerhalb der Gesellschaftsvertragsurkunde.[485]

Heftig **umstritten** ist im Schrifttum hingegen die Höhe der Beschlussmehrheit, die bis dato kraft Rechtsprechung unverständlicherweise nicht festgelegt bzw. näher konkretisiert wurde[486] und dem Schrifttum Anlass zu umfangreichen Diskussionen gab. Hier ist m.E. ein eventueller Widerspruch im Rahmen des BGH-Beschlusses vom 24.10.1988 erkennbar. Gemäß des dort formulierten Leitsatzes wurde die Höhe der Beschlussmehrheit nicht entschieden, obwohl im Rahmen der Urteilsbegründung § 293 Abs. 1 S. 2 AktG explizit für das GmbH-Recht als anwendbar erklärt wird.[487] Bejaht man diese These, ist der Analogieschluss mit einer teilweisen teleologischen Reduktion verknüpft, da nicht die Kapitalanteile, sondern die Stimmrechte maßgebend sind.[488] Ob die Duldung dieser Rechtsvorschrift ausschließlich im formulierten Kontext der Beschlussmehrheit der Muttergesellschaft oder generell auch für diejenige der Tochtergesellschaft durch den BGH erfolgte, muss dahingestellt bleiben.[489] Eine andere Interpretation kann nach meinem Dafürhalten aus den anwendbaren GmbH-rechtlichen Mehrheitsregelungen bzgl. Satzungsänderungen gem. § 53 Abs. 2 GmbHG erfolgen. Zieht man Parallelen zum Umwandlungsrecht und im Speziellen zum Verschmelzungsrecht, das der Gesetzgeber aus wirtschaftlicher Sicht gerade mit aktienrechtlichen Unternehmensverträgen vergleicht, ist gem. § 50 Abs. 1 UmwG ebenfalls nur eine mind. qualifizierte Stimmrechts-

---

Änderung des Gesellschaftsvertrages lässt sich meiner Meinung nach zum einen durch die vom BGH getroffene Aussage „die Eintragung einer Satzungsänderung ebenso wie die eines Unternehmensvertrages" rechtfertigen. Zum anderen wird in der Urteilsbegründung im Zuge der quantitativen Bestimmung der Beschlussmehrheit der Muttergesellschaft eine analoge Anwendung von § 293 Abs. 2 S. 2 AktG angeordnet, die u.a. auch auf § 293 Abs. 1 S. 4 AktG Bezug nimmt. Vgl. hierzu BGH-Beschluss vom 24.10.1988, S. 336 und S. 341. Für eine Änderung des Gesellschaftsvertrages gem. § 3 Abs. 1 Nr. 2 GmbHG plädiert das ältere Schrifttum, da zukünftig für fremde anstatt für eigene Rechnung gewirtschaftet werden muss. Vgl. dazu stellvertretend HÖNLE, BERND M. (1979), S. 485 f. und S. 487. Bzgl. einer näheren Beurteilung dieser vorgenommenen Klassifizierung wird auf die Ausführungen an späterer Stelle dieses Kapitels verwiesen.

[483] Insofern kann eine gesellschaftsvertraglich geregelte (allgemeine) Klausel, die der Gesellschaft erlaubt, Unternehmensverträge abzuschließen, keinen Zustimmungsbeschluss substituieren. Vgl. PRIESTER, HANS-JOACHIM (1989a), S. 1014 und ULMER, PETER (1989), S. 13.

[484] Vgl. Beschluss des OLG Celle vom 19.10.1987 (rkr.), S. 47 sowie im Schrifttum BACHER, HANNS/BRAUN, HANS-ARTHUR (1978), S. 1178 f.; PRIESTER, HANS-JOACHIM (1989a), S. 1016 und TIMM, WOLFRAM (1981), S. 1495 f. Vgl. ausführlich bzgl. der Diskussion der Aufnahme des EAV als Bestandteil des Gesellschaftsvertrages: PRIESTER, HANS-JOACHIM (1989a), S. 1014 ff.

[485] Vgl. HOFFMANN-BECKING, MICHAEL (1994), S. 58 sowie SCHNEIDER, UWE H. (1986a), S. 12.

[486] Vgl. BGH-Beschluss vom 24.10.1988, S. 324 ff., wonach die Muttergesellschaft aus praxisrelevanter Sicht unglücklicherweise eine 100%ige Beteiligung an der Tochtergesellschaft hielt. Das Gericht ließ die Frage unbeantwortet, ob generell eine qualifizierte (Stimmrechts-)Mehrheit oder ein Einstimmigkeitsbeschluss notwendig ist. Auch in der Folgerechtsprechung wurde dieser Problembereich nicht zu lösen versucht. Vgl. Beschluss des LG Konstanz vom 26.11.1992, S. 444.

[487] Insb. ALTMEPPEN und PRIESTER verwerfen diese These insofern, dass sie auf die Nichtanwendung von Analogievorschriften der §§ 293 f. AktG aufmerksam machen. Vgl. ALTMEPPEN, HOLGER (1998), S. 1858 ff.; PRIESTER, HANS-JOACHIM (1989a), S. 1015 und ULMER, PETER (1989), S. 14.

[488] Vgl. BGH-Beschluss vom 24.10.1988, S. 336.

[489] Bzgl. der Darstellungsform in der Beschlussbegründung („§ 293 Abs. 2 Satz 2, Abs. 1 Satz 2 AktG") lassen sich ebenfalls nur Mutmaßungen anstellen. Handelt es sich hierbei um eine Aufzählung von Paragraphen, die GmbH-rechtlich von Relevanz sind oder ist diese Kette als „i.V.m." zu interpretieren? M.E. ist die erste Erklärungsvariante zu präferieren.

mehrheit des übertragenden Rechtsträgers notwendig.[490] Zum gleichen Endergebnis gelangt man, wenn die Vorschriften über den Formwechsel herangezogen werden. Demnach könnte die GmbH-Muttergesellschaft gem. § 240 Abs. 1 S. 1 UmwG kraft einer Dreiviertelmehrheit der abgegebenen Stimmen die Rechtsform einer AG bzw. KGaA erlangen und in einem zweiten Schritt gem. § 293 Abs. 1 AktG mit derselben Mehrheit den Abschluss eines Unternehmensvertrages erreichen.[491] Zusammenfassend ist mind. von einer **Dreiviertelmehrheit der abgegebenen Stimmen ohne eine zusätzlich geforderte Kapitalanteilsrestriktion** auszugehen.[492] Analog zum Aktienrecht kann diese gesetzliche Grenze kraft Gesellschaftsvertrages ausschließlich verschärft werden.[493]

Die hier vertretene Meinung, welche aus Abgrenzungsgründen mit dem Begriff **„Nettobeschluss“** umschrieben wird, findet in Teilen der Literatur Zuspruch.[494] Eine andere Ansicht präferiert eine Art Einstimmigkeitsbeschluss[495], indem zunächst auf die Dreiviertelmehrheit der abgegebenen Stimmen gem. § 53 Abs. 2 GmbHG sowie zusätzlich auf die nachträgliche Zustimmung der bei dieser Beschlussfassung nicht anwesenden bzw. überstimmten Gesellschafter gem. § 53 Abs. 3 GmbHG abgestellt wird (dies ist als **„Bruttobeschluss“** zu bezeichnen)[496]. Jene Alternativmeinung basiert auf dem Gedankengang, dass dieser Gesellschafterkreis seine Zustimmung von der Regelung bzw. der Höhe von Ausgleichs- und Abfindungszahlungen abhängig macht.

Ob § 53 Abs. 3 GmbHG bei EAV überhaupt zusätzlich notwendig ist, gilt es näher zu diskutieren. Zum einen greift der EAV in das Gewinnbezugsrecht der Gesellschafter gem. § 29 Abs. 1 GmbHG ein und ändert die Gewinnverteilung gem. § 29 Abs. 3 GmbHG[497].[498] Damit

---

[490] Vgl. bzgl. dieses Vorschlags HUMBECK, JOCHEN (1995), S. 1894, Fn. 7. Bekräftigend dazu die Aussage von KOERFER, ROLF/SELZNER, HARALD (1997), S. 287, die in der Verschmelzung (zu Recht) einen vergleichsweise noch stärkeren Eingriff in die Rechte der Minderheitsgesellschafter sehen als beim Abschluss eines Unternehmensvertrages.

[491] Vgl. KOERFER, ROLF/SELZNER, HARALD (1997), S. 289.

[492] Vgl. hierzu differenzierend, aber auch nur mutmaßend TIMM, WOLFRAM (1989), S. 14. Ebenfalls die qualifizierte Mehrheit oder die Einstimmigkeit in Erwägung ziehend, jedoch nicht entscheidend FLUME, WERNER (1989), S. 669. Ohne Wertung: KROPFF, BRUNO (1993b), S. 526 f.

[493] Vgl. auch BayObLG-Beschluss vom 8.2.1985, S. 261 f., der eine Änderung des § 53 Abs. 2 S. 1 GmbHG durch Zweidrittelmehrheit verbot.

[494] Vgl. HECKSCHEN, HERIBERT (1989a), S. 30; HUMBECK, JOCHEN (1995), S. 1894, Fn. 7; KOERFER, ROLF/SELZNER, HARALD (1997), S. 290 und S. 292; KORT, MICHAEL (1986), S. 109 ff. und S. 119; LUTTER, MARCUS/HOMMELHOFF, PETER (2000), Anhang zu § 13 GmbHG, Rn. 64 sowie RICHTER, WOLFGANG/STENGEL, ARNDT (1993), S. 1861. Vermutlich ebenfalls zustimmend: Beschluss des AmtsG Duisburg vom 18.11.1993, S. 2522.

[495] Unbenommen davon lässt sich die Grenze der Dreiviertelmehrheit gem. § 53 Abs. 2 S. 2 GmbHG bis hin zu einem Einstimmigkeitsbeschluss radikalisieren.

[496] Vgl. EMMERICH, VOLKER (1976), S. 19; GÄBELEIN, WOLFGANG (1989), S. 507; HÖNLE, BERND M. (1979), S. 486 ff.; HÜFFER, UWE (1991), S. 354; PRIESTER, HANS-JOACHIM (1989a), S. 1015 f.; RAISER, THOMAS (2001), § 54, Rdn. 26; ROSENBACH, GEORG (1999), Rz. 36; SCHWARZ, OLIVER (1994), S. 60; ULMER, PETER (1989), S. 14 f.; ZEIDLER, FINN (1999), S. 693 und S. 698; ZÖLLNER, WOLFGANG (1992), S. 174 sowie etwas zu euphorisch das Zwischenurteil des LG Bochum vom 20.5.1986 (n.rkr.), S. 1386, das sich „nach ganz herrschender Auffassung“ dieser Meinung anschließt. Der Bruttobeschluss muss nicht notwendigerweise einen Einstimmigkeitsbeschluss darstellen, da bei Letzterem nicht erscheinende Gesellschafter im Zuge der Entscheidung unberücksichtigt bleiben.

[497] Nach § 29 Abs. 3 GmbHG erfolgt die Gewinnverteilung grundsätzlich im Verhältnis der Geschäftsanteile, wobei im Gesellschaftsvertrag ein anderer Verteilungsmaßstab geregelt sein kann. M. E. bedarf es aufgrund der während der Vertragsdauer gesellschaftsvertraglichen Überlagerung des EAV keiner § 29 Abs. 3

geht eine Ungleichbehandlung der Minderheitsgesellschafter im Vergleich zur Muttergesellschaft einher, die eine Anwendung von § 53 Abs. 3 GmbHG rechtfertigt[499]. Zum anderen wird die Tochtergesellschaft aus handelsbilanzieller Sicht mittels des EAV gewinnlos gestellt[500], was einer Änderung des Unternehmensziels[501] entspricht.[502]

Dem ist zu entgegnen, dass die Tochtergesellschaft auch nach Abschluss eines Unternehmensvertrages nach ökonomischen Prinzipien handelt, wenn auch nicht mehr für eigene Rechnung. Eine Änderung des Unternehmensziels ist somit infrage zu stellen.[503] Legt man § 53 Abs. 3 GmbH nach seinem Wortlaut aus, geht mit dem Ausschluss der Minderheitsgesellschafter vom Gewinnbezugsrecht zudem keine Leistungsvermehrung, sondern vielmehr eine Verminderung ihrer Rechte einher.[504]

Eine ausschließliche (mindestens erforderliche) **Dreiviertelmehrheit der abgegebenen Stimmen** erscheint nur dann als sachgerecht, wenn die Intention des § 53 Abs. 3 GmbHG bereits vor dem Zeitpunkt der Beschlussfassung in Form von vertraglich festgelegten Ausgleichs- und Abfindungszahlungen Berücksichtigung gefunden hat. Diesbezüglich sind zwei weitere Bereiche zu untersuchen. Zunächst ist die **Frage der generellen Übertragbarkeit von aktienrechtlichen Kompensationsmaßnahmen auf das GmbH-Recht** zu stellen. Hinsichtlich dieses Aspektes besteht bis dato mangels gerichtlicher Entscheidungen Rechtsunsi-

GmbHG entsprechenden Änderung des Gewinnverteilungsschlüssels, da der Unternehmensvertrag nicht in die Urkunde des Gesellschaftsvertrages aufgenommen wird. A.A.: KORT, MICHAEL (1986), S. 94 und S. 99. § 291 Abs. 1 S. 1 AktG analog geht somit § 29 Abs. 3 GmbH als lex specialis vor. Vgl. HERRMANN, CARL/WINTER, WILLI (1982), S. 264.

498 In diesem Zusammenhang soll der Beitrag von GÄBELEIN kurz aufgegriffen werden, der den BGH-Beschluss vom 24.10.1988 insofern kritisiert, als dass ihm eine 100%ige Beteiligungsstruktur vorlag und sich eine Erörterung von Gewinnbezugsrechten erübrigte. Vgl. GÄBELEIN, WOLFGANG (1989), S. 503 f. Dieser These ist insoweit zuzustimmen, dass ein Urteil ausschließlich Rechtswirkungen für die unmittelbar Beteiligten entfaltet. Allerdings ist seine aufgrund praxisrelevanter Gründe und mangels gesetzlicher Regelungen entstehende immense Breitenwirkung zu beachten, die auch den „Nicht-100%-Fall" tangiert. Aus diesem Grund kann keine auf eine 100%ige Beteiligung beschränkende Betrachtungsweise genügen. Die Bedeutung seines Beschlusses hat der BGH anscheinend in seiner Urteilsbegründung – mit Ausnahme der Mehrheitsquantifizierung des Zustimmungsbeschlusses der Tochtergesellschaft – bedacht und entsprechend angeführt. Die von GÄBELEIN vorgetragenen Argumente hinsichtlich richterlicher Rechtsfortbildung vermögen nicht recht zu überzeugen. Vgl. dazu GÄBELEIN, WOLFGANG (1989), S. 506.

499 Vgl. LUTTER, MARCUS/HOMMELHOFF, PETER (2000), § 53 GmbHG, Rn. 22.

500 Vgl. dazu Kapitel C.I.1.b) (ab S. 189).

501 Von Wesentlichkeit ist, dass das Unternehmensziel den Gesellschaftszweck, nicht aber den Unternehmensgegenstand (Bereich und Art der gesellschaftlichen Betätigung) gem. § 3 Abs. 1 Nr. 2 GmbHG tangiert. Vgl. LUTTER, MARCUS/HOMMELHOFF, PETER (2000), § 1 GmbHG, Rn. 2 sowie ähnlich HUECK, ALFRED/FASTRICH, LORENZ (2000), § 1 GmbHG, Rn. 5 und ZÖLLNER, WOLFGANG (2000), § 53 GmbHG, Rn. 14. Diese Erkenntnis verdeutlicht, dass der EAV keine Änderung des Gesellschaftsvertrages darstellt, sondern einem solchen nur ähnlich erscheint. Damit ist gleichzeitig die in Fn. 482 (S. 81) zitierte Ansicht des älteren Schrifttums meiner Meinung nach entkräftet. Vgl. für das Aktienrecht nochmals die Ausführungen in Fn. 412 (S. 71).

502 Vgl. LUTTER, MARCUS/HOMMELHOFF, PETER (2000), § 53 GmbHG, Rn. 19 und ZÖLLNER, WOLFGANG (2000), § 53 GmbHG, Rn. 14.

503 Vgl. KOERFER, ROLF/SELZNER, HARALD (1997), S. 287 f. Für eine Änderung des Unternehmensziels plädiert HÖNLE, BERND M. (1979), S. 486, der m.E. im Endergebnis übersieht, dass Unternehmensziel und Unternehmensgegenstand nicht untergeordnete, sondern gleichgestellte Begriffe sind und folglich mit eine Änderung des Unternehmensziels keine Modifikation des Unternehmensgegenstandes einhergeht. Aus der BGH-Rechtsprechung ist ebenfalls abzuleiten, dass der Unternehmensgegenstand unverändert bleiben soll, der Gesellschaftszweck jedoch geändert wird. Vgl. BGH-Beschluss vom 24.10.1988, S. 331.

504 Vgl. KORT, MICHAEL (1986), S. 92 und SCHNEIDER, UWE H. (1986a), S. 14.

cherheit, wobei sich die h.M. für einen Analogieschluss oder zumindest die Zuhilfenahme der aktienrechtlichen Regelungen zur Schließung von Rechtslücken im GmbH-Recht ausspricht.[505] Dem ist zuzustimmen, da sich eine eventuelle Ungleichbehandlung zum Aktienrecht nach meinem Dafürhalten schwerlich durch gesellschaftsrechtliche Unterschiede rechtfertigen lässt. Wird die Argumentation aus steuerlicher Sicht geführt, verweist § 17 S. 1 KStG auf eine dementsprechende Anwendung von § 16 KStG.

Nach meiner Ansicht wird von den Befürwortern des „Bruttobeschlusses" übersehen, dass im Falle der analogen Anwendbarkeit der §§ 293a ff. AktG auf das GmbH-Recht die Existenz von Ausgleichs- sowie Abfindungszahlungen dem Grunde und der Höhe nach ohnehin vor dem Beschluss der Gesellschafterversammlung geregelt wäre, was einen „Nettobeschluss" rechtfertigt.[506] Eine entscheidende Bedeutung ist somit der **Frage der analogen Anwendbarkeit der §§ 293a ff. AktG** beizumessen, welche im (rar ausfallenden) Schrifttum umstritten ist und in Kapitel B.IV.2.a)(2)(c) (ab S. 89) näher untersucht wird. Aus didaktischen Gründen wird der Analyse zunächst der Zustimmungsbeschluss der Muttergesellschaft in einem gesonderten Kapitel vorangestellt.

Unabhängig von der Höhe des Zustimmungsbeschlusses ist zu hinterfragen, ob ein solcher aus Praktikabilitätsgründen[507] nicht insofern antizipiert werden könnte, als dass im Gesellschaftsvertrag eine die Beschlussfassung ersetzende Pauschalklausel aufgenommen wird, die je nach Ausgestaltung generell oder näher spezifiziert zum Abschluss von Unternehmensverträgen ermächtigt. Diese Vereinfachung steht mit der BGH-Rechtsprechung in einem konfliktären Verhältnis, da die einer Satzungsänderung gleichgestellte Beschlussfassung durch die Gesellschafter explizit verlangt wird (§ 53 GmbHG). Im Rahmen einer Globaleinwilligung würde(n) der/die Geschäftsführer ermächtigt werden, die Gesellschaft beim Abschluss von konkreten Unternehmensverträgen zu vertreten.[508] Diese Zuständigkeitsübertragung hinsichtlich von Satzungsänderungen ist im GmbH-Recht nicht gestattet.[509]

---

[505] Vgl. z.B. HUMBECK, JOCHEN (1995), S. 1893; KRIEGER, GERD (1992), S. 433 sowie KOERFER, ROLF/SELZNER, HARALD (1997), S. 286, S. 288 und S. 290. RICHTER und STENGEL kommen in ihrer Untersuchung zu dem Ergebnis, dass ein Analogieschluss zumindest zu befürworten sei. Vgl. RICHTER, WOLFGANG/STENGEL, ARNDT (1993), S. 1862 ff. Zustimmend auch HOMMELHOFF, PETER/FREYTAG, LARS F. (1996), S. 1412; ZÖLLNER, WOLFGANG (1992), S. 193 ff. und wahrscheinlich – wenn auch auf die Strittigkeit aufmerksam machend – PRIESTER, HANS-JOACHIM (1989a), S. 1014 sowie Fn. 12. Vgl. aus der Rechtsprechung z.B. Beschluss des LG Dortmund vom 11.3.1998, S. 941. A.A.: BUNGERT, HARTWIN (1995), S. 1455; GÄBELEIN, WOLFGANG (1989), S. 507; HÜFFER, UWE (2002), § 293a AktG, Rn. 5; ULMER, PETER (1989), S. 14 sowie WESTERMANN, HARM P. (1976), S. 39, der eine Anwendbarkeit nur bei einer gesetzlichen Anordnung bejaht. Differenzierend EMMERICH, VOLKER (1976), S. 20, für den eine Analogie der §§ 304 f. AktG zumindest dann gegeben ist, wenn die Muttergesellschaft eine AG bzw. KGaA darstellt.

[506] Vgl. nochmals Kapitel B.IV.2.a)(1)(b) (ab S. 72).

[507] Häufig liegen im Rahmen von Organschaftskonzernen 100%ige GmbH-Tochtergesellschaften vor.

[508] Vgl. HERRMANN, CARL/WINTER, WILLI (1982), S. 264; PRIESTER, HANS-JOACHIM (1989a), S. 1014 und ebenfalls ZÖLLNER, WOLFGANG (2000), § 53 GmbHG, Rn. 26. Unterstellt man den Fall einer nicht 100%igen Beteiligung, käme es zusätzlich auf die wirtschaftliche Situation der Tochtergesellschaft zum Zeitpunkt des Vertragsabschlusses an. Würde bspw. die Tochtergesellschaft hohe Gewinne erzielen, würden die Minderheitsgesellschafter womöglich ihre pauschal erteilte Einwilligung widerrufen.

[509] Die Rechtsnorm des § 45 Abs. 2 GmbHG erlaubt zwar den Gesellschaftern, die Befugnisse der Gesellschafterversammlung auf den bzw. die Geschäftsführer zu übertragen. Ausgenommen sind kraft Rechtsprechung diejenigen Aufgaben, die der Gesellschafterversammlung zwingend zugewiesen sind. Darunter sind u.a. Sat-

(b) Zustimmungsbeschluss bei der Muttergesellschaft und Reformüberlegungen

Bei der **Muttergesellschaft** soll nach dem BGH-Beschluss vom 24.10.1988 – entgegen des Beschlusses der Vorinstanz –[510] ebenfalls eine „Doppelratifizierung“ aufgrund der analogen (aber die Maßgeblichkeit der Stimmrechte fordernden) Übertragung des § 293 Abs. 2 S. 2 AktG auf das GmbH-Recht notwendig sein.[511, 512] Maßgebend ist dafür eine **Mehrheit von mind. Dreiviertel der abgegebenen Stimmen ohne eine zusätzlich geforderte Kapitalanteilsrestriktion**.[513] Gegen die analoge Anwendung von § 293 Abs. 2 AktG wurde kritisierend eingewendet, dass sich der Zustimmungsbeschluss einer GmbH-Muttergesellschaft nicht in die Methodik des Aktienrechts einordnen lässt.[514]

Wird die Vorschrift nicht grammatikalisch, sondern nach ihrem Sinn und Zweck ausgelegt, soll der Zustimmungsbeschluss bezwecken, dass Gesellschafter der Muttergesellschaft, die (i. d. R.) keinen unmittelbaren Einfluss auf die Geschäftsführung der Tochtergesellschaft besitzen, nicht ohne ihre Zustimmung mit den unternehmerischen Risiken der Tochtergesellschaft (insb. die Verpflichtung zum Verlustausgleich gem. § 302 AktG analog[515]) belastet werden.[516] REHBINDER sieht die generelle Funktion des § 293 Abs. 2 AktG in der Pflicht der Muttergesellschaft begründet, die Minderheitsgesellschafter der Tochtergesellschaft mit **Akti-**

zungsänderungen zu subsumieren. Vgl. BGH-Urteil vom 25.2.1965, S. 264. Dies gilt somit auch für einer Satzungsänderung gleichgestellte Beschlüsse.

510 Vgl. Beschluss des BayObLG vom 16.6.1988, S. 206 f.

511 Der zweite Leitsatz dieser Beschlussfassung bezieht sich auf den Abschluss eines Organschaftsvertrags. Meiner Ansicht nach gelten diese Bestimmungen dementsprechend sowohl für reine BHV als auch für isolierte EAV. Zur Begründung dieser These ist die Urteilsbegründung heranzuziehen, in der an zahlreichen Stellen von einem Organschaftsvertrag mit Ergebnisabführung einerseits und von einem Unternehmensvertrag (im Singular!) andererseits gesprochen wird. Ferner ist davon auszugehen, dass mit einem Unternehmensvertrag ein solcher gem. § 291 AktG mittels Analogieschluss gemeint ist. Dieser These stimmt auch TIMM zu, der jedoch isolierte Unternehmensverträge aus der im Zuge der HR-Eintragung hervorgehenden Begrifflichkeit „Art des Unternehmensvertrags“ ableitet. Vgl. TIMM, WOLFRAM (1989), S. 13 und S. 15.

512 Der Beschluss ist in Schriftform zu verfassen, aber im Gegensatz zu einer reinen aktienrechtlichen Unternehmensverbindung nicht notwendigerweise notariell zu beurkunden. Vgl. hierzu kritisch und eher eine notarielle Beurkundung fordernd WEIGEL, THEODOR (1991), S. 516.

513 Vgl. BGH-Beschluss vom 24.10.1988, S. 324 f., S. 332 und S. 336 f.

514 Es ist in Rechtsprechung und Literatur unstrittig, dass § 293 Abs. 2 AktG von seinem Wortlaut nur dann Anwendung findet, falls **beide** Vertragsteile in der Rechtsform der AG und/oder KGaA betrieben werden. Vgl. z.B. Beschluss des OLG Düsseldorf vom 4.9.1991, S. 60 f.; FLUME, WERNER (1989), S. 667; GÄBELEIN, WOLFGANG (1989), S. 506 sowie VETTER, EBERHARD (1993), S. 169 und S. 171. Dem pflichtet auch der BGH in seiner Beschlussfassung vom 30.1.1992, S. 192, bei, ordnet jedoch aus Gründen der Rechtssicherheit eine (für Kapitalgesellschaften maßgebende) allgemeine Geltung der Rechtsvorschrift an. Vgl. dazu bestätigend BGH-Urteil vom 23.9.1991, S. 3143.

515 Die Frage eines Analogschlusses des § 302 AktG auf das GmbH-Recht ist unstrittig. Vgl. BGH-Beschluss vom 24.10.1988, S. 336; BGH-Urteil vom 16.9.1985, S. 188 ff.; BGH-Urteil vom 11.10.1999; BFH-Urteil vom 29.3.2000, S. 1250 f.; Beschluss des AmtsG Duisburg vom 18.11.1993, S. 2522 und Urteil des OLG Koblenz vom 30.11.1990 (n.rkr.), S. 142.

516 Vgl. BGH-Beschluss vom 24.10.1988, S. 324 f., S. 332 und S. 335 sowie Beschluss des OLG Düsseldorf vom 4.9.1991, S. 61. Daneben sind andere Adressaten wie bspw. die Gläubiger schutzwürdig, weswegen der Zustimmungsbeschluss der Mutter sowie die anderen Formalitäten nicht von deren Beteiligungshöhe an der Tochtergesellschaft abhängig zu machen sind. Vgl. BGH-Beschluss vom 24.10.1988, S. 344 ff. und BGH-Beschluss vom 30.1.1992, S. 194. Kritisch und emotional äußert sich auch FLUME, der die notarielle Beurkundung im Falle einer 100%igen Tochtergesellschaft als „baren Unsinn“ bezeichnet, da der Gesellschafter neben dem von ihm mit der Gesellschaft geschlossenen EAV noch eine notarielle Beurkundung seiner Zustimmung abzugeben hat. Vgl. FLUME, WERNER (1989), S. 668.

en abzufinden (§ 305 Abs. 2 AktG).[517] Eine analoge Übertragung auf das GmbH-Recht wäre demnach nicht zu rechtfertigen, da ihnen allenfalls eine Barabfindung gem. § 305 Abs. 2 Nr. 3 AktG analog zusteht.

Die durch den BGH geregelte und von der Gesetzessystematik nicht unumstrittene Zustimmungspflicht der Gesellschafterversammlung der Muttergesellschaft hat die Praxis zurückhaltend aufgenommen, da mit ihr ein erheblicher Verwaltungsmehraufwand verbunden ist. Wird bedacht, dass die Mutter oftmals mit vielen 100%igen (GmbH-)Tochtergesellschaften EAV geschlossen hat, wurden hinsichtlich einer etwaigen Lösung mehrere Vereinfachungsentwürfe aus dem Schrifttum unterbreitet, die kurz darzulegen und zu bewerten sind.

Der erste Vorschlag greift die im vorangegangenen Kapitel aufgrund des satzungsändernden Charakters des Zustimmungsbeschlusses verworfene generelle Einwilligung zum Abschluss von Unternehmensverträgen auf. Für die GmbH als Mutter erlangt **§ 53 GmbHG keine Geltung**, da § 293 Abs. 2 AktG analog anzuwenden ist. Im Umkehrschluss müsste daher die Delegierung von Beschlüssen an den/die Geschäftsführer erlaubt sein. Im Schrifttum bestehen hinsichtlich der Reichweite der Ermächtigung unterschiedliche Auffassungen, deren Spektrum sich von Modifikationen eines bislang bestehenden Unternehmensvertrages[518] bis hin zur Einwilligung seines Abschlusses[519] erstreckt. M. E. wäre im Falle einer Akzeptanz dieser Globaleinwilligung der zuletzt erwähnte „Extremsachverhalt" durchführbar. Als Begründung ist ein Beschluss des LG Mannheim anzuführen, wonach eine KG als Muttergesellschaft kraft Gesellschaftsvertrages die Komplementäre ermächtigte, sowohl BHV als auch EAV abzuschließen, zu ändern und zu beenden; diese Vereinbarungen wurden anerkannt.[520] M. E. ist den unterschiedlichen Rechtsformen der Muttergesellschaften in diesem Kontext keine materielle Bedeutung beizumessen. Allerdings ist als Gegenargument der mit § 293 Abs. 2 AktG analog bezweckte Schutz hinsichtlich der Verlustausgleichsverpflichtung zu berücksichtigen. Das mit dem EAV eventuell eingegangene Risiko sollte für die Gesellschafter der Muttergesellschaft abschätzbar sein, wobei die konkrete Kenntnis des Vertragspartners und seines Unternehmens besondere Bedeutung erlangt. Zusammenfassend sollte der Name und die Art des Unternehmensvertrages im Gesellschaftsvertrag der Muttergesellschaft determiniert sein.[521]

Eine andere Lösungsvariante knüpft an das eben dargestellte „Delegationsmodell" an und nimmt den vergleichsweise geringeren Gesellschafter- und Gläubigerschutz bei „von wirtschaftlich untergeordneter Bedeutung" erscheinenden Tochtergesellschaften zum Anlass, die

---

[517] Vgl. REHBINDER ECKARD (1977), S. 612 f. und auch PRIESTER, HANS-JOACHIM (1986), S. 172.

[518] Vgl. PRIESTER, HANS-JOACHIM (1989a), S. 1017.

[519] So die Meinung von ULMER, PETER (1989), S. 12 f.

[520] Vgl. hierzu den Sachverhalt und die Begründung des Beschlusses des LG Mannheim vom 9.12.1993, S. 142 f. Es wurde sich dabei der §§ 116, 119 HGB i.V.m. § 164 HGB bedient, wonach sich die Geschäftsführungsbefugnis auf alle Handlungen erstreckt, die mit dem „gewöhnlichen Betrieb" einhergehen. Ist dies nicht der Fall, ist der Beschluss sämtlicher Gesellschafter – also auch der Kommanditisten – erforderlich (vgl. § 116 HGB). § 116 HGB ist insofern abdingbar, dass im Gesellschaftsvertrag zum einen geregelt werden kann, welche Maßnahmen unter „gewöhnlich" und „ungewöhnlich" zu subsumieren sind. Zum anderen besteht die Möglichkeit, die Prokura nach Art der durchgeführten Geschäfte zu erteilen. Vgl. ENSTHALER, JÜRGEN (1999), § 116 HGB, Rz. 14 f. Die vertretene Ansicht des LG Mannheim, der Abschluss eines Unternehmensvertrags stelle kein Grundlagengeschäft dar, widerspricht der h.M. Vgl. hierzu die Quellennachweise in Fn. 409 (S. 70).

[521] Vgl. SCHNEIDER, UWE (1986a), S. 19.

Einführung einer im Gesellschaftsvertrag der Muttergesellschaft geregelten sog. Bagatellgrenze vorzuschlagen, bis zu deren Höhe eine Globaleinwilligung als gerechtfertigt erscheint. Hinsichtlich des Bedeutungsgrades wird das auch in § 267 HGB zur Abgrenzung dienende Größenmerkmal „Umsatzerlöse" als treffend erachtet. Als Vorschlag wurde eine (mehr oder minder willkürlich festgelegte) Bagatellgrenze von 5% des Umsatzes der Muttergesellschaft unterbreitet, wobei zwecks Ausschaltung von Zufallsschwankungen als Vergleichsgröße der durchschnittliche Umsatzerlös der letzten drei Jahre der Tochtergesellschaft dienen soll.[522, 523] Die eigentliche Problematik ist in der Festlegung eines oder mehrerer geeigneter Abgrenzungskriterien zu sehen, die diesen theoretischen Vorschlag in die Praxis umzusetzen vermögen.[524] Deshalb ist die Einführung einer solchen Grenze zu verneinen[525], so dass die Zustimmungspflicht der Muttergesellschaft obligatorisch bleiben wird.[526]

Einen interessanten Ansatzpunkt offeriert TIMM für den Fall einer Personalunion in den Geschäftsführungen beider Gesellschaften, da ein Zustimmungsbeschluss dann grundsätzlich obsolet wäre. Allerdings verwirft er seine These aus zwei wesentlichen Gründen: Einerseits gilt es die damit verbundene Rechtsunsicherheit zu berücksichtigen, andererseits ist die Personalunion v.a. dann, wenn sie kraft Satzung bzw. Gesellschaftsvertrages nicht manifestiert ist, als „...ein viel zu flüchtiges Datum [anzusehen, d. Verf.], um als verläßliches Kriterium [...] [gelten, d. Verf.] zu können"[527], da der EAV durch einen beliebigen (zufälligen) Wechsel der Geschäftsführer seine gesellschaftsrechtliche (und auch steuerrechtliche) Unwirksamkeit erlangen könnte.[528]

Der ersten von TIMM geäußerten Befürchtung ist in vollem Umfang zuzustimmen, da ein Widerspruch gegen geltendes Richterrecht eintreten würde. Weiterhin wäre meiner Meinung nach das Informationsbedürfnis der Gesellschafter der Muttergesellschaft hinsichtlich etwaiger Risiken beschnitten bzw. unterlaufen, weil eine personelle Divergenz zwischen Geschäfts-

---

[522] Vgl. PRIESTER, HANS-JOACHIM (1989a), S. 1017 und im Schrifttum einer Bagatellgrenze generell zustimmend GESSLER, ERNST (1985a), S. 787; eine Erweiterung auf die AG in Erwägung ziehend HECKSCHEN, HERIBERT (1989b), S. 1274, Fn. 24; HOMMELHOFF, PETER (1982), S. 397 f.; KRIEGER, GERD (1992), S. 434 sowie LUTTER, MARCUS/HOMMELHOFF, PETER (2000), Anhang zu § 13 GmbHG, Rn. 73, wobei Letztere auch die vorgeschlagene 5%-Klausel begrüßen.

[523] Einen ähnlichen Vorschlag unterbreiteten LUTTER und TIMM im Rahmen von Gewinngemeinschaften i.S.v. § 292 Abs. 1 Nr. 1 AktG, die den Zustimmungsbeschluss der Tochtergesellschaft im Falle einer Bagatellgrenze von unter 10% als überflüssig erachten. Vgl. LUTTER, MARCUS (1974), S. 214 f. und TIMM, WOLFRAM (1980), S. 162.

[524] Vgl. HOFFMANN-BECKING, MICHAEL (1994), S. 60. Wird bspw. der vorgeschlagene Umsatzerlös als geeigneter Maßstab für ein geringes Risiko der Gesellschafter der Muttergesellschaft, gemessen an der Höhe einer etwaigen Verlustübernahme (§ 302 AktG analog), angesehen, muss er zwangsläufig mit dem Verlust der Tochtergesellschaft positiv korrelieren. Da er ausschließlich die positive Komponente des Gewinnbegriffs darstellt, impliziert ein geringer Umsatz nicht notwendigerweise einen geringen (handelsbilanziellen) Verlust, da die Aufwandsseite unberücksichtigt bleibt.

[525] Vgl. SCHNEIDER, UWE H. (1986a), S. 20 und S. 25.

[526] Diese Überlegungen sind nicht auf reine aktienrechtliche Unternehmensverbindungen anwendbar, da eindeutig gegen den Wortlaut des § 293 Abs. 2 AktG verstoßen werden würde. A.A.: HECKSCHEN, HERIBERT (1989), S. 1274, Fn. 24, der die Behandlung von „Bagatellfällen" auf die AG/KGaA als Obergesellschaft ausweiten möchte.

[527] TIMM, WOLFRAM (1989), S. 16.

[528] Vgl. TIMM, WOLFRAM (1989), S. 15 f.

führer und Gesellschafter bestehen kann.[529] Auch aus rein ertragsteuerlicher Sicht würden durch einen plötzlichen Wegfall der (unverlässlichen) Personalunion Konsequenzen in Form einer „verunglückten Organschaft" eintreten. Aus diesen Gründen ist die zweite von TIMM angeführte These ebenfalls abzulehnen. Vertritt man die gegensätzliche Meinung, liegt es im Ermessensbereich der Gesellschaft, im Falle einer Personalunion zum Zeitpunkt des Abschlusses des EAV die geschilderten Folgen vorauszusehen und Maßnahmen zu ihrer Vermeidung zu entwickeln.[530]

Zusammenfassend eignet sich die Delegation von Beschlüssen an den/die Geschäftsführer der Muttergesellschaft im Rahmen der vorgestellten Reformüberlegungen durchaus. Allerdings sollten keine externen Richtwerte eingeführt werden. Es ist vielmehr die Aufgabe der Gesellschafter der Mutter zu entscheiden, ob sie ihre Zustimmung übertragen möchten. Falls nicht, ist weiterhin von der analogen Anwendung des § 293 Abs. 2 S. 2 AktG auszugehen.

(c) Analoge Anwendbarkeit der §§ 293a ff. AktG auf das GmbH-Recht?

Auf den in Kapitel B.IV.2.a)(2)(a) (ab S. 81) problematisierten Aspekt der Anwendbarkeit der §§ 293a ff. AktG im GmbH-Recht eingehend, verneint ALTMEPPEN einen Analogieschluss, da gesellschaftsrechtlich bedingte strukturelle Unterschiede zwischen einer AG sowie einer GmbH bestehen.[531] Dabei geht er auf den m. E. entscheidenden Wortlaut des § 293a Abs. 1 S. 1 AktG ein, wonach ein Unternehmensvertragsbericht an die Voraussetzung der Zustimmung der Hauptversammlung gem. § 293 AktG zu knüpfen ist.[532] Bei einer reinen GmbH-rechtlichen Unternehmensverbindung wird bei der Muttergesellschaft eindeutig eine analoge Anwendung von § 293 Abs. 2 AktG befürwortet.[533] Allerdings ist die Geltung des § 293 Abs. 1 AktG aufgrund der lex specialis-Vorschrift des §§ 53 f. GmbHG infrage zu stellen.

Insofern kommt bei einer strikten Orientierung am Gesetzeswortlaut das (eigenartige) Ergebnis zustande, dass ein zu prüfender Unternehmensvertragsbericht ausschließlich vom Vorstand der Muttergesellschaft angefertigt werden müsste.[534] Die Verzichtserklärungen gem. §§ 293a Abs. 3, 293b Abs. 2 und 293e Abs. 2 AktG würden nur noch einseitig bekundet werden können. Der u.a. ursprünglich bezweckte Schutz der Gesellschafter der Tochtergesellschaft durch verbesserte Informationen ist nicht (mehr) gegeben. Der reinen gesetzestechnischen Auslegung ist die Frage entgegenzuhalten, ob der Gesetzgeber bzw. die Rechtsprechung dieses Endergebnis bezweckt haben. M. E. ist eher vom Gegenteil auszugehen, da nicht nur die GmbH-Gesellschafter der Muttergesellschaft aufgrund der Verlustausgleichspflicht

[529] Folglich wäre ausschließlich bei Muttergesellschaften mit nur Gesellschafter-Geschäftsführern eine Personalunion zu vertreten. Wie ersichtlich, führt dies zu einer weiterführenden Verkomplizierung der bestehenden Rechtslage.

[530] Diesen Vorschlag ebenfalls ablehnend: SCHNEIDER, UWE H. (1986a), S. 16.

[531] A.A. (ohne Anführung von näheren Angaben): SCHLÖGELL, CHRISTIAN (1995), S. 402.

[532] Vgl. ALTMEPPEN, HOLGER (1998), S. 1858 f.

[533] Vgl. BGH-Beschluss vom 24.10.1988, S. 335 f. A.A.: ALTMEPPEN, HOLGER (1998), S. 1858 f. sowie ALTMEPPEN, HOLGER (2000), § 293a AktG, Rn. 19.

[534] Die umgekehrte Situation liegt bei den sog. „anderen Unternehmensverträgen" i.S.v. § 292 AktG vor, für die in einer reinen aktienrechtlichen Unternehmensverbindung nur der Zustimmungsbeschluss der Hauptversammlung der Tochtergesellschaft gem. § 293 Abs. 1 AktG notwendig ist. Befürwortet man die (vollständi-

(§ 302 AktG analog) und der damit verbundenen etwaigen existenziellen Bedeutung[535], sondern auch die Gesellschafter der Tochtergesellschaft ein Anrecht auf Informationen der mit dem Unternehmensvertrag für sie einhergehenden Konsequenzen besitzen.[536]

Aus Sicht des Unternehmens ist es jedoch nicht nur ratsam, mit der Berichterstellung und Vertragsprüfung einen Schutz der Aktionäre zu bezwecken, sondern sich selbst ebenso zu schützen. Dieser Eigenschutz ist dann gefährdet, wenn auf Seiten der Minderheitsgesellschafter Querulanten existent sind, die durch den „Bruttobeschluss" dazu verleitet werden würden, ihre Zustimmung von einer überhöhten Ausgleichs- bzw. Abfindungszahlung abhängig zu machen.[537] Aber auch bei zu geringen Leistungen der Gesellschaft verzögert die Anfechtung der Zustimmungsbeschlüsse die Eintragung des Unternehmensvertrages ins HR und folglich auch dessen steuerliche Wirksamkeit.[538] Die Hauptursache liegt in der – nach Meinung des Schrifttums – nicht analogen Anwendbarkeit des sog. Spruchstellenverfahrens gem. § 306 AktG auf das GmbH-Recht, da die Festlegung der gerichtlichen Zuständigkeit in den Kompetenzbereich des Gesetzgebers fällt.[539] Deshalb ist es aus Objektivierungsgesichtspunkten ratsam, einerseits überhaupt einen Vertragsbericht zu erstellen und andererseits einen Vertragsprüfer als externen Dritten zu konsultieren, was gesetzlich auch vorgesehen ist.

Zu guter Letzt kann die Orientierung der §§ 293a ff. AktG am Verschmelzungsrecht zu Hilfe genommen werden. Dass dort ebenfalls eine GmbH verschmolzen werden kann, lässt auf den eben angeführten Sinn und Zweck schließen, zumal es kein kodifiziertes GmbH-Konzernrecht gibt. Somit sind §§ 293a ff. AktG zwar nicht nach strenger Subsumtion, sondern nach ihrem Sinn und Zweck (teleologisch) auch auf eine reine GmbH-rechtliche Unternehmensverbindung, insb. auf die Tochtergesellschaft, auszudehnen.[540, 541] An die Stelle des Vorstands tritt

---

ge) Anwendbarkeit der §§ 293a ff. AktG auf „andere Unternehmensverträge", was ebenfalls umstritten ist, braucht die Muttergesellschaft keinen Vertragsbericht aufzustellen bzw. prüfen zu lassen.

535 An dieser Stelle sei ein Zitat des AmtsG Erfurt anzuführen, das die Situation verharmlost und als falsch zu beurteilen ist: „Für die herrschende Gesellschaft stellt sich der Abschluss eines Unternehmensvertrags im Grunde nicht anders dar als bei anderen unternehmerischen Entscheidungen und den damit verbundenen Chancen und Risiken." Beschluss des AmtsG Erfurt vom 2.10.1996, S. 75.

536 Vgl. Beschluss des AmtsG Duisburg vom 18.11.1993, S. 2522 sowie HOMMELHOFF, PETER/FREYTAG, LARS F. (1996), S. 1413.

537 A.A.: EMMERICH, VOLKER (1976), S. 19 f., nach dem Blockaden und Erpressungsversuche hinzunehmen sind.

538 Vgl. dazu, wenn auch den „Bruttobeschluss" befürwortend, ZEIDLER, FINN (1999), S. 693 und S. 697 f.

539 Vgl. EMMERICH, VOLKER/SONNENSCHEIN, JÜRGEN/HABERSACK, MATHIAS (2001), S. 489 und KOERFER, ROLF/SELZNER, HARALD (1997), S. 291.

540 Zustimmend im Endergebnis: HUMBECK, JOCHEN (1995), S. 1894 und S. 1898; LUTTER, MARCUS/HOMMELHOFF, PETER (2000), Anhang zu § 13 GmbHG, Rn. 57; ROSENBACH, GEORG (1999), Rz. 20 und restriktiver BUNGERT, HARTWIN (1995), S. 1455 f., der lediglich § 293f AktG wegen § 302 AktG analog anwenden möchte, wobei er auch die §§ 304 f. AktG nicht auf das GmbH-Konzernrecht übertragen sehen will. HOMMELHOFF und FREYTAG erachten hingegen die §§ 293f f. AktG wegen ihres speziellen Zuschnitts auf die AG bzw. KGaA als nicht auf das GmbH-Recht übertragbar. Vgl. HOMMELHOFF, PETER/FREYTAG, LARS F. (1996), S. 1413.

541 Das Argument von ZÖLLNER, Ausgleichs- und Abfindungsregelungen müssten nicht notwendigerweise im Unternehmensvertrag geregelt sein, sondern könnten auch durch eine vorweggenommene Vereinbarung getroffen werden, ist m.E. durch die Vorschriften der §§ 293a ff. AktG entkräftet. Vgl. ZÖLLNER, WOLFGANG (1992), S. 199. Da der Unternehmensvertrag zu prüfen ist (§ 293b Abs. 1 S. 1 AktG) und der bzw. die Vertragsprüfer die Angemessenheit von Ausgleichs- und Abfindungszahlungen zu beurteilen haben (§ 293e Abs. 1 AktG), lässt sich deren notwendige Existenz im Unternehmensvertrag folgern.

(treten) der (die) Geschäftsführer. Der Kreis der gesetzlich infrage kommenden Vertragsprüfer wird auf vereidigte Buchprüfer und Buchprüfungsgesellschaften ausgedehnt, falls die GmbH handelsrechtlich als „mittelgroß" eingestuft wird (§ 319 Abs. 1 S. 2 HGB i.V.m. §§ 293d Abs. 1 S. 1 AktG analog, 267 Abs. 2 HGB).[542] Auch hier ist bei einer gemeinsamen Bestellung der Vertragsprüfer die Bildung einer „Schnittmenge" vonnöten.[543]

ZEIDLER führt als Gegenargumentation das Genügen von § 51a GmbHG an, welcher den Gesellschaftern entsprechend der Norm des § 124 Abs. 2 S. 2 AktG ein unverzügliches Einsichts- und Auskunftsrecht einräumt und nach dem auch die Minderheitsgesellschafter ausreichend mit Informationen versorgt werden können.[544] Die Voraussetzung für eine vernünftige Anwendung des § 51a Abs. 1 GmbHG stellt aber gerade ein Unternehmensvertragsbericht bzw. ein Prüfungsbericht dar.[545] Weiterhin existieren gem. § 51a Abs. 2 S. 1 GmbHG auch Tatbestände, die ein Einsichts- und Auskunftsrecht verbieten[546] und dem Wortlaut des § 293a Abs. 2 AktG ähnlich sind. Allerdings sind die Regelungen des § 293a Abs. 2 AktG strenger als in § 51a Abs. 2 GmbHG auszulegen, da die Auskunfts- bzw. Einsichtsverweigerung zusätzlich eines Beschlusses der Gesellschafterversammlung bedarf (§ 51a Abs. 2 S. 2 GmbHG).

Zusammenfassend ist feststellen, dass sich beide Beschlussvarianten hinsichtlich der Berücksichtigung bzw. des Schutzes von Minderheitsgesellschaftern unterscheiden. Der **„Nettobeschluss"** erweist sich unter dem Aspekt der notwendigen und angemessenen Vereinbarung von Ausgleichs- und Abfindungszahlungen sowie der hier vertretenen analogen Anwendung von §§ 293a ff. AktG als am sachgerechtesten. Unbenommen dessen ist es dennoch verständlich, dass aus Gründen der **Rechtssicherheit in der Unternehmenspraxis** auf einen **Einstimmigkeitsbeschluss** i.S. eines „Bruttobeschlusses" abgestellt wird.[547] Da verhandlungs-

---

542 Handelt es sich um eine kleine prüfungswillige GmbH, kommen als Vertragsprüfer WP, WPG, vBP oder BPG infrage. Vgl. dazu explizit SCHULZE-OSTERLOH, JOACHIM (2000), § 41 GmbHG, Rn. 121. Der Gesellschaftsvertrag kann zusätzlich auch StB oder Fachanwälte für Steuerrecht zur Prüfung vorsehen. Vgl. LUTTER, MARCUS/HOMMELHOFF, PETER (2000), Anhang zu § 42 GmbHG, Rn. 57. Der Unternehmensvertrag einer großen GmbH kann ausschließlich von WP oder WPG geprüft werden.

543 Ist an der Unternehmensverbindung mind. eine große GmbH beteiligt, kommen ausschließlich WP oder WPG infrage. Bei zwei mittelgroßen GmbH erweitert sich der Kreis auf vBP und BPG. Stellt man einer mittelgroßen GmbH eine kleine GmbH gegenüber, die nicht prüfungswillig ist bzw. prüfungswillig ist, jedoch keine gesellschaftsvertraglichen Vereinbarungen getroffen hat, kommen ebenfalls nur WP oder WPG infrage. Im Falle der Existenz von vertraglichen Bestimmungen muss sich an die gesetzlichen Regelungen für mittelgroße GmbH gehalten werden. Bei zwei kleinen GmbH sind die gesellschaftsvertraglichen Bestimmungen aufeinander abzugleichen. Andernfalls treten ausschließlich WP oder WPG in den Zuständigkeitsbereich.

544 Vgl. ZEIDLER, FINN (1999), S. 694. Zustimmend auch ZÖLLNER, WOLFGANG (2000), Rn. 43. Vgl. ebenfalls KARL, GÜNTER (1995), S. 940, der treffend konstatiert, „...daß es zwischen der Gesellschaft und dem Gesellschafter keine Geheimnisse gibt." Diese Aussage ist insofern richtig, dass sich sämtliche GmbH-Gesellschafter unabhängig von ihrer Beteiligungs- oder Stimmrechtsquote auf dieses Informationsrecht berufen dürfen. Ferner erstreckt es sich auch auf verbundene Unternehmen. Vgl. KARL, GÜNTER (1995), S. 941 und S. 943.

545 Vgl. LUTTER, MARCUS/HOMMELHOFF, PETER (2000), Anhang zu § 13 GmbHG, Rn. 57.

546 Insb. Verwendung der durch die Geschäftsführer erhaltenen Erkenntnisse für gesellschaftsfremde Zwecke und Zufügung eines nicht unerheblichen Nachteils zur GmbH oder eines ihrer verbundenen Unternehmen.

547 Vgl. hierzu HOFFMANN-BECKING, MICHAEL (1994), S. 60; PRIESTER, HANS-JOACHIM (1989a), S. 1015; ROSENBACH, GEORG (1999), Rz. 16 und Rz. 36; TIMM, WOLFRAM (1989), S. 14; ULMER, PETER (1989), S. 14 sowie ZEIDLER, FINN (1999), S. 693.

technisch erst zu diesem Zeitpunkt auf Regelungen der Ausgleichs- und Abfindungszahlungen eingegangen wird, sind §§ 293a ff. AktG hinsichtlich ihrer wesentlichen Zweckbestimmung überflüssig. Die aufgezeigten und diskutierten Rechtslücken sollten auf dem Weg der Rechtsprechung hinsichtlich ihrer großen Praxisrelevanz schnellstmöglich geschlossen werden.[548]

(d) Zusätzliche formale Erfordernisse

Bzgl. des Mindestinhaltes des EAV ist auf die in Kapitel B.IV.2.a)(1)(c) (ab S. 78) getroffenen Aussagen mit der Besonderheit zu verweisen, dass Ausgleichszahlungen stets vertraglich vereinbart werden **sollten**. Eine gesellschafts- und steuerrechtliche Nichtigkeit kommt im Falle von deren Fehlen aufgrund der autonomen Regelungen des Gesellschaftsvertrages nicht in Betracht.[549]

Hinsichtlich der **Eintragung des (nicht notariell zu beurkundenden) Unternehmensvertrages in das HR der Tochtergesellschaft** wird ein Transfer der Regelungen des § 294 Abs. 2 AktG auf die reine GmbH-rechtliche Unternehmensverbindung kraft Rechtsprechung für zulässig erachtet.[550] Um seine konstitutive Wirkung zu erreichen, erlangen die satzungsändernden Vorschriften des § 54 Abs. 3 GmbHG i.V.m. § 54 Abs. 1 S. 1 GmbHG Geltung.[551]

Uneinigkeit besteht analog zur reinen aktienrechtlichen Unternehmensverbindung hinsichtlich der Eintragung des Unternehmensvertrages zum HR der Muttergesellschaft. Die Meinungen erstrecken sich von der Eintragungspflicht[552] über die Eintragungszulässigkeit[553] bis hin

---

548 GÄBELEIN bezeichnet die vom BGH ergangene Rechtsprechung als „unbedachte Schritte". An mehreren Stellen seines Beitrages fordert er die Überlassung der Regelungen dem Gesetzgeber. Vgl. GÄBELEIN, WOLFGANG (1989), S. 506 ff. Dieses seit nunmehr 13 Jahren wünschenswerte (aber nicht zu erwartende) Ansinnen wurde bis dato nicht erhört. Daraus lässt sich folgern, dass der Gesetzgeber die BGH-Rechtsprechung inhaltlich akzeptiert hat und Richterrecht geschaffen wurde. Bereits ein halbes Jahr nach Ergehen der BGH-Rechtsprechung prophezeite HECKSCHEN, dass „...vom Gesetzgeber in Sachen GmbH-Konzernrecht wenig zu erwarten ist." HECKSCHEN, HERIBERT (1989a), S. 30.

549 Dies bedeutet, dass sich der befürwortete Analogieschluss des § 304 AktG ausschließlich hinsichtlich seines ursprünglichen Sinn und Zweckes, jedoch nicht hinsichtlich seines genauen Wortlautes auf das GmbH-Recht übertragen lässt. Vgl. ZÖLLNER, WOLFGANG (1992), S. 195 f.

550 Vgl. z.B. Beschluss des BayObLG vom 16.6.1988, S. 207 und S. 209 f.; im Falle einer 100%igen Beteiligungsquote Beschluss des LG Hamburg vom 25.4.1984 (rkr.), S. 838 sowie Urteil des OLG Koblenz vom 30.11.1990 (n.rkr.), S. 143. A.A.: Beschluss des OLG Düsseldorf vom 4.9.1991, S. 62. Siehe dazu auch die vor dem BGH-Beschluss vom 24.10.1988 ergangene Rechtsprechung für das GmbH-Recht, die eine Eintragungspflicht ins HR der Tochtergesellschaft verneinte. Vgl. Beschluss des OLG Celle vom 19.10.1987 (rkr.), S. 47 und insb. Urteil des OLG Düsseldorf vom 20.3.1980 (n.rkr.), S. 1316, das § 294 AktG deshalb als nicht anwendbar erachtete, weil der Sinn und Zweck dieser Vorschrift in der Unterrichtung der Öffentlichkeit bestehe, wobei die „Öffentlichkeit" aufgrund der geringeren Fungibilität der Gesellschaftsanteile im GmbH-Recht eher auf einen kleinen Personenkreis beschränkt ist.

551 Vgl. BGH-Beschluss vom 24.10.1988, S. 324, S. 328 und S. 342 sowie Beschluss des LG Kassel vom 15.11.1995, S. 239.

552 Vgl. Beschluss des LG Bonn vom 27.4.1993, S. 443; HECKSCHEN, HERIBERT (1989a), S. 30 f.; HOMMELHOFF, PETER (1982), S. 320; PRIESTER, HANS-JOACHIM (1986), S. 175; SCHNEIDER, UWE H. (1986b), S. 187 und STRASSBERGER, CLAUS P. (1965), S. 63. Als Hauptargument wird die mit Abschluss des Unternehmensvertrages einhergehende konzernrechtliche Haftung sowie die Verlustausgleichsverpflichtung der Muttergesellschaft angeführt. Auch deren Gläubiger, Arbeitnehmer und künftige Gesellschafter zählen zu dem informationswürdigen Adressatenkreis. Deswegen ist es nicht einzusehen, warum anscheinend die Kenntnis des (Unternehmens-)Vertragskonzerns für diesen Adressatenkreis weniger bedeutsam ist als für denjenigen der Tochtergesellschaft.

zum Eintragungsverbot[554]. M. E. sollte den Befürwortern des Eintragungsverbotes beigepflichtet werden, da § 294 Abs. 2 AktG analog ausschließlich auf die Tochtergesellschaft Bezug nimmt.

Die **Niederschriften der Zustimmungsbeschlüsse** beider Gesellschafterversammlungen sind im Rahmen der HR-Anmeldung des Unternehmensvertrages beizulegen.[555] Eine Einreichung des abschriftlichen Beschlusses ins HR der Muttergesellschaft entsprechend § 130 Abs. 5 AktG ist im GmbH-Recht nicht vorgesehen.

(3) „Rechtsformgemischte" Unternehmensverbindungen

Wenig Beachtung wird sog. „gemischten" Unternehmensverbindungen gezollt, bei denen die Aussagen der beiden vorangestellten Kapitel miteinander zu kombinieren sowie unter Berücksichtigung gesellschaftsrechtlicher Besonderheiten aufeinander abzustimmen sind.

Zunächst ist auf **kapitalgesellschaftsspezifische „gemischte" Unternehmensverbindungen** näher einzugehen, welche durch die Rechtsprechung noch am besten abgesichert sind. Für die Beteiligungskonstellation einer AG bzw. KGaA als Muttergesellschaft und einer GmbH als Tochtergesellschaft erging explizit ein BGH-Beschluss, im Rahmen dessen auf die analoge Anwendung der Grundsätze der reinen GmbH-rechtlichen Unternehmensverbindung verwiesen wurde.[556]

Bei Zugrundelegung der umgekehrten Konstellation ist mangels Rechtsprechung über einen analogen Einsatz nur zu mutmaßen. M. E. sind die Voraussetzungen einer Übertragbarkeit durchaus gegeben. Als dafürsprechendes Indiz kann der BGH-Beschluss vom 30.1.1992 gewertet werden, wonach die Gefahren für Gläubiger und Gesellschafter durch den Abschluss eines Unternehmensvertrages von der Rechtsform der Muttergesellschaft unbeeinflusst bleiben.[557] Wird als primärer Sinn und Zweck des § 293 Abs. 2 AktG die Versorgung des genannten Personenkreises mit Informationen bzgl. der eintretenden Verlustausgleichsverpflichtung erachtet, muss es ebenfalls von Irrelevanz sein, in welche Rechtsform die Muttergesellschaft im Falle einer AG bzw. KGaA als Tochtergesellschaft gekleidet ist.[558]

---

553 Vgl. KORT, MICHAEL (1986), S. 133; ZEIDLER, FINN (1999), S. 693 f. und vermutlich ebenfalls KROPFF, BRUNO (1993b), S. 526.

554 Es erfolgt insofern eine Orientierung an den aktienrechtlichen Regelungen. Da bei der Muttergesellschaft nicht in deren Grundstruktur eingegriffen wird, ist sowohl keine notarielle Beurkundung des Zustimmungsbeschlusses gem. § 53 Abs. 2 S. 1 GmbHG als auch keine Eintragung ins HR gem. § 54 Abs. 3 GmbHG notwendig. Die Informationsfunktion außen stehender Dritter mittels des Jahresabschlusses zzgl. eines evtl. Lageberichtes wird als ausreichend angesehen. Vgl. Beschluss des AmtsG Duisburg vom 18.11.1993, S. 2522; Beschluss des AmtsG Erfurt vom 2.10.1996, S. 75 und im Schrifttum detailliert VETTER, EBERHARD (1994), S. 113 ff.; vermutlich auch EMMERICH, VOLKER (2001), § 293 AktG, Rdnr. 46 sowie ROSENBACH, GEORG (1999), Rz. 19.

555 Vgl. BGH-Beschluss vom 24.10.1988, S. 325.

556 Vgl. dazu den fundamentalen BGH-Beschluss vom 30.1.1992, S. 192 ff. Auch hier lag eine 100%ige Beteiligung einer AG an einer GmbH vor. Für eine Übertragbarkeit anscheinend auch KRIEGER, GERD (1992), S. 432 und S. 435. A.A.: Beschluss des OLG Düsseldorf vom 4.9.1991, S. 60 ff.

557 Vgl. BGH-Beschluss vom 30.1.1992, S. 192.

558 Vgl. zustimmend EMMERICH, VOLKER (2001), § 293a AktG, Rdnr. 13 sowie ohne nähere Ausführungen KRIEGER, GERD (1992), S. 435.

Demnach ist es auch möglich, mit **Personenhandelsgesellschaften** als Muttergesellschaften gesellschaftsrechtlich wirksame EAV abzuschließen, was durch die BGH-Rechtsprechung auch generell bekräftigt wurde[559]. Im Rahmen der – soweit ersichtlich – einzigen und konkreten Rechtsprechung wendete das LG Mannheim den BGH-Beschluss zur reinen GmbH-rechtlichen Unternehmensverbindung[560] analog auf eine Unternehmensverbindung zwischen einer KG und einer GmbH an.[561] Daraus lässt sich mutmaßen, dass diese Grundsätze ebenfalls Bestand für jede andere Personenhandelsgesellschaft als Muttergesellschaft haben. Geringfügige Modifikationen sind hinsichtlich des Zustimmungsbeschlusses der Muttergesellschaft insofern zu treffen, da nicht notwendigerweise § 293 Abs. 2 AktG analog mit einer Dreiviertelmehrheit der abgegebenen Stimmen, sondern m. E. primär das Einstimmigkeitsprinzip bzw. eine andere gesellschaftsvertragliche Regelung maßgeblich ist (§ 119 HGB ggf. i.V.m. § 161 Abs. 2 HGB).[562]

Entsprechende Überlegungen gelten m. E. für ein **Einzelunternehmen** als Muttergesellschaft. Da sich die Frage eines Beschlusses auf dessen Ebene erübrigt, ist auf die jeweils erörterten Zustimmungsmaßnahmen der Tochtergesellschaft zu verweisen.

Wird eine **Genossenschaft** als mögliche Muttergesellschaft erwogen, ist in einem ersten Schritt klarzustellen, dass ein EAV nicht gegen die bereits erwähnte[563] und an die Daseinsberechtigung ihrer Beteiligung gekoppelte Bedingung des genossenschaftlichen Förderzweckes i.S.v. § 1 Abs. 2 GenG sowie gegen etwaige Nebenzwecke verstößt, falls die Genossenschaft neben diesen Mitteln weitere Anstrengungen zur Förderung der Genossen unternimmt.[564] Auf

---

559 Vgl. BGH-Urteil vom 13.10.1977, S. 338. Bzgl. der Beteiligung einer Personenhandelsgesellschaft an einer AG bzw. KGaA gelten die §§ 291 ff. AktG ebenfalls analog. Vgl. HOLTKAMP, WERNER (1994), S. 20.

560 Vgl. BGH-Beschluss vom 24.10.1988, S. 324 ff.

561 Vgl. Beschluss des LG Mannheim vom 9.12.1993, S. 142 f. Auch dem Sachverhalt des BFH-Urteils vom 30.1.1996, S. 524 f., im Rahmen dessen ebenfalls eine KG an einer GmbH beteiligt war, kann entnommen werden, dass einerseits eine Bezugnahme auf die obigen BGH-Grundsätze erfolgt und andererseits keine Ablehnung seitens des BFH vorgenommen wird. Als weiteres Indiz für eine Anwendung spricht die durch das StÄndG 1992 bewirkte Anpassung des § 17 KStG an den BGH-Beschluss vom 24.10.1988, die sich unabhängig von der Rechtsform des OT (Muttergesellschaft) bemisst. Vgl. Art. 8 Nr. 5 des „Gesetzes zur Entlastung der Familien und zur Verbesserung der Rahmenbedingungen für Investitionen und Arbeitsplätze (Steueränderungsgesetz 1992 – StÄndG 1992)“ vom 25. Februar 1992, S. 163 sowie die Begründung des „Entwurfs eines Gesetzes zur Entlastung der Familien und zur Verbesserung der Rahmenbedingungen für Investitionen und Arbeitsplätze (Steueränderungsgesetz 1992 – StÄndG 1992)“ vom 3. September 1991, S. 67.

562 Dieser Aspekt wurde bereits an früherer Stelle erwähnt und aufgezeigt, weshalb auf ihn verwiesen werden kann. Vgl. Fn. 229 (S. 40) und Fn. 231 (S. 40). A.A.: RAISER, THOMAS (2001), § 54, Rdn. 27 (dieser begründet seine Meinung mit dem von ihm geforderten Bruttobeschluss). Vgl. bzgl. der Ungewissheit auch BMF-Schreiben vom 8.3.1990, S. 192, das hinsichtlich der Mehrheitsverhältnisse die weitere Rechtsprechung abwarten möchte, die meines Wissens bis dato noch nicht erfolgte.

563 Vgl. Fn. 56 (S. 11).

564 Vgl. BEUTHIEN, VOLKER (2000), § 1 GenG, Rn. 96. Stellten die erhaltenen Gewinne die einzigen Mittel dar, bliebe ansonsten der eine Genossenschaft legitimierende Gedanke der Verfolgung eines gemeinschaftlichen Förderzweckes und nicht primär erwerbswirtschaftlicher Ziele unerfüllt, da die Mitgliederförderung innerhalb der Genossenschaft durch die erhaltenen Gewinne exogen und nicht endogen erfolgen würde. Hierbei wird auch von einer Umwandlung in eine sog. „Dividendengenossenschaft“ oder von einer „Dividendenwirtschaft“ gesprochen. Vgl. dazu BEUTHIEN, VOLKER (1996), S. 350; PIRNER, BARBARA (1993), S. 30 ff. sowie REUL, ADOLF (1987), S. 43 f. und S. 80. Vgl. generell zur Fähigkeit, aktienrechtliche Unternehmensverträge abzuschließen, BEUTHIEN, VOLKER (2000), § 1 GenG, Rn. 85.

Ebene der Genossenschaft ist deshalb wegen den aus §§ 302 f. AktG analog[565] erwachsenden Risiken ebenfalls ein Zustimmungsbeschluss zu treffen. Mangels Rechtsprechung ist nicht eindeutig geklärt, aus welcher Vorschrift die Rechtsgrundlage abzuleiten ist. Einerseits könnte sich der Allgemeinnorm des § 44 Abs. 2 GenG bedient werden[566], wonach die Generalversammlung auch dann einzuberufen ist, wenn dies im Interesse der Genossenschaft erforderlich erscheint[567]. Darunter wäre auch der EAV zu subsumieren, da er ein wichtiges, die Entwicklung der Genossenschaft beeinflussendes Ereignis darstellt. Als Besonderheit sieht § 43 Abs. 2 GenG nur die einfache Mehrheit der abgegebenen Stimmen vor. Andererseits könnte die analoge Anwendung des § 293 Abs. 2 AktG erwogen werden. Das Risiko der Verlustausgleichspflicht besteht für die Genossen nicht, da eine Nachschussverpflichtung erst im Falle einer Insolvenz eintritt (§ 105 Abs. 1 GenG), falls vorher keine dem entgegenstehende statutarische Regelung festgelegt wurde. M. E. ist die zweite Alternative aus Vorsichtsgründen sowie hinsichtlich der Bedeutsamkeit der Entscheidung vorzuziehen.[568] Dem wäre zu entgegnen, dass bereits der Analogieschluss im GmbH-Recht kritische Stellungnahmen hervorrief.[569]

Die Frage der **Anwendbarkeit der Regelungen hinsichtlich des Unternehmensvertragsberichtes sowie der -prüfung** gem. §§ 293a ff. AktG **auf kapitalgesellschaftsspezifische „gemischte" Unternehmensverbindungen** ist unter Berücksichtigung der bislang[570] getroffenen Aussagen zu bejahen. Diese analytische Ableitung wird auch aus der Praxis bestätigt.[571] Bei einer AG bzw. KGaA als Muttergesellschaft und einer GmbH als Tochtergesellschaft liegt i. d. R. eine 100%ige Beteiligung vor, wobei die Vertragsprüfung gem. § 293b Abs. 1 S. 1 1. Halbs. AktG entfällt. Im umgekehrten Fall ist ebenfalls eine (teilweise gefestigtere) Bestätigung gegeben, weil auch Kritiker der analogen Anwendbarkeit der §§ 304 f. AktG auf das GmbH-Recht zumindest den Minderheitenschutz einer AG oder KGaA als Tochtergesellschaft unabhängig von der Rechtsform der Muttergesellschaft in den Vordergrund stellen.[572] M. E. ist die Pflicht zur Erstellung eines Vertragsberichtes und zur Durchführung einer Vertragsprüfung auf die GmbH-Muttergesellschaft wegen des analog anzuwendenden § 293 Abs. 2 S. 2 AktG auszudehnen.

Nach dem Kenntnisstand des Verfassers wurden im Rahmen einer **Genossenschaft** sowie einer Personenhandelsgesellschaft als mögliche Muttergesellschaften nur sehr rudimentäre Aussagen getroffen. Hinsichtlich der Genossenschaft ist auf die kapitalgesellschaftsspezifi-

---

565 Vgl. hierzu explizit PIRNER, BARBARA (1993), S. 49 und S. 124 ff. sowie REUL, ADOLF (1987), S. 74 und S. 99.

566 Insofern findet die mindestens eine Dreiviertelmehrheit der abgegebenen Stimmen umfassende Regelung des § 16 Abs. 2 Nr. 1 GenG mangels Änderung des Unternehmensgegenstandes keine Anwendung.

567 Dieser unbestimmte Rechtsbegriff wird in der Kommentarliteratur dann als erfüllt angesehen, „...wenn Entscheidungen zu treffen sind, die ein gewissenhafter und pflichtbewußter Vorstand der Generalversammlung im Hinblick auf die künftige Entwicklung der eG nicht vorenthalten kann." GRÄSER, BERND (2001), § 44 GenG, Rn. 5.

568 Gleicher Ansicht: BEUTHIEN, VOLKER (2000), § 1 GenG, Rn. 112; HOLTKAMP, WERNER (1994), S. 80 sowie PIRNER, BARBARA (1993), S. 186 f. und S. 201. Die in Fn. 562 (S. 94) bzgl. des zitierten BMF-Schreibens vom 8.3.1990 getroffene Aussage gilt in diesem Kontext entsprechend.

569 Vgl. die Quellennachweise in Fn. 514 (S. 86).

570 Vgl. Kapitel B.IV.2.a)(1)(b) (ab S. 72) und Kapitel B.IV.2.a)(2)(c) (ab S. 89).

571 Vgl. m. w. N. aus Einladungen zu Hauptversammlungen BUNGERT, HARTWIN (1995), S. 1454.

572 Vgl. z.B. BUNGERT, HARTWIN (1995), S. 1455.

schen „gemischten" Unternehmensverbindungen zurückzugreifen, da § 302 AktG analog auf Seite der Muttergesellschaft sowie Kompensationsmaßnahmen auf Ebene der Tochtergesellschaft notwendig sind. Vertritt man die oben abgelehnte These der einfachen Stimmrechtsmehrheit gem. § 43 Abs. 2 GenG, hätte nur der Vorstand bzw. die Geschäftsführung der Tochtergesellschaft einen Unternehmensvertragsbericht gem. § 293a Abs. 1 S. 1 AktG zu erstellen und den Unternehmensvertrag prüfen zu lassen, wobei die ursprünglich angedachte Informationsfunktion der Genossen der Muttergesellschaft nicht erfüllt wäre. Dieses nicht bezweckte, aber aus der Gesetzessystematik resultierende Ergebnis könnte wie in einer reinen GmbH-rechtlichen Unternehmensverbindung ausgelegt werden, so dass der Wortlaut gem. § 293a Abs. 1 S. 1 AktG teleologisch § 44 Abs. 2 GenG in seinen Wirkungsbereich mit einbezieht.

Bei einer **Personenhandelsgesellschaft** hingegen wird eine zusätzliche Information der Gesellschafter durch die spezielle gesellschaftsrechtliche Struktur[573] als abgegolten angesehen[574], so dass §§ 293a ff. AktG ausschließlich für die Tochtergesellschaft Bedeutung erlangen.[575]

(4) Ergebnisabführungsverträge bei mehrstufigen Unternehmensverbindungen

Bislang wurden ausschließlich durch §§ 291 ff. AktG implizit vorgesehene EAV betrachtet, deren Abschluss zwischen zwei, durch eine unmittelbare Beteiligung verbundene Gesellschaften erfolgt.[576] Daraus ist nicht zu folgern, dass der Gebrauch von EAV in sog. mehrstufigen Unternehmensverbindungen untersagt ist, was durch deren **praktische Verbreitung** auch untermauert wird.[577] In diesem Kapitel werden sowohl die gesellschaftsrechtlichen als auch allgemein die zum Schutz der Gesellschafter zu ergreifenden **Unterschiede und Besonderheiten im Vergleich zu einstufigen EAV** aufgezeigt.[578]

Voranzustellen ist, dass der isolierte EAV eine **Zwitterstellung** einnimmt. Zum einen geht er größtenteils mit den Regelungen des BHV konform.[579] Zum anderen wird durch ihn **kein aktienrechtlicher Vertragskonzern** begründet, weswegen die zentralen Vorschriften der §§ 311, 317 AktG (Umkehrschluss zu § 316 AktG) über die **faktische Konzernierung** anzu-

---

573 Falls von der gesetzlichen Regelung ausgegangen wird, bedarf es der Zustimmung **aller** Gesellschafter gem. § 119 Abs. 1 HGB (ggf. i.V.m. § 161 Abs. 2 HGB).

574 Vgl. dazu bekräftigend EMMERICH, VOLKER (2001), § 293a AktG, Rdnr. 14 und EMMERICH, VOLKER (2001), § 293b AktG, Rdnr. 10.

575 Insofern läuft nach meinem Dafürhalten auch der in § 319 Abs. 1 S. 2 HGB auf Personenhandelsgesellschaften gem. § 264a Abs. 1 HGB Bezug nehmende Verweis ins Leere.

576 Eine Ausnahme davon bildet § 305 Abs. 2 Nr. 2 AktG. Dieses generelle Fehlen lässt sich durch die Komplexität sowie durch die vielseitigen Kombinationsmöglichkeiten begründen. Demgegenüber legitimieren die (anderen) Verbundtatbestände der §§ 16 ff. AktG explizit auch mehrstufige Unternehmensverbindungen. Vgl. hierzu Näheres bei BAYER, WILHELM F. (1975), S. 158 und S. 163.

577 Vgl. dazu insb. die empirische Erhebung bzgl. zwei- und mehrstufiger Unternehmensverbindungen bei GÖRLING, HELMUT (1993), S. 542 ff.

578 Dabei bleiben die Auswirkungen nicht auf die unmittelbar beteiligten Vertragspartner beschränkt, sondern dehnen sich eventuell über mehrere Stufen aus. Vgl. SONNENSCHEIN, JÜRGEN (1975), S. 1089. Deswegen bietet es sich u.a. an, im Folgenden zusätzlich kurz darauf einzugehen, wer wem ausgleichs- und haftungspflichtig ist.

579 Es gelten die Vorschriften der §§ 300, 302 ff. AktG bzw. es erfolgt keine Erstattung eines Abhängigkeitsberichtes gem. § 312 AktG i.V.m. § 316 AktG.

wenden sind.[580] Nachstehend wird eine beispielhafte zweistufige Unternehmensverbindung unterstellt, wobei die Ausführungen auch auf hierarchisch tiefer gegliederte Unternehmensstrukturen übertragbar sind. Aus einer Vielfalt möglicher Verbundkonzeptionen verdeutlicht Abbildung 8 die in dieser Arbeit im Hinblick auf steuerliche Zwecke ausgewählten und verwendeten Grundstrukturen in grafischer Weise.[581]

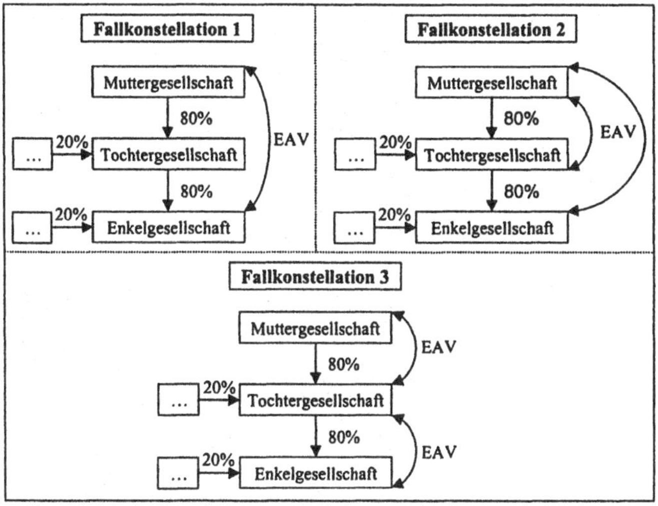

Abbildung 8: Ausgewählte Formen von EAV in zweistufigen Unternehmensverbindungen[582]

Unabhängig von den drei Fällen ist ein **mehrstufiger faktischer Konzern** sowohl unmittelbar zwischen Enkel und Tochter als auch mittelbar zwischen Enkel und Mutter gegeben[583].[584]

[580] Die getroffenen Aussagen sind auch auf „Nicht-Unternehmensvertragskonzerne" übertragbar (z.B. Begründung einer ausschließlichen umsatzsteuerlichen Organschaft, innerhalb derer weder Unternehmensverträge bestehen noch eine aktienrechtliche Eingliederung beschlossen wird). Dabei erlangen zusätzlich §§ 312-315 AktG Rechtswirkung (insb. Erstellung eines Abhängigkeitsberichtes).

[581] An der Tochter- und Enkelgesellschaft sind nicht direkt zum mehrstufigen Unternehmensverbund gehörende Gesellschafter, die durch „..." gekennzeichnet werden, beteiligt. Um die Zustimmungsbeschlüsse zum EAV positiv fassen zu können, ist auf jeweilige (willkürlich gewählte) Stimmrechtsquoten von über 75% abzustellen.

[582] Für das Steuerrecht sind leicht modifizierte Bezeichnungen zu treffen. Während sich gesellschaftsrechtlich sämtliche aufgezeigten Verhältnisse als „zweistufige Unternehmensverbindungen" charakterisieren lassen, ist steuerlich zu beachten, dass der Vertragsabschluss zwischen OT und OG **direkt** zu erfolgen hat. Die erste sowie z.T. die zweite Möglichkeit in Abbildung 8 sind mit „einstufigen mittelbaren Organschaftsverhältnissen", die dritte Variante entsprechend mit „zweistufigem Organschaftsverhältnis" zu titulieren.

[583] Ob die Mutter ihre Enkelgesellschaft direkt zu Maßnahmen anzuweisen vermag, wird im Schrifttum differenziert beurteilt. M.E. ist der Meinung von WANNER beizupflichten, die eine Inkongruenz zwischen der Einflussnahmebegründung einerseits, die bzgl. des Verhältnisses zwischen Mutter und Enkel gerade durch die Tochter als Zwischengesellschaft konstituiert wird und Haftung andererseits, welcher sich die Tochtergesellschaft zulasten der Enkelgesellschaft aufgrund der direkten Einflussnahme entziehen würde, kritisiert. Vgl. WANNER, SIBYLLE (1998), S. 30 ff., s.b.S. 32 f. A.A.: BAYER, WILHELM F. (1975), S. 180 sowie KROPFF, BRUNO (2000), § 311 AktG, Rn. 135, der die Tochtergesellschaft und deren außen stehende Gesellschafter zusammen als außen stehende Gesellschafter (i.w.S.) der Muttergesellschaft interpretiert.

Da aus Sicht der Enkelgesellschaft nicht erkennbar ist, ob eine Nachteilszufügung unmittelbar von der Tochter oder mittelbar aufgrund deren Beherrschung von der Muttergesellschaft stammt, zumal sie die gleiche materielle Wirkung bei der Enkelgesellschaft entfacht, sind sowohl Mutter- und Tochtergesellschaft als auch deren gesetzliche Vertreter zunächst gesamtschuldnerisch in Haftung zu nehmen (§§ 311 Abs. 1, 317 Abs. 1 und Abs. 3 AktG).[585] Falls aufgrund der Nachteilszufügung zusätzlich außen stehende Gesellschafter der Enkelgesellschaft geschädigt werden, können auch diese einen Anspruch geltend machen (§ 317 Abs. 1 S. 2 AktG). Ferner sind sie berechtigt, den Ersatzanspruch der Enkelgesellschaft durchzusetzen (§ 317 Abs. 4 AktG i.V.m. § 309 Abs. 4 S. 1 AktG). Auch aus Sicht der Tochtergesellschaft kann es in zwei Fällen zu einer nachteiligen Einflussnahme seitens der Muttergesellschaft kommen: Zum einen aufgrund der unmittelbaren Nachteilszufügung unter Ausschluss der Enkelgesellschaft und zum anderen im Rahmen des Rückgriffes auf die Tochter als Gesamtschuldnerin im Rahmen mittelbarer (nachteiliger) Einflussnahme der Mutter auf die Enkelgesellschaft. Für die außen stehenden Gesellschafter der Tochtergesellschaft gelten die Aussagen zu denjenigen der Enkelgesellschaft entsprechend.

Die **erste Variante** stellt der als generell zulässig erachtete direkte EAV zwischen der Mutter- und Enkelgesellschaft dar.[586] Die zwecks dieser Verbundbeziehung einhergehenden gesellschaftsrechtlichen Erfordernisse sowie die zu ergreifenden Schutzmaßnahmen für die außen stehenden Gesellschafter auf Ebene der Enkelgesellschaft sind analog zu einer einstufigen Unternehmensverbindung zu beurteilen.

Probleme entstehen hinsichtlich der Berücksichtigung der zwischengeschalteten Tochter sowie deren mit 20% beteiligten Gesellschafter, welche durch den Vertragsabschluss insofern benachteiligt werden, als dass an sie während der Vertragslaufzeit keine von der Enkelgesellschaft erwirtschafteten Gewinne (mittelbar) ausgeschüttet werden. Der ihnen dadurch erwachsende Nachteil ist gem. §§ 311 Abs. 1, 317 Abs. 1 und Abs. 3 AktG von der Muttergesellschaft und ihren gesetzlichen Vertretern auszugleichen.[587] Dabei ist die bis dato noch ungeklärte Frage zu beantworten, wer den Adressat der Kompensationsmaßnahmen darstellt bzw. wer hinsichtlich des Vertragsverhältnisses als „außen stehend" zu qualifizieren ist.[588]

---

[584] Das dabei als konstitutiv anzusehende Tatbestandsmerkmal eines (un-)mittelbaren Abhängigkeitsverhältnisses i.S.v. § 17 AktG zwischen den einzelnen Gesellschaften gem. § 311 Abs. 1 AktG ist als erfüllt anzusehen. Dadurch finden die in Kapitel B.III.2.b) (ab S. 24) getroffenen Aussagen eine Bekräftigung.

[585] Von wem letztendlich die für die Enkelgesellschaft nachteilige Veranlassung stammt, ist im Innenverhältnis zu klären. Erfolgt sie aufgrund des der Tochtergesellschaft zustehenden **autonomen** Entscheidungsspielraums, und steht sie nicht in Widerspruch zu Veranlassungen der Mutter, haften ausschließlich die Tochtergesellschaft sowie deren gesetzliche Vertreter gem. §§ 311 Abs. 1, 317 Abs. 1 und Abs. 3 AktG. Zustimmend auch KROPFF, BRUNO (2000), § 311 AktG, Rn. 133, der im Rahmen der gesamtschuldnerischen Haftung von einer widerlegbaren Vermutung spricht.

[586] Vgl. AUTENRIETH, KARLHEINZ (1989), S. 200 und SÄCKER, FRANZ J. (1989), S. 274 ff. Vgl. in diesem Kontext auch BFH-Urteil vom 22.4.1998, S. 689, das keinen Unterschied darin sieht, ob die Ergebnisabführung mittels eines unmittelbar zwischen OT und OG geschlossenen Vertrages oder mittelbar durch eine lückenlose Vertragskette mit weiteren zwischengeschalteten Gesellschaften erfolgt.

[587] Zusätzlich wäre nachzuprüfen, ob die als Mehrheitsgesellschafterin der Enkelgesellschaft agierende Tochter nicht schon vorher im Rahmen des Zustimmungsbeschlusses gem. § 293 Abs. 1 AktG von der Mutter aufgrund ihrer faktischen Einflussnahmemöglichkeit zu einer für ihre Minderheitsgesellschafter nachteiligen Maßnahme veranlasst wurde.

[588] Ist es ausschließlich die Tochtergesellschaft und/oder deren mit 20% beteiligter Gesellschafterkreis?

Diese Abgrenzung ist insb. von Interesse, da eine unzutreffende Bestimmung wegen § 304 Abs. 3 S. 1 AktG zur Nichtigkeit des Unternehmensvertrages führen kann.[589, 590]

Dazu existieren – losgelöst von dem dargelegten beispielhaften Beteiligungsfall – zwei grundsätzliche (konträre) Meinungen, die sich unabhängig von der Beteiligungshöhe der Tochter- an der Enkelgesellschaft, wohl aber von der Beteiligungshöhe der Mutter- an der Tochtergesellschaft bemessen. So soll Letztere ausschließlich im Falle einer 100%igen Beteiligung der Mutter als „nicht außen stehend" gelten, da ihr Vermögen gemäß einer wirtschaftlichen Betrachtungsweise mit dem Vermögen der Mutter eine Einheit bildet und sie deshalb zusammen mit dieser zwar nicht als rechtlicher, aber als **wirtschaftlicher Vertragspartner** anzusehen ist. Es wird unterstellt, dass die der Tochter erwachsenden Nachteile wirtschaftlich gesehen die Muttergesellschaft betreffen, wobei diese den Ausgleich letztlich an sich selbst zahlen würde.[591] Anderenfalls ist ein „Außen Stehen" zu bejahen, was anscheinend dem Praxisfall entspricht[592]. Im Rahmen einer anderen Ansicht wird ausschließlich auf das bloße Vertragsverhältnis abgestellt, so dass **stets** sämtliche anderen Aktionäre außer der Muttergesellschaft als „außen stehend" anzusehen sind.[593]

Zu einer Bewertung ist der Sinn und Zweck der an die Existenz von Außenstehenden knüpfenden Rechtsfolgen der §§ 304 f. AktG herauszustellen. Durch eine Ausgleichszahlung soll dieser Personengruppe eine **vollständige** Kompensierung des mit dem EAV erwachsenden Verlustes ihres mitgliedschaftlichen Dividendenrechts ermöglicht werden, während eine Abfindung die Beeinträchtigung ihrer mitgliedschaftlichen Herrschaftsrechte zu sichern beabsichtigt.[594] M.E. ist der zweiten Ansicht schon allein aus Praktikabilitätsgründen zuzustimmen. Die Fiktion eines Einheitsunternehmens zwischen Mutter und 100%iger Tochter überzeugt nicht, insb. im Hinblick auf die Muttergesellschaft, welche sich aus wirtschaftlicher Sicht selbst Ausgleichszahlungen leisten soll. Mit der Ergebnisabführung an die Mutter entgeht der Tochter der aus ihren Anteilen an der Enkelgesellschaft erwachsende Dividendenanspruch, der um sie quasi „herumgeleitet" wird.[595] Erhielte die Tochter für diese Maßnahme

---

589 Vgl. mit weiteren Argumenten PENTZ, ANDREAS (1996), S. 97 f.

590 Der Begriff des „außen stehenden Gesellschafters" ist folglich nicht fix, sondern der jeweiligen Situation entsprechend ihrem Sinn und Zweck anzupassen. Vgl. KLEY, KARL-LUDWIG (1986), S. 30.

591 Die Tochter wäre insofern nicht abzufinden. Vgl. dazu die Regierungsbegründung zur Definition von außen stehenden Aktionären, abgedruckt bei BAYER, WILHELM F. (1975), S. 171 ff.; KRAUSS, LUTZ (1988), S. 528; PENTZ, ANDREAS (1994), S. 63; RAISER, THOMAS (2001), § 54, Rdn. 74; REHBINDER, ECKARD (1977), S. 622; SAUTER, THOMAS/HEURUNG, RAINER (2001), S. 755 sowie extensiver EMMERICH, VOLKER/SONNENSCHEIN, JÜRGEN/HABERSACK, MATHIAS (2001), S. 308 f., die Entsprechendes auch im Falle einer aktienrechtlichen Eingliederung sowie eines BHV oder EAV zwischen Mutter und Tochter gelten lassen möchten.

592 Hier sind Minderheitsaktionäre auf Ebene der Tochtergesellschaft beteiligt, die zumindest abzufinden sind. Vgl. hierzu ebenso, wenn auch aus dem älteren Schrifttum stammend, das Fallbeispiel bei BAYER, WILHELM F. (1975), S. 175.

593 Dieser These liegt die Überlegung zugrunde, dass all diejenigen abzufinden sind, denen direkt oder indirekt aufgrund des Vertragsabschlusses Nachteile entstehen. Vgl. dazu KLEY, KARL-LUDWIG (1986), S. 34 ff., s.b.S. 36 und S. 42 sowie PENTZ, ANDREAS (1996), S. 103 f. Folglich könnte die in den Bereich der §§ 304 f. AktG gelangende Tochtergesellschaft diese kompensatorischen Leistungen an ihre (Minderheits-)Aktionäre weiterleiten. Vgl. REHBINDER, ECKARD (1977), S. 621.

594 Vgl. BGH-Beschluss vom 4.3.1998, S. 868 f. Im Umkehrschluss wird unterstellt, dass ein als „nicht außen stehend" eingestufter Gesellschafter zum einen keinen Dividendennachteil erlangt und zum anderen dessen Herrschaftsrechte nicht eingeschränkt werden.

595 Vgl. PENTZ, ANDREAS (1996), S. 103.

keine Entschädigung, würde m. E. verkannt werden, dass Mutter und Tochter unabhängig von der Beteiligungshöhe gesellschaftsrechtlich unterschiedliche Subjekte mit voneinander differierenden Belangen darstellen. Es würde unterstellt werden, dass die Tochter keinen eigenen Verwendungszweck für diesen (ihr entgangenen) Mittelzufluss besitzt, was sich nicht als notwendige Bedingung zu erweisen hat.[596] Unterstützend wendet KLEY zusätzlich ein, dass durch den EAV die Möglichkeit zur (freien) Rücklagenbildung der Tochter eingeschränkt wird, die mit einer geringeren Eigenkapitalausstattung, Kreditfähigkeit und tendenziell höheren Zinssätzen für Fremdkapitalaufnahmen einhergeht. Diese (unmittelbaren und mittelbaren) Nachteile sind gerade nicht der Muttergesellschaft zuzurechnen.[597] Ob die Mutter- und Tochtergesellschaft bei einem „bloßen" 100%igen Beteiligungsverhältnis bereits als wirtschaftliche Einheit fungieren, sei ebenfalls dahinzustellen. M. E. müsste hierzu eine stärkere Bindungsintensität in Form einer aktienrechtlichen Eingliederung vorliegen, die obige Argumente von KLEY teilweise entkräften könnte.[598] Ferner wird unabhängig von der Beteiligungshöhe an der Tochtergesellschaft deren Beteiligung an der Enkelgesellschaft durch den EAV abgewertet.[599, 600]

Zuletzt soll die Aussage von BAYER bewertet werden, die Tochter dürfe, falls sie als „außen stehend" kategorisiert wird, entgegen den Minderheitsgesellschaftern auf Ebene der Enkelgesellschaft keine Aktien der Mutter erwerben, da sonst gegen geltendes Recht verstoßen würde.[601] Diese anscheinende Diskriminierung ist wegen § 71d S. 2 AktG i.V.m. § 71 Abs. 1 AktG richtig, da die Tochtergesellschaft wegen §§ 16 f. AktG als verbundenes Unternehmen im Verhältnis zur Mutter steht. Dagegen käme für sie eine Barabfindung in Betracht (§ 305 Abs. 2 Nr. 3 AktG), die eine evtl. erwägende Ungleichbehandlung m. E. nicht zu rechtfertigen imstande ist.[602]

---

596 Vielmehr kann die Tochter zur Dotierung der gesetzlichen Rücklage gem. § 150 AktG oder zur Befriedigung ihrer Gläubiger verpflichtet sein. Vgl. dazu PENTZ, ANDREAS (1994), S. 63.

597 Vgl. KLEY, KARL-LUDWIG (1986), S. 34a f.

598 Vgl. zur aktienrechtlichen Eingliederung Kapitel B.VI.2.a)(2) (ab S. 147).

599 Insofern ist die Aussage von REHBINDER m. E. insofern nicht vollkommen schlüssig, als dass die Tochter nicht nur bei der Existenz von Minderheitsgesellschaftern auf ihrer Ebene deswegen als „außen stehend" zu betrachten ist, weil die Anteile von Letzteren durch den Vertragsabschluss mittelbar abgewertet werden. Vgl. REHBINDER, ECKARD (1977), S. 622.

600 Die an dieser Stelle gegen eine wirtschaftliche Betrachtungsweise geäußerte Meinung steht in keinem Widerspruch zu der in Kapitel D.III.1.a)(3) (ab S. 376) problematisierten Zuordnung zum SBV II, da eine ganz andere Beteiligungsstruktur als in Abbildung 4 (S. 38) vorliegt. Ferner greift hier das Konzept der Mitunternehmerkonzeption nicht ein.

601 Vgl. BAYER, WILHELM F. (1975), S. 173.

602 Der Vorstand der Tochtergesellschaft hat einen Abhängigkeitsbericht innerhalb der ersten drei Monate des folgenden Wirtschaftsjahres zu erstellen (§ 312 AktG). Dieser fungiert als Kontrollinstrument des § 311 Abs. 1 AktG und bezweckt die Offenlegung der vom Gesetzgeber geduldeten Benachteiligungen der Tochter, um Ausgleichsansprüche durchsetzen zu können. Vgl. SCHUBERT, WERNER/KÜTING, KARLHEINZ (1974a), S. 569. Darin sind u.a. von der Tochter anhand eigener Willenserklärungen durchgeführte Rechtsgeschäfte aufzuführen, die im Interesse oder auf Veranlassung der Mutter (hier: herrschendes Unternehmen i.S.v. § 17 AktG) vorgenommen wurden. Vgl. Stellungnahme HFA 3/1991, S. 92. Die erwähnte Beschlussfassung der Tochter in der Hauptversammlung der Enkelgesellschaft ist unter solch einem berichtspflichtigen Rechtsgeschäft zu subsumieren, das mit einem verbundenen Unternehmen des herrschenden Unternehmens geschlossen wird. Vgl. HABERSACK, MATHIAS (2001), § 312 AktG, Rdnr. 24. Gem. § 312 Abs. 3 AktG ist vom Vorstand bzw. den Komplementären der Tochtergesellschaft subjektiv zu erklären, ob ihr durch diese Veranlassung seitens der Muttergesellschaft Nachteile entstanden bzw. ausgeglichen worden sind oder ob eine Schadensersatzforderung gem. § 317 Abs. 1 S. 1 AktG geltend zu machen ist. Dementsprechendes gilt

Bei Betrachtung der **zweiten** (als zulässig erachteten)[603] **Fallkonstellation** treten hinsichtlich der beiden abgeschlossenen EAV keine Unterschiede zum einstufigen Fall (Verhältnis Mutter zu Tochter) bzw. zum Gesagten des vorangegangenen Abschnitts (Verhältnis Mutter zu Enkel) auf.[604, 605]

Unterstellt man den **dritten Fall**, ist die zeitliche Reihenfolge des Abschlusses der einzelnen EAV von Relevanz.[606] Beim **Ansatz „von oben nach unten"** besteht im Schrifttum Uneinigkeit darüber, ob beim (zweiten) Vertragsabschluss zwischen Tochter und Enkel zusätzlich eine Zustimmung der Hauptversammlung der Mutter kraft § 293 Abs. 2 AktG zu erfolgen hat. TIMM sowie EMMERICH, SONNENSCHEIN und HABERSACK begründen diese Notwendigkeit anhand der Schutzvorschriften gem. §§ 302 f. AktG, da etwaige Verluste der Enkelgesellschaft zur Ebene der Mutter „hochgeschleust" werden; die dadurch auftretenden vermehrten Risiken sind durch den (für den Vertrag zwischen Mutter und Tochter notwendigen) Zustimmungsbeschluss der Hauptversammlung der Mutter nicht mehr gedeckt.[607] Des Weiteren wäre

---

auch für die anderen Aktionäre der Tochtergesellschaft gem. § 317 Abs. 1 S. 2 AktG. Maßgebend sind sowohl die Beziehungen zur Mutter als auch die Beziehungen, die über die Tochter zur Enkelgesellschaft gelaufen sind. Vgl. REHBINDER, ECKARD (1977), S. 601. Die Beweisführung wird sich i. d. R. als schwierig erweisen. Vgl. BAYER, WILHELM F. (1975), S. 170. Die Schlusserklärung ist in den Lagebericht aufzunehmen (§ 312 Abs. 3 S. 3 AktG); an dessen Stelle tritt der Anhang, falls es sich bei der Tochtergesellschaft um eine kleine AG i.S.v. § 267 Abs. 1 HGB handelt. Bei Tochtergesellschaften i.S.v. § 264 Abs. 3 HGB, welche auch keinen Anhang zu erstellen haben, wird eine isolierte Beifügung als legitim erachtet. Vgl. HABERSACK, MATHIAS (2001), § 312 AktG, Rdnr. 47. Der Abhängigkeitsbericht ist durch einen Abschlussprüfer, der gleichzeitig den Jahresabschluss und den Lagebericht prüft, sowie vom evtl. Aufsichtsrat der Tochter zu verifizieren (§§ 313 f. AktG). Probleme sind bei einer kleinen AG i.S.v. § 267 Abs. 1 HGB präsent, die sich nicht freiwillig prüfen lässt (§ 316 Abs. 1 S. 1 AktG). Dennoch sollte der Abhängigkeitsbericht auch in diesem Falle (isoliert) geprüft werden. Die bereits an anderer Stelle erwähnte mögliche freiwillige Prüfungspflicht kleiner Kapitalgesellschaften ist m. E. bei Bestehen eines Abhängigkeitsberichtes nicht in eine „quasigesetzliche Verpflichtung" umzudeuten. A.A.: Stellungnahme HFA 3/1991, S. 93, die eine Prüfungspflicht des Abhängigkeitsberichtes von der Prüfungspflicht des Jahresabschlusses abhängig macht. Diese Aussage ist schon insofern ungenau, da der die Schlusserklärung aufnehmende Lagebericht kein Bestandteil des Jahresabschlusses ist (§ 264 Abs. 1 S. 1 HGB). Auch die Enkelgesellschaft hat hinsichtlich ihrer Beziehung zur Tochter einen Abhängigkeitsbericht aufzustellen. Ein solcher zur Muttergesellschaft entfällt aufgrund § 316 AktG i.V.m. § 312 AktG.

603 Vgl. BAYER, WILHELM F. (1975), S. 163.

604 Vgl. dazu REHBINDER, ECKARD (1977), S. 624 ff. Wurde zuerst der EAV zwischen Mutter und Tochter abgeschlossen, ist im Rahmen des zweiten Vertrages die Frage, ob die Tochtergesellschaft in diesem Fall „außen stehend" ist, im Vergleich zur ersten Fallkonstellation analog zu beurteilen. Auch hier besteht die Meinung, dass aus wirtschaftlicher Sicht die Ergebnisse von Mutter und Tochter unabhängig von der Beteiligungshöhe durch den zwischen ihnen geschlossenen Vertrag als Einheit aufzufassen sind. Vgl. hierzu die Regierungsbegründung bzgl. der Definition eines außen stehenden Aktionärs, abgedruckt bei BAYER, WILHELM F. (1975), S. 171. A.A.: KLEY, KARL-LUDWIG (1986), S. 37 f. und PENTZ, ANDREAS (1996), S. 103 f. Der Gegenansicht ist – analog zur Situation ohne EAV – ebenfalls zuzustimmen (anstelle § 150 AktG ist § 300 AktG zu beachten). Vgl. dazu Näheres bei KLEY, KARL-LUDWIG (1986), S. 37 f.

605 Ausschließlich die Enkelgesellschaft hat einen Abhängigkeitsbericht zu erstellen, indem sie insb. über Rechtsgeschäfte mit der Tochtergesellschaft bzw. über Veranlassungen zu Rechtsgeschäften durch diese berichtet (§ 312 AktG).

606 Wird der EAV in zeitlicher Hinsicht zunächst zwischen Mutter und Tochter und danach zwischen Tochter und Enkel abgeschlossen, handelt es sich um einen Aufbau „von oben nach unten". Mithin wird im umgekehrten Fall von einem Aufbau „von unten nach oben" gesprochen. Vgl. dazu HÜFFER, UWE (1999), § 293 AktG, Rn. 19.

607 Vgl. TIMM, WOLFRAM (1980), S. 171 und EMMERICH, VOLKER/SONNENSCHEIN, JÜRGEN/HABERSACK, MATHIAS (2001), S. 219 f. Einen Zustimmungsbeschluss befürworten ebenfalls EBENROTH, CARSTEN TH./PARCHE, ULRICH (1989), S. 640; PENTZ, ANDREAS (1994), S. 130; REHBINDER, ECKARD (1977), S. 612 f.; SCHNEIDER, UWE (1986a), S. 26 und auch LUTTER, MARCUS (1974), S. 213. Relativierender: HECKSCHEN, HERIBERT (1989b), S. 1275, der aus Vorsichtsgründen einen Beschluss präferiert.

bekräftigend einzuwenden, dass die Muttergesellschaft zum Zeitpunkt des Vertragsabschlusses mit der Tochter diesen weiteren Schritt nicht vorausgesehen hat bzw. voraussehen konnte. Dagegen ist einzuwenden, dass der Vorstand der Mutter, welche Mehrheitsaktionärin der Tochter ist, ohnehin über die Annahme oder Ablehnung des EAV mit der Enkelgesellschaft entscheiden kann. Deshalb soll dem den Vorstand zu einem Handeln ermächtigenden **Beschluss der Hauptversammlung der Mutter** nur eine **Innenwirkung** beigemessen werden[608], deren primäres Ziel in der Minderung der Verantwortlichkeit des Vorstands gegenüber der Gesellschaft zu sehen ist (§ 93 Abs. 4 S. 1 AktG).

M. E. entbehrt diese Forderung aus den nachstehenden beiden Gründen jedweder gesetzlichen Grundlage: Wird sich am bloßen Wortlaut des § 293 Abs. 2 AktG orientiert, hat die Gesellschafterversammlung des „anderen Vertragsteils" ihre Zustimmung zu bekunden, unter dem die Muttergesellschaft unabhängig von der zeitlichen Reihenfolge der Vertragsabschlüsse nicht zu subsumieren ist. Ihre direkte[609] Beeinflussung des Geschehens würde insofern einen unzulässigen Durchgriff in die Geschäftstätigkeit der Tochter bedeuten[610]. Ferner haftet dem vorangegangenen abgeschlossenen Vertrag zwischen Mutter und Tochter kein dieses Vorgehen eventuell legitimierendes Weisungsrecht an[611]. Die Behauptung einer Abfindung der außen stehenden Gesellschafter der Enkelgesellschaft mit Aktien der Muttergesellschaft gem. § 305 Abs. 2 Nr. 2 AktG und der damit notwendigen Kapitalerhöhung kann nur teilweise überzeugen, da in derselben Rechtsvorschrift eine Barabfindung als Alternativlösung vom Gesetzgeber offeriert wird.[612] Zusammenfassend wäre ein **freiwilliger interner Beschluss** der Hauptversammlung der Mutter **im Rahmen keiner Barabfindung** zu rechtfertigen.[613] Ein Einklang mit dem Gesetz wäre m. E. insofern erzielt, als dass der EAV auch ohne diese interne Abstimmung seine gesellschaftsrechtliche Wirksamkeit erlangen muss. In diesem Kontext ist das BGH-Urteil vom 25.2.1982 anzuführen, welches im Falle einer Ausgliederung eines Betriebes die Zustimmung der Hauptversammlung der (Mutter-)Gesellschaft fordert.[614] Anderenfalls haben deren Aktionäre an denjenigen wichtigen und auf ihre Rechtsstellung nachteilig auswirkenden Grundlagengeschäften in der Tochtergesellschaft – somit vermutlich auch an EAV – mitzuwirken.[615] Ob diese Regelung ausschließlich für den Fall einer Ausgliederung Geltung erlangt oder auf diese Problematik übertragbar ist, lässt sich nicht näher beurteilen.

Hinsichtlich der generellen **Kompensationsmaßnahmen** an die außen stehenden Gesellschafter der Tochter ist auf den einstufigen Fall zu verweisen. Beim (anschließenden) Vertragsabschluss mit der Enkelgesellschaft sind insofern Restriktionen zu beachten, als dass den außen stehenden Gesellschaftern der Enkelgesellschaft im Rahmen der Ausgleichszahlungen

---

608 Vgl. TIMM, WOLFRAM (1980), S. 171.

609 Eine indirekte Einflussnahme ist, wie bereits erwähnt, durch den Zustimmungsbeschluss als Mehrheitsaktionärin gegeben.

610 Vgl. zustimmend im Endergebnis HÜFFER, UWE (2002), § 293 AktG, Rn. 20.

611 Vgl. dazu die Literaturnachweise in Fn. 164 (S. 28).

612 Dies bedeutet folgerichtig, dass bei einer GmbH als Muttergesellschaft ein interner Beschluss obsolet ist. Zustimmend: REHBINDER, ECKARD (1977), S. 613.

613 A.A.: SCHNEIDER, UWE H. (1986a), S. 26 sowie WANNER, SIBYLLE (1998), S. 54, die von einer Außenwirkung des Beschlusses ausgehen.

614 Vgl. BGH-Urteil vom 25.2.1982, S. 1703 ff.

615 Vgl. m. w. N. BGH-Urteil vom 25.2.1982, S. 1707.

nur ein fester Ausgleich gem. § 304 Abs. 1 AktG gewährt werden kann, der im Falle der Entstehung eines Bilanzverlustes von der Mutter gem. § 302 AktG übernommen werden muss; ein variabler Ausgleich ist mangels Orientierung an den Gewinnen der Tochter nicht möglich (§ 304 Abs. 2 AktG).[616] Bestehen die außen stehenden Gesellschafter der Enkelgesellschaft auf eine Abfindung, sind ihnen von der Tochter entweder Aktien der Muttergesellschaft oder eine Barabfindung zu gewähren (§ 305 Abs. 2 Nr. 2 AktG).

Beim **Ansatz „von unten nach oben"** ist keine problematische (interne) Zustimmung zu beachten, da der Beschluss der Mutter zum (zweiten) EAV nach h.M. simultan als Genehmigung für den zuerst abgeschlossenen Vertrag gilt. Als Begründung wird die Kenntnis der auf die Mutter zukommenden Risiken angeführt.[617] Zusätzlich tritt jedoch der im Rahmen des ersten Falls diskutierte Problembereich hinzu, inwiefern die Mutter als „außen stehend" zu betrachten ist. Erfolgt der Vertragsschluss zwischen Mutter und Tochter, stellt sich im Rahmen von **Kompensationsmaßnahmen** bzgl. der außen stehenden Gesellschafter auf Ebene der Enkelgesellschaft die Frage des Verbleibs bzw. der Neuregelung eines variablen Ausgleichs[618], so dass der Vertrag zwischen Tochter und Enkel aus wichtigem Grund zu kündigen ist (§ 297 Abs. 1 AktG), wobei jetzt zusätzlich die Regelung des § 305 Abs. 2 Nr. 2 AktG oder ein variabler Ausgleichsanspruch gegen die Muttergesellschaft erwogen werden muss.[619] Alternativ kann eine Vertragsanpassung erfolgen.

Bei einem **zeitgleichen Abschluss** beider EAV sind m.E. keinerlei Besonderheiten erkennbar.[620, 621]

616 Vgl. PENTZ, ANDREAS (2000), S. 1109. Es ist allerdings ein variabler Ausgleichsanspruch gegenüber der Muttergesellschaft in Erwägung zu ziehen. Vgl. dazu grundsätzlich RAISER, THOMAS (2001), § 54, Rdn. 74 sowie ausführlich diskutierend KAMPRAD, BALDUIN (1986), S. 323 ff., s.b.S. 324 f.

617 Vgl. PENTZ, ANDREAS (1994), S. 131; REHBINDER, ECKARD (1977), S. 612; SONNENSCHEIN, JÜRGEN (1975), S. 1092 und TIMM, WOLFRAM (1980), S. 170 f.

618 Vgl. dazu nochmals die Anmerkungen in Fn. 616 (S. 103).

619 Vgl. EBENROTH, CARSTEN TH./PARCHE, ULRICH (1989), S. 640; KAMPRAD, BALDUIN (1986), S. 325 und mit Modifikationen RAISER, THOMAS (2001), § 54, Rdn. 74. A.A.: PENTZ, ANDREAS (2000), S. 1108, der jedoch dahingehend Übereinstimmung bekundet, dass die vertraglichen Regelungen bzgl. eines festen Ausgleichs oder einer Barabfindung unberührt bleiben. Diese Kompensationsleistungen sollten auch ausschließlich in Voraussicht solcher Vertragsschlüsse aus Einfachheitsgründen vereinbart werden.

620 Ein (interner) Zustimmungsbeschluss zum EAV ist nach meinem Dafürhalten nicht erforderlich. Die außen stehenden Gesellschafter auf Ebene der Tochter- sowie Enkelgesellschaft sind jeweils getrennt nach §§ 304 f. AktG zu behandeln.

621 Zur Vollständigkeit der Ausführungen ist die gesellschaftsrechtliche und eventuell steuerrechtliche Möglichkeit des Abschlusses eines **EAV zugunsten Dritter** zu hinterfragen (z.B. Tochter geht mit der Enkelgesellschaft vertragliche Beziehungen ein, wobei das Ergebnis an die Mutter abgeführt wird). Auf den ersten Blick könnte eine Bejahung aus dem Gesetzeswortlaut (§ 291 Abs. 1 S. 1 AktG) abgeleitet werden, da eine zwingende personelle Identität zwischen dem das Ergebnis erhaltenden Unternehmen einerseits und dem Unternehmensvertragspartner andererseits nicht eindeutig erkennbar ist. Die beschriebene Durchführung ist grundsätzlich nur dann denkbar, wenn die Mutter ihre Tochter- und Enkelgesellschaft zu solch einer vertraglich festzulegenden Maßnahme auch veranlassen kann, was mittels der hier unterstellten Stimmrechtsmehrheit gewährleistet wird. Gem. § 311 Abs. 1 AktG sind bei nachteiligen Weisungen Maßnahmen zu deren Ausgleich zu ergreifen, was sowohl für die unmittelbare als auch die mittelbare Beteiligung gilt. Da die Muttergesellschaft den erhaltenen Gewinn stets durch den Nachteilsausgleich verlieren würde, ist die wirtschaftliche Existenzberechtigung eines solchen EAV infrage zu stellen. Wird auf die Schutzmaßnahmen der §§ 300 ff. AktG abgestellt, sollten jene nach ihrem Sinn und Zweck die Mutter als durch den EAV begünstigte Dritte treffen. Da diese Normen im faktischen Konzern zwischen Mutter und Enkel unanwendbar sind, wird als Gestaltungsinstrument der Abschluss eines BHV zwischen beiden erachtet; der bloße Abschluss eines solchen Vertrages zwischen Mutter- und Tochtergesellschaft ist nicht ausreichend, da § 311 AktG nach

Nachdem bislang ausschließlich Gesellschaften im Rechtskleid einer AG bzw. KGaA betrachtet wurden, lassen sich aufgrund der (fast)[622] analogen Übertragung der Schutzvorschriften auf andere, für diese Arbeit relevante Tochter- und Enkelgesellschaften sinngemäße Aussagen erzielen.[623] Eine **analoge Anwendung der §§ 311 ff. AktG auf eine abhängige GmbH** ist aufgrund einer andersartigen BGH-Rechtsprechung, der sogar eine mehrstufige Unternehmensverbindung zugrunde lag, **nicht möglich.**[624] Um die Tochter- und Enkelgesellschaft bzw. deren außen stehende Gesellschafter und Gläubiger vor einer nachteiligen Einflussnahme der Mutter zu schützen, finden ausschließlich[625] die Grundsätze über die Zweck- und Treuebindung der Gesellschafter Anwendung[626], auf welche aus Platzgründen nur relativ knapp einzugehen ist. Einer GmbH als Tochter darf ihre wirtschaftliche Selbstständigkeit zugunsten einer Konzernpolitik nicht genommen oder erheblich eingeschränkt werden, weil es dazu der Zustimmung aller Gesellschafter bedarf. Im ergangenen grundlegenden BGH-Urteil vom 5.6.1975 war die Muttergesellschaft im Falle einer nachteiligen Einflussnahme zum sofortigen Ausgleich des daraus resultierenden Schadens verpflichtet, was anhand der Rückgängigmachung des Eingriffs manifestiert wird. Ansonsten wird eine Geldleistung als obligatorisch angesehen.[627] Bei einer eG als Tochter ist der genossenschaftliche Förderzweck bzw. die Verfolgung eines Nebenzwecks gem. § 1 GenG zulässig. Darüber hinaus gehende Veranlassungen lösen ebenfalls eine Treuebindung aus (§ 34 GenG). Die §§ 311 ff. AktG sind im Genossenschaftsrecht unanwendbar.[628]

---

wie vor für das mittelbare Verhältnis zwischen Mutter- und Enkelgesellschaft Geltung erlangen würde. Nach SONNENSCHEIN unterliegt die Muttergesellschaft kraft BHV den Verpflichtungen der §§ 300, 302 ff. AktG und kann auch als Vertragspartner des EAV gesehen werden. Vgl. SONNENSCHEIN, JÜRGEN (1976), S. 147 ff. A.A.: RAISER, THOMAS (2001), § 54, Rdn. 129. Hierbei wird m.E. übersehen, dass BHV und EAV zwei voneinander getrennte Verträge darstellen, an die hinsichtlich ihrer Schutzbestimmungen materielle Unterschiede zu knüpfen sind. Zwischen den Adressaten der Schutzbestimmungen des BHV sowie des EAV besteht nach wie vor eine personelle Divergenz. Ferner steht den Überlegungen der Wortlaut des § 302 Abs. 1 AktG entgegen, wonach explizit der Vertragspartner (des EAV) und nicht ein Dritter zum Verlustausgleich verpflichtet ist. Zusammenfassend ist eine solche Konstruktion für die nachstehenden Überlegungen zu verwerfen.

622 Eine Nichtanwendbarkeit ist insb. hinsichtlich § 305 Abs. 2 Nr. 2 AktG gegeben, an dessen Stelle § 305 Abs. 2 Nr. 3 AktG, der die ausschließliche Möglichkeit der Barfindung vorsieht, tritt.

623 Vgl. für reine GmbH-rechtliche mehrstufige Unternehmensverbindungen REHBINDER, ECKARD (1977), S. 638.

624 Vgl. BGH-Urteil vom 5.6.1975, S. 15 ff. und BGH-Urteil vom 16.9.1985, S. 190. Als Grund werden gesellschaftsrechtlich bedingte Unterschiede angeführt. Vgl. dazu auch die grafische Darstellung des Sachverhaltes bei REHBINDER, ECKARD (1976), S. 388 sowie EBENROTH, CARSTEN TH./WILKEN, OLIVER (1993), S. 559.

625 Die (allgemeinen) Treuepflichten gelten ebenso im Aktienkonzernrecht. Vgl. KROPFF, BRUNO (1993a), S. 486.

626 Hierbei verdeutlichte der BGH, dass sich die Treuebindung der Muttergesellschaft nicht nur auf die Tochtergesellschaft, sondern auf alle von ihr abhängigen Unternehmen erstreckt. Vgl. BGH-Urteil vom 5.6.1975, S. 20 f. Die Muttergesellschaft verletzt ihre Treuepflichten, falls sie bei Geschäftsführungsmaßnahmen eigenen unternehmerischen Interessen den Vorzug vor dem Interesse der Tochter gibt. Dementsprechendes gilt für die außen stehenden Gesellschafter. Vgl. REHBINDER, ECKARD (1976), S. 391 f.

627 Vgl. dazu z.B. PASCHKE, MARIAN (1988), S. 202 ff. sowie ZÖLLNER, WOLFGANG (2000), Rn. 5 und Rn. 53 ff.

628 Hierbei sind Zentralgenossenschaften angesprochen, die ein Abhängigkeitsverhältnis i.S.v. § 17 AktG begründen. Vgl. ausführlich DETTEN, KNUT VON (1994), S. 30 ff. sowie REUL, ADOLF (1997), S. 189 und S. 192. A.A.: MERLE, WERNER (1979), S. 272 ff. Sich selbst widersprechend: BEUTHIEN, der (zu Recht) eine analoge Anwendung der §§ 311 ff. AktG auf das Genossenschaftsrecht ablehnt, aber trotzdem die eG einen Abhängigkeitsbericht i.S.v. § 312 AktG erstellen lassen möchte. Vgl. BEUTHIEN, VOLKER (1991), S. 168, Fn. 53 und BEUTHIEN, VOLKER (2000), § 1 GenG, Rn. 116.

(5) Rückwirkung von Ergebnisabführungsverträgen

Während das zeitliche Hinauszögern des EAV uneingeschränkt erlaubt ist, stellt sich die für steuerliche Zwecke[629] Relevanz erlangende Frage, ob auch die Vereinbarung einer **Rückwirkung** zulässig ist. Dies wird im Schrifttum einhellig bejaht[630], wobei Einigkeit darüber besteht, dass das gesamte Ergebnis eines Wirtschaftsjahres der Tochtergesellschaft abgeführt und eine Aufteilung „pro rata temporis" vermieden wird. Meinungsverschiedenheiten bestehen hinsichtlich des **zeitlichen Umfangs der Rückwirkung**. Während eine Ansicht eine Rückwirkung für frühere Wirtschaftsjahre als zulässig erachtet, falls der Jahresabschluss noch nicht festgestellt wurde und kein Gewinnverwendungsbeschluss vorliegt[631, 632], plädiert eine andere Meinung für die generelle Rückwirkung bis zum Beginn desjenigen Wirtschaftsjahres, in dem der Unternehmensvertrag in das HR eingetragen wurde[633]. M. E. ist sich der zuerst genannten Meinung schon deswegen anzuschließen, da eine bloße Rückwirkung auf den Beginn des Wirtschaftsjahres der HR-Eintragung mit den entsprechenden steuerlichen Erfordernissen nicht in Einklang zu bringen ist.[634] Da eine Rückwirkung den Entzug von teilweisen

[629] Vgl. dazu später das Kapitel B.IV.2.b)(2) (ab S. 109).

[630] Vgl. dazu stellvertretend BACHER, HANNS/BRAUN, HANS-ARTHUR (1978), S. 1177, die den Wortlaut des § 294 Abs. 2 AktG („Der Vertrag wird erst wirksam, wenn [...]") nicht temporär, sondern konditional auslegen. A.A.: BFH-Urteil vom 26.8.1987, S. 77, das tendenziell für keine Rückwirkung plädiert.

[631] Unter der Feststellung des Jahresabschlusses ist die Genehmigung des aufgestellten Jahresabschlusses durch die gesellschaftsvertraglich vorgesehenen Organe zu verstehen. Vgl. z.B. KNOP, WOLFGANG (1994), § 268 HGB, Rn. 8. Generell steht gem. §§ 172 f. AktG das Recht zur Feststellung des Jahresabschlusses dem Vorstand und dem Aufsichtsrat bzw. subsidiär der Hauptversammlung zu, die in nachstehenden Fällen tätig wird: 1) Vorstand und Aufsichtsrat beschließen, den Jahresabschluss durch die Hauptversammlung feststellen zu lassen. 2) Der Aufsichtsrat billigt den Jahresabschluss nicht. 3) Es wird eine Nichtbilligung des Jahresabschlusses durch den Aufsichtsrat gem. § 171 Abs. 3 AktG dann angenommen, falls dieser binnen eines Monats und evtl. einer weiteren Verlängerung von maximal einem weiteren Monat nach Vorlage durch den Vorstand diesem nicht seinen Bericht zukommen lässt (§§ 172 f. AktG). Im GmbH-Recht stellen die Gesellschafter den Jahresabschluss fest (bei einer kleinen GmbH i.S.v. § 267 Abs. 1 HGB innerhalb der ersten elf Monate, ansonsten innerhalb der ersten acht Monate), der ihnen unverzüglich im Anschluss an die Aufstellung durch den/die Geschäftsführer zugehen muss (§§ 42a Abs. 1 und Abs. 2, 46 Nr. 1 GmbHG).

[632] Vgl. BACHER, HANNS/BRAUN, HANS-ARTHUR (1978), S. 1179; HOFFMANN-BECKING, MICHAEL (1994), S. 62; HÜFFER, UWE (2002), § 294 AktG, Rn. 20; KNEPPER, KARL HEINZ (1994), S. 378 f.; LWOWSKI, HANS-JÜRGEN/GROESCHKE, PEER (1994), S. 614; MILATZ, JÜRGEN E. (1995), S. 369; Beschluss des LG Kassel vom 15.11.1995, S. 239 und differenzierend GREWER, CHRISTOPH (1997), S. 745. Eine Rückbeziehung auf Wirtschaftsjahre, in denen Jahresabschlüsse bereits festgestellt worden sind, kommt nicht in Betracht, da der (mitgliedsrechtliche) Anspruch der Aktionäre auf den Bilanzgewinn nach Feststellung des Jahresabschlusses gem. § 58 Abs. 4 AktG mittels eines rückwirkenden EAV nicht überlagert werden kann. Vgl. dazu BGH-Urteil vom 5.4.1993, S. 755. Insofern geht § 58 AktG § 291 Abs. 3 AktG vor. Vermutlich a.A.: Beschluss des OLG Frankfurt a. M. vom 12.6.1996, S. 859.

[633] Vgl. ADLER, HANS/DÜRING, WALTHER/SCHMALTZ, KURT (1997), § 18 AktG, Tz. 68; LUTTER, MARCUS/HOMMELHOFF, PETER (2000), Anhang zu § 13 GmbHG, Rn. 70; RAISER, THOMAS (2001), § 54, Rdn. 131; SCHWARZ, OLIVER (1994), S. 55 und S. 59; BGH-Urteil vom 5.4.1993, S. 755 f.; Beschluss des OLG Hamburg vom 6.10.1989, S. 23; Urteil des OLG Hamburg vom 13.7.1990, S. 1744; Urteil des OLG München vom 14.6.1991 (n.rkr.), S. 359 sowie tendenziell auch Urteil des LG Ingolstadt vom 12.6.1990 (n.rkr.), S. 1132. Als Begründung wird angeführt, dass im Falle einer unechten Rückwirkung das Wahlrecht der (Minderheits-)Aktionäre zwischen Ausgleich und Abfindung verkürzt und das Recht auf Gewinnbeteiligung gem. § 58 Abs. 4 AktG beeinflusst werden würde. Die den außen stehenden Gesellschaftern durch die Rückwirkung entgehende, jedoch zustehende anteilige Dividende für den Anteil des Wirtschaftsjahres vor der Eintragung des EAV soll im Rahmen der Bemessung der variablen Ausgleichszahlungen kompensiert werden. Vgl. hierzu Urteil des OLG München vom 14.6.1991 (n.rkr.), S. 359.

[634] Vgl. dazu an späterer Stelle Kapitel B.IV.2.c) (ab S. 110).

Gewinnanteilen der (außen stehenden) Gesellschafter vor Wirksamwerden des EAV impliziert, muss die Muttergesellschaft notwendigerweise bereit sein, auch bereits Ausgleichszahlungen für diesen Zeitraum zu erbringen.[635]

Im Rahmen der Rückwirkungsmöglichkeiten bei einer GmbH als Tochter treten m. E. im Vergleich zum Bisherigen keine Besonderheiten auf. Dem unter Zuhilfenahme des § 53 GmbHG in Betracht kommenden Gegenargument, eine Rückwirkung von Satzungsänderungen sei im Außenverhältnis nicht möglich[636], ist zu entgegnen, dass diese Norm nur **hilfsweise** im Rahmen des Zustimmungsbeschlusses der Gesellschafterversammlung verwandt wird[637].

b) Steuerrechtliche Voraussetzungen

(1) Sachliche Voraussetzungen

Während sich gesellschaftsrechtlich die in Abbildung 7 (S. 70) vorgenommene Einteilung von Unternehmensverbindungen anbietet, ist steuerrechtlich unabhängig von der Rechtsform des OT ausschließlich zwischen einer AG bzw. KGaA und einer GmbH als OG zu differenzieren. Bei **sämtlichen OG** stellen die in Kapitel B.IV.2.a) (ab S. 69) problematisierten gesellschaftsrechtlichen Prämissen das essenzielle und simultan im Gesetzeswortlaut „versteckte" Tatbestandsmerkmal dar.[638, 639] **Zusätzlich** besteht die (steuerrechtliche) Notwendigkeit der Festsetzung einer Mindestlaufzeit von fünf Jahren, innerhalb der die Ergebnisabführungen **tatsächlich**[640] zu verwirklichen sind. Durch das quantifizierte Erfordernis soll eine willkürliche Beeinflussung der Besteuerung sowie der Einkommensverlagerungen unterbunden werden.[641]

Hierbei sind zwei praxisrelevante **Problembereiche** herauszustellen. Unter dem **Terminus „Jahr"**, dessen nähere begriffliche Interpretation durch die BFH-Rechtsprechung meines Wissens bis dato unterblieb, wird im Schrifttum der alternative Ansatz von fünf Zeit- oder

---

635 Vgl. BGH-Urteil vom 5.4.1993, S. 756.

636 Vgl. LUTTER, MARCUS/HOMMELHOFF, PETER (2000), § 53 GmbHG, Rn. 37 und ZÖLLNER, WOLFGANG (2000), § 53 GmbHG, Rn. 30.

637 Vgl. dazu bereits Kapitel B.IV.2.a)(2)(a) (ab S. 81).

638 Vgl. hierzu explizit BFH-Urteil vom 30.7.1997, S. 34 f. und exemplarisch auch BFH-Urteil vom 5.7.1990, S. 122, in dem nicht der bzw. die Geschäftsführer einer GmbH-Muttergesellschaft, sondern deren Gesellschafter den zudem nicht schriftlich fixierten EAV abschlossen. Die steuerliche Wirksamkeit wurde zu Recht versagt. Vgl. auch Beschluss des BayObLG vom 16.6.1988, S. 211, wonach ein für steuerliche Anforderungen ausreichender Unternehmensvertrag nicht notwendigerweise den gesellschaftsrechtlichen Erfordernissen Genüge tragen muss.

639 Eine Durchbrechung des „Maßgeblichkeitsprinzips" liegt vor, wenn der EAV fehlerhaft oder gar wegen fehlender Eintragung ins HR nichtig ist. Gesellschaftsrechtlich wird er nach den Grundsätzen zur sog. fehlerhaften Gesellschaft dennoch als (fiktiv) wirksam behandelt, sofern er auch tatsächlich durchgeführt wird. Für steuerliche Zwecke ist diese hypothetische Wirksamkeit nicht ausreichend, weswegen dieses Themengebiet nicht weiter betrachtet wird. Vgl. dazu explizit BFH-Urteil vom 30.7.1997, S. 34; BMF-Schreiben vom 17.2.1987, S. 559 und BMF-Schreiben vom 31.10.1989, S. 531. Vgl. grundlegend zur fehlerhaften Gesellschaft BFH-Urteil vom 14.12.1987, S. 230; BGH-Urteil vom 11.11.1991, S. 505 sowie BGH-Urteil vom 5.11.2001, S. 7. A.A.: KNEPPER, KARL HEINZ (1994), S. 378.

640 Der tatsächliche Vollzug des EAV ist dann gegeben, wenn die nach den Grundsätzen ordnungsmäßiger Buchführung ermittelten Ergebnisse der OG tatsächlich durch Zahlung oder Verrechnung an den OT abgeführt werden. Vgl. BFH-Urteil vom 5.4.1995, S. 1627.

641 Vgl. „ng" (1977), S. 96.

Wirtschaftsjahren erwogen[642], der in Spezialfällen zu voneinander unterschiedlichen Gesamtzeiträumen führen kann.[643] Meiner Ansicht nach sind beide Möglichkeiten argumentativ logisch nachzuvollziehen und zu vertreten. Sie bilden ein (weiteres) Beispiel für eine fehlende Abstimmung zwischen Gesellschafts- und Steuerrecht. Während die Diskussion eigentlich durch die in den Verwaltungsanweisungen eindeutig festgelegten fünf Zeitjahre als beendet erscheint (Abschn. 55 Abs. 2 S. 1 KStR), ordnet § 300 Nr. 1 AktG die Bildung der gesetzlichen Rücklage der OG innerhalb von fünf Geschäftsjahren an[644]. Überraschenderweise bleibt dieser Widerspruch im Schrifttum unerwähnt. Aus Gründen der Rechtssicherheit sollte sich der Meinung der Finanzverwaltung angeschlossen werden. Zukünftig wäre jedoch die Anpassung an § 300 Nr. 1 AktG ratsam.

Den Vertragsparteien stehen bei der **Bestimmung der Laufzeit** drei verschiedene Möglichkeiten zur Auswahl: Sie kann bestimmt oder unbestimmt vereinbart werden; ferner wird auch eine Verlängerungsklausel als zulässig erachtet.[645] Aus beratungsrechtlicher Sicht ist es ratsam, **keine bestimmte Vertragsdauer** zu vereinbaren, da im Falle der Verlängerung stets ein neuer EAV abzuschließen ist, der sich zeitlich an den bisherigen anschließt und auf den die bereits dargelegten §§ 293 ff. AktG Anwendung finden.[646] Diskussionswürdiger ist dagegen die **unbestimmte Vertragsdauer mit automatischer Verlängerungsklausel** und im Speziellen die Frage, ob durch die Prolongation des EAV der Tatbestand einer Änderung i.S.v. § 295 AktG erfüllt ist.[647] Dies gilt es aus mehreren Gründen zu verneinen: Erstens werden

642 Den Ansatz von fünf Zeitjahren (60 Monate) befürworten AUTENRIETH, KARLHEINZ (1989), S. 201; KNEPPER, KARL HEINZ (1994), S. 379; „ng" (1977), S. 96; SCHMIDT, LUDWIG/MÜLLER, THOMAS/STÖCKER, ERNST E. (1999), Tz. 216; WITT, GEORG (1999), Tz. B89; WALTER, WOLFGANG (1995), S. 649, wobei Letzterer sein gewonnenes Ergebnis mittels der unterschiedlichen gesetzlichen Verwendung der Begriffe „Jahr" und „Wirtschaftsjahr" in § 14 Abs. 1 Nr. 3 S. 1 KStG begründet. A.A.: ALBROD, PETER (1991), S. 234; IdW-Steuerfachausschuss (1995), S. 431; MILATZ, JÜRGEN E. (1995), S. 369; VEIGEL, G. (1986), S. 437 und BÖDEFELD, AXEL/KREBS, HANS-JOACHIM (1996), S. 157 ff. Letztere legen die Rechtsvorschrift nach ihrem Sinn und Zweck aus. Da die gesetzlich (mehr oder minder subjektiv) festgelegte vertragliche Mindestlaufzeit von fünf Jahren eine willkürliche Beeinflussung der Besteuerung auszuschließen bezweckt, ist es von Irrelevanz, ob es sich um fünf Jahre oder um bspw. vier Jahre und 11 Monate handelt. Deshalb sollte die Auslegung in Form des Wirtschaftsjahres gewählt werden, da sie das Organschaftsverhältnis am wenigsten belastet

643 Praktische Auswirkungen treten dann ein, wenn die OG im Laufe des Jahres gegründet wird und sofort ein Organschaftsverhältnis geschlossen werden soll oder wenn die OG ihr Wirtschaftjahr umgestellt hat und sich daran ein Rumpfwirtschaftsjahr anschließt. In letzterem Fall erstreckt sich die Mindestlaufzeit in ein sechstes Wirtschaftsjahr. Vgl. hierzu auch den Sachverhalt bei MILATZ, JÜRGEN E. (1995), S. 369. Vgl. auch Kapitel B.III.3.d) (ab S. 56).

644 Vgl. dazu ausführlicher Kapitel C.I.1.a)(1)(a) (ab S. 171).

645 Während eine bestimmte Vertragsdauer vorliegt, wenn der EAV für einen fest vorgegebenen Zeitraum (fünf Jahre) ohne Kündigungsrecht Bestand haben soll, wird ein solches bei einer unbestimmten Vertragsdauer i. d. R. ausgeschlossen. Vgl. dazu z.B. den Sachverhalt beim Urteil des LG Ingolstadt vom 12.6.1990, S. 1128 f. Wird eine Verlängerungsklausel zugrunde gelegt, erfolgt die Vereinbarung eines gewissen Zeitraums (i. d. R. fünf oder zehn Jahre), der sich automatisch um eine bestimmte vertraglich festgelegte Frist (z.B. ein Jahr) verlängert, falls der EAV nicht innerhalb einer bestimmten Zeitspanne gekündigt wird. Vgl. dazu den beispielhaften Wortlaut des Vertrages bei TIMM, WOLFRAM (1991), S. 465 und WILHELM, HERMANN (1976), S. 19 sowie auch KRIEGER, GERD (1992), S. 434. Vgl. i. Allg. zu dieser Systematisierung ALTMEPPEN, HOLGER (2001), § 297 AktG, Rn. 52 ff.

646 Vgl. ALTMEPPEN, HOLGER (2001), § 295 AktG, Rn. 12; HÜFFER, UWE (2002), § 295 AktG, Rn. 7 und SÄCKER, FRANZ J. (1988), S. 272. A.A.: EMMERICH, VOLKER/SONNENSCHEIN, JÜRGEN/HABERSACK, MATHIAS (2001), S. 249.

647 Eine Bejahung würde weitreichende formale Folgen auslösen, da die Änderung von Unternehmensverträgen denselben Erfordernissen wie der Vertragsabschluss als solcher bedarf (§ 295 Abs. 1 AktG i.V.m. §§ 293 f.

unter einer „...Änderung und Aufhebung im Sinne der §§ 295, 296 AktG [...] zweiseitige Vereinbarungen der Partner, die noch **während** der Laufzeit des Unternehmensvertrags wirksam werden sollen [, verstanden, d. Verf.]“[648]. Zweitens bleiben die ursprünglichen Bestimmungen über Ausgleichs- und Abfindungsleistungen unberührt, so dass keine Beeinträchtigung, sondern eine Bestätigung der Kompensationsleistungen an außen stehende Gesellschafter stattfindet.[649] Drittens bezweckt § 295 AktG durch seine restriktiven Anforderungen, dass die für den Vertragsabschluss erforderlichen Wirksamkeitsvoraussetzungen nicht durch Vertragsänderungen umgangen werden können, was bei der Verlängerungsklausel nicht der Fall ist.[650] Viertens erfolgt durch die automatische Verlängerung kein Eingriff in den Vertragsinhalt, da dieser hinsichtlich seines Wortlautes bis hin zu seiner Kündigung unverändert bleibt.[651] Der durch den Eingriff von § 295 AktG ausgelöste Mehraufwand würde m. E. in keiner Relation zu der bloßen Verlängerung der Vertrages stehen. Als Beispiel seien die ebenfalls eingreifenden Regelungen der §§ 293a ff. AktG zu nennen, die Anlass zu der Frage geben, welche gewichtigen Änderungen im Vergleich zum bisherigen Vertrag überhaupt zu berichten bzw. durch Vertragsprüfer zu verifizieren wären.[652] Der damit verbundene zusätzliche Zeitaufwand sowie die entstehenden Kosten sind ebenso zu berücksichtigen.

Von der Festlegung einer **unbestimmten Vertragsdauer** wäre m. E. ebenso **abzuraten**, da im Falle einer nachträglichen Befristung die Voraussetzungen des § 295 AktG auf jeden Fall erfüllt sind.[653, 654]

Während ein ordentliches Kündigungsrecht nur dann anerkannt wird, wenn es im EAV selbst vereinbart wurde[655], ist es dagegen nicht zwingend erforderlich, dass Kündigungs- bzw. Beendigungsgründe Eingang finden, da erst im Rahmen einer vorzeitigen Kündigung des EAV die Gewichtigkeit des Grundes zu prüfen ist.[656]

AktG). Ferner wird eine Zustimmung im Rahmen eines Sonderbeschlusses der außen stehenden Gesellschafter mit einer mind. notwendigen Dreiviertelkapitalmehrheit gefordert, falls durch die Vertragsänderung Ausgleichs- und Abfindungsleistungen sowohl in positiver als auch in negativer Hinsicht beeinflusst werden (§ 295 Abs. 2 AktG i.V.m. § 293 Abs. 1 S. 2 AktG). Vgl. BGH-Urteil vom 15.6.1992, S. 8 und Urteil des OLG Karlsruhe vom 7.12.1990 (n.rkr.), S. 145. Die Vorschrift ist ebenfalls auf das GmbH-Recht anwendbar. Vgl. zum Analogieschluss KRIEGER, GERD/JANNOTT, DIRK (1995), S. 1473 f. und RIX REINHARD (1986), S. 42.

648 BGH-Urteil vom 7.5.1979, S. 289 (Hervorhebung im Originaltext nicht fett, sondern kursiv).

649 Vgl. SÄCKER, FRANZ J. (1988), S. 272.

650 Vgl. dazu KRIEGER, GERD/JANNOTT, DIRK (1995), S. 1473 ff. und MILATZ, JÜRGEN E. (1995), S. 370.

651 Es ist dabei ausreichend, wenn dem HR mitgeteilt wird, dass der eingetragene EAV auch über die vertraglich vereinbarte Frist hinaus weiterhin seine Gültigkeit besitzt. Vgl. MILATZ, JÜRGEN E. (1995), S. 370.

652 Vgl. bzgl. des Umfangs der Berichts- und Prüfungspflichten bei Vertragsänderungen BUNGERT, HARTWIN (1995), S. 1449 und HUMBECK, JOCHEN (1995), S. 1894.

653 Vgl. EMMERICH, VOLKER/SONNENSCHEIN, JÜRGEN/HABERSACK, MATHIAS (2001), S. 249 und SCHWARZ, OLIVER (1994), S. 66.

654 Aus praxisnaher Sicht ist die Festlegung einer unbestimmten Vertragsdauer unbenommen den vertraglichen aktienrechtlichen Änderungswirkungen schon deshalb abzulehnen, um der Beachtung und Einhaltung der geforderten Mindestlaufzeit Ausdruck zu verleihen. Diese ist entweder explizit anzugeben oder mittels der Einräumung eines erst nach ihrem Ablauf ordentlichen Kündigungsrechts indirekt zu gewähren. Vgl. „ng“ (1977), S. 96 und WALTER, WOLFGANG (1995), S. 649. Vgl. dazu auch BLUMERS, WOLFGANG/SCHMIDT, GERHARD (1989), S. 32. A.A. vermutlich KRIEGER, GERD (1992), S. 434.

655 Vgl m. w. N. AUTENRIETH, KARLHEINZ (1989), S. 200.

656 Vgl. „ng“ (1977), S. 96.

Für eine **GmbH** als OG sind **zusätzlich** die in § 17 S. 2 KStG genannten Prämissen zu beachten, welche eine Informationsfunktion für Rechtsunkundige bezwecken.[657] Während die in § 17 S. 2 Nr. 1 KStG geforderte Begrenzung der Gewinnabführung auf den in § 301 AktG genannten Betrag vertraglich entbehrlich ist[658], stehen hinsichtlich der Vereinbarung der Verlustübernahme entsprechend § 302 AktG (§ 17 S. 2 Nr. 2 KStG) zwei alternative Möglichkeiten zur Verfügung: Entweder wird im EAV explizit auf diese Rechtsnorm verwiesen oder der Vertragstext wird entsprechend ihrem Inhalt gestaltet.[659] Ob die nach h.M. anerkannte analoge Anwendung des § 302 AktG auf das GmbH-Recht eine vertraglich fixierte Vereinbarung entbehrlich macht, wird differenziert von einer Beibehaltung der Rechtsnorm bis hin zur Deklaration als „Dummenvorschrift" beurteilt.[660] Eine erste höchstrichterliche Rechtsprechung bleibt abzuwarten.[661]

(2) Rückwirkung von Ergebnisabführungsverträgen

Die steuerrechtliche Wirksamkeit des EAV ist dann erfüllt, wenn seine zivilrechtliche Wirksamkeit[662] spätestens bis zum Ende desjenigen Wirtschaftsjahres der OG eingetreten ist, das dem Wirtschaftsjahr des Vertragsabschlusses[663] folgt (§§ 14 Abs. 1 Nr. 3 S. 1, 17 S. 1 KStG). Eine (maximale) steuerliche Rückwirkung auf den Beginn des Wirtschaftsjahres der OG, in

---

657 Entgegen den expliziten Regelungen des Aktienrechts hat § 17 S. 2 KStG klarstellenden Charakter in Bezug auf das GmbH-Recht, innerhalb dessen die Rechtsfolgen der §§ 301 f. AktG „nur" kraft BGH-Beschluss vom 24.10.1988, S. 324 ff., angeordnet wurden. Vgl. Urteil des FG Düsseldorf vom 2.12.1991 (rkr.), S. 416 und Urteil des FG Köln vom 11.3.1999 (n.rkr.), S. 836.

658 Vgl. BMF-Schreiben vom 24.3.1994, S. 708 f.

659 In der Praxis wird i. d. R. übersehen, dass nicht nur § 302 Abs. 1 AktG, sondern auch Abs. 3 in Verbindung mit dem EAV steht und wegen der Gleichstellung zwischen aktienrechtlichem und außeraktienrechtlichem EAV zu beachten ist. Vgl. BFH-Urteil vom 17.12.1980, S. 384; BGH-Urteil vom 30.9.1999, S. 55; Urteil des FG Düsseldorf vom 2.12.1991 (rkr.), S. 415 f. sowie Urteil des FG Köln vom 11.3.1999 (n.rkr.), S. 835 f. A.A.: FUCHS, MICHAEL (1994), S. 760 und WALPERT, KLAUS (1999), S. 1685. Auf die Sinnhaftigkeit von § 302 Abs. 3 AktG wird in Kapitel C.I.1.a)(3) (ab S. 185) eingegangen.

660 Für eine Beibehaltung: BFH-Urteil vom 29.3.2000, S. 1250 sowie Urteil des FG Rheinland-Pfalz vom 28.10.1985 (n.rkr.), S. 255. A.A.: FUCHS, MICHAEL (1994), S. 757 und S. 759 f., der insb. § 17 S. 2 KStG kritisiert, in dem „weitere Voraussetzungen" (§§ 301 f. AktG analog) neben der zivilrechtlichen Wirksamkeit eines EAV gefordert werden, wobei Letztere diese „Voraussetzungen" gerade selbst durch den BGH-Beschluss vom 24.10.1988, S. 324 ff., konstituiert. A.A.: ULMER, PETER (1989), S. 18. Eine Streichung von § 17 S. 2 KStG fordern m.E. zu Recht WALPERT, KLAUS (1999), S. 1684 ff. und WALTER, WOLFGANG (1999), S. 1019, der von einer „Dummenvorschrift" spricht.

661 Die gegen das Urteil des FG Köln vom 11.3.1999 (n.rkr.), S. 835 f., eingelegte Revision ist beim BFH anhängig (Az.: I R 43/99).

662 Die Wirksamkeit wird am Tag der Eintragung ins HR erlangt. Vgl. BFH-Urteil vom 26.8.1987, S. 78.

663 Der gesellschaftsrechtlich geprägte Begriff des „Vertragsabschlusses" ist unter die Regelung des § 83 Abs. 1 S. 2 AktG einzuordnen. Vgl. BGH-Urteil vom 5.4.1993, S. 754. Hiernach wird die auf Verlangen der Hauptversammlung ergehende bindende Verpflichtung des Vorstandes verstanden, den EAV für die nächste Hauptversammlung vorzubereiten und abzuschließen. Damit ist untrennbar ein Weisungsbeschluss der Hauptversammlung verbunden, der die gleiche Mehrheit wie die Zustimmung zum EAV erfordert (§ 83 Abs. 1 S. 3 AktG). Wird der vom Vorstand abgeschlossene Vertrag durch die Hauptversammlungen beider Vertragspartner genehmigt (§ 293 AktG), wirkt die Zustimmung auf den Zeitpunkt des Vertragsabschlusses gem. § 184 Abs. 1 BGB zurück. Vgl. allgemein zu § 83 AktG WERNER, WINFRIED (1972), S. 98 f. und bzgl. der letzten Aussage KNEPPER, KARL HEINZ (1994), S. 378. Bei einer GmbH als möglicher Untergesellschaft ist die Gesellschafterversammlung ebenfalls imstande, dem bzw. den Geschäftsführer(n) Weisungen hinsichtlich der Vorbereitung und des Abschlusses eines konkreten Vertrages zu erteilen. Der die Folgepflicht begründende Beschluss bedarf im Gegensatz zum Aktienrecht einer einfachen Stimmrechtsmehrheit gem. § 47 Abs. 1 GmbHG. Vgl. LUTTER, MARCUS/HOMMELHOFF, PETER (2000), § 37 GmbHG, Rn. 17.

dem der Vertragsabschluss erfolgte, ist somit möglich. Das in demselben Wirtschaftsjahr von der OG erzielte Ergebnis kann erstmalig abgeführt werden. Die Laufzeit des Vertrags beginnt ab diesem Zeitpunkt. Abbildung 9 verdeutlicht die Zusammenhänge nochmals graphisch, wobei von einem kalenderidentischen Wirtschaftsjahr der OG ausgegangen wird.[664]

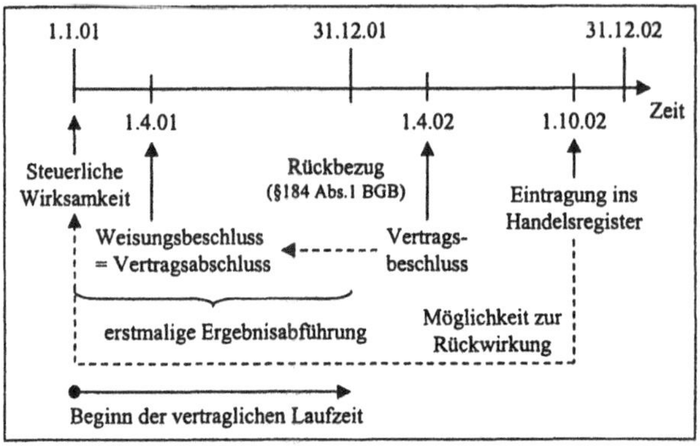

Abbildung 9: Zeitliche Abfolge der steuerlichen Wirksamkeits- und Rückwirkungsvoraussetzungen im Rahmen eines EAV aus Sicht der Organgesellschaft

c) Harmonisierung der gesellschaftsrechtlichen sowie steuerrechtlichen Rückwirkungen in zeitlicher Hinsicht

Was die Koordination der in Kapitel B.IV.2.a)(5) (ab S. 105) sowie Kapitel B.IV.2.b)(2) (ab S. 109) betrachteten zeitlichen Aspekte anbelangt, trat eine Erschwernis durch die Fristverlängerung hinsichtlich des Wirksamwerdens des EAV mittels des StÄndG 1992 ein.[665] Während steuerrechtlich in Anlehnung an Abbildung 9 nunmehr eine echte Rückwirkung[666] besteht, wird aus gesellschaftsrechtlicher Sicht auf jeden Fall eine unechte Rückwirkung[667] als zulässig erachtet. Die z.T. zu pauschal formulierte Aussage, hinsichtlich der gesellschaftsrechtlichen Rückwirkung sei sich „weitgehend" an § 14 Abs. 1 Nr. 3 S. 1 KStG zu orientie-

[664] In Abbildung 9 wird aus Transparenzgründen unterstellt, dass die den Weisungs- und Vertragsbeschluss ratifizierenden Gesellschafterversammlungen von OT und OG am jeweils gleichen Tag stattfinden.

[665] Vor der Gesetzesänderung durfte das Ergebnis der OG (rückwirkend) erstmalig im Jahr des Wirksamwerdens des EAV abgeführt werden. Vgl. BFH-Urteil vom 16.3.1965, S. 387 f. und BFH-Urteil vom 26.8.1987, S. 77 f. Durch den BGH-Beschluss vom 24.10.1988 und den damit verschärften Formerfordernissen lassen sich EAV i. d. R. nicht bis zum Ende des Wirtschaftsjahres der erstmaligen Anwendung erfüllen. Vgl. Art. 8 Nr. 4b des „Gesetzes zur Entlastung der Familien und zur Verbesserung der Rahmenbedingungen für Investitionen und Arbeitsplätze (Steueränderungsgesetz 1992 – StÄndG 1992)" vom 25. Februar 1992, S. 163 sowie die Begründung des „Entwurfs eines Gesetzes zur Entlastung der Familien und zur Verbesserung der Rahmenbedingungen für Investitionen und Arbeitsplätze (Steueränderungsgesetz 1992 – StÄndG 1992)" vom 3. September 1991, S. 67. Hinsichtlich der Gesetzessystematik ist verwunderlich, dass die Auswirkungen der eine GmbH betreffenden BGH-Rechtsprechung einen Änderungsbedarf in § 14 KStG (AG bzw. KGaA als OG) auslöste.

[666] Unter einer echten Rückwirkung wird in diesem Kontext die nachrichtliche Änderung bereits abgewickelter und der Vergangenheit angehörender Sachverhalte verstanden. Vgl. LANG, JOACHIM (2002), § 4, Rz. 172.

[667] Eine unechte Rückwirkung greift in noch nicht abgeschlossene Sachverhalte ein. Vgl. LANG, JOACHIM (2002), § 4, Rz. 172.

ren, ist eingehender zu systematisieren.[668] Eine vollständige Harmonisierung lässt sich m. E. nur dann erreichen, wenn der Jahresabschluss für das Wirtschaftsjahr der OG, zu dessen Beginn der EAV seine steuerliche Wirksamkeit erlangen soll, nicht bereits festgestellt wurde. Anderenfalls ist eine erstmalige Ergebnisabführung frühestens im darauffolgenden Wirtschaftsjahr der OG möglich.[669] Allerdings ist sowohl dem Gesetzeswortlaut des § 14 Abs. 1 Nr. 3 S. 1 KStG als auch seiner zugrunde liegenden Intention[670] zu entnehmen, dass die HR-Eintragung – falls aus zeitlichen Gründen möglich – auch im selben Wirtschaftsjahr wie der Abschluss des EAV erfolgen kann. Bei dieser Konstellation würde ebenfalls eine Kongruenz zwischen gesellschaftsrechtlicher und steuerrechtlicher Rückwirkung erzielt werden. Abbildung 10 stellt die Ergebnisse anhand eines Entscheidungsbaumes dar, wobei mit „Wirtschaftsjahr" dasjenige der OG gemeint ist.

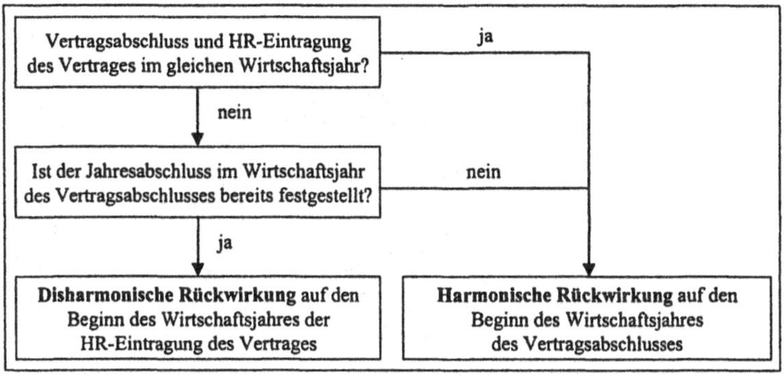

Abbildung 10: Harmonische und disharmonische Rückwirkung des EAV in gesellschafts- und steuerrechtlicher Hinsicht

Eine Gegenargumentation – das für die gesellschaftsrechtliche Rückwirkung ergangene BGH-Urteil[671] wurde zum Zeitpunkt der alten körperschaftsteuerlichen Regelung gesprochen[672] – vermag nicht zu überzeugen, da der Nichteingriff in festgestellte Jahresabschlüsse selbstverständlich auch zu diesem Zeitpunkt existent war.

---

668 Vgl. Beschluss des OLG Frankfurt a. M. vom 12.6.1996, S. 859 und Beschluss des LG Frankfurt a. M. vom 23.5.1997, S. 799.

669 Insofern ließen sich bei einer Neugründung der OG zum 1.1.01 (Abbildung 9 (S. 110)) etwaige Anlaufverluste im Wirtschaftsjahr 01 als „vororganschaftlich" qualifizieren.

670 Vgl. Fn. 665 (S. 110).

671 Vgl. BGH-Urteil vom 5.4.1993, S. 751 ff.

672 So anscheinend Beschluss des OLG Frankfurt a. M. vom 12.6.1996, S. 859.

3. Gemeinschaftsunternehmen und Mehrmütterorganschaft

Nachstehend gilt es, die **gesellschaftsrechtlichen Voraussetzungen und Besonderheiten** im Falle einer gemeinsamen Tochtergesellschaft (Gemeinschaftsunternehmen)[673] herauszustellen.[674] Das Aktienrecht hält diesbezüglich keine gesetzlichen Regelungen bereit. Deshalb wird eine Anwendung der wesentlichen bisherigen[675] Ausführungen als sachgerecht erachtet.[676]

Eine essenzielle Bedeutung erlangt die Frage der **Bestimmung des Vertragspartners des EAV**. Aus gesellschaftsrechtlicher Sicht wird diese Rolle von den jeweiligen **Muttergesellschaften** übernommen, da sie zum einen auf die Tochtergesellschaft Einfluss nehmen und zum anderen eine (evtl. dazwischengeschaltete) GbR aufgrund ihrer Vermögenslosigkeit dem Anspruch der Schutzvorschriften der §§ 302 f. AktG nicht Genüge trägt.[677, 678] Insofern sind die EAV zwischen der (gemeinsamen) Tochtergesellschaft und jedem ihrer Muttergesellschaften (formal) isoliert zu betrachten. § 293 Abs. 2 AktG findet auf jede Muttergesellschaft separat Anwendung, da einerseits für jede von ihr (und nicht für die GbR) die mit dem EAV verbundenen Risiken einhergehen. Andererseits wird die mittels dieser Rechtsvorschrift bezweckte Information der Gesellschafter der jeweiligen Muttergesellschaft gewährleistet.[679]

Als schwierig erweist sich die praktische Umsetzung der miteinander konkurrierenden EAV. Diese bislang im Schrifttum kaum verfolgte Frage der Vereinbarung einer **Ergebnisabführung zugunsten mehrerer Unternehmen** soll gesellschaftsrechtlich generell vereinbart werden können.[680] Dessen Rechtsgrundlage wird aus §§ 428, 432 BGB (**Gesamtgläubigerschaft**) abgeleitet.[681] Nach diesen Vorschriften wird die Aufteilung des aus der Forderung resultierenden Gewinnanspruches der einzelnen Gesellschafter nach Bruchteilen bezweckt.[682]

Materielle Besonderheiten treten in zwei Bereichen hervor: Im Rahmen der Eintragung ins HR gem. § 294 Abs. 1 AktG (analog) sind die Namen sowie der Sitz sämtlicher Muttergesell-

---

673 Unter diesem Begriff wird aus Abgrenzungsgründen das gesellschaftsrechtliche Pendant zur steuerrechtlichen Mehrmütterorganschaft verstanden.

674 Vgl. hinsichtlich der Zulässigkeit BGH-Urteil vom 4.3.1974, S. 196 ff.

675 Vgl. Kapitel B.IV.2.a) (ab S. 69).

676 Vgl. allgemein GANSWEID, WOLFGANG (1976), S. 93 sowie KRIEGER, GERD (1992), S. 432. Hierbei sei explizit hervorgehoben, dass auch eine Genossenschaft grundsätzlich als Muttergesellschaft in einem Mehrmütterverbund in Betracht kommt. Vgl. dazu näher DETTEN, KNUT VON (1995), S. 16 f.

677 Vgl. EBENROTH, CARSTEN TH./PARCHE, ULRICH (1989), S. 644; EMMERICH, VOLKER (2001), § 291 AktG, Rdnr. 57; HÜFFER, UWE (2002), § 291 AktG, Rn. 16 sowie KRIEGER, GERD (1992), S. 432.

678 Ob im Umkehrschluss zu folgern ist, dass die GbR als solche kein verbundenes Unternehmen i.S.v. § 15 AktG sein kann, ist nicht eindeutig geklärt. Obwohl der BGH feststellte, dass ein verbundenes Unternehmen neben der Beteiligung eigene wirtschaftliche Interessen zu verfolgen hat und diese beiden Erfordernisse bei der als reine Innengesellschaft ohne Gesellschaftsvermögen fungierenden GbR nicht vorhanden sind, wird der GbR bisweilen trotzdem Unternehmerqualität zugesprochen. Vgl. dazu BGH-Urteil vom 13.10.1977, S. 337 f. sowie m. w. N. ROTTNAUER, ACHIM E. (1991), S. 28 und MÜLLER, WELF (2000a), Tz. 48. Ablehnend: ADLER, HANS/DÜRING, WALTHER/SCHMALTZ, KURT (1997), § 15 AktG, Tz. 11 und § 18 AktG, Tz. 59 sowie BAYER, WALTER (2000), § 15 AktG, Rn. 37.

679 Vgl. GANSWEID, WOLFGANG (1976), S. 92 und S. 163 sowie m. w. N. HECKSCHEN, HERIBERT (1989b), S. 1275.

680 Etwas weitergehender äußern sich EBENROTH, CARSTEN TH./PARCHE, ULRICH (1989), S. 646 und WANNER, SIBYLLE (1998), S. 143 f.

681 Vgl. ALTMEPPEN, HOLGER (2000), § 291 AktG, Rn. 151.

682 Vgl. EHMANN, HORST (2000), § 432 BGB, Rdz. 2 und Rdz. 16.

schaften anzugeben, da die ausschließliche Benennung der GbR als nichtssagend erachtet wird und folglich die Vertragspartner für die Minderheitsgesellschafter der Tochtergesellschaft unbekannt wären.[683] Dieses Dilemma würde sich v.a. im Rahmen der Ausgleichs- und Abfindungszahlungen bemerkbar machen, zumal der Anspruch nicht gegen die GbR geltend zu machen ist. Bzgl. nachteiliger Weisungen oder Rechtsgeschäfte ist die jeweilige Muttergesellschaft zum Nachteilsausgleich verpflichtet (§ 311 AktG i.V.m. § 316 AktG).

Die Befreiungsvorschrift des § 293b Abs. 1 2. Halbs. AktG ist von ihrem Wortlaut her nicht auf mehrere Muttergesellschaften anwendbar.[684] Dennoch stellt die h.M. vom Sinn und Zweck (zu Recht) auf ihre Erweiterung ab; die Anteile sind zur Verifizierung der Rechtsnorm miteinander zu addieren.[685]

Eine Inkongruenz besteht darin, dass aus **steuerrechtlicher Sicht** die GbR als solche die Vertragspartnerin des EAV darstellt (§ 14 Abs. 2 S. 2 Nr. 3 KStG).[686] Neben den Zustimmungsbeschlüssen der Gesellschafterversammlungen der einzelnen GbR-Gesellschafter muss **zusätzlich** die Gesellschafterversammlung der GbR dem EAV zustimmen, um die Willenskoordination hinsichtlich des Rechts auf Gewinnabführung bzw. der Pflicht auf Verlustübernahme zu dokumentieren.[687] Entsprechend zu den in Kapitel B.IV.2.a)(3) (ab S. 93) im Rahmen von Personenhandelsgesellschaften getätigten Aussagen ist m.E. das Einstimmigkeitsprinzip bzw. eine andere vertragliche Mehrheitsregelung maßgeblich.[688] Hier greift in formaler Weise die „quasi-umgekehrte Maßgeblichkeit" des Steuerrechts für das Gesellschaftsrecht ein.

Wird die neuere und verworfene BFH-Rechtsprechung[689] **gesellschaftsrechtlich** beurteilt, so stellt der Abschluss eines EAV mit jeder Mutter ein gewichtiges Indiz für die (gemeinschaftliche) einheitliche Leitung i.S.v. § 18 Abs. 1 AktG dar. Hier bedarf es einer koordinierten (vorgeschalteten) Gemeinschaftsentscheidung, im Rahmen derer alle Muttergesellschaften tatsächlich auf die gemeinsame Tochter Einfluss nehmen müssen. Die Wahrscheinlichkeit einer einheitlichen Willensausübung wird umso geringer sein, je mehr Muttergesellschaften beteiligt sind. Die gemeinsame Tochter ist im Falle der tatsächlichen Einflussnahme nur einer oder mehrerer Muttergesellschaft(en) auch nur mit dieser (diesen) konzernverbunden.[690]

Steuerrechtlich bestünde m.E. die Gefahr, dass der Wortlaut der die gesamte Ergebnisabführung an **ein** anderes Unternehmen fordernden §§ 14 Abs. 1 S. 1, 17 S. 1 KStG missachtet

683 Vgl. auch die Anmerkungen in Fn. 474 (S. 80). Dieser Aspekt gestaltet sich unabhängig davon, ob eine GbR dazwischengeschaltet ist oder nicht. Vgl. ROTTNAUER, ACHIM E. (1991), S. 31 sowie bereits GANSWEID, WOLFGANG (1976), S. 93 und S. 135 sowie MARCHAND, GERHART (1985), S. 199 und S. 202.

684 Von einer Unternehmensvertragsprüfung ist abzusehen, wenn „...sich alle Aktien der abhängigen Gesellschaft in der Hand des herrschenden Unternehmens befinden."

685 Vgl. BUNGERT, HARTWIN (1995), S. 1391 und EMMERICH, VOLKER (2001), § 293b AktG, Rdnr. 12.

686 Gem. § 41 AO ist auf die wirklichen Gegebenheiten abzustellen. Der Abschluss des EAV mit der GbR verstößt gegen die Tatbestandsmäßigkeit der Organschaft. Vgl. KIRCHHOF, PAUL/RAUPACH, ARNDT (2001), S. 10.

687 A.A.: RAUPACH, ARNDT/KLOTZ, SIMONE (1994), S. 139.

688 Vgl. auch die Ausführungen in Fn. 344 (S. 60).

689 Vgl. BFH-Urteil vom 9.6.1999, I R 37/98, S. 347 ff.; BFH-Urteil vom 9.6.1999, I R 43/97, S. 155 ff. und bzgl. der Nichtanwendung BMF-Schreiben vom 4.12.2000, S. 1571.

690 Vgl. ADLER, HANS/DÜRING, WALTHER/SCHMALTZ, KURT (1997), § 18 AktG, Tz. 49 ff.

wird. Damit einhergehend ist die Klassifizierung dieser Konstruktion als mehrere (steuerlich nicht ausreichende) Teil-EAV zu befürchten. Insofern ist die GbR nicht schon deswegen „nutzlos", weil ihre Existenz (im KSt-Recht) bei der Steuerermittlung ignoriert wird, da eine anteilige Verrechnung des Ergebnisses der OG über die einheitliche und gesonderte Feststellung (§ 180 Abs. 1 Nr. 2a AO) bei den jeweiligen zusammengeschlossenen Unternehmen erfolgt.[691] Durch ihre Existenz wird innerhalb eines „Zwei-Stufen-Modells" gewährleistet, dass der gesamte Gewinn zunächst an sie abgeführt wird, während erst in einem zweiten Schritt die von ROTTNAUER beschriebenen (Aufteilungs-)Wirkungen eintreten. Somit rechtfertigt die GbR, abgesehen von ihrer Bestimmung als gemeinsames koordinierendes Willensbildungsorgan, aus reinen Transparenzgründen ihre Daseinsberechtigung als „steuerliches Filtrationsinstrument". Demgegenüber ist der zusätzliche Vertragsabschluss mit der GbR mit damit einhergehenden Beurkundungs- und Eintragungskosten anzuführen. Ohne GbR müsste es ebenfalls eine „stillschweigende Schaltzentrale" geben, die zum einen den koordinierten (gesellschaftsrechtlichen) Abschluss sämtlicher EAV und zum anderen den das Ergebnis der OG verteilenden Schlüssel vornimmt.[692]

V. Wirtschaftliche Eingliederung

Während die finanzielle Eingliederung den Vollzug einer rechtlichen Unterordnung gewährleistet, sichert die wirtschaftliche Eingliederung u.a. die Fortführung der rechtlichen in eine tatsächliche Subordination. Dieses Eingliederungskriterium entfaltet nach Ergehen des StSenkG und des UntStFG für die **KSt und GewSt** bei der Einmutterorganschaft sowie im Bereich der gesamten Mehrmütterorganschaft **keine materielle Wirkung** mehr. Bei der **USt und GrESt** ist sie unverändert **präsent**. Abschn. 21 Abs. 3 UStR ist zu entnehmen, dass u.a. hinsichtlich der wirtschaftlichen Eingliederung **keine vollständige Begriffsidentität** zur KSt und GewSt vorliegt. Mangels gesetzlicher Regelungen im UStG und GrEStG wird zur Erlangung einer gewissen Rechtssicherheit als Basis weiterhin die Rechtsprechung zu den ertragsteuerlichen Organschaftskonzernen verwendet, welche folglich mehr in den Hintergrund getreten als tatsächlich verschwunden sind.[693] Insofern wird in Kapitel B.V.1 (ab S. 115) die bislang für ertragsteuerliche Organschaftskonzerne geltende Rechtslage kritisch dargestellt, während daran anschließend solche, die USt und GrESt betreffende Besonderheiten angeführt werden.

Entgegen der finanziellen Eingliederung, dessen Nachprüfbarkeit nach mehr oder minder objektiven Kriterien des Steuergesetzgebers gesichert ist, stellt die wirtschaftliche Eingliederung ein rein **subjektives Merkmal** dar, welches noch nie eine Legaldefinition erfahren hat. Das Ausfüllen dieses unbestimmten Rechtsbegriffes ist mittels der Finanzrechtsprechung anhand von **konkreten Urteilssachverhalten** abzuleiten. Im Zuge eines Grobumrisses ist sie zum

---

691 Vgl. ROTTNAUER, ACHIM E. (1991), S. 30.

692 Dies erlangt insb. bei der Existenz von außen stehenden Gesellschaftern Bedeutung.

693 Die Finanzverwaltung betrachtet Abschn. 50 KStR in seiner Gesamtheit als gegenstandslos, was m.E. demnach als nicht sachgerecht anzusehen ist.

einen nicht zu eng auszulegen[694], zum anderen darf sie wegen ihrer Eigenständigkeit nicht als „Leerformel" interpretiert werden[695].

Die Erfüllung der wirtschaftlichen Eingliederung ist innerhalb eines **mehrjährigen Zeitraums** – beginnend mit der Begründung des Organschaftsverhältnisses – zu beurteilen. Dies bedeutet, dass sich eine anfängliche Unvollkommenheit als unbeachtlich erweist, falls die wirtschaftliche Eingliederung in den Folgejahren in verstärkter Weise konkretisiert wird.[696] Dabei hat eine gewisse wirtschaftliche Eingliederung bereits ansatzweise zum Zeitpunkt der Begründung des Organschaftsverhältnisses zu bestehen[697]; eine Planung, welche sich erst in späteren Jahren hinreichend konkretisiert, reicht nicht aus[698].

In **zeitlicher Hinsicht** sind keine Besonderheiten (mehr)[699] zu beachten. Die organschaftlichen Folgen treten dann ein, wenn alle Tatbestände erstmalig simultan erfüllt sind.[700]

1. Einmutterorganschaft

Unter der wirtschaftlichen Eingliederung ist die **wirtschaftliche Zweckabhängigkeit** der OG vom OT zu verstehen. Dieser muss eine gewerbliche Tätigkeit ausüben, der sich die OG unterordnen kann und die sie auch zu fördern und ergänzen bzw. der sie zu dienen hat.[701] Ein betriebswirtschaftlicher Zusammenhang zwischen beiden Tätigkeiten ist unabdingbar. Unter dem Begriff „Zweck" ist nicht unmittelbar das allgemeine Ziel der Gewinnmaximierung des OT sowie eine Risikodiversifizierung zu verstehen.[702] Allerdings müssen die Tätigkeiten der OG vom OT auf diese genannten Zielgrößen ausgerichtet werden.[703] Dazu ist es notwendig, das untergeordnete Unternehmen zu leiten. Aus diesem Grund wird die OG ungeachtet ihrer rechtlichen Selbstständigkeit wie eine **unselbstständige Betriebsabteilung** in das Unterneh-

---

694 Vgl. Urteil des FG Köln vom 23.9.1997 (n.rkr.), S. 690.

695 Vgl. BFH-Urteil vom 21.6.1972, S. 722 f.; BFH-Urteil vom 26.4.1989, S. 668 ff.; BFH-Urteil vom 13.9.1989, I R 110/88, S. 26; BFH-Urteil vom 27.6.1990, I R 62/89, S. 2247 und BFH-Urteil vom 20.2.1992, S. 134. Vgl. zur Kritik Kapitel B.VII (ab S. 165).

696 Vgl. BFH-Beschluss vom 5.6.1996, S. 928 und BFH-Urteil vom 18.4.1973, S. 742. Was unter dem Begriff eines „mehrjährigen" Zeitraum zu verstehen ist, lässt der BFH offen. Allerdings kann m.E. aus dem zuletzt genannten BFH-Urteil gedeutet werden, dass für die KSt der „mehrjährige Zeitraum" an die Zeitspanne des EAV gekoppelt wurde. Mangels konkreter Hinweise im Bereich der Verkehr- und Verbrauchsteuern sollte sich an diesem Zeitkriterium analog orientiert werden. Vgl. auch BFH-Urteil vom 27.6.1990, I R 62/89, S. 2247, das die Prüfung der Existenz der wirtschaftlichen Eingliederung für jedes Wirtschaftsjahr erneut vorschreibt.

697 Wurde eine wirtschaftliche Eingliederung zu Beginn des Organschaftsverhältnisses aufgrund unvollkommener Indizien anerkannt, die sich in späteren Jahren nicht weiter verdichtet bzw. konkretisiert haben, gilt die Organschaft rückwirkend als nicht durchgeführt.

698 Vgl. BFH-Beschluss vom 5.6.1996, S. 928.

699 Gem. § 14 Nr. 2 S. 1 KStG i.d.F. des StSenkG 1999/2000/2002 musste die wirtschaftliche Eingliederung von Beginn des Wirtschaftsjahres der OG an erfüllt sein.

700 Vgl. BFH-Urteil vom 11.4.1991, S. 140 und Kapitel B.III.3.d) (ab S. 56).

701 Vgl. BFH-Urteil vom 26.4.1989, S. 669; BFH-Urteil vom 13.9.1989, I R 110/88, S. 26 und BFH-Urteil vom 22.4.1998, S. 688.

702 Vgl. VOGEL, KLAUS (1970), S. 132.

703 Vgl. JURKAT, WERNER (1977), S. 348 und WÖHE, GÜNTER (1997), S. 131 f.

men des OT eingegliedert[704]; ein Handeln auf eigene Rechnung und Gefahr ist ausgeschlossen.[705]

Als **Negativabgrenzung** wird die bloße Erlangung eines Gewerbebetriebes kraft Rechtsform einer Kapitalgesellschaft gem. § 2 Abs. 2 S. 1 GewStG dem Erfordernis der wirtschaftlichen Eingliederung nicht gerecht.[706] Dementsprechendes gilt für die personelle Verknüpfung zwischen den Geschäftsführungen von OT und OG ebenso wie für den Abschluss eines BHV oder EAV.[707]

Auch die bloße Leitung oder Verwaltung der Beteiligung von Seiten des OT reicht nicht zur Begründung einer wirtschaftlichen Eingliederung aus.[708] Vielmehr muss zur leitenden Tätigkeit eine **andere gewerbliche Tätigkeit** hinzukommen, die jedoch nicht notwendigerweise demselben Wirtschaftszweig der OG angehörig zu sein hat.[709]

An den **Umfang** dieser zusätzlich geforderten Tätigkeit werden von der Rechtsprechung bestimmte, jedoch sehr pauschal formulierte Anforderungen gestellt. So ist es nicht erforderlich, dass der OT eine übergeordnete Tätigkeit auszuführen braucht.[710] Umgekehrt ist es auch nicht notwendig, dass seine Aktivitäten den Schwerpunkt der wirtschaftlichen Gesamttätigkeit des Organschaftskonzerns darstellen.[711] Von ausschließlicher Relevanz ist, dass beide Unternehmen eine wirtschaftliche Einheit darstellen. Ob eine Betätigung übergeordnet bzw. unterge-

---

704 Somit ist die Bildung einer wirtschaftlichen Einheit notwendig, innerhalb der die OG im Gefüge des OT als dessen Bestandteil agieren kann. Vgl. BFH-Urteil vom 8.12.1971, S. 290 und BFH-Urteil vom 21.1.1976, S. 390.

705 Vgl. z.B. BFH-Urteil vom 21.6.1972, S. 723.

706 Vgl. BFH-Beschluss vom 5.6.1996, S. 928; BFH-Beschluss vom 24.7.1998, S. 373; BFH-Urteil vom 17.12.1969, S. 261 f.; BFH-Urteil vom 15.4.1970, S. 555 f.; BFH-Urteil vom 8.12.1971, S. 289; BFH-Urteil vom 21.6.1972, S. 723; BFH-Urteil vom 18.4.1973, S. 741; BFH-Urteil vom 13.9.1989, I R 110/88, S. 26 f.; Urteil des FG Hamburg vom 25.1.1989 (n.rkr.), S. 428 und Urteil des FG Niedersachsen vom 21.6.1991 (rkr.), S. 394.

707 Vgl. BFH-Urteil vom 26.4.1966, I 102/63, S. 427; BFH-Urteil vom 25.1.1968, S. 422; BFH-Urteil vom 26.4.1989, S. 669; BFH-Urteil vom 13.9.1989, I R 110/88, S. 26; Urteil des FG Düsseldorf vom 24.2.1988 (rkr.), S. 380; Urteil des FG Niedersachsen vom 21.6.1991 (rkr.), S. 394.

708 Vgl. BFH-Urteil vom 17.12.1969, S. 260; BFH-Urteil vom 18.4.1973, S. 741 und BFH-Urteil vom 26.4.1989, S. 669. Zur Begründung wird ausgeführt, dass ansonsten die für eine gewerbliche Tätigkeit des OT gem. § 15 Abs. 2 EStG u.a. notwendige Teilnahme am allgemeinen wirtschaftlichen Verkehr durch die OG vollzogen werden würde. Insofern wäre einem Unterordnungsverhältnis widersprochen. Vgl. BFH-Urteil vom 13.9.1989, I R 110/88, S. 27. Im Übrigen ist unter dem Verwalten einer Beteiligung die ausschließliche Geltendmachung der aus der Beteiligung des OT erwachsenden Rechte inkl. des Stimmrechts zu subsumieren, weswegen die wirtschaftliche Eingliederung ohne zusätzliche Erfordernisse als selbstständiges Merkmal gegenstandslos wäre.

709 Vgl. BFH-Urteil vom 21.1.1976, S. 390. Vgl. ebenso für das Umsatzsteuerrecht Urteil des FG Rheinland-Pfalz vom 28.11.1996 (n.rkr.), S. 568 f. sowie SCHUHMANN, HELMUT (1997), S. 70. Mögliche unterschiedliche Tätigkeiten wären bspw. die Produktion und die Werbung, die Produktion und der Vertrieb oder die Rohstoffgewinnung und die Verarbeitung. Vgl. hierzu BRANDMÜLLER, GERHARD (1997), Tz. E58 und HÜBL, LEO (1972), S. 92. Auch die Übernahme des Einkaufs für die Betriebsgesellschaft sowie der gesamten Verwaltungstätigkeit, die die Buchhaltung und EDV umfasst, wird als ausreichend erachtet. Vgl. KORN, KLAUS (1996), S. 445. A.A.: SCHMIDT, LUDWIG/MÜLLER, THOMAS/STÖCKER, ERNST E. (1999), Rz. 131. Wenn folglich konglomerate Unternehmenszusammenschlüsse von der Rechtsprechung anerkannt werden, muss dies meiner Ansicht nach insb. auch für horizontale und vertikale Unternehmenszusammenschlüsse gelten. Vgl. zu den Begrifflichkeiten KUSSMAUL, HEINZ (2001), S. 492.

710 Vgl. BFH-Beschluss vom 24.7.1998, S. 373 f.; BFH-Urteil vom 18.4.1973, S. 741; BFH-Urteil vom 21.1.1976, S. 390; BFH-Urteil vom 12.1.1977, I R 204/75, S. 358 und Urteil des FG Köln vom 23.9.1997 (n.rkr.), S. 690.

711 Vgl. BFH-Urteil vom 21.1.1976, S. 390 und Urteil des FG Hamburg vom 25.1.1989 (n.rkr.), S. 429.

ordnet ist, wird primär anhand eines Umsatzvergleiches bzw. nachrangig anhand eines Gewinnvergleiches beurteilt; maßgebend dafür ist nicht der absolute Umfang der ausgeübten Tätigkeit der abhängigen Gesellschaft, sondern das **relative Ausmaß** in Bezug auf die ausgeübte Geschäftstätigkeit des herrschenden Unternehmens.[712]

Die **ausschließliche Ausübung** von Tätigkeiten des OT gegenüber der OG reicht ebenfalls **nicht** zur Annahme einer wirtschaftlichen Eingliederung aus.[713] In diesem Kontext ist auf die **Betriebsaufspaltung** als klassischen Anwendungsfall zu verweisen, wobei es m. E. im Folgenden zu differenzieren gilt. Der hauptsächliche Einsatzbereich stellt die **(eigentliche strukturelle) Betriebsaufspaltung**[714, 715] in eine Besitzpersonen- und eine Betriebskapitalgesellschaft in Verbindung mit einer bloßen Verpachtungstätigkeit des zuerst genannten Unternehmens dar, wenngleich dieser Dienst kraft Rechtsprechung bereits eine gewerbliche Tätigkeit darstellt.[716, 717] Als Begründung wird für die versagte wirtschaftliche Eingliederung das feh-

---

712 Vgl. BFH-Beschluss vom 24.7.1998, S. 374 sowie Urteil des FG Rheinland-Pfalz vom 19.10.1994 (rkr.), S. 685 f. Letzteres sah die Höhe der getätigten Jahreserlöse des abhängigen Unternehmens (ca. 459.000 DM), gemessen an dem Jahresumsatz des herrschenden Unternehmens (ca. 70.000.000 DM), als zu gering an, wenngleich die absolute Umsatzhöhe des betroffenen Unternehmens als „nicht unbedeutend" erscheint. Das FG ließ die Frage offen, ob an einen Umsatzvergleich ausschließlich Anforderungen in Form relativer Maßstäbe gestellt werden sollten. Jene Problematik wurde jüngst vom FG Niedersachsen aufgegriffen. Es stellte zumindest dann auf einen absoluten Vergleich ab, wenn „...die Umsätze des Organträgers einen solchen Umfang angenommen haben, dass allein auf Grund des absoluten Umfangs der Betätigung diese nicht mehr als von untergeordneter Bedeutung angesehen werden kann...". Urteil des FG Niedersachsen vom 31.7.2001 (n.rkr.), S. 234. Die Umsätze des OT betrugen in einem sechsjährigen Zeitraum jeweils zwischen 2,6 und 7,6 Mio. DM. Die Beurteilung sollte meiner Meinung nach anhand einer ausschließlich relativen Überprüfung erfolgen, da die wirtschaftliche Eingliederung im Sinne einer geforderten wirtschaftlichen Zweckabhängigkeit bzw. wirtschaftlichen Einheit seine Voraussetzungen ausschließlich auf das Verhältnis zwischen herrschendem und abhängigem Unternehmen fokussiert. Auf die Tatsache, dass der Umsatz des abhängigen Unternehmens absolut gesehen bzw. im Vergleich zu anderen Unternehmen hoch oder niedrig ist, darf es hier nicht ankommen. Die Umsatzhöhe erweist sich m.E. als geeigneter Beurteilungsmaßstab, da sie entgegen der Heranziehung von Gewinnen schwieriger beeinflussbar sowie darüber hinaus eindeutig definiert ist.

713 Vgl. BFH-Urteil vom 22.4.1998, S. 688 und Urteil des FG Niedersachsen vom 21.6.1991 (rkr.), S. 394.

714 Vgl. nochmals Kapitel B.III.3.c) (ab S. 48).

715 Im Folgenden sind die Termini „Besitz- und Produktionsgesellschaft" einerseits sowie „Betriebs- und Vertriebsgesellschaft" andererseits bei einer eigentlichen Betriebsaufspaltung als Synonyme zu „OT" bzw. „OG" zu sehen. Bei einer umgekehrten Betriebsaufspaltung kehren sich die Begriffe gerade um.

716 Vgl. BFH-Beschluss vom 8.11.1971, S. 64 f.; BFH-Urteil vom 18.4.1973, S. 742; BFH-Urteil vom 20.9.1973, S. 870; BFH-Urteil vom 29.7.1976, S. 752; BFH-Urteil vom 17.3.1987, S. 859; BFH-Urteil vom 14.10.1987, S. 192; BFH-Urteil vom 26.1.1989, S. 455; BVerfG-Beschluss vom 12.3.1985, S. 478 und Urteil des FG Niedersachsen vom 21.6.1991 (rkr.), S. 394. A.A.: ZINTZEN/LÜTHGEN (1957), S. 1177 f. Grundsätzlich stellt die reine Vermietung bzw. Verpachtung eine vermögensverwaltende Tätigkeit i.S.v. § 14 S. 3 AO dar. Vgl. hierzu auch WEBER-GRELLET, HEINRICH (2002), § 15 EStG, Rz. 80. Anderes gilt jedoch kraft Rechtsprechung im Falle einer Betriebsaufspaltung. Zur Begründung wird die Gewerblichkeit u.a. aus der Subsidiaritätsvorschrift des § 21 Abs. 3 EStG abzuleiten versucht, wonach im Rahmen eines Normenkonflikts Einkünfte aus Vermietung und Verpachtung u.a. vorrangig Einkünften aus Gewerbebetrieb zuzurechnen sind. Vgl. hierzu auch BFH-Urteil vom 1.6.1978, S. 548, das explizit klarstellt, dass die Nichtannahme einer gewerblichen Betätigung nur im Falle der Verpachtung an eine fremde dritte Person gilt. Ein anderer Ansatzpunkt für die gewerbliche Betätigung der Besitzgesellschaft wird in der engen wirtschaftlichen Verflechtung mit der Betriebsgesellschaft gesehen (einheitlicher geschäftlicher Betätigungswille!), über welche sie am allgemeinen wirtschaftlichen Verkehr beteiligt ist. Vgl. BFH-Urteil vom 25.7.1963, S. 505; BFH-Urteil vom 12.11.1985, VIII R 240/81, S. 297 sowie SÖFFING, GÜNTER (1996), S. 1226 f. WEHRHEIM spricht bildlich vom sog. „Bazillus der Gewerblichkeit". Vgl. WEHRHEIM, MICHAEL (2001), S. 913. Diese Aussagen gelten ausschließlich für die eigentliche Betriebsaufspaltung, da die verpachtende Kapitalgesellschaft im Rahmen der uneigentlichen und kapitalistischen Betriebsaufspaltung wegen §§ 8 Abs. 2 KStG, 2 Abs. 2 S. 1 GewStG stets Einkünfte aus Gewerbebetrieb erzielt.

lende Dienen der Betriebsgesellschaft angeführt.[718] Somit hat die **Besitzgesellschaft** eine **zusätzliche gewerbliche Tätigkeit über einen nach außen gerichteten Geschäftsbetrieb** auszuüben, die die Betriebsgesellschaft zu fördern bzw. der sie sich unterzuordnen hat.[719] Dies hat zumeist Eingriffe in die Betriebsstruktur zur Folge.

Zu hinterfragen wäre, ob obige Aussagen auch auf eine sog. **umgekehrte Betriebsaufspaltung** in eine Besitzkapitalgesellschaft sowie eine Betriebspersonengesellschaft Anwendung finden. Die dazu ergangene Rechtsprechung fällt sehr spärlich aus.[720] M. E. übt die Betriebspersonengesellschaft als übergeordnetes Unternehmen bereits eine (unstrittige) gewerbliche Tätigkeit gem. § 15 Abs. 2 EStG aus, die in qualitativer Sicht als höherwertig im Vergleich zur bloßen Vermietungs- bzw. Verpachtungstätigkeit im Rahmen der eigentlichen Betriebsaufspaltung einzustufen ist. Die bloße Betätigung der Besitzgesellschaft stellt gleichzeitig ein ausreichendes Erfordernis für die wirtschaftliche Eingliederung dar. Bekräftigend ist anzuführen, dass das Dienen der Betriebs- durch die Besitzgesellschaft entgegen der eigentlichen Betriebsaufspaltung eindeutiger in den Vordergrund gerückt wird. Diese Überlegungen lassen sich m. E. dementsprechend auf die **funktionale Betriebsaufspaltung** in eine Produktions- und Vertriebsgesellschaft unabhängig davon, ob eine eigentliche oder eine umgekehrte Betriebsaufspaltung vorliegt, problemlos transferieren.[721]

---

717 Die folgenden Aussagen bzgl. Betriebsaufspaltungen besitzen sowohl für die echte als auch für die unechte Betriebsaufspaltung Gültigkeit. Bei Letzterer wird ein einheitliches Unternehmen nicht in zwei rechtlich selbstständige Gesellschaften aufgespalten, sondern zwei von vornherein rechtlich getrennte Unternehmen nehmen mittels (befristeter) Überlassung von Anlagevermögen wirtschaftliche Beziehungen miteinander auf. Vgl. BFH-Beschluss vom 8.11.1971, S. 65; BFH-Urteil vom 20.9.1973, S. 870; BFH-Urteil vom 23.7.1981, S. 61; BFH-Urteil vom 10.11.1982, S. 137; BVerfG-Beschluss vom 12.3.1985, S. 475 f. und S. 480; BFH-Urteil vom 21.10.1988, S. 386; BFH-Urteil vom 25.10.1988, S. 18; BFH-Urteil vom 15.12.1988, S. 759 und in der jüngeren Rechtsprechung bestätigend BFH-Beschluss vom 2.10.1990, S. 418 f. sowie Urteil des FG Niedersachsen vom 8.7.1998 (n.rkr.), S. 1517. Kritisch zur Gleichbehandlung von echter und unechter Betriebsaufspaltung äußern sich SCHMIDT, LUDWIG (1989), S. 19 sowie SÖFFING, GÜNTER (1996), S. 1227 f. Vgl. hierzu auch die Anmerkungen von BIRKHOLZ, HANS (1971), S. 159 ff.

718 Vgl. BFH-Beschluss vom 24.7.1998, S. 375; BFH-Urteil vom 25.6.1957, I 119/56 U, S. 305 f.; BFH-Urteil vom 7.3.1961, S. 212 sowie i. Allg. BFH-Urteil vom 15.4.1970, S. 555, in dem der OT keine eigene gewerbliche Tätigkeit ausübt und nur an einer OG beteiligt ist.

719 Vgl. z.B. BFH-Urteil vom 21.1.1988, S. 456 f., in dem die Besitzgesellschaft neben ihrer Vermietungs- und Verpachtungstätigkeit Wohnungen an Dritte vermietet und teilweise veräußert hat. Ein (gewerbesteuerliches) Organschaftsverhältnis wurde deshalb abgelehnt, weil die zusätzliche Tätigkeit – unbenommen davon, ob sie gewerblicher Art ist oder nicht – für eine Unterordnung seitens der Betriebsgesellschaft ungeeignet war. Ähnlich verhielt sich der Sachverhalt beim BFH-Urteil vom 18.4.1973, S. 740 ff. Anschaulich merkt KNOPPE an, dass bei einer Betriebsaufspaltung keine zusätzlichen qualitativen Attribute i.S. einer „verbesserten Gewerblichkeit", sondern vielmehr quantitative Merkmale im Rahmen der Organschaft zu erfüllen sind. Vgl. KNOPPE, HELMUT (1985), S. 228. Relativierend ist hinzuzufügen, dass jene Aussage ausschließlich für die eigentliche strukturelle Betriebsaufspaltung Gültigkeit erlangt, wie noch zu zeigen sein wird. Vgl. in diesem Zusammenhang kritisch bzgl. der Divergenz von Betriebsaufspaltung und Organschaft GROH, MANFRED (1989), S. 749.

720 Vgl. BFH-Urteil vom 31.3.1971, S. 536 ff.; BFH-Urteil vom 12.1.1977, I R 204/75, S. 357 ff.; BFH-Urteil vom 16.9.1994, S. 75 ff. sowie Urteil des FG Niedersachsen vom 8.7.1975 (n.rkr.), S. 146 f.

721 Auch hier übt die Produktionsgesellschaft zweifelsohne eine gewerbliche Tätigkeit aus, der die OG durch den Vertrieb der Produkte dient bzw. sich unterordnet.

Jene organträgerspezifischen Grundsätze gelten nicht für OG. Hier genügt als hinreichende Bedingung das Vorliegen eines Gewerbebetriebes kraft Rechtsform.[722] Ein bloßes Halten bzw. Verwalten von Beteiligungen für den OT ist insofern möglich, als dass hierdurch dessen Tätigkeit gefördert wird und die bloße Vermögensverwaltung dazu geeignet ist, für den OT wirtschaftliche Vorteile zu erzielen; die Beteiligungen können an Unternehmen unterschiedlicher oder gleicher Branchen bestehen.[723] Das Kaufen und Verkaufen der Beteiligungen kann als bekräftigendes Indiz dafür gewertet werden, dass die OG für den OT einen selbstständigen Geschäftsbereich wie z.B. die Portfolioverwaltung und -optimierung übernimmt.[724] Ein analoger Sachverhalt lag dem BFH-Urteil vom 15.6.1972 zugrunde: Die OG vertrieb Fertigerzeugnisse über ihre eigenen Vertriebskanäle an einen eigenen Abnehmerkreis. Die vom OT gestellte Zielsetzung, seinen bisherigen Kundenstamm zu erhalten bzw. zu versorgen, wurde dadurch erfüllt.[725]

Aus den Ausführungen wird ersichtlich, dass beide Unternehmen einer **Gesamtkonzeption** unterliegen und durch eine einheitliche Leitung miteinander verbunden sind.[726] Diese setzt voraus, dass der OT eine einheitliche Leitungsmacht über die eigene Tätigkeit und über diejenige der OG ausüben kann; der Organkreis ist als eine wirtschaftliche Kette aufzufassen, innerhalb derer sich die einzelnen Glieder fördern und ergänzen.[727]

Auch bei **mittelbaren Beteiligungsstrukturen** ist eine wirtschaftliche Eingliederung kraft Finanzrechtsprechung möglich, da eine nicht eigenwirtschaftlich handelnde Zwischengesellschaft dazu geeignet ist, dieses Eingliederungskriterium an die (eigenwirtschaftlich Umsätze

---

[722] Vgl. BFH-Urteil vom 8.12.1971, S. 289 f. Im Rahmen der umgekehrten Betriebsaufspaltung wäre insofern eine reine Vermögensverwaltung seitens der Besitzkapitalgesellschaft als ausreichend zu erachten. Vgl. Urteil des FG Niedersachsen vom 8.7.1975 (n.rkr.), S. 146.

[723] Abstrahiert man von dem gegebenen Pachtverhältnis, wird das Themengebiet der Eignung von Holdinggesellschaften als OT angesprochen, welches für die wirtschaftliche Eingliederung ebenfalls differenziert zu beurteilen ist. Hält ein OT ohne gewerbliche Betätigung lediglich eine Beteiligung an der OG (sog. vermögensverwaltende Holding), muss ebenfalls eine weitere gewerbliche Betätigung gegeben sein, um eine wirtschaftliche Eingliederung bejahen zu können. Dies wird bereits dann angenommen, falls der OT eine weitere Beteiligung an einem anderen Unternehmen hält, wobei die Rechtsform m.E. von Irrelevanz ist. Vgl. hierzu KREBS, HANS-JOACHIM/BÖDEFELD, AXEL (1996), S. 669 f., die eine weitere Beteiligung an einer gewerblich tätigen Personenhandelsgesellschaft als ausreichend erachten. Kritisch hierzu GRIEGER (1957), S. 885, der keinen zu rechtfertigenden Grund darin sieht, dass eine geschäftsführende Holding, bei der die übergeordnete Gesellschaft ebenfalls ausschließlich den beherrschten Gesellschaften dient, als ausreichend für eine zusätzliche gewerbliche Betätigung und somit eine Betriebsaufspaltung angesehen wird.

[724] Vgl. BFH-Urteil vom 21.1.1970, S. 348 f. Im konkreten Sachverhalt hielt die OG mehrere Beteiligungen an Handelsgesellschaften, deren Erträge an den OT abgeführt wurden. Vgl. dazu auch bestätigend BFH-Urteil vom 8.12.1971, S. 289 f. sowie BFH-Urteil vom 21.6.1972, S. 723.

[725] Vgl. BFH-Urteil vom 15.6.1972, S. 842. Anders verhält es sich bei dem Sachverhalt, wo eine OG speziell zur Belieferung des OT gegründet wurde. Das Dienen kam zwar dadurch unweigerlich zum Ausdruck. Es wurden aber gleichzeitig auch fremde Dritte beliefert, wobei diese Umsätze die Umsätze an den OT während des Betrachtungszeitraums von sechs Jahren überschritten. Eine wirtschaftliche Eingliederung wurde wegen des hohen Fremdanteils an Erlösen nicht anerkannt. Vgl. BFH-Urteil vom 27.8.1964, S. 539 f.

[726] Vgl. BFH-Urteil vom 21.1.1976, S. 390 und BFH-Urteil vom 22.4.1998, S. 688. Vgl. Näheres zum Begriff der einheitlichen Leitung in Kapitel B.V.3 (ab S. 126).

[727] Vgl. Urteil des FG Niedersachsen vom 21.6.1991 (rkr.), S. 394 und PACHE, SVEN (1997), S. 928 sowie das zur USt ergangene BFH-Urteil vom 17.4.1969, V R 123/68, S. 505 ff., in dem eine wirtschaftliche Eingliederung zwischen einer Verlags-Gesellschaft und einer Druckerei-Gesellschaft bejaht und als „Musterbeispiel" angesehen wurde; während der Verlag Nachrichten und Manuskripte (geistig) produziert, werden diese in der Druckerei vervielfältigt und anschließend vom Verlag an den Leser vertrieben.

tätigende) Enkelgesellschaft zu vermitteln.[728] Die dafür notwendige Voraussetzung wird durch die (mittelbare) finanzielle Eingliederung geschaffen, die eine Einflussnahme auf die OG erst ermöglicht.

2. Besonderheiten bei Verkehr- und Verbrauchsteuern

Im Rahmen der USt und GrESt[729] kann im Allgemeinen auf die Ausführungen des vorangegangenen Kapitels verwiesen werden, wobei der aus Abschn. 21 Abs. 3 UStR abzuleitenden Existenz von materiellen Unterschieden Rechnung zu tragen ist. Eine Bestätigung erfolgt durch das BFH-Urteil vom 13.4.1961, das die wirtschaftliche Eingliederung im Rahmen der USt weiter als im ertragsteuerlichen Bereich auslegt. Die Gründe werden zum einen in den unterschiedlichen Zielsetzungen der Steuerarten und zum anderen in der rechtsformunabhängigen Umsatzbesteuerung gesehen.[730]

Der OT hat keine gewerbliche, sondern eine **unternehmerische Tätigkeit** auszuüben, da die wirtschaftliche Eingliederung der OG in sein Unternehmen erfolgt (§ 2 Abs. 2 Nr. 2 S. 1 UStG). Die BFH-Rechtsprechung geht richtigerweise davon aus, dass mit dem Begriff „Unternehmen" dasjenige in § 2 Abs. 1 UStG gemeint ist.[731] Der OT hat nicht notwendigerweise einen nach außen gerichteten eigenen Gewerbebetrieb zu unterhalten sowie mit Dritten getätigte Umsätze nachzuweisen; es genügt, wenn die OG als solche nach außen auftritt.[732] Aus diesem Grund ist erklärbar, weshalb der **Begriff der „Zweckabhängigkeit" nicht im Umsatzsteuerrecht** verwendet wird.[733]

---

[728] Die Rechtsprechung begründet ihre These insb. mit der fehlenden Konkretisierung der wirtschaftlichen Eingliederung in den Steuergesetzen. Vgl. BFH-Urteil vom 22.4.1998, S. 688 und Urteil des FG Köln vom 23.9.1997 (n.rkr.), S. 689 f.

[729] Bzgl. der wirtschaftlichen Eingliederung bei der GrESt ist mangels näherer Konkretisierung auf die umsatzsteuerlichen Vorschriften zu verweisen. Vgl. EDER, ULRICH (1994), S. 737; PAHLKE, ARMIN (1999), § 1 GrEStG, Rz. 340 mit dem Bezug auf das für die wirtschaftliche Eingliederung bei der USt ergangene BFH-Urteil vom 17.4.1969, V 44/65, S. 413 f. sowie HOFMANN, RUTH (1996), § 1 GrEStG, Rn. 99.

[730] Vgl. BFH-Urteil vom 26.2.1959, S. 206; BFH-Urteil vom 13.4.1961, S. 344 und ebenfalls BFH-Urteil vom 17.4.1969, V 44/65, S. 414. Ein Indiz für die weitere Auslegung liefert auch PACHE, für den das Zustandekommen nur weniger Organschaftskonzerne im Umsatzsteuerrecht an der wirtschaftlichen Eingliederung scheitert. Vgl. PACHE, SVEN (1997), S. 929 und ebenfalls HEIDNER, HANS-HERMANN (1988), S. 90. Vgl. kritisch zu voneinander differierenden Eingliederungstatbeständen bereits ECKHARDT, WALTER (1969), S. 925 sowie SCHUHMANN, HELMUT (1997), S. 70, der die wirtschaftliche Eingliederung im Umsatzsteuerrecht nicht weiter als im Ertragsteuerrecht auslegen möchte sowie mit einem eigenen (einheitlichen) Lösungsansatz, welcher die umsatzsteuerlichen Regelungen als maßgebend ansieht, PACHE, SVEN (1997), S. 930 ff.

[731] Vgl. BFH-Urteil vom 9.9.1993, S. 130.

[732] Vgl. BFH-Urteil vom 26.2.1959, S. 205; BFH-Urteil vom 24.10.1963, S. 144; BFH-Urteil vom 17.4.1969, V 44/65, S. 414; BFH-Urteil vom 19.10.1995, V R 71/93, S. 274; Urteil des FG Nürnberg vom 22.2.1990 (n.rkr.), S. 543; Urteil des FG des Saarlandes vom 9.7.1993 (rkr.), S. 176 sowie HEIDEMANN, O. (1988), S. 196. A.A.: Urteil des FG Rheinland-Pfalz vom 12.3.1987 (n.rkr.), S. 430, das die Tätigung eigener Außenumsätze des OT als zusätzliche Prämisse verlangt. Dieser Anspruch lässt sich m.E. mit der in diesem Urteil geforderten Vereinheitlichung mit den gewerbesteuerlichen Eingliederungsvoraussetzungen begründen. Vgl. dazu nochmals Fn. 242 (S. 43). Hierbei ist erwähnenswert, dass sich das Urteil auf das BFH-Urteil vom 18.4.1973, S. 740 ff., bezieht, welches allerdings zur KSt ergangen ist. Vgl. bzgl. der Missbilligung des Urteils des FG Rheinland-Pfalz vom 12.3.1987: Verfügung der OFD Frankfurt a.M. vom 27.10.1987, S. 199 und Verfügung der OFD Koblenz vom 30.12.1987, S. 397. NEUFANG misst diesem Urteil m.E. einen zu großen Stellenwert bei, da er eine umsatzsteuerliche Organschaft im Kontext einer Betriebsaufspaltung als umstritten ansieht. Vgl. NEUFANG, BERND (1988), S. 163.

[733] Vgl. PACHE, SVEN (1997), S. 929.

Im Bereich der **(eigentlichen strukturellen) Betriebsaufspaltung** ist eine Differenzierung zu den Ertragsteuern vorzunehmen. Eine zusätzliche unternehmerische Betätigung des OT ist nicht erforderlich. Vielmehr wird es für den im Rahmen der (umsatzsteuerlichen) wirtschaftlichen Eingliederung notwendigen betriebswirtschaftlichen Zusammenhang als ausreichend erachtet, dass der OT der OG **wesentliche Betriebsgrundlagen** in Form der Vermietung oder Verpachtung überlässt.[734, 735]

Da keine pauschalierten und objektiven Aussagen hinsichtlich des Wesentlichkeitskriteriums möglich sind, sondern stets auf den Einzelfall und auf das Gesamtbild der Verhältnisse abzustellen ist[736], werden nachfolgend zwecks einer Objektivierung die essenziellen Aussagen der Finanzrechtsprechung (kritisch und beispielhaft) dargestellt. Bei wesentlichen Betriebsgrundlagen kann es sich z.B. um das Büro, die Lagerhalle, die Werkstatt und die Abstellplätze bei einer Spedition[737] sowie um ein Betriebsgrundstück inkl. Betriebsgebäuden, -räumen, Maschinen und Fahrzeugen, das für die Umsatztätigkeit der OG besonders gestaltet ist, bei Bauunternehmen[738, 739] handeln[740]. In der jüngsten BFH-Rechtsprechung wurden auch reine Büro-

---

734 Unbeachtlich ist für organschaftliche Zwecke, ob die überlassenen Wirtschaftsgüter dem Besitzunternehmen selbst gehören oder diesem wiederum von einem Dritten zur Nutzung überlassen wurden (z.B. von Gesellschaftern des Besitzunternehmens, die diese Wirtschaftsgüter in ihrem SBV halten). Vgl. BFH-Urteil vom 11.8.1966, S. 601; BFH-Urteil vom 12.10.1988, S. 154; BFH-Urteil vom 24.8.1989, S. 1014 und BFH-Urteil vom 17.9.1992, S. 96. Vgl. hierzu ebenfalls BFH-Urteil vom 16.8.1994, S. 341; „en." (1975), S. 2108 und mit Beispielen HEIDEMANN, O. (1988), S. 197. Man spricht im Rahmen der letzten Alternative auch von einer sog. dreistufigen Betriebsaufspaltung. Vgl. BRANDMÜLLER, GERHARD (1997), Tz. A20 und FICHTELMANN, HELMAR (1999), Rdnr. 14. Allerdings gilt es hinsichtlich der Zuordnung zum SBV zu differenzieren: Überlassen die Besitz(personen-)gesellschafter der Betriebsgesellschaft Wirtschaftsgüter, sind diese nicht dem SBV zuzurechnen, da als Gegenleistung auch keine Sondervergütungen gezahlt werden. Anders verhält sich die Situation, bei der die Besitz(personen-)gesellschafter dem Betriebsunternehmen über die Besitz(personen-)gesellschaft Wirtschaftsgüter zur Nutzung überlassen. Vgl. dazu SCHNEIDER, NORBERT (2000), S. 227. Werden die wesentlichen Betriebsgrundlagen teilweise vom OT und teilweise von einer organkreisexternen Gesellschaft, an welcher der OT jedoch zu 50% beteiligt ist, überlassen, soll ebenfalls von einer sachlichen Verflechtung ausgegangen werden. Vgl. dazu Verfügung der OFD Koblenz vom 30.12.1987, S. 396 f. M.E. ist dem nicht zu folgen, da zumindest eine Stimmrechtsmehrheit erreicht werden sollte, um die gesellschaftsrechtliche Befugnis zur Anordnung der Vermietung bzw. Verpachtung zu erlangen. Des Weiteren können die Betriebsgrundlagen auch leihweise, d.h. unentgeltlich, überlassen werden, was jedoch nicht dem praktischen Regelfall entspricht und wovon hier abgesehen wird. Vgl. BFH-Beschluss vom 12.11.1998, S. 684 und BFH-Urteil vom 24.4.1991, S. 714 f. Unklar hingegen BFH-Beschluss vom 25.8.1998, S. 334 und BFH-Urteil vom 12.11.1985, VIII R 342/82, S. 300, die ausschließlich auf ein Miet- bzw. Pachtverhältnis abstellen.

735 Wichtig ist, dass es sich nicht um **die** wesentlichen Betriebsgrundlagen handeln muss. Die Überlassung einer wesentlichen Betriebsgrundlage reicht vielmehr aus, wobei sich die Wesentlichkeit ausschließlich aus Sicht der Betriebsgesellschaft beurteilen lässt. Vgl. z.B. BFH-Urteil vom 12.11.1985, VIII R 342/82, S. 300; BFH-Urteil vom 25.10.1988, S. 18 und BFH-Urteil vom 23.1.1991, S. 407. Es ist v.a. im Zuge einer echten Betriebsaufspaltung davon auszugehen, dass diejenigen Wirtschaftsgüter, die für das vorher einheitliche Unternehmen wesentlich waren, nun auch für die Betriebsgesellschaft wesentlich sind.

736 Vgl. z.B. BFH-Urteil vom 12.11.1985, VIII R 342/82, S. 300 und BFH-Urteil vom 19.7.1994, VIII R 75/93, S. 598.

737 Vgl. BFH-Beschluss vom 12.8.1993, S. 277 f. und BFH-Urteil vom 9.1.1992, S. 65. Dem stand nicht entgegen, dass der Kläger (OT) als wesentliche Betriebsgrundlage den Fuhrpark, die Konzessionen sowie die Kundenbeziehungen ansah.

738 Vgl. BFH-Beschluss vom 6.3.1998, S. 1268 f. sowie Urteil des FG Rheinland-Pfalz vom 16.11.1992 (rkr.), S. 497 f., das ein überlassenes Betriebsgrundstück sowie einen Bagger als wesentliche Betriebsgrundlage ansah.

739 Vgl. auch Beschluss des FG Düsseldorf vom 18.12.1986 (rkr.), S. 265, wonach eine Dachdecker-GmbH von einer Personenhandelsgesellschaft einen Lager- sowie einen Büroraum vermietet bekam. Da sich das Haupteinsatzgebiet eines Dachdeckerbetriebs i. d. R. auf Baustellen erstreckt, sind die gemieteten Räumlichkeiten

und Verwaltungsgebäude als wesentliche Betriebsgrundlage erachtet, falls diese die „räumliche und funktionale Grundlage" für die Tätigkeit des Betriebsunternehmens bilden.[741] Ebenso kann die ausschließliche Verpachtung von Betriebsgrundstücken ohne weiteres Anlagevermögen als Indiz für eine wirtschaftliche Eingliederung gewertet werden, falls dieses für die Betriebskapitalgesellschaft eine besondere Bedeutung besitzt.[742] Entsprechendes gilt für **immaterielle Wirtschaftsgüter** (insb. Erfindungen), auf denen die Produktion (teilweise) beruht und ohne die dieselbe nicht ohne Weiteres umgestellt werden könnte.[743] Im Gegensatz dazu

als austauschbar zu beurteilen, weswegen keine wesentlichen Betriebsgrundlagen vorlagen. Entsprechend war der Fall zu beurteilen, bei dem einer Betriebs-GmbH ein bebautes Grundstück mit einem früher als Schule genutzten Gebäude überlassen wurde. Vgl. BFH-Urteil vom 25.10.1988, S. 18.

740 Vgl. dazu allgemein BFH-Urteil vom 12.11.1985, VIII R 342/82, S. 300 f.; BFH-Urteil vom 24.8.1989, S. 1015; BFH-Urteil vom 5.9.1991, S. 350; BFH-Urteil vom 12.9.1991, S. 347 f.; BFH-Urteil vom 29.10.1991, VIII R 77/87, S. 334 f.; BFH-Urteil vom 29.10.1991, VIII R 78/87, S. 248; BFH-Urteil vom 26.3.1992, S. 831; BFH-Urteil vom 17.9.1992, S. 96 f. und BFH-Urteil vom 26.11.1992, S. 878, die bekräftigen, dass der Fabrikation dienende Grundstücke wesentliche Betriebsgrundlagen darstellen, da bei ihnen im Regelfall die Gebäude nach ihrer (Verkehrs-)Lage, ihrer Größe sowie ihres Grundrisses auf den Betrieb zugeschnitten sind. Vgl. hierzu auch BFH-Urteil vom 12.2.1992, S. 724, das im Rahmen eines Einzelhandels das Geschäftslokal regelmäßig als wesentliche Betriebsgrundlage einstufte. Diese Kriterien gelten regelmäßig dann als erfüllt, wenn ein unmittelbarer zeitlicher Zusammenhang zwischen der Errichtung des Gebäudes, der Vermietung an die Betriebsgesellschaft sowie die Aufnahme des Betriebs in diesem Gebäude besteht. Ferner ist das Wesentlichkeitsanzeichen dann zu bejahen, wenn im Falle einer Kündigung des Miet- bzw. Pachtvertrags eine Stilllegung des Betriebs drohen würde. Entsprechendes gilt, wenn die Betriebsführung durch die Lage des Grundstückes bestimmt wird (z.B. Grundstücke mit entsprechenden Räumlichkeiten an Hauptverkehrsstraßen, Hotels, Restaurants). Somit stellen Grundstücke, die überhaupt nicht gewerblichen Fabrikationszwecken dienen bzw. zwar Fabrikationszwecken dienen, jedoch im Vergleich zu anderen Betriebsgrundstücken qualitativ oder quantitativ (i.d.R. aufgrund geringer Größe) untergeordnet sind, keine wesentlichen Betriebsgrundlagen dar. Zur Annahme einer Geringwertigkeit muss die Fläche des von der Besitzgesellschaft vermieteten Grundstückes zu den Gesamtflächen der anderen (eigenen und fremden) Grundstücke der Betriebsgesellschaft ins Verhältnis gesetzt werden. Als Mindestrelation wird 10%, wenn nicht sogar 25% angesehen. Vgl. Söffing, Günter (1990), S. 12. A.A. ist Ranft, Eckart (1988), S. 82, der eine quantitative Beurteilung mit der Begründung verwirft, es komme vielmehr auf das wirtschaftliche Gewicht des Grundstückes an. Als maßgebend für die Wesentlichkeit erweist sich ebenso, dass die Betriebskapitalgesellschaft nicht jederzeit am Markt ein gleichwertiges Grundstück für ihr Vorhaben mieten oder kaufen könnte. Die Grundstücksbestandteile sind – falls sie in einem funktionellen Zusammenhang zueinander stehen – einheitlich zu beurteilen. Vgl. hierzu BFH-Urteil vom 1.2.1990, S. 563; BFH-Urteil vom 29.10.1991, VIII R 77/87, S. 335 und BFH-Urteil vom 29.10.1991, VIII R 78/87, S. 248. Eine davon abweichende Auffassung vertritt das BFH-Urteil vom 26.5.1993, X R 78/91, S. 719, das ein jederzeitiges Mieten bzw. Kaufen eines Grundstückes als ungeeignetes Kriterium zur Beurteilung der Wesentlichkeit ansieht, da ansonsten externe Markteinflüsse das Instrumentarium der Betriebsaufspaltung beeinflussen könnten.

741 Vgl. BFH-Urteil vom 23.5.2000, S. 1540, das ein Ingenieurbüro als Betriebsgesellschaft in der Rechtsform einer GmbH zu beurteilen hatte. In dem Gebäude wurden Planungen sowie Beratungen und Begutachtungen vorgenommen.

742 Vgl. BFH-Beschluss vom 17.8.1994, S. 751; BFH-Urteil vom 9.9.1993, S. 131; BFH-Urteil vom 16.8.1994, S. 341 f. und Urteil des FG Rheinland-Pfalz vom 28.11.1996 (n.rkr.), S. 568 f. Hierbei ist es unerheblich, ob das Besitzunternehmen oder die Betriebsgesellschaft die Gestaltung des Grundstückes i.S. der Errichtung wesentlicher Betriebsgrundlagen vornimmt. Vgl. BFH-Urteil vom 23.1.1991, S. 406 f. Als bekräftigend können ebenso das BFH-Urteil vom 9.3.1978, S. 488 sowie das BFH-Urteil vom 23.5.2000, S. 1540, gewertet werden, da die OG ihre Tätigkeit innerhalb der zugrunde liegenden Sachverhalte ohne die Betriebsgrundstücke und -vorrichtungen des OT nicht ausüben könnte. Vgl. hierzu auch Nowak, Peter (1990), S. 272 f., der im Rahmen eines Praxisfalls eine GmbH als Betriebsgesellschaft betrachtet, die in dem gemieteten Gebäude einen Arzneimittel-Versandhandel betreibt, ihren Betrieb jedoch in einem anderen Gebäude fortsetzen könnte; eine wirtschaftliche Eingliederung wird hier m.E. zu Recht verneint. Im Rahmen des Urteils des FG Münster vom 25.7.1996 (n.rkr.), S. 97 ff., wurde einem Grundstück die Wesentlichkeit aberkannt, da es 35 km von der Betriebsgesellschaft entfernt lag und überwiegend als Lager für Produktionsabfälle genutzt wurde.

743 Vgl. BFH-Urteil vom 21.10.1988, S. 385 f.; BFH-Urteil vom 26.1.1989, S. 455 sowie Ahmann, Karin-Renate (1988), S. 596, die insb. Erfindungen einen besonderen Stellenwert beimisst, da diese nicht reprodu-

kann das Wesentlichkeitskriterium nicht an der Höhe der in den vermieteten/verpachteten Wirtschaftsgütern ruhenden stillen Reserven manifestiert werden.[744] Umlaufvermögen stellt regelmäßig keine wesentliche Betriebsgrundlage dar, weil es jederzeit austauschbar ist.[745]

Als hinreichendes Kriterium dieser näher erläuterten beherrschenden Stellung des OT gegenüber der OG wird die bloße (jederzeitige) **Kündigungsmöglichkeit** eines Miet- und Pachtvertrags mit einem damit einhergehenden Entzug der wirtschaftlichen Grundlagen, insb. der Umsatztätigkeit, angesehen.[746] Es ist dabei unerheblich, ob die Besitzgesellschaft für Neu-, Ersatz- bzw. Rationalisierungsinvestitionen Sorge trägt[747] oder ob dies als Aufgabe der Betriebsgesellschaft vereinbart wurde[748].

In einem dazu konträren Verhältnis befindet sich das BFH-Urteil vom 28.1.1965, in dem eine umsatzsteuerliche Betriebsaufspaltung auch dann anerkannt wurde, falls das Kündigungsrecht hinsichtlich des Pachtvertrags auf eine Dauer von vielen Jahren (hier: 30 Jahre) vertraglich ausgeschlossen wurde. Als ausreichend wurden i. Allg. gesetzliche Gründe angesehen, die zu einer Auflösung des (vorerst unkündbaren) Pachtverhältnisses führen können (z.B. zeitlicher Verzug der Pachtzinsen, Insolvenz der Pächters).[749] An die Rechtsprechung knüpfte der BFH-

zierbar sind. Vgl. hierzu auch BFH-Urteil vom 11.8.1966, S. 601 und BFH-Urteil vom 20.9.1973, S. 871, die zwar zur GewSt ergangen sind, m.E. jedoch problemlos an dieser Stelle angeführt werden können. In dem letzteren zu beurteilenden Sachverhalt wurden der Betriebsgesellschaft gewerbliche Schutzrechte (Firmennamen, Warenzeichen sowie Produktionsverfahren) gegen Lizenzzahlungen zur Nutzung überlassen. Dadurch steigerte sich der Umsatz in dieser Branche von ursprünglich 8,1 % auf über 25%. Ähnlich auch BFH-Urteil vom 1.6.1978, S. 547. Vgl. hingegen BFH-Urteil vom 25.10.1988, S. 19, wo ein nicht patentfähiges Verfahren der Betriebsgesellschaft überlassen wurde, das auch von dritten Unternehmen angewendet werden könnte. Da ein tatsächliches Herrschaftsverhältnis nicht gegeben ist, wurde somit auch zu Recht die Wesentlichkeit als Betriebsgrundlage abgelehnt.

[744] Vgl. BFH-Urteil vom 24.8.1989, S. 1015. Ebensowenig sind bloße Dienstleistungen und Darlehensgewährungen für eine sachliche Verflechtung geeignet. Vgl. BFH-Urteil vom 21.10.1988, S. 386; BFH-Urteil vom 26.1.1989, S. 456 und BFH-Urteil vom 7.3.1996, S. 737.

[745] Vgl. SÖFFING, GÜNTER (2001), S. 79.

[746] Vgl. BFH-Beschluss vom 12.11.1998, S. 685; BFH-Urteil vom 13.4.1961, S. 344; BFH-Urteil vom 24.10.1963, S. 144; BFH-Urteil vom 25.1.1968, S. 422; Beschluss des FG Düsseldorf vom 18.12.1986 (rkr.), S. 265 und Urteil des FG des Saarlandes vom 9.7.1993 (rkr.), S. 175, wonach der OG Grund und Boden, Gebäude sowie Betriebsvorrichtungen zur Unterhaltung einer Kfz-Werkstatt und eines Kfz-Handels überlassen wurden. Vgl. hierzu auch BFH-Urteil vom 26.1.1989, S. 455, in dessen zu beurteilendem Sachverhalt der auf den wesentlichen Betriebsgrundlagen beruhende Umsatz zwischen 61% und 82% der gesamten Umsatztätigkeit ausmachte. WENDT stellt m. E. zu Recht fest, dass folglich nicht nur Wirtschaftsgüter wesentlich sind, die im Falle ihres Entzugs zur Einstellung der Tätigkeit des Betriebsunternehmens führen würden, sondern mit denen auch eine (positive) Änderung der Umsatzstruktur einhergeht. Vgl. WENDT, KARL F. (1975), S. 19.

[747] Vgl. dazu den Sachverhalt des BFH-Urteils vom 28.1.1965, S. 243.

[748] Vgl. BFH-Urteil vom 24.10.1963, S. 144 und BFH-Urteil vom 25.1.1968, S. 422.

[749] Vgl. BFH-Urteil vom 28.1.1965, S. 244. Ob zusätzlich andere spezielle Gründe erwachsen müssen (hier: Unkündbarkeit des Pachtvertrags ist an die Voraussetzung geknüpft, dass an der OG der OT oder Abkömmlinge bestimmter Familien zu mind. 50% beteiligt sind) kann anhand des Urteils nicht exakt beurteilt werden; meiner Meinung nach liegt diese Vermutung jedoch nahe. Relativierend äußert sich der BFH in einem neueren Urteil vom 19.10.1995, nach dem die wirtschaftliche Eingliederung nicht schon dann als beendet angesehen wird, wenn die OG aufgrund finanzieller Engpässe die vereinbarten Pachtzinsen schuldet. Eine Beendigung bei Insolvenz des Pächters wird an dieser Stelle jedoch bestätigt. Vgl. BFH-Urteil vom 19.10.1995, V R 128/93, S. 276 sowie BFH-Beschluss vom 27.9.1991, S. 346, in dem eine Vermögenslosigkeit der OG nicht den Wegfall der wirtschaftlichen Eingliederung impliziert.

Beschluss vom 1.4.1998 an; der Pachtvertrag erstreckte sich hier auf eine Dauer von 25 Jahren.[750]

In diesem Kontext gilt es kritisch zu hinterfragen, ob das Charakteristikum der tatsächlichen Beherrschung auch in einem längerfristig unkündbaren Vertrag erfüllt ist.[751] Zur Klärung dieser Problematik bedient sich HOLLATZ m. E. auch zu Recht der Definition des wirtschaftlichen Eigentums gem. § 39 Abs. 2 Nr. 1 S. 1 AO, wonach die verpachteten Wirtschaftsgüter im Umkehrschluss dem Pächter (OG) nur dann steuerlich zuzurechnen sind, falls er den Verpächter über die gewöhnliche Nutzungsdauer von der Einwirkung auf diese Wirtschaftsgüter ausschließen kann. HOLLATZ bejaht diese Konstellation, da ausschließlich ein vertragswidriges Verhalten des Pächters zu einer vorzeitigen Beendigung des Pachtverhältnisses führen kann. Daran anschließend bemängelt er das tatsächliche Herrschaftsverhältnis des Verpächters über den Pächter, da vielmehr die umgekehrte Konstellation gegeben ist.[752] Diese Aussage soll im nachfolgenden Abschnitt kurz untersucht und bewertet werden.

Die Behauptung von HOLLATZ lässt sich teilweise dadurch entkräften, dass die Wirtschaftsgüter unbenommen der im BFH-Urteil vom 28.1.1965 dargelegten allgemeinen Gründe (mögliche Insolvenz sowie möglicher Zahlungsverzug des Pächters) im wirtschaftlichen Eigentum des Verpächters verbleiben, weil gemäß des Wortlautes des § 39 Abs. 2 Nr. 1 S. 1 AO stets auf den „Regelfall" im Sinne eines vertragstypischen Verlaufs abgestellt wird.[753] Da der Verpächter sein (wirtschaftliches) Eigentum unter diesen Umständen nicht verliert, ist daran anschließend der Begriff der „gewöhnlichen Nutzungsdauer" genauer zu beleuchten. Hierunter wird die betriebsgewöhnliche Nutzungsdauer, die der wirtschaftlichen Nutzungsdauer[754] entsprechen soll, subsumiert.[755] Mangels genauerer Konkretisierung ist sich meiner Ansicht nach im Zuge der Ermittlung dieser Zeitgröße an den AfA-Tabellen zu orientieren.[756] Im konkreten Sachverhalt des BFH-Urteils vom 28.1.1965[757] wurden vielfältige Wirtschaftsgüter, darunter auch Gleisanlagen sowie Grundstücke der Betriebsgesellschaft zur befristeten Nutzung überlassen. Gem. den AfA-Tabellen besitzen Gleisanlagen eine Nutzungsdauer von 33 Jahren[758]; die wirtschaftliche Nutzungsdauer bei Grundstücken stellt sich nicht.[759]

---

750 Vgl. BFH-Beschluss vom 1.4.1998, S. 1272.

751 „Der Senat mißt jedoch dem Umstande keine entscheidende Bedeutung bei." BFH-Urteil vom 28.1.1965, S. 244.

752 Vgl. hierzu HOLLATZ, ALFRED (1994), S. 856 sowie im Endergebnis die Vorinstanz des zugrunde gelegten BFH-Urteils vom 28.1.1965, S. 243.

753 Vgl. dazu FISCHER, PETER (1989), § 39 AO, Anm. 52.

754 Es findet keine Orientierung an der technischen Nutzungsdauer statt. Vgl. bzgl. der Abgrenzung zwischen technischer und wirtschaftlicher Nutzungsdauer BIEG, HARTMUT/KUSSMAUL, HEINZ (2000a), S. 156 f.

755 Vgl. FISCHER, PETER (1989), § 39 AO, Anm. 50.

756 In den allgemeinen Vorbemerkungen zu den AfA-Tabellen wird ebenfalls von einer betriebsgewöhnlichen Nutzungsdauer gesprochen. Vgl. BMF-Schreiben vom 15.12.2000, S. 1533. Ob eine begriffliche Deckungsgleichheit zu § 39 AO gegeben ist, kann nicht abschließend beurteilt werden. Nach meiner Ansicht erweisen sich die AfA-Nutzungsdauern auf jeden Fall als (sehr gute) approximative Hilfsgrößen.

757 Vgl. BFH-Urteil vom 28.1.1965, S. 243 f.

758 Vgl. BMF-Schreiben vom 15.12.2000, S. 1535.

759 Analog kann der BFH-Beschluss vom 1.4.1998, S. 1272 f., bewertet werden, der zeitlich gesehen zwar nach der Publikation von HOLLATZ im Jahre 1994 gefasst wurde, jedoch materiell die gleiche Problemlage zum Entscheidungsgegenstand besaß. Hier wurde ein Grundstück über eine fixe Laufzeit von 25 Jahren verpachtet.

Zusammenfassend ist festzuhalten, dass sich die beherrschende Stellung der Besitzgesellschaft im Rahmen befristeter und während dieser Zeitdauer unkündbarer Pachtverhältnisse nur dann manifestiert, falls die betriebsgewöhnliche Nutzungsdauer größer als die (pachtweise) Überlassungsdauer ist, da nur dann zumindest die Möglichkeit besteht, der Betriebsgesellschaft die wirtschaftlichen Grundlagen durch Kündigung zu entziehen. Folglich sind zwei Bestimmungsfaktoren im Rahmen längerfristig unkündbarer Pachtverträge ausfindig zu machen: Deren Dauer sowie die betriebsgewöhnlichen Nutzungsdauern der den Vertragsgegenstand ausmachenden Wirtschaftsgüter.

Auch bei der umsatzsteuerlichen Organschaft ist m. E. eine sog. **umgekehrte Betriebsaufspaltung** möglich; der etwaige Einwand, die Besitzkapitalgesellschaft könnte der Betriebspersonengesellschaft durch Kündigung des Pachtvertrages die wesentlichen Betriebsgrundlagen entziehen, ist die Stimmrechtsmehrheit bei der finanziellen Eingliederung entgegenzustellen, die geeignet ist, eine solche Maßnahme zu unterbinden.[760]

Aus den Ausführungen wird ersichtlich, dass die wirtschaftliche Eingliederung als „Schalthebel" für die Betriebsaufspaltung bei der umsatzsteuerlichen Organschaft angesehen werden kann. Insoweit ergeben sich anhand der dargestellten BFH-Rechtsprechung auch Gestaltungsspielräume[761], die m.E. wegen der mangelnden Greifbarkeit und Objektivierung dieses Kriteriums nicht überbewertet werden sollten.

Eine Mindermeinung vertritt SCHUHMANN, der eine umsatzsteuerliche Betriebsaufspaltung generell verneint.[762] Im Rahmen seiner zusammengefassten Thesen könnte eine Organschaft bei umsatzsteuerlicher struktureller Betriebsaufspaltung „...nur bejaht werden, wenn der Organträger Unternehmer im Sinne des § 2 Abs. 1 UStG ist [...] und [...] zwischen Organträger und Organgesellschaft Umsätze stattfinden, die ohne das Organschaftsverhältnis steuerbar wären."[763] Diese von zwei kumulativ zu erfüllenden Restriktionen abhängende Anerkennung einer umsatzsteuerlichen Organschaft ist als nicht sachgerecht zu beurteilen. Zum einen stellt der OT – oder allgemein gesprochen eine vermietende Gesellschaft – einen umsatzsteuerlichen Unternehmer dar.[764] Zum anderen sind die Vermietungsumsätze zwischen Besitz- und

---

760 Vgl. hierzu für den ertragsteuerlichen Bereich BFH-Urteil vom 12.1.1977, I R 204/75, S. 358 f.

761 Vgl. dazu HEIDEMANN, O. (1988), S. 199.

762 Vgl. SCHUHMANN, HELMUT (1989), S. 385 sowie SCHUHMANN, HELMUT (1997), S. 70.

763 SCHUHMANN, HELMUT (1997), S. 71. Siehe auch die Vorbemerkungen auf S. 70. Verwunderlich ist, dass das Urteil des FG München vom 18.3.1987 (n.rkr.), S. 480 f., auf das SCHUHMANN auf S. 69, Fn. 15, Bezug nimmt, Organschaft und Holdinggesellschaften zum Gegenstand seiner Untersuchungen hatte, deren Aussagen nicht ohne Weiteres auf das Themengebiet der Betriebsaufspaltung übertragbar sind.

764 Die Kriterien der Nachhaltigkeit i.S. einer mehrjährig angelegten und sich wiederholenden Betätigung, der Erzielung von Einnahmen ohne eine notwendige Gewinnerzielungsabsicht sowie der Selbstständigkeit sind gleichzeitig erfüllt. Gleicher Ansicht: BFH-Beschluss vom 12.11.1998, S. 685. Der mögliche Einwand, die Besitzgesellschaft übe keine nach außen gerichtete Tätigkeit aus, lässt sich meiner Ansicht nach mit Hilfe der BFH-Rechtsprechung beantworten. Demnach kommen zur Beurteilung u.a. als mögliche Indizien infrage, wer die Steuererklärungen unterzeichnet bzw. die Steuerzahlungen leistet. Vgl. BFH-Urteil vom 12.10.1961, S. 144. Diese Funktionen obliegen dem OT; er ist Steuerschuldner und hat die monatlichen Umsatzsteuervoranmeldungen sowie die jährlichen Umsatzsteuererklärungen gem. § 18 UStG abzugeben. Vgl. BFH-Beschluss vom 31.8.1987, S. 201. Ferner ist der gesamte Organkreis unter nur einer Steuernummer geführt. Als weiteres mögliches Beweisanzeichen ist der Umsatz zwischen der OG und einem außen stehenden Unternehmen zu werten, welches umsatzsteuerlich so behandelt wird, als ob dieses vom OT selbst durchgeführt worden wäre (bspw. der Vorsteuerabzug bei Einkäufen der OG). Vgl. BRANDMÜLLER, GERHARD

Betriebsgesellschaft zweifelsohne als steuerbare Umsätze zu qualifizieren, die jedoch gem. § 4 Nr. 12a UStG (objektiv) steuerbefreit sind mit der Optionsmöglichkeit zur Steuerpflicht (§ 9 Abs. 1 UStG).[765]

3. Wirtschaftliche Eingliederung und Gewerblichkeit des Organträgers

Die wirtschaftliche Eingliederung und die geforderte gewerbliche Tätigkeit eines OT führten vor Ergehen des StSenkG für die KSt und die GewSt sowie im Zuge des StSenkG ausschließlich für Letztere zu einer **(möglichen) Doppelverifizierung** der Gewerblichkeit i.S.v. § 15 Abs. 2 EStG.[766] Von ihr waren gewerbliche Einzelunternehmen sowie Personenhandelsgesellschaften betroffen. Bei Kapitalgesellschaften[767] wurde dagegen ein Gewerbebetrieb kraft Rechtsform als ausreichende Bedingung für die OT-Eigenschaft erachtet, welcher sich in einer zweiten Überprüfung – der wirtschaftlichen Eingliederung – nicht als fiktiver, sondern auch als tatsächlicher Gewerbebetrieb konkretisieren musste.

In diese Überlegungen ist die Finanzrechtsprechung mit einzubeziehen, die an die wirtschaftliche Eingliederung aufgrund ihrer Unbestimmtheit keine „zu engen" Maßstäbe anlegen bzw. an sie keine „übertriebenen" Anforderungen stellen möchte.[768] Deren Erfüllung soll in der Praxis vielmehr „großzügig" ausgelegt werden.[769] Demgegenüber ist sie auch nicht als „Leerformel" zu interpretieren.[770] HÜBL formuliert sehr treffend: „Wenn man sich in diesem Punkte orientieren will, muß man schon die gesamte Rechtsprechung zu dieser Frage zu Rate ziehen und am Ende wird man möglicherweise noch nicht einmal eine brauchbare Entscheidungshilfe gefunden haben."[771] In der praktischen Umsetzung umfasst das Prüffeld der wirtschaftlichen Eingliederung ausschließlich die Verifizierung der gewerblichen Tätigkeit bzw. der zusätzlichen gewerblichen Tätigkeit des OT bei einer Betriebsaufspaltung. Als Gründe werden

---

(1997), Tz. C164 und Tz. E92; HEIDNER, HANS-HERMANN (2000), § 2 UStG, Rz. 101; LOHSE, W. CHRISTIAN (1988), S. 567 sowie REUTER, HANS-PETER (1982), S. 156. Dem ist zu entgegnen, dass die OG auch weiterhin Umsätze in ihrem eigenen Namen tätigt und somit die in § 14 Abs. 1 UStG hinsichtlich der Ausstellung von Rechnungen geforderten Angaben selbstständig zu erfüllen hat. SCHUHMANN argumentiert weiterhin unter Bezugnahme auf die FG-Rechtsprechung, dass der OT nur dann umsatzsteuerlicher Unternehmer ist, wenn er eigene Umsätze gegenüber Dritten tätigt. Gem. § 2 Abs. 1 S. 1 UStG müsse ein Unternehmer u.a. selbstständig sein. Die umsatzsteuerliche Selbstständigkeit werde jedoch dann nicht ausgeübt, falls die Voraussetzungen des § 2 Abs. 2 Nr. 2 UStG erfüllt sind (umsatzsteuerliche Organschaft). Vgl. dazu SCHUHMANN, HELMUT (1989), S. 385. Dieser Argumentationskette ist entgegenzuhalten, dass bei einer umsatzsteuerlichen Organschaft nicht der OT, sondern vielmehr die OG ihre Unselbstständigkeit erlangt. Vgl. bestätigend z.B. BFH-Urteil vom 19.10.1995, V R 71/93, S. 274.

765 Zu den unter § 4 Nr. 12a UStG genannten Grundstücken zählen auch deren Bestandteile gem. § 94 BGB, falls sie mit den Grundstücken fest verbunden sind (insb. Gebäude). Vgl. bzgl. der Steuerbarkeit von Vermietungs- bzw. Verpachtungsumsätzen auch Urteil des FG Nürnberg vom 22.2.1990 (n.rkr.), S. 543.

766 Vgl. KNOBBE-KEUK, BRIGITTE (1993), S. 699 f.

767 Entsprechende Aussagen gelten auch für Genossenschaften.

768 Vgl. Urteil des FG Köln vom 23.9.1997 (n.rkr.), S. 690.

769 Vgl. bereits ASSEYER (1941), S. 340; HÜBL, LEO (1969), S. 291; KREILE, REINHOLD (1968), S. 458 sowie RANFT, ECKART (1969), S. 333.

770 Vgl. BFH-Urteil vom 21.6.1972, S. 722 f.; BFH-Urteil vom 26.4.1989, S. 668 ff.; BFH-Urteil vom 13.9.1989, I R 110/88, S. 26; BFH-Urteil vom 27.6.1990, I R 62/89, S. 2247 und BFH-Urteil vom 20.2.1992, S. 134.

771 HÜBL, LEO (1969), S. 291.

ebenso die mangelnde Greifbarkeit sowie die Nachprüfbarkeit genannt.[772] Dadurch kommt m. E. ein widersprüchliches Ergebnis zustande. Da die gewerbliche Tätigkeit bei Personenhandelsunternehmen ohnehin im Zuge der subjektiven Voraussetzungen bejaht wurde, ist im Praxisfall tatsächlich von einer „Leerformel" auszugehen. Die **Abschaffung** der wirtschaftlichen Eingliederung im gesamten Ertragsteuerbereich durch das UntStFG **gilt es insofern zu begrüßen**.

Fraglich ist, wie mit nichtgewerblichen Kapitalgesellschaften bzw. mit Besitzunternehmen zu verfahren ist. Übt die formale Abschaffung der objektiven Tatbestandsvoraussetzung auch materielle Auswirkungen auf das subjektive Merkmal der OT-Eigenschaft aus? Das Problem wird unter Zuhilfenahme des StSenkG sowie des UntStFG-E zu lösen versucht.

Zur Gesetzeslage des **StSenkG** zurückkehrend[773], ist die **Gewerblichkeit** als ein konstitutives Merkmal des OT **in qualitativer Hinsicht** zu beurteilen, da mit der bei oberflächlicher Betrachtung als unproblematisch erachteten Streichung im körperschaftsteuerlichen Bereich weitreichende Folgen einhergehen, die insb. das Themengebiet der **(eigentlichen) Betriebsaufspaltung** betreffen. Im Schrifttum wird die verpachtende Tätigkeit des Besitzunternehmens sowie die bloße Vermögensverwaltung einer Holdinggesellschaft im körperschaftsteuerlichen Organschaftskonzern als ausreichend erachtet.[774] Gleiches müßte konsequenterweise auch für eine nichtgewerbliche Kapitalgesellgesellschaft als OT gelten.

Wird ein **intersteuerlicher Vergleich** zwischen GewSt-Recht und KSt-Recht angestellt, lässt sich konstatieren, dass in Ersterem an die Besitzgesellschaft qualitativ restriktivere Anforderungen geknüpft werden. Folglich muss dieses betrachtete Unternehmen „gewerblicher" als im KSt-Recht sein. Jene Ungleichbehandlung wurde jedoch nicht durch die unterschiedlichen Steuerarten gerechtfertigt. Vielmehr sollte die wirtschaftliche (und organisatorische) Eingliederung im GewSt-Recht eine Zwangsorganschaft durch eine bloße finanzielle Eingliederung verhindern.

Aus jenen Überlegungen heraus muss zusätzlich der Steuergesetzgeber und seine hinsichtlich der Abschaffung der wirtschaftlichen Eingliederung verfolgte Intention Berücksichtigung finden. Wurde das Kriterium deshalb beseitigt, weil man ihm keinen eigenen Stellenwert beigemessen bzw. es als überflüssiges Merkmal angesehen hat, kann in der Tat die Qualifikation eines nicht gewerblich tätigen Unternehmens als OT wie im Schrifttum vertreten werden. Wurde die wirtschaftliche Eingliederung hingegen, was meiner Meinung nach aus Sicht des Steuergesetzgebers eher anzunehmen ist, zwecks Vereinfachung infolge ihrer mangelnden Interpretierbarkeit und Nachprüfbarkeit verworfen[775], entsteht der Eindruck, dass die bisher

---

772 Vgl. PACHE, SVEN (1997), S. 928.

773 Hiernach fand die wirtschaftliche Eingliederung im ertragsteuerlichen Bereich ausschließlich für die GewSt Anwendung.

774 Vgl. DÖTSCH, EWALD/PUNG, ALEXANDRA (2000b), S. 13; FAULHABER, MARKUS (2000), S. 609; GROTHERR, SIEGFRIED (2000a), S. 1736; KOLLRUSS, THOMAS (2001a), S. 82; PRINZ, ULRICH (2000), S. 1258 sowie SCHLAGHECK, MARKUS (2000b), S. 1248 und vorsichtiger formulierend FENZL, BARBARA/HAGEN, CHRISTIANE (2000), S. 295; HEURUNG, RAINER/HEINSEN, OLIVER/SPRINGER, MASCHA (2001a), S. 185 und SEIFRIED, CAROLA (2001), S. 245.

775 So – nach meiner Interpretation – auch die Gesetzesbegründung zu dem Wegfall der wirtschaftlichen Eingliederung gem. Art. 3 Nr. 6b des „Gesetzes zur Senkung der Steuersätze und zur Reform der Unterneh-

an dieser Stelle überprüfte Gewerblichkeit des OT auf die Stufe der Verifizierung der OT-Eigenschaft vorverlagert wird. Der Begriff des in § 14 Abs. 1 S. 1 KStG erwähnten „gewerblichen Unternehmens" ist strenger auszulegen, so dass zukünftig und rechtsformunabhängig eine Gesellschaft hierunter zu subsumieren wäre, die auch **tatsächlich** i.S.v. § 15 Abs. 2 EStG gewerblich tätig ist.[776]

Eine weitere prekäre Situation wurde durch das **UntStFG-E** geschaffen. Dessen (nicht umgesetzter) Art. 4 Nr. 1[777] sah eine „optionale" gewerbesteuerliche Organschaft vor, die einen **intragewerbesteuerlichen Vergleich** im Kontext der wirtschaftlichen Eingliederung erlaubte. Angenommen, ein OT übt im Rahmen der Betriebsaufspaltung in Kombination mit einem gewerbesteuerlichen Organschaftsverhältnis neben der Vermietung/Verpachtung keine zusätzliche gewerbliche Tätigkeit aus. Eine gewerbesteuerliche Organschaft wäre unter diesen Gegebenheiten nicht möglich. Der OT könnte jene Misere durch den Abschluss eines EAV umgehen und doch zum gewünschten Ergebnis gelangen. Auch hier liegt eine vom Gesetzgeber durch eine eingeräumte Fallgestaltung hervorgerufene Ungleichbehandlung hinsichtlich der Betriebsaufspaltung vor. Somit würde – falls keine Verifizierung der Gewerblichkeit gem. § 15 Abs. 2 EStG im Zuge der OT-Eigenschaft stattfinden würde – das erstaunliche (und m. E. ungerechtfertigte) Ergebnis zustande kommen, dass Personenhandelsunternehmen, die die wirtschaftliche und organisatorische Eingliederung präferieren, „gewerblicher" sein müssten als solche, die ausschließlich einen EAV abschließen. Das Gebot einer notwendigen Gleichbehandlung wird in besonderer Weise anhand des „Extremfalles" deutlich, wonach sämtliche drei Eingliederungskriterien **und** der Abschluss eines EAV erfüllt sind. Wie wäre die Gewerblichkeit hier einzuschätzen?

Von Interesse wäre die Meinung des Schrifttums bei einer Umsetzung dieses Entwurfes gewesen. Anhand sämtlicher Erwägungen ist zusammenfassend als sachgerechte Lösung eine **tatsächliche gewerbliche Tätigkeit i.S.v. § 15 Abs. 2 EStG bei allen OT-Rechtsformen als subjektive Voraussetzung** zu fordern. Vor dem StSenkG waren Personenhandelsunternehmen und Kapitalgesellschaft hinsichtlich ihrer (tatsächlichen) Gewerblichkeit – wenngleich u.U. auf verschiedenen Ebenen – qualitativ „gleichwertig". Warum die erste Gruppe durch das StSenkG und UntStFG plötzlich „gewerblicher" sein soll, lässt sich nicht beantworten.[778]

---

mensbesteuerung (Steuersenkungsgesetz – StSenkG)" vom 23. Oktober 2000, S. 1453, abgedruckt bei CATTELAENS, HEINER/NIERMANN, WALTER/TAUSCH, WOLFGANG (2000), S. 641.

776 Eine andere Meinung vertritt anscheinend PACHE, der es als ausreichend erachtet, wenn eine Kapitalgesellschaft kraft Rechtsform einen OT verkörpert. Vgl. PACHE, SVEN (1997), S. 931 f.

777 Vgl. Art. 4 Nr. 1 des „Entwurfs eines Gesetzes zur Fortentwicklung des Unternehmenssteuerrechts (Unternehmenssteuerfortentwicklungsgesetz – UntStFG)" vom 17. August 2001, S. 25 f.

778 Dem möglichen Argument, bei der GewSt können Personenhandelsunternehmen aufgrund § 2 Abs. 2 S. 1 GewStG ebenfalls „gewerblicher" als Kapitalgesellschaften sein, ist zu entgegnen, dass speziell in diesem Kapitel auf einen Vergleich zwischen der Situation vor dem StSenkG und der Situation nach dem UntStFG abgestellt wird.

VI. Organisatorische Eingliederung

1. Jüngste Gesetzesentwicklungen und damit einhergehende Konsequenzen

Die organisatorische Eingliederung stellt das Paradebeispiel für die zunehmende Verkomplizierung der Tatbestandsvoraussetzungen im Organschaftsrecht dar. Während dieses Merkmal kraft des StSenkG ausschließlich für die körperschaftsteuerliche Einmutterorganschaft entfiel, wurde in § 2 Abs. 2 S. 2 GewStG i.d.F. des StSenkG u.a. zumindest ein Verweis auf die bis dahin gesetzlich geregelte Eingliederungsvoraussetzung mit ihren unwiderlegbaren und widerlegbaren Vermutungstatbeständen in § 14 Nr. 2 S. 2 und 3 KStG i.d.F. des StEntlG 1999/2000/2002 geschaffen.

Jenes formale gesetzliche „Katz- und Mausspiel“[779] wurde im Zuge des UntStFG durch materielle Problematiken substituiert. Zum einen ist die gesetzliche Kodifizierung der bislang in Abschn. 52 Abs. 6 Nr. 3 KStR geregelten organisatorischen Eingliederung bei einer Mehrmütterorganschaft zu begrüßen.[780] Gleiches gilt gem. § 2 Abs. 2 S. 3 GewStG für die GewSt. Zum anderen ist aufgrund des Wegfalls dieses Tatbestandsmerkmals bei der gewerbesteuerlichen Einmutterorganschaft eine Einbuße der (weitgehenden) Legaldefinition der organisatorischen Eingliederung in § 14 Nr. 2 S. 2 und 3 KStG i.d.F. des StEntlG 1999/2000/2002 zu verzeichnen.[781] Die **Rechtsunsicherheit** sollte vom Gesetzgeber nachgebessert werden.

Hinsichtlich der momentanen Verhaltensweise lassen sich nur Spekulationen anstellen. Da anzunehmen ist, dass durch den Wegfall der (überwiegenden) Legaldefinition keine Aufnahme von neuen Sachlagen in das Organschaftsrecht bezweckt wird, sollte sich auch weiterhin an den bisherigen beispielhaften Vermutungstatbeständen orientiert werden. M. E. wurde vom Gesetzgeber (bewusst oder unbewusst) die gleiche Situation wie bei den (noch niemals einen Verweis auf die Legaldefinition der organisatorischen Eingliederung enthaltenden) Organschaften im Bereich der Verkehr- und Verbrauchsteuern geschaffen. In formaler Hinsicht liegen dort **keine unwiderlegbaren Vermutungstatbestände** in Form eines BHV bzw. einer aktienrechtlichen Eingliederung vor.[782] Insofern ist von „quasi-unwiderlegbaren Vermu-

[779] Es wäre m.E. sachdienlicher gewesen, den bisherigen Wortlaut des KStG in § 2 GewStG zu transferieren, anstelle auf zwei Gesetzesfassungen zurückzugreifen.

[780] RÖDDER und SCHUMACHER stellen infrage, ob mit dem Wortlaut des § 14 Abs. 2 S. 2 Nr. 4 KStG eine organisatorische Eingliederung der OG in die GbR tatsächlich noch notwendig ist oder ob der Gesetzgeber lediglich eine koordinierte Durchsetzung des Willens der GbR-Gesellschafter damit bezweckt. Vgl. RÖDDER, THOMAS/SCHUMACHER, ANDREAS (2002), S. 109. M. E. ist Ersteres anzunehmen, da § 14 Abs. 2 S. 2 Nr. 3 KStG wortgetreu Abschn. 52 Abs. 6 Nr. 3 KStR entnommen wurde und in der Verwaltungsanweisung unstrittig die organisatorische Eingliederung gemeint war.

[781] Das noch eine organisatorische Eingliederung bei der GewSt optional vorsehende UntStFG-E hätte ebenfalls zu keiner besseren Beurteilung geführt, da auch hier der explizite Verweis auf das KStG entfiel. Vgl. Art. 4 Nr. 1 des „Entwurfs eines Gesetzes zur Fortentwicklung des Unternehmenssteuerrechts (Unternehmenssteuerfortentwicklungsgesetz – UntStFG)“ vom 17. August 2001, S. 25 f. Die damit eine größere Bedeutung erlangende Vorschrift des Abschn. 51 KStR wird von der Finanzverwaltung in ihrer Gesamtheit zu Unrecht als gegenstandslos erklärt.

[782] Vgl. SCHMIDT, LUDWIG/MÜLLER, THOMAS/STÖCKER, ERNST E. (1999), Rz. 1382 und STRECK, MICHAEL/BINNEWIES, BURKHARD (2001), S. 1578.

tungstatbeständen" auszugehen. Im **Vergleich zur aktienrechtlichen Vermutungskette** und deren widerlegbaren und unwiderlegbaren Tatbeständen wird in formaler Weise eine **Disharmonie** geschaffen. Materiell sorgt(e) die organisatorische Eingliederung für die tatsächliche Umsetzung der mittels der finanziellen Eingliederung geschaffenen bloßen Beherrschungsmöglichkeit der OG, was der Ausübung der einheitlichen Leitung i.S.v. § 18 Abs. 1 S. 2 AktG entspricht.[783] Dieses Erfordernis wird nicht mehr von sämtlichen Organschaftskonzernen gefordert.

Nachstehend werden die Vermutungstatbestände inkl. ihrer Problembereiche dargestellt. Da m. E. nicht anzunehmen ist, dass die Reduktion von Tatbestandsmerkmalen im Rahmen der Einmutterorganschaft zu einer Abkehr von bestehenden BHV, Personalunionen etc. führen wird[784], bietet sich eine allgemeine Darstellung der Vermutungstatbestände (unter Berücksichtigung der Auswirkungen bei simultanem Bestehen eines EAV) an.[785]

2. Einmutterorganschaft

a) „Quasi-unwiderlegbare" Vermutungstatbestände

(1) Aktienrechtlicher Beherrschungsvertrag

(a) Eingrenzung des Weisungsrechts

Mittels der Ratifizierung eines BHV, dessen isolierter Abschluss möglich ist[786], erlangt die durch ihre gesetzlichen Vertreter[787, 788] repräsentierte Muttergesellschaft die **Berechtigung,**

---

783 Vgl. BFH-Urteil vom 26.10.1972, S. 384; BFH-Urteil vom 20.2.1992, S. 134 f. und BFH-Urteil vom 28.1.1999, S. 258.

784 Vgl. dazu abschließend Kapitel B.VII (ab S. 165).

785 Unbenommen dessen könnten ein EAV und ein BHV bzw. aktienrechtliche Eingliederung bei einer gleichzeitigen ertragsteuerlichen und umsatzsteuerlichen Organschaft gegeben sein.

786 Vgl. z.B. KOERFER, ROLF/SELZNER, HARALD (1997), S. 285 und S. 290; KORT, MICHAEL (1989), S. 1311; KROPFF, BRUNO (1993b), S. 524; SCHNEIDER, UWE H./REUSCH, PETER (1989), S. 713 sowie SCHWARZ, OLIVER (1994), S. 54.

787 Neben den weisungsberechtigten Vorstandsmitgliedern einer AG, Komplementären einer KGaA sowie Geschäftsführern einer GmbH kann auch eine Genossenschaft (als Muttergesellschaft) unstrittig einen BHV abschließen, falls sie weiterhin die Förderung ihrer Mitglieder bezweckt. Weisungsberechtigt ist der Vorstand. Vgl. BEUTHIEN, VOLKER (1991), S. 136 f. und REUL, ADOLF (1997), S. 77. Es wird dabei auf die Ausführungen zur Genossenschaft und die in diesem Kontext zitierten Literaturquellen verwiesen. Vgl. Kapitel B.IV.2.a)(3) (ab S. 93). Auch eine Personenhandelsgesellschaft kann als (übergeordneter) Vertragspartner eines BHV fungieren. Die Weisungserteilung fällt in den Kompetenzbereich der vertretungsberechtigten Gesellschafter bei der OHG bzw. der Komplementäre bei der KG. Dementsprechendes gilt auch für den Inhaber eines Einzelunternehmens, was sich explizit aus § 309 Abs. 1 S. 1 AktG ersehen lässt.

788 Unstrittig ist, dass der gemeinschaftlich zur Weisungserteilung befugte Vorstand die Ausübung dieses Rechts auch auf einzelne Vorstandsmitglieder übertragen darf (§§ 77 Abs. 1, 78 Abs. 4 AktG). Eine Kontrolle ihres Handelns ist dennoch geboten, um sich eines Überwachungsverschuldens zu entledigen. In der praktischen Handhabung – insb. bei Großunternehmen – werden die gesetzlichen Vertreter das Weisungsrecht kaum ausüben, so dass dessen Ausübungstransfer auf Dritte zwecks Optimierung der Konzernorganisation in Betracht zu ziehen ist. Der Inhaber des Weisungsrechts ist im Gesetz widersprüchlich umschrieben. So wird zunächst vom „herrschenden Unternehmen" (§ 308 Abs. 1 S. 1, Abs. 2 S. 1, Abs. 3 S. 2 AktG) und sodann von den „gesetzlichen Vertretern" gesprochen (§ 309 Abs. 1 AktG). Vgl. EXNER, WERNER (1984), S. 156. M. E. ist eine Delegation der Ausübung des Weisungsrechts auf leitende Angestellte, insb. Prokuristen, möglich (z.B. kraft einer Bevollmächtigung). Der Vorstand hat in seiner verbleibenden Funktion als Kontrollorgan die von den Vertretern getätigten Weisungen hinsichtlich des gesetzlich geforderten Sorgfäl-

dem ursprünglich unter eigener Verantwortung handelnden Vorstand (§ 76 Abs. 1 AktG) bzw. dem (den) Komplementär(en) der **Tochtergesellschaft in der Rechtsform einer AG bzw. KGaA** hinsichtlich der Leitung verbindliche Weisungen[789] (im Innenverhältnis) zu erteilen (§ 308 Abs. 1 S. 1 AktG).[790] Demgegenüber ist der Vorstand bzw. der (die) Komplementär(e) **grundsätzlich verpflichtet**, diesen Weisungen (im Außenverhältnis) Folge zu leisten (§ 308 Abs. 2 S. 1 AktG).[791]

Dem BHV ist der **Grundsatz des vorrangigen Interesses der Muttergesellschaft sowie des Konzerninteresses vor dem Eigeninteresse der Tochtergesellschaft** immanent[792], so dass auch nachteilige Weisungen aus Sicht der Tochter angeordnet werden können, sofern sie im Interesse der Mutter oder im Konzerninteresse liegen[793]. Die Tochter darf deren Befolgung nicht verweigern, es sei denn, die Weisungen dienen nicht **eindeutig** den Belangen der Muttergesellschaft oder den konzernverbundenen Unternehmen[794] (§ 308 Abs. 2 AktG).

Da die Greifbarkeit dieser im Gesetz pauschal formulierten Aussagen nicht gegeben ist, wird der Versuch einer möglichst umfassenden problembezogenen Eingrenzung des (Maximal-) Weisungsrechtsumfangs unternommen. Dabei gilt zu betonen, dass diese Analyse keinen An-

---

tigkeitsmaßstabs i.S.v. § 309 Abs. 2 AktG zu überprüfen. Eine wichtige Bedeutung ist dabei der Haftungsfrage beizumessen, welche gem. § 309 Abs. 2 AktG eindeutig den gesetzlichen Vertretern auferlegt ist. EXNER weist darauf hin, dass sich nur die zur Erteilung von Weisungen Befugten verantwortlich für dessen Folgen zu zeigen haben. Ferner wäre die Rechtsverfolgung für Gläubiger und Minderheitsgesellschafter erschwert, falls keine nähere vertragliche Spezifizierung vorgenommen wurde. Vgl. EXNER, WERNER (1984), S. 156 f. und S. 160. ALTMEPPEN möchte hingegen eine Analogübertragung des § 309 AktG erreichen, da ein Missverhältnis zwischen der Möglichkeit der Weisungsdelegation einerseits und der ausschließlichen Haftung der gesetzlichen Vertreter andererseits besteht. Vgl. ALTMEPPEN, HOLGER (2000), § 308 AktG, Rn. 48 f. Meiner Ansicht nach sind die leitenden Angestellten zwar zur Weisungserteilung befugt, wobei deren Bestellung und Abberufung alleine ins Ermessen der gesetzlichen Vertreter gestellt ist. Demnach sind Letztere für eine Sorgfaltsverletzung schadensersatzpflichtig. Dies kann ebenfalls aus § 278 S. 1 BGB abgeleitet werden, wonach die leitenden Angestellten als Erfüllungsgehilfen anzusehen sind und den gesetzlichen Vertretern ein Verschulden wie eigenes Verschulden zugerechnet wird. Analog ist eine Weisungsrechtsdelegation an ein anderes verbundenes, nicht übergeordnetes Unternehmen möglich. Vgl. hierzu Genaueres bei ALTMEPPEN, HOLGER (2000), § 308 AktG, Rn. 51 ff. und CAHN, ANDREAS (2000), S. 1482. A.A.: KANTZAS, IOANNIS (1988), S. 82, der die Delegation ausschließlich an bestimmte Vorstandsmitglieder zulassen möchte.

789 Auf die explizite Bezeichnung als „Weisung" kommt es – wahrscheinlich im Hinblick auf die damit verbundenen Abgrenzungsschwierigkeiten – nicht an. Deshalb sind unter Weisungen auch Befehle, Anordnungen, Aufforderungen, Ratschläge, Anregungen oder verbindliche Empfehlungen einzuordnen. Vgl. SINA, PETER (1991), S. 1 sowie WELLKAMP, LUDGER (1993), S. 2156. Die Weisungen können mündlich, fernmündlich oder schriftlich erteilt werden, wobei sich die letzte Alternative aufgrund ihrer Schwerfälligkeit in der Praxis nicht durchgesetzt hat. Vgl. KANTZAS, IOANNIS (1988), S. 65 f.

790 Zwischen der Leitung im Zuge eines BHV und der nicht gesetzlich definierten einheitlichen Leitung i.S.v. § 18 Abs. 1 S. 1 AktG können unbenommen des unwiderlegbaren Vermutungstatbestandes gem. § 18 Abs. 1 S. 2 AktG Divergenzen auftreten. Einerseits ist die Muttergesellschaft gem. § 308 Abs. 1 S. 1 AktG **berechtigt**, Weisungen zu erteilen, während das herrschende Unternehmen i.S.v. § 17 Abs. 1 AktG im Verhältnis zwischen zwei Konzernunternehmen die Weisungen **tatsächlich** ausüben muss. Andererseits setzt die einheitliche Leitung kein Weisungsrecht voraus bzw. begründet keine Folgepflicht. Bei Geltung eines BHV braucht die tatsächliche Ausübung der einheitlichen Leitung nicht nachgewiesen werden. Vgl. dazu ADLER, HANS/DÜRING, WALTHER/SCHMALTZ, KURT (1997), § 18 AktG, Tz. 17 f., Tz. 20 und Tz. 65 sowie GESSLER, ERNST (1979), S. 931 f.

791 Im Folgenden wird (werden) der (die) Komplementär(e) unter der Bezeichnung „Vorstand" mit einbezogen.

792 Vgl. BGH-Beschluss vom 4.3.1998, S. 868.

793 Vgl. GESSLER, ERNST (1976), S. 437 und für das GmbH-Recht ZÖLLNER, WOLFGANG (1992), S. 186.

794 Unter dem unbestimmten Rechtsbegriff der „konzernverbundenen Unternehmen" sind m.E. nicht ausschließlich durch einen BHV verbundene, sondern auch auf einer faktischen Beherrschung beruhende gesellschaftsrechtliche Verbindungen zu verstehen.

spruch auf Vollständigkeit erhebt, da eine konkrete Prüfung stets einzelfallbezogen zu erfolgen hat. **Generell** i.S. einer Obergrenze sind diejenigen Aufgaben Gegenstand des Weisungsrechts, die unter den **Kompetenzbereich des Vorstands** der Tochtergesellschaft fallen (z.B. Geschäfts-, Personal-, Absatz-, Investitions- und Finanzpolitik).[795, 796]

Dem stehen zunächst **nicht im Unternehmensvertragsrecht normierte Schranken** der Beherrschung entgegen, wie der Eingriff in (Beschluss-)Zuständigkeiten der Hauptversammlung der Tochtergesellschaft, die ihr von Gesetzes wegen zugewiesen sind[797], bzw. in für den Vorstand zwingende Regelungen (§ 82 Abs. 2 AktG)[798]. Auch gesetzes- und sittenwidrige Weisungen sind untersagt.

Zu diesen Einschränkungen treten **im Unternehmensvertragsrecht normierte Grenzen** hinzu. Gem. § 299 AktG wird es der Muttergesellschaft **explizit** verboten, der Tochtergesellschaft hinsichtlich der Änderung, Aufrechterhaltung oder Beendigung von Unternehmensverträgen Weisungen zu erteilen.[799] Ein bedeutsames und gleichermaßen schwieriges Problem stellt die **implizite Abgrenzung** zum EAV dar, weil es im Zuge isolierter BHV mittels (nachteiliger) Weisungen insb. möglich wäre, den Gewinn durch gesteuerte Konzernverrechnungspreise von der Tochter- auf die Muttergesellschaft dergestalt zu verlagern, dass bei Ers-

---

795 Damit wird nicht ausschließlich in die eigenverantwortliche Leitung gem. § 76 Abs. 1 AktG, sondern auch in die Befugnis zur Geschäftsführung sowie zur Vertretung der Gesellschaft nach außen hin eingegriffen (§§ 77 f. AktG). Auch (organisatorische) Weisungen im sog. innerkorporativen Bereich, wie z.B. die Vorbereitung zur Einberufung der Hauptversammlung oder die Vorbereitung von Beschlüssen können Gegenstand einer Weisung sein. Vgl. SINA, PETER (1991), S. 1 und S. 7 sowie Urteil des OLG Karlsruhe vom 7.12.1990 (n.rkr.), S. 146.

796 Eine Ausnahme vom Grundsatz der ausschließlichen Anweisung des Vorstands der Tochtergesellschaft stellt § 308 Abs. 3 AktG dar, der teilweise auch in die Rechte des obligatorisch oder fakultativ zu bildenden Aufsichtsrats der Tochtergesellschaft eingreift. Dabei handelt es sich um die Erteilung von Weisungen, die dessen Zustimmung bedürfen. Der Zuständigkeitsbereich kann kraft Satzung oder durch den Aufsichtsrat selbst legitimiert werden (§ 111 Abs. 4 AktG). Dieser hat vor der Weisungsausführung durch den Vorstand darüber zu befinden. Erfolgt die Ratifizierung nicht in einer vorher festgelegten Frist oder votiert der Aufsichtsrat gegen die Weisung, muss der Vorstand der Tochter die Muttergesellschaft darüber informieren. Anschließend steht dieser nochmals das Recht zu, dieselbe Anordnung zu erteilen, die nun nicht mehr von der Zustimmung des Aufsichtsrats abhängig ist. Demgegenüber ist der Aufsichtsrat der Muttergesellschaft zustimmungspflichtig, falls ein solcher vorgesehen und gebildet ist. Die Muttergesellschaft kann alternativ auch die Zustimmung des Aufsichtsrats der Tochter über § 111 Abs. 4 S. 4 AktG dergestalt erreichen, dass deren Vorstand im Zuge der Ablehnung von in den Kompetenzbereich des Aufsichtsrats fallenden Zustimmungsbeschlüssen von der Muttergesellschaft angewiesen wird, einen Hauptversammlungsbeschluss herbeizuführen, wo die fehlende Zustimmung aufgrund der Stimmrechtsmehrheit erlangt wird. Vgl. bzgl. dieser Variante KANTZAS, IOANNIS (1988), S. 43 und S. 84.

797 Der mögliche Einfluss auf dieses Organ wird ausschließlich mittels der Stimmrechtsmehrheit legitimiert.

798 Davon sind insb. Satzungsänderungen und Modifikationen hinsichtlich des Unternehmensgegenstands (z.B. Einstellung der Produktion von Erzeugnissen bzw. Untersagung des Handels mit bestimmten Waren, welche gem. § 23 Abs. 3 Nr. 2 AktG als satzungsgemäß bestimmt sind) sowie Tätigkeiten außerhalb des Unternehmensgegenstands angesprochen. Vgl. BGH-Urteil vom 25.2.1965, S. 264; Beschluss des OLG Düsseldorf vom 7.6.1990 (rkr.), S. 1397 und Urteil des OLG Stuttgart vom 29.10.1997 (n.rkr.), S. 586. Unbenommen dessen würde in den Kompetenzbereich der Hauptversammlung eingegriffen werden, die über eine Satzungsänderung zu befinden hat (§ 119 Abs. 1 Nr. 5 AktG).

799 Diese Rechtsnorm bezweckt, dem Vorstand der Tochtergesellschaft eine eigenmächtige Entscheidung zu überlassen und ihm keine willkürlichen inhaltlichen Änderungen des BHV aufzuzwängen. Von Relevanz ist, dass bei gleichzeitigem Bestehen eines EAV auch dessen Schutz durch § 299 AktG erfasst wird. Vgl. HÜFFER, UWE (2002), § 299 AktG, Rn. 2. Vgl. bzgl. der Analogübertragung auf das GmbH-Recht KRIEGER, GERD/JANNOTT, DIRK (1995), S. 1473.

terer kein Jahresüberschuss mehr verbleibt.[800] Dadurch würde die Daseinsberechtigung des EAV angezweifelt werden, obwohl der Gesetzgeber in § 291 Abs. 1 S. 1 AktG von zwei separaten Verträgen ausgeht.[801, 802]

Der Versuch einer (disjunkten) Trennung zwischen beiden Unternehmensverträgen ist quasi nicht realisierbar.[803] Die Existenz der beiden Vertragstypen impliziert lediglich, dass die Mutter im Rahmen ihrer Weisungsbefugnis die Tochter bei einem isolierten BHV nicht zur Abführung ihres ganzen Gewinns verpflichten darf.[804] Im Extremfall lässt sich dasselbe Endergebnis mittels einer gezielten Steuerung von Konzernverrechnungspreisen durch die Muttergesellschaft erreichen.[805] Die Unterschiede lassen sich m. E. anhand der GuV am besten darlegen: Während sich die beschriebenen Gewinnverlagerungsmaßnahmen im Zuge der Weisungslegitimation in den verschiedenen Positionen des Gliederungsschemas der GuV auswirken, ist die „Gewinnverlagerung" beim EAV aus Transparenz- und Informationsgründen kraft Gesetzes „en bloc" vorzunehmen (§ 277 Abs. 3 S. 2 HGB); der Ausweis erfolgt vor demjenigen des Jahresüberschusses[806], so dass sich ersehen lässt, welchen Betrag die Tochtergesellschaft ohne vertragliche Vereinbarung erzielt hat. Ferner wird der Vergleich zur Situation vor der Konzernierung mittels des Eingriffes in die GuV-Struktur erschwert bzw. unmöglich gemacht. Damit gehen Informationsdefizite der außen stehenden Gesellschafter im Hinblick auf die Bewertung ihrer Anteile einher, welche sich nach künftigen Jahresüberschüssen bemessen, die allerdings mangels Prognostizierbarkeit aus Vergangenheitswerten abgeleitet werden.[807]

Ein vergleichsweise intensitätsgeringeres Instrument zur Beeinflussung des Jahresüberschusses der Tochter stellen Weisungen zur verbindlichen Ausübung von (legalen) Bilanzierungs- und Bewertungswahlrechten dar.[808] Ob dagegen auch Ermessensspielräume vom Weisungs-

---

800 Die sich in diesem Kontext stellende Frage etwaiger verdeckter Gewinnausschüttungen wird durch § 291 Abs. 3 AktG außer Kraft gesetzt. Vgl. dazu BRANDES, HELMUT (1991), S. 27.

801 Vgl. auch BALLERSTEDT, KURT (1973), S. 390 f. und S. 398, der seine Begründung auf § 294 Abs. 1 S. 1 AktG stützt, wonach im Zuge der HR-Eintragung auch die Art des Unternehmensvertrages anzumelden ist. Ferner ist zu ergänzen, dass auch materielle Unterschiede hinsichtlich der Rechtsfolgen eintreten. Vgl. insb. Kapitel C.I.1.a)(1) (ab S. 170). Bezeichnend könnte hier von einem BHV in Form eines „konkludenten EAV" gesprochen werden. Keine eindeutige Abgrenzung nimmt GESSLER, ERNST (1975), S. 220, vor, der sich auf S. 233 jedoch korrigiert.

802 Einer Umgehungsmöglichkeit, die in der Weisung der Muttergesellschaft bestünde, einen EAV mit ihr abzuschließen, wird durch gesetzliche Schranken, insb. das Fehlen der hierfür notwendigen Zustimmungsbeschlüsse, vorgebeugt. Vgl. KANTZAS, IOANNIS (1988), S. 95.

803 Vgl. SONNENSCHEIN, JÜRGEN (1981), S. 440.

804 Vgl. GESSLER, ERNST (1975), S. 221. Zur Begründung ist die ohne Bestehen eines EAV notwendige Weisung bzgl. der Gewinnverwendung anzuführen, die aber zweifelsohne in den Kompetenzbereich der Hauptversammlung fällt (§ 174 Abs. 1 AktG). Dementsprechendes gilt für die GmbH und die eG (§§ 46 Nr. 1 GmbHG, 48 Abs. 1 S. 2 GenG). Vgl. dazu ebenfalls RAISER, THOMAS (2001), § 54, Rdn. 33. Infrage stellend: HÖNLE, BERND M. (1979), S. 485. Undifferenziert und wahrscheinlich gegenteiliger Ansicht: Beschluss des LG Frankfurt a. M. vom 23.9.1992, S. 2337.

805 Dabei ist auf die Angemessenheit der Preise zu achten, da ansonsten die Problematik der vGA zu berücksichtigen ist. A.A.: BALLERSTEDT, KURT (1973), S. 396 und S. 398 f.

806 Vgl. Genaueres in Kapitel C.I.1.a)(2)(a)(iii) (ab S. 183).

807 Vgl. BALLERSTEDT, KURT (1973), S. 394.

808 Die Weisungen fallen in den Kompetenzbereich des Vorstands der Tochtergesellschaft, da diesem auch die Pflicht zur Aufstellung des Jahresabschlusses zzgl. eines etwaigen Lageberichtes obliegt (§§ 242 Abs. 1, 264 Abs. 1 HGB). Vgl. zur Zulässigkeit auch explizit BGH-Urteil vom 20.3.1997, S. 2243.

recht erfasst werden, wird verneint, da die gesetzlichen Vertreter der Tochter im Rahmen ihrer Eigenverantwortlichkeit dieses Ermessen selbst pflichtgemäß auszuüben haben.[809] Der BHV kann vorsehen, dass nach den Richtlinien der Muttergesellschaft bilanziert und bewertet wird.[810] Dabei ist der Grundsatz der Bewertungsstetigkeit sowie dessen Ausnahmeregelung gem. § 252 Abs. 1 Nr. 6 und Abs. 2 HGB zu beachten.[811, 812]

Bei gleichzeitigem Bestehen eines EAV kann die Tochtergesellschaft angewiesen werden, bilanziell unterbewertete Vermögensgegenstände in gewissen Grenzen[813] zu veräußern und die dadurch aufgedeckten stillen Reserven an die Muttergesellschaft (kraft Gesetzes) abzuführen.[814]

Von dem verbleibenden Weisungsumfang entfalten (nachteilige) Anordnungen auch dann keine Rechtswirkung, falls sie aus Sicht der Tochtergesellschaft **offensichtlich nicht im Konzerninteresse** stehen (§ 308 Abs. 2 S. 2 AktG). Dabei werden unter einer für die Tochtergesellschaft **nachteiligen Weisung** die für sie einhergehenden Nachteile in Form der Verminderung ihres Vermögens verstanden. Alternativ kommen die im Vergleich zu den Risiken entstehenden geringeren Chancen einer angewiesenen Finanztransaktion in Betracht.[815]

Abschließend ist zu klären, wann eine nachteilige Weisung **„offensichtlich" nicht mehr im Konzerninteresse** liegt und die Pflicht[816] zur Verweigerung kraft Gesetzes durch die Tochtergesellschaft hervorruft. Der unbestimmte Rechtsbegriff der „Offensichtlichkeit" lässt sich nur schemenhaft umschreiben und wird dann als erfüllt angesehen, wenn die Unvereinbarkeit der Weisung mit dem Konzerninteresse für einen Sachkundigen ohne Nachforschungen un-

809 Vgl. MÜLLER, HANS-PETER (1987), S. 381 und MÜLLER, WELF (1997a), S. 528.

810 Vgl. EXNER, WERNER (1984), S. 109 sowie MÜLLER, WELF (1997a), S. 523 und S. 528. Am Rande sei erwähnt, dass diese Richtlinien auch im Zuge der Beendigung des BHV anwendbar sind, obwohl der Zeitpunkt der Bilanzaufstellung regelmäßig dem Stichtag der Vertragsauflösung nachgelagert ist.

811 Vgl. EXNER, WERNER (1984), S. 107 und MÜLLER, HANS-PETER (1987), S. 381, der (ungenau) im Rahmen von Bilanzierungswahlrechten auf die Bewertungsstetigkeit verweist. Der (deutsche) Gesetzgeber hat keinerlei Vorschriften in Bezug auf eine Ansatzstetigkeit getroffen. Allerdings sind beide Bereiche insofern miteinander verknüpft, als dass durch den Verzicht auf eine Ansatzstetigkeit auch eine Bewertungsstetigkeit unterlaufen werden würde. Dennoch ist eine Ansatzstetigkeit abzulehnen, da die die Bilanzposten auslösenden Geschäftsvorfälle diskontinuierlich entstehen und somit die bezweckte Vergleichbarkeit von Jahresabschlüssen aufeinander folgender Wirtschaftsjahre nicht berühren. Vgl. LEFFSON, ULRICH (1988), S. 444 f.

812 Die von MÜLLER, HANS-PETER (1987), S. 381 f., infrage gestellte Situation, ob der Vorstand der Tochtergesellschaft die gesetzlichen Vertreter der Mutter auch im Falle keiner dementsprechenden Weisung zu konsultieren hat, ist m.E. zu verneinen, da die Weisungsinitiative eindeutig der Obergesellschaft zusteht (vgl. auch § 308 Abs. 1 S. 1 AktG, wonach eine **Berechtigung** zur Weisungserteilung besteht). Wird diese (in bestimmten Bereichen) nicht ausgeübt, ist von der eigenständigen Handlung des Vorstands der Tochter auszugehen.

813 Vgl. dazu die Ausführungen an späterer Stelle dieses Kapitels.

814 Vgl. BALLERSTEDT, KURT (1973), S. 388 f., Fn. 5; IMMENGA, ULRICH (1976), S. 302 f., Fn. 6 und aus neuerer Rechtsprechung Beschluss des OLG Düsseldorf vom 7.6.1990 (rkr.), S. 1397 f. Es findet keine „Aushöhlung" der Tochtergesellschaft statt, weil das im deutschen Bilanzrecht geltende Prinzip der nominellen Kapitalerhaltung nicht den Schutz der stillen Reserven umfasst.

815 Vgl. CLEMM, HERMANN (1977), S. 201 ff.

816 Diese Verpflichtung lässt sich nach meiner Einschätzung weniger aus § 308 Abs. 2 AktG als aus § 310 Abs. 1 AktG ableiten, wonach die Mitglieder des Vorstands und des Aufsichtsrats der Tochtergesellschaft ebenfalls in die Haftung genommen werden, falls sie nicht sämtliche Weisungen vor ihrer Ausführung begutachten (§§ 93 Abs. 1, 310 Abs. 1 S. 2 AktG). Analoges gilt für die GmbH (§ 43 Abs. 1 GmbHG). Davon auszusparen sind im Konzerninteresse befindliche nachteilige Weisungen gem. § 308 Abs. 2 S. 2 AktG (§ 310 Abs. 3 AktG).

übersehbar ist.[817] Den Ausgangspunkt bilden die aktienrechtlichen Regelungen, die auf Ebene der Muttergesellschaft die Sorgfalt eines „ordentlichen und gewissenhaften Geschäftsleiters" im Zuge des Erteilens von Weisungen fordern, da ansonsten eine Schadensersatzverpflichtung gegenüber der Tochtergesellschaft erwächst (§ 309 Abs. 1 S. 1 und Abs. 2 S. 1 AktG).[818] Zwecks verbesserter Transparenz kann sich m.E. einer Art Argumentenbilanz bedient werden, im Rahmen derer die mit einer Weisung verbundenen Vor- und Nachteile für die einzelnen Unternehmen gegeneinander ausgelotet werden. Demnach wird eine offensichtlich nicht mehr im Konzerninteresse liegende Weisung dann vermutet, wenn durch sie der Tochtergesellschaft „unverhältnismäßig große Nachteile" entstehen würden bzw. ihre Existenz[819, 820] infrage gestellt wäre, da sie nicht zum Wohl des Konzerns geopfert werden soll.

Hinsichtlich einer **Existenzgefährdung der Tochtergesellschaft** sollte zwischen einer solchen während der Vertragslaufzeit und einer solchen nach Beendigung des BHV unterschieden werden. Wird das erste Szenario zugrunde gelegt, kann eine existenzgefährdende Situation aufgrund der Verlustausgleichsverpflichtung der Muttergesellschaft gem. § 302 AktG nur dann eintreten, wenn diese während der Vertragslaufzeit insolvent wird, da der Verlust der Tochter ansonsten gegen eine gleichwertige Liquiditätszufuhr übernommen wird.[821, 822] Um zu vermeiden, dass die Tochter während ihres Wirtschaftsjahres insolvent wird, kann ihr eine

817 Vgl. dazu EMMERICH, VOLKER/SONNENSCHEIN, JÜRGEN/HABERSACK, MATHIAS (2001), S. 367 und ausführlich GLASER, ERHARD (1982), S. 68 ff.

818 Vgl. AUTENRIETH, KARLHEINZ (1984), S. 199; JULA, ROCCO/BREITBARTH, CARMEN (1997), S. 258 und WELLKAMP, LUDGER (1993), S. 2156.

819 Von den noch an späterer Stelle anzusprechenden, die Existenz eines Unternehmens gefährdenden Weisungen sind solche abzugrenzen, die ganz oder teilweise bereits im Kontext der Satzungseingriffe eingeordnet wurden (z.B. Einstellung gewinnbringender Produktionen, um eine bessere Kapazitätsauslastung auf evtl. moderneren Maschinen der Muttergesellschaft zu ermöglichen; Einstellung von viel versprechenden Forschungsprojekten; Übertragung gewinnbringender Geschäftszweige auf andere Konzernunternehmen, vgl. Fn. 798 (S. 132)). Vgl. dazu im Speziellen GESSLER, ERNST (1976), S. 433 ff., s.b.S. 439 sowie SINA, PETER (1991), S. 7.

820 IMMENGA leitet die Unzulässigkeit existenzgefährdender Weisungen aus § 299 AktG ab, da Dispositionen über die rechtliche Existenz der Tochtergesellschaft indirekt einer Disposition über den Unternehmensvertrag selbst gleichkämen. Vgl. IMMENGA, ULRICH (1976), S. 307.

821 Vgl. HOMMELHOFF, PETER (1984), S. 1110 sowie PRIESTER, HANS-JOACHIM (1989), S. 1302 und S. 1305. Über den Verlustausgleich hinausgehende (wünschenswerte) Liquiditätsverpflichtungen der Muttergesellschaft entbehren einer gesetzlichen Grundlage, weswegen sie nur schwer durchsetzbar sind. A.A.: GESSLER, ERNST (1976), S. 439 und anscheinend auch ZEIDLER, FINN (1999), S. 695. In der Rechtsprechung wurde die Verpflichtung zur zusätzlichen Liquiditätszufuhr differenziert betrachtet, was sich anhand der durchlaufenen Instanzen im Zuge eines konkreten Sachverhaltes zeigen lässt. Die dabei für eine GmbH als Tochtergesellschaft formulierten Grundsätze sind ebenso auf eine AG übertragbar. Für eine über den Verlustausgleich hinausgehende Liquiditätszufuhr plädiert das Urteil des LG Hamburg vom 15.8.1986 (n.rkr.), S. 238. A.A.: Urteil des OLG Hamburg vom 24.7.1987 (n.rkr.), S. 985 sowie BGH-Urteil vom 19.9.1988, S. 1252 f. M.E. ist eine zusätzliche Liquiditätszuführung nicht generell auszuschließen, sondern als von der Einzelsituation abhängig zu gestalten. PRIESTER behauptet, dass für die Tochtergesellschaft im Rahmen einer nicht fristgerechten Zahlungsweise zwar „Schwierigkeiten" resultieren, aber deren Existenz nicht gefährdet ist, zumal der Verlustausgleichsanspruch als Kreditgrundlage dient. Vgl. PRIESTER, HANS-JOACHIM (1989), S. 1304. Diesbezüglich gilt einzuwenden, ob dieses Verhalten tatsächlich im Konzerninteresse liegt, da die Reputation im Hinblick auf neue Kredite geschädigt werden kann. Ferner ist zu überprüfen, in welchem Verhältnis die Kreditkonditionen inkl. anfallender Verzugszinsen zu denjenigen Bedingungen stehen, zu denen die Muttergesellschaft ihre liquiden Mittel verwendet bzw. beschafft.

822 Kann die Muttergesellschaft ihrer Verpflichtung nicht oder nicht vollständig nachkommen, entfällt ihre generelle Weisungsbefugnis.

Abschlagszahlung seitens der Muttergesellschaft gewährt werden.[823, 824] Demnach sind unter dem Begriff der „Existenzgefährdung" folgerichtig Weisungen der Muttergesellschaft zu verstehen, die einen Liquiditätsabzug von der Tochtergesellschaft mit einem damit verbundenen nicht oder nicht in voller Höhe möglichen Verlustausgleich der Muttergesellschaft zur Folge haben.[825] Kritisch gilt anzumerken, dass dadurch die implizite Annahme getroffen wird, ein Liquiditätsabzug führe zu einem handelsbilanziellen Jahresfehlbetrag der Tochtergesellschaft; eine notwendige Differenzierung zwischen Auszahlungen und Aufwendungen findet nicht statt. Erwirtschaftet die Tochtergesellschaft einen Jahresüberschuss, greifen bei einem isolierten BHV keine direkten Rechtsfolgen ein, weswegen der Folgeschluss auf eine Solvenz zu ziehen ist. Insofern muss als zusätzliche Bedingung die Zahlungsfähigkeit der Muttergesellschaft gesichert sein, bei (unterjährigen) Liquiditätsengpässen der Tochter finanziell unterstützend zu wirken.[826]

Im Rahmen eines möglichen Existenzschutzes der Tochtergesellschaft nach Vertragsende können (richtigerweise) keine Vorsorgemaßnahmen getroffen werden. Die Schutzbestimmungen der §§ 300 ff. AktG, welche den Fortbestand der Tochtergesellschaft trotz des vorrangigen Konzerninteresses zwar implizieren, haben dafür Sorge zu tragen, dass die Tochtergesellschaft nach Vertragsende bilanziell über dieselbe (nominelle) Höhe des Grundkapitals zzgl. gesetzlicher und freier Rücklagen wie zu Vertragsbeginn verfügt.[827] Trotzdem bestünde mittels Weisungen die Möglichkeit, der Tochtergesellschaft eine bestimmte Funktion zuzuweisen, die es ihr nicht ermöglicht, nach Vertragsende aus eigener Kraft fortzubestehen.[828] Eine vertragliche Konkretisierung von zukünftigen, nach Beendigung des Vertrages anfallenden Maßnahmen der Muttergesellschaft, falls die am Konzerninteresse ausgerichtete und evtl.

---

[823] „Allerdings wird man [...] dann auch die Pflicht des herrschenden Unternehmens ableiten müssen, ggf. schon während des laufenden Geschäftsjahres für die Zahlungsunfähigkeit der abhängigen Gesellschaft zu sorgen, etwa wenn der Verlustausgleich am Jahresende zu spät kommt." ALTMEPPEN, HOLGER (2000), § 291 AktG, Rn. 66 f.

[824] Vgl. dazu ausführlich Kapitel C.I.1.a)(3) (ab S. 185).

[825] Vgl. primär PRIESTER, HANS-JOACHIM (1989), S. 1303 und ebenso AUTENRIETH, KARLHEINZ (1984), S. 199; BRANDES, HELMUT (1991), S. 29 und S. 31 sowie JULA, ROCCO/BREITBARTH, CARMEN (1997), S. 258. Vgl. dazu auch CLEMM, HERMANN (1977), S. 205 f., der den Begriff der „Offensichtlichkeit" i.S.v. § 308 Abs. 2 S. 2 AktG dann als erfüllt ansieht, wenn die der Tochtergesellschaft durch eine Weisungsbefolgung entstehenden Nachteile nicht durch die Verlustausgleichsverpflichtung der Mutter abbedungen werden können. Beispielhaft sei der Abzug liquider Mittel unter Einräumung einer Forderung seitens der Muttergesellschaft anzuführen. Nach CLEMM äußert sich die Existenzgefährdung in einer mangelnden Bonität der Muttergesellschaft bei konzerninternen Darlehensgeschäften, die die Uneinbringlichkeit der Forderungen der Tochter nach sich zieht. Vgl. CLEMM, HERMANN (1977), S. 203.

[826] Gleicher Ansicht: IMMENGA, ULRICH (1976), S. 303. Zustimmend auch GESSLER, ERNST (1976), S. 436 ff.

[827] Vgl. z.B. BGH-Urteil vom 19.9.1988, S. 1252 und PASCHKE, MARIAN (1988), S. 199. In diesem Kontext wird von der sog. „Vereisungstheorie" gesprochen. Vgl. SCHUBERT, WERNER/KÜTING, KARLHEINZ (1981), S. 293 f.

[828] Vgl. BGH-Urteil vom 20.3.1997, S. 2243. Vgl. dazu auch die Thesen von IMMENGA, ULRICH (1976), S. 302 und S. 307 sowie PRIESTER, HANS-JOACHIM (1989b), S. 1302, die sich als Indiz für einen unzureichenden Schutz des § 302 AktG der Vorschriften der §§ 303, 305 AktG bedienen, wonach die Muttergesellschaft am Ende des BHV (oder EAV) den Gläubigern der Tochtergesellschaft Sicherheiten zu leisten hat. Ferner ist den Minderheitsgesellschaftern schon im Vorhinein eine Abfindungszahlung zu offerieren.

spezialisierte Tochtergesellschaft nicht mehr konkurrenz- bzw. überlebensfähig ist, wird als nicht sachgerecht erachtet.[829]

Einen klassischen Praxisfall zur beispielhaften Unterlegung stellt die angewiesene **Darlehensgewährung an die Muttergesellschaft** dar, die u.U. mittels Beleihung des Vermögens der Tochtergesellschaft oder der Veräußerung von Vermögensgegenständen einhergehen kann.[830] Dabei sind die Darlehenskonditionen (Zinssatz, Tilgungsmodalitäten, Laufzeit und Bestellung von Sicherheiten) zum einen an einem Fremdvergleichsmaßstab auszurichten. Zum anderen ist zu prüfen, ob eine vollständige und fristgerechte Begleichung des Kapitaldienstes möglich ist.[831, 832]

Als problematisch werden auch Weisungen angesehen, die eine **Übertragung von Vermögensgegenständen des Anlage- und Umlaufvermögens** (in bestimmten Grenzen[833]) anordnen. Unstrittig ist, dass hierunter Liquiditätshilfen oder Wertpapiertransfers für Spekulationsgeschäfte der Muttergesellschaft zu subsumieren sind.[834] Ferner ist die Weisung zum Kauf von Grundstücken oder Gebäuden für die Muttergesellschaft selbst anzuführen. Einen besonderen Stellenwert nimmt ein zwecks optimaler Liquiditätsplanung und -kontrolle implementiertes sog. **„Cash-Management"** im zentralfinanzierten Konzern ein (z.B. in Form eines

---

829 Vgl. ALTMEPPEN, HOLGER (2000), § 291 AktG, Rn. 56 ff. und Rn. 82; GESSLER, ERNST (1976), S. 433 ff., s.b.S. 437 f.; HOMMELHOFF, PETER (1982), S. 309 ff. sowie Beschluss des OLG Düsseldorf vom 7.6.1990 (rkr.), S. 1397. Unbenommen dessen sind zwei Alternativen in Erwägung zu ziehen. Zum einen könnten Weisungen, die die Existenzfähigkeit der Tochtergesellschaft nach Beendigung des BHV beeinträchtigen, vertraglich ausgeschlossen werden. Zum anderen wäre unter der Aufrechterhaltung nachteiliger Weisungen die Bereitstellung finanzieller Mittel seitens der Muttergesellschaft für eine bestimmte definierte Zeitdauer nach der Vertragslaufzeit zu erwägen. Während gegen den ersten Vorschlag die Schwierigkeit der vom jeweiligen Einzelfall abhängigen Formulierung solcher Weisungen einzuwenden ist, muss gegen die letzte Alternative das Argument der unsicheren (vor-)vertraglichen Festlegung nachvertraglicher Hilfen eingewendet werden.

830 Vgl. CLEMM, HERMANN (1977), S. 200 ff., s.b.S. 206 f.

831 Hinsichtlich der Zinskonditionen ist die **Sichtweise der Tochtergesellschaft maßgeblich**, so dass derjenige Zinssatz anzusetzen ist, der bei einer konzernexternen Finanzanlage hätte erzielt werden können. Dementsprechendes gilt für den umgekehrten Fall (Vergleichsmaßstab ist der Zinssatz für die Aufnahme eines konzernexternen Darlehens). Vgl. JULA, ROCCO/BREITBARTH, CARMEN (1997), S. 259.

832 AUTENRIETH wendet ein, dass auch die Gewährung eines zinslosen Darlehens zur Sanierung der Muttergesellschaft erlaubt sei, da ein Konzerninteresse gegeben ist. Vgl. AUTENRIETH, KARLHEINZ (1984), S. 199. Demgegenüber könnte das speziell in dieser Situation bestehende existenzgefährdende Risiko der Tochter angeführt werden (zumal das Darlehen nicht gesichert ist). Schlägt die Sanierungsmaßnahme fehl, müsste die Forderung an die Muttergesellschaft als uneinbringlich abgeschrieben werden. Falls durch diesen Geschäftsvorfall ein Jahresfehlbetrag bei der Tochter entsteht oder sich dadurch erhöht, kann dieser nicht durch die Mutter finanziell ausgeglichen werden. BRANDES spricht dagegen Geschäfte zwischen Mutter- und Tochtergesellschaft zu nicht marktüblichen Konditionen an, da das Missverhältnis am Ende des Geschäftsjahres der Tochtergesellschaft ausgeglichen wird. Vgl. BRANDES, HELMUT (1991), S. 28. Diese Aussage ist genauer zu untersuchen (bei Unterstellung einer Solvenz der Mutter). Wird im Rahmen einer Darlehensgewährung der Tochter- an die Muttergesellschaft alternativ von marktüblichen Zinskonditionen bzw. von einer zinslosen Überlassung ausgegangen, fällt der Jahresfehlbetrag im ersten Fall aufgrund der vereinnahmten Zinserträge um diesen Wert geringer aus. Eine Kompensation wird am Ende des Wirtschaftsjahres der Tochter erzielt, da diese einen entsprechend niedrigeren Verlustausgleich erhält. Damit ist ein Zins- und Liquiditätsvorteil im Vergleich zum zweiten Fall verbunden. Dieses Argument könnte durch die Gewährung einer unterjährigen Abschlagszahlung bei benötigtem Liquiditätsbedarf im zweiten Fall gemildert werden. Dem ist jedoch die nicht eindeutig geklärte Rechtslage von dessen Gültigkeit entgegenzuhalten.

833 Vgl. dazu auch Fn. 798 (S. 132).

834 Vgl. CLEMM, HERMANN (1977), S. 197 und S. 203 sowie IMMENGA, ULRICH (1976), S. 305.

Konzernorgans, einer Zwischenholding oder einer Konzernbank)[835], im Rahmen derer die Tochtergesellschaft reine Durchlaufkonten unterhält, wobei bei ihr eingehende Zahlungen kraft eines Dauerauftrages am selben Tag mit gleicher Wertstellung auf ein Konto einer zentralen Stelle transferiert werden. Diese begleicht auch Forderungen von Dritten an die Tochter.[836] M.E. entfaltet die Schutzwirkung des § 302 AktG bei solchen Transaktionen keine materielle Bedeutung, da der Gedanke eines „Cash-Managements" auf einem bilanziellen Aktivtausch beruht. Um eine Insolvenz der Tochtergesellschaft während der Vertragsdauer zu vermeiden, müssten liquide Mittel bei Bedarf (z.B. Tilgung von Verbindlichkeiten) zugeführt werden, da deren Gläubiger nicht bis zur rechtlichen Entstehung einer eventuellen Verlustausgleichspflicht am Jahresende warten.[837] Folglich wäre speziell in solch einem System die bereits problematisierte zusätzliche Liquiditätszufuhr notwendig, auf die jedoch nur ein faktischer und kein rechtlicher Anspruch seitens der Tochtergesellschaft besteht; dies hat auch im Schrifttum Anklang gefunden.[838, 839] Alternativ käme eine Fremdfinanzierung der Tochter am Kapitalmarkt in Betracht, da zum einen der bilanzierte Verlustausgleichsanspruch als Kreditsicherheit dient und zum anderen § 303 AktG eingreift.[840]

(b) Adäquatheit eines Teilbeherrschungsvertrages?

Nachstehend sind die Betrachtungen auf die Abschlussmöglichkeit eines **Teil-BHV** zu fokussieren, der seine Rechtsgrundlage einerseits durch § 308 Abs. 1 S. 2 AktG erfährt, wonach nachteilige Weisungen vertraglich abbedungen werden können. Andererseits basiert die individuelle Gestaltung der Beherrschung auf dem Prinzip der Vertragsautonomie.[841] Jene Variante unterscheidet sich aus formaler Sicht insoweit vom Teil-EAV, da sie keine Nennung in der abschließenden Aufzählung der §§ 291 f. AktG erfährt. Dennoch wird ihre generelle Existenzberechtigung und Subsumtion unter dem Begriff des BHV im Schrifttum für zulässig erachtet.[842] Aus rein ökonomischer Sichtweise der Muttergesellschaft ist der Abschluss eines

---

835 Das „Cash-Management" soll vermeiden, dass ein Konzernunternehmen Fremdkapital aufnehmen muss, während ein anderes Konzernunternehmen über ausreichende, nicht rentabel genutzte liquide Mittel verfügt. Vgl. BRANDES, HELMUT (1991), S. 29.

836 Vgl. SCHNEIDER, UWE H. (1984), S. 499 f. und bzgl. weiterer Grundlagen JULA, ROCCO/BREITBARTH, CARMEN (1997), S. 256 ff., s.b.S. 258.

837 Vgl. dazu den Sachverhalt des BGH-Urteils vom 17.9.2001, S. 1853 ff.

838 Vgl. PRIESTER, HANS-JOACHIM (1989), S. 1305. Vgl. dazu auch SCHNEIDER, UWE H. (1984), S. 534 f. sowie mit Praxisbeispielen WELLENSIEK, JOBST (1984), S. 543 ff.

839 Die Unerlässlichkeit der Zuführung liquider Mittel wird in diesem Kontext besonders deutlich. Allerdings sollte auch eine Praktizierung in den vorher dargelegten Bereichen erfolgen.

840 Vgl. dazu MEISTER, BURCKHARDT W. (1976), S. 1182 ff.; PELTZER, MARTIN (1975), S. 310 ff. und darauf näher eingehend Kapitel C.I.1.a)(3) (ab S. 185).

841 Vgl. BGH-Urteil vom 15.6.1992, S. 6 f. sowie HIRTE, HERIBERT (1994), S. 647.

842 Vgl. z.B. ALTMEPPEN, HOLGER (2000), § 291 AktG, Rn. 85 ff.; BACHMANN, GREGOR/VEIL, RÜDIGER (1999), S. 354; EXNER, WERNER (1984), S. 114; GESSLER, ERNST (1976), S. 434 f.; HOMMELHOFF, PETER (1982), S. 152 und KANTZAS, IOANNIS (1988), S. 28 f. Dazu unterstützend kann die Aussage von STRASSBERGER verwendet werden, die verbleibende Selbstständigkeit des Vorstands der Tochtergesellschaft sei von der Zweckbestimmung des BHV abhängig, so dass der hauptsächlich aus steuerlichen Gründen motivierte Abschluss einen größeren autonomen Wirkungsbereich vermuten lässt. Vgl. STRASSBERGER, CLAUS P. (1965), S. 7 f. und S. 13.

Teil-BHV insofern unverständlich, da die Schutzbestimmungen der §§ 300 ff. AktG unabhängig vom Ausmaß der zulässigen Weisungsdichte in vollem Umfang eingreifen.[843]

Strittig ist jedoch, ob überhaupt bzw. in welchem Maße Anforderungen an den inhaltlichen Umfang des Teil-BHV in qualitativer Hinsicht zu stellen sind. Ferner ist zu untersuchen, ob dessen Existenz auch für die Vermutung der organisatorischen Eingliederung ausreichend ist, was im steuerlichen Schrifttum nicht näher analysiert wird.[844] Unstrittig ist, dass bei einer Bejahung dieser These gewisse vertragliche Mindestanforderungen zu erfüllen sind. Dabei kann sich m.E. zur näheren Bestimmung der Hilfe der aktienrechtlichen Vermutungskette bedient werden (insb. § 18 Abs. 1 S. 2 AktG), die ohnehin den (gewünschten) Annäherungsgegenstand des Steuerrechts darzustellen scheint.[845] Ob ein Teil-BHV (mittels Analogie) unwiderlegbar zur Annahme eines aktienrechtlichen (Unterordnungs-)Konzerns führt, ist strittig.[846] M.E. ist eine Differenzierung insofern vorzunehmen, wonach die Unwiderlegbarkeit nur dann erfüllt ist, wenn die aus dem Teil-BHV hervorgehenden Weisungen als qualitativ gleichwertig zur einheitlichen Leitung i.S.v. § 18 Abs. 1 S. 1 AktG einzustufen sind.[847]

Zur Untersuchung des unbestimmten Rechtsbegriffes ist in einem weiteren Schritt auf die miteinander konkurrierende enge und weite Auslegung des Konzernbegriffes i.S.v. § 18 Abs. 1 AktG einzugehen. Im Rahmen einer engen Interpretation ist der Konzern als wirtschaftliche Einheit aufzufassen, wobei die Muttergesellschaft für **sämtliche zentrale Unternehmensbereiche** der Tochtergesellschaft deren Planung, Organisation, Durchführung und Kontrolle übernimmt. Im Rahmen einer weiterfassenden Definition wird auf die **Koordination in mindestens einem zentralen Unternehmensbereich** (insb. Finanzwesen[848], aber auch

---

[843] Vgl. KROPFF, BRUNO (1984), S. 122.

[844] Vgl. dazu auch HOFFMANN-BECKING, MICHAEL (1994), S. 60 f., der diese Thematik nur ganz rudimentär erwähnt und keine „erheblichen vertraglichen Beschränkungen des Weisungsrechts" zulassen möchte. Vgl. ebenso SINA, PETER (1991), S. 8, der von der „Aufstellung von Richtlinien über die Geschäftspolitik der Organgesellschaft" spricht. GESSLER hingegen bejaht in pauschalierter Form die Zulässigkeit eines eingeschränkten BHV für die organisatorische Eingliederung. Vgl. GESSLER, ERNST (1976), S. 435 und anscheinend auch ALTMEPPEN, HOLGER (2000), § 291 AktG, Rn. 91.

[845] Nachstehend wird implizit davon ausgegangen, dass die Begriffe „Beherrschungsvertrag" in § 18 Abs. 1 S. 2 AktG sowie in § 14 Nr. 2 KStG i.d.F. des StEntlG 1999/2000/2002 qualitativ gleichwertig sind. M.E. sind auch keine Gründe erkennbar, diese zwar in unterschiedlichen Rechtsgebieten verwendeten Termini unterschiedlich weit auszulegen, zumal sie gleichen (aktienrechtlichen) Ursprungs sind.

[846] Vgl. KÜTING, KARLHEINZ/WEBER, CLAUS-PETER (2001a), S. 28; MARCHAND, GERHART (1985), S. 194 f. und MÜLLER, WELF (2000a), Tz. 245.

[847] Dabei wird auch eine Übereinstimmung mit dem Gesetzeszweck erzielt, der die einheitliche Leitung gerade mittels eines BHV fingiert. Gleicher Ansicht: EMMERICH, VOLKER/SONNENSCHEIN, JÜRGEN/HABERSACK, MATHIAS (2001), S. 161. Ein genereller Ausschluss des Teil-BHV wäre meiner Ansicht nach deshalb nicht zu rechtfertigen, weil dem gesetzlich verwendeten Begriff des „Beherrschungsvertrages" keine uneingeschränkte Weisungslegitimation entnommen werden kann. Wird auf den Wortlaut des § 291 Abs. 1 S. 1 AktG abgestellt, nimmt diese Rechtsnorm zwar auf die gesamte Abführung des Gewinns, nicht aber auf die Unterstellung der gesamten Leitung Bezug.

[848] Vgl. BGH-Urteil vom 20.2.1989, S. 1803, in dessen Sachverhalt Schecks und Überweisungen nur mit der Unterschrift bestimmter Personen der Geschäftsführung der Muttergesellschaft ausgestellt werden durften, und Urteil des LG Oldenburg vom 14.3.1991 (n.rkr.), S. 1636. Das Paradebeispiel stellt das im vorangegangenen Kapitel erwähnte „Cash-Management" dar. Vgl. ADLER, HANS/DÜRING, WALTHER/SCHMALTZ, KURT (1997), § 18 AktG, Rn. 33.

Einkauf, Produktion, Verkauf, Organisation, Personalwesen) abgestellt.[849] Der letzten Auffassung scheint sich die Rechtsprechung anzuschließen.[850] Dieser Meinung ist beizupflichten.

Zusammenfassend ist ein Teil-BHV mit den beschriebenen qualitativen Merkmalen für steuerliche Zwecke meiner Ansicht nach abschlussfähig[851, 852], wobei im Rahmen seiner Ausgestaltung – analog zur einheitlichen Leitung – auf das Gesamtbild der Verhältnisse abzustellen ist.[853]

(c) Zusätzliche (formale) Besonderheiten

Bzgl. der einzelnen Zustimmungsbeschlüsse, des Unternehmensvertragsberichtes und seiner Prüfung sowie der formalen zusätzlichen Erfordernisse ist uneingeschränkt auf Kapitel B.IV.2.a)(1) (ab S. 70) bis Kapitel B.IV.2.a)(3) (ab S. 93) zu verweisen.

Hinsichtlich des **Mindestinhalts** eines BHV gelten die bereits[854] getroffenen formalen Aussagen bzgl. Ausgleich und Abfindung dementsprechend.[855] Die Aufnahme des gesetzlichen Wortlautes i.S.v. § 308 Abs. 1 S. 1 AktG in den BHV wird als ausreichend angesehen. In der

---

849 Vgl. dazu z.B. aus der Rechtsprechung Beschluss des BayObLG vom 24.3.1998, S. 90 f. und im Schrifttum HOFFMANN-BECKING, MICHAEL (1994), S. 61; HÜFFER, UWE (2002), § 291 AktG, Rn. 10 und MÜLLER, WELF (2000a), Tz. 159 ff. A.A.: EXNER, WERNER (1984), S. 113.

850 Vgl. BAG-Beschluss vom 16.8.1995, S. 1692; Beschluss des BayObLG vom 24.3.1998, S. 90 f.; Beschluss des OLG Düsseldorf vom 30.1.1979, S. 319 und Urteil des LG Mainz vom 16.10.1990, S. 31.

851 Hierbei sei zusätzlich auf die nachfolgenden Aussagen hinsichtlich der Abschlussfähigkeit eines BHV mit einer Genossenschaft als Tochtergesellschaft verwiesen.

852 Ob die Abschlussmöglichkeit von BHV, in denen ein Weisungsrecht vollkommen ausgeschlossen wird, zulässig ist, muss differenziert beantwortet werden. Für eine Meinungsgruppe stellt das Weisungsrecht dasjenige konstitutive Merkmal eines jeden BHV dar. Vgl. dazu BACHMANN, GREGOR/VEIL, RÜDIGER (1999), S. 354; FABIAN, SUSANNE (1997), S. 182 f.; HÜFFER, UWE (2002), § 291 AktG, Rn. 11; KORT, MICHAEL (1986), S. 48; RAISER, THOMAS (2001), § 54, Rdn. 37 und STRASSBERGER, CLAUS P. (1965), S. 14. A.A.: ALTMEPPEN, HOLGER (2000), § 291 AktG, Rn. 96 ff., der eine vorliegende Motivation in der Vermeidung der Aufstellung eines Abhängigkeitsberichtes i.S.v. §§ 312 ff. AktG sowie in der Aufhebung der §§ 57, 58 und 60 AktG gem. § 291 Abs. 3 AktG sieht, sowie EXNER, WERNER (1984), S. 115 f. Gegen ein notwendiges Weisungsrecht argumentiert auch GESSLER, ERNST (1979), S. 931 f. und S. 934, da eine einheitliche Leitung i.S.v. § 18 Abs. 1 S. 2 AktG auch ohne diese Befugnis manifestiert werden könnte. Ferner wäre eine Ungleichbehandlung zum faktischen Konzern gegeben, der ebenfalls kein Weisungsrecht vorsieht. M.E. ist die von GESSLER angestellte Argumentation nicht vollkommen schlüssig, da beim faktischen Konzern die einheitliche Leitung auf jeden Fall ausgeübt werden muss. Bei Geltung eines BHV reichen die Weisungsbefugnisse aus, um die einheitliche Leitung zu fingieren. Vgl. die Erläuterungen in Fn. 790 (S. 131). Somit ist der Abschluss eines BHV ohne Weisungsrecht weder für die unwiderlegbare Annahme der organisatorischen Eingliederung noch für die der einheitlichen Leitung ausreichend. Ob sich diese Situation mittels eines „Schein-BHV" dergestalt umgehen ließe (die Zustimmung beider Gesellschafterversammlungen vorausgesetzt), dass zwar gem. dessen Wortlaut Weisungsrechte vereinbart werden, wobei deren tatsächliche Ausübung stillschweigend im Vorhinein gar nicht vorgesehen ist, lässt sich zumindest für steuerliche Aspekte verneinen, da § 14 Nr. 2 S. 3 KStG i.d.F. des StEntlG 1999/2000/2002 und § 14 Abs. 2 S. 2 Nr. 4 KStG i.d.F. des UntStFG die **tatsächliche Durchführung** des BHV anordnen. Diese extensivere steuerliche Auslegung lässt sich m.E. auch implizit aus dem Leitspruch des Urteils des FG Berlin vom 13.5.1998 (n.rkr.), S. 82 f., ersehen.

853 Vgl. Urteil des LG Mainz vom 16.10.1990, S. 31, das im Rahmen der einheitlichen Leitung ergangen ist.

854 Vgl. Kapitel B.IV.2.a)(1)(c) (ab S. 78) und Kapitel B.IV.2.a)(2)(d) (ab S. 92).

855 Als Begründung ist anzuführen, dass das Gewinnbezugsrecht außen stehender Gesellschafter im Rahmen eines BHV nicht mehr allein durch die Entscheidungen der Tochtergesellschaft bestimmt wird, sondern vielmehr von den Dispositionen der Muttergesellschaft abhängt. Vgl. BGH-Urteil vom 15.6.1992, S. 10. Ferner werden aufgrund der innergesellschaftlichen Änderung der Zuständigkeitsverteilung die Mitwirkungsrechte der außen stehenden Gesellschafter verkürzt. Vgl. KOERFER, ROLF/SELZNER, HARALD (1997), S. 287 und PRIESTER, HANS-JOACHIM (1986), S. 159.

Praxis stellen solche inhaltsarme Verträge den Regelfall dar.[856] Die Festlegung des Reichweitenumfangs der Weisungen ist dann unabdingbar, falls das Weisungsrecht unter Beachtung obiger Ausführungen zusätzlich eingeschränkt werden soll (z.B. in Form einer Katalogisierung).[857]

Eine Besonderheit im Vergleich zum EAV besteht unstrittig darin, dass einem BHV **keine rückwirkende Geltung** beigemessen werden kann. Die vertraglichen Vereinbarungen entfalten erstmalig zum Zeitpunkt der HR-Eintragung ihre Tragweite.[858] Wird ein Organschaftsvertrag unterstellt, im Rahmen dessen beide Verträge rückwirkend gelten sollen, beschränkt sich die (Teil-)Nichtigkeit ausschließlich auf den BHV. Der übrige Inhalt des Zustimmungsbeschlusses ist (annahmegemäß) beanstandungsfrei und erlangt seine Rechtswirksamkeit.[859]

(d) Besonderheiten bei einer beherrschten GmbH

Bei einer **GmbH als Tochtergesellschaft** wird eine Analogübertragung des BHV sowohl im Schrifttum[860] als auch in der Rechtsprechung[861] als legitim angesehen. Dabei gelten hinsichtlich der Reichweite der Beherrschung keinerlei Besonderheiten im Vergleich zur Beherrschung einer AG bzw. KGaA.[862, 863] Bzgl. der Praxisrelevanz ist die **Anzahl der abgeschlossenen BHV** aufgrund der gesellschaftsrechtlichen Struktur der GmbH als vergleichsweise

---

856 Vgl. BAYER, WILHELM F. (1975), S. 175; HOFFMANN-BECKING, MICHAEL (1994), S. 60; HOMMELHOFF, PETER (1982), S. 305 und ZÖLLNER, WOLFGANG (1992), S. 176.

857 Vgl. dazu EXNER, WERNER (1984), S. 83. Der mögliche vertragliche Ausschluss nachteiliger Weisungen wird in der Praxis im Regelfall nicht gehandhabt. Vgl. m. w. N. KANTZAS, IOANNIS (1988), S. 27 und S. 89 sowie auch KROPFF, BRUNO (1984), S. 122.

858 Anderenfalls wäre das Handeln des Vorstands der Tochtergesellschaft im Nachhinein dann pflichtwidrig, wenn eine Weigerung ihrerseits vorliegt, den Weisungen der Muttergesellschaft Folge zu leisten. Ferner würden die Schutzvorschriften hinsichtlich der Gläubiger, außen stehenden Gesellschafter und der Tochtergesellschaft durch die Rückwirkungsklausel missachtet werden. Vgl. MILATZ, JÜRGEN E. (1995), S. 369. Vgl. Beschluss des LG Kassel vom 15.11.1995, S. 239; Beschluss des OLG Hamburg vom 6.10.1989, S. 23; Beschluss des OLG Karlsruhe vom 12.10.1993, S. 810 f.; Urteil des OLG Hamburg vom 13.7.1990, S. 1741 ff. und offenlassend BGH-Urteil vom 5.4.1993, S. 1979.

859 Vgl. Beschluss des OLG Hamburg vom 6.10.1989, S. 23 f.; Urteil des OLG Hamburg vom 13.7.1990, S. 1743 ff. und sekundär Beschluss des LG Kassel vom 15.11.1995, S. 239. A.A.: Beschluss des OLG Karlsruhe vom 12.10.1993, S. 810.

860 Vgl. z.B. KRIEGER, GERD (1992), S. 432; KROPFF, BRUNO (1993b), S. 518 und SCHWARZ, OLIVER (1994), S. 59.

861 Vgl. BGH-Beschluss vom 24.10.1988, S. 324 ff.; BGH-Beschluss vom 30.1.1992, S. 192 ff. sowie Beschluss des OLG Zweibrücken vom 2.12.1998, S. 329. Vgl. für eine steuerliche Anerkennung BMF-Schreiben vom 2.1.1990, S. 200.

862 Vgl. HOFFMANN-BECKING, MICHAEL (1994), S. 60.

863 An dieser Stelle sei differenzierend auf die hier relevanten Unterschiede hinsichtlich des Aufsichtsrates einer GmbH einzugehen (vgl. dazu Fn. 796 (S. 132)). Ist jener kraft Gesellschaftsvertrages vorgesehen (**fakultativer Aufsichtsrat**; § 52 Abs. 1 GmbHG), kann Letzterer analog die Anwendung von § 111 Abs. 4 AktG (i.V.m. § 52 Abs. 1 GmbHG) beanspruchen. Da der BHV kraft BGH-Urteil vom 24.10.1988, S. 324 ff., als Organisationsvertrag den Gesellschaftsvertrag überlagert (nur bei einer GmbH als Tochtergesellschaft!), ist das Zustimmungserfordernis im Falle des § 308 Abs. 3 AktG analog nicht notwendig, falls durch den Unternehmensvertrag nichts Abweichendes geregelt wird. Anders verhält es sich bei einem **obligatorischen Aufsichtsrat**, den die GmbH aus Gründen der Mitbestimmung kraft Gesetzes zu gründen hat (§§ 25 Abs. 1 Nr. 2 MitbestG, 77 Abs. 1 S. 2 BetrVerfG 1952, 3 MontanmitbestG). Vgl. KROPFF, BRUNO (1993b), S. 529 f. und S. 532 sowie ZEIDLER, FINN (1999), S. 695 f.

geringer einzuschätzen.[864] Im Hinblick auf die organisatorische Eingliederung stehen ihr als OG vielfältigere Möglichkeiten als einer AG (KGaA) zu.[865]

Die Muttergesellschaft als Mehrheits- oder Alleingesellschafterin kann dem (den) Geschäftsführer(n) durch Gesellschafterbeschlüsse bestimmte bindende Befugnisse (Weisungen) erteilen (§§ 37 Abs. 1, 45 GmbHG).[866] Ferner ist die vom Gesetzgeber beabsichtigte Vermeidung der Aufstellung eines Abhängigkeitsberichtes für eine GmbH obsolet. Diese, die Notwendigkeit eines die Lenkungsmacht im Konzern verleihenden und die Durchsetzbarkeit des Konzerninteresses gegenüber dem Eigeninteresse der Tochtergesellschaft legitimierenden BHV für eine GmbH eigentlich absprechenden Aspekte sind zu relativieren. Zum einen dürfen aufgrund der Treuepflicht (§ 43 GmbHG) ohne BHV keine negativen Weisungen erteilt werden, und zum anderen tritt eine mittels des BHV verfahrensmäßige sowie zeitmäßige Erleichterung ein, da die Befugnisse direkt und nicht mittelbar über den Gesellschafterbeschluss erteilt werden können. Simultan geht damit die Unterbindung der Anfechtung von Weisungsbeschlüssen einher.[867]

Formal ergibt sich bei der GmbH hinsichtlich des **Vertragsinhalts** insofern eine Besonderheit im Vergleich zum EAV, da inhaltlich nicht auf § 302 AktG analog verwiesen werden muss.[868] Das für das Aktienrecht geregelte Rückwirkungsverbot gilt für das GmbH-Recht ebenso.[869]

(e) Beherrschung einer Erwerbs- und Wirtschaftsgenossenschaft?

Zusätzlich zu den „klassischen" Rechtsformen kommt eine eG als mögliche Tochtergesellschaft im Umsatzsteuer- und Grunderwerbsteuerrecht in Betracht.[870] Ob ein Vertragsabschluss mit ihr generell möglich ist, wird im Schrifttum differenziert beurteilt.[871] Die Kritiker

---

[864] Vgl. KROPFF, BRUNO (1993b), S. 519; PRIESTER, HANS-JOACHIM (1986), S. 155 f. und ZÖLLNER, WOLFGANG (1992), S. 174.

[865] Vgl. dazu später Kapitel B.VI.2.b) (ab S. 154).

[866] Demgegenüber ist der Vorstand einer AG für die Leitung der Gesellschaft eigenverantwortlich tätig (§ 76 AktG). Die Hauptversammlung darf nur auf sein Verlangen Beschlüsse zur Geschäftsführung verabschieden (§ 119 Abs. 2 AktG). Vgl. Urteil des OLG Frankfurt a. M. vom 7.2.1997 (n.rkr.), S. 347 und ZÖLLNER, WOLFGANG (1992), S. 174 f. Allerdings darf nicht verkannt werden, dass ein Mehrheits- oder Alleingesellschafter auch im Aktienrecht einen Einfluss auf die Besetzung des Aufsichtsrats und somit auf die Bestellung oder Abberufung von Vorstandsmitgliedern besitzt (§§ 84, 101, 103 AktG).

[867] Vgl. HOFFMANN-BECKING, MICHAEL (1994), S. 58 und KORT, MICHAEL (1986), S. 47. Nicht eindeutig äußern sich LEHMANN, JÜRGEN (1993), S. 482; SCHMIDT, ANDREAS (1996), S. 177 sowie ULMER, PETER (1986), S. 125. A.A.: FLUME, WERNER (1989), S. 666 und S. 668; GÄBELEIN, WOLFGANG (1989), S. 503; wahrscheinlich auch AUTENRIETH, KARLHEINZ (1984), S. 199; WELLKAMP, LUDGER (1993), S. 2159 und deutlich RIX, REINHARD (1994), S. 30, der den BHV bei einer GmbH als „konzernkonstituierendes bzw. absicherndes Instrument" für überflüssig hält. Vgl. hierzu auch die Diskussion zwischen namhaften Experten des Gesellschaftsrechts (u.a. GESSLER, DUDEN, EMMERICH, WESTERMANN und WÜRDIGER), abgedruckt bei o. V. (1976), S. 175 ff., wobei sich Letzterer ebenfalls gegen einen BHV im GmbH-Recht ausspricht. Vgl. in diesem Kontext auch BGH-Urteil vom 11.11.1991, S. 505 ff., das eine Abgrenzung zum isolierten EAV vornimmt.

[868] Vgl. KROPFF, BRUNO (1993b), S. 530 und hinsichtlich der notwendigen Regelungen beim EAV Kapitel B.IV.2.b)(1) (ab S. 106).

[869] Vgl. SCHWARZ, OLIVER (1994), S. 59.

[870] Vgl. bzgl. der Abschlussmöglichkeit eines EAV mit einer Genossenschaft die Ausführungen in Fn. 397 (S. 68).

[871] Für einen Abschluss votieren BEUTHIEN, VOLKER (1991), S. 137 ff.; DETTEN, KNUT VON (1995), S. 62 ff. und WESTERMANN, HARRY (1972), S. 359 ff. Auch in der älteren Rechtsprechung wurde ein BHV bereits anerkannt, wenn auch ohne nähere Begründung. Vgl. BFH-Urteil vom 18.4.1961, S. 279. Gegenteiliger An-

stützen ihre Meinung im Wesentlichen auf zwei Gründe: Einerseits wird durch die Weisungsabhängigkeit die Verfolgung des genossenschaftlichen Förderzwecks i.S.v. § 1 Abs. 1 GenG gefährdet. Dieses Wagnis könnte durch die ausschließliche Festlegung von sich am Förderzweck orientierenden Weisungen mittels Schaffung eines Teil-BHV umgangen werden.[872] Ferner haben die Vertreter der Muttergesellschaft gem. § 309 Abs. 1 AktG die „Sorgfalt eines ordentlichen und gewissenhaften Geschäftsleiters" anzuwenden, der den Schutz des genossenschaftlichen Förderzwecks gewährleisten soll.[873] Andererseits widerspricht der vertragliche Eingriff in die durch den Vorstand ausgeübte eigenverantwortliche Leitung der Genossenschaft gem. § 27 Abs. 1 GenG dem Grundsatz, dass Beschränkungen ausschließlich durch explizite statutarische Maßnahmen und nicht durch einen Vertrag mit Dritten möglich sind.[874]

Innerhalb des zuletzt angeführten Einwandes liegt m.E. der entscheidende Problembereich begründet. Zur näheren Analyse bietet sich ein Vergleich mit der entsprechenden aktienrechtlichen Norm des § 76 AktG an, welche anscheinend keiner satzungsmäßigen Beschränkung unterliegt. Diese vermeintlich stärkere Machtstellung wird durch § 82 Abs. 2 AktG relativiert.[875] Da der Inhalt eines BHV im Aktienrecht durch die Satzung begrenzt wird, gelten analoge Überlegungen auch für die Genossenschaft. Danach fallen keine Beschränkungen in den Wirkungsbereich des § 27 Abs. 1 S. 2 GenG, die **außerhalb** des Statuts geregelt sind.[876] Der Abschluss von BHV mit einer AG, KGaA bzw. GmbH als Tochter wirkt in allen Fällen aufgrund des organisationsrechtlichen Charakters des BHV nicht satzungs- bzw. gesellschaftsvertragseingreifend.[877] Demnach kann § 27 Abs. 1 GenG auch nicht einem BHV entgegenstehen. Fraglich ist letztlich, ob §§ 291 ff. AktG auf einen BHV mit einer Genossenschaft analog anwendbar sind und damit einhergehend mit § 76 AktG die Überlagerung des § 27 GenG zu rechtfertigen ist.[878] Dem entgegnet VON DETTEN, dass ein BHV auch bei Unterstellung einer GmbH als Tochter kraft Analogie anwendbar ist.[879] Dagegen wäre zu argumentieren, dass dazu eine im Rahmen der Rechtsfortbildung als gesetzesgleich einzustufende BGH-Rechtsprechung erging, die meines Wissens bis dato für ein Beteiligungsverhältnis unter Mitwirkung einer Genossenschaft ausblieb. Für eine Analoganwendung spricht, dass die Regelungen der §§ 15 ff. AktG unstrittig[880] auf das Genossenschaftsrecht übertragbar sind.

---

sicht: GROSSFELD, BERNHARD/BERNDT, JOACHIM (1998), S. 122; MERLE, WERNER (1979), S. 266 ff. und vermutlich auch SCHMIDT, KARSTEN (1997), S. 509 f. Offenlassend: ADLER, HANS/DÜRING, WALTHER/SCHMALTZ, KURT (1997), § 17 AktG, Tz. 68.

[872] Vgl. primär MERLE, WERNER (1979), S. 266 f. und zustimmend EMMERICH, VOLKER/SONNENSCHEIN, JÜRGEN/HABERSACK, MATHIAS (2001), S. 527; GROSSFELD, BERNHARD (1975), S. 35 sowie WESTERMANN, HARRY (1972), S. 372 f. A.A.: BEUTHIEN, VOLKER (1991), S. 149, Fn. 24 sowie DETTEN, KNUT VON (1995), S. 79 f., die als Charakteristikum eines Teil-BHV – wie auch in dieser Arbeit vertreten – die Beschränkung auf bestimmte Unternehmensfunktionsbereiche und nicht auf bestimmte Weisungen ansehen.

[873] Vgl. BEUTHIEN, VOLKER (1991), S. 147 f.

[874] Vgl. MERLE, WERNER (1979), S. 267.

[875] Vgl. m. w. N. PIRNER, BARBARA (1993), S. 9 f.

[876] Vgl. GRÄSER, BERND (2001), § 27 GenG, Rn. 6.

[877] Vgl. dazu die Diskussion in Kapitel B.IV.2.a)(1)(a) (ab S. 70) und Kapitel B.IV.2.a)(2)(a) (ab S. 81).

[878] Dies verneinend: MERLE, WERNER (1979), S. 267.

[879] Vgl. DETTEN, KNUT VON (1995), S. 105 f.

[880] Vgl. dazu die Literaturnachweise in Fn. 158 (S. 27).

Nach gegenseitiger Abwägung aller Argumente sprechen mehr Gründe für als gegen die Möglichkeit, einen BHV mit einer Genossenschaft abzuschließen, wobei aufgrund des Förderzwecks im Vergleich zu den anderen hier behandelten Rechtsformen restriktivere Anforderungen zu stellen sind. Insofern wird mit einer Genossenschaft stets ein **„förderzweckgebundener (Teil-)BHV" kraft Gesetzes** abgeschlossen. Zudem erlangt die Sorgfaltspflicht der Muttergesellschaft einen bedeutsameren Stellenwert. Die Formulierung nachteilhafter Weisungen für die Genossenschaft gem. § 308 Abs. 1 S. 2 AktG analog wird bereits durch den Förderzweck implizit unterbunden.[881] Im Übrigen gelten die bereits formulierten Schranken des Weisungsrechts ebenfalls.[882]

Letztlich ist die Bestimmung der **Beschlussmehrheit auf Ebene der Genossenschaft** zur Ratifizierung des BHV von Interesse. Mangels Rechtsprechung sollte sich an dem für die GmbH geltenden BGH-Beschluss vom 24.10.1988[883] orientiert und die für statutarische Änderungen notwendige Mehrheit der Generalversammlung herangezogen werden, die gem. § 16 Abs. 4 GenG Dreiviertel der abgegebenen Stimmen bedarf. Diese Grenze kann sowohl gemildert als auch verschärft werden, wobei als Untergrenze die einfache Stimmrechtsmehrheit gem. § 8 Abs. 1 S. 4 GenG festzulegen ist.[884] In Anlehnung an die Terminologie in Kapitel B.IV.2.a)(2)(a) (ab S. 81) ist mithin ein **„Nettobeschluss"** relevant. Die bereits problematisierte Differenzierung zu einem „Bruttobeschluss" stellt sich hier nicht, da die Zustimmung sämtlicher Genossen gem. § 33 Abs. 1 S. 2 BGB nur bei einer Zweckänderung notwendig ist, die in diesem Kontext gerade nicht stattfinden darf.[885]

Als Besonderheit ist der Beschluss durch sämtliche Vorstandsmitglieder zum Genossenschaftsregister, dessen Zuständigkeit sich nach dem Sitz der Genossenschaft bemisst, in öffentlich beglaubigter Form einzureichen (§ 157 GenG). Der Anmeldung sind nach Maßgabe von § 11 GenG zwei (nicht beglaubigte) Abschriften beizufügen (§ 16 Abs. 5 S. 1 GenG). Entsprechend zum Aktien- und GmbH-Recht entfaltet der BHV seine rechtliche Wirkung erst mit der Eintragung ins Genossenschaftsregister (§ 16 Abs. 6 GenG).[886] Ansonsten gelten §§ 293 ff. AktG analog.[887]

(f) Beherrschungsverträge bei mehrstufigen Unternehmensverbindungen

Auch bei in mehrstufigen Unternehmensverbindungen zulässigen BHV kann weitgehend auf die Ausführungen zum EAV verwiesen werden.[888] Dabei wird sich den in Abbildung 8 (S. 97) dargestellten Fallkonstellationen bedient, wobei die Bezeichnung „EAV" durch „BHV" zu substituieren ist. **Besonderheiten** bestehen zum einen hinsichtlich des **legitimierten Wei-**

---

[881] Vgl. DETTEN, KNUT VON (1995), S. 84.
[882] Vgl. REUL, ADOLF (1997), S. 172.
[883] Vgl. BGH-Beschluss vom 24.10.1988, S. 324 ff.
[884] Vgl. REUL, ADOLF (1997), S. 222. Der Abschluss des BHV wird somit wie im GmbH-Recht einer statutarischen Änderung gleichgestellt, obwohl er Bestimmungen außerhalb des Statuts beinhaltet.
[885] Ansonsten würde die Genossenschaft wegen eines Verstoßes gegen § 1 GenG Gefahr laufen, sich einem Amtslöschungsverfahren auszusetzen (§ 81 GenG). Vgl. REUL, ADOLF (1997), S. 222.
[886] Eine Rückwirkung ist m. E. ebenfalls ausgeschlossen, was sich aus den in Fn. 858 (S. 141) bereits aufgeführten Gründen ableiten lässt.
[887] Vgl. BEUTHIEN, VOLKER (1991), S. 165 und DETTEN, KNUT VON (1995), S. 111.
[888] Vgl. Kapitel B.IV.2.a)(4) (ab S. 96).

sungsrechts, welches ausschließlich vom Vertragspartner bzw. seinen Delegierten ausgeübt werden kann. Zum anderen stellt sich die Frage, zwischen welchen Gesellschaften die Schutzvorschriften der §§ 311 ff. AktG bzgl. der faktischen Konzernierung greifen, da der unmittelbar zwischen den Vertragsparteien geschlossene BHV die **Anwendung der §§ 311-318 AktG ausschließt.**[889]

Während sich bezugnehmend auf die **erste Variante** in Abbildung 8 (S. 97) hinsichtlich des Verhältnisses zwischen Mutter und Enkel keinerlei Besonderheiten beim Weisungsrecht ergeben[890], wird die (faktische) Einflussnahmemöglichkeit der Tochter auf die Enkelgesellschaft sowohl von den beherrschungsvertraglichen Regelungen als auch von ihrer tatsächlichen Inanspruchnahme durch die Mutter determiniert. Dabei ist wie folgt zu differenzieren: Einerseits kann der Tochtergesellschaft eine Einflussnahmemöglichkeit seitens der Muttergesellschaft eingeräumt werden. Andererseits besteht die Delegationsmöglichkeit der Ausübung des Weisungsrechts auf die Tochter als konzernverbundenes Unternehmen seitens der Mutter.[891]

Während im Verhältnis zwischen Enkel und Mutter das zuletzt genannte Unternehmen sowie deren gesetzliche Vertreter in die Haftung genommen werden (§ 309 Abs. 2 AktG)[892], ist im Falle **autonomer** nachteiliger Weisungen der Tochtergesellschaft die Anwendbarkeit der §§ 311 ff. AktG (insb. §§ 311 Abs. 1, 317 Abs. 1 S. 1 und Abs. 3 AktG) zwischen ihr und der Enkelgesellschaft gegeben.[893] Im Verhältnis zwischen Mutter und Tochter kann ein Anspruch auf Nachteilsausgleich gem. §§ 311 ff. AktG im Rahmen der Einflussnahme der Muttergesellschaft auf die Tochter, dem BHV mit der Enkelgesellschaft zuzustimmen, gegeben sein. Ferner ist die Benachteiligung der Tochtergesellschaft sowie ihrer außen stehenden Gesellschafter hinsichtlich des durch Weisungen der Mutter beeinflussten Bilanzgewinns möglich.[894]

Im Rahmen der **Betrachtung außen stehender Gesellschafter** ist auf die jeweiligen Vertragsverhältnisse abzustellen. Werden die Minderheitsgesellschafter der Enkelgesellschaft betrachtet, so sind §§ 304 f. AktG im Verhältnis zur Mutter anzuwenden, währenddessen im Verhältnis zur Tochter die Vorschriften über die faktische Konzernierung eingreifen (§§ 317 Abs. 1 S. 2, 317 Abs. 4 AktG i.V.m. § 309 Abs. 4 S. 1 AktG). Dementsprechendes gilt zwischen den außen stehenden Gesellschaftern der Tochter und der Muttergesellschaft.[895]

---

[889] Soweit keine anderen Anmerkungen getroffen werden, ist im Folgenden unter dem Begriff des Weisungsrechts das direkt aus dem Vertrag erwachsende und nicht das eventuell delegierte zu verstehen.

[890] Beabsichtigt die Mutter neben Weisungen in ihrem eigenen Interesse auch solche im Konzerninteresse zu erteilen (hier: Interesse der Tochtergesellschaft), hat entsprechend den Aussagen in Fn. 794 (S. 131) zwischen Mutter und Tochter ein Konzernverhältnis i.S.v. § 18 Abs. 1 S. 3 AktG zu bestehen. Somit wird die lediglich ein Abhängigkeitsverhältnis i.S.v. § 17 AktG fordernde faktische Unternehmensverbindung zwischen Mutter und Tochter (§ 311 Abs. 1 AktG) im Endergebnis ggf. verschärft.

[891] Vgl. REHBINDER, ECKARD (1977), S. 623 f.

[892] Alternativ können die Ansprüche ebenfalls von den außen stehenden Gesellschaftern der Enkelgesellschaft geltend gemacht werden (§ 309 Abs. 4 S. 1 AktG).

[893] Im Rahmen der eben angesprochenen Weisungsdelegation handelt es sich im Endergebnis um eine Weisung der Mutter, weswegen die Rechtsfolgen des BHV eine die faktische Unternehmensverbindung zwischen Tochter und Enkel überlagernde Wirkungsweise besitzen. Vgl. WANNER, SIBYLLE (1998), S. 121.

[894] Vgl. REHBINDER, ECKARD (1977), S. 620 und Kapitel B.VI.2.a)(1)(a) (ab S. 130).

[895] Im Rahmen der Aufstellung eines Abhängigkeitsberichtes durch die Tochtergesellschaft ist die von der Mutter veranlasste Maßnahme bzgl. der Zustimmung zum BHV anzuführen. Vgl. KROPFF, BRUNO (2000), Anhang zu § 311 AktG, Rn. 49. Die Enkelgesellschaft hat ihre Beziehungen in ihrem aufzustellenden Ab-

Im Zuge des **zweiten Falles** treten grundsätzlich keinerlei Besonderheiten zur ersten Konstellation ein; die Rechtslage ist mithin so zu beurteilen, als ob nur ein BHV zwischen Mutter und Enkel bestünde.[896] Die faktische Konzernierung zwischen Mutter und Tochter im ersten Fall ist durch einen Vertragskonzern zu substituieren, wobei die außen stehenden Gesellschafter von Letzterer Ansprüche gegen die Mutter gem. §§ 304 f. AktG hegen. Eine bedeutsame Abweichung besteht m. E. hinsichtlich der im ersten Fall erwähnten Veranlassung der Tochter, dem BHV zwischen Mutter und Enkel zuzustimmen. Der geschilderte Nachteilsausgleich tritt dann ein, wenn zu diesem Zeitpunkt ein faktischer Konzern zwischen Mutter und Tochter besteht. Folgt der BHV zwischen Mutter und Enkel zeitlich demjenigen zwischen Mutter und Tochter, ist eine Schadensersatzpflicht nur dann gegeben, wenn die Weisung offensichtlich nicht im Konzerninteresse steht (§ 308 Abs. 2 S. 2 AktG).

Wird die **dritte Fallkonstellation** betrachtet, kann der Muttergesellschaft einerseits kein Weisungsrecht aus dem BHV zwischen Tochter und Enkel eingeräumt werden.[897] Andererseits ist die unmittelbare Weisungserteilung der Mutter an die Enkelgesellschaft ebenfalls nicht gestattet[898], es sei denn, die Ausübung des Weisungsrechts wurde auf sie übertragen[899]. In der jüngsten Zivilrechtsprechung wurde bzgl. einer ununterbrochenen Kette aus BHV explizit klargestellt, dass die **Vorschriften über den faktischen Konzern nicht auf** das (vertragslose) **Verhältnis zwischen Mutter und Enkel** anzuwenden sind.[900]

Probleme können m. E. insofern entstehen, falls die beiden BHV nicht aufeinander abgestimmt sind, d.h. insb. unterschiedliche Einschränkungen des Weisungsrechts vorsehen. Somit wäre eine Weisungserteilung der Mutter an die Tochter denkbar, welche aufgrund des BHV zwischen Letzterer und der Enkelgesellschaft gar nicht gedeckt ist.[901] Der Sorgfältigkeitsmaßstab i.S.v. § 309 Abs. 1 AktG erweitert sich somit auf Fälle, in denen von den gesetzlichen Vertretern der Muttergesellschaft erkennbar ist, dass ihre über die Tochter erteilte Weisung an die Enkelgesellschaft gem. des BHV zwischen Tochter und Enkel rechtswidrig ist.[902] Ob die Tochtergesellschaft und deren gesetzliche Vertreter für eine außerhalb den Weisungsrechtgrenzen befindliche (mittelbare) Anordnung der Mutter an die Enkelgesellschaft in Haftung

---

hängigkeitsbericht zur Tochter nur dann zu dokumentieren, **falls** dieser ein **selbstständiger Einfluss** verbleibt. Vgl. WANNER, SIBYLLE (1998), S. 125.

896 Vgl. REHBINDER, ECKARD (1977), S. 625. Hinsichtlich der sich im Abhängigkeitsbericht widerspiegelnden Dokumentationspflicht seitens der Enkelgesellschaft gelten die Bemerkungen in Fn. 895 (S. 145) analog.

897 Vgl. BGH-Urteil vom 14.5.1990, S. 460.

898 Vgl. CAHN, ANDREAS (2000), S. 1478, S. 1481 und S. 1483 sowie PENTZ, ANDREAS (1994), S. 115.

899 Diese Aussage infrage stellend: EBENROTH, CARSTEN TH./PARCHE, ULRICH (1989), S. 640.

900 Vgl. Urteil des LG Frankfurt a. M. vom 16.11.1998 (n.rkr.), S. 239 und Urteil des OLG Frankfurt a. M. vom 4.4.2000 (n.rkr.), S. 838. Differenzierend: PENTZ, ANDREAS (2000), S. 1105 f. A.A.: CAHN, ANDREAS (2000), S. 1480 ff.

901 Der gesetzliche Vertreter der Tochtergesellschaft hat insoweit eine Doppelfunktion inne, als er die Weisung der Mutter zudem auf ihre Rechtmäßigkeit zu prüfen hat (§ 310 Abs. 1 AktG). Somit ist die Tochtergesellschaft ausreichend vor einer Nachteilszufügung geschützt, weswegen §§ 311 ff. AktG auch bei dieser Variante keinen Bestand besitzen. Vgl. dazu PENTZ, ANDREAS (2000), S. 1105. Es bietet sich die Ausstattung beider Verträge mit demselben Weisungsrechtumfang an. Alternativ könnte der Vertrag zwischen Mutter und Tochter restriktiver als derjenige zwischen Tochter und Enkel ausgestaltet sein.

902 Vgl. REHBINDER, ECKARD (1977), S. 611.

zu ziehen sind (§ 309 Abs. 2 AktG), ist strittig.[903] Meiner Ansicht nach ist dies zu bejahen und sich der h.M. anzuschließen, da aus Sicht der Enkelgesellschaft nicht erkennbar ist, ob diese Weisung von der Tochter autonom oder im Auftrag der Mutter erteilt wurde. Insofern ist der Haftungsanspruch zwischen Mutter und Tochter als Gesamtschuldner im Innenverhältnis zu separieren.[904, 905]

Im Zuge des Ansatzes **„von oben nach unten"** ist als Besonderheit zu beachten, dass die außen stehenden Gesellschafter der Enkelgesellschaft u.U. einen variablen Ausgleich i.S.v. § 304 Abs. 2 AktG in Anspruch nehmen können, falls zwischen Mutter- und Tochtergesellschaft ein isolierter BHV besteht.[906]

Auch im Steuerrecht wurde eine **mehrstufige Unternehmensverbindung** bedacht. Hierbei muss **zumindest** mittelbar die tatsächliche Durchführung des Willens des OT in der (Enkel-) OG gewährleistet sein (Abschn. 51 S. 2 KStR). Nach dem Wortlaut kommt sowohl der direkte als auch der stufenweise Abschluss eines BHV in Betracht.[907]

(2) Aktienrechtliche Eingliederung

Die zahlenmäßige Präsenz aktienrechtlicher Eingliederungen[908] dürfte im Verhältnis zur Anzahl existenter BHV in den Hintergrund treten, da einerseits die Bindungsintensität zwischen der Mutter-[909] und Tochtergesellschaft der einer Verschmelzung stark angenähert ist[910] und andererseits die gesetzlichen Vorschriften über die Eingliederung unstrittig **ausschließlich für eine Unternehmensverbindung zwischen zwei AG's** Geltung erlangen[911].

Der Eingliederungstatbestand wird in die **Eingliederung einer 100%igen Tochtergesellschaft** (§ 319 AktG) und in die **Eingliederung durch Mehrheitsbeschluss** (§§ 320-320b AktG) unterteilt.

---

903 Bejahend z.B. KROPFF, BRUNO (2000), Anhang zu § 311 AktG, Rn. 19 und im Umkehrschluss auch PENTZ, ANDREAS (1994), S. 116.

904 Vgl. REHBINDER, ECKARD (1977), S. 610 f. und WANNER, SIBYLLE (1998), S. 59 ff. Dabei ist § 309 Abs. 2 AktG im Verhältnis zwischen Mutter und Enkel analog anzuwenden, da kein direkter BHV besteht.

905 Im Umkehrschluss haften die Tochter sowie deren gesetzliche Vertreter alleine, falls sie kraft ihres eigenen BHV mit der Enkelgesellschaft **autonom** Weisungen erteilen.

906 Vgl. BAYER, WILHELM F. (1975), S. 178. Allerdings muss bedacht werden, dass die Muttergesellschaft diese Bilanzgröße durch Weisungen beeinflussen kann. Vgl. dazu Kapitel B.VI.2.a)(1)(a) (ab S. 130). Alternativ kann auch ein variabler Ausgleichsanspruch gegenüber der Muttergesellschaft in Erwägung gezogen werden. Vgl. CAHN, ANDREAS (2000), S. 1480, Fn. 35.

907 Hier ist auf die erste und dritte Fallkonstellation in Abbildung 8 (S. 97) zu verweisen.

908 Falls keine genaueren sprachlichen Differenzierungen vorgenommen werden, ist in diesem Kapitel stets die **aktienrechtliche** Eingliederung gemeint.

909 Im Gesetz wird diese mit „Hauptgesellschaft", die Tochtergesellschaft mit „einzugliedernde Gesellschaft" bezeichnet. Vgl. dazu stellvertretend § 319 Abs. 1 S. 1 und Abs. 4 S. 1 AktG.

910 Vgl. SCHUBERT, WERNER/KÜTING, KARLHEINZ (1981), S. 310. Obwohl die rechtliche Selbstständigkeit der Tochter erhalten bleibt, gleicht sie in wirtschaftlicher Hinsicht einer unselbstständigen Betriebsabteilung. Vgl. dazu z.B. KÖHLER, HELMUT (1985), S. 322.

911 Vgl. z.B. SCHÖNEBERGER, PETER (1978), S. 1648. Die Eingliederung einer KGaA ist aufgrund des eindeutigen Gesetzeswortlautes ebenfalls nicht möglich, was sich bereits aus § 278 Abs. 3 AktG ableiten lässt. Vgl. RAISER, THOMAS (2001), § 55, Rdn. 2. Vgl. bzgl. der Unanwendbarkeit für eine GmbH z.B. ZÖLLNER, WOLFGANG (2000), Rn. 5. Irrig: HOLTKAMP, WERNER (1994), S. 99, der von einer Eingliederung in eine eG ausgeht.

Für die **Eingliederung im 100%igen Fall** müssen Mutter und Tochter ihren Sitz im Inland haben.[912] Ferner hat die Muttergesellschaft zum Zeitpunkt der Anmeldung der Eingliederung zur Eintragung ins HR sämtliche Aktien der Tochter zu vereinen.[913, 914] Die Eingliederung beruht auf keinem Vertrag[915], sondern ausschließlich auf zwei Hauptversammlungsbeschlüssen. Während sich nähere Ausführungen zur Tochter aufgrund der 100%igen Beteiligung erübrigen[916], kommt es entscheidend auf den Hauptversammlungsbeschluss der Muttergesellschaft an, für den mindestens eine **Dreiviertelmehrheit des vertretenen Grundkapitals zzgl. einer einfachen Stimmrechtsmehrheit** erforderlich sind, wobei die Möglichkeit der ausschließlichen Erhöhung beider Grenzen kraft Satzung besteht (§§ 133 Abs. 1 2. Halbs., 319 Abs. 2 S. 2 und 3 AktG). Analog zu den Zustimmungsbeschlüssen bei Unternehmensverträgen im Rahmen von reinen aktienrechtlichen Unternehmensverbindungen ist von einer satzungsüberlagernden Wirkung während der Eingliederungsdauer auszugehen (§ 319 Abs. 1 S. 2 und Abs. 2 S. 4 AktG).[917]

Nach dem Vorbild des Unternehmensvertragsberichtes i.S.v. § 293a AktG ist gem. § 319 Abs. 3 AktG ein **Eingliederungsbericht** vom Vorstand der Muttergesellschaft zu erstellen, in dem die Eingliederung rechtlich und wirtschaftlich erläutert sowie begründet wird. Hierfür sind §§ 293f f. AktG fast wortgleich in § 319 Abs. 3 AktG übernommen worden.[918, 919]

Im Falle des Vollzuges von beiden Beschlüssen hat der Vorstand der Tochtergesellschaft die Eingliederung sowie die Firma der Muttergesellschaft zur **Eintragung ins HR** des Sitzes der Tochtergesellschaft anzumelden, wobei die Niederschriften beider Hauptversammlungsbeschlüsse sowie ihre Anlagen beizufügen sind (§ 319 Abs. 4 AktG). Eine unabdingbare Vor-

---

[912] Während sich der Inlandsbezug für die Muttergesellschaft explizit aus dem Gesetz ableitet (§ 319 Abs. 1 S. 1 AktG), würde die Eingliederung einer Tochtergesellschaft mit ausländischem Sitz nicht dem deutschen Recht unterliegen. Vgl. HABERSACK, MATHIAS (2001), § 319 AktG, Rdnr. 7.

[913] Vgl. dazu diskutierend BUNGERT, HARTWIN (2000), S. 168. M.E. sollte das Beteiligungsverhältnis bereits zum Zeitpunkt des Hauptversammlungsbeschlusses der Mutter vorliegen, um die Entschlossenheit des Eingliederungsvorhabens gegenüber den zustimmenden Aktionären deutlicher zu signalisieren.

[914] Damit werden unstrittig sowohl eigene Aktien der Tochtergesellschaft i.S.v. §§ 71 ff. AktG als auch Aktien nach der Hinzurechnungsvorschrift des § 16 Abs. 4 AktG dem gesetzlichen Anspruch nicht gerecht. Vgl. HÜFFER, UWE (2002), § 319 AktG, Rn. 4. Demgegenüber steht eine vorangegangene Emission von Wandel- und Optionsschuldverschreibungen der Tochtergesellschaft einer Eingliederung nicht entgegen, da zum Anspruchszeitpunkt Aktien der Muttergesellschaft zu gewähren sind. Vgl. GRUNEWALD, BARBARA (2000), § 320b AktG, Rn. 13.

[915] Vgl. Urteil des OLG München vom 17.3.1993 (n.rkr.), S. 430. Somit wirkt der Vorstand der Tochtergesellschaft an der Eingliederung nicht mit. Vgl. HÜFFER, UWE (2002), § 319 AktG, Rn. 3.

[916] In formaler Hinsicht liegt ex definitione stets eine Vollversammlung vor (§ 121 Abs. 6 AktG). Insofern werden Erleichterungen gewährt, da die Vorschriften über die Einberufung der Hauptversammlung bzw. die Bekanntmachung der Tagesordnung (§§ 123 f. AktG) nicht beachtet werden müssen.

[917] Die Vorschrift des § 319 Abs. 2 AktG ist den Regelungen der § 293 Abs. 1 S. 2-4 und Abs. 2 S. 2 AktG nachempfunden. Vgl. dazu Kapitel B.IV.2.a)(1) (ab S. 70).

[918] Zwei wesentliche Unterschiede sind dennoch erkennbar: Die in § 319 Abs. 3 AktG bezeichneten Unterlagen sind aufgrund der 100%igen Beteiligung ausschließlich im Geschäftsraum der Muttergesellschaft ab dem Einberufungszeitpunkt der Hauptversammlung sowie während derselben auszulegen. Ferner entfällt die Prüfung des Eingliederungsberichtes durch externe Dritte entsprechend § 293b AktG, da dessen wichtigste Intention – die Festlegung von Kompensationsleistungen an Minderheitsgesellschafter der Tochtergesellschaft – in diesem Kontext ins Leere läuft. Vgl. Kapitel B.IV.2.a)(1)(b) (ab S. 72).

[919] HABERSACK kritisiert zu Recht das Fehlen eines Verweises auf § 293a Abs. 3 AktG, wonach auf den Eingliederungsbericht kraft öffentlicher Beglaubigung der Aktionäre der Muttergesellschaft sowie dieser selbst verzichtet werden kann. Vgl. HABERSACK, MATHIAS (2001), § 319 AktG, Rdnr. 20.

aussetzung stellt dabei die **sog. Negativerklärung** des Vorstands der Tochtergesellschaft dar, der bestätigt, dass Klagen gegen die Wirksamkeit der Beschlüsse nicht (fristgerecht) erhoben worden sind bzw. abgewiesen oder zurückgenommen wurden.[920] Mit der HR-Eintragung wird die Eingliederung (zivilrechtlich) wirksam (§ 319 Abs. 7 AktG).

Alternativ kann als (gesetzlicher) Spezialfall eine **Eingliederung durch Mehrheitsbeschluss** herbeigeführt werden, wenn die Muttergesellschaft mind. 95 % des Grundkapitals der Tochtergesellschaft in ihrer Hand hält. Das bisher zum 100 %igen Beteiligungsfall Ausgeführte gilt grundsätzlich[921] analog (§ 320 Abs. 1 S. 3 AktG). Da § 320 AktG keine speziellen Regelungen hinsichtlich der Beschlussmehrheit der Hauptversammlung der Tochter vorsieht, verbleibt es beim **Grundsatz der einfachen Stimmrechtsmehrheit** (§ 133 Abs. 1 AktG).[922] Neben der Aufnahme der Eingliederung als Tagesordnungspunkt gem. § 124 AktG sind bei der Tochtergesellschaft **zusätzlich** die in § 320 Abs. 2 AktG genannten formalen Erfordernisse zu beachten.[923] Da entgegen § 319 AktG Abfindungsansprüche geltend zu machen sind, ist die Eingliederung durch einen oder mehrere Eingliederungsprüfer zu verifizieren, die vom Vorstand der Muttergesellschaft bestellt werden.[924] Zu den in § 319 Abs. 3 S. 1 AktG bezeichneten Unterlagen ist zusätzlich der Prüfungsbericht in den Geschäftsräumen der Mutter- und Tochtergesellschaft[925] auszulegen (§ 320 Abs. 4 AktG).

Die zivilrechtliche Wirksamkeit der Eingliederung führt zu einer Verdrängung der außen stehenden Gesellschafter der Tochter, wobei die **in den Aktien verbrieften Rechte**, welche die Muttergesellschaft noch nicht in Händen hält, **kraft Gesetzes** auf diese übergehen (§ 320a

---

920 Davon betroffen ist insb. die Anfechtungsklage (Klagefrist: ein Monat nach Beschlussfassung gem. § 246 Abs. 1 AktG) sowie die Nichtigkeitsklage (Klagefrist: drei Jahre nach Eintragung des Beschlusses ins HR gem. § 242 Abs. 2 S. 1 AktG). Die konstitutive Wirkung kann sich somit v.a. im Falle einer Eingliederung durch Mehrheitsbeschluss zeitlich verzögern. Vgl. dazu VEIT, KLAUS-RÜDIGER (1974b), S. 70 und kritisch Urteil des OLG Celle vom 28.6.1972 (n.rkr.), S. 1009. Zur Beschleunigung der Eingliederungseintragung können die klageberechtigten Aktionäre durch notariell beurkundeten Verzicht auf die Geltendmachung einer Klage verzichten (§ 319 Abs. 5 S. 2 AktG).

921 Bzgl. der Berechnung der 95 %igen Beteiligung treten insofern Unterschiede auf, weil eigene Aktien i.S.v. §§ 71 ff. AktG sowie Aktien, die einem anderen für Rechnung der Tochtergesellschaft gehören, entsprechend der Vorschrift des § 16 Abs. 2 AktG vom Grundkapital abzusetzen sind (§ 320 Abs. 1 S. 2 AktG). Somit tritt m.E. eine implizite „doppelte Begünstigung" ein, da diese Grenze leichter als diejenige in § 319 Abs. 1 S. 1 AktG zu erreichen ist. Die in Fn. 916 (S. 148) angesprochenen Erleichterungen gelten insofern nicht.

922 Vgl. dazu auch GRUNEWALD, BARBARA (2000), § 320 AktG, Rn. 7.

923 Im Einzelnen sind dies die Bekanntmachung der Firma und des Sitzes der Muttergesellschaft sowie die verpflichtende Erklärung der Muttergesellschaft, die Aktionäre der Tochter in eigenen Aktien bzw. u.U. bar abzufinden. Dabei ist zwingend das Umtauschverhältnis bzw. u.U. die Höhe der Barabfindung anzugeben. Vgl. HÜFFER, UWE (2002), § 320 AktG, Rn. 7. Das letzte Erfordernis ist ebenfalls der Tagesordnung der Muttergesellschaft beizufügen (§ 320 Abs. 2 S. 2 AktG).

924 Auf den Eingliederungsbericht kann durch alle Aktionäre der Mutter und Tochter mittels öffentlich beglaubigter Erklärung verzichtet werden (§ 293a Abs. 3 AktG i.V.m. § 320 Abs. 3 S. 3 AktG). Im Übrigen gelten die §§ 293c-293e AktG entsprechend, wobei meiner Ansicht nach auf zwei wichtige teleologische Reduktionen aufmerksam zu machen ist: Im Zuge der Unternehmensvertragsprüfung sind die Vertragsprüfer vom Vorstand der Tochtergesellschaft zu bestimmen (§ 293c Abs. 1 S. 1 AktG). Die Prüfung auf angemessenen Ausgleich gem. § 293e AktG entfällt bei einer Eingliederung. Vgl. dazu Kapitel B.IV.2.a)(1)(b) (ab S. 72) und Urteil des LG Berlin vom 13.11.1995 (rkr.), S. 232 f.

925 Durch die gegenüber § 319 Abs. 2 AktG geregelte zusätzliche Auslage in den Geschäftsräumen der Tochtergesellschaft soll anscheinend dem Informationsbedürfnis der außen stehenden Gesellschafter Rechnung getragen werden.

AktG).[926] Folglich kommt keine Ausgleichsleistung i.S.v. § 304 AktG, sondern eine **ausschließliche Abfindung** in Form eigener Aktien der Hauptgesellschaft in Betracht (§ 320b Abs. 2 S. 2 AktG).[927, 928] Dabei ist zu differenzieren: Besitzen die außen stehenden Gesellschafter der Tochter selbst Aktienurkunden, werden im Zuge der Eingliederung ausschließlich die damit verbrieften Rechte auf die Muttergesellschaft übertragen. Es findet mithin ein **Austausch von Rechten** statt, da die weiterhin im Eigentum der außen stehenden Gesellschafter verbleibenden Urkunden nun den Anspruch auf eine angemessene Abfindung erheben.[929] Nach entsprechender Abfindung gehen auch die Aktienurkunden in das Eigentum der Muttergesellschaft über, wobei diese wieder Aktienrechte garantieren.[930] Befinden sich die Urkunden zum Zeitpunkt der Wirksamkeit der Eingliederung in einem Wertpapierdepot – dies wird den praktischen Regelfall darstellen –, ist die Depotbank ebenfalls ohne ausdrückliche Einwilligung des außen stehenden Gesellschafters berechtigt, dessen Urkunden unter Entgegennahme der Abfindung auszuhändigen.[931] Falls die Tochtergesellschaft vor der Eingliederung eigene Aktien i.S.v. §§ 71 ff. AktG gehalten hat, steht ihr selbst auch eine Abfindung zu.[932]

Unabhängig von der Eingliederungsart darf die Muttergesellschaft dem Vorstand der Tochter entsprechend einem BHV **Weisungen** erteilen. Die Folgepflicht wird analog § 308 Abs. 2 S. 1 AktG durch § 323 Abs. 1 AktG legitimiert und gilt auch dann, wenn die Weisungen der Muttergesellschaft **offensichtlich nicht** in ihrem Interesse oder im Konzerninteresse stehen; das Weisungsrecht ist bei der Eingliederung insofern **umfangreicher**.[933] Ob dieser

---

926 Im Falle der Börsennotiz der Tochtergesellschaft wird diese zum Zeitpunkt der Eintragung der Eingliederung ins HR beendet. Vgl. KOWALSKI, ANDRÉ (2000), S. 555.

927 Gegen das Argument, außen stehende Aktionäre könnten nicht gezwungen werden, Aktien an der Hauptgesellschaft zu erwerben, weshalb ihnen alternativ eine Barabfindung zustehen müsste, wendet die Rechtsprechung ein, dass das Vermögen der Tochter aus wirtschaftlicher Sicht auf die Mutter übergegangen ist, weswegen die Aktien nun eine mittelbare Beteiligung an dem ursprünglichen Vermögen gewähren. Vgl. Urteil des OLG Celle vom 28.6.1972 (n.rkr.), S. 1011.

928 Der Begriff der „eigenen Aktie" ist nicht als terminus technicus zu interpretieren. Für die Muttergesellschaft besteht zwar die Möglichkeit, eigene Aktien i.S.v. § 71 Abs. 1 Nr. 3 AktG zu beschaffen. Allerdings können auch andere Eigenkapitalbeschaffungsmaßnahmen ergriffen werden (z.B. bedingte Kapitalerhöhung, Grundkapitalerhöhung durch Ausnutzung eines genehmigten Kapitals). Vgl. dazu ausführlich KOWALSKI, ANDRÉ (2000), S. 555 ff.

929 Vgl. dazu explizit Beschluss des OLG Hamm vom 8.12.1993, S. 378.

930 Insofern besteht eine Divergenz hinsichtlich des verbrieften Aktienrechts und des Eigentums der Aktienurkunde im Zeitraum zwischen dem Wirksamwerden der Eingliederung und der Aushändigung der Aktienurkunde an die Muttergesellschaft. Vgl. TIMM, WOLFRAM/SCHICK, WERNER (1994), S. 186. Vgl. dazu auch PRAËL, CHRISTOPH (1978), S. 106 f.

931 Vgl. TIMM, WOLFRAM/SCHICK, WERNER (1994), S. 187 und S. 189. Als Nachweis für den Abfindungsanspruch ist die Bestätigung der Depotbank zu erbringen, dass sich zum Zeitpunkt der HR-Eintragung Aktien im Wertpapierdepot befanden. Diese Regelung gilt ausschließlich nur dann, wenn die Muttergesellschaft selbst keine abhängige Gesellschaft ist und den außen stehenden Gesellschaftern (nicht der Muttergesellschaft!) das Wahlrecht zwischen Abfindung in Aktien und Barabfindung nicht zusteht (§ 320b Abs. 1 S. 3 AktG). Vgl. bzgl. des Wahlrechtausübenden KAMPRAD, BALDUIN/RÖMER, HANS-JÜRGEN (1990), S. 487.

932 Vgl. HÜFFER, UWE (2002), § 320b AktG, Rn. 2. Unstimmigkeiten treten in diesem Fall mit § 320b Abs. 1 S. 2 AktG auf, da durch den vorgesehenen Übergang eigener Aktien der Tochter auf die Muttergesellschaft gegen Gewährung von ihren Aktien der Tatbestand des § 71d S. 2 AktG erfüllt wird. In diesem Spezialfall sollte entgegen des Gesetzeswortlautes eine Barabfindung erlaubt sein.

933 Diese grundsätzlich unbegrenzte Dispositionsmacht wird aufgrund des Fehlens von Minderheitsgesellschaftern als unbedenklich eingestuft. Vgl. VEIT, KLAUS-RÜDIGER (1974b), S. 47. Dennoch ist m.E. die Sinnhaftigkeit dieser Erweiterung infrage zu stellen. Wem sollten Weisungen nutzen, die offensichtlich weder im Interesse der Muttergesellschaft noch im Konzerninteresse liegen? Ferner ist zu problematisieren, ob nicht der anzulegende Sorgfältigkeitsmaßstab des Vorstands der Mutter mittels solch einer zwar legitimen Wei-

materielle Unterschied letztlich einen „Freischein" hinsichtlich des Weisungsverhaltens liefert, ist differenziert zu beurteilen. Zum einen sind die in Kapitel B.VI.2.a)(1)(a) (ab S. 130) angeführten gesetzes-, sitten- und satzungswidrigen Weisungen weiterhin von einer Folgepflicht ausgenommen. Ob existenzgefährdende Weisungen erteilt werden dürfen, wird im Schrifttum bejaht.[934] M. E. tritt dieser Aspekt nicht eindeutig aus dem Gesetzeswortlaut hervor; es können lediglich Indizien filtriert werden, die zu seiner Verstärkung führen. Im Rahmen der Verneinung solcher Weisungen beim BHV wurde sich zur Argumentation hauptsächlich des § 302 AktG bedient, wonach der Gesetzgeber durch die Erhaltung des Grundkapitals zzgl. gesetzlicher und freier Rücklagen von einem Existenzverbleib des Unternehmens nach Vertragsende ausgeht. Bei der Eingliederung ist ebenfalls eine Verlustausgleichsverpflichtung der Mutter präsent, die jedoch einen **geringeren Bestandsschutz** gewährleistet[935], so dass der Tochter vom Gesetzgeber **geringere Überlebenschancen** nach Beendigung der Eingliederung eingeräumt werden. Aus diesem Grund würden dem Verbot existenzgefährdender Weisungen beim BHV die Erteilung „existenzgefährdenderer" Weisungen bei der Eingliederung entsprechen (ohne den Versuch einer Operationalisierung vornehmen zu können). Jedenfalls ist die Erteilung existenz**vernichtender** Weisungen nach diesen Überlegungen **nicht legitimiert**.[936]

Des Weiteren kann aus obigen[937] Gründen der Meinung nicht zugestimmt werden, eine Eingliederung könnte die Tochter zur Abführung ihres gesamten Gewinns anweisen.[938] Deren Vorstand obliegt vielmehr die Pflicht, solche Weisungen zu sondieren und evtl. von ihrer Befolgung abzusehen (§ 310 Abs. 1 AktG i.V.m. § 323 Abs. 1 S. 3 AktG).[939]

Auch im Bereich des Eingliederungskonzerns können **mehrstufige Unternehmensverbindungen** auftreten, wenngleich der Gesetzgeber mit Ausnahme von § 320b Abs. 1 S. 3 AktG auch in diesem Bereich auf einstufige Konstrukte abstellt. Da eine aktienrechtliche Eingliederung stets eine **unmittelbare Beteiligung** an der Tochter impliziert[940], lassen sich die Untersuchungen auf die dritte Fallkonstellation in Abbildung 8 (S. 97) reduzieren.[941] Die von REHBINDER aufgestellte und jüngst von WANNER bestätigte These, mehrstufige Eingliede-

sung missbraucht wird und eine Schadensersatzpflicht hervorruft (§ 309 Abs. 1 und Abs. 2 AktG i.V.m. § 323 Abs. 1 S. 2 AktG). Zu guter Letzt könnte eine in keinem Interesse liegende Weisung die Muttergesellschaft selbst schädigen und eine Haftung ihres Vorstands gem. § 93 AktG auslösen.

934 Vgl. GRUNEWALD, Barbara (2000), § 323 AktG, Rn. 3; HABERSACK, MATHIAS (2001), § 323 AktG, Rdnr. 2; PRAËL, CHRISTOPH (1978), S. 102 und RAISER, THOMAS (2001), § 55, Rdn. 11. Offenlassend: HÜFFER, UWE (2002), § 323 AktG, Rn. 3.

935 Vgl. Näheres in Kapitel C.I.1.a)(3) (ab S. 185)

936 So aber HABERSACK, MATHIAS (2001), § 323 AktG, Rdnr. 2.

937 Vgl. Kapitel B.VI.2.a)(1)(a) (ab S. 130).

938 So aber HABERSACK, MATHIAS (2001), § 323 AktG, Rdnr. 3. Eine Nichtabführung bejaht auch VEIT, KLAUS-RÜDIGER (1974b), S. 158 und S. 171.

939 Ansonsten gelten die Vorschriften der §§ 308 Abs. 3, 309, 310 AktG sinngemäß (§ 323 Abs. 1 S. 3 AktG).

940 Die Aktien der Tochtergesellschaft müssen sich „in der Hand" der Muttergesellschaft befinden (§§ 319 Abs. 1 S. 1, 320 Abs. 1 S. 1 AktG).

941 Dabei sei vorweggenommen, dass analog zu mehrstufigen BHV ebenfalls kein Raum für eine faktische Konzernierung zwischen Mutter und Enkel besteht. Vgl. REHBINDER, ECKARD (1977), S. 616 und WANNER, SIBYLLE (1998), S. 104.

rungskonzerne kämen in der Praxis kaum vor, ist zumindest hinsichtlich der in jüngerer Zeit aufkommenden Rechtsprechungshäufigkeit (partiell) zu widerlegen.[942]

Hinsichtlich der Zustimmungsbeschlüsse ist im mehrstufigen Eingliederungskonzern auf die Situation bei Unternehmensverträgen zu verweisen.[943] Bzgl. der durch die Eingliederung legitimierten Leitungsmacht treten keine Besonderheiten zum BHV auf.[944] Unterschiede sind bei der **Eingliederung durch Mehrheitsbeschluss** hinsichtlich der außen stehenden Gesellschafter nach dem Eingliederungsvorgang in zeitlicher Hinsicht zu treffen. Beim Aufbau **„von unten nach oben"** haben die außen stehenden Gesellschafter der Enkelgesellschaft gem. § 320b Abs. 1 S. 3 AktG den Anspruch auf eigene Aktien der Tochtergesellschaft oder auf eine Barabfindung.[945] Falls sie die erste Variante in Anspruch nehmen, werden sie (außen stehende) Aktionäre im Verhältnis zwischen Mutter- und Tochtergesellschaft. Wird im Anschluss daran eine Eingliederung zwischen diesen Unternehmen vorgenommen, haben sie einen **ausschließlichen** Anspruch auf eigene Aktien der Muttergesellschaft (§ 320b Abs. 1 S. 2 AktG).[946]

Beim Normalfall[947] des Aufbaus **„von oben nach unten"** sind die außen stehenden Gesellschafter der Tochtergesellschaft zwingend in eigenen Aktien der Muttergesellschaft abzufinden (§ 320b Abs. 1 S. 2 AktG). Die im Anschluss daran erfolgende Eingliederung der Enkel- in die Tochtergesellschaft ist insofern problematisch, als dass außen stehende Gesellschafter der Enkelgesellschaft nicht mehr in eigenen Aktien der Tochter abgefunden werden können, da ansonsten die Eingliederung zwischen Mutter und Tochter als beendet anzusehen wäre (§ 327 Abs. 1 Nr. 3 AktG). Insofern ist eine Barabfindung auf jeden Fall legitim. Im Schrifttum wird darüber hinaus die Angleichung an § 305 Abs. 2 Nr. 2 AktG erwogen, welcher eine Abfindung in eigenen Aktien der Muttergesellschaft vorsieht.[948] Dieser Ansicht ist auch die Rechtsprechung gefolgt, die ansonsten die Gefahr folgenden, insg. drei Eingliederungen umfassenden Szenarios befürchtet: Würden die außen stehenden Gesellschafter der Enkelgesell-

---

942 Vgl. REHBINDER, ECKARD (1977), S. 613 und WANNER, SIBYLLE (1998), S. 97. Vgl. bzgl. des Aufbaus „von unten nach oben": Beschluss des OLG Düsseldorf vom 22.8.1997, S. 578 („Citibank"). Konstruktionen „von oben nach unten" sind nachstehend zu finden: Beschluss des LG Dortmund vom 19.7.1995, S. 518 f.; Beschluss des LG Dortmund vom 13.5.1996, S. 426 f.; Beschluss des OLG Düsseldorf vom 1.7.1997, S. 522 f. (allesamt „Veba AG – Stinnes AG – Rhenus AG"); Beschluss des OLG Nürnberg vom 20.2.1996, S. 229 f.; Urteil des OLG Nürnberg vom 13.11.1996 (n.rkr.), S. 136 und bestätigend BGH-Urteil vom 30.3.1998, S. 418 f. (alle „Stinnes AG – Rhenus AG – Bayer. Lloyd AG") sowie Beschluss des OLG Düsseldorf vom 27.10.1995, S. 2412.

943 Vgl. Kapitel B.IV.2.a)(4) (ab S. 96). Beim Aufbau „von oben nach unten" hat die Hauptversammlung der Muttergesellschaft der Eingliederung zwischen Tochter und Enkel intern zuzustimmen. Diese ist besser zu rechtfertigen, da die Muttergesellschaft für **sämtliche** Verbindlichkeiten der Tochter- und Enkelgesellschaft gesamtschuldnerisch haftet (§ 322 AktG). Vgl. SONNENSCHEIN, JÜRGEN (1975), S. 1091 f. Für eine (externe) Wirksamkeitsvoraussetzung plädiert WANNER, SIBYLLE (1998), S. 101.

944 Vgl. SONNENSCHEIN, JÜRGEN (1975), S. 1090.

945 Nach dem Willen des Gesetzgebers ergibt sich kein Widerspruch zu den Aussagen in Fn. 927 (S. 150), da eine erneute Abhängigkeit der außen stehenden Gesellschafter vermieden werden soll. Vgl. KAMPRAD, BALDUIN/RÖMER, HANS-JÜRGEN (1990), S. 488.

946 Hierbei wird impliziert, dass die für die Eingliederung notwendige 5%-Klausel i.S.v. § 320 Abs. 1 S. 1 AktG bei der Tochtergesellschaft im Zuge der Hinzutretung der Aktionäre der Enkelgesellschaft eingehalten bzw. unterschritten wird.

947 Vgl. Beschluss des LG Dortmund vom 19.7.1995, S. 519 und Beschluss des LG Dortmund vom 13.5.1996, S. 427.

948 Vgl. KAMPRAD, BALDUIN/RÖMER, HANS-JÜRGEN (1990), S. 488 f. und REHBINDER, ECKARD (1977), S. 615.

schaft eigene Aktien der Tochter fordern, ginge damit eine Ausgliederung von Letzterer aus der Mutter einher (§ 327 Abs. 1 Nr. 3 AktG). Unter der Prämisse der einzuhaltenden 5%-Klausel i.S.v. § 320 Abs. 1 S. 1 AktG könnte im Anschluss daran die Tochter wiederum in die Mutter eingegliedert werden, was diesmal die notwendige Abfindung in eigenen Aktien der Mutter zur Folge hätte (§ 320b Abs. 1 S. 1 AktG).[949] Im wirtschaftlichen Endergebnis wäre es sachgerecht, sofort die Abfindung in eigenen Anteilen der Muttergesellschaft vorzunehmen.[950]

Hinsichtlich der **Haftungsregelungen** ist § 323 Abs. 1 S. 2 AktG zu beachten, der u.a. auf §§ 309 f. AktG verweist, weswegen keine Unterschiede zum BHV eintreten. Darüber hinaus ist der Schutz der Gläubiger der Tochter- und Enkelgesellschaft umfassender, da die Muttergesellschaft jenen Sicherheiten zu leisten hat, falls sich diese binnen sechs Monaten nach der HR-Eintragung der Eingliederung melden und keine Befriedigung ihrer Forderungen erlangen (§ 321 AktG). Die Mutter haftet für sämtliche Verbindlichkeiten, die vor bzw. nach der HR-Eintragung entstanden sind (§ 322 Abs. 1 AktG).

Hinsichtlich des **Zusammenwirkens mit den beiden bislang untersuchten Unternehmensverträgen** ergeht aus § 324 Abs. 2 AktG der Folgeschluss, dass neben der aktienrechtlichen Eingliederung auch ein EAV bestehen kann. Dagegen ist im (gesetzlichen) Umkehrschluss ein **gleichzeitiges Bestehen eines BHV sowie einer Eingliederung** aufgrund der expansiveren Wirkungen von Letzterer **unzulässig.**[951] Wird die Kombination einer Eingliederung mit einem EAV erwogen, ist es in zeitlicher Hinsicht ratsam, den Unternehmensvertrag später abzuschließen, da § 324 Abs. 2 AktG wesentliche formale Erfordernisse ausspart. Insb. kann der EAV allein durch Einhaltung der einfachen Schriftform zwischen Mutter- und Tochtergesellschaft abgeschlossen werden.[952] Endet dagegen die Eingliederung durch einen der in § 327 Abs. 1 AktG genannten Gründe, entfaltet auch der EAV kraft Gesetzes nur bis zum Ende dieses Wirtschaftsjahres der Tochtergesellschaft seine Rechtswirkungen (§ 323 Abs. 2 S. 4

---

[949] Hier würde im Rahmen des gewünschten Aufbaus „von oben nach unten" letztlich ein Aufbau „von unten nach oben" entstehen.

[950] Vgl. dazu Beschluss des OLG Nürnberg vom 20.2.1996, S. 230; BGH-Urteil vom 30.3.1998, S. 481 f. sowie KURZWELLY, JENS-PETER (2000), S. 339. Vgl. dazu auch Beschluss des LG Dortmund vom 19.7.1995, S. 518 f; Beschluss des LG Dortmund vom 13.5.1996, S. 426 f; Beschluss des OLG Düsseldorf vom 1.7.1997, S. 522 f. sowie Urteil des OLG Nürnberg vom 13.11.1996 (n.rkr.), S. 136, das insofern keinen Verstoß gegen den Wortlaut des § 320b Abs. 1 S. 3 AktG sieht, als dass der Begriff „abhängige Gesellschaft" im Falle der Eingliederung durch den Terminus „eingegliederte Gesellschaft" überlagert wird. Dabei ist hervorzuheben, dass eine eingegliederte Gesellschaft regelmäßig auch eine abhängige Gesellschaft darstellt, da die Vermutung des § 17 Abs. 2 AktG quasi unwiderlegbar sein wird. M.E. ist die aus rechtlicher Sicht nicht anwendbare Rechtsnorm wirtschaftlich auszulegen. Die Bezugnahme auf die Tochter anstelle der Mutter ließe sich durch den engen Bindungsgrad zwischen beiden rechtfertigen.

[951] Vgl. Urteil des OLG Celle vom 28.6.1972 (n.rkr.), S. 1011 f. und bekräftigend BGH-Urteil vom 27.5.1974, S. 323 f. Es besteht keine Notwendigkeit, einen vorangegangenen und noch Rechtswirkung entfaltenden BHV zu kündigen. Vielmehr wird er durch die aktienrechtliche Eingliederung zum Zeitpunkt der HR-Eintragung substituiert. I. d. R. wird ein Eingliederungskonzern über den Erwerb einer Mehrheitsbeteiligung, der faktischen Konzernierung mit einem daran anschließenden BHV vollzogen. Vgl. bzgl. dieser Abfolge leicht differenzierend: KAMPRAD, BALDUIN/RÖMER, HANS-JÜRGEN (1990), S. 486 sowie SCHUBERT, WERNER/KÜTING, KARLHEINZ (1981), S. 310.

[952] Hinzu kommen die Entbehrlichkeit der Zustimmungsbeschlüsse beider Hauptversammlungen, die Anmeldung und Eintragung ins HR sowie die Pflichten bzgl. des Unternehmensvertragsberichtes und seiner Prüfung. Bzgl. weiterer Erleichterungen ist auf Kapitel C.I.1.a)(1) (ab S. 170) und Kapitel C.I.1.a)(2)(b) (ab S. 185) zu verweisen.

AktG). Eine Wiederaufnahme ist nur noch unter Beachtung der bereits erläuterten gesellschaftsrechtlichen (strengeren) Voraussetzungen möglich.[953]

b) Widerlegbare Vermutungstatbestände

Neben den aktienrechtlichen Beherrschungsinstrumentarien hatte der Steuergesetzgeber in § 14 Nr. 2 KStG i.d.F. des StEntlG 1999/2000/2002 implizit einen Rechtsraum für weitere (widerlegbare), aber nicht näher konkretisierte Vermutungstatbestände der organisatorischen Eingliederung geschaffen, die „...in einer anderen Weise [gewährleisten, d. Verf.], daß in der Geschäftsführung der Organgesellschaft der Wille des Organträgers **tatsächlich** durchgeführt wird."[954] Auch hier ist von deren weiterer Gültigkeit auszugehen. Als **faktischem Instrumentarium der Leitungsmachtausübung** kommt der **sog. Personalunion** zwischen den Organen beider Unternehmen, welche eine erleichterte Durchsetzung der von der Mutter formulierten Unternehmenspolitik in der Tochtergesellschaft bezweckt[955], eine wichtige Bedeutung zu, auf die schwerpunktmäßig eingegangen wird.

(1) Personalunion und qualifizierter faktischer Konzern

Eine Personalunion[956] kann primär in Form **sog. Vorstandsdoppelmandate**[957, 958] zwischen den gesetzlichen Vertretern von OT und OG manifestiert werden, so dass die tatsächliche Durchführung des Willens der Mutter in der Tochter gewährleistet wird.[959] Eine personelle Teilidentität ist unter Berücksichtigung der tatsächlichen Willensausübung ebenfalls möglich.[960] Hierbei ist diskussionswürdig, ob durch ein Vorstandsdoppelmandat nicht nur ein fak-

---

[953] Eine denkbare Umgehungsmöglichkeit, die in der Vereinbarung einer Verlängerungsklausel des Inhaltes auch für die Zeit ohne aktienrechtliche Eingliederung bestünde, ist nichtig. Vgl. HÜFFER, UWE (2002), § 324 AktG, Rn. 6.

[954] Abschn. 51 S. 1 2. Halbs. KStR (Hervorhebung im Originaltext nicht fett). Einen ähnlichen Wortlaut besitzt auch § 14 Abs. 2 S. 2 Nr. 4 KStG.

[955] Vgl. HOFFMANN-BECKING, MICHAEL (1986), S. 570.

[956] Der Begriff der „Personalunion" ist nicht mit demjenigen der „personellen Verflechtung" im Rahmen der Betriebsaufspaltung zu verwechseln. Eine Gegenüberstellung und gegenseitige Abgrenzung wird in Kapitel B.VI.2.b)(2) (ab S. 159) vorgenommen.

[957] Vgl. z.B. BFH-Urteil vom 12.1.1977, I R 204/75, S. 359. Aus sprachlichen Vereinfachungsgründen sind darunter alle gesetzlichen Vertreter der untersuchten Rechtsformen mit Geschäftsführungsbefugnis zu subsumieren. Eine Personalunion ist bei einer eG (Zentralgenossenschaft) als Tochter bereits kraft Gesetzes offensichtlich, da deren Vorstand (und Aufsichtsrat) ausschließlich aus Mitgliedern der angeschlossenen Genossenschaften bestehen können (§ 9 Abs. 2 GenG).

[958] Ein Vorstandsdoppelmandat erscheint auch im Rahmen eines BHV oder einer aktienrechtlichen Eingliederung als sinnvoll. Erhält der Doppelmandatsträger die Kenntnis über eine schädliche Weisung i.S.v. § 308 Abs. 2 S. 2 AktG, gilt dies für den gesamten Vorstand bzw. die gesamte Geschäftsführung als „offenkundig", weswegen eine Informationspflicht diesbezüglich besteht. Ansonsten ist keine Interessenkollision existent, da das Konzerninteresse maßgeblich ist. Vgl. dazu HOFFMANN-BECKING, MICHAEL (1986), S. 582; SÄCKER, FRANZ J. (1987), S. 69 sowie SEMLER, JOHANNES (1987), S. 739 und S. 748 ff., s.b.S. 751. Vgl. bzgl. verschiedener Definitionen von personellen Verflechtungen im Konzern ZWINGMANN, LORENZ (2002), S. 231.

[959] Vgl. z.B. BFH-Urteil vom 17.4.1969, V R 123/68, S. 507 und BFH-Urteil vom 12.1.1977, I R 204/75, S. 359. Konkrete Nachweise sind hierbei nicht zu erbringen. Vgl. dazu SCHMIDT, ANDREAS (1996), S. 176.

[960] Wird vom gesetzlichen Regelfall der Gesamtgeschäftsführung ausgegangen (§ 77 Abs. 1 S. 1 AktG), vermag ein Doppelmandatsträger kraft seines Vetorechts Entscheidungen in der Tochter zu blockieren. Sieht die Satzung oder die Geschäftsordnung des Vorstands bspw. einen Mehrheitsbeschluss als maßgeblich an (§ 77 Abs. 1 S. 2 AktG), liegt aufgrund der aktiven Gestaltung des Willensbildungsprozesses ebenfalls ein maß-

tischer Konzern, sondern ein **sog. qualifizierter faktischer Konzern**, an den besondere Prämissen und Rechtsfolgen zu knüpfen sind, begründet werden kann, dessen wichtigste Grundlagen es zunächst kurz darzulegen gilt.

Der qualifizierte faktische Konzern stellt eine noch relativ junge Konzernform dar, dessen Daseinsberechtigung auf fünf fundamentale Urteile der BGH-Rechtsprechung zurückgeht und dessen nähere Konkretisierung durch zahlreiche unbestimmte Rechtsbegriffe gekennzeichnet ist.[961] Die Urteile nehmen auf eine **GmbH als Tochtergesellschaft** Bezug; die Rechtsform der Mutter ist irrelevant[962]. Der wesentliche Unterschied zum faktischen Konzern besteht darin, dass das Konzept der Treuebindung, welches für konkrete, der Tochtergesellschaft zugefügte nachteilige Einzelmaßnahmen seitens der Mutter Geltung erlangt, verdrängt wird. Die Konstitution eines qualifizierten faktischen Konzerns erfolgt dann, falls ein nachteiliger Einfluss auf die Tochter vorgenommen wird, der keine Rücksicht auf deren eigene Belange nimmt und die damit einhergehenden Nachteile durch Ersatzansprüche mangels eigenständiger Bewertbarkeit bzw. Kontrollierbarkeit nicht einzeln ausgeglichen werden können.[963] Während in früheren BGH-Urteilen als wesentliches Merkmal die „dauernde und umfassende" Leitung[964] der Tochter durch die Mutter angesehen wurde, ist jetzt auf den nicht möglichen Einzelausgleich aufgrund nicht isolierbarer Nachteile abzustellen.[965] Unter diesen Prämissen

geblicher Einfluss vor. Ferner ist zu bedenken, dass die übrigen Vorstandsmitglieder mittelbar vom OT abhängig sind (dieser bestellt den Aufsichtsrat, der wiederum den Vorstand bestellt, §§ 84 Abs. 1 S. 1, 101 Abs. 1 S. 1 AktG). Vgl. STRECK, MICHAEL/BINNEWIES, BURKHARD (2001), S. 1580. Dementsprechendes gilt für die eG, wobei gesetzlich von zwei Vorstandsmitgliedern ausgegangen wird, die von der Generalversammlung direkt bestellt werden (§§ 24 Abs. 2, 25 Abs. 1 und Abs. 2 GenG). Nach dem gleichen Modell wird bei der GmbH vorgegangen (§§ 43 Abs. 1, 46 Nr. 5 GmbHG).

961 Vgl. BGH-Urteil vom 16.9.1985, S. 188 ff.; BGH-Urteil vom 20.2.1989, S. 1800 ff.; BGH-Urteil vom 23.9.1991, S. 3142 ff.; BGH-Urteil vom 11.11.1991, S. 505 ff. und BGH-Urteil vom 29.3.1993, S. 1200 ff. Dem letzten Urteil schloss sich die jüngere Zivilrechtsprechung an. Vgl. z.B. BGH-Urteil vom 12.2.1996, S. 1283 ff. und BGH-Urteil vom 25.11.1996, S. 943 ff.

962 Vgl. explizit BGH-Urteil vom 29.3.1993, S. 1202.

963 Vgl. dazu MICHALSKI, LUTZ/ZEIDLER, FINN (1996), S. 228 f. Von „keiner Rücksichtnahme" ist dann zu sprechen, wenn ein gewissenhafter Kaufmann in einem unabhängigen Unternehmen anders gehandelt hätte (§§ 43 GmbHG, 317 Abs. 2 AktG, 34 Abs. 1 S. 1 GenG). Vgl. BGH-Urteil vom 16.9.1985, S. 191; BGH-Urteil vom 20.2.1989, S. 1802; BGH-Urteil vom 23.9.1991, S. 3144; BGH-Urteil vom 29.3.1993, S. 1203 und rudimentär BGH-Urteil vom 11.11.1991, S. 506. Hinsichtlich der Nennung von Beispielen kann sowohl auf den BHV (vgl. Fn. 819 (S. 135)) als auch auf die vielfältigen Beispiele bei ENSTHALER, JÜRGEN/KREHER, MARKUS (1995), S. 1428 ff., sowie auf das Urteil des OLG Düsseldorf vom 26.11.1998, S. 126, verwiesen werden. Dazu zählt insb. auch das „Cash-Management". Vgl. den Sachverhalt des BGH-Urteils vom 16.9.1985, S. 188. Gleiches gilt, wenn der Tochter zwar liquide Mittel überlassen werden, deren Einzug aber zum Zeitpunkt der Begleichung ihrer fälligen Verbindlichkeiten erfolgt. Vgl. hierzu den Sachverhalt des Urteils des OLG Saarbrücken vom 22.9.1992 (rkr.), S. 1623 f.

964 Vgl. BGH-Urteil vom 16.9.1985, S. 191; BGH-Urteil vom 20.2.1989, S. 1802; BGH-Urteil vom 23.9.1991, S. 3144 und BGH-Urteil vom 11.11.1991, S. 506. Im entscheidenden BGH-Urteil vom 29.3.1993 erfuhr dieser unbestimmte Rechtsbegriff keine Bestätigung, was Anlass zu Diskussionen über seine Existenz und Bedeutsamkeit gab. Das BAG-Urteil vom 3.9.1998, S. 741, deutet jedoch auf die Beibehaltung des Terminus hin.

965 Vgl. GOETTE, WULF (1993), S. 572 und LEHMANN, JÜRGEN (1993), S. 487. Die Dichte an Leitungsmacht kann, muss aber nicht notwendigerweise für den unmöglichen Einzelausgleich verantwortlich sein. Vgl. BGH-Urteil vom 29.3.1993, S. 1203. Auch eine einzige Umstrukturierungsmaßnahme kann bereits die Haftung der Muttergesellschaft begründen, falls diese bspw. die Tochter veranlasst, trotz Illiquidität keine Kapitalzuführung oder Sicherheitenbestellung seitens der Mutter zu verlangen. Vgl. KIETHE, KURT/GROESCHKE, PEER (1994), S. 2150 und den Beispielfall auf S. 2151 f. sowie KLEINDIEK, DETLEV (1992), S. 576. Bei diesem existenzvernichtenden Eingriff mag ein Einzelausgleich faktisch denkbar sein. Allerdings treten weitere Nachteile, bspw. in Form von Zerschlagungsverlusten ein, weswegen sich eine Einstufung in die

hat die Mutter eine **besondere Verantwortung** gegenüber der Tochter und deren Gläubigern zu tragen, da eigene Zielvorstellungen der Tochter nur noch in geringem Maße verfolgt werden können und deren (wirtschaftliche) Selbstständigkeit quasi als formale Hülle anzusehen ist.[966] Da diese Situation der einer vertraglichen Beherrschung gleicht, sind **Teile der unternehmensvertragskonzernlichen Vorschriften (§§ 302 f. AktG)** im qualifizierten faktischen Konzern **analog anzuwenden.**[967]

Der Einzelausgleich kann aufgrund eines **ungenügenden Genauigkeitsgrades** in der Buchführung der Tochtergesellschaft unmöglich sein, falls Lieferungs- und Leistungsbeziehungen zwischen Mutter und Tochter buchhalterisch nicht ausreichend rekonstruierbar sind.[968] Unabhängig davon kann auch die Intensität der Einwirkungen eine vollständige Erfassung der Nachteile verhindern.

Die **Beweislast** trägt derjenige, der die Mutter in Anspruch nehmen möchte (i. d. R. Tochter bzw. deren Gläubiger).[969] Da sich die Nachweiserbringung mangels dazu erforderlicher Informationen i. d. R. als sehr schwierig erweisen wird, zumal die Mutter mittels einer Informationsblockade eine Haftung zu vermeiden bezweckt, hat diese im Falle der Nahelegung schädigender Maßnahmen seitens ihrer Tochter im Rahmen der Umkehr der Beweislast nähere Angaben zum relevanten Sachverhalt zu tätigen.[970]

---

qualifizierte faktische Konzernierung rechtfertigen lässt. Vgl. Urteil des OLG Düsseldorf vom 26.11.1998, S. 127. Für das Kriterium der „umfassenden Leitung" plädieren dennoch KÖLLING, LARS (2000), S. 12 f. und S. 15; SCHMIDT, KARSTEN (1997), S. 1220 sowie vermutlich auch GOETTE, WULF (1993), S. 570.

966 Vgl. BGH-Urteil vom 16.9.1985, S. 190 f. In der Praxis wird von der Behandlung der Tochter als unselbstständige Betriebsabteilung ausgegangen. Vgl. MICHALSKI, LUTZ/ZEIDLER, FINN (1996), S. 225. Jene Abhängigkeit erinnert an die wirtschaftliche Eingliederung, welche als antizipierte Schädigung ein Indiz für einen qualifizierten faktischen Konzern liefern kann. Vgl. EBENROTH, CARSTEN TH./WILKEN, OLIVER (1993), S. 562.

967 Vgl. BGH-Urteil vom 20.2.1989, S. 1802 und bestätigend BGH-Urteil vom 23.9.1991, S. 3143. Im Zuge der Verlagerung des Haftungstatbestandes von der „dauernden und umfassenden Leitung" zur Nichtisolierbarkeit von nachteiligen Veranlassungen geht ein Wandel von der Struktur- zur Verhaltenshaftung einher. Vgl. dazu primär BGH-Urteil vom 29.3.1993, S. 1203 und ebenfalls BGH-Urteil vom 20.2.1989, S. 1802 sowie BGH-Urteil vom 16.9.1985, S. 191 („Anwendung der aktienrechtlichen Vorschriften in vorsichtiger Weise"). Im Rahmen einer Strukturhaftung löst der qualifizierte faktische Konzern die Verlustausgleichspflicht ohne Rücksichtnahme auf die Umstände eines Einzelfalles aus. Bei der Verhaltenshaftung erfolgt zunächst – soweit wie möglich – ein Einzelausgleich der negativen Veranlassungen. Ist dies nicht mehr möglich, werden die Verluste der Tochter ausgeglichen. Vgl. zu den Begrifflichkeiten KÜBLER, FRIEDRICH (1991), S. 412 f. Mittels des qualifizierten faktischen Konzerns wird kein konkludenter BHV abgeschlossen. Vgl. explizit BGH-Urteil vom 16.9.1985, S. 191.

968 Die Gründe sind selbstverständlich auch steuerrechtlicher Natur und sollen verdeckte Gewinnausschüttungen bzw. verdeckte Einlagen kaschieren. Vgl. SCHULZE-OSTERLOH, JOACHIM (1993), S. 1840 ff. Vgl. dazu auch DONLE, CHRISTIAN (1995), S. 1922 und KÖLLING, LARS (2000), S. 15. Solche Tatsachen sind als Indizen für eine mangelnde Rücksichtnahme auf die Tochter heranzuziehen. Vgl. ENSTHALER, JÜRGEN/KREHER, MARKUS (1995), S. 1427. Vgl. auch DRYGALA, TIM (1993), S. 320, für den eine einzige verdeckte Gewinnausschüttung nicht die §§ 302 f. AktG auslöst. Wird die Vermögens-, Finanz- und Ertragslage der Tochter aufgrund von Buchführungsmängeln erheblich verfälscht, ist ebenfalls vom Eintreten der Haftungswirkungen auszugehen. Vgl. BGH-Urteil vom 29.3.1993, S. 1200 ff. (Veranlassung zur Unterlassung der Bildung von Rückstellungen in großem Umfang) und DRYGALA, TIM (1993), S. 320. Sind dagegen die Schädigungen in den Büchern der Tochter vollständig erfasst und erkennbar, ist ein Einzelausgleich anzusetzen. Vgl. DONLE, CHRISTIAN (1995), S. 1922.

969 Vgl. ausführlich EBENROTH, CARSTEN TH./WILKEN, OLIVER (1993), S. 559 ff.

970 Vgl. DRYGALA, TIM (1993), S. 327 ff. und KIETHE, KURT/GROESCHKE, PEER (1994), S. 2150 ff. Vgl. dazu auch BAG-Urteil vom 3.9.1998, S. 741.

Die Übertragung der BGH-Rechtsprechung auf eine **AG bzw. KGaA als Tochtergesellschaft** wird nach h.M. bejaht.[971] Demnach ist ein qualifizierter faktischer Konzern dann gegeben, wenn sich §§ 311, 317 AktG im faktischen Konzern nicht mehr anwenden lassen.[972] Ob eine **eG als Tochter** eines qualifizierten faktischen Konzerns fungieren kann, wird im Schrifttum zumindest „nicht ausgeschlossen".[973] Eine wichtige Hilfestellung liefert das Urteil des OLG Frankfurt a. M., das aufgrund eines fehlenden Abhängigkeitsverhältnisses i.S.v. § 17 AktG diese Frage bei Primärgenossenschaften (zu Recht) verneint.[974] Bei Zentralgenossenschaften wäre m. E. indes ein qualifizierter faktischer Konzern unter Beachtung des genossenschaftlichen Förderzwecks zu bejahen, zumal die eG vom Aufbau ihrer Organe einer AG ähnlich ist.[975]

Übertragen auf Vorstandsdoppelmandate ist dem Merkmal des „Einzelausgleiches" die entscheidende Bedeutung beizumessen. Dieses ist zu versagen, wenn die eingetretenen Nachteile bestimmten Weisungen nicht mehr zuordenbar sind.[976] Die Existenz von Vorstandsdoppelmandaten sichert gleichlaufende Entscheidungen, da sich das Vorstandsmitglied der Mutter seiner Funktion und den an ihn geknüpften Erwartungen faktisch nicht entledigen kann. Eine anschließende „neutrale" Verhaltensweise in Form der ausschließlichen Berücksichtigung der Interessenlage der Tochter wäre m. E. illusorisch.[977] Da aufgrund der Personenidentität keine dokumentierbaren Veranlassungen an die Tochter gelangen, gestaltet sich die isolierte Erfassung sowie ein etwaiger Einzelausgleich so gut wie unmöglich.[978] Durch die geforderte tatsächliche Willensdurchsetzung liegt m. E. der Vermutungstatbestand eines qualifizierten faktischen Konzerns sehr nahe.[979] Er ist dann anzunehmen, wenn die Tochter aufgrund der per-

---

971 Vgl. ausführlich analysierend KROPFF, BRUNO (1993a), S. 489 ff., s.b.S. 491; m. w. N. EMMERICH, VOLKER/SONNENSCHEIN, JÜRGEN/HABERSACK, MATHIAS (2001), S. 440 ff.; HOLTKAMP, WERNER (1994), S. 100 ff.; RAISER, THOMAS (2001), § 53, Rdn. 68 sowie SÄCKER, FRANZ J. (1987), S. 64. Offenlassend: GOETTE, WULF (1993), S. 568. A.A.: ADLER, HANS/DÜRING, WALTHER/SCHMALTZ, KURT (1997), § 18 AktG, Tz. 7.

972 Vgl. EMMERICH, VOLKER/SONNENSCHEIN, JÜRGEN/HABERSACK, MATHIAS (2001), S. 441. Der Übergang zum qualifizierten faktischen Konzern lässt sich m. E. trotz Definitionsproblematiken vergleichsweise besser feststellen, da ein Zwang zur Dokumentation der Rechtsgeschäfte mit bzw. Veranlassungen seitens der Mutter sowie eine Erklärung des Erhalts einer angemessenen Gegenleistung im Abhängigkeitsbericht der Tochter besteht (§ 312 AktG). Einem unvollständigen oder fehlenden Bericht könnte insofern eine dementsprechende Indizwirkung beizumessen sein.

973 So DETTEN, KNUT VON (1995), S. 46 ff., s.b.S. 49 f. und REUL, ADOLF (1997), S. 196. Für eine Anwendbarkeit plädieren explizit BEUTHIEN, VOLKER (2000), § 1 GenG, Rn. 116 und implizit PIRNER, BARBARA (1993), S. 145.

974 Vgl. Urteil des OLG Frankfurt a. M. vom 21.11.1995 (rkr.), S. 139 ff.

975 A.A. wahrscheinlich GROSSFELD, BERNHARD/BERNDT, JOACHIM (1998), S. 123.

976 Vgl. GOETTE, WULF (1993), S. 568 und KÖLLING, LARS (2000), S. 9.

977 Gleicher Ansicht: DECHER, CHRISTIAN E. (1990), S. 39 und SÄCKER, FRANZ J. (1987), S. 67 f. A.A.: HOFFMANN-BECKING, MICHAEL (1986), S. 571, S. 575 und S. 577, für den im Zweifelsfall ein Mandat niederzulegen ist.

978 Vgl. SÄCKER, FRANZ J. (1987), S. 65 ff.

979 Vgl. dazu bereits Fn. 966 (S. 156). Vgl. im Schrifttum primär DECHER, CHRISTIAN E. (1990), S. 40 f., S. 43 f. und S. 220 f. sowie ferner ENSTHALER, JÜRGEN/KREHER, MARKUS (1995), S. 1429; LUTTER, MARCUS/HOMMELHOFF, PETER (2000), Anhang zu § 13 GmbHG, Rn. 29 und Rn. 36; RAISER, THOMAS (2001), § 53, Rdn. 56; SEMLER, JOHANNES (1987), S. 754 f. und STREYL, ANNEDORE (1992), S. 115 ff. Vgl. dazu aus der Rechtsprechung Urteil des OLG Düsseldorf vom 26.11.1998, S. 126. So wahrscheinlich auch die Ansicht von DRYGALA, TIM (1993), S. 322 und ZÖLLNER, WOLFGANG (2000), Rn. 92. A.A.: HOFFMANN-BECKING, MICHAEL (1986), S. 582 ff. und SEMLER, JOHANNES (1987), S. 757 f., die dem Vorstandsdoppelmandats-

sonellen Verflechtung einer unselbstständigen Betriebsabteilung gleicht, was in Einklang mit der Fiktion des Organkreises auf Ebene der GewSt und z.T. der GrESt und USt steht. Letztlich verkörpert das Vorstandsdoppelmandat die stärkste faktische Beherrschungsmöglichkeit der Tochter, die aus wirtschaftlicher Sicht den typischen Kriterien eines BHV ähnelt, an dessen Rechtsfolgen sich beim qualifizierten faktischen Konzern gerade orientiert wird.

Wird durch eine Personalunion ein qualifizierter faktischer Konzern begründet, wären konsequenterweise und rechtsformunabhängig im Hinblick auf §§ 302 f. AktG auch die Gesellschafter der Mutter analog zum Unternehmensvertragskonzern in Form ihrer Zustimmung zu schützen (§ 293 Abs. 2 AktG). Da eine Leitungsmacht über den faktischen Konzern hinaus begründet wird, sind die Interessen außen stehender Gesellschafter der Tochter ebenso zu berücksichtigen (§§ 304 f. AktG).[980] Im Falle einer Bejahung stellt sich die Frage der Bemessung der Ausgleichs- und Abfindungsansprüche. Daraus resulierend ist die **Personalunion als „zweischneidiges Schwert"** anzusehen. Während sie steuerrechtlich eine legitime Alternative zur Leitungsmachtausübung im Vergleich zum BHV darstellt, wird durch sie gesellschaftsrechtlich im Regelfall ein qualifizierter faktischer Konzern begründet. Materiell mündet dieser im Endergebnis in einen (Teil-)BHV und sollte besser im Vorhinein durch einen solchen „substituiert" werden.

Fraglich ist, ob unter einer Personalunion im Kontext der organisatorischen Eingliederung auch das generell zulässige **Doppelmandat im Vorstand der Mutter und im Aufsichtsrat der Tochter** zu subsumieren ist.[981] Die **Leitungsmachtintensität** dieses Verbundes ist aufgrund der indirekten Einflussnahme auf die Tochter als **schwächer** einzustufen[982, 983], weswegen diese Konstellation bislang verneint wurde[984]. Durch ein Urteil des FG Berlin erlangte dieser Problembereich wieder einen Aktualitätsbezug. Das Gericht maß dem Doppelmandat

träger ein Stimmverbot bei der Muttergesellschaft im Zuge nachteiliger Veranlassungen einräumen möchten, welches in der Satzung oder in der Geschäftsordnung des Vorstands geregelt ist.

980 Gleicher Ansicht: SÄCKER, FRANZ J. (1987), S. 64.

981 Der umgekehrte Fall ist mittels § 100 Abs. 2 Nr. 2 AktG ebenso ausgeschlossen wie eine Überkreuzverflechtung i.S.v. § 100 Abs. 2 Nr. 3 AktG. Bei einer GmbH als Tochter gilt für den fakultativen Aufsichtsrat § 100 Abs. 2 Nr. 2 AktG entsprechend, falls keine abweichende gesellschaftsvertragliche Regelung getroffen wird (§ 52 Abs. 1 GmbHG).

982 Gem. § 111 Abs. 4 S. 2 AktG kann der Abschluss bestimmter Geschäfte der OG von der Zustimmung ihres Aufsichtsrats abhängig gemacht werden (i. d. R. kraft Satzungsänderung). Jener entscheidet durch Beschluss (§ 108 Abs. 1 AktG), wobei mangels einer expliziten Mehrheitsregelung auf die einfache Stimmrechtsmehrheit abgestellt wird. Sollten die Vorstandsmitglieder der Mutter im Aufsichtsrat der Tochter in der zahlenmäßigen Minderheit sein, nehmen sie dennoch aktiv am Willensbildungsprozess teil, wobei die übrigen Aufsichtsratsmitglieder von ihnen mittelbar abhängig sind, da sie durch die Hauptversammlung der OG bestellt werden (§ 101 Abs. 1 S. 1 AktG). Wird die Zustimmung des Aufsichtsrats verweigert, kann auf Verlangen des Vorstands die Hauptversammlung der OG mit einer mind. Dreiviertelmehrheit der abgegebenen Stimmen darüber beschließen (§ 111 Abs. 4 S. 3 und 4 AktG), wobei die gesetzlichen Vertreter des OT wiederum den entscheidenen Einfluss auf Zustimmung bzw. (nochmalige) Ablehnung besitzen. Für die GmbH gilt § 111 AktG analog (§ 52 Abs. 1 GmbHG). Entsprechendes ließe sich m.E. kraft statutarischer Berechtigung auch auf den Aufsichtsrat einer eG übertragen (§ 38 Abs. 3 GenG).

983 In der Praxis kommt des Öfteren der Spezialfall vor, bei dem ein Vorstandsmitglied der Mutter gleichzeitig Aufsichtsratsvorsitzender der Tochter ist. Da dieser dem Vorstand näher steht, ist die Gefahr der Wandlung des Aufsichtsrats zu einem Weisungsorgan gegeben. Vgl. SEMLER, JOHANNES (1987), S. 754.

984 Vgl. BREUNINGER, GOTTFRIED E./PRINZ, ULRICH (1995), S. 2087; SCHMIDT, LUDWIG/MÜLLER, THOMAS/STÖCKER, ERNST E. (1999), Rz. 148 und WINTER, WILLI (2002), § 14 KStG, Anm. 138. A.A.: HÜBL, LEO (1972), S. 92 f.

die geforderte Leitungsmacht bei, weil ein maßgeblicher Einfluss auf die personelle Besetzung des Vorstands der OG mit einer damit einhergehenden Autonomiebeschränkung vorliegt.[985] Darüber hinaus sind m. E. eindeutige Parallelen zu § 308 Abs. 3 AktG[986] bzw. § 323 Abs. 1 S. 2 AktG erkennbar. Das Urteil lässt eindeutige Harmonisierungstendenzen zur aktienrechtlichen Vermutungskette erkennen, zumal die alternativen Formen einer Personalunion wegen ihres Einflusses auf die Geschäfts- und Personalpolitik der OG kraft Zustimmungs- und Kontrollrechten ein bedeutsames Indiz zur Vermutung der einheitlichen Leitung i.S.v. § 18 Abs. 1 AktG darstellen (können).[987] Dabei wird bei einem Doppelmandat im Vorstand und Aufsichtsrat die einheitliche Leitung umso eher zu bejahen sein, je umfangreicher die vom Aufsichtsrat zu ratifizierenden Geschäfte gem. § 111 Abs. 4 S. 2 AktG in qualitativer Hinsicht sind. Insofern wäre auch ein Doppelmandat im Aufsichtsrat der Mutter und der Tochter denkbar.[988]

Das Urteil des FG Berlin gilt es aus meiner Sicht zu begrüßen. Würde die Revision als unbegründet zurückgewiesen werden, wäre die letzte bestehende Lücke zwischen organisatorischer Eingliederung und einheitlicher Leitung geschlossen, was aufgrund von deren identischen Vermutungstatbeständen sowie Denkansätzen als sinnvoll erscheint. Dem Einwand, es würde gegen den Grundsatz der tatsächlichen und rechtlichen Weisungsgebundenheit verstoßen, ist m. E. nicht nachzukommen.[989] Im Falle eines Rückgriffes auf die einheitliche Leitung durch das Steuerrecht würde zugegebenermaßen ein unbestimmter Rechtsbegriff durch einen anderen substituiert werden, was im Hinblick auf das umfangreichere (Kommentar-)Literaturaufkommen zur einheitlichen Leitung hinzunehmen wäre.

(2) Organisatorische Eingliederung und personelle Verflechtung bei der Betriebsaufspaltung

Wie in Kapitel B.III.3.c) (ab S. 48) bereits herausgearbeitet wurde, impliziert die personelle Verflechtung im Regelfall nicht nur die finanzielle, sondern aufgrund der Personalunion gleichzeitig auch die organisatorische Eingliederung[990], wobei sich bei Letzterer eine komplexe Differenzierung nach Steuerarten erübrigt. Zu hinterfragen gilt, ob sich eine Betriebsaufspaltung im Kontext eines qualifizierten faktischen Konzerns von den eben getroffenen Aus-

---

985 Vgl. Urteil des FG Berlin vom 13.5.1998 (n.rkr.), S. 83 f., das auch Vorstandsdoppelmandate ansprach. Diese Macht des Aufsichtsrats ist bei der GmbH und der eG vom Gesetzgeber nicht vorgesehen, da die Bestellung der (des) Geschäftsführer(s) bzw. des Vorstands durch die Gesellschafter- bzw. Generalversammlung erfolgt (§§ 46 Nr. 5 GmbHG, 24 Abs. 2 S. 1 GenG).

986 Vgl. dazu die Ausführungen in Fn. 796 (S. 132).

987 „Die Zielrichtung des Merkmals der organisatorischen Eingliederung [...] entspricht inhaltlich und strukturell dem Erfordernis der einheitlichen Leitung der verbundenen Unternehmen beim faktischen Konzern." Urteil des FG Berlin vom 13.5.1998 (n.rkr.), S. 83 sowie „Die Anknüpfung des kodifizierten körperschaftsteuerlichen Organschaftsrechts an das Aktienrecht macht neue steuerliche Begriffskonstruktionen entbehrlich [...]." Urteil des FG Berlin vom 13.5.1998 (n.rkr.), S. 84. Vgl. aus aktienrechtlicher Sicht ADLER, HANS/DÜRING, WALTHER/SCHMALTZ, KURT (1997), § 18 AktG, Tz. 25 und Tz. 27 sowie MÜLLER, WELF (2000a), Tz. 114 und Tz. 163 ff. A.A.: BAG-Beschluss vom 16.8.1995, S. 1692.

988 Vgl. MÜLLER, WELF (2000a), Tz. 163 f.

989 Vgl. SCHMIDT, LUDWIG/MÜLLER, THOMAS/STÖCKER, ERNST E. (1999), Rz. 148.

990 Vgl. bestätigend: BFH-Urteil vom 26.2.1959, S. 206; BFH-Urteil vom 17.12.1969, S. 261; BFH-Urteil vom 15.6.1972, S. 841 und BFH-Urteil vom 26.4.1989, S. 669.

sagen abhebt.[991] Generell ist diese Gefahr auch in diesem Kontext existent, wobei aufgrund der engeren (persönlichen) Verbindungen zwischen beiden Gesellschaften umfangreichere Vorbeugungsmaßnahmen getroffen werden können. Die beiden wesentlichen Tatbestandsmerkmale eines qualifizierten faktischen Konzerns – keine Rücksichtnahme auf eigene Belange der Tochter und kein möglicher isolierter Nachteilsausgleich – spiegeln sich insb. im Rahmen der Bemessung des Pachtzinses (strukturelle Betriebsaufspaltung) bzw. der Verrechnungspreise (funktionale Betriebsaufspaltung) wider und sind nicht nur vertraglich festzulegen, sondern auch tatsächlich einzuhalten.[992]

Aus den erfolgten Untersuchungen von Betriebsaufspaltung und Organschaft lassen sich aus ertragsteuerlicher Sicht interessante Schlussfolgerungen ziehen: Bei der Bejahung einer personellen und sachlichen Verflechtung ist i. d. R. von einer finanziellen, wirtschaftlichen und organisatorischen Eingliederung auszugehen.[993] Soll zwischen beiden Unternehmen eine ertragsteuerliche Organschaft begründet werden, läuft die vom Gesetzgeber bezweckte Erleichterung durch (quantitativ) **weniger Eingliederungsvoraussetzungen** ins Leere, so dass jene dem Rechtsinstitut **der Betriebsaufspaltung nicht zugute kommen.**

(3) Sonstige faktische Leitungsverhältnisse

Neben der Personalunion bieten sich auch andere **faktische Leitungsverhältnisse** für eine organisatorische Eingliederung an, v.a. dann, wenn die damit dokumentierte gemeinsame Geschäftspolitik nach außen kaschiert werden soll.[994] Als nachteilhaft ist die diesen Maßnahmen lediglich anhaftende **Indizwirkung** anzuführen.

Entgegen einer AG, KGaA und eG (§§ 76 Abs. 1, 278 Abs. 3 AktG, 27 Abs. 1 GenG) können dem (den) Geschäftsführer(n) einer GmbH als OG durch Gesellschafterbeschlüsse bestimmte bindende Weisungen erteilt werden (§§ 37 Abs. 1, 45, 47 Abs. 1 GmbHG), weswegen hier im Speziellen auch ohne Personalunion von einer ausreichenden Realisation des Willens des OT auszugehen ist[995]; es liegt mithin ein greifbares und relativ verlässliches Kriterium vor. Für SCHMIDT ist die in § 47 Abs. 1 GmbHG geforderte einfache (Beschluss-)Stimmrechtsmehrheit für eine organisatorische Eingliederung nicht ausreichend, da „existenzielle" Fragen der OG nicht aus „eigener Kraft" des OT bestimmt werden können.[996] Dem ist vollends zuzustimmen und auf die bereits erfolgte, eine Stimmrechtsmehrheit von 75 % fordernde Diskussion hinzuweisen.[997]

Im Zuge weiterer Alternativmöglichkeiten kommt der Implementierung eines „Cash-Management-Systems", der Ausschüttungs- und Rücklagenbildungssteuerung durch bzw. der Finanz-

[991] Diesen Aspekt problematisierend RAISER, GÜNTHER H. (1995), S. 1804 f.
[992] Vgl. DRYGALA, TIM (1995), S. 3238.
[993] Als implizite Prämisse wird bei der eigentlichen strukturellen Betriebsaufspaltung – im Gegensatz zur umgekehrten strukturellen sowie der funktionalen Betriebsaufspaltung – die zusätzliche gewerbliche Tätigkeit der Besitzgesellschaft unterstellt. Vgl. Kapitel B.V.1 (ab S. 115).
[994] Vgl. SCHMIDT, ANDREAS (1996), S. 175.
[995] Vgl. BREUNINGER, GOTTFRIED E./PRINZ, ULRICH (1995), S. 2087 und Kapitel B.VI.2.a)(1)(d) (ab S. 141).
[996] Vgl. SCHMIDT, ANDREAS (1996), S. 177 f. und S. 180.
[997] Vgl. Kapitel B.III.2.b) (ab S. 24).

berichterstattung an den OT eine **„starke" Indizwirkung** zu. Dementsprechendes gilt für die Abstimmung gemeinsamer Marktstrategien.[998] Eine **„schwache" Indizwirkung** ist gemeinsamen Geschäftsräumen, Telefonnummern bzw. Büropersonal sowie der Erstellung der Bilanz und Buchführung der OG durch den OT beizumessen[999], da sie aus Gründen ihrer Beeinflussbarkeit keine organisatorische Eingliederung alleine zu konstituieren vermögen.[1000] Gleiches gilt für die Ausführung verbindlicher Produktions- und Finanzierungspläne.[1001] Diese Maßnahmen sind vielmehr dazu geeignet, die Indizwirkung eines bereits bestehenden Sachverhaltes zu bekräftigen.[1002]

c) Besonderheiten bei Verkehr- und Verbrauchsteuern

Der Steuergesetzgeber bezweckt auch bei den Verkehr- und Verbrauchsteuern die **tatsächliche** Ausübung einer beherrschenden Stellung. Da vor der Restrukturierung des Organschaftsrechts keine Legaldefinition der organisatorischen Eingliederung vorlag, wird sich ebenfalls am BHV sowie der aktienrechtlichen Eingliederung orientiert. In formaler Hinsicht liegen **keine unwiderlegbaren Vermutungstatbestände** vor.[1003] Hinsichtlich einer Personalunion gelten die bisherigen Ausführungen, das die USt tangierende Urteil des FG Berlin sowie die Bemerkungen zu Kapitel B.VI.2.b)(2) (ab S. 159) dementsprechend.[1004] Bzgl. der „schwächeren" Kriterien ist sowohl auf die Ausführungen in Kapitel B.VI.2.b)(3) (ab S. 160) als auch auf die BFH-Rechtsprechung zu verweisen.[1005] Da mittelbare Beteiligungen auch auf diesem Gebiet gestattet sind[1006], erlangt Abschn. 51 S. 2 KStR eine dementsprechende Geltung. Es sind **keine zeitlichen Restriktionen** zu beachten. Der Organschaftskonzern ist dann vollendet, wenn sämtliche Eingliederungsvoraussetzungen gleichzeitig und erstmalig erfüllt sind.[1007]

---

998 Vgl. SCHMIDT, ANDREAS (1996), S. 179.

999 Vgl. BFH-Urteil vom 26.10.1972, S. 384 und m. w. N. REUTER, HANS-PETER (1970), Tz. 585.

1000 Vgl. BREUNINGER, GOTTFRIED E./PRINZ, ULRICH (1995), S. 2088; SCHMIDT, LUDWIG/MÜLLER, THOMAS/STÖCKER, ERNST E. (1999), Rz. 152 sowie BFH-Urteil vom 17.4.1969, V R 123/68, S. 507.

1001 Vgl. WINTER, WILLI (2002), § 14 KStG, Anm. 138.

1002 Vgl. auch SCHMIDT, ANDREAS (1996), S. 177, der von diesen sonstigen Maßnahmen (vollkommen zu Recht) abrät.

1003 Vgl. SCHMIDT, LUDWIG/MÜLLER, THOMAS/STÖCKER, ERNST E. (1999), Rz. 1382 und STRECK, MICHAEL/BINNEWIES, BURKHARD (2001), S. 1578.

1004 Vgl. zur Personalunion BFH-Urteil vom 13.4.1961, S. 344; BFH-Urteil vom 16.12.1965, S. 301; BFH-Urteil vom 5.9.1968, S. 56 und BFH-Urteil vom 19.10.1995, V R 128/93, S. 276. Vgl. bzgl einer Teilidentität BFH-Urteil vom 17.4.1969, V R 123/68, S. 507 sowie bestätigend BFH-Urteil vom 20.2.1992, S. 134 und BFH-Urteil vom 28.1.1999, S. 259 f. Vgl. insb. auch das Urteil des FG Berlin vom 13.5.1998 (n.rkr.), S. 82 ff.

1005 Vgl. z.B. BFH-Urteil vom 23.4.1964, S. 346; BFH-Urteil vom 16.12.1965, S. 310; BFH-Urteil vom 22.6.1967, S. 716; BFH-Urteil vom 26.10.1972, S. 383 f. und Urteil des FG Münster vom 6.2.1996 (n.rkr.), S. 612 f. Vgl. dazu auch BFH-Urteil vom 20.2.1992, S. 133 f. und BFH-Urteil vom 28.1.1999, S. 258, die eine Beherrschung hinsichtlich außergewöhnlichen Geschäften verneinen, da die **laufende** Geschäftstätigkeit hierfür maßgeblich ist.

1006 Vgl. dazu die Urteils- und Literaturnachweise in Fn. 247 (S. 44).

1007 Vgl. BFH-Urteil vom 11.4.1991, S. 140 und Kapitel B.III.3.d) (ab S. 56).

3. Gemeinschaftsunternehmen und Mehrmütterorganschaft

Gesellschaftsrechtlich bedarf es bei Abschluss eines **BHV** einer **koordinierten Ausübung** der Weisungsrechte gegenüber der gemeinsamen Tochtergesellschaft, welche die Weisungsharmonisierung von sämtlichen Muttergesellschaften im Innenverhältnis impliziert. Von einer Ratifizierung mehrerer disharmonischer BHV ist abzuraten.[1008] Hierzu können in sämtlichen BHV **Kollisionsklauseln** vereinbart werden (sog. koordinierte BHV).[1009]

Im Schrifttum werden darüber hinaus unterschiedliche Vertragsabschlussvarianten präferiert.[1010] Zunächst kommt die Vereinbarung eines BHV mit sämtlichen Muttergesellschaften **und** aus steuerlichen Gründen mit der GbR infrage. Ferner ist die **ausschließliche** vertragliche Vereinbarung mit der GbR in der Praxis verbreitet.[1011] Letztlich wird die Ratifizierung eines BHV mit allen Muttergesellschaften in Erwägung gezogen.[1012]

Erfolgt der **Vertragsabschluss mit den GbR-Gesellschaftern**, sind deren gesetzliche Vertreter gemeinsam Weisungsgeber. Hierbei bedarf es einer Gesamtkoordination[1013], die anhand eines einheitlichen BHV vollzogen werden könnte und das Weisungsrecht insofern einschränkt, dass Anordnungen erst nach Absprache mit den gesetzlichen Vertretern aller Muttergesellschaften vorgenommen werden dürfen. Alternativ ist die Delegation der Weisungsrechtausübung an die gesetzlichen Vertreter **einer** Muttergesellschaft möglich (z.B. mittels urkundlicher Bevollmächtigung), wobei eine Beaufsichtigungspflicht des betrauten Unternehmens besteht.[1014] Das Weisungsrecht hat den Interessen sämtlicher Muttergesellschaften zu entsprechen, da sonst dem Gesellschaftszweck der GbR widersprochen wäre.[1015] Im Umkehrschluss besitzen die Muttergesellschaften nicht das Recht, disharmonische Weisungen an die Tochtergesellschaft zu erteilen. Dementsprechendes gilt für die Weisung einer einzelnen Muttergesellschaft ohne vorherige Abstimmung mit den anderen Gesellschaften.[1016] Die gemeinsame Tochter hat demgegenüber sowohl von der Befolgung widersprüchlicher Anordnungen als auch von außerhalb des Gesellschaftszwecks der GbR liegenden Weisungen abzusehen, da sie ansonsten durch den Haftungstatbestand des § 310 AktG belangt wird.[1017] Werden negative Weisungen i.S.v. § 308 Abs. 1 S. 2 AktG erteilt, müssen diese mindestens einer

---

1008 Vgl. dazu auch Urteil des LG Frankfurt a. M. vom 8.1.1990 (n.rkr.), S. 624. Mit der mangelnden Koordination der Weisungsrechte geht keine Nichtigkeit der BHV einher, da eine dementsprechende Überprüfung durch das Registergericht nicht stattfinden kann. Vgl. ALTMEPPEN, HOLGER (2000), § 291 AktG, Rn. 110.

1009 Vgl. PENTZ, ANDREAS (2000), S. 1105.

1010 Diese Unsicherheit ist auf steuerliche Regelungen zurückzuführen, wonach der Vertragspartner des BHV entgegen des EAV nicht eindeutig spezifiziert wird (§ 14 Abs. 2 S. 2 Nr. 3 und 4 KStG).

1011 Vgl. mit Beispielen GANSWEID, WOLFGANG (1976), S. 134, Fn. 83 sowie MARCHAND, GERHART (1985), S. 197.

1012 Vgl. z.B. EBENROTH, CARSTEN TH./PARCHE, ULRICH (1989), S. 644.

1013 Vgl. Urteil des OLG Karlsruhe vom 7.12.1990 (n.rkr.), S. 145.

1014 Vgl. EBENROTH, CARSTEN TH./PARCHE, ULRICH (1989), S. 644 f. und EXNER, WERNER (1984), S. 155. Neben der Delegationsmöglichkeit eines Weisungsrechts auf hierarchisch untergeordnete Personengruppen **innerhalb** einer Muttergesellschaft (vgl. Fn. 788 (S. 130)), tritt in diesem Kontext zusätzlich die Befugnisübertragung **zwischen** mehreren hierarchisch gleichgeordneten Muttergesellschaften hinzu.

1015 Vgl. GANSWEID, WOLFGANG (1976), S. 151.

1016 Vgl. GANSWEID, WOLFGANG (1976), S. 150 ff.

Muttergesellschaft dienlich sein. Ansonsten ist wie folgt zu differenzieren: Haben alle Muttergesellschaften gemeinsam ihre Sorgfaltspflichten missachtet, haften sie auch gesamtschuldnerisch gem. § 309 Abs. 2 AktG. Bei einer Weisungsdelegation haftet das beauftragte Unternehmen, während die anderen Muttergesellschaften für ihr Überwachungsverschulden einstehen müssen.[1018]

Der **alleinige Vertragsschluss mit der GbR** ordnet dieser formal das alleinige Weisungsrecht zu.[1019] Die sich hinter der GbR befindlichen Muttergesellschaften müssen sich auf gemeinsame Weisungen einigen. Diese Möglichkeit besitzt den Vorteil, dass formal nur ein Vertragspartner besteht, der zum einen nicht imstande ist, gleichzeitig widersprüchliche Weisungen zu erteilen. Zum anderen wird durch eine GbR gewährleistet, dass die dahinter stehenden Muttergesellschaften eine Abstimmung nach dem Einstimmigkeitsprinzip vorzunehmen haben und folglich das Risiko von „Alleingängen" einzelner Muttergesellschaften reduziert wird. Allerdings werden diese Vorteile nach meiner Ansicht durch die HR-Eintragung der GbR mit einer insb. damit verbundenen Verpflichtung zum Verlustausgleich bzw. zur Ergreifung von Ausgleichs- und Abfindungsmaßnahmen an außen stehende Gesellschafter überkompensiert. Aufgrund der Vermögenslosigkeit der GbR stellen die einzelnen Muttergesellschaften die Adressaten der Schutzvorschriften dar. Dessen ebenfalls betroffene Gesellschafter werden aber nicht gem. § 293 Abs. 2 AktG in die Entscheidungsfindung über einen BHV mit einbezogen.[1020]

Eine „optimale" Kombination, die den Vertragsabschluss mit den GbR-Gesellschaftern vorsieht, wobei das Weisungsrecht bei der GbR verbleibt, ist aufgrund deren Eigenschaft, Träger von Rechten und Pflichten zu sein, nicht möglich.[1021]

Zieht man – wie der BFH in jüngster Zeit –[1022] Parallelen zur aktienrechtlichen Vermutungskette, hätte der Abschluss des BHV unzweifelhaft mit sämtlichen Muttergesellschaften zu erfolgen. Da jedes Vertragsverhältnis im Einzelnen zu beurteilen ist, wird unwiderlegbar die gemeinschaftliche einheitliche Leitungsausübung vermutet.[1023] Die obige geführte Diskussion und Unsicherheit würde sich erübrigen. De lege lata sollten m. E. Verträge aus Vorsichtsgründen mit der GbR **und** ihren Gesellschaftern abgeschlossen werden.[1024] Der Gesetzgeber ist zu einer sprachlichen Nachbesserung aufgerufen.

1017 Wird eine unabgestimmte Weisung nur einer Muttergesellschaft (unzulässigerweise) erteilt, hat die Tochter dementsprechend Folge zu leisten, da sie aus ihrer Sicht m. E. nicht zu beurteilen vermag, ob eine Absprache stattgefunden hat oder nicht.

1018 Vgl. GANSWEID, WOLFGANG (1976), S. 155 f.

1019 Vgl. MARCHAND, GERHART (1985), S. 199.

1020 Vgl. dazu und zu weiteren Besonderheiten bereits Kapitel B.IV.3 (ab S. 112).

1021 Vgl. MARCHAND, GERHART (1985), S. 197 und S. 199.

1022 Vgl. BFH-Urteil vom 9.6.1999, I R 37/98, S. 347 ff.; BFH-Urteil vom 9.6.1999, I R 43/97, S. 155 ff. und bzgl. der Nichtanwendung BMF-Schreiben vom 4.12.2000, S. 1571.

1023 Vgl. ADLER, HANS/DÜRING, WALTHER/SCHMALTZ, KURT (1997), § 18 AktG, Tz. 46 und Tz. 58 f.

1024 Gleicher Ansicht sind vermutlich RAUPACH, ARNDT/KLOTZ, SIMONE (1994), S. 140 f. sowie SCHMIDT, LUDWIG (1971), S. 237.

Steuerrechtlich wird die gesellschaftsrechtliche Wirksamkeit des BHV stillschweigend angenommen.[1025] **Probleme** entstehen in zeitlicher Hinsicht **aufgrund der entfallenen Vorschrift des § 14 Nr. 2 KStG i.d.F. des StEntlG 1999/2000/2002.** In dessen Satz 3 musste ein BHV zu Beginn des Wirtschaftsjahres der OG, für das die organisatorische Eingliederung erstmals bestehen soll, abgeschlossen und durchgeführt sein und bis zum Ende des Folgejahres zivilrechtlich wirksam werden. Es lassen sich deutliche Parallelen[1026] zu den zeitlichen Voraussetzungen des EAV[1027] erkennen, weswegen grundsätzlich auf Abbildung 9 (S. 110) zu verweisen ist. Aus § 14 Abs. 2 S. 2 Nr. 4 KStG sind die zeitlichen Prämissen nicht mehr ersichtlich. Da die Voraussetzungen der Nr. 1-3 derselben Norm zu Beginn des Wirtschaftsjahres der OG vorliegen müssen, ist von einer Beibehaltung auszugehen.[1028] Im Zuge einer Harmonisierung der gesellschafts- und steuerrechtlichen zeitlichen Voraussetzungen läuft die (zu weit gehende) steuerliche Regelung – im Gegensatz zum EAV –[1029] **in jedem Fall** ins Leere.[1030]

Bei der Betrachtung und Harmonisierung eines **Organschaftsvertrages**[1031] besteht die Möglichkeit, jenen in aufschiebender Weise auf den Beginn desjenigen Wirtschaftjahres der OG zu beziehen, welches dem Wirtschaftsjahr der HR-Eintragung unmittelbar folgt. Ferner käme die Umstellung des Wirtschaftsjahres der OG mit einer Festlegung des Beginns auf den Zeitpunkt der HR-Eintragung des Organschaftsvertrages in Betracht. Diesen beiden Möglichkeiten ist gemein, dass die organschaftlichen Rechtsfolgen erst zu einem späteren Zeitpunkt eintreten (1.10.02 bzw. 31.12.02 in Abbildung 9 (S. 110)). Um eine frühere Datierung zu bewirken, wären beide **Unternehmensverträge separat abzuschließen**, so dass die Ratifizierung des BHV zeitlich gesehen vor dem EAV stattfindet, um sich mit ihm auf denselben Zeitpunkt beziehen zu können.[1032]

1025 Die Grundsätze über die fehlerhafte Gesellschaft besitzen keine Auswirkungen auf das Steuerrecht. Vgl. dazu nochmals Fn. 639 (S. 106).

1026 Für den **EAV** ist es ausreichend, falls er bis zum **Ende des Wirtschaftsjahres** der OG, in dem er erstmalig angewendet werden soll, abgeschlossen wird.

1027 Vgl. § 14 Abs. 1 Nr. 3 S. 1 KStG i.V.m. § 14 Abs. 2 S. 2 Nr. 3 KStG.

1028 Hierfür spricht auch das erst nachträglich in das KStG eingefügte Erfordernis der „tatsächlichen Durchführung" des BHV. Vgl. Art. 8 Nr. 4a des „Gesetzes zur Entlastung der Familien und zur Verbesserung der Rahmenbedingungen für Investitionen und Arbeitsplätze (Steueränderungsgesetz 1992 – StÄndG 1992)" vom 25. Februar 1992, S. 162 f.

1029 Vgl. Abbildung 10 (S. 111).

1030 Aus rein steuerlicher Sicht wird mittels der möglichen Rückwirkung von einer fiktiven Beherrschung ausgegangen. Vgl. KNEPPER, KARL HEINZ (1994), S. 380.

1031 Vgl. aus der Rechtsprechung Beschluss des OLG Karlsruhe vom 12.10.1993, S. 810 f. Irrig hinsichtlich der Harmonisierung: Beschluss des OLG Frankfurt a. M. vom 12.6.1996, S. 859 und Beschluss des LG Frankfurt a. M. vom 23.5.1997, S. 799.

1032 Für die ertragsteuerliche Einmutterorganschaft entfalten solche Kollisionen seit dem UntStFG keine materielle steuerliche Bedeutung (mehr). Gleiches galt bereits unter der Ägide des UntStFG-E, bei dem sich EAV und BHV im Fokus der steuerlichen Mindestvoraussetzungen als konstitutive Kriterien der gewerbesteuerlichen Organschaft gegenseitig ausschlossen: Ein BHV wirkte sich ausschließlich bei der GewSt ohne gleichzeitige körperschaftsteuerliche Organschaft – also ohne gleichzeitigen EAV – aus (§ 2 Abs. 2 S. 2 Nr. 2 GewStG i.d.F. des UntStFG-E). Wurde umgekehrt ein EAV verabschiedet, ging damit die unwiderlegbare Vermutung einer organisatorischen Eingliederung einher.

Eine **aktienrechtliche Eingliederung** in die GbR selbst ist aufgrund der strengen Rechtsformanforderungen nicht möglich. Ähnliches gilt für die GbR-Gesellschafter, dem der Wortlaut der §§ 319 f. AktG („in einer Hand") meiner Ansicht nach entgegensteht.

VII. Gegenüberstellung von aktienrechtlichem Konzern und den Organschaftskonzernen mit Schlussfolgerungen

Aus den Untersuchungen der bisherigen Kapitel lässt sich die in Abbildung 11 (S. 166) veranschaulichte Gegenüberstellung zwischen der aktienrechtlichen Vermutungskette und den organschaftlichen Konzerndefinitionen de lege lata ableiten.[1033]

Bezugnehmend auf Abbildung 11 (S. 166) tritt die **wirtschaftliche Eingliederung** bei der mittleren Fallgruppe nicht in Erscheinung, da sich ihr im Rahmen einer Anpassung an die aktienrechtliche Vermutungskette kein eigenständiger Platz zuordnen lässt.

Warum der Gesetzgeber in Zeiten grundlegender Steuergesetzänderungen mit einer damit u.a. einhergehenden begrüßenswerten Abschaffung der wirtschaftlichen Eingliederung[1034] im ertragsteuerlichen Bereich dies nicht zum Anlass genommen hat, jene in sämtlichen, von Organschaftsregelungen betroffenen Gesetzen außen vor zulassen, kann nicht eindeutig nachvollzogen werden. Im Bereich der Verkehr- und Verbrauchsteuern wäre die organisatorische Eingliederung nach meiner Ansicht als „Schalthebel" als ausreichend anzusehen.[1035] Jene ist zugegebenermaßen zwar ebenfalls von einigen Subjektivismen geprägt. Es liegt aber eine vergleichsweise deutlich verbesserte objektive Nachprüfbarkeit bzw. Greifbarkeit vor.

Die bereits vor bzw. nach der erstmaligen Kodifizierung der wirtschaftlichen Eingliederung im Körperschaftsteuerrecht im Jahre 1969[1036] geäußerten Bedenken, die m.E. auch gleichermaßen für die Verkehr- und Verbrauchsteuern gelten, sind bis dato nicht ausgeräumt worden.[1037] Im Gegenteil: Die existente Rechtsunsicherheit der wirtschaftlichen Eingliederung lässt sich m.E. aufgrund des Anpassungsprozesses an dynamische Entwicklungen gar nicht beseitigen, da „modernere Erscheinungsformen der Unternehmensführung"[1038] in der Finanzrechtsprechung zu berücksichtigen sind. Eine „einheitliche Linie", die von VOGEL im Jahre 1970 prophezeit wurde, ist meiner Ansicht nach nicht erkennbar.[1039] Es sollte sich in den üb-

---

1033 Die Motivation dazu entstand durch REUL, ADOLF (1987), S. 51, der konstatiert: „Die Organschaft weist [...] eine bestimmte Nähe zu einem Unterordnungskonzern auf." Die Gegenüberstellung wird ausschließlich im Bereich der Einmutterorganschaft angestellt, da die Lehre der mehrfachen Abhängigkeit im Rahmen der Mehrmütterorganschaft verworfen wurde.

1034 Vgl. Kapitel B.V.3 (ab S. 126).

1035 Vgl. hierzu ebenso – wenn auch in einem anderen Kontext und ausschließlich im umsatzsteuerlichen Bereich – KORN, KLAUS (1996), S. 444.

1036 Vgl. § 7a des „Körperschaftsteuergesetzes (KStG 1968)" vom 13. Oktober 1969, S. 635 f.

1037 Vgl. zum Zeitpunkt der Legitimation der wirtschaftlichen Eingliederung z.B. DORNFELD, ROBERT E. (1969), S. 349 ff.; ECKHARDT, WALTER (1969), S. 927; KREILE, REINHOLD (1968), S. 458; RANFT, ECKART (1969), S. 333 und TELKAMP, HEINZ-JÜRGEN (1969), S. 674 f.

1038 Vgl. SCHMIDT, LUDWIG/MÜLLER, THOMAS/STÖCKER, ERNST E. (1999), Rz. 127. Vgl. dazu ebenso VOGEL, KLAUS (1970), S. 132 sowie TELKAMP, HEINZ-JÜRGEN (1969), S. 672, der von einer „elastischen Begriffsauslegung" spricht.

1039 Vgl. VOGEL, KLAUS (1970), S. 130, für den „...die Analyse der Rechtsprechung auf der einen und die persönlichen Gesichtspunkte des Analysierenden auf der anderen Seite ineinanderfließen."

rigen Organschaftsbereichen der Meinung von DORNFELD und TELKAMP angeschlossen werden, die bis heute an Aussagekraft nicht verloren hat: Ist eine Gesellschaft finanziell und organisatorisch in ein anderes Unternehmen eingegliedert, so ist dieser Vorgang als wirtschaftliche Eingliederung zu beurteilen. Sie stellt demzufolge den Oberbegriff dar, weswegen sie auch als gleichwertiges Tatbestandsmerkmal entbehrlich ist.[1040]

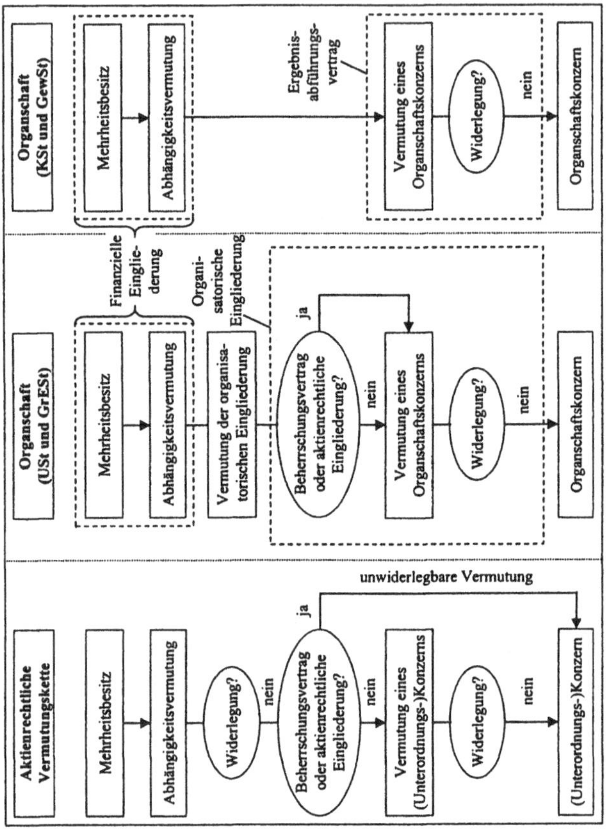

Abbildung 11: Aktienrechtliche versus „organschaftsrechtliche" Vermutungskette bei Einmutterorganschaft[1041]

1040 Vgl. DORNFELD, ROBERT E. (1969), S. 350 f. sowie TELKAMP, HEINZ-JÜRGEN (1969), S. 674 f. In dieselbe Richtung argumentierend: ECKHARDT, WALTER (1969), S. 927 und KREILE, REINHOLD (1968), S. 458, für die eine wirtschaftliche Eingliederung bei gleichzeitiger Erfüllung der finanziellen und organisatorischen Eingliederung angenommen werden sollte. Die Aberkennung ihrer Daseinsberechtigung fand bereits in der RFH-Rechtsprechung Erwähnung. Vgl. m. w. N. ASSEYER (1941), S. 340.

1041 Bei der aktienrechtlichen Vermutungskette wurden die unwiderlegbaren Vermutungstatbestände an eine andere Stelle umpositioniert, um einen besseren Vergleich mit dem organschaftsrechtlichen Pendant erzielen zu können. Dabei wird die Abhängigkeitsvermutung bei einer aktienrechtlichen Eingliederung aufgrund der Mindestkapitalmehrheit von 95% quasi nicht zu widerlegen sein. Der BHV könnte auch ohne das Be-

Für die (komplette) Abschaffung der wirtschaftlichen Eingliederung lässt sich m. E. auch aus einer anderen, die Harmonisierungsforderungen mit dem aktienrechtlichen (Unterordnungs-) Konzern berücksichtigenden Sichtweise argumentieren. Den meiner Meinung nach entscheidenden Hinweis liefert die BFH-Rechtsprechung selbst, die sich zur Definition der wirtschaftlichen Eingliederung aktienrechtlicher Vokabeln wie der „einheitlichen Leitung", die mittels eines expliziten Verweises auf § 18 Abs. 1 S. 1 AktG mit dem aktienrechtlichen Begriff deckungsgleich ist, bedient.[1042] Stellt man dieser Aussage simultan die organisatorische Eingliederung gegenüber, wird in diesem Fall (un-)widerlegbar ein aktienrechtlicher Konzern vermutet. Somit erweist sich die wirtschaftliche Eingliederung auch aus aktienrechtlicher Perspektive als ein überflüssiges Merkmal i.S. einer „Leerformel".[1043] Zusammenfassend sollte auf die **wirtschaftliche Eingliederung bei den Verkehr- und Verbrauchsteuern** nach dem ertragsteuerlichen Vorbild **verzichtet** werden.

Im Rahmen der in Abbildung 11 (S. 166) rechts dargestellten Fallgruppe ist eine Gegenüberstellung mit der aktienrechtlichen Vermutungskette vergleichsweise intransparenter. Da der EAV eine Verlustausgleichsverpflichtung gem. § 302 AktG begründet, wird der OT als „Gegenleistung" für dieses Risiko vermutlich seinen durch die finanzielle Eingliederung vermittelten maßgeblichen Beherrschungseinfluss auch tatsächlich ausüben.[1044] Einen alternativen Begründungsansatz liefert VAN VENROOY, für den sich eine Gesellschaft im Generellen niemals verpflichten würde, ihren Gewinn an ein anderes Unternehmen abzuführen. Folglich muss die zuletzt genannte Gesellschaft über einen beherrschenden Einfluss verfügen und diesen auch ausüben.[1045] Der Rechtsprechung ist ebenfalls insofern zuzustimmen, als dass die finanzielle Eingliederung nicht notwendigerweise eine organisatorische Eingliederung impliziert.[1046]

Die **organisatorische Eingliederung** sollte nach meinem Dafürhalten auch in der rechten Fallgruppe **reaktiviert** werden. Dafür spricht auch die Handhabung in der Praxis, im Rahmen derer der durch den isolierten EAV regelmäßig ausgelöste § 311 AktG Schwierigkeiten im Zuge der Abgrenzung des Einflusses des OT bereitet.[1047] Deswegen wird m. E. unbenommen etwaiger Vereinfachungsbestrebungen seitens des Steuergesetzgebers auch weiterhin der (regelmäßige) Abschluss von Organschaftsverträgen zu beobachten sein.[1048, 1049] Die **steuerli-**

---

stehen einer Beteiligung abgeschlossen werden, weswegen er eigentlich vor der Mehrheitsbeteiligung zu positionieren wäre. Vgl. SCHUBERT, WERNER/KÜTING, KARLHEINZ (1981), S. 317.

1042 Vgl. hauptsächlich BFH-Urteil vom 17.12.1969, S. 260 sowie BFH-Urteil vom 23.10.1974, S. 46. Vgl. auch das BFH-Urteil vom 13.9.1989, I R 110/88, S. 25, das konstatiert: „Das Tatbestandsmerkmal der wirtschaftlichen Eingliederung ist in mancher Hinsicht dem aktienrechtlichen Unternehmensbegriff ähnlich, ohne deshalb mit ihm identisch zu sein." Vgl. hierzu auch BFH-Urteil vom 26.4.1989, S. 669.

1043 Vgl. Fn. 695 (S. 115) bzgl. Rechtsprechungsnachweisen.

1044 Vgl. VEIT, KLAUS-RÜDIGER (1974b), S. 44.

1045 Vgl. VENROOY, GERD J. VAN (1986), S. 612. Jenes Argument wirkt wiederum bekräftigend für die in dieser Arbeit vertretene 75 %ige Stimmrechtsmehrheit.

1046 Vgl. BFH-Urteil vom 20.2.1992, S. 133 f.

1047 Vgl. MÜLLER, WELF (2000a), Tz. 256 und Kapitel B.VI.2.b)(1) (ab S. 154).

1048 Vgl. z.B. Tagesordnungspunkt 8 der Hauptversammlung 2002 der BASF AG (Internet: www.basf.de/de/corporate/investor/hv/tagesordnung.htm (Stand: 1.7.2002)); Tagesordnungspunkte 7-10 der Hauptversammlung 2002 der DaimlerChrysler AG (Internet: www.daimlerchrysler.com/investor/meeting2002/download/tophv2002_g.pdf (Stand: 1.7.2002)); Tagesordnungspunkt 9 der Hauptversammlung 2002 der Dresdner Bank AG (Internet: www.beraterbank.de/hauptversammlung_neu/pub_download/TO_dt.pdf (Stand: 1.7.2002))

chen formalen Vereinfachungs- bzw. Effizienzüberlegungen laufen materiell aufgrund der Vernachlässigung von gesellschaftsrechtlichen Aspekten teilweise ins Leere, da eine Rechtssicherheit trotz aufwändiger Vertragsabschlüsse der Gefahr des „Hineingleitens" in einen qualifizierten faktischen Konzern vorgezogen wird. Mit der Wiedereinführung der organisatorischen Eingliederung würde des Weiteren eine Harmonisierung mit der Mehrmütterorganschaft erreicht werden, die nachwievor auf dieses Tatbestandsmerkmal angewiesen ist.

Der Gesetzgeber hat den Versuch unternommen, durch bloße Streichung von Tatbestandsmerkmalen eine Vereinfachung der Organschaftsvoraussetzungen herbeizuführen. Diese Überlegung ist **grundsätzlich** ebenso zu begrüßen wie das damit einhergehende Entfallen des (subjektiven) Gesamtbildes der tatsächlichen Verhältnisse im Ertragsteuerbereich[1050]. Allerdings gilt die Simplifizierung nicht nur zwischen verschiedenen Steuerarten, sondern auch innerhalb einer einzelnen Steuerart[1051] als misslungen zu betrachten. Wie sich die dadurch geschaffenen **unterschiedlichen Bindungsintensitäten** der OG an den OT rechtfertigen lassen, sei dahingestellt. Das Steuerrecht knüpft an wirtschaftliche Vorgänge bzw. an betriebliche Geschehensabläufe an. Unbeantwortbar bleibt, warum diese nicht auch im Rahmen der Tatbestandsmerkmale Berücksichtigung finden. Als naheliegende Alternative bestünde die Annahme eines Organschaftskonzerns bei Vorliegen eines aktienrechtlichen Konzerns i.S.v. § 18 AktG, zumal das Organschaftsrecht auf mannigfaltige Instrumentarien des Aktienrechts, die zudem größtenteils analog auf das GmbH-Recht anwendbar sind, zurückgreift. In jüngster Zeit dahingehend erkennbare Entwicklungstendenzen wurden verworfen. Anscheinend bezweckt der Steuergesetzgeber die Schaffung originärer Tatbestände, um seine Eigenständigkeit bzw. Unabhängigkeit gegenüber dem Gesellschaftsrecht zu dokumentieren. Letzterem Aspekt könnte durch die Aufrechterhaltung des EAV als Instrumentarium zur unmittelbaren Verrechnung von Gewinnen und Verlusten und durch spezielle zeitliche Voraussetzungen Rechnung getragen werden.

Einer **sachgerechteren Steuervereinfachung** dient weniger die bloße Streichung irgendwelcher Tatbestandsvoraussetzungen als die Schaffung möglichst gleicher Tatbestandsvoraussetzungen bei allen relevanten Steuerarten. Hierzu sollte bei der Einmutterorganschaft auf die finanzielle und organisatorische Eingliederung sowie (bei der KSt und GewSt) auf den EAV abgestellt werden. Im Rahmen der **Mehrmütterorganschaft** ist der Übergang vom Gewohnheitsrecht zur gesetzlichen Kodifizierung zu begrüßen. Gleichzeitig gilt es zu bedauern, dass der Gesetzgeber die vom BFH eröffnete Chance einer Harmonisierung der Rechtsordnung nicht genutzt hat. Die Lehre der mehrfachen Abhängigkeit sollte reaktiviert werden. Dem stehen wiederum fiskalische Gesichtspunkte[1052] entgegen, so dass das Interesse des Steuerge-

---

und Tagesordnungspunkt 8 der Hauptversammlung 2002 der Merck KGaA (Internet: www.merck.de/german/investor_and_media_relations/to_hv_2002.pdf (Stand: 1.7.2002)).

[1049] Auch vor Abschaffung der organisatorischen Eingliederung wurde am häufigsten der BHV mit dem EAV kombiniert, obwohl auch andere Möglichkeiten dem Unternehmen zur Auswahl standen.

[1050] Das Gesamtbild der Verhältnisse bedeutet, dass „...eine schwächere organisatorische Eingliederung durch eine starke wirtschaftliche Eingliederung ausgeglichen werden [kann, d. Verf.], jedoch müssen stets alle Voraussetzungen vorliegen." HEIGL, ANTON (1996), S. 404.

[1051] Damit ist die körperschaftsteuerliche Einmutter- und Mehrmütterorganschaft gemeint.

[1052] Die Gemeinden der GbR-Gesellschafter würden bei einer unmittelbaren gewerbesteuerlichen Verlustzuweisung GewSt-Mindereinnahmen erleiden.

setzgebers der Schaffung einer einheitlicheren Rechtsordnung vorgezogen wird. Als optimale Strategie sollte eine Rechtsvereinfachung unter der Prämisse der Vereinheitlichung der Rechtsordnung erfolgen.

C. Problemspezifische Folgen der Organschaftskonzerndefinitionen auf die Bemessungsgrundlagen

I. Körperschaftsteuer

Dem **Grundsatz der rechtlichen Selbstständigkeit** von OT und OG innerhalb eines körperschaftsteuerlichen Organschaftskonzerns folgend[1053], werden in den beiden nachstehenden (Haupt-)Kapiteln gesellschafts-, bilanz- sowie steuerrechtliche Folgewirkungen und Problemstellungen jeweils voneinander getrennt betrachtet. Kapitel C.I.3 (ab S. 207) stellt dabei das in sachlicher und zeitlicher Hinsicht verbindende Moment dar. Zu guter Letzt werden in Kapitel C.I.4 (ab S. 224) außen stehende Gesellschafter in die Überlegungen mit einbezogen.

1. Organgesellschaft

a) Gesellschafts- und bilanzrechtliche Fragestellungen

(1) Dotierung der gesetzlichen Rücklage

Die im Zuge der Jahresabschlussaufstellung ergehende Verpflichtung zur Dotierung der gesetzlichen Rücklage gem. § 300 AktG[1054] durch den Vorstand der OG bei Abschluss eines EAV und/oder BHV soll neben der Vorschrift des § 302 AktG vor einer Aushöhlung der bilanziellen Vermögenssubstanz der OG während der Vertragslaufzeit bewahren und zusätzlich deren Gläubiger und außen stehende Gesellschafter schützen[1055], zumal die Bildung „anderer Gewinnrücklagen" während dieser Zeitspanne aus steuerlicher Sicht nur sehr restriktiv möglich ist[1056]. Weiterhin muss dafür Sorge getragen werden, dass die gesetzliche Rücklage bis zum Ende der steuerlichen Mindestlaufzeit des EAV betragsmäßig so dotiert wird, dass den Voraussetzungen des dann (wieder) Geltung erlangenden § 150 Abs. 2 AktG Genüge getan ist.

[1053] Vgl. z.B. BFH-Beschluss vom 18.6.1980, S. 734; BFH-Urteil vom 25.1.1984, S. 383; BFH-Urteil vom 1.8.1984, I R 99/80, S. 19; BFH-Urteil vom 20.8.1986, I R 151/82, S. 470; BFH-Urteil vom 20.8.1986, I R 152/82, S. 471; BFH-Urteil vom 9.9.1986, VIII R 20/85, S. 444; BFH-Urteil vom 11.4.1990, I R 167/86, S. 774 und BFH-Urteil vom 30.3.1993, S. 866. Vgl. auch BFH-Urteil vom 7.12.1994, S. 178 f., nach dem durch die Eingliederung der Ort der Geschäftsleitung der OG nicht notwendigerweise mit dem des OT identisch sein muss.

[1054] Diese Rechtsvorschrift ist ausschließlich auf eine AG und KGaA anwendbar. Bei zuletzt genannter Rechtsform könnten bzgl. der Gesetzessystematik auf den ersten Blick Zweifel bestehen (vgl. § 278 Abs. 3 AktG). Da sie ohne Abschluss eines Unternehmensvertrages ebenfalls zur Bildung einer gesetzlichen Rücklage verpflichtet wäre (§ 150 AktG i.V.m. § 278 Abs. 3 AktG), ist die Anwendbarkeit dennoch zu bejahen. Demgegenüber beschränkt sich der Vermögensschutz bei einer GmbH aufgrund schwächerer Kapitalerhaltungsregelungen ausschließlich auf deren Stammkapital (§ 30 Abs. 1 GmbHG). Vgl. HOFFMANN-BECKING, MICHAEL (1994), S. 61. Ferner ist die Pflicht zur Bildung einer gesetzlichen Rücklage bei einer eG als OG (USt und GrESt!) vorgeschrieben, wobei die konkrete Ausgestaltung statutarisch festzulegen ist (§ 7 Nr. 2 GenG).

[1055] Vgl. z.B. ULMER, PETER (1986), S. 126; VOSS, BERND W. (1973), S. 326 und WÜRDIGER, HANS (1972), S. 1566.

[1056] Vgl. dazu weiterführend Kapitel C.I.1.a)(2)(a)(i) (ab S. 175).

Wird der EAV demgegenüber bei Vorliegen einer aktienrechtlichen Eingliederung konstituiert, ist die Anwendbarkeit des § 300 AktG kraft Gesetzes ausgeschlossen (§ 324 Abs. 2 S. 1 AktG). Diese fehlende Schutzmaßnahme ist bereits aus § 324 Abs. 1 AktG ableitbar, wonach die OG bereits im Rahmen einer (isolierten) aktienrechtlichen Eingliederung nicht zur Bildung, Dotierung und Verwendung der gesetzlichen Rücklage nach § 150 AktG verpflichtet ist (§ 324 Abs. 1 AktG).[1057]

(a) Ergebnisabführungsvertrag und Organschaftsvertrag

Mittels der generellen Anknüpfung von § 300 Nr. 1 AktG an das Bestehen eines EAV werden von dieser Rechtsnorm nicht nur ein isolierter EAV, sondern auch ein Organschaftsvertrag erfasst, was durch § 300 Nr. 3 AktG eine implizite Bestätigung erfährt. Die Ausgangsgröße bildet der ohne Berücksichtigung der Gewinnabführung entstandene (fiktive) handelsrechtliche Jahresüberschuss, welcher um einen Verlustvortrag[1058] aus dem Vorjahr entsprechend § 150 Abs. 2 AktG zu kürzen ist (§ 300 Nr. 1 AktG). Von einem dabei verbleibenden positiven Betrag sind 2 %[1059] des Grundkapitals der gesetzlichen Rücklage zuzuführen. Der Dotierungsbetrag mindert dabei den abzuführenden Gewinn.[1060] Eine vor Vertragsabschluss bereits bestehende gesetzliche Rücklage sowie etwaige Kapitalrücklagen i.S.v. § 272 Abs. 2 Nr. 1-3 HGB[1061] sind im Zuge der Berechnungen insofern zu berücksichtigen, als dass sich der Vomhundertsatz von 2 % dementsprechend verringert.

Mittels dieser Spezialvorschriften wird die **Dotierung der gesetzlichen Rücklage nach außerunternehmensvertraglichen Regelungen nicht außer Kraft** gesetzt (§ 300 Nr. 1 AktG i.V.m. § 300 Nr. 2 AktG i.V.m. § 150 Abs. 2 AktG).[1062] Vielmehr wird durch sie ein **Vergleichsmaßstab** in Form einer **Untergrenze** konstituiert; der jeweils **größere** errechnete Betrag ist als der maßgebliche anzusehen.

1057 Somit finden die in § 150 Abs. 3 und Abs. 4 AktG geregelten Auskehrungsvorschriften keine Anwendung. Vgl. dazu auch Kapitel C.I.1.a)(2)(b) (ab S. 185).

1058 Diese Größe kann aufgrund der simultanen Anwendung des § 302 AktG ausschließlich in der vorvertraglichen Zeit verursacht worden sein.

1059 Der Vomhundertsatz wird durch das Erfordernis einer gleichmäßigen Dotierung innerhalb einer Frist von fünf Geschäftsjahren sowie des Erreichens von 10 % des Grundkapitals gem. § 300 Nr. 1 AktG determiniert. Vgl. dazu HÜFFER, UWE (2002), § 300 AktG, Rn. 7, sowie bzgl. der Zeitdauerproblematik Kapitel B.IV.2.b)(1) (ab S. 106). Diese vergleichsweise beschleunigte Rücklagendotierung soll bezwecken, dass die nicht an eine Zeitdauer geknüpfte Regelung des § 150 Abs. 2 AktG wegen der Entstehung gar keiner oder nur geringer Jahresüberschüsse (beim isolierten BHV; vgl. dazu Näheres in Kapitel C.I.1.a)(1)(b) (ab S. 173)) komplett ausfällt bzw. (noch) längere Zeit in Anspruch nimmt. Vgl. EMMERICH, VOLKER (2001), § 300 AktG, Rn. 12. Die Rücklagendotierung entfällt naturgemäß, falls kein fiktiver Jahresüberschuss entsteht oder der Verlustvortrag aus dem Vorjahr größer als dieser ist. Vgl. HAVERMANN, HANS (1966), S. 95.

1060 Vgl. VEIT, KLAUS-RÜDIGER (1974a), S. 1249.

1061 Hierbei wird auf eine nicht zu rechtfertigende Inkongruenz der Wortlaute zwischen § 300 Nr. 1 AktG („Kapitalrücklage") und § 150 Abs. 2 AktG („Kapitalrücklage nach § 272 Abs. 2 Nr. 1-3 HGB") aufmerksam gemacht, weswegen eine teleologische Reduktion des ersten Begriffes vorzunehmen ist. Vgl. ADLER, HANS/DÜRING, WALTHER/SCHMALTZ, KURT (1997), § 300 AktG, Tz. 34.

1062 Vgl. ADLER, HANS/DÜRING, WALTHER/SCHMALTZ, KURT (1997), § 300 AktG, Tz. 20.

Um die getroffenen Aussagen transparenter gestalten und allgemeine Feststellungen ableiten zu können, bietet sich eine formelhafte Darstellung an.[1063] Dabei wird die Gewährleistung der gesetzlich vorgesehenen gleichmäßigen Zuführung impliziert. Von einer Kapitalerhöhung innerhalb der Zeitdauer der Rücklagenzuführung ist abzusehen. In einem ersten Schritt wird die Höhe des Zuführungsbetrages zur gesetzlichen Rücklage i.S.v. § 300 Nr. 1 AktG (gRL_{300}) formuliert, die von der Höhe des Grundkapitals der OG (GK) und nicht von deren (fiktivem) Jahresüberschuss abhängt. Dabei stellt a denjenigen Vomhundertsatz dar, mit dem die vorvertraglich gebildete gesetzliche Rücklage zzgl. etwaiger Kapitalrücklagen i.S.v. § 272 Abs. 2 Nr. 1-3 HGB zum Grundkapital in Relation stehen.

(1) $$gRL_{300} = (0{,}1 \cdot GK - a \cdot GK) \cdot 0{,}2 .$$

Dementsprechend wird die gesetzliche Rücklagendotierung i.S.v. § 150 Abs. 2 AktG (gRL_{150}) in Abhängigkeit von der Höhe des (fiktiven) Jahresüberschusses der OG ($JÜ_f$) abzgl. eines evtl. Verlustvortrages aus dem Vorjahr (VV) dargestellt.

(2) $$gRL_{150} = 0{,}05 \cdot (JÜ_f - VV).$$

Beide Rücklagenzuführungsbeträge weisen durch Gleichsetzen von (1) und (2) dieselbe Höhe auf:

(3) $$(0{,}1 \cdot GK - a \cdot GK) \cdot 0{,}2 = 0{,}05 \cdot (JÜ_f - VV)$$

$$\Leftrightarrow \frac{JÜ_f - VV}{GK} = 0{,}4 - 4 \cdot a .$$

Aus Formel (3) wird ersichtlich, dass bei einer OG ohne bisherige gesetzliche Rücklage oder Kapitalrücklagen i.S.v. § 272 Abs. 2 Nr. 1-3 HGB (a=0) eine **Indifferenz** hinsichtlich der Anwendung von § 300 Nr. 1 AktG oder § 150 Abs. 2 AktG bei einem **Verhältnis zwischen ($JÜ_f$–VV) und GK von 40 %** besteht. Ist ($JÜ_f$–VV) unter diesen Prämissen kleiner als 40 % des GK, ist § 300 Nr. 1 AktG maßgeblich, im Umkehrfall § 150 Abs. 2 AktG.[1064] Aus Gleichung (3) ist ferner ersichtlich, dass mit zunehmendem Umfang an bereits vorvertraglich gebildeten relevanten Rücklagen die Relation zwischen ($JÜ_f$–VV) und GK geringer wird, was die Wahrscheinlichkeit für eine Maßgeblichkeit von § 150 Abs. 2 AktG erhöht.[1065]

Zusammenfassend ist eine nach § 300 Nr. 1 AktG verschärfte Auffüllung der gesetzlichen Rücklage bei einer neu gegründeten OG gegeben. Die Anwendbarkeit des § 150 Abs. 2 AktG ist (ceteris paribus) umso wahrscheinlicher, je größer die vorvertraglich gebildete gesetzliche Rücklage zzgl. etwaiger Kapitalrücklagen bzw. je größer das Grundkapital bzw. je geringer der fiktive Jahresüberschuss ist. Demgegenüber besteht zusätzlich die tendenzielle Relevanz

[1063] Hinsichtlich der folgenden, in dieser Arbeit jedoch erweiterten Herleitungen wird sich an den Ausführungen von VEIT orientiert. Vgl. VEIT, KLAUS-RÜDIGER (1974a), S. 1245 ff. und VEIT, KLAUS-RÜDIGER (1974b), S. 89 ff.

[1064] M.E. wird in der Praxis tendenziell der erste Fall eintreten. Die linke Seite von Gleichung (3) ähnelt unter Vernachlässigung des Verlustvortrages einer Eigenkapitalrentabilität. Da das Grundkapital kleiner als das Eigenkapital ist, lässt sich insofern von einer Überbewertung ausgehen.

[1065] Im Falle a=0,1 (gesetzliche Rücklage zzgl. Kapitalrücklagen betragen zu Vertragsbeginn bereits 10 % des Grundkapitals) ist keine Dotierung nach den Grundsätzen dieses Kapitels mehr vorzunehmen.

von § 300 Nr. 1 AktG, je größer der kraft Satzung determinierte, über 10% des Grundkapitals liegende Anteil der gesetzlichen Rücklage[1066] ist.

Die (gesetzgeberisch) präferierte gleichmäßige Einstellung entfällt, falls in einem Jahr kein oder nur ein der Höhe nach unzureichender Jahresüberschuss entsteht. Um die fristgerechte Dotierung dennoch sicherstellen zu können, ist der (erhöhte) Dotationsbetrag für die Folgejahre neu zu berechnen.[1067] Dabei bleibt im Schrifttum unerwähnt, wie eine Dotierung für die Folgejahre zu bemessen ist, wenn § 150 Abs. 2 AktG den maßgeblichen Zuführungsbetrag liefert. M. E. ist in diesem Kontext ebenfalls eine Neuberechnung vonnöten, da § 150 Abs. 2 AktG in einem subsidiären Verhältnis zu § 300 Nr. 1 AktG steht. Kann die 10%-Marke innerhalb der fünf Geschäftsjahre nicht erreicht werden, sind die Jahresüberschüsse folgender Perioden in voller Höhe unabhängig von der Vertragsfortführung solange zuzuführen, bis dieses Erfordernis erfüllt ist.[1068, 1069] In Anlage 1 des Anhangs (ab S. XXXVII) wird ein Fallbeispiel untersucht, welches die erwähnten Besonderheiten miteinander vereint.

Die Pflicht zur Dotierung der gesetzlichen Rücklage beginnt mit der **zivilrechtlichen Wirksamkeit des EAV**, wobei § 300 Nr. 1 AktG im Zuge von dessen Rückwirkung ebenfalls eine rückwirkende Anwendbarkeit ab diesem Zeitpunkt erlangt. Entsprechendes gilt für einen aufschiebend bedingten EAV.

(b) Isolierter Beherrschungsvertrag

Da in der vorliegenden Arbeit auch (reine) Organschaftsverhältnisse im Verkehr- und Verbrauchsteuerrecht Gegenstand der Betrachtungen sind, können auch isolierte BHV zustande kommen. Hierbei verweist § 300 Nr. 3 AktG auf die Bestimmungen zum EAV. Der wesentliche Unterschied, über den gleichzeitig Uneinigkeit in der Literatur besteht, ist darin zu sehen, dass in der Vorschrift nicht von der Einstellung in die gesetzliche Rücklage „aus dem (fiktiven) Jahresüberschuss" gesprochen wird. Daraus resultiert die Frage, ob nach dem Vorbild des EAV derjenige fiktive Jahresüberschuss zu ermitteln ist, der ohne einen BHV entstanden wäre.[1070] Dem ist insofern zuzustimmen, als dass § 300 Nr. 3 AktG ansonsten nur dann seiner Funktion gerecht werden könnte, falls dies der OT im Rahmen des BHV zulässt. Die Rechtsvorschrift würde zu einer bloßen „Hülle" degenerieren; die Forderung nach bilanzieller Vermögenssubstanzerhaltung wäre mithin unterlaufen.[1071] Ferner wird durch den Ansatz des fiktiven Jahresüberschusses die Gefahr etwaiger Gewinnverlagerungen reduziert (beim EAV bzw. Organschaftsvertrag steht dem OT ohnehin der gesamte Gewinn zu).[1072] Dem ist zu ent-

---

1066 Jener Anteil ist im Koeffizienten „0,4" enthalten, welcher sich dadurch dementsprechend vergrößert.

1067 Vgl. dazu KOPPENSTEINER, HANS-GEORG (1987), § 300 AktG, Rn. 8 und Rn. 11.

1068 Vgl. ALTMEPPEN, HOLGER (2000), § 300 AktG, Rn. 22 sowie KOPPENSTEINER, HANS-GEORG (1987), § 300 AktG, Rn. 11.

1069 Zuführungen zur gesetzlichen Rücklage, welche die gesetzlich vorgesehenen Beträge überschreiten, sind steuerrechtlich wie die Bildung von Gewinnrücklagen zu beurteilen. Vgl. dazu Abschn. 55 Abs. 6 Nr. 2 S. 2 KStR. M. E. müsste es in den Verwaltungsanweisungen korrekterweise „andere Gewinnrücklagen" heißen.

1070 Bejahend KOPPENSTEINER, HANS-GEORG (1987), § 300 AktG, Rn. 19, für den sich eine unterschiedliche Behandlung zum Organschaftsvertrag oder mit einem Teil-EAV kombinierten BHV nicht rechtfertigen lässt. Vgl. zustimmend VEIT, KLAUS-RÜDIGER (1974b), S. 93 f.

1071 Vgl. dazu kritisch VOSS, BERND W. (1973), S. 327.

1072 Vgl. ADLER, HANS/DÜRING, WALTHER/SCHMALTZ, KURT (1997), § 300 AktG, Tz. 53.

gegnen, dass sich ein fiktiver Jahresüberschuss im Vergleich zum EAV quasi überhaupt nicht zurückverfolgen lässt, weil diese Größe beeinflussende Positionen nicht („en bloc") explizit in der GuV ausgewiesen werden und eine unmittelbare Korrekturmöglichkeit entfällt.[1073]

Zusammenfassend ist von der theoretisch zwar sachgerechten, aber praktisch unmöglichen Ermittlung eines fiktiven Jahresüberschusses aus obigen Gründen abzusehen. Die Bedeutungslosigkeit und Beeinflussbarkeit dieser Größe zum Anlass nehmend, ist die Dotierung der gesetzlichen Rücklage unabhängig von der Höhe eines fiktiven Jahresüberschusses vorzunehmen, wobei auch ein Bilanzverlust entstehen kann.[1074]

Hinsichtlich der **zeitlichen Voraussetzungen** stellt sich aufgrund der gesellschaftsrechtlich nicht möglichen Rückwirkung von abgeschlossenen BHV die Frage, ob § 300 Nr. 3 AktG erstmalig bereits im laufenden oder im nächsten Wirtschaftsjahr Anwendung findet.[1075] Meiner Ansicht nach ist der Wortlaut des § 300 Nr. 1 AktG i.V.m. § 300 Nr. 3 AktG eindeutig, da die fünf Geschäftsjahre **während** des Bestehens des Vertrages **beginnen** müssen. Insofern ist im Wirtschaftsjahr des zivilrechtlichen Wirksamwerdens letztmalig § 150 Abs. 2 AktG anwendbar.[1076]

(2) Ermittlung des Betrages der Gewinnabführung

In Einklang mit den Vorschriften zur gesetzlichen Rücklage differenziert § 301 AktG nicht danach, ob ein isolierter EAV oder ein Organschaftsvertrag vorliegt. Wurde Ersterer während der Geltung einer aktienrechtlichen Eingliederung begründet, treten Besonderheiten hinsichtlich des abzuführenden Gewinns auf (§ 324 Abs. 2 S. 3 AktG), die gesondert zu behandeln sind.[1077] Für eine GmbH als OG ist § 301 S. 1 AktG hinsichtlich der Erwähnung der gesetzlichen Rücklage teleologisch zu reduzieren.

(a) Ergebnisabführungsvertrag und Organschaftsvertrag

Was unter dem in §§ 291 Abs. 1 S. 1 AktG, 14 Abs. 1 S. 1, 17 S. 1 KStG genannten „ganzen (abzuführenden) Gewinn" zu verstehen ist, ist durch den konkreten EAV näher zu vereinbaren.[1078] Dabei sind insb. vertragliche Übereinkommen hinsichtlich der Ausübung von Bilanzierungs- und Bewertungswahlrechten im Sinne des OT, welche die Höhe des (handelsrechtlichen) Jahresergebnisses zu beeinflussen vermögen, zulässig und von Relevanz.[1079] Gleichzeitig wird durch den gesetzlich verwendeten Begriff der „Höchstabführung" implizit auch

---

[1073] Vgl. auch MÜLLER, WELF (2000a), Tz. 289, der zwar einen fiktiven Jahresüberschuss bejaht, dessen Ermittlungsweise jedoch unbeantwortet lässt. Vgl. bereits Kapitel B.VI.2.a)(1)(a) (ab S. 130).

[1074] Vgl. ALTMEPPEN, HOLGER (2000), § 300 AktG, Rn. 33.

[1075] Hierbei wird impliziert, dass die HR-Eintragung nicht zu Beginn des Wirtschaftsjahres der OG erfolgt bzw. diese ihr Wirtschaftsjahr nicht umstellt.

[1076] Gleicher Ansicht: ALTMEPPEN, HOLGER (2000), § 300 AktG, Rn. 16. A.A.: RAISER, THOMAS (2001), § 54, Rdn. 48.

[1077] Vgl. Kapitel C.I.1.a)(2)(b) (ab S. 185).

[1078] Vgl. PRIESTER, HANS-JOACHIM (2001), S. 727 sowie Kapitel B.IV.2.a)(1)(c) (ab S. 78). Bestehen keine näheren Angaben, ist von der gesetzlichen Regelung des in § 301 AktG festgelegten Höchstbetrages auszugehen. Vgl. KNEPPER, KARL HEINZ (1993), S. 735.

[1079] Vgl. MÜLLER, HANS-PETER (1987), S. 385 ff., der zudem eine Übereinkunft, Wahlrechte gewinnmaximierend auszuüben, als legitim ansieht.

das Recht zur Bildung anderer Rücklagen ermöglicht[1080]. Ergänzend zu Kapitel C.I.1.a)(1) (ab S. 170) ist nachfolgend zu problematisieren, welche weiteren Gewinn- bzw. Kapitalrücklagen damit während des Organschaftsverhältnisses angesprochen werden bzw. einer Auflösung zugänglich sind.

(i) Zulässigkeit der Dotierung anderer Rücklagen

Im Rahmen der Untersuchungen stellen die Gewinnrücklagen i.S.v. § 266 Abs. 2 A. III. 2.-4. HGB einen wesentlichen Bestandteil dar. Die **anderen Gewinnrücklagen**[1081] aufgreifend, wird deren Bildung während der Vertragslaufzeit durch § 301 S. 2 1. Halbs. AktG implizit legitimiert. Diese (partielle) Ausnahme vom Grundsatz der Höchstbetragsabführung bezweckt eine Anreizsteigerung des OT, die in der Stärkung der bilanziellen Substanz der OG zu sehen ist.[1082]

Das dazu **steuerliche Pendant** beinhaltet **§ 14 Abs. 1 Nr. 4 KStG**[1083], wobei eine Identität zwischen beiden Rechtsgebieten nicht gegeben ist. Bzgl. der **Anzahl der Rücklagenpositionen** ist die steuerliche Vorschrift **extensiver** ausgelegt, da sie die Gewinnrücklagen i.S.v. § 272 Abs. 3 HGB anspricht.[1084] Die **Gründe des Anlasses** sind hingegen **restriktiver** zu handhaben, da eine Rücklagenbildung durch die OG nur bei „wirtschaftlicher Begründetheit im Zuge einer vernünftigen kaufmännischen Beurteilung" ermöglicht wird.[1085] Die Interpretation dieses unbestimmten Rechtsbegriffes findet im Schrifttum bzw. der Rechtsprechung kaum Erwähnung[1086], wobei der BFH den gesetzlichen Vertretern der OG einen Beurteilungsspielraum einräumt, da das eine Kontrollfunktion ausübende Finanzamt im Zweifelsfall die betrieblichen Verhältnisse als externer Dritter nicht einzuschätzen vermag[1087]. Unbenommen dessen wird diesem unbestimmten Rechtsbegriff eine wesentliche Bedeutung zuteil, da bei einer Nichtanerkennung die Gewinnabführung und somit die körperschaftsteuerliche Organschaft versagt werden.

1080 Vgl. SÜNNER, ECKART (1989), S. 415. M.E. nicht ganz schlüssig argumentierend KLEMPT, WALTER/WINTER, WILHELM (1970), S. 53.

1081 Ist der Begriff der „anderen Gewinnrücklagen" im Folgenden durch Anführungs- und Schlusszeichen gekennzeichnet, wird darunter der terminus technicus verstanden. Vgl. im Speziellen Kapitel C.I.1.a)(2)(a)(ii) (ab S. 179) zu der in diesem Kontext noch zu führenden Diskussion bzgl. des Wortumfangs des § 301 AktG.

1082 Vgl. BRANDES, HELMUT (1991), S. 27.

1083 § 14 Abs. 1 Nr. 4 KStG gilt gem. § 17 S. 1 KStG für eine GmbH als OG entsprechend.

1084 Es handelt sich um die satzungsmäßige bzw. gesellschaftsvertragliche Rücklage sowie um die „anderen Gewinnrücklagen". Auch **innerhalb des Steuerrechts** sind Disharmonien erkennbar. So subsumiert die Finanzverwaltung unter § 14 Abs. 1 Nr. 4 KStG zusätzlich § 272 Abs. 4 HGB (Rücklage für eigene Anteile; vgl. Abschn. 55 Abs. 6 Nr. 3 S. 1 KStR). Auf die Berücksichtigung dieser Rücklagenkategorie sowie der satzungsmäßigen Rücklage wird in diesem Kapitel noch an späterer Stelle eingegangen.

1085 Der Sinn und Zweck der Verschärfung besteht zum einen darin, den geforderten „ganzen abzuführenden Gewinn" nicht nach freiem Belieben kürzen zu können. Vgl. BFH-Urteil vom 29.10.1980, S. 482. Zum anderen ist die (bilanzielle) Absicherung der (rechtlich selbstständigen) OG für nachvertragliche Zeiten ähnlich der Vorschrift des § 300 AktG vonnöten. Vgl. SCHULZE ZUR WIESCHE, DIETER (1973), S. 1417.

1086 Die Finanzverwaltung führt exemplarisch an: Geplante Betriebsverlegungen, Werkserneuerungen und Kapazitätsausweitungen. Vgl. Abschn. 55 Abs. 6 Nr. 3 S. 3 KStR. Ferner sind besondere, die OG bedrohende Risiken berücksichtigungsfähig. Vgl. dazu weiterführend die Anmerkungen in Fn. 1107 (S. 178).

1087 Vgl. BFH-Urteil vom 29.10.1980, S. 482.

Im Folgenden kann der Sinngehalt der Rechtsnorm aufgrund ihrer Einzelfallabhängigkeit nur systematisiert bzw. näher umrissen werden. Hinsichtlich der **Bildung dem Grunde nach** muss ein konkreter, von der OG darzulegender Anlass vorliegen, wobei die Rücklagenbildung nicht auf spezielle vordefinierte Ursachen beschränkt ist.[1088] Zusätzlich ist der Anlass zum Zeitpunkt der Bildung als wahrscheinlich anzusehen[1089]. Dabei sollte sich m. E. an der Handhabung bei Verbindlichkeitsrückstellungen angelehnt werden (es müssen mehr Gründe für als gegen das Entstehen des Anlasses bzw. seine Durchführung sprechen)[1090].

Bilanziell betrachtet kann die Rücklagenbildung ihren Anlass in Geschäftsvorfällen besitzen, welche die Aktiv- und Passivseite bzw. Investitions- und Finanzierungsangelegenheiten tangieren. Im Rahmen der **Aktiva** orientiert sich SELCHERT anscheinend an der das Prinzip der Fristenkongruenz zum Ausdruck bringenden sog. „Goldenen Bilanzregel" in ihrer weitesten Fassung (sog. Deckungsgrad C), die eine Finanzierung des Anlagevermögens zzgl. der eisernen Reserve (des Umlaufvermögens) durch langfristiges Kapital vorsieht.[1091] Diese Überlegung steht im Kontext von Erweiterungsinvestitionen in Einklang mit dem von der Finanzverwaltung erwähnten Kapazitätserweiterungseffekt. Bezugnehmend auf die **Passivseite** sollte der Grund einer Rücklagendotierung zum Zweck einer aufgrund der Tilgung von Verbindlichkeiten entstehenden günstigeren Kapitalstruktur als ausreichend angesehen werden (z.B. für Kreditvergabeentscheidungen). Der Anwendung von § 14 Abs. 1 Nr. 4 KStG steht ebenso nicht entgegen, dass die OG geplante Investitionen auch hätte fremdfinanzieren können. Allerdings darf die Rücklagenbildung keinen (dauerhaften) Substitutionstatbestand für eine Kapitalzufuhr von außen darstellen[1092], was sich bereits aus der i. d. R. vorgenommenen Mischfinanzierung von Investitionen ersehen lässt. Auch der Umkehrfall – Bildung einer Rücklage mit anschließender tatsächlicher Fremdfinanzierung der Investition – wird von der Rechtsprechung legalisiert.[1093] Entfällt der Anlass für die Rücklagenbildung, muss daran nicht notwendigerweise deren Auflösung anknüpfen, da die „wirtschaftliche Begründetheit" nur an die Einstellung in die Rücklage und nicht an den Bilanzausweis anknüpft.[1094]

Die **Rücklagenbildung der Höhe nach** ist meiner Meinung nach vergleichsweise subsidiär einzustufen, da überschüssige (vertragliche) „andere Gewinnrücklagen" gem. § 301 S. 2 AktG jederzeit aufgelöst und abgeführt werden können. Allerdings sind **gesellschaftsrechtliche**

1088 Vgl. BFH-Urteil vom 29.10.1980, S. 482 und aus dem Schrifttum „el." (1974), S. 799.

1089 Vgl. SELCHERT, FRIEDRICH W. (1977), S. 31.

1090 Als hinreichendes, aber nicht notwendiges Kriterium dürfte die bereits bestehende Ratifizierung eines Anlasses durch die gesetzlichen Vertreter der OG ausreichen. Vgl. SELCHERT, FRIEDRICH W. (1977), S. 31.

1091 Diese hypothetische Annahme lässt sich aufgrund der von der Bilanz vermittelten Informationen nicht ersehen. Vgl. zur „Goldenen Bilanzregel" ausführlich und kritisch BIEG, HARTMUT/KUSSMAUL, HEINZ (2000c), S. 34 ff. sowie KÜTING, KARLHEINZ/WEBER, CLAUS-PETER (2001b), S. 117 ff.

1092 Vgl. dazu SCHULZE ZUR WIESCHE, DIETER (1973), S. 1419.

1093 Vgl. BFH-Urteil vom 29.10.1980, S. 482. Mittels dieser Erlaubnis wird kein Umgehungstatbestand geschaffen, da die mit der Höhe der zusätzlichen Rücklagenbildung korrespondierenden zusätzlichen Vermögensgegenstände zur Schuldentilgung verwendet werden müssen. Allerdings könnte m. E. aus finanzwirtschaftlicher Sicht dennoch ein Gestaltungsinstrumentarium gegeben sein, weil je nach Relation zwischen Fremdkapital- und Eigenkapitalkostensatz (Letzterer wird anhand der Rendite der bestmöglichen Verwendungsmöglichkeit außer der konkreten Investition gemessen) sowie der Investitionsrendite unterschiedliche Vorteilhaftigkeiten eintreten können. Diese Strategie wird tendenziell umso vorteilhafter sein, je niedriger der Fremdkapitalkostensatz ceteris paribus ist.

1094 Vgl. SCHMIDT, EBERHARD (1982), S. 139.

Restriktionen in Form der §§ 58 AktG, 29, 46 Nr. 1 GmbHG zu beachten. Die Höhe der Rücklagenbildung ist somit im Falle der Feststellung des Jahresabschlusses durch Vorstand und Aufsichtsrat von diesen bzw. den Gesellschaftern der OG abhängig.[1095, 1096] Die dabei gegebene Wahrscheinlichkeit einer Benachteiligung der OG zu Gunsten einer höheren Gewinnabführung im Zuge einer indirekten Einflussnahme bei Doppelmandaten oder zusätzlichem BHV ist m. E. als eher gering einzustufen.[1097] Während dem OT bei einer GmbH als OG erstinstanzlich die Verfügungsmacht über die Dotierung der „anderen Gewinnrücklagen" ermöglicht wird, gilt dieses Privileg aus aktienrechtlicher Sicht nur im Falle der Feststellung des Jahresabschlusses durch die Hauptversammlung (§ 58 Abs. 1 AktG)[1098]. Bei der Unterstellung des Normalfalls (§ 58 Abs. 2 AktG) kann die gem. § 174 Abs. 1 AktG an den festgestellten Jahresabschluss gebundene Hauptversammlung in zweiter Instanz (weitere) Beträge in die „anderen Gewinnrücklagen" einstellen (§ 58 Abs. 3 AktG), was aufgrund der Stimmrechtsmehrheit in den Entscheidungsbereich des OT fällt, wobei im Extremfall kein Abführungsbetrag mehr verbleibt.[1099, 1100]

1095 Stellen Vorstand und Aufsichtsrat den Jahresabschluss fest (§ 58 Abs. 2 AktG), können sie höchstens die Hälfte des Jahresüberschusses in „andere Gewinnrücklagen" einstellen, falls die Satzung nichts anderes bzw. bei börsennotierten Gesellschaften keinen höheren Anteil vorsieht. Bzgl. der Berechnung der Höchstgrenze des Jahresüberschusses ist zuvor der Zuführungsbetrag zur gesetzlichen Rücklage sowie ein evtl. Verlustvortrag in Abzug zu bringen (§ 58 Abs. 2 S. 4 AktG). Insofern erweist sich organschaftsspezifisch der Höchstbetrag der Gewinnabführung i.S.v. § 301 AktG als maßgebliche Größe. Dagegen sind die Gesellschafter einer GmbH grundsätzlich an keine qualitativen und quantitativen Bemessungsgrundlagen gebunden; sie können mittels (einfachen) Beschlusses ganz oder teilweise Beträge in die „anderen Gewinnrücklagen" einstellen, falls der Gesellschaftsvertrag nichts anderes vorsieht (§ 29 Abs. 2 GmbHG). Vgl. dazu bereits die Ausführungen in Fn. 631 (S. 105). Ferner ist zu berücksichtigen, dass § 58 AktG nicht unmittelbar auf eine mehrstufige Unternehmensverbindung anwendbar ist. Vgl. GESSLER, ERNST (1985c), S. 260. So würde bspw., falls Vorstand und Aufsichtsrat des OT und der OG die Hälfte der Jahresüberschusses in Gewinnrücklagen einstellen könnten, den Aktionären des OT nur ein Viertel des ursprünglichen Jahresüberschusses der OG verbleiben, was sich in mehrstufigen Konzernverhältnissen potenziert. Insofern findet § 58 AktG ausschließlich für die unterste Konzernstufe Anwendung.

1096 Bei einer KGaA ist § 286 Abs. 1 AktG zu beachten, wonach die Hauptversammlung die Feststellung des Jahresabschlusses unter Zustimmung der Komplementäre beschließt. Das Zusammenwirken von verschiedenen Organen entspricht am ehesten § 58 Abs. 2 AktG, weswegen ein Analogieschluss zu jener Norm zu bejahen ist. Vgl. ADLER, HANS/DÜRING, WALTHER/SCHMALTZ, KURT (1997), § 58 AktG, Tz. 69 ff.

1097 Eine bloße Personalunion würde den Nachteilsausgleich i.S.v. §§ 311, 317 AktG bzw. die Vorschriften zur Treuepflicht auslösen. Beim BHV wäre zu verifizieren, ob diese nachteilige Weisung offensichtlich nicht im Konzerninteresse steht (§ 308 Abs. 2 S. 2 AktG), was meiner Ansicht nach im Falle von Ergänzungsinvestitionen für zusätzliche lukrative Großaufträge oder Ersatzinvestitionen zu bejahen ist, da die Entstehung potenzieller Gewinne geschmälert bzw. verhindert wird.

1098 Hierzu muss die Satzung explizit die Höhe des in die „anderen Gewinnrücklagen" einzustellenden Teils des Jahresüberschusses festlegen. Die gesetzliche Höchstbeschränkung beläuft sich auf die Hälfte des Jahresüberschusses (§ 58 Abs. 1 AktG).

1099 Vgl. GESSLER, ERNST (1985b), S. 29 und MÜLLER, HANS-PETER (1969), S. 246. Da die zuletzt erwähnte Rücklagendotierung einen Gewinnentzug für die Gesellschafter des OT bzw. eine aufgrund der etwaigen Thesaurierung der Gewinne verminderte Vermögenssubstanz darstellt, ist die Rechtsgültigkeit dieser zusätzlichen Dotierung von deren Zustimmung abhängig zu machen. Vgl. ausführlich BGH-Urteil vom 25.2.1982, S. 1703 f. und GESSLER, ERNST (1985b), S. 23 ff., s.b.S. 26. Diese Zustimmung könnte m.E. insofern umgangen werden, falls eine Erhöhung der Dotierung der „anderen Gewinnrücklagen" kraft Änderung der Satzung der OG beschlossen wird (§ 58 Abs. 2 S. 2 AktG), was aufgrund der in dieser Arbeit geforderten 75%igen Stimmrechtsmehrheit des OT ebenfalls möglich wäre. Von dieser Regelung sind auch etwaige außen stehende Gesellschafter der OG betroffen, deren Ausgleichszahlungen an eine Dividendenzahlung seitens des OT gekoppelt sind.

1100 In mehrstufigen Konzernen ist die Ausnahme der unmittelbaren Einflussnahme bei Fallkonstellation 1 in Abbildung 8 (S. 97) gegeben, da diese Funktion von den gesetzlichen Vertretern der zwischengeschalteten

Hinsichtlich der **Bildung dem Zeitpunkt nach** kann („ex ante") die durch den Jahresüberschuss determinierte Rücklagenbildung bei „voraussehbaren" Ereignissen „unter Ausnutzung" ertragreicher Wirtschaftsjahre kontinuierlich gebildet werden. Die Verpflichtung zu einer solchen Vorgehensweise lässt sich aus dem Gesetz nicht ableiten. Auch eine Bildung „ex post" wird als zulässig erachtet.[1101]

Der Gesetzesverweis in § 14 Abs. 1 Nr. 4 KStG spricht neben den „anderen Gewinnrücklagen" auch die **satzungsmäßigen bzw. gesellschaftsvertraglichen Rücklagen** i.S.v. § 266 Abs. 3 A. III. 3. HGB an.[1102] Deren Rechtsgrundlage lässt sich aus §§ 58 Abs. 4 AktG, 29 Abs. 1 S. 1 GmbHG ableiten, wonach die Hauptversammlung kraft **zwingender** Vorschrift der Satzung der OG zur Bildung solcher Rücklagen befähigt werden kann (sog. Pflichtrücklagen).[1103] Diese können zweckgebundener oder zweckfreier Natur sein.[1104] Im Hinblick auf die einen konkreten Anlass fordernde Finanzverwaltung[1105] kommt die ausschließliche Bildung einer zweckgebundenen satzungsmäßigen Rücklage in Betracht.[1106] M. E. müsste es auch als unschädlich angesehen werden, falls in der Satzung näher konkretisierte „unvorhersehbare Ereignisse" erfasst werden, deren Risiken es zu berücksichtigen gilt, wie z.B. das katastrophenbedingte Risiko des Ausfalls bzw. der Zerstörung betriebsnotwendiger Vermögensgegenstände.[1107] Der Begriff des „konkreten Anlasses" ist meiner Meinung nach zu eng gefasst. Es dürfte nicht im Sinne des die finanzielle Eigenständigkeit der OG bezweckenden Steuergesetzgebers liegen, dass aufgrund eines während des lfd. Wirtschaftsjahres eintretenden unvorhersehbaren Ereignisses Betriebsabläufe gestört bzw. gar ausgesetzt werden, weil sich die OG nicht über externe Quellen zwecks Ersatzinvestitionen zu finanzieren imstande ist. Trotzdem wäre eine Rücklagenbildung am Ende des Wirtschaftsjahres, in dem das „unvorhersehbare Ereignis" stattgefunden hat, zu Lasten einer kontinuierlichen Bildung möglich („ex post"). Entsprechendes gilt für den Fall, dass im betreffenden Wirtschaftsjahr bereits eine Ersatzinvestition getätigt wurde, deren Liquiditätsbedarf kurzfristig aus fremden Mitteln überbrückt wird.[1108]

Die Dotierung der **Rücklage für eigene Anteile** während der Vertragslaufzeit ist bei Erfüllung der Voraussetzungen aus handelsrechtlicher Sicht zwingend notwendig (§ 272 Abs. 4

Gesellschaft ausgeübt wird. Ob eine Willensübereinkunft mit dem OT besteht, ist von einem BHV oder einer Personalunion abhängig zu machen.

1101 Vgl. SELCHERT, FRIEDRICH W. (1977), S. 32 sowie die Ausführungen im nächsten Absatz.

1102 Im Folgenden wird aus Vereinfachungsgründen nur noch von einer satzungsmäßigen Rücklage gesprochen.

1103 Dagegen sprechen §§ 58 Abs. 3 S. 1 AktG, 29 Abs. 2 GmbHG Ermessensrücklagen an, die den „anderen Gewinnrücklagen" zuzuordnen sind. Vgl. dazu primär KÜTING, KARLHEINZ (1995), § 272 HGB, Rn. 139 ff. sowie ADLER, HANS/DÜRING, WALTHER/SCHMALTZ, KURT (1997), § 272 HGB, Tz. 151 ff.

1104 Vgl. KÜTING, KARLHEINZ (1995), § 272 HGB, Rn. 144.

1105 Vgl. Abschn. 55 Abs. 6 Nr. 3 S. 3 KStR.

1106 Dabei sind die Einflussmöglichkeiten durch die Stimmrechtsmehrheit des OT zu beachten (Hauptversammlungbeschluss und Satzungsänderung). Die Möglichkeit der Bildung einer zweckfreien Rücklage während der Vertragsdauer steht m. E. mit dem steuerlich geforderten „konkreten Anlass" in Widerspruch.

1107 Ein dafür sprechender Anhaltspunkt kann der BFH-Rechtsprechung entnommen werden. „Ein konkreter Anlass zur Bildung von freien Rücklagen kann jedenfalls dann vorliegen, wenn ein Unternehmen besondere Risiken trägt und es bei Ausschüttung der entsprechenden Beträge als Gewinn möglicherweise Verluste ohne Gefährdung des Unternehmens nicht abdecken könnte." BFH-Urteil vom 29.10.1980, S. 482.

1108 Vgl. SELCHERT, FRIEDRICH W. (1977), S. 31. Die Tilgung der entstandenen Verbindlichkeit zur Verbesserung der Kapitalstruktur wurde bereits erwähnt.

HGB).[1109] Dem könnte § 14 Abs. 1 Nr. 4 KStG aufgrund seines § 272 Abs. 4 HGB nicht einschließenden Wortlautes entgegenstehen. Dennoch ist die verpflichtende Bildung aus zweierlei Gründen zu bejahen: Zum einen entzieht sich die Rücklage dem Geltungsbereich der „wirtschaftlichen Begründetheit bei vernünftiger kaufmännischer Beurteilung".[1110] Zum anderen sieht der nicht vollständig mit § 14 Abs. 1 Nr. 4 KStG harmonierende Abschn. 55 Abs. 6 Nr. 3 KStR solch eine Dotierung explizit vor.[1111, 1112]

Einstellungen in die **Kapitalrücklagen** i.S.v. §§ 266 Abs. 3 A. II., 272 Abs. 2 HGB wirken sich gesellschaftsrechtlich nicht auf die Ergebnisverwendung i.S.v. § 158 Abs. 1 AktG und somit auf die Höhe des abzuführenden Gewinns aus, da sie als einlagenähnlich zu beurteilen sind.[1113] Steuerrechtlich ist ihre Bildung während der Vertragsdauer ebenfalls nicht zu bemängeln, da die Intention des § 14 Abs. 1 Nr. 4 KStG unberührt bleibt.

(ii) Zulässigkeit der Auflösung von Rücklagen

Der eine Dotierung der anderen Gewinnrücklagen legitimierende § 301 AktG genehmigt als Pendant deren Entnahme zu Gunsten des abzuführenden Gewinns, falls eine Dotierung **während der Vertragslaufzeit** erfolgte.[1114, 1115] Dieser anscheinende „Ausnahmetatbestand" wird m. E. mittels der dadurch erreichten Gleichstellung zwischen abgeführten und thesaurierten Gewinnen relativiert.[1116, 1117]

1109 Vgl. auch §§ 71 Abs. 2 S. 2 AktG, 33 Abs. 2 S. 1 GmbHG.

1110 Vgl. SÜNNER, ECKART (1989), S. 415 f.

1111 Hier ist WITT insofern zuzustimmen, als dass die Dotierung der Rücklage für eigene Anteile auch zu Lasten einer vorvertraglichen Rücklage bzw. eines Gewinnvortrages erfolgen kann, da kein Vermögen an den OT ausgekehrt wird. Vgl. WITT, GEORG (1999), Tz. B90. Ferner liegt m. E. kein Verstoß gegen die Durchführung des EAV vor, wenn eine Bildung aus vertraglich gebildeten anderen Gewinnrücklagen möglich wäre. Vgl. dazu aber DÖTSCH, EWALD/SINGBARTL, HANS (1991), S. 407.

1112 In diesem Zusammenhang ist unverständlich, warum der Steuergesetzgeber in § 14 Abs. 1 Nr. 4 KStG von „gesetzlichen Rücklagen" (Plural!) spricht. Fasst man diesen Begriff nicht als terminus technicus, sondern im weiteren Sinne auf, könnte eine Rücklage für eigene Anteile ebenfalls als „gesetzliche Rücklage" gelten. Dem steht Abschn. 55 Abs. 6 Nr. 3 S. 1 KStR entgegen, der ebenso von „gesetzlichen Rücklagen" (Plural!) spricht, die Rücklage für eigene Anteile jedoch hierunter nicht subsumiert. Dafür kann nach derselben Verwaltungsvorschrift eine Rücklage für eigene Anteile nur dann gebildet werden, falls sie bei kaufmännischer Beurteilung wirtschaftlich begründet ist. Diese Ermessensentscheidung ist im Zuge des Erwerbs eigener Anteile jedoch obsolet. Die Abstimmungsschwierigkeiten zwischen Gesetz und Richtlinien sowie die dargelegten missverständlichen Formulierungen sollten verbessert werden. Vgl. bzgl. weiterer Unstimmigkeiten bereits Fn. 1084 (S. 175).

1113 Vgl. FÖRSCHLE, GERHART/KOFAHL, GÜNTHER (1999), § 272 HGB, Anm. 69.

1114 Vgl. dazu kritisch WILLENBERG, UDO/WELTE, THOMAS (1994), S. 1690, Fn. 20, die überlegen, ob dieses gesellschaftsrechtliche Wahlrecht im steuerlichen Kontext aus Sicherheitsgründen als Mussvorschrift aufgefasst werden sollte. Dies gilt es m. E. zu bejahen, da sich der strengeren Vorschrift zu beugen ist.

1115 Etwaige, während der Vertragslaufzeit aus der Auflösung vorvertraglich gebildeter Rückstellungen entstehende Erträge erhöhen ebenso den abzuführenden Gewinn wie die Auflösung von in vorvertraglicher Zeit gebildeten stillen Reserven, die – abgesehen von den einhergehenden Schwierigkeiten bzgl. der Abgrenzung zu vertraglichen stillen Reserven – aufgrund des Prinzips der nominellen Kapitalerhaltung nicht unter dem Vermögensschutz des § 301 AktG zu subsumieren sind. Vgl. Urteil des FG Hamburg vom 14.9.1999 (n.rkr.), S. 152.

1116 Die eigentlich dem OT zustehenden, aber thesaurierten Gewinne werden vielmehr der OG temporär überlassen, wobei sie jederzeit auflösbar und abführbar sind. Aus bilanzieller Sicht ist die dabei zu Vertragsbeginn vorzunehmende Trennung der vertraglichen von den vorvertraglichen anderen Gewinnrücklagen bedeutsam. Während sich für große und mittelgroße Kapitalgesellschaften i.S.v. § 267 Abs. 2 und Abs. 3 HGB, die die in § 266 Abs. 2 und Abs. 3 HGB dargelegten Bilanzposten gesondert ausweisen müssen, eine detailliertere Untergliederung der anderen Gewinnrücklagen kraft § 265 Abs. 5 HGB in „vertragliche" bzw.

Differenzierter ist die **Auflösung der satzungsmäßigen Rücklage** zu beurteilen. Während die zweckfreien satzungsmäßigen Rücklagen m.E. regelmäßig als vorvertraglich einzustufen sind, stellt sich die Frage einer (willkürlichen) Auflösung und Abführung von in einem steuerlich zulässigen Rahmen gebildeten **zweckgebundenen** Rücklagen generell nicht. Allerdings kann die Zweckbindung der Rücklagen zu einem späteren Zeitpunkt aufgehoben werden, wozu es einer Satzungs- bzw. Gesellschaftsvertragsänderung bedarf[1118], die der OT bei der in dieser Arbeit vertretenen Stimmrechtsmehrheit auch autonom bewirken kann. Von wichtigem Interesse ist, ob während der Vertragszeit gebildete zweckgebundene Rücklagen durch einen entsprechenden Beschluss aufgelöst und **abgeführt** werden dürfen.[1119] Dem könnte der Wortlaut des § 301 S. 2 AktG entgegenstehen, der jedoch missverständlich wirkt. Ist unter anderen Gewinnrücklagen die Bilanzposition i.S.v. § 266 Abs. 3 HGB gemeint oder handelt es sich womöglich gar nicht um einen terminus technicus? Meiner Ansicht nach ist die letzte Alternative vorzuziehen, da in der Vorfassung des § 301 S. 2 AktG, mit der eine begriffliche Anpassung an die anderen Gewinnrücklagen bezweckt wurde, von „freien Rücklagen" gesprochen wurde, die auch die satzungsmäßige Rücklage umfassten.[1120]

Die **Nichtabführbarkeit** von vorvertraglichen Rücklagen bzw. von Gewinnvorträgen **impliziert nicht deren Nichtausschüttbarkeit.**[1121] Diese sind im Zuge eines ordentlichen Ergebnisverwendungsbeschlusses an die Gesellschafter auszukehren.[1122] Steuerlich wird mittels Abschn. 55 Abs. 4 S. 4 KStR klargestellt, dass die OG „vorvertragliche Rücklagen" auflösen und ausschütten kann, wobei es diese Pauschalbezeichnung meiner Ansicht nach im Folgenden zu relativieren gilt.[1123]

„vorvertragliche" anbietet, könnten sich daran auch kleine Kapitalgesellschaften i.S.v. § 267 Abs. 1 HGB orientieren, die nur eine verkürzte Bilanz i.S.v. § 266 Abs. 1 S. 3 HGB aufzustellen brauchen. Alternativ käme eine gesonderte Aufführung und Erläuterung der Positionen im Anhang in Betracht.

1117 Kritisch ist ebenfalls zu hinterfragen, ob etwaige, im Rahmen der Gewinnabführung als Ausschüttungssperre blockierte Gewinnrücklagen berücksichtigungsfähig sind (Aufwendungen für die Ingangsetzung und Erweiterung des Geschäftsbetriebs gem. §§ 269, 282 HGB). M.E. ist der Meinung in der Kommentarliteratur beizupflichten, die auf den Wortlaut des § 269 S. 2 HGB abstellt, in dem von einer Gewinn**ausschüttung** gesprochen wird. Vgl. BUDDE, WOLFGANG D./KARIG, PETER (1999), § 269 HGB, Anm. 15; COMMANDEUR, DIRK (1995), § 269 HGB, Rn. 69 und HOYOS, MARTIN/FISCHER, NORBERT (1999), § 274 HGB, Anm. 67.

1118 Vgl. FÖRSCHLE, GERHART/KOFAHL, GÜNTHER (1999), § 272 HGB, Anm. 96.

1119 Dies bejahend SÜNNER, ECKART (1989), S. 416.

1120 Vgl. bzgl. der Definition der „freien Rücklagen" SÜNNER, ECKART (1989), S. 415.

1121 Vgl. dazu ähnlich MÜLLER, HANS-PETER (1987), S. 390; PRIESTER, HANS-JOACHIM (2001), S. 727 und S. 729; WALTHER, GOTTFRIED (1976), S. 662 f. sowie WILLENBERG, UDO/WELTE, THOMAS (1994), S. 1688. Bei aktienrechtlich eingegliederten Gesellschaften sind hierbei sämtliche Rücklagenkategorien angesprochen. Vgl. Kapitel C.I.1.a)(2)(b) (ab S. 185).

1122 Vgl. Beschluss des FG Düsseldorf vom 12.3.1999 (rkr.), S. 580 und WILLENBERG, UDO/WELTE, THOMAS (1994), S. 1690. Dabei nehmen v.a. die außen stehenden Gesellschafter an der Ausschüttung entsprechend ihrer Beteiligungsquote teil, da die Rücklagen außerhalb des Organschaftsverhältnisses gebildet wurden. Auch im 100%igen Beteiligungsfall ist diese Formalität einzuhalten. Vgl. dazu auch die in Kapitel C.I.3.c) (ab S. 216) dargelegten Vorteilhaftigkeitsüberlegungen.

1123 Vgl. auch BMF-Schreiben vom 20.9.1994, S. 2111. Ähnlich, jedoch in sehr knapper Form, äußern sich nach Rechtsformen differenzierend SCHMIDT, LUDWIG/MÜLLER, THOMAS/STÖCKER, ERNST E. (1999), Rz. 259, die bei der AG bzw. KGaA einen Verstoß gegen die Erhaltung der bilanziellen Substanz der OG während der Vertragsdauer sehen.

Während ein (vorvertraglicher) Gewinnvortrag als ausschließlich ausschüttbar zu behandeln ist[1124], wird im Schrifttum nicht eindeutig geklärt, inwieweit eine Ausschüttung für die **gesetzliche Rücklage bzw. die Kapitalrücklagen** i.S.v. § 272 Abs. 2 Nr. 1-3 HGB vorgesehen ist. M.E. ist dabei auf den Sinn und Zweck von § 300 AktG abzustellen, der dafür Sorge zu tragen hat, dass nach höchstens fünf Geschäftsjahren ein „Verlustauffangpolster" für die nachvertragliche Zeit geschaffen wird. Hierbei sollte ähnlich der während der Vertragsdauer zwar nicht existenten Auflösungstatbestände i.S.v. § 150 Abs. 3 und Abs. 4 AktG unterschieden werden. Ist die Summe beider Komponenten größer als die 10%-Marke, kann der übersteigende Betrag ausgeschüttet werden, um eine Konservierung des Restbetrages während der Vertragsdauer zu gewährleisten. Im Falle der Unterschreitung ist hingegen von einem Ausschüttungsverbot auszugehen, da ansonsten ein Widerspruch zur bezweckten beschleunigten Dotierung der gesetzlichen Rücklage entstehen würde.[1125]

Eine umstrittene, noch an späterer Stelle[1126] aufzugreifende Position stellen die **„anderen Zuzahlungen, die Gesellschafter in das Eigenkapital leisten"** (§ 272 Abs. 2 Nr. 4 HGB)[1127] dar. Während der BMF und die wohl h.M. im Schrifttum eine Abführungspflicht der OG für **in Vertragszeiten** in die Kapitalrücklage geleistete Zuzahlungen und somit deren Abdeckung durch den Wortlaut des § 301 S. 2 AktG bejahen[1128], spricht gegen diese Kategorisierung augenscheinlich die nicht in § 301 S. 2 AktG explizit erwähnte Kapitalrücklage[1129]. Analytisch ist danach zu differenzieren, ob die innerhalb der Vertragsdauer erbrachte Leistung der Kapitalzuführung i.w.S.[1130] vom OT oder von den Minderheitsgesellschaftern erfolgte und inwiefern das bilanzielle Zuordnungswahlrecht ausgeübt wurde.

Der Sinn und Zweck des § 301 S. 2 AktG beruht (folgerichtig) auf einer Gleichbehandlung von abgeführten und während der Vertragsdauer gebildeten und nicht abgeführten Gewinnen.

[1124] A.A.: SÜNNER, ECKART (1989), S. 417.

[1125] Eine organschaftliche Abführung dieser Beträge kommt unabhängig davon, ob sie vertraglicher oder vorvertraglicher Art ist, aufgrund des Verstoßes gegen § 301 S. 2 AktG nicht in Betracht.

[1126] Vgl. Kapitel C.I.3.c) (ab S. 216).

[1127] Generell lassen sich Gesellschafterbeiträge bei Kapitalgesellschaften als im Gesellschaftsverhältnis ursächlich definieren, die zu einer Vermögensmehrung bei der Gesellschaft führen. Diese können (unteilbar) erfolgswirksam (Erfolgsbeiträge, d.h. Beiträge ohne feststellbaren Vermögenswert, wie z.B. Verhandlungsgeschick oder die Kunst der Menschenführung) oder erfolgsneutral (Unterteilung der Beiträge mit feststellbarem Vermögenswert in Kapitalzuführungen i.e.S. sowie Kapitalzuführungen i.w.S.) vonstatten gehen. Während mit **Kapitalzuführungen i.e.S.** eine Erhöhung der Positionen „gezeichnetes Kapital" und „Kapitalrücklage" i.S.v. § 272 Abs. 2 Nr. 1-3 HGB einhergehen, hat der Gesellschafter bei **Kapitalzuführungen i.w.S.** (feststellbarer Vermögenswert, dessen Gegenleistung nur mittelbar über einen Wertzuwachs der Gesellschaftsrechte erfolgt, wie z.B. unentgeltliche Überlassung eines Pkw) eine **Willenserklärung** darüber zu leisten, ob diese bilanziell erfolgswirksam (gewillkürte Erfolgsbeiträge) oder erfolgsneutral (gewillkürte Kapitalrücklage i.S.v. § 272 Abs. 2 Nr. 4 HGB) zu erfassen sind. Die erste Alternative wird auch bei dem Fehlen einer Willenserklärung angenommen. Vgl. dazu ausführlich KÜTING, KARLHEINZ (1995), § 272 HGB, Rn. 88 ff. sowie KÜTING, KARLHEINZ/KESSLER, HARALD (1989a), S. 25 ff. Vgl. auch THIEL, JOCHEN (1992), S. 2.

[1128] Vgl. BMF-Schreiben vom 11.10.1990, S. 2146; BMF-Schreiben vom 25.7.1994, S. 1546 sowie Abschn. 55 Abs. 3 Nr. 2 S. 2 KStR und aus der Zivilrechtsprechung Urteil des OLG Frankfurt a.M. vom 29.6.1999 (n.rkr.), S. 604. Vgl. bestätigend aus dem Schrifttum ALTMEPPEN, HOLGER (2000), § 301 AktG, Rn. 18; HOFFMANN-BECKING, MICHAEL (1994), S. 61, der die ausschließliche gesetzliche Nennung der Gewinnrücklage als „Versehen" qualifiziert, sowie HÜFFER, UWE (2002), § 301 AktG, Rn. 8.

[1129] Vgl. WILLENBERG, UDO/WELTE, THOMAS (1994), S. 1691.

[1130] Vgl. bzgl. der Terminologie die Ausführungen in Fn. 1127 (S. 181).

Generell werden dadurch diejenigen Rücklagenkategorien angesprochen, die sich mittels der Nichtabführung vertraglicher Gewinne erhöht haben. Dies sind die Gewinnrücklagen i.S.v. § 272 Abs. 3 und ggf. Abs. 4 HGB[1131], da sie aus dem Jahresergebnis der OG gebildet wurden. Demgegenüber stellen Kapitalrücklagen von außen zugeflossene Beträge des Eigenkapitals dar. Da in § 291 Abs. 1 S. 1 AktG eindeutig von einem „Gewinnabführungsvertrag" die Rede ist, kann eine „Abführung aus dem Kapital" der OG als nicht sachgerecht eingestuft werden. **Andere Zuzahlungen** in die Kapitalrücklage **während der Vertragsdauer** sind m. E. insofern nicht abzuführen, sondern **auszuschütten**. Auch das Ergehen einer Ausschüttungssperre lässt sich nirgends ersehen.[1132] Kurz vor Beendigung dieser Arbeit erfolgte die Veröffentlichung der Bestätigung seitens der höchstrichterlichen Rechtsprechung zu Gunsten einer Ausschüttung.[1133] Auf diese abstellend, ist dem Wahlrecht des § 272 Abs. 2 Nr. 4 HGB eine wichtige Bedeutung beizumessen. Leistet der OT eine Zuzahlung, bietet sich die erfolgswirksame Erbringung bzw. der Verzicht einer entsprechenden Willenserklärung auf Leistung ins Kapital der OG als Strategie an, da die Zuzahlung den Jahresüberschuss bzw. den abführenden Gewinn erhöht und allein dem OT zugute kommt.[1134] In 100%igen Organschaftsverhältnissen ist das Wahlrecht hinsichtlich der „Rückzahlungshoheit" von Irrelevanz. Im Hinblick auf die Interessenlage außen stehender Gesellschafter kehrt sich der Sachverhalt gerade um. Jene sollten eine Willenserklärung abliefern, so dass ihnen im Zuge einer Ausschüttung in der Vertragszeit zumindest ein anteiliger Betrag verbleibt. Zuzahlungen dieser Personengruppe gilt es aus ökonomischer Sicht zu vermeiden.[1135]

Auch der mittels Abschn. 55 Abs. 4 S. 4 KStR implizit genehmigten Ausschüttung aus der **Rücklage für eigene Anteile** ist dann eine Absage zu erteilen, solange kein Auflösungstatbestand i.S.v. § 272 Abs. 4 S. 2 HGB vorliegt. Anderenfalls sollte konsequenterweise danach differenziert werden, aus welcher Quelle die für die Rücklagenbildung benötigten Mittel ursprünglich stammten[1136], wobei der Zeitpunkt der Zuführung zur Rücklage für eigene Anteile zusätzlich von Relevanz erscheint[1137]. Ist die Rücklage demnach vorvertraglich gebildet worden, stellen die Dotierungsquellen allesamt vorvertragliche Rücklagen dar, die ausschüttungsfähig sind. Gleiches gilt für den Fall der vertraglichen Bildung und Auflösung betreffend die Kapitalrücklage i.S.v. § 272 Abs. 2 Nr. 4 HGB. Erfolgte die Bildung während der Vertragszeit aus dem Jahresüberschuss, ist diese Größe meiner Ansicht nach kraft § 158 Abs. 1 Nr. 3b AktG abführungspflichtig.

1131 Vgl. zum Spezialfall der Rücklage für eigene Anteile die Ausführungen im nächsten Absatz dieses Kapitels.

1132 So „sch" (2002), S. 310, der die alleinige Ausschüttungslegitimation auf Rücklagen aus vorvertraglicher Zeit beschränkt. Diese Sichtweise ist zu undifferenziert gehalten.

1133 Vgl. BFH-Urteil vom 8.8.2001, S. 307 ff.

1134 Gleiches gilt im Endergebnis für den Fall einer Thesaurierung des Jahresüberschusses, da die sich erhöhenden „anderen Gewinnrücklagen" während der Vertragslaufzeit unschädlich aufgelöst und ebenfalls abgeführt werden können. Vgl. dazu PRIESTER, HANS-JOACHIM (2001), S. 728.

1135 Mit dennoch geleisteten Zuzahlungen geht das Problem der Bildung von organschaftlichen AP einher. Vgl. dazu explizit die Ausführungen in Kapitel D.I.1.c) (ab S. 331).

1136 Es kommen generell der Jahresüberschuss, frei verfügbare Gewinn- und Kapitalrücklagen sowie ein Gewinnvortrag in Betracht. Vgl. KÜTING, KARLHEINZ (1995), § 272 HGB, Rn. 125 und Rn. 136. Übertragen auf ein Organschaftsverhältnis ist die letzte Alternative auszuschließen. Die Bildung freier (vertraglicher) Gewinnrücklagen ist aufgrund der restriktiven steuerlichen Anforderungen ebenfalls nicht möglich.

1137 Vgl. SÜNNER, ECKART (1989), S. 417.

(iii) Schematisierung der Gewinnabführung

Im Zuge der Ermittlung des tatsächlichen bzw. maximalen in Geld[1138] zu leistenden Gewinnabführungsbetrages ist situationsabhängig zwischen zwei Szenarien zu differenzieren. Der Aufwandsposten ist in einer Vor-GuV grundsätzlich so zu bewerten, dass sich der Jahresüberschuss auf genau 0 EUR beläuft. Im Falle etwaiger **Rücklagenbewegungen** sind die Rechenschritte jedoch zu neutralisieren, da im Zuge einer Ergebnisverwendung auf ein **maßgebliches Bilanzergebnis von Null** abzustellen ist.[1139] Insofern hat der endgültige und in der GuV auszuweisende Betrag der Aufwendungen aus der Gewinnabführung in Anlehnung an § 158 Abs. 1 AktG diejenige Höhe aufzuweisen, dass der Betrag an Jahresüberschuss belassen wird, der gerade zur Rücklagendotierung ausreicht bzw. abführungsidentische Rücklagenauflösungen berücksichtigt.[1140] In der Vor-GuV wird zunächst von keinen Rücklagenbewegungen ausgegangen, da Entscheidungen über jene zeitlich nachgelagert sind. Ferner richtet sich die Ermittlung des Zuführungsbetrages zur gesetzlichen Rücklage nach der Bemessungsgrundlage des fiktiven Jahresüberschusses.

Bzgl. des durch § 277 Abs. 3 S. 2 HGB legitimierten **gesonderten GuV-Ausweises** von Erträgen und Aufwendungen aus der Ergebnisabführung wird auf Ebene der OG der unmittelbare Ausweis vor der Position „Jahresüberschuss/Jahresfehlbetrag" als sachgerecht erachtet.[1141] Dem ist m. E. schon deshalb zuzustimmen, weil bei der Ermittlung fiktiver Jahresergebnisse beide Berechnungskomponenten direkt einander gegenübergestellt sind, was v.a. im Falle der besagten Rücklagendotierung dienlich ist.[1142, 1143]

1138 Vgl. BFH-Urteil vom 5.4.1995, S. 1593 f.

1139 Missverständlich KNOBBE-KEUK, BRIGITTE (1993), S. 709 f. und auch SAUTER, THOMAS/HEURUNG, RAINER (2001a), S. 758. Irrig: DANTZER, VOLRAD (1983), S. 176.

1140 Bei einer GmbH ist schematisch dementsprechend zu verfahren. Vgl. dazu allgemein BGH-Urteil vom 20.6.1994, S. 2228.

1141 Vgl. ADLER, HANS/DÜRING, WALTHER/SCHMALTZ, KURT (1997), § 277 HGB, Tz. 65; FÖRSCHLE, GERHART (1999), § 277 HGB, Anm. 23; mit Beispiel GROSS, GERHARD/SCHRUFF, LOTHAR (1986), S. 197 und S. 200 f. sowie SIGLE, HERMANN (1995), § 277 HGB, Rn. 108.

1142 Meiner Ansicht nach geht aus § 277 Abs. 3 S. 2 HGB nicht eindeutig hervor, ob die GuV um eine neue Ziffer zu erweitern ist oder ob ein expliziter „davon"-Vermerk bei einer bereits bestehenden Ziffer ausreicht. Generell dürften beide Varianten (vorzugsweise die erste) unter Beachtung der Gliederungsstetigkeit gem. § 265 Abs. 1 HGB unbedenklich sein.

1143 Zur Vollständigkeit ist anzuführen, dass der Ausweis des Betrages der Ergebnisabführung in der GuV des OT der gewöhnlichen Geschäftstätigkeit und dort beim Finanzergebnis auszuweisen ist. Dabei bieten sich die Positionen Nr. 9 und Nr. 13 beim GKV („Erträge aus Beteiligungen", „Zinsen und ähnliche Aufwendungen") bzw. Nr. 8 und Nr. 12 beim UKV an, wobei die Ergebnisse aus mehreren Verträgen der gleichen Art zusammenzufassen sind. Vgl. ADLER, HANS/DÜRING, WALTHER/SCHMALTZ, KURT (1997), § 277 HGB, Tz. 65; FÖRSCHLE, GERHART (1999), § 277 HGB, Anm. 19 und Anm. 22; GROSS, GERHARD/SCHRUFF, LOTHAR (1986), S. 195 und S. 200 f. sowie SIGLE, HERMANN (1995), § 277 HGB, Rn. 109. Diese Aussage gilt ausschließlich für Kapitalgesellschaften, Kapitalgesellschaften&Co. (§ 264a HGB) und (andere) Personenhandelsunternehmen, die den Vorschriften des PublG unterliegen. Bei nach § 264b HGB befreiten Kapitalgesellschaften&Co. sowie (anderen) Personenhandelsunternehmen, die nicht den Vorschriften des PublG unterliegen, fordert § 243 Abs. 2 HGB insb. die Klarheit und Übersichtlichkeit der GuV, wobei sich am schematischen Aufbau der GuV gem. § 275 HGB entsprechend orientiert werden sollte. Dabei bietet es sich an, den eigentlich diesen Adressatenkreis nicht ansprechenden § 277 Abs. 3 S. 2 HGB aus Transparenzgründen analog anzuwenden und die GuV um eine gesonderte Position zu erweitern. Eine Besonderheit besteht m.E. bei dem PublG unterliegenden Personenhandelsunternehmen, die ihre GuV gem. § 9 Abs. 2 PublG nicht offenlegen möchten. Diese haben eine Anlage zur Bilanz zu erstellen, in der auch die Höhe der „Erträge aus Beteiligungen" anzugeben ist (§ 5 Abs. 5 S. 3 Nr. 2 PublG). Darunter dürften auch die Erträge

Das diese Ausführungen berücksichtigende Schema inkl. der Berücksichtigung der Ermittlung des Höchstbetrages i.S.v. §§ 301 S. 1 AktG, 17 S. 2 Nr. 1 KStG lässt sich wie in Tabelle 5 darstellen.

	handelsbilanzielles Jahresergebnis (0 EUR) lt. einer Vor-GuV
+	Aufwendungen aus Gewinnabführung an verbundene Unternehmen lt. einer Vor-GuV
=	**fiktiver Jahresüberschuss lt. einer Vor-GuV**
–	Verlustvortrag aus dem Vorjahr
=	**Ausgangsgröße zur gesetzlichen Rücklagendotierung, falls positiver Betrag**
–	Einstellung in die gesetzliche Rücklage (nicht bei GmbH)
=	**Höchstbetrag der Gewinnabführung**
–	Einstellung in die Rücklage für eigene Anteile
–	Einstellung in die zweckgebundene satzungsmäßige Rücklage
–	Einstellung in die „anderen Gewinnrücklagen"
+	Entnahme aus vertraglicher „anderer Gewinnrücklage"
+	Entnahme aus Rücklage für eigene Anteile, falls ein Auflösungstatbestand gegeben ist und die Bildung aus dem Jahresüberschuss in vertraglicher Zeit erfolgte
+	Entnahme aus vertraglicher aufgehobener zweckgebundener satzungsmäßiger Rücklage
=	**Aufwendungen aus Gewinnabführung an verbundene Unternehmen gem. § 275 Abs. 2 Nr. 19a bzw. Abs. 3 Nr. 18a HGB (endgültige GuV)**[1144]

Tabelle 5: Schema zur Ermittlung des Höchstbetrages sowie der (handelsbilanziellen) Aufwendungen aus der Gewinnabführung[1145]

Aus Tabelle 5 ist ferner ableitbar, dass mit den während der Vertragsdauer aufgelösten **vororganschaftlichen Rücklagen** ein **Bilanzgewinn** einhergeht. Dieses Resultat steht in Einklang mit der **Ausschüttung** der Größen, welche der Haupt- bzw. Gesellschafterversammlung zur Disposition stehen.[1146]

aus der Gewinnabführung zu subsumieren sein. Ob auch Aufwendungen aus der Verlustübernahme angabepflichtig sind, ist aus dem Gesetzeswortlaut nicht ableitbar und deshalb zu verneinen.

1144 Nur unzureichend wurde bisweilen die Konstellation hinterfragt, in der die Summe der Rücklagenauflösungsbeträge die Summe der Zuführungsbeträge (außer gesetzliche Rücklage) überschreitet. Anscheinend wird insofern die Höchstbetragsberechnung des § 301 S. 1 AktG (legal) durchbrochen. Vgl. WALTHER, GOTTFRIED (1976), S. 662. Dem ist zuzustimmen, was aber nicht eindeutig dem Gesetzeswortlaut entnommen werden kann. Vielmehr müsste § 301 S. 1 AktG lauten: „...als ihren Gewinn **vorbehaltlich des folgenden Satzes** höchstens den ohne Gewinnabführung [...]". Das mögliche Gegenargument einer dabei erfolgenden Aushöhlung der bilanziellen Vermögenssubstanz der OG (es wurde mehr Gewinn abgeführt als Jahresüberschuss erzielt wurde) ist m.E. zu entkräften, da es sich um **vertragliche**, nicht dem Vermögensschutz des § 301 AktG unterliegende Auflösungsbeträge handelt.

1145 Eine beispielhafte Anwendung des Schemas erfolgt in Kombination mit Fragen der Ergebnisabführung und Einkommenszurechnung (Kapitel C.I.3.a) (ab S. 208)) im Rahmen von Anlage 2 des Anhangs (ab S. XLI).

1146 Vgl. dazu auch Beschluss des FG Düsseldorf vom 12.3.1999 (rkr.), S. 580; Urteil des FG Düsseldorf vom 20.3.2001 (n.rkr.), S. 918 sowie Urteil des FG Hamburg vom 14.9.1999 (n.rkr.), S. 152, die eine Gewinnabführung und -ausschüttung als artfremd bezeichnen.

Im Rahmen der **Mehrmütterorganschaft** ist der Gewinn zunächst an die GbR abzuführen, währenddessen in einem zweiten Schritt entsprechend einer Personenhandelsgesellschaft die anteilige Zurechnung über die gesonderte und einheitliche Feststellung (§ 180 Abs. 1 Nr. 2a AO) auf die einzelnen GbR-Gesellschafter erfolgt.[1147]

(b) Ergebnisabführungsvertrag und aktienrechtliche Eingliederung

§ 301 AktG wird unter Annahme dieser Fallkonstellation für unanwendbar erklärt (§ 324 Abs. 2 S. 1 AktG). Vielmehr sieht Satz 3 derselben Rechtsvorschrift als Höchstabführungsbetrag den ohne die Gewinnabführung entstehenden **Bilanzgewinn** i.S.v. § 158 Abs. 1 Nr. 5 AktG vor. Handelsrechtlich können im Vergleich ohne aktienrechtliche Eingliederung sämtliche[1148] Rücklagen, insb. die gesetzliche Rücklage (§ 324 Abs. 1 AktG i.V.m. § 150 Abs. 3 und Abs. 4 AktG), unabhängig von dem Zeitpunkt ihrer Bildung bzw. Dotierung sowie ein (vorvertraglicher) Gewinnvortrag an den OT aufgelöst und abgeführt werden[1149], so dass ausschließlich das Grundkapital einen Bestandsschutz erfährt. Die Rücklagenbildung wird insofern nicht eingeschränkt, allerdings auch nicht abgesichert. Steuerrechtlich treten keine Änderungen zu den in Kapitel C.I.1.a)(2)(a)(ii) (ab S. 179) getroffenen Aussagen auf (Abschn. 57 Abs. 5 S. 2 und 4 KStR).

(3) Verlustausgleich

Die v.a. das Korrelat zur Gewinnabführung (EAV) bzw. zur Ausübung der Herrschaftsmacht (BHV) darstellende Rechtsnorm des § 302 AktG[1150] tritt mit der zivilrechtlichen Wirksamkeit des Unternehmensvertrages in Kraft.[1151] Auch im qualifizierten faktischen Konzern ist die Vorschrift von Relevanz. Den zentralen Aspekt bildet der von den gesetzlichen Vertretern der OG geltend zu machende Ausgleichsanspruch des während der Vertragsdauer „sonst entstehenden Jahresfehlbetrages" gegen den OT (§ 302 S. 1 1. Halbs. AktG); insofern wird gegen das sog. Trennungsprinzip verstoßen. Die Ausgangsgröße stellt das um den Ertrag aus der Verlustübernahme[1152] erhöhte handelsrechtliche Jahresergebnis einer Vor-GuV dar, wobei die Ursächlichkeit des Verlustes unmaßgeblich ist[1153]. Entgegen § 301 S. 1 AktG braucht der OT keinen Verlustvortrag der OG zu übernehmen, da dieser während der Vertragsdauer nicht entstanden sein kann. Insofern wird im Zuge der ersten Gewinnabführung eine dementspre-

---

1147 In der Praxis wird nicht beanstandet, dass die Geldbewegungen nicht zwischen OG und GbR, sondern gleich zwischen OG und den GbR-Gesellschaftern stattfinden. Vgl. EVERSBERG, HORST (2001), S. 313.

1148 Eine Rücklage für eigene Anteile ist dabei aufgrund der 100%igen Beteiligung ausgeschlossen.

1149 Vgl. VEIT, KLAUS-RÜDIGER (1974b), S. 101.

1150 Daneben treten die Konzernierung der OG sowie die Funktionslosigkeit der Kapitalerhaltungsvorschriften i.S.v. § 291 Abs. 3 AktG. Vgl. HOMMELHOFF, PETER (1987), S. 230.

1151 Bei während des Wirtschaftjahres der OG entstehenden isolierten BHV bietet sich zwecks Trennung zwischen vorvertraglichen und vertraglichen Verlusten die Bildung eines Rumpfwirtschaftsjahres an. A.A.: MEISTER, BURKHARDT W. (1976), S. 1183.

1152 Vgl. § 277 Abs. 3 S. 2 HGB.

1153 Vgl. ALTMEPPEN, HOLGER (1999), S. 2453. Insofern werden bspw. auch (sonstige betriebliche) Aufwendungen aus uneinbringlichen Forderungen sowie außergewöhnliche Aufwendungen aus Unglücksfällen ausgeglichen.

chende Minderung i.S.v. § 301 S. 1 AktG vorgenommen.[1154] Der (fiktive) Jahresfehlbetrag **kann** durch Entnahmen aus den in Kapitel C.I.1.a)(2)(a)(ii) (ab S. 179) problematisierten (vertraglichen) Rücklagen zu Gunsten einer geringeren Verlustübernahme ausgeglichen werden.[1155] Scheitert diese Maßnahme mangels Weisungserteilung im Rahmen eines BHV[1156] bzw. entschließen sich die gesetzlichen Vertreter der OG nicht zu einer Rücklagenauflösung, ist der (verbleibende) Betrag vom OT auszugleichen.[1157] Übersteigen die Entnahmen aus vertraglichen Rücklagen den fiktiven Jahresfehlbetrag zzgl. eines etwaigen Dotierungsbetrages für die Rücklage für eigene Anteile, wandelt sich der ursprüngliche Ertrag aus der Verlustübernahme in einen Aufwand aus der Gewinnabführung um (vgl. Tabelle 6). Das Bilanzergebnis beläuft sich unter Vernachlässigung auszuschüttender Rücklagen stets auf 0 EUR.

handelsbilanzielles Jahresergebnis (0 EUR) lt. einer Vor-GuV
– Erträge aus Verlustübernahme an verbundene Unternehmen lt. einer Vor-GuV
= fiktiver Jahresfehlbetrag lt. einer Vor-GuV
– Einstellung in die Rücklage für eigene Anteile[1158]
+ Entnahme aus vertraglicher „anderer Gewinnrücklage“
+ Entnahme aus Rücklage für eigene Anteile, falls ein Auflösungstatbestand gegeben ist und die Bildung aus dem Jahresüberschuss in vertraglicher Zeit erfolgte
+ Entnahme aus vertraglicher aufgehobener zweckgebundener satzungsmäßiger Rücklage
= (betragsmäßige) Erträge aus Verlustübernahme/Aufwendungen aus Gewinnabführung an verbundene Unternehmen gem. § 275 Abs. 2 Nr. 19a bzw. Abs. 3 Nr. 18a HGB (endgültige GuV)

Tabelle 6: Schema zur Ermittlung der (handelsbilanziellen) Erträge aus Verlustübernahme bzw. Aufwendungen aus der Gewinnabführung

Die umstrittene Frage der **Entstehung und Fälligkeit** des Verlustausgleichsanspruches wurde in der jüngeren Zivil- und Steuerrechtsprechung gegen den Stichtag der Feststellung des Jahresabschlusses und zu Gunsten des Stichtages der **Bilanzaufstellung** entschieden, da zu diesem Zeitpunkt feststeht, ob die OG einen Jahresfehlbetrag erleidet. Anderenfalls bestünde seitens des OT die Möglichkeit, die Bilanzfeststellung beeinflussend zu verzögern.[1159] Ferner wäre der gänzliche Entzug der den gesamten Jahresfehlbetrag des Wirtschaftsjahres umfassenden Verpflichtung möglich, falls der Unternehmensvertrag vor dem Termin der Bilanzfeststellung endet.[1160]

1154 Eine Alternative im Kontext einer Organschaft mit EAV besteht im Ausgleich des Jahresfehlbetrages bzw. Bilanzverlustes des letzten Jahres vor In-Kraft-Treten des Organschaftsverhältnisses. Vgl. dazu Kapitel C.I.3.d) (ab S. 221).

1155 Vgl. LWOWSKI, HANS-JÜRGEN/GROESCHKE, PEER (1994), S. 614.

1156 Vgl. ALTMEPPEN, HOLGER (2000), § 302 AktG, Rn. 49.

1157 Vgl. zur Verlustausgleichsverpflichtung im Kontext von „Cash-Management-Systemen“ bereits Kapitel B.VI.2.a)(1)(a) (ab S. 130).

1158 Die Rücklage für eigene Anteile ist unabhängig von der Erzielung etwaiger Jahresüberschüsse **zwingend** im Jahr der Anschaffung eigener Anteile zu bilden. Vgl. FÖRSCHLE, GERHART/KOFAHL, GÜNTHER (1999), § 272 HGB, Anm. 120 und Anm. 124.

1159 So ließe sich bspw. durch das Fehlen des Anhangs die Nichtigkeit der Feststellung des Jahresabschlusses gem. § 256 Abs. 1 Nr. 1 AktG erzeugen.

1160 Vgl. dazu BFH-Beschluss vom 9.8.2000, S. 726; BGH-Urteil vom 11.10.1999, S. 2457 f.; Teilurteil des LG Bochum vom 1.7.1986 (rkr.), S. 26 sowie bekräftigend ALTMEPPEN, HOLGER (1999), S. 2454; PRIESTER, HANS-JOACHIM (1989b), S. 1306 und WELLENSIEK, JOBST (1984), S. 542. A.A.: Urteil des OLG Oldenburg

Obwohl der am Abschlussstichtag der OG entstehende und fällig werdende Anspruch auf Verlustausgleich bilanziell auszugleichen ist, wird nach h.M. eine **Leistung in Geld** bejaht.[1161] Eine denkbare (temporäre) Umgehung eines in Liquiditätsengpässen steckenden OT bei gleichzeitigem Bestehen eines BHV, seine Ausgleichsverpflichtung in ein Darlehen zu transferieren, löst keine Folgepflicht seitens der OG aus, da ein Verstoß gegen bestehende gesetzliche Vorschriften vorliegt.

Da die Bilanz der OG das Instrumentarium zur Ermittlung des Jahresfehlbetrages sowie des Ausgleichsanspruches darstellt, die OG aber auch während ihres Wirtschaftsjahres zahlungsunfähig sein kann, was einen Insolvenzgrund darstellt, hat der OT – seine Zahlungsfähigkeit vorausgesetzt – (einklagbare) **Abschlagszahlungen** zu leisten, da ansonsten dem Sinne des § 302 AktG, die Existenz der OG während der Vertragsdauer abzusichern, Widerspruch geleistet werden würde.[1162] Ferner soll § 302 AktG gerade eine **Zahlungsunfähigkeit vermeiden**, was m.E. auch auf den unterjährigen Fall anzuwenden ist; somit erfolgt eine flexible Rechtsnormauslegung unter Berücksichtigung der (finanziellen) Bedürfnisse der OG. Zu dessen Objektivierung bietet sich die (freiwillige) Aufstellung von Zwischenabschlüssen sowie von Finanzrechnungen an.[1163] Die Abschlagszahlungen mindern die Forderung auf Ausgleich des Jahresfehlbetrages entsprechend.[1164]

---

vom 23.3.2000 (n.rkr.), S. 1140; HOMMELHOFF, PETER (1984), S. 1111; KOPPENSTEINER, HANS-GEORG (1987), § 302 AktG, Rn. 26; LWOWSKI, HANS-JÜRGEN/GROESCHKE, PEER (1994), S. 614; MEISTER, BURKHARDT W. (1976), S. 1183 und S. 1185 sowie STÜTZLE, RUDOLF (1986), S. 90 f., die die Feststellung des Jahresabschlusses als maßgeblich ansehen, da dann die endgültige Höhe des Ausgleichsanspruches feststeht. Ungenau hingegen BFH-Urteil vom 16.2.1979, S. 309 („frühestens mit dem Abschluss des Wirtschaftsjahres"). Der Ausgleichsanspruch ist ab dem Fälligkeitszeitpunkt gem. §§ 352 f. HGB zu verzinsen (einfache Verzinsung von 5% pro Jahr). Vgl. Urteil des OLG Oldenburg vom 23.3.2000 (n.rkr.), S. 1140. Bislang unterlag der Verlustausgleichsanspruch einer Verjährungsfrist von 30 Jahren (§ 195 BGB a.F.). Dessen Herabsetzung auf drei Jahre nach dem Vorbild des § 302 Abs. 3 AktG wurde aufgrund der Bedeutsamkeit der Ansprüche explizit abgelehnt. Vgl. BGH-Urteil vom 5.11.2001, S. 9. Nach Art. 1 Nr. 3 des am 1.1.2002 inkraft getretenen „Gesetzes zur Modernisierung des Schuldrechts" vom 26. November 2001, S. 3138, ist nun eine sog. kenntnisabhängige Verjährungsfrist von drei Jahren gem. § 195 BGB maßgeblich, die mit Ablauf des Jahres, in dem der Anspruch entstanden ist, beginnt (199 Abs. 1 BGB). Jene Frist kann insofern während der steuerlichen Mindestlaufzeit bereits abgelaufen sein. Die tiefgreifende Beschneidung der Rechte der abhängigen Gesellschaft wurden bei der Reformierung nicht bedacht und sollten schnellstmöglich nachgebessert werden. Vgl. ALTMEPPEN, HOLGER (2002), S. 879 f. sowie zum neuen Schuldrecht LORENZ, STEPHAN/RIEHM, THOMAS (2002), Rn. 48 f.

1161 Vgl. HOMMELHOFF, PETER (1984), S. 1110; PRIESTER, HANS-JOACHIM (1989b), S. 1302 und S. 1307; SCHMIDT, KARSTEN (1983), S. 514 und S. 516 sowie STÜTZLE, RUDOLF (1986), S. 91. Im Rahmen einer vertraglichen Beherrschung kann der OT diesen Geldanspruch insofern durch (legale) Bilanzierungs- und Bewertungswahlrechte minimieren bzw. vermeiden. Gegen die Vorschriften des HGB verstoßende Bewertungsvorschriften lösen die Nichtigkeit des Jahresabschlusses aus (§ 256 Abs. 5 AktG). Den Bewertungsvorschriften sind fehlerhafte Bilanzierungsregelungen gleichzusetzen, da sie ebenfalls eine Über- bzw. Unterbewertung hervorrufen. Vgl. m. w. N. HÜFFER, UWE (2002), § 256 AktG, Rn. 25 f.

1162 Vgl. ALTMEPPEN, HOLGER (1999), S. 2455 ff. Vgl. dazu auch LWOWSKI, HANS-JÜRGEN/GROESCHKE, PEER (1994), S. 615, die ein Wahlrecht präferieren.

1163 Vgl. PRIESTER, HANS-JOACHIM (1989b), S. 1308.

1164 Ein nicht beachteter Extremfall, auf den es dennoch aufmerksam zu machen gilt, entsteht meiner Ansicht nach dann, wenn der in den Ausführungen implizite Folgeschluss unterjähriger Abschlagszahlungen auf einen späteren Jahresfehlbetrag fehlschlägt. Wie wäre zu verfahren, wenn bspw. Umsätze getätigt würden, die erst im nächsten Wirtschaftsjahr zu dementsprechenden Einzahlungen führen? Müssten im Falle der Zahlungsunfähigkeit mit dem Jahresüberschuss auf der Aktivseite korrespondierende Vermögensgegenstände zur Begleichung der Verbindlichkeit gegenüber dem OT liquidiert werden? M. E. sind der OG auch (weiterhin) Abschlagszahlungen zu leisten, da der Prämisse der Erhaltung der Zahlungsfähigkeit der OG widersprochen würde. Ein etwaiges Gegenargument, Abschlagszahlungen würden nur im Rahmen des § 302

Die den Ausgleichsanspruch geltend machende OG kann diesen im Wege der Pfändung oder Abtretung ihren Gläubigern überlassen. Eine Minderung der bilanziellen Substanz der OG tritt nicht ein, da in gleicher Höhe eine Verbindlichkeit entfällt.[1165] Insofern kann der Verlustausgleichsanspruch als **Kreditsicherheit** dienen.

Bei einer (unterjährigen) **Beendigung des Unternehmensvertrages** muss der auf die Vertragszeit entfallende Verlust ausgeglichen werden.[1166] Hierzu bieten sich zwei Möglichkeiten an: Zum einen kann unter Beibehaltung des Wirtschaftjahres eine Zwischenbilanz auf den Zeitpunkt des Vertragsendes aufgestellt werden. Zum anderen ist die Bildung eines Rumpfwirtschaftjahres möglich.[1167]

Bei einer **GmbH als OG** ist § 17 S. 2 Nr. 2 KStG zu beachten. Neben den bereits an früherer Stelle[1168] kritisch betrachteten Formvorschriften ist der geforderte explizite Verweis auf § 302 Abs. 3 AktG näher zu beleuchten. Demnach kann die OG drei Jahre nach dem Tag der Eintragung der Vertragsbeendigung auf den Ausgleichsanspruch verzichten. Diese Bestimmung muss für steuerliche Zwecke unmaßgeblich sein, da im Falle eines Verzichtes der tatsächlichen Durchführung des Unternehmensvertrages widersprochen wird[1169] und – bei der Unterstellung der Mindestlaufzeit – die Organschaft von Beginn an als nicht durchgeführt gilt. Es ist zu bedauern, dass dieser Aspekt weder im UntStFG-E noch im UntStFG Berücksichtigung fand.

Liegt neben einem EAV zusätzlich eine **aktienrechtliche Eingliederung** vor, hat der OT jeden sonst entstehenden Bilanzverlust auszugleichen (§ 324 Abs. 3 AktG). Somit **sind** entgegen der Situation des Nichtvorliegens einer aktienrechtlichen Eingliederung zum Ausgleich eines entstandenen Jahresfehlbetrages sowie eines etwaigen (vorvertraglichen) Verlustvortrages **primär** sämtliche vorvertraglichen und vertraglichen Rücklagenkategorien aufzulösen.[1170]

Während hinsichtlich der Verlustverteilung im Rahmen der **Mehrmütterorganschaft** auf die Ausführungen zur Gewinnabführung verwiesen werden kann, tritt zusätzlich die Besonderheit der Haftungsfrage auf. Nach h.M. haften alle GbR-Gesellschafter **gesamtschuldnerisch** für den Verlustausgleichsanspruch der OG, so dass das Risiko der Insolvenz eines GbR-

AktG angesprochen, vermag m.E. aufgrund der eintretenden Ungleichbehandlung nicht zu überzeugen. Bilanziell ist zu beachten, dass Jahresüberschuss und Abschlagszahlungen als „Verbindlichkeiten gegenüber verbundenen Unternehmen" passiviert werden; ein „davon"-Vermerk würde sich aus Gründen der Bilanzklarheit allerdings anbieten.

1165 Vgl. KOPPENSTEINER, HANS-GEORG (1987), § 302 AktG, Rn. 20 und MEISTER, BURKHARDT W. (1976), S. 1185.

1166 Vgl. BGH-Urteil vom 14.12.1987, S. 232; KROPFF, BRUNO (1988), S. 359; LWOWSKI, HANS-JÜRGEN/GROESCHKE, PEER (1994), S. 614; SCHMIDT, KARSTEN (1983), S. 525 und WELLENSIEK, JOBST (1984), S. 542. A.A.: MEISTER, BURKHARDT W. (1976), S. 1184; PELTZER, MARTIN (1975), S. 311 und SCHÖNEBERGER, PETER (1978), S. 1647.

1167 Vgl. ALTMEPPEN, HOLGER (1999), S. 2455.

1168 Vgl. Kapitel B.IV.2.b)(1) (ab S. 106).

1169 Vgl. FUCHS, MICHAEL (1994), S. 759 und S. 761. Die These, ohne eine vertragliche Vereinbarung des § 302 Abs. 3 AktG würde eine Besserstellung des OT eintreten, da er die OG anweisen könnte, auf ihren Anspruch auf Verlustausgleich zu verzichten, verkennt, dass solche Gesellschafterbeschlüsse kraft Gesetzes nichtig sind (§ 241 Nr. 3 AktG analog). Vgl. bzgl. dieser Behauptung Urteil des FG Köln vom 11.3.1999 (n.rkr.), S. 836; WALPERT, KLAUS (1999), S. 1684 f. und WALTER, WOLFGANG (1999), S. 1018.

1170 Vgl. VEIT, KLAUS-RÜDIGER (1974b), S. 106.

Gesellschafters mit dem dabei ausfallenden Verlustanteil auf die anderen GbR-Gesellschafter – deren Zahlungsfähigkeit vorausgesetzt – und nicht auf die OG verlagert wird.[1171] Letztere kann frei bestimmen, von welchem GbR-Gesellschafter sie den Verlustausgleich in Anspruch nehmen möchte.[1172]

b) Einkommensermittlung

Da die OG nach Begründung eines körperschaftsteuerlichen Organschaftsverhältnisses ein rechtlich verselbstständigtes Unternehmen bleibt, hat sie ihr Einkommen gesondert zu ermitteln, das im Anschluss daran zur Besteuerung gem. der **sog. Zurechnungstheorie** dem Einkommen des OT wie ein Fremdeinkommen (kraft Gesetzes) zugerechnet wird.[1173] Folglich unterliegt das Einkommen der OG der für den OT maßgebenden Steuerart, wobei das ursprünglich körperschaftsteuerpflichtige Einkommen im Falle eines Einzelunternehmens bzw. einer Personenhandelsgesellschaft mit natürlichen Mitunternehmern in den Bereich der Einkommensteuer transferiert wird.[1174] Tabelle 7 verdeutlicht die dabei zu vollziehenden Rechenschritte.

	handelsbilanzielles Jahresergebnis[1175]
±	steuerliche Korrekturen (§ 60 EStDV)
=	**steuerbilanzielles Jahresergebnis**
+	nicht abziehbare Aufwendungen (§ 10 KStG)[1176]

1171 Vgl. primär WIECHMANN, JOST (1985), S. 2031 sowie EMMERICH, VOLKER/GANSWEID, WOLFGANG (1975), S. 298; EXNER, WERNER (1984), S. 287; HOMMELHOFF, PETER (1987), S. 224 f. und STÜTZLE, RUDOLF (1986), S. 91. A.A.: SCHMIDT, KARSTEN (1984), S. 1181 ff., der für eine „pro rata"- Haftung plädiert. Dem widerspricht WIECHMANN m.E. zu Recht, da bei der „Einmutterorganschaft" unabhängig von der Stimmrechtsquote stets der gesamte Verlustausgleichsanspruch vom OT beglichen werden muss, ganz abgesehen davon, dass Haftung und Stimmrechtsquote nicht miteinander konform laufen müssen. Vgl. WIECHMANN, JOST (1985), S. 2033.

1172 Obwohl der EAV und/oder BHV steuerlich mit der GbR abgeschlossen wurde(n), ist deren Ausgleichspflicht aufgrund des fehlenden Gesellschaftsvermögens nicht möglich. Vielmehr wird der Anspruch gegenüber den einzelnen GbR-Gesellschaftern begründet. Vgl. HOMMELHOFF, PETER (1987), S. 224. Beim Abschluss eines (isolierten) BHV oder Organschaftsvertrages besteht für die OG eine Intransparenz hinsichtlich der Willenskoordination der GbR-Gesellschafter. Es ist für sie nicht erkennbar, wer in welcher Intensität seinen Willen im Zuge der Harmonisierung durchgesetzt hat, weswegen trotz der gesellschaftsrechtlichen Verknüpfung mit jedem GbR-Gesellschafter im Endergebnis kein Unterschied zur „Einmutterorganschaft" besteht. Vgl. HOMMELHOFF, PETER (1987), S. 234 ff. sowie WIECHMANN, JOST (1985), S. 2033. Daran anknüpfend wäre m.E. zu hinterfragen, ob das gewonnene Resultat auch auf einen isolierten EAV übertragbar ist, zumal das Problem der Nichtquantifizierbarkeit hier eher beseitigt wird. Diesen Bereich schließt HOMMELHOFF wegen der geringen Praxisrelevanz (überraschend) aus. Vgl. HOMMELHOFF, PETER (1987), S. 233. Trotzdem ist m.E. ebenfalls von einer gesamtschuldnerischen Haftung auszugehen, da § 302 Abs. 1 AktG für beide (isolierten) Unternehmensverträge dieselben Rechtsfolgen anordnet. Vgl. bekräftigend KOPPENSTEINER, HANS-GEORG (1987), § 302 AktG, Rn. 24. Ferner ist gesellschaftsrechtlich mit jedem GbR-Gesellschafter ein EAV zu schließen, der jeweils für sich selbst die vollständige Ausgleichsverpflichtung begründet. Im Falle der „pro rata"-Haftung und gleichzeitiger Insolvenz eines GbR-Gesellschafters würde dem Grundsatz der Erhaltung der bilanziellen Substanz der OG nicht ausreichend Rechnung getragen werden. Vgl. STÜTZLE, RUDOLF (1986), S. 91.

1173 Vgl. BFH-Urteil vom 29.10.1974, S. 128; BFH-Urteil vom 9.9.1986, VIII R 20/85, S. 444; BFH-Urteil vom 11.4.1990, I R 167/86, S. 774 und BFH-Urteil vom 14.4.1992, S. 819.

1174 Vgl. SCHMIDT, LUDWIG/MÜLLER, THOMAS/STÖCKER, ERNST E. (1999), Rz. 474 und Rz. 593.

1175 Diese Größe muss nicht notwendigerweise gleich Null sein. Vgl. dazu Kapitel C.I.1.a)(2)(a)(iii) (ab S. 183).

1176 Dazu gehören insb. etwaige Ausgleichszahlungen an außen stehende Gesellschafter inkl. darauf lastender KSt gem. §§ 16, 10 Nr. 2 KStG, falls die Ausgleichszahlungen von der OG geleistet werden. Erfolgt die

–	steuerfreie Erträge[1177]
+	vGA an OT (§ 8 Abs. 3 S. 2 KStG)[1178]
–	(verdeckte) Einlagen durch den OT, falls erfolgswirksame Behandlung in der Steuerbilanz[1179]
+	vGA an außen stehende Gesellschafter (§ 8 Abs. 3 S. 2 KStG)[1180]
=	**Zwischensumme**
+	an den OT abgeführter Gewinn (§ 8 Abs. 3 S. 1 KStG)
–	vom OT ausgeglichener Verlust (§ 8 Abs. 3 S. 1 KStG)
–	bei der Einkommensermittlung abziehbare Beträge (§ 9 KStG)
–	etwaige Ausgleichszahlungen an außen stehende Gesellschafter inkl. KSt (§ 16 KStG), falls deren Leistung durch die OG erfolgt[1181]
+	etwaige Ausgleichszahlungen an außen stehende Gesellschafter, falls deren Leistung durch den OT erfolgt (gegenläufige Zurechnung)[1182]

Leistung durch den OT, ist nur die von der OG stets zu tragende KSt additionsfähig. Vgl. PAUKA, DIETMAR (2000), S. 4383 und dazu ausführlich Kapitel C.I.4.a) (ab S. 224). Vgl. auch die Berechnungen in Anlage 5 des Anhangs (ab S. XLVII).

1177 Von den steuerfreien Erträgen werden in expliziter Weise Bezüge i.S.v. § 8b Abs. 1 KStG, welche die OG ihrerseits von einer (nicht mittels eines Organschaftsverhältnisses verbundenen) (Kapital-)Gesellschaft vereinnahmt hat, ausgeschlossen (§ 15 Nr. 2 S. 1 KStG i.d.F. des UntStFG). Hier ist m.E. eine **Durchbrechung der zivilrechtlichen Selbstständigkeit** von OT und OG gegeben, da § 8b KStG auf Ebene der OG für unanwendbar erklärt wird. Vgl. dazu auch Art. 2 Nr. 7b des „Gesetzes zur Fortentwicklung des Unternehmenssteuerrechts (Unternehmenssteuerfortentwicklungsgesetz – UntStFG)" vom 20. Dezember 2001, S. 3864.

1178 Aufgrund der rechtlichen Selbstständigkeit ist im Zuge der Einkommensermittlung so zu verfahren, als ob kein Organschaftsverhältnis bestünde; der Betrag der durch Lieferungen bzw. Leistungen an den OT hervorgerufenen vGA ist außerbilanziell zu korrigieren (§ 8 Abs. 3 S. 2 KStG). Vgl. BMF-Schreiben vom 28.5.2002, S. 603, Rz. 3. Die Durchführung des EAV wird durch die vGA nicht gefährdet; vielmehr ist jene als **vorweggenommene Gewinnabführung** zu qualifizieren, weswegen sie beim OT zur Vermeidung einer Doppelerfassung im Zuge von § 8 Abs. 3 S. 1 KStG zu kürzen ist (vgl. Tabelle 8 (S. 206 f.)). Vgl. dazu auch FELDER, BERND (2000), Rz. 293 ff.; LAUDAN, DIETHER (2000), Fach 4, Rz. 4; SCHUHMANN, HELMUT (1999), S. 128 sowie Abschn. 58 Abs. 3 KStR. A.A.: BFH-Urteil vom 20.8.1986, I R 150/82, S. 458 f. und BFH-Urteil vom 20.8.1986, I R 151/82, S. 470, die sich für eine Kürzung der vGA von dem zuzurechnenden Einkommen der OG aussprechen. Die erste Vorgehensweise ist m.E. folgerichtig und gleichzeitig näher zu analysieren. Betrachtet man die die Höhe der Gewinnabführung determinierende Handelsbilanz, sind vGA bei AG bzw. KGaA wegen § 57 Abs. 1 S. 1 AktG, ggf. i.V.m. § 278 Abs. 3 AktG (über den Bilanzgewinn hinausgehende Vermögensverteilungen) unzulässig. Entstehen sie trotzdem, besteht ein in der Bilanz der Gesellschaft auszuweisender Rückgewährungsanspruch gegenüber den begünstigten Aktionären (§§ 62 Abs. 1 S. 1 AktG, 812 Abs. 1 BGB). Wird jener im Wirtschaftsjahr der unzulässigen Vermögensauskehrung angesetzt, entsteht bilanziell keine Vermögensminderung. Bei einer GmbH sind vGA unzulässig, die das Gesellschaftsvermögen unter den Wert des Stammkapitals sinken lassen (§ 30 Abs. 1 GmbHG). Auch hier ist gem. § 31 Abs. 1 GmbHG ein Rückzahlungsanspruch gegeben. Vgl. m.w.N. HAUBER, BRUNO (2000), Fach 3, B., Rz. 1 ff. sowie WAGNER, KLAUS-R. (2000), S. 15 ff. und S. 67 ff. In Organschaftsfällen erlangt diese (etwaige) Neutralisierung des handelsbilanziellen Jahresüberschusses keine Bedeutung, da die genannten Gesetzespassagen mittels § 291 Abs. 3 AktG außer Kraft gesetzt werden, was eine (endgültige) Minderung des abzuführenden Gewinns eintreten lässt.

1179 Vgl. Kapitel C.I.3.d) (ab S. 221).

1180 Die steuerliche Behandlung der vGA auf Ebene der außen stehenden Gesellschafter ist von deren Rechtsform abhängig. Handelt es sich um eine natürliche Person, unterliegt der hälftige Betrag der vGA der Einkommensbesteuerung (§ 20 Abs. 1 Nr. 1 S. 2 EStG i.V.m. §§ 3 Nr. 40d EStG, 3 Nr. 40 S. 2 EStG). Bei einer juristischen Person ordnet § 8b Abs. 1 S. 1 KStG die Steuerfreistellung der vGA an. Vgl. SEEGER, SIEGBERT F. (2000), S. 668.

1181 Vgl. dazu ausführlich und weiter differenzierend Kapitel C.I.4.a) (ab S. 224) sowie die Berechnungen in Anlage 5 des Anhangs (ab S. XLVII).

1182 Vgl. die Berechnungen in Anlage 5 des Anhangs (ab S. XLVII).

–	vGA an außen stehende Gesellschafter inkl. KSt (analog § 16 KStG)[1183]
=	**dem OT zuzurechnendes Einkommen**
–	dem OT zuzurechnendes Einkommen[1184]
=	**verbleibendes Einkommen der OG (= 0 EUR)**

Tabelle 7: Ermittlung des dem Organträger zuzurechnenden Einkommens der Organgesellschaft[1185]

Als wichtige Besonderheit ist zu beachten, dass die handelsrechtliche (erfolgswirksame) Ergebnisabführung an den OT im Zuge der Einkommensermittlung unberücksichtigt zu bleiben hat, weil diese für die OG eine **Einkommensverwendung** i.S.v. § 8 Abs. 3 S. 1 KStG darstellt, die die Höhe des Einkommens nicht beeinflussen darf.[1186] Sie ist vielmehr als gesetzliche Voraussetzung des § 14 KStG und nicht als Gegenstand der Zurechnung des Einkommens der OG anzusehen.[1187] Da der an den OT abzuführende Ergebnisbetrag im Rahmen der Ermittlung des handelsrechtlichen Jahresüberschusses der OG erfolgswirksam berücksichtigt wurde, hat eine **außerbilanzielle Neutralisierung** stattzufinden.[1188] Die Ergebnisabführung stellt keine Gewinnausschüttung dar und impliziert keine KSt-Belastung, da § 14 KStG als lex specialis § 23 Abs. 1 KStG sowie § 8 Abs. 3 S. 2 KStG vorgeht.[1189]

2. Organträger

a) Bilanzrechtliche Fragestellungen

(1) Handelsbilanz

Während hinsichtlich der für den OT relevanten gesellschaftsrechtlichen Vorschriften auf das in Kapitel C.I.1 (ab S. 170) Angeführte sinngemäß zurückzugreifen ist, ruht der Schwerpunkt der Analyse vielmehr auf bilanzrechtlichen Aspekten. Dabei wird die Betrachtung aus Sicht des OT vollzogen, womit etwaige (spiegelbildliche) bilanzielle Auswirkungen bei der OG untrennbar verbunden sind.

1183 Vgl. Abschn. 57 Abs. 6 S. 4 KStR und das Beispiel bei WINTER, WILLI (1993), S. 420.

1184 Im Jahre 1995 wurde den OT ein Gesamtvolumen an positivem Einkommen in Höhe von 32,93 Mrd. DM zugerechnet (8,08 Mrd. DM von AG/KGaA und 24,85 Mrd. DM von GmbH). Das Gesamtvolumen an negativem Einkommen belief sich im selben Jahr auf 29,62 Mrd. DM (11,25 Mrd. DM von AG/KGaA und 18,37 Mrd. DM von GmbH). Vgl. Statistisches Bundesamt (2000), KSt 1995, S. 30.

1185 Tabelle 7 basiert auf der Darstellung bei WITT, GEORG (1999), Tz. B107, wobei grundlegende Erweiterungen vorgenommen wurden.

1186 Vgl. BFH-Urteil vom 29.10.1974, S. 126; BFH-Urteil vom 20.8.1986, I R 150/82, S. 458 und BFH-Urteil vom 11.4.1990, I R 167/86, S. 774. Insofern spricht Abschn. 57 Abs. 1 S. 1 KStR auch von einer Einkommenszurechnung vor Berücksichtigung des an den OT abgeführten Gewinns oder des vom OT auszugleichenden Jahresfehlbetrages. Eine Abweichung von der handels- und steuerbilanziellen Behandlung ist somit gegeben. Vgl. BFH-Beschluss vom 20.6.1974, S. 1239.

1187 Vgl. BFH-Beschluss vom 20.6.1974, S. 1239.

1188 Vgl. BFH-Urteil vom 29.10.1974, S. 128; BFH-Urteil vom 26.1.1977, S. 442 und BFH-Urteil vom 20.8.1986, I R 150/82, S. 458.

1189 Vgl. bzgl. des alten KSt-Systems BFH-Beschluss vom 5.7.1990, S. 121 ff.; BFH-Urteil vom 26.4.1989, S. 670; BFH-Urteil vom 13.9.1989, I R 110/88, S. 27; BFH-Urteil vom 5.4.1995, S. 1593; Beschluss des FG Düsseldorf vom 12.3.1999 (rkr.), S. 579 sowie Urteil des FG Hamburg vom 14.9.1999 (n.rkr.), S. 151 f.

(a) Bildung von Rückstellungen für drohende Verluste aus schwebenden Geschäften im Kontext zukünftiger Verlustübernahmen?

Die im Schrifttum konträr und zumeist oberflächlich diskutierte Frage, ob für den OT aus der zwingenden Verlustübernahme handelsrechtlich die Passivierung einer Rückstellung für drohende Verluste aus schwebenden Geschäften gegeben sein kann (§ 249 Abs. 1 S. 1 2. Alt. HGB), ist Gegenstand der nachfolgenden Untersuchungen.[1190] Als Ausgangspunkt sind zwei ältere Urteile des BFH zu nennen, die ohne nähere Erläuterungen in einem EAV ein schwebendes Geschäft mit einer daraus resultierenden Rückstellungsbildung sahen, falls dem OT ein Verlust drohe; die Rechtsprechungen betrafen jedoch nur ein einziges (zwischen OT und OG abweichendes) Wirtschaftsjahr.[1191] Auch in späterer Zeit ließ der BFH dahingestellt, ob überhaupt bzw. für welchen Zeitraum eine handelsrechtliche Drohverlustrückstellung zu bilden ist.[1192]

Die Verpflichtung zur Gewinnabführung bzw. der Anspruch auf Verlustübernahme ist **gesetzlicher** und nicht vertraglicher **Natur**, da nicht der EAV als solcher (dieser stellt ausschließlich das auslösende Moment dar), sondern vielmehr das Gesetz (§§ 301 f. AktG) unabdingbar die genannten Ansprüche bzw. Verpflichtungen begründet.[1193] Darüber hinaus liegt ein **Dauerschuldverhältnis** vor, was sich nicht an der steuerlichen (erstmaligen) Mindestlaufzeit von fünf Jahren, sondern an der Tatsache manifestiert, dass das Gebot des Verlustausgleiches und der Gewinnabführung kontinuierliche Rechtsverpflichtungen darstellt, die in jeder Sekunde des Wirtschaftsjahres beider Gesellschaften existent sind; unabhängig davon sind die einzelnen (geballten) Zahlungen am Ende der Jahre anzusehen, welche vielmehr die Rechtsfolgen dieses Kontinuums darstellen und die an die nach den Rechnungslegungsvorschriften des HGB zu erstellende Periodenrechnung angepasst sind.[1194]

Näher zu hinterfragen ist, ob das gesetzliche Dauerschuldverhältnis auf einem Leistungsaustausch beruht. Während sich die Verpflichtung des OT in einem Verlustausgleich konkretisiert, ist sein Anspruch auf Erhalt des abzuführenden Betrages kritischer zu beurteilen, da ihm ohne Organschaft ohnehin der Gewinn ganz bzw. teilweise durch Ausschüttung zustehen würde.[1195, 1196] Diese Nebeneinanderstellung hält m. E. bereits einem Vergleich wegen we-

---

1190 Als Beispiele seien die in eine wirtschaftliche Krise geratene OG genannt, die erst in drei Jahren wieder die Gewinnzone erreicht bzw. eine im Großanlagenbau tätige OG, die im folgenden Geschäftsjahr keinen Auftrag abrechnen kann und deshalb einen Verlust erleidet. Vgl. KROPFF, BRUNO (1988), S. 350.

1191 Vgl. BFH-Urteil vom 5.11.1957, S. 24 f. und BFH-Urteil vom 9.9.1958, S. 432. Die Überlegungen gestalten sich m. E. unabhängig davon, ob das Wirtschaftsjahr abweichend ist oder nicht. Vgl. dazu auch ROSE, GERD (1960), S. 1165.

1192 Vgl. BFH-Beschluss vom 20.6.1974, S. 1238.

1193 Vgl. SCHMIDT, KARSTEN (1983), S. 517.

1194 Vgl. SCHMIDT, KARSTEN (1983), S. 518 f. Zustimmend MÜLLER, WELF (1997a), S. 520 und S. 522 sowie ähnlich PELTZER, MARTIN (1975), S. 310.

1195 So OSER, PETER (1994), S. 317 und FORSTER, KARL-HEINZ (1985), S. 763, der gem. einer wirtschaftlichen Betrachtungsweise von einem Garantievertrag zu Gunsten der OG ausgeht, für den der OT keine besondere Gegenleistung erhält. Dieses fehlende Merkmal ist aber gerade für die Bildung einer Drohverlustrückstellung konstituierend. Vgl. dazu auch CLEMM, HERMANN/ERLE, BERND (1999), § 249 HGB, Anm. 100, Stichwort „Verlustübernahme", die eine Drohverlustrückstellung wegen des Missverhältnisses von Leistung und Gegenleistung verneinen.

sentlicher Unterschiede zwischen beiden Situationen nicht stand, da die an den EAV knüpfenden gesetzlichen Rechtsfolgen der §§ 300 ff. AktG deutlich restriktivere Voraussetzungen im Vergleich zur Situation ohne Organschaft aufweisen, was sich zum einen an der Konservierung der bilanziellen Nettovermögenssubstanz und zum anderen an dem außer Kraft gesetzten Gewinnverwendungsbeschluss[1197] der Gesellschafterversammlung während der Vertragsdauer zeigt. Ferner verliert obige Argumentation umso mehr an Bedeutung, je mehr Gesellschaften zwischen OT und OG geschaltet sind.

Als entscheidungsrelevantes Argument muss untersucht werden, ob mittels §§ 301 f. AktG dem **Prinzip des „do ut des"** Genüge getan wird, wonach die Pflichten beider Vertragspartner im Verhältnis der Gegenseitigkeit zueinander stehen müssen.[1198] Rein zivilrechtlich ist diese kausale Verknüpfung meiner Meinung nach nur schwer bzw. gar nicht erkennbar (man stelle bspw. den Vergleich mit Miet- bzw. Pachtverträgen an), da sich die Kategorisierung in die Bereiche „Leistung" bzw. „Gegenleistung" am Jahresergebnis der OG manifestiert, welches (mehr oder minder zufallsbedingt) von deren wirtschaftlicher Lage bzw. von den Weisungen des OT (bei einem BHV) abhängig ist. Aus wirtschaftlicher Sicht bzw. im Rahmen der Abstellung auf ein wirtschaftliches Synallagma[1199], nach dem alle wirtschaftlichen Vorteile in den Kompensationsbereich der Drohverlustrückstellung eingehen, die nach dem Inhalt des Vertrages bzw. nach den Vorstellungen beider Vertragspartner eine Gegenleistung für die vereinbarte Leistung darstellen[1200], ist ein Gegenseitigkeitsverhältnis zu bejahen. Durch den Abschluss eines EAV bezweckt der OT primär den Erhalt des Anspruches auf Gewinnabführung. Allerdings wird durch den Unternehmensvertrag kraft Gesetzes unentziehbar und simultan eine Gegenleistung in Form der Verlustübernahme geschaffen. Anders formuliert: Der OT (bzw. dessen zustimmungspflichtige Hauptversammlung) geht die Verlustausgleichsverpflichtung (notgedrungen) **um der Gewinnabführung willen** ein.[1201, 1202]

1196 Dieses Argument könnte im Endergebnis auch bei Verlusten verwendet werden, da der OT Gewinnausschüttungen erst nach Ausgleich dieser Verluste erhalten würde. Vgl. dazu bereits ROSE, GERD (1960), S. 1164.

1197 Hiervon sind ausschüttbare Rücklagen ausgenommen. Vgl. Kapitel C.I.1.a)(2)(a)(ii) (ab S. 179).

1198 Vgl. allgemein m. w. N. KESSLER, HARALD (1995), § 249 HGB, Rn. 119.

1199 Vgl. zu verschiedenen Arten synallagmatischer Verträge BIEG, HARTMUT (1977), S. 17 ff.

1200 Vgl. BFH-Beschluss vom 23.6.1997, S. 738.

1201 Vgl. primär KUSTERER, STEFAN (1996), S. 116 und S. 118 sowie zustimmend ADLER, HANS/DÜRING, WALTHER/SCHMALTZ, KURT (1997), § 249 HGB, Tz. 140; JONAS, MARTIN (1994), S. 1532 und MAYER-WEGELIN, EBERHARD (1995), § 249 HGB, Rn. 63. Ebenfalls – wenn auch ohne Begründung – eine Drohverlustrückstellung bejahend GELHAUSEN, WOLF D. (2000a), Tz. 151. A.A.: IdW (2000b), S. 291; KESSLER, HARALD (1999a), S. 821; KROPFF, BRUNO (1988), S. 353 ff. und OSER, PETER (1994), S. 317. Missverständlich FLOHR, ECKHARD (1983), S. 297, der eine Drohverlustrückstellung verneint, in seinem Ausgangsbeispiel aber eine solche als zulässig erachtet.

1202 Zusätzliche Schwierigkeiten verursacht das simultane Bestehen einer aktienrechtlichen Eingliederung. KROPFF weist zu Recht darauf hin, dass hierdurch kraft Gesetzes ausschließlich eine Verlustübernahmeverpflichtung gem. § 324 Abs. 3 AktG konstituiert wird. Erfolgt der Abschluss eines EAV **nach** der Eingliederung, gelten mildere Formvorschriften, was das geringe Beimessen an Bedeutsamkeit (der Gewinnabführung) seitens des Gesetzgebers zum Ausdruck bringen soll. Vgl. KROPFF, BRUNO (1988), S. 355. Diese Aussage gilt es in diesem Kontext in zweierlei Hinsicht zu widerlegen. Zum einen gelten die strengen Anforderungen an den EAV weiterhin, wenn dessen Abschluss einer aktienrechtlichen Eingliederung zeitlich vorgelagert wird. Die bloße Reihenfolge darf keinen Einfluss auf das Schicksal der Bildung einer Drohverlustrückstellung nehmen. Zum anderen stellt der Abschluss eines Vertrages ein wesentliches Charakteristi-

Insofern besteht eine (handelsrechtliche) Passivierungspflicht, wenn zum Bilanzstichtag des OT ein die Ausgeglichenheitsvermutung widerlegender sog. **Verpflichtungsüberschuss** vorliegt, d.h., wenn nach der sog. Restbetrachtung der Wert sämtlicher zukünftiger Verlustausgleichsverpflichtungern den Wert sämtlicher zukünftiger Gewinnabführungsansprüche übersteigt. Zudem hat der Verpflichtungsüberschuss ernsthaft zu „drohen", d.h., es muss objektiv ein Risiko zu seiner Entstehung gegeben sein.[1203] Als Bewertungsmaßstab ist gem. der Funktion der Drohverlustrückstellung als antizipierte heutige Stichtagsvermögens(netto-)minderung derjenige Betrag anzusetzen, den der OT zur Begleichung seiner Verpflichtung voraussichtlich aufzubringen hat.[1204] Da sowohl der Verlustausgleich als auch die Gewinnabführung in Geld zu leisten sind, bestehen sowohl keine grundsätzlichen Bewertungs- als auch keine Objektivierungsschwierigkeiten. Allerdings sind zwei weitere Determinanten im Rahmen der Überlegungen zu berücksichtigen: Der Zeitraum der antizipierbaren Beträge sowie die Frage über deren etwaige Abzinsung.[1205]

Den im Rahmen der Drohverlustrückstellung miteinander saldierten Ansprüchen und Verpflichtungen ist im Allgemeinen diejenige **Zeitspanne** zugrunde zu legen, in der sich kein Vertragspartner seinen Verpflichtungen mittels Kündigung entziehen kann.[1206] Die Aussage steht bei Geltung eines EAV in Widerspruch zu § 297 Abs. 1 S. 1 AktG, wonach jener ohne Einhaltung einer Kündigungsfrist von beiden Vertragspartnern kündigungsfähig ist[1207]. An früherer Stelle wurde die These einer unbestimmten Vertragsdauer mit automatischer Verlängerungsklausel vertreten[1208], deren Kündigungsfrist sich nun etwas genauer konkretisieren lässt. Ausgehend von der (steuerlichen) Mindestlaufzeit von fünf Jahren und dem Grundsatz der vollständigen Erfassung des schwebenden Geschäftes sind vom OT – falls keine eindeutigen Gründe dagegen sprechen – zunächst die erwarteten künftigen Verpflichtungen und Ansprüche der nächsten vier Jahre[1209] zu ermitteln und miteinander zu saldieren.[1210] Dabei sollte

kum der Drohverlustrückstellung dar, an dem es im Zuge der Begründung einer aktienrechtlichen Eingliederung gerade mangelt.

1203 Vgl. m. w. N. BFH-Beschluss vom 23.6.1997, S. 738. Da bei der Schätzung des Verpflichtungsüberschusses von subjektiven Wahrscheinlichkeiten auszugehen ist, muss der OT den wahrscheinlichsten Wert bzw. den höchsten Verpflichtungsüberschuss ansetzen, mit dem unter normalen Umständen ernsthaft zu rechnen ist. Vgl. ausführlich m. w. N. KESSLER, HARALD (1995), § 249 HGB, Rn. 296 ff. Vgl. zum Begriff der subjektiven und objektiven Wahrscheinlichkeit BIEG, HARTMUT/KUSSMAUL, HEINZ (2000a), S. 208.

1204 Vgl. MOXTER, ADOLF (1999), S. 140 f.

1205 Im Folgenden wird zunächst von kalenderidentischen Wirtschaftsjahren des OT und der OG ausgegangen.

1206 Vgl. FORSTER, KARL-HEINZ (1985), S. 765 f., der nicht auf die rechtliche, sondern auf die faktische Laufzeit abstellt.

1207 Vgl. HÜFFER, UWE (2002), § 297 AktG, Rn. 5. Hier wird der m. E. realistischere Fall unterstellt, dass die OG ihrerseits von ihrem Kündigungsrecht Gebrauch macht. Trotz der anscheinend jederzeitigen Kündigungsfrist wird von einem halbjährlichen Zeitraum gem. § 132 HGB ausgegangen. Vgl. EMMERICH, VOLKER/SONNENSCHEIN, JÜRGEN/HABERSACK, MATHIAS (2001), S. 265.

1208 Vgl. Kapitel B.IV.2.b)(1) (ab S. 106).

1209 Das schwebende Geschäft beginnt mit dem Vertragsabschluss (z.B. 1.4.01 in Abbildung 9 (S. 110)). Dabei soll von dem Spezialfall des Beginns mit dem Vertragsangebot, falls die Angebotsannahme mit Sicherheit zu erwarten ist, abgesehen werden. Vgl. dazu BFH-Urteil vom 16.11.1982, S. 363 f. Da dem EAV, falls er bis zum Ende des nächsten Wirtschaftsjahres der OG auch ins HR eingetragen wird, eine rückwirkende Kraft auf den Beginn des Wirtschaftsjahres seines Abschlusses beigemessen wird (hier: 1.1.01), ist das schwebende Geschäft durch den OT zum Zeitpunkt der Aufstellung seiner Bilanz vom 1.1.00-31.12.00 nicht berücksichtigungsfähig, da kein wertaufhellendes, sondern ein wertbegründendes Ereignis vorliegt. Folglich ist eine Rückstellungsbildung zum 31.12.01 erstmals möglich.

ein mögliches **Kündigungsrecht auf das Ende des Wirtschaftsjahres der OG** wirken, um dem Problem von Unterjährigkeiten vorzubeugen. An den folgenden Bilanzstichtagen ist die Höhe der Drohverlustrückstellung ggf. zu korrigieren und den neuen (zukünftigen) Verhältnissen anzupassen.[1211] Wird das Organschaftsverhältnis nach der steuerlichen Mindestlaufzeit weiterhin aufrecht erhalten, wäre die Vereinbarung einer Verlängerungsklausel von einem Jahr m. E. am sachgerechtesten, da dieser Zeitraum unter diesen Annahmen unkündbar und gleichzeitig am besten prognostizierbar ist.

Die Frage der **Abzinsung** künftiger Verpflichtungen und Ansprüche aus Dauerschuldverhältnissen wurde bislang kontrovers diskutiert. Früher vertrat der BFH in Anlehnung an die Bewertung von Rentenverpflichtungen eine Barwertberechnung[1212], die im Schrifttum z.T. kritisch aufgenommen wurde[1213]. Mittels § 253 Abs. 1 S. 2 2. Halbs. HGB wird eine solche Abzinsung explizit nur dann legitimiert, wenn die zugrunde liegende Verbindlichkeit einen Zinsanteil enthält.[1214, 1215] Davon sind auch verdeckte Zinsanteile im Rahmen verdeckter Kreditgeschäfte betroffen, wobei eine Abzinsung nur dann in Betracht kommt, wenn die fälligen Geldleistungsansprüche bzw. -verpflichtungen gestundet werden.[1216] Dies setzt wiederum „einen größeren Zeitraum" zwischen Begründung der Verbindlichkeit und ihrer Fälligkeit voraus. Daran scheitert aber gerade der vorliegende Fall, weil sowohl die Gewinnabführung als auch die Verlustübernahme am Tag der Bilanzaufstellung der OG fällig werden. Eine Abzinsung ist nicht vorzunehmen, da eventuell zu realisierende Zinserträge antizipiert würden, was dem Realisationsprinzip widerspräche[1217].

1210 Differenzierterer Ansicht ist anscheinend GELHAUSEN, WOLF D. (2000a), Tz. 151, der konstatiert: „Die Rückstellung braucht sich grundsätzlich nur auf ein Jahr zu erstrecken; bei nachhaltiger Ertragslosigkeit ist jedoch der Barwert der voraussichtlichen Zahlungen zurückzustellen."

1211 Vgl. BFH-Urteil vom 19.7.1983, S. 59.

1212 Vgl. BFH-Urteil vom 19.7.1983, S. 59 und BFH-Urteil vom 26.5.1993, X R 72/90, S. 859.

1213 Vgl. dazu generell v.a. KÜTING, KARLHEINZ/KESSLER, HARALD (1989b), S. 728. Für eine Abzinsung plädieren im speziellen Problemfall (ohne nähere Begründung) FORSTER, KARL-HEINZ (1985), S. 761; JONAS, MARTIN (1994), S. 1532; STORCK, ALFRED (1976), S. 225 und mit Beispiel RAUPACH, ARNDT/CLAUSEN, UWE (1974), S. 690.

1214 In diesem Kontext ist die Verbindlichkeit als Verpflichtungsüberschuss zu interpretieren, wobei die in ihn eingehende Verpflichtung oder der Anspruch einen Zinsanteil enthalten muss. Vgl. KESSLER, HARALD (1995), § 249 HGB, Rn. 331. Vgl. dazu auch BFH-Urteil vom 12.12.1990, I R 18/89, S. 487 und BFH-Urteil vom 12.12.1990, I R 153/86, S. 483 im Kontext von Verbindlichkeitsrückstellungen.

1215 Anders werden Rückstellungen (nicht Drohverlustrückstellungen!) in der Steuerbilanz behandelt. Gem. § 6 Nr. 3a Buchstabe c S. 1 EStG besteht ein generelles Abzinsungsgebot, falls die Rückstellungen am Bilanzstichtag eine Laufzeit von mind. 12 Monaten haben und nicht auf einer Anzahlung oder Vorausleistung beruhen.

1216 Vgl. dazu BFH-Urteil vom 15.7.1998, S. 1463.

1217 Vgl. IdW-Facharbeit (1993), S. 252 und BFH-Urteil vom 15.7.1998, S. 1463. A.A.: IdW (2000b), S. 296, die für Drohverlustrückstellungen im Regelfall eine Abzinsung der dem schwebenden Geschäft zugrunde liegenden einzahlungs- und auszahlungswirksamen Erträge und Aufwendungen am Abschlussstichtag vorsieht (beispielhafte Ausnahme: Der Diskontierungseffekt weicht „nicht wesentlich" von den zu erwartenden zukünftigen Kostensteigerungen ab, die im Zuge der Ermittlung der künftigen Aufwendungen nicht berücksichtigt wurden). Die Überlegungen basieren dabei auf dem zeitlich unterschiedlichen Anfall der Zahlungen sowie der Unterstellung der zwischenzeitlichen Wiederanlage finanzieller Mittel. Zusätzlich wird der Grundsatz der Einzelbewertung verletzt (§ 252 Abs. 1 Nr. 3 HGB), da neben dem sog. Grundgeschäft noch ein separates Geschäft bzgl. der Verwendung finanzieller Mittel Berücksichtigung fände. Vgl. zu diesem Aspekt KESSLER, HARALD (1999a), S. 823.

Besonderheiten treten meiner Ansicht nach bei **voneinander divergierenden Wirtschaftsjahren** von OT und OG auf.[1218] In Abbildung 12 wird die der Diskussion zugrunde liegende Ausgangssituation an einer Zeitachse illustriert.

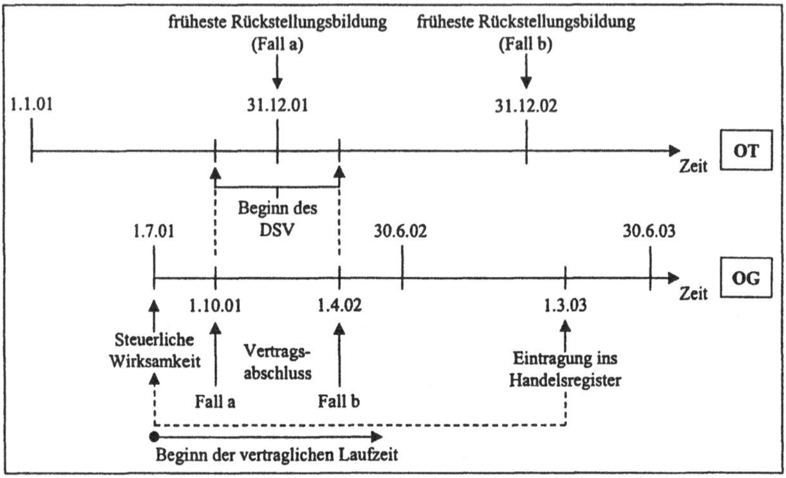

Abbildung 12: Drohverlustrückstellungen für künftige Verlustübernahmen bei voneinander divergierenden Wirtschaftsjahren[1219]

Aus Abbildung 12 wird deutlich, dass eine etwaige Drohverlustrückstellung in Abhängigkeit vom Zeitpunkt des Vertragsabschlusses des EAV an unterschiedlichen Bilanzstichtagen des OT zu bilden ist; damit geht eine voneinander differierende Bewertung einher, die eine (handelsrechtliche) „Bilanzpolitik" ermöglicht.

Besonderheiten entstehen hinsichtlich der Frage, in welcher Höhe der Anspruch der OG des Wirtschaftsjahres 01/02 (Fall a) bzw. des Wirtschaftsjahres 02/03 (Fall b) in den Saldierungsbereich der Drohverlustrückstellung mit einzubeziehen ist. Nicht sachgerecht wäre die Berücksichtigung des gesamten Anspruches, die zwar vom jeweiligen Bilanzstichtag des OT aus „zukünftiger" Sicht fällig wird[1220], jedoch mannigfaltige, während des gesamten Wirtschaftsjahres entstandene Geschäftsvorfälle repräsentiert. Eine infrage kommende Aufteilung „pro-rata-temporis" wäre m. E. ebenfalls zu verneinen, da implizit eine stetige, nicht notwendigerweise mit den tatsächlichen Verhältnissen einhergehende Gleichverteilung der den Anspruch beeinflussenden Ereignisse über das Wirtschaftjahr der OG hinweg angenommen werden würde. Insofern ist die **Aufstellung eines Zwischenabschlusses der OG** zum Bilanzstichtag

---

1218 Meines Wissens wird dieser Sachverhalt nur sehr rudimentär von GASSNER, BRUNO/LEMPENAU, GERHARD (1974), S. 140 angesprochen.

1219 Die Abkürzung „DSV" kennzeichnet das „Dauerschuldverhältnis".

1220 Hierbei sind die Zahlungen am 30.6.02 bzw. am 30.6.03 angesprochen.

des OT als am sachgerechtesten zu erachten, dessen Daten mit denen des Abschlusses am Ende des Wirtschaftsjahres der OG verglichen wird.[1221]

Erschwerend tritt hinzu, dass nicht notwendigerweise und ausschließlich Geschäftsvorfälle, sondern auch zu **prognostizierende Rücklagenbewegungen** die Höhe des Anspruches determinieren. Fraglich ist, ob diese in ihrer gesamten Höhe oder auch nur teilweise innerhalb des Saldierungsbereiches berücksichtigungsfähig sind. Nach meinem Dafürhalten ist die erste Alternative zu präferieren, da die Entscheidung über Rücklagenbewegungen erst am Ende des Wirtschaftsjahres erfolgt.

Bei Unterstellung einer **Mehrmütterorganschaft** ist eine Drohverlustrückstellung trotz des (steuerlichen) Abschlusses des EAV mit der GbR aufgrund deren fehlenden Vermögens nicht passivierungsfähig. Somit käme meiner Ansicht nach die sich an dem jeweiligen Verteilungsschlüssel orientierende **anteilige Bildung einer Drohverlustrückstellung** bei den einzelnen GbR-Gesellschaftern in Betracht. Die zusätzliche und aus theoretischer Sicht korrekte Beachtung des Grundsatzes der gesamtschuldnerischen Haftung im Rahmen der Prognosen wird sich m. E. als in der Praxis unmöglich umsetzbar erweisen.[1222] Somit sollte mangels genauer Kenntnisse und Prognosen auf einen objektiven Schlüssel zurückgegiffen werden.

In **mehrstufigen Unternehmensverbindungen** hat die Mutter in Fallsituation 2 in Abbildung 8 (S. 97) gem. dem Grundsatz der Einzelbewertung von Drohverlustrückstellungen (§ 252 Abs. 1 Nr. 3 HGB) die Verhältnisse von Tochter und Enkel jeweils gesondert zu prüfen.

Die vorstehenden Erläuterungen gelten für isolierte EAV. Stellt ein **Organschaftsvertrag** den Ausgangspunkt der Betrachtungen dar, ist die Bejahung einer Verpflichtung zur Passivierung einer Drohverlustrückstellung **fraglich**. Die Verlustübernahme wird gem. der Betrachtung des wirtschaftlichen Synallagmas nicht ausschließlich um des Willens der Gewinnabführung, sondern auch wegen der Möglichkeit zur Ausübung der Leitungsmacht eingegangen. Letztere lässt sich entgegen zu prognostizierender Zahlungsströme nicht hinreichend objektivieren bzw. konkretisieren, so dass die Ausgeglichenheit des schwebenden Geschäftes zu vermuten wäre.[1223] Dessen Widerlegung dürfte sich als quasi unmöglich erweisen. Die Handlungsalternative einer Umgehung mittels Abschlusses zweier Verträge und Berufung auf den Grundsatz der Einzelvertragsbewertung dürfte insofern Schwierigkeiten bereiten, als dass die Verlustausgleichsverpflichtung nicht in einen auf den BHV und in einen auf den EAV zurückzuführenden Betrag spaltbar ist.

[1221] Dieser im Vergleich zu identischen Wirtschaftsjahren auftretende „Divergenzeffekt" (dem Vorteil der angesprochenen „Bilanzpolitik" ist der Nachteil des Aufstellens von Zwischenabschlüssen entgegenzuhalten), stellt kein Phänomen des Jahres der Begründung einer Organschaft dar, sondern ist auch in den Folgejahren präsent. Insgesamt wäre zu überlegen, ob die Beseitigung dieses Mehraufwands durch die Harmonisierung beider Wirtschaftsjahre nicht sachgerechter wäre.

[1222] Hier müsste einerseits die Wahrscheinlichkeit der Insolvenz eines jeden anderen GbR-Gesellschafters geschätzt werden. Andererseits wären im Rahmen der Bewertung Subjektivismen der gesetzlichen Vertreter der OG zu berücksichtigen, da diese bestimmen können, an wen sie den Ausgleichsanspruch geltend machen möchten.

[1223] Aus dem Saldierungsbereich sind vielmehr mit dem Abschluss des Geschäftes verbundene wirtschaftliche Vorteile **nicht willkürlich** auszugrenzen. Vgl. HERZIG, NORBERT/RIECK, ULRICH (1997), S. 1883.

Allerdings gilt es zwei Aspekte zu bedenken. Ist es zum einen gerechtfertigt, dass bei einem EAV in Kombination mit einem Vertragskonzern keine Drohverlustrückstellung passiviert wird, wobei im Zuge einer Verknüpfung mit einem Eingliederungskonzern eine solche zu bejahen wäre, da die aktienrechtliche Eingliederung keinen Vertrag darstellt und deren Folgen somit nicht in den synallagmatischen Bereich mit einzubeziehen sind? Gleiche Überlegungen gelten bei Bejahen eines qualifiziert faktischen Konzerns. Zum anderen sei der Sachverhalt vorstellbar, im Rahmen dessen zunächst ein isolierter EAV abgeschlossen wird, mit dem ein Verpflichtungsüberschuss einhergeht. Im nächsten Jahr erfolgt der zusätzliche Abschluss eines BHV. Soll die ursprüngliche auf den EAV bezogene Drohverlustrückstellung zu diesem Zeitpunkt schlagartig aufgelöst werden, weil man sich auf einmal auf die Ausgeglichenheitsvermutung beruft? Bei Bejahung dieser Frage würde man unterstellen, dass die Ansprüche aus dem BHV den Verpflichtungsüberschuss aus dem EAV zu kompensieren vermögen, was aufgrund der angeführten mangelnden Quantifizierbarkeit grotesk ist. M.E. sollten den Ansprüchen aus dem EAV (Gewinnabführung) die Verpflichtungen aus dem EAV und BHV (Verlustübernahme) als besondere Ausnahmeregelung gegenübergestellt werden. Die Unvollständigkeit der Erfassung des schwebenden Geschäfts ist subsidiär zur Wahrung des Imparitätsprinzips anzusehen.

(b) Bildung von Rückstellungen für ungewisse Verbindlichkeiten im Kontext abgewickelter Verlustübernahmen?

Von den Grundsätzen des vorangegangenen Kapitels sind bereits tatsächlich eingetretene Verlustübernahmeverpflichtungen des OT zu separieren. Bezugnehmend auf Fall a in Abbildung 12 (S. 196) ist zu verifizieren, inwieweit die drohende Verlustübernahme des Wirtschaftsjahres 01/02 der OG am 31.12.01 durch den OT gem. dem Imparitätsprinzip bilanziell berücksichtigungsfähig bzw. -pflichtig ist. Letzterer befindet sich am besagten Bilanzstichtag in einem **Erfüllungsrückstand**, da er aufgrund des gesetzlichen Dauerschuldverhältnisses bis dato weniger geleistet hat, als er nach dem EAV zu leisten hätte.[1224] Die infrage kommende Rückstellung für ungewisse Verbindlichkeiten i.S.v. § 249 Abs. 1 S. 1 1. Alt. HGB setzt nach ständiger BFH-Rechtsprechung folgende abstrakte Tatbestandsmerkmale kumulativ voraus, die es auf den konkreten Sachverhalt zu übertragen gilt:[1225]

- Existenz bzw. **Wahrscheinlichkeit des künftigen Entstehens** einer Verbindlichkeit dem Grunde und/oder der Höhe nach gegenüber einem Dritten;
- ernsthaftes Rechnen mit der **Inanspruchnahme** des Schuldners;
- wirtschaftliche Verursachung **wesentlicher Tatbestandsmerkmale** der später rechtlich entstehenden Verbindlichkeit in der Zeit **vor dem Bilanzstichtag**[1226].[1227]

1224 Vgl. BFH-Urteil vom 15.7.1998, S. 1462.

1225 Vgl. vorab IdW (2000b), S. 291, welches die Bildung von Verbindlichkeitsrückstellungen ohne nähere Konkretisierung „gegebenenfalls" zulassen möchte.

1226 Vgl. BFH-Urteil vom 23.9.1969, S. 106, das bei einem zeitlichen Auseinanderfallen der wirtschaftlichen und rechtlichen Verursachung einer Verbindlichkeit auf den früheren Zeitpunkt abstellt. Vgl. dazu auch BFH-Urteil vom 24.4.1968, S. 545.

Aus Sicht des 31.12.01 liegt eine aufgrund **gesetzlicher Verpflichtung**[1228] bestehende ungewisse Verbindlichkeit dem Grunde und der Höhe nach vor, da zum einen nicht absehbar ist, ob eine Verbindlichkeit überhaupt bzw. in welcher Höhe entsteht (diese Gewissheit wird erst am 30.6.02 erlangt). Mit der ernsthaften Inanspruchnahme des OT als zweitem Kriterium ist deshalb zu rechnen, da die gesetzlichen Vertreter der OG ihre Ansprüche kennen und davon auch Gebrauch machen werden.[1229]

Entscheidende Bedeutung ist dem dritten Kriterium beizumessen, das in der Literatur in diesem Kontext als unstrittig angesehen wird.[1230] M. E. sind dennoch Probleme erkennbar, da als Besonderheit kein einheitlicher Sachverhalt vorliegt, sondern es sich vielmehr um (erfolgswirksame) Geschäftsvorfälle mannigfaltiger Art handelt. Dabei ist der Abschluss sowie die tatsächliche Durchführung des EAV mit den dadurch gesetzlich begründeten Rechten und Pflichten als wesentliches Tatbestandsmerkmal einer späteren Verbindlichkeit unstrittig. Im gegensätzlichen Verhältnis dazu befindet sich der bis zum Bilanzstichtag des OT (31.12.01) entstandene Jahresfehlbetrag der OG.[1231]

Dem möglichen Einwand, ein zwischenzeitlicher Jahresüberschuss könne auch zu einem späteren Jahresfehlbetrag und einer dementsprechenden Verpflichtung führen (z.B. durch Zerstörung und Abschreibung einer Produktionshalle), ist zu entgegnen, dass am Bilanzstichtag des OT eher weniger Gründe für als gegen das Entstehen einer späteren Verbindlichkeit sprechen.[1232] Auch andere typische, eine Umkehrung des Jahresüberschusses ins Negative bewirkende Geschäftsvorfälle können m. E. eine Rückstellungsbildung nicht rechtfertigen, da aus Sicht des Bilanzstichtages kein Erfüllungsrückstand seitens des OT vorliegt.

Schwieriger ist die umgekehrte Situation zu beurteilen, falls zum Bilanzstichtag des OT ein Jahresfehlbetrag ausgewiesen wird und am (phasenverschobenen) Bilanzstichtag bei der OG (wider Erwarten) durch externe Einflüsse ein Jahresüberschuss entsteht. Hier liegt ein Erfüllungsrückstand vor, der sich später nicht in monetärer Weise auswirkt. M. E. sind die bis zur Bilanzaufstellung des OT erkennbaren zukünftigen Entwicklungen abzuschätzen. Dabei wird die Wahrscheinlichkeit des künftigen Entstehens einer Verbindlichkeit bei Bestehen eines zwischenzeitlichen Jahresfehlbetrages umso größer sein, je höher diese Größe ist und je näher die (phasenverschobenen) Abschlussstichtage beider Unternehmen zeitlich beieinander lie-

---

1227 Vgl. BFH-Urteil vom 1.8.1984, I R 88/80, S. 46; BFH-Urteil vom 28.6.1989, S. 552; BFH-Urteil vom 25.8.1989, S. 894; BFH-Urteil vom 12.12.1991, S. 601; BFH-Urteil vom 10.12.1992, S. 159; BFH-Urteil vom 19.10.1993, S. 892 und BFH-Urteil vom 13.5.1998, S. 6.

1228 Die dazu näher geforderten Merkmale des BFH, der vom Gesetz ein Handeln innerhalb eines bestimmten Zeitraums fordert, in sachlicher Hinsicht ein inhaltlich genaues Handeln vorsieht und an die Pflichtverletzung Sanktionen knüpft, sind bei einem EAV allesamt erfüllt. Vgl. dazu allgemein BFH-Urteil vom 25.8.1989, S. 894; BFH-Urteil vom 12.12.1991, S. 603 und BFH-Urteil vom 19.10.1993, S. 892.

1229 Vgl. allgemein BFH-Urteil vom 1.8.1984, I R 88/80, S. 670 f.; BFH-Urteil vom 3.6.1992, S. 742 und BFH-Urteil vom 19.10.1993, S. 893.

1230 Vgl. dazu ERLE, BERND/CLEMM, HERMANN (1999), § 249 HGB, Anm. 100, Stichwort „Verlustübernahme"; JONAS, MARTIN (1994), S. 1532 und KROPFF, BRUNO (1988), S. 359 ff.

1231 Die von KROPFF angeführte hypothetische Überlegung, dass eine Verlustausgleichsverpflichtung bestünde, wenn der EAV an diesem Bilanzstichtag des OT enden würde, hilft für die folgenden Untersuchungen (leider) nicht weiter. Vgl. KROPFF, BRUNO (1988), S. 359 f.

gen. Für die These einer ausnahmslosen Rückstellungspassivierung bei Vorliegen eines Jahresfehlbetrages am Bilanzstichtag des OT spricht die Tatsache des Bestehens eines gesetzlichen (kontinuierlichen) Dauerschuldverhältnisses, nach dem die wirtschaftliche Verursachung mit jedem sich negativ auf das bilanzielle Jahresergebnis auswirkenden Geschäftsvorfall eintritt. Auch gem. des Stichtagsprinzips ist die Bildung einer Rückstellung zu bejahen. Liegt eine wirtschaftliche Verursachung vor, die wider Erwarten zu keiner rechtlichen Entstehung führt, ist die Rückstellung am nächsten Bilanzstichtag vollständig (erfolgswirksam) aufzulösen.

Keine Beachtung im Schrifttum finden die sich nach dem Bilanzstichtag des OT ereignenden wirtschaftlich unwesentlichen Tatbestandsmerkmale, die außerhalb der Einflusssphäre des OT liegen müssen und deren Eintritt vom bloßen Zeitablauf oder vom Verhalten Dritter abhängig ist.[1233] Gemäß des zuletzt genannten und mit Unsicherheit behafteten Kriteriums hat die OG **autonom** ihre Geschäftsvorfälle abzuwickeln. Ein neben dem EAV bestehender **BHV oder** eine bestehende **aktienrechtliche Eingliederung** würden demzufolge zu einer Durchbrechung dieses Grundsatzes führen, da die rechtliche Entstehung der Verbindlichkeit nun in den Einflussbereich des OT transferiert wäre (interne Einflüsse).[1234] Konsequenterweise dürfte eine **Verbindlichkeitsrückstellung** in diesen Fällen (zum 31.12.01) **zu verneinen** sein.

Im Zuge der **Bewertung** der Verbindlichkeitsrückstellung ist zu beachten, dass nur solche den Jahresfehlbetrag determinierenden (erfolgswirksamen) Geschäftsvorfälle der OG zu erfassen sind, die vor dem Bilanzstichtag des OT stattgefunden haben. Geschäftsvorfälle zwischen dem Bilanzstichtag des OT und demjenigen der OG sind als ungewisse Verbindlichkeiten erst in einem künftigen Wirtschaftsjahr entstanden und dürfen das Ergebnis des lfd. Wirtschaftsjahres nicht belasten.[1235] Große Bedeutung erlangt dieser Grundsatz m. E. für die Rücklagenbewegungen. Insofern hat die OG einen Zwischenabschluss zum Bilanzstichtag des OT zu erstellen, der den bis dahin entstandenen Jahresfehlbetrag ausweist.[1236]

Konkurrierend zum statischen Tatbestandsmerkmal der Verursachung wirtschaftlich wesentlicher Tatbestandsmerkmale vor dem Bilanzstichtag, das sich an der zivilrechtlichen Entstehungsstruktur der Verbindlichkeit orientiert[1237], wird das auf MOXTER zurückgehende und vom BFH z.T. verwendete dynamischere **Konzept der Ertragsalimentation** verwen-

---

1232 Die hinreichende Konkretisierung einer gesetzlichen Verpflichtung setzt voraus, dass am Bilanzstichtag sicher voraussehbar war, ob und ggf. zu welchem Zeitpunkt die Verpflichtung entsteht. Vgl. BFH-Urteil vom 25.8.1989, S. 895.

1233 Vgl. KESSLER, HARALD (1996), S. 1434.

1234 Dieser könnte gezielt den Jahresfehlbetrag der OG dem Grunde bzw. der Höhe nach mittels Weisungen hinsichtlich von Bilanzierungs- und Bewertungswahlrechten beeinflussen.

1235 Vgl. dazu allgemein BFH-Urteil vom 24.4.1968, S. 545; BFH-Urteil vom 1.8.1984, I R 88/80, S. 46; BFH-Urteil vom 12.12.1990, I R 18/89, S. 486 und BFH-Urteil vom 10.12.1992, S. 159.

1236 Die Rückstellungsbildung hat zu Lasten der Aufwandsart zu erfolgen, unter die der Aufwand bei einer „normalen“ Verlustübernahme fallen würde. Vgl. BFH-Beschluss vom 20.6.1974, S. 1239 und bzgl. der GuV-Positionen Fn. 1143 (S. 183). A.A.: ADLER, HANS/DÜRING, WALTHER/SCHMALTZ, KURT (1997), § 277 HGB, Tz. 72, die im Bildungsjahr der Rückstellung einen Ausweis unter den „sonstigen betrieblichen Aufwendungen“ präferieren, da unter „Aufwendungen aus Verlustübernahme“ nur die tatsächlich erlittenen Verluste zu deklarieren sind.

1237 Vgl. KESSLER, HARALD (1996), S. 1431.

det.[1238, 1239] Hiernach wird die wirtschaftliche Verursachung am Realisationsprinzip ausgerichtet. Rückstellungspflichtig sind zukünftige Ausgaben, die bis zum Bilanzstichtag realisierte Umsätze mittelbar oder unmittelbar alimentiert haben bzw. die nicht erkennbar mit zukünftigen Erträgen in Zusammenhang stehen.[1240] Auch diese dynamische Sichtweise führt zum gleichen Ergebnis wie ihr statisches Pendant, da keine wirtschaftlich enge Verknüpfung zwischen den künftigen Verlustübernahmeverpflichtungen und künftigen Erträgen besteht.

Die Passivierung einer Verbindlichkeitsrückstellung findet ausschließlich bei voneinander divergierenden Wirtschaftsjahren von OT und OG Anwendung. Bei **übereinstimmenden Wirtschaftsjahren** ist eine „Verbindlichkeit gegenüber verbundenen Unternehmen" i.S.v. § 266 Abs. 3 C. 6. HGB[1241] zu passivieren, da die Verpflichtung zur Verlustübernahme am Bilanzstichtag des OT nicht nur wirtschaftlich verursacht, sondern auch rechtlich entstanden ist, d.h., der Tatbestand, an den das Gesetz die Leistungspflicht knüpft, wurde verwirklicht.[1242]

Zu guter Letzt ist auf das innerhalb eines konkreten Sachverhaltes stattfindende **Zusammenwirken im Zeitablauf** der miteinander **konkurrierenden Verbindlichkeits- und Drohverlustrückstellung** problematisierend einzugehen. Während eine betragsmäßige Überschneidung beider Rückstellungskategorien unmöglich ist[1243, 1244], soll sich der „Transformation" prognostizierter in tatsächliche Verlustbeträge näher gewidmet werden. Dazu ist eine beispielhafte und anhand von Buchungssätzen erörterte Fallkonstellation in Anlage 3 des Anhangs (ab S. XLIV) angeführt.

(c) Bilanzielle Behandlung von schwebenden Ergebnisabführungsverträgen

Ein bislang sehr wenig beachtetes, jedoch äußerst praxisrelevantes Bilanzierungsproblem entsteht im Kontext der Rückwirkung des EAV bei Begründung einer ertragsteuerlichen Organschaft. Bezugnehmend auf die Situation der OG in Abbildung 9 (S. 110) wird erstmalig zum 31.12.01 die Verpflichtung zur Gewinnabführung bzw. der Anspruch auf Verlustübernahme begründet, obwohl der EAV erst im Folgejahr durch seinen Beschluss und seine HR-Eintragung zivilrechtliche Wirksamkeit erlangt. In der Schwebezeit[1245] befindet sich der **Bilanzierende in einem Dilemma**: Die Aufstellung des Jahresabschlusses zum 31.12.01 unter Berücksichtigung des EAV, wobei dessen Beschluss und/oder die HR-Eintragung im Folgejahr

---

1238 Vgl. BFH-Urteil vom 28.6.1989, S. 552 und BFH-Urteil vom 25.3.1992, S. 1012. Die Alimentationstheorie befürworten ebenfalls IdW (2000b), S. 293. Ablehnend hingegen BFH-Urteil vom 27.6.2001, S. 1895 f.

1239 Hierdurch soll die Schwierigkeit der Unterscheidung in wirtschaftlich wesentliche und unwesentliche Tatbestandsmerkmale vermieden werden. Vgl. MOXTER, ADOLF (1999), S. 108.

1240 Vgl. KESSLER, HARALD (1997b), S. 4070 und MOXTER, ADOLF (1999), S. 108 ff. Letzterer führt als Beispiel die Gewährleistungsrückstellung an.

1241 Dem entspricht die Aktivierung einer „Forderung gegen verbundene Unternehmen" i.S.v. § 266 Abs. 2 B. II. 2. HGB auf Seiten der OG. Vgl. EMMERICH, VOLKER/SONNENSCHEIN, JÜRGEN/HABERSACK, MATHIAS (2001), S. 173 f.

1242 Vgl. allgemein BFH-Urteil vom 22.11.1988, S. 360 und BFH-Urteil vom 10.12.1992, S. 160.

1243 Vgl. dazu i. Allg. GROH, MANFRED (1988), S. 28.

1244 Allerdings ist nicht zu beanstanden, dass der OT eine Verbindlichkeit aufgrund eines zu übernehmenden Verlustes passiviert und gleichzeitig wegen zu erwartender Verluste der OG eine Rückstellung bildet. Vgl. dazu explizit BFH-Urteil vom 5.11.1957, S. 25.

1245 Vgl. zu verschiedenen Definitionen von Schwebezeiten KUSSMAUL, HEINZ (1995), § 246 HGB, Rn. 11.

nicht vorgenommen wird (werden), verstößt ebenso gegen bilanzielle Grundprinzipen wie dessen Nichtberücksichtigung, falls im Folgejahr der Beschluss und die HR-Eintragung erfolgen.[1246] GREWER empfiehlt hierbei (pauschal) die Bilanzierung nach der **wahrscheinlichsten Variante.**[1247] Diese Aussage gilt es nach meiner Ansicht im Zuge einer näheren Analyse in **Fallgruppen** aufzusplitten.

Während im Falle des Abschlusses, Beschlusses und der HR-Eintragung im gleichen Wirtschaftsjahr der OG keine Bilanzierungsprobleme entstehen, ist die Situation als diffizil zu beurteilen, bei der der Abschluss und Beschluss in einem Jahr und die HR-Eintragung im Folgejahr stattfinden. Letztere wird durch die gesetzlichen Vertreter der OG vorgenommen, die sich einer Verweigerung in dieser Situation aufgrund des vorangegangenen Beschlusses faktisch bzw. rechtlich (bei gleichzeitigem BHV oder aktienrechtlicher Eingliederung) nicht entziehen können. Fraglich ist, ob bei der Unterstellung eines ebenfalls kalenderidentischen Wirtschaftsjahres des OT dessen Forderung auf Gewinnabführung am 31.12.01 wirtschaftlich verursacht worden und am Bilanzstichtag insofern als Vermögensmehrung auszuweisen ist.[1248] Einerseits wäre das Argument des bloßen Zeitablaufs anzuführen, innerhalb dessen die fehlende HR-Eintragung vorgenommen wird. Dem ließe sich entgegnen, dass die Eintragung nicht im Einflussbereich des OT, sondern in demjenigen der gesetzlichen Vertreter der OG liegt. Allerdings kann bei Vorliegen eines BHV oder einer aktienrechtlichen Eingliederung durch das aktienrechtlich legitimierte Weisungsrecht sehr wohl von einer Einflussmöglichkeit seitens des OT gesprochen werden. Auch bei Bestehen eines faktischen Konzerns (insb. bei einer Personalunion) besteht die Handhabe zu einer Einflussnahme.[1249] Insofern ist der Anspruch auf Erhalt des Gewinnabführungsbetrages zum 31.12.01 wirtschaftlich entstanden und zu aktivieren.

Aus Sicht der OG gelten diese Aussagen sinngemäß. Fraglich ist hierbei, ob auf deren Ebene eine Verbindlichkeit oder eine Verbindlichkeitsrückstellung zum 31.12.01 zu passivieren ist. Zum einen ist der stichtagsnachgelagerte Geschehensablauf in Form der HR-Eintragung am Bilanzstichtag vorhersehbar, so dass von einer rechtlich entstandenen Verpflichtung ausgegangen werden könnte, da ein Versäumnis der HR-Eintragung rechtlich bzw. aufgrund des „Zwangs“ des OT und seiner Gesellschafter nicht anzunehmen ist. Demgegenüber wäre einzuwenden, dass in diesem Kontext exakterweise von einer „quasi-rechtlichen“ Verpflichtung zu sprechen wäre, da es nach wie vor an ihrer **tatsächlichen** rechtlichen Entstehung mangelt, auch wenn es als sicher gilt, dass die HR-Eintragung im nächsten Jahr erfolgen wird. Nach meiner Ansicht ist unter Beachtung des Imparitätsprinzips vom Ansatz einer **Verbindlich-**

1246 Vgl. dazu GREWER, CHRISTOPH (1997), S. 745 f.

1247 Vgl. GREWER, CHRISTOPH (1997), S. 746.

1248 Für die Aktivierung von (wirtschaftlich verursachten) Forderungen müssen die wirtschaftlich wesentlichen Tatbestandsmerkmale, deren Rechtsfolge die Forderung darstellt, vor dem Bilanzstichtag verwirklicht worden sein. Die rechtliche Vollentstehung der Forderung hängt dabei nur noch von wirtschaftlich unwesentlichen Tatbestandsmerkmalen ab, unter denen entweder der bloße Zeitablauf oder die Einflussnahme des Bilanzierenden zu subsumieren sind. Vgl. dazu allgemein KESSLER, HARALD (1997a), S. 5 f.

1249 Als letztes „Druckmittel“ könnte eine gesetzlich nicht gedeckte Weisung erfolgen. M.E. würden die Folgewirkungen des § 311 Abs. 1 AktG nicht eintreten, da kein für die OG nachteiliges Rechtsgeschäft vorliegt, zumal der EAV bereits beschlossen wurde.

keitsrückstellung auszugehen, um dem Bilanzleser die am Stichtag generell gegebene, wenn auch geringfügige Ungewissheit des Passivpostens zu signalisieren.

Unerwartete Ergebnisse treten unter Berufung auf diese Argumentation dann ein, falls keine Gewinnabführung, sondern eine **Verlustübernahme** zum 31.12.01 unterstellt wird und sich die Bilanzierung von Forderungen und Verbindlichkeitsrückstellungen in personeller Hinsicht gerade umkehrt. Da die unwesentlichen Tatbestandsmerkmale auf Ebene des OT unversehens nicht mehr in dessen eigenen Einflussbereich zu liegen haben, wäre die Bildung einer Verbindlichkeitsrückstellung ebensowenig zu gestatten wie die Forderungsaktivierung bei der OG. Dieses Resultat führt m. E. schon deswegen zu einer Ungleichbehandlung, da dem Imparitätsprinzip Widerspruch geleistet wird, weil am Bilanzstichtag ein handelsrechtlicher Jahresfehlbetrag der OG vorliegt, dessen Übernahme seitens des OT ausschließlich von der HR-Eintragung abhängig ist. Meiner Meinung nach ist eine Verbindlichkeitsrückstellung in der Handelsbilanz des OT zu passivieren, da ihr am Bilanzstichtag unter den Gegebenheiten ein Erfüllungsrückstand droht (nicht bei BHV bzw. aktienrechtlicher Eingliederung)[1250]. Für den „Schönheitsfehler" in Form der Missachtung von wirtschaftlich unwesentlichen Tatbestandsmerkmalen lässt sich m. E. ebenfalls eine Erklärung finden. Jene dürfen sich deshalb nicht im Einflussbereich des Bilanzierenden befinden, weil sich dieser ansonsten der Verpflichtung nach dem Bilanzstichtag durch geeignete Maßnahmen entziehen könnte.[1251] Mittels des Abschlusses sowie Beschlusses des EAV vor dem Bilanzstichtag bekundet der OT den Willen, einen etwaigen anfallenden Verlust der OG auszugleichen. Er geht diese Verpflichtung quasi gewollt ein (natürlich um der Gewinnabführung willen).

Wird auf die in Abbildung 9 (S. 110) dargelegte Konstellation Bezug genommen (Beschluss **und** HR-Eintragung im Folgejahr), ist derjenige Faktor zu filtrieren, der das für die Bilanzierung auslösende unsichere Moment darstellt. Dieses ist meiner Ansicht nach unter Außerachtlassung der gerade problematisierten HR-Eintragung der Vertragsbeschluss als solcher und innerhalb dessen das **Entscheidungsverhalten der Gesellschafter des OT**. Hinsichtlich des Entscheidungsverhaltens der Gesellschafter der OG (= OT) ist am Bilanzstichtag davon auszugehen, dass jene den EAV auch auf der Gesellschafterversammlung der OG beschließen werden. Eine starke indizielle Wirkung kommt dem vor dem Bilanzstichtag abgeschlossenen EAV zu, auf den der Beschluss gem. § 184 Abs. 1 BGB rückwirkt.

Das beschriebene Problem lässt sich nicht generalisieren, sondern ist vielmehr **einzelfallabhängig** zu beurteilen. Gleichzeitig sind daraus als Entscheidungshilfe fungierende Tendenzen abzuleiten, mit denen der Vertragsabschluss durch den Beschluss Bekräftigung erfährt. Hinsichtlich des Entscheidungsverhaltens der Gesellschafter des OT ist nach meinem Dafürhalten deren **persönliche Bindung an den OT** – zumeist repräsentiert durch seine Rechtsform sowie durch die konkrete Ausgestaltung der Gesellschaftsverträge – von bedeutsamer Relevanz. Während sich die Frage eines Beschlusses bei einem **Einzelunternehmen** als OT auf dessen Ebene nicht stellt, liegt eine ähnliche „nahe Bindung" bei einer **Personenhandelsgesellschaft** vor. Da die zur Geschäftsführung befugten Gesellschafter diese auch im Außen-

---

[1250] Vgl. die Ausführungen in Kapitel C.I.2.a)(1)(b) (ab S. 198).

[1251] Von dieser Gefahr ist in einem Vertrags- bzw. Eingliederungskonzern auszugehen.

verhältnis vertreten, lässt sich vom Willen des Vertragsabschlusses auf den (personen-)identischen Willen des entsprechenden Beschlusses schließen.[1252] Bei einer **Kapitalgesellschaft** ist m. E. danach zu differenzieren, ob eine Publikumsgesellschaft oder eine „personenbezogene"[1253] Gesellschaft gegeben ist. Bei Vorliegen von Letzterer wird ein Vertragsbeschluss aus denselben Gründen wie bei der Personenhandelsgesellschaft eher zu bejahen sein.

Zusammenfassend ist im Zuge der Bilanzierung davon auszugehen, dass bei einem Einzelunternehmen, einer Personenhandelsgesellschaft bzw. einer „personenbezogenen" Kapitalgesellschaft als OT die Forderung auf Gewinnabführung zum 31.12.01 wirtschaftlich entstanden ist. Es ist zu unterstellen, dass die personenidentische bekundete Meinung der Gesellschafter des OT sowie des OT selbst am Bilanzstichtag vorliegen. Während sich der Vertragsabschluss dabei als wirtschaftlich wesentliches Tatbestandsmerkmal herausstellt, ist der Vertragsbeschluss als wirtschaftlich unwesentlich anzusehen, da die Herbeiführung der rechtlichen Vollentstehung der Forderung im Einflussbereich des OT, repräsentiert durch seine „personenbezogenen" Gesellschafter liegt. Dementsprechend hat die OG eine Verbindlichkeitsrückstellung zu passivieren. Bei Publikumsgesellschaften ist die rechtliche Entstehung der Forderung nach meiner Ansicht nicht mehr im Einflussbereich des OT anzusiedeln, da das Abstimmungsverhalten der Gesellschafter des OT ungewiss und außerhalb seiner Einflusssphäre liegt.[1254] Von einer Forderungsaktivierung ist abzusehen. Die Bildung einer Verbindlichkeitsrückstellung bei der OG bleibt davon unbenommen, da sich ihr ohnehin nicht existenter Einfluss unabhängig von der Zustimmung der Gesellschafterversammlung auf Ebene des OT bemisst.

Entsprechende Probleme treten im Falle einer **Verlustübernahmeverpflichtung** auf. Der dahinter stehende Wille des OT wurde bereits durch den Abschluss bekundet. Fraglich ist, ob derselbe Wille auch durch dessen Gesellschafter am Beschlusstag bestätigt wird. Bei einer „personenbezogenen" Gesellschaft ist von einem identischen Willen auszugehen, so dass m. E. auch hier eine Verbindlichkeitsrückstellung zum Bilanzstichtag zu passivieren ist (gilt nicht im Falle eines BHV bzw. einer aktienrechtlichen Eingliederung).

Einen weiteren Anwendungsfall dieser Diskussion stellt ein mehrstufiges Organschaftsverhältnis dar.[1255] Unterstellt man den Ansatz „von oben nach unten" und legt den Abschluss des EAV zwischen Tochter und Enkel zugrunde, ist die Wahrscheinlichkeit des Vertragsabschlusses v.a. dann als höher im Vergleich zum bisher Geschilderten einzuschätzen, wenn zwischen Mutter und Tochter ein BHV oder eine Personalunion besteht.[1256]

[1252] Unbenommen dessen wird die Wahrscheinlichkeit des Vertragsbeschlusses tendenziell umso größer sein, je harmonischer das Zusammenwirken der Gesellschafter untereinander und/oder je geringer die Höhe der Zustimmungsquote auf Ebene der Personenhandelsgesellschaft ist. Vgl. auch Kapitel B.IV.2.a)(3) (ab S. 93).

[1253] Darunter soll eine Kapitalgesellschaft mit relativ geringer Gesellschafteranzahl verstanden werden, die zudem in den jeweiligen Organen vertreten ist.

[1254] Der OT kann seinen Gesellschaftern ausschließlich raten, im Rahmen dieses Tagesordnungspunktes der Gesellschafterversammlung bzw. Hauptversammlung in seinem Sinne zu stimmen.

[1255] Vgl. die Fallkonstellation 3 in Abbildung 8 (S. 97).

[1256] Da der in Kapitel B.IV.2.a)(4) (ab S. 96) diskutierte interne Beschluss der Gesellschafter der Mutter keine Außenwirkung entfaltet, ist ihm auch in Bilanzierungsfragen keine materielle Bedeutung beizumessen.

(2) Steuerbilanz

Während steuerbilanziell hinsichtlich Drohverlustrückstellungen ein Passivierungsverbot gem. § 5 Abs. 4a EStG besteht, sind **Unklarheiten** hinsichtlich der konkreten Passivierungsfähigkeit von Verbindlichkeitsrückstellungen aus abgewickelten Verlustübernahmen in der **Steuerbilanz** des OT zugegen. Als Anknüpfungspunkt der Diskussion dient die durch die Finanzrechtsprechung bereits vor der Normierung des § 5 Abs. 4a EStG explizit verneinte steuerbilanzielle Passivierung einer Rückstellung für drohende Verluste aus der zukünftigen Verlustübernahme, da die aufwandswirksam gebildete Rückstellung als „Vorleistung" für künftige Verlustübernahmen bzw. als antizipierte Verlustübernahme zu sehen sei und analog einer bereits realisierten Verlustübernahme im Rahmen der Einkommensermittlung nicht berücksichtigungsfähig ist (§ 8 Abs. 3 S. 1 KStG).[1257]

Nach meiner Meinung vermengt der BFH in seiner Rechtsprechung zwei Ebenen miteinander: Diejenige der Überleitung des handels- zum steuerbilanziellen Ergebnisses und diejenige der anschließenden Überleitung zum zu versteuernden Einkommen. Der vom BFH zurecht zwecks Vermeidung einer steuerlichen Doppelentlastung geforderten Einkommensneutralität einer Verlustübernahme steht nicht entgegen, dass derselbe Betrag das handelsbilanzielle **und** steuerbilanzielle Ergebnis des OT mindert (§ 277 Abs. 3 S. 2 HGB i.V.m. § 5 Abs. 1 S. 1 EStG). Erst **anschließend** greift die Rechtsfolge des § 8 Abs. 3 S. 1 KStG im Rahmen spezieller Einkommensermittlungsvorschriften ein. Demzufolge war der im Jahre 1977 aufgestellten These, die Passivierung einer Drohverlustrückstellung für künftige Verlustübernahmen sei steuerrechtlich zu verwerfen, nicht zuzustimmen.[1258] Die damit bezweckte Vermeidung einer Doppelentlastung durch § 8 Abs. 3 S. 1 KStG ist nicht präsent, da der antizipierte Verlust nur einmal – nämlich in der Bilanz des OT – Berücksichtigung findet.[1259] Der These von RAUPACH und CLAUSEN, eine Verlustrückstellung stelle keinesfalls eine Vorleistung dar, sondern sei Ausfluss des Vorsichtsprinzips, da bilanziell gesehen keine Übernahme von Verlusten zum Ausdruck kommt, ist m. E. insofern zu berichtigen und zu ergänzen, dass es sich sehr wohl um eine (antizipierte) Vorleistung dem Grunde nach handelt, welche ihrer Höhe nach nur nicht hinreichend konkretisiert ist, wobei in den Folgeperioden eine Angleichung an den tatsächlichen Betrag der Verlustübernahme erfolgt.[1260]

Die geführte Diskussion erübrigt sich aufgrund § 5 Abs. 4a EStG nicht vollends, da m. E. nach den analogen Grundsätzen auch **Verbindlichkeitsrückstellungen** für abgewickelte Verlust-

---

[1257] Vgl. dazu grundlegend BFH-Beschluss vom 20.6.1974, S. 1238 f.; BFH-Urteil vom 26.1.1977, S. 441 f. und Urteil des FG Baden-Württemberg, Außensenate Stuttgart, vom 20.3.1975 (n.rkr.), S. 393 f. Vgl. auch Kapitel C.I.2.b) (ab S. 206).

[1258] Vgl. dazu im Endergebnis auch FLOHR, ECKARD (1983), S. 298 ff., s.b.S. 299 und KEUK, BRIGITTE (1975), S. 64 f., die den Maßgeblichkeitsgrundsatz des § 5 Abs. 1 S. 1 EStG vollkommen zu Recht in keinem subsidiären Verhältnis zu § 14 Abs. 1 S. 1 KStG sehen.

[1259] Vgl. RAUPACH, ARNDT/CLAUSEN, UWE (1974), S. 693. Im zuzurechnenden negativen Einkommen ist er erst in späteren Perioden enthalten.

[1260] Vgl. RAUPACH, ARNDT (1974), S. 1240 f. und RAUPACH, ARNDT/CLAUSEN, UWE (1974), S. 693. Vgl. hierzu auch FLOHR, ECKARD (1983), S. 301 und KEUK, BRIGITTE (1975), S. 66, nach denen die Verlustrückstellung zu dem in dem Wirtschaftsjahr von der OG erwirtschafteten und zuzurechnenden Einkommen der OG in keiner Beziehung steht. Streng genommen kann das Fehlen einer unmittelbaren Beziehung auch ohne Verlustrückstellung gegeben sein. Vgl. dazu Näheres in Kapitel C.I.3.a) (ab S. 208).

übernahmen **steuerbilanziell passivierungspflichtig** sind. Jene Rückstellungskategorie besitzt mit den Drohverlustrückstellungen die Gemeinsamkeit, dass sie ebenfalls der zu einem späteren Zeitpunkt rechtlich entstehenden Verbindlichkeit zeitlich vorgezogen wird und mithin Vorleistungscharakter besitzt. Allerdings ist die Verbindlichkeitsrückstellung dahingehend genauer konkretisiert, als dass bereits ein Erfüllungsrückstand seitens des OT am jeweiligen Bilanzstichtag vorliegt.

Zusammenfassend müsste das Maßgeblichkeitsprinzip der Handels- für die Steuerbilanz in diesem Kontext sowohl für Verbindlichkeits- als auch für Drohverlustrückstellungen gelten. Wenn die Erfassung von Verlustübernahmen handels- und steuerbilanziellen Aufwand darstellt, kann die Beurteilung von Vorleistungen zu keinem anderen Ergebnis gelangen. Das Zahlenbeispiel in Anlage 4 des Anhangs (S. XLVI) untermauert jene Argumentationsweise. Die in einer „Nacht- und Nebelaktion" zur Gegenfinanzierung der Gewerbekapitalsteuer[1261] stattgefundene Einführung des § 5 Abs. 4a EStG verstößt eklatant gegen das Imparitätsprinzip, so dass von einer restriktiveren Auslegung dieses bilanziellen Grundsatzes im Steuerrecht als im Handelsrecht auszugehen ist.

b) Einkommensermittlung

Auch der OT hat sein eigenes Einkommen autonom zu ermitteln, bevor ihm dasjenige der OG zugerechnet wird. Tabelle 8 verdeutlicht die Zusammenhänge:[1262]

	handelsbilanzielles Jahresergebnis
±	steuerliche Korrekturen (§ 60 EStDV) (insb. Drohverlustrückstellungen aus zukünftigen Verlustübernahmen)
=	**steuerbilanzielles Jahresergebnis**
+	nicht abziehbare Aufwendungen (§ 10 KStG), insb. Auflösung von aktiven bzw. Bildung von passiven AP[1263]
–	steuerfreie Erträge, insb. Bildung von aktiven bzw. Auflösung von passiven AP[1264]
=	**Zwischensumme**
–	von der OG erhaltener Gewinn (§ 8 Abs. 3 S. 1 KStG)
–	von der OG erhaltene vGA als vorweggenommene Gewinnabführung[1265]

1261 Vgl. HOFFMANN, WOLF-DIETER (1999a), S. 1551.

1262 Die Ausführungen sind auf mehrstufige Organschaftsverhältnisse entsprechend anzuwenden.

1263 Vgl. zum AP ausführlich Kapitel D.I (ab S. 312). Organschaftsspezifisch sind unter den nicht abziehbaren Aufwendungen auch etwaige im handels- und steuerbilanziellen Ergebnis enthaltene Ausgleichszahlungen an außen stehende Gesellschafter der OG zu subsumieren, falls die Leistung durch den OT erfolgt. Vgl. Kapitel C.I.4.a) (ab S. 224).

1264 Vgl. zum AP ausführlich Kapitel D.I (ab S. 312). Als steuerfreier Ertrag ist insb. die vollständige Kürzung von Bezügen i.S.v. § 8b Abs. 1 KStG bzw. die hälftige Kürzung gem. § 3 Nr. 40d EStG anzuführen (§ 15 Nr. 2 S. 2 KStG i.d.F. des UntStFG). Vgl. Art. 2 Nr. 7b des „Gesetzes zur Fortentwicklung des Unternehmenssteuerrechts (Unternehmenssteuerfortentwicklungsgesetz – UntStFG)" vom 20. Dezember 2001, S. 3864.

1265 Das Jahresergebnis des OT wurde durch die vGA bereits erhöht. Da das Einkommen der OG ebenfalls um den Betrag der vGA korrigiert wurde (§ 8 Abs. 3 S. 2 KStG), würde über die Zurechnung des Einkommens der OG eine nicht zu rechtfertigende Doppelerfassung eintreten. Vgl. die Ausführungen in Fn. 1178 (S. 190).

+	von der OG übernommener Verlust (§ 8 Abs. 3 S. 1 KStG)
=	**Einkommen des OT**
±	zuzurechnendes Einkommen der OG
–	zuzurechnendes Einkommen an OG aufgrund etwaiger Ausgleichszahlungen an außen stehende Gesellschafter (§ 16 KStG), falls der OT diese übernimmt[1266]
=	**vom OT zu versteuerndes Einkommen**

Tabelle 8: Ermittlung des (zu versteuernden) Einkommens des Organträgers[1267]

Analog zur OG ist das übernommene Ergebnis beim OT im Zuge der Einkommensermittlung außerbilanziell spiegelbildlich zu korrigieren, da es zum einen im handels- und steuerbilanziellen Ergebnis und zum anderen im zuzurechnenden Einkommen der OG enthalten ist. Im Endergebnis hat der OT den übernommenen Gewinn wie einen steuerfreien Ertrag und den auszugleichenden Verlust wie einen nicht abziehbaren Aufwand zu behandeln.[1268]

3. Einkommensverrechnung

Im Anschluss an die Darstellung ausgewählter Aspekte auf Ebene der OG sowie des OT unter Berücksichtigung von deren rechtlicher Selbstständigkeit, jedoch bereits im Hinblick auf die Existenz eines Unternehmensvertragskonzerns, ist nachstehend auf das verbindende Element – die gem. der **sog. Zurechnungstheorie** erfolgende Einkommensverrechnung in zeitlicher und sachlicher Hinsicht – detailliert einzugehen. Die beiden vorangegangenen Hauptkapitel werden mittels § 14 Abs. 1 S. 1 KStG miteinander verknüpft. Dabei entstehen grundsätzliche Schwierigkeiten, weil der Gesetzgeber in der genannten Rechtsvorschrift zunächst die Ergebnisabführung und anschließend die Einkommenszurechnung anspricht.

1266 Vgl. Kapitel C.I.4.a) (ab S. 224) sowie die Berechnungen in Anlage 5 des Anhangs (ab S. XLVII).

1267 Tabelle 8 basiert auf der Darstellung bei WITT, GEORG (1999), Tz. B138, wobei grundlegende Erweiterungen vorgenommen wurden. Bei OT in der Rechtsform von Personenhandelsunternehmen ist das um die Ergebnisabführung korrigierte Ergebnis des Einzelunternehmens bzw. der Ergebnisanteil aus der Mitunternehmerschaft dem Einzelunternehmer bzw. den Mitunternehmern zuzuordnen und mit etwaigen anderen individuellen Einkünften zu verrechnen. Das (anteilige) Einkommen der OG ist dagegen zwar der Personenhandelsgesellschaft bzw. dem Einzelunternehmen, jedoch nicht dem Ergebnis aus Gewerbebetrieb des Mitunternehmers bzw. Einzelunternehmers zuzurechnen. Vgl. dazu explizit BFH-Urteil vom 14.4.1992, S. 818. Dies kann m.E. ebenfalls implizit durch die Verwaltungsvorschriften begründet werden. Im Einkommensermittlungsschema gem. Abschn. 24 Abs. 1 S. 2 KStR wird dem OT das Einkommen der OG zwischen Summe und Gesamtbetrag der Einkünfte zugerechnet. Dabei kann dahingestellt bleiben, ob die Positionierung an dieser Stelle als sachgerecht zu erachten ist. Nach meiner Ansicht wird damit der Zurechnungstheorie widersprochen. Folgerichtig wäre das Einkommen der OG erst im Anschluss an das ermittelte zu versteuernde Einkommen des OT zuzurechnen. Unbenommen dessen können diese für eine Kapitalgesellschaft als OT geltenden Aussagen m.E. ohne Weiteres auf das Einkommensteuerrecht transferiert werden. Leider hat es die Finanzverwaltung versäumt, bei dem in R 3 Abs. 1 EStR dargelegten Einkommensermittlungsschema das (anteilige) Einkommen der OG anzuführen. Zur Klarstellung wäre eine Nachbesserung wünschenswert.

1268 Vgl. HARLE, GEORG/KULEMANN, GRIT (2001), Rz. 81 und KEUK, BRIGITTE (1975), S. 64.

a) Ergebnisabführung und Einkommenszurechnung

Die **Ergebnisabführung** als **gesellschafts- und handelsrechtlicher Begriff** bemisst sich nach dem **Wirtschaftsjahr** der OG. Deren Verpflichtung bzw. Anspruch auf Gewinnabführung bzw. Verlustausgleich entsteht kraft Vertrages an deren Bilanzstichtag.[1269] Das gilt auch für den OT.

Steuerrechtlich ist der Zeitpunkt der **Einkommenszurechnung** der OG von Relevanz. Grundsätzlich gilt das von ihr eigens erzielte und ermittelte Einkommen als in dem **Kalenderjahr** bezogen, in dem ihr Wirtschaftsjahr endet (§ 7 Abs. 4 S. 2 KStG). Da Dementsprechendes rechtsformunabhängig für den OT Anwendung findet (§§ 4a Abs. 2 Nr. 2 EStG, 7 Abs. 4 KStG), kann diesem folglich nur das Einkommen der OG desjenigen Wirtschaftsjahres zugerechnet werden, welches im gleichen Kalenderjahr wie dasjenige des OT endet. M.a.W.: Dem OT ist für das Kalenderjahr das Einkommen der OG zuzurechnen, welches diese selbst erzielt hat und in diesem Zeitraum zu versteuern hätte, wenn kein Organschaftsverhältnis bestünde.[1270]

Jene unterschiedlichen Zeiträume können unter Berücksichtigung bestimmter Ausprägungen des bilanziellen Vorsichtsprinzips und je nach Lage des Einzelfalles zu **temporären Verwerfungen zwischen Gewinnabführung und Einkommenszurechung** führen, weswegen der Versuch einer **Kategorisierung** unternommen wird. Isoliert man gedanklich jeweils ein Wirtschaftsjahr von OT und OG und endet das Wirtschaftsjahr der OG **nicht** nach dem Wirtschaftsjahr des OT, treten keinerlei Probleme auf. Anderenfalls dürfen die abgeführten Gewinne erst in der Bilanz des folgenden Wirtschaftsjahres des OT ausgewiesen werden, da ansonsten gegen das **Realisationsprinzip** verstoßen würde (erste Restriktion).[1271] Die zweite Beschränkung in Form der Einkommenszurechnung benötigt eine Differenzierung zwischen Kalender- und Wirtschaftsjahr. Beispielhaft wird in Abbildung 13 eine infrage kommende Möglichkeit grafisch dargestellt:

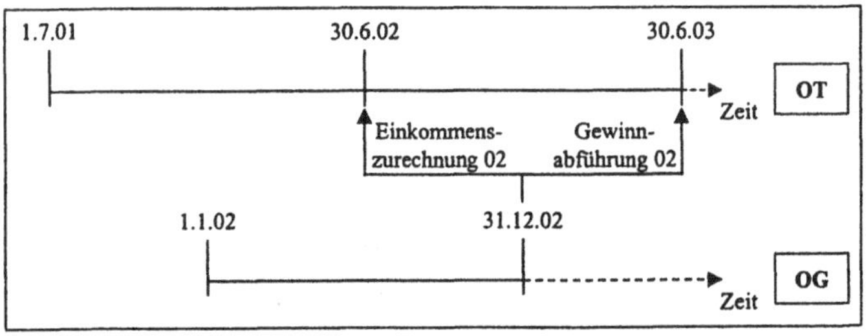

Abbildung 13: Ausgewähltes Beispiel temporärer Diskrepanzen zwischen Gewinnabführung und Einkommenszurechnung

[1269] Vgl. BGH-Urteil vom 11.10.1999, S. 2458.

[1270] Vgl. BFH-Urteil vom 29.10.1974, S. 128 f.; BFH-Urteil vom 20.8.1986, I R 150/82, S. 458; Urteil des FG Baden-Württemberg vom 27.9.1972 (n.rkr.), S. 606 und Urteil des FG München vom 26.5.1972 (n.rkr.), S. 513. A.A.: KNOBBE-KEUK, BRIGITTE (1993), S. 715.

[1271] Vgl. FÖRSCHLE, GERHART (1999), § 277 HGB, Anm. 17 f.

Handelsrechtlich stellt die Gewinnabführung des Jahres 02 einen Ertrag des OT in dessen Wirtschaftsjahr 02/03 dar.[1272] **Steuerrechtlich** ist das die Gewinnabführung beinhaltende Einkommen dem OT für das Kalenderjahr 02 neben seinem eigenen Einkommen des Wirtschaftsjahres 01/02 hinzuzurechnen, obwohl bei ihm das Wirtschaftsjahr der handelsrechtlichen Vereinnahmung des Gewinns erst im Kalenderjahr 03 endet.[1273] Die steuerliche Erfassung des Einkommens wird somit um ein Jahr vorgezogen. Auf Basis dieser Überlegungen lassen sich folgende allgemeine Aussagen (unter Berücksichtigung des Realisationsprinzips) ableiten (vgl. Tabelle 9 (S. 209)):

OG / OT	**kalenderidentisches Wirtschaftsjahr**	**kalenderabweichendes Wirtschaftsjahr**
kalenderidentisches Wirtschaftsjahr	keine Diskrepanzen	keine Diskrepanzen (vgl. Abbildung 12 (S. 196))
kalenderabweichendes Wirtschaftsjahr	stets Diskrepanzen (vgl. Abbildung 13 (S. 208))	– keine Diskrepanzen, wenn bspw. OT ein Wirtschaftsjahr vom 1.7.-30.6. und OG vom 1.4.-31.3. haben – Diskrepanzen, wenn bspw. OT ein Wirtschaftsjahr vom 1.4.-31.3. und OG vom 1.10.-30.9. haben

Tabelle 9: Mögliche temporäre Diskrepanzen zwischen Gewinnabführung und Einkommenszurechnung in Abhängigkeit von der Wahl des Wirtschaftsjahres bei Organträger und Organgesellschaft

Einen zusätzlichen, bei **OT-Personenhandelsgesellschaften** existenten Problembereich, falls deren Mitunternehmer ebenfalls voneinander abweichende Wirtschaftsjahre besitzen, hat der BFH (organschaftsunspezifisch) insofern gelöst, als dass die Zuweisung des Gewinnanteils einen laufenden Geschäftsvorfall darstellt, der sich auf das Ergebnis des Wirtschaftsjahres des Mitunternehmers auswirkt, in dem dieser Geschäftsvorfall liegt bzw. das während dem Ende des Wirtschaftsjahres der Personenhandelsgesellschaft läuft.[1274]

Die gleichen Grundsätze gelten auch für die **Mehrmütterorganschaft**.[1275] Als Besonderheit ist auffällig, dass die GbR keinen auf ein Handelsgewerbe gerichteten gewerblichen Geschäftsbetrieb besitzt, weswegen für sie **ausschließlich das Kalenderjahr** infrage kommt (§ 4a Abs. 1 Nr. 3 S. 1 EStG).

Mit diesen zeitlichen Verwerfungen können der Zeitpunkt der Einkommenszurechnung sowie der Zeitpunkt, für den die Korrektur des die abgeführten Beträge bereits enthaltenden Einkommens des OT auseinanderfallen.[1276] Da das handelsbilanzielle Jahresergebnis des OT im Jahr der ausschließlichen Einkommenszurechnung noch nicht die entsprechende Gewinnab-

---

[1272] Unbenommen dessen muss der OT für drohende Verluste nach dem Imparitätsprinzip bereits am 30.6.02 (1.7.02) bzw. 30.6.03 eine Rückstellung bilden.

[1273] Vgl. WINTER, WILLI (2002), § 14 KStG, Anm. 63.

[1274] Vgl. BFH-Urteil vom 30.9.1964, S. 55 und BFH-Urteil vom 20.1.1965, S. 297 f.

[1275] Vgl. SCHMIDT, LUDWIG (1971), S. 240.

[1276] Vgl. BFH-Urteil vom 29.10.1974, S. 128.

führung desselben Wirtschaftsjahres der OG umfasst, besteht in diesem Jahr kein Korrekturbedarf i.S.v. § 8 Abs. 3 S. 1 KStG.[1277] Dafür muss die Gewinnabführung des unmittelbar vorangegangenen Wirtschaftsjahres berichtigt werden. Ein umfassendes Zahlenbeispiel wird in Anlage 2 des Anhangs (ab S. XLI) gegeben.[1278]

b) Gewinnabführung und Gewinnausschüttung

Neben möglichen temporären Verwerfungen zwischen Einkommenszurechnung und Gewinnabführung als reinem organschaftsspezifischen Problem muss zusätzlich ein kritischer Vergleich zur Situation ohne Bestehen einer Organschaft in **zeitlicher Hinsicht** vorgenommen werden. Dabei ist von Bedeutung, inwiefern die in Kapitel C.I.1.a)(2)(a)(ii) (ab S. 179) angesprochenen ausschüttbaren Rücklagen in diesen Kontext einzuordnen sind.

(1) Phasenkongruente Gewinnvereinnahmung im Fokus der BGH- und BFH-Rechtsprechung

Während die Forderung des OT auf Gewinnabführung bei **identischen Wirtschaftsjahren** automatisch und unmittelbar mit Ablauf des Wirtschaftsjahres der Gewinnerzielung der OG entsteht[1279] und in der Handels- und Steuerbilanz zu aktivieren ist, lässt sich ohne Organschaft keine gleichwertige Aussage treffen. **Handelsrechtlich** wurde die sog. phasenkongruente Gewinnvereinnahmung erstmalig durch das BGH-Urteil vom 3.11.1975 (für identische Wirtschaftsjahre) judiziert, wobei der (Gläubiger-)Rechtsanspruch auf einen Gewinn erst dann in der Handelsbilanz der eine Mehrheitsbeteiligung an einer Kapitalgesellschaft haltenden Mutter **zumindest** aktiviert werden **konnte**, falls zum Bilanzstichtag der Mutter der Wille einer bestimmten Ausschüttung erkennbar war, der Jahresabschluss der Tochter vor der Prüfung[1280] der Mutter festgestellt wurde und **mindestens** ein Gewinnverwendungs**vorschlag** i.S.v. § 170 Abs. 2 AktG zu diesem Zeitpunkt vorlag, der die am Bilanzstichtag bestehende „innere An-

---

[1277] Vgl. Tabelle 8 (S. 206 f.).

[1278] Der die Besteuerung der addierten Einkommen vornehmende OT muss entsprechende ESt- bzw. KSt-Vorauszahlungen leisten. Diese sind im Falle einer Kapitalgesellschaft bzw. eG gem. § 31 Abs. 2 KStG i.V.m. § 37 Abs. 1 EStG während des Wirtschaftsjahres zu entrichten, das im VZ endet. Bezugnehmend auf Abbildung 13 (S. 208) hat der OT die Vorauszahlungen früher zu leisten, als die OG ohne Bestehen einer Organschaft verpflichtet wäre. Dieser Liquiditäts- und Zinsnachteil kann sich auch ins Gegenteil umschlagen, wenn das Einkommen des OT positiv und dasjenige der OG negativ ist und die Vorauszahlungen des OT demnach niedriger sind als sie ohne Organschaft wären. Vgl. dazu SCHUHMANN, HELMUT (2001), S. 65 f. Die gleichen Wirkungen lassen sich auch durch ein OT-Personenhandelsunternehmen erzielen (§ 37 Abs. 1 EStG i.V.m. § 4a Abs. 2 Nr. 2 EStG).s

[1279] Vgl. PRIESTER, HANS-JOACHIM (2001), S. 727.

[1280] In diesem Punkt besteht eine Ungenauigkeit im Ablaufschema für die Entwicklung des endgültigen Jahresabschlusses. Der Wertaufhellungszeitraum umfasst die Zeitdauer zwischen dem Abschlussstichtag und dem Tag der Aufstellung des Jahresabschlusses (§ 252 Abs. 1 Nr. 4 HGB). Die Prüfung des Jahresabschlusses setzt diese Aufstellung voraus und ist ihr zeitlich nachgelagert (§ 320 Abs. 1 S. 1 HGB). Insofern würde eine (unzulässige) Ausdehnung des Wertaufhellungszeitraums gegeben sein. Vgl. dazu KESSLER, HARALD (1999c), S. 259 und ausführlich KÜTING, KARLHEINZ/KAISER, THOMAS (2000), S. 579 ff. An dieser unpräzisen Formulierung wird in der Rechtsprechung und z.T. im Schrifttum dennoch festgehalten. Vgl. BGH-Urteil vom 12.1.1998, S. 567; Urteil des OLG Köln vom 20.7.1998 (rkr.), S. 82 f. und Urteil des OLG Köln vom 10.3.1999 (n.rkr.), S. 1113 sowie SCHÜPPEN, MATTHIAS (1999), S. 1115 f.

sicht" (wert)erhellte.[1281] Diese grundsätzlichen Prämissen wurden durch die weitere BGH-Rechtsprechung sowie den EuGH mit Modifikationen bestätigt: Das „Zumindest-Aktivierungswahlrecht" wurde zu einem Aktivierungs**gebot** verschärft[1282] und anstelle des Gewinnverwendungsvorschlages hat nun ein entsprechender **Beschluss** bis spätestens zum Ende der Bilanzaufstellung der Mutter vorzuliegen[1283], der den Vermögensgegenstand „Dividendenforderung" wirtschaftlich entstehen lässt[1284] und als werterhellender Umstand auf den Bilanzstichtag und die zu diesem Zeitpunkt bestehende Absicht der Mutter, einen bestimmten Betrag auszuschütten, zurückwirkt.[1285, 1286]

Steuerrechtlich schloss sich der BFH der BGH-Rechtsprechung an, wobei er aus den Maßgeblichkeitsüberlegungen heraus ein Aktivierungsgebot annahm.[1287] Eine fundamentale und im Schrifttum sehr umstrittene[1288] Änderung der BFH-Rechtsprechung, welche sich schon im Zuge des Vorlagebeschlusses in 1998 anbahnte[1289], trat im Jahre 2000 ein. Übt eine Kapitalgesellschaft an einer anderen Kapitalgesellschaft die **Stimmrechtsmehrheit** aus, wird das Wirtschaftsgut „Dividendenforderung" (mit zeitlich nachgelagerter Fassung des Gewinnverwendungsbeschlusses) vom Wirtschaftsgut „Beteiligung" abgespalten und ist zu aktivieren, falls zum Bilanzstichtag der Bilanzgewinn der ausschüttenden Gesellschaft bekannt ist[1290].

1281 Der Gewinnanspruch ist unter dem Posten „Forderungen gegen verbundene Unternehmen" auszuweisen, während die Gegenbuchung bei den „Erträgen aus Beteiligungen" vorgenommen wird. Vgl. BGH-Urteil vom 3.11.1975, S. 38 ff.

1282 Vgl. BGH-Urteil vom 12.1.1998, S. 567 und S. 569.

1283 Der HFA des IdW vertritt die Meinung, dass die Mutter bei Vorliegen eines Gewinnverwendungs**vorschlages** ein Wahlrecht zur Aktivierung des Dividendenanspruches besitzt. Vgl. IdW-Facharbeit (1998), S. 428. A.A.: BLAUM, ULF/KESSLER, HARALD (2000), S. 1242 sowie KÜTING, KARLHEINZ (1996), S. 1951, die aufgrund der Eigenschaft des Gewinnanspruches als Vermögensgegenstand bei einer Nichtausübung des Wahlrechts einen Verstoß gegen das Vollständigkeitsgebot i.S.v. § 246 Abs. 1 S. 1 HGB sehen. Gleicher Ansicht ist auch REIS, MONIQUE (2000), S. 706.

1284 Vgl. §§ 58 Abs. 4 AktG, 29 Abs. 1 und Abs. 2 GmbHG sowie BGH-Beschluss vom 21.7.1994, S. 1868 und BGH-Urteil vom 12.1.1998, S. 568. Vgl. bzgl. den Prüfkriterien im Kontext einer Forderung die Ausführungen in Fn. 1248 (S. 202).

1285 Vgl. BGH-Beschluss vom 21.7.1994, S. 1868; BGH-Urteil vom 3.11.1975, S. 40; BGH-Urteil vom 12.1.1998, S. 568 und EuGH-Urteil vom 27.6.1996, S. 1400 f., das durch das EuGH-Urteil vom 10.7.1997, S. 1513, berichtigt bzw. ergänzt wurde.

1286 Die auf einen Alleingesellschafter abstellenden EuGH-Urteile erlangen auch für eine geringere Stimmrechtsquote Geltung, falls die Mutter sowohl zum Zeitpunkt des Abschlussstichtages als auch zu demjenigen des Gewinnverwendungsbeschlusses über die gesetzliche oder gesellschaftsvertragliche bzw. satzungsmäßige Beschlussmehrheit verfügt. Vgl. IdW-Facharbeit (1998), S. 427. Gleicher Ansicht: BLAUM, ULF/KESSLER, HARALD (2000), S. 1242 und HERZIG, NORBERT (1996), S. 1402. Vgl. als Negativbeispiel das BFH-Urteil vom 19.2.1991, S. 808, im Rahmen dessen lt. Gesellschaftsvertrag grundsätzlich kein Gewinn ausgeschüttet werden darf, in den Vorjahren auch nicht ausgeschüttet wurde und konsequenterweise von einer Aktivierung abzusehen ist.

1287 Vgl. BFH-Beschluss vom 3.2.1969, S. 293; BFH-Urteil vom 2.4.1980, S. 703; BFH-Urteil vom 3.12.1980, S. 185; BFH-Urteil vom 8.3.1989, S. 718 sowie BFH-Urteil vom 26.11.1998, S. 510.

1288 Vgl. dazu GROH, MANFRED (2000), S. 2445; HERZIG, NORBERT (2000), S. 2253; KIEHNE, HANS-ERICH (2001), S. 250; KEMPERMANN, MICHAEL (2000), S. 1132; MOXTER, ADOLF (2000), S. 2336 und WÜSTEMANN, JENS (2001), S. 877. A.A.: BILSDORFER, PETER (2001), S. 35; EKKENGA, JENS (1999), S. 1214; HILDESHEIM, CARL-ULRICH (2001), S. 5 und LUTTERMANN, CLAUS (1999), S. 380.

1289 Vgl. BFH-Beschluss vom 16.12.1998, S. 249 ff., s.b.S. 252. Erste Zweifel an der BGH-Rechtsprechung wurden bereits im BFH-Urteil vom 26.11.1998, S. 509, geäußert.

1290 Uneinigkeit herrscht darüber, ob ein Bilanzgewinn bei der Tochter zum Bilanzstichtag auch auszuweisen ist. Vgl. dazu HOFFMANN, WOLF-DIETER/GROH, MANFRED (2000), S. 2557. M.E. spricht der BFH-Beschluss vom 7.8.2000, S. 1685 für diese Vermutung, was aus Gründen der Rechtssicherheit auch folgerichtig ist. Gleicher Ansicht anscheinend HILDESHEIM, CARL-ULRICH (2001), S. 4. Der Meinung von HOFF-

Zusätzlich muss **objektiv, nachprüfbar und nach außen erscheinend** erkennbar sein, für welchen Ausschüttungsbetrag die gesetzlichen Vertreter der Muttergesellschaft auf der nach dem Bilanzstichtag stattfindenden Haupt- bzw. Gesellschafterversammlung stimmen werden.[1291, 1292] Diese kumulativ zu erfüllenden Kritierien treten, wie der BFH auch einräumt, in nur „äußerst seltenen Ausnahmefällen" ein[1293], so dass letztlich von einem **Quasi-Aktivierungsverbot** auszugehen ist.[1294] Eine vormals bestehende zeitliche Voraussetzung[1295] wurde (implizit) nicht aufrechterhalten.[1296] Der BFH befand sich im Rahmen seiner Entscheidung in einer Zwangslage: Primär beabsichtigte er die Unterbindung steuerlicher Gestal-

---

MANN, WOLF-DIETER (1999b), S. 504, für den am Bilanzstichtag nicht abzusehen ist, ob aus dem Bilanzgewinn aufgrund der i. d. R. erst nach dem Bilanzstichtag ausgeübten bilanziellen Wahlrechte nicht ein Bilanzverlust entsteht, ist zu entgegnen, dass in § 242 Abs. 1 HGB eine Aufstellung für den Bilanzstichtag zu erfolgen hat, wobei das Bilanzergebnis auf diesen zurückwirkt. Vgl. KÜTING, KARLHEINZ (1996), S. 1949 f.

1291 Vgl. BFH-Beschluss vom 7.8.2000, S. 1682 ff. und sekundär BFH-Beschluss vom 16.12.1998, S. 249 ff., s.b.S. 250.

1292 Neben des Vorliegens eines genau festgelegten Betrages muss objektiv erkennbar sein, dass die zum Bilanzstichtag gefasste innere Willensbildung im weiteren Verlauf nicht aufgegeben bzw. modifiziert wird. Vgl. BFH-Urteil vom 20.12.2000, S. 735. KESSLER stellt zu Recht fest, dass bei konzernmäßig verbundenen Unternehmen bereits oft am Bilanzstichtag deutliche Vorstellungen über die Gewinnverwendung bestehen. Vgl. KESSLER, HARALD (1999b), S. 371. GROH schlägt die Erstellung eines protokollarisch festzuhaltenden Nachweises vor, da die objektive Beweislast bei der Muttergesellschaft liegt. Vgl. GROH, MANFRED (2000), S. 2444. A.A.: HOFFMANN, WOLF-DIETER (1999b), S. 504; HOFFMANN, WOLF-DIETER (2001a), S. 737 sowie HERZIG, NORBERT (2000), S. 2253, die m.E. zu Recht auf die Subjektivismen einer (jederzeit widerrufbaren) Erklärung aufmerksam machen. Vgl. hierzu auch BLAUM, ULF/KESSLER, HARALD (2000), S. 1237 f., die eine schuldrechtliche Selbstbindung des beherrschenden Gesellschafters gegenüber den Minderheitsgesellschaftern als objektiviertes Merkmal am Bilanzstichtag in Erwägung ziehen, falls sie nicht zum Schein eingegangen wird. Eine evtl. Aufhebung wäre wertbegründend und nicht berücksichtigungsfähig. Ob die von KEMPERMANN in Erwägung gezogene Ausschüttung aufgrund langjähriger Übung den strengen Objektivitätskriterien Genüge trägt, ist m.E. zu bezweifeln. Vgl. dazu KEMPERMANN, MICHAEL (2000), S. 1130 f. Eine nähere Konkretisierung liefert die jüngste BFH-Rechtsprechung, nach der ein Ausschüttungsgebot nach Gesellschaftsvertrag bzw. Satzung, eine Ausschüttungsvereinbarung, eine Vorabausschüttung oder zumindest die endgültige Meinungsbildung über die spätere Ausschüttung als hinreichend anzusehen sind. Vgl. BFH-Urteil vom 31.10.2000, S. 413 f.

1293 Vgl. BFH-Beschluss vom 7.8.2000, S. 1685 und BFH-Urteil vom 31.10.2000, S. 413. Vgl. hierzu auch GROH, MANFRED (2000), S. 2444, der diese starken Restriktionen anscheinend als vermeintlich leicht überbrückbar ansieht. A.A. ist HOFFMANN im Rahmen einer Erwiderung: HOFFMANN, WOLF-DIETER/GROH, MANFRED (2000), S. 2557. Auch für WASSERMEYER ist die steuerbilanzielle Phasenkongruenz „tot", da die Ausnahmen eher theoretischer Natur sind. Vgl. WASSERMEYER, FRANZ (2000), S. 1111. Durch das BFH-Urteil vom 28.2.2001 wurden die „äußerst seltenen Ausnahmefälle" weniger konkretisiert, als der Folgeschluss erbracht, dass eine phasenkongruente Gewinnvereinnahmung für die **GmbH** als abhängige Kapitalgesellschaft dann möglich ist, wenn eine Vorabausschüttung im betreffenden Wirtschaftsjahr erfolgt. Vgl. BFH-Urteil vom 28.2.2001, S. 1066. Hierbei bedarf es des Aufstellens einer Zwischenbilanz sowie des Beschlusses und der Durchführung einer Gewinnausschüttung im alten Jahr. Vgl. HOFFMANN, WOLF-DIETER (2001b), S. 1067 und PEZZER, HANS-JÜRGEN (2001), S. 1067. Dieses Instrumentarium steht einer AG bzw. KGaA nicht zur Verfügung, da der von der Satzung ermächtigte Vorstand Abschlagszahlungen erst nach Ablauf des Wirtschaftsjahres auf den voraussichtlichen Bilanzgewinn leisten kann (§ 59 Abs. 1 AktG).

1294 Bzgl. konkreter Beispiele sei auf Kapitel C.I.3.b)(2) (ab S. 214) sowie auf die Berechnungen in Kapitel C.III.2.a) (ab S. 250) verwiesen.

1295 Damit ist das Halten der Stimmrechte seit dem Beginn des Wirtschaftsjahres der Tochter, dessen Ergebnis ausgeschüttet wird, gemeint. Vgl. BFH-Urteil vom 21.5.1986, I R 190/81, S. 1953 ff.; BFH-Urteil vom 21.5.1986, I R 199/84, S. 794 ff. und BFH-Urteil vom 11.4.1990, I R 80/89, S. 440.

1296 Die zeitliche Voraussetzung war in den Sachverhalten der BFH-Beschlüsse vom 16.12.1998 und 7.8.2000 nicht erfüllt und wurde auch nicht beanstandet. Als Begründung wurde die Irrelevanz einer Beteiligungsmindestdauer für die „Sicherheit" der Gewinnvereinnahmung am Bilanzstichtag angeführt. Vgl. BFH-Beschluss vom 16.12.1998, S. 249 f. und deutlich S. 255 sowie BFH-Beschluss vom 7.8.2000, S. 1683.

tungsmöglichkeiten.[1297] Allerdings sollte einem handelsbilanziellen Aktivierungsgebot auch kein steuerbilanzielles Aktivierungsverbot gegenüberstehen.[1298] Während der BGH die Gewinnforderung explizit und folgerichtig als Vermögensgegenstand behandelt[1299], zieht der BFH kurioserweise zwecks Umgehung einer Vorlage zum Gemeinsamen Senat der obersten Gerichtshöfe des Bundes und trotz der Betonung der begrifflichen Identität zwischen Vermögensgegenstand und positivem Wirtschaftsgut den Folgeschluss des Vorliegens eines handelsrechtlichen Wahlrechts[1300], einen Nicht-Vermögensgegenstand dennoch als Vermögensgegenstand anzusetzen, auf eine für steuerbilanzielle Zwecke nicht beachtungsfähige **Bilanzierungshilfe**[1301].[1302] Dem vom BGH auf die Gewinnausschüttung angewandten Wertaufhellungsprinzip erteilt er eine Absage bzw. stellt an dieses aufgrund des Vorsichtsprinzips hohe Objektivierungsanforderungen, da es sich seiner Meinung nach nicht exakt nachweisen lässt, ob der Ausschüttungswille bzw. die Ausschüttungshöhe am Bilanzstichtag bereits vorhanden sind (werterhellend) oder erst danach geschaffen bzw. näher konkretisiert werden (wertbegründend).[1303]

Zusammenfassend lässt sich konstatieren, dass die wirtschaftliche Entstehung eines Gewinnanspruches am Bilanzstichtag handelsrechtlich (und früher steuerrechtlich) zur Annahme realisierter Erträge ausreichte[1304], während der BFH nun zu einer mehr zivilrechtlichen Betrachtungsweise übergegangen ist[1305]. Damit ist nicht nur die Gefahr einer unterschiedlichen Behandlung von Gewinnansprüchen dem Grunde nach in Handels- und Steuerbilanz an einem bestimmten Bilanzstichtag, sondern auch das mit dem Zeitpunkt des Bilanzansatzes verknüpfte Realisationsprinzip, Wertaufhellungsprinzip[1306] und Vollständigkeitsgebot der Bilanz verbunden (§§ 246 Abs. 1 S. 1, 252 Abs. 1 Nr. 4 HGB). Diese **Durchbrechung des Maß-**

1297 Vgl. den Sachverhalt des BFH-Beschlusses vom 16.12.1998, S. 249 ff., s.b.S. 252, im Rahmen dessen der Jahresabschluss der Mutter genau einen Tag nach dem Gewinnverwendungsbeschluss erstellt wurde und eine Phasenkongruenz zu bejahen war. Im Umkehrfall würde der Ertrag erst im Folgejahr erfasst werden, was einer gleichmäßigen Besteuerung widerspräche. Bekräftigend hierzu BFH-Beschluss vom 7.8.2000, S. 1685 f. Vgl. auch die schematische Übersicht bei HOFFMANN, WOLF-DIETER (2000e), S. 1810. Ist diese Gestaltungsmöglichkeit nicht auch mit der (nicht vom Steuergesetzgeber beanstandeten) Spekulationsfrist i.S.v. § 23 Abs. 1 Nr. 1 EStG vergleichbar, bei der mit einer Grundstücksveräußerung bspw. noch einen Tag gewartet wird, um den Veräußerungsgewinn steuerfrei zu realisieren?

1298 Dies ist im Endergebnis jedoch genau geschehen. Vgl. dazu auch KRAFT, GERHARD (1999), S. 256.

1299 Vgl. BGH-Beschluss vom 21.7.1994, S. 1868; BGH-Urteil vom 3.11.1975, S. 40 und BGH-Urteil vom 12.1.1998, S. 568.

1300 Ein solches Wahlrecht ist bei Erfüllung der Voraussetzungen in der jüngeren BGH-Rechtsprechung gerade nicht (mehr) präsent. Vgl. BGH-Urteil vom 12.1.1998, S. 567 und S. 569.

1301 Vgl. BFH-Beschluss vom 7.8.2000, S. 1686. Vgl. dazu kritisch KIEHNE, HANS-ERICH (2001), S. 248 f., der m. E. zu Recht auf die notwendige explizite gesetzliche Regelung von Bilanzierungshilfen einerseits und die damit verbundene Ausschüttungssperre andererseits aufmerksam macht. Ferner müsste bzgl. einer handelsrechtlichen Bilanzierungshilfe ein Aktivierungswahlrecht bestehen, das durch den BGH gerade nicht bestätigt wird.

1302 Damit ist der steuerbilanzielle Gewinn (aus Sicht des Fiskus überraschenderweise) geringer als der handelsbilanzielle. Vgl. GROH, MANFRED (2000), S. 2445.

1303 Vgl. BFH-Beschluss vom 16.12.1998, S. 252 f.; BFH-Beschluss vom 7.8.2000, S. 1685 f. und BFH-Urteil vom 26.11.1998, S. 509.

1304 Vgl. hierzu explizit BGH-Beschluss vom 21.7.1994, S. 1868; BGH-Urteil vom 12.1.1998, S. 568; BFH-Urteil vom 8.3.1989, S. 717 sowie Urteil des FG Baden-Württemberg vom 2.9.1986 (n.rkr.), S. 111.

1305 Vgl. dazu auch EKKENGA, JENS (1999), S. 1213.

1306 Das Wertaufhellungsprinzip gilt für Fragen des Bilanzansatzes dementsprechend. Vgl. KÜTING, KARL-HEINZ/KAISER, THOMAS (2000), S. 578 f.

geblichkeitsgrundsatzes wird implizit auf die Gleichmäßigkeit der Besteuerung gem. Art. 3 Abs. 1 GG gestützt.[1307] Mit der damit verbundenen Schaffung von **Grundsätzen ordnungsmäßiger steuerlicher Bilanzierung** wird zumindest in diesem Kontext zukünftig zwischen einem handels- und steuerrechtlichen Realisations- und Wertaufhellungsprinzip zu differenzieren sein.[1308]

Die seit dem BFH-Beschluss vom 7.8.2000 ergangene Änderung der Rechtsprechung wurde mittlerweile auf (bilanzierende) Einzelunternehmen sowie Personenhandelsgesellschaften als Mütter ausgedehnt.[1309] Ein Sonderrecht für Betriebsaufspaltungen wurde von der BFH-Rechtsprechung abgelehnt.[1310] M.E. ist auch anzunehmen, dass die neuen Grundsätze (anteilig) ebenfalls bei Gemeinschaftsunternehmen Geltung erlangen, falls die Gesellschafter einen einheitlichen (koordinierten) Willen verfolgen.[1311] Die neue BFH-Rechtsprechung tritt erstmalig nach Beendigung des Anrechnungsverfahrens in Kraft.[1312]

(2) Phasenkongruente Gewinnvereinnahmung bei vororganschaftlichen Ausschüttungen?

Bei einer ertragsteuerlichen Organschaft wird der abzuführende Gewinn bei identischen Wirtschaftsjahren phasenkongruent als Forderung auf Ebene des OT erfasst, wobei der **Ausweis eines Bilanzgewinns ex definitione unterbunden** wird. Der Vorgang der Gewinnabführung ist dem Grunde nach dem **Bereich der Ergebnisentstehung** zuzuordnen (§ 277 Abs. 3 S. 2 HGB).[1313] Der bilanziellen Abbildung der Gewinnabführung entspricht die (außerorganschaftliche) Bilanzaufstellung „nach vollständiger Verwendung des Jahresergebnisses" i.S.v. § 268 Abs. 1 S. 1 HGB.

Im Falle der **Existenz von Rücklagenauflösungen** ist sich des Ergebnisverwendungsschemas i.S.v. § 158 Abs. 1 AktG zu bedienen. Dabei finden diverse Rücklagengruppen im Gewinnabführungsbetrag ihren zahlenmäßigen Niederschlag.[1314] Andere Rücklagenkategorien sind

---

1307 Vgl. HOFFMANN, WOLF-DIETER (2000c), S. 1040 und HOFFMANN, WOLF-DIETER (2000e), S. 1813 f.

1308 Vgl. BLAUM, ULF/KESSLER, HARALD (2000), S. 1239; HOFFMANN, WOLF-DIETER (2000c), S. 1039 f.; HOFFMANN, WOLF-DIETER (2000e), S. 1813 und SAURE, HERMANN (1999), S. 301. Eine originäre Steuerbilanz befürwortet WEBER-GRELLET, HEINRICH (2001), S. 35 und S. 40.

1309 Dabei erlangen obige Grundsätze auch dann Geltung, wenn die Anteile an der Kapitalgesellschaft im SBV II der Gesellschafter gehalten werden. Vgl. BFH-Urteil vom 31.10.2000, S. 412 ff. Vgl. bzgl. der alten Rechtsprechung BFH-Urteil vom 8.3.1989, S. 717.

1310 Vgl. BFH-Urteil vom 26.11.1998, S. 510 und BFH-Urteil vom 31.10.2000, S. 414. Vgl. dazu auch Verfügung der OFD Hannover vom 29.1.1992, S. 466 f.; Verfügung der OFD Düsseldorf vom 12.2.1992, S. 181 f. und Verfügung der OFD Frankfurt a. M. vom 15.7.1992, S. 203 f.

1311 So nach der alten Rechtsprechung geschehen beim BFH-Urteil vom 2.4.1980, S. 703; BFH-Urteil vom 3.12.1980, S. 185; BFH-Urteil vom 7.12.1983, S. 388 und Urteil des FG Baden-Württemberg vom 2.9.1986 (n.rkr.), S. 111.

1312 Vgl. BMF-Schreiben vom 1.11.2000, S. 1997. Dies ist bei kalenderidentischen Wirtschaftsjahren der 31.12.2001 bzw. ansonsten das Ende des Wirtschaftsjahres 2001/2002. Somit ist bei gleichem Wirtschaftsjahr die Umstellung auf ein abweichendes Wirtschaftsjahr zu treffen. Vgl. PFLÜGER, HANS-JÖRG (2000), S. 264.

1313 Vgl. dazu auch KNOP, WOLFGANG (1995), § 268 HGB, Rn. 30, der diesen Umstand mit der fehlenden Dispositionsfreiheit begründet.

1314 Vgl. Tabelle 5 (S. 184).

während der Vertragszeit ausschließlich ausschüttbar.[1315] Da im Zuge der Rücklagenauflösung keine zeitliche Unterscheidung dahingehend getroffen wird, ob vertragliche oder vorvertragliche Rücklagen vorliegen, sind eine Verbindlichkeit aus Gewinnabführung sowie ein Bilanzgewinn in der Bilanz desselben Wirtschaftsjahres der OG zu passivieren. Die Haupt- bzw. Gesellschafterversammlung entscheidet über die Verwendung des Bilanzgewinns (§§ 174 Abs. 1 AktG, 29 Abs. 1 S. 2 GmbHG). Hinsichtlich der ihr zustehenden Möglichkeiten (Einstellung von Beträgen in die Gewinnrücklagen, Vortrag des Gewinns auf neue Rechnung und Ausschüttung des Gewinns an die Gesellschafter[1316] gem. §§ 58 Abs. 3 AktG, 29 Abs. 1 und 2 GmbHG) ist eine Entscheidung zu Gunsten der letzten Alternative zu treffen. Damit geht – je nach Zeitpunkt des Gewinnverwendungsbeschlusses – eine Bilanzaufstellung unter teilweiser oder vollständiger Ergebnisverwendung i.S.v. § 268 Abs. 1 AktG einher. Diese Erkenntnisse sind unter die jüngste BFH-Rechtsprechung zur phasenkongruenten Gewinnvereinnahmung (in der Steuerbilanz des OT) zu subsumieren.

Die im BFH-Beschluss vom 7.8.2000 geforderte Prämisse der Stimmrechtsmehrheit, welche sich i.S.v. § 16 Abs. 3 AktG auffassen lässt, ist unstreitig erfüllt.[1317] Ferner wird zum Bilanzstichtag (mindestens) ein Bilanzgewinn ausgewiesen. Die vom BFH geforderte Voraussetzung einer zum Bilanzstichtag „sicheren" und objektiv erkennbaren Ausschüttungsabsicht ist meiner Ansicht nach wegen des in der Größe „Bilanzgewinn" dokumentierten Willens, repräsentiert durch die Auflösung ausschüttungsfähiger Rücklagen, und mangels anderer Verwendungsalternativen ebenfalls eindeutig wahrzunehmen.[1318] Die äußere Erkennbarkeit wird dabei implizit durch das Bestehen eines Organschaftskonzerns geschaffen. Die Ausschüttungshöhe ist vorbehaltlich der Satzung bzw. des Gesellschaftsvertrages durch den Anteil am Grundkapital bzw. das Verhältnis der Geschäftsanteile determiniert (§§ 60 Abs. 1 und Abs. 3 AktG, 29 Abs. 3 GmbHG). Bei identischen Wirtschaftsjahren von OT und OG wird meiner Ansicht nach ein vom BFH titulierter „äußerst seltener Ausnahmefall" konstituiert; die „Erträge aus Beteiligungen" gelten am Bilanzstichtag des OT (steuerlich) als realisiert.

Die Frage einer phasenkongruenten Gewinnvereinnahmung erlangt für **Kapitalgesellschaften** aus **steuerlicher Sicht** keine materielle Bedeutung, da die zeitlich früher realisierten Beteiligungserträge aufgrund § 8b Abs. 1 KStG außerbilanziell zu kürzen sind. Da jene Rechtsvorschrift auf § 20 Abs. 1 Nr. 1 EStG Bezug nimmt, erfolgt die Kürzung im Jahr der Gewinnaus-

1315 Vgl. bereits Kapitel C.I.1.a)(2)(a)(ii) (ab S. 179).

1316 Hierunter sind die außen stehenden Gesellschafter mit inbegriffen.

1317 Gesellschaftsrechtlich wird ferner ein beherrschender Einfluss i.S.v. § 17 Abs. 1 AktG bzw. die Nicht-Widerlegung der Konzernvermutung gem. § 18 Abs. 1 S. 3 AktG gefordert. Vgl. BGH-Beschluss vom 21.7.1994, S. 1868; BGH-Urteil vom 3.11.1975, S. 39 und BGH-Urteil vom 12.1.1998, S. 568. Der HFA des IdW verneint das Vorliegen etwaiger aktienrechtlicher Konzerntatbestände, so dass eine Mehrheitsbeteiligung i.S.v. § 16 Abs. 3 AktG vorbehaltlich restriktiver Satzungs- bzw. Gesellschaftsvertragsänderungen von Relevanz ist. Vgl. IdW-Facharbeit (1998), S. 427. Gleicher Ansicht: KEMPERMANN, MICHAEL (1999b), S. 409. Im Rahmen eines Organschaftskonzerns kann die Notwendigkeit bzw. Bewertung dieser Anforderungen dahingestellt bleiben, wie sich aus Abbildung 11 (S. 166) ergibt.

1318 Meiner Ansicht nach wird mittels dieser Situation durchaus ein vom BFH in Abrede gestellter Erfahrungssatz geschaffen, der den Entschluss von Gesellschaftern am Bilanzstichtag dokumentiert, einem später unterbreiteten Gewinnverwendungsvorschlag zu folgen. Vgl. BFH-Beschluss vom 7.8.2000, S. 1686. Ebenso dürfte den abstrakt formulierten Anforderungen des BFH-Urteils vom 31.10.2000, S. 413 f. sowie des BFH-Urteils vom 20.12.2000, S. 735, Genüge getan sein. Vgl. dazu auch Fn. 1292 (S. 212).

schüttung. Weicht dieses aufgrund der phasenkonguenten Gewinnvereinnahmung vom Jahr der Gewinnrealisierung ab, sollte eine Kürzung folgerichtig zeitlich vorgezogen werden.[1319]

Gegensätzlich hierzu findet bei **Einzelunternehmen bzw. Personenhandelsgesellschaften** mit natürlichen Mitunternehmern das Halbeinkünfteverfahren Anwendung. Der in der GuV des Einzelunternehmens, der Personenhandelsgesellschaft bzw. in der Sonder-GuV der Mitunternehmer verbuchte Beteiligungsertrag ist gem. § 3 Nr. 40d EStG außerbilanziell hälftig zu kürzen. Für diese Maßnahme sollte bei einer phasenkongruenten Gewinnvereinnahmung ebenfalls der Zeitpunkt der steuerbilanziellen Realisierung maßgebend sein. Als Vorteil ist bei Nicht-Kapitalgesellschaften, die nicht durch §§ 264a f. HGB, 1 Abs. 1 PublG erfasst werden, der vergleichsweise erweiterte Aufstellungszeitraum des Jahresabschlusses gem. § 243 Abs. 3 HGB zu sehen, innerhalb dessen der Gewinnverwendungsbeschluss vorzuliegen hat.[1320]

Im Rahmen der Ausschüttung werden neben dem OT auch etwaige **außen stehende Gesellschafter** berührt. Falls sie bilanzierungspflichtig sind, gelten die gerade für den OT erwähnten Grundsätze entsprechend. Das Ausschüttungsverhalten ist aus der Beschlussmehrheit des OT abzuleiten, während die Ausschüttungshöhe mittels der Kenntnis des Bilanzgewinns und des Verteilungsschlüssels ebenfalls eindeutig determiniert ist.

c) Steuerrechtliche Besonderheiten und Gestaltungsüberlegungen bei vororganschaftlichen Gewinnausschüttungen

Bisweilen wurde impliziert, dass die OG während der Geltung des Halbeinkünfteverfahrens gegründet wurde bzw. der zur Zeit des Anrechnungsverfahrens gegründeten OG keine ausschüttbaren Kategorien des vEK zur Verfügung stehen. Wird die letzte Prämisse aufgehoben, ist ein etwaiger Bilanzgewinn der OG an den OT bzw. die außen stehenden Gesellschafter quotal auszuschütten.[1321] Diesem Aspekt ist m. E. im Rahmen der körperschaftsteuerlichen Übergangsvorschriften vom Anrechnungs- zum Halbeinkünfteverfahren gem. §§ 36 ff. KStG ein bedeutsamer Stellenwert beizumessen, da er aufgrund der Verpflichtung zur Ergebnisabführung bzw. zur Leistung von Ausgleichszahlungen mit einem damit verbundenen geringeren Ausschüttungszwang tendenziell leichter in „Vergessenheit" gerät.

Eine letztmalige Feststellung des unter Geltung des Anrechnungsverfahrens gebildeten vEK erfolgte für Umgliederungszwecke der unter dem Halbeinkünfteverfahren obsoleten „EK-Töpfe" zum 31.12.2000 bei kalenderidentischem Wirtschaftsjahr bzw. zum Ende des Wirtschaftsjahres 2000/2001 (§ 36 Abs. 1 KStG).[1322] Im **darauf folgenden** Wirtschaftsjahr ist ein

---

[1319] Vgl. GROH, MANFRED (2000), S. 2446. Damit geht die Unbeachtlichkeit einer Rückstellung für (passive) latente Steuern i.S.v. § 274 Abs. 1 HGB einher. Vgl. BLAUM, ULF/KESSLER, HARALD (2000), S. 1245.

[1320] Der gesetzlich nicht eindeutig definierte Aufstellungszeitraum wird i. d. R. mind. sechs Monate und höchstens ein Jahr umfassen. Vgl. dazu m. w. N. ADLER, HANS/DÜRING, WALTHER/SCHMALTZ, KURT (1997), § 243 HGB, Tz. 39 ff.

[1321] Auskehrungen aus den Kapitalrücklagen stellten bislang eine Verminderung des EK 04 dar, welches nun in ein steuerliches Einlagekonto i.S.v. § 27 KStG umgegliedert wurde.

[1322] Es ist unstrittig, dass sowohl die OG als auch der die entsprechende Rechtsform aufweisende OT die vEK-Teilbeträge aufgrund ihrer rechtlichen Selbstständigkeit gesondert zu ermitteln bzw. umzugliedern haben. Vgl. THURMAYR, GEORG (2001), § 36 KStG, Anm. R 13. Eine schematische Darstellung bzgl. der Umgliederungsrangfolge der vEK-Teilbeträge gem. § 36 Abs. 2-7 KStG liefern KUSSMAUL, HEINZ/RICHTER, LUTZ (2001), S. 24 f.

Körperschaftsteuerguthaben zu ermitteln, das $^{1}/_{6}$ des (umgegliederten) Bestandes an EK 40 beträgt (§ 37 Abs. 1 KStG) und die diesem „EK-Topf" immanente 40%ige KSt-Belastung auf die bislang geltende 30%ige Ausschüttungsbelastung senkt.[1323] Das ermittelte KSt-Guthaben ist gem. § 37 Abs. 2 S. 1 KStG für offene Gewinnausschüttungen anzusprechen, denen Vorabausschüttungen (nur bei GmbH!) gleichgestellt werden[1324]. Das KSt-Guthaben verfällt unwiederbringlich, falls es nicht nach **15 Wirtschaftsjahren** seit dem Zeitpunkt seiner Bildung vollständig aufgezehrt wird (§ 37 Abs. 2 S. 2 KStG), was eine Gesamtbelastung von 40% KSt zzgl. einer etwaigen Steuerbelastung beim Anteilseigner zur Folge hätte.

Stellt der OT ein **Einzelunternehmen bzw. eine Personenhandelsgesellschaft** mit natürlichen Mitunternehmern dar, vermindert sich auf Ebene der OG deren KSt-Guthaben um $^{1}/_{6}$ der Gewinnausschüttung (Bardividende); Gleiches gilt für die KSt des Veranlagungszeitraums, in dem das Wirtschaftsjahr endet, **in dem** die Gewinnausschüttung erfolgt (§ 37 Abs. 2 S. 1 und S. 2 KStG).[1325] Übertragen auf vororganschaftliche Gewinnausschüttungen erhält die OG ohne eigenes zu versteuerndes Einkommen – dies ist bei der Nichtexistenz von Ausgleichszahlungen der Fall – $^{1}/_{6}$ der Gewinnausschüttung erstattet.[1326]

Wird der OT im Rechtskleid einer **Kapitalgesellschaft bzw. eG** betrieben, regelt § 37 Abs. 3 KStG i.V.m. § 8b Abs. 1 KStG, dass sich mit der bei der OG einhergehenden Minderung des KSt-Guthabens und der KSt gem. § 37 Abs. 2 KStG spiegelbildlich die KSt und das KSt-Guthaben des OT erhöhen.[1327] Erst bei einer Ausschüttung an eine natürliche Person treten die oben beschriebenen Wirkungen ein. Die gleichen Grundsätze gelten mittels § 8b Abs. 6 S. 1 KStG für eine Kapitalgesellschaft, die Mitunternehmerin einer OT-Personenhandelsgesellschaft ist (Gleichstellung mittelbarer und unmittelbarer Beteiligungen).[1328]

Neben der bislang ausschließlichen Betrachtung von vororganschaftlichen Ausschüttungen sind ebenso Gewinnabführungen in diesen Kontext einordenbar. Verfügt die OG selbst über „Bezüge" i.S.v. § 8b Abs. 1 KStG aus einer nachgeschalteten und keine OG verkörpernden Kapitalgesellschaft, stellen diese gem. § 15 Nr. 2 KStG i.d.F. des UntStFG ebenfalls einen

[1323] Da die „Altrücklagen" bei einer natürlichen Person als Gesellschafter dem Halbeinkünfteverfahren unterliegen, steigt die Definitivbelastung auf Ebene der ausschüttenden Gesellschaft von 25% auf 30%.

[1324] Vgl. FÖRSTER, GUIDO (2001), S. 1275 sowie THURMAYR, GEORG (2001), § 37 KStG, Anm. R 17 und Anm. R 36.

[1325] Hierbei ist ein wesentlicher, die Liquidität der OG betreffender Unterschied im Gegensatz zum Anrechnungsverfahren erkennbar, da bei Letzterem die KSt desjenigen Wirtschaftsjahres gemindert wurde, für das die Ausschüttung erfolgte (§ 27 Abs. 3 S. 1 KStG 1999). Vgl. dazu im Umkehrschluss BFH-Urteil vom 24.1.2001, S. 985 und Urteil des FG Hamburg vom 14.9.1999 (n.rkr.), S. 152.

[1326] Die allgemeine Frage der KSt-Erstattung ist gesetzlich nicht kodifiziert, wobei nach h.M. konsequenterweise auf dieses Vorgehen abzustellen ist. Vgl. dazu LANG, BIANCA (2001), S. 2114; PRINZ, ULRICH (2001), S. 127 und SEMMLER, ERNST (2001), S. 1337. Die Mobilisierung von KSt-Guthaben anscheinend bezweifelnd: HEURUNG, RAINER/HEINSEN, OLIVER/SPRINGER, MASCHA (2001a), S. 185 und WESSELBAUM-NEUGEBAUER, CLAUDIA (2000), S. 1898.

[1327] Jenes gilt auch im Falle eines negativen Einkommens. Vgl. DÖTSCH, EWALD/PUNG, ALEXANDRA (2000b), S. 7.

[1328] Ohne diese Regelung wäre die Anwendung von § 37 Abs. 3 KStG zu verneinen, da die Personenhandelsgesellschaft ein selbstständiges Subjekt bzgl. der Gewinnerzielung bzw. -ermittlung ist und der zuzurechnende Gewinnanteil keinen „Bezug" i.S.v. § 8b Abs. 1 KStG darstellt. Vgl. WATERMEYER, HEINRICH, J. (2001), § 8b KStG, Anm. R 101.

Bestandteil des zuzurechnenden Einkommens an den OT dar.[1329] Insofern gewährleistet § 37 Abs. 3 S. 2 KStG i.d.F. des UntStFG-E sowie des UntStFG[1330] für **Organschaftsverhältnisse**, dass die mit der Vereinnahmung der Bezüge einhergehende Erhöhung der KSt bzw. des KSt-Guthabens nicht der OG, sondern folgerichtig dem OT bzw. den juristischen Mitunternehmern einer OT-Personenhandelsgesellschaft zugerechnet werden.

Werden die Anteile an der OG im **SBV II** des natürlichen bzw. juristischen Mitunternehmers gehalten, dürften die Rechtsfolgen der § 37 Abs. 2 KStG bzw. § 37 Abs. 3 KStG i.V.m. § 8b Abs. 1 KStG meiner Meinung nach in **direkter Weise** anwendbar sein.

Da in der Übergangsphase analog zum alten KSt-Recht hinsichtlich der Verwendungsreihenfolge nach dem „Highest-In-First-Out"-Prinzip zu verfahren ist[1331], wäre es ratsam, vororganschaftliche Gewinne aus dem ehemaligen EK 40 zwecks Abbau des KSt-Guthabens auszuschütten bzw. im Falle einer OT-Kapitalgesellschaft bzw. von juristischen Personen als Mitunternehmer einer OT-Personenhandelsgesellschaft eine Weiterausschüttung an natürliche Personen während des Zeitraums von 15 Wirtschaftsjahren zu ermöglichen. Vermieden werden sollten dagegen Ausschüttungen, die eine fiktive Verwendung des EK 02 während der Übergangsfrist auslösen, da damit eine KSt-Erhöhung gem. § 38 Abs. 2 S. 1 KStG i.H.v. $^3/_7$ der Gewinnausschüttung verbunden ist, welche aufgrund der erfolgenden Zuordnung des EK 02 zum neutralen Vermögen nach 15 Wirtschaftsjahren entfällt.

Im Zuge der Ermittlung des **maximalen vororganschaftlichen Gewinnausschüttungsbetrages** ist zu beachten, dass es handels- und steuerrechtlich generell unerheblich ist, aus welchen Mitteln sich der zur Ausschüttung vorgesehene Bilanzgewinn zusammensetzt.[1332] Es gilt folgende Strategie: Schütte die in Kapitel C.I.1.a)(2)(a)(ii) (ab S. 179) näher determinierten Rücklagen solange aus, bis der in nachstehendem Schema abgeleitete maximale Ausschüttungsbetrag i.S.v. § 38 Abs. 1 S. 4 KStG erreicht ist. Dabei werden die Bestände an EK 02 sowie des steuerlichen Einlagekontos in Abzug gebracht, weil sie gem. der Fiktion als zuletzt verwendet gelten.

[1329] Vgl. die Anmerkungen in Fn. 1177 (S. 190) und Fn. 1264 (S. 206).

[1330] Vgl. Art. 2 Nr. 19b des „Entwurfs eines Gesetzes zur Fortentwicklung des Unternehmenssteuerrechts (Unternehmenssteuerfortentwicklungsgesetz – UntStFG)" vom 17. August 2001, S. 20 f. und Art. 2 Nr. 19b des „Gesetzes zur Fortentwicklung des Unternehmenssteuerrechts (Unternehmenssteuerfortentwicklungsgesetz – UntStFG)" vom 20. Dezember 2001, S. 3870.

[1331] Zunächst gilt das dem früheren EK 40 immanente KSt-Guthaben, danach die Summe der nicht mehr gesondert festgestellten Teilbeträge des EK 40, EK 30, EK 01, EK 03 und Neu-EK unter Geltung des Halbeinkünfteverfahrens, welches als neutrales Vermögen bezeichnet wird, danach das EK 02 und zu guter Letzt das steuerliche Einlagekonto als (fiktiv) zur Ausschüttung verwendet (§§ 27 Abs. 1, 38 Abs. 1 KStG).

[1332] Vgl. MÜLLER, WELF (2000b), S. 535 und SEMMLER, ERNST (2001), S. 1337.

	steuerbilanzielles Eigenkapital
–	gezeichnetes Kapital
–	Bestand an EK 02
–	Höhe des steuerlichen Einlagekontos
=	**maximaler Ausschüttungsbetrag**

Ferner ist zu überprüfen, ob eine Mobilisierung des KSt-Guthabens nach dem Vorbild des „Leg-ein-Hol-zurück-Verfahrens“ **während** des Organschaftsverhältnisses innerhalb der Übergangsphase möglich ist. Die **Schlüsselrolle** kommt m. E. dabei den **„anderen Zuzahlungen, die Gesellschafter in das Eigenkapital leisten“** i.S.v. § 272 Abs. 2 Nr. 4 AktG zu, welche innerhalb dieses klassischen Verfahrens das jetzige steuerliche Einlagekonto erhöhen[1333], wobei gem. der Verwendungsfiktion das dem KSt-Guthaben immanente EK 40 primär als ausgeschüttet gilt und die begehrte KSt-Minderung eintritt. Wie in Kapitel C.I.1.a)(2)(a)(ii) (ab S. 179) ausgeführt, liegt keine eindeutige Rechtssicherheit, wohl aber eine durch die jüngste Finanzrechtsprechung geprägte Tendenz darüber vor, ob während der Vertragszeit geleistete Zuzahlungen durch den Wortlaut des § 301 S. 2 AktG erfasst und somit abzuführen sind. Falls – wie in dieser Arbeit und vom BFH vertreten – auf deren Ausschüttung abgestellt wird[1334], lässt sich das **„Leg-ein-Hol-zurück-Verfahren“ auch während des Organschaftsverhältnisses** praktizieren, indem Geldzuschüsse (ohne unmittelbare Gegenleistung) als „Leistung in das Kapital“ mittels einer Willenserklärung an die OG erbracht werden. Dieses potenzielle „Schlupfloch“ ist im Hinblick auf die bestehende Rechtsunsicherheit mit Vorsicht zu genießen. Die Finanzverwaltung sollte die BFH-Rechtsprechung nachahmen und zu diesem Themenkomplex eindeutig Stellung beziehen.

In **bilanzieller Hinsicht** geht mit den Ausschüttungen der OG aus dem dem KSt-Guthaben immanenten EK 40 bzw. dem EK 02 eine Modifikation ihrer KSt einher (§§ 37 Abs. 2 S. 1, 38 Abs. 2 S. 1 KStG), die den handelsbilanziellen Jahresüberschuss bzw. -fehlbetrag (vor Ergebnisabführung) entsprechend erhöht bzw. vermindert. Speziell auf das EK 40 Bezug nehmend ist es auch nach Abschaffung des Anrechnungsverfahrens nicht einzusehen, dass die (vororganschaftliche) Dotierung der Rücklagen zu Lasten sämtlicher Anteilseigner erfolgt, die KSt-Minderung bei deren Auflösung dagegen ausschließlich dem OT kraft Gewinnabführung bzw. vermindertem Verlustausgleich zugute kommt.[1335] Abschn. 55 Abs. 5 S. 2, S. 5 und S. 6 KStR ordnete bislang insofern eine Ausnahme vom Prinzip der Abführung des „ganzen Gewinns“ an, indem die KSt-Änderung **handelsrechtlich** als **Veränderung des Betrages der Gewinnausschüttung** fingiert wurde.[1336] Diese Verwaltungsvorschrift wird seit Ergehen des StSenkG in ihrer Gesamtheit mittels eines redaktionellen Hinweises als gegenstandslos be-

[1333] Gleichzeitig geht eine Erhöhung der Anschaffungskosten der Beteiligung einher. Vgl. dazu BFH-Urteil vom 27.4.2000, S. 2137 f., das zudem ein eigenes Wirtschaftsgut „Beteiligung an der Kapitalrücklage“ verneint.

[1334] Vgl. BFH-Urteil vom 8.8.2001, S. 307 ff.

[1335] Vgl. zustimmend SAUTER, THOMAS/HEURUNG, RAINER (2001a), S. 760, die ihre Meinung dahingehend begründen, als dass das KSt-Guthaben der OG im Falle einer ausschließchen Beteiligung von Kapitalgesellschaften diesen ebenfalls anteilig zugerechnet wird (§ 37 Abs. 3 S. 1 KStG).

trachtet. Die bestehende **Rechtsunsicherheit** gilt es zu beseitigen, da die Minderung des KSt-Guthabens materiell mit der Herstellung der Ausschüttungsbelastung des alten KSt-Systems vergleichbar ist[1337], weswegen die KSt-Minderung analog Abschn. 55 Abs. 5 S. 2 und S. 7 KStR (anteilig) der Gewinnausschüttung zuzurechnen sein müsste.[1338] Gleiches gilt im negativen Sinne für die EK 02-Verwendung.

Steuerrechtlich war die KSt-Minderung bislang ebenfalls dem Ausschüttungsbetrag zuzurechnen (§ 28 Abs. 6 S. 1 KStG 1999). Diese **Synchronisierung zwischen Handels- und Steuerrecht** ist nach meiner Ansicht durch den Wegfall der vEK-Gliederung **nicht mehr präsent**, falls das KSt-Guthaben angesprochen wird. Gem. § 37 Abs. 2 S. 1 KStG mindert sich das KSt-Guthaben um 1/6 der Gewinnausschüttungen, worunter die Bardividende („70er-Ebene") zu subsumieren ist. Die Bezugsgröße der Minderung um 1/6 stellt aber das EK 40 („60er-Ebene") dar. Folglich ist das EK 40 mit einer „Gewinnausschüttung" und folglich der Bardividende gleichzusetzen, d.h., die Minderung des KSt-Guthabens ist nicht mehr dem Ausschüttungsbetrag zurechenbar.[1339] Mittels § 38 Abs. 2 Abs. 2 S. 2 KStG ist m.E. ebenfalls eine Änderung eingetreten, da die KSt-Erhöhung i.H.v. $^3/_7$ des aus dem EK 02 verwendeten Betrages **zusätzlich** das EK 02 verringert.

Der Gedankengang des Leerschüttens von ehemaligem EK 40 und der Vermeidung der Verwendung von EK 02 ist prinzipiell auch dem Nicht-Organschaftsfall immanent. Allerdings können aufgrund der in Kapitel C.I.3.b)(2) (ab S. 214) vertretenen Meinung der steuerbilanziellen Phasenkongruenz von während der Organschaft entstehenden Bilanzgewinnen **Vorteile** entstehen, wenn der **OT eine Kapitalgesellschaft oder eine eG** verkörpert.[1340] Im Zuge des Übergangszeitraums kommt es **ohne Organschaft** aufgrund der (steuerbilanziellen) phasenverschobenen Gewinnvereinnahmung zu keinen Besteuerungseffekten **für** das Jahr der Gewinnausschüttung. Diese treten vielmehr erst im Folgejahr ein. Die hiermit einhergehenden möglichen unerwünschten steuerlichen Effekte werden anhand eines konkreten Fallbeispiels verdeutlicht:[1341]

> *Im Rahmen einer 100%igen Beteiligung bei Unterstellung kalenderidentischer Wirtschaftsjahre von über- und untergeordnetem Unternehmen und bislang bestehender Übereinstimmung zwischen handels- und steuerbilanziellem Eigenkapital realisiert die Mutterkapitalgesellschaft zum 31.12.2002 in ihrer Handelsbilanz einen Gewinnanspruch gegenüber ihrer Tochter i.H.v. 90.000 EUR phasenkongruent. In der Steuerbilanz ist dieser Vorfall erst zum 31.12.2003 abzubilden. Das steuerbilanzielle Eigenkapital der Mutter beläuft sich zum 31.12.2002 auf 250.000 EUR. Darin ist ein gezeichnetes Kapital von 100.000 EUR sowie ein Bestand an EK 02 von 80.000 EUR enthalten. Ob EK 02 im Falle einer Weiterausschüttung*

1336 Die Abführung der KSt-Änderung kann bereits deswegen nicht mit der Erlaubnis zur Abführung vorvertraglicher stiller Reserven verglichen werden, da sie im Rahmen der Ergebnisverwendung und nicht der Ergebnisentstehung realisiert wird. Vgl. ZIMMERMANN, DORIS (1994), S. 1527.

1337 Vgl. zu den Unterschieden Fn. 1325 (S. 217).

1338 Gleicher Ansicht: SAUTER, THOMAS/HEURUNG, RAINER (2001a), S. 761. Ebenso verhält es sich mit einer entsprechenden KSt-Erhöhung i.S.v. § 38 Abs. 2 KStG, welche die Gewinnausschüttung mindert.

1339 Spiegelt diese Argumentationskette nicht den Willen des Gesetzgebers wider, wäre eine sprachliche Nachbesserung wünschenswert.

1340 Gleiches gilt bei abzuführenden Gewinnen, die ebenfalls das neutrale Vermögen des OT erhöhen.

1341 Dieses Beispiel baut auf den allgemeinen Überlegungen von HOFFMANN, WOLF-DIETER (2000b), S. 1998 f., auf.

an die Gesellschafter der Mutter in 2003 als verwendet gilt, ermittelt sich nach § 38 Abs. 1 S. 4 KStG:

steuerbilanzielles Eigenkapital zum 31.12.2002	250.000
– gezeichnetes Kapital zum 31.12.2002	100.000
– Bestand an EK 02 zum 31.12.2002	80.000
= **Unterschiedsbetrag (neutrales Vermögen)**	**70.000**
– Gewinnausschüttung in 2003 für 2002	90.000
= **(vorläufige) Verwendung des Bestands an EK 02**	**– 20.000**

20.000 EUR der Gewinnausschüttung bleiben durch das neutrale Vermögen ungedeckt. Im Rahmen der (vorläufigen) Verringerung des EK 02 i.H.v. 20.000 EUR ist zusätzlich die KSt-Erhöhung von $^3/_7$ der Ausschüttung zum 31.12.2003 zu beachten, die von den Anteilseignern nicht angerechnet werden kann (§ 38 Abs. 2 S. 1 und S. 2 KStG).[1342] Insofern gelten 28.571,43 EUR dem EK 02 als entnommen. Dessen Bestand beläuft sich am 31.12.2003 auf 51.428,57 EUR, das neutrale Vermögen beträgt 90.000 EUR.

Kommt es hingegen im **Organschaftsfall** zu einer phasenkongruenten (steuerbilanziellen) Gewinnvereinnahmung, erhöht sich das neutrale Vermögen bereits am 31.12.2002 um 90.000 EUR auf 160.000 EUR, während es sich im Zuge der Gewinnausschüttung an die Gesellschafter in 2003 um denselben Betrag zum 31.12.2003 verringert. Der EK 02-Bestand bleibt unangetastet. Es verbleibt im Verhältnis zur Situation mit (steuerbilanzieller) phasenverschobener Gewinnvereinnahmung ein Mehrbetrag i.H.v. 8.571,43 EUR, der genau der KSt-Erhöhung auf das verwendete EK 02 entspricht.

Etwaige Gestaltungsüberlegungen bzgl. von vGA an den OT erübrigen sich, da solche während der Organschaft als vorweggenommene Gewinnabführungen qualifiziert werden, wobei keine KSt-Belastung herzustellen ist.[1343]

d) Gesellschafts- und steuerrechtliche Besonderheiten bei vororganschaftlichen Verlustabzügen

Den Gegenpart zum vorangegangenen Kapitel stellen vororganschaftliche Verlustabzüge dar, welche auf Ebene der OG deren eigenes sowie das dem OT zuzurechnende Einkommen nicht mindern dürfen (§§ 15 Nr. 1 KStG, 10d EStG i.V.m. § 8 Abs. 1 KStG).[1344] Im Falle der Begründung eines Organschaftsverhältnisses gehen diese nicht unwiederbringlich verloren;

[1342] § 38 Abs. 2 KStG wurde durch das UntStFG in zeitlicher Hinsicht präzisiert. Vgl. Art. 2 Nr. 20 des „Gesetzes zur Fortentwicklung des Unternehmenssteuerrechts (Unternehmenssteuerfortentwicklungsgesetz – UntStFG)" vom 20. Dezember 2001, S. 3870.

[1343] Vgl. dazu auch Fn. 1178 (S. 190).

[1344] Die Vorschrift erstreckt sich ebenso auf den Fall, bei dem die OG im ersten Organschaftsjahr ein negatives Einkommen sowie im letzten Nichtorganschaftsjahr ein positives Einkommen erzielt und einen Verlustrücktrag dorthin begehrt. Dementsprechendes gilt für das letzte Jahr des Organschaftsverhältnisses, da bis zu jenem Zeitpunkt auch keine nachorganschaftlichen negativen Einkommen zurückgetragen werden dürfen. Vgl. RÖDDER, THOMAS (1998), S. 293, Fn. 11. Im Umkehrschluss zur gesetzlichen Regelung dürfte eine weiterhin erfolgende Verrechnung vororganschaftlicher steuerlicher Verlustabzüge auf Ebene des OT während der Vertragszeit unschädlich sein. Vgl. in diesem Kontext auch die Diskussion in Kapitel C.II.1.c) (ab S. 240).

vielmehr können sie bis zum Ende der Organschaft „aufgeschoben" und mit nachorganschaftlichem Einkommen der dann ehemaligen OG verrechnet werden.

Um jene damit einhergehende Zins- und Liquiditätsnachteile zu vermeiden und den steuerlichen Verlustvortrag noch vor Begründung des Organschaftsverhältnisses nutzen zu können, bietet sich die Vereinbarung einer **aufschiebenden Bedingung** an, nach der der EAV erst dann seine (zivilrechtliche) Wirksamkeit erlangen soll, wenn die Verlustvorträge durch zukünftige positive Einkommen der angehenden OG ausgeglichen worden sind. Die praktische Umsetzung einer solchen Regelung erweist sich als schwierig, da die HR-Eintragung eines aufschiebend bedingten EAV aufgrund der einer Satzungsänderung gleichkommenden Wirkung regelmäßig abgelehnt wird. Als Begründung wird die Unkenntnis des Registergerichts sowie der Öffentlichkeit – insb. der künftigen Aktionäre sowie der gegenwärtigen und künftigen Gläubiger – hinsichtlich des genauen In-Kraft-Tretens des EAV angeführt.[1345] Anderer Ansicht ist GRASHOFF, der seine Begründung, das Interesse der Vertragspartner sei dem öffentlichen Interesse vorzuziehen, vornehmlich auf zwei Thesen stützt:

- Keine Existenz eines expliziten Verbotes einer aufschiebenden Bedingung im Gesetz bzw. in den Verwaltungsanweisungen und
- Ungleichbehandlung im Vergleich zur Rückwirkungsmöglichkeit des EAV, da dem Öffentlichkeitsinteresse trotz der dort ebenfalls herrschenden Unsicherheit offensichtlich weniger Bedeutung beigemessen wird.[1346]

Meiner Meinung nach sollte sich aus Vorsichtsgründen am Urteil des FG Hamburg orientiert werden, das die vertragliche Vereinbarung einer aufschiebenden Bedingung nur dann als gültig ansieht, wenn die OG **im Folgejahr** einen die Ausnutzung des Verlustvortrages ermöglichendes positives Einkommen erzielt.[1347] Alternativ wird zur Nutzung des steuerlichen Verlustabzuges die Veräußerung von Wirtschaftsgütern mit hohen stillen Reserven der OG an den OT erwogen.[1348] Diese Strategie erweist sich m. E. als weniger praxistauglich, da nichtbetriebsnotwendige Wirtschaftsgüter mit hohen stillen Reserven traditionell Wertpapiere zu Spekulationszwecken darstellen, deren Halten sicherlich nicht von jeder Unternehmensphilosophie bezweckt werden.

Von dem vororganschaftlichen steuerlichen Verlustabzug ist der vororganschaftliche bilanzielle Verlustvortrag strikt zu trennen.[1349] Während beiden Beträgen gemein ist, dass sie wäh-

---

1345 Vgl. TILLMANN, BERT (1994), S. 798 und Beschluss des LG Frankfurt a. M. vom 23.9.1992, S. 2337. Vgl. bzgl. des Sinn und Zwecks einer HR-Eintragung z.B. BGH-Urteil vom 5.4.1993, S. 754 sowie Urteil des LG Ingolstadt vom 12.6.1990 (n.rkr.), S. 1131.

1346 Vgl. GRASHOFF, DIETRICH (1997), S. 1647 ff., s.b.S. 1651 und bekräftigend IdW-Steuerfachausschuss (1995), S. 431. Vgl. dazu relativierend BFH-Urteil vom 8.3.1955, S. 191 und Urteil des FG Hamburg vom 20.8.1986 (n.rkr.), S. 42 f.

1347 Vgl. Urteil des FG Hamburg vom 20.8.1986 (n.rkr.), S. 42 f.

1348 Vgl. SCHMIDT, LUDWIG/MÜLLER, THOMAS/STÖCKER, ERNST E. (1999), Rz. 513.

1349 Beide Größen können sich bspw. durch nicht abziehbare Aufwendungen unterscheiden. Vgl. dazu auch die Verfügung der OFD Hannover vom 3.2.1992, S. 183, die aus der Übernahme vorvertraglicher bilanzieller Verluste im ersten Vertragsjahr nicht auf die Zurechnung des noch nicht verbrauchten steuerlichen Verlustabzuges schließt.

rend der Vertragslaufzeit nicht entstehen können[1350], kürzt der bilanzielle Verlustvortrag im Besonderen den Betrag der Gewinnabführung des ersten Organschaftsjahres (§ 301 S. 1 AktG).[1351]

Eine m. E. **missverständliche und deshalb überarbeitungswürdige Regelung** sieht in diesem Kontext Abschn. 61 KStR vor. Während Satz 1 der genannten Verwaltungsanweisung unzweifelhaft den steuerlichen Verlustvortrag (Verlustabzug) meint, spricht Satz 2 „unverhofft" die Übernahme eines vorvertraglichen Verlustes an, womit auf eine bilanzielle Größe angespielt wird. Der **Begriff des „vorvertraglichen Verlustes"** ist dabei m. E. **zu allgemein gehalten**, weil sich unter diesem Oberbegriff ein (jeweils vorvertraglicher) Jahresfehlbetrag, Bilanzverlust oder Verlustvortrag subsumieren lassen. Letzterer kann nach meinem Dafürhalten aufgrund der „versteckten Übernahme" gem. § 301 S. 1 AktG in Form einer Mindergeldleistung der OG an den OT ausgeschlossen werden. Folglich ist ein **im letzten Jahr vor In-Kraft-Treten des Unternehmensvertrages** ausgewiesener Jahresfehlbetrag bzw. Bilanzverlust „ausgleichswürdig". Während in Abschn. 61 S. 2 KStR die Art des Ausgleichs keine nähere Konkretisierung erfährt, spricht Satz 3 von „zum Ausgleich des Verlusts gezahlten Beträgen", die m. E. einen Ausgleich im Rahmen eines Austauschgeschäftes ausschließen. Insofern ist eine (direkte) Zahlung des OT an die OG näher zu betrachten, die als eine unentgeltliche Zuwendung zu interpretieren ist, da keine gesetzlich begründete Verpflichtung zu diesem Zeitpunkt vorliegt. Steuerrechtlich wird eine **(verdeckte) Einlage** des OT in die OG angenommen (Abschn. 61 S. 2 und S. 3 KStR).[1352] Warum die Finanzverwaltung den Begriff „steuerrechtlich" erwähnt, ist unverständlich, da auch von einer handelsrechtlichen verdeckten Einlage auszugehen ist, zumal gerade auf den Ausgleich des handelsbilanziellen Jahresfehlbetrages bzw. Bilanzverlustes abgestellt wird.

Auf **Ebene der OG** ist der geschilderte Ausgleich **handelsrechtlich** generell entweder erfolgswirksam oder (kraft einer Willenserklärung) erfolgsneutral in die Kapitalrücklage i. S. v. § 272 Abs. 2 Nr. 4 HGB („andere Zuzahlungen, die Gesellschafter in das Eigenkapital leisten") zu erfassen[1353]. Während sich zum wirksamen Ausgleich eines **Jahresfehlbetrages** ausschließlich die **erfolgswirksame** Variante anbietet, kann im Rahmen des **Bilanzverlustes** zusätzlich von der **erfolgsneutralen** Erfassung Gebrauch gemacht werden, indem die Kapitalrücklage zum Ausgleich des Bilanzverlustes ohne Berührung des Jahresfehlbetrages entsprechend § 158 Abs. 1 Nr. 2 AktG aufgelöst wird.[1354] **Steuerrechtlich** besteht ebenfalls das Wahlrecht einer erfolgsneutralen[1355] oder erfolgswirksamen Verbuchung, wobei im Zuge der

---

1350 Dafür tragen § 302 AktG sowie die Hinzurechnungsvorschrift des § 14 Abs. 1 S. 1 KStG Rechnung. Vgl. dazu auch die Bemerkung in Fn. 1370 (S. 225).

1351 Vgl. GRASHOFF, DIETRICH (1997), S. 1651 f. und Tabelle 5 (S. 184).

1352 Insofern sind Parallelen zu vororganschaftlichen Rücklagen erkennbar, die auszuschütten sind. Vgl. dazu auch BFH-Urteil vom 16.5.1990, S. 798, im Rahmen dessen die Übernahme eines Jahresfehlbetrages bei Nichtvorliegen sämtlicher organschaftlicher Tatbestandsvoraussetzungen ebenfalls zu einer verdeckten Einlage mit einer Erhöhung der Anschaffungskosten der Beteiligung führt.

1353 Vgl. BFH-Urteil vom 12.1.1977, I R 157/74, S. 441 und die Anmerkungen in Fn. 1127 (S. 181).

1354 Vgl. KÜTING, KARLHEINZ (1995), § 272 HGB, Rn. 96 ff. sowie KÜTING, KARLHEINZ/KESSLER, HARALD (1989a), S. 31.

1355 Die verdeckte Einlage wird als Veräußerungsgeschäft fingiert, wobei eine Steuerfreiheit wegen § 8b Abs. 2 S. 3 KStG stattfindet.

zuletzt genannten Möglichkeit eine außerbilanzielle Korrektur[1356] vorzunehmen ist; die verdeckte Einlage erhöht dabei das steuerliche Einlagekonto i.S.v. § 27 KStG.[1357] Der Grundsatz der Maßgeblichkeit erlangt keine materielle Gültigkeit.[1358] Auf **Ebene des OT** wird mittels des durch das StSenkG neu eingefügten § 6 Abs. 6 S. 2 EStG klargestellt, dass sich die Anschaffungskosten der Position „Anteile an verbundenen Unternehmen" i.S.v. § 266 Abs. 2 A. III. 1. HGB (unabhängig von der Höhe der prozentualen Beteiligung)[1359] analog zum handelsbilanziellen Ansatz um den Wert der Zahlung erhöhen.[1360]

4. Berücksichtigung außen stehender Gesellschafter

a) Steuerrechtliche Fragestellungen

Bislang wurde (implizit) von einem 100 %igen Beteiligungsverhältnis zwischen OT und OG ausgegangen, so dass außen stehende Gesellschafter nicht existent waren. Erfolgt deren Berücksichtigung, entgeht ihnen aufgrund der ausschließlich den OT begünstigenden Gewinnabführung der Anspruch auf Erhalt eines Gewinnanteils. Zur **Kompensation ihrer Vermögenseinbuße** werden den auch weiterhin nach Begründung einer Organschaft an der OG beteiligten Gesellschaftern Ausgleichszahlungen offeriert, deren steuerliche Behandlung es zu problematisieren gilt.

Während unterschiedliche bilanzielle Berücksichtigungmöglichkeiten in Abhängigkeit von der Abwicklung von Ausgleichszahlungen präsent sind[1361], drückt sich derselbe Aspekt in steuerlicher Hinsicht in § 16 KStG aus[1362]. Jener wurde durch das StSenkG an das Halbeinkünfteverfahren angeglichen und mittels des UntStFG-E bzw. des UntStFG klarstellend modifiziert[1363].[1364] Der dabei aus einem Interdependenzproblem erwachsende Faktor „$^4/_3$" lässt sich

---

1356 Vgl. BFH-Urteil vom 21.12.1977, S. 347.

1357 Vgl. zur allgemeinen Verbuchung von Einlagen WÖHE, GÜNTER/KUSSMAUL, HEINZ (2000), S. 97 ff. Je nach handelsrechtlicher Ausübung wird mittels der verdeckten Einlage der an den OT abgeführte Gewinn erhöht und weicht unabhängig von der Ausübung des Wahlrechts in der Steuerbilanz von seinem zu versteuernden Einkommen ab. Vgl. bzgl. der Rechtsfolgen Kapitel D.I.1 (ab S. 313).

1358 Vgl. KUSSMAUL, HEINZ/KLEIN, NICOLE (2001b), S. 191. Eine etwaige dritte Möglichkeit, im Zuge derer die handelsbilanzielle Erfassung der verdeckten Einlage unterlassen wird, wobei in der Steuerbilanz ein AP (nicht: organschaftlicher AP!) zu passivieren ist, der die bilanzielle Erfassung der verdeckten Einlage sowie deren Einkommensneutralität gewährleistet, entfällt m.E. aufgrund der Entscheidungsrelevanz des handelsbilanziellen Verlustes. Vgl. allgemein zu dieser Alternative KUSSMAUL, HEINZ/KLEIN, NICOLE (2001a), S. 1048 f.

1359 Zwischen dem Gegenstand der verdeckten Einlage und den Beteiligungsquoten ist kein Zusammenhang erkennbar. Vgl. KUSSMAUL, HEINZ/KLEIN, NICOLE (2001a), S. 1048.

1360 Vgl. ausführlich zur begrifflichen Diskussion der „Erhöhung von Anschaffungskosten" versus den Begriff „nachträgliche Anschaffungskosten" HOFFMANN, WOLF-DIETER (2001c), S. 1225 f. Vgl. auch KUSSMAUL, HEINZ/KLEIN, NICOLE (2001c), S. 1227 f.

1361 Vgl. dazu das sich anschließende Kapitel C.I.4.b) (ab S. 232).

1362 § 16 KStG gilt mittels § 17 S. 1 KStG auch für eine OG in der Rechtsform einer GmbH.

1363 Vgl. Art. 2 Nr. 8 des „Entwurfs eines Gesetzes zur Fortentwicklung des Unternehmenssteuerrechts (Unternehmenssteuerfortentwicklungsgesetz – UntStFG)" vom 17. August 2001, S. 60 und Art. 2 Nr. 8 des „Gesetzes zur Fortentwicklung des Unternehmenssteuerrechts (Unternehmenssteuerfortentwicklungsgesetz – UntStFG)" vom 20. Dezember 2001, S. 3864.

1364 In § 16 KStG heißt es: „Die Organgesellschaft hat ihr Einkommen in Höhe von $^4/_3$ der geleisteten Ausgleichszahlungen selbst zu versteuern. Ist die Verpflichtung zum Ausgleich vom Organträger erfüllt worden, so hat die Organgesellschaft $^4/_3$ der geleisteten Augleichszahlungen an Stelle des Organträgers zu versteuern." Keine Ausgleichszahlung stellt dagegen die Koppelung einer dem Anteilsverhältnis des außen

mittels des in § 23 Abs. 1 KStG normierten KSt-Satzes von 25% sowie der in § 10 Nr. 2 KStG geregelten Nichtabzugsfähigkeit der KSt (von ihrer eigenen Bemessungsgrundlage) ableiten. M. E. bietet es sich an, die Ausgleichszahlung sowie die darauf entfallende KSt isoliert zu betrachten. Das handels- und steuerbilanzielle Ergebnis betragen dabei aufgrund der Aufwandsverbuchung der Ausgleichszahlung (AZ) und der KSt 0 EUR. Bei deren außerbilanziellen Hinzurechnung[1365] (§ 4 Abs. 5 Nr. 9 EStG i.V.m. §§ 8 Abs. 1 KStG, 10 Nr. 2 KStG) zur Ermittlung des zu versteuernden Einkommens (zvE) gilt:

$$AZ + KSt = zvE$$

Während die Höhe von AZ bekannt ist, beläuft sich die KSt auf 25% von zvE. Durch Umformen erhält man:

$$AZ + KSt = 4 \cdot KSt$$

$$\Leftrightarrow KSt = \frac{1}{3} \cdot AZ.$$

Einsetzen in die Ursprungsgleichung liefert:

$$zvE = \frac{4}{3} \cdot AZ.$$ [1366]

Die Ausgleichszahlungen sind **unabhängig vom Leistungssubjekt** stets von der OG als eigenes Einkommen zu versteuern.[1367] Wird die OG durch die Ausgleichszahlung belastet[1368], mindern $^4/_3$ ihres Betrages das dem OT zuzurechnende Einkommen.[1369] Bei einer Leistung durch den OT ist dessen zu versteuerndes Einkommen zwecks Vermeidung einer steuerlichen Doppelerfassung um den Betrag der Ausgleichszahlungen („$^3/_3$") zu kürzen und der OG zuzurechnen, welche die Ausgleichszahlung zzgl. $^1/_3$ als eigenes Einkommen zu versteuern hat. Auch im Falle steuerlicher Verluste der OG bzw. des OT sind Ausgleichszahlungen zu leisten, wobei sich das dem OT zuzurechnende negative Einkommen entsprechend erhöht (Abschn. 63 Abs. 2 KStR).[1370] Abgesehen von der Erfassungstechnik sind die **Besteuerungsfolgen in beiden Fällen identisch**.[1371]

stehenden Gesellschafters entsprechenden Leistung an den Jahresüberschuss der OG dar, was einem „normalen" gesellschaftsrechtlichen Verhältnis entspräche. Vgl. BFH-Urteil vom 31.3.1976, S. 512.

1365 Mittels der steuerlichen Nichtabzugsfähigkeit der Ausgleichszahlungen sollen anscheinend Steuerausfälle vermieden werden, falls der außen stehende Gesellschafter eine steuerbefreite Körperschaft oder eine beschränkt steuerpflichtige Person ist. Vgl. WITT, GEORG (1999), Tz. D3. Gleichzeitig wird deren etwaige GewSt-Pflicht nach § 7 S. 1 GewStG sichergestellt.

1366 Anders formuliert: Wird symbolisch eine **Ausgleichszahlung** von 1 EUR geleistet, wird die **Bardividende** („75er-Ebene") angesprochen. Dies entspricht einem zu versteuernden Einkommen („100er-Ebene") von $^4/_3$ EUR.

1367 Damit wird bezweckt, dass die Ausgleichszahlungen auf jeden Fall der KSt und nicht evtl. der ESt unterliegen, was aufgrund alternativer Rechtsformen des OT infrage käme.

1368 Vgl. Näheres in Kapitel C.I.4.b) (ab S. 232).

1369 Vgl. Tabelle 7 (S. 189 ff.).

1370 Das eigene Einkommen der OG ist dabei nicht zur Kürzung eines etwaigen vorvertraglichen (steuerlichen) Verlustabzuges i.S.v. § 10d EStG geeignet. Vgl. SCHMIDT, LUDWIG/MÜLLER, THOMAS/STÖCKER, ERNST E. (1999), Rz. 710 und nochmals Kapitel C.I.3.d) (ab S. 221).

1371 Eine direkte Gegenüberstellung beider Varianten wird in Anlage 5 des Anhangs (ab S. XLVII) vorgenommen.

Bedauerlicherweise hat es der Steuergesetzgeber versäumt, den Multiplikator des § 16 KStG an den im Rahmen des Flutopfersolidaritätsgesetzes für den VZ 2003 erhöhten KSt-Satz von 26,5 % (§ 34 Abs. 11a KStG)[1372] anzupassen. Da die Ausgleichszahlung als Bardividende auf der „73,5er-Ebene" angesiedelt ist, entspricht dies einem zu versteuernden Einkommen auf der „100er-Ebene" von

$$\frac{100}{73{,}5} = 1{,}360544\,.$$

Eine Ergänzung des KStG um diesen Sachverhalt in den Schlussvorschriften des § 34 KStG wäre wünschenswert.[1373]

Wie bereits angesprochen, können auch **fixe Ausgleichszahlungen** Gegenstand vertraglicher Vereinbarungen sein. Bereits zur Zeit des Anrechnungsverfahrens wurden im Rahmen der Senkung des KSt-Satzes für thesaurierte und ausgeschüttete Gewinne Überlegungen angestellt, inwieweit **nicht-vertragliche Nachbesserungen aufgrund evtl. Vermögenseinbußen** der Gesellschafter – hervorgerufen durch gesunkene KSt-Anrechnungsguthaben – anzustellen seien. Man gelangte zu dem Ergebnis, dass eine Vertragsanpassung dann zu erwägen sei, falls eine „erhebliche Störung" des Gleichgewichts von Leistung und Gegenleistung vorläge.[1374] Dieser Aspekt liefert die Motivation zu der allgemeinen Untersuchung, inwiefern sich der stattgefundene Systemwechsel auf den Vermögenszuwachs nach Steuern (ΔV_{nach}) der außen stehenden Gesellschafter auswirkt. Für **natürliche Personen**, deren Beteiligung an der OG sich im Privatvermögen befindet, wurde ΔV_{nach} nach der Teilsteuerrechnung unter Geltung des Anrechnungsverfahrens und Vernachlässigung der KapESt als durchlaufenden Posten wie folgt ermittelt:[1375, 1376]

$$\begin{aligned}\Delta V_{nach} &= \underbrace{AZ}_{\substack{\text{Bardivi-}\\ \text{dende}}} - \left[\underbrace{\left(AZ + \frac{3}{7}\cdot AZ\right)\cdot s_{ESt}}_{\text{ESt}} - \underbrace{\left(AZ + \frac{3}{7}\cdot AZ\right)\cdot 0{,}4}_{\text{anrechenbare KSt}}\right]\cdot\left(1 + \underbrace{0{,}055}_{\text{SolZ}}\right)\\ &= AZ - 1{,}507143\cdot AZ\cdot s_{ESt} + 0{,}602857\cdot AZ\\ &= AZ\cdot\left(1{,}602857 - 1{,}507143\cdot s_{ESt}\right).\end{aligned}$$

1372 Vgl. Art. 4 des „Gesetzes zur Änderung steuerrechtlicher Vorschriften und zur Errichtung eines Fonds „Aufbauhilfe" (Flutopfersolidaritätsgesetz)" vom 19. September 2002, S. 3651.

1373 Vgl. bzgl. des konkreten Wortlautes Kapitel E (ab S. 405).

1374 Vgl. dazu RIEGGER, BODO/KRAMER, ANDREAS (1994), S. 565 ff., s.b.S. 567. Im Rahmen dieser Untersuchung wurde keine so große Gleichgewichtsstörung festgestellt, die eine Vertragsänderung bzw. Ergänzung bedungen hätte.

1375 Als Besonderheit ist zu beachten, dass das von der OG zu versteuernde Einkommen stets dem KSt-Satz i.S.v. § 23 Abs. 1 KStG unterliegt (Abschn. 63 Abs. 1 S. 3 KStR). Somit sind beim (außen stehenden) Gesellschafter 40% auf die Summe von Ausgleichszahlung und einer Ausschüttungsbelastung von $^3/_7$ anrechenbar. Dieser Sonderfall ist m.E. durch die **Zwitterstellung der Ausgleichszahlung** zu erklären, da sie zum einen eine (offene) Ausschüttung darstellt, aber zum anderen dem Bereich der Ergebnisentstehung zuzurechnen ist.

1376 Die Bemessungsgrundlage des SolZ stellt die um die anrechenbare KSt verminderte tarifliche ESt dar, falls ein positiver Betrag verbleibt. Dementsprechend wird zunächst unterstellt, dass ein durchschnittlicher ESt-Satz von mehr als 40 % besteht.

Beim ab 2002 Anwendung findenden Halbeinkünfteverfahren gilt unter unveränderter Beibehaltung der Variablen trotz Währungsumstellung von DM auf EUR dementsprechend:

$$\Delta V_{nach} = \underbrace{AZ}_{\substack{\text{Bardivi-}\\\text{dende}}} - \left[\underbrace{0{,}5 \cdot AZ \cdot s_{ESt}}_{ESt} \cdot \left(1 + \underbrace{0{,}055}_{SolZ}\right)\right]$$

$$= AZ - 0{,}5275 \cdot AZ \cdot s_{ESt}$$

$$= AZ \cdot \left(1 - 0{,}5275 \cdot s_{ESt}\right).$$

Gleichsetzen liefert:

$$AZ \cdot \left(1 - 0{,}5275 \cdot s_{ESt}\right) \overset{!}{=} AZ \cdot \left(1{,}602857 - 1{,}507143 \cdot s_{ESt}\right)$$

$$\Leftrightarrow 1 - 0{,}5275 \cdot s_{ESt} = 1{,}602857 - 1{,}507143 \cdot s_{ESt}$$

$$\Leftrightarrow s_{ESt} = 0{,}6154 = 61{,}54\,\%.$$ [1377]

Der nicht realisierbare kritische durchschnittliche ESt-Satz belegt, dass ein **natürlicher außen stehender Gesellschafter** unter dem Halbeinkünfteverfahren unabhängig von der Höhe der gleichbleibenden fixen Ausgleichszahlung vermögensmäßig **stets schlechter** als beim Anrechnungsverfahren **gestellt** ist.

Bei Unterstellung eines außen stehenden Gesellschafters in Form einer **juristischen Person** ist eine weitgehendere Differenzierung vonnöten, die sich für gewerbesteuerliche Zwecke[1378] nach der Beteiligungsquote am Nennkapital der OG bemisst. Nachstehend ist zwischen den in Tabelle 10 dargelegten vier Situationen zu differenzieren:

	Beteiligungsquote ≥10 %	**Beteiligungsquote < 10 %**
Anrechnungsverfahren	Fallsituation 1	Fallsituation 2
Halbeinkünfteverfahren	Fallsituation 3	Fallsituation 4

Tabelle 10: Vollständige Enumeration infrage kommender Fallsituationen bei juristischen Personen als außen stehende Gesellschafter

Für die **Fallsituationen 1 und 2** ist der ESt-Satz im Zuge der Ausführungen zum Anrechnungsverfahren durch den (ehemaligen) KSt-Thesaurierungssatz von 40% zu substituieren:

1377 Wird in obigem Fall ein durchschnittlicher ESt-Satz von unter 40% impliziert, resultiert daraus (ohne Berücksichtigung des SolZ beim Anrechnungsverfahren) ein kritischer durchschnittlicher ESt-Satz von 63,42%.

1378 Die gewerbesteuerliche Behandlung von Ausgleichszahlungen bleibt im Schrifttum vollkommen unerwähnt. Nach meinem Dafürhalten sind diese als „Gewinne aus Anteilen" bzw. „Gewinnanteile" (§§ 8 Nr. 5, 9 Nr. 2a GewStG) zu subsumieren, weil sie Ausschüttungen auf Beteiligungen darstellen. Vgl. zur allgemeinen Begriffsdefinition BFH-Urteil vom 29.8.1984, S. 162 sowie zur Ausschüttungsqualifikation BMF-Schreiben vom 22.11.2001, S. 2117 und Beschluss des FG Düsseldorf vom 12.3.1999 (rkr.), S. 580.

$$\Delta V^{1}_{nach} = \underbrace{AZ}_{\text{Bardividende}} - \left[\underbrace{\left(AZ+\frac{3}{7}\cdot AZ\right)\cdot 0{,}4}_{\text{KSt}} - \underbrace{\left(AZ+\frac{3}{7}\cdot AZ\right)\cdot 0{,}4}_{\text{anrechenbare KSt}}\right]\cdot\left(1+\underbrace{0{,}055}_{\text{SolZ}}\right)$$

bzw.[1379]

$$\Delta V^{2}_{nach} = \underbrace{AZ}_{\text{Bardividende}} - \left[\underbrace{AZ\cdot s^{eff}_{GewSt}}_{\text{GewSt}} + \underbrace{\left(AZ+\frac{3}{7}\cdot AZ - AZ\cdot s^{eff}_{GewSt}\right)\cdot 0{,}4}_{\text{KSt}} - \underbrace{\left(AZ+\frac{3}{7}\cdot AZ\right)\cdot 0{,}4}_{\text{anrechenbare KSt}}\right].$$

Die korrespondierende Berücksichtigung im Rahmen des Nulleinkünfteverfahrens stellt sich aufgrund der objektiven Steuerbefreiung bei KSt und GewSt bei **Fallsituation 3** wie folgt dar:

$$\Delta V^{3}_{nach} = \underbrace{AZ}_{\text{Bardividende}} .$$

Im Zuge von **Fallsituation 4** gilt:[1380]

$$\Delta V^{4}_{nach} = \underbrace{AZ}_{\text{Bardividende}} - \underbrace{AZ\cdot s^{eff}_{GewSt}}_{\text{GewSt}} + \underbrace{AZ\cdot s^{eff}_{GewSt}\cdot 0{,}25}_{\text{KSt-Erstattung aufgrund des GewSt-Abzugs}}\cdot\left(1+\underbrace{0{,}055}_{\text{SolZ}}\right).$$

Unter der Prämisse, dass die Beteiligungsquote an der OG durch den Systemwechsel zwischenzeitlich die 10%-Grenze nicht über- bzw. unterschritten hat, liefert das **Gleichsetzen zwischen Fallsituation 1 und 3**:

$$AZ = AZ$$

sowie zwischen **Fallsituation 2 und 4**:

$$AZ\cdot\left(1-0{,}6\cdot s^{eff}_{GewSt}\right)\overset{!}{=}AZ\cdot\left(1-0{,}73625\cdot s^{eff}_{GewSt}\right).$$

Zusammenfassend bleibt die **Vermögenslage bei juristischen außen stehenden Gesellschaftern** nach Abschaffung des Anrechnungsverfahrens und **unter Annahme einer Beteiligungsquote von über 10% unverändert.**[1381] Im **umgekehrten Fall** hat sich die **Vermögenslage stets vermindert.**

1379 Die Differenz zwischen festgesetzter und anzurechnender KSt ist in diesem Fall negativ, so dass die Bemessungsgrundlage für den SolZ entfällt.

1380 Die nach § 8b Abs. 1 KStG außer Ansatz bleibenden Ausgleichszahlungen sind dem Gewinn aus Gewerbebetrieb in voller Höhe zuzurechnen (§ 8 Nr. 5 GewStG). Die daraus entstehende GewSt-Schuld stellt eine Betriebsausgabe bei der KSt dar. Insofern wird der vom Gesetzgeber beabsichtigten GewSt-Mehrbelastung durch eine KSt- und SolZ-Minderbelastung entgegengewirkt.

1381 Jener Fall wird im Folgenden nicht weiter untersucht.

Ausgehend von den gewonnenen Ergebnissen werden in Abbildung 14 und Abbildung 15 die prozentualen Veränderungen, jeweils gemessen am Vermögenszuwachs nach Steuern zur Zeit des Anrechnungsverfahrens, dargestellt, deren Höhe unabhängig von der der Ausgleichszahlungen anfällt.

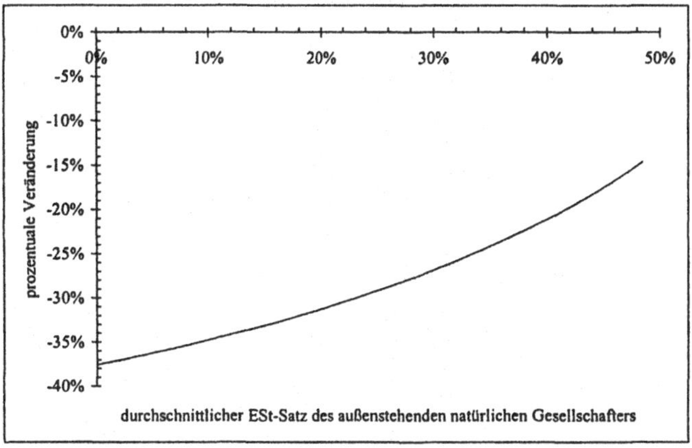

Abbildung 14: Prozentuale Veränderung der Vermögensposition bei außen stehenden natürlichen Gesellschaftern und fixen Ausgleichszahlungen

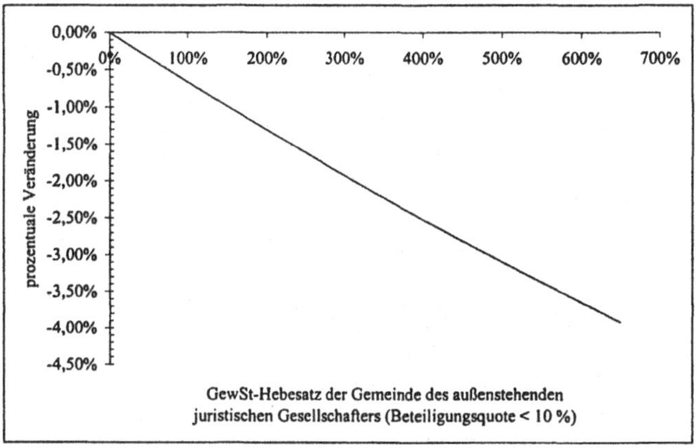

Abbildung 15: Prozentuale Veränderung der Vermögensposition bei außen stehenden juristischen Gesellschaftern (Beteiligungsquote<10%) und fixen Ausgleichszahlungen

Beiden Abbildungen ist zu entnehmen, dass zum einen eine degressive und zum anderen eine proportionale prozentuale Vermögensänderung stattfindet.

Zur Diskussion einer Vertragsanpassung zurückkehrend, kann sich nicht auf eine lückenhafte Regelung im EAV berufen werden, da die Kenntnis und Akzeptanz der Vertragspartner über die Schnelllebigkeit des Steuerrechts im Zuge von dessen Abschluss unterstellt wird. Erfolgte im Vorhinein keine Anpassung des Vertrages an einen steuerlichen Wandel, sind die Erfolgsaussichten einer Änderung „ex post" als nur gering einzustufen.[1382] Letztendlich werden diejenigen außen stehenden Gesellschafter begünstigt, die (zufällig) an einer diesen Kenntnisstand aufweisenden OG (inkl. OT) beteiligt sind. M. E. sollte ein entsprechender Hinweis auf die Existenz und Bedeutung dieses Problembereiches im Rahmen der sich insb. mit Ausgleichs- bzw. Abfindungsleistungen beschäftigenden Unternehmensvertragsprüfung erteilt werden, da dieser Klausel ansonsten der Status einer „Dummenvorschrift" zuteil werden könnte.

Unabhängig davon können sich die außen stehenden Gesellschafter auf den Wegfall der Geschäftsgrundlage, worunter auch steuerliche Gesichtspunkte zu subsumieren sind[1383], berufen und eine vertragliche Anpassung an die geänderten Verhältnisse fordern.[1384] Das mit dem Vertragsabschluss einhergehende Risiko steuerlicher Änderungen legitimiert den Wegfall der Geschäftsgrundlage nicht, wobei als Ausnahme Unzumutbarkeitserwägungen in Form einer Störung des Äquivalenzprinzips zu sehen sind. Ob Letzteres beeinflusst wird, lässt sich nicht pauschalisieren. RIEGGER und KRAMER nehmen eine Unzumutbarkeitsgrenze ab einer prozentualen Veränderung von 30% an.[1385] Demnach wären von einer Anpassung teilweise natürliche Gesellschafter betroffen.[1386] Da die Vermögenseinbuße in Abhängigkeit von der Höhe des individuellen durchschnittlichen ESt-Satzes eintritt, ist eine (exakte) Anpassung der Ausgleichszahlungen an den jetzigen Rechtsstand unmöglich.

Nichtsdestotrotz ist m. E. an dem erwähnten Aspekt des schnelllebigen steuerlichen Wandels festzuhalten. Die implizite Unterstellung von dessen Kenntnis lässt sich nur schwer auf diesen Kontext übertragen, da nicht „irgendwelche" Steuersatzänderungen betroffen sind[1387], sondern ein in Deutschland neuartiges KSt-System eingeführt wurde, das aufgrund des bislang etablierten Anrechnungsverfahrens selbst für Steuerexperten unvorhersehbar war[1388]. Eine mögliche Begründung, das Halbeinkünfteverfahren wurde dem Steuersystem anderer EU-Staaten nachempfunden (z.B. Luxemburg oder Österreich), vermag nicht zu überzeugen.[1389] Bekräftigend ist die damit einhergehende **Diskriminierung natürlicher im Vergleich zu**

1382 Vgl. RIEGGER, BODO/KRAMER, ANDREAS (1994), S. 566. A.A.: ZIMMERMANN, DORIS (1994), S. 1520. Eine dementsprechende vereinbarte Klausel widerspricht nicht dem Begriff der fixen Ausgleichszahlung. Vgl. dazu explizit Beschluss des OLG Celle vom 1.7.1980, S. 8.

1383 Vgl. BGH-Urteil vom 18.11.1975, S. 234 f.

1384 Vgl. BGH-Urteil vom 19.11.1971, S. 152 f. und JURKAT, WERNER (1977), S. 354. A.A.: DÖLLERER, GEORG (1983), S. 4, der das Steueranrechnungsguthaben als einen nicht einer Dividende ähnlichen Vorteil interpretiert, da ein Anspruch gegen das Finanzamt und nicht gegen die Gesellschaft besteht, sowie KREBS, HANS-JOACHIM (1977), S. 385 und STADLER, RAINER/NOWLAN, JACKIE (2000), S. 285. Gem. einer wirtschaftlichen Betrachtungsweise ist das KSt-Anrechnungsguthaben dennoch als Vermögensmehrung (im Falle einer Erstattung) bzw. als verhinderte Vermögensminderung (im Falle der Anrechnung) anzusehen, das untrennbar mit der Leistung von Ausgleichszahlungen verbunden ist.

1385 Vgl. RIEGGER, BODO/KRAMER, ANDREAS (1994), S. 566.

1386 Vgl. Abbildung 14 (S. 229).

1387 Anders dagegen bei dem von RIEGGER und KRAMER untersuchten Problem, da lediglich **innerhalb** des Anrechnungsverfahrens Steuersätze modifiziert wurden und eine **proportionale** prozentuale Veränderung eintrat.

1388 Vgl. hierzu stellvertretend für alle SIEGEL, THEODOR u.a. (2000), S. 1269 f.

1389 Eine Übersicht bzgl. anderer KSt-Systeme findet sich bei BAREIS, PETER (2000), S. 139.

juristischen außen stehenden Gesellschaftern zu erwähnen. Kombiniert man diese Aspekte mit den hier quantifizierten Vermögenseinbußen, sollte m. E. unabhängig von der Höhe des ESt-Satzes mit dem Wegfall der Geschäftsgrundlage zu rechnen sein. Eine Anpassung der fixen Ausgleichszahlungen wäre demnach unabhängig von etwaigen Vertragsklauseln als sachgerecht zu erachten.

Etwaige (Gestaltungs-)Überlegungen im Hinblick auf den 15jährigen Übergangszeitraum bzgl. der „Rettung" des KSt-Guthabens sind m. E. in diesem Zusammenhang nicht anzustellen. Ausgleichszahlungen werden zwar als Gewinnausschüttung[1390] behandelt, wobei jene dem **Bereich der Ergebnisentstehung** und nicht der Ergebnisverwendung zuzurechnen sind.[1391] Da Ausgleichszahlungen nicht auf einem den gesellschaftsrechtlichen Vorschriften entsprechenden Gewinnverteilungsbeschluss beruhen[1392], lässt sich kein (etwaiges) KSt-Guthaben mobilisieren (§ 37 Abs. 2 S. 1 KStG). Im Umkehrfall sind Ausgleichszahlungen auch dann zu leisten, wenn die OG bzw. der OT Verluste erleiden bzw. ein negatives Einkommen erwirtschaften. Die Speisung erfolgt hierbei aus dem laufenden Jahresergebnis und nicht aus der Auflösung gebildeter Rücklagen.

Als **Spezialproblem** ist in diesem Kontext die Errichtung eines mittels § 14 Abs. 1 Nr. 1 S. 2 KStG legitimierten **einstufigen mittelbaren Organschaftsverhältnisses** anzuführen, wonach – **alternativ** zum mehrstufigen Organschaftskonzern – ein direkter EAV zwischen beiden Gesellschaften abgeschlossen werden kann.[1393] Im Schrifttum wird behauptet, der die Stimmrechtsmehrheit vermittelnden Tochtergesellschaft entgehe der Gewinnanspruch aus der Beteiligung an der OG, was die Annahme einer vGA zur Folge hat.[1394] Wie in Kapitel B.IV.2.a)(4) (ab S. 96) bereits erläutert, wird in diesem Fall die Tochtergesellschaft (inkl. ihrer etwaigen Minderheitsgesellschafter) bei einer unter 100% liegenden Beteiligung der Mutter an derselben unstrittig als „außen stehend" eingestuft.[1395] Es findet eine vollständige Kompensation des entgangenen Gewinnanspruches mitttels Ausgleichszahlungen statt. Demnach besteht für die Annahme einer vGA kein Platz, da dieses Instrumentarium ansonsten auch bei Vorliegen eines direkten EAV auf der Ebene der außen stehenden Gesellschafter präsent sein müsste. Dies wird m. E. gerade mittels Abschn. 57 Abs. 6 S. 4 KStR ausgeschlossen, da vGA an außen stehende Gesellschafter steuerlich **wie** und nicht **als** Ausgleichszahlungen zu behandeln

[1390] Diese fiktive Behandlung erweist sich aufgrund der außerhalb des Organkreises befindlichen Gesellschafter als systemgerecht.

[1391] Ein Bilanzgewinn ist (ohne Rücklagenauflösungen) trotz der Ausschüttung insofern nicht vorhanden. Vgl. TESDORPF, WERNER (1984), S. 162.

[1392] Vgl. BMF-Schreiben vom 22.11.2001, S. 2117 und Beschluss des FG Düsseldorf vom 12.3.1999 (rkr.), S. 580.

[1393] Vgl. BREUNINGER, GOTTFRIED E./PRINZ, ULRICH (1995), S. 2088 und explizit bzgl. dieser Möglichkeit BFH-Urteil vom 22.4.1998, S. 689.

[1394] Vgl. BREUNINGER, GOTTFRIED E./PRINZ, ULRICH (1995), S. 2089 und WITT, GEORG (1999), Tz. B39. Die Annahme einer vGA leitet sich aus der Überlegung ab, dass ein Missverhältnis zwischen dem von der Tochter eingesetzten Kapital und dem daraus resultierenden Gewinnanspruch besteht. Die verhinderte Vermögensmehrung auf Ebene der Tochter ist um den Betrag zu erhöhen, der der erzielbaren Vergütung entspricht (Abschn. 31 Abs. 10 S. 1 KStR). Diese Situation ist in umgekehrter Sichtweise quasi mit einer Gewinnlosigkeit der OG zu vergleichen. Vgl. dazu BFH-Urteil vom 18.9.1974, S. 126 und BFH-Urteil vom 19.3.1975, S. 722 f.

[1395] Für den strittigen 100%-Fall wurde in dieser Arbeit Dementsprechendes vertreten.

sind. Nur im Falle unangemessener bzw. gar keiner Ausgleichszahlungen wird von einer vGA bzw. verdeckten Einlage auszugehen sein.[1396]

b) Bilanzrechtliche Fragestellungen

Die bilanzielle Abbildung von Ausgleichszahlungen wurde im Schrifttum bislang nur unzureichend problematisiert. Während der **OT in gesellschaftsrechtlicher Hinsicht den zur Ausgleichszahlung Verpflichteten** darstellt[1397], kann auch die OG kraft Unternehmensvertrages in den rein technischen Zahlungsvorgang mit einbezogen werden, wobei ihr ein (interner) Anspruch auf die für die Ausgleichszahlungen erforderlichen Mittel einzuräumen ist. Der Anspruch gegenüber dem OT wird durch diese Vereinbarung nicht obsolet.[1398] **Steuerrechtlich** ist dieser Sachverhalt in § 16 KStG hingegen nur unzureichend wiedergegeben; es wird vielmehr der **Eindruck des Einräumens eines Wahlrechts** zur Leistung von Ausgleichszahlungen erweckt.

Zunächst ist zu hinterfragen, wer die **Verbindlichkeit** gegenüber den außen stehenden Gesellschaftern im Falle der Zahlung durch die OG zu passivieren hat.[1399] Mittels Hinzuziehung des Kriteriums der abstrakten Passivierungsfähigkeit ist eine wirtschaftliche Belastung der OG zu bejahen, wenn jene die Verbindlichkeit **in ihrem eigenen Namen** eingegangen ist und der Gläubiger von seiner Inanspruchnahme gegen die OG bis zum Bilanzstichtag Kenntnis erlangt.[1400] Dieses Wissen ist m. E. im Falle einer vertraglichen Vereinbarung anzunehmen, da die außen stehenden Gesellschafter in die Verträge (im HR) Einsicht nehmen können. Im Umkehrschluss ist ein Verbindlichkeitenausweis in der Bilanz der OG ohne vertragliche Zusatzregelungen hinfällig.[1401]

Als weitere Schwierigkeit tritt der **Fälligkeitszeitpunkt der Augleichszahlungen** hinzu. Während dieser bei fixen Ausgleichszahlungen am Bilanzstichtag der OG eintritt, bemisst sich die Höhe und Fälligkeit der variablen Ausgleichszahlungen erst mit Datum der Feststellung des Jahresabschlusses des OT.[1402] Somit ist im letzten Fall der Ausgleichsanspruch und seine Abwicklung mit der damit verbundenen Verminderung des Ergebnisabführungsbetrages erst im darauf folgenden Wirtschaftsjahr berücksichtigungsfähig.

Wird die **GuV** in die Überlegungen integriert, ist ebenfalls zwischen den beiden genannten Alternativen zu differenzieren, wobei die Ausgleichszahlungen bei der sie übernehmenden Gesellschaft aufwandswirksam zu erfassen sind. Übernimmt der **OT** deren Leistung und wird eine Gewinnabführung unterstellt, sind die am Bilanzstichtag realisierten und in der GuV aus-

---

[1396] In dieselbe Richtung argumentierend: OTT, MAX (1978), S. 1515.

[1397] Vgl. SAUTER, THOMAS/HEURUNG, RAINER (2001a), S. 758.

[1398] Vgl. EMMERICH, VOLKER (2001), § 304 AktG, Rdnr. 23.

[1399] Die Wirtschaftsjahre von OT und OG werden zunächst als identisch unterstellt.

[1400] Dabei ist maßgeblich, dass sich der außen stehende Gesellschafter an die OG halten kann, auch wenn diese im Innenverhältnis zum OT einen Anspruch auf Entlastung von der Verbindlichkeit besitzt. Vgl. dazu in allgemeiner Form ADLER, HANS/DÜRING, WALTHER/SCHMALTZ, KURT (1997), § 246 HGB, Tz. 110.

[1401] Zur Harmonisierung dieser m. E. unnötigen Divergenz zwischen Gesellschafts- und Steuerrecht könnte die Verpflichtung zur Leistung und gleichzeitigen Versteuerung der Ausgleichszahlung durch die OG vorgesehen werden. Vgl. die Ausführungen in Fn. 1367 (S. 225) bzgl. der aus steuerlicher Sicht gebotenen Notwendigkeit der Erfassung bei der OG.

[1402] Vgl. EMMERICH, VOLKER (2001), § 304 AktG, Rdnr. 42 und Rdnr. 55.

gewiesenen Erträge aus Gewinnabführung (offen) um den Betrag der Ausgleichszahlungen zu kürzen. Im Falle einer Überschreitung ist der übersteigende Betrag als Aufwand aus Verlustübernahme auszuweisen (§ 158 Abs. 2 AktG i.V.m. § 275 HGB).[1403] Wie der dementsprechende bilanzielle Ausweis erfolgt, wird nicht erwähnt. M.E. kämen unter Beachtung des Saldierungsverbotes gem. § 246 Abs. 2 HGB der Bruttoausweis von „Forderungen gegenüber verbundenen Unternehmen" sowie eine in Höhe der Ausgleichszahlung gebildete „sonstige Verbindlichkeit" i.S.v. § 266 Abs. 3 C. 8. HGB in Betracht. Alternativ wäre ein nach dem Vorbild des § 268 Abs. 5 S. 2 HGB **offenes** Absetzen des Betrages von den „Forderungen gegenüber verbundenen Unternehmen" denkbar, was die Zusammengehörigkeit beider Positionen in bilanzieller Weise übersichtlicher dokumentieren würde. Ist eine Verlustübernahmeverpflichtung bereits vor Berücksichtigung der Ausgleichszahlungen gegeben, wird diese durch den Wert der Ausgleichszahlungen erhöht. Im Rahmen des Bilanzausweises werden dementsprechend unterschiedliche Verbindlichkeitspositionen angesprochen.

Verpflichtet sich die **OG** zur Ausgleichszahlung, vermindert sich der abzuführende Gewinn an den OT.[1404] Bei einer Überschreitung hat der OT insofern den Unterschiedsbetrag zu tragen, da eine Verlustausgleichsverpflichtung seinerseits entsteht.[1405] Fraglich ist die Einordnung des Aufwandes in die GuV der OG. Wird jener vom eigentlichen Verpflichteten nicht erstattet, ist m.E. ein Ausweis unter den „außerordentlichen Aufwendungen" vertretbar.[1406] Anderenfalls sollte eine offene Erhöhung des Gewinnabführungsbetrages (Aufwand aus Sicht der OG!) unter der entsprechenden GuV-Position erfolgen.[1407] Gar keine Erwähnung erfährt die dabei vorhandene Durchlauffunktion der OG. Meiner Ansicht nach ist der zum Bilanzstichtag entstehenden Verbindlichkeit gegenüber außen stehenden Gesellschaftern gleichzeitig eine Forderung gegen den OT auf Erstattung der Ausgleichszahlung entgegenzustellen. Die der Forderung äquivalente Gegenbuchung sollte als (negativer) „Aufwand aus Gewinnabführung" dem Ertragsbereich zugeordnet werden, so dass der Gewinnabführungsbetrag per Saldo in seiner Höhe unverändert bleibt.

Weitere Besonderheiten können bei **unterschiedlichen Wirtschaftsjahren** von OT und OG entstehen. In Kapitel C.I.3.a) (ab S. 208) wurden bereits mögliche zeitliche Unterschiede zwischen Gewinnabführung und Einkommenszurechnung problematisiert. Dabei ist der Beispielfall in Abbildung 13 (S. 208) um fixe und variable Ausgleichszahlungen zu komplettieren (vgl. Abbildung 16 (S. 234)).

1403 § 158 Abs. 2 AktG gilt für eine GmbH dementsprechend. Vgl. BUDDE, WOLFGANG D./MÜLLER, HEINZ-PETER (1999), § 277 HGB, Anm. 28. Personenhandelsunternehmen sollten diese Grundsätze m.E. ebenso beherzigen.

1404 Dementsprechend erhöht sich ein zu übernehmender Verlust. Die KSt i.H.v. $^1/_3$ der Ausgleichszahlungen ist – wie in Kapitel C.I.4.a) (ab S. 224), und in Anlage 5 des Anhangs (ab S. XLVII) näher erläutert – stets in der GuV der OG als Aufwand i.S.v. § 275 Abs. 2 Nr. 18 bzw. Abs. 3 Nr. 17 HGB zu erfassen.

1405 Vgl. BUDDE, WOLFGANG D./MÜLLER, HEINZ-PETER (1999), § 277 HGB, Rn. 28.

1406 So auch ADLER, HANS/DÜRING, WALTHER/SCHMALTZ, KURT (1997), § 277 HGB, Tz. 69.

1407 § 158 Abs. 2 AktG enthält zwar ausschließliche Regelungen für den OT, wobei einer dementsprechenden Anwendung auf Ebene der OG nach meinem Dafürhalten nichts entgegensteht.

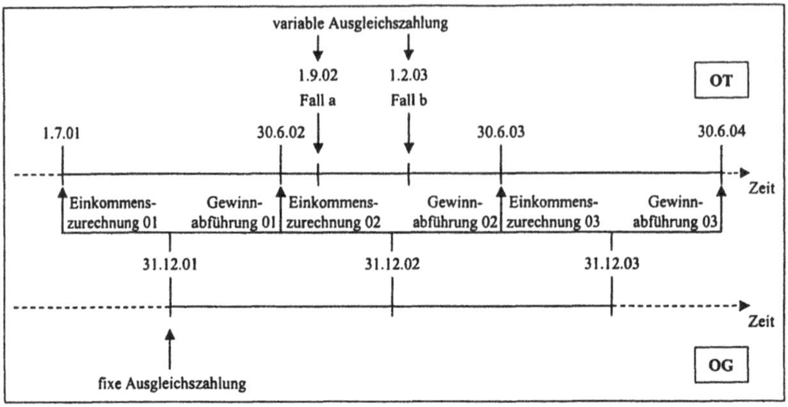

Abbildung 16: Ausgewähltes Beispiel temporärer Differenzen zwischen Gewinnabführung und Einkommenszurechnung unter Berücksichtigung fixer und variabler Ausgleichszahlungen

Durch das in Abbildung 16 dargestellte Beispiel können weitere Disharmonien auftreten. Im Falle **fixer Ausgleichszahlungen** (z.B. Fälligkeit am 31.12.01) sind diese unabhängig von der Leistung[1408] durch den OT oder die OG aufwandsmäßig dem 30.6.02 zuzuordnen. Für steuerliche Zwecke ist die Unmaßgeblichkeit des Leistenden ebenso gegeben, da die Ausgleichszahlungen stets eigenes Einkommen der OG darstellen (Besteuerungszeitpunkt: 31.12.01, d.h. Verringerung der „Einkommenszurechnung 01" zum 1.7.01).

Bei **variablen Ausgleichszahlungen** ist deren exakter Fälligkeitszeitpunkt für weitere Überlegungen maßgebend. Werden sie durch den OT geleistet, vermindert sich stets dessen Ergebnis des Wirtschaftsjahres 02/03. Bei Leistung durch die OG erfolgt in Fall a ebenfalls die Bezugnahme auf den 30.6.03 (Verringerung der „Gewinnabführung 02"). In Fall b ist dagegen zunächst zu klären, ob die Verpflichtung der OG zur Passivierung einer **Verbindlichkeitsrückstellung** am 31.12.02 besteht. Wendet man die von der BFH-Rechtsprechung entwickelten allgemeinen Kriterien[1409] auf diesen Sachverhalt an, ist die Wahrscheinlichkeit des Entstehens einer Verbindlichkeit gegenüber den außen stehenden Gesellschaftern zu bejahen. Ferner muss die OG mit der ernsthaften Inanspruchnahme rechnen, da der bzw. die Schuldner ihre Rechte kennen und jene auch geltend machen (werden). Ferner müssen die wirtschaftlich wesentlichen Tatbestandsmerkmale vor dem 31.12.02 verursacht worden sein. Diese stellen im Einzelnen der Abschluss des EAV bzw. Organschaftsvertrages sowie die Erzielung eines Jahresüberschusses durch den OT im Wirtschaftsjahr 01/02 dar. Als wirtschaftlich unwesentlich ist der Zeitablauf bis zur Feststellung des Jahresabschlusses einzustufen. Insofern sind die Kriterien zur Passivierung kumulativ erfüllt. Als wesentlicher Unterschied zu Kapitel C.I.2.a)(1)(b) (ab S. 198) ist festzuhalten, dass auch eine Passivierungspflicht in der Steuerbilanz zu bejahen ist, wobei der Aufwand außerbilanziell gekürzt werden muss. Zusammen-

---

1408 Streng genommen müsste von „erfolgswirksamer Verursachung" gesprochen werden.
1409 Vgl. dazu Kapitel C.I.2.a)(1)(b) (ab S. 198).

fassend wirkt sich die Rückstellungsbildung zum 31.12.02 auf die Höhe der „Gewinnabführung 02“ und u.U., d.h. bei Korrekturbedarf der (variablen) Ausgleichszahlung der Höhe nach, auf die „Gewinnabführung 03“ aus.

Steuerlich stellen die Ausgleichszahlungen in Fall a zu versteuerndes Einkommen der OG zum 31.12.02 und in Fall b zu versteuerndes Einkommen zum 31.12.03 dar.

II. Gewerbesteuer

Im Gegensatz zur ausführlichen Analyse im körperschaftsteuerlichen Bereich wird dieses Kapitel in knapper Form gehalten, da sich auf das bereits Angeführte zurückgreifen lässt. Das Ziel stellt vielmehr das Aufzeigen bzw. Problematisieren von gewerbesteuerlichen Besonderheiten dar.

1. Besonderheiten bei der Ermittlung und Verrechnung der Gewerbeergebnisse

a) Lehre von der gebrochenen Einheitstheorie und schematische Darstellung

Die gewerbesteuerliche Organschaft bezweckt, die am Aufkommen der GewSt beteiligten Gemeinden davor zu schützen, dass miteinander verbundene Unternehmen ihren Gewinn in Gemeinden mit gar keinem bzw. nur geringem Hebesatz verlagern.[1410] Jene Umgehungsmöglichkeiten ließen sich im Betriebstättenfall vermeiden, da eine Zerlegung des Steuermessbetrages auf die betroffenen Gemeinden stattfinden würde (§§ 28 ff. GewStG). Da sich die OG nicht tatsächlich in eine Betriebstätte umfunktionieren lässt, wird sie mittels § 2 Abs. 2 S. 2 GewStG **als Betriebstätte des OT fingiert**. Der Umkehrschluss, der in der Annahme eines einheitlichen Unternehmens, bestehend aus Stammhaus und unselbstständiger Betriebstätte zu sehen wäre, ist dagegen unzulässig.[1411] Die OG bleibt analog zur Behandlung bei der körperschaftsteuerlichen Organschaft zivilrechtlich selbstständig und hat eigene Bilanzen zu erstellen.[1412]

Das beschriebene konfliktäre Verhältnis zwischen steuerrechtlicher Unselbstständigkeit und zivilrechtlicher Selbstständigkeit wird als sog. **gebrochene Einheitstheorie** bezeichnet.[1413] Danach bewirkt die gewerbesteuerliche Organschaft eine **interpersonale Aufspaltung von Tatbestand und Rechtsfolge**[1414] dergestalt, dass die persönliche Steuerpflicht der OG entge-

[1410] Vgl. BFH-Urteil vom 5.5.1977, S. 702.

[1411] Vgl. z.B. BFH-Urteil vom 2.3.1983, S. 428.

[1412] Vgl. BFH-Beschluss vom 25.5.1988, S. 454 f.; BFH-Urteil vom 2.3.1983, S. 428 und BFH-Urteil vom 10.11.1983, IV R 56/80, S. 152. Umgekehrt verhält es sich beim „dealing-at-arm's-length“-Prinzip, wonach die unselbstständige Betriebstätte für steuerliche Zwecke als rechtlich selbstständig erklärt wird.

[1413] Vgl. z.B. BFH-Urteil vom 18.9.1996, I R 44/95, S. 182.

[1414] Vgl. WÜNDISCH, FRITZ (1970), S. 410.

gen ihrer objektiven Steuerpflicht während der Dauer der gewerbesteuerlichen Organschaft untergeht bzw. dem OT zugerechnet wird.[1415]

Hinsichtlich der **Ermittlungsweise** sind die jeweiligen (originären) Gewerbeergebnisse bei OT und OG unter **Beibehaltung ihrer rechtlichen Selbstständigkeit** so zu ermitteln, als würden beide Gesellschaften Gewerbesteuersubjekte darstellen. Dabei ist die handelsbilanzielle Gewinnabführung (UntStFG) bzw. Gewinnausschüttung (möglich nach UntStFG-E) sowie die Verlustübernahme (unabhängig vom Abschluss eines EAV) aufgrund der für steuerliche Zwecke unmaßgeblichen Einkommensverwendung gem. § 8 Abs. 3 S. 1 KStG über § 7 S. 1 GewStG für die GewSt ebenfalls nicht berücksichtigungsfähig.[1416] Die gesondert ermittelten Gewerbeergebnisse sind nach der Zurechnungstheorie miteinander zu summieren und dem OT gewerbesteuerlich zuzuordnen.[1417]

Im Rahmen der getrennten Ermittlung der Gewerbeergebnisse sind etwaige Leistungsbeziehungen zwischen OT und OG wie unter fremden Dritten zu berücksichtigen. Allerdings sind aufgrund **innerorganschaftlicher Leistungsbeziehungen** hervorgerufene gewerbesteuerliche Doppelbelastungen bzw. Doppelentlastungen zu eliminieren, die entstehen können, falls die Hinzurechnungs- und Kürzungsbeträge einer Gesellschaft bereits in dem Gewerbeertrag der anderen Gesellschaft enthalten bzw. nicht enthalten sind. Als Rechtsgrundlage wird § 2 Abs. 2 S. 2 GewStG angeführt.[1418] So hat bspw. die hälftige Hinzurechnung von Dauerschuldzinsen auf Ebene der OG für einen von ihr beim OT aufgenommenen Kredit zu unterbleiben, weil die Zinserträge bereits beim OT in voller Höhe angesetzt werden.[1419] Würde der Kredit der OG bspw. von einem gewerbesteuerpflichtigen Gesellschafter des OT gewährt werden, liefe § 2 Abs. 2 S. 2 GewStG ins Leere, da der Kreditgeber nicht dem Organkreis zugehörig ist.[1420] Diese Pauschalaussage besitzt meiner Ansicht nach nur dann Gültigkeit, falls das Darlehen nicht dem SBV und somit dem Betriebsvermögen der OT-Personenhandelsgesellschaft zugeordnet ist. In allen anderen Fällen ist die Empfehlung auszusprechen, bei Darlehensgewährungen in Form von Dauerschulden darauf zu achten, dass sich beide Vertragsparteien innerhalb des Organkreises befinden, da ihnen nur dann eine steuerliche Privilegierung zugute kommt.

[1415] Vgl. BFH-Urteil vom 24.1.1990, S. 669; BFH-Urteil vom 27.6.1990, I R 158/87, S. 117; BFH-Urteil vom 27.6.1990, I R 183/85, S. 918; BFH-Urteil vom 2.2.1994, S. 769 und BFH-Urteil vom 18.9.1996, I R 44/95, S. 182.

[1416] Der Gewinn aus Gewerbebetrieb i.S.v. § 7 S. 1 GewStG ist nach den Vorschriften des KStG zu ermitteln, wobei § 8 KStG die „klassische" Einkommensermittlungsvorschrift darstellt. Dies erfährt durch Abschn. 41 Abs. 3 S. 2 und 3 GewStR Bestätigung. Ebenso gilt die Nichtabzugsfähigkeit von Ausgleichszahlungen gem. § 4 Abs. 5 Nr. 9 EStG auch für die GewSt. Vgl. auch BFH-Urteil vom 2.3.1983, S. 428, im Rahmen dessen die Anwendung von § 8 Abs. 3 S. 1 KStG missachtet wurde.

[1417] Vgl. BFH-Urteil vom 24.1.1990, S. 669; BFH-Urteil vom 2.2.1994, S. 769 und BFH-Urteil vom 25.7.1995, S. 796.

[1418] Vgl. BFH-Urteil vom 6.11.1985, S. 75; BFH-Urteil vom 2.2.1994, S. 769 und BFH-Urteil vom 18.9.1996, I R 44/95, S. 182.

[1419] Vgl. BFH-Urteil vom 6.11.1985, S. 75.

[1420] Vgl. KREUZER, RAINER (1981), S. 400. Verwunderlich ist, dass SCHMIDT, LUDWIG/MÜLLER, THOMAS/STÖCKER, ERNST E. (1999), Rz. 1052, diesen Aspekt als „Besonderheit" bei Personenhandelsgesellschaften als OT anführen, zumal er auch bei Kapitalgesellschaften präsent ist.

Sinngemäß zur körperschaftsteuerlichen Organschaft ist für die weitere steuerliche Behandlung des Gewerbeertrages des Organkreises die **Rechtsform des OT maßgeblich,** so dass bei Personenhandelsunternehmen der gewerbesteuerliche Freibetrag i.H.v. 24.500 EUR sowie der gewerbesteuerliche Staffeltarif Anwendung finden (§ 11 Abs. 1 S. 3 Nr. 1 und Abs. 2 Nr. 1 GewStG). Falls die betreffenden Vergünstigungen noch nicht vom originären Gewerbeertrag des OT völlig ausgeschöpft wurden, kommen sie der OG trotz deren Rechtsformtypus einer Kapitalgesellschaft zugute.[1421]

Da die OG in steuerlicher Hinsicht wie eine Betriebstätte angesehen wird, hat eine Zerlegung des Steuermessbetrages auf die Gemeinden (von OT und OG) stattzufinden. Den Verteilungsmaßstab bilden die Arbeitslöhne[1422] (§ 29 Abs. 1 GewStG). Die Zerlegung des Steuermessbetrages kann sowohl eine steuerliche Besser- als auch Schlechterstellung der gewerbesteuerlichen Organschaft im Vergleich zu gar keiner Organschaft bewirken. Dies wird an einem Zahlenbeispiel in Tabelle 11 und Tabelle 12 verdeutlicht.[1423]

	Steuermess-betrag [EUR]	**Arbeits-löhne [%]**	**Steuermess-betrag nach Zerlegung [EUR]**	**Gemeinde**	**Hebesatz [%]**	**GewSt-Schuld [EUR]**
A-AG	75.000	80	–	C	500%	375.000
B-GmbH	50.000	20	–	D	300%	150.000
	125.000					525.000

Tabelle 11: Beispielhafte Ermittlung der GewSt-Schuld eines Konzerns

	Steuermess-betrag [EUR]	**Arbeits-löhne [%]**	**Steuermess-betrag nach Zerlegung [EUR]**	**Gemeinde**	**Hebesatz [%]**	**GewSt-Schuld [EUR]**
A-AG	75.000	80	100.000	C	500%	500.000
B-GmbH	50.000	20	25.000	D	300%	75.000
	125.000					575.000

Tabelle 12: Beispielhafte Ermittlung der GewSt-Schuld eines gewerbesteuerlichen Organschaftskonzerns

Aus den Berechnungen wird ersichtlich, daß der Gemeinde C im Falle einer gewerbesteuerlichen Organschaft eine höhere Steuereinnahme zufließt, da in ihr die höchsten Arbeitslöhne gezahlt werden. Die Gemeinde D wird demgegenüber finanziell benachteiligt. Alles in allem hat eine Umverteilung von Gewerbesteuereinnahmen der Gemeinde D auf Gemeinde C statt-

1421 Die in Kapitel B.III.4 (ab S. 60) präferierte Einführung der mehrfachen Abhängigkeit besäße in diesem Kontext genau dann einen Nachteil, falls die GbR-Gesellschafter Kapitalgesellschaften wären, da ihnen entgegen der GbR der Freibetrag und Staffeltarif nicht zustünde. Vgl. EVERSBERG, HORST (2001), S. 319.

1422 Unter „Arbeitslöhnen" sind die Einnahmen i.S.v. § 19 Abs. 1 Nr. 1 EStG (Gehälter, Löhne, Tantiemen, Gratifikationen) sowie etwaige Zuschläge für Nacht- oder Feiertagsarbeit zu verstehen. Vergütungen an Personen, die im Betrieb eine Berufsausbildung genießen, sind ebenso unberücksichtigt zu lassen wie einmalige gewinnabhängige Vergütungen und Vergütungen, deren Höhe beim einzelnen Arbeitnehmer 50.000 EUR übersteigt (vgl. dazu § 31 GewStG).

1423 Die A-AG stellt den OT, die B-GmbH die OG dar.

gefunden, wobei für den Organkreis im Gesamten eine höhere Gewerbesteuerschuld im Vergleich zum Nichtbestehen der Organschaft resultiert. Verallgemeinernd ist festzuhalten, dass eine gewerbesteuerliche Organschaft genau dann lohnend ist, wenn bei einem relativ niedrigen Hebesatz einer Gemeinde der Anteil an den Arbeitslöhnen größer als der Anteil des Steuermessbetrages der in derselben Gemeinde ansässigen Gesellschaft an der Summe sämtlicher Steuermessbeträge im Organkreis ist.[1424]

Zusammenfassend lässt sich ein **Drei-Phasen-Schema** entwickeln, das sich wie in Abbildung 17 (S. 239) darstellt. Dabei wird impliziert, dass der OT ebenfalls eine Kapitalgesellschaft ist, so dass der Gewinn aus Gewerbebetrieb (§ 7 S. 1 GewStG) das (körperschaftsteuerliche) Einkommen vor Verlustabzug i.S.v. § 10d EStG verkörpert (Abschn. 40 Abs. 1 GewStR).[1425] Die Neutralisierung der Gewinnabführung bzw. Verlustübernahme gem. § 8 Abs. 3 S. 1 KStG findet in der Ausgangsgröße genauso ihren Niederschlag wie die Abzugsfähigkeit der GewSt von ihrer eigenen Bemessungsgrundlage auf Ebene des OT.[1426]

b) Zeitliche Besonderheiten

In zeitlicher Hinsicht ist für die GewSt das **Kalenderjahr als Erhebungszeitraum** maßgeblich (§ 14 S. 2 GewStG). Bei einem davon abweichenden Wirtschaftsjahr gilt der Gewerbeertrag in dem Erhebungszeitraum als bezogen, in dem das Wirtschaftsjahr endet (§ 10 Abs. 2 GewStG). Divergieren die Wirtschaftsjahre von OT und OG voneinander, sind die Gewerbeergebnisse der Jahre zusammenzurechnen, die im gleichen Erhebungszeitraum (Kalenderjahr) enden (Abschn. 41 Abs. 4 GewStR). Es besteht insofern eine vollständige Übereinstimmung mit den Ausführungen zur körperschaftsteuerlichen Organschaft in Kapitel C.I.3.a) (ab S. 208). Ein anderes Ergebnis wäre im Hinblick auf das gegenseitige Bedingen von gewerbe- und körperschaftsteuerlicher Organschaft nach dem UntStFG auch nicht vertretbar gewesen.

Das objektive Tatbestandsmerkmal für die **Zerlegung des Steuermessbetrages** stellt die Unterhaltung von mind. einer Betriebstätte im **Erhebungszeitraum** dar (§ 28 Abs. 1 S. 1 GewStG). Jener erweist sich auch dann als maßgeblich, falls ein kalenderjahrabweichendes Wirtschaftsjahr besteht.[1427] Gleiches gilt für den Zerlegungsmaßstab in Form der Arbeitslöhne, die im Erhebungszeitraum gezahlt wurden (§ 29 Abs. 2 GewStG). Die BFH-Rechtsprechung entfaltet genau dann eine praktische Relevanz, falls die gewerbesteuerliche Organschaft während des Kalenderjahres begründet werden soll. Gem. § 14 Abs. 1 Nr. 1 S. 1 KStG i.V.m. § 2 Abs. 2 S. 2 GewStG muss der OT vom Beginn des Wirtschaftsjahres der OG an jener beteiligt sein. Bei Unterstellung von Fall a in Abbildung 5 (S. 58) wird das gewerbe- und körperschaftsteuerliche Organschaftsverhältnis zum 1.8.01 begründet. Das Einkommen und Gewerbeergebnis der OG am 31.7.02 ist dem OT für dessen Veranlagungszeitraum 02 als zugehörig zuzurechnen (§§ 4a Abs. 2 Nr. 2 EStG, 7 Abs. 4 S. 2 KStG, 10 Abs. 2 GewStG).

1424 Vgl. SCHIFFERS, JOACHIM (1997), S. 885. In obigem Beispiel beläuft sich der Anteil des Steuermessbetrages der B-GmbH am Gesamtsteuermessbetrag auf 40%.

1425 Vgl. zur Ermittlung des Einkommens vor Verlustabzug das Schema bei KUSSMAUL, HEINZ (2000), S. 354. Außerbilanzielle Korrekturen wirken sich ebenfalls auf die GewSt aus (Abschn. 38 Abs. 1 S. 7 GewStR).

1426 Bei Personenunternehmen stellen die um Einkommensermittlungsvorschriften zu ergänzenden Einkünfte aus Gewerbebetrieb gem. § 15 Abs. 1 Nr. 1 und Nr. 2 EStG die gewerbesteuerliche Ausgangsgröße dar.

1427 Vgl. BFH-Urteil vom 17.2.1993, S. 679 ff., s.b.S. 681.

Existierte der OT bereits seit dem 1.1.01, besaß er während des gesamten Kalenderjahres zwei Betriebstätten – seine eigene und eine fiktive in Form der OG ab dem 1.8.01 –.[1428] Insofern ist der Steuermessbetrag auf die Gemeinden des OT und der OG für das **gesamte** Kalenderjahr zu verteilen, obwohl die Organschaft erst am 1.8.01 Bestand hat und die OG erst dann als Betriebstätte fingiert wird.[1429] Der vororganschaftliche Gewerbeertrag des (künftigen) OT wird insoweit ebenfalls auf die Gemeinde der OG zerlegt.[1430]

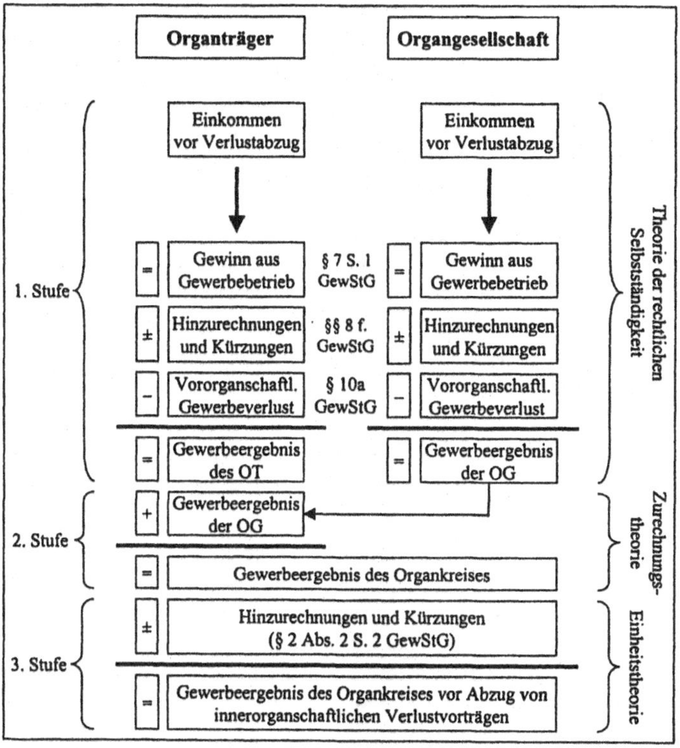

Abbildung 17: Drei-Phasen-Schema zur Ermittlung des Gewerbeergebnisses des Organkreises[1431]

[1428] Betriebstätten werden dann in mehreren Gemeinden unterhalten, wenn derselbe Gewerbebetrieb zu irgendeinem Zeitpunkt im Kalenderjahr bzw. nacheinander während eines Kalenderjahres Betriebstätten in mehreren Gemeinden unterhält. Vgl. BFH-Urteil vom 17.2.1993, S. 680.

[1429] Vgl. BFH-Urteil vom 17.2.1993, S. 681.

[1430] Analoges gilt m. E. auch in Fall b in Abbildung 5 (S. 58).

[1431] Auf den Themenbereich der vororganschaftlichen Verluste wird in Kapitel C.II.1.c) (ab S. 240) sowie in Kapitel C.II.1.d) (ab S. 242) ausführlich eingegangen.

c) Vororganschaftliche Verluste bei Organgesellschaft und Organträger

Während im vororganschaftlichen Kontext ein Gleichlauf bei Gewinnausschüttungen und körperschaftsteuer- bzw. gewerbesteuerlicher Organschaft gegeben ist, erfahren vororganschaftliche Verluste im gewerbesteuerlichen Bereich auch nach dem UntStFG einer differenzierteren Behandlung.[1432] Hierbei ist strikt zwischen OT und OG zu separieren. Bei Letzterer sind deren vororganschaftliche Verlustabzugspotenziale nicht verrechnungsgesperrt, sondern verrechnungsbeschränkt[1433] und insoweit gem. § 10a GewStG von dem **getrennt** zu ermittelnden Gewerbeertrag der OG in Abzug zu bringen, wobei eine darüber hinausgehende Verrechnung mit dem Gewerbeertrag des OT nicht möglich ist.[1434] Als Begründung formaler Art ist die Positionierung des gewerbesteuerlichen Verlustabzuges im Ermittlungsschema des Gewerbeergebnisses anzuführen[1435], im Rahmen dessen ein originärer Verlustabzug dem Zusammenrechnen von Gewerbeergebnissen im Organkreis (zeitlich) vorgeht. Materiell würde eine Verrechnung mit Gewerbeerträgen des OT dem **Grundsatz der Subjektidentität** Widerspruch leisten.[1436, 1437]

Einen direkten Zusammenhang zu den Hinzurechnungs- und Kürzungsvorschriften der §§ 8 f. GewStG herstellend, sind jene nicht deshalb zu unterlassen, weil ansonsten ein mit vortragbaren Verlusten verrechenbarer Gewerbeertrag der OG verloren geht.

> *Der OT mietet einen Teilbetrieb von seiner OG, so dass der Tatbestand der (hälftigen) Hinzurechnung der Miet- und Pachtzinsen gem. § 8 Nr. 7 GewStG erfüllt ist. Auf Ebene der OG findet eine dementsprechende Kürzung gem. § 9 Nr. 4 GewStG statt. Entsteht jener dadurch ein Gewerbeverlust, kann sich die, einen Ausgleich ihres vororganschaftlichen Verlustvortrages begehrende OG nicht darauf berufen, dass es per Saldo unerheblich ist, ob die Miet- und Pachtzinsen beim OT erhöht und danach in der gleichen Höhe bei der OG wieder abgezogen werden.*[1438]

Als bedeutend diskussionswürdiger erweist sich die Behandlung **vororganschaftlicher Verlustvorträge beim OT**. Hierzu kommen zwei Varianten in Betracht. Zum einen wäre eine analoge Vorgehensweise zur Behandlung vororganschaftlicher Verlustvorträge der OG anzuführen. Zum anderen käme eine darüber hinaus gehende weitere Saldierung mit Gewerbeerträgen der OG infrage. Die Finanzverwaltung hat sich nach gegenseitigem Abwägen beider Alternativen für Letztere und insofern **gegen eine steuerverschärfende Regelung** entschie-

---

[1432] Vgl. Kapitel C.I.3.d) (ab S. 221) zur KSt.

[1433] Vgl. URBANS, RÜDIGER (2001), S. 584 f.

[1434] Vgl. BFH-Urteil vom 27.6.1990, I R 158/87, S. 117; BFH-Urteil vom 27.6.1990, I R 183/85, S. 918 und BFH-Urteil vom 23.1.1992, S. 631.

[1435] Vgl. Abbildung 17 (S. 239).

[1436] Vgl. PATT, JOACHIM/STIMPEL, THOMAS (2000), S. 705 f. Der Begriff der „Subjektidentität" (auch als „Unternehmeridentität" bezeichnet) besagt, dass der den Verlust begehrende Gewerbetreibende mit dem, den Verlust erleidenden Gewerbetreibenden personenidentisch sein muss. Vgl. PRINZ, ULRICH/OMMERBORN, FRANK (1999), S. 995, Fn. 5.

[1437] Im Gegensatz hierzu sind vororganschaftliche Verluste der OG nach § 15 Nr. 1 KStG deswegen komplett nicht abzugsfähig, weil das separat ermittelte und dem OT zuzurechnende Einkommen vor einem Verlustabzug nach § 10d EStG i.V.m. § 8 Abs. 1 KStG als ermittelt gilt. Im Falle des Abzuges wäre dem Prinzip der Subjektidentität nicht Genüge getan. Vgl. WITT, GEORG (1999), Tz. C2.

[1438] Vgl. den Sachverhalt im BFH-Urteil vom 23.1.1992, S. 631 f.

den.[1439] Im Schrifttum befürworten PATT und STIMPEL eine Gleichbehandlung zwischen vororganschaftlichen Verlusten von OT und OG.[1440] PRINZ und OMMERBORN entgegnen, dass aufgrund der anhaltenden Steuersubjekteigenschaft des OT keine Verletzung des Grundsatzes der Subjektidentität vorliegt. Ferner entbehrt die Verrechnungsbeschränkung nicht nur einer Gesetzesgrundlage. Vielmehr läge ein Verstoß gegen das Prinzip der Besteuerung nach der Leistungsfähigkeit vor. Es ist somit unmaßgeblich, ob der Verlustvortrag des OT aus vororganschaftlicher oder organschaftlicher Zeit stammt.[1441] Bezeichnend mag ein nach Veröffentlichung der Publikationen erschienenes BFH-Urteil sein, das sich trotz des Nichtanwendungserlasses der obersten Finanzbehörden der Länder auf eine Entscheidung diesbezüglich nicht festlegte.[1442] Eine Bewertung jener Meinungsverschiedenheit wird nachstehend vorgenommen.

Sowohl der OT als auch die OG haben ihre Gewerbeergebnisse unter Beachtung der zivilrechtlichen Selbstständigkeit separat zu ermitteln. Dabei ist ein vororganschaftlicher Verlustvortrag bei der OG ausschließlich auf deren Ebene zu verwerten, woraus implizit ableitbar ist, dass ein vollständiger interner Ausgleich aufgrund fehlender Subjektidentität nicht möglich ist. Dagegen ist eine Subjektidentität bspw. zwischen einem Stammhaus und seiner Betriebstätte präsent. Für PRINZ und OMMERBORN ist es hingegen von Irrelevanz, ob eine tatsächliche Betriebstätte i.S.v. § 12 AO oder eine fiktive Betriebstätte nach der BFH-Rechtsprechung zur gewerbesteuerlichen Organschaft vorliegt.[1443] Sie bedienen sich der tatsächlichen Betriebstätte als Beweis für den umgekehrten Fall (vororganschaftlicher Verlust des OT) und erweitern diesen (ohne Bestehen einer Organschaft) auf Verluste des Stammhauses aus der Zeit vor der Begründung der neuen Betriebstätte, die mit den neuen zugerechneten Betriebstättengewinnen verrechenbar sind.[1444] Ob sich der Vergleich in diesem Kontext überhaupt vornehmen lässt, ist m. E. zweifelhaft, da an die Begründung einer gewerbesteuerlichen Organschaft qualitativ höherwertige Anforderungen als an die Errichtung einer „bloßen" Betriebstätte zu richten sind. Ferner ist die exakte Reichweite der in § 2 Abs. 2 S. 2 GewStG normierten Betriebstättenfiktion bis dato ungeklärt. So bleibt die OG bspw. Mitunternehmerin einer Personenhandelsgesellschaft. Die Mitunternehmerstellung wird keinesfalls dem OT für steuerliche Zwecke zugeordnet.[1445] Unbenommen dessen erfolgt von PRINZ und OMMERBORN die Gleichsetzung einer vororganschaftlichen mit einer „vorbetriebstättigen" Zeit.[1446] Dadurch reduziert

[1439] Die steuerverschärfende Regelung wurde bereits in Abschn. 65 Abs. 5 S. 6-8 GewStR 1998 aufgenommen und sollte erstmalig für vororganschaftliche Verluste gelten, die der spätere OT im Erhebungszeitraum 1999 erlitten hat. Ein Nichtanwendungserlass ließ die Verwaltungsvorschrift niemals zur Anwendung kommen. Vgl. die gleich lautenden Erlasse der obersten Finanzbehörden der Länder vom 14.12.1999, S. 1134. Dies entspricht auch der Verfahrensweise bei der körperschaftsteuerlichen Organschaft. Vgl. die Ausführungen in Fn. 1344 (S. 221).

[1440] Vgl. PATT, JOACHIM/STIMPEL, THOMAS (2000), S. 705 ff.

[1441] Vgl. PRINZ, ULRICH/OMMERBORN, FRANK (1999), S. 995 und PRINZ, ULRICH/OMMERBORN, FRANK (2000), S. 708.

[1442] Vgl. BFH-Urteil vom 29.8.2000, S. 165 f.

[1443] Vgl. PRINZ, ULRICH/OMMERBORN, FRANK (1999), S. 995.

[1444] Vgl. PRINZ, ULRICH/OMMERBORN, FRANK (1999), S. 995.

[1445] Vgl. BFH-Urteil vom 10.11.1983, IV R 56/80, S. 152.

[1446] Vgl. PRINZ, ULRICH/OMMERBORN, FRANK (1999), S. 995.

sich die Diskussion auf die Frage, ob die Verhältnisse zum **Zeitpunkt der Entstehung der Verluste oder der Zeitpunkt ihrer Verrechnung maßgeblich** sind.

Als Entscheidungshilfe wird sich des Falles gewerbesteuerlicher Verlustvorträge, die während der organschaftlichen Zeit aufgebaut wurden, bedient. Jene sind auch in nachorganschaftlicher Zeit dem OT zuzuordnen. Als Begründung wird vom BFH angeführt, dass unter einem „Gewerbeverlust" i.S.v. § 10a GewStG derjenige Fehlbetrag zu verstehen ist, welcher bei der Ermittlung des „maßgebenden Gewerbeertrages" entstanden ist (§ 10a S. 1 GewStG). Als solcher ist derjenige Betrag zu verstehen, für den der einheitliche Steuermessbetrag festgesetzt wird (§ 10 Abs. 1 GewStG). Da jener ausschließlich gegenüber dem OT festgesetzt wird, kann ein während der Organschaftsdauer entstehender Gewerbeverlust nur als solcher des OT behandelt werden. Eine Aufteilung findet deswegen nicht statt, weil ein während der Organschaft erwirtschafteter Verlust aus gewerbesteuerlicher Sicht als ein Betriebstättenverlust des OT zu behandeln ist. Mit der Verlustaufteilung nach der Organschaft würde jene Vorschrift rückwirkend als nicht beachtet gelten.[1447]

Der BFH stellt m.a.W. auf den **Zeitpunkt der Entstehung** der Gewerbeverluste ab. Zu den vororganschaftlichen Verlusten des OT zurückkehrend, wird nach geltendem Recht eine unbeschränkte Verrechnung mit Gewerbeerträgen der OG legalisiert. Würde dadurch nicht ebenfalls eine rückwirkende Ignoranz insofern entstehen, als dass vororganschaftliche Verlustvorträge aufgrund einer zu dieser Zeit fehlenden Betriebstättenfiktion der OG gar nicht ausgleichsfähig sind? Nach meinem Ermessen ist die Frage mit „ja" zu beantworten. Dem steht wiederum die durch die Begründung der Organschaft unveränderte Subjektidentität des OT gegenüber[1448], wobei sich als fraglich erweist, ob die Qualität der vororganschaftlichen Verluste des OT diese Identität nicht zu überlagern vermag. Als Zwischenergebnis ist festzuhalten, dass sich **keine eindeutige Bewertung des Meinungsstandes** vornehmen lässt. Unter Zuhilfenahme eines **mehrstufigen Organschaftskonzerns** soll die Diskussion im Folgekapitel weitergeführt werden.

d) Mehrstufige Organschaftskonzerne

Die imparitätische Regelung bzgl. vororganschaftlicher Verluste auf Ebene des OT und der OG besitzt in einem **zweistufigen Organschaftskonzern** dann Auswirkungen, falls sich ein vororganschaftlicher Verlustabzug der ZG, die simultan OT und OG ist, nicht vollständig durch eigene Gewerbeerträge bzw. durch solche der OG ausgleichen lässt.

> *Es wird ein zweistufiges gewerbesteuerliches Organschaftsverhältnis zwischen dem OT A, seiner OG B sowie deren OG C unterstellt. C erzielt einen Gewerbeertrag i.H.v. 30.000 EUR. Der Gewerbeertrag von B beläuft sich auf 50.000 EUR, wobei auf dessen Ebene ein vororganschaftlicher Verlustvortrag i.H.v. 100.000 EUR besteht. Der von A erwirtschaftete Gewerbeertrag beträgt 90.000 EUR.*

[1447] Vgl. dazu BFH-Urteil vom 27.6.1990, I R 158/87, S. 116 f. und BFH-Urteil vom 27.6.1990, I R 183/85, S. 918 f. Vgl. auch URBANS, RÜDIGER (2001), S. 585, der treffend formuliert: „Die Organgesellschaft startet dann „jungfräulich" ins eigene Gewerbeleben [...]".

[1448] So die Argumentationsweise von PRINZ, ULRICH/OMMERBORN, FRANK (1999), S. 995.

Während der vororganschaftliche Verlustvortrag den Gewerbeertrag von B vollständig zu kompensieren vermag, ist die Höhe des Gewerbeertrages von C nicht ausreichend, um den verbleibenden vororganschaftlichen Verlustvortrag zu decken. Dieser beläuft sich auf 20.000 EUR, der bzgl. des Verhältnisses zwischen A und B nicht weiter ausgeglichen werden kann, da B aus Sicht von A eine OG darstellt.

Die OFD Kiel und Frankfurt wurden im Jahre 2000 mit einem solchen Sachverhalt konfrontiert. Sie vertraten die Ansicht, dass die Zurechnung von Gewerbeerträgen im Organkreis der „tatsächlichen Eingliederung" zu folgen hat.[1449] Unstimmigkeiten ruft der Wortlaut der OFD insofern hervor, als dass die Gewerbeerträge der (Enkel-)OG – wie in diesem Beispiel geschehen – mit den vororganschaftlichen Verlusten der ZG verrechnet werden **können**. Alternativ wäre die Zurechnung der Gewerbeerträge der (Enkel-)OG direkt beim OT möglich. Die ZG könnte ihre vororganschaftlichen Verluste folglich ausschließlich mit **originären Gewerbeerträgen** saldieren.[1450] Jenes auch als solches zu interpretierende Wahlrecht besitzt genau dann keine materielle Auswirkungen, falls eine völlige Tilgung des vororganschaftlichen Verlustes der ZG durch eigene Gewerbeerträge möglich ist. Ansonsten wäre stets die in obigem Beispiel aufgezeigte Strategie zu empfehlen, da der ZG als OT zur (Enkel-)OG größere „Verlustabzugsbefugnisse" eingeräumt werden als der ZG als OG zum OT.

Zur bisherigen Diskussion zurückkehrend, wird die (Enkel-)OG für steuerliche Zwecke als Betriebstätte der ZG angesehen. Letztere verliert simultan ihre persönliche Steuerpflicht, so dass sie als Betriebstätte des OT zu behandeln ist. Fraglich ist, ob sich eine Betriebstätte einer anderen Betriebstätte nachschalten lässt. Eine Antwort darauf schuldig bleibend, wird ein anderer Lösungsansatz gewählt. Die Hauptintention der Betriebstättenfiktion besteht in der Verteilung des GewSt-Messbetrages auf die einzelnen betroffenen Gemeinden. Fraglich ist, wie eine Aufteilung im zweistufigen Organschaftskonzern vonstatten zu gehen hat. Gem. § 28 Abs. 1 S. 1 GewStG ist der Steuermessbetrag auf die einzelnen Betriebstättengemeinden zu zerlegen. Der Steuermessbetrag wird unstrittig gegenüber dem OT festgesetzt, der in einer mehrstufigen Kette den hierarchisch an oberster Stelle befindlichen Gewerbebetrieb darstellt. Folglich zerlegt jener den Steuermessbetrag und verteilt diesen auf die Gemeinden der ZG und der (Enkel-)OG. Wenn für die Zerlegung des Steuermessbetrages eine Mehrstufigkeit negiert wird, also beide Gesellschaften unbenommen ihrer unterschiedlichen hierarchischen Ansiedlung als gleichwertig anzusehen sind, sollte ebenso im Rahmen der Zurechnung verfahren werden mit der Konsequenz, dass vororganschaftliche Verluste der ZG nur mit eigenen Gewerbeerträgen zu saldieren sind. Diese Überlegung steht in Einklang mit der eher zu verneinenden Frage, ob eine Betriebstätte selbst eine weitere Betriebstätte unterhalten kann. Vielmehr stellen die ZG sowie die (Enkel-) OG **gleichwertige Betriebstätten** des OT dar. Daran anknüpfend ist nicht einzusehen, weswegen für vororganschaftliche Verluste des OT im einstufigen Fall ein größeres Ausgleichspotenzial als im mehrstufigen Fall zur Verfügung

[1449] Vgl. Verfügung der OFD Frankfurt a.M. vom 23.2.2000, S. 482 und Verfügung der OFD Kiel vom 3.2.2000, S. 351.

[1450] Vgl. Verfügung der OFD Frankfurt a.M. vom 23.2.2000, S. 482 und Verfügung der OFD Kiel vom 3.2.2000, S. 351.

stehen soll. Zusammenfassend ist eine **Verrechnung vororganschaftlicher Verluste des OT mit seinen originären Gewerbeerträgen** als sachgerecht anzusehen.

2. Steuerermäßigung bei Einkünften aus Gewerbebetrieb

Eine bedeutende Wirkung im Wechselspiel zwischen UntStFG-E und UntStFG erlangt der durch das StSenkG eingeführte § 35 EStG[1451], der eine Minderung der ESt um einen typisierten GewSt-Betrag vorsieht und die bis dato geltende, aber hinsichtlich ihrer Verfassungsmäßigkeit angezweifelte[1452] Steuersatzermäßigung des § 32c EStG zu substituieren bezweckt. Er stellt einen Ausgleich für die im Vergleich zur KSt höheren ESt-Sätze von Einzelunternehmen bzw. natürlichen Mitunternehmern einer Personenhandelsgesellschaft dar.[1453] Simultan wird eine steuerliche Gleichbehandlung zwischen gewerblichen und nicht gewerblichen Einkünften angestrebt.[1454]

Zur Erläuterung der allgemeinen Grundlagen wird sich des **Einzelunternehmens** bedient, dessen sog. **Ermäßigungspotenzial** sich auf das 1,8fache des GewSt-Messbetrages beläuft (§ 35 Abs. 1 Nr. 1 EStG).[1455] Allerdings kann die Ermäßigung nur für den Teil der tariflichen ESt beansprucht werden, der auf die im zu versteuernden Einkommen enthaltenen gewerblichen Einkünfte entfällt (sog. **Ermäßigungsquote**; § 35 Abs. 1 S. 1 EStG). Es gilt:

$$\boxed{\min\left\{1{,}8 \cdot \text{GewSt-Messbetrag}; \frac{\text{gewerbliche Einkünfte}}{\text{zu versteuerndes Einkommen}} \cdot \text{tarifliche ESt}\right\}}$$

Die Anrechnung des GewSt-Messbetrages auf die tarifliche ESt ist zudem der Höhe nach auf Letztere beschränkt, so dass die angestrebte Steuerbetragsermäßigung ggf. teilweise oder ganz verloren gehen kann (sog. **Anrechnungsüberhang**).[1456] Dieser der Intention des § 35 EStG

1451 Vgl. Art. 1 Nr. 21 des „Gesetzes zur Senkung der Steuersätze und zur Reform der Unternehmensbesteuerung (Steuersenkungsgesetz – StSenkG)" vom 23. Oktober 2000, S. 1436 f.

1452 Vgl. BFH-Beschluss vom 24.2.1999, S. 450 ff. sowie HIDIEN, JÜRGEN W. (2000), S. 485 ff.

1453 Vgl. RITZER, CLAUS J./STANGL, INGO (2000), S. 641; SCHLAGHECK, MARKUS (2000b), S. 1251 und WENDT, MICHAEL (2000), S. 1180.

1454 Vgl. HERZIG, NORBERT/LOCHMANN, UWE (2000c), S. 1728. Dadurch soll das Streitpotenzial im Rahmen der Abgrenzung zwischen gewerblicher und selbstständiger Tätigkeit verringert werden. Der Grenzhebesatz beläuft sich für 2002 auf ca. 389 %, wobei bei dessen Unterschreitung gewerbliche Einkünfte niedriger als nicht gewerbliche Einkünfte besteuert werden. Vgl. NEU, NORBERT (2000), S. 1933 f. und WENDT, MICHAEL (2000), S. 1177. Neben der Anrechnung der GewSt auf Ebene des Einzelunternehmers bzw. natürlichen Mitunternehmers bleibt die GewSt weiterhin eine abzugsfähige Betriebsausgabe bei der Ermittlung ihrer eigenen Bemessungsgrundlage sowie bei der des Jahresergebnisses des Personenhandelsunternehmens.

1455 Dieser berechnet sich als Produkt aus Gewerbeertrag nach Rundung und Freibetrag sowie der Steuermesszahl unter Berücksichtigung der Abzugsfähigkeit der GewSt von ihrer eigenen Bemessungsgrundlage (§§ 11 Abs. 1 S. 1 und S. 2, 14 GewStG). Insofern ist der Meinung von CATTELAENS und STUHRMANN, welche die Steuerbetragsermäßigung als hebesatzunabhängig ansehen, nicht zuzustimmen, da eine indirekte Dependenz im Rahmen der Ermittlung des GewSt-Messbetrages vorliegt. Vgl. CATTELAENS, HEINER (2000), S. 1182 und STUHRMANN, GERD (2000), S. 551.

1456 Ein Anrechnungsüberhang kann zum einen mittels einer Divergenz zwischen den Einkünften aus Gewerbebetrieb und dem aufgrund gewerbesteuerlicher Hinzurechnungen höheren Gewerbeertrag entstehen. Der tariflichen ESt steht dadurch ein entsprechend höherer Ermäßigungsbetrag gegenüber. Zum anderen ist es trotz einer betragsmäßigen Übereinstimmung zwischen Einkünften aus Gewerbebetrieb und Gewerbeertrag möglich, dass aufgrund großer Beträge an Sonderausgaben, außergewöhnlichen Belastungen bzw. Verlustabzügen, welche in keinem Zusammenhang mit der GewSt-Belastung stehen, nur eine geringe oder gar keiwidersprechende Gedankengang sollte m. E. bereinigt werden, wobei sich eine Erstattung oder ein Vortrag in künftige Veranlagungszeiträume anbietet.[1457]

Als bislang ungeklärt erweist sich die Frage, ob mit **„gewerblichen Einkünften"** auch nicht der GewSt unterliegende Einkünfte gemeint sind. Diese Diskussion ist für die weitere Vorgehensweise in Kapitel C.III (ab S. 248) von besonderer Relevanz, da die von der Tochter an die Mutter ausgeschütteten Gewinnanteile im Nichtorganschaftsfall bei Letzterer zum einen den Jahresüberschuss erhöhen, außerbilanziell hälftig zu kürzen und auf Ebene der ESt unter den Einkünften aus Gewerbebetrieb einzuordnen sind.[1458] Der per Saldo hälftig erfasste Beteiligungsertrag wirkt sich gem. § 7 S. 1 GewStG auch gewerbesteuerlich aus, wobei die Kürzungsvorschrift des § 9 Nr. 2a GewStG (Kapitalbeteiligung größer als 10 %) für die objektive GewSt-Befreiung Sorge trägt. M. E. sind „gewerbliche Einkünfte" trotz des Verstoßes gegen die Intention des Gesetzgebers zu bejahen. Wie sich sowohl aus der Überschrift zu § 35 EStG als auch aus § 35 Abs. 1 Nr. 1 und Nr. 2 EStG selbst ableiten lässt, stellt das die Rechtsfolgen des § 35 EStG auslösende Moment die Erzielung von Einkünften aus Gewerbebetrieb dar, unter die die hälftige Bardividende zweifelsohne fällt.[1459] Insofern besteht eine Divergenz zwischen dem Wortlaut des § 35 EStG und seinem eigentlichen Zweck.[1460] Als praktische Konsequenz dieser Diskussion wird mittels der im zu versteuernden Einkommen enthaltenen hälftigen Bardividende (bei einer über 10 % liegenden Kapitalbeteiligung) **kein zusätzliches Ermäßigungspotenzial** geschaffen, wohl aber die **Ermäßigungsquote erhöht.**[1461] Dieser

---

ne tarifliche ESt entsteht. Vgl. dazu systematisierend KÖPLIN, MANFRED/NIGGEMEIER, OLIVER (2001), S. 11480 f.; NEININGER, MONIKA/MAIER-FRISCHMUTH, MARKUS (2001), S. 1220 ff. und SÖFFING, GÜNTER (2000), S. 692. Da zur Begünstigung nach § 35 EStG keine Zahlung der GewSt vorausgesetzt wird, ist im Umkehrfall die Ermäßigung zu Recht auch dann in Anspruch zu nehmen, wenn ein Hebesatz von Null besteht. Vgl. mit einem Praxisbeispiel KOREZKIJ, LEONID (2001a), S. 336. A.A. anscheinend FAULHABER, MARKUS (2000), S. 612, Beispiel 5, Fall 3.

1457 Gleicher Ansicht: FÖRSTER, URSULA (2000), S. 870; HERZIG, NORBERT/LOCHMANN, UWE (2000c), S. 1731 und S. 1735; NEU, NORBERT (2000), S. 1935 sowie RÖDDER, THOMAS/SCHUMACHER, ANDREAS (2000a), S. 363. Solange der Gesetzgeber von einem Verfall ausgeht, sollte insofern die Vermeidung von Anrechnungsüberhängen durch den Steuerpflichtigen bezweckt werden.

1458 Vgl. §§ 20 Abs. 1 S. 1 und Abs. 3, 3 Nr. 40d und Nr. 40 S. 2 EStG.

1459 Gleiches gilt für nicht gewerbesteuerbare Einkünfte wie z.B. §§ 16 f. EStG.

1460 Gleicher Ansicht: DIENER, ROGER/SCHULTE, WILFRIED (2000), S. 124; HERZIG, NORBERT/LOCHMANN, UWE (2000b), S. 1193; KOREZKIJ, LEONID (2001a), S. 338; KOREZKIJ, LEONID (2001b), S. 1642 f.; NEININGER, MONIKA/MAIER-FRISCHMUTH, MARKUS (2001), S. 1216; NEU, NORBERT (2000), S. 1935 f.; OTTERSBACH, JÖRG H. (2001), S. 243 und RITZER, CLAUS J./STANGL, INGO (2000), S. 646. Auch der Steuerfachausschuss des IdW spricht von der tariflichen ESt-Ermäßigung im Falle der Erzielung von Einkünften aus Gewerbebetrieb. Vgl. IdW-Steuerfachausschuss (2000a), S. 245. A.A.: CATTELAENS, HEINER (2000), S. 1184 und GLANEGGER, PETER (2002), § 35 EStG, Rz. 6. Vgl. hierzu auch WENDT, MICHAEL (2000), S. 1179, der den nicht näher konkretisierten Wortlaut des § 35 EStG ebenso bemängelt und für eine Umbenennung der „gewerblichen Einkünfte" in „gewerbesteuerbelastete gewerbliche Einkünfte" plädiert.

1461 Bei **Mitunternehmerschaften** wird das Ermäßigungspotenzial des jeweiligen Mitunternehmers durch das 1,8fache seines auf ihn entfallenden **anteiligen** GewSt-Messbetrages ermittelt; Vorabgewinnanteile, unter denen auch die Sondervergütungen subsumiert werden, bleiben unberücksichtigt (§ 35 Abs. 1 Nr. 2 und Abs. 3 S. 3 2. Halbs. EStG), so dass der anteilige GewSt-Messbetrag aus der Relation zwischen dem Ergebnis des betreffenden Mitunternehmers aus der Mitunternehmerschaft und dem Gesamtergebnis der Mitunternehmerschaft resultiert. Warum ebenfalls der GewSt unterliegende Sonderbetriebseinnahmen und -ausgaben sowie Ergebnisse aus Ergänzungsbilanzen keine Berücksichtigung finden, ist für den Verfasser nicht nachvollziehbar. Vgl. dazu insb. CATTELAENS, HEINER (2000), S. 1187 f. sowie auch HERZIG, NORBERT/LOCHMANN, UWE (2000a), S. 542, Fn. 24; IdW (2000), S. 570; IdW-Steuerfachausschuss (2000a), S. 245; IdW-Steuerfachausschuss (2000b), S. 443; OTTERSBACH, JÖRG H. (2001), S. 244 und SÖFFING,

Aspekt wirkt sich dann in positiver Weise auf die Höhe der Steuerbetragsermäßigung aus, wenn die Ermäßigungsquote in obiger Formel den „Engpass“ darstellt.

Auf dem bisher Gesagten bauen besondere **Spezialregelungen** für (ertragsteuerliche) Organschaftsverhältnisse auf (§ 35 Abs. 2 EStG).[1462] Wird eine (ausschließliche) **gewerbesteuerliche Organschaft** unterstellt, wie es nach dem UntStFG-E noch möglich war (§ 35 Abs. 2 S. 1-3 EStG), unterliegt das Einkommen der OG (weiterhin) der KSt und das Jahresergebnis des OT der ESt. Folglich darf der Gewerbeertrag der OG die Berechnung der Betragsermäßigung nicht beeinflussen, da ihr der Vorteil des niedrigeren KSt-Satzes bereits zugute kommt.[1463] Somit ist aus dem gesamten GewSt-Messbetrag der begünstigungsfähige Teil im Sinne eines „eigenen“ GewSt-Messbetrages (des OT) zu ermitteln (§ 35 Abs. 2 S. 1 EStG).[1464] Negative Gewerbeerträge sind dabei mit Null anzusetzen (§ 35 Abs. 2 S. 2 EStG).[1465] Es gilt:[1466]

$$\frac{\text{Gewerbeertrag des OT vor § 11 GewStG}}{\text{Gewerbeerträge des Organkreises vor § 11 GewStG}} \cdot \text{GewSt-Messbetrag des Organkreises}$$

Der ermittelte und mit dem Faktor „1,8“ zu multiplizierende Wert verkörpert das **Ermäßigungspotenzial**. In formeller Hinsicht hat m. E. weiterhin eine Gegenüberstellung mit der Ermäßigungsquote stattzufinden. Die notwendige Konsultation des im Schrifttum in diesem Kontext unbeachteten Vergleichsmaßstabs lässt sich aus § 35 Abs. 2 S. 1 EStG mit dem entsprechenden pauschalen Verweis auf Abs. 1 derselben Rechtsvorschrift ableiten. Die Praxistauglichkeit der Ermäßigungsquote wird in Anlage 6 des Anhangs (ab S. XLIX) anhand eines analytischen Vergleiches untersucht.

Kritisch ist bzgl. der gesetzlichen Vorgehensweise anzumerken, dass die Multiplikation der Gewerbeertragsrelation mit dem GewSt-Messbetrag des Organkreises den anteiligen Verlust des Freibetrages für Personenhandelsunternehmen i.S.v. § 11 Abs. 1 S. 3 Nr. 1 GewStG zur Folge hat[1467]. Ferner mindern Gewerbeverluste der OG bei gleichzeitigem Bestehen eines Gewerbeertrages des OT die Höhe des GewSt-Messbetrages und somit auch den begünstigungsfähigen Anteil. Im Extremfall entfällt das gesamte Ermäßigungspotenzial, falls der Gewerbeertrag des OT positiv und der GewSt-Messbetrag des Organkreises aufgrund höherer

GÜNTER (2000), S. 690. Hier bietet sich eine analoge Gesetzesanwendung an. A.A.: NEUFANG, BERND (2000), S. 1917.

1462 Hinsichtlich der **Systematik** ist kritisch anzumerken, dass ein Tausch von § 35 Abs. 2 EStG mit dem als lex generalis einzustufenden Abs. 3 als sachgerechter anzusehen wäre, da die natürlichen Mitunternehmer von OT-Personenhandelsgesellschaften ebenfalls Vorabgewinnanteile i.S.v. § 35 Abs. 3 S. 2 2. Halbs. EStG erhalten können.

1463 Vgl. SCHLAGHECK, MARKUS (2000b), S. 1251 und WENDT, MICHAEL (2000), S. 1181.

1464 Im übertragenen Sinne könnte von einem „dealing-at-arm's-length“-Prinzip gesprochen werden. Der auf den OT entfallende Gewerbeertrag ist gesondert festzustellen, was in den Ermächtigungsbereich des Betriebstättenfinanzamtes des OT fällt (§ 35 Abs. 2 S. 3 und Abs. 4 S. 1 EStG).

1465 Erleidet der OT einen negativen Gewerbeertrag, verbleibt kein begünstigungsfähiger Anteil.

1466 Vgl. KOLLRUSS, THOMAS (2001b), S. 135 und RÖDDER, THOMAS/SCHUMACHER, ANDREAS (2000a), S. 363 f.

1467 Vgl. WENDT, MICHAEL (2000), S. 1182.

Gewerbeverluste der OG insg. negativ ist.[1468] Beide Resultate stehen in direktem Widerspruch zu der vom Gesetzgeber eigentlich bezweckten Isolierung des Gewerbeertrages des OT vor Einflüssen der OG.[1469] Als sachgerechter würde sich m. E. die Ermittlung eines fiktiven Gewerbeertrages des OT anbieten, der im Falle der Nichtexistenz eines ausschließlich gewerbesteuerlichen Organschaftskonzerns entstehen würde.[1470]

Einen weiteren für den Verfasser klarzustellenden **Problembereich** verkörpert ein **mehrstufiger, ausschließlich gewerbesteuerlicher Organschaftskonzern.**[1471] Der Gewerbeertrag der Enkel-OG wird dem Gewerbeertrag des Tochterkapitalgesellschaft-OT zugerechnet. Da dieser seinerseits wiederum OG des Mutter-OT ist, muss sein eigener Gewerbeertrag sowie derjenige der Enkel-OG dem Gewerbeertrag des Mutter-OT zugerechnet werden. Analog zum zweistufigen Organschaftskonzern gelangen sowohl Tochter als auch Enkel in den Genuss des niedrigeren KSt-Satzes. Insofern ist ausschließlich der auf den Mutter-OT entfallende Teil des gesamten Gewerbeertrages begünstigt. Da die Enkel-OG im mehrstufigen Organschaftskonzern keine (unmittelbare) OG des Mutter-OT ist, könnte § 35 Abs. 2 EStG missverständlich wirken.

Bei Unterstellung eines nach dem UntStFG-E und dem UntStFG Geltung erlangenden **gewerbe- und körperschaftsteuerlichen Organschaftsverhältnisses** (§ 35 Abs. 2 S. 4 EStG) gelangt das Einkommen der OG entgegen einer ausschließlichen gewerbesteuerlichen Organschaft kraft der Zurechnungstheorie in den Bereich der ESt. Insofern ist der Gewerbeertrag der OG gem. der Intention des § 35 EStG ebenfalls einer Steuerbetragsermäßigung zugänglich zu machen. Die Aufsplittung in einen begünstigungsfähigen und einen nicht begünstigungsfähigen Anteil entfällt, so dass der GewSt-Messbetrag des gesamten Organkreises die Grundlage für die Berechnung der ESt-Ermäßigung bildet.[1472] Während sich hinsichtlich des Ermäßigungspotenzials keinerlei Probleme ergeben, entsteht m. E. eine im Rahmen der Ermäßigungsquote **klärungsbedürftige Besonderheit**, da das dem OT (einkommensteuerlich) zuzurechnende Einkommen der OG nicht unter dessen Einkünften aus Gewerbebetrieb zu subsumieren ist.[1473] Dennoch ist der Folgeschluss der Divergenz zwischen letzterer Größe und dem zu versteuernden Einkommen auf eine Beeinflussung der Ermäßigungsquote i.S.v. § 35 Abs. 1 S. 1 EStG meiner Ansicht nach zu verneinen, da der durch das zuzurechnende Einkommen „repräsentierte" Gewerbeertrag der OG beim OT der GewSt unterlegen hat und als „gewerblich" i.S.v. § 35 Abs. 1 S. 1 EStG einzustufen ist.[1474] Eine Stellungnahme zu diesem

---

[1468] Man unterstelle den Grenzfall, dass der OT einen Gewerbeertrag i.H.v. 1.000.000 EUR und die OG einen Gewerbeverlust i. H. v. 1.000.000 EUR erzielen. Der dadurch resultierende GewSt-Messbetrag des Organkreises i. H. v. Null führt zu gar keiner GewSt-Anrechnung beim OT.

[1469] Vgl. GLANEGGER, PETER (2002), § 35 EStG, Rz. 42 und auch ROSENBERG, OLIVER (2000), S. 133.

[1470] Gleicher Ansicht: IdW-Steuerfachausschuss (2000a), S. 245 und IdW-Steuerfachausschuss (2000b), S. 443.

[1471] Vgl. Fallkonstellation 3 in Abbildung 8 (S. 97).

[1472] Vgl. NEU, NORBERT (2000), S. 1938 und SCHLAGHECK, MARKUS (2000b), S. 1251.

[1473] Vgl. nochmals die Ausführungen in Fn. 1267 (S. 207).

[1474] Dieser Fall stellt gerade das Pendant zu den gewerblichen, aber nicht gewerbesteuerpflichtigen Einkünften dar.

Problembereich seitens des Steuergesetzgebers bzw. der Finanzverwaltung wäre begrüßenswert.[1475]

Durch die Angleichung der Eingliederungsvoraussetzungen mittels des UntStFG entfällt die Existenzberechtigung der ausschließlich gewerbesteuerlichen Organschaft. § 35 Abs. 2 EStG erlangt ausschließlich für den Veranlagungszeitraum 2001 Relevanz. Dennoch sollte § 35 Abs. 2 EStG in verändertem Wortlaut auch weiterhin Bestand haben. Ein entsprechender Wortlaut wird in Kapitel E (ab S. 405) unterbreitet.

Kurz vor Abschluss dieser Arbeit nahm das BMF zu den Auslegungsschwierigkeiten in § 35 EStG Stellung. Es bestätigte die Auffassung, dass gewerbliche Einkünfte i.S.v. § 35 EStG die Einkünfte aus Gewerbebetrieb umfassen.[1476] Als Besonderheit ist das Ansetzen der „Summe der Einkünfte" anstelle des „zu versteuernden Einkommen" bei der Berechnung der Ermäßigungsquote anzuführen, was eindeutig dem Gesetzeswortlaut des § 35 Abs. 1 S. 1 EStG widerspricht.[1477] In diesem Punkt schürt das Anwendungsschreiben die Konfusion anstelle sie zu beseitigen. Anrechnungsüberhänge werden wie befürchtet nicht zu einem Vor- bzw. Rücktrag zugelassen, was als Anmaßung zu bezeichnen ist.[1478]

III. Vorteilhaftigkeitsvergleiche innerhalb des ertragsteuerlichen Organschaftskonzerns nach dem UntStFG und den ertragsteuerlichen Organschaftskonzernen nach dem UntStFG-E

1. Vorbemerkungen und Modellannahmen

Im Anschluss an die isolierten und problembezogenen Darstellungen von körperschaft- und gewerbesteuerlicher Organschaft wird deren Vorteilhaftigkeit bzw. Zusammenwirken innerhalb dieses Hauptkapitels näher betrachtet. Um eine Vergleichbarkeit mit einer Gewinnabführung zu erzielen, ist in den (Organschafts-)Konzernverhältnissen ohne EAV von einer **Vollausschüttung** auszugehen. Ferner liegt m.E. ein exakter Vergleich ausschließlich bei einer **100%igen Beteiligung** vor, da im Folgenden ausschließlich die Steuerwirkungen innerhalb des Organkreises betrachtet werden, dem außen stehende Gesellschafter nicht angehören. In die Berechnungen sind stets drei Fallkonstellationen mit einzubeziehen:

- Situation ohne jedwedes Organschaftsverhältnis;
- Situation eines ausschließlich gewerbesteuerlichen Organschaftskonzerns[1479] und
- Situation eines gewerbe- und körperschaftsteuerlichen Organschaftskonzerns.

[1475] Auf das sich ebenfalls ergebende Problem der Gegenüberstellung von Ermäßigungspotenzial und Ermäßigungsquote wird in Anlage 7 des Anhangs (S. LI) näher eingegangen.

[1476] Vgl. BMF-Schreiben vom 15.5.2002, S. 534, Rz. 10.

[1477] Vgl. BMF-Schreiben vom 15.5.2002, S. 534, Rz. 15.

[1478] Vgl. BMF-Schreiben vom 15.5.2002, S. 534, Rz. 16.

[1479] Im Folgenden wird von einem isolierten gewerbesteuerlichen Organschaftskonzern gesprochen.

Während ein ausschließlich gewerbesteuerlicher Organschaftskonzern mittels des UntStFG-E noch ermöglicht wurde, legitimiert das UntStFG ausnahmslos eine gewerbe- und körperschaftsteuerliche Organschaft. Diese Änderung soll als zusätzlicher Anlass der Untersuchung dienen, inwiefern die **Eliminierung der ausschließlich gewerbesteuerlichen Organschaft** einen **Einfluss auf Steueroptima** besitzt.

Zwecks einer differenzierten Analyse sind zusätzlich verschiedene Fallsituationen zu beleuchten, welche aus der Kombination zwischen positiven und negativen Einkommen bzw. Gewerbeergebnissen von OT und OG resultieren. In den folgenden Modellen wird sich **einkommen- bzw. körperschaftsteuerlich** nicht an dem m.E. zu pauschalen Terminus des (steuerlichen) „Einkommens", sondern am Begriff des „(vorläufigen) Jahresüberschusses" orientiert. Dabei ist zwischen den infrage kommenden Rechtsformen der übergeordneten Gesellschaft zu differenzieren: Bei einer **Kapitalgesellschaft** entspricht die Größe des (vorläufigen) Jahresüberschusses dem handelsbilanziellen Jahresüberschuss vor Abzug der GewSt, KSt und des SolZ sowie vor Realisierung des Beteiligungsertrages. Unter Vernachlässigung von steuerlichen Bilanzierungs- und Bewertungsvorbehalten sind die KSt sowie der SolZ als nicht abzugsfähige Aufwendungen wieder hinzuzurechnen (§ 10 Nr. 2 KStG), der Beteiligungsertrag als steuerfreier Ertrag zu kürzen (§ 8b Abs. 1 S. 1 KStG), so dass der **(vorläufige) Jahresüberschuss im Endergebnis den handelsbilanziellen Jahresüberschuss vor GewSt** verkörpert, der simultan das (positive) Einkommen darstellt. Bei der Unterstellung eines **Personenhandelsunternehmens** wird aufgrund möglicher anderer Einkunftsarten sowie der durch das subjektive Nettoprinzip beeinflussten Einkommensgröße i.S.v. § 2 Abs. 4 EStG von einem vorläufigen (handelsbilanziellen) Jahresüberschuss vor GewSt und Realisierung des Beteiligungsertrags gesprochen werden, wobei Letzterer außerbilanziell hälftig zu kürzen ist (§ 3 Nr. 40d EStG).

Aus **gewerbesteuerlicher** Sicht stimmt der Gewerbeertrag mit dem Einkommen der Kapitalgesellschaft (vor Verlustabzug) überein (Abschn. 40 Abs. 1 GewStR). Bei Personenhandelsunternehmen entspricht der Gewerbeertrag dem (handelsbilanziellen) Jahresüberschuss nach GewSt, da der (hälftige) Beteiligungsertrag in diesem Kontext objektiv gewerbesteuerbefreit ist (§ 9 Nr. 2a GewStG). Die Hebesätze der Gemeinden aller Gesellschaften betragen im Basisfall 400%.[1480]

Wirken sich die steuerlichen Betrachtungen auf mehrere Perioden aus, wird eine **Diskontierung** der anfallenden Steuerauszahlungen mittels des steuerlich gebräuchlichen **Zinssatzes nach Steuern von 5,5%** vorgenommen.[1481] Dabei wird analog zu der in der Investitionsrechnung verwendeten Nettomethode II unterstellt, dass die Steuern ihre Zahlungswirksamkeit unmittelbar am Ende des jeweiligen Jahres ihrer wirtschaftlichen Verursachung erlangen.[1482]

1480 Entweder unterhalten sämtliche Unternehmen ihren Gewerbebetrieb in ein und derselben Gemeinde oder sämtliche verschiedene Gemeinden erheben einen identischen Hebesatz.

1481 Dies entspricht einem Ertragsteuersatz von 50% sowie einem Zinssatz vor Steuern von 11%. Vgl. zur Ermittlung des Zinssatzes nach Steuern BIEG, HARTMUT/KUSSMAUL, HEINZ (2000a), S. 188.

1482 Vgl. zu dieser Annahme BIEG, HARTMUT/KUSSMAUL, HEINZ (2000a), S. 189 f.

Um die Überschriften der einzelnen Kapitel möglichst kurz zu halten, wird von „ausschließlich positiven entscheidungsrelevanten Bestimmungsfaktoren" gesprochen, falls Jahresfehlbeträge, negative Einkünfte, negative Einkommen bzw. Betriebsausgaben außer Betracht bleiben. Diese Prämisse wird im Rahmen von Kapitel C.III.3 (ab S. 270) aufgegeben.

2. „Ausschließlich positive entscheidungsrelevante Bestimmungsfaktoren"

a) Vorteilhaftigkeitsbeeinflussung mittels Organschaft im Rahmen des Halbeinkünfteverfahrens?

Im Zuge des eine Doppelbesteuerung bei ausschüttender Kapitalgesellschaft und empfangendem Gesellschafter vermeidenden körperschaftsteuerlichen Anrechnungsverfahrens besaß die Begründung einer körperschaftsteuerlichen Organschaft bei positiven Bestimmungsgrößen von OT und OG nur wenige spezifische Vorteile.[1483] Die vorrangige organschaftliche Einkommenszurechnung und das Anrechnungsverfahren stellten zwei gleichwertige Methoden zur Ausschaltung einer Doppelbelastung ausgeschütteter Gewinne dar.[1484] Eingehend ist zu analysieren, ob bzw. inwieweit das erstmalig für beschlossene offene Gewinnausschüttungen für das Wirtschaftsjahr 2001, die im Wirtschaftsjahr 2002 erfolgen, Geltung erlangende **Halbeinkünfteverfahren** die Vorteilhaftigkeit eines Organschaftskonzerns beeinflusst.[1485]

Nachstehend wird ein Einzelunternehmen betrachtet[1486], das zu 100 % an einer Kapitalgesellschaft beteiligt ist. In **sachlicher Hinsicht** beläuft sich der (vorläufige) Jahresüberschuss von Letzterer im Jahre 2002 auf 100.000 EUR und derjenige des Einzelunternehmens auf 200.000 EUR (ohne Berücksichtigung des Beteiligungsertrages). Der gewerbesteuerliche Hebesatz beträgt stets 400 %. Von der Erhebung der KiSt auf Ebene des Einzelunternehmers wird wegen einer unterstellten Konfessionslosigkeit abgesehen. In **zeitlicher Hinsicht** ist meiner Meinung nach danach zu differenzieren, ob die Folgen einer steuerbilanziellen phasenkongruenten Gewinnvereinnahmung eintreten.

(1) Phasenverschobene Gewinnvereinnahmung[1487]

(a) Einstufige (Organschafts-)Konzernstrukturen

Im Rahmen dieses Szenarios ist davon auszugehen, dass ohne (gleichzeitige) körperschaftsteuerliche Organschaft keine phasenkongruente Gewinnvereinnahmung steuerbilanziell möglich ist (z.B. aufgrund von in diesem Kapitel unterstellten kalenderidentischen Wirtschaftsjahren beider Gesellschaften). Insofern sind die gegebenen **Inputgrößen zu dynami-**

1483 Vgl. dazu den letzten Satz in Fn. 1485 (S. 250).

1484 Vgl. SCHMIDT, LUDWIG/MÜLLER, THOMAS/STÖCKER, ERNST E. (1999), Rz. 478.

1485 Vgl. §§ 52 Abs. 4a Nr. 1 EStG, 34 Abs. 9 KStG zum zeitlichen Anwendungsbereich des Halbeinkünfteverfahrens. Eine direkte Gegenüberstellung von Anrechnungs- und Halbeinkünfteverfahren liefern KUSSMAUL, HEINZ/RICHTER, LUTZ (2001), S. 9. Mit dem Systemwechsel entfällt m.E. der bislang existente Vorteil der Organschaft im Hinblick auf die Vermeidung von Definitiv-KSt.

1486 Die Aussagen sind auf eine Personenhandelsgesellschaft mit natürlichen Gesellschaftern übertragbar.

1487 Vgl. nochmals Kapitel C.I.3.b)(1) (ab S. 210).

sieren, wobei von Jahresüberschüssen im Jahre 2003 (steuerbilanzielle Realisation des Beteiligungsertrages) zwecks einer isolierten Betrachtungsweise konsequenterweise abstrahiert wird.

Ohne Bestehen **eines Organschaftskonzerns** gilt auf Ebene der ausschüttenden Gesellschaft:

ohne Organschaftskonzern (Tochterkapitalgesellschaft)			
Kj. 2002		vorläufiger Jahresüberschuss	100.000
	–	(effektive) GewSt	16.667
	=	**zu versteuerndes Einkommen (§ 7 Abs. 1 KStG)**	**83.333**
	–	definitive KSt-Belastung von 25 % (§ 23 Abs. 1 KStG)	20.833
	–	SolZ von 5,5 % auf KSt (§§ 3 Abs. 1 Nr. 1, 4 S. 1 SolZG)	1.146
	=	**Bardividende**	**61.354**
Kj. 2003	–	KapESt von 20 % (§§ 43 Abs. 1 Nr. 1 und Abs. 1 S. 3, 43a Abs. 1 Nr. 1 EStG)[1488]	12.271
	–	SolZ von 5,5 % auf KapESt (§§ 3 Abs. 1 Nr. 5, 4 S. 1 SolZG)	675
	=	**vorläufige Nettodividende**	**48.408**

Beim Einzelunternehmen bzw. Einzelunternehmer verhält sich die steuerliche Situation folgendermaßen:

ohne Organschaftskonzern (Muttereinzelunternehmen bzw. Einzelunternehmer)			
Kj. 2002		vorläufiger Jahresüberschuss	200.000
	–	(effektive) GewSt[1489]	25.250
	=	**Einkünfte aus Gewerbebetrieb (zu versteuerndes Einkommen)**	**174.750**
	→	Modifikationen (§ 32a Abs. 2 EStG)	174.762
	→	**tarifliche ESt für 2002 lt. Grundtabelle**	**74.887**
	–	Steuerermäßigung (§ 35 Abs. 1 Nr. 1 EStG)[1490]	11.363
	=	**festzusetzende ESt**	**63.524**
	→	**festzusetzender SolZ von 5,5 % auf die festzusetzende ESt**[1491]	**3.494**

1488 Die KapESt entsteht in dem Zeitpunkt, in dem die Gewinnanteile der Muttergesellschaft zufließen (§ 44 Abs. 1 S. 2 EStG i.V.m. § 8 Abs. 1 KStG). Dies ist (per Fiktion) derjenige Moment, der im Gesellschafterbeschluss als Tag der Auszahlung festgelegt ist (§ 44 Abs. 2 EStG i.V.m. § 8 Abs. 1 KStG). Vgl. dazu auch BFH-Urteil vom 9.12.1987, S. 460 ff., s.b.S. 462. Gleiches gilt auch für beherrschende Gesellschafter, obwohl für den Zeitpunkt des Zuflusses i.S.v. § 11 Abs. 1 S. 1 EStG der Zeitpunkt der Beschlussfassung über die Gewinnverwendung maßgebend ist und die Ausschüttung erst zu einem späteren Termin fällig wird. Vgl. BFH-Urteil vom 19.11.1998, S. 708 f.

1489 In der GewSt-Berechnung finden der Freibetrag i.H.v. 24.500 EUR sowie der progressive Staffeltarif – repräsentiert durch die Stufen von jeweils 12.000 EUR – gem. § 11 Abs. 1 S. 3 Nr. 1 und Abs. 2 Nr. 1 GewStG Eingang. Vgl. zur allgemeinen Ermittlungsweise, allerdings in DM-Beträgen BERÁNEK, AXEL (1992), S. 1832 ff.

1490 $= 1{,}8 \cdot 25.250 \div 4$.

1491 Entgegen der KiSt (§ 51a Abs. 2 S. 3 EStG) stellt die um die Steuerermäßigung verringerte ESt die Bemessungsgrundlage für den SolZ dar.

Kj. 2003		Jahresüberschuss (realisierter Beteiligungsertrag)[1492]	61.354
	–	hälftige außerbilanzielle Kürzung (§ 3 Nr. 40d EStG)	30.677
	–	GewSt[1493]	0
	=	**Einkünfte aus Gewerbebetrieb (zu versteuerndes Einkommen)**	**30.677**
	→	Modifikationen (§ 32a Abs. 2 EStG)	30.690
	→	**tarifliche ESt für 2003 lt. Grundtabelle[1494]**	**6.655**
	→	**festzusetzender SolZ von 5,5 % auf die tarifliche ESt**	**366**
	→	**ESt-Zahllast (6.655–12.271)**	**- 5.616**
	→	**SolZ-Zahllast (366–675)**	**- 309**

Der Kapitalwert der Steuerzahlungen wird mittels des Kalkulationszinssatzes von 5,5 % auf den als einheitlichen Bezugszeitpunkt fungierenden 31.12.2002 bezogen und beträgt

$$130.914 + 7.021 \cdot 1{,}055^{-1} = 137.569 \text{ EUR}.$$

Bei einem **isolierten gewerbesteuerlichen Organschaftskonzern** gilt auf Ebene der OG:

isolierter gewerbesteuerlicher Organschaftskonzern (Organgesellschaft)			
Kj. 2002		vorläufiger Jahresüberschuss	100.000
	–	(effektive) GewSt (Organschaft!)	0
	=	**zu versteuerndes Einkommen**	**100.000**
	–	definitive KSt-Belastung von 25 %	25.000
	–	SolZ von 5,5 % auf KSt	1.375
	=	**Bardividende**	**73.625**
Kj. 2003	–	KapESt von 20 %	14.725
	–	SolZ von 5,5 % auf KapESt	810
	=	**vorläufige Nettodividende**	**58.090**

1492 Aufgrund fehlender betrieblicher Steuern entspricht der vorläufige dem endgültigen Jahresüberschuss, was im Folgenden ausschließlich mit „Jahresüberschuss" bezeichnet wird.

1493 Der hälftige Beteiligungsertrag erhöht mittels § 7 S. 1 GewStG den Gewerbeertrag, wobei gleichzeitig eine Neutralisierung gem. § 9 Nr. 2a GewStG stattfindet.

1494 Durch das Flutopfersolidaritätsgesetz wird der ursprünglich vorgesehene ESt-Tarif für den VZ 2003 i.S.v. § 52 Abs. 41 Nr. 1 EStG um einen VZ verschoben. Vgl. Art. 1 Nr. 4 des „Gesetzes zur Änderung steuerrechtlicher Vorschriften und zur Errichtung eines Fonds „Aufbauhilfe" (Flutopfersolidaritätsgesetz)" vom 19. September 2002, S. 3651.

Der OT hat die addierten Gewerbeerträge zu versteuern, während der Jahresüberschuss weiterhin als ausgeschüttet gilt:

isolierter gewerbesteuerlicher Organschaftskonzern (Organträger bzw. Einzelunternehmer)			
Kj. 2002		vorläufiger Jahresüberschuss	200.000
	–	(effektive) GewSt bzgl. der addierten Gewerbeerträge	41.917
	=	**Einkünfte aus Gewerbebetrieb (zu versteuerndes Einkommen)**	**158.083**
	→	Modifikationen (§ 32a Abs. 2 EStG)	158.094
	→	**tarifliche ESt für 2002 lt. Grundtabelle**	**66.803**
	–	Steuerermäßigung (§ 35 Abs. 2 EStG)[1495]	12.575
	=	**festzusetzende ESt**	**54.228**
	→	**festzusetzender SolZ von 5,5% auf die festzusetzende ESt**	**2.983**
Kj. 2003		Jahresüberschuss (realisierter Beteiligungsertrag)	73.625
	–	hälftige außerbilanzielle Kürzung (§ 3 Nr. 40d EStG)	36.813
	=	**Einkünfte aus Gewerbebetrieb (zu versteuerndes Einkommen)**	**36.813**
	→	Modifikationen (§ 32a Abs. 2 EStG)	36.810
	→	**tarifliche ESt für 2002 lt. Grundtabelle**	**8.900**
	→	**festzusetzender SolZ von 5,5% auf die tarifliche ESt**	**490**
	→	**ESt-Zahllast (8.900–14.725)**	**–5.825**
	→	**SolZ-Zahllast (490–810)**	**–320**

Der Kapitalwert der Steuerzahlungen beläuft sich zum 31.12.2002 auf

$$125.503 + 9.390 \cdot 1{,}055^{-1} = 134.403 \text{ EUR.}$$

[1495] $= 1{,}8 \cdot 41.917 \div 4 \cdot 200.000 \div 300.000.$

Bei einem **gewerbe- und körperschaftsteuerlichen Organschaftskonzern** unterliegt die OG keiner (Ertrag-)Steuerbelastung. Der OT ist nunmehr alleiniges Steuersubjekt bzgl. der addierten Gewerbeerträge bzw. (vorläufigen) Jahresüberschüsse.

gewerbe- und körperschaftsteuerlicher Organschaftskonzern (Organträger bzw. Einzelunternehmer)			
Kj. 2002		addierte vorläufige Jahresüberschüsse	300.000
	–	außerbilanzielle Kürzung des von der OG erhaltenen Gewinns	100.000
	–	(effektive) GewSt bzgl. der addierten Gewerbeerträge	41.917
	=	**Einkünfte aus Gewerbebetrieb**	**158.083**
	+	zuzurechnendes Einkommen der OG	100.000
	=	**zu versteuerndes Einkommen**	**258.083**
	→	Modifikationen (§ 32a Abs. 2 EStG)	258.066
	→	**tarifliche ESt für 2002 lt. Grundtabelle**	**115.290**
	–	Steuerermäßigung (§ 35 Abs. 1 Nr. 1 EStG)[1496]	18.863
	=	**festzusetzende ESt**	**96.427**
	→	**festzusetzender SolZ von 5,5 % auf die festzusetzende ESt**	**5.303**

Die undiskontierten Steuerzahlungen belaufen sich zum 31.12.2002 auf 143.647 EUR.

Aus den im Rahmen dieser kasuistischen Veranlagungssimulation errechneten Daten resultiert ein minimaler Steuerkapitalwert bei Begründung einer isolierten gewerbesteuerlichen Organschaft. Zur Ableitung allgemeingültiger Aussagen werden in Abbildung 18 (S. 255) die Differenzen der Steuerkapitalwerte zwischen gewerbe- und körperschaftsteuerlicher Organschaft und isolierter gewerbesteuerlicher Organschaft einerseits (GewSt, KSt - GewSt) und der Situation ohne Organschaft andererseits (GewSt, KSt - ohne) in Abhängigkeit des (vorläufigen) Jahresüberschusses der OG/Tochter bei gegebenem (vorläufigen) Jahresüberschuss des OT/der Mutter abgebildet (hier: 2.000 EUR und 100.000 EUR). Wertepaare im zweiten Quadranten liefern dabei einen niedrigeren Steuerkapitalwert bei gewerbe- und körperschaftsteuerlicher Organschaft, Wertepaare im ersten Quadranten führen zu einem günstigeren Steuerkapitalwert des entsprechenden Pendants.

1496 $=1{,}8 \cdot 41.917 \div 4$.

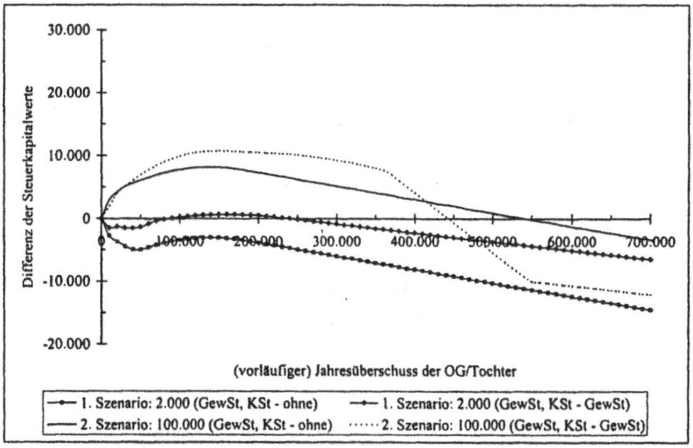

Abbildung 18: Differenzen der Steuerkapitalwerte bei gegebenem (vorläufigen) Jahresüberschuss des Organträgers/der Mutter

Wie aus Abbildung 18 ersichtlich, können verschiedene Vorteilhaftigkeiten in Abhängigkeit von der Höhe des (vorläufigen) Jahresüberschusses des OT/der Mutter bzw. der OG/Tochter eintreten, weswegen sich zunächst folgende **allgemeinen Aussagen** ableiten lassen:

- Die Begründung einer isolierten gewerbesteuerlichen Organschaft impliziert **stets** einen geringeren Steuerkapitalwert als die Situation ohne Organschaft.
- Die Begründung einer gewerbe- und körperschaftsteuerlichen Organschaft **kann** einen geringeren Steuerkapitalwert im Vergleich zur isolierten gewerbesteuerlichen Organschaft und zur Situation ohne Organschaft bewirken.

In Bezug auf das zweite gewonnene Ergebnis wäre die Ermittlung derjenigen (vorläufigen) Jahresüberschusskombinationen von OT/Mutter und OG/Tochter von Interesse, bei denen sich eine gewerbe- und körperschaftsteuerliche Organschaft als steuer(-kapitalwert-)günstiger erweist bzw. bei denen eine Indifferenz zum entsprechenden Pendant besteht.[1497] Die kritischen Linien sind in Abbildung 19 (S. 256) und Abbildung 20 (S. 257) grafisch dargestellt. In technischer Hinsicht bietet sich zu deren Ermittlung aufgrund mannigfaltiger Interdependenzen eine Zielwertsuche mittels der Software „Microsoft Excel" an. Zusätzliche Schwierigkeiten bereitet die fehlende Bijektivität der kritischen Linie in Abbildung 20 (S. 257), da sich einigen Abszissenwerten mehrere Ordinatenwerte zuordnen lassen. Der Zielwert i.H.v. Null ((vorläufiger) Jahresüberschuss des OT/der Mutter) ist für jeden (vorläufigen) Jahresüberschuss der OG/Tochter separat und manuell zu optimieren. Dabei ist zu berücksichtigen, dass für diverse Wertepaare auf der kritischen Linie keine Indifferenz, d.h., kein Zielwert von genau Null, zustande kommt, sondern geringfügige (vernachlässigungsfähige) Abweichungen entstehen (bis ca. ± 5 EUR). Ferner ist bei der isolierten gewerbesteuerlichen Organschaft das

[1497] Grafisch handelt es sich um die nummerische Ermittlung der Schnittpunkte der in Abbildung 18 dargestellten Funktionen mit der Abszisse für voneinander differierende (vorläufige) Jahresüberschüsse des OT/der Mutter.

Problem präsent, dass sich die im Jahre 2002 vom (vorläufigen) Jahresüberschuss des Einzelunternehmens als Betriebsausgabe abzugsfähige GewSt nach den addierten Gewerbeerträgen bemisst und im Falle der Annahme eines größeren Wertes zu einem Jahresfehlbetrag bzw. negativen Einkünften aus Gewerbebetrieb führt. Insofern wurde in den Berechnungen ein entsprechender Verlustvortrag i.S.v. § 10d Abs. 2 EStG integriert, der im Jahre 2003 vollständig mit den Einkünften aus Gewerbebetrieb (hälftiger Beteiligungsertrag) verrechnet wird (§ 10d Abs. 2 S. 2 EStG).

Während unter Berücksichtigung dieser Vorbemerkungen hinsichtlich der **Ermittlung des absoluten Steueroptimums** unter Zugrundelegung des **UntStFG** ausschließlich auf Abbildung 19 zurückzugreifen ist, benötigt ein Vorteilhaftigkeitsvergleich im Rahmen des **UntStFG-E** unter Beachtung der bereits erwähnten These des stetigen Vorzugs der isolierten gewerbesteuerlichen Organschaft vor der Situation ohne Organschaft ausnahmslos die Daten aus Abbildung 20 (S. 257).

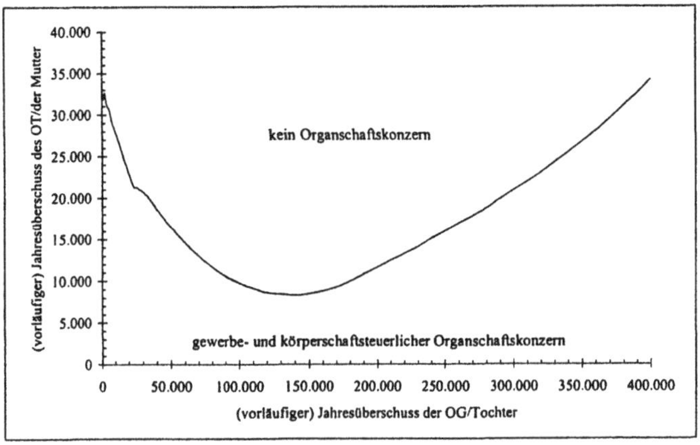

Abbildung 19: Kritische Linie im Rahmen des Vorteilhaftigkeitsvergleiches zwischen gewerbe- und körperschaftsteuerlichem Organschaftskonzern sowie der Situation ohne Organschaftskonzern[1498]

[1498] Der Bereich unterhalb der kritischen Linie symbolisiert sämtliche Kombinationen aus (vorläufigen) Jahresüberschüssen von OT/Mutter sowie OG/Tochter, bei denen unter Geltung des UntStFG die Begründung eines gewerbe- und körperschaftsteuerlichen Organschaftskonzern optimal i.S.e. niedrigeren Steuerbarwertes ist. Entsprechend verhält sich die Situation im Rahmen des oberhalb der kritischen Linie befindlichen Bereiches.

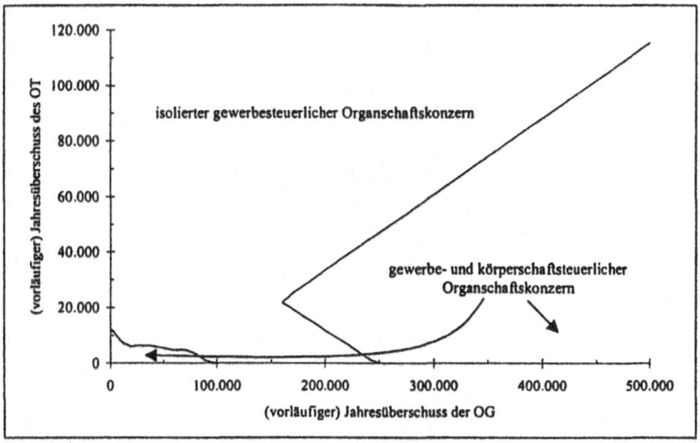

Abbildung 20: Kritische Linien im Rahmen des Vorteilhaftigkeitsvergleiches zwischen gewerbe- und körperschaftsteuerlichem sowie isoliertem gewerbesteuerlichem Organschaftskonzern[1499]

Da nach dem **UntStFG-E** drei mögliche Fallkonstellationen in Betracht kamen, sind dort zusätzlich die **relativen Steueroptima** aus der Kombination beider Abbildungen abzuleiten. Mittels grafischer Integration von Abbildung 20 in Abbildung 19 (S. 256) lässt sich zwischen mehreren (durch römische Zahlen gekennzeichneten) Bereichen differenzieren (vgl. Abbildung 21).

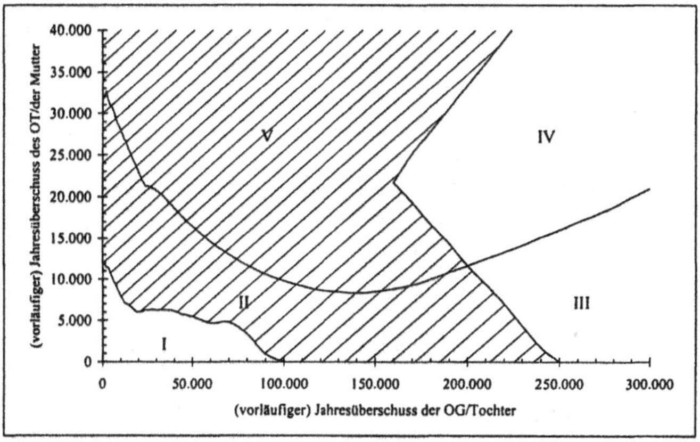

Abbildung 21: Kritische Linien im Rahmen des Vorteilhaftigkeitsvergleiches zwischen gewerbe- und körperschaftsteuerlichem Organschaftskonzern, isoliertem gewerbesteuerlichem Organschaftskonzern sowie der Situation ohne Organschaftskonzern

[1499] Die Situation ohne Organschaft wird in Abbildung 20 nicht erfasst, da sie stets eine suboptimale Lösung darstellt.

- Steueroptimale Rangfolge innerhalb der **Bereiche I, III und IV**: gewerbe- und körperschaftsteuerlicher Organschaftskonzern, isolierter gewerbesteuerlicher Organschaftskonzern, kein Organschaftskonzern;
- steueroptimale Rangfolge innerhalb von **Bereich II**: isolierter gewerbesteuerlicher Organschaftskonzern, gewerbe- und körperschaftsteuerlicher Organschaftskonzern, kein Organschaftskonzern;
- steueroptimale Rangfolge innerhalb von **Bereich V**: isolierter gewerbesteuerlicher Organschaftskonzern, kein Organschaftskonzern, gewerbe- und körperschaftsteuerlicher Organschaftskonzern.

Gleichzeitig ist aus Abbildung 21 (S. 257) ein **direkter Vorteilhaftigkeitsvergleich zwischen dem UntStFG und dem UntStFG-E** zu ziehen. Danach entfallen diejenigen Bereiche, innerhalb derer ein isolierter gewerbesteuerlicher Organschaftskonzern nach dem UntStFG-E steueroptimal war[1500], zu Gunsten der dort suboptimalen gewerbe- und körperschaftsteuerlichen Organschaft (Bereich II) bzw. der Situation ohne Organschaft (Bereich V). Somit erfolgt bei den in diesen Bereichen abgebildeten (vorläufigen) Jahresüberschusskombinationen, die zur besseren Übersicht in Abbildung 21 (S. 257) schraffiert dargestellt sind, eine **steuerliche Schlechterstellung mittels des Übergangs vom UntStFG-E zum UntStFG.**

Ferner ist im Zuge einer Sensitivitätsanalyse zu überprüfen, inwiefern sich eine **Variation des Hebesatzes** auf die bislang getroffenen Aussagen auswirkt. Wird die Situation „keine Organschaft versus gewerbe- und körperschaftsteuerliche Organschaft" zugrunde gelegt, **nimmt der Vorteilhaftigkeitsbereich der gewerbe- und körperschaftsteuerlichen Organschaft ab einem ungefähren Jahresüberschuss des OT i.H.v. 32.000 EUR**[1501] **mit zunehmendem Hebesatz ab** et vice versa. Beim Vergleich „isolierte gewerbesteuerliche Organschaft versus gewerbe- und körperschaftsteuerliche Organschaft" verhält sich die Situation umgekehrt. **Mit steigendem Hebesatz nimmt der Vorteilhaftigkeitsbereich der gewerbe- und körperschaftsteuerlichen Organschaft ab einem ungefähren Jahresüberschuss des OT i.H.v. 21.000 EUR zu.**[1502]

Die zuletzt im Kontext des § 35 EStG in Betracht kommende Frage der Beseitigung der Identität zwischen gewerblichen Einkünften und zu versteuerndem Einkommen des Einzelunternehmers braucht m. E. nicht gestellt zu werden. Ist das zu versteuernde Einkommen aufgrund von Sonderausgaben, außergewöhnlichen Belastungen usw. kleiner als die gewerblichen Einkünfte, entsteht keine Einflussnahme auf die Steuerbetragsermäßigung i.S.v. § 35 EStG, da die Ermäßigungsquote größer als Eins und aufgrund der Maßgeblichkeit der tariflichen ESt insofern redundant ist. Materiell kommt diese Situation einer Senkung des Jahresüberschusses des OT gleich. Im umgekehrten Fall ist die Ermäßigungsquote ebenfalls abkömmlich, da sie im Regelfall durch das Ermäßigungspotenzial i.S.v. § 35 Abs. 2 S. 1 EStG unterschritten

---

1500 Dies sind die Bereiche II und V in Abbildung 21 (S. 257).

1501 Vgl. den Ordinatenabschnitt in Abbildung 19 (S. 256).

1502 Dies entspricht etwa dem, dem „Knickpunkt" zuordenbaren Ordinatenabschnitt in Abbildung 20 (S. 257).

wird.[1503] Insofern ist ein höheres zu versteuerndes Einkommen materiell mit der Erhöhung des Jahresüberschusses des OT vergleichbar.

(b) Zweistufige (Organschafts-)Konzernstrukturen

In Abwandlung zum vorangegangenen Kapitel werden EAV entsprechend der Fallkonstellation 3 in Abbildung 8 (S. 97) zwischen dem Muttereinzelunternehmen und der zwischengeschalteten Tochterkapitalgesellschaft, die ebenfalls ein kalenderidentisches Wirtschaftsjahr besitzt und zunächst **keinen Jahresüberschuss** erzielt, sowie zwischen derer und der Enkelkapitalgesellschaft unterstellt. Es ist zu generalisieren, dass sich der Beteiligungsertrag der Enkel-OG bei Unterstellung einer gewerbe- und körperschaftsteuerlichen Organschaft phasenkongruent beim Mutter-OT vereinnahmen lässt. Anderenfalls ist eine Ertragsrealisation erst im übernächsten Jahr möglich. Die dabei in die Zukunft verlagerte Steuerlast mit der dadurch einhergehenden verminderten Auswirkung auf die Höhe des Kapitalwertes der Steuerzahlungen erhöht die Attraktivität der beiden anderen Konstrukte (keine Organschaft und isolierte gewerbesteuerliche Organschaft).[1504] Zwecks einer grafischen Analyse wird sich Abbildung 21 (S. 257) bedient, welche die kritischen Linien zwischen den drei Alternativen im Einstufenfall aufzeigt. Dem werden in Abbildung 22 die relevanten kritischen (gestrichelten) Linien bei Geltung einer zweistufigen (Organschafts-)Konzernstruktur gegenübergestellt.

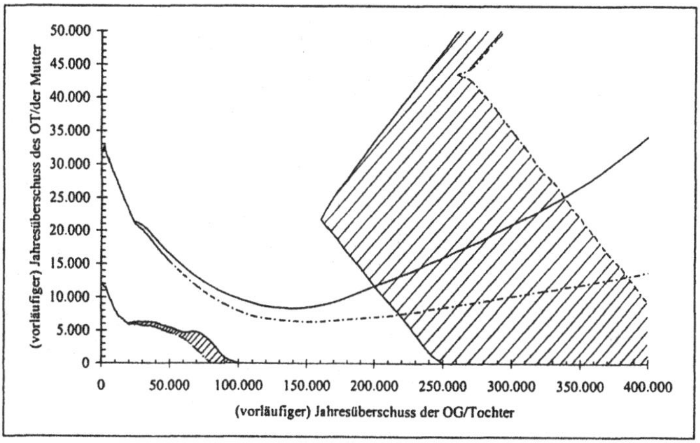

Abbildung 22: Kritische Linien im Rahmen des Vorteilhaftigkeitsvergleiches zwischen gewerbe- und körperschaftsteuerlichem Organschaftskonzern, isoliertem gewerbesteuerlichem Organschaftskonzern sowie der Situation ohne Organschaftskonzern bei einstufigen und zweistufigen (Organschafts-)Konzernstrukturen

[1503] Vgl. dazu die Beweisrechnungen in Anlage 6 (ab S. XLIX) und Anlage 7 des Anhangs (S. LI).

[1504] Eine beispielhafte Rechnung für eine zweistufige (Organschafts-)Konzernstruktur erfolgt in Anlage 8 des Anhangs (ab S. LII). Dort wird ersichtlich, dass die Steuerzahlung des letzten Jahres im Vergleich zum Einstufenfall bei der Situation ohne Organschaft sowie der isolierten gewerbesteuerlichen Organschaft stets ein Jahr in die Zukunft verschoben wird.

Abbildung 22 (S. 259) i.V.m. Abbildung 21 (S. 257) lässt sich entnehmen, dass unter Zugrundelegung des **UntStFG-E** die Bereiche I, III und IV und damit das **Steueroptimum der gewerbe- und körperschaftsteuerlichen Organschaft** zu Gunsten der isolierten gewerbesteuerlichen Organschaft – gekennzeichnet durch die Bereiche II und V – **mit zunehmender Konzerntiefe eingeschränkt** werden.[1505] Entsprechendes gilt für die Situation unter Geltung des **UntStFG**. Hier wird die gewerbe- und körperschaftsteuerliche Organschaft zu Gunsten der Situation ohne Organschaft verdrängt.[1506]

Im Zuge eines wie in Abbildung 21 (S. 257) für den Einstufenfall durchgeführten **direkten Vorteilhaftigkeitsvergleiches zwischen dem UntStFG-E und dem UntStFG** ist ersichtlich, dass die in diesem Kontext ermittelte **steuerliche Schlechterstellung mit zunehmender Konzerntiefe ausgeweitet** wird. Im beispielhaft betrachteten Zweistufenfall werden die in Abbildung 21 (S. 257) schraffiert dargestellten Jahresüberschusskombinationen um die in Abbildung 22 (S. 259) schraffierten Bereiche erweitert.

Wird in Abweichung zu den eben erfolgten Untersuchungen ein **eigens erzielter (vorläufiger) Jahresüberschuss der ZG** im Jahre 2002 unterstellt, welcher vollständig an das Muttereinzelunternehmen ausgeschüttet und von diesem entsprechend im Jahre 2003 vereinnahmt wird[1507], lassen sich aufgrund der Kombinationsvielfalt keine eindeutigen Aussagen, sondern vielmehr Entwicklungstendenzen (ceteris paribus) treffen. Als Vergleichsobjekt wird im Folgenden stets die gewerbe- und körperschaftsteuerliche Organschaft herangezogen.

- Mit zunehmendem (vorläufigem) Jahresüberschuss des OT bei gegebenen (vorläufigen) Jahresüberschüssen der ZG und OG erweitert sich der Vorteilhaftigkeitsbereich der isolierten gewerbesteuerlichen Organschaft. Hinsichtlich der Situation ohne Organschaft sind keine Veränderungen des Vorteilhaftigkeitsbereiches zu erkennen.
- Mit zunehmendem (vorläufigem) Jahresüberschuss der ZG bei gegebenen (vorläufigen) Jahresüberschüssen des OT und der OG erweitern sich die Vorteilhaftigkeitsbereiche der isolierten gewerbesteuerlichen Organschaft und der Situation ohne Organschaft.

Zusammenfassend spiegelt sich der **Verlust der steuerlichen Attraktivität der gewerbe- und körperschaftsteuerlichen Organschaft** im Zweistufenfall in Abbildung 22 (S. 259) wider, indem eine Verschiebung der gestrichelten gekennzeichneten (kritischen) Linien noch weiter nach unten bzw. nach rechts stattfindet.

1505 Dies drückt Abbildung 22 (S. 259) dergestalt aus, als eine Verlagerung der durchgezogenen Linien im Einstufenfall nach unten bzw. nach rechts mittels der gestrichelten Linien im Zweistufenfall stattfindet.

1506 Man denke sich ausschließlich Abbildung 19 (S. 256) in Abbildung 22 (S. 259) integriert. Die Verschiebung der kritischen Linie im Zweistufenfall nach unten bedeutet eine Einengung des Vorteilhaftigkeitsbereiches der gewerbe- und körperschaftsteuerlichen Organschaft.

1507 In Anlage 9 des Anhangs (ab S. LVII) wird hierzu ein Zahlenbeipiel aufgeführt.

(2) Phasenkongruente Gewinnvereinnahmung[1508]

Innerhalb einer umfassenden Analyse ist der gewerbe- und körperschaftsteuerlichen Organschaft ebenso die Situation einer (steuerbilanziellen) phasenkongruenten Gewinnausschüttung gegenüberzustellen. Dieser „äußerst seltene Ausnahmefall" tritt bei einer zum Bilanzstichtag bestehenden Ausschüttungsvereinbarung oder eines gesetzlichen bzw. gesellschaftsvertraglichen Ausschüttungsgebots ein.[1509] Unter Rückgriff auf das in Kapitel C.III.2.a)(1)(a) (ab S. 250) verwendete Datenmaterial werden ebenfalls kalenderidentische Wirtschaftsjahre des OT/der Mutter und der OG/Tochter unterstellt. Die Berechnungen in Kapitel C.III.2.a)(1)(a) (ab S. 250) sind aufrecht zu erhalten, wobei **Zinswirkungen außer Acht** bleiben, da sämtliche Steuerzahlungen in demselben Jahr anfallen. Insofern sind die tabellarischen Berechnungen ausschließlich auf das Kalenderjahr 2002 zu fokussieren. Verallgemeinernd kann dabei vorweggenommen werden, dass die Situation ohne Bestehen einer Organschaft stets schlechter als diejenige bei Geltung einer gewerbe- und körperschaftsteuerlichen bzw. isolierten gewerbesteuerlichen Organschaft ist. Insofern beschränkt sich die in Abbildung 23 angestellte Differenzbetrachtung auf den Vergleich zwischen den beiden zuletzt genannten Alternativen bei ausgewählten Jahresüberschüssen des OT (2.000 EUR bis 1.000.000 EUR).[1510]

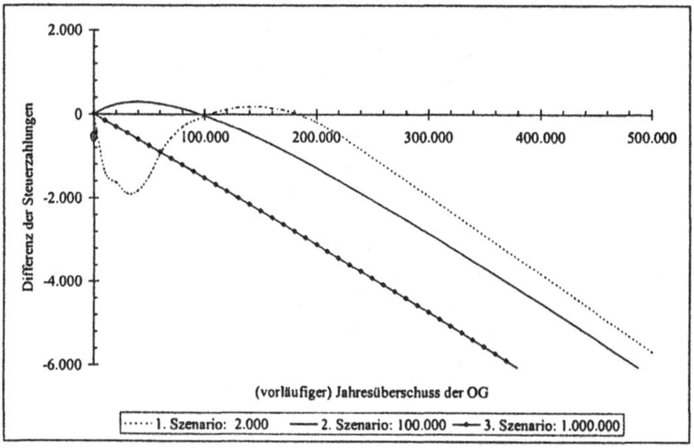

Abbildung 23: Differenzen der Steuerzahlungen zwischen gewerbe- und körperschaftsteuerlichem sowie isoliertem gewerbesteuerlichem Organschaftskonzern bei gegebenem (vorläufigen) Jahresüberschuss des Organträgers

1508 Vgl. Kapitel C.I.3.b)(1) (ab S. 210).

1509 Vgl. BFH-Urteil vom 31.10.2000, S. 413.

1510 Analog zu Abbildung 18 (S. 255) stellen Wertepaare im zweiten Quadranten Indikatoren für eine Vorteilhaftigkeit einer gewerbe- und körperschaftsteuerlichen Organschaft dar. Im Zuge einer Grenzbetrachtung resultiert die Mehrbelastung bei Unterstellung einer gewerbe- und körperschaftsteuerlichen Organschaft aus dem höheren zu versteuernden Einkommen und der somit erreichten höheren Progressionsstufe. Der SolZ auf die ESt erhöht sich dementsprechend. Eine Steuerentlastung tritt im Bereich der vermiedenen KSt und des sich daran messenden SolZ auf der Ebene der OG ein. Ferner ist der Betrag der Steuerbetragsermäßigung gem. § 35 EStG größer, da er nicht anteilig in Abzug zu bringen ist, was zusätzlich eine Verminderung des SolZ auf die ESt bewirkt.

Korrespondierend zu Kapitel C.III.2.a)(1)(a) (ab S. 250) sind folgende allgemeine **Schlussfolgerungen** zu treffen:

- Sowohl die Begründung einer isolierten gewerbesteuerlichen als auch einer gewerbe- und körperschaftsteuerlichen Organschaft impliziert **stets** eine geringere Steuerbelastung als die Situation ohne Organschaft.
- Die Begründung einer gewerbe- und körperschaftsteuerlichen Organschaft **kann** eine geringere Steuerbelastung im Vergleich zur isolierten gewerbesteuerlichen Organschaft bewirken.

Abbildung 23 (S. 261) ist grafisch zu entnehmen, dass sich die Funktionen – ausgehend von derjenigen des sechsten Szenarios – mit abnehmendem Jahresüberschuss des OT „wölben" und den Verlauf einer Funktion dritten Grades annehmen. Ferner sind bei relativ geringen Jahresüberschüssen des OT zwei Vorteilhaftigkeitswechsel erkennbar (vgl. das Szenario bei 2.000 EUR). Im Zuge der Ermittlung derjenigen Jahresüberschusskombinationen von OT und OG, bei denen der Übergang zu einer gewerbe- und körperschaftsteuerlichen Organschaft steuergünstiger ist, tritt neben das Problem der manuellen Optimierung mittels der Software „Microsoft Excel" die fehlende Bijektivität der kritischen Linie. Innerhalb des in Abbildung 24 zwischen den beiden Begrenzungslinien **schraffierten Bereiches** befinden sich diejenigen Wertepaare an (vorläufigen) Jahresüberschüssen, bei denen eine isolierte gewerbesteuerliche Organschaft als steuergünstiger anzusehen ist. Dieser **Vorteilhaftigkeitsbereich entfällt durch den Übergang vom UntStFG-E zum UntStFG zu Gunsten der suboptimalen gewerbe- und körperschaftsteuerlichen Organschaft.**

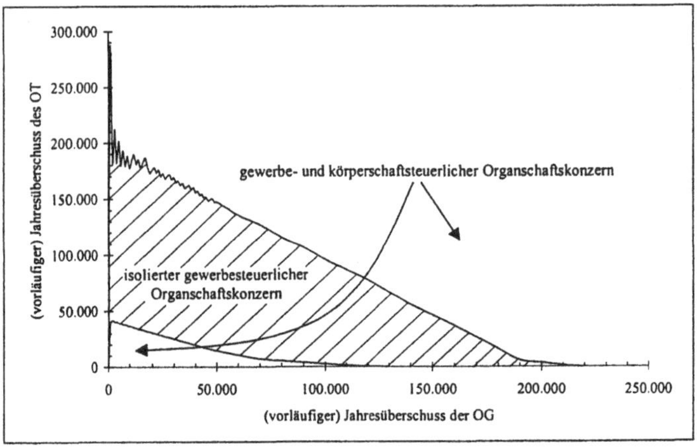

Abbildung 24: Kritischer Bereich im Rahmen des Vorteilhaftigkeitsvergleiches zwischen gewerbe- und körperschaftsteuerlichem sowie isoliertem gewerbesteuerlichem Organschaftskonzern[1511]

[1511] Es wird deutlich, dass zwei Vorteilhaftigkeitswechsel bis zu einem Jahresüberschuss des OT i.H.v. ca. 41.000 EUR existieren. Vgl. dazu den Ordinatenabschnitt der unteren Linie in Abbildung 24.

Auch in diesem Kontext gilt es zu hinterfragen, inwiefern eine **Variation des Hebesatzes** von 400% zu Modifikationen der bisherigen Untersuchungen führt. **Der Vorteilhaftigkeitsbereich der isolierten gewerbesteuerlichen Organschaft nimmt ab einem Jahresüberschuss des OT von ca. 41.000 EUR mit steigenden Hebesätzen zu.** Bei einem geringeren Jahresüberschuss erhöht sich zwar der anfängliche Vorteilhaftigkeitsbereich der gewerbe- und körperschaftsteuerlichen Organschaft.[1512] Die isolierte gewerbesteuerliche Organschaft ist jedoch simultan bis zu einem vergleichsweise höheren Jahresüberschuss der OG vorzugswürdig.[1513] Die Beseitigung der Identität zwischen den gewerblichen Einkünften und dem zu versteuernden Einkommen des Einzelunternehmers ist wie in Kapitel C.III.2.a)(1)(a) (ab S. 250) zu beurteilen.

b) Vorteilhaftigkeitsbeeinflussung mittels Organschaft im Rahmen des Nulleinkünfteverfahrens?

Bei einer als **OT** infrage kommenden **juristischen Person** wurde das Anrechnungsverfahren durch das Nulleinkünfteverfahren[1514] substituiert (§ 8b Abs. 1 KStG), wonach der Betrag der Gewinnausschüttung (im nicht körperschaftsteuerlichen Organschaftsfall) bei der empfangenden Kapitalgesellschaft steuerlich mittels außerbilanzieller Hinzurechnung ohne Auswirkung bleibt. Dieser Aspekt bewirkt den essenziellen Unterschied zu den in Kapitel C.III.2.a) (ab S. 250) getroffenen Aussagen, da das **Verhältnis der Kalender- bzw. Wirtschaftsjahre** beider Gesellschaften zueinander aufgrund der objektiven Steuerbefreiung **von Irrelevanz** ist.[1515, 1516] Unter Zugrundelegung der bisherigen Daten und Unterstellung einer Kapitalgesellschaft als OT/Mutter ist bzgl. der Ebene der abführenden bzw. ausschüttenden OG/Tochter auf die bisherigen Berechnungen zu verweisen.

Ohne Organschaftsverhältnis gilt auf Ebene der empfangenden Kapitalgesellschaft:

ohne Organschaftskonzern (Mutterkapitalgesellschaft)	
vorläufiger Jahresüberschuss	200.000
+ realisierter Beteiligungsertrag	61.354
– außerbilanzielle Kürzung (§ 8b Abs. 1 KStG)	61.354
– (effektive) GewSt[1517]	33.333
= zu versteuerndes Einkommen	**166.667**

1512 Vgl. die anfänglichen Funktionsverläufe im zweiten Quadranten in Abbildung 23 (S. 261).

1513 Auf Abbildung 23 (S. 261) bezogen, wird der Schnittpunkt mit der Abszisse der aus dem ersten in den zweiten Quadranten verlaufenden Funktion nach rechts verschoben.

1514 Vgl. HOFFMANN, WOLF-DIETER (2000d), S. 1932. Vgl. bzgl. des zeitlichen Anwendungsbereiches § 34 Abs. 4 Nr. 1 und Abs. 9 KStG.

1515 Vgl. WEBER-GRELLET, HEINRICH (2000), S. 1026. Insofern wird im Folgenden die unproblematischere Rechnung ohne Zeitbezug wie in Kapitel C.III.2.a)(2) (ab S. 261) gewählt. Ebenso kann m.E. auf die Betrachtung mehrstufiger (Organschafts-)Konzernstrukturen verzichtet werden.

1516 Formal sind im Folgenden die KapESt sowie der darauf entfallende SolZ als durchlaufende Posten zu vernachlässigen, da sie materiell keine Auswirkungen besitzen.

1517 Die objektive Steuerbefreiung des Beteiligungsertrages wirkt sich mittels § 7 S. 1 GewStG auf die Höhe des Gewerbeertrages aus, wobei die durch § 9 Nr. 2a GewStG vorgesehene Neutralisierung in diesem Fall ins Leere läuft.

→ **definitive KSt-Belastung von 25 %**[1518]	**41.667**
→ **SolZ von 5,5 % auf KSt**	**2.292**
→ **KSt-Zahllast (41.667 − 12.271)**	**29.396**
→ **SolZ-Zahllast (2.292 − 675)**	**1.617**

Die Gesamtsteuerzahllast beträgt 115.938 EUR.

Bei Begründung einer **isolierten gewerbesteuerlichen Organschaft** stellt sich die steuerliche Situation beim OT wie folgt dar:

isolierter gewerbesteuerlicher Organschaftskonzern (Organträger)	
vorläufiger Jahresüberschuss	200.000
+ realisierter Beteiligungsertrag	61.354
− außerbilanzielle Kürzung (§ 8b Abs. 1 KStG)	61.354
− (effektive) GewSt bzgl. der addierten Gewerbeerträge	50.000
= **zu versteuerndes Einkommen**	**150.000**
→ **definitive KSt-Belastung von 25 %**	**37.500**
→ **SolZ von 5,5 % auf KSt**	**2.063**
→ **KSt-Zahllast (37.500 − 14.725)**	**22.775**
→ **SolZ-Zahllast (2.063 − 810)**	**1.253**

Während die Höhe der Gesamtsteuerzahllast unverändert bleibt, ist dessen betragsmäßige Umverteilung zwischen OG und OT beobachtbar.

Bei einer **gewerbe- und körperschaftsteuerlichen Organschaft** gilt beim OT (Gesamtsteuerlast: 115.938 EUR):

gewerbe- und körperschaftsteuerlicher Organschaftskonzern (Organträger)	
addierte vorläufige Jahresüberschüsse	300.000
− (effektive) GewSt bzgl. der addierten Gewerbeerträge	50.000
= **zu versteuerndes Einkommen**	**250.000**
→ **definitive KSt-Belastung von 25 %**	**62.500**
→ **SolZ von 5,5 % auf KSt**	**3.438**

c) Vergleichende und zusammenfassende Beurteilung

Als Folgeschlüsse zu obigen Untersuchungen treten bei **juristischen Personen** als OT/Mutter aufgrund § 8b Abs. 1 KStG, der zudem auf indirekte Weise eine Steuerneutralität in zeitlicher Hinsicht bewirkt, keine Vorteilhaftigkeitsveränderungen durch Organschaftsbegründungen

[1518] Der durch das Flutopfersolidaritätsgesetz für den VZ 2003 angehobene KSt-Satz i.H.v. 26,5 % besitzt auf die Grundaussagen in diesen Berechnungen keinerlei materielle Auswirkungen. Vgl. Art. 4 des „Gesetzes zur Änderung steuerrechtlicher Vorschriften und zur Errichtung eines Fonds „Aufbauhilfe" (Flutopfersolidaritätsgesetz)" vom 19. September 2002, S. 3651.

ein. Bei **Personenhandelsunternehmen** als OT/Mutter ist die Wahl der Wirtschaftsjahre sowie die Höhe der (vorläufigen) Jahresüberschüsse, Hebesätze beider Gesellschaften und Diskontierungszinssätze als diejenigen, die Vorteilhaftigkeitsveränderungen beeinflussenden Determinanten zu nennen. Insofern ist dem Bedarf an Beratung bzw. an der Erstellung etwaiger Planbilanzen seitens der Unternehmen ein gewichtiger Stellenwert einzuräumen.

In diesem Kontext gilt es die im Schrifttum vorzufindende Aussage in steuerlicher Hinsicht zu bewerten, der BFH-Beschluss vom 7.8.2000[1519], welcher steuerbilanziell zu einer phasenverschobenen Gewinnvereinnahmung kehrt, dürfte verstärkt dazu beigetragen haben, faktische Konzerne in Unternehmensvertragskonzerne zu transformieren.[1520] Dazu sind Abbildung 20 (S. 257), welche einen Vorteilhaftigkeitsvergleich zwischen einer isolierten gewerbesteuerlichen sowie einer gewerbe- und körperschaftsteuerlichen Organschaft bei phasenverschobener Gewinnvereinnahmung anstellt, und Abbildung 24 (S. 262), die eine entsprechende Gegenüberstellung bei phasenkongruenter Gewinnvereinnahmung bezweckt, miteinander zu vereinen (vgl. Abbildung 25).

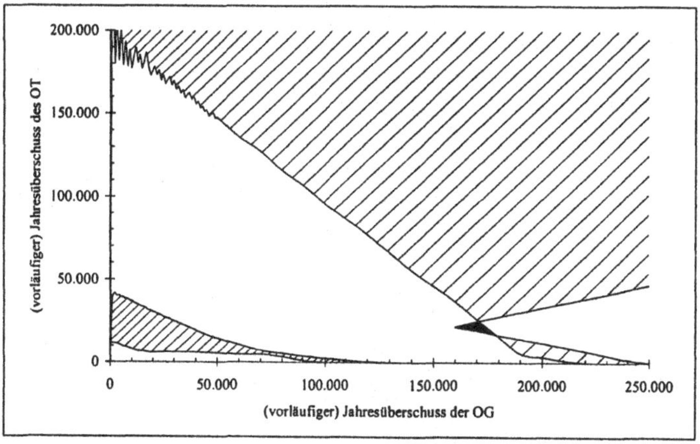

Abbildung 25: Veränderung des Vorteilhaftigkeitsbereiches beim Übergang von einer phasenkongruenten zu einer phasenverschobenen Gewinnvereinnahmung

Abbildung 25 verdeutlicht, dass sich der Vorteilhaftigkeitsbereich beim **Übergang von einer phasenkongruenten zu einer phasenverschobenen Gewinnvereinnahmung** unter Zugrundelegung des **UntStFG-E** zu Gunsten der isolierten gewerbesteuerlichen Organschaft um den schraffierten Bereich ausweitet und um den ausgefüllten Bereich reduziert. Demzufolge wäre die oben zitierte Behauptung der zunehmend Praxisrelevanz erlangenden Unternehmensvertragskonzerne dahingehend einzuschränken, als dass darunter kein „Ergebnisabführungsvertrags-Konzern", sondern ein der isolierten gewerbesteuerlichen Organschaft dienlicher (isolierter) „Beherrschungsvertrags-Konzern" zu subsumieren ist. Dieser Empfehlung ist in einem

1519 Vgl. BFH-Beschluss vom 7.8.2000, S. 1682 ff.

1520 Vgl. HERZIG, NORBERT (2000), S. 2253 und andeutungsweise bereits BFH-Urteil vom 26.11.1998, S. 509.

mehrstöckigen (Organschafts-)Konzern eine erhöhte Bedeutung beizumessen, wie in Abbildung 22 (S. 259) verdeutlicht wurde.

Unter den Gesichtspunkten des **UntStFG** ist ausschließlich Abbildung 19 (S. 256), die unter der Annahme einer phasenverschobenen Gewinnvereinnahmung erstellt wurde, von Relevanz, da bei einer phasenkongruenten Gewinnvereinnahmung stets der gewerbe- und körperschaftsteuerliche Organschaftskonzern vorzugswürdig ist. Auch hier wird deutlich, dass ein pauschales Verlangen nach einem „Ergebnisabführungsvertrags-Konzern" abzulehnen ist, da auch die Situation ohne Organschaft steuerliche Attraktivität erlangen kann.

Letztlich ist zusätzlich zu dem bislang praktizierten intrarechtsformspezifischen Vergleich eine **interrechtsformspezifische Gegenüberstellung** zwischen dem in dieser Arbeit unterstellten Einzelunternehmen und der juristischen Person als alternative OT/Mütter vorzunehmen. Dabei wird die nicht Gesetz gewordene isolierte gewerbesteuerliche Organschaft den Überlegungen außen vor gelassen. Auch in diesem Rahmen ist beim Einzelunternehmen als OT danach zu differenzieren, ob eine phasenkongruente oder phasenverschobene Gewinnvereinnahmung stattfindet.[1521] Wird zunächst auf Erstere abgestellt[1522], sind in Abbildung 26 die Differenzen der Steuerbelastungen wiedergegeben. Wertepaare im ersten Quadranten stellen dabei die Vorteilhaftigkeit einer gewerbe- und körperschaftsteuerlichen Organschaft mit einer juristischen Person als OT dar. Bei Wertepaaren im zweiten Quadranten ist ein Einzelunternehmen als OT steuergünstiger.

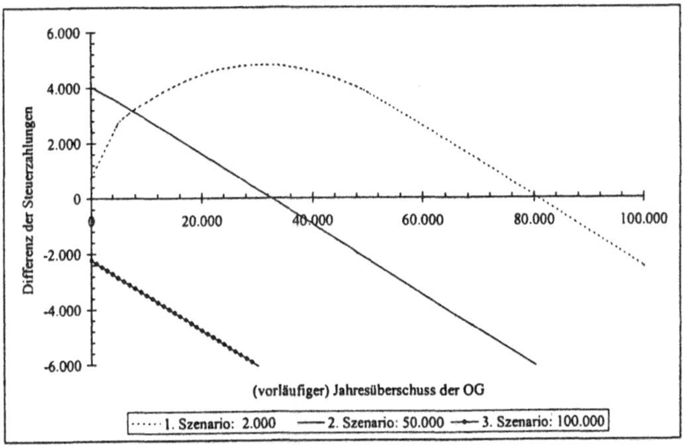

Abbildung 26: Differenzen der Steuerzahlungen bei gewerbe- und körperschaftsteuerlicher Organschaft und gegebenem (vorläufigen) Jahresüberschuss des Organträgers als Einzelunternehmen bzw. juristische Person

1521 Diese Überlegung ist für eine juristische Person als OT gerade von betragsmäßiger Irrelevanz, wie in Kapitel C.III.2.b) (ab S. 263) aufgezeigt wurde.

1522 Es sei daran erinnert, dass bei einer phasenkongruenten Gewinnvereinnahmung und einem Einzelunternehmen als OT stets die gewerbe- und körperschaftsteuerliche Organschaft vorzugswürdig ist. Vgl. Kapitel C.III.2.a)(2) (ab S. 261).

Wie aus Abbildung 26 (S. 266) ersichtlich, lassen sich bzgl. der Vorteilhaftigkeit der Rechtsform des OT keine exakten Aussagen treffen. Wie in vorangegangenen Kapiteln dieser Arbeit bereits häufiger praktiziert, werden in Abbildung 27 die kritische Linie bzw. die Vorteilhaftigkeitsbereiche der beiden Rechtsformarten dargestellt. Es handelt sich dabei um die nummerische Ermittlung der Linienschnittpunkte mit der Abszisse in Abbildung 26 (S. 266).

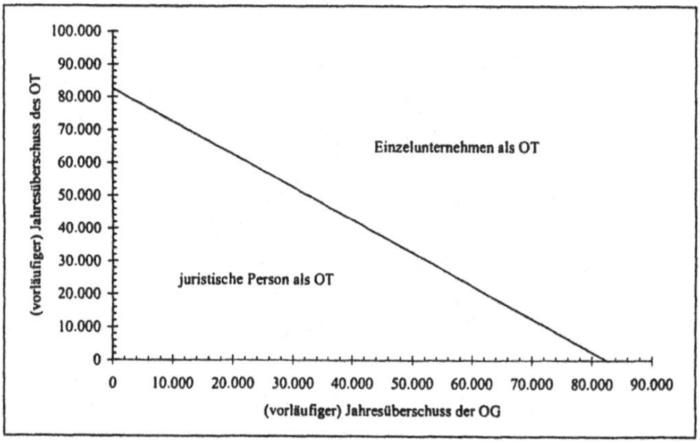

Abbildung 27: Kritische Linie im Rahmen des Vorteilhaftigkeitsvergleiches zwischen einem Einzelunternehmen und einer juristischen Person als Organträger innerhalb eines gewerbe- und körperschaftsteuerlichen Organschaftskonzerns

Aus Abbildung 27 ist folgende Aussage für den **Fall einer phasenkongruenten Gewinnvereinnahmung** ableitbar: **Erwirtschaften die OG oder der OT einen (vorläufigen) Jahresüberschuss von jeweils mehr als ca. 82.500 EUR, ist ein Einzelunternehmen als OT als vorteilhafter anzusehen et vice versa.**

Wird beim Einzelunternehmen als OT hingegen eine **phasenverschobene Gewinnvereinnahmung** wie in Kapitel C.III.2.a)(1) (ab S. 250) unterstellt, wurde herausgearbeitet, dass sowohl eine gewerbe- und körperschaftsteuerliche Organschaft als auch keine Organschaft steueroptimal sein können.[1523] Dementsprechend hat der Rechtsformvergleich in beiden Szenarien zu erfolgen. Wird zunächst auf die gewerbe- und körperschaftsteuerliche Organschaft abgestellt, besitzt die in Abbildung 27 dargestellte kritische Linie ebenfalls für die phasenverschobene Gewinnvereinnahmung Gültigkeit, da der zeitliche Aspekt bei einem OT als juristische Person aufgrund der Steuerfreiheit der Beteiligungserträge unbedeutsam ist. Auch bei einem Einzelunternehmen als OT spielt die Phasenkongruenz bzw. Phasenverschobenheit bei Unterstellung einer gewerbe- und körperschaftsteuerlichen Organschaft keine Rolle. Somit ist der Differenzvergleich bzgl. der Situation ohne Organschaft mit einem Einzelunternehmen bzw. einer juristischen Person als Mutter vorzunehmen (vgl. Abbildung 28 (S. 268)).[1524]

[1523] Vgl. die Vorteilhaftigkeitsbereiche in Abbildung 19 (S. 256).

[1524] Wertepaare im ersten Quadranten symbolisieren die Vorteilhaftigkeit eines Einzelunternehmens. Bei Wertepaaren im zweiten Quadranten ist eine juristische Person als OT steuergünstiger.

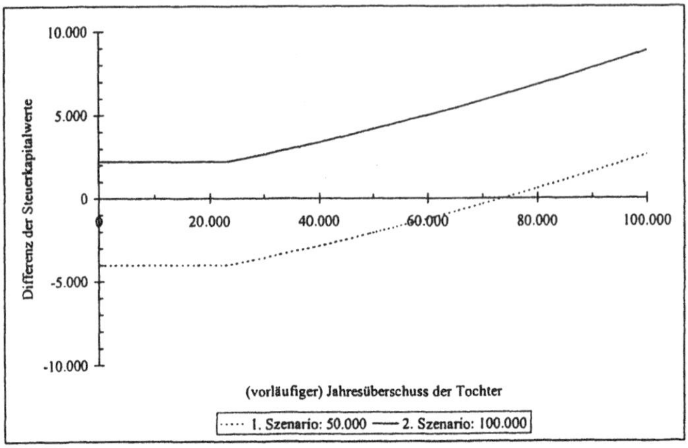

Abbildung 28: Differenzen der Steuerzahlungen bei der Situation ohne Organschaft und gegebenem (vorläufigen) Jahresüberschuss der Mutter als Einzelunternehmen bzw. juristische Person

Aus Abbildung 28 wird ersichtlich, dass bei einem (vorläufigen) Jahresüberschuss der Mutter von 50.000 EUR ein Vorteilhaftigkeitswechsel eintritt. Bei einem Wert ab ca. 82.500 EUR ist die juristische Person dem Einzelunternehmen aus steuerlicher Sicht stets vorzuziehen wie die kritische Linie in Abbildung 29 verdeutlicht. Dabei führt bei Wertepaaren im linken Bereich ein Einzelunternehmen, bei Wertepaaren im rechten Bereich eine juristische Person als Muttergesellschaft zu einem steueroptimalen Ergebnis.

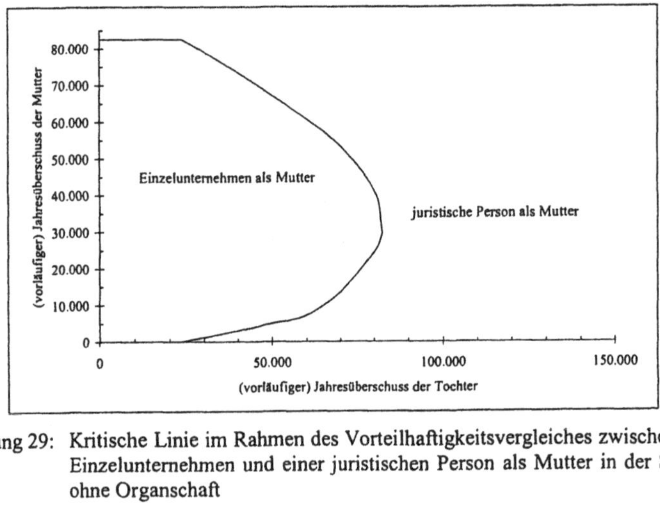

Abbildung 29: Kritische Linie im Rahmen des Vorteilhaftigkeitsvergleiches zwischen einem Einzelunternehmen und einer juristischen Person als Mutter in der Situation ohne Organschaft

In der abschließenden Abbildung 30 werden Abbildung 19 (S. 256), die einen Vorteilhaftigkeitsvergleich zwischen der Situation ohne Organschaft sowie einer gewerbe- und körperschaftsteuerlichen Organschaft bei einem Einzelunternehmen als OT aufzeigt, sowie Abbildung 27 (S. 267) und Abbildung 29 (S. 268) miteinander vereint. Die nicht weiter gezeichneten Linien sind dabei von Entscheidungsirrelevanz, weil sich bspw. der Rechtsformvergleich bei gewerbe- und körperschaftsteuerlicher Organschaft in Abbildung 27 (S. 267) ausschließlich auf den Vorteilhaftigkeitsbereich derselben in Abbildung 19 (S. 256) auswirken darf.

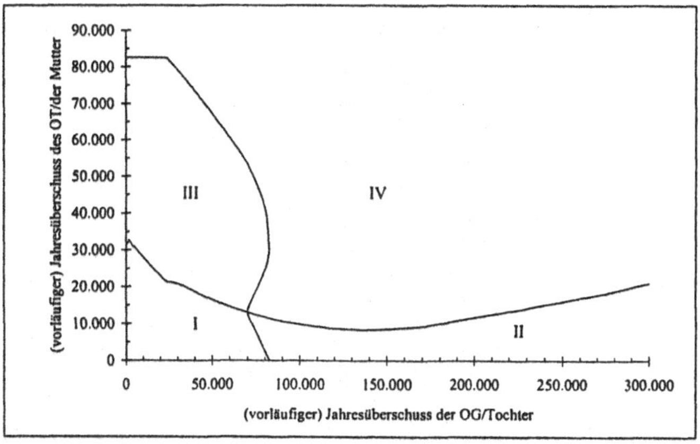

Abbildung 30: Kritische Linien im Rahmen des Vorteilhaftigkeitsvergleiches zwischen einem Einzelunternehmen und einer juristischen Person als Organträger/Mutter sowie zwischen einem gewerbe- und körperschaftsteuerlichem Organschaftskonzern und der Situation ohne Organschaft

Zusammenfassend lassen sich folgende vier Bereiche im **Falle einer phasenverschobenen Gewinnvereinnahmung** unterscheiden:

- Bei Wertepaaren innerhalb des **Bereiches I** ist eine gewerbe- und körperschaftsteuerliche Organschaft mit einer juristischen Person als OT steueroptimal, wobei Wertepaare im **Bereich II** unter Zugrundelegung einer gewerbe- und körperschaftsteuerlichen Organschaft und einem Einzelunternehmen als OT am steuergünstigsten sind.
- Liegen Wertepaare im **Bereich III** vor, ist neben der Begründung keines Organschaftsverhältnisses ein Einzelunternehmen zu wählen, während im **Bereich IV** eine juristische Person vorzugswürdig ist.

3. „Positive und negative entscheidungsrelevante Bestimmungsfaktoren"

a) Vorteilhaftigkeitsbeeinflussung mittels Organschaft im Rahmen des vertikalen Verlustausgleiches?

In Kapitel C.III.2 (ab S. 250) wurde unter Zugrundelegung eines Einzelunternehmens die ausschließliche Existenz sowohl positiver Einkünfte aus Gewerbebetrieb als auch (nicht weiter betrachteter) positiver Summen aus anderen Einkunftsarten impliziert. Im Falle positiver und negativer Summen aus verschiedenen Einkunftsarten trägt der vertikale Verlustausgleich für deren (teilweise) Kompensation Sorge. Während dieses Instrumentarium bislang uneingeschränkt zur Verfügung stand, so dass eine Verrechnung zwischen dem Einkommen der OG und dem Einkommen des Einzelunternehmers als unproblematisch einzustufen war, wurde der **vollständige vertikale Verlustausgleich** im Zuge des StEntlG 1999/2000/2002 durch einen § 2 Abs. 3 EStG **in bestimmten Fällen zur Sicherstellung einer Mindestbesteuerung begrenzt.**[1525, 1526] Nachstehend ist zu untersuchen und zu problematisieren, ob bzw. inwieweit diese gesetzliche Regelung Einfluss im Kontext einer gewerbe- und körperschaftsteuerlichen Organschaft nimmt.[1527]

[1525] Der horizontale Verlustausgleich i.S.v. § 2 Abs. 3 S. 2 1. Halbs. EStG wird weiterhin uneingeschränkt ermöglicht, falls von den restriktiven Spezialtatbeständen der §§ 2b, 15 Abs. 4, 15a, 22 Nr. 3, 23 Abs. 3 EStG abstrahiert wird, die auf die nachstehende Untersuchung ohnedies keinen Einfluss nehmen. Vgl. z.B. BAUER, MATHIAS/EGGERS, JÖRG (1999), S. 397; GESERICH, STEPHAN (2000), S. 845; HERZIG, NORBERT/BRIESEMEISTER, SIMONE (1999), S. 1377; HÜSING, SILKE (2000), S. 1149 und RISTHAUS, ANNE/PLENKER, JÜRGEN (1999), S. 605. Die folgenden Ausführungen bzgl. des vertikalen Verlustausgleiches berühren eine Kapitalgesellschaft bzw. eine eG als OT nicht, da nur eine Einkunftsart kraft Gesetzes vorliegt (§ 8 Abs. 2 KStG i.V.m. §§ 3 Abs. 1 AktG, 13 Abs. 3 GmbHG, 17 Abs. 2 GenG). Hierbei ist eine unmittelbare Einkommensaddition vorzunehmen, wodurch im Vergleich zur Situation ohne Organschaft eine zinslose Steuerstundung bzw. ein Zins- und Liquiditätsvorteil verbunden ist. Bei einem insg. negativen Einkommen kann ein Verlustrücktrag gem. § 10d Abs. 1 S. 1 EStG i.V.m. § 8 Abs. 1 KStG geltend gemacht werden, der auf ein Jahr und max. 511.500 EUR begrenzt ist. Auf Antrag des Steuerpflichtigen kann davon ganz oder teilweise zu Gunsten eines Verlustvortrages abgesehen werden (§ 10d Abs. 1 S. 7 und S. 8 EStG i.V.m. § 8 Abs. 1 KStG). Die max. Rücktragssumme gilt für den gesamten Organkreis (R 115 Abs. 4 S. 10 EStR).

[1526] In der jüngsten BFH-Rechtsprechung lassen sich Tendenzen zu einer erneuten Modifikation dieser Rechtsvorschrift erkennen. Der BFH zweifelte in seinem Beschluss vom 9.5.2001, S. 1665, die Verfassungsmäßigkeit des beschränkten vertikalen Verlustausgleiches generell nicht an, was „künstliche" Verluste, d.h. bewusst und planvoll herbeigeführte Verluste, anbelangt. Demnach wird zukünftig im Umkehrschluss zu diskutieren sein, ob „echte" Verluste, d.h. Verluste, die das „Resultat wirtschaftlicher Aktivitäten" des Steuerpflichtigen darstellen und seine Leistungsfähigkeit real mindern, nicht von § 2 Abs. 3 S. 2 EStG erfasst werden. Vgl. dazu ALTFELDER, STEFAN (2001), S. 353 f. und KOHLHAAS, KARL-FRIEDRICH (2001), S. 1665 ff. Wenn sich diese Vermutung in Zukunft bewahrheiten sollte, tritt zu der ohnehin komplexen Rechtsvorschrift zusätzlich ein nicht objektiv nachprüfbares Kriterium hinzu, was m.E. das Maß an Erträglichkeit überschreiten würde. Vgl. hierzu auch den Beschluss des FG Münster vom 7.9.2000 (n.rkr.), S. 657, der durch die Einführung des beschränkten vertikalen Verlustausgleiches einen Verstoß gegen das objektive Nettoprinzip bzw. Art. 3 Abs. 1 GG sieht, da dem Prinzip der Besteuerung nach der Leistungsfähigkeit widersprochen wird. Auch die Gegenargumentation, es verbliebe ein höheres Verlustabzugspotenzial, vermag aufgrund der Qualifikation der ESt als Jahressteuer nicht zu überzeugen (§ 2 Abs. 7 S. 1 EStG). Zwar ist auf den Charakter des § 2 Abs. 3 EStG als Missbrauchsvorschrift hinzuweisen, wobei der Individualanspruch auf Rechtsschutz Vorrang vor dem staatlichen Vollziehungsinteresse besitzt. Differenzierterer Meinung ist WERNER, INGO (2001), S. 660 f., der nicht notwendigerweise eine Verfassungswidrigkeit bejaht und auf die Gesetzesbegründung abstellt, wobei eine Mindestbesteuerung bei hohen positiven Einkünften sicherzustellen ist.

[1527] Vgl. dazu ganz rudimentär KULEMANN, GRIT/HARLE, GEORG (1999), S. 205.

Werden die „klassischen" vier voneinander zu differenzierenden Fallgruppen[1528] zugrunde gelegt, ist insb. die Konstellation, bei der sowohl die Summe der positiven als auch der negativen Einkünfte größer als 51.500 EUR[1529] ist, von Relevanz, da in diesem Fall das besagte System der Mindestbesteuerung eingreifen kann, welches einen maximalen vertikalen Verlustausgleich i.H.v. 51.500 EUR zzgl. der Hälfte des 51.500 EUR übersteigenden Betrages der Summe der positiven Einkünfte, aber höchstens den Betrag der Summe der negativen Einkünfte gestattet (§ 2 Abs. 2 S. 3 EStG).

In diesem Zusammenhang sind differenzierte Betrachtungen im Rahmen des realisierten Beteiligungsertrages der Tochter bzw. des zuzurechnenden Einkommens der OG anzustellen. Verantwortlich hierfür zeigt sich deren **unterschiedliche Positionierung im Einkommensermittlungsschema.**[1530] Während die hälftige Bardividende **ohne Organschaft** den **Einkünften** aus Gewerbebetrieb des Einzelunternehmers zuzuordnen ist, erfolgt die Zurechnung der äquivalenten Größe als **Einkommen** bei **Bestehen einer gewerbe- und körperschaftsteuerlichen Organschaft.**[1531] Werden, wie in diesem Kontext, ein Jahresfehlbetrag des Einzelunternehmens sowie keine (weiteren) negativen Einkünfte unterstellt, vermag dieser ohne Organschaft durch die anteilige hälftige Bardividende im Zuge des horizontalen Verlustausgleiches verringert werden, was mit der Senkung der Summe der negativen Einkünfte aus Gewerbebetrieb einhergeht.[1532]

Letztlich sind die **Einkünfte aus Gewerbebetrieb bei Bestehen einer gewerbe- und körperschaftsteuerlichen Organschaft stets kleiner als bei der Situation ohne Organschaft.**[1533] Erreichen sowohl die (negativen) Einkünfte aus Gewerbebetrieb als auch die Summe der anderen positiven Einkunftsarten (betragsmäßig) einen über 51.500 EUR liegenden Wert, ist bei einer gewerbe- und körperschaftsteuerlichen Organschaft trotz gleichem max. Verlustausgleichsvolumen i.S.v. § 2 Abs. 3 S. 3 EStG ein größerer Verlustabzugsbetrag i.S.v. § 10d EStG präsent, der sich erst in den Folgeperioden steuerlich nutzen lässt. Damit gehen Zins- und Liquiditätsnachteile einher.[1534]

Das folgende Zahlenbeispiel verdeutlicht diesen Denkansatz. Dazu erleidet die Mutter/der OT einen Jahresfehlbetrag i.H.v. 200.000 EUR. Der (vorläufige) Jahresüberschuss der OG beträgt 100.000 EUR. Die Summe der anderen positiven Einkunftsarten des Einzelunternehmers beläuft sich auf 95.000 EUR.

1528 Gem. § 2 Abs. 3 S. 2 und S. 3 EStG sind die positiven und negativen Einkünfte getrennt voneinander zu summieren. Die vier Gruppen resultieren aus der Kombination zwischen den Summen der positiven sowie der negativen Einkünfte, die größer bzw. kleiner als 51.500 EUR sind. Vgl. dazu KUSSMAUL, HEINZ (2000), S. 322.

1529 Im Rahmen der Zusammenveranlagung, auf die hier nicht eingegangen wird, verdoppelt sich der Betrag auf 103.000 EUR (§ 2 Abs. 3 S. 6 EStG).

1530 Im Folgenden wird die isolierte gewerbesteuerliche Organschaft den Untersuchungen aus Platzgründen außen vor gelassen.

1531 Vgl. dazu nochmals die Ausführungen in Fn. 1267 (S. 207).

1532 Ein vollständiger horizontaler Verlustausgleich soll annahmegemäß nicht in Betracht kommen, da bei der Unterstellung von weiteren ausschließlichen positiven Einkünften der vertikale Verlustausgleich nicht einträte.

1533 Vgl. die folgenden Berechnungen.

1534 Die Höhe des Verlustabzugsbetrages soll im Folgenden als Entscheidungsgröße dienen.

ohne Organschaft		**<u>Fallsituation 1</u>**	**gewerbe- und körperschaftsteuerliche Organschaft**
$SdE_{(+)}$ und $\lvert SdE_{(-)} \rvert > 51.500$			$SdE_{(+)}$ und $\lvert SdE_{(-)} \rvert > 51.500$
−200.000		gewerbliche Einkünfte (§ 15 Abs. 1 Nr. 1 EStG)	−200.000
29.531	+	hälftige Bardividende	–
−170.469	=	**Einkünfte aus Gewerbebetrieb**	**−200.000**
95.000	+	Summe der positiven Einkunftsarten	95.000
95.000−73.250=21.750	=	**Summe der Einkunftsarten (vertikaler Verlustausgleich)**[1535]	**95.000−73.250=21.750**
–	+	Einkommen der OG	100.000
21.750	=	**zu versteuerndes Einkommen**	**121.750**
170.469−73.250=97.219	→	Verlustabzug (§ 10d EStG)	200.000−73.250=126.750
200.000	→	Verlustabzug (§ 10a GewStG)[1536]	100.000

Aufgrund der zu addierenden Bardividende sind die negativen Einkünfte aus Gewerbebetrieb im Rahmen der Situation ohne Organschaft größer. Die Summe der die Höhe des Verlustausgleichspotenzials determinierenden (positiven) Einkunftsarten ist bei beiden Szenarien gleich groß, so dass der vertikale Verlustausgleich betragsmäßig identisch ist (73.250 EUR). Die Höhe des Verlustabzuges bemisst sich als Differenz zwischen den Einkünften aus Gewerbebetrieb und dem geltend gemachten Verlustausgleichspotenzials. Da Erstere im Falle ohne Organschaft größer sind, resultiert daraus ein geringeres Verlustabzugsvolumen. Die bei der gewerbe- und körperschaftsteuerlichen Organschaft eintretende höhere Verlustbeschränkung ist solange zugegen, bis das Verlustausgleichsvolumen durch eine hinreichend hohe Summe an positiven Einkünften größer als die (negativen) Einkünfte aus Gewerbebetrieb ist.

Eine ähnliche Situation liegt vor, wenn die negativen Einkünfte aus Gewerbebetrieb ohne Organschaft kleiner und mit Organschaft größer als 51.500 EUR sind, falls gleichzeitig die Summe der positiven Einkünfte größer als 51.500 EUR ist. Dazu soll sich der Jahresfehlbetrag in Abwandlung zu obigen Daten auf beispielhaft 80.000 EUR belaufen.

1535 $=51.500+0,5\cdot(95.000-51.500)$.

1536 Ohne Organschaft wird ausschließlich der Jahresfehlbetrag (Gewerbeverlust) vorgetragen. Die hälftige Bardividende unterliegt der Kürzung des § 9 Nr. 2a GewStG. Bei Bestehen einer Organschaft beträgt das addierte Gewerbeergebnis −100.000 EUR.

ohne Organschaft SdE$_{(+)}$ > 51.500 und $\|SdE_{(-)}\|$ ≤ 51.500		Fallsituation 2	gewerbe- und körperschaftsteuerliche Organschaft SdE$_{(+)}$ und $\|SdE_{(-)}\|$ > 51.500
−80.000		gewerbliche Einkünfte (§ 15 Abs. 1 Nr. 1 EStG)[1537]	−80.000
29.531	+	hälftige Bardividende	–
−50.469	=	**Einkünfte aus Gewerbebetrieb**	**−80.000**
95.000	+	Summe der positiven Einkunftsarten	95.000
95.000−50.469=44.531	=	**Summe der Einkunftsarten (vertikaler Verlustausgleich)**[1538]	**95.000−73.250=21.750**
–	+	Einkommen der OG	100.000
44.531	=	**zu versteuerndes Einkommen**	**121.750**
–	→	Verlustabzug (§ 10d EStG)	80.000−73.250=6.750
80.000	→	Verlustabzug (§ 10a GewStG)	–

Auch in diesem Fall ist festzustellen, dass eine Mindestbesteuerung dann entfällt, wenn die Summe der positiven Einkunftsarten hinreichend groß ist, so dass die höheren negativen Einkünfte aus Gewerbebetrieb bei Organschaft kleiner als das gesetzliche Verlustausgleichsvolumen sind.

Neben betrieblichen Einflussfaktoren können sich auch **persönliche Verhältnisse des Einzelunternehmers** in Form von negativen Einkünften bei ansonsten bestehenden (vorläufigen) Jahresüberschüssen von Mutter/OT bzw. Tochter/OG auf den Verlustausgleich auswirken. Abweichend zu den bisherigen Daten wird ein (vorläufiger) Jahresüberschuss der Mutter/des OT i.H.v. 200.000 EUR und ein (vorläufiger) Jahresüberschuss der Tochter/OG i.H.v. 100.000 EUR unterstellt. Die Summe der negativen Einkünfte beträgt 110.000 EUR.

1537 Das addierte Gewerbeergebnis beträgt im Organschaftsfall 20.000 EUR. Aufgrund des gewerbesteuerlichen Freibetrages fällt keine GewSt an.

1538 Das maximale Verlustausgleichsvolumen i.H.v. 73.250 EUR ermittelt sich wie folgt: 51.500+0,5·(95.000 − 51.500). Da es bei der Situation ohne Organschaft größer als die negativen Einkünfte ist, ist der niedrigere Betrag anzusetzen. Gegensätzliches gilt für den gewerbe- und körperschaftsteuerlichen Organschaftskonzern.

ohne Organschaft		**Fallsituation 3**	**gewerbe- und körperschaftsteuerliche Organschaft**
$SdE_{(+)}$ und $\lvert SdE_{(-)}\rvert > 51.500$			$SdE_{(+)}$ und $\lvert SdE_{(-)}\rvert > 51.500$
200.000 – 25.250 = 174.750		gewerbliche Einkünfte (§ 15 Abs. 1 Nr. 1 EStG)[1539]	200.000 – 41.917 = 158.083
29.531	+	hälftige Bardividende	–
204.281	=	**Einkünfte aus Gewerbebetrieb**	**158.083**
–110.000	–	Summe der negativen Einkunftsarten	–110.000
204.281 – 110.000 = 94.281	=	**Summe der Einkunftsarten (vertikaler Verlustausgleich)**[1540]	**158.083 – 104.792 = 53.291**
–	+	Einkommen der OG	100.000
94.281	=	**zu versteuerndes Einkommen**	**153.291**
–	→	Verlustabzug (§ 10d EStG)	110.000 – 104.792 = 5.208

Auch in diesem Fall bewirkt eine gewerbe- und körperschaftsteuerliche Organschaft einen Verlustabzug, da das Verlustausgleichsvolumen aufgrund der niedrigeren positiven Einkünfte entsprechend geringer ausfällt, als dies ohne Organschaft der Fall ist.

Ferner ist es möglich, dass die positiven Einkünfte aus Gewerbebetrieb ohne Organschaft größer und bei Organschaft kleiner als 51.500 EUR sind (bei gleichbleibender betragsmäßiger Summe der negativen Einkünfte von über 51.500 EUR). Dabei wird abweichend von einem (vorläufigen) Jahresüberschuss der Mutter/des OT i.H.v. 50.000 EUR ausgegangen.

1539 Die als Betriebsausgabe zu berücksichtigende GewSt beläuft sich ohne Organschaft auf 25.250 EUR und mit Organschaft auf 41.917 EUR (Bemessungsgrundlage ist das addierte Gewerbeergebnis i.H.v. 300.000 EUR).

1540 Das max. Verlustausgleichsvolumen beträgt ohne Organschaft 127.891 EUR (=51.500+0,5·(204.281–51.500)), so dass die vollständige Summe der negativen Einkünfte in Abzug zu bringen ist. Mit Organschaft ist ein maßgebender Wert i.H.v. 104.792 EUR (=51.500+0,5·(158.083–51.500)) das Resultat.

ohne Organschaft SdE$_{(+)}$ und $\lvert SdE_{(-)} \rvert$ > 51.500		Fallsituation 4	gewerbe- und körperschaftsteuerliche Organschaft SdE$_{(+)}$ ≤ 51.500 und $\lvert SdE_{(-)} \rvert$ > 51.500
50.000 – 1.146 = 48.854		gewerbliche Einkünfte (§ 15 Abs. 1 Nr. 1 EStG)[1541]	50.000 – 16.917 = 33.083
29.531	+	hälftige Bardividende	–
78.385	=	**Einkünfte aus Gewerbebetrieb**	**33.083**
–110.000	–	Summe der negativen Einkunftsarten	–110.000
78.385 – 64.943 = 13.442	=	**Summe der Einkunftsarten (vertikaler Verlustausgleich)**[1542]	**33.083 – 110.000 = –76.917**
–	+	Einkommen der OG	100.000
13.442	=	**zu versteuerndes Einkommen**	**23.083**
110.000 – 64.943 = 45.057	→	Verlustabzug (§ 10d EStG)	–

Erstmalig greift die Mindestbesteuerung ausschließlich in den Bereich ohne Organschaft ein, während bei Bestehen einer Organschaft ein vollständiger Ausgleich zwischen positiven und negativen Größen möglich ist.

b) Vorteilhaftigkeitsbeeinflussung mittels Organschaft im Rahmen konzerninterner Verlustumstrukturierungen?

Aus den Überlegungen des **§ 2 Abs. 3 EStG** heraus kann die genannte Rechtsvorschrift bei einer gewerbe- und körperschaftsteuerlichen Organschaft auch einen **Anlass zu organkreisinternen Umstrukturierungen** liefern. Der vertikale Ausgleich von Verlusten des OT (Einzelunternehmen) setzt auf Ebene der Summe der Einkünfte des Einzelunternehmers an. Demgegenüber wird nach dem Einkommensermittlungsschema (R 3 Abs. 1 EStR) mittels der Zurechnung des negativen Einkommens der OG keine Einkunftsart i.S.v. § 2 Abs. 1 S. 1 EStG angesprochen, so dass ein vollständiger Verlustausgleich möglich wäre.[1543] Im Folgenden gilt es zu analysieren, in welchen speziellen Situationen eine **Übertragung von Verlusten des OT auf die OG** zu einem geringeren Verlustabzugsbetrag i.S.v. § 10d EStG mit einem damit verbundenen Zins- und Liquiditätsvorteil führt. Dabei werden pro Fallsituation jeweils zwei Alternativen angeführt, welche die Situation vor bzw. nach der Umstrukturierung beschreiben.

1541 Die als Betriebsausgabe zu berücksichtigende GewSt beläuft sich ohne Organschaft auf 1.146 EUR und mit Organschaft auf 16.917 EUR (Bemessungsgrundlage ist das addierte Gewerbeergebnis i.H.v. 150.000 EUR).

1542 Das max. Verlustausgleichsvolumen beträgt ohne Organschaft 64.943 EUR (=51.500 + 0,5 · (78.385 – 51.500)).

1543 Vgl. bzgl. dieser Grundüberlegung SCHMIDT, LUDWIG/MÜLLER, THOMAS/STÖCKER, ERNST E. (1999), Rz. 473 sowie die Ausführungen in Fn. 1267 (S. 207).

Im Zuge einer näheren Einschränkung der Vielzahl von möglichen Fallsituationen ist einer Maßnahme in diesem Kontext genau dann **keine materielle Wirkung** beizumessen, falls das Einzelunternehmen trotz Verlustsparten **insg.** dennoch einen **Jahresüberschuss** erzielt und deren Inhaber **ausschließlich positive Einkünfte** aus anderen Einkunftsarten aufweist. Gleiches gilt im Rahmen der Existenz von negativen Einkünften aus anderen Einkunftsarten, falls zum einen ein **vollständiger unbeschränkter vertikaler Verlustausgleich sowohl vor als auch nach der Umstrukturierungsmaßnahme** möglich ist oder das System der Mindestbesteuerung nach, aber nicht vor der Umstrukturierung eingreift. Der zuletzt genannte Aspekt ist detaillierter zu untersuchen. Dazu werden zunächst die „klassischen" vier Fälle analysiert, die in Abhängigkeit von der Höhe der vor- und nachher positiven bzw. negativen Summe der Einkünfte ($JÜ_{OT}^{E}$ bzw. $|SdE_{(-)}|$) zu formulieren sind.[1544] Des Weiteren kann auch die Situation eintreten, dass die Summe der positiven Einkünfte die „51.500 EUR-Grenze" aufgrund der Verlustumstrukturierung erstmalig übersteigt.[1545] Diese Szenarien werden im Folgenden als „sensitiv" bezeichnet. Tabelle 13 verdeutlicht die Kombinationsmöglichkeiten:

	„klassische (nicht-sensitive)" Szenarien		**„sensitive" Szenarien**
	$JÜ_{OT\ vor}^{E} > 51.500$ EUR $JÜ_{OT\ nach}^{E} > 51.500$ EUR	$JÜ_{OT\ vor}^{E} \leq 51.500$ EUR $JÜ_{OT\ nach}^{E} \leq 51.500$ EUR	$JÜ_{OT\ vor}^{E} \leq 51.500$ EUR $JÜ_{OT\ nach}^{E} > 51.500$ EUR
$SdE_{(-)} > 51.500$ EUR	Bereich I	Bereich II	Bereich V
$SdE_{(-)} \leq 51.500$ EUR	Bereich III	Bereich IV	Bereich VI

Tabelle 13: Vollständige Enumeration infrage kommender Szenarien bei organkreisinternen Verlustumstrukturierungen

Da die Höhe der Summe der (endgültigen) Jahresüberschüsse (=Gewerbeergebnisse) aufgrund der in beiden Vergleichssituationen fortbestehenden gewerbe- und körperschaftsteuerlichen Organschaft durch die vorgenommenen Handlungen unbeeinflusst bleibt, fällt die GewSt stets in gleicher Höhe an, weswegen die Betrachtungen auf den Einkommensteuerbereich des Einzelunternehmers zu fokussieren sind.

Zur Untersuchung des Bereiches I sei der OT annahmegemäß in zwei Sparten tätig, wobei er aus Sparte 1 einen (endgültigen) Jahresüberschuss i.H.v. 200.000 EUR und aus Sparte 2 einen Jahresfehlbetrag i.H.v. 70.000 EUR erzielt (saldierter (endgültiger) Jahresüberschuss: 130.000 EUR). Die OG erwirtschaftet einen Jahresüberschuss von 100.000 EUR. Der Einzelunternehmer besitzt negative Einkünfte i.H.v. insg. 95.000 EUR. Im Zuge einer Umstrukturierungsmaßnahme soll Sparte 2 auf die OG verlagert werden. Die einkommensteuerliche Situation stellt sich beim Einzelunternehmer wie folgt dar:[1546]

[1544] Damit ist die Über- bzw. Unterschreitung der „51.500 EUR-Grenze" gemeint. Die Summe der positiven Einkünfte besteht dabei ausschließlich aus dem (endgültigen) Jahresüberschuss des OT.

[1545] Der Umkehrfall kann nicht eintreten, da die Summe der positiven Einkünfte vor der Umstrukturierung ($SdE_{(+)_{vor}}$) stets größer als nach der Umstrukturierung ist.

[1546] Die zu treffenden Aussagen gelten unabhängig davon, ob das Einkommen der OG vor bzw. nach dem Verlusttransfer positiv oder negativ ist bzw. ob es dadurch vom positiven in den negativen Bereich übergeht.

Organschaft vor Umstrukturierung $JÜ_{OT}^{E}$ und $\lvert SdE_{(-)}\rvert > 51.500$		**Fallsituation 1 (Bereich I)**	**Organschaft nach Umstrukturierung** $JÜ_{OT}^{E}$ und $\lvert SdE_{(-)}\rvert > 51.500$
130.000		gewerbliche Einkünfte (§ 15 Abs. 1 Nr. 1 EStG)	200.000
130.000	=	**Einkünfte aus Gewerbebetrieb**	**200.000**
–95.000	–	Summe der negativen Einkunftsarten	–95.000
130.000–90.750=39.250	=	**Summe der Einkunftsarten (vertikaler Verlustausgleich)**[1547, 1548]	**200.000–95.000=105.000**
100.000	+	Einkommen der OG	30.000
139.250	=	**zu versteuerndes Einkommen**	**135.000**
95.000–90.750=4.250	→	Verlustabzug (§ 10d EStG)	–

Der vor der Verlustverlagerung im Zuge der Mindestbesteuerung entstandene Verlustabzugsbetrag von 4.250 EUR wurde nach der Umstrukturierung mittels der nun erhöhten Summe der positiven Einkünfte und des damit implizierten erhöhten Verlustausgleichsvolumens i.S.v. § 2 Abs. 3 S. 3 EStG vermieden. Damit geht ein Zins- und Liquiditätsvorteil einher. Folglich wird unterstellt, dass das **gesetzliche max. Verlustausgleichsvolumen vor der Umstrukturierung nicht zur völligen Kompensierung von $\lvert SdE_{(-)}\rvert$ ausreicht**. Diese Bedingung lässt sich mittels folgender Formel ausdrücken:

$$\underbrace{51.500 + 0{,}5 \cdot \left(JÜ_{OT}{}^{E} - 51.500\right)}_{\substack{\text{max. Verlustausgleichsvolumen} \\ \text{vor Umstrukturierung}}} < \left|SdE_{(-)}\right|$$

$$\Leftrightarrow JÜ_{OT}{}^{E} < 2 \cdot \left|SdE_{(-)}\right| - 51.500.$$

Im konkreten Fall dürfte sich der (endgültige) Jahresüberschuss des OT vor der Verlustumstrukturierung auf max. 138.500 EUR belaufen. Anderenfalls träte keine Veränderung der steuerlichen Situation ein, da die **Mindestbesteuerung bereits vor der Verlustverlagerung aufgrund zu geringer negativer Einkünfte ausgehebelt** wäre. Sinngemäßes gilt auch in den Bereichen II, III und IV, wo sich mittels Verlustumstrukturierungen keine geringeren Verlustabzugsbeträge herbeiführen lassen.

Materielle Auswirkungen sind auch im Bereich V zugegen, da durch die Verlustumstrukturierung der Übergang in das System der Mindestbesteuerung erfolgt. Dazu erzielt der OT abweichend zu obigen Daten aus Sparte 1 einen (endgültigen) Jahresüberschuss i.H.v. 120.000 EUR, so dass der saldierte (endgültige) Jahresüberschuss 50.000 EUR beträgt.

1547 $=51.500+0{,}5\cdot(130.000-51.500)$.

1548 Das maximale Verlustausgleichsvolumen nach der Umstrukturierung i.H.v. 125.750 EUR ermittelt sich wie folgt: $51.500+0{,}5\cdot(200.000-51.500)$. Da es größer als die Summe der negativen Einkünfte ist, ist der niedrigere Betrag anzusetzen.

Organschaft vor Umstrukturierung $JÜ_{OT}^{E} \leq 51.500$ und $\lvert SdE_{(-)} \rvert > 51.500$	**Fallsituation 2 (Bereich V)**	**Organschaft nach Umstrukturierung** $JÜ_{OT}^{E} > 51.500$ und $\lvert SdE_{(-)} \rvert > 51.500$
50.000	gewerbliche Einkünfte (§ 15 Abs. 1 Nr. 1 EStG)	120.000
50.000	= **Einkünfte aus Gewerbebetrieb**	**120.000**
−95.000	− Summe der negativen Einkunftsarten	−95.000
50.000−95.000=−45.000	= **Summe der Einkunftsarten (vertikaler Verlustausgleich)**[1549]	**120.000−85.750=34.250**
100.000	+ Einkommen der OG	30.000
55.000	= **zu versteuerndes Einkommen**	**64.250**
−	→ Verlustabzug (§ 10d EStG)	95.000−85.750=9.250

Bei dieser Fallsituation erfolgt eine **einkommensteuerliche Schlechterstellung**, da sämtliche negativen Einkünfte nicht mehr unmittelbar ausgleichsfähig sind. Diese These ist jedoch nicht verallgemeinerungsfähig. Vielmehr ist die Schlechterstellung **von der Höhe des zuzurechnenden Einkommens der OG abhängig**. Abbildung 31 stellt hierzu die Höhe der betragsmäßigen einkommensteuerlichen Verlustabzüge in Abhängigkeit von diesem Parameter dar.

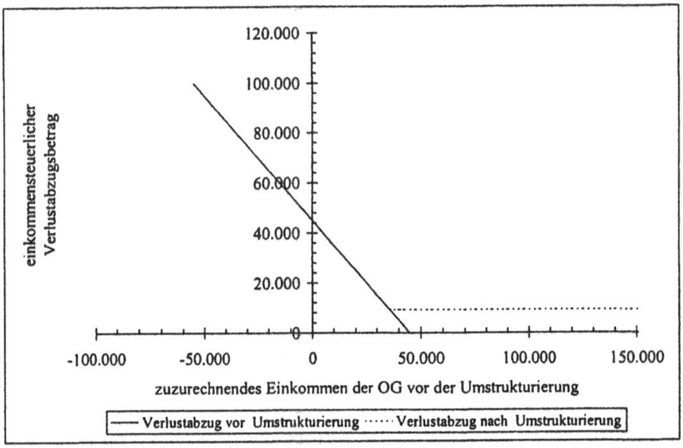

Abbildung 31: Betragsmäßige einkommensteuerliche Verlustabzugsbeträge vor und nach einer Verlustumstrukturierung in Abhängigkeit vom zuzurechnenden Einkommen der Organgesellschaft bei insg. (endgültigem) Jahresüberschuss des Organträgers (Bereich V)

[1549] =51.500+0,5·(120.000−51.500).

Im Folgenden ist von Interesse, wie hoch der betragsmäßige Verlusttransfer ($|VT|$) sowie das zuzurechnende Einkommen der OG ($JÜ_{OG}$) sein dürfen, um keine steuerliche Schlechterstellung zu bewirken. Diese Aussagen lassen sich an einem **zweistufigen allgemeinen Entscheidungsmodell** ableiten.

Zunächst ist zu determinieren, bei welchem kritischen Verlusttransferbetrag die teilweise einkommensteuerliche Diskriminierung der Umstrukturierungsmaßnahme gerade nicht mehr vorherrscht. Generell ist grafisch anhand von Abbildung 31 (S. 278) abzuleiten, dass mit einem sinkenden eingeschränkten vertikalen Verlustausgleich (sinkender Betrag an Mindestbesteuerung) die Halbgerade „nach Umstrukturierung" an die Abszisse approximiert. Sie ist mit ihr genau dann identisch, wenn das max. Verlustausgleichsvolumen i.S.v. § 2 Abs. 3 S. 3 EStG mit der (betragsmäßigen) Summe der negativen Einkünfte identisch ist oder diese übersteigt. Folglich gilt gem. den obigen Überlegungen:

$$\underbrace{51.500+0{,}5\cdot\left(JÜ_{OT}{}^{E}+|VT|-51.500\right)}_{\substack{\text{max. Verlustausgleichsvolumen}\\ \text{nach Umstrukturierung}}}\geq\left|SdE_{(-)}\right|$$

$$\Leftrightarrow 25.750+0{,}5\cdot\left(JÜ_{OT}{}^{E}+|VT|\right)\geq\left|SdE_{(-)}\right|$$

$$\Leftrightarrow\ |VT|\geq 2\cdot\left|SdE_{(-)}\right|-51.500-JÜ_{OT}{}^{E}\ \text{bzw.}$$

$$JÜ_{OT}{}^{E}\geq 2\cdot\left|SdE_{(-)}\right|-51.500-|VT|.$$

Im vorliegenden Beispiel ergibt sich:

$$|VT| = 2\cdot 95.000-51.500-50.000 = 88.500\,\text{EUR}.$$

Wird insofern ein Verlusttransfer geplant, dessen Umfang betragsmäßig 88.500 EUR überschreitet (bei gegebenem $JÜ_{OT}{}^{E}$), resultieren aus der Umstrukturierung keine Unterschiede hinsichtlich der Verlustabzugshöhe. Unterschreitet hingegen – wie im vorliegenden Beispiel – der tatsächliche betragsmäßige Verlusttransfer diesen kritischen Wert, ist die Berechnung und Kenntnis des „Knickpunktes" in Abbildung 31 (S. 278) zur Vorbeugung einer einkommensteuerlichen Schlechterstellung von Bedeutung. Der Abstand der Parallele zur Abszisse in Abbildung 31 (S. 278) wird durch die Höhe des vertikal nicht ausgleichsfähigen Teils der Summe der negativen Einkünfte **nach der Umstrukturierung** determiniert. Dieser berechnet sich als:

$$\left|SdE_{(-)}\right|-\left(51.500+0{,}5\cdot\left(JÜ_{OT}{}^{E}+|VT|-51.500\right)\right).$$

Der nicht ausgleichsfähige Teil **vor der Umstrukturierung** lässt sich wie folgt darstellen:

$$\left|SdE_{(-)}\right|-JÜ_{OT}{}^{E}-JÜ_{OG}.$$

Um sich durch die Umstrukturierung nicht schlechter zu stellen, muss der Verlustabzug vor dem Verlusttransfer mindestens so groß sein, wie derjenige nach dem Verlusttransfer.

$$\left|SdE_{(-)}\right|-JÜ_{OT}{}^{E}-JÜ_{OG}\geq\left|SdE_{(-)}\right|-\left(51.500+0{,}5\cdot\left(JÜ_{OT}{}^{E}+|VT|-51.500\right)\right)$$

$$\Leftrightarrow\ -JÜ_{OT}{}^{E}-JÜ_{OG}\geq -25.750-0{,}5\cdot JÜ_{OT}{}^{E}-0{,}5\cdot|VT|$$

$$\Leftrightarrow 0{,}5 \cdot JÜ_{OT}{}^{E} + JÜ_{OG} \leq 25.750 + 0{,}5 \cdot |VT|$$

$$\Leftrightarrow JÜ_{OG} \leq 25.750 - 0{,}5 \cdot \left(JÜ_{OT}{}^{E} - |VT|\right).$$

Im konkreten Beispiel gilt:

$$JÜ_{OG} = 25.750 - 0{,}5 \cdot (50.000 - 70.000) = 35.750 \text{ EUR}.$$

Da das zuzurechnende Einkommen der OG 100.000 EUR beträgt, ist vorherzusehen, dass bei dieser Datenkonstellation durch die Umstrukturierungsmaßnahme die beschriebene Schlechterstellung eintritt.

Zusammenfassend lassen sich die entscheidungsrelevanten Fallsituationen in einem Entscheidungstableau wie in Abbildung 32 (S. 281) darstellen.

Die getroffenen Aussagen sind sinngemäß auch auf den umgekehrten Fall anwendbar, bei dem das Einzelunternehmen insg. einen Jahresfehlbetrag erleidet und positive Einkünfte aus anderen Einkunftsarten des Einzelunternehmers vorliegen. Die näheren Untersuchungen erschöpfen sich dabei ebenso auf diejenigen Fallsituationen, im Rahmen derer **vor und/oder nach der Umstrukturierung** folgendes Datengefüge gegeben ist:

$$SdE_{(+)} \text{ und } |JFB_{OT}| > 51.500 \text{ EUR.}$$ [1550]

Während die beiden dafür infrage kommenden Fallsituationen in Anlage 10 des Anhangs (ab S. LXII) untersucht werden, sind die gewonnenen Resultate in Abbildung 33 (S. 281) im Rahmen eines Entscheidungstableaus zusammengefasst.

[1550] Die Summe der negativen Einkünfte bestehen ausschließlich aus dem Jahresfehlbetrag des OT.

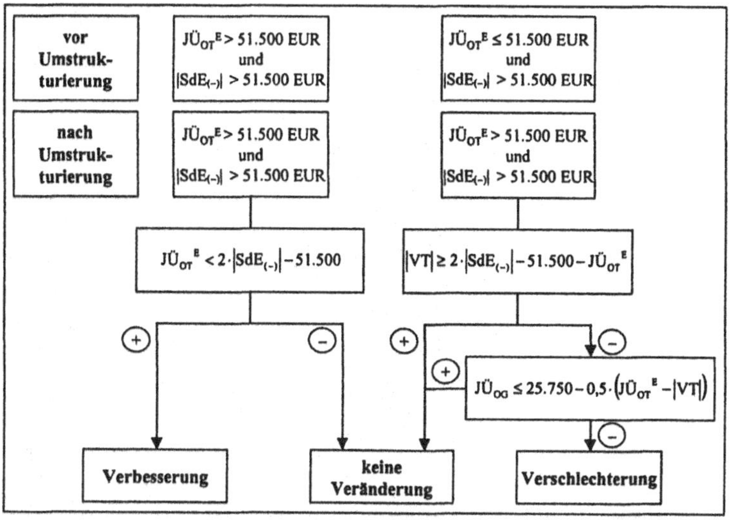

Abbildung 32: Veränderung des einkommensteuerlichen Verlustausgleichsvolumens nach § 2 Abs. 3 EStG im Zuge der Verlagerung von Jahresfehlbeträgen auf die Organgesellschaft bei verbleibendem Gesamtjahresüberschuss des Organträgers

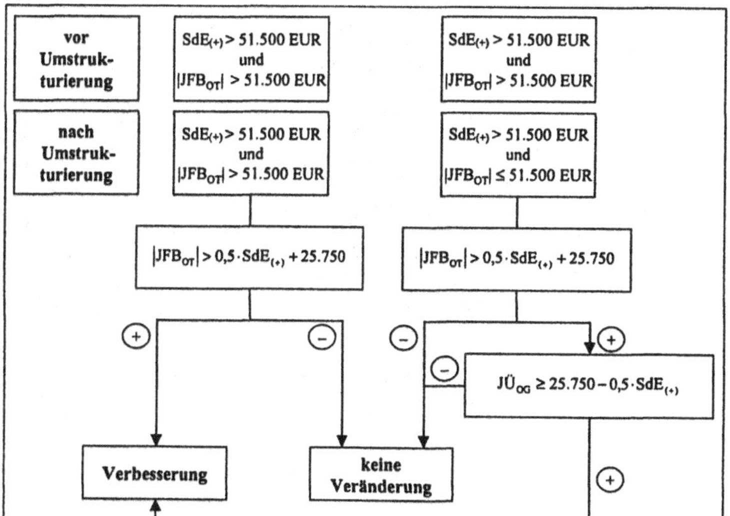

Abbildung 33: Veränderung des einkommensteuerlichen Verlustausgleichsvolumens nach § 2 Abs. 3 EStG im Zuge der Verlagerung von Jahresfehlbeträgen auf die Organgesellschaft bei verbleibendem Gesamtjahresfehlbetrag des Organträgers

c) Positive und negative Einkommen bzw. Gewerbeergebnisse bei einer juristischen Person als Organträger bzw. als Muttergesellschaft

Abschließend sind Vorteilhaftigkeitsüberlegungen hinsichtlich der Aggregation zwischen positiven und negativen Einkommen von OG und OT als juristischer Person anzustellen.[1551] Dabei soll zunächst der **OT ein negatives und die OG ein positives zu versteuerndes Einkommen** erzielen. Die **Bedeutsamkeit** jener Fallkonstellation ist nach Abschaffung des bisher geltenden Anrechnungsverfahrens **gestiegen.** Während unter Geltung von Letzterem und des dadurch im Endergebnis erfassten 100%igen zu versteuernden Einkommens der Tochtergesellschaft eine einer Organschaft gleichzustellende Saldierung positiver und negativer Einkommen möglich war, **verhindert die Steuerfreistellung des § 8b Abs. 1 KStG jedwede Kompensation des negativen Einkommens der Mutter mit dem positiven Einkommen der Tochter ohne Organschaft.**[1552]

Hinsichtlich des in diesem Kontext verwendeten Modells entfällt das Problem der phasenkongruenten bzw. phasenverschobenen Gewinnvereinnahmung für steuerliche Zwecke, da § 8b Abs. 1 KStG die Steuerfreiheit der Beteiligungserträge gewährleistet.[1553] Auch hier ist von einer isolierten Betrachtungsweise, d.h. von einer ausschließlichen Vollausschüttung im (Kalender-)Jahr 2002 auszugehen[1554], wobei zunächst der **vollständige Ausgleich des negativen Einkommens durch das positive Einkommen im ersten Jahr durch eine entsprechende Organschaftsbegründung** unterstellt wird (Fall 1)[1555]. Ferner soll der gewerbe- und körperschaftsteuerliche Verlustvortrag bei der Situation ohne Organschaft bzw. der körperschaftsteuerliche Verlustvortrag bei einer isolierten gewerbesteuerlichen Organschaft im Folgejahr durch entsprechend große positive Einkommen (Gewerbeerträge) des OT aufgezehrt werden.[1556]

Die Differenzen der auf den 31.12.2002 durch einen Zinssatz nach Steuern von 5,5 % diskontierten Kapitalwerte der Steuerzahlungen der Alternativen in Abhängigkeit vom (vorläufigen) Jahresüberschuss der OG/Tochter bei gegebenem Jahresfehlbetrag des OT/der Mutter im Jahre 2002 und einem (vorläufigen) Jahresüberschuss von 250.000 EUR in 2003 unter Berücksichtigung des erhöhten KSt-Satzes von 26,5 %[1557] stellen sich wie in Abbildung 34 (S. 283) dar.

1551 Vgl. bzgl. den Begriffsdefinitionen Kapitel C.III.1 (ab S. 248).

1552 Vgl. HORSTMANN, RALF/WICHTERICH, RAOUL (2001), S. 139 und STADLER, RAINER/NOWLAN, JACKIE (2000), S. 281 f.

1553 Vgl. dazu auch Kapitel C.III.2.b) (ab S. 263).

1554 Dieses Vorgehen ist aufgrund der ausschließlich proportionalen Steuersätze m.E. rechtens.

1555 Gleiches gilt aufgrund der in Kapitel C.III.1 (ab S. 248) getroffenen Annahmen für den Gewerbeertrag bzw. Gewerbeverlust. In der Arbeit wird beispielhaft von einem maximalen Jahresfehlbetrag des OT von 50.000 EUR ausgegangen, an dem die Ausrichtung der Skalierung der Abszisse in Abbildung 34 (S. 283) erfolgt. Die nachstehenden Überlegungen besitzen selbstverständlich auch für höhere Werte ihre Gültigkeit.

1556 Um einen Gleichlauf mit dem gewerbesteuerlichen Verlustvortrag zu erzielen, wird ein Antrag der Körperschaft nach Maßgabe des § 10d Abs. 1 S. 7 und 8 EStG i.V.m. § 8 Abs. 1 KStG auf vollständigen Verlustrücktragsverzicht unterstellt. Eine beispielhafte Berechnung erfolgt in Anlage 11 des Anhangs (ab S. LXVI).

1557 Vgl. Art. 4 des „Gesetzes zur Änderung steuerrechtlicher Vorschriften und zur Errichtung eines Fonds „Aufbauhilfe" (Flutopfersolidaritätsgesetz)" vom 19. September 2002, S. 3651.

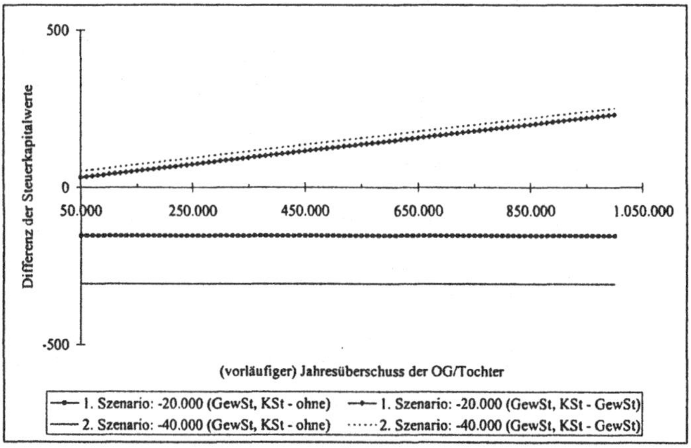

Abbildung 34: Differenzen der Steuerkapitalwerte bei gegebenem Jahresfehlbetrag des Organträgers/der Mutter und vollständigem Ausgleich des negativen Einkommens durch entsprechende Organschaftsbegründung im ersten Jahr

Hierbei ist eine **fixe Rangfolge** der alternativen (Organschafts-)Konzernformen auszumachen. Zu dem geringsten Steuerbarwert führt die isolierte gewerbesteuerliche Organschaft, gefolgt von der suboptimalen gewerbe- und körperschaftsteuerlichen Organschaft, was durch die Differenzen der Steuerkapitalwerte im ersten Quadranten in Abbildung 34 zum Ausdruck kommt.[1558] Die gewerbe- und körperschaftsteuerliche Organschaft ist jedoch stets besser als die Situation ohne jedwede Organschaft (Differenzen im zweiten Quadranten). Die (absoluten) Vorteilhaftigkeiten gewinnen ein umso größeres Ausmaß, je größer der Jahresfehlbetrag der Mutter/des OT ist. Bemerkenswert ist dabei, dass sich die getroffenen Aussagen unabhängig von der Höhe des im (Kalender-)Jahr 2003 durch den OT/die Mutter erzielten (vorläufigen) Jahresüberschusses unter Beachtung obiger Prämissen bemessen. Resümierend übt der **Wandel vom UntStFG-E zum UntStFG einen Einfluss auf das absolute Steueroptimum** aus.

Im zweiten zu untersuchenden Fall wird das **negative Einkommen durch das positive Einkommen mittels einer Organschaftsbegründung nicht im ersten Jahr, sondern erst unter Zuhilfenahme des (vorläufigen) Jahresüberschusses des zweiten Jahres vollständig ausgeglichen** (Fall 2). Es erfolgt die Annahme eines minimalen Jahresfehlbetrages von 100.000 EUR, wobei diese Größe auch beliebig modifiziert werden kann, ohne Einfluss auf die nachstehenden Aussagen zu nehmen. Auch hier ist dieselbe **fixe Rangfolge** wie in Fall 1 vorgegeben (isolierter gewerbesteuerlicher Organschaftskonzern, gewerbe- und körperschaft-

[1558] Durch den sofortigen Ausgleich des negativen Einkommens wird bei einer gewerbe- und körperschaftsteuerlichen Organschaft im Jahre 2002 die geringste Steuerbelastung erzielt. Der (vorläufige) Jahresüberschuss der Mutter/des OT im Jahre 2003 trägt dafür Sorge, dass im Vergleich zur isolierten gewerbesteuerlichen Organschaft, wo sich das negative Einkommen des OT erst zu diesem Zeitpunkt ausgleichen lässt, die ungemilderte Steuerbelastung im Jahre 2003 bei einem dann erhöhten KSt-Satz stattfindet. Jene Grundfeststellung gilt analog für die folgenden drei Fallkonstellationen.

steuerlicher Organschaftskonzern, kein Organschaftskonzern).[1559] Die Differenzen der Steuerkapitalwerte bei gegebenem Jahresfehlbetrag des OT/der Mutter sind unabhängig von dessen Höhe sowie des sich in der zweiten Periode ergebenden (vorläufigen) Jahresüberschusses unter Beachtung obiger Prämissen konstant (vgl. Abbildung 35). Auch hier besitzt der **Wandel vom UntStFG-E zum UntStFG Auswirkungen auf das absolute Steueroptimum**.

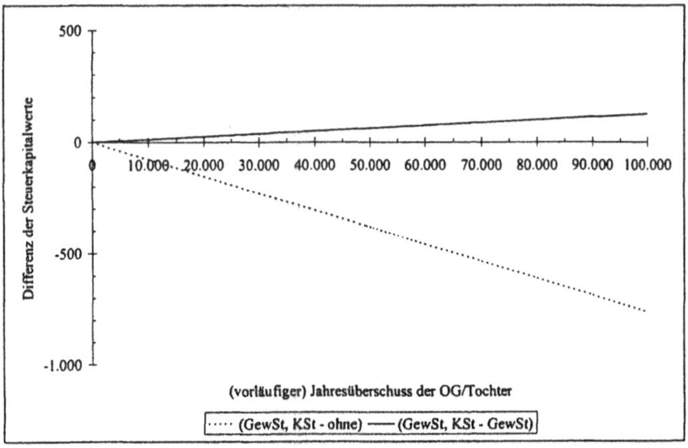

Abbildung 35: Differenzen der Steuerkapitalwerte bei gegebenem Jahresfehlbetrag des Organträgers/der Mutter und vollständigem Ausgleich des negativen Einkommens durch entsprechende Organschaftsbegründung im Folgejahr

Die dritte Fallkonstellation berücksichtigt, dass der **OT ein positives und die OG ein negatives zu versteuerndes Einkommen** erzielen.[1560] Erfolgt ein **Ausgleich bei entsprechender Organschaftsbegründung bereits im ersten Jahr**[1561], stellen sich die eine **fixe Rangfolge** implizierenden Differenzen der Steuerkapitalwerte der einzelnen Alternativen in Abhängigkeit vom (vorläufigen) Jahresüberschuss des OT/der Mutter bei gegebenem Jahresfehlbetrag der OG/Tochter im Jahre 2002 ((vorläufiger) Jahresüberschuss in 2003: 250.000 EUR) wie in

[1559] Die Vorzugswürdigkeit einer isolierten gewerbesteuerlichen Organschaft vor einem gewerbe- und körperschaftsteuerlichen Organschaftskonzern wird in Abbildung 35 durch die Wertepaare im ersten Quadranten ausgedrückt. Entgegengesetzt verhält es sich zwischen der gewerbe- und körperschaftsteuerlichen Organschaft und der Situation ohne Organschaft (zweiter Quadrant).

[1560] Die Möglichkeit einer indirekten Verlustberücksichtigung in Form der Vornahme von Teilwertabschreibungen auf die Beteiligung erübrigt sich im Rahmen der Situation ohne Organschaft, da jene nicht abzugsfähige Aufwendungen darstellen und mithin außerbilanziell hinzuzurechnen sind (§ 8b Abs. 3 KStG). Gleiches gilt für die GewSt über § 7 GewStG. Im Organschaftsfall kann die steuerliche Irrelevanz von Teilwertabschreibungen auf Organbeteiligungen aufgrund von Verlusten m.E. in zweierlei Hinsicht begründet werden: Zum einen würde mittels der steuerlichen Anerkennung von Teilwertabschreibungen eine Doppelberücksichtigung von Verlusten erfolgen. Zum anderen verbietet § 8b Abs. 3 KStG die steuerliche Anerkennung einer Teilwertabschreibung des in § 8b Abs. 2 KStG genannten „Anteils". Seit Bestehen des Art. 2 Nr. 4b des „Gesetzes zur Fortentwicklung des Unternehmenssteuerrechts (Unternehmenssteuerfortentwicklungsgesetz – UntStFG)" vom 20. Dezember 2001, S. 3863 sind unter besagtem „Anteil" i.S.v. § 8b Abs. 2 KStG auch Anteile des OT an der OG zu subsumieren. Hierdurch soll untermauert werden, dass auch Veräußerungsgewinne von Anteilen an einer OG trotz ausbleibender (laufender) Einnahmen i.S.v. § 20 Abs. 1 Nr. 1 EStG auf der Ebene des körperschaftsteuerpflichtigen OT steuerfrei gestellt sind.

[1561] Vgl. die Anmerkungen in Fn. 1555 (S. 282).

Abbildung 36 dar.[1562] Wie ersichtlich, gestaltet sich auch hier die isolierte gewerbesteuerliche Organschaft mit zunehmendem Jahresfehlbetrag der OG/Tochter als optimal.[1563] Der Einfluss der Höhe des (vorläufigen) Jahresüberschusses der OG/Tochter im Jahre 2002 ist unter Beachtung der Prämissen auf die getroffenen Aussagen von Irrelevanz.

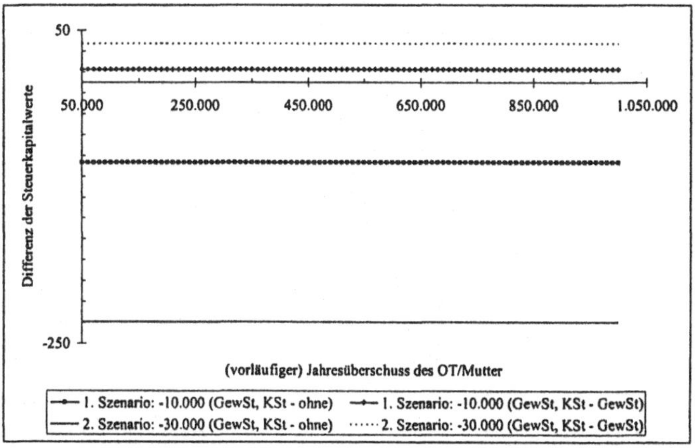

Abbildung 36: Differenzen der Steuerkapitalwerte bei gegebenem Jahresfehlbetrag der Organgesellschaft/Tochter und vollständigem Ausgleich des negativen Einkommens durch entsprechende Organschaftsbegründung im Erstjahr

Ist der **Ausgleich im ersten Jahr nicht vollständig möglich** (Fall 4), wobei den Berechnungen ein minimaler Jahresfehlbetrag von 100.000 EUR zugrunde gelegt wurde, entstehen keine materiellen Unterschiede zu Fall 2.

Zusammenfassend stellt die Begründung eines isolierten gewerbesteuerlichen Organschaftskonzerns unter besonderer Berücksichtigung des Flutopfersolidaritätsgesetzes in sämtlichen Fallsituationen die steuergünstigste Alternative dar.[1564] Durch den **Übergang vom UntStFG-E zum UntStFG** wird eine **steuerliche Schlechterstellung** dahingehend erzielt, als dass eine gewerbe- und körperschaftsteuerliche Organschaft optimal ist. Letztere entpuppt sich stets als steuergünstigste Alternative, falls das Flutopfersolidaritätsgesetz den Überlegungen außen vor gelassen wird, da der KSt-Satz über die Jahre 2002 und 2003 in konstanter Höhe anfällt.

[1562] Eine beispielhafte Berechnung findet in Anlage 12 des Anhangs (ab S. LXIX) statt.

[1563] Gleiches gilt für das Verhältnis zwischen gewerbe- und körperschaftsteuerlicher Organschaft sowie der Situation ohne Organschaft.

[1564] Vgl. zu den Gründen Fn. 1558 (S. 283).

d) Vorteilhaftigkeitsbeeinflussung mittels Organschaft im Rahmen des Betriebsausgabenabzuges?

Mit der Einführung des Halb- und Nulleinkünfteverfahrens geht gleichzeitig eine Neuregelung des Abzuges von mit dem vereinnahmten Gewinnanteil in Zusammenhang stehenden Betriebsausgaben einher, die eine **formale rechtsformspezifische Ungleichbehandlung** hervorruft. Während § 3c Abs. 2 S. 1 EStG für Adressaten des Halbeinkünfteverfahrens vorsieht, dass nur die Hälfte der mit dem Gewinnanteil in **wirtschaftlichem Zusammenhang** stehenden Betriebsausgaben unabhängig vom Zuflusszeitpunkt steuerlich geltend zu machen ist[1565], wurde für juristische Personen mittels eines § 8b Abs. 5 S. 1 KStG i.d.F. des UntStFG-E[1566] die Unanwendbarkeit der für sie ursprünglich Geltung erlangenden Norm des § 3c Abs. 1 EStG i.V.m. § 8 Abs. 1 KStG[1567] erklärt, was die steuerlich uneingeschränkte Abzugsfähigkeit von mit inländischen Gewinnanteilen in einem **unmittelbaren wirtschaftlichen Zusammenhang** stehenden Betriebsausgaben zur Folge hätte. Als Begründung wurde in Übereinstimmung mit Kritik übenden Stimmen aus dem Schrifttum[1568] angeführt, dass nach dem Sinn und Zweck des § 3c Abs. 1 EStG steuerfreie Inlandsdividenden vorliegen müssten. Dies ist „im eigentlichen Sinn"[1569] nicht gegeben, weil auf Ebene der ausschüttenden Gesellschaft bereits eine Besteuerung vorgenommen wurde und insofern vorbesteuerte Einnahmen vorliegen.[1570, 1571] Somit würde die Freistellung der Gewinnanteile durch die Anwendung des § 3c Abs. 1 EStG ganz oder teilweise rückgängig gemacht werden.[1572] Umso erstaunlicher und unverständlicher ist die Kehrtwende des Steuergesetzgebers (wohl insb. aus haushaltspolitischen Gründen) zu deuten, der die geplante Norm trotz der Beibehaltungsempfehlung des 7. Finanzausschusses nicht in geltendes Recht umsetzte.[1573] Mithin verbleibt es bei der Anwendung des § 3c Abs. 1 EStG bei vereinnahmten Gewinnanteilen von inländischen Kapitalgesellschaften, welcher ein Abzugsverbot für die bis zur Höhe der Einnahmen in **unmittelbarem** wirtschaftlichem Zusammenhang stehenden Betriebsausgaben vorsieht.[1574, 1575] Jene sind vom Abzugsverbot insofern nur dann betroffen, wenn Gewinnanteile im betreffenden Veranlagungszeitraum **tatsächlich** vereinnahmt werden.[1576] Die über die steuerfreien Gewinnanteile hinausgehenden Betriebsausgaben sind steuerlich voll berücksichtigungsfähig.[1577]

1565 Insofern sind Ausgabenüberschüsse, insb. vorab entstandene oder nachträgliche Betriebsausgaben stets nur hälftig abzugsfähig. Vgl. HEINICKE, WOLFGANG (2002), § 3c EStG, Rz. 35; RÖDDER, THOMAS/SCHUMACHER, ANDREAS (2000a), S. 355 und UTESCHER, TANJA/BLAUFUS, KAY (2000), S. 1583. Es kann sich in diesem Kontext auch nicht darauf berufen werden, dass das „Halbabzugsverfahren" deswegen nicht zur Anwendung kommen darf, weil gar keine korrespondierenden „Halbeinkünfte" vorhanden sind. Vielmehr zählt bereits die abstrakte Möglichkeit, zukünftig irgendwann „Halbeinkünfte" zu erzielen. Vgl. NACKE, ALOYS/INTEMANN, JENS (2002), S. 761. Ein mittelbarer Zusammenhang zu steuerfreien Einnahmen liegt insb. dann vor, wenn die Ausgaben entweder in keinem Zusammenhang zu Einnahmen stehen oder wenn sie **auch** im Zusammenhang zu nicht steuerfreien Einnahmen zu sehen sind. Vgl. BFH-Urteil vom 29.5.1996, I R 167/94, S. 63 und BFH-Urteil vom 29.5.1996, I R 21/95, S. 67. Vgl. bzgl. der Begriffsabgrenzung des „unmittelbaren" Zusammenhangs die Ausführungen in Fn. 1574 (S. 287).

1566 Vgl. Art. 2 Nr. 4d des „Entwurfs eines Gesetzes zur Fortentwicklung des Unternehmenssteuerrechts (Unternehmenssteuerfortentwicklungsgesetz – UntStFG)" vom 17. August 2001, S. 10.

1567 Vgl. auch Abschn. 27 Abs. 1 Nr. 1 KStR.

1568 Vgl. CREZELIUS, GEORG (2001), S. 228; DÖRNER, BERNHARD M. (2000), S. 548; FROTSCHER, GERRIT (2001a), S. 2048; GÜNKEL, MANFRED/FENZL, BARBARA/HAGEN, CHRISTIANE (2000), S. 448; HOFFMANN, WOLF-DIETER (2000d), S. 1933; HORSTMANN, RALF/WICHTERICH, RAOUL (2001), S. 98; KESSLER, WOLFGANG/SCHMALZ, ANDREA/SCHMIDT, WOLFGANG (2001), S. 1871; RÖDDER, THOMAS/SCHUMACHER, AN-

Aus diesen Neuentwicklungen ist abzuleiten, dass sich die durch die Dividende implizierte Gewinn**ausschüttung** mit dem dahinter stehenden Gewinnverwendungsbeschluss einerseits und die Gewinn**abführung** andererseits gegenseitig ausschließen.[1578] Dies wird m. E. durch den Steuergesetzgeber implizit mittels der klarstellenden Regelungen der §§ 3 Nr. 40a und b EStG, 8b Abs. 2 S. 1 KStG i.d.F. des UntStFG[1579] bestätigt, wonach Einnahmen aus der OG nicht im Sinne von § 20 Abs. 1 Nr. 1 EStG (i.V.m. § 8 Abs. 1 KStG) zu qualifizieren sind, da

---

DREAS (2000a), S. 357; SAUTER, THOMAS/HEURUNG, RAINER/OBLAU, MARKUS (2001), S. 2449; SCHÖN, WOLFGANG (2001), S. 385 sowie UTESCHER, TANJA/BLAUFUS, KAY (2000), S. 1582 und S. 1586. Meiner Ansicht nach widersprüchlich HAEP, GÜNTER/NACKE, ALOYS (2001), § 3c EStG, Anm. R 11 und Anm. R 13, die in ihren Ausführungen anfänglich eine streng zivilrechtliche und im Folgenden eine wirtschaftliche Betrachtungsweise vertreten.

1569 Diese Wortwahl lässt eindeutig auf eine wirtschaftliche Betrachtungsweise schließen.

1570 Vgl. Art. 2 Nr. 4d des „Entwurfs eines Gesetzes zur Fortentwicklung des Unternehmenssteuerrechts (Unternehmenssteuerfortentwicklungsgesetz – UntStFG)" vom 17. August 2001, S. 57.

1571 Auch § 3 Nr. 40d EStG normiert kein Steuergeschenk. Es wird vielmehr eine Übermaßbesteuerung vermieden, da der Ansatz der hälftigen Bardividende auf Ebene der ESt die Besteuerung der anderen Hälfte mit KSt impliziert. Vgl. DÖRNER, BERNHARD M. (2000), S. 547 f. sowie HOFFMANN, WOLF-DIETER (2000d), S. 1932 und S. 1933, Fn. 3. Aufgrund des Trennungsprinzips haben die Beteiligungsaufwendungen die Bemessungsgrundlage auf Ebene der ausschüttenden Kapitalgesellschaft nicht gemindert. Somit müssten die Aufwendungen vollständig abzugsfähig sein. Vgl. CREZELIUS, GEORG (2001), S. 227; FROTSCHER, GERRIT (2001a), S. 2048 ff.; HUNDSDOERFER, JOCHEN (2001), S. 2245 und SCHÖN, WOLFGANG (2001), S. 386 f.

1572 Vgl. RÖDDER, THOMAS/SCHUMACHER, ANDREAS (2001), S. 1640.

1573 Vgl. Art. 2 Nr. 4e der „Beschlussempfehlung des 7. Finanzausschusses zu dem Gesetzesentwurf der Bundesregierung – Entwurf eines Gesetzes zur Fortentwicklung des Unternehmenssteuerrechts (Unternehmenssteuerfortentwicklungsgesetz – UntStFG)", S. 20 und Art. 2 Nr. 4e des „Berichts des 7. Finanzausschusses zu dem Gesetzesentwurf der Bundesregierung – Entwurf eines Gesetzes zur Fortentwicklung des Unternehmenssteuerrechts (Unternehmenssteuerfortentwicklungsgesetz – UntStFG)" vom 8. November 2001, S. 22.

1574 „Ein unmittelbarer Zusammenhang ist gegeben, wenn die Ausgaben und die Erträge in der Wirtschaftsführung des Unternehmens nach Entstehung und Zweckbestimmung verbunden sind, wenn die Ausgaben ursächlich und unmittelbar auf Vorgänge zurückzuführen sind, die die Erträge betreffen." BFH-Urteil vom 25.10.1966, S. 93 f. Ob mit dieser Entscheidung gegen das objektive Nettoprinzip und damit gegen Art. 3 Abs. 1 GG verstoßen wird, wie SCHÖN behauptet, ist fraglich. Vgl. SCHÖN, WOLFGANG (2001), S. 385. Zum einen ist richtig, dass den mit steuerlich bereits vorbelasteten Dividenden in unmittelbarem Zusammenhang stehenden Betriebsausgaben grundsätzlich die steuerliche Anerkennung versagt bleibt. Zum anderen gilt es zu bedenken, dass zwei rechtlich selbstständige Kapitalgesellschaften vorliegen, wobei eine die Dividenden zu versteuern hat und die andere den Betriebsausgabenabzug begehrt. Mittels der hier vorgenommenen Vermischung zweier Sphären würde dem Trennungsprinzip unabhängig vom Bestehen eines Organschaftskonzerns widersprochen werden. Diese These lässt sich auch nicht durch das Argument von SCHÖN entkräften, der auf die Gewährleistung einer gleichmäßigen Erfassung von Vermögensmehrungen und Vermögensminderungen im Rahmen der deutschen Besteuerung abstellt, was bei einer Auslandsdividende aufgrund der fehlenden Vorbelastung mit deutscher KSt gerade nicht der Fall ist, weswegen die steuerliche Anerkennung des Betriebsausgabenabzuges ins Ermessen des deutschen Fiskus gestellt wird. Vgl. SCHÖN, WOLFGANG (2001), S. 386.

1575 Vgl. bzgl. der damit im Vergleich zum lex specialis des § 8b Abs. 5 KStG eingeschränkten Freiheit des Kapitalverkehrs, falls die Finanzierungsaufwendungen 5% des Gewinnanteils übersteigen KUSSMAUL, HEINZ/BECKMANN, STEFAN (2001), S. 613 f.

1576 Vgl. BFH-Urteil vom 21.4.1971, S. 694 ff. und STARKE, PETER (2001), S. 26.

1577 Vgl. BFH-Urteil vom 25.10.1966, S. 94; BFH-Urteil vom 21.2.1973, S. 510; BFH-Urteil vom 5.12.1984, S. 312; BFH-Urteil vom 29.5.1996, I R 21/95, S. 66 f. und BMF-Schreiben vom 20.1.1997, S. 99.

1578 Vgl. die Rechtsprechungsnachweise in Fn. 1189 (S. 191).

1579 Vgl. Art. 1 Nr. 1a Doppelbuchstaben aa und bb sowie Art. 2 Nr. 4b des „Gesetzes zur Fortentwicklung des Unternehmenssteuerrechts (Unternehmenssteuerfortentwicklungsgesetz – UntStFG)" vom 20. Dezember 2001, S. 3858 und S. 3863.

sie der Zurechnungstheorie unterliegen.[1580] Im Übrigen stellt **das dem OT zuzurechnende Einkommen der OG keine steuerfreie Einnahme** dar.[1581] Insofern finden die gesetzlichen Beschränkungen des Betriebsausgabenabzuges im körperschaftsteuerlichen Organschaftskonzern keine Legitimation, weswegen die Attraktivität dieses Konstrukts als Gestaltungsinstrumentarium in der Praxis zunehmen wird.[1582] Da § 3c EStG auf jeder Beteiligungsstufe Anwendung findet[1583], potenziert sich dieser Effekt bei mehrstufigen Konzernstrukturen.

Im Folgenden werden die Daten des Kapitels C.III.2.a)(1) (ab S. 250) unterstellt. Alternativ wird vom Unternehmen zur Beteiligungsfinanzierung ein Darlehen aufgenommen, für das jährliche Zinszahlungen zu leisten sind, die analog zum Beteiligungsertrag bislang nicht erfolgswirksam verbucht wurden.[1584, 1585] Gewerbesteuerlich sind die Zinsen kraft Verwaltungsanweisung und unabhängig von der Kreditlaufzeit als Dauerschuldzinsen i.S.v. § 8 Nr. 1 GewStG zu qualifizieren, da neben dem Tatbestand des „Erwerbs der Beteiligung" eine Kürzung der Dividendenerträge nach § 9 Nr. 2a GewStG in Betracht kommt bzw. käme.[1586] Der Vorteilhaftigkeitsvergleich kann nicht pauschal erfolgen. Vielmehr ist dessen Aussagekraft von drei Determinanten abhängig:

- Rechtsform der Muttergesellschaft;
- kausaler Zusammenhang der Beteiligungsaufwendungen (Dauerschuldzinsen) mit den vereinnahmten Gewinnanteilen sowie
- Ausschüttungsverhalten der Tochtergesellschaft.[1587]

1580 Einen anderen Interpretationsansatz liefert KÖSTER, für die der Gesetzesbegriff der Einnahmen abstrakt, d.h. auf die Gesellschaftsform als solche und nicht auf das konkrete Ausschüttungs- bzw. Abführungsverhalten zu beziehen ist. Vgl. KÖSTER, BEATE-KATRIN (2000), S. 1265. Gleicher Ansicht: NACKE, ALOYS/INTEMANN, JENS (2002), S. 761.

1581 Vgl. dazu auch HEINICKE, WOLFGANG (2002), § 3c EStG, Rz. 13. Diese Aussage stellt keinen Widerspruch zu Kapitel C.I.2.b) (ab S. 206) dar, weil das übernommene Einkommen zur **Vermeidung einer Doppelbesteuerung** wie eine steuerfreie Einnahme behandelt wird.

1582 Ob der geplante und wieder verworfene § 8b Abs. 5 S. 1 KStG i.d.F. des UntStFG-E diesen Gestaltungsmaßnahmen entgegenwirken sollte, wie MELCHIOR meint, kann an dieser Stelle dahingestellt bleiben. Vgl. MELCHIOR, JÜRGEN (2001), S. XII. Gleichermaßen gestattet Abschn. 58 Abs. 1 KStR einen Zinsabzug im Organschaftsfall (wenn auch noch für die Zeit des Anrechnungsverfahrens). Eine Mindermeinung vertritt PAUKA, der § 3c EStG nach wie vor in Organschaftsfällen anwenden möchte. Vgl. PAUKA, DIETMAR (2001), S. 4539. Vgl. dazu auch IdW-Steuerfachausschuss (2002), S. 157.

1583 Vgl. mit Beispiel DÖTSCH, EWALD/PUNG, ALEXANDRA (2000b), S. 10 f. sowie GROTHERR, SIEGFRIED (2000b), S. 856.

1584 Der Veranlassungszusammenhang bemisst sich dabei nach der tatsächlichen Darlehensverwendung, d.h., es ist steuerlich unmaßgeblich, ob die Beteiligung auch mit Eigenkapital hätte finanziert werden können. Vgl. BFH-Beschluss vom 4.7.1990, S. 823 f. und BFH-Urteil vom 29.5.1996, I R 15/94, S. 59.

1585 Ferner wären Verwaltungs- und Managementkosten sowie Aufwendungen für die Depotführung und Rechts- und Steuerberatungskosten denkbar. Vgl. dazu HUNDSDOERFER, JOCHEN (2001), S. 2242 und weiterführend UTESCHER, TANJA/BLAUFUS, KAY (2000), S. 1582, Fn. 7.

1586 Vgl. Abschn. 45 Abs. 13 GewStR.

1587 Die Steuerbelastung kann mittels des Ausschüttungsverhaltens der Tochter ausschließlich bei Existenz einer Mutter**kapital**gesellschaft beeinflusst werden, da sich die Idee der Zusammenballung von Ausschüttungen der Tochter (sog. „Ballooning-Konzept") bei Unterstellung des § 3c Abs. 2 S. 1 EStG aufgrund des sich unabhängig von der Ausschüttung bemessenden hälftigen Betriebsausgabenabzuges nicht verwirklichen ließe. Vgl. JAKOBS, NORBERT/WITTMANN, HANS-JÖRG (2000), S. 1019; SAUTER, THOMAS/HEURUNG, RAINER (2001b), S. 166 und S. 169 sowie STARKE, PETER (2001), S. 26. Deshalb sollten Gewinne in den Jahren der Zinszahlungen möglichst thesauriert werden, während sich die Vornahme von Ausschüttungen erst nach vollständiger Darlehenstilgung oder zumindest in mehrjährigem Abstand anbietet. Als nachteilhaft erweisen

Auf das erste Kriterium bezugnehmend, stellt Abbildung 37 (S. 290) beispielhaft die Differenz der Steuerzahlungen bei Geltung **einer Mutter/eines OT im Rechtskleid eines Einzelunternehmens** ab. Jene erzielt einen (vorläufigen) Jahresüberschuss vor Berücksichtigung von Beteiligungserträgen und Dauerschuldzinsen i.H.v. 100.000 EUR. Die implizierten Zinszahlungen betragen 30.000 EUR. Analog zu Kapitel C.III.2.a) (ab S. 250) ist wegen unterschiedlicher Diskontierungseffekte zwischen einer phasenkongruenten und phasenverschobenen Gewinnvereinnahmung zu differenzieren.

Bei Ersterer wird gleichzeitig der sich ohne Zinsaufwendungen ergebende Funktionsverlauf aus Abbildung 23 (S. 261) als Vergleichsmaßstab betrachtet. Ferner besteht ein kalenderidentisches Wirtschaftsjahr der Mutter/des OT[1588], so dass aufgrund der Zinszuschlagstermine am 31.12. eines jeden Jahres keine Aufwandsabgrenzungen vorzunehmen sind.

Es wird deutlich, dass die Vorteilhaftigkeit der gewerbe- und körperschaftsteuerlichen Organschaft (Funktionsverläufe im zweiten Quadranten) mit steigendem Zinsaufwand (steigender Zinssatz, steigender Darlehensbetrag und/oder kürzere Laufzeit) und steigendem (vorläufigem) Jahresüberschuss der OG gegenüber der isolierten gewerbesteuerlichen Organschaft (ceteris paribus) zunimmt. Die Funktionsverläufe werden dabei analog zu Abbildung 23 (S. 261) mit zunehmendem (vorläufigem) Jahresüberschuss der Mutter/des OT (ceteris paribus) geglättet. Es kann jedoch nicht notwendigerweise von der Vornahme eines uneingeschränkten Betriebsausgabenabzuges auf die ausschließliche Vorteilhaftigkeit der gewerbe- und körperschaftsteuerlichen Organschaft geschlossen werden. Nach dem UntStFG-E war es möglich, bei geringen Fremdkapitalzinsen sowie geringen Jahresüberschüssen des OT und der OG auch nach Vornahme eines vollständigen Betriebsausgabenabzuges eine isolierte gewerbesteuerliche Organschaft zu präferieren. Diese Möglichkeit ist nach dem UntStFG nicht mehr existent, so dass stets eine gewerbe- und körperschaftsteuerliche Organschaft vorzugswürdig ist.

---

sich damit verbundene etwaige Liquiditätsengpässe der Mutter hinsichtlich der Bedienung des aufgenommenen Fremdkapitals. Vgl. BADER, AXEL (1996), S. 655; HUNDSDOERFER, JOCHEN (2001), S. 2243 und S. 2246; PRINZ, ULRICH (1999a), S. 357 sowie bekräftigend aus der Rechtsprechung BFH-Urteil vom 29.5.1996, I R 167/94, S. 63 und BFH-Urteil vom 29.5.1996, I R 21/95, S. 67. Ferner wäre in Erwägung zu ziehen, ob die Tochter der Mutter zur Rückzahlung des Darlehens nicht selbst ein Darlehen gewähren könnte, dessen Tilgung mittels Aufrechnung im Rahmen einer Ausschüttung der bei der Tochter thesaurierten Gewinne erfolgt. Diese Gestaltung ist jedoch „§ 42 AO-gefährdet". Vgl. BMF-Schreiben vom 20.1.1997, S. 99. Als weitere Alternative kommt die „Umqualifikation" unmittelbarer in mittelbare Aufwendungen (z.B. mittels einer Poolfinanzierung, im Rahmen derer die gesamten Finanzierungsbedürfnisse eines Konzerns aus einem „Pott" finanziert werden und keine unmittelbare Ursächlichkeit zwischen einer bestimmten Beteiligung und einem bestimmten Fremdkapital ersichtlich ist) infrage. Vgl. FROTSCHER, GERRIT (2001a), S. 2049 f.

1588 Vgl. allgemein Kapitel C.I.3.b)(1) (ab S. 210) und unter Zuhilfenahme von Daten Kapitel C.III.2.a)(2) (ab S. 261).

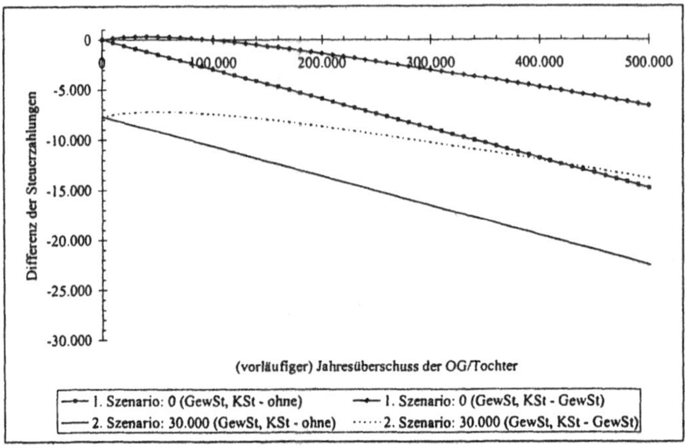

Abbildung 37: Differenzen der Steuerzahlungen zwischen gewerbe- und körperschaftsteuerlichem Organschaftskonzern, isoliertem gewerbesteuerlichem Organschaftskonzern sowie der Situation ohne Organschaftskonzern bei gegebenem (vorläufigen) Jahresüberschuss des Organträgers/der Mutter (phasenkongruente Gewinnvereinnahmung; Einzelunternehmen; 100.000 EUR)

Bei Unterstellung einer **phasenverschobenen Gewinnvereinnahmung** mit kalenderidentischen Wirtschaftsjahren beider Gesellschaften tritt die Schwierigkeit hinzu, dass die jährlichen Zinszahlungen im Zuge der dynamischen Betrachtungen (zwei bzw. eine Periode) zweimal (keine Organschaft und isolierte gewerbesteuerliche Organschaft) bzw. einmal (gewerbe- und körperschaftsteuerliche Organschaft) zu berücksichtigen wären.[1589] Um eine gesonderte Betrachtungsweise und Vergleichbarkeit zu gewährleisten, wird der Anfall der Zinszahlungen nur einmal (im Jahre 2002) bedacht (z.B. aufgrund der vollständigen Tilgung des Darlehens zum 31.12.2002). Abbildung 38 (S. 291) zeigt die Differenz der Steuerzahlungen bei alternativen Zinszahlungen von 0 EUR und 30.000 EUR, wobei sich dieselben Aussagen wie bei der phasenkongruenten Gewinnvereinnahmung treffen lassen.

[1589] Vgl. allgemein Kapitel C.I.3.b)(1) (ab S. 210) sowie die Berechnungen in Kapitel C.III.2.a)(1)(a) (ab S. 250).

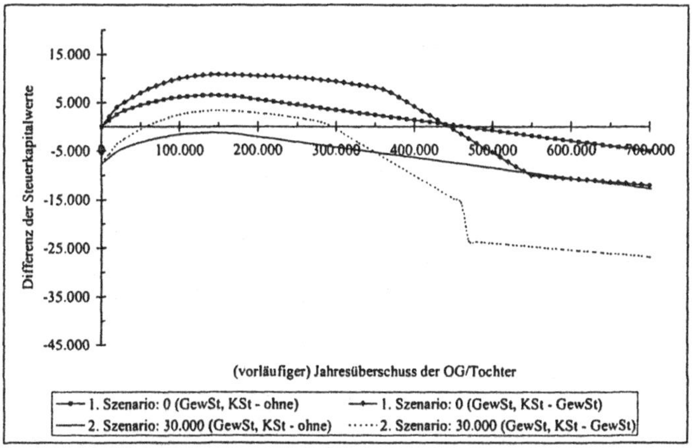

Abbildung 38: Differenzen der Steuerzahlungen zwischen gewerbe- und körperschaftsteuerlichem Organschaftskonzern, isoliertem gewerbesteuerlichem Organschaftskonzern sowie der Situation ohne Organschaftskonzern bei gegebenem (vorläufigen) Jahresüberschuss des Organträgers/der Mutter (phasenverschobene Gewinnvereinnahmung; Einzelunternehmen; 100.000 EUR)

Es wird deutlich, dass die Situation ohne Organschaft (UntStFG) bzw. die isolierte gewerbesteuerliche Organschaft (UntStFG-E) mit zunehmender Höhe des Betriebsausgabenabzuges verdrängt werden. **Der Folgeschluss, eine gewerbe- und körperschaftsteuerliche Organschaft sei im Rahmen von § 3c Abs. 2 EStG stets steueroptimal, ist bei einer ansonsten phasenverschobenen Gewinnvereinnahmung nicht zwingend.**

Verkörpert **die Mutter/der OT eine juristische Person**, ist die Begründung einer **gewerbe- und körperschaftsteuerlichen Organschaft** aufgrund des vollständig ermöglichten Betriebsausgabenabzuges **stets steueroptimal**. Abweichend von Abbildung 37 (S. 290) und Abbildung 38 ist in Abbildung 39 (S. 292) feststellbar, dass die Differenzen der Steuerzahlungen im Zuge eines Vergleiches mit einer isolierten gewerbesteuerlichen Organschaft bzw. keiner Organschaft gleich groß sind, weswegen ein Vergleich ausschließlich mit Ersterer stattfindet. Ferner verhalten sich die Funktionsverläufe unabhängig von der Höhe des (vorläufigen) Jahresüberschusses der Mutter bzw. des OT. Dieser Umstand lässt sich m.E. auf die ausnahmslos proportionalen Steuersätze zurückführen.

In diesen Kontext ist die materielle Bedeutung des unmittelbaren bzw. mittelbaren Zusammenhangs der Dauerschuldzinsen mit den vereinnahmten Gewinnanteilen mit einzubeziehen. In Abbildung 39 (S. 292) werden ausschließlich in unmittelbarem Zusammenhang mit der Beteiligung stehende Dauerschuldzinsen angenommen. Je größer der prozentuale Anteil der „mittelbaren" Dauerschuldzinsen ist (z.B. bei Poolfinanzierung), desto mehr werden die nachstehenden Funktionen in Richtung Abszisse „gestaucht". Bei ausschließlich „mittelbaren" Dauerschuldzinsen fallen sie mit der Abszisse zusammen. Die Konstruktion einer gewerbe- und körperschaftsteuerlichen Organschaft bewirkt keine steuerlichen Vorteile mehr, weswegen die in Kapitel C.III.2.b) (ab S. 263) beschriebene Situation erreicht wird.

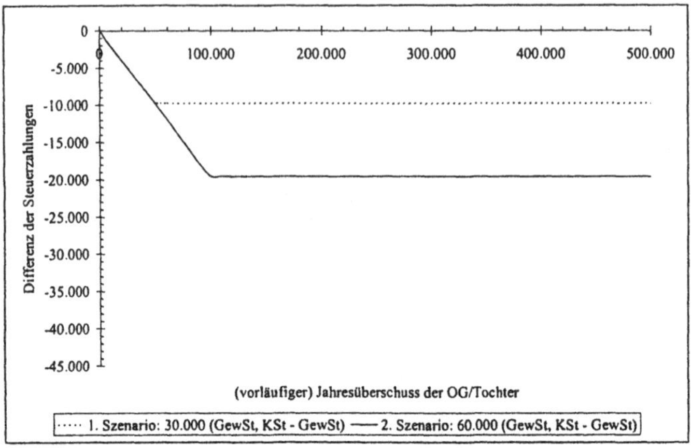

Abbildung 39: Differenzen der Steuerzahlungen zwischen gewerbe- und körperschaftsteuerlichem Organschaftskonzern und isoliertem gewerbesteuerlichem Organschaftskonzern bei gegebenem (vorläufigen) Jahresüberschuss des Organträgers/der Mutter (Kapitalgesellschaft)

Den Berechnungen bei Nichtvorliegen einer gewerbe- und körperschaftsteuerlichen Organschaft ist ein wichtiges praxisrelevantes Problem immanent. Es stellt sich die Frage, in welcher Höhe die Dauerschuldzinsen gewerbesteuerlich Berücksichtigung finden dürfen. Als zweifelsfrei dürfte die Auswirkung des § 3c EStG auf die GewSt mittels § 7 S. 1 GewStG anzusehen sein.[1590] Weiterhin fraglos sind die Bestimmungen bei **juristischen Personen als Empfänger der Gewinnanteile**: Greift das vollständige Betriebsausgabenabzugsverbot des § 3c Abs. 1 EStG ein, findet auch keine hälftige Hinzurechnung gem. § 8 Nr. 1 GewStG statt.[1591] Übersteigen die Dauerschuldzinsen dagegen die Gewinnanteile, mindern sie die gewerbesteuerliche Bemessungsgrundlage. Insofern ist der **Überschussbetrag hälftig gem. § 8 Nr. 1 GewStG hinzuzurechnen**.[1592]

Diskussionsbedarf entsteht bei **natürlichen Personen als Empfänger der Gewinnanteile**. Der hälftige steuerpflichtige Gewinnanteil erhöht den Gewerbeertrag, wobei die Kürzungsmöglichkeit des § 9 Nr. 2a GewStG vorgesehen ist. GROTHERR vertritt unter Bezugnahme auf Abschn. 61 Abs. 1 S. 12 GewStR die Meinung, dass die mit dem hälftigen steuerpflichtigen Gewinnanteil i.S.v. § 9 Nr. 2a GewStG in Zusammenhang stehenden **unmittelbaren** (hälfti-

---

[1590] Vgl. Abschn. 38 Abs. 1 S. 7 GewStR, im Rahmen dessen die Maßgeblichkeit von bilanziellen oder außerbilanziellen Gewinnkorrekturmaßnahmen auf die Höhe des Gewerbeertrages festgestellt wird. Insoweit besitzen auch Einkommensermittlungsvorschriften Auswirkungen auf die Höhe des Gewinns aus Gewerbebetrieb. Vgl. HAAS, WOLFGANG (2002), S. 550 und S. 550, Fn. 10. Vgl. dazu im Endergebnis auch TÖBEN, THOMAS (2002), S. 364, der §§ 3 Nr. 40 EStG, 8b KStG (unzulässigerweise) als Gewinnermittlungsvorschriften qualifiziert.

[1591] Anderenfalls träte eine eineinhalbfache gewerbesteuerliche Belastung der Zinsen ein. Der Gedankengang lässt sich zum einen durch § 7 S. 1 GewStG und zum anderen mittels § 8 GewStG begründen, wonach die Hälfte der Entgelte für Dauerschulden nur dann hinzuzurechnen ist, **falls** diese bei der Ermittlung des Gewinns aus Gewerbebetrieb **abgesetzt** wurden.

[1592] Gleicher Ansicht: GROTHERR, SIEGFRIED (2001), S. 601.

gen) Aufwendungen den Kürzungsbetrag mindern, wobei Letzterer nicht negativ werden kann[1593]. Gleichzeitig wird eine Hinzurechnung i.S.v. § 8 Nr. 1 GewStG ausgeschlossen. Nur die den hälftigen Kürzungsbetrag übersteigenden hälftigen „unmittelbaren" Dauerschuldzinsen sind hälftig (also zu einem Viertel ihres Ursprungsbetrages) gem. § 8 Nr. 1 GewStG zuzurechnen.[1594]

Nach meinem Dafürhalten ist der Verwaltungsanweisung des Abschn. 61 Abs. 1 S. 12 GewStR deshalb nicht zuzustimmen, da § 9 Nr. 2a GewStG eine Kürzung des Gewinns aus Gewerbebetrieb um den Gewinn aus Anteilen an einer inländischen Kapitalgesellschaft vorschreibt. Ein **Gewinnanteil** ist m. E. als **Bruttogröße** aufzufassen und insofern nicht um Aufwendungen zu bereinigen.[1595] Hierbei lässt sich eine Parallele zu § 20 Abs. 1 Nr. 1 EStG ziehen, der Gewinnanteile als Einnahmen und nicht als Einkünfte qualifiziert. Ferner bleibt die von GROTHERR selbst aufgegriffene und berechtigte Frage der Abzugsreihenfolge von Beteiligungsaufwendungen, die z.T. Dauerschuldzinsen darstellen, unbeantwortet.[1596] Würden jene als erste Position von den (hälftigen) Bruttogewinnanteilen in Abzug gebracht werden, entstünde eine höhere gewerbesteuerliche Belastung im Vergleich zur Situation, bei der die Dauerschuldzinsen erst als Letztes berücksichtigt würden, da eine hälftige Hinzurechnung bei Übersteigung des hälftigen Kürzungsbetrages vorzunehmen wäre.[1597] Ferner ist auf die Aussage von GROTHERR näher einzugehen, der den Ansatz einer Nettogröße i.S.v. § 9 Nr. 2a GewStG mit dem Ansatz einer Nettogröße (hälftiger Nettogewinnanteil) i.S.v. § 7 S. 1 GewStG begründet. Diese **Kongruenz zwischen ESt und GewSt** findet nach dem Willen des Abschn. 61 Abs. 1 S. 12 GewStR nur bei in einem **unmittelbaren** wirtschaftlichen Zusammenhang stehenden Beteiligungsaufwendungen statt. Bei mittelbaren Aufwendungen hingegen entfaltet § 3c Abs. 2 S. 1 EStG nach wie vor seine Relevanz, währenddessen Abschn. 61 Abs. 1 S. 12 GewStR mangels unmittelbaren Zusammenhanges mit den zu kürzenden Ge-

---

1593 Vgl. BFH-Urteil vom 29.5.1996, I R 167/94, S. 63 und Verfügung der OFD Berlin vom 26.3.1997, S. 1046.

1594 Vgl. dazu mit einem Berechnungsbeispiel GROTHERR, SIEGFRIED (2001), S. 599 ff.

1595 Gleicher Ansicht: KILLINGER, WOLFGANG (1999), S. 503 sowie Urteil des FG Münster vom 24.9.1980 (rkr.), S. 138, das für das internationale Schachtelprivileg i.S.v. § 9 Nr. 7 GewStG erging, aber m.E. auch unbedenklich auf § 9 Nr. 2a GewStG angewandt werden kann. Vgl. dazu auch Urteil des FG Münster vom 20.5.1996 (rkr.), S. 998 ff., das im Rahmen der Kürzung des Teilwerts einer Beteiligung an einer inländischen Kapitalgesellschaft bei der früheren GewKSt erging, sowie BFH-Urteil vom 23.7.1969, S. 666. Diese Auffassung implizit bestätigend BFH-Urteil vom 29.8.1984, S. 162 und BFH-Urteil vom 2.4.1997, S. 25 ff. Die hier vorgenommene implizite Gleichsetzung zwischen den Begriffen „Gewinnanteil" und „Gewinn aus Anteilen" ist meiner Ansicht nach rechtens. Auch das BFH-Urteil vom 5.12.1990, S. 374 behandelt beide Ausdrücke als Synonyme. A.A.: BFH-Urteil vom 29.5.1996, I R 167/94, S. 63; BFH-Urteil vom 29.5.1996, I R 21/95, S. 68; BMF-Schreiben vom 20.1.1997, S. 100, sowie die Verfügung der OFD Berlin vom 26.3.1997, S. 1046, welche die vom BFH und BMF bzgl. des § 9 Nr. 7 GewStG getroffenen Aussagen auf § 9 Nr. 2a GewStG transferiert. Das BMF-Schreiben vom 20.1.1997 gilt letztmalig für den VZ 1998 und wurde durch das BMF-Schreiben vom 10.1.2000, S. 71 f. ersetzt. A.A. ist ebenfalls LIPKE, PETER (2000), S. 338, für den die Formulierung „Gewinn aus Anteilen" aus Sicht des Gesellschafters erfolgt und bei fiktiver Annahme einer Kostenstelle auch die mit den Gewinnen zusammenhängenden Aufwendungen berücksichtigt. Auch STRUNK spricht sich für den Ansatz einer Nettogröße aus, wobei er auf § 4 Abs. 1 S. 1 EStG verweist, der den Gewinn als Betriebsvermögensänderung definiert. Vgl. STRUNK, GÜNTHER (2001), S. 859. M.E. werden bei dieser Argumentation zwei Ebenen miteinander vermischt, da die Interpretation auf Basis des § 4 Abs. 1 S. 1 EStG aus Sicht der ausschüttenden Gesellschaft erfolgt. Für den Empfänger stellt der Gewinnanteil eine Bruttogröße dar, weil die Finanzierungsaufwendungen auf seiner Ebene anfallen und bislang unberücksichtigt blieben.

1596 Vgl. GROTHERR, SIEGFRIED (2001), S. 599.

1597 Vgl. auch das nachfolgende Beispiel in Tabelle 14 (S. 295).

winnanteilen ins Leere läuft. Insofern müssten mit der Beteiligung in einem **mittelbaren** Zusammenhang stehende Dauerschuldzinsen (z.B. bei einer Poolfinanzierung) unabhängig vom Betrag des zu kürzenden (hälftigen) Gewinnanteils sofort der hälftigen Hinzurechnung des § 8 Nr. 1 GewStG unterliegen, obwohl auf Ebene des Gewinns aus Gewerbebetrieb (§ 7 S. 1 GewStG) eine Nettogröße Ansatz findet. Ob sich solch eine ertragsteuerliche Ungleichbehandlung rechtfertigen lässt, sei dahingestellt. Letztlich ist der Wortlaut der mit § 9 Nr. 2a GewStG direkt konkurrierenden Rechtsvorschrift des Streubesitzdividenden regelnden § 8 Nr. 5 GewStG zu untersuchen. Dort sind die hälftig bzw. vollständig außer Ansatz bleibenden steuerfreien Gewinnanteile dem Gewinn aus Gewerbebetrieb „...nach Abzug der mit diesen Einnahmen, Bezügen und erhaltenen Leistungen in wirtschaftlichem Zusammenhang stehenden Betriebsausgaben [...zuzurechnen, d. Verf.]“[1598]. Im Umkehrschluss ist zu ersehen, dass die Gewinnanteile Bruttogrößen verkörpern müssen.

Wird insofern die Kürzung des Bruttobetrages vorgenommen, ist zu hinterfragen, ob die (hälftigen) Dauerschuldzinsen in voller Höhe gem. § 8 Nr. 1 GewStG hinzuzurechnen und vollständig zu neutralisieren sind oder ob die Hälfte der Hälfte der Dauerschuldzinsen – also ein Viertel des Ursprungsbetrages – addiert werden muss. Während das Abstellen auf den Sinn und Zweck der Hinzurechnungsvorschrift keine befriedigende Lösung mit sich bringt – die ursprünglich bezweckte gewerbesteuerliche Nichtanerkennung der Fremdfinanzierung bleibt durch die Addition der Hälfte der Dauerschuldzinsen unerreicht, weswegen eine Diskriminierung der Eigenfinanzierung vorliegt –[1599], ist auf die grammatikalische Auslegung des § 8 GewStG abzustellen. Aus § 8 Nr. 1 GewStG lässt sich entnehmen, dass die Hälfte der Dauerschuldzinsen zum Gewinn aus Gewerbebetrieb hinzuzurechnen ist, falls die **gesamten** Dauerschuldzinsen abgesetzt wurden. Konsequenterweise müsste somit ein Viertel des (ursprünglichen) Dauerschuldzinsbetrages hinzuzurechnen sein, falls die **hälftigen** Dauerschuldzinsen subtrahiert wurden.[1600, 1601]

1598 § 8 Nr. 5 S. 1 GewStG.

1599 Vgl. KUSSMAUL, HEINZ (2000), S. 377.

1600 Bekräftigend wirkt auch Abschn. 45 Abs. 1 S. 1 GewStR, wonach „... dem gewerblichen Gewinn die Hälfte der bei seiner Ermittlung abgezogenen Entgelte [...] hinzuzurechnen [ist, d. Verf.].“

1601 Dementsprechendes gilt im Falle der Fremdfinanzierung von Mitunternehmeranteilen an einer Personenhandelsgesellschaft. Bei einer natürlichen Person stellen die Dauerschuldzinsen Sonderbetriebsausgaben aus dem (notwendigen) SBV II dar und sind steuerlich stets nur hälftig berücksichtigungsfähig (§ 3c Abs. 2 S. 1 EStG), da der über die Personenhandelsgesellschaft zugewiesene Gewinnanteil der Kapitalgesellschaft dem Halbeinkünfteverfahren unterliegt. Gleichzeitig mindern die (hälftigen) Sonderbetriebsausgaben auch die Höhe des Gewinns aus Gewerbebetrieb der Mitunternehmerschaft, wobei sie anschließend hälftig zuzurechnen sein müssten. Wird ein juristischer Mitunternehmer unterstellt, gilt die besagte Vorschrift des § 3c Abs. 1 EStG aufgrund § 8b Abs. 6 S. 1 KStG, der die Anwendung von § 8b Abs. 1 KStG anordnet, weil wegen der zwischengeschalteten Mitunternehmerschaft ansonsten kein „Bezug“ im Sinne dieses Absatzes vorläge. Vgl. KESSLER, WOLFGANG/SCHMALZ, ANDREA/SCHMIDT, WOLFGANG (2001), S. 1873; STARKE, PETER (2001), S. 25 f. und WATERMEYER, HEINRICH J. (2001), § 8b KStG, Anm. R 101. Insofern sind die auf Ebene der Mitunternehmerschaft erfassten Beteiligungserträge außerbilanziell zu kürzen. Probleme entstehen infolge der Subjekteigenschaft der zwischengeschalteten Mitunternehmerschaft im gewerbesteuerlichen Bereich, die durch das UntStFG nicht beseitigt wurden. Fraglich ist, ob § 8b KStG bereits auf Ebene der Mitunternehmerschaft oder erst nach Zurechnung des Gewinnanteils eingreift. BOGENSCHÜTZ und STRIEGEL stellen auf die erste Alternative ab, d.h., auf die Beteiligungserträge findet § 3 Nr. 40d EStG i.V.m. § 7 S. 1 GewStG in dem Umfang Anwendung, in dem natürliche Personen an der Mitunternehmerschaft beteiligt sind. Gleiches gilt für § 8b Abs. 1 KStG bei juristischen Mitunternehmern. Vgl. dazu ausführlich analysierend BOGENSCHÜTZ, EUGEN/STRIEGEL, ANDREAS (2000), S. 2548 ff., s.b.S. 2551 f. Glei-

Abschließend seien beide generellen Vorgehensweisen in den Berechnungen in Tabelle 14 aufgezeigt (die hälftigen Dauerschuldzinsen betragen im ersten Szenario 25.000 EUR und im (kursiv dargestellten) zweiten Szenario 75.000 EUR). Es sei zudem unterstellt, dass keinerlei sonstige Faktoren in den Gewinn aus Gewerbebetrieb Eingang finden. Die Berechnungen verdeutlichen, dass die zweite und in dieser Arbeit vertretene Alternative zu einer für den Steuerpflichtigen günstigeren gewerbesteuerlichen Bemessungsgrundlage führt. Die Differenz der Gewerbeergebnisse verkörpern dabei die hälftigen Beträge der im Rahmen des § 9 Nr. 2a GewStG berücksichtigten Dauerschuldzinsen bei Alternative 1. Die per Saldo bedingte gewerbesteuerliche Nichtabzugsfähigkeit von einem Dreiviertel der gesamten Dauerschuldzinsen führt mit dem von GROTHERR angeführten Zahlenbeispiel[1602] nur dann zu übereinstimmenden Ergebnissen, wenn entweder gar kein Gewinnanteil angefallen ist oder Dauerschuldzinsen vorliegen, die ausschließlich in einem mittelbaren Zusammenhang zu der Beteiligung stehen.

1. Alternative (GROTHERR)			**2. Alternative**
50.000 *50.000*		hälftiger Gewinnanteil	50.000 *50.000*
25.000 *75.000*	–	häftige Dauerschuldzinsen	25.000 *75.000*
25.000 ***– 25.000***	=	**Gewinn aus Gewerbebetrieb**	**25.000** ***– 25.000***
50.000		hälftiger Gewinnanteil	50.000
25.000 *50.000*	–	hälftige Dauerschuldzinsen (max. 50.000 EUR)	0 *0*
↳ 25.000 *0*	–	Kürzungsbetrag (§ 9 Nr. 2a GewStG)	↳ 50.000 *50.000*
0 *12.500*	+	Hinzurechnungsbetrag (§ 8 Nr. 1 GewStG)[1603]	12.500 *37.500*
0 ***– 12.500***	=	**Gewerbeergebnis**	**– 12.500** ***– 37.500***

Tabelle 14: Gewerbesteuerliche Berücksichtigungsalternativen von nach § 3c Abs. 2 S. 1 EStG zu behandelnden Dauerschuldzinsen unter Beachtung des gewerbesteuerlichen Schachtelprivilegs

cher Ansicht: ALTENDORF, KLAUS (2001), S. 4429; EILERS, STEPHAN/WIENANDS, HANS-GERD (2000), S. 963 f.; RÖDDER, THOMAS/SCHUMACHER, ANDREAS (2000b), S. 1454 und TÖBEN, THOMAS (2002), S. 367. A.A.: SAUTER, THOMAS/HEURUNG, RAINER (2001b), S. 168; STRUNK, GÜNTHER (2001), S. 859 f. und BERGEMANN, ACHIM (2000), S. 1414, der für die zweite Alternative plädiert, deren Sachgerechtigkeit jedoch bezweifelt. Meiner Ansicht nach ist der ersten Alternative zuzustimmen. § 8b Abs. 6 S. 1 KStG bezweckt eine (körperschaftsteuerliche) Gleichstellung zwischen einer unmittelbaren und einer mittelbaren Beteiligung. Dem würde widersprechen, wenn Beteiligungserträge im unmittelbaren Fall stets und im mittelbaren Fall u.U., d.h. nur dann gewerbesteuerfrei wären, wenn die Mitunternehmerschaft zu mehr als 10% an der ausschüttenden Kapitalgesellschaft beteiligt ist, da in diesem Fall § 9 Nr. 2a GewStG eingreift. Vgl. bzgl. der „Schädlichkeit" der Zwischenschaltung einer Personenhandelsgesellschaft im Rahmen des § 8b KStG 1999 die Verfügung der OFD Nürnberg vom 9.6.2000, S. 788.

1602 Vgl. GROTHERR, SIEGFRIED (2001), S. 601.

1603 Die den hälftigen Gewinnanteil übersteigenden Dauerschuldzinsen sind im Zuge der ersten Alternative hälftig hinzuzurechnen (Umkehrschluss aus Abschn. 61 Abs. 1 S. 12 GewStR).

Ein in diesem Kontext bislang unberücksichtigter **Problembereich** ist im Falle der Leistung von **vororganschaftlichen Gewinnausschüttungen** präsent. Jene führen beim OT unzweifelhaft zu Einnahmen i.S.v. § 20 Abs. 1 Nr. 1 EStG (i.V.m. § 8 Abs. 1 KStG), unterliegen dem Halb- bzw. Nulleinkünfteverfahren und lösen die Folgen des § 3c EStG aus.[1604] Folglich müssen die mit der Organbeteiligung in Zusammenhang stehenden Betriebsausgaben (insb. Finanzierungsaufwendungen) systemimmanent in einen auf die Gewinnabführung entfallenden vollständig abzugsfähigen Teil und einen auf die Gewinnausschüttung entfallenden Teil gespalten werden. Die Frage nach der Festlegung eines adäquaten verursachungsgerechten Aufteilungsschlüssels gestaltet sich dabei aufgrund der Kategorisierung von Finanzierungsaufwendungen als Gemeinkosten als schwierig. Nach der allgemeinen BFH-Rechtsprechung hat die Aufteilung in demjenigen Verhältnis zu erfolgen, in dem die „steuerfreien" und steuerpflichtigen Einnahmen des Veranlagungszeitraums zueinander stehen.[1605] Für die Behandlung der jeweiligen Teilbeträge gelten die Ausführungen in diesem Kapitel sinngemäß.

IV. Verkehr- und Verbrauchsteuern

1. Umsatzsteuer

Der in § 2 Abs. 2 Nr. 2 UStG vorzufindenden umsatzsteuerlichen Organschaft wird in dieser Arbeit nur relativ wenig Beachtung geschenkt, zumal sie weder durch das UntStFG-E noch durch das UntStFG berührt wurde. Dies entspricht auch dem allgemeinen Trend, woraus sich nicht die Berechtigung zur Abschaffung der umsatzsteuerlichen Organschaft implizieren lässt, wie verschiedentlich im Schrifttum gefordert wird.[1606] Selbst eine Verfassungsbeschwerde konnte ihr nicht trotzen.[1607]

Bei kumulativer Erfüllung der Eingliederungsvoraussetzungen entfällt **für steuerliche Zwecke** die Selbstständigkeit der OG[1608], die gerade gem. § 2 Abs. 1 S. 1 UStG ein konstitutives Merkmal des Unternehmerbegriffes darstellt. Mit dem OT getätigte Leistungen sind dabei als nicht umsatzsteuerbare Innenumsätze zu werten (§ 2 Abs. 2 Nr. 2 S. 2 UStG). Daraus ist abzuleiten, dass für die umsatzsteuerliche Organschaft die engste, im deutschen Organschaftsrecht existente Bindungsform – die sog. **Einheitstheorie** – vertreten wird.[1609] Den **Steuerschuldner** der USt stellt im Grundfall des § 1 Abs. 1 Nr. 1 UStG sowie bei Erfüllung von

---

1604 Gleicher Ansicht: KESSLER, WOLFGANG/SCHMALZ, ANDREA/SCHMIDT, WOLFGANG (2001), S. 1866 und SEIBT, CHRISTOPH H. (2000), S. 2069.

1605 Vgl. BFH-Urteil vom 21.2.1973, S. 510; BFH-Urteil vom 11.2.1993, S. 451 und BFH-Urteil vom 19.1.1996, S. 541 f. Vgl. hierzu auch BFH-Urteil vom 18.9.1996, I R 69/95, S. 408 f. Diese konsequente Vorgehensweise ist auch aus § 3c Abs. 1 EStG ersichtlich, da ein Ausgabenabzugsverbot nur dann vorliegt, **soweit** ein unmittelbarer wirtschaftlicher Zusammenhang mit steuerfreien Einnahmen besteht. Vgl. HEINICKE, WOLFGANG (2002), § 3c EStG, Rz. 19. A.A.: HÖTZEL, OLIVER (2000), § 3c EStG, S. 251.

1606 Vgl. ECKERT, KARL-HERMANN (1999), S. 923; REISS, WOLFRAM (1979), S. 343 und STEPPERT, HELMUT (1994), S. 345 f.

1607 Vgl. BVerfG-Beschluss vom 2.4.1996, S. 212.

1608 Vgl. BFH-Urteil vom 9.1.1992, S. 65 und BFH-Urteil vom 20.2.1992, S. 134.

1609 Die Bezeichnung „Einheitstheorie" ist – wie an späterer Stelle noch zu sehen sein wird – m.E. unkorrekt, da jene in manchen Bereichen durchbrochen wird, was sich v.a. auf die Unvereinbarkeit des Steuerrechts mit

§ 14 Abs. 2 UStG[1610] der Unternehmer dar (§ 13a Abs. 1 Nr. 1 UStG), den zweifelsohne der OT allein verkörpert.[1611] Ihm ist auch der Vorsteuerabzug zuzurechnen.

Den hauptsächlichen Vorteil bewirkte die umsatzsteuerliche Organschaft im System der (kumulativen) Allphasen-Bruttoumsatzsteuer ohne Vorsteuerabzug[1612]. Hiernach wurde eine solche zwischen Unternehmen verschiedener Produktions- und Handelsstufen kreiert, so dass die USt nur einmal bei Verlassen der Lieferung aus dem Organkreis (an den Endverbraucher) anfiel.[1613] Bezogen auf das derzeit geltende Allphasen-Nettoumsatzsteuersystem hat die Organschaft materiell erheblich **an Bedeutung eingebüßt**. Während der Vorsteuerabzug ohne Bestehen einer Organschaft im Endergebnis ausschließlich die Besteuerung der Wertschöpfungen der jeweiligen Produktions- und Handelsstufe(n) gewährleistet, entfällt diese Wirkung innerhalb eines Organkreises. Ein Ausgleich der Begünstigung findet erst beim Verlassen des Organkreises statt, wobei die Gesamtbelastung im Endergebnis gleich hoch ist.

Unbenommen dessen hat die Aufkommenshäufigkeit der umsatzsteuerlichen Organschaft in der Praxis dennoch zugenommen[1614]. Ein möglicher Adressat sind Unternehmen, denen ein **Vorsteuerabzug ohne Bestehen einer Organschaft versagt** wird. Dies ist insb. bei Lieferungen und sonstigen Leistungen gegeben, die der Unternehmer zur Ausführung von steuerfreien Umsätzen verwendet (§ 15 Abs. 2 S. 1 Nr. 1 UStG).[1615] Als Unternehmen kommen bspw. Kreditinstitute, Versicherungsunternehmen oder Grundstücksgesellschaften in Betracht (§ 4 Nr. 8, Nr. 10, Nr. 11 und Nr. 12 UStG). Gleichermaßen sind unter bestimmten Voraussetzungen Krankenhäuser und Altenheime davon betroffen (§ 4 Nr. 16b und Nr. 16d UStG).[1616] Bei der Unterstellung von personalintensiven Leistungen (insb. Reinigungsdienst), die nicht vom Unternehmen selbst ausgeführt, sondern aus Kostengründen bzw. organisatorischen Gründen im Wege eines „Outsourcing" auf ein Fremdunternehmen übertragen werden[1617], käme als Gestaltungsinstrument eine (direkte) umsatzsteuerliche Organschaft zwi-

---

sich selbst bzw. mit dem Zivilrecht zurückführen lässt. Insofern wäre die Bezeichnung als „beschränkte Einheitstheorie" sachgerechter.

1610 Diese Norm spricht den unrichtigen, da zu hohen Ausweis von USt in einer Rechnung für eine Lieferung oder sonstige Leistung an. Der Mehrbetrag wird ebenfalls vom Unternehmer geschuldet, sofern er den Steuerbetrag nicht berichtigt.

1611 Vgl. BFH-Beschluss vom 12.8.1993, S. 278 und Urteil des FG Düsseldorf vom 23.4.1993 (rkr.), S. 748. Wird das Bestehen einer Organschaft erst nachträglich festgestellt, sind bereits ergangene USt-Festsetzungen gegenüber der OG aufzuheben und bislang der OG zuordenbare Umsätze und Vorsteuerabzüge dem OT zuzurechnen. Davon sind Innenumsätze und Vorsteuern aus Innenumsätzen auszuschließen. Um eine Doppelbelastung zu vermeiden, werden die bislang erfolgten USt-Zahlungen der OG dem OT konsequenterweise ebenfalls zugerechnet. Vgl. hierzu BFH-Urteil vom 17.1.1995, S. 581 sowie ECKERT, KARL-HERMANN (1999), S. 924. Ohnedies stellt die Begründung einer umsatzsteuerlichen Organschaft aufgrund des mangelnden gegenseitigen Leistungsaustausches keinen umsatzsteuerbaren Vorgang dar. Vgl. SCHMIDT, LUDWIG/MÜLLER, THOMAS/ STÖCKER, ERNST E. (1999), Rz. 1454 und Rz. 1601.

1612 Danach beträgt die Bemessungsgrundlage der USt das jeweils vereinbarte Bruttoentgelt, so dass die Gesamtsteuerbelastung eines Produktes mit zunehmender Anzahl an durchlaufenen Produktions- und Handelsstufen steigt. Vgl. mit Beispiel KUSSMAUL, HEINZ (2000), S. 390 f.

1613 So sollte vertikalen Fusionsbestrebungen vorgebeugt werden. Vgl. SLAPIO, URSULA (2000), S. 999.

1614 Vgl. Kapitel B.II.4 (ab S. 12).

1615 Hierbei ist insb. auf die Ausnahmevorschrift des § 15 Abs. 3 Nr. 1b UStG aufmerksam zu machen, wonach der Vorsteuerabzug dennoch möglich ist, falls steuerfreie Umsätze i.S.v. § 4 Nr. 8a-g UStG vorliegen, die sich unmittelbar auf Gegenstände beziehen, die in das Drittlandsgebiet ausgeführt werden.

1616 Vgl. den Sachverhalt des Urteils des FG Baden-Württemberg vom 10.5.1994 (n.rkr.), S. 1021.

1617 Vgl. SLAPIO, URSULA (2000), S. 1000.

schen Dienstleistungsanbieter und -nachfrager in Betracht. Nach meinem Dafürhalten verkörpert dabei die finanzielle Eingliederung ein Hemmnis, weil fraglich ist, ob die bestehenden Gesellschafter des Reinigungsunternehmens einen weiteren Gesellschafter aufnehmen möchten, der zudem eine qualifizierte Mehrheitsbeteiligung hält. Als praktikabler erweist sich die Gründung einer als OG fungierenden GmbH, an der das Reinigungsunternehmen und der Dienstleistungsnachfrager beispielhaft zu 20% bzw. 80% ihrer Stimmrechte ausüben können. Mit dem Dienstleistungsnachfrager wird ein umsatzsteuerlicher Organkreis begründet, wobei die OG Arbeitnehmer des Reinigungsunternehmens anstellt (sog. „Insourcing“).[1618] Die erbrachten sonstigen Leistungen sind nicht umsatzsteuerbar, so dass die dem Dienstleistungsnachfrager ursprünglich in Rechnung gestellte USt entfällt. M.E. ließe sich der Vorsteuerabzug im speziellen Falle eines Kreditinstitutes u.U. auch mittels § 9 Abs. 1 UStG herstellen, wonach eine Option für die Steuerpflicht bestimmter steuerbefreiter Umsätze vorgenommen werden kann, wenn die Umsätze an andere Unternehmer für dessen Unternehmen ausgeführt werden.[1619] Jene USt-Pflicht gebietet eine einzelfallabhängige Betrachtung hinsichtlich der Dienlichkeit einer solchen Option. Zusammenfassend tritt ein Steuervorteil in Höhe des USt-Betrages ein, der beim OT aufgrund steuerfreier Ausgangsumsätze definitiv werden würde. Jener Vorteil ist umso größer, je höher die dem OT ohne Organschaft in Rechnung gestellte Steuer ist. Als Indizien sind zum einen wertmäßig große Lieferungen und sonstige Leistungen bzw. zum anderen besonders intensive Lieferungs- und Leistungsbeziehungen anzuführen.

Der Verlust der Unternehmereigenschaft der OG zum Zeitpunkt der Organschaftsbegründung ist mit einer Ausdehnung der Umsätze des Unternehmers „OT“ verbunden, so dass bestimmte Obergrenzen überschritten werden können. Beispielhaft sei die **Kleinunternehmerregelung** des § 19 UStG genannt, deren Anwendung zum Tragen kommt, wenn die in § 19 Abs. 3 UStG angeführten Bruttoumsätze[1620] im vergangenen Kalenderjahr nicht größer als 16.620 EUR waren und im laufenden Jahr 50.000 EUR nicht übersteigen werden (§ 19 Abs. 1 S. 2 UStG). Unerwähnt bleibt dabei die Vorgehensweise im Jahr der Begründung der Organschaft. Nach meiner Meinung findet ein Wechsel der Unternehmeridentität zwischen dem originären OT und dem OT als Unternehmer des Organkreises nicht statt, so dass mit dem „Bruttoumsatz des vorangegangenen Kalenderjahres“ aus Sicht des Gründungsjahres der Organschaft einzig und allein der des OT gemeint sein muss, während bzgl. der 50.000 EUR-Grenze auf die entsprechenden Umsätze des Organkreises abzustellen ist. Wird jener im Laufe des Jahres begründet, sind aufgrund der gewahrten Unternehmeridentität Bruttoumsätze des OT mit solchen des Organkreises zu verrechnen. Anhaltspunkt dafür könnte die Festlegung der voraussichlichen Umsatzgrenze in Form eines relativ hohen Betrages sein, so dass in „Normalfällen“ ein Unternehmer mit einem Umsatz von weniger als 16.620 EUR im Vorjahr die Kleinunternehmerregelung auch im laufenden Kalenderjahr anwenden kann.[1621] Eine Or-

---

1618 Vgl. dazu SLAPIO, URSULA (2000), S. 1000 f.

1619 Die Option ist an keine besondere Form und Frist gebunden. Sie erfolgt dergestalt, dass der leistende Unternehmer den Umsatz als steuerpflichtig behandelt, indem er mit einem gesonderten USt-Ausweis abrechnet. Vgl. Abschn. 148 Abs. 3 UStR.

1620 Hierbei handelt es sich um die Summe der steuerbaren Umsätze aus Lieferungen und sonstigen Leistungen ohne die darin enthaltenen Umsätze von Wirtschaftsgütern des Anlagevermögens und ohne bestimmte steuerfreie Umsätze i.S.v. § 19 Abs. 3 Nr. 1 und 2 UStG.

1621 Vgl. VÖLKEL, DIETER/KARG, HELMUT (2001), S. 460.

ganschaft stellt eben keinen „Normalfall" dar. Der organschaftsbedingte Zwang zur Aufgabe der Kleinunternehmerregelung ist nach meiner Ansicht dann von Nachteil, falls der (jetzige) OT an (jetzt) Organkreisexterne hauptsächlich Lieferungen und sonstige Leistungen erbringt.[1622]

Ferner kann die Begründung einer umsatzsteuerlichen Organschaft zu einem **Wechselspiel zwischen Bestimmungsland- und Ursprungslandprinzip** führen. Als dafür verantwortlich zeichnet sich die sog. **maßgebende Lieferschwelle** i.S.v. § 3c Abs. 3 UStG.[1623] Beispielhaft sollen ein OT und eine OG in einem Kalenderjahr Waren zu Privatpersonen nach Frankreich im Wert von insg. 150.000 EUR exportieren (100.000 EUR durch den OT und 50.000 EUR durch die OG). Fraglich ist, ob die Lieferung i.S.v. § 3 Abs. 1 UStG in Deutschland ausgeführt und dort umsatzsteuerbar gem. § 1 Abs. 1 Nr. 1 S. 1 UStG ist, was von der Anwendbarkeit der Spezialregelung des § 3c UStG (§ 3 Abs. 5a UStG) abhängig ist, die grundsätzlich das Bestimmungslandprinzip vorsieht. Da der Abnehmer eine Privatperson ist, steht § 3c Abs. 2 Nr. 1 UStG der Anwendung des § 3c Abs. 1 UStG nicht entgegen. § 3c Abs. 3 UStG lässt das Bestimmungslandprinzip des § 3c Abs. 1 UStG nicht zur Anwendung kommen, wenn bei dem Lieferer der Gesamtbetrag der Entgelte (ohne USt) eine maßgebende Lieferschwelle im laufenden Kalenderjahr nicht überschritten wird und im vorangegangenen Kalenderjahr nicht überschritten wurde. Deren Betrag wird von dem ausländischen Staat festgelegt und beläuft sich für Frankreich auf 106.714 EUR.[1624] Da eine Überschreitung der maßgebenden Lieferschwelle feststellbar ist, hat die Umsatzbesteuerung in Frankreich stattzufinden. Der dortige Normalsatz der „Taxe sur la valeur ajoutée" (TVA) beläuft sich auf 19,6%.[1625] Ohne das Bestehen einer Organschaft wäre die maßgebende Lieferschwelle für beide Gesellschaften unterschritten mit der Konsequenz, dass das Ursprungslandprinzip[1626] mit dem Steuersatz von 16% Anwendung finden würde. In diesem Falle bestünde für beide Gesellschaften die Option, für mind. zwei Kalenderjahre auf die Maßgeblichkeit der Lieferschwelle zu verzichten (§ 3c Abs. 4 UStG), wovon sie keinen Gebrauch machen werden.

Letztlich können **zeitliche Diskrepanzen zwischen dem Zeitpunkt der Leistung und der Vornahme des Vorsteuerabzuges des Leistungsempfängers** mit damit einhergehenden **Zins- und Liquiditätsvorteilen** einen Vorzug der umsatzsteuerlichen Organschaft bewirken. Gleichzeitig hat eine **Sollbesteuerung** vorzuliegen, wonach sich die Berechnung der USt nach vereinbarten Entgelten richtet (§ 16 Abs. 1 S. 1 UStG). Ein Beispiel möge dies verdeutlichen:[1627]

1622 Analog ist die Situation einer bisherigen Istbesteuerung des (jetzigen) OT zu sehen (§ 20 UStG), welche aufgrund der höheren Umsätze des Organkreises nicht mehr möglich ist.

1623 Vgl. STEPPERT, HELMUT (1994), S. 345.

1624 Vgl. Internet: www.rts-d.net/euexp/eulieferschwelle.htm (Stand: 1.7.2002).

1625 Vgl. Internet: www.bff-online.de/ust/useg/usegeg.html (Stand: 1.7.2002). Es wird unterstellt, dass die Lieferung keine Waren des lebensnotwendigen Bedarfes umfasst.

1626 Da § 3c Abs. 3 Nr. 2 UStG Anwendung findet, wird § 3c Abs. 1 UStG belanglos, so dass § 3 Abs. 6 UStG als Rechtsgrundlage dient.

1627 Die nachstehenden Aussagen sind ebenso auf den Fall übertragbar, bei dem zwischen dem Zeitpunkt der Leistung und dem des Vorsteuerabzuges bspw. nur ein Tag innerhalb eines Voranmeldungszeitraums liegt. Das Beispiel wurde lediglich aus Transparenzgründen dementsprechend gestaltet.

Die A-GmbH tätigt am 20.2.2002 eine Lieferung an die B-GmbH, wobei die Rechnung i.H.v. 1.000 EUR zzgl. 16% USt am 2.3.2002 erteilt wird. Nach einer Weiterverarbeitung liefert die B-GmbH den Gegenstand am 25.4.2002 an die C-GmbH, der die Rechnung i.H.v. 1.500 EUR zzgl. 16% USt am 4.5.2002 erteilt wird. Es erfolgt bei allen Gesellschaften eine Sollbesteuerung, wobei deren Steuer des vorangegangenen Kalenderjahres mehr als 6.136 EUR beträgt. Im Falle einer umsatzsteuerlichen Organschaft bilden die A-GmbH und B-GmbH den Organkreis.

Bei der Sollbesteuerung entsteht die USt mit Ablauf des Voranmeldungszeitraums, in dem die Leistung (vollständig) erbracht wurde (§ 13 Abs. 1 Nr. 1a S. 1 UStG).[1628] Dagegen kann der Leistungsempfänger die Vorsteuer erst dann geltend machen, wenn die Rechnung erteilt wurde (§ 15 Abs. 1 S. 1 Nr. 1 UStG). Insofern stellen sich die USt-Zahllasten bzw. -erstattungsansprüche bei Abstrahierung von anderweitigen Geschäftsvorfällen wie folgt dar:

	Februar	**März**	**April**	**Mai**
ohne Organschaft	– 160	160	– 240	240
mit Organschaft	–	–	– 240	240

Wird der bereits in Kapitel C.III (ab S. 248) verwendete (jährliche nominelle) Zinssatz von 5,5 % zugrunde gelegt, ist eine Umrechnung in einen konformen Monatszinssatz vorzunehmen. Somit gilt:

$$\sqrt[12]{1+0{,}055}-1=0{,}4472\,\%.$$

Die Kapitalwerte der Steuerzahlungen betragen – bezogen auf den 28. Februar 2002 –[1629] ohne Organschaft

$$-160+160\cdot 1{,}004472^{-1}-240\cdot 1{,}004472^{-2}+240\cdot 1{,}004472^{-3}=-1{,}77\text{ EUR}$$

und mit Organschaft

$$-240\cdot 1{,}004472^{-2}+240\cdot 1{,}004472^{-3}=-1{,}06\text{ EUR.}$$

Bei einer **Istbesteuerung**[1630] ist jener aufgezeigte Vorteil nicht existent, da zum Zeitpunkt der Vereinnahmung der Entgelte die Rechnung bereits erteilt worden ist.[1631]

Neben den angeführten Steuervor- und -nachteilen wirkt sich die umsatzsteuerliche Organschaft auch in **verwaltungstechnischer Hinsicht** aus. So braucht der Organkreis nur eine Umsatzsteuervoranmeldung bzw. eine Umsatzsteuererklärung abzugeben. Ferner treten keine Bewertungsprobleme der Bemessungsgrundlagen bei im Organkreis getätigten Umsätzen

[1628] Vgl. dazu auch VÖLKEL, DIETER/KARG, HELMUT (2001), S. 496. Der Voranmeldungszeitraum ist das Kalendervierteljahr bzw. im Speziellen der Kalendermonat, falls die USt für das vergangene Kalenderjahr mehr als 6.136 EUR betrug (Pflicht gem. § 18 Abs. 2 UStG) oder der Unternehmer für das vorangegangene Kalenderjahr eine Rückerstattung von mind. 6.136 EUR erhielt (Antragstellung erforderlich gem. § 18 Abs. 3 UStG).

[1629] Bei den Berechnungen wird unterstellt, dass die Zahlungen jeweils am Monatsende erfolgen.

[1630] Im Zuge der Istbesteuerung entsteht die USt nach vereinnahmten Entgelten (§ 20 Abs. 1 UStG). Die Antragstellung hierzu kann erfolgen, wenn der Gesamtumsatz i.S.v. § 19 Abs. 3 UStG im vorangegangenen Kalenderjahr höchstens 125.000 EUR betragen hat. Bei Unternehmen mit Sitz in den neuen Bundesländern wird die Grenze auf 500.000 EUR erhöht (§ 20 Abs. 2 UStG). Die beiden alternativen Tatbestände i.S.v. § 20 Abs. 1 S. 1 Nr. 2 und 3 UStG sind in diesem Kontext von Irrelevanz.

[1631] Vgl. SCHMIDT, LUDWIG/MÜLLER, THOMAS/ STÖCKER, ERNST E. (1999), Rz. 1171.

auf[1632], wobei v.a. an die Ermittlung der Selbstkosten zu denken ist (§ 10 Abs. 4 S. 1 Nr. 1 UStG). Dem steht die Führung der OG unter einer eigenen USt-Identifikationsnummer auf Antrag (§ 27a Abs. 1 S. 4 UStG) sowie der Erstellung einer sog. Zusammenfassenden Meldung nach § 18a Abs. 1 S. 6 UStG entgegen, was eindeutig der Einheitstheorie zuwiderläuft[1633]. Auch die für die Ermittlung des USt-Satzes der Höhe nach relevanten und von der OG ausgeführten Umsätze bleiben durch die Organschaft unberührt. Wird ein OT bspw. nach Durchschnittssätzen gem. § 24 UStG besteuert, findet keine Infizierung der OG statt, für die weiterhin der Regelsteuersatz gilt (§ 24 Abs. 2 S. 3 UStG).[1634]

Im Rahmen von **verfahrensrechtlichen Aspekten** ist der Begriff der **Rechnung** zu beleuchten, den es für das **Zivilrecht und das Umsatzsteuerrecht verschiedentlich auszulegen gilt**. Zivilrechtlich schließt die OG selbst einen Vertrag über Lieferungen und sonstige Leistungen mit einem fremden Dritten ab. Die Rechnung ist dabei trotz fehlender Unternehmereigenschaft mit einem gesonderten Steuerausweis zu versehen, da es für Organkreisexterne nicht ersichtlich bzw. uninteressant ist, ob der Vertragspartner einem umsatzsteuerlichen Organkreis zugehörig ist. Steuerrechtlich ist hingegen ausschließlich der Unternehmer (OT) verpflichtet, eine Rechnung mit dementsprechendem Steuerausweis zu erstellen (§ 14 Abs. 1 S. 1 UStG). Dieser Widerspruch wird zugunsten des Schutzes des Leistungsempfängers insoweit beseitigt, als dass das Zivilrecht dem Steuerrecht vorrangig ist, so dass ein Anspruch des Dritten gegenüber der OG auf Ausstellung einer Rechnung besteht.[1635]

Dennoch sind Probleme im Rahmen des USt-Ausweises in eigenen Rechnungen der OG zugegen. Mangels Unternehmereigenschaft ist sie zu einem USt-Ausweis nicht berechtigt, weswegen die Regelung des § 14 Abs. 3 S. 1 UStG eingreift und sie die eigentlich „richtig" ausgewiesene Steuer schuldet. Von einer Erhebung der Steuerbeträge wird aus Gründen einer Doppelerfassung abgesehen, falls sie auf Steuerbeträge entfallen, die vom OT versteuert werden. Ein darüber hinaus gehender Steuerbetrag wird tatsächlich von der OG trotz ihrer fehlenden Unternehmereigenschaft geschuldet.[1636]

Die Frage von Rechnungen für Lieferungen und sonstige Leistungen **innerhalb des Organkreises** stellt sich umsatzsteuerlich aufgrund der Einheitstheorie nicht. Zivilrechtlich sind sie ausschließlich ohne USt zu erteilen. Wird jene dennoch ausgewiesen, kommt § 14 Abs. 3 S. 1 UStG nicht in Betracht, weil die im umsatzsteuerlichen Sinne nicht existente Rechnung für die Anwendung der Norm maßgebend ist.[1637] Dagegen sind Lieferungen und sonstige Leis-

---

1632 Vgl. Stellungnahmen der Bundessteuerberaterkammer (1985), S. 290.

1633 Vgl. auch NOLL, BERND/RÖDDER, THOMAS (1992), S. 97.

1634 Vgl. Verfügung der OFD Koblenz vom 1.9.1989, S. 30 f.

1635 „Nach dem klaren Wortlaut dieser Bestimmung [des § 14 Abs. 1 S. 1 UStG, d. Verf.] ist die Verpflichtung des leistenden Unternehmers zur Rechnungserteilung nicht in seinem öffentlichrechtlichen Verhältnis zur Finanzverwaltung begründet; sie wurzelt vielmehr in seinen bürgerlichrechtlichen Beziehungen zu dem belieferten Unternehmen...". BGH-Urteil vom 11.12.1974, S. 249 (Textpassagen im Originaltext fett). Vgl. auch STADIE, HOLGER (1988), S. 19, der anführt, dass § 14 Abs. 1 UStG von einer Identität zwischen dem zivilrechtlich und dem umsatzsteuerlich Leistenden ausgeht.

1636 Vgl. SCHMIDT, LUDWIG/MÜLLER, THOMAS/ STÖCKER, ERNST E. (1999), Rz. 1473. A.A.: Urteil des FG Münster vom 25.3.1994 (rkr.), S. 591 und Urteil des FG Münster vom 24.1.1995 (n.rkr.), S. 294 f.

1637 Vgl. dazu SCHMIDT, LUDWIG/MÜLLER, THOMAS/ STÖCKER, ERNST E. (1999), Rz. 1477.

tungen, die die OG in ihrem eigenen Namen mit **außerhalb des Organkreises** befindlichen Unternehmen tätigt, dem OT zuzurechnen.[1638]

2. Grunderwerbsteuer

Auf Umstrukturierungsmaßnahmen basierende Grundstücksübertragungen zwischen einem OT und einer OG sowie zwischen zwei verschiedenen OG unterliegen wie unter fremden Dritten der GrESt (§ 1 Abs. 1 GrEStG).[1639] Eine Vermeidung der Besteuerung von „Innengeschäften" nach der Einheitstheorie wie bei einer umsatzsteuerlichen Organschaft ist nicht existent. Zur Umgehung dieses Steuertatbestandes bestünde die Möglichkeit, Anteile an grundstückhaltenden Gesellschaften zu übertragen[1640], da das GrESt-Recht diesen Vorgang nicht mit der Übertragung von Grundstücken gleichsetzt.[1641] Zu dessen Abwehr wurde ein Ersatztatbestand[1642] als Missbrauchsvorschrift geschaffen, der eine entsprechende Steuerpflicht dann vorsieht, wenn zum Vermögen der Gesellschaft ein inländisches Grundstück gehört und durch den Transfer von dessen Anteilen mittelbar und/oder unmittelbar mindestens 95 %[1643] in der Hand des Erwerbers vereinigt werden (§ 1 Abs. 3 Nr. 1 GrEStG).[1644] Mit Erreichen der Beteiligungsgrenze wird der Erwerber (fiktiv) so behandelt, als ob ihm die Grundstücke (mittelbar oder unmittelbar) selbst gehören würden und er die Sachherrschaft über diese besäße.[1645] Den Anknüpfungspunkt für die Steuerpflicht bildet nicht der Anteilserwerb, sondern die grunderwerbsteuerlich veränderte (zivilrechtlich jedoch unveränderte) Zuordnung der Grundstücke.[1646] Als „eine Hand" werden dabei gem. einer wirtschaftlichen Betrachtungsweise auch 95% der Anteile verstanden, die von einem grunderwerbsteuerlichen Organkreis gehalten

---

1638 Vgl. BFH-Urteil vom 15.7.1987, S. 18; BFH-Urteil vom 9.1.1992, S. 65; BFH-Urteil vom 20.2.1992, S. 134 und Urteil des FG Düsseldorf vom 23.4.1993 (rkr.), S. 747.

1639 Als Motivation für solche Transaktionen kommt die Zusammenfassung von Grundstücken in Grundstücksholdinggesellschaften infrage, um eine Verwaltungsvereinfachung i.S. einer deutlicheren Leitungs- und Kompetenzabgrenzung bzw. Synergieeffekte durch die Konzentration von spezialisierten Arbeitskräften zu erreichen. Vgl. EDER, ULRICH (1994), S. 735 und GROTHERR, SIEGFRIED (1994), S. 1971.

1640 Der Begriff der Übertragung von Anteilen ist nicht so zu interpretieren, dass darunter bereits die Entstehung der Anteile bei Gründung der grundstückhaltenden Gesellschaft zu subsumieren ist. Vgl. BFH-Urteil vom 28.11.1979, II R 117/78, S. 358.

1641 Vgl. EDER, ULRICH (1994), S. 736.

1642 Der BFH spricht auch von einem fiktiven Grundstückserwerb. Vgl. BFH-Urteil vom 12.8.1972, S. 914 und BFH-Urteil vom 26.7.1995, S. 737.

1643 Eigene Anteile der grundstückhaltenden Gesellschaft sind im Zuge der Berechnungen (nach dem Vorbild des § 16 Abs. 2 S. 2 AktG) in Abzug zu bringen. Vgl. BFH-Urteil vom 16.3.1966, S. 255.

1644 Unerwähnt bleibt, ob bei einer mittelbaren Beteiligung an einer grundstückhaltenden Gesellschaft jede vermittelnde Beteiligung mind. 95% betragen muss. M.E. ist dies vom Zweck der Rechtsvorschrift her zu bejahen. Vgl. zustimmend Erlass des Finanzministeriums Baden-Württemberg vom 14.2.2000, S. 351.

1645 Vgl. BFH-Beschluss vom 4.12.1996, S. 441; BFH-Urteil vom 26.2.1975, S. 457; BFH-Urteil vom 20.10.1993, S. 122; BFH-Urteil vom 12.1.1994, S. 408 und BFH-Urteil vom 26.7.1995, S. 737. Es entstehen dabei so viele Grunderwerbsteuerfälle, wie die Gesellschaft Grundstücke besitzt. Vgl. BFH-Urteil vom 12.8.1972, S. 914.

1646 Vgl. BFH-Urteil vom 20.10.1993, S. 122.

werden.[1647] Diese Fiktion äußert sich auch darin, dass der Organkreis den Gesamtschuldner bei Anfall von GrESt wegen Anteilsvereinigung darstellt (§ 13 Nr. 5b GrEStG).[1648]

Den Anlass und gleichzeitigen Ausgangspunkt der Diskussion liefern die Erlasse zweier Finanzministerien sowie eine Verfügung der OFD Münster.[1649] Die bloße Begründung einer Organschaft ohne Anteilserwerb löst mangels eines Rechtsgeschäftes stets keine Steuerfolgen aus.[1650]

Im Gegensatz dazu sind Restrukturierungen zu untersuchen, bei denen sowohl die OG als auch eine außerhalb des Organkreises befindliche Gesellschaft Grundstücke ihr Eigentum nennen. Ferner sollen **Anteilsverschiebungen aufgrund von extern erworbenen Anteilen** stattfinden.[1651] In Abbildung 40 ist zwischen folgenden Beteiligungsstrukturen zu differenzieren:[1652]

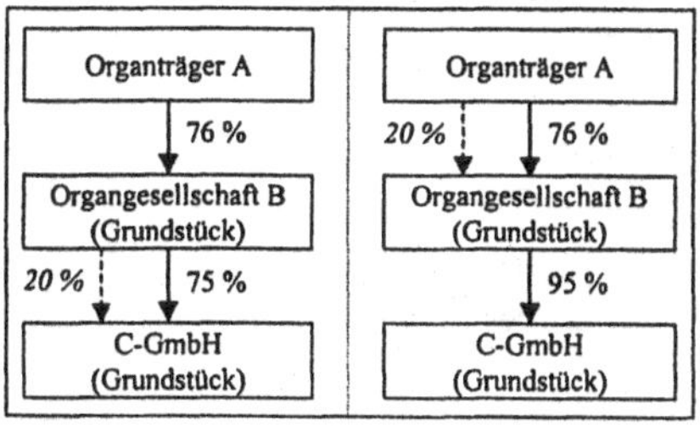

Abbildung 40: Beispielhafte Beteiligungsstrukturen bei Anteilsverschiebungen aufgrund extern erworbener Anteile

Bei einer bestehenden Organschaft (OT ist an OG zu 76% beteiligt) und anschließender Aufstockung der organkreisexternen Beteiligung an C auf 95% ist der Tatbestand des § 1 Abs. 3 Nr. 1 GrEStG (unstrittig) erfüllt, da eine Anteilsvereinigung im Organkreis entsteht.[1653] Erhöht der OT hingegen seine Beteiligung an B von 76% auf 96%, soll **unbeachtlich des Umstandes einer Organschaft** eine Anteilsvereinigung auf Ebene des OT angenommen wer-

[1647] Insoweit erfolgt eine Gleichstellung einer organschaftlichen Beteiligung mit einer 95%igen Beteiligung. Vgl. BFH-Urteil vom 16.1.1980, II R 52/76, S. 361 und BFH-Urteil vom 16.1.1980, II R 83/74, S. 359 f. Nachstehend wird der grunderwerbsteuerliche Organkreis nur noch mit „Organkreis" tituliert.

[1648] Die GrESt stellt auf Ebene des Steuerzahlers eine sofort abzugsfähige Betriebsausgabe dar, weil mangels einer Übertragung des Grundstückes keine Anschaffungskosten anfallen. Vgl. MÜLLER, MICHAEL A. (1997), S. 1434.

[1649] Vgl. Erlass des Finanzministeriums Baden-Württemberg vom 6.11.1995, S. 2294 f.; Erlass des Finanzministeriums Nordrhein-Westfalen vom 2.12.1999, S. 101 f. und Verfügung der OFD Münster vom 7.12.2000, S. 366 ff.

[1650] Vgl. Verfügung der OFD Münster vom 7.12.2000, S. 366, Beispiele 1 und 2.

[1651] Unter einer **Anteilsverschiebung** (§ 1 Abs. 3 Nr. 1 GrEStG) ist der Übergang von weniger als 95% der Anteile zu verstehen, während bei einer **Anteilsübertragung** mind. 95% der Anteile i.S.v. § 1 Abs. 3 Nr. 3 GrEStG) übergehen. Vgl. bzgl. der Begriffsbestimmungen EDER, ULRICH (1994), S. 737.

[1652] Die gestrichelten Linien bzw. das kursiv Geschriebene symbolisieren dabei die strukturellen Veränderungen.

[1653] Vgl. Verfügung der OFD Münster vom 7.12.2000, S. 367, Beispiel 3c. Gleiches würde gelten, wenn mind. 95% an C vom bestehenden Organkreis erworben würde. Alternativ käme der Anteilserwerb an B (mit einer bereits bestehenden 95%igen Beteiligung an C) unter simultaner Begründung einer Organschaft infrage. Vgl. dazu auch den Sachverhalt des BFH-Urteils vom 16.1.1980, II R 52/76, S. 360 f.

den.[1654] Dieses Ergebnis missachtet die in § 1 Abs. 3 Nr. 1 GrEStG fingierte Einheit des Organkreises, da es unmöglich ist, Anteilsveränderungen innerhalb „einer Hand" zu vollziehen.[1655] Des Weiteren wird der Prämisse widersprochen, die 95 %ige Beteiligung würde innerhalb des Organkreises durch den der finanziellen Eingliederung immanenten und evtl. niedrigeren Anteil an der OG substituiert werden.[1656]

Werden **Anteilsverschiebungen und -vereinigungen innerhalb des Organkreises** betrachtet, dient als Ausgangspunkt der in Abbildung 41 links dargestellte und vom Finanzministerium Baden-Württemberg beispielhaft angeführte Sachverhalt:[1657]

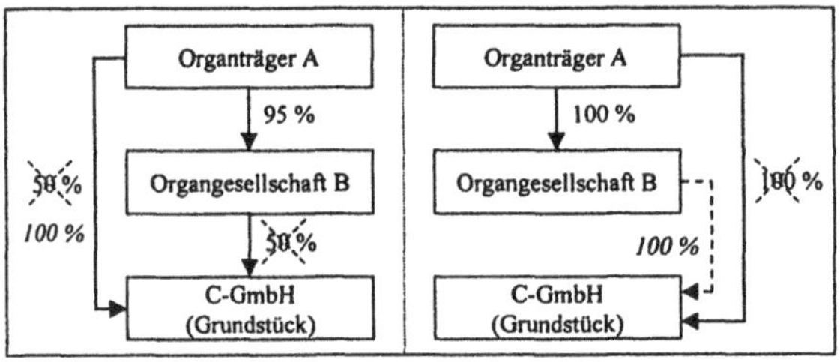

Abbildung 41: Beispielhafte Beteiligungsstrukturen bei Anteilsverschiebungen und -vereinigungen innerhalb des Organkreises

Falls B seine gesamten Anteile an A veräußert, so dass diese 100 % an C hält, nimmt das Finanzministerium einen Erwerbsvorgang i. S. v. § 1 Abs. 3 Nr. 1 GrEStG an[1658], obwohl die bislang von A gehaltene mittelbare und unmittelbare Beteiligung an C in eine reine unmittelbare Beteiligung transferiert wurde, was einer **Verstärkung der Anteilsvereinigung** im Organkreis entspricht. Dieser Entscheidung ist m. E. zu widersprechen, da im Organkreis sowohl vor als auch nach der Umstrukturierung mehr als 95 % der Anteile an C gehalten werden.[1659] Die Tatsache, dass der Organkreis „eine Hand" und damit für Anteilsübergänge einen fiktiven einheitlichen Rechtsträger darstellt, wird geleugnet. Unbenommen dessen ist die Bezugnahme des Finanzministeriums auf das BFH-Urteil vom 30.3.1988 zu kritisieren. Dessen Entscheidung lag keine Anteilsverschiebung, sondern eine Anteilsübertragung zugrunde, weswegen zumindest auf § 1 Abs. 3 Nr. 3 GrEStG als anwendbare Rechtsvorschrift hätte Bezug genommen werden müssen.[1660]

[1654] Vgl. Verfügung der OFD Münster vom 7.12.2000, S. 367, Beispiel 3b. Sinngemäßes würde gelten, falls keine Beteiligung an C bestünde.

[1655] HEINE stuft die OG dabei zutreffend als „einen Finger an der Hand" ein. Vgl. HEINE, KURT (2001a), S. 350.

[1656] Vgl. die Rechtsprechungsnachweise in Fn. 1647 (S. 303).

[1657] Vgl. Erlass des Finanzministeriums Baden-Württemberg vom 6.11.1995, S. 2295. Vgl. dazu auch den Beispielfall im Erlass des Finanzministeriums Nordrhein-Westfalen vom 2.12.1999, S. 102. Vgl. auch Verfügung der OFD Münster vom 7.12.2000, S. 367, Beispiel 6a.

[1658] Vgl. Erlass des Finanzministeriums Baden-Württemberg vom 6.11.1995, S. 2295 und Erlass des Finanzministeriums Nordrhein-Westfalen vom 2.12.1999, S. 102.

[1659] § 1 Abs. 3 Nr. 1 GrEStG findet nur dann Anwendung, wenn **durch** die Übertragung eines Anteils bzw. mehrerer Anteile (erstmalig) mind. 95 % im Organkreis vereinigt werden.

[1660] Vgl. BFH-Urteil vom 30.3.1988, S. 682 f. sowie die Ausführungen an späterer Stelle.

Die gleiche Meinung wie das Finanzministerium vertrat der BFH bereits im Jahre 1978, wobei im Rahmen einer identischen Beteiligungsstruktur zur linken Situation in Abbildung 41 (S. 304) mit anderen Beteiligungsquoten zwischen A und B eine umsatzsteuerliche Organschaft bestand.[1661] Im Gegensatz zu obigem Fall wurden dort zwischenzeitlich zwei Grundstücke von der grundstückbesitzenden Gesellschaft erworben, so dass sich die unmittelbare Anteilsvereinigung – bezogen auf die beiden neuen Wirtschaftsgüter – nach dem Sinn und Zweck des § 1 Abs. 3 GrEStG rechtfertigen lässt.[1662]

Eine explizit zu diesem Urteil gegenteilige Ansicht äußerte der BFH in den Jahren 1993 und 1994.[1663] Er stellte bei Vorliegen des Tatbestandes des § 1 Abs. 3 Nr. 1 GrEStG vielmehr auf eine **wirtschaftliche Betrachtungsweise** ab, da die Anteile an der grundstückhaltenden Gesellschaft beim herrschenden Unternehmen bereits zum Zeitpunkt des Haltens der unmittelbaren und mittelbaren Beteiligungen in einer Hand vereinigt waren. Die unmittelbare Vereinigung der Anteile in einer Hand stellt aus grunderwerbsteuerlicher Sicht keine „Verstärkung" seiner Position bzgl. der grundstückhaltenden Gesellschaft und damit keinen Tatbestand i.S.v. § 1 Abs. 3 GrEStG dar. Gleiches gilt für die Fälle, im Zuge derer zwischenzeitlich Grundstücke angeschafft wurden.[1664] Ferner ist es nicht notwendig, dass die unmittelbaren und mittelbaren Anteile durch eine Anteilsübertragung entstanden sind. Vielmehr gelten diese Grundsätze auch, wenn die Beteiligungsverhältnisse seit der **Gründung der grundstückbesitzenden Gesellschaft** bestehen.[1665]

Eine Übertragung der Rechtsprechung auf Organschaftsverhältnisse wurde explizit offen gelassen.[1666] Erfolgt eine Projizierung auf den obigen Sachverhalt, so wird die Position von A an C ebenfalls verstärkt. Dennoch soll GrESt erhoben werden, da vor der Transaktion keine mittelbare Anteilsvereinigung in der Hand von A stattfand, weil das Grundstück nicht ihr, sondern dem Organkreis zuzurechnen war. Kraft des Erwerbes der Anteile an C vereinigen sich alle Anteile erstmalig in Händen des OT.[1667] Überraschend ist festzustellen, dass das Grundstück trotz unverändert bleibender Sachherrschaft vor der Umstrukturierung dem Organkreis und danach dem OT zugerechnet werden soll. Anscheinend wird der Tatbestand der Anteilsvereinigung von mind. 95 % bei einer Gesellschaft den Regelungen zur Organschaft vorgezogen.[1668] Die Rechtsprechung deutet auf die (inkonsequente und paradoxe) Annahme von „mehreren Händen in einer Hand" hin. Der Organkreis besitzt als solcher sowohl vor als auch nach der Anteilsverschiebung die Sachherrschaft, da er in beiden Fällen eine 100%ige Beteiligung an C hält (§ 1 Abs. 3 Nr. 1 2. Alt. GrEStG). Wird die Eigenschaft des Organkrei-

---

1661 Aufgrund der Identität der Eingliederungsmerkmale ist ebenfalls von einer grunderwerbsteuerlichen Organschaft auszugehen. Vgl. Kapitel B.III.3.b) (ab S. 43).

1662 Vgl. BFH-Urteil vom 8.11.1978, S. 153 f.

1663 Den Sachverhalten lagen keine Organschaftsverhältnisse zugrunde.

1664 Vgl. dazu BFH-Urteil vom 20.10.1993, S. 122 und BFH-Urteil vom 12.1.1994, S. 408 f. Vgl. auch BFH-Urteil vom 16.1.1980, II R 83/74, S. 360, das diesen Sachverhalt zwar explizit offen ließ, wobei eine Tendenz zu den beiden vorher genannten Urteilen erkennbar ist.

1665 Vgl. BFH-Urteil vom 12.1.1994, S. 409. Ansonsten wäre bspw. bei einer Einmann-GmbH, zu deren Vermögen ein inländisches Grundstück gehört, zum Zeitpunkt der Eintragung ins HR ein der GrESt unterliegender Tatbestand gegeben.

1666 Vgl. BFH-Urteil vom 20.10.1993, S. 122 f.

1667 Vgl. die Argumentation im Erlass des Finanzministeriums Nordrhein-Westfalen vom 2.12.1999, S. 102.

1668 Vgl. HEINE, KURT (1999), S. 290.

ses als „eine Hand" negiert, entsteht kein davon abweichendes Ergebnis. Die Sachherrschaft des OT ist bei der mittelbaren Beteiligung diesem ebenfalls zuzuordnen, da die OG kraft der Eingliederungsvoraussetzungen als bloßes Medium zur Umsetzung der Interessenlage des OT fungiert.[1669] Mittels der hier vorgenommenen Transaktion findet kein Rechtsträgerwechsel hinsichtlich der Sachherrschaft statt, was § 1 Abs. 3 GrEStG jedoch gerade voraussetzt.[1670]

Im Jahre 1996 fand die BFH-Rechtsprechung einen weiteren (unrühmlichen) Höhepunkt. Dort wurde der Übergang von einer unmittelbaren zu einer mittelbaren Anteilsvereinigung betrachtet (**Abschwächung der Anteilsvereinigung**) und entgegen den Zweifeln der Vorinstanz[1671] durch den BFH-Beschluss vom 4.12.1996 eine **Steuerverschärfung** insofern herbeigeführt, als dass jene abschwächende Umstrukturierung den Tatbestand des § 1 Abs. 3 Nr. 3 GrEStG erfüllt, da zudem eine 100%ige Beteiligung (Anteilsübertragung!) Gegenstand des Transfers war.[1672] Als Begründung wurde ebenfalls die **erstmalige** Zuordnung der Anteile an der TG 2 zur TG 1 angeführt[1673], was auf eine **zivilrechtliche Denkweise** schließen lässt. Von Interesse wäre die Frage, wie der BFH im Falle des Vorliegens eines Organkreises entschieden hätte. Hierbei ist sich eines anderen Urteils zu bedienen, im Rahmen dessen alle Anteile an einer grundstückhaltenden Gesellschaft vom OT auf die OG transferiert wurden (rechter Sachverhalt in Abbildung 41 (S. 304)). Der BFH veranlasste die Erhebung von GrESt, da aus der Privilegierung des § 1 Abs. 3 Nr. 1 GrEStG nicht zu folgern ist, dass der Organkreis auch dazu geeignet ist, die Übertragung von mind. 95% der Anteile auf eine andere Gesellschaft des Organkreises entgegen des Wortlautes des § 1 Abs. 3 Nr. 3 GrEStG nicht der GrESt zu unterwerfen.[1674] Zustimmend hierzu nimmt auch das FG Niedersachsen keine Vergünstigung an, wenn ein Übergang von 100% der Anteile innerhalb eines Konzerns von einer TG auf eine andere TG stattfindet, obwohl die mittelbare Sachherrschaft der MG über die Grundstücke unverändert bleibt.[1675]

1669 Gleiches würde gelten, wenn kein Organschaftskonzern bestünde und jede vermittelnde Beteiligung mind. 95% betrüge. Die Sachherrschaft ist stets dem auf oberster Ebene angesiedelten Unternehmen zuzurechnen, da sonst der Tatbestand des § 1 Abs. 3 GrEStG bei jeder zwischengeschalteten Gesellschaft ausgelöst werden würde, obwohl die zunehmende Tiefe einer Beteiligungskette zu keiner Vermehrung von Grundstücken führt. Vgl. KROSCHEWSKI, ROBERT (2001), S. 1122 ff. A.A.: BFH-Beschluss vom 4.12.1996, S. 441, für den mit der erstmaligen Zuordnung von mind. 95% der Anteile auch die **erstmalige** Zuordnung des Grundstückes der entsprechenden Gesellschaft einhergeht.

1670 Vgl. KROSCHEWSKI, ROBERT (2001), S. 1125, Fn. 51.

1671 Vgl. Beschluss des FG Hamburg vom 9.9.1996 (n.rkr.), S. 253 f. Bereits im BFH-Urteil vom 8.11.1978, S. 154, wurde eine Abschwächung der Anteilsvereinigung als nicht steuerbar angesehen.

1672 Im betreffenden Sachverhalt hatte eine MG zwei 100%ige TG (TG 1 und TG 2), wobei die Letztere inländische Grundstücke besaß. Im Zuge einer Umstrukturierung wurden sämtliche Anteile an TG 2 auf TG 1 übertragen (sog. „side step"). Der gleiche Sachverhalt lag dem Urteil des FG Düsseldorf vom 27.9.2000 (n.rkr.), S. 90 f., zugrunde, das sich der BFH-Rechtsprechung anschloss.

1673 Vgl. BFH-Beschluss vom 4.12.1996, S. 440 f. und auch BFH-Urteil vom 28.11.1979, II R 117/78, S. 359. Die BFH-Rechtsprechung wurde bestätigt durch Urteil des FG Hamburg vom 4.9.1997 (rkr.), S. 131 f.; Urteil des FG Hamburg vom 28.2.2000 (n.rkr.), S. 697 f. und Urteil des FG Niedersachsen vom 1.6.1999 (n.rkr.), S. 1087. Insofern dürfte die Verkürzung einer mehrstufigen Beteiligungskette, an deren Ende sich eine grundstückhaltende Gesellschaft befindet, keine GrESt hervorrufen, da die Beteiligungsgesellschaft bereits vor der Umstrukturierung (mittelbare) Anteile besaß („up-stream"). Vgl. BECKMANN, KLAUS (1999), S. 221 und HEINE, KURT (2000), S. 853.

1674 Vgl. BFH-Urteil vom 30.3.1988, S. 682.

1675 Vgl. Urteil des FG Niedersachsen vom 1.6.1999 (n.rkr.), S. 1087.

Diesen Entscheidungen ist ebenfalls Widerspruch zu leisten.[1676] Zivilrechtlich gesehen mag § 1 Abs. 3 Nr. 3 GrEStG Anwendung finden, da mehr als 95% der Anteile übertragen wurde. Bei einer wirtschaftlichen Betrachtungsweise wurde die Beteiligung an der grundstückhaltenden Gesellschaft im Organkreis lediglich „umgehängt". Sowohl vor als auch nach der Umstrukturierungsmaßnahme werden durch den Organkreis mehr als 95% der Anteile gehalten, so dass auch für § 1 Abs. 3 Nr. 1 GrEStG als lex specialis plädiert werden könnte.[1677] Ein Wechsel der Sachherrschaft an einem Grundstück findet zwar bei den einzelnen Unternehmen des Organkreises, nicht jedoch beim Organkreis selbst statt.[1678] Diese Ansicht wird jedoch vom BFH explizit verworfen.[1679] Da die Mitglieder des Organkreises „eine Hand" darstellen, ist es nach meiner Ansicht unerheblich, wie sich die Anteilsstruktur innerhalb des Organkreises nun genau darstellt. HOFMANN führt an, dass zwischen den Mitgliedern eines Organkreises kein gesamthänderisches Verhältnis im Hinblick auf die Anteile existiert.[1680] Dies ist zivilrechtlich zutreffend. Gleichzeitig wäre dann aber die generelle Existenzberechtigung und Funktionsweise eines Organkreises infrage zu stellen.

Zusammenfassend behandelt der BFH eine Verstärkung und eine Abschwächung von Anteilsvereinigungen ungleich. Ob zwischen „...beiden Fällen [...] so erhebliche Unterschiede [bestehen, d. Verf.], daß eine unterschiedliche grunderwerbsteuerliche Behandlung beider Fälle gerechtfertigt ist"[1681], mag bezweifelt werden, zumal der BFH schuldig bleibt, was er unter „erheblichen Unterschieden" versteht. Wenn der Übergang zu einer unmittelbaren Anteilsvereinigung keine grunderwerbsteuerliche „Verstärkung" der Postion bzgl. der grundstückhaltenden Gesellschaft darstellt[1682], wird der Umkehrfall auch nicht zu einer grunderwerbsteuerlichen „Schwächung" dieser Position führen. Als weiterer Kritikpunkt ist die **Vermischung zwischen einer zivilrechtlichen und wirtschaftlichen Betrachtungsweise** anzuführen, die zu Gunsten Letzterer gelöst werden sollte. Die von ihrem Wortlaut zwar anwendbare Rechtsvorschrift des § 1 Abs. 3 Nr. 3 GrEStG ist hinsichtlich ihres Anwendungsbereiches teleologisch zu Gunsten von Umstrukturierungen innerhalb des Organkreises zu reduzieren.[1683]

Trotz aller geübter Kritik ist vom status quo der Rechtsprechung auszugehen. Insofern ist im Zuge der finanziellen Eingliederung darauf zu achten, dass die vor Begründung einer Organschaft mit den Stimmrechten verbundenen Anteile an der (grundstückhaltenden) OG weniger als 95% betragen bzw. während des Bestehens der Organschaft kein zu einer 95%igen Beteiligung führender Anteilserwerb stattfindet. Eine mind. 95%ige Beteiligung ist nur dann un-

1676 Gleicher Ansicht: WIENANDS, HANS-GERD (1997), S. 1364.

1677 § 1 Abs. 3 Nr. 3 GrEStG ist im Verhältnis zur Nr. 1 derselben Rechtsvorschrift als subsidiär einzustufen. Vgl. STORG, PETER (2001), S. 140.

1678 Gleicher Ansicht: EDER, ULRICH (1994), S. 738 und FLEISCHER, HEINRICH (1996), S. 1397.

1679 „Eine Einschränkung der Steuerpflicht kann allenfalls insoweit angenommen werden, als bei Vereinigung aller Anteile über mehrere Gesellschaften des Organkreises die Verschiebung einzelner dieser Anteile auf andere Gesellschaften des Organkreises zu keiner erneuten Steuerpflicht wegen Anteilsvereinigung im Organkreis führt." BFH-Urteil vom 30.3.1988, S. 682.

1680 Vgl. HOFMANN, RUTH (1996), § 1 GrEStG, Rdnr. 103.

1681 BFH-Urteil vom 8.11.1978, S. 154 und tendenziell BFH-Beschluss vom 4.12.1996, S. 441.

1682 Vgl. BFH-Urteil vom 20.10.1993, S. 122 und BFH-Urteil vom 12.1.1994, S. 409.

1683 Vgl. STOSCHEK, UWE (1997), S. 1930.

schädlich, wenn sie im Rahmen der Gründung der OG entstanden ist. Werden wie in Abbildung 41 (S. 304; rechter Sachverhalt) Beteiligungen verschoben, sollte deren Höhe unter 95% liegen. Hierbei ist ein Minderheitsanteil (mind. 5%) von einer organkreisexternen Gesellschaft/natürlichen Person an der Grundstücksgesellschaft zu halten. Diese Gestaltung stellt keinen „§ 42 AO-Fall“ dar.[1684]

Die Vermengung zivilrechtlicher und wirtschaftlicher Sichtweisen hätte im Zuge des **Werdeganges des UntStFG** die in dieser Arbeit vertretene letzte Möglichkeit bekräftigen können. Der Wortlaut des geplanten § 1 Abs. 7 GrEStG i.d.F. des UntStFG-E lautete: „Sind an einem Rechtsvorgang im Sinne der Absätze 1-3 nur solche Unternehmen beteiligt, zwischen denen schon zuvor ein Konzern entstanden war, gilt dies nicht als Erwerb eines Grundstücks im Sinne des Gesetzes, falls das Grundstück nicht anschließend innerhalb von fünf Jahren zusammen mit dem grundbesitzenden Unternehmen aus dem Konzern ausscheidet.“[1685]

Unter dem für grunderwerbsteuerliche Zwecke atypischen und unbestimmten Rechtsbegriff des „Konzerns“ sollten nach dem Willen des Gesetzgebers „...miteinander verbundene Unternehmen [verstanden werden, d. Verf.], die unter einheitlicher Leitung zusammengefasst sind (Konzern gemäß bzw. analog § 18 AktG)...“[1686]. Analog zur BFH-Rechtsprechung der mehrfachen Abhängigkeit für die Mehrmütterorganschaft wurden in jüngster Zeit wiederum (aktienrechtliche) Tatbestände des Rechts der verbundenen Unternehmen – diesmal vom Gesetzgeber – in das Steuerrecht zu transferieren versucht. Auch hier muss die Frage gestattet sein, welche Unterschiede zum einen zwischen den Voraussetzungen einer grunderwerbsteuerlichen Organschaft und einem aktienrechtlichen Konzern bestehen. Hierzu ist auf die zusammenfassende Darstellung in Abbildung 11 (S. 166) zu verweisen. Ferner ist zu kritisieren, dass der Gesetzgeber durch Einführung neuer Termini eher Verwirrung stiftet als Rechtssicherheit schafft. In der Gesetzesbegründung wird angeführt, dass bei Unternehmen innerhalb eines Konzerns von einer Steuerbelastung abgesehen wird, da sie eine wirtschaftliche Einheit bilden.[1687] Wäre dieses Gefüge bei Annahme einer grunderwerbsteuerlichen Organschaft nicht gewährleistet?

Unbenommen dessen wird bei Vorliegen eines aktienrechtlichen Konzerns und entgeltlichen bzw. unentgeltlichen Grundstücksübertragungen innerhalb desselben ein **einheitlicher grunderwerbsteuerlicher Rechtsträger fingiert**.[1688]

[1684] Vgl. ausdrücklich BFH-Urteil vom 31.7.1991, S. 58.

[1685] Art. 7 des „Entwurfs eines Gesetzes zur Fortentwicklung des Unternehmenssteuerrechts (Unternehmenssteuerfortentwicklungsgesetz – UntStFG)“ vom 17. August 2001, S. 34. Steuersystematisch handelt es sich um eine subjektive Steuerbefreiung, die eigentlich in § 4 GrEStG hätte verankert werden müssen. Vgl. WEILBACH, DIETRICH (2001), S. 389.

[1686] Gesetzesbegründung zu Art. 7 des „Entwurfs eines Gesetzes zur Fortentwicklung des Unternehmenssteuerrechts (Unternehmenssteuerfortentwicklungsgesetz – UntStFG)“ vom 17. August 2001, S. 73.

[1687] Vgl. die Gesetzesbegründung zu Art. 7 des „Entwurfs eines Gesetzes zur Fortentwicklung des Unternehmenssteuerrechts (Unternehmenssteuerfortentwicklungsgesetz – UntStFG)“ vom 17. August 2001, S. 73.

[1688] Demgegenüber erfährt ein außerkonzernlicher Bezug keinen Schutz des § 1 Abs. 7 GrEStG i.d.F. des UntStFG-E. Damit ist die erstmalige Zuordnung eines Grundstückes zu einem Konzernunternehmen sowie dessen Ausscheiden aus dem Konzern gemeint. Vgl. die Gesetzesbegründung zu Art. 7 des „Entwurfs eines Gesetzes zur Fortentwicklung des Unternehmenssteuerrechts (Unternehmenssteuerfortentwicklungsgesetz – UntStFG)“ vom 17. August 2001, S. 73. Die Rechtsvorschrift beinhaltet ferner eine Missbrauchsklausel,

Die geplante Vorschrift besaß auch Auswirkungen auf das UStG. Dieses sieht grundsätzlich für unter das GrEStG fallende Umsätze eine objektive Steuerbefreiung vor (§ 4 Nr. 9a UStG). Dieselbe Rechtsvorschrift sollte auch die unter § 1 Abs. 7 GrEStG i.d.F. des UntStFG-E fallenden Umsätze von einer Besteuerung ausnehmen.[1689] Da vom Bestehen eines „Konzerns" i.S.v. § 1 Abs. 7 GrEStG i.d.F. des UntStFG-E auf das Vorliegen einer grunderwerbsteuerlichen Organschaft zu schließen ist und jene identische Tatbestände zu einer umsatzsteuerlichen Organschaft aufweist, sind Innenumsätze insofern nicht umsatzsteuerbar. Dennoch stellt der Gesetzgeber anscheinend auf Situationen ab, in denen zwar ein „Konzern", jedoch keine umsatzsteuerliche Organschaft vorliegt.

Die geplanten und auch im Rahmen der Beschlussfassung des 7. Finanzausschusses unbeanstandeten Normen wurden dennoch **nicht in geltendes Recht transformiert.**[1690] Die wünschenswerte Annäherung hin zur Einheitstheorie mit einer damit nicht nur verbundenen Harmonisierung der Tatbestandvoraussetzungen, sondern auch der Rechtsfolgen im Vergleich zur umsatzsteuerlichen Organschaft ist zu bedauern. Somit bleibt der Widerspruch bestehen, dass die im Organkreis befindlichen Unternehmen zwar als „eine Hand" angesehen werden, wobei Besteuerungsfolgen bei Transaktionen innerhalb „dieser Hand" dennoch eingreifen.

Letztlich soll auf eine jüngst entfachte Diskussion hinsichtlich der Auswirkungen eines Organschaftsvertrages auf die GrESt eingegangen werden. Als Stein des Anstoßes urteilte das FG Düsseldorf im Jahre 1998, dass bei **Bestehen eines Organschaftsvertrages** der Tatbestand der **Verschaffung der Verwertungsbefugnis** i.S.v. § 1 Abs. 2 GrEStG von der OG zu Gunsten des OT verwirklicht wird.[1691] Im Falle der Rechtskräftigkeit dieses Urteils, das im Revisionsverfahren durch den BFH im Jahre 2000 aufgehoben wurde[1692], wäre eine Lawine an grunderwerbsteuerlichen Tatbeständen in Organschaftskonzernen entstanden.

Der subsidiär[1693] zu § 1 Abs. 1 GrEStG wirkende § 1 Abs. 2 GrEStG erfasst Rechtsvorgänge, die einem anderen eine eigentümerähnliche Rechtsposition an einem Grundstück verschaffen, ohne dass ein Übereignungsanspruch stattfindet.[1694] Hierbei wird auf die grunderwerbsteuerliche Erfassung von Geschäften abgestellt, die **bei wirtschaftlicher Betrachtungsweise dem Eigentumserwerb gleichzusetzen** sind.[1695] Die Verschaffung der Verwertungsbefugnis auf

---

nach der GrESt zu erheben ist, falls das Grundstück innerhalb von fünf Jahren nach dem Rechtsvorgang mit dem erwerbenden Unternehmen aus dem Konzernverbund ausscheidet.

1689 Vgl. Art. 6 des „Entwurfs eines Gesetzes zur Fortentwicklung des Unternehmenssteuerrechts (Unternehmenssteuerfortentwicklungsgesetz – UntStFG)" vom 17. August 2001, S. 33.

1690 Art. 6 und 7 der „Beschlussempfehlung des 7. Finanzausschusses zu dem Gesetzesentwurf der Bundesregierung – Entwurf eines Gesetzes zur Fortentwicklung des Unternehmenssteuerrechts (Unternehmenssteuerfortentwicklungsgesetz – UntStFG)", S. 56. Es lässt sich mutmaßen, ob dafür die vorsichtig geschätzten Steuermindereinnahmen von ca. 500-600 Mio. DM verantwortlich waren. Vgl. HALACZINSKY, RAYMOND (2002), S. 1512 und WEILBACH, DIETRICH (2001), S. 390.

1691 Vgl. Urteil des FG Düsseldorf vom 14.8.1998 (n.rkr.), S. 1661 f.

1692 Vgl. BFH-Urteil vom 1.3.2000, S. 1088 f.

1693 Vgl. BFH-Urteil vom 19.6.1975, S. 28 und BFH-Urteil vom 26.5.1976, S. 725.

1694 § 1 Abs. 2 GrEStG ist dabei ohne Rücksicht auf die Beweggründe oder die Absicht der Beteiligten durchzuführen. Vgl. BFH-Urteil vom 19.6.1975, S. 28 und BFH-Urteil vom 26.5.1976, S. 724.

1695 Vgl. dazu PAHLKE, ARMIN (1999), § 1 GrEStG, Rz. 235 f. Dem Verwertungsberechtigten stehen Einwirkungsrechte zur Verfügung, die stärker als diejenigen eines bloßen Pächters anzusehen sind. Vgl. BFH-Urteil vom 14.9.1988, S. 53; BFH-Urteil vom 17.10.1990, II R 55/88, S. 557; BFH-Urteil vom 27.7.1994, S. 270 und BFH-Urteil vom 29.7.1998, S. 518. Gleichzeitig ist die geschaffene Rechtsmacht schwächer als

eigene Rechnung setzt keine Übertragung von Grundeigentum voraus. Des Weiteren ist nicht erforderlich, „...daß er [der Verwertungsberechtigte, d. Verf.] wie ein Eigentümer über das Grundstück verfügen, d.h. es besitzen, verwalten, nutzen, belasten und schließlich veräußern kann."[1696] Es ist ausreichend, wenn ihm bestimmte Rechte übertragen werden (z.B. das Recht zur Nutzung und Veräußerung des Grundstückes).[1697] Als Voraussetzung hat somit eine Rechtsmacht des Erwerbers vorzuliegen, die ihm die rechtliche oder wirtschaftliche Verwertungsbefugnis überträgt.[1698] Dies setzt voraus, dass dem Verwertungsberechtigten zu bloßen Besitz- und Nutzungsrechten zusätzliche Einwirkungsmöglichkeiten auf die gesamte Substanz des Grundstückes gewährt werden.[1699]

Obige Grundsätze sind auf den Organschaftsvertrag zu transferieren.[1700, 1701] Im Rahmen des BHV kann die OG vom OT angewiesen werden, ein konkretes Grundstück zu veräußern.[1702] Das Veräußerungsergebnis[1703] ist kraft EAV an den OT abzuführen bzw. von diesem auszugleichen. Demzufolge würden zwei grunderwerbsteuerpflichtige Vorgänge stattfinden: Zum einen auf Ebene der OG beim eigentlichen Grundstückserwerb und zum anderen kraft Organschaftsvertrages auf Ebene des OT.[1704] Die Bemessungsgrundlage des zweiten Tatbestandes stellt mangels zurechenbarer Gegenleistung der Bedarfswert dar (§§ 8 Abs. 2 Nr. 1 GrEStG, 138 BewG).[1705]

---

diejenige des zivilrechtlichen Eigentümers, der mit dem Grundstück nach Belieben verfahren und jedwede andere Personen von der Einwirkung ausschließen kann, falls dem keine Gesetze oder Rechte von Dritten entgegenstehen (§ 903 S. 1 BGB). Vgl. BFH-Urteil vom 14.9.1988, S. 53 und auch BFH-Urteil vom 1.3.2000, S. 1088.

1696 BFH-Urteil vom 17.10.1990, II R 55/88, S. 557. Vgl. auch BFH-Urteil vom 27.7.1994, S. 270.

1697 Vgl. BFH-Urteil vom 26.5.1976, S. 725 f.

1698 Die Differenzierung in „rechtlich" und „wirtschaftlich" ist von der Art und Weise der Verwertung abhängig. Vgl. BFH-Urteil vom 26.5.1976, S. 725. Die stärkste Form der rechtlichen Verwertungsbefugnis besteht dabei in der Ermächtigung zur Veräußerung des Grundstückes auf eigene Rechnung, wobei der Mehrerlös nicht an den zivilrechtlichen Eigentümer abzuführen ist. Vgl. BFH-Urteil vom 14.9.1988, S. 54 und BFH-Urteil vom 27.7.1994, S. 271. Es ist hingegen auch nicht zu beanstanden, wenn ein über eine bestimmte festgelegte Grenze hinaus gehender Mehrerlös nicht dem Eigentümer zugute kommt. Vgl. BFH-Urteil vom 19.6.1975, S. 27 f.

1699 Vgl. BFH-Urteil vom 30.11.1983, S. 159 und BFH-Urteil vom 29.7.1998, S. 518.

1700 Die durch eine bloße Beteiligung an einer Gesellschaft begründete gesellschaftliche Machtstellung kommt keiner Verwertungsbefugnis am Grundstückseigentum gleich. So erwirbt bspw. ein atypisch stiller Gesellschafter keine Verwertungsbefugnis an einem Grundstück, das der Inhaber des Handelsgeschäftes erwirbt. Vgl. BFH-Urteil vom 30.11.1983, S. 158 f. und BFH-Urteil vom 27.3.1991, S. 733. Vgl. dazu auch BFH-Urteil vom 1.3.2000, S. 1089 für den Fall eines Alleingesellschafters.

1701 Analoge Überlegungen gelten ebenfalls bei einer Kombination aus aktienrechtlicher Eingliederung und EAV. Vgl. FISCHER, PETER (1997), § 1 GrEStG, Rn. 802.

1702 Von der Rechtsprechung werden ausschließlich im Umlaufvermögen der OG befindliche Grundstücke angesprochen, da ansonsten von einer Veräußerung regelmäßig nicht auszugehen ist (§ 247 Abs. 2 HGB). FISCHER schließt eine Anwendung der dargestellten Grundsätze auf das Anlagevermögen jedoch nicht aus. Vgl. FISCHER, PETER (1997), § 1 GrEStG, Rn. 800.

1703 Der Verwertungsberechtigte muss nicht ausschließlich an Wertsteigerungen des Grundstückes partizipieren. Eine Teilhabe an entsprechenden Wertminderungen ist ebenfalls möglich, kann jedoch vertraglich ausgeschlossen werden. Vgl. BFH-Urteil vom 26.5.1976, S. 724 ff. und PAHLKE, ARMIN (1999), § 1 GrEStG, Rz. 242.

1704 Vgl. FUCHS, MICHAEL/LIEBER, BETTINA (2000), S. 1334. Gleiche Überlegungen gelten für den Fall, bei dem der OT der OG ein Grundstück veräußert. Einerseits findet eine Besteuerung i.S.v. § 1 Abs. 1 Nr. 1 GrEStG statt, andererseits gewinnt der OT die Verwertungsbefugnis am veräußerten Grundstück zurück.

1705 Vgl. Urteil des FG Düsseldorf vom 14.8.1998 (n.rkr.), S. 1661 f.

Von entscheidender Bedeutung ist, ob zum einen überhaupt ein „Erwerbsvorgang" stattfindet und ob zum anderen die kraft EAV aus der Grundstücksverwertung resultierenden und an den OT abgeführten Erlöse „auf seine eigene Rechnung" gehen (§ 1 Abs. 2 GrEStG). Ein „Erwerbsvorgang" muss darauf gerichtet sein, dass ein Grundstück von einem Rechtsträger auf einen anderen übergeht[1706], wobei im Kontext der wirtschaftlichen Betrachtungsweise des § 1 Abs. 2 GrEStG ein Wechsel in der Grundstückszuordnung unterhalb der Ebene eines Eigentümerwechsels als ausreichend erscheint[1707]. Der BFH argumentiert m. E. vollkommen zu Recht, dass durch bloße Weisungsrechte keine abweichende Grundstückszuordnung zu rechtfertigen sei.[1708] Eine Verwertungsmöglichkeit bedarf vielmehr eines besonderen Rechtsvorganges[1709], den Unternehmensverträge nicht zu ersetzen vermögen. Die Weisungen der Organe des OT entscheiden nicht in direkter Weise über das Schicksal der Grundstücke. Vielmehr sind dafür die Organe der OG verantwortlich, deren Entscheidungen ihr selbst und nicht dem OT zuzurechnen sind. Wer einen Rechtsträgerwechsel dennoch bejaht, missachtet das Trennungsprinzip zwischen OT und OG. Die gleiche Ansicht vertritt auch das FG Düsseldorf: Der OT kann über die Grundstücke nur durch die weisungsgebundenen Organe der OG in deren Namen verfügen. Allerdings gehen die aus der Verwertung resultierenden Ergebnisse mittels des EAV auf „seine eigene Rechnung".[1710] Bei Bestehen eines EAV fließen diese zwar dem OT zu, wobei von Relevanz ist, ob die Notwendigkeit eines Anspruches auf Abführung des isolierten Veräußerungsergebnisses zu bestehen hat oder ob die Abführung des diese Position u.a. umfassenden „gesamten""Gewinns ausreichend ist. Da der Erlös der OG rechtlich und bilanziell zusteht[1711], ist eine „Verwertung auf eigene Rechnung" nicht anzunehmen, da dem Trennungsprinzip widersprochen werden würde. Was wäre, wenn die OG die Beträge in ihre Rücklagen einstellen oder damit vorvertragliche Verluste ausgleichen würde? Hierbei wäre eindeutig dem Wirtschaften „auf eigene Rechnung" widersprochen.[1712] Der Entscheidung des BFH[1713] ist vollends zuzustimmen.

1706 Vgl. BFH-Urteil vom 29.10.1997, S. 28.

1707 Vgl. BFH-Urteil vom 1.3.2000, S. 1088.

1708 Vgl. BFH-Urteil vom 1.3.2000, S. 1088.

1709 Vgl. HEINE, KURT (2001b), S. 106.

1710 Vgl. Urteil des FG Düsseldorf vom 14.8.1998 (n.rkr.), S. 1661 unter Hinzunahme der Meinung von FISCHER, PETER (1997), § 1 GrEStG, Rn. 799.

1711 Vgl. FUCHS, MICHAEL/LIEBER, BETTINA (2000), S. 1336.

1712 Die Situation des OT ist auch nicht mit derjenigen eines Treugebers vergleichbar. Vgl. BFH-Urteil vom 1.3.2000, S. 1089. Erwirbt der Treuhänder ein Grundstück in eigenem Namen, aber für Rechnung des Treugebers, hat Letzterer die wirtschaftliche Verwertungsmacht i.S.v. § 1 Abs. 2 GrEStG inne und kann trotz keines Besitzes die Herausgabe des Grundstückes bzw. die Verwertungserlöse im Falle der Veräußerung des Grundstückes durch den Treuhänder verlangen (§ 667 BGB). Vgl. BFH-Urteil vom 30.11.1983, S. 159.

1713 Vgl. BFH-Urteil vom 1.3.2000, S. 1088 f.

D. Weitere aktuelle spezifische Fragestellungen in den laufenden Organschaftskonzernen

I. Handelsrechtliche Mehr- und Minderabführungen

Die bislang erfolgte **Diskussion** um die steuerliche Behandlung von handelsrechtlichen Mehr- und Minderabführungen, welche eine große praktische Relevanz aufweisen, von der Finanzverwaltung jedoch nur idealtypisch in Abschn. 59 KStR geregelt werden, bleibt nicht nur nach den jüngsten Gesetzesänderungen bestehen; sie wird sogar **verstärkt zu führen** sein. Die auf Seiten der OG bislang geltende Gesetzesregelung des § 36 Abs. 2 KStG 1999 wurde aufgrund des Wegfalls der vEK-Gliederung durch das StSenkG in § 27 Abs. 8 KStG entsprechend weitergeführt. Nach einer „Berg- und Talfahrt", wonach der Problem- und Anwendungsbereich handelsrechtlicher Mehr- und Minderabführungen unzutreffenderweise eine zu stark kasuistische Einschränkung erfuhr (§ 27 Abs. 8 KStG i.d.F. des UntStFG-E[1714])[1715], ist der Themenkomplex nun wieder verallgemeinert in § 27 Abs. 6 KStG i.d.F. des UntStFG[1716] vorzufinden. Die im Schrifttum[1717] geforderte **gesetzliche Regelung des** auf Seiten des OT vorzufindenden **organschaftlichen AP blieb** bedauerlicherweise **aus.**[1718] Gleiches gilt für die Kodifizierung der Behandlung organschaftlicher Mehr- und Minderabführungen, die auf Geschäftsvorfällen aus vororganschaftlicher Zeit beruhen.

Das auf THIEL[1719] zurückzuführende Rechtsinstitut des AP, welches im Organschaftserlass vom 23.10.1959[1720] nur unzureichend geklärt, in späteren Erlassen[1721] näher konkretisiert wurde und eine Einmalbesteuerung im Rahmen der Organschaft sicherzustellen bezweckt, liefert ausschließlich Lösungsansätze für **idealtypische Fälle.**[1722] Diese werden in Kapitel D.I.1 (ab S. 313) aufgezeigt und in den Folgekapiteln um nicht berücksichtigte Schwierigkeiten ergänzt.

[1714] Mittels des (geplanten) Gesetzeswortlautes wurde ausschließlich die Rücklagenbildung i.S.v. § 14 Abs. 1 Nr. 4 KStG erfasst. Vgl. Art. 2 Nr. 11 des „Entwurfs eines Gesetzes zur Fortentwicklung des Unternehmenssteuerrechts (Unternehmenssteuerfortentwicklungsgesetz – UntStFG)" vom 17. August 2001, S. 14.

[1715] Gleicher Ansicht: RÖDDER, THOMAS/SCHUMACHER, ANDREAS (2001), S. 1687 f.

[1716] Der Fall der Rücklagenbildung wurde dabei von einer vollständigen in eine beispielhafte Enumeration überführt. Vgl. Art. 2 Nr. 11 des „Gesetzes zur Fortentwicklung des Unternehmenssteuerrechts (Unternehmenssteuerfortentwicklungsgesetz – UntStFG)" vom 20. Dezember 2001, S. 3865.

[1717] Vgl. DÖTSCH, EWALD/PUNG, ALEXANDRA (2000b), S. 12 f. und KUSSMAUL, HEINZ/RICHTER, LUTZ (1999a), S. 1721.

[1718] In Kapitel E (ab S. 405) wird ein Vorschlag für einen beispielhaften Wortlaut im Zuge einer möglichen Normierung unterbreitet.

[1719] Vgl. THIEL, RUDOLF (1960), S. 735 ff., s. b. S. 736.

[1720] Vgl. Erlass betr. körperschaftsteuerrechtliche und gewerbesteuerrechtliche Behandlung von Organschaften vom 23.10.1959, S. 163.

[1721] Vgl. z.B. Erlass betr. körperschaftsteuerrechtliche und gewerbesteuerrechtliche Behandlung von Organschaften vom 18.4.1961, S. 79.

[1722] Insofern gilt die von HÜBEL im Jahre 1984 getroffene Aussage noch heute: „Verläßt man den im Abschn. 59 Abs. 1 KStR dargestellten Idealfall, so stellen sich in den Randzonen ungeklärte Fragen, die erkennen lassen, daß eine durchgängige steuerwissenschaftliche Klärung bis heute noch aussteht." HÜBEL, WOLFGANG (1984a), S. 11.

1. Entstehung und Auflösung in organschaftlicher Zeit

a) Ausgleichsposten dem Grunde nach

(1) Rechtfertigung und generelle Funktionsweise

Den Ausgangspunkt für die generelle Entstehung eines AP bildet die regelmäßig existente betragsmäßige **Divergenz zwischen dem abzuführenden handelsbilanziellen Ergebnis und dem zuzurechnenden Einkommen der OG**. Bezugnehmend auf Tabelle 5 (S. 184) und Tabelle 7 (S. 189 ff.) sind **zwei** generelle (vom Steuergesetzgeber in § 27 Abs. 6 S. 2 KStG i. d. F. des UntStFG implizit und grob umrissene) **Korrekturkategorien** zu identifizieren, die sich für eine solche Abweichung als verantwortlich zeigen:

- Unterschiedliche (ausgeübte bzw. auszuübende) handels- und steuerrechtliche Bilanzierungs- und Bewertungsvorschriften im Rahmen der Überleitung von der Handelsbilanz zur Steuerbilanz der OG (**Ebene der Ergebnisentstehung**) sowie
- Dotierung und Auflösung von Rücklagenkategorien im Rahmen der Überleitung vom Jahresergebnis zum Betrag der Ergebnisabführung (**Ebene der Ergebnisverwendung**)[1723].[1724]

(a) Aktiver Ausgleichsposten

Ein aktiver AP erfährt seine Daseinsberechtigung, wenn die handelsbilanzielle Ergebnisabführung der OG kleiner als das dem OT zuzurechnende Einkommen ist. In diesem Fall liegt eine **sog. handelsrechtliche Minderabführung** vor, wobei das höhere Einkommen beim OT der sofortigen Besteuerung bzw. den steuerlich zulässigen Verlustverrechnungsmöglichkeiten unterliegt. Zur **Vermeidung einer (potenziellen) steuerlichen Doppelerfassung muss**[1725] ein aktiver AP angesetzt werden, der die erwähnten Abweichungen solange ausgleicht, bis seine Existenzberechtigung durch zukünftige handelsrechtliche Mehrabführungen oder die Veräußerung der Organbeteiligung entfällt.[1726]

Die **Fallkonstellationen** zur Rechtfertigung eines aktiven AP sind verallgemeinend die Folgenden:

- Der Betrag des abzuführenden handelsbilanziellen Gewinns ist kleiner als derjenige des steuerbilanziellen Gewinns;

[1723] Wird von der OG während des Organschaftsverhältnisses eine Dotierung der „anderen Gewinnrücklagen" aus dem Jahresüberschuss gem. § 14 Abs. 1 Nr. 4 KStG vorgenommen, mindert sich die Gewinnabführung dementsprechend, wobei der Jahresüberschuss und das zu versteuernde Einkommen ceteris paribus den Betrag der Gewinnabführung übersteigen. Gleiches gilt für den bilanziellen Ausgleich eines vororganschaftlichen Verlustvortrages, der den Betrag der Gewinnabführung ebenfalls mindert.

[1724] Die Diskussion, ob nicht abziehbare Aufwendungen bzw. steuerfreie Erträge ebenfalls den Ansatz eines AP rechtfertigen, wird in Kapitel D.I.1.a)(1)(c) (ab S. 318) gesondert geführt.

[1725] Die Bildung eines AP ist gem. Abschn. 59 Abs. 1 S. 3 KStR nicht nur möglich, sondern zwingend erforderlich.

[1726] Insofern wird das Prinzip der Einmalbesteuerung im Organkreis sowohl für abgeführte als auch für nicht abgeführte Gewinne sichergestellt. Vgl. BFH-Urteil vom 24.7.1996, S. 1730.

- der Betrag des zu übernehmenden handelsbilanziellen Verlustes ist größer als derjenige des negativen zuzurechnenden Einkommens;
- es wird ein handelsbilanzieller Verlust übernommen, wobei ein steuerbilanzieller Gewinn entsteht.[1727, 1728]

Die Wirkungsweise des aktiven AP soll an einem durchgängigen Fallbeispiel verdeutlicht werden.[1729]

Eine 100%ige[1730] OG hält in ihrem Finanzanlagevermögen Wertpapiere, deren beizulegender Wert bzw. Teilwert sich am 31.12.2002 auf 100.000 EUR beläuft (Börsenkurs). Die mit dem Buchwert identischen Anschaffungskosten betragen zu diesem Zeitpunkt 130.000 EUR. Es liegt eine voraussichtlich nicht dauernde Wertminderung vor. Die OG macht von dem Wahlrecht einer außerplanmäßigen Abschreibung auf den niedrigeren beizulegenden Wert gem. § 279 Abs. 1 S. 2 i.V.m. § 253 Abs. 2 S. 3 HGB Gebrauch. Steuerbilanziell besteht das Verbot einer Abschreibung auf den niedrigeren Teilwert (§ 6 Abs. 1 Nr. 2 S. 2 EStG). Der handelsrechtliche Jahresüberschuss der OG vor Gewinnabführung und unter Berücksichtigung dieses Sachverhaltes beträgt 500.000 EUR. Rücklagenbewegungen finden nicht statt. Zwecks einer isolierten Betrachtungsweise erzielt der OT ein handels- und steuerbilanzielles Ergebnis sowie ein zu versteuerndes Einkommen von Null. Es gilt:

	handelsbilanzielles Ergebnis nach Gewinnabführung	*0*
+	*steuerliche Korrekturen*	*30.000*
=	***steuerbilanzielles Ergebnis***	***30.000***
+	*an den OT abgeführter Gewinn*	*500.000*
=	***dem OT zuzurechnendes Einkommen***	***530.000***

Der OT hat eine steuerliche Vermögensmehrung i.H.v. 530.000 EUR zu erfassen. Die handelsrechtliche Vermögensmehrung, ausgedrückt durch die Forderung auf Gewinnabführung, beläuft sich auf 500.000 EUR, so dass der OT einen höheren Betrag zu versteuern hat, als ihm zivilrechtlich kraft EAV überhaupt zusteht. Gemäß einer wirtschaftlichen Betrachtungsweise ist die Minderabführung von 30.000 EUR mit dem **Verbleib von Vermögen in der OG** gleichzusetzen.[1731] Diese Überlegung steht in Einklang mit der Regelung des § 27 Abs. 6 KStG i. d. F. des UntStFG, da der Betrag der Minderabführung das (auf Dauer angelegte) steuerliche Einlagekonto erhöht.[1732] Insofern versteuert der OT den Betrag der Minderabführung und legt diesen danach wieder in das Vermögen der OG ein.[1733]

1727 Vgl. WINTER, WILLI (2002), § 14 KStG, Anm. 76.

1728 Nachfolgend wird aus Gründen der Transparenz ausschließlich der erste Fall betrachtet.

1729 Die gewählten Zahlen zur Dotierung des AP dienen ausschließlich als begleitendes Element des Beispiels (zur Zeit des Anrechnungsverfahrens). Sie fungieren ferner als Beurteilungsmaßstäbe für die sich in Kapitel D.I.1.b) (ab S. 325) stellenden Bewertungsfragen.

1730 Auf die Existenz von Minderheitsgesellschaftern wird in Kapitel D.I.1.b)(2) (ab S. 326) ausführlich eingegangen.

1731 Vgl. FROTSCHER, GERRIT (2001b), S. 17.

1732 Dies entspricht der Vorgehensweise unter der Ägide des Anrechnungsverfahrens. Dort erhöhten die den abgeführten Gewinn übersteigenden (steuerlichen) Vermögensmehrungen den Teilbetrag des EK 04 (§ 37 Abs. 2 S. 1 KStG 1999). Jener stellt seit dem 31.12.2000 bzw. dem Schluss des letzten in 2001 endenden Wirtschaftsjahres den Anfangsbestand des steuerlichen Einlagekontos dar (§ 39 Abs. 1 KStG), auf dem nicht in das Nennkapital geleistete offene und verdeckte Einlagen des Anteilseigners festgeschrieben werden (§ 27 Abs. 1 S. 1 KStG). Als ungefährer Anhaltspunkt wiesen 6.061 OG im Jahre 1995 einen positiven

Durch den „Rücklagenbetrag" bzw. das erhöhe Einlagekonto steigt der Teilwert der Organbeteiligung bei einer von der Finanzverwaltung und BFH-Rechtsprechung unterstellten und an objektiven Bewertungsmaßstäben ausgerichteten typisierten Nettosubstanzwertbetrachtung (unter Vernachlässigung anderer etwaiger Bewertungsfaktoren) um 30.000 EUR.[1734] Da jener steuerbilanziell unberührt bleibt (Abschn. 59 Abs. 1 S. 2 KStR), ist der gestiegene Wert der Beteiligung (stille Reserven) in Form eines aktiven AP auszudrücken.[1735] Dieser wird i.H.v. 30.000 EUR ausschließlich für steuerliche Zwecke[1736] einkommens**neutral**[1737] gebildet. Der Buchungssatz lautet:[1738]

(a) Forderungen gegenüber verbundenen Unternehmen	500.000	an	Ertrag aus der Gewinnabführung von verbundenen Unternehmen	500.000
aktiver AP	30.000		Ertrag aus der Bildung des aktiven AP[1739]	30.000

Im Jahre 2004 entfallen die Gründe für die außerplanmäßige Abschreibung, da der Börsenkurs am 31.12.2004 150.000 EUR beträgt. Die Zuschreibungspflicht für die OG (§ 280 Abs. 1 S. 1 HGB) besitzt folgende Auswirkungen:

	handelsbilanzielles Ergebnis nach Gewinnabführung	*0*
–	*steuerliche Korrekturen*	*30.000*
=	***steuerbilanzielles Ergebnis***	***– 30.000***
+	*an den OT abgeführter Gewinn*	*500.000*
=	***dem OT zuzurechnendes Einkommen***	***470.000***

In 2004 findet eine handelsrechtliche Mehrabführung von 30.000 EUR statt. Das steuerliche Einlagekonto ist um diesen Betrag zu mindern (§ 27 Abs. 6 S. 1 KStG i. d. F. des UntStFG),

---

EK 04-Bestand auf, dessen Gesamtvolumen sich auf 89,70 Mrd. DM belief. Vgl. Statistisches Bundesamt (2000), KSt 1995, S. 56 f.

1733 A.A.: HÜBEL, WOLFGANG (1984a), S. 13.

1734 Vgl. Abschn. 59 KStR und BFH-Urteil vom 24.7.1996, S. 1730. A.A.: DANTZER, VOLRAD (1983), S. 177 und DANTZER, VOLRAD (1984), S. 150 ff., für den eine Abweichung von Handels- und Steuerbilanz der OG entgegen „echten" Rücklagenbildungen nicht im Kaufpreis zu honorieren ist. Gleicher Ansicht: CURTIUS-HARTUNG, RUDOLF (1991), S. 320 ff., der den AP aus diesem Grund entfallen lassen möchte sowie DÖTSCH, EWALD (1991b), S. 477 und „sch" (1996), S. 1731. Sich unpräzise äußernd, aber wohl zu dieser Meinung tendierend: BFH-Urteil vom 24.7.1996, S. 1730. Hinsichtlich dieser Diskussion ist auf die mit solchen Änderungen einhergehende Modifikation des Einlagekontos kraft Gesetzgebung aufmerksam zu machen, das im Rahmen eines Unternehmensverkaufs neben dem gezeichneten Kapital und den übrigen Eigenkapitalpositionen in die Preisvorstellungen mit einbezogen wird. Gleicher Ansicht: HÜBEL, WOLFGANG (1984a), S. 14. Vgl. hierzu explizit das Beispiel bei OTT, HANS (2000), S. 1088. Vgl. allgemein zur Substanzbewertung BIEG, HARTMUT/KUSSMAUL, HEINZ (2000a), S. 291 ff.

1735 Vgl. FROTSCHER, GERRIT (2001b), S. 7.

1736 Vgl. Kapitel D.I.1.a)(2) (ab S. 321) zur genaueren Diskussion bzgl. der Qualität des AP.

1737 Mit einer einkommenswirksamen Bildung würde eine steuerliche Doppelbelastung des Sachverhaltes einhergehen, da bereits auf Ebene der Überleitung zur Steuerbilanz eine ergebnis- und einkommenserhöhende Bereinigung stattfand.

1738 Mittels dieser Maßnahme wird das steuerbilanzielle Vermögen des OT bei isolierter Betrachtungsweise formal an das gesamte zu versteuernde Einkommen angepasst. Die Bilanzsumme der Steuerbilanz ist um den Betrag der Minderabführung größer als diejenige der Handelsbilanz. Jene Aussage verliert bei Existenz von nicht abziehbaren Aufwendungen und steuerfreien Erträgen ihre Allgemeingültigkeit. Vgl. dazu Genaueres in Kapitel D.I.1.a)(1)(c) (ab S. 318).

1739 Der rein steuerliche Ertrag ist aufgrund der geforderten Einkommensneutralität gem. den Ausführungen in Fn. 1737 (S. 315) außerbilanziell zu kürzen. Vgl. DÖTSCH, EWALD u.a. (2002), Rz. 821.

was sich als Rückzahlung der im Jahre 2002 gewährten Einlage interpretieren lässt, da der OT eine an der handelsrechtlichen Vermögensmehrung gemessene geringere Vermögensmehrung zu versteuern hat. Den Gesetzeswortlaut betrachtend ist unverständlich, warum der noch in § 27 Abs. 8 S. 2 KStG i.d.F. des StSenkG verwendete **Begriff der „Vorrangigkeit"**[1740] **der Verwendung des Einlagekontos nicht** in § 27 Abs. 6 KStG i.d.F. des UntStFG **übernommen** wurde. Durch die ebenfalls zur Zeit der vEK-Gliederung existente Verwendungspriorität des EK 04[1741] ist zu schließen, dass dem Einlagekonto nach dem Willen des Gesetzgebers nach wie vor ein Vorzug hinsichtlich seiner Verwendung einzuräumen ist; eine sprachliche Nachbesserung wäre wünschenswert.

Aus Sicht der GuV ist der aktive AP um 30.000 EUR einkommens**neutral**[1742] aufzulösen. Die Bilanz in den Vordergrund stellend darf keine nochmalige steuerliche Vermögensmehrung i.H.v. 30.000 EUR eintreten. Insofern findet (per Saldo) ein Aktivtausch statt.[1743] Der Buchungssatz lautet:

(b)	Forderungen gegenüber verbundenen Unternehmen	500.000	an	Ertrag aus der Gewinnabführung von verbundenen Unternehmen	500.000
	Aufwand aus der Auflösung des aktiven AP[1744]	30.000		aktiver AP	30.000

Alternativ zum Wegfall der Gründe für die außerplanmäßige Abschreibung soll gelten:

Die Organbeteiligung wird am 31.12.2003 veräußert. Der Börsenkurs beläuft sich zu diesem Zeitpunkt analog zum 31.12.2002 auf 100.000 EUR.

Der Veräußerungspreis wird aufgrund des zu diesem Zeitpunkt existenten steuerlichen Einlagekontos um 30.000 EUR größer sein. Um zu vermeiden, dass dieser Betrag doppelt, d.h. zum einen in Form des Veräußerungsmehrerlöses und zum anderen bei der bereits versteuerten Minderabführung im Jahre 2002 erfasst wird, ist der aktive AP einkommens**mindernd** aufzulösen. Dadurch wird der Veräußerungsmehrerlös wie ein steuerfreier Ertrag des OT behandelt.[1745] Die Buchungssätze lauten bei einem angenommenen Buchwert der Organbeteiligung am 31.12.2003 von 900.000 EUR:

1740 Mittels dieses lex specialis wird die in Fn. 1331 (S. 218) beschriebene gesetzlich vorgesehene Verwendungsreihenfolge außer Kraft gesetzt.

1741 Vgl. § 37 Abs. 2 S. 2 KStG 1999 und explizit aus der Rechtsprechung BFH-Urteil vom 5.4.1995, S. 1594.

1742 Eine einkommenswirksame Auflösung würde eine ungerechtfertigte steuerliche Doppelentlastung des Sachverhaltes hervorrufen, da bereits auf Ebene der Überleitung zur Steuerbilanz eine ergebnis- und einkommensmindernde Bereinigung stattfand.

1743 Vgl. BMF-Schreiben vom 10.1.1981, S. 45.

1744 Der rein steuerliche Aufwand ist aufgrund der geforderten Einkommensneutralität gem. den Ausführungen in Fn. 1742 (S. 316) außerbilanziell hinzuzurechnen.

1745 Vgl. HÜBEL, WOLFGANG (1984a), S. 13.

(b) Zahlungsmittelkonto	930.000	an	Beteiligungen an verbundenen Unternehmen	900.000
			außerordentlicher Ertrag	30.000
(c) Aufwand aus der Auflösung des aktiven AP	30.000	an	aktiver AP	30.000

Gar keine Erwähnung findet die Problematik in dem Fall, wenn **Einkommenszurechnung und Gewinnabführung** aufgrund unterschiedlicher Wirtschaftsjahre von OT und OG **temporär voneinander abweichen.**[1746] Würde bspw. die Situation wie in Abbildung 13 (S. 208) vorliegen, wäre der abgeführte Gewinn von 500.000 EUR als Forderung in der Handels- und Steuerbilanz des OT zum 30.6.2003 zu aktivieren, währenddessen die Versteuerung des Einkommens von 530.000 EUR am 30.6.2002 vorzunehmen wäre. Fraglich dabei ist, zu welchem Zeitpunkt der AP zu bilden ist. M. E. ist der 30.6.2003 als der sachgerechteste Termin anzusehen. Einerseits würde bei einer Erfassung zum 30.6.2002 eine Inkongruenz zwischen handels- und steuerrechtlicher Vermögensmehrung eintreten, da die handelsrechtliche Vermögensmehrung des vorangegangenen Wirtschaftsjahres mit dem eine Angleichung an die steuerrechtliche Vermögensmehrung des laufenden Wirtschaftsjahres bezweckenden AP konfrontiert würde. Andererseits erhöht sich der Teilwert der Organbeteiligung am 30.6.2003, da erst dann das steuerliche Einlagekonto der OG um den Betrag der Minderabführung erhöht wurde (31.12.2002). Insoweit ist der **Zeitpunkt der handelsrechtlichen Gewinnabführung** für die Bildung des steuerlichen AP **maßgebend.**

(b) Passiver Ausgleichsposten

Ein passiver AP ist dann vonnöten, wenn die handelsbilanzielle Ergebnisabführung größer als das dem OT zuzurechnende Einkommen ist. In diesem Fall liegt eine **sog. handelsrechtliche Mehrabführung** vor. Das (niedrigere) Einkommen wird insofern beim OT versteuert. Der Ansatz eines passiven AP soll bezwecken, dass eine **steuerliche Doppelentlastung** von Teilen des Einkommens der OG **vermieden** wird.[1747]

Mögliche **Fallkonstellationen**, die einen passiven AP rechtfertigen, sind wie folgt zu kategorisieren:

- Der Betrag des abzuführenden handelsbilanziellen Gewinns ist größer als der steuerbilanzielle Gewinn;
- der Betrag des zu übernehmenden handelsbilanziellen Verlustes ist kleiner als der steuerbilanzielle Verlust;
- es wird ein handelsbilanzieller Gewinn abgeführt, wobei ein steuerbilanzieller Verlust entsteht.[1748]

[1746] Vgl. Kapitel C.I.3.a) (ab S. 208).
[1747] Vgl. HÜBEL, WOLFGANG (1984a), S. 12.
[1748] Vgl. WINTER, WILLI (2002), § 14 KStG, Anm. 76.

Auf die Anführung eines Beispiels wird an dieser Stelle verzichtet, da die Wirkung einer Mehrabführung bereits in Kapitel D.I.1.a)(1)(a) (ab S. 313) am Beispiel des Wegfalls der Gründe der außerplanmäßigen Abschreibung dargestellt wurde.

Der Betrag der Mehrabführung mindert den Bestand des steuerlichen Einlagekontos (§ 27 Abs. 6 S. 1 KStG). Als **Spezialproblem** wird im Schrifttum[1749] infrage gestellt, ob jenes zunächst auch einen negativen Betrag annehmen kann, der sich in den Folgejahren vermindert. M. E. ist PRINZ zuzustimmen, der dies bejaht.[1750] Das Einlagekonto stellt den gesetzlich vorgesehenen Nachfolger des EK 04 dar und behält dessen grundsätzliche Behandlung und Intention bei. Da das EK 04 auch negativ werden konnte[1751, 1752], sprechen keine Argumente gegen eine dementsprechende Abfolge im Rahmen des Einlagekontos. Sollte die Organbeteiligung veräußert werden, ist der AP zu diesem Zeitpunkt einkommenserhöhend aufzulösen und neutralisiert dadurch die ansonsten eintretende doppelte steuerliche Entlastung. Die Nachversteuerung der handelsrechtlichen Mehrabführung tritt insofern ein.

(c) Besonderheiten bei außerbilanziellen Korrekturmaßnahmen

Während bislang der Eindruck entstand, die Höhe des AP bestimme sich ausschließlich durch die betragsmäßige Differenz zwischen dem dem OT zuzurechnenden Einkommen und dem handelsbilanziellen Gewinn der OG, wurde durch das StSenkG eine **Diskussion hinsichtlich der Berücksichtigung von nicht abziehbaren Aufwendungen und steuerfreien Erträgen bei AP** entfacht. Im Gegensatz zu dem auf den Differenzbetrag zwischen dem abgeführten Gewinn und den Vermögensmehrungen des OT abstellenden Wortlaut des § 36 Abs. 2 KStG 1999 spricht § 27 Abs. 8 KStG i.d.F. des StSenkG vom Unterschiedsergebnis zwischen dem abgeführten Gewinn und dem zuzurechnenden Einkommen des OT. §§ 27 Abs. 8 KStG i.d.F. des UntStFG-E, 27 Abs. 6 i.d.F. des UntStFG vermeiden etwaige Definitionen des Differenzbetrages, indem sie von Minder- bzw. Mehrabführungen sprechen. Jene unbestimmten Termini tendieren wiederum zu dem in § 27 Abs. 8 KStG i.d.F. des StSenkG festgelegten Betrag. Klarheit wird durch die Begründung zum UntStFG-E geschaffen, die explizit auf eine Unmaßgeblichkeit von nicht abziehbaren Aufwendungen und steuerfreien Erträgen abstellt, da „...das steuerliche Einlagekonto unberechtigt [...] in Anspruch genommen [würde, d. Verf.]. Dies wird durch die Änderung verhindert."[1753] Beiden außerbilanziellen Korrekturmaßnah-

---

1749 Vgl. DÖTSCH, EWALD/PUNG, ALEXANDRA (2000b), S. 13; KÖSTER, THOMAS (2001), § 27 KStG, Anm. R 27 und RÖDDER, THOMAS/SCHUMACHER, ANDREAS (2000b), S. 1455.

1750 Vgl. PRINZ, ULRICH (2000), S. 1259.

1751 Vgl. BMF-Schreiben vom 10.1.1981, S. 46. Die Tatsache, dass im betrachteten Fall eine damals steuerlich zulässige Preissteigerungsrücklage vorlag, ist für diese Betrachtungen irrelevant. Davon ist strikt zu unterscheiden, dass ein negatives EK 04 im Rahmen der Umgliederung stets zu einem Anfangsbestand des Einlagekontos von 0 EUR führt (§ 39 KStG). Der Negativbetrag mindert dabei das neutrale Vermögen. Vgl. EISGRUBER, THOMAS (2000), S. 1498 und SCHÖNWALD, STEFAN (2001), S. 118.

1752 Als ungefährer Anhaltspunkt sei erwähnt, dass 1.187 OG im Jahre 1995 einen negativen EK 04-Bestand aufwiesen, dessen Gesamtvolumen sich auf 2,84 Mrd. DM belief. Vgl. Statistisches Bundesamt (2000), KSt 1995, S. 56 f.

1753 Gesetzesbegründung zu Art. 2 Nr. 11 des „Entwurfs eines Gesetzes zur Fortentwicklung des Unternehmenssteuerrechts (Unternehmenssteuerfortentwicklungsgesetz – UntStFG)" vom 17. August 2001, S. 60. Nach der bisherigen Formulierung wären nicht abziehbare Aufwendungen dem Einlagekonto gutzuschreiben sowie dieses mit steuerfreien Erträgen zu belasten. Irrig: MELCHIOR, JÜRGEN (2001), S. XIV, der diese Wirkungsweisen gerade miteinander vertauscht.

men wird die Eigenschaft, als Vermögensänderungen zu fungieren, aberkannt.[1754] Jene auch im Schrifttum[1755] geteilte Ansicht gilt es im Falle eines unzutreffenden unterschiedlichen Ausweises von (steuerlich) **nicht abziehbaren Aufwendungen** in Handels- und Steuerbilanz der OG zu untersuchen.

Die OG passiviert sachgerecht in ihrer Handelsbilanz eine VSt-Rückstellung[1756] i.H.v. 50.000 EUR, die in der Steuerbilanz gar nicht angesetzt (Fall 1) bzw. mit 70.000 EUR (Fall 2) bewertet wird. Der handelsrechtliche Jahresüberschuss der OG vor Gewinnabführung und unter Berücksichtigung dieses Sachverhaltes beträgt 500.000 EUR (keine Rücklagenbewegungen).

		Fall 1	***Fall 2***
	handelsbilanzielles Ergebnis nach Gewinnabführung	*0*	*0*
±	*steuerliche Korrekturen*	*+ 50.000*	*- 20.000*
=	***steuerbilanzielles Ergebnis***	***50.000***	***- 20.000***
+	*nicht abziehbare Aufwendungen*	*0*	*70.000*
+	*an den OT geführter Gewinn*	*500.000*	*500.000*
=	***dem OT zuzurechnendes Einkommen***	***550.000***	***550.000***

In beiden Fällen bejaht WITT die Bildung eines aktiven AP.[1757] Gegenteiliger Ansicht ist SCHRÖDER, für den die Wirkung des nicht abziehbaren Aufwandes im Falle der Bildung und kraft Veräußerung aufzulösender AP rückgängig gemacht wird.[1758] Unter der Annahme einer vollständig richtigen Bewertung in der Handelsbilanz sowie der steuerbilanziellen Bildung des AP wären zum Zeitpunkt der dem Veräußerungsvorgang der Organbeteiligung nachgelagerten Zahlung der VSt steuerbilanziell 50.000 EUR aufwandswirksam bzw. 20.000 EUR ertragswirksam zu berücksichtigen, die es wiederum außerbilanziell zu neutralisieren gilt. Per Saldo werden steuerlich insg. erfasst:

		Fall 1	***Fall 2***
	Bildung der Rückstellung	*0*	*- 70.000*
+	*außerbilanzielle Korrektur*	*0*	*70.000*
-	*Auflösung des aktiven AP bei Beteiligungsveräußerung*	*50.000*	*50.000*
±	*Erfolgswirksamkeit bei Zahlung der VSt*	*- 50.000*	*+ 20.000*
±	*außerbilanzielle Korrektur*	*+ 50.000*	*- 20.000*
=	***Saldo***	***- 50.000***	***- 50.000***

1754 Vgl. dazu auch Urteil des FG Hamburg vom 14.9.1999 (n.rkr.), S. 151, in dem ein steuerfreier Verschmelzungsgewinn keine Mehrabführung hervorruft.

1755 Vgl. DÖTSCH, EWALD/PUNG, ALEXANDRA (2000b), S. 13; FROTSCHER, GERRIT (2001b), S. 2 f. und S. 5; PRINZ, ULRICH (2000), S. 1259; SCHUMACHER, ANDREAS (2000), § 27 KStG, S. 597 sowie im älteren Schrifttum SCHRÖDER, SIEGFRIED (1975), S. 151.

1756 So Sachverhalt bei SCHRÖDER, SIEGFRIED (1975), S. 179 ff. und WITT, GEORG (1999), Tz. B150. Zur Zeit wird die VSt nicht erhoben, deren Wiederauflebung die Bundestagsfraktion der PDS abermals fordert. Vgl. dazu z.B. Antrag der PDS-Fraktion zur Wiedererhebung der Vermögensteuer vom 17.5.2001, S. 1 ff.

1757 Vgl. WITT, GEORG (1999), Tz. B150 und Tz. B161 bzgl. des passiven AP.

1758 Vgl. SCHRÖDER, SIEGFRIED (1975), S. 179 f.

Bei Betrachtung des Grenzfalles, in dem die VSt-Rückstellung auch in der Steuerbilanz der OG i.H.v. 50.000 EUR passiviert wird, soll nach Meinung von WITT aufgrund einer fehlenden steuerlichen Korrekturmaßnahme kein AP zulässig sein.[1759] Daraus resultiert im Zuge einer entsprechenden Saldoberechnung für die Totalperiode ein Wert von Null (eine richtige Bewertung der Rückstellung vorausgesetzt). Warum soll die Einkommenswirksamkeit der VSt-Rückstellung in diesem Fall vollkommen vermieden werden, währenddessen sie sich bei einer handelsrechtlichen Bewertung von 50.000 EUR und einer steuerrechtlichen Bewertung von 49.999,99 EUR auf 50.000 EUR beläuft? Im Zuge einer begehrten Anpassung der steuerrechtlichen an die handelsrechtliche Vermögensmehrung sowie der Vermeidung der eben beschriebenen negativen Folgen bietet sich hierbei die Bewertung des AP in Höhe der Differenz zwischen dem handels- und steuerbilanziellen Ergebnis, die dem Unterschiedsbetrag zwischen dem handelsbilanziellen Ergebnis und dem zu versteuernden Einkommen unter Ignoranz der nicht abziehbaren Aufwendungen und steuerfreien Erträge gleichkommt, an (aktiver AP von 50.000 EUR bzw. passiver AP von 20.000 EUR), so dass die Besteuerung/steuerliche Entlastung per Saldo (teilweise) zeitlich nachgeholt wird.

Ein weiterer diskussionswürdiger Grenzfall auf Ebene der Überleitung vom handels- zum steuerbilanziellen Ergebnis kann bei **steuerfreien Erträgen** entstehen.

Einer 100%igen OG wird zum 31.12.2002 eine Investitionszulage für eine in 2002 erworbene, aber erst ab 1.1.2003 in Betrieb zu nehmende Maschine (lineare Abschreibung der Anschaffungskosten über 10 Jahre) i.H.v. 10.000 EUR gewährt. Der handelsbilanzielle Jahresüberschuss der OG beläuft sich unter Berücksichtigung dieses Sachverhaltes jährlich auf 500.000 EUR (keine Rücklagenbewegungen).

Handelsrechtlich besteht für die OG ein Wahlrecht, die Investitionszulage ertragswirksam oder als Anschaffungspreisminderung zu verbuchen.[1760] Steuerrechtlich ist ausschließlich die erste Variante erlaubt (§ 9 S. 2 InvZulG 1999 i.V.m. § 8 Abs. 1 KStG). In nachfolgender Gegenüberstellung sind die organschaftlichen Folgen bei beiden Varianten aufgezeigt:

		erfolgswirksam	***erfolgsneutral***
	handelsbilanzielles Ergebnis nach Gewinnabführung	*0*	*0*
±	*steuerliche Korrekturen*	*0*	*+ 10.000*
=	***steuerbilanzielles Ergebnis***	***0***	***10.000***
–	*steuerfreie Erträge (§ 9 S. 1 InvZulG 1999)*	*10.000*	*10.000*
+	*an den OT geführter Gewinn*	*500.000*	*500.000*
=	***dem OT zuzurechnendes Einkommen***	***490.000***	***500.000***

Im ersten Fall ist kein AP anzusetzen, da eine bloße außerbilanzielle Korrektur von bestimmten Erträgen (respektive Aufwendungen) keine Auswirkungen auf die Vermögenssituation in Handels- und Steuerbilanz besitzt, mit der keine Änderung des Nettosubstanzwertes einhergeht. Im Zuge der erfolgsneutralen handelsbilanziellen Verbuchung ist von einer Minderabführung i.H.v. 10.000 EUR auszugehen. Jener Betrag mindert sich in den zehn Folgejahren

[1759] Vgl. WITT, GEORG (1999), Tz. B148 und die Literaturnachweise in Fn. 1755 (S. 319).
[1760] Vgl. ELLROTT, HELMUT/SCHMIDT-WENDT, DIETRICH (1999), § 255 HGB, Anm. 115.

um die jährlichen handelsbilanziellen Minderabschreibungen von je 1.000 EUR (Mehrabführungen). Insoweit ist die Bildung eines steuerbilanziellen aktiven AP von der Ausübung des handelsbilanziellen Wahlrechts abhängig.

Zusammenfassend ist die **Differenz zwischen dem dem OT zuzurechnenden Einkommen und dem handelsbilanziellen Gewinn der OG um bei ihr angefallene nicht abziehbare Aufwendungen und steuerfreie Erträge zu bereinigen.**

(2) Bilanzrechtliche Fragestellungen

Weder der Steuergesetzgeber noch die Finanzrechtsprechung befassten sich bis dato eingehend mit der Rechtsnatur und der Abbildung des AP innerhalb bzw. außerhalb der Steuerbilanz. Im Schrifttum werden diesbezüglich unterschiedliche Meinungen vertreten. Teilweise wird dem AP die Eigenschaft als in der Bilanz erscheinende Position gänzlich abgesprochen. So stellt dieser nach HÜBEL nichts anderes als einen bloßen Merkposten dar, der als Bilanzvermerk in der Steuerbilanz des OT oder in der Körperschaftsteuerakte des Finanzamts zu finden ist, weswegen die Anwendung der Grundsätze ordnungsmäßiger Buchführung sowie handels- und steuerrechtlicher Bilanzierungsvorschriften unterbleibt.[1761]

Eine Gegenansicht ordnet den AP als bloße Bilanzierungshilfe[1762] bzw. als eine „reine steuerliche Rechnungsgröße“ ohne Bezug zum Buchwert der Organbeteiligung[1763] ein. Vielfach wird der **AP als ein Zusatzposten zum Buchwert der Organbeteiligung**[1764] bzw. als deren ununterscheidbarer Bestandteil aufgefasst[1765]. Dieser Meinungstendenz ist sich anzuschließen. DANTZER sieht dagegen keine Notwendigkeit zur Bildung eines AP, da er sämtliche Vorgänge über das Beteiligungskonto abbilden möchte.[1766] Unpräzise zu diesem Themengebiet äußert sich der BFH, der den AP zumindest nicht als Anschaffungsnebenkosten der Organbeteiligung ansieht.[1767]

Als Ausgangspunkt der näheren Analyse ist dem BewG zu entnehmen, dass AP im Rahmen der Betriebsvermögensermittlung nicht anzusetzen sind (§ 95 Abs. 1 S. 2 BewG). Insofern ist davon auszugehen, dass ein Ansatz des AP aufgrund der verlängerten Maßgeblichkeit der Steuerbilanz für die Vermögensaufstellung gem. § 109 Abs. 1 BewG im Umkehrschluss durch den Gesetzgeber in Ersterer eine Legitimation erfährt.[1768]

1761 Vgl. HÜBEL, WOLFGANG (1984a), S. 13 ff.

1762 Vgl. WINTER, WILLI (2002), § 14 KStG, Anm. 75.

1763 Vgl. SCHRÖDER, SIEGFRIED (1975), S. 150 f.

1764 Vgl. DÖTSCH, FRANZ (2001), § 95 BewG, Anm. 107; FROTSCHER, GERRIT (2001b), S. 6; TESDORPF, WERNER (1979), S. 524; WITT, GEORG (1999), Tz. B149 und Tz. B151 sowie anscheinend THIEL, RUDOLF (1960), S. 736, der konstatiert: „Der Aktivposten wirkt sich materiellrechtlich als eine Korrektur (Erhöhung) des steuerrechtlichen Wertes der Organbeteiligung aus.“

1765 Vgl. DÖTSCH, EWALD (1993), S. 752 und S. 755; tendenziell DÖTSCH, EWALD/SINGBARTL, HANS (1991), S. 408 sowie KREBS, HANS-JOACHIM (2001), S. 2036.

1766 Vgl. DANTZER, VOLRAD (1983), S. 176 ff. und DANTZER, VOLRAD (1984), S. 149 ff.

1767 Vgl. BFH-Urteil vom 24.7.1996, S. 1730.

1768 Zweifel daran könnten hinsichtlich der Gesetzessystematik bestehen. Die Norm des § 27 KStG ist im vierten Teil des KStG angesiedelt. Die Bilanzierungsvorschriften ergeben sich aber implizit aus dem zweiten Teil des KStG (§ 8 Abs. 1 KStG). Diese These wird anscheinend auch vom BFH in seinem Urteil vom 24.7.1996 gestützt, der einen Folgeschluss von dem (ebenfalls im vierten Teil des KStG geregelten EK 04)

Wie bereits angeführt, wird im Zuge einer bspw. Minderabführung vom OT eine größere Vermögensmehrung besteuert als eigentlich besteuert werden müsste. Hierbei könnte vom Tatbestand einer verdeckten Einlage auszugehen sein, dessen Gegenstand dem Wortlaut des § 6 Abs. 6 S. 2 EStG folgend nur ein Wirtschaftsgut sein kann. Im Schrifttum wird von der zu hohen steuerrechtlichen Vermögensmehrung des OT auf einen Forderungsverzicht desselben geschlossen.[1769] Die gleiche Ansicht vertritt der BFH, der von einem Verzicht des OT auf Gewinnabführung ausgeht.[1770] Beide Meinungen missachten, dass der OT keinen Rechtsanspruch auf den steuerbilanziellen, sondern auf den handelsbilanziellen Gewinn besitzt. DÖTSCH behauptet, dass dem OT durch den EAV der Anspruch auf den **gesamten** Gewinn der OG eingeräumt wird. Unter dem „gesamten Gewinn" ist jedoch der in Tabelle 5 (S. 184) hergeleitete Höchstbetrag der Gewinnabführung zu verstehen. Als mögliches Gegenargument ließe sich anführen, dass bspw. der OT den ihm eigentlich zustehenden Rücklagenbetrag der OG i.S.v. § 14 Abs. 1 Nr. 4 KStG versteuert und kraft seines eigenen Willens in die OG einlegt. Diese Ansicht ist allerdings nicht allgemeingültig, da auch gesetzlich vorgeschriebene Rücklagen zu versteuern sind, bei denen es an einem Einlagewillen mangelt (Rücklage für eigene Anteile und gesetzliche Rücklage). Auch diese Passivposten sind im Zuge einer Nettosubstanzbewertung prägend. Zusammenfassend kann m. E. generell nicht von einem Forderungsverzicht ausgegangen werden. Dieser Meinung schließt sich DÖTSCH nur bei Bilanzierungs- und Bewertungsdifferenzen an, da es hier an einem einlagefähigen Vorteil mangelt.[1771]

Die hier vertretene Ansicht wird durch die grundlegenden Änderungen des StSenkG bekräftigt. Angenommen, die OG bildet eine zulässige Rücklage von 100.000 EUR (§ 14 Abs. 1 Nr. 4 KStG). Demnach hätte der OT eine Einlage in Höhe desselben Betrages geleistet, der den Beteiligungsbuchwert erhöht. Wie in Kapitel D.I.1.b) (ab S. 325) noch zu problematisieren sein wird, ist die Bewertung des AP jedoch rechtsformabhängig vorzunehmen, so dass die bislang bestehende (betragsmäßige) Korrespondenz des AP mit dem EK 04 nicht mehr existiert. Aus Sicht des Einlegenden lassen sich solche unterschiedlichen Ansätze bei einer die Anschaffungskosten der Beteiligung gleichermaßen erhöhenden „bloßen" Einlage m. E. nicht rechtfertigen.

Die bilanzielle Behandlung des AP ist somit ausschließlich aus dem steuerlichen Einlagekonto bzw. seinem gesetzlichen Vorgänger in Form des EK 04 im Umkehrschluss ableitbar. Gilt das EK 04 als verwendet, führen die Ausschüttungen (Einlagenrückgewähr) auf Ebene des Anteilseigners zu nicht steuerbaren Einnahmen (§ 20 Abs. 1 Nr. 1 S. 3 EStG i.d.F. des

---

auf den Ansatz des AP verneint. Vgl. BFH-Urteil vom 24.7.1996, S. 1730 f. Eine ähnliche Meinung vertritt DANTZER, für den Abschn. 59 KStR eine Verwaltungsanweisung zu § 14 KStG darstellt. Da § 14 KStG im zweiten Teil des KStG, das die Einkommensermittlung regelt, enthalten ist, darf sich der AP nicht auf die steuerliche Gewinnermittlung auswirken. Eine gesetzliche Grundlage wäre demnach zu verneinen. Vgl. DANTZER, VOLRAD (1983), S. 176. Allerdings möchte DANTZER den Unterschiedsbetrag zwischen Gewinnabführung und Einkommen dennoch als „Mehrwert der Organbeteiligung" ansehen. Beide Argumentationen überzeugen m. E. aufgrund ihrer ausschließlich formalen Betrachtungsweisen nicht vollends.

1769 Vgl. primär DÖTSCH, EWALD (1993), S. 755 und ebenfalls CURTIUS-HARTUNG, RUDOLF (1991), S. 319.

1770 So BFH-Urteil vom 24.7.1996, S. 1730.

1771 Vgl. DÖTSCH, EWALD (1993), S. 755.

UntStFG[1772]). Diese nur für Überschusseinkünfte geltende Regelung wird kraft Rechtsprechung auf die Gewinneinkunftsarten (ggf. i.V.m. § 8 Abs. 1 KStG) ausgedehnt, was eine dementsprechende Minderung des Beteiligungsbuchwerts zur Folge hat.[1773] Der den Buchwert übersteigende Betrag ist als Ertrag zu behandeln, der dem Halb- bzw. Nulleinkünfteverfahren unterliegt.[1774, 1775] Insofern ist § 20 Abs. 1 Nr. 1 S. 3 EStG auch als Bewertungsvorschrift anzusehen.[1776] Als logische Konsequenz wären Zuführungen zum EK 04 als Erhöhung des Beteiligungsbuchwertes zu interpretieren.[1777] Dies bedeutet, dass **keine eigenständige Position „Ausgleichsposten" in der Steuerbilanz des OT** existent ist. Dieser und der ursprüngliche Beteiligungsbuchwert stellen vielmehr eine unteilbare Einheit dar.[1778] Mangels vorhandener Rechtsprechung kann nichts anderes für das steuerliche Einlagekonto gelten.

[1772] Vgl. Art. 1 Nr. 7a des „Gesetzes zur Fortentwicklung des Unternehmenssteuerrechts (Unternehmenssteuerfortentwicklungsgesetz – UntStFG)" vom 20. Dezember 2001, S. 3860. Ein entscheidender Eingriff in den Bereich der KapESt wurde dabei durch den UntStFG-E und das UntStFG vorgenommen. Während § 43 Abs. 1 S. 1 Nr. 1a EStG mittels eines Verweises auf § 20 Abs. 1 Nr. 1 Satz 1 und 2 EStG explizit die Erhebung von KapESt bei einer Einlagenrückgewähr ausschloss, wird in derselben Rechtsvorschrift nun von Kapitalerträgen i.S.v. § 20 Abs. 1 Nr. 1 EStG gesprochen, weswegen ein Abzug von 20% (zzgl. SolZ) des Betrages der Rückgewähr vorzunehmen wäre (§ 43a Abs. 1 Nr. 1 EStG). Vgl. Art. 1 Nr. 9a des „Gesetzes zur Fortentwicklung des Unternehmenssteuerrechts (Unternehmenssteuerfortentwicklungsgesetz – UntStFG)" vom 20. Dezember 2001, S. 3861. Vgl. dazu auch Art. 1 Nr. 8a des „Entwurfs eines Gesetzes zur Fortentwicklung des Unternehmenssteuerrechts (Unternehmenssteuerfortentwicklungsgesetz – UntStFG)" vom 17. August 2001, S. 7. Ob diese Regelungsänderung vom Gesetzgeber gewollt war, ist zu bezweifeln. Vgl. die Gesetzesbegründung zu Art. 1 Nr. 8 des „Entwurfs eines Gesetzes zur Fortentwicklung des Unternehmenssteuerrechts (Unternehmenssteuerfortentwicklungsgesetz – UntStFG)" vom 17. August 2001, S. 55, die von „redaktionellen Anpassungen" spricht.

[1773] Vgl. BFH-Urteil vom 7.11.1990, S. 178 f.; BFH-Urteil vom 14.10.1992, S. 191; BFH-Urteil vom 16.3.1994, S. 529; BFH-Urteil vom 19.7.1994, VIII R 58/92, S. 527; BFH-Urteil vom 20.4.1999, S. 648; BMF-Schreiben vom 29.2.1980, S. 134; BMF-Schreiben vom 9.1.1987, S. 171; Urteil des FG Baden-Württemberg, Außensenate Stuttgart, vom 22.4.1996 (n.rkr.), S. 943; Urteil des FG Niedersachsen vom 13.6.1996 (n.rkr.), S. 480 und Verfügung der OFD Frankfurt a.M. vom 17.4.2000, S. 1093. Vgl. explizit für das Einlagekonto EISGRUBER, THOMAS (2000), S. 1495 und SEMMLER, ERNST (2001), S. 1340.

[1774] Vgl. BFH-Urteil vom 14.10.1992, S. 191; BFH-Urteil vom 20.4.1999, S. 648; BMF-Schreiben vom 29.2.1980, S. 134; BMF-Schreiben vom 9.1.1987, S. 171; Urteil des FG Baden-Württemberg, Außensenate Stuttgart, vom 22.4.1996 (n.rkr.), S. 943 f.; Urteil des FG Niedersachsen vom 13.6.1996 (n.rkr.), S. 480 und Verfügung der OFD Frankfurt a.M. vom 17.4.2000, S. 1093. A.A.: ROSER, FRANK (1996), S. 1306 und FELIX, GÜNTHER/STRAHL, MARTIN (1996), S. 1514 ff., s.b.S. 1517, wobei Letztere die negativen Anschaffungskosten in Form eines passiven AP zulassen möchten. Dabei stützen sie sich auf eine Aussage des BFH, für den § 20 Abs. 1 Nr. 1 S. 3 EStG negative Anschaffungskosten bewirkt, was auch für die Gewinneinkünfte gelten soll. Vgl. BFH-Urteil vom 16.3.1994, S. 529.

[1775] Handelsrechtlich wird die mit dem EK 04 verrechnete Ausschüttung stets als Beteiligungsertrag erfasst. Vgl. BFH-Urteil vom 16.3.1994, S. 529 und BFH-Urteil vom 20.4.1999, S. 649.

[1776] Vgl. GSCHWENDTNER, HUBERTUS (1995a), S. 527 und GSCHWENDTNER, HUBERTUS (1995b), S. 293.

[1777] Vgl. DÖTSCH, EWALD (1993), S. 755; GSCHWENDTNER, HUBERTUS (1995a), S. 527; KREBS, HANS-JOACHIM (1996b), S. 858 und BFH-Urteil vom 19.7.1994, VIII R 58/92, S. 527. A.A: BFH-Urteil vom 24.7.1996, S. 1730, das diesen Folgeschluss unverständlicherweise explizit verneint.

[1778] Vgl. DÖTSCH, EWALD (1993), S. 755. Als Konsequenz der bilanziellen Behandlung des AP als nachträglicher Anschaffungskostenbestandteil müsste dieser auch einer Teilwertabschreibung zugänglich sein, was durch das BFH-Urteil vom 16.5.1990, S. 798 in verallgemeinernder Form Bekräftigung findet. A.A.: SCHMIDT, LUDWIG/MÜLLER, THOMAS/ STÖCKER, ERNST E. (1999), Rz. 649 sowie die OFD Düsseldorf und Köln, wobei der AP für Letztere „...lediglich sicherstellen [soll, d. Verf.], daß im Falle der Veräußerung der Organbeteiligung die bei der Organgesellschaft gebildeten Rücklagen nicht noch einmal beim Organträger steuerlich erfaßt werden." Verfügung der OFD Düsseldorf vom 24.6.1980 und Verfügung der OFD Köln vom 30.6.1980. Diese durchaus richtige Feststellung steht m.E. mit der Vornahme einer Teilwertabschreibung nicht in Widerspruch. Der Teilwert der Organbeteiligung kann dabei nicht unter den Wert des AP fallen. Vgl. WITT, GEORG (1999), Tz. B151.

Insofern werden **Minderabführungen als gesetzlich fingierte „Quasi-Einlagen" behandelt. Mehrabführungen** stellen entsprechend **Rückzahlungen dieser „Quasi-Einlagen"** dar.

Der BFH lehnt die Anwendung oben angeführter Einlagegrundsätze wegen „organschaftlicher Besonderheiten" grundsätzlich ab.[1779] Dem ist zunächst dahingehend zu widersprechen, dass in bilanzieller Hinsicht kein materieller Unterschied zwischen einer Organbeteiligung oder einer sonstigen Kapitalbeteiligung besteht.[1780] Ferner erhöht der Betrag der Minderabführung nach Meinung des BFH nicht den Beteiligungsansatz an der OG, da die Gewinnabführung bzw. Verlustübernahme beim OT im Rahmen der steuerlichen Gewinnermittlung unberücksichtigt bleibt. Insofern kann auch nicht mittels einer Erhöhung des Beteiligungsansatzes in diese eingegriffen werden.[1781] Dem BFH unterlaufen dabei thematische Fehler, weil er die Gewinn- und die Einkommensermittlungsebene miteinander vermengt. Eine Gewinnabführung bzw. Verlustübernahme wird entgegen der Behandlung im Zuge der Einkommensermittlung[1782] im Rahmen der steuerlichen Gewinnermittlung sehr wohl erfolgswirksam[1783] berücksichtigt. Nach dieser vom BFH vertretenen Systematik wäre es auch möglich, den Buchwert der Organbeteiligung um die Höhe der Minderabführung zu erhöhen, da dieser Vorgang ebenfalls steuerbilanziell erhöhend, jedoch einkommensneutral erfasst wird.

Summa summarum stellt der **aktive AP nachträgliche steuerbilanzielle Anschaffungskosten auf die Organbeteiligung** dar. Allerdings wäre es unter Beachtung des Erfordernisses der Klarheit und Übersichtlichkeit[1784] sowie der hinreichenden Gliederung des Jahresabschlusses nach dem Vorbild der §§ 243 Abs. 2, 247 Abs. 1 HGB i.V.m. § 5 Abs. 1 EStG angebracht, den AP in der Steuerbilanz des OT als **„davon"-Vermerk der Organbeteiligung** zu erfassen.[1785] Dadurch wird die Existenz des AP ersichtlich sowie seine Entwicklung im Zeitablauf besser für den OT bzw. die Finanzbehörden dokumentiert.

Größere Schwierigkeiten bereitet die bilanzielle Erfassung des **passiven AP**, der zu einer **nachträglichen Minderung der Anschaffungskosten der Organbeteiligung** führt. Alternativ käme ein Ausweis auf der Passivseite, der dem in § 246 Abs. 2 HGB normierten Saldierungsverbot Rechnung tragen würde, oder ein offenes direktes Absetzen von der Organbeteiligung auf der Aktivseite, ähnlich der Vorschrift des § 268 Abs. 5 S. 2 HGB, in Betracht. Aufgrund der Zusammengehörigkeit beider Positionen und der unmittelbaren Beeinflussung des Beteiligungsbuchwerts durch das Einlagekonto ist die letzte Möglichkeit vorzuziehen.

Bei **OT-Personenhandelsgesellschaften** können die Anteile an der OG sowohl im Gesamthandsvermögen der Gesellschaft als auch im SBV II der Mitunternehmer gehalten wer-

---

1779 Vgl. BFH-Urteil vom 24.7.1996, S. 1730.

1780 Vgl. DÖTSCH, EWALD (1993), S. 753.

1781 Vgl. BFH-Urteil vom 24.7.1996, S. 1730.

1782 Vgl. § 8 Abs. 3 S. 1 KStG und Tabelle 8 (S. 206 f.).

1783 Vgl. § 277 Abs. 3 S. 2 HGB i.V.m. § 5 Abs. 1 EStG.

1784 Die Posten der Bilanz müssen unter unmissverständlichen Bezeichnungen ausgewiesen werden, so dass der Bilanzleser auf die Art der zugrunde liegenden aggregierten Geschäftsvorfälle schließen kann. Vgl. BAETGE, JÖRG/FEY, DIRK/FEY, GERD (1995), § 243 HGB, Rn. 47.

1785 Eine eventuelle Alternative, den AP im Anhang des OT anzugeben und näher zu erläutern, ist zu verwerfen, da dieser für steuerliche Zwecke nicht zu erstellen ist (§ 60 Abs. 3 EStDV). Durch einen gesonderten Ausden.[1786] Der AP ist dabei **stets** in der **Steuerbilanz der Personenhandelsgesellschaft** auszuweisen. Technisch gesehen wird der Aufwand bzw. Ertrag aus der Bildung des AP im ersten Fall den Kapitalkonten der Mitunternehmer (anteilig) gutgeschrieben.[1787] Anderenfalls sind nur diejenigen Mitunternehmer anzusprechen, die selbst Anteile an der OG halten. Wird die Beteiligung an der Personenhandelsgesellschaft im Betriebsvermögen gehalten, ist die Veränderung des Beteiligungsbuchwerts in der Steuerbilanz an die Änderung des AP gekoppelt. Gleiches gilt auch im Falle der **Mehrmütterorganschaft.**[1788]

b) Ausgleichsposten der Höhe nach

(1) Grundsätzliche Bewertungsmaßstäbe

Die dargelegte Intention des AP mit seiner damit verbundenen Funktionsweise und Bedeutsamkeit ist nach Außer-Kraft-Treten des Anrechnungsverfahrens zu relativieren. Während der AP zu jener Zeit stets mit dem (vollständigen) Betrag der Minder- bzw. Mehrabführung zu bemessen war, tritt nach neuer Rechtslage und Meinung des Schrifttums eine **Bewertung in Abhängigkeit von der Rechtsform des OT** ein.

Bei **juristischen Personen** als OT stellt der Veräußerungsgewinn einer Organbeteiligung aufgrund § 8b Abs. 2 S. 1 KStG i. d. F. des UntStFG[1789] eine steuerfreie Einnahme dar, so dass die **Daseinsberechtigung eines AP grundsätzlich entfällt.** Liegt hingegen ein **Einzelunternehmen** vor, unterliegt der Veräußerungsgewinn dem Halbeinkünfteverfahren (§ 3 Nr. 40a EStG i. d. F. des UntStFG[1790]). Insofern ist die Bildung eines **hälftigen AP** vonnöten.[1791, 1792] Gleiche Grundsätze müssten entsprechend für eine Personenhandelsgesellschaft mit ausschließlich natürlichen bzw. juristischen Mitunternehmern gelten. Ungeklärt und unerwähnt bliebe zuletzt ein heterogener Mitunternehmerkreis. Der AP dürfte m. E. nur in der Höhe des Teils hälftig gebildet werden, der auf die dem Halbeinkünfteverfahren unterworfenen Mitunternehmer entfällt.[1793] Diese Bewertungsgrundsätze sind nach meiner Ansicht auch auf die **Mehrmütterorganschaft** übertragbar.

Allerdings gilt es zu bedenken, dass eine ausschließlich an der Steuerpflicht des Veräußerungsergebnisses der Organbeteiligung ausgerichtete Bewertung mit den bislang diskutierten

weis des AP findet m.E. keine Überschreitung der Obergrenze des Detaillierungsgrades der Bilanzgliederung des OT statt. Vgl. dazu allgemein BAETGE, JÖRG/FEY, DIRK/FEY, GERD (1995), § 243 HGB, Rn. 59.

1786 Vgl. dazu eingehend Kapitel B.III.3.a)(2) (ab S. 36).

1787 Vgl. WITT, GEORG (1999), Tz. B190.

1788 Vgl. WITT, GEORG (1999), Tz. B190.

1789 Vgl. Art. 2 Nr. 4b des „Gesetzes zur Fortentwicklung des Unternehmenssteuerrechts (Unternehmenssteuerfortentwicklungsgesetz – UntStFG)" vom 20. Dezember 2001, S. 3863.

1790 Vgl. Art. 1 Nr. 1a Doppelbuchstabe aa des „Gesetzes zur Fortentwicklung des Unternehmenssteuerrechts (Unternehmenssteuerfortentwicklungsgesetz – UntStFG)" vom 20. Dezember 2001, S. 3858.

1791 Vgl. FAULHABER, MARKUS (2000), S. 611 und HEURUNG, RAINER/HEINSEN, OLIVER/SPRINGER, MASCHA (2001b), S. 1608 f.

1792 Die gewerbesteuerlichen Regelungen laufen mit den einkommen- bzw. körperschaftsteuerlichen Vorschriften zur Veräußerungsgewinnbesteuerung in diesem Kontext vollkommen synchron (§ 7 S. 1 GewStG).

1793 Läge in obigem Beispiel in Kapitel D.I.1.a)(1)(a) (ab S. 313) eine OT-Personenhandelsgesellschaft vor, an der eine GmbH zu 60% und eine natürliche Person zu 40% beteiligt sind, wäre der aktive AP m.E. mit 6.000 EUR (50% von 40% von 30.000 EUR) in der Steuerbilanz des OT zu dotieren.

Grundsätzen in Widerspruch steht. Neben der betragsmäßigen Inkongruenz zwischen AP und Einlagekonto einerseits ist die bei isolierter Betrachtungsweise gänzlich unterbleibende bzw. nur hälftig vorzunehmende Anpassung an das unter Abstrahierung von nicht abziehbaren Aufwendungen und steuerfreien Erträgen mit dem Steuerbilanzvermögen identische zu versteuernde Einkommen des OT andererseits anzuführen, obwohl Letzteres der „normalen" Steuerpflicht und keinen Steuerbefreiungen unterliegt.[1794] Um ein in sich geschlossenes System auch weiterhin zu gewährleisten, könnte der AP nach wie vor in **vollständiger Höhe der Minder- und Mehrabführung** bewertet werden. Im Falle der Veräußerung der Organbeteiligung vor dem kompletten Differenzenausgleich wäre der AP **in voller Höhe einkommensneutral** (Kapitalgesellschaft, Genossenschaft) bzw. **hälftig einkommensneutral** (Personenhandelsunternehmen) **aufzulösen**. Diese Variante erscheint trotz des als entbehrlich erscheinenden formalen Aufwandes materiell als am sachgerechtesten.

(2) Besonderheiten beim Vorliegen von Minderheitsgesellschaftern

Die sich letztlich gleichermaßen auswirkende steuerliche Wirkung des AP ist nach meinem Dafürhalten im Falle der **Existenz von Minderheitsgesellschaftern stark diskussionsbedürftig**. Ausgangspunkt der Untersuchungen ist die nach altem Rechtsstand bislang kontrovers diskutierte Frage, ob der AP in vollem Umfang der Minder- oder Mehrabführung anzusetzen ist[1795] oder ob nur derjenige Teil des Differenzbetrages erfasst werden muss, der dem Beteiligungsverhältnis des OT am Nennkapital der OG entspricht[1796]. Dazu wird die Beteiligung am Nennkapital der OG im Beispiel annahmegemäß auf 80% gesenkt. Mittels der Ausübung des handelsbilanziellen Wahlrechts zur außerplanmäßigen Abschreibung i.H.v. 30.000 EUR steigt der Teilwert der Organbeteiligung bei reiner Nettosubstanzwertbetrachtung um 24.000 EUR und der Wert der Anteile auf Seiten der Minderheitsgesellschafter um 6.000 EUR.[1797]

Während zur Zeit des Anrechnungsverfahrens danach zu differenzieren war, ob sich die Anteile an der OG im Betriebs- oder Privatvermögen des Minderheitsgesellschafters befanden, ist gegenwärtig eine wie in Tabelle 15 (S. 327) dargelegte, ungleich detailliertere Unterscheidung vorzunehmen.

1794 Vgl. die Ausführungen in Fn. 1738 (S. 315).

1795 So die Meinung des Urteils des FG München vom 8.2.1993 (n.rkr.), S. 545 f. sowie des Schrifttums. Vgl. dazu CURTIUS-HARTUNG, RUDOLF (1991), S. 317 f. und S. 322; KREBS, HANS-JOACHIM (1996a), S. 1301 ff.; SCHUHMANN, HELMUT (1997), S. 88 sowie WITT, GEORG (1999), Tz. B159.

1796 Vgl. BFH-Urteil vom 24.7.1996, S. 1729 ff.; BMF-Schreiben vom 10.1.1981, S. 44 und Abschn. 59 Abs. 1 S. 3 KStR.

1797 Somit „...kann der Veräußerungspreis bei einer Beteiligung von weniger als 100% wiederum notwendigerweise typisierend betrachtet, nur entsprechend der Beteiligungsquote durch eine Rücklage bei der Organgesellschaft erhöht sein. Im übrigen wächst die Rücklage dem Wert der Anteile der Minderheitsgesellschafter zu." BFH-Urteil vom 24.7.1996, S. 1730. Vgl. hierzu auch TESDORPF, WERNER (1981), S. 83.

Minderheits-gesellschafter / Rechtsform des OT	Anteile im Privatvermögen	Anteile im Betriebsvermögen	
		Personenhandels-unternehmen	Kapitalgesellschaft, Genossenschaft
Personenhandelsunternehmen	Fallsituation 1	Fallsituation 2	Fallsituation 3
Kapitalgesellschaft, Genossenschaft	Fallsituation 4	Fallsituation 5	Fallsituation 6

Tabelle 15: Vollständige Enumeration infrage kommender Fallsituationen bei organschaftlichem Ausgleichsposten und einer unter 100% liegenden Beteiligung

Unter Annahme der **Fallsituation 1** stellen sich die Buchungssätze des OT im Falle der Veräußerung der Organbeteiligung aus Sicht des BFH[1798] und der Finanzverwaltung[1799] einerseits sowie des FG München[1800] und der h.M.[1801] andererseits nach neuem Recht sinngemäß wie folgt dar:

				BFH KStR	FG München h.M.
Außerplanmäßige Abschreibung durch die OG am 31.12.2002					
(a) aktiver AP[1802]		an	Ertrag aus der Bildung des aktiven AP	24.000	30.000
Veräußerung der Organbeteiligung am 31.12.2003					
(b) Zahlungsmittelkonto	744.000	an	Beteiligungen an verbundenen Unternehmen[1803]	720.000	720.000
			außerordentlicher Ertrag	24.000	24.000
(c) Aufwand aus der Auflösung des aktiven AP[1804]		an	aktiver AP	24.000	30.000

Die Organschaft bezweckt die Vermeidung einer Doppelbesteuerung des Organeinkommens.[1805] Gerade aber der vom BFH und der Finanzverwaltung präferierte anteilige Ansatz des aktiven AP führt zu einer Doppelbelastung von Teilen der von der OG gebildeten Rücklage, denn der OT hat folgenden Betrag über die Totalperiode zu versteuern:

1798 Vgl. BFH-Urteil vom 24.7.1996, S. 1729 ff.
1799 Vgl. Abschn. 59 Abs. 1 S. 3 KStR.
1800 Vgl. Urteil des FG München vom 8.2.1993 (n.rkr.), S. 545 f.
1801 Vgl. CURTIUS-HARTUNG, RUDOLF (1991), S. 317 f. und S. 322; KREBS, HANS-JOACHIM (1996a), S. 1301 ff.; SCHUHMANN, HELMUT (1997), S. 88 sowie WITT, GEORG (1999), Tz. B159.
1802 Die in Kapitel D.I.1.b)(1) (ab S. 325) getroffene Entscheidung zur Bewertung des AP in voller Höhe der Minderabführung wird in dem Rechenbeispiel praktiziert.
1803 Der Beteiligungsbuchwert berechnet sich als 80% von 900.000 EUR.
1804 Gem. den Überlegungen in Kapitel D.I.1.b)(1) (ab S. 325) ist der AP zur Hälfte einkommenswirksam und zur anderen Hälfte einkommensneutral aufzulösen.
1805 Vgl. BFH-Urteil vom 24.7.1996, S. 1730.

		BFH KStR	FG München h.M.
	Steuerliche Nichtanerkennung der außerplanmäßigen Abschreibung	30.000	30.000
+	einkommenswirksamer Veräußerungsgewinn der Beteiligung[1806]	12.000	12.000
–	einkommenswirksame Auflösung des aktiven AP (Buchungssatz (c))	12.000	15.000
=	**gesamtes vom OT zu versteuerndes Einkommen**	**30.000**	**27.000**

Die Minderheitsgesellschafter erzielen einen Gewinn von 6.000 EUR, falls sie vor dem Ausgleich der Bewertungsdifferenz ihre Beteiligung an der OG ebenfalls veräußern. Unter der Prämisse, dass die Regelung der §§ 17 bzw. 23 EStG Anwendung findet, unterliegen die Veräußerungsgewinne dem Halbeinkünfteverfahren (§§ 3 Nr. 40c und j, 3c Abs. 2 EStG). Insgesamt werden bei Befürwortung der ersten Meinung 33.000 EUR besteuert, obwohl der Unternehmenswert nur um 30.000 EUR gestiegen ist, was einer teilweisen Doppelbesteuerung entspricht.[1807] Im Rahmen der zweiten Variante werden insg. 30.000 EUR steuerlich erfasst, die der noch nicht zugeflossenen steuerlichen Vermögensmehrung betragsmäßig exakt entsprechen.[1808]

Fallsituation 2 weist **keine materiellen Unterschiede zu Situation 1** auf, da der Gewinn der im Betriebsvermögen des Minderheitsgesellschafters in der Rechtsform eines Personenhandelsunternehmens gehaltenen und veräußerten Beteiligung ebenfalls die Rechtsfolgen des Halbeinkünfteverfahrens hervorruft (§§ 3 Nr. 40a, 3c Abs. 2 EStG).

Bei Unterstellung der **Fallsituation 3** gilt auf Ebene des OT ebenfalls ein über die Totalperiode zu versteuerndes Einkommen i.H.v. 30.000 EUR bzw. 27.000 EUR. Veräußern die Minderheitsgesellschafter (Kapitalgesellschaften, eG) ihre im Betriebsvermögen gehaltene Betei-

---

1806 Der Veräußerungspreis von 744.000 EUR ist zur Hälfte anzusetzen (§ 3 Nr. 40a EStG). Gleiches gilt für den Buchwert der Beteiligung gem. § 3c Abs. 2 EStG.

1807 So auch das Urteil des FG München vom 8.2.1993 (n.rkr.), S. 546 und „sch" (1996), S. 1731.

1808 Diese Ansicht ist nach Meinung des Urteils des FG München unter der Annahme zu bekräftigen, dass der Beteiligungswert des OT mit der Rücklagenbildung der OG nicht um 24.000 EUR, sondern um 30.000 EUR steigt, da der OT während der Organschaft bei einer Abführung den vollen Rücklagenbetrag beteiligungsunabhängig erhalten würde. Vgl. Urteil des FG München vom 8.2.1993 (n.rkr.), S. 546. Ähnlich argumentierend JÜNGER, PAUL (1976), S. 1128. Insofern wäre Buchungssatz (b) dahingehend zu modifizieren, dass ein außerordentlicher Ertrag von 30.000 EUR entstünde (Zahlungsmittelkonto: 750.000 EUR). Der OT hätte in der Totalperiode ein gesamtes Einkommen i.H.v. 33.000 EUR bzw. 30.000 EUR zu versteuern. Die These des FG München ist aufgrund der Missachtung des Anteilswerts der Minderheitsgesellschafter an der OG stark zu kritisieren. Es wird vernachlässigt, dass der AP seine steuerliche Funktion ausschließlich bei einer Veräußerung der Organbeteiligung erfüllt. Genau dann wird das Organschaftsverhältnis aber beendet und der gebildete Rücklagenbetrag ist im Rahmen einer späteren Ausschüttung an den vormaligen OT sowie die Minderheitsgesellschafter entsprechend ihren Beteiligungsquoten zu berücksichtigen. Der Beteiligungswert des OT kann somit nicht um 30.000 EUR, sondern nur um 24.000 EUR gestiegen sein, da ein potenzieller Käufer der Beteiligung nur den anteiligen Erhalt der gebildeten Rücklagen in seine Preisvorstellungen mit einbeziehen würde. Dies stellt der BFH auch nochmals in seinem Urteil klar. Vgl. BFH-Urteil vom 24.7.1996, S. 1730 und ebenfalls kritisch KREBS, HANS-JOACHIM (1996a), S. 1302. Das eben Gesagte gilt ausschließlich für den auch im Urteil des FG München vom 8.2.1993 (n.rkr.), S. 546, genannten Spezialfall, bei dem der Erwerber den EAV mit allen Rechten und Pflichten übernimmt, da auch weiterhin gewährleistet wird, dass die während des neuen Organschaftsverhältnisses aufgelöste und abgeführte Rücklage ausschließlich dem neuen OT zufließt. Dabei ist m.E. zu beachten, dass ein AP im Rahmen des OT-Wechsels von einer Kapitalgesellschaft zu einem Personenhanligung, ist der Gewinn objektiv steuerbefreit (§ 8b Abs. 2 KStG). Insofern wird bei Vertretung der Meinung des FG München sowie der h.M. weniger als der Rücklagenbetrag von 30.000 EUR versteuert.

Verkörpert der OT dagegen eine Kapitalgesellschaft bzw. eG und die Minderheitsgesellschafter Privatpersonen (**Fallsituation 4**), resultiert daraus folgende Belastung:

		BFH KStR	**FG München h.M.**
	Steuerliche Nichtanerkennung der außerplanmäßigen Abschreibung	30.000	30.000
+	einkommenswirksamer Veräußerungsgewinn der Beteiligung	0	0
–	einkommenswirksame Auflösung des aktiven AP	0	0
=	**gesamtes vom OT zu versteuerndes Einkommen**	**30.000**	**30.000**

Der Veräußerungsgewinn der Beteiligung der Minderheitsgesellschafter unterliegt dem Halbeinkünfteverfahren (§§ 3 Nr. 40c und j, 3c Abs. 2 EStG), so dass in beiden Fällen insg. 33.000 EUR der Besteuerung unterliegen. **Fallsituation 5** ist materiell **wie Situation 4** einzustufen (§§ 3 Nr. 40a, 3c Abs. 2 EStG).

Situation 6 führt bei beiden Alternativen zu einer exakten Einmalbesteuerung der gebildeten Rücklage, da der Veräußerungsgewinn der Anteile der Minderheitsgesellschafter nach § 8b Abs. 2 KStG (ebenfalls) steuerbefreit ist.

Zusammenfassend lässt sich Tabelle 15 (S. 327) hinsichtlich der **von der Rechtsform des OT sowie von der der Minderheitsgesellschafter abhängigen steuerlichen Gesamtbelastung** wie in Tabelle 16 strukturieren:

	Fallsituationen 1 und 2	**Fallsituation 3**	**Fallsituationen 4 und 5**	**Fallsituation 6**
BFH, KStR	30.000 (33.000)	30.000 (30.000)	30.000 (33.000)	30.000 (30.000)
FG München, h.M.	27.000 (30.000)	27.000 (27.000)	30.000 (33.000)	30.000 (30.000)

Tabelle 16: Zusammenfassung der Ergebnisse der infrage kommenden Fallsituationen bei organschaftlichem AP und einer unter 100 % liegenden Beteiligung

Es wird deutlich, dass eine ausschließlich auf die Teilnehmer des Organkreises fokussierte Sichtweise des BFH bzw. der Finanzverwaltung erfolgt[1809], da nur in diesem Fall keine Doppelbesteuerung von Teilen der gebildeten Rücklage der OG stattfindet. Ob sich solch eine, die Minderheitsgesellschafter außer Acht lassende Sichtweise als zu eng erweist, kann einerseits bejaht werden[1810], da gem. einer wirtschaftlichen Betrachtungsweise auf eine globale Vermeidung der Doppelbesteuerung abzustellen ist. Unterstützend wirken dabei die zum Zeitpunkt der Diskussion um die Bewertung des AP im Jahre 1996 noch nicht existenten verschärften

delsunternehmen bei Letzterem einkommensneutral zu bilden ist. Im Umkehrfall muss der AP einkommensneutral aufgelöst werden.

1809 Vgl. KREBS, HANS-JOACHIM (1996b), S. 857.

1810 So KREBS, HANS-JOACHIM (1996b), S. 857.

Regelungen der §§ 17, 23 EStG[1811], welche die Wahrscheinlichkeit der Steuerverhaftung von Veräußerungsgewinnen erhöht haben. Ferner können die steuerlichen Doppelerfassungen ein beträchtliches Ausmaß annehmen. Beispielhaft sei der Extremfall anzuführen, bei dem der OT 76% und die Minderheitsgesellschafter (zusammen) 24% der (anteilsidentischen) Stimmrechte an der OG ausüben.[1812] Falls die **Wirkungen des Halbeinkünfteverfahrens auf Ebene der Minderheitsgesellschafter** einsetzen, wird die gebildete Rücklage zu 100% vom OT und nochmals zu 12% bei den Minderheitsgesellschaftern steuerlich erfasst. Bei dieser Argumentationsweise wird m. E. der Einbezug eines passiven AP vernachlässigt. Gem. § 23 Abs. 3 S. 8 EStG ist bei einem Veräußerungsverlust ausschließlich ein interner Verlustausgleich möglich, der beim Fehlen von weiteren Einnahmen aus privaten Veräußerungsgeschäften steuerlich nicht verwertbar ist, weswegen sich die Vermeidung einer Doppelentlastung erübrigt.[1813]

Als Gegenargument zu diesen Thesen stellt die Organschaft auf eine **Einmalbesteuerung von Gewinnen im Organkreis** ab, der etwaige Minderheitsgesellschafter außen vor lässt. Ferner sind die in theoretischer Hinsicht zwar lösbaren, aber in praktischer Umsetzung vorherrschenden Problematiken bei mehreren, in unterschiedliche Rechtsformen gekleideten Minderheitsgesellschaftern, bei einem rechtsformheterogenen Mitunternehmerkreis einer Personenhandelsgesellschaft als Minderheitsgesellschafter bzw. bei mehrstufigen und mittelbaren Organschaftskonzernen zu bedenken. Hierzu wäre die genaue Gesellschafterstruktur der OG zum Zeitpunkt der Rücklagenbildung zu identifizieren, was bei Anteilen im Streubesitz zunehmend erschwert wird.[1814] Zu guter Letzt ist eine Harmonisierung zu den ehemaligen Regelungen für Mehrabführungen aus vorvertraglichen Geschäftsvorfällen gegeben, die ebenfalls auf den Organkreis fokussiert waren.[1815]

Die dargelegten Gründe gegeneinander abwägend, ist der letzten Ansicht zuzustimmen. Selbst bei einer exakten Erfassung der Beteiligungsverhältnisse kann nicht von der typisierten Unternehmensbewertung abgelenkt werden. Dem BFH und Stimmen im Schrifttum ist insofern Recht zu geben, dass die betragsmäßige Erhöhung des Beteiligungswertes durch die Minderabführung nicht exakt feststellbar ist.[1816] Die tatsächliche Ausschaltung von Doppel- bzw. Nichterfassungen mittels der Inkongruenz zwischen Unternehmenswertveränderung und Min-

1811 Erhöhung der Spekulationsfrist von sechs Monaten auf ein Jahr sowie Senkung der maßgeblichen Grenze für wesentliche, im Privatvermögen gehaltene Beteiligungen an Kapitalgesellschaften von 25% auf 1%.

1812 Vgl. KREBS, HANS-JOACHIM (1996a), S. 1305. Theoretisch wäre es auch denkbar, dass der OT 76% der Stimmrechte an der OG ausübt, aufgrund überproportionaler Stimmrechte aber nur zu 65% am Nennkapital beteiligt ist, nach dessen Quote sich die Bewertung des AP bemisst.

1813 Diese Aussage findet aufgrund der Subsidiaritätsklausel des § 23 Abs. 2 S. 2 EStG ausschließlich für Fälle statt, in denen beteiligungsunabhängig zwischen Anschaffung und Veräußerung nicht mehr als ein Jahr liegt.

1814 Findet ein Wechsel der Minderheitsgesellschafter während des Organschaftsverhältnisses und vor Auflösung der Rücklage statt, werden die in den Organbeteiligungen enthaltenen stillen Reserven realisiert. Der höhere Veräußerungsgewinn ist in den Anschaffungskosten des neuen Minderheitsgesellschafters enthalten. Auf Ebene des OT besitzt solch ein Wechsel keine steuerlichen Auswirkungen auf den AP.

1815 Vgl. dazu Näheres in Kapitel D.I.2 (ab S. 332).

1816 Vgl. die Nachweise in Fn. 1734 (S. 315).

der- bzw. Mehrabführung kann nicht in vollem Umfang garantiert werden.[1817] Zusätzlich ist anzuführen, dass die hier betriebene Diskussion von der Anteilsveräußerung durch die Minderheitsgesellschafter abhängig ist. Im Zuge einer korrekten Bewertung wäre die Wahrscheinlichkeit des Verkaufs vor Ausgleich der Bilanzierung- bzw. Bewertungsdifferenzen zum Zeitpunkt der Bewertung des AP zu ermitteln. Die Bestimmung dieses subjektiven Datums erinnert an die handelsrechtliche „vernünftige kaufmännische Beurteilung" (z.B. § 253 Abs. 4 HGB), die für steuerliche Zwecke gerade von Irrelevanz ist.

c) Besonderheiten bei verdeckten Einlagen von Minderheitsgesellschaftern

Im folgenden Kapitel wird sich den Wechselwirkungen zwischen einer zu einer verdeckten Einlage führenden Kapitalzuführung i.w.S.[1818] von Seiten des Minderheitsgesellschafters (z.B. in Geld geleisteter Zuschuss zum Ausgleich des Bilanzverlustes der OG) und dem organschaftlichen AP gewidmet.[1819] Den Minderheitsgesellschaftern werden dabei sowohl handels- als auch steuerrechtlich zwei Möglichkeiten offeriert.[1820] Dem Grundsatz folgend, dass im Bereich der verdeckten Einlage keine Maßgeblichkeit der Handels- für die Steuerbilanz existiert[1821], sind vier Fallkonstellationen denkbar (vgl. Tabelle 17 (S. 331)):

Steuerbilanz / Handelsbilanz	**erfolgswirksame Vereinnahmung**	**erfolgsneutrale Vereinnahmung**
erfolgswirksame Vereinnahmung	Fallsituation 1	Fallsituation 2
erfolgsneutrale Vereinnahmung	Fallsituation 3	Fallsituation 4

Tabelle 17: Vollständige Enumeration infrage kommender Fallsituationen bei verdeckter Einlage des Minderheitsgesellschafters in die Organgesellschaft

Die Fallsituationen 1 und 4 rufen keine Minder- bzw. Mehrabführung hervor, da kein Korrekturbedarf im Rahmen der Überleitung zum steuerbilanziellen Ergebnis besteht. Anders verhält es sich bei unterschiedlichen Verbuchungsmethoden in Handels- und Steuerbilanz: Während das steuerbilanzielle Ergebnis bei Situation 2 kleiner als das handelsbilanzielle Ergebnis ist (Mehrabführung!), gestaltet sich der Vorgang bei Situation 3 gerade umgekehrt, wobei zusätzlich eine außerbilanzielle Kürzung in gleicher Höhe vorzunehmen ist. Letztlich wird dasselbe Ergebnis wie im Falle der in Kapitel D.I.1.a)(1)(c) (ab S. 318) erwähnten Investitionszulage erzielt (Minderabführung!). Zum einen ist erkennbar, dass sich je nach Ausübung der Wahlrechte eine Mehr- bzw. Minderabführung konstruieren lässt. Zum anderen erhöhen der Teilwert[1822] bzw. die Anschaffungs-/Herstellungskosten[1823] des eingelegten Ver-

1817 Dagegen ließe sich anführen, dass die Nettosubstanzwertbetrachtung kein alleiniges Spezifikum des AP darstellt, da auch im Bereich des Unternehmenskaufs auf dieses Verfahren abgestellt wird. Vgl. dazu explizit das Beispiel bei OTT, HANS (2000), S. 1088. Ferner entschuldigt die Diskussion der Auswahl eines geeigneten Bewertungsverfahrens nicht die hier aufgezeigte Problematik.

1818 Vgl. KÜTING, KARLHEINZ/KESSLER, HARALD (1989a), S. 28 und bzgl. der Terminologie Fn. 1127 (S. 181).

1819 Vgl. auch Kapitel C.I.3.d) (ab S. 221) bzgl. einer Einlage seitens des OT, sowie Kapitel C.I.1.a)(2)(a)(ii) (ab S. 179).

1820 Vgl. Kapitel C.I.3.d) (ab S. 221).

1821 Vgl. KUSSMAUL, HEINZ/KLEIN, NICOLE (2001b), S. 191.

1822 Vgl. § 6 Abs. 6 S. 2 EStG, wobei diese Vorschrift ausschließlich für die verdeckte Einlage aus einem Betriebsvermögen in eine Kapitalgesellschaft Anwendung findet. Vgl. GLANEGGER, PETER (2002), § 6 EStG,

mögensgegenstandes bzw. Wirtschaftsgutes das steuerliche Einlagekonto auf **Ebene der OG**[1824], das im Falle einer Mehrabführung an den OT gleichzeitig um denselben Betrag gemindert bzw. bei einer Minderabführung verdoppelt wird.

Auf **Ebene des OT** ist fraglich, ob diese Einlagen den Ansatz eines AP zu rechtfertigen geeignet sind. In Fallsituation 2 wird das Einlagekonto erhöht (§ 27 Abs. 1 S. 1 KStG) und gleichzeitig um denselben Betrag in Form der Mehrabführung gekürzt (§ 27 Abs. 6 KStG). Eine Erhöhung des Wertes der Organbeteiligung – verbunden mit einer drohenden doppelten Steuerentlastung – ist insofern nicht beobachtbar. Unbenommen dessen stellt die Einlage selbst einen steuerlich einkommensneutralen Vorgang dar, der keine Doppelbesteuerung bzw. -entlastung hervorruft.[1825] Keine Erwähnung findet Situation 3, bei der zur „echten" Einlage des Minderheitsgesellschafters eine „Quasi-Einlage" hinzutritt, die auf der höheren steuerlichen Vermögensmehrung beim OT basiert. Insofern besteht die Pflicht zum Ansatz eines (anteiligen) aktiven AP in dessen Steuerbilanz. Im Falle der Beteiligungsveräußerung vor der Einlagenrückgewähr wird das sich im Kaufpreis wiederspiegelnde, doppelt bewertete Einlagekonto um den AP geschmälert, so dass per Saldo die ursprüngliche „echte" Einlage verbleibt. Da eine erfolgswirksame Vereinnahmung in steuerlicher Hinsicht erfolgte, erhöhten sich die vertraglichen Gewinnrücklagen, die im Falle der Einlagenrückgewähr auch als abgeführt gelten. Die damit verbundene Mehrabführung führt zur Auflösung des aktiven AP. Gleichzeitig wird der Bestand des steuerlichen Einlagekontos doppelt gemindert.

Auf **Ebene der Minderheitsgesellschafter** bleibt der Wert der Beteiligung an der OG aufgrund der Neutralisierung des Einlagekontos unverändert (Fallsituation 2)[1826], während nachträgliche Anschaffungskosten in Höhe der „echten" Einlage bei Fallsituation 3 zu bejahen sind.[1827]

2. Entstehung in vororganschaftlicher Zeit, Auflösung in organschaftlicher Zeit

Auch zum Zeitpunkt des Abschlusses eines EAV werden in der Praxis Abweichungen zwischen handelsbilanziellem Ergebnis und zu versteuerndem Einkommen im letzten vorvertraglichen Jahresabschluss auf Ebene der (jetzigen) OG präsent sein, die sich während des Organschaftsverhältnisses wieder ausgleichen.

Rz. 551. Verkörpert der Minderheitsgesellschafter eine Privatperson, gelten Besonderheiten bei privaten Veräußerungsgeschäften, wo eine Veräußerung bei Vorliegen der weiteren Voraussetzungen fingiert wird (§ 23 Abs. 1 S. 5 Nr. 2 EStG) sowie beim Spezialfall der verdeckten Einlage von Anteilen an einer Kapitalgesellschaft i.S.v. § 17 EStG (§ 17 Abs. 1 S. 2 EStG).

1823 § 6 Abs. 6 S. 3 i.V.m. § 6 Abs. 1 Nr. 5 S. 1 Buchstabe a EStG.

1824 Dies gilt ebenso bei einer (steuerlich) erfolgswirksamen Verbuchung der Einlage. Gem. § 30 Abs. 2 Nr. 4 KStG 1999 wurden im EK 04 Einlagen der Anteilseigner erfasst, die das Eigenkapital erhöht haben. Der Begriff des „Eigenkapitals" umfasste u.a. das verwendbare Eigenkapital, welches als das, das Nennkapital übersteigende Eigenkapital, definiert wurde (§ 29 Abs. 2 S. 2 KStG 1999), also auch die „anderen Gewinnrücklagen" bzw. den Jahresüberschuss beinhaltet. Vgl. (ohne Begründung) anscheinend auch HAMBITZER, ROLF (1993), S. 124.

1825 Vgl. MÜCK, RAINER (1994), S. 755.

1826 Vgl. MÜCK, RAINER (1994), S. 756.

1827 Dabei ist es von Irrelevanz, ob eine erfolgswirksame oder -neutrale Vereinnahmung stattfindet. Vgl. THIEL, JOCHEN (1992), S. 2.

Ausgehend vom Sachverhalt des Beispiels in Kapitel D.I.1.a)(1)(a) (ab S. 313) wird unterstellt, dass das Organschaftsverhältnis erst mit Wirkung zum 1.1.2003 beginnt. Am 31.12.2002 hat die künftige OG ihr Einkommen noch eigenständig zu versteuern.

Während § 27 Abs. 8 KStG i.d.F. des StSenkG keinen Anhaltspunkt darüber enthielt, ob die bisher dargelegten Ausführungen auch vororganschaftliche „Mehr- und Minderabführungen" umfassen, verneinte dies der Wortlaut des § 27 Abs. 8 KStG i.d.F. des UntStFG-E implizit. Hinsichtlich der endgültigen Gesetzesfassung in § 27 Abs. 6 i.d.F. des UntStFG herrscht diesbezüglich eine erhebliche Rechtsunsicherheit. Satz 4 der Norm besagt: „Satz 1 gilt für andere Minderabführungen und Mehrabführungen entsprechend." RÖDDER und SCHUMACHER leiten daraus „eindeutig" ab, dass es sich bei dem Begriff „andere" um vorvertragliche Abweichungen handelt, die zukünftig wie vertragliche Abweichungen steuerrechtlich zu behandeln sind.[1828] M. E. ist noch eine andere Interpretationsvariante denkbar. § 27 Abs. 6 S. 2 und S. 3 KStG i.d.F. des UntStFG enthalten ein Beispiel für organschaftliche Mehr- und Minderabführungen. Satz 4 könnte in diesem Zusammenhang auch wie folgt zu lesen sein: „Satz 1 gilt für andere Minderabführungen und Mehrabführungen entsprechend [, falls sie ihre Ursache in organschaftlicher Zeit haben, d. Verf.]." Die zweite Lesart ist allein schon deshalb zu präferieren, da der Steuergesetzgeber im Falle eines gewollten vororganschaftlichen Bezuges zumindest die Termini „vororganschaftlich" bzw. „vorvertraglich" hätte nennen müssen, zumal dem UntStFG keine Gesetzesbegründung anhaftete und der vororganschaftliche Themenbereich niemals zuvor gesetzlich geregelt war.

Unbenommen dieser Unsicherheit ist auf Abschn. 59 Abs. 4 S. 1 KStR zu verweisen, der **keine Bildung eines AP** anordnet.[1829] Die als Folgewirkung aus vorvertraglicher Zeit resultierenden und in vertraglicher Zeit erfolgenden Mehrabführungen stellen aus **handelsrechtlicher** Sicht unverändert Gewinn**abführungen** dar.[1830] **Steuerrechtlich** sind sie hingegen nach der in dieser Arbeit vertretenen Meinung auch weiterhin als Gewinn**ausschüttungen** zu behandeln (Abschn. 59 Abs. 4 S. 3 KStR). Der sich nach Meinung von RÖDDER und SCHUMACHER vollzogene Wandel hin zu einer steuerrechtlichen Gewinn**abführung** gem. § 27 Abs. 6 S. 4 i.d.F. des UntStFG, der von beiden als „vereinfachende Regelung" seitens des Gesetzgebers bezeichnet wird[1831], vermag nicht recht zu überzeugen.

In diesen Kontext ist die dennoch (vor dem UntStFG) geführte Diskussion hinsichtlich der steuerrechtlichen Qualifikation einer Mehr**abführung** einzuordnen. OBERNDORFF plädiert für eine Gewinnausschüttung, da das Anrechnungs- bzw. Halb- und Nulleinkünfteverfahren zum maßgeblichen Zeitpunkt des vorvertraglichen Geschäftsvorfalles galten und eine Organschaft zu diesem Zeitpunkt noch nicht in Aussicht stand bzw. in Kraft getreten war.[1832] PREISSER und SEELIGER relativieren diese Aussage im Rahmen von Betriebsprüfungen, die während des

---

1828 Vgl. RÖDDER, THOMAS/SCHUMACHER, ANDREAS (2002), S. 110.

1829 Als Prämisse wird angeführt, dass der AP dann anzusetzen wäre, wenn im Jahr seiner Entstehung eine Organschaft bestanden hätte (Abschn. 59 Abs. 4 S. 2 KStR). Es wird insofern keine Korrektur des Steuerbilanzvermögens vorgenommen, das entgegen den Ausführungen in Fn. 1738 (S. 315) mit dem Handelsbilanzvermögen übereinstimmt. Vgl. dazu auch SCHRÖDER, SIEGFRIED (1986), S. 272.

1830 Vgl. Beschluss des FG Düsseldorf vom 12.3.1999 (rkr.), S. 580 und Urteil des FG Düsseldorf vom 20.3.2001 (n.rkr.), S. 917.

1831 Vgl. RÖDDER, THOMAS/SCHUMACHER, ANDREAS (2002), S. 110.

1832 Vgl. OBERNDORFF, FRANK (1996), S. 130 f.

Organschaftsverhältnisses durchgeführt werden, jedoch vororganschaftliche Zeiträume betreffen. Sie präferieren eine Behandlung als Gewinnabführung.[1833] Eine steuerrechtliche Einstufung als Gewinnausschüttung innerhalb des Geltungsbereiches des EAV widerspricht ferner dem Grundsatz der Vorrangigkeit der Organschaft gegenüber dem Halb- und Nulleinkünfteverfahren.[1834] Diese Ansicht wurde jüngst erstmalig – wenn auch nicht rechtskräftig – durch das FG Münster bestätigt.[1835] Dem ließe sich eine analoge Behandlung zu vororganschaftlichen Rücklagen entgegenhalten. Ein weiteres Argument für eine Ausschüttung liefert das FG Düsseldorf, das von der ausgebliebenen gesetzlichen Kodifizierung auf die Nichtzugehörigkeit dieses Themenkomplexes zu den Organschaftsregelungen schließt.[1836]

Im Falle der Bejahung als Gewinnausschüttung (Meinung der Finanzverwaltung) werden hinsichtlich dessen näherer **Qualifikation** diverse **Widersprüchlichkeiten** offenbart: Bei Annahme einer **offenen**[1837] **Gewinnausschüttung** hat jene auf einem den gesellschaftsrechtlichen Vorschriften entsprechenden Gewinnverteilungsbeschluss zu beruhen, was in diesem Kontext schon deswegen zu verneinen ist, weil kein Bilanzgewinn entsteht.[1838] Ferner impliziert der Vorgang des Ausschüttens nach der BFH-Rechtsprechung die Vornahme einer bestimmten Handlung durch die Gesellschaft.[1839] Dies gilt es mangels eigenen Willens im Rahmen einer Betriebsprüfung genausowenig zu bejahen wie generell für eine Mehrabführung als bloßen rechnerischen Unterschiedsbetrag.[1840] Unbenommen dessen wird eine Mehrabführung aus Sicht der KStR dennoch **wie eine (fiktive) Gewinnausschüttung** behandelt; die Ausschüttungsbelastung gem. § 27 KStG 1999 war insofern herzustellen.[1841] Mittels Abschn. 90 Abs. 3 S. 6 und 7 KStR, der die (ehemalige) vEK-Gliederung der OG näher umschrieb, ließ sich ableiten, dass eine **offene** Gewinnausschüttung angesprochen ist, da die Ausschüttungsbelastung für denjenigen Veranlagungszeitraum herzustellen ist, **für** den die Ausschüttung geleistet wurde (§ 27 Abs. 3 S. 1 KStG 1999). Demgegenüber stuft das FG Düsseldorf die Mehrabführung als „andere Ausschüttung" i.S.v. § 27 Abs. 3 S. 2 KStG 1999 ein, nach dem die Ausschüttungsbelastung für denjenigen Veranlagungszeitraum herzustellen ist, **in** dem die Ausschüttung geleistet wurde.[1842] Im Zuge der Frage nach der **Quantifizie-**

1833 Vgl. PREISSER, MICHAEL/SEELIGER, THOMAS (1999), S. 396. Gleicher Ansicht: KNEPPER, KARL HEINZ (1993), S. 734 und JONAS, BERND (1998), S. 290, Rz. 479. Eine Ausschüttung ebenfalls verneinend SCHNECK, HORST/HIRSCH, CHRISTOPH J. (1999), S. 900.

1834 Vgl. noch zum Anrechnungsverfahren BFH-Urteil vom 5.4.1995, S. 1593.

1835 Vgl. Urteil des FG Münster vom 4.5.2001 (n.rkr.), S. 1320 f.

1836 Vgl. Urteil des FG Düsseldorf vom 20.3.2001 (n.rkr.), S. 918.

1837 So explizit DÖTSCH, EWALD/JOST, WERNER F. (1996), S. 19 und STARKE, PETER (1996), S. 1492.

1838 Vgl. Beschluss des FG Düsseldorf vom 12.3.1999 (rkr.), S. 580.

1839 Vgl. BFH-Urteil vom 9.12.1987, S. 462.

1840 Die Argumentationsweise des FG Düsseldorf, die m.E. zwanghaft einen Bezug zur Disposition der ausschüttenden Gesellschaft herzustellen versucht, wirkt nicht überzeugend: „Denn letztlich hat die Organgesellschaft bei Abschluss des Gewinnabführungsvertrages von ihrer Dispositionsmöglichkeit Gebrauch gemacht. Dieses gilt selbst dann, wenn nicht alle Konsequenzen im Voraus abgeschätzt werden können." Urteil des FG Düsseldorf vom 20.3.2001 (n.rkr.), S. 918.

1841 Vgl. Abschn. 59 Abs. 4 S. 3 KStR; BMF-Schreiben vom 24.6.1996, S. 695 und BMF-Schreiben vom 28.10.1997, S. 939 f.

1842 Vgl. Beschluss des FG Düsseldorf vom 12.3.1999 (rkr.), S. 580 und Urteil des FG Düsseldorf vom 20.3.2001 (n.rkr.), S. 917. Gleicher Ansicht: HARLE, GEORG/KULEMANN, GRIT (2001), Rz. 85; HEURUNG, RAINER/HEINSEN, OLIVER/SPRINGER, MASCHA (2001b), S. 1609 und ROMANI, BRIGITTE/MAIER, JOCHEN (2000), S. 1947 f.

rung der Mehrabführung und den dabei existenten beiden Alternativen – Ansiedlung auf der 75er-Ebene oder der 100er-Ebene – wurde zu Gunsten der letzten Möglichkeit entschieden[1843], was der Vorgehensweise bei einer **verdeckten Gewinnausschüttung** ähnelt. Allerdings muss auch dieser Ausschüttungsform eine entsprechende Handlungsvornahme vorausgehen.[1844] Weiterhin ist ein Widerspruch zu einer vGA innerhalb des Organschaftsverhältnisses gegeben, da jene als vorweggenommene Gewinn**abführung** eingestuft wird (Abschn. 57 Abs. 6 S. 1 KStR).[1845]

Summa summarum ist die **organschaftliche Mehrabführung als offene (fiktive) Gewinnausschüttung** zu qualifizieren, mit der – je nach Zusammensetzung des steuerbilanziellen Eigenkapitals – eine KSt-Minderung bzw. KSt-Erhöhung während des Übergangszeitraums von 15 Wirtschaftsjahren eintreten kann. Die dadurch bewirkte Änderung des **handelsrechtlichen** Jahresüberschusses bzw. Jahresfehlbetrages sollte entsprechend zu Abschn. 55 Abs. 5 KStR keinen Bestandteil der Ergebnisabführung darstellen, sondern der Gewinnausschüttung zuzurechnen sein.[1846] Insofern wird der **Betrag der Mehrabführung aufgespalten,** wobei für die KSt-Minderung ein ordentlicher Gewinnverwendungsbeschluss herzustellen ist.[1847] Dieser wird quasi ein originärer Charakter vermittelt, woran etwaige Minderheitsgesellschafter anteilsmäßig partizipieren, obwohl sie durch den eigentlichen Geschäftsvorfall nicht berührt werden und bei jenem nur rein steuerliche Differenzen vorliegen.[1848] **Steuerrechtlich** gelten die in Kapitel C.I.3.c) (ab S. 216) getroffenen Aussagen dementsprechend.

Jene bislang rein gesellschaftsrechtlich geprägte Betrachtungsweise ist mit der steuerlichen Belastung zu verknüpfen. Das FG Düsseldorf begründete die unterschiedliche Behandlung der Mehrabführung in Handels- und Steuerrecht damit, dass der Geschäftsvorfall bereits in vorvertraglicher Zeit versteuert wurde. Die Abführung bereits versteuerter Gewinne stellt Ausschüttungen dar.[1849] Daraus lässt sich folgern, dass mittels des Ausschüttungsvorganges die nicht nochmalige Besteuerung auf Ebene des OT bezweckt wird.

Ursprünglich erhöhte der Betrag des vororganschaftlichen Geschäftsvorfalles den Teilbetrag des EK 45 bzw. EK 40 (früher: EK 56 bzw. EK 50) auf Ebene der OG. Im Zuge der sich anschließenden Mehrabführung wurde das EK 02 als vorrangig verwendet angesehen. Beim OT war dieser Betrag entsprechend dem Willen des BMF sachgerecht als steuerfreie Einnahme zu qualifizieren; der Teilbetrag des EK 02 erhöhte sich dementsprechend.[1850] Diese Regelung

---

1843 Vgl. BMF-Schreiben vom 28.10.1997, S. 939 sowie vorher diskutierend DÖTSCH, EWALD/WITT, GEORG (1996), S. 1595 f.

1844 Vgl. BFH-Urteil vom 9.12.1987, S. 462.

1845 Vgl. PREISSER, MICHAEL/SEELIGER, THOMAS (1999), S. 397.

1846 Vgl. BMF-Schreiben vom 20.9.1994, S. 2111 und BMF-Schreiben vom 28.10.1997, S. 939. Vgl. auch Kapitel C.I.3.c) (ab S. 216).

1847 Unerwähnt bleibt der Fall der KSt-Erhöhung. M.E. müsste konsequenterweise von einer Einlage seitens aller Gesellschafter der OG auszugehen sein.

1848 Vgl. ROMANI, BRIGITTE/MAIER, JOCHEN (2000), S. 1947.

1849 Vgl. explizit Beschluss des FG Düsseldorf vom 12.3.1999 (rkr.), S. 580 und Urteil des FG Düsseldorf vom 20.3.2001 (n.rkr.), S. 917.

1850 Vgl. dazu Abschnitt C des BMF-Schreibens vom 10.1.1981, S. 47 f., der durch das BMF-Schreiben vom 24.6.1996, S. 695, aufgehoben wurde. Vgl. dazu kritisch mit Rechenbeispielen SCHRÖDER, SIEGFRIED (1986), S. 273 ff.

hatte zum Nachteil, dass sich das in vororganschaftlicher Zeit entstandene KSt-Guthaben nicht mobilisieren ließ.[1851] Die Betrachtungen des BMF wurden allerdings ausschließlich auf den Organkreis fokussiert, da bei einer Verwendung des EK 02 auf Ebene des OT eine KSt-Erhöhung und somit eine zweite Besteuerung eintrat (Umkehrschluss zu § 30 KStG 1999).[1852] Durch die Fingierung einer offenen Gewinnausschüttung[1853] wurde dieser Missstand beseitigt, da die gesetzlich vorgesehene Verwendungsreihenfolge i.S.v. § 28 Abs. 3 KStG 1999 Anwendung fand.

Eine Regelung bzgl. der entsprechenden Behandlung nach dem **Halb- bzw. Nulleinkünfteverfahren** blieb bislang aus. Insb. ist klärungsbedürftig, ob eine Anpassung des BMF-Schreibens vom 28.10.1997[1854] an die neue Rechtslage vorgesehen ist. Eine Schlüsselposition nimmt dabei die Qualifikation der Mehrabführung als offene Gewinnausschüttung ein. Falls an dieser Fiktion weiterhin festgehalten werden würde, könnte das KSt-Guthaben i.H.v. 1/6 der Gewinnausschüttungen mobilisiert werden (§ 37 Abs. 2 S. 1 KStG).[1855, 1856] Die beschriebene Wirkungsweise stellt den m.E. einzig sachgerechten Lösungsansatz dar, weil das KSt-Guthaben ansonsten wie in bereits beschriebenen früheren Zeiten blockiert wäre.

Der umgekehrte Fall – die **Minderabführung** – liefert weitaus weniger Diskussionsbedarf. Gem. Abschn. 59 Abs. 4 S. 5 KStR wird eine (verdeckte) **Einlage** durch den OT in die OG fingiert. Der Unterschiedsbetrag erhöht auf Ebene der OG das steuerliche Einlagekonto; beim OT wird der Buchwert der Organbeteiligung um den Betrag der Minderabführung aufgestockt.[1857] Diese Vorgehensweise steht in Widerspruch zu dem (in dieser Arbeit stark kritisierten) BFH-Urteil vom 24.7.1996, wonach eine Minderabführung in organschaftlicher Zeit gerade keine Einlage verkörpert und den bilanziellen Beteiligungsansatz unberührt lässt.[1858] Aus vororganschaftlichen Geschäftsvorfällen resultierende Mehr- und Minderabführungen innerhalb eines Veranlagungszeitraums dürfen nicht miteinander saldiert werden.[1859]

3. Entstehung in organschaftlicher Zeit, Auflösung in nachorganschaftlicher Zeit

Entstehen spiegelbildlich zum vorangegangenen Kapitel organschaftliche Mehr- bzw. Minderabführungen, die sich erst nach Beendigung des EAV ausgleichen, bietet sich die Diffe-

---

1851 Vgl. STARKE, PETER (1996), S. 1492.

1852 Dies galt nicht für einen OT in der Rechtsform eines Personenhandelsunternehmens. Vgl. WITT, GEORG (1999), Tz. B166.

1853 Vgl. BMF-Schreiben vom 24.6.1996, S. 695.

1854 Vgl. BMF-Schreiben vom 28.10.1997, S. 939 f.

1855 Vgl. HEURUNG, RAINER/HEINSEN, OLIVER/SPRINGER, MASCHA (2001a), S. 185, die diesen Aspekt ebenfalls für klärungsbedürftig halten.

1856 Bei juristischen Personen als OT würde bei Annahme einer offenen Gewinnausschüttung eine spiegelbildliche Erhöhung ihrer KSt und ihres KSt-Guthabens nach Maßgabe des § 37 Abs. 3 KStG eintreten. Die endgültige Vergünstigung entstünde bei einer Weiterausschüttung an eine natürliche Person.

1857 Vgl. BMF-Schreiben vom 28.10.1997, S. 940.

1858 Vgl. BFH-Urteil vom 24.7.1996, S. 1730 und die bereits erfolgte Diskussion in Kapitel D.I.1.a)(2) (ab S. 321). Auch für JONAS, der das BFH-Urteil nicht näher kritisch analysiert, ist diese Qualifikation unhaltbar. Vgl. JONAS, BERND (1998), S. 290, Rz. 479.

1859 Vgl. BMF-Schreiben vom 28.10.1997, S. 940.

renzierung danach an, ob Adressat des Auflösungsbetrages der ehemalige OT oder ein nach Veräußerung der Organbeteiligung künftiger Anteilseigner ist.

Zunächst wird der **ehemalige OT** betrachtet und das in Kapitel D.I.1.a)(1)(a) (ab S. 313) gewählte Ausgangsbeispiel wie folgt modifiziert:

Das Organschaftsverhältnis wird mit Wirkung zum 31.12.2003 beendet. Die Veräußerung der Beteiligung durch den ehemaligen OT erfolgt alternativ am 31.12.2003 bzw. am 31.12.2004. Die OG erzielt jedes Jahr einen handelsrechtlichen Jahresüberschuss vor Gewinnabführung und unter Berücksichtigung des Geschäftsvorfalles i.H.v. 500.000 EUR (keine Rücklagenbewegungen).

Die Entwicklung der zu versteuernden Einkommen von OT und OG (bei isolierter Betrachtungsweise) in den Jahren 2002-2004 stellt sich folgendermaßen dar:[1860]

		31.12.2002	**31.12.2003**	**31.12.2004**
zu versteuerndes Einkommen des OT		530.000	500.000	–
zu versteuerndes Einkommen der (ehemaligen) OG		–	–	470.000
steuerbilanzielles Eigenkapital des OT		297.224	577.624	577.624
steuerbilanzielles Eigenkapital der (ehemaligen) OG	neutrales Vermögen	–	–	288.345
	Einlagekonto	30.000	30.000	30.000

Die Höhe des Jahresüberschusses des (ehemaligen) OT wird ab dem 31.12.2003 durch die handelsbilanzielle Zuschreibungspflicht nicht tangiert.[1861] Allerdings ordnet Abschn. 59 Abs. 5 S. 1 KStR an, den während der Organschaft gebildeten AP mangels Mehrabführungen weiterhin in der Steuerbilanz des (ehemaligen) OT zu belassen.

Der Preis der am 31.12.2004 veräußerten Beteiligung an der ehemaligen OG wird um 318.345 EUR höher ausfallen. Erfolgt die Beteiligungsveräußerung am 31.12.2003, beläuft sich der Veräußerungsmehrpreis auf 30.000 EUR.

Würde der am 31.12.2002 gebildete aktive AP unabhängig von den hier unterstellten Veräußerungsterminen einkommensneutral aufgelöst werden, ergäbe sich, wie in Kapitel D.I.1 (ab S. 313) beschrieben, eine Doppelbesteuerung, da das Einlagekonto in beiden Fällen auf den Veräußerungspreis Einfluss nimmt. Diese Maßnahme erfolgt unabhängig davon, ob sich die in vertraglicher Zeit entstandenen Abweichungen zwischen handels- und steuerbilanziellem Ergebnis bis zum Veräußerungszeitpunkt ausgeglichen haben oder nicht. Insofern ist die einkommenswirksame Auflösung des AP i.S.v. Abschn. 59 Abs. 5 S. 2 und 3 KStR als sachgerecht zu erachten.[1862] Kritisch gilt anzumerken, dass die bei der OG gebildeten nachvertragli-

1860 Der Ertragsteuersatz des hier unterstellten OT-Einzelunternehmens berechnet sich bei einem GewSt-Hebesatz von 400% und einem durchschnittlichen ESt-Satz von 40% wie folgt: $0{,}1667+(0{,}4-0{,}4\cdot 0{,}1667-1{,}8\cdot 0{,}1667+4)\cdot 1{,}055=43{,}92\%$. Bei der OG (Kapitalgesellschaft!) resultieren die nachstehenden Berechnungen: $0{,}1667+(0{,}25-0{,}25\cdot 0{,}1667)\cdot 1{,}055=38{,}65\%$.

1861 Vgl. hierzu sinngemäß STARKE, PETER (1996), S. 1491.

1862 A.A.: DÖTSCH, EWALD (1991a), S. 123, der den AP nach der Beteiligungsveräußerung einkommensneutral auflösen möchte, da für ihn Bewertungsdifferenzen zwischen Handels- und Steuerbilanz keine Auswirkungen auf den Kaufpreis besitzen. Vgl. dazu auch die Anmerkungen in Fn. 1734 (S. 315).

chen und versteuerten Rücklagen der Kategorie des neutralen Vermögens ebenfalls im Kaufpreis berücksichtigt werden und somit ebenfalls eine Doppelbesteuerung erfahren. Es erscheint uneinsichtig, warum ausschließlich das Einlagekonto privilegiert wird. Die m. E. systemkonforme Antwort liefert DREISSIG, für die – im Gegensatz zum neutralen Vermögen – das versteuerte Mehreinkommen i.H.v. 30.000 EUR und die damit verbundene Wertsteigerung bereits zum Zeitpunkt der Organschaft entstanden sind und dem Schutz einer Zweifachbesteuerung unterliegen.[1863]

Umstritten ist, in welcher Form der nachorganschaftliche Ausgleich zu erfolgen hat. Bezugnehmend auf als (steuerrechtliche) Gewinn**ausschüttungen** zu qualifizierende Mehrabführungen, die Folgewirkungen aus vororganschaftlicher Zeit darstellen, müsste m. E. systemkonform von nachorganschaftlichen Gewinn**abführungen** an den (ehemaligen) OT auszugehen sein. Die organschaftlich gebildete Rücklage stünde zum Zeitpunkt ihrer Bildung dem OT vollends zu. Nichts anderes kann deswegen für die nachorganschaftliche Zeit gelten.

Die Beurteilung des obigen Falles gestaltet sich anders, falls die OG das neutrale Vermögen am 31.12.2004 zzgl. des Bestandes des Einlagekontos gem. der Verwendungsreihenfolge (vor einer Beteiligungsveräußerung) an den OT ausschütten würde. Dem AP wäre jedwede Rechtsgrundlage entzogen. Die Verwendung des bereits versteuerten Wertes in Form des Einlagekontos bewirkt eine Reduktion des Beteiligungsbuchwertes. Aufgrund der in Kapitel D.I.1.a)(2) (ab S. 321) bereits diskutierten Zugehörigkeit des AP zum Beteiligungsbuchwert wäre eine **primäre** einkommens**neutrale** Kürzung mit dem AP selbst als sachgerecht zu erachten.[1864]

Wird die **Beteiligung an Dritte veräußert**, ist ein etwaiger AP einkommenswirksam aufzulösen. Im Falle der **Begründung eines neuen Organschaftsverhältnisses** sind m. E. aus Sicht der neuen Anteilseigner vororganschaftliche Rücklagen gegeben, die nach den Grundsätzen des Kapitels C.I.1.a)(2)(a)(ii) (ab S. 179) zu behandeln sind. Wird mit dem neuen Anteilseigner **kein Organschaftsverhältnis** begründet, ergeben sich keine weiteren Besonderheiten; etwaige Ausschüttungen sind entsprechend den Regelungen des KStG zu unterwerfen.[1865]

Als **Spezialfall** ist der Eingriff einer nachorganschaftlichen Betriebsprüfung in organschaftliche Geschäftsvorfälle anzuführen, im Rahmen dessen nachträgliche Minderabführungen entstehen. Kraft Rechtsprechung liegt handels- und steuerrechtlich eine **nachträgliche Gewinnabführung** und keine Gewinnausschüttung vor.[1866] Insofern ist je nachdem, ob bzw. inwieweit sich die Bilanzierungs- und Bewertungsdifferenzen ausgeglichen haben, nachträglich ein („fortgeführter") hälftiger aktiver AP in der Steuerbilanz des OT einkommensneutral zu bilden. Das Einlagekonto der OG ist um den „fortgeführten" Betrag dementsprechend zu erhöhen.

1863 Vgl. DREISSIG, HILDEGARD (1992), S. 818.

1864 Vgl. hierzu auch DREISSIG, HILDEGARD (1992), S. 817 und HÜBEL, WOLFGANG (1991), S. 477.

1865 Vgl. WITT, GEORG (1999), Tz. B153.

1866 Vgl. explizit den Sachverhalt des BFH-Urteils vom 5.4.1995, S. 1593 f.

Letztlich ist ungeklärt, wie sich die beschriebene Situation bei einer bereits an Dritte stattgefundenen Beteiligungsveräußerung verhält.[1867] Hier wäre urspünglich ein aktiver AP zu bilden gewesen, der im Zuge der Veräußerung seine Einkommenswirksamkeit entfaltet hätte. Würde bei einer bspw. im Jahre 2005 stattfindenden Betriebsprüfung bemerkt werden, dass in der Steuerbilanz unzulässigerweise ebenfalls auf den niedrigeren Teilwert zum 31.12.2002 abgeschrieben bzw. zum 31.12.2004 auf die historischen Anschaffungskosten zugeschrieben wurde, würde hieraus mangels Berührung des Einlagekontos kein steuerpflichtiger Veräußerungsmehrgewinn resultieren. Da sich die zeitlichen Differenzen zu diesem Zeitpunkt ausgeglichen haben würden, bestünde aus meiner Sicht kein weiterer Handlungsbedarf. Wäre dagegen die Betriebsprüfung im Laufe des Jahres 2004 durchzuführen, hätte sich ein zeitlicher (vollständiger) Ausgleich noch nicht vollzogen. Insofern wäre die Einmalbesteuerung des Sachverhaltes zu diesem Zeitpunkt als sachgerecht anzusehen. Der Veräußerungsgewinn wäre nachträglich insofern um 30.000 EUR zu erhöhen.

4. Ausgleichsposten versus (primäre) latente Steuerabgrenzungen

Der Bereich des organschaftlichen AP gleicht in **formaler Hinsicht** dem Themenbereich der (primären)[1868] latenten Steuern i.S.v. § 274 HGB, da auch in diesem Kontext (zeitliche) Differenzen zwischen handels- und steuerbilanziellem Ergebnis der OG erfasst werden (können). Bezugnehmend auf das in Kapitel D.I.1.a)(1)(a) (ab S. 313) angeführte Fallbeispiel entstünde das Wahlrecht zur handelsbilanziellen Aktivierung von latenten Steuern (§ 274 Abs. 2 HGB), um den am handelsbilanziellen Ergebnis gemessenen zu großen Ertragsteueraufwand periodengerecht abzugrenzen. Dies soll als Anlass dienen, die Besonderheiten im Rahmen der Bildung von latenten Steuerabgrenzungen in einem gewerbe- und körperschaftsteuerlichen Organschaftskonzern näher zu beleuchten. Hierbei obliegt dem OT zum einen die Pflicht zur Ertragsbesteuerung. Zum anderen wird das handelsbilanzielle Ergebnis der OG entsprechend in seiner GuV erfasst. Insofern kann eine dementsprechende Anpassung auch nur auf dessen Ebene stattfinden. Die zeitlichen Differenzen der OG sind mithin in die **Steuerabgrenzung des OT** mit einzubeziehen.[1869, 1870]

Latente Steuerabgrenzungen können auch auf **Ebene der Ergebnisverwendung** ausgelöst werden. Im Falle der Rücklagenbildung nach Maßgabe des § 14 Abs. 1 Nr. 4 KStG entsteht ebenfalls eine Diskrepanz zwischen dem in der GuV des OT erfassten handelsbilanziellen Ergebnis und dem dem zu versteuernden Einkommen zuordenbaren höheren Ertragsteueraufwand. Da zeitliche Differenzen nur dann vorliegen, wenn die Rücklagen während des Organ-

---

1867 Vgl. DÖTSCH, EWALD/WITT, GEORG (1996), S. 1597.

1868 Das Wort „primär" nimmt dabei auf den Einzelabschluss Bezug. Vgl. KÜTING, KARLHEINZ/WEBER, CLAUS-PETER (2001a), S. 373.

1869 Technisch ist zunächst die Steuerabgrenzung der OG isoliert zu ermitteln, während daran anschließend der Saldo mit demjenigen des OT zu verrechnen ist. Vgl. HOYOS, MARTIN/FISCHER, NORBERT (1999), § 274 HGB, Anm. 67. Vgl. dazu auch BAUMANN, KARL-HERMANN (1995), § 274 HGB, Rn. 18. Das Argument eines möglichen Widerspruchs dieser Vorgehensweise gegen die eigenständige Bilanzierung der OG bzw. gegen das Vollständigkeitsgebot des § 246 Abs. 1 HGB ist meiner Meinung nach aufgrund des „neutral formulierten" Wortlautes des § 274 HGB nicht gegeben.

schaftsverhältnisses aufgelöst und an den OT abgeführt werden[1871], sind Annahmen hinsichtlich der aus Sicht des Abschlussstichtages[1872] **zukünftigen Verwendung der Rücklage** zu treffen. Bei einer unterstellten Thesaurierung entsteht eine quasi-permanente Differenz, die sich erst im Rahmen der Veräußerung der Organbeteiligung ausgleichen würde und deswegen aufgrund des Widerspruchs zum Going-Concern-Prinzip (§ 252 Abs. 1 Nr. 2 HGB) eine Steuerabgrenzung verbietet.[1873] Zur näheren Einschätzung und Beurteilung dieser Entscheidungssituation sei auf die in Kapitel C.I.1.a)(2)(a)(i) (ab S. 175) getroffenen Aussagen verwiesen.

Die Grundsätze zur Bildung von latenten Steuern gelten aufgrund der Gesetzessystematik des HGB implizit für Einzelabschlüsse von Kapitalgesellschaften und mittels § 336 Abs. 2 S. 1 HGB für Genossenschaften. Personenhandelsunternehmen dürfen die ESt des Unternehmers bzw. der natürlichen Mitunternehmer[1874] aufgrund des Anfalls in deren Privatsphäre nicht erfolgswirksam in ihrer GuV berücksichtigen.[1875] Ist der OT in solch eine Rechtsform gekleidet, müsste die Übernahme latenter Steuern von der OG aufgrund des Transfers ihres Einkommens in den einkommensteuerlichen Bereich konsequenterweise entfallen. Unerwähnt bleibt die Behandlung der GewSt. Da das Personenhandelsunternehmen selbst diesbezüglich Steuersubjekt ist und die GewSt unzweifelhaft als „Steuer vom Ertrag" zu qualifizieren ist, müsste sich die Steuerabgrenzung auf die gewerbesteuerlichen Wirkungen der Differenz zwischen handels- und steuerbilanziellem Ergebnis reduzieren.[1876] Dies wird m. E. mittels § 5 Abs. 1 S. 2 PublG bestätigt, wonach u.a. § 274 HGB für Personenhandelsunternehmen **sinngemäß** anzuwenden **ist**. Daraus wird geschlossen, dass § 274 HGB auch andere, nicht dem PublG unterliegende Personenhandelsunternehmen entsprechend, anwenden **dürfen**.[1877]

Bei **temporären Verwerfungen zwischen Einkommenszurechnung und Gewinnabführung**[1878] können insofern Schwierigkeiten entstehen, als dass der Ertragsteueraufwand des OT einem von ihm erfassten handelsbilanziellen Gewinn zugeordnet wird, der nicht nur in betragsmäßiger, sondern auch in sachlicher Hinsicht in keiner Beziehung zu diesem Aufwand steht (vgl. Abbildung 13 (S. 208)). Sowohl der Kommentarliteratur als auch dem Wortlaut des § 274 HGB ist nicht zu entnehmen, dass beide Größen aus demselben Geschäftsjahr stammen

[1870] Die im Zuge der Steuerabgrenzung angesprochene GuV-Position „Steuern vom Einkommen und Ertrag" i.S.v. § 275 Abs. 2 Nr. 18 bzw. Abs. 3 Nr. 17 HGB umfasst neben der KSt und GewSt auch den SolZ als Annexsteuer. Vgl. FÖRSCHLE, GERHART (1999), § 275 HGB, Anm. 238.

[1871] A.A.: ADLER, HANS/DÜRING, WALTHER/SCHMALTZ, KURT (1997), § 274 HGB, Tz. 32, die von quasi-permanenten Differenzen sprechen.

[1872] Vgl. Stellungnahme SABI 3/1988, S. 684.

[1873] Vgl. ADLER, HANS/DÜRING, WALTHER/SCHMALTZ, KURT (1997), § 274 HGB, Tz. 16 und HOYOS, MARTIN/FISCHER, NORBERT (1999), § 274 HGB, Anm. 67.

[1874] Unerwähnt bleibt die Behandlung von juristischen Mitunternehmern. Hierbei ist m.E. ebenfalls keine auf den Gewinnanteil gezahlte KSt zu berücksichtigen, da jene in der Sphäre der die Steuerschuldner darstellenden Mitunternehmer und nicht in der der Personenhandelsgesellschaft anfällt. Dieser Gedankengang wird implizit mittels § 242 Abs. 1 S. 1 HGB bestätigt, wonach der Kaufmann **seine** Vermögensgegenstände und Schulden auszuweisen hat.

[1875] Vgl. LANGER, KLAUS (1995), § 278 HGB, Rn. 18.

[1876] So wohl ebenfalls LANGER, KLAUS (1983), S. 398. A.A.: BAUMANN, KARL-HERMANN (1995), § 274 HGB, Rn. 2.

[1877] Vgl. Stellungnahme SABI 3/1988, S. 683. A.A.: SCHNEELOCH, DIETER (1986), S. 525, für den ausschließlich passive latente Steuerabgrenzungen nach dem für alle Kaufleute geltenden Vorsichtsprinzip i.S.v. § 252 Abs. 1 Nr. 4 HGB vorzunehmen sind.

[1878] Vgl. Kapitel C.I.3.a) (ab S. 208) und Kapitel D.I.1.a)(1)(a) (ab S. 313).

müssen.[1879] Konsequenterweise hat der OT am 30.6.02 eine latente Steuerabgrenzung zu bilden, in deren Höhe die Gewinnabführung des Jahres 01 und der Ertragsteueraufwand des Jahres 02 einfließen.[1880]

Klärungsbedürftig bleibt ebenso die Behandlung von latenten Steuern, falls im Rahmen des zeitlichen Ausgleichs **vor- bzw. nachorganschaftliche Zeiträume** tangiert werden. Im ersten Fall finden latente Steuern mittels des vorvertraglichen Geschäftsvorfalles in der Handelsbilanz der (künftigen) OG Berücksichtigung. Gleichen sich die zeitlichen Differenzen während des (zwischenzeitlich) begründeten Organschaftsverhältnisses aus, hat dies m. E. ebenfalls in der Handelsbilanz der OG zu geschehen. Im umgekehrten Fall wurden latente Steuerabgrenzungen beim OT vorgenommen. Da die Umkehr der zeitlichen Differenzen mit den einhergehenden Mehr- bzw. Mindergewinnen als nachorganschaftliche Minder- bzw. Mehrabführungen zu deklarieren sind[1881], ist ebenfalls die Handelsbilanz des (ehemaligen) OT davon betroffen.

Nicht nur in formaler, sondern auch in **materieller Hinsicht** sind Schnittstellen zwischen latenten Steuerabgrenzungen und organschaftlichem AP erkennbar. Im Falle einer Minderabführung der OG **kann**[1882] der Tatbestand einer aktivischen, im Falle der Mehrabführung der einer passivischen Steuerabgrenzung gegeben sein. Der Ansatz organschaftlicher AP selbst führt zu keinem Ansatz von latenten Steuern. Die einkommensneutrale Bildung bzw. Auflösung des AP lässt das Handelsbilanzergebnis unberührt, da der Ertrag bzw. Aufwand eine rein steuerliche Korrektur i.S.v. § 60 EStDV darstellt, die gleichzeitig außerbilanziell korrigiert wird. Anders verhält es sich bei der vorzeitigen Veräußerung der Organbeteiligung mit der damit einhergehenden einkommenswirksamen Auflösung des AP. Allerdings ist auch hier kein Ansatz von latenten Steuern zu rechtfertigen, da sog. permanente Differenzen vorliegen.

Eine in Tabelle 18 (S. 342) aufgeführte abschließende Synopse soll die formalen und materiellen Unterschiede zwischen beiden Instrumentarien aufzeigen.

[1879] § 274 HGB spricht u.a. von dem „dem Geschäftsjahr zuzurechnenden Steueraufwand".

[1880] Der OT hat am 30.6.02 einen Ertragsteueraufwand für das Wirtschaftsjahr 01/02 zu verbuchen, der an seinem Handelsbilanzergebnis inkl. der Gewinnabführung 01 gemessen zu hoch oder zu niedrig ist.

[1881] Vgl. Kapitel D.I.3 (ab S. 336).

[1882] So ist bspw. das zukünftige Gewinnverwendungsverhalten im Falle der Rücklagenbildung durch die OG (§ 14 Abs. 1 Nr. 4 KStG) aus steuerlicher Sicht von Irrelevanz. Analoges gilt für die (notwendige) Bildung anderer Rücklagenkategorien. Auch bei der erfolgsneutralen handelsbilanziellen und erfolgswirksamen steuerbilanziellen Vereinnahmung von Einlagen bei Minderheitsgesellschaftern wurde ein AP notwendig. Vgl. Kapitel D.I.1.c) (ab S. 331). Demgegenüber sind keine Steuerabgrenzungen wegen permanenter Differenzen zu bilden. Vgl. zur letzten Aussage KUSSMAUL, HEINZ/KLEIN, NICOLE (2001b), S. 191.

	organschaftlicher AP	**(primäre) latente Steuerabgrenzung**
Legitimation	Verwaltungsanweisung (Abschn. 59 KStR)	gesetzliche Regelung (§ 274 HGB)
Intention	Vermeidung potenzieller Doppelbesteuerung bzw. steuerlicher Doppelentlastung bei der Beteiligungsveräußerung	Vorsichtsprinzip sowie periodengerechte Erfolgsermittlung
genereller Adressatenkreis	Personenhandelsunternehmen (Pflicht)	– Kapitalgesellschaften und Genossenschaften (Pflicht) – Personenhandelsunternehmen nach PublG (Pflicht) – übrige Personenhandelsunternehmen (Wahlrecht)
Bilanz	Steuerbilanz des OT	Handelsbilanz des OT
Aktivposten/ Passivposten[1883]	Pflicht/Pflicht	Wahlrecht/Pflicht
Entstehungsgrund	Vermögensdifferenzen (i. d. R. zeitliche Differenzen)[1884]	zeitliche Differenzen
Bewertung	effektive (hälftige) Steuerbemessungsgrundlagen	fiktive, temporär differierende Steuerzahlungsdifferenzen
Praxisfall	aktivischer AP	aktivische Steuerabgrenzung
Erfolgswirksamkeit...		
...bei Bildung	ja	ja
...bei Auflösung	ja	ja
Einkommenswirksamkeit...		
...bei Bildung	nein	nein
...bei Auflösung	möglich	nein

Tabelle 18: Synoptischer Vergleich zwischen organschaftlichem Ausgleichsposten und (primärer) latenter Steuerabgrenzung

1883 Dabei sind aktivische und passivische latente Steuerabgrenzungen einhellig miteinander zu saldieren, was auch aus § 274 HGB ableitbar ist, wonach auf (künftige) Steuerbelastungen und nicht auf die ihnen zugrunde liegenden Geschäftsvorfälle abzustellen ist. Vgl. ADLER, HANS/DÜRING, WALTHER/SCHMALTZ, KURT (1997), § 274 HGB, Tz. 21; BAUMANN, KARL-HERMANN (1995), § 274 HGB, Rn. 53; HOYOS, MARTIN/FISCHER, NORBERT (1999), § 274 HGB, Anm. 10 ff.; KUGEL, BIRGIT/MÜLLER, URSULA (1986), S. 215; LANGER, KLAUS (1983), S. 398; SCHNEELOCH, DIETER (1986), S. 523 f. und Stellungnahme SABI 3/1988, S. 684. A.A.: KUPSCH, PETER/EDER, DIETER (1988), S. 521 ff., s.b.S. 526 f., die wie folgt argumentieren: Aus § 274 HGB ist ersichtlich, dass die Erfassung von latenten Steuern an einer zahllastorientierten Betrachtungsweise ausgerichtet ist („voraussichtliche Steuerbelastung“; sog. „liability method"), wonach die Bewertung nach den Steuersätzen vorzunehmen ist, die zum Zeitpunkt der Umkehrung der zeitlichen Differenzen gültig sind. Danach stellt der Ausweis von passiven latenten Steuern eine Schuld dar, deren Verrechnung mit Bilanzierungshilfen ein Verstoß gegen das Saldierungsverbot i.S.v. § 246 Abs. 2 HGB bedeutet. Ein Verrechnungsgebot gilt m. E. auch im Bereich des AP. Bestehen mehrere Organschaftsverhältnisse, ist für jede OG ein gesonderter AP zu bilden. Vgl. dazu auch SCHRÖDER, SIEGFRIED (1975), S. 176.

1884 Da der AP erst bei der Veräußerung der Organbeteiligung seine Funktion erfüllt und eine Einkommenswirksamkeit erlangt, erinnert er formal an quasi-permanente Differenzen. Als Beispiel für eine permanente Differenz ist der Abzug eines vororganschaftlichen (bilanziellen) Verlustvortrages anzuführen.

5. Besonderheiten bei mehrstufigen sowie bei einstufigen mittelbaren Organschaftskonzernen

Das vorliegende Kapitel bezweckt die Hervorhebung der **Besonderheiten** bei mehrstufigen sowie bei einstufigen mittelbaren Organschaftskonzernen. Wird auf die erstgenannte Struktur Bezug genommen, die in Kapitel D.I.1.a)(1)(a) (ab S. 313) angeführte beispielhafte Datenkonstellation zugrunde gelegt und unterstellt, dass der bisherige OT (nachfolgend „ZG" genannt) gleichzeitig eine 100%ige OG eines weiteren OT darstellt, ist fraglich, ob **dem Grunde nach** sowohl in der Steuerbilanz des OT als auch in derjenigen der ZG ein AP zu bilden ist. Dies gilt es zu bejahen, da nicht nur auf Ebene der OG, sondern auch auf Ebene der ZG eine Minderabführung stattfindet, was anhand folgender Berechnung für Letztere aufgezeigt wird. Insofern sind die **steuerlichen Einlagekonten beider Gesellschaften** um den Betrag der Minderabführung **zu erhöhen**.[1885, 1886]

	handelsbilanzielles Ergebnis nach Gewinnabführung[1887]	*0*
±	*steuerliche Korrekturen*	*0*
=	***steuerbilanzielles Ergebnis***	***0***
–	*von der OG erhaltener Gewinn*	*500.000*
+	*an den OT abgeführter Gewinn*	*500.000*
+	*von der OG zugewiesenes zu versteuerndes Einkommen*	*530.000*
=	***dem OT zuzurechnendes Einkommen***	***530.000***

Die (organgesellschaftsidentische) **ZG** kann in einem mehrstufigen Organschaftskonzern zwangsläufig **ausschließlich die Rechtsform einer Kapitalgesellschaft** annehmen, weswegen die Bildung eines AP formal notwendig ist, aber keine materiellen Folgen hinterlässt.[1888] Die Bewertung des AP bzw. die Besonderheiten im Falle seiner Auflösung bemessen sich auf Ebene des OT nach dessen Rechtsform. In diesem Kontext lässt sich zwischen zwei, wie in Abbildung 42 (S. 344) dargelegten grundsätzlichen Fallkategorien differenzieren. Die gestrichelten Linien sowie das kursiv Gedruckte charakterisieren dabei die Änderungen der Ausgangspositionen.

1885 Vgl. WITT, GEORG (1999), Tz. B187.

1886 Formal wäre einzuwenden, dass auf Ebene der ZG keine Divergenz zwischen handels- und steuerbilanziellem Ergebnis besteht und mithin kein AP beim OT zu bilden ist. Materiell hingegen wird die Minderabführung auf Ebene der OG mittels der ZG an den OT hochgeschleust, weswegen sich auch ihr Einlagekonto erhöht.

1887 Die Gewinnabführung der OG wird bei der ZG erfolgswirksam vereinnahmt, während sie gleichzeitig als Aufwand aus der Gewinnabführung an den OT verbucht wird. Bei den Berechnungen wird implizit davon ausgegangen, dass die ZG ein handelsbilanzielles Ergebnis von Null erzielt.

1888 Vgl. Kapitel D.I.1.b)(1) (ab S. 325).

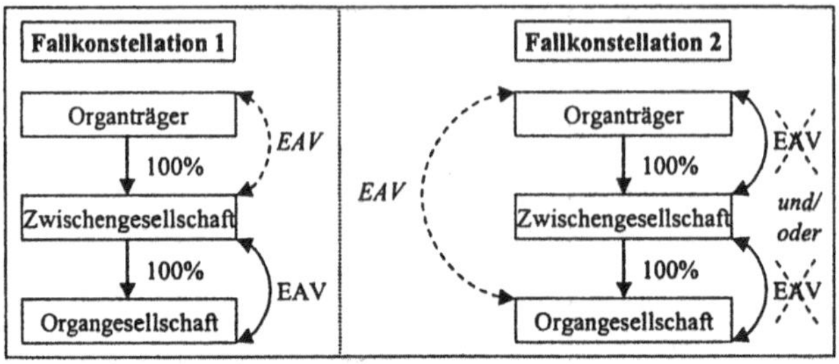

Abbildung 42: Möglichkeiten des Übergangs von ein- zu mehrstufigen Organschaftskonzernen et vice versa

Im Rahmen des **Übergangs von einem einstufigen zu einem mehrstufigen Organschaftskonzern** wie in Fallkonstellation 1 werden die Ergebnisse der OG nicht mehr an die (jetzige) ZG, sondern an den (jetzigen) OT weitergeleitet. Entstanden Mehr- und Minderabführungen vor Vertragsschluss, ist der nun mehrstufige Organschaftskonzern (steuer-)systematisch zu spalten: Während bzgl. des Verhältnisses „ZG – OG" keine Besonderheiten zum einstufigen Fall auftreten, liegt aus Sicht des OT ein **Geschäftsvorfall aus vororganschaftlicher Zeit** vor. Die Abweichungen zwischen handels- und steuerbilanziellem Ergebnis im Rahmen der Abführung im Verhältnis „ZG – OT" sind nach den in Kapitel D.I.2 (ab S. 332) aufgezeigten Grundsätzen zu behandeln.[1889, 1890]

Beim **Übergang eines mehrstufigen zu einem einstufigen Organschaftskonzern** sind die gebildeten AP auf Ebene des OT und der ZG unabhängig davon, auf welcher bzw. welchen Stufe(n) der EAV wegfällt, bis zur Veräußerung der Beteiligung an der betreffenden Gesellschaft beizubehalten (entsprechende Anwendung von Abschn. 59 Abs. 5 S. 1 KStR).[1891] Als **Spezialfall** ist die **Transformation eines mehrstufigen zu einem einstufigen mittelbaren Organschaftskonzern** anzuführen. Dazu wird bspw. der EAV zwischen der ZG und der OG aufgehoben und ein neuer EAV zwischen dem OT und der OG abgeschlossen. Da zum Zeitpunkt der Minderabführung kein unmittelbarer EAV mit dem OT bestand, ist die jetzige Mehrabführung an diesen insofern als Folgewirkung aus vororganschaftlicher Zeit zu deklarieren. Diese stellt auf Ebene der OG eine Gewinnausschüttung an die ZG dar, welche den Betrag gleichzeitig aufgrund des noch existenten EAV zwischen ihr und dem OT Letzterem zurechnet. Die Einkommenszurechnung der ZG an den OT stimmt dabei mit der Gewinnabführung der OG an den OT betragsmäßig überein, weswegen der AP von Letzterem unverän-

[1889] Vgl. WITT, GEORG (1999), Tz. B187.

[1890] Bei Betrachtung des umgekehrten Falles (zwischen dem OT und der ZG bestand bislang ein Organschaftsverhältnis, wobei nun ein EAV zwischen der ZG und der OG geschlossen wird) entstehen keinerlei Besonderheiten, da der Vertragsschluss zwischen der ZG und der OG keinen Einfluss auf die steuerliche Behandlung bereits entstandener Mehr- bzw. Minderabführungen der ZG an den OT besitzt.

[1891] Entfällt ausschließlich der EAV zwischen der ZG und der OG, ist ein entstehender Veräußerungsgewinn aus der Beteiligung aufgrund der notwendigen Rechtsform der ZG (Kapitalgesellschaft) gem. § 8b Abs. 2 KStG steuerbefreit. Im Zuge seiner Abführung an den OT entstehen weder Minder- noch Mehrabführungen, da der Gewinn einen steuerfreien Ertrag darstellt. Wird der EAV zwischen dem OT und der ZG gekündigt, sind Minder- und Mehrabführungen der OG an die ZG aus Sicht des OT als nachorganschaftlich anzusehen und nach den in Kapitel D.I.3 (ab S. 336) aufgezeigten Grundsätzen ebenfalls abzuführen.

dert bleibt.[1892] Falls das steuerliche Einlagekonto der OG für die Ausschüttung als verwendet gilt, mindert sich der Beteiligungsbuchwert der ZG in Form von deren AP. Die damit einhergehende Mehrabführung an den OT mindert dessen AP ebenfalls.

Bei **mittelbaren einstufigen Organschaftskonzernen** ist im Zuge der **Bildung des AP** bereits ungeklärt, ob bei einer Minderabführung der OG an den OT von einer Einlage des OT in die ZG (Kapitalgesellschaft) einerseits sowie von einer Einlage der ZG in die OG andererseits mit einer damit einhergehenden Erhöhung des Einlagekontos der OG nach § 27 Abs. 6 KStG und demjenigen der ZG nach Maßgabe des § 27 Abs. 1 KStG auszugehen ist[1893] oder ob sich eine direkte (mittelbare) Einlage in die OG ohne Modifikation des Einlagekontos auf Ebene der ZG konstruieren lässt[1894]. M. E. ist der letzten Auffassung aus folgenden Gründen beizupflichten: Aufgrund der unterlassenen gesetzlichen Normierung des AP und der nicht näher spezifizierten Regelung des § 27 Abs. 6 KStG kann die Vorgehensweise bei einstufigen mittelbaren Organschaftskonzernen nicht exakt ersehen werden. Das aus steuerlicher Sicht entscheidende Moment stellt die Neutralisierung des bei einer Veräußerung der Beteiligung an der ZG aufgrund des erhöhten Einlagekontos entstehenden Mehrgewinns dar. Diese Funktion kann auch ein ausschließlich auf Ebene des OT gebildeter AP erfüllen. Jene Ansicht lässt sich indirekt aus der BFH-Rechtsprechung ableiten. Im Rahmen einer mittelbaren verdeckten Einlage wird von zwei Einlagen ausgegangen. Dazu müssen Vermögensvorteile vorliegen, „...die geeignet sind, Gegenstand einer verdeckten Einlage zu sein..."[1895]. Diese Prämisse ist bei Mehr- und Minderabführungen nicht erfüllt, da lediglich „Quasi-Einlagen" vorliegen.[1896] Ferner wird kraft dieser Vorgehensweise die bislang überhaupt nicht erwähnte, jedoch mögliche Situation vermieden, falls die ZG eine Personenhandelsgesellschaft darstellt.[1897]

Im Zuge der Frage der **Bewertung des AP** wird die Orientierung an der Höhe des Beteiligungsverhältnisses der ZG am Nennkapital der OG empfohlen.[1898] Wird das Beispiel in Kapitel D.I.1.a)(1)(a) (ab S. 313) aufgegriffen und ist eine Kapitalgesellschaft[1899] zwischengeschaltet, die zu 80% an der OG bzw. an der die OT-Personenhandelsgesellschaft zu 90% beteiligt ist[1900], wäre der aktive AP am 31.12.2002 bei Letzterer mit 24.000 EUR zu bewerten.[1901]

[1892] Vgl. dazu nach alter Rechtslage WITT, GEORG (1999), Tz. B189.

[1893] So WITT, GEORG (1999), Tz. B174. Bei der Auflösung des AP soll die Mehrabführung über die ZG fingiert werden. Auf Ebene der OG verringert sich vorrangig deren Einlagekonto (§ 27 Abs. 6 S. 1 KStG). Zwischen der ZG und dem OT wird eine Gewinnausschüttung fingiert. Gilt das Einlagekonto der ZG dabei nicht als verwendet, hat der OT den AP fortzuführen.

[1894] Jene Meinung vertreten FROTSCHER, GERRIT (2001), S. 21 und SCHMIDT, LUDWIG/MÜLLER, THOMAS/STÖCKER, ERNST E. (1999), Rz. 655.

[1895] BFH-Urteil vom 9.9.1986, VIII R 159/85, S. 259. Vgl. dazu auch BFH-Urteil vom 23.10.1985, I R 247/81, S. 199 f.

[1896] Vgl. Kapitel D.I.1.a)(2) (ab S. 321).

[1897] Dazu sind die Anteile an der OG im notwendigen Betriebsvermögen des Mitunternehmers (OT) zu halten.

[1898] So SCHMIDT, LUDWIG/MÜLLER, THOMAS/STÖCKER, ERNST E. (1999), Rz. 655.

[1899] Nachfolgende Besonderheiten bei einer zwischengeschalteten Personenhandelsgesellschaft werden jeweils gesondert erläutert.

[1900] Von über- bzw. unterproportionalen Stimmrechten sei aus Transparenzgründen abstrahiert.

[1901] $=30.000 \cdot 0{,}8$. Auf Ebene der OG sind m.E. keine Besonderheiten im Vergleich zum einstufigen Fall erkennbar.

Veräußert die ZG ihre Beteiligung an der OG vor dem Differenzenausgleich **an einen Dritten**, wird das Organschaftsverhältnis aufgrund fehlender mittelbarer finanzieller Eingliederung beendet. Der Veräußerungsgewinn fällt bei typisierter Betrachtung um 24.000 EUR (80 % von 30.000 EUR) höher aus. Ist die ZG eine Kapitalgesellschaft, wird dieser Betrag objektiv steuerbefreit (§ 8b Abs. 2 KStG). Im Falle einer zwischengeschalteten Personenhandelsgesellschaft berührt der Veräußerungsgewinn in steuerlicher Hinsicht den OT als Mitunternehmer, so dass mittels §§ 3 Nr. 40a, 3c Abs. 2 EStG (ein Teil) der gebildeten Rücklage einer zweiten Besteuerung unterliegt[1902], was aufgrund der in Kapitel D.I.1.b)(2) (ab S. 326) vertretenen Sichtweise der Beschränkung der Einmalbesteuerung auf den Organkreis auch als systemkonform erscheint.[1903] Dem Argument, der Organkreis werde dennoch durch den Vorfall tangiert, ist m. E. zu widersprechen, da die Steuer **für** die ZG gezahlt wird. Der auf der mittelbaren Beteiligung beruhende AP in der Steuerbilanz des OT verliert meiner Ansicht nach aufgrund fehlender gesellschaftsrechtlicher Beziehung zur OG ebenfalls seine Daseinsberechtigung. Er ist einkommens**neutral** aufzulösen.[1904]

Veräußert die ZG ihre Beteiligung vor dem Differenzenausgleich **an den OT**, entsteht ein **einstufiger unmittelbarer Organschaftskonzern**. Der zwischen OT und OG geschlossene EAV bleibt durch diesen Vorgang unberührt.[1905] Der OT vergütet der ZG im Veräußerungspreis das (anteilige) Einlagekonto der OG, dessen Wert sich in der Höhe der Anschaffungskosten für die Beteiligung an der OG widerspiegelt. Das auf der Minderabführung basierende steuerliche Einlagekonto hat sich verdoppelt. Zum einen ist es im AP als Zusatzposten zur mittelbaren Beteiligung an der OG und zum anderen in den Anschaffungskosten der (nun direkten) Beteiligung an der OG präsent. Demzufolge ist der AP aufzulösen. Die doppelte steuerliche Belastung wie im vorangegangenen Fall ist analog zu beurteilen. Die im Anschluss erfolgenden Mehrabführungen seitens der OG mindern mangels AP unmittelbar den Beteiligungsbuchwert.[1906]

Veräußert der OT seine Beteiligung an der ZG vor dem Differenzenausgleich **an einen Dritten**, wird das Organschaftsverhältnis ebenfalls beendet. § 27 Abs. 6 KStG ist nach dem Veräußerungsvorgang nicht mehr anwendbar, da aus Sicht des Beteiligungserwerbers ein vororganschaftlicher Geschäftsvorfall vorliegt. Insofern ist eine Ausschüttung anzunehmen, für die sich eine **multiplikative Berechnungsweise** als verantwortlich zeigt. Der Veräußerungsmehrgewinn ist mit 21.600 EUR (90 % von 80 % von 30.000 EUR) zu beziffern, der bei der hier unterstellten OT-Personenhandelsgesellschaft eine dementsprechende einkommenswirk-

---

1902 Analoges gilt für die von Minderheitsgesellschaftern gehaltenen übrigen 20 % der Anteile.

1903 Gleicher Ansicht: FROTSCHER, GERRIT (2001), S. 21. Die von WITT präferierte Alternative der Bildung zweier AP (beim OT und der ZG) führt m. E. in diesem Fall zum selben Ergebnis, da der aktive AP bei der nicht zum Organkreis gehörenden ZG bereits einkommens**wirksam** gebildet werden soll. Vgl. WITT, GEORG (1999), Tz. B174.

1904 Diese auf den ersten Blick verwunderliche Vorgehensweise im Rahmen einer Veräußerung ist ebenfalls als sachgerecht zu erachten, da der AP ausschließlich an der Beteiligung an der ZG ausgerichtet ist.

1905 Vgl. WITT, GEORG (1999), Tz. B181.

1906 Die gleichen Rechtsfolgen treten ein, wenn die ZG nach Beendigung des Organschaftsverhältnisses ihre Beteiligung an den (ehemaligen) OT veräußert.

same Auflösung des AP zu 10.800 EUR sowie eine einkommensneutrale Auflösung zu 13.200 EUR[1907] hervorruft.

Besteht zwischen OT und OG ein EAV und wird **danach** zwischen OT und ZG (nur Kapitalgesellschaft!) ein weiterer EAV abgeschlossen, sind auf Ebene des OT keine Auswirkungen erkennbar. Für Mehr- und Minderabführungen der ZG ist ein weiterer AP als Zusatz zu dessen Beteiligungsbuchwert zu bilden und gesondert auszuweisen.

II. Steuerumlagen in den Organschaftskonzernen

1. Allgemeine Rechtfertigung von Steuerumlagen

Im Rahmen von Organschaftsverhältnissen wird die Steuerschuldnerschaft der OG hinsichtlich ihres zu versteuernden (positiven) Einkommens, des Gewerbeertrages bzw. der getätigten Außenumsätze auf den OT transferiert. Aufgrund der nach wie vor verbleibenden zivilrechtlichen Selbstständigkeit beider Gesellschaften belasten die auf jene Bemessungsgrundlagen entfallenden Steuern einen Rechtsträger, der diese Größen im Außenverhältnis zwar schuldet, jedoch selbst nicht vollends verursacht hat. Insofern sind die auf die wirtschaftliche Tätigkeit der OG entfallenden Steueraufwendungen jener im Sinne einer adäquaten (aufwandsgleichen) Kostenabgrenzung im Innenverhältnis[1908] zuzurechnen, um einer nicht zu rechtfertigenden „Verzerrung“[1909] vorzubeugen. Jene **Inrechnungstellung von Leistungen des OT an die OG** wird als Konzernumlage verstanden.[1910]

Hierbei gilt es zwischen Organschaftsverhältnissen mit und ohne EAV zu differenzieren. Bei der ersten Gruppe bewirkt die Konzernsteuerumlage eine **formale Änderung** in Form einer **Modifikation der Aufwands- und Ertragsstruktur**, da sie auf die Höhe des abzuführenden Gewinns Einfluss nimmt[1911]. Ohne EAV entfaltet die Steuerumlage dagegen eine **materielle Wirkung**, da der (eigenständige) zu versteuernde Gewinn der OG verringert wird.[1912] Der Behauptung, Steuerumlagen entfalten bei Bestehen eines EAV keinerlei Wirkungen[1913], ist nicht nur aus rein betriebswirtschaftlichen, sondern – wie noch zu zeigen sein wird – auch aus steuerlichen und bilanziellen Gründen Widerspruch zu leisten.[1914] Insofern gelten die im Folgenden problematisierten Grundsätze für beide Fallsituationen dementsprechend.[1915]

[1907] =24.000 – 10.800.

[1908] Vgl. BGH-Urteil vom 22.10.1992, S. 368 ff. und BGH-Urteil vom 1.3.1999, S. 725.

[1909] Vgl. BFH-Urteil vom 30.4.1980, S. 522.

[1910] Vgl. WIEDEMANN, HERBERT/STROHN, LUTZ (1979), S. 113.

[1911] Vgl. Urteil des OLG Oldenburg vom 28.11.2000 (n.rkr.), S. 414 und Verfügung der OFD Frankfurt a.M. vom 6.11.1986, S. 141.

[1912] Man denke bspw. an eine isolierte umsatzsteuerliche Organschaft.

[1913] Vgl. SCHAUHOFF, STEPHAN (2001), S. 325; SIMON, STEFAN (2000a), S. 432, Fn. 13 und WÜNDISCH, FRITZ (1970), S. 411 f., der von einer dann falschen Bezeichnung des Gewinnabführungsbetrages spricht.

[1914] Vgl. Näheres in Kapitel D.II.4 (ab S. 358) und D.II.5 (ab S. 363).

[1915] Vgl. hierzu den Sachverhalt des BFH-Urteils vom 30.4.1980, S. 521 f. sowie aus jüngster Rechtsprechung Urteil des LG Berlin vom 28.3.2001 (n.rkr.), S. 1084 f., das einen EAV für Steuerumlagen als nicht hinderlich ansieht.

Die vorgenommene Unterscheidung entfaltete v.a. ihre Relevanz im Zuge des UntStFG-E, da § 2 Abs. 2 S. 2 GewStG i.d.F. des UntStFG-E[1916] ein Quasi-Wahlrecht hinsichtlich des Abschlusses eines EAV schuf. § 2 Abs. 2 S. 2 GewStG i.d.F. des UntStFG[1917] fordert nunmehr zwingend das Vorliegen eines EAV. Die mit dem zwanghaften Wechsel in einen Unternehmensvertragskonzern einhergehenden steuer- und gesellschaftsrechtlichen Konsequenzen sind nachstehend aufzuzeigen. Entgegen der in dieser Arbeit gewohnten Vorgehensweise werden zunächst die primär für gewerbesteuerliche[1918] Zwecke entwickelten Basisverfahren zur Ermittlung von Steuerumlagen kritisch und vergleichend dargelegt, während im Anschluss daran deren zivilrechtliche Zulässigkeit betrachtet wird, da von der Wahl des Umlageverfahrens eine indizielle Wirkung auf sie ausgeht.[1919]

2. Konzeptionen von Steuerumlagesystemen

Die zur Ermittlung von Konzernsteuerumlagen zur Auswahl stehenden Basismethoden[1920] wurden erstmalig mittels zweier Erlasse für steuerliche Zwecke näher konkretisiert. Während zunächst ein bestimmtes Verfahren präferiert wurde[1921], gelangte man kurze Zeit später zu der Erkenntnis, dass nicht **die** richtige Methode zur Ermittlung von Steuerumlagebeträgen existiert. So eignet sich jedes Verfahren, das „zu einem betriebswirtschaftlich vertretbaren Ergebnis" führt. Weiterhin wird die Legitimation an eine **Methodenstetigkeit** sowie an die Umlegung der **„im Durchschnitt mehrerer Jahre" tatsächlich gezahlten Steuerbeträge** geknüpft.[1922] Unter dem zuletzt genannten unbestimmten Rechtsbegriff wird dabei die Aufteilung der während der Zugehörigkeit der OG zum Organkreis insg. tatsächlich gezahlten Steuern verstanden.[1923]

a) Systeme (positiver) Konzernsteuerumlagen

Unter dem Begriff der (positiven) Konzernsteuerumlage ist diejenige Situation zu verstehen, in der die OG unabhängig von der Ergebnissituation des OT als solche ein positives Gewerbeergebnis erzielt und dementsprechend eine steuerliche Belastung zu tragen hat.

[1916] Vgl. Art. 4 Nr. 1 des „Entwurfs eines Gesetzes zur Fortentwicklung des Unternehmenssteuerrechts (Unternehmenssteuerfortentwicklungsgesetz – UntStFG)" vom 17. August 2001, S. 25 f.

[1917] Vgl. Art. 4 Nr. 1 des „Gesetzes zur Fortentwicklung des Unternehmenssteuerrechts (Unternehmenssteuerfortentwicklungsgesetz – UntStFG)" vom 20. Dezember 2001, S. 3873.

[1918] Die sich auf die GewSt beziehenden Umlageverfahren gelten sinngemäß auch für die KSt. Vgl. PALITZSCH, WERNER (1983), S. 433 f. Im Folgenden wird aus sprachlichen Vereinfachungsgründen ausschließlich auf den Bereich der GewSt Bezug genommen, es sei denn, die KSt gebietet eine andere Vorgehensweise.

[1919] Vgl. BGH-Urteil vom 1.3.1999, S. 726.

[1920] In der betrieblichen Praxis lassen sich auch mancherlei Varianten bzw. Mischformen vorfinden. Vgl. KLEINDIEK, DETLEV (2000), S. 561.

[1921] Damit ist die wie in Kapitel D.II.2.a)(2) (ab S. 349) näher auszuführende Verteilungsmethode angesprochen. Vgl. Erlass betreffend die Belastung von Organgesellschaften mit Gewerbesteuer und Umsatzsteuer vom 19.2.1964, S. 314.

[1922] Vgl. dazu Erlass betr. die Belastung mit Gewerbesteuer bei Organschaft vom 14.4.1958, S. 530; Erlass betreffend die Belastung von Organschaften mit Gewerbesteuer und Umsatzsteuer vom 14.12.1964, S. 13 und Verfügung der OFD Frankfurt a. M. vom 6.11.1986, S. 141.

[1923] Vgl. MÜLLER, WELF (1997b), S. 371.

(1) Stand-alone-Methode

Mittels dieses auch als Belastungsmethode oder fiktive Schattenrechnung[1924] bezeichneten Verfahrens wird jeder Teilnehmer im Organkreis mit derjenigen Steuerschuld belastet, die er bei Unterstellung seiner **steuerlichen (hypothetischen) Selbstständigkeit** zu tragen hätte. Das Organschaftsverhältnis wird insofern per Fiktion durch einen klassischen Fremdvergleich substituiert. Ein möglicher Nachteil besteht darin, dass die OG mit einer Steuerumlage belastet werden kann, obwohl der Organkreis aufgrund eines Gewerbeverlustes des OT eine geringere bzw. gar keine Steuer schuldet.[1925] Mittels der Aufhebung von innerhalb der Organschaft i. d. R. vorherrschenden Steuereffekten[1926] bzw. des Abstellens auf einen Fremdvergleich, bevorzugt die Stand-alone-Methode ausschließlich den OT, weil sämtliche steuerliche Vorteile, die auch als Umlagegewinn oder **Konzernprämie**[1927] tituliert werden, bei ihm allein verbleiben, da die Steuerbelastung des Organkreises niedriger als die Summe der Einzelsteuerbelastungen der Organkreismitglieder ist.[1928] Jene Betrachtung zeugt von einer **statischen Denkweise**, da sich der Umlagegewinn in den Folgejahren ins Gegenteil umkehrt.[1929] Die Kongruenz der umgelegten Beträge mit den tatsächlich gezahlten Steuerbeträgen „im Durchschnitt von mehreren Jahren" ist aufgrund der **Negierung von Steuerminderungseffekten** dabei extensiv auszulegen, d.h., auch bei längeren Verlustsituationen sollte die Stand-alone-Methode nicht beanstandet werden.[1930] Die Intensität der Ausgestaltung der fiktiven Veranlagung ist nicht einheitlich definiert und kann deswegen verschiedentlich ausgeprägt sein. Im Extremfall werden innerorganschaftliche Kreditbeziehungen rückgängig gemacht und die tatsächlichen Hebesätze der Betriebstättengemeinden verwendet.[1931]

(2) Verteilungsmethode

Das wohl naheliegendste und einfachste Verfahren stellt die Verteilungsmethode dar. Bei jener bereits im Jahre 1964 bevorzugten Technik[1932] werden die **tatsächlich gezahlten Steuerbeträge** des OT nach einem bestimmten festzulegenden Schlüssel auf diesen und die OG aufgeteilt, so dass der Forderung der Verteilung tatsächlicher Steuerbeträge im Durchschnitt

---

1924 Vgl. GAIL, WINFRIED u.a. (1999), S. 19.

1925 Vgl. den Sachverhalt des BGH-Urteils vom 1.3.1999, S. 724 ff., in dessen Sachverhalt der OT einen geringeren Betrag zu begleichen hatte als er als Umlagebetrag von seiner OG verlangte, mit der entsprechenden Ablehnung auf S. 725.

1926 Steuerminderungseffekte basieren nicht ausschließlich auf einer zeitgleichen und unmittelbaren Ergebnisverrechnung. Vielmehr zeigen sich auch der (etwaige) gewerbesteuerliche Freibetrag und der Staffeltarif auf Ebene des OT für diese Wirkungen als verantwortlich. Im Zuge von KSt-Umlagen kann die ESt bei evtl. OT-Personenhandelsunternehmen kein Steuerminderungspotential liefern, da sie eine nicht betriebliche und somit nicht in der GuV zu erfassene Steuer darstellt. Eine Weiterbelastung entfällt. Vgl. dazu allgemein LANGER, KLAUS (1995), § 278 HGB, Rn. 14.

1927 Vgl. MÜLLER, WELF (1997b), S. 367.

1928 Vgl. EMMERICH, VOLKER (1999), S. 1132.

1929 Vgl. SIMON, STEFAN (2000b), S. 538.

1930 Vgl. PYSZKA, TILLMANN (1999a), S. 812.

1931 Vgl. PYSZKA, TILLMANN (1999b), S. 647.

1932 Vgl. Erlass betreffend die Belastung von Organgesellschaften mit Gewerbesteuer und Umsatzsteuer vom 19.2.1964, S. 314.

mehrerer Jahre Genüge getan wird.[1933] Im Gegensatz zur Stand-alone-Methode lässt die Verteilungsmethode auch eine **isolierte** Betrachtung auf einzelne Veranlagungszeiträume zu, weswegen sie von der Zivilrechtsprechung begrüßt wird.[1934] Durch die quotale Aufteilung der tatsächlichen Steuerschuld kommen die **Steuervorteile sowohl dem OT als auch der OG zugute.**[1935] Als schwierig erweist sich die Festlegung eines sachgerechten Verteilungsschlüssels. M. E. sollte dieser in einem direkten Kausalzusammenhang zu den Bemessungsgrundlagen der geschuldeten Steuern stehen.

Der womöglich naheliegenden Orientierung am **Verhältnis der Lohnsummen** der OG zu den gesamten Lohnsummen des Organkreises nach dem Vorbild des § 29 Abs. 1 GewStG (nur bei GewSt!) ist **abzuraten**, da der zwingende Folgeschluss von lohnintensiven Unternehmen zu Unternehmen mit hohen Gewerbeerträgen unzulässig ist. Im Extremfall kann ein Unternehmen mit einer großen Lohnsumme auch Gewerbeverluste erleiden, was eine ungerechtfertigte Steuerumlage bewirken würde.[1936] Die Parallelen zur Stand-alone-Methode sind im letzten Fall offensichtlich.

Eine Verteilung im **Verhältnis der Höhe der Gewerbeerträge** ist nur dann zu bejahen, wenn OT und OG eine Betriebstätte in derselben Gemeinde besitzen oder deren Gewerbeerträge in unterschiedlichen Gemeinden gleichen Hebesätzen unterliegen.[1937] Anderenfalls entstünde ebenfalls eine Diskrepanz zwischen verursachter effektiver Steuerbelastung und Umlagebetrag.

> *Ein OT (Kapitalgesellschaft) und eine OG erwirtschaften je einen Gewerbeertrag vor Abzug der GewSt i.H.v. 100.000 EUR bzw. 50.000 EUR. Die Hebesätze der Gemeinden betragen 400 % und 300 %. Die Steuerschuld des Organkreises beläuft sich auf 25.000 EUR, wobei ein Drittel (8.333,33 EUR) als Steuerumlage der OG anzulasten wäre.[1938] Jene hat allerdings eine Steuerschuld von nur 6.521,74 EUR verursacht. Insofern würde ihr durch die Steuerumlage ein zu hoher Aufwand in Höhe des Differenzbetrages auferlegt werden.*

Nach meiner Ansicht besteht die Notwendigkeit zur Findung eines alternativen Verteilungsschlüssels auch bei gleichen Hebesätzen, falls die Gefahr des Verlustes von Steuerminderungspotenzialen in Form des gewerbesteuerlichen Freibetrages bzw. des Staffeltarifs droht. Insofern muss sich der (nach Abzug des Freibetrages) verbleibende originäre Gewerbeertrag vor Abzug des GewSt bei Bestehen eines OT-Personenhandelsunternehmens auf mind. 72.500 EUR belaufen.[1939, 1940]

1933 Vgl. PALITZSCH, WERNER (1983), S. 433.

1934 Vgl. BGH-Urteil vom 22.10.1992, S. 370 und BGH-Urteil vom 1.3.1999, S. 725.

1935 Vgl. WIEDEMANN, HERBERT/FLEISCHER, HOLGER (1999), S. 159.

1936 Aus denselben Gründen ist eine Aufteilung im Verhältnis der Umsatzerlöse ebenfalls abzulehnen. Vgl. dazu TUBACH, FRIEDRICH (1970), S. 2396.

1937 So verfuhr und argumentierte auch der BGH in seinem Urteil vom 22.10.1992, S. 370 f.

1938 Bei den Berechnungen wird unterstellt, dass die Arbeitslöhne von OT und OG ebenfalls im Verhältnis 2:1 zueinander stehen.

1939 $=24.500 + 4 \cdot 12.000$.

1940 Bei einer körperschaftsteuerlichen Organschaft bietet sich eine Verteilung der tatsächlichen Steuerschulden nach Maßgabe der zu versteuernden Einkommen an, falls der OT eine Kapitalgesellschaft bzw. eine Genossenschaft darstellt.

Ein OT (Einzelunternehmen) und eine OG erwirtschaften je einen Gewerbeertrag (nach Freibetrag und) vor Abzug der GewSt i.H.v. 40.000 EUR bzw. 20.000 EUR. Der einheitliche Hebesatz beträgt 400%. Die tatsächliche Steuerschuld von 6.000 EUR wäre im Verhältnis 2 : 1 aufzuteilen. Als fiktive Steuern würden der OT 3.034.48 EUR bzw. die OG 3.333,33 EUR schulden. In diesem Falle würde der OG durch die Steuerumlage ein zu niedriger Aufwand in Höhe des Differenzbetrages auferlegt werden.

Um diese Nachteile auszuschließen, bietet sich letztlich die Verteilung der **tatsächlich** angefallenen Steuern im **Verhältnis der fiktiven Steuern** an, was auch als „modifizierte Stand-alone-Methode" bezeichnet wird.[1941]

Gem. des Datenmaterials des ersten Beispiels hätte der OT, falls er alleiniges Steuersubjekt wäre, 16.666,67 EUR zu versteuern. Insgesamt wären 23.188,41 EUR als fiktive Steuern zu zahlen.[1942] Die tatsächliche Steuerschuld des Organkreises ist im Verhältnis 71,875%: 28,125% auf OT und OG zu verteilen.

Zusammenfassend ist eine **Harmonisierung zwischen der Verteilungsmethode im Verhältnis der fiktiven Steuern und der Stand-alone-Methode**, d.h. ein Gleichlauf zwischen der Summe der Steuerschuld des Organkreises und der Summe der Einzelsteuerschulden der Organkreismitglieder genau dann feststellbar, wenn (kumulativ)

- **gleiche Hebesätze** in den Gemeinden von OT und OG bestehen;
- der OT und die OG **positive Gewerbeergebnisse** aufweisen und
- der **OT** eine **Kapitalgesellschaft (Genossenschaft)** bzw. ein **Personenhandelsunternehmen** mit einem maximalen originären Gewerbeertrag vor Abzug der GewSt in Höhe von **72.500 EUR** verkörpern.

b) Systeme von Konzernsteuergutschriften

Konzernsteuergutschriften bzw. negative Konzernsteuerumlagen erlangen ihre Berechtigung, falls der OT einen Gewerbeverlust der OG zugewiesen bekommt, weswegen für ihn daraus unabhängig von seiner Gewerbeergebnissituation eine (künftige) Steuerersparnis resultiert. Der OG entgeht als solcher ein, den Vorschriften über den Verlustabzug unterliegender Betrag, was einen Anspruch gegenüber dem den Verlust verwerteten OT hervorruft. Jener hat einen Ausgleich in Form einer Gutschrift bzw. einer negativen Steuerumlage zu leisten.

(1) Methode der Steuergutschrift

Mit Hilfe dieser zu früheren Zeiten höchstrichterlich anerkannten[1943] Methodik wird der OG derjenige Steuerbetrag durch den OT erstattet, der aufgrund des zugerechneten Gewerbeverlustes im Organkreis eingespart wurde. Im Endergebnis hat sich der OT steuerlich so zu stellen, als wären jene negativen Bemessungsgrundlagen nicht existent. Hierzu ist die fiktive Steuerschuld des Organkreises ohne Verlustgrößen als Vergleichsmaßstab heranzuziehen. Es

---

[1941] Im Gegensatz dazu beruht die Stand-alone-Methode auf der Umlegung nach Maßgabe einer **fiktiven Steuerbelastung**. Vgl. SIMON, STEFAN (2000b), S. 540.

[1942] =16.666,67+6.521,74.

[1943] Vgl. BFH-Urteil vom 30.4.1980, S. 521 f. Vgl. dazu auch Urteil des FG Baden-Württemberg, Außensenate Freiburg, vom 30.3.1978 (rkr.), S. 461 f.

wird deutlich, dass die Methode der Steuergutschrift auf die **Denkweise der Stand-alone-Methode** zurückgreift.

Klärungsbedürftig ist die Situation, bei der das addierte Gewerbeergebnis des Organkreises einen insg. negativen Betrag annimmt: Ist die Steuergutschrift dabei im Jahr der Zurechnung des Verlustes von der OG oder im Jahr seiner steuerlichen Auswirkung zu leisten? SIMON präferiert aus Praktikabilitätsgründen die erste Variante, da sich kaum zuordnen lässt, „...wie sich ein über die Jahre sukzessive aufgebauter Verlustvortrag des Organträgers aus den Verlustanteilen der Organglieder zusammensetzt."[1944] PYSZKA möchte in diesem Fall zur Methode des organschaftsinternen Verlustvortrages übergehen, was mit dem Gebot der Methodenstetigkeit nicht in Einklang steht.[1945]

Die Ansicht von SIMON erweist sich m. E. nur dann als sachgerecht, wenn eine **Konstanz der Steuersätze im Zeitablauf** unterstellt wird. Anderenfalls ist der Zeitpunkt der steuerlichen Verlustauswirkung sachgerecht.[1946] Diese Forderung geht mit der Stand-alone-Methode sowie mit der Verteilungsmethode konform, da auch hier auf die aktuell gültigen Steuersätze abgestellt wird. Probleme können bei mehreren gleichzeitig bestehenden Organschaftsverhältnissen auftreten, falls **mehrere OG Verluste** erwirtschaften.[1947]

Bei einem OT beläuft sich der addierte Gewerbeertrag auf 100.000 EUR. Diesen hat ein Gewerbeverlust der OG 1 i.H.v. 20.000 EUR und einen der OG 2 i.H.v. 40.000 EUR geschmälert. Eine Gutschrift der mittels Organschaftsbildung ersparten Steuerschuld ist im Verhältnis 1 : 2 zwischen OG 1 und OG 2 aufzuteilen.

Mangels fiktiv erzielbarer Steuern der OG ist eine Verteilung in obigem Beispielfall nach Maßgabe der Gewerbeverluste zu leisten. Ferner ist zu problematisieren, in welcher Höhe die Gutschrift erfolgen soll, wenn **mehrere auf OG zurückzuführende Verlustvorträge** vorherrschend sind, die einen (absoluten) höheren Betrag als der addierte Gewerbeertrag im Organkreis aufweisen.

Bei einem OT beläuft sich der addierte Gewerbeertrag auf 100.000 EUR. Der insg. vorhandene und auf OG 1 sowie OG 2 in gleichen Teilen zurückzuführende Verlustvortrag beläuft sich auf 120.000 EUR. Die Steuerersparnis müsste ebenfalls zu gleichen Teilen an beide OG erfolgen.

(2) Methode des organschaftsinternen Verlustvortrages

Im Gegensatz zur Methode der Steuergutschrift erfolgt hier **eine dynamische Betrachtungsweise**, da auf die Totalperiode des Bestehens des Organschaftskonzerns abgestellt wird. Es erfolgt die Führung eines für jede OG gesonderten internen Verlustvortrages, auf den positive Ergebnisse der OG angerechnet werden, die zu einer Minderung der Steuerumlagebeträge respektive zu einem entsprechend höheren verbleibenden Steueraufwand auf Ebene des OT

1944 SIMON, STEFAN (2000b), S. 541.

1945 Vgl. PYSZKA, TILLMANN (1999b), S. 647.

1946 Als Vorbild ist im übertragenden Sinne die Denkweise der „liability method" bei latenten Steuerabgrenzungen heranzuziehen.

1947 Es erfolgt die Unterstellung gleicher Hebesätze. Sinngemäße Berechnungen gelten für die KSt-Umlage.

führen.[1948] Diese Methode erweist sich m. E. als am geeignetsten, da sie auf die zum Zeitpunkt der Umlageminderung bestehenden aktuellen Steuersätze zurückgreift. Fraglich ist, wie bei am Ende der Organschaft noch bestehenden Verlustvorträgen zu verfahren ist. Gem. des Postulats der Aufteilung der **während** der Zugehörigkeit der OG zum Organkreis insg. tatsächlich gezahlten Steuern könnte einerseits die Abrechnung des zum Beendigungszeitpunkt noch bestehenden Verlustvortragspotenzials erwogen werden, wobei im Gegensatz zur Methode der Gutschrift auf mehrere Veranlagungszeiträume Bezug genommen wird. Es wäre somit die auf Ebene des OT eintretende Steuerersparnis zu ermitteln, falls der interne Verlustvortrag zum Zeitpunkt der Beendigung der Organschaft mit positiven Gewerbeerträgen verrechnet werden würde.[1949] Andererseits wäre denkbar, auch nach Ende des Organschaftskonzerns auf Steuererstattungen zurückzugreifen.

Im Bereich der **körperschaftsteuerlichen Organschaft** gestaltet sich die Methode des internen Verlustvortrages m. E. als schwieriger, da bei einer exakten Berücksichtigung zusätzlich die (betragsmäßig) begrenzte Verlustrücktragsmöglichkeit von einem Jahr besteht (§ 10d EStG i.V.m. § 8 Abs. 1 KStG). Hier böte sich die Antragstellung auf einen völligen Rücktragsverzicht an (§ 10d Abs. 1 S. 7 EStG i.V.m. § 8 Abs. 1 KStG), um einen zeitlichen Gleichlauf zwischen GewSt und KSt zu erlangen.

3. Zivilrechtliche Zulässigkeit von Steuerumlagen

Die **bürgerlich-rechtliche Grundlage** der aus betriebswirtschaftlicher und steuerlicher Sicht anzuerkennenden Steuerumlagen ist umstritten.[1950] Während eine Ansicht für eine vertragliche Regelung plädiert[1951], wird nach h.M. eine **gesetzliche Verpflichtung** aus §§ 426, 812 BGB herzuleiten versucht[1952].[1953] Differenzen bestehen im Schrifttum hinsichtlich ihrer Anspruchsgrundlage. Das BGH-Urteil vom 22.10.1992 stellt dabei auf den bei Steuerumlagen stattfindenden Innenausgleich ab, der sich ausschließlich nach bürgerlichem Recht bemisst, wobei „...durch die Art, wie das Steuerrecht [...] die Inanspruchnahme von Steuer- und Haftungsschuldner regelt, [...] eine zivilrechtliche Ausgleichspflicht im Innenverhältnis nicht ausgeschlossen [wird, d.Verf.]."[1954]

1948 Vgl. SIMON, STEFAN (2000b), S. 541. Durch den Verlustvortrag erfährt die OG ebenfalls eine (hypothetische) Selbstständigkeit. Vgl. BREZING, KLAUS (1975), S. 79.

1949 Vgl. SIMON, STEFAN (2000b), S. 541 f.

1950 Vgl. zur Verbuchung von Steuerumlagen sowie zu deren Einkommenswirksamkeit eingehend Kapitel D.II.5 (ab S. 363

1951 Vgl. Urteil des FG Baden-Württemberg, Außensenate Freiburg, vom 30.3.1978 (rkr.), S. 461, das das Umlageverfahren in der gesellschaftsrechtlichen Machtstellung des OT als begründet ansieht, und tendenziell PYSZKA, TILLMANN (1999b), S. 647. A.A.: BFH-Urteil vom 30.4.1980, S. 522, das den Themenbereich der Steuerumlage außerhalb des Gesellschaftsverhältnisses, nämlich im betriebswirtschaftlichen Bereich ansiedelt.

1952 Vgl. BFH-Urteil vom 22.10.1992, S. 369. Gleicher Ansicht, dass die Steuerumlage zumindest keine freiwillige Leistung darstellt: Urteil des FG Köln vom 28.6.1995 (rkr.), S. 1045 für positive Umlagen und BFH-Urteil vom 30.4.1980, S. 522 für negative Umlagen.

1953 Für keine Erhebung einer Steuerumlage spricht sich WÜNDISCH, FRITZ (1970), S. 411, aus, da der Ausgleich aufgrund der Steuerschuldnerschaft des OT ein einseitiges Geschäft zulasten der OG darstellen würde.

1954 BGH-Urteil vom 22.10.1992, S. 369.

Steuerrechtlich besitzt die OG eine Haftungsfunktion gem. § 73 AO, weswegen sie mit dem als Steuerschuldner fungierenden OT als Gesamtschuldner anzusehen ist (§ 44 Abs. 1 S. 1 AO). Allerdings ist der Haftungsschuldner (subsidiär) nur dann in Anspruch zu nehmen, soweit die Vollstreckung in das bewegliche Vermögen des Steuerschuldners erfolglos war (§ 219 S. 1 AO). Obwohl keine völlige Gleichstellung der Gesamtschuldner wie in **§ 426 Abs. 1 BGB** gegeben ist, plädiert der BGH dennoch für die (fiktive) vorliegende Vollständigkeit der Tatbestandsmerkmale analog § 421 S. 1 BGB, da allein fiskalische Erwägungen nicht in das zivilrechtliche Innenverhältnis ausstrahlen.[1955] Aus diesen Erkenntnissen ist zu folgern, dass im Rahmen einer Gesamtschuldnerschaft auf die tatsächlich anfallende Steuerschuld und somit auf die **Verteilungsmethode** abzustellen ist.[1956]

Als weitere, nicht vom BGH am 22.10.1992 angesprochene Rechtsgrundlagen werden die Vorschriften zur ungerechtfertigten Bereicherung gem. **§§ 812, 818 Abs. 2 BGB** erwogen. Jener Standpunkt stellt auf ein Steuerumlagesystem ab, das nicht ausschließlich die Steuerschuld im Außenverhältnis, sondern auch die Vermögensverschiebungen innerhalb des Organkreises zu berücksichtigen vermag. Dabei wird der Ausgleich von Gewinnen und Verlusten als Eingriff in die Rechtsposition der jeweiligen Mitglieder des Organkreises angesehen.[1957] So ist eine OG, deren Verluste steuerlich von einem anderen Rechtsträger verwertet werden, entreichert, wobei auf der Gegenseite eine Bereicherung in Höhe der ersparten Steuer auf Kosten der OG eintritt et vice versa.[1958]

Diese Vorschriften der §§ 812, 818 Abs. 2 BGB haben neben § 426 Abs. 2 BGB eine **eigenständige Funktion** inne, da sie auch dann Anwendung finden, wenn der OT aufgrund eines addierten Gewerbeverlustes keine Steuerschuld im Außenverhältnis zu begleichen hat.[1959] Es ist offensichtlich, dass diese Sichtweise das Denken der **Stand-alone-Methode** verinnerlicht. Allerdings steht das Bereicherungsrecht in direktem Widerspruch zu den Annahmen einer gewerbesteuerlichen Organschaft, da das im Organkreis erwirtschaftete Gewerbeergebnis

---

1955 Vgl. BGH-Urteil vom 22.10.1992, S. 369 f.; BGH-Urteil vom 1.3.1999, S. 725; Urteil des FG Berlin vom 28.3.2001 (n.rkr.), S. 1085 und Urteil des FG Köln vom 11.4.2000 (n.rkr.), S. 1089. A.A.: Urteil des FG Baden-Württemberg, Außensenate Freiburg, vom 30.3.1978 (rkr.), S. 461 und Urteil des Schleswig-Holsteinischen Finanzgerichts vom 11.2.1971 (rkr.), S. 249.

1956 Vgl. BGH-Urteil vom 22.10.1992, S. 370.

1957 Vgl. KLEINDIEK, DETLEV (2000), S. 563 und zu dieser Meinung tendierend SCHAUHOFF, STEPHAN (2001), S. 330.

1958 Vgl. DIETLEIN, JOHANNES (2000), S. 285, der von einer „Entziehung von Eigentumsrechten" spricht, sowie FEDDERSEN, DIETER (2000), S. 527 f.; PYSZKA, TILLMANN (1999a), S. 812 und ausführlich SIMON, STEFAN (2000a), S. 434 ff. Gleicher Ansicht: KREBÜHL, HANS-HERBERT (2001), S. 1737, der folgendes Beispiel anführt: Eine OG erzielt in 01 einen Gewinn von 100, in 02 einen Gewinn von 50 und in 03 einen Verlust von 100. Der OT erzielt in 01 einen Verlust von 100, in 02 einen Verlust von 70 und einen Gewinn in 03 von 170. Ohne Organschaftsverhältnis hätte die OG einen Gewerbeertrag von 50 über die Totalperiode zu versteuern. Mit Organschaftsverhältnis fallen in 01 und 02 für die OG nach der Verteilungsmethode keine Steuerumlagen an. Da die OG in 03 einen Verlust erleidet, ist eine Steuerumlage ebenfalls obsolet. Die Steuer muss vom OT getragen werden, obwohl jene in wirtschaftlicher Hinsicht auf dem Ergebnis der OG beruht. Die letzte Aussage ist m.E. nicht schlüssig, da sie die Übertragung der Steuerschuldnerschaft auf den OT als essenzielles Charakteristikum eines Organschaftskonzerns missachtet und im Rahmen der Verteilungsmethode verkennt, dass der Steuervorteil allen Mitgliedern des Organkreises zugute zu kommen hat.

1959 Vgl. PYSZKA, TILLMANN (1999b), S. 648 f.

aufgrund der Betriebstättenfiktion materiell-rechtlich als solches des OT zu beurteilen ist[1960], was einen Eingriff in die Rechtsposition eines Mitglieds des Organkreises ausschließt[1961]. Dies hat gleichzeitig zur Konsequenz, dass die ebenfalls auf Vermögensverschiebungen basierenden Methoden der Gutschrift und des organschaftsinternen Verlustvortrages keine zivilrechtliche Legalisierung erfahren, da eine mit Verlust abschließende Gesellschaft bei Anwendung der Verteilungsmethode und adäquaten Verteilungsschlüsseln steuerunbelastet bleibt.[1962]

In **gesellschaftsrechtlicher Hinsicht** könnten Steuerumlagen in Abhängigkeit vom jeweiligen Organschaftskonzern bzw. dessen konkreter Ausgestaltung zwei Kategorien an Verbotsnormen entgegenstehen: Die Regelungen zur vGA gem. §§ 57, 58 und 60 AktG[1963] sowie das Verbot der Veranlassung nachteiliger Maßnahmen i.S.v. § 311 AktG seitens des OT.[1964] Nach WIEDEMANN und STROHN stellt die Vereinbarung einer Konzernumlage ein Rechtsgeschäft und die Zahlung der Umlage ohne zugrunde liegende Vereinbarung eine Maßnahme dar, so dass in diesem Fall ein Nachteilsausgleich gem. § 311 Abs. 2 AktG obligatorisch wäre.[1965]

Zum gleichen Endergebnis gelangte der BGH in einem bedeutsamen, weil ersten[1966] zu den im Jahre 1965 ins AktG eingefügten §§ 311 gesprochenen Urteil[1967]. Im Schrifttum wird dessen analoge Anwendung auf eine GmbH als OG bejaht[1968]. Dem ist zu widersprechen, da §§ 311 ff. AktG im faktischen GmbH-Konzern durch die Vorschriften über die Treuebindung substituiert werden.[1969] In dem zugrunde liegenden Urteilssachverhalt wendete der OT die Stand-alone-Methode an, welche die OG zur Zahlung einer Steuerumlage veranlasste. Aufgrund des den Gewerbeertrag der OG überlagerten Gewerbeverlustes des OT erhielt Letzterer die von ihm abgeführten Steuern zurück, wobei eine Rückerstattung der Umlagebeträge an die OG nicht erfolgte. Der BGH nahm in diesem Fall eine Nachteilszufügung i.S.v. § 311 Abs. 1 AktG an. Ein Drittvergleich – wie in § 317 Abs. 2 AktG vorgesehen – wurde nicht angestellt, da die Situation einer OG nicht mit der einer unabhängigen, die Steuerschuldnerschaft übernehmenden Gesellschaft vergleichbar ist.[1970] Vielmehr wurde unter Zuhilfenahme sog. **passi-**

1960 Vgl. BFH-Urteil vom 27.6.1990, I R 183/85, S. 918.

1961 Vgl. KLEINDIEK, DETLEV (2000), S. 563. Gleicher Ansicht: HABERSACK, MATHIAS (2001), § 311 AktG, Rdnr. 50, Fn. 143. Eine andere Ansicht vertreten die in Fn. 1958 (S. 354) genannten Autoren.

1962 Vgl. SCHAUHOFF, STEPHAN (2001), S. 332.

1963 Vgl. dazu bereits die Bemerkungen in Fn. 1178 (S. 190).

1964 Zunächst sind die Betrachtungen auf all diejenigen Organschaftsverhältnisse zu richten, die einen faktischen Konzern i.S.v. §§ 311 ff. AktG hervorrufen. Namentlich sind alle Beziehungen zu einer OG im Rechtskleid einer AG bzw. KGaA gemeint, welche durch den OT weder aktienrechtlich beherrscht werden noch in diesen aktienrechtlich eingegliedert sind (§§ 311 Abs. 1 S. 1, 323 Abs. 1 S. 3 AktG).

1965 Vgl. WIEDEMANN, HERBERT/STROHN, LUTZ (1979), S. 119.

1966 Vgl. WIEDEMANN, HERBERT/FLEISCHER, HOLGER (1999), S. 159.

1967 Vgl. dazu und im Folgenden BGH-Urteil vom 1.3.1999, S. 724 ff. Dem Urteil lag ein isolierter gewerbesteuerlicher Organschaftskonzern zugrunde. Ferner übte der OT die einheitliche Leitung i.S.v. § 18 Abs. 1 S. 1 AktG über die OG mittels personeller Verflechtung und gemeinsamer Richtlinienverfassung aus. In Kapitel D.II.4 (ab S. 358) werden die Folgen jenes Urteils auf einen gewerbe- und körperschaftsteuerlichen Organschaftskonzern zu transferieren versucht.

1968 Vgl. GAIL, WINFRIED u.a. (1999), S. 19 und STARKE, PETER (2000), S. 380.

1969 Vgl. Kapitel B.VI.2.b)(1) (ab S. 154).

1970 Ein gewissenhafter und ordentlicher Vorstand einer unabhängigen Gesellschaft hätte niemals zu deren Schaden eine Steuerumlage gezahlt.

ver **Konzerneffekte**[1971] die betragsmäßige Divergenz zwischen der Steuerschuld des Organkreises und der Summe der hypothetischen Steuerschulden der Organkreismitglieder als Nachteilhaftigkeitsmaßstab verwendet.

Der BGH folgt mit seinem Urteil dem Steuerrecht und erkennt jede, betriebswirtschaftlichen Grundsätzen entsprechende Verteilungsmethode an.[1972] Die Rechtsprechung stieß im Schrifttum größtenteils und vollkommen zu Recht auf Zustimmung.[1973] Im Umkehrschluss ist zu folgern, dass die **Stand-alone-Methode ohne Nachteilsausgleich** (§ 311 AktG) bzw. daran anknüpfender Schadensersatzpflicht (§§ 317 Abs. 1, 318 Abs. 1 und Abs. 2 AktG) unzulässig ist, was als Indiz für deren **geringe praktische Anwendungshäufigkeit** aufzufassen ist.[1974] Ferner ist kritisch anzumerken, dass jenes Verfahren bereits der Begrifflichkeit einer Umlage im Regelfall widerspricht.[1975]

Zu betonen gilt, dass der nicht notwendigerweise bilanzierungsfähige, jedoch bewertbare[1976] Nachteil[1977] i. S. v. § 311 Abs. 1 AktG nicht durch die Steuerumlage dem Grunde[1978], sondern der Höhe nach entsteht. Er bemisst sich nach dem die tatsächliche Steuerschuld übersteigenden Betrag.[1979] Mit anderen Worten: Der **Nachteilsausgleich ist in Höhe der** (bei der Stand-alone-Methode sonst allein dem OT zustehenden) **Konzernprämie zu bewerten**; die ursächlich für ihn verantwortlichen passiven Konzerneffekte sind nicht als Vorteil in den Kompensationsbereich mit einzubeziehen[1980]. Der Ausgleich hat spätestens bis zum Ende des Wirtschaftsjahres der OG zu erfolgen, in dem dieser der Nachteil zugefügt wurde. Alternativ ist der OG bis zu diesem Zeitpunkt ein Rechtsanspruch einzuräumen, wann und durch welchen Ausgleich der Nachteil abgegolten werden soll (§ 311 Abs. 2 AktG). Dabei ist unter „Ausgleich" ein bewertbarer Vorteil zu subsumieren, der die bilanziellen Auswirkungen des Nachteils im Jahresabschluss desselben Wirtschaftsjahres der OG zu neutralisieren geeignet ist.[1981]

1971 Darunter sind die (steuerlichen) Vor- und Nachteile zu verstehen, die sich für eine Gesellschaft allein aufgrund ihrer Einbindung in eine Unternehmensgruppe ergeben. Vgl. WIEDEMANN, HERBERT/FLEISCHER, HOLGER (1999), S. 160.

1972 Vgl. BGH-Urteil vom 1.3.1999, S. 725 f.

1973 Vgl. EMMERICH, VOLKER (1999), S. 1132 f.; KIETHE, KURT (2000), S. 1183; KLEINDIEK, DETLEV (2000), S. 561 f.; MAUL, SILJA (1999), S. 660 f. und WIEDEMANN, HERBERT/FLEISCHER, HOLGER (2000), S. 159 ff. A.A.: DIETLEIN, JOHANNES (2000), S. 285; KREBÜHL, HANS-HERBERT (2001), S. 1737 und PYSZKA, TILLMANN (1999a), S. 812 f.

1974 Gleicher Ansicht: MAUL, SILJA (1999), S. 661 und STARKE, PETER (2000), S. 380. Vgl. dazu auch bereits Erlass betreffend die Belastung von Organgesellschaften mit Gewerbesteuer und Umsatzsteuer vom 19.2.1964, S. 314.

1975 Vgl. BGH-Urteil vom 1.3.1999, S. 725.

1976 Vgl. ADLER, HANS/DÜRING, WALTHER/SCHMALTZ, KURT (1997), § 311 AktG, Tz. 59 und HÜFFER, UWE (2002), § 311 AktG, Rn. 39. Im Falle der Steuerumlage treten im Zuge der Nachteilsbewertung keine Schwierigkeiten auf, da monetäre Vermögensverlagerungen stattfinden.

1977 Unter einem Nachteil ist jede Minderung oder konkrete Gefährdung der Vermögens- und Ertragslage der Gesellschaft zu verstehen, sofern sie auf eine (aktienrechtliche) Abhängigkeit zurückzuführen ist. Vgl. BGH-Urteil vom 1.3.1999, S. 725.

1978 So aber MAUL, SILJA (1999), S. 661.

1979 Vgl. HABERSACK, MATHIAS (2001), § 311 AktG, Rdnr. 50.

1980 Vgl. HABERSACK, MATHIAS (2001), § 311 AktG, Rdnr. 62.

1981 Vgl. HABERSACK, MATHIAS (2001), § 311 AktG, Rdnr. 63.

Erfolgt der Nachteilsausgleich nicht bis zum Bilanzstichtag der betroffenen Gesellschaft in Form einer bilanziellen Neutralisierung bzw. wird kein Rechtsanspruch auf Ausgleich der Nachteile bis zu diesem Zeitpunkt gewährt[1982] und wird auf einen Schadensersatzanspruch i.S.v. § 317 Abs. 1 S. 1 AktG verzichtet, nimmt der BGH folgerichtig in Höhe der bei der Stand-alone-Methode auftretenden Konzernprämie eine (gesellschaftsrechtliche) verdeckte Gewinnverwendung an.[1983]

Fraglich ist, ob eine vGA auch steuerrechtlich zu bejahen ist. Unter anderem ist hierfür eine Veranlassung durch das Gesellschaftsverhältnis notwendig, die vorliegt, wenn ein ordentlicher und gewissenhafter Geschäftsleiter die Vermögensminderung bzw. verhinderte Vermögensmehrung bei einem Nicht-Gesellschafter nicht hingenommen hätte.[1984] Nach PALITZSCH sind vGA und verdeckte Einlagen steuerlich nicht anzuerkennen, da Steuerumlagen nicht durch das Gesellschaftsverhältnis begründet sind.[1985] Zum selben Ergebnis gelangt – wenn auch mit anderer Begründung – PYSZKA, der in Höhe der Konzernprämie bei Anwendung der Stand-alone-Methode keinen vom OT an die OG auszugleichenden Nachteil i.S.v. § 311 Abs. 1 AktG erkennt, da der OT gleichzeitig einen gesetzlichen Ausgleichsanspruch aus ungerechtfertigter Bereicherung besitzt.[1986] Insofern wird von einer Gleichwertigkeit zwischen Leistung und Gegenleistung ausgegangen. SIMON plädiert dagegen zwar auch für die Anwendung der §§ 812 ff. BGB, geht aber von der Existenz von vGA und verdeckten Einlagen in diesem Bereich aus.[1987] FEDDERSEN, der ebenso für §§ 812 ff. BGB plädiert, behält sich eine Lösung für diesen Problembereich ausdrücklich vor.[1988]

Erlitt – wie in dem dem BGH-Urteil zugrunde liegenden Sachverhalt geschehen – der OT einen Verlust und die OG entsprechende Gewinne, würde ein ordentlicher und gewissenhafter Geschäftsführer einer Tochtergesellschaft ein Entgelt für die Verlustnutzung an die Mutter bezahlen. Die Annahme einer steuerrechtlichen vGA ist in diesem Fall m. E. rechtens. In einem ähnlichen Urteil des FG Köln vom 11.4.2000[1989] wurde die OG nach der Stand-alone-Methode mit einem höheren GewSt-Aufwand belegt, als an das Finanzamt vom OT abgeführt wurde. Der Differenzbetrag wurde als steuerrechtliche vGA angesehen. Leider blieb der BFH diesbezüglich eine hinreichende Antwort schuldig, da er feststellte, dass eine vGA für Veranlagungszeiträume vor den BGH-Urteilen (vor 1992) nicht anzunehmen sei.[1990]

Da die Rechtsgrundlage der §§ 812 ff. BGB in dieser Arbeit als auf den Bereich der Steuerumlagen für nicht anwendbar gehalten wird, ist letztlich von der steuerlichen Anerkennung einer Umlage nur dann auszugehen, wenn (kumulativ)

1982 Vgl. ADLER, HANS/DÜRING, WALTHER/SCHMALTZ, KURT (1997), § 311 AktG, Tz. 67 und HÜFFER, UWE (2002), § 311 AktG, Rn. 44.

1983 Vgl. BGH-Urteil vom 1.3.1999, S. 725 f. und bekräftigend Urteil des FG Köln vom 11.4.2000 (n.rkr.), S. 1089.

1984 Vgl. Abschn. 31 Abs. 1 S. 1 und 3 KStR mit Rechtsprechungsnachweisen.

1985 Vgl. PALITZSCH, WERNER (1983), S. 434.

1986 Vgl. PYSZKA, TILLMANN (1999a), S. 812 f. und PYSZKA, TILLMANN (1999b), S. 649. Vgl. dazu auch FEDDERSEN, DIETER (2000), S. 531.

1987 Vgl. SIMON, STEFAN (2000a), S. 433 f.

1988 Vgl. FEDDERSEN, DIETER (2000), S. 534.

1989 Vgl. Urteil des FG Köln vom 11.4.2000 (n.rkr.), S. 1088 f.

1990 Vgl. BFH-Urteil vom 7.11.2001, S. 583.

- eine Methodenstetigkeit vorliegt;
- ein betriebswirtschaftlich vertretbares Ergebnis erzielt wird[1991] und
- die tatsächlich gezahlten Steuern im Durchschnitt mehrerer Jahre umgelegt werden[1992].

Für die **umsatzsteuerliche Organschaft**, der nicht nur eine eingeschränkte, sondern eine uneingeschränkte Einheitstheorie zugrunde liegt, gelten die gerade dargelegten Folgen m.E. analog.[1993] Das Problem des Ausgleichs steuerlicher Verluste ist zwar nicht präsent, wohl aber der Fall eines originären USt-Erstattungsanspruches seitens der OG und einer Zahllast seitens des OT. Auch hier ließe sich zum einen das Argument einer Entreicherung der OG mit einer dementsprechenden Gutschrift des OT einwerfen[1994], was an dem nicht möglichen Eingriff in die Rechtsposition der OG scheitert[1995]. Zum anderen führen die Verteilungsmethode (nach originären Außenumsätzen) und die Stand-alone-Methode aufgrund fehlender Steuerminderungseffekte zu einer, wenn auch womöglich anderen Aufteilung der tatsächlichen Steuerschuld.

4. Konsequenzen für den gewerbe- und körperschaftsteuerlichen Organschaftskonzern nach dem UntStFG

Die für einen wie im UntStFG-E noch vorgesehenen isolierten gewerbesteuerlichen Organschaftskonzern geltenden Grundsätze sind auf einen kombinierten gewerbe- und körperschaftsteuerlichen Organschaftskonzern zu transferieren. Das konstitutive Tatbestandsmerkmal stellt dabei der isolierte EAV dar, der unweigerlich eine aktienrechtliche Abhängigkeit i.S.v. § 17 AktG bzw. im Regelfall eine einheitliche Leitung i.S.v. § 18 Abs. 1 S. 1 AktG hervorruft. Da die Vorschriften der §§ 311, 317 und 318 AktG auch weiterhin Geltung erlangen[1996], sind diesbezüglich keine Modifikationen zu dem im vorangegangenen Kapitel Ausgeführten vorzunehmen. Demgegenüber werden die Vermögensbindungsregelungen durch einen (isolierten) EAV gem. § 291 Abs. 3 AktG aufgehoben, so dass bei Anwendung der Stand-alone-Methode gesellschaftsrechtlich keine verdeckte Gewinnverwendung anzunehmen ist.[1997] Steuerrechtlich wird unter der Prämisse eines positiven zu versteuernden Einkommens bzw. Gewerbeertrages der OG deren (vorläufiger) abzuführender Gewinn in einen endgültigen abzuführenden Gewinn sowie einen Aufwand aus der Konzernsteuerumlage aufgesplittet. Demgemäß führt eine überhöhte Umlage der OG an den OT zu einer entsprechenden Kürzung

---

[1991] So kann m.E. auch bei Anwendung der Verteilungsmethode eine vGA bzw. verdeckte Einlage stattfinden, falls kein verursachungsgerechter Schlüssel verwendet wird (z.B. Verteilung nach Maßgabe der Lohnsummen). Dementsprechendes gilt, wenn der OT eine zu hohe Umlage (vGA) bzw. keine oder eine zu niedrige Umlage (verdeckte Einlage) von der OG erhebt. Vgl. MÜLLER, WELF (1997b), S. 367.

[1992] Vgl. REINHARD, ISABEL/WLAD KATRIN (2002), S. 584 f.

[1993] Vgl. Verfügung der OFD Frankfurt a. M. vom 6.11.1986, S. 141.

[1994] Vgl. dazu auch PALITZSCH, WERNER (1983), S. 433.

[1995] A.A.: BEECKES, WILLI (1962), S. 1123 f.

[1996] Umkehrschluss aus §§ 311 Abs. 1 S. 1, 317 Abs. 1 S. 1 AktG bzw. aus § 316 AktG.

[1997] Bei Bestehen eines Organschaftsvertrages finden darüber hinaus die Vorschriften über den faktischen Konzern (§§ 311 ff. AktG) keine Anwendung.

des abzuführenden Gewinns.[1998] Diese dem Grunde nach bestehende steuerrechtliche vGA wird aufgrund des EAV als vorweggenommene Gewinnabführung qualifiziert, was zu einer Harmonisierung zwischen Gesellschafts- und Steuerrecht führt.[1999]

Einen weiteren Problembereich verkörpert die in Kapitel D.II.3 (ab S. 353) für rein gewerbesteuerliche Zwecke abgelehnte zivilrechtliche Anspruchsgrundlage der §§ 812 ff. BGB.[2000] Den für deren Versagung entscheidenden Aspekt bildet die materiell-rechtliche Zuordnung der addierten Gewerbeergebnisse zum OT, was durch den BFH aus der eingeschränkten Einheitstheorie im gewerbesteuerlichen Organkreis abgeleitet wurde.[2001] Körperschaftsteuerlich gilt hingegen die sog. Zurechnungstheorie, wobei die OG eben nicht als Betriebstätte des OT für steuerliche Zwecke anzusehen ist. Fraglich ist hierbei, ob jene unterschiedlich ausgeprägten Theorien Einfluss auf die Anwendung der §§ 812 ff. BGB besitzen. Konsequenterweise müsste im körperschaftsteuerlichen Organschaftskonzern ein Eingriff in die Rechtsposition eines Mitglieds möglich sein. Dadurch wäre die Daseinsberechtigung der Stand-alone-Methode sowie negativer Umlageverfahren geschaffen. Wäre die Steuerumlage in einen der Verteilungsmethode unterliegenden gewerbesteuerlichen Teil bzw. in einen der Stand-alone-Methode unterliegenden körperschaftsteuerlichen Teil zu spalten?

Jene sehr schwierig zu liefernde Antwort kann womöglich ausbleiben, falls zunächst geklärt wird, ob der OG bei Vorliegen eines EAV überhaupt ein Nachteil zugefügt wird. Dem OT steht generell das gesamte handelsbilanzielle Jahresergebnis der OG zu. Bürdet der OT der OG bspw. eine unverhältnismäßig hohe Steuerumlage auf, wird der an ihn abgeführte Jahresüberschuss gekürzt, der zu einem entsprechend niedrigeren Ertrag aus Gewinnabführung führt. Gleichzeitig erscheint als Korrekturposition zu den gesamten den Organkreis betreffenden Steueraufwendungen ein korrespondierender entsprechend hoher Steuerumlagen-Ertrag, der den niedrigeren Ertrag aus der Gewinnabführung betragsmäßig kompensiert. Auf **Ebene des OT** ist in dessen GuV summa summarum eine ausschließliche **Änderung der Ertragsstruktur** zu vermerken. Die **Ebene der OG** betrachtend, bewirkt eine zu hohe Steuerumlage zum einen eine **Änderung der Aufwandsstruktur** und zum anderen eine Kürzung des (handelsbilanziellen) Jahresüberschusses vor der Gewinnabführung.

Betrachtet sei ein gewerbe- und körperschaftsteuerliches Organschaftsverhältnis, bei dem der OT (Kapitalgesellschaft) einen (vorläufigen) handelsbilanziellen Jahresüberschuss i.H.v. 50.000 EUR und die OG einen solchen i.H.v. 100.000 EUR erzielen. Der OT und die OG befinden sich in zwei Gemeinden, die einen Hebesatz von 400 % aufweisen. Die Ermittlung der Steuerumlage erfolgt nach der Verteilungsmethode im Verhältnis der fiktiven Steuern.[2002]

1998 Konsequenterweise müssten zu einem Jahresfehlbetrag der OG führende Steuerumlagen vom OT auszugleichen sein. A.A.: WÜNDISCH, FRITZ (1970), S. 411, der aufgrund der Verneinung der Umlage stets eine vGA bei dessen Vornahme annehmen möchte.

1999 Gleicher Ansicht: RÖDDER, THOMAS/SIMON, STEFAN (2002), S. 497.

2000 Der auf Vorschriften der AO Bezug nehmende § 426 BGB ist m.E. nach wie vor unstrittig anwendbar.

2001 Vgl. BFH-Urteil vom 27.6.1990, S. 918.

2002 Vgl. Kapitel D.II.2.a)(2) (ab S. 349).

addierte vorläufige Jahresüberschüsse	*150.000*
– *(effektive) GewSt bzgl. der addierten Gewerbeerträge*	*25.000*
= ***zu versteuerndes Einkommen***	***125.000***
→ ***definitive KSt-Belastung von 25 %***	***31.250***
→ ***SolZ von 5,5 % auf die KSt***	***1.719***

Im Rahmen einer GewSt-Umlage wird die OG gem. den in Kapitel D.II.2.a)(2) (ab S. 349) dargelegten Grundsätzen mit zwei Dritteln der GewSt belastet. Gleiches gilt für die KSt und den SolZ.

Steuerart	***Gesamtbetrag***	***OT***	***OG***
GewSt	*25.000*	*8.333*	*16.667*
KSt	*31.250*	*10.417*	*20.833*
SolZ	*1.719*	*573*	*1.146*
Summe	*57.969*	*19.323*	*38.646*

Der OT ist Steuerschuldner der Ertragsteuern i.H.v. 57.969 EUR.

Nach der Verteilungsmethode wird die OG mit einer Umlage von 38.646 EUR belastet. Alternativ dazu soll dieser eine Umlage von 45.000 EUR aufgebürdet werden. Die (nicht mit den termini technici exakt bezeichnete) GuV des OT besitzt folgendes ausschnittsweises und situationsbezogenes Aussehen, wobei die Umsatzerlöse vereinfachenderweise die zum originären (vorläufigen) Jahresüberschuss führende GuV-Position darstellen:

Soll		*GuV des OT*	*Haben*
Steuern vom Einkommen und Ertrag	*57.969*	*Umsatzerlöse*	*50.000*
Jahresüberschuss	*92.031*	*Ertrag aus Gewinnabführung*[2003]	*61.354*
		Umlagenertrag[2004]	*38.646*
	150.000		*150.000*

Der Jahresüberschuss des OT beläuft sich auf 92.031 EUR. Im Falle einer überhöhten Steuerumlage von 45.000 EUR würde der Gewinnabführungsbetrag auf 55.000 EUR gekürzt und der Umlagenertrag auf 45.000 EUR erhöht werden. Der Betrag der vGA in Höhe von 6.354 EUR[2005] *ist zur Vermeidung einer steuerlichen Doppelbelastung außerbilanziell beim OT zu kürzen.*[2006]

2003 =100.000 – 38.646.

2004 Bzgl. der genauen Einordnung und Bezeichnung der Steuerumlage in der GuV sei auf Kapitel D.II.5 (ab S. 363) verwiesen.

2005 =45.000 – 38.646.

2006 Vgl. bzgl. der steuerlichen Behandlung des Umlagenbetrages Kapitel D.II.5 (ab S. 363).

Bei der OG sieht die entscheidungsrelevante GuV wie folgt aus:

Soll	*GuV der OG*		*Haben*
Aufwand aus Gewinnabführung	*61.354*	*Umsatzerlöse*	*100.000*
Umlagenaufwand	*38.646*		
	100.000		*100.000*

Das Gesamtergebnis der OG beträgt erwartungsgemäß Null. Der Betrag der vGA von 6.354 EUR ist bei der Einkommensermittlung der OG außerbilanziell hinzuzurechnen.[2007]

Eine **Nachteilszufügung** ist **nicht erkennbar**, da die als Steuerumlage quantifizierten Beträge ohnehin dem OT alleine zustehen.[2008] Daraus ist m. E. nicht der Folgeschluss abzuleiten, dass ein Organkreismitglied einem anderen Organkreismitglied bei Bestehen eines isolierten EAV gar nicht ausgleichspflichtig ist. Mittels dieser Betrachtungsweise würde die bestehende Selbstständigkeit beider Gesellschaften hinsichtlich ihrer Bilanzierung und Einkommensermittlung missachtet werden.

Ohne eine Steuerumlage würde der Jahresüberschuss der OG vor Ergebnisübernahme zu hoch und derjenige des OT um denselben Betrag zu niedrig ausgewiesen werden, was eine Verfälschung der Vermögens- und Ertragslage i.S.v. § 264 Abs. 2 S. 1 HGB zur Folge hätte. Die Herstellung einer Vergleichbarkeit der Bilanz der OG mit solchen von Nicht-OG ist auch für **bilanzanalytische Zwecke** von Interesse, da der Jahresüberschuss vor Ergebnisübernahme (un-)modifiziert Eingang in Kennzahlenanalysen findet. Ferner können unterschiedliche Ausweistechniken der Steuerumlage in der GuV[2009] Einfluss auf die **strukurelle Erfolgsanalyse** nehmen.[2010]

Darüber hinaus würden ohne Steuerumlage auch sich am Jahresüberschuss der OG vor Ergebnisübernahme orientierende Parameter, wie z.B. gewinnabhängige Vergütungen (Tantiemen) sowie variable Ausgleichszahlungen i.S.v. § 304 Abs. 2 S. 1 AktG zu hoch bemessen werden.[2011] Letztlich besteht für Wirtschaftsgüter produzierende OG das **Wahlrecht zur Aktivierung der** auf den Herstellungsprozess entfallenden und dem Zeitraum der Herstellung **zuordenbaren GewSt** als Gemeinkosten im Rahmen der Ermittlung der (steuerbilanziellen) Herstellungskosten (R 33 Abs. 5 S. 2 EStR).[2012] Bei Letzterem wird auf einen pagatorischen Begriff abgestellt, der die **tatsächlich** bei der OG angefallenen aufwandsgleichen Kosten erfasst.[2013] Des Weiteren ist nach meiner Ansicht von einer willkürlichen und insoweit einer

---

2007 Das Zahlenbeispiel wird in Kapitel D.II.5 (ab S. 363) fortgeführt.

2008 Vgl. Urteil des OLG Oldenburg vom 28.11.2000 (n.rkr.), S. 414.

2009 Vgl. im Anschluss daran Kapitel D.II.5 (ab S. 363).

2010 Darunter ist die Aufgabe zu verstehen, das für Zwecke der Analyse der Aufwands- und Ertragsstruktur nur wenig aussagekräftige Jahresergebnis hinsichtlich seiner Zusammensetzung und vordefinierter Komponenten zu disaggregieren. Vgl. KÜTING, KARLHEINZ/WEBER, CLAUS-PETER (2001b), S. 218.

2011 Vgl. STARKE, PETER (2000), S. 379.

2012 Vgl. PYSZKA, TILLMANN (1999b), S. 647, Fn. 9. Vgl. bzgl. des Wahlrechts zum Einbezug der GewSt in die steuerbilanziellen Herstellungskosten BFH-Urteil vom 5.8.1958, S. 393 f.

2013 Vgl. dazu allgemein KNOP, WOLFGANG/KÜTING, KARLHEINZ (1995), § 255 HGB, Rn. 148 und Rn. 154. Insofern dürfte die nicht der OG in Rechnung gestellte GewSt zu keiner Erhöhung der Herstellungskosten führen. A.A.: MARX, FRANZ J. (1996), S. 954.

Steuerbilanzpolitik gleichkommenden Festlegung abzusehen, so dass vor der verursachungsgerechten Aufteilung der Gemeinkosten ein adäquater verursachungsgerechter Verteilungsschlüssel zur Ermittlung dieses Betrages vonnöten ist.[2014]

Die **technische Umsetzung** der Ermittlung von Steuerumlagen macht deren **Prognose** unumgänglich. Da die Gewinnabführung einer totalen Gewinnausschüttung gleicht, ist einerseits der Steuersatz der OG von Relevanz[2015], wobei das Problem der Festlegung ihres zukünftigen fiktiven Ausschüttungsverhaltens mit einer damit einhergehenden Ermittlung eines Mischsteuersatzes im Rahmen der KSt durch das Halbeinkünfteverfahren entfällt. Andererseits bemisst sich der Ertrag(-teil-)steuersatz in Abhängigkeit von der Rechtsform des OT: Stellt jener eine Kapitalgesellschaft dar, sollte unter Berücksichtigung der GewSt als abzugsfähiger Betriebsausgabe von ihrer eigenen Bemessungsgrundlage sowie von derjenigen der KSt als relevanter Satz

$$s_e = \frac{m \cdot h}{1 + m \cdot h} + \left(s_{KSt} - \frac{m \cdot h}{1 + m \cdot h} \cdot s_{KSt} \right) \cdot \left(1 + s_{SolZ}\right)$$

bzw. unter Zugrundelegung konkreter Steuersätze

$$s_e = \frac{0{,}05 \cdot h}{1 + 0{,}05 \cdot h} + \left(0{,}25 - \frac{0{,}05 \cdot h}{1 + 0{,}05 \cdot h} \cdot 0{,}25 \right) \cdot \left(1 + 0{,}055\right)$$

verwendet werden.[2016]

Bei OT-Personenhandelsunternehmen ist ausschließlich die GewSt in deren GuV auszuweisen, weswegen unter Vernachlässigung des gewerbesteuerlichen Freibetrages bzw. Staffeltarifs der erste Summand der obigen Formel anzusetzen wäre.

Im Falle einstufiger mittelbarer Organschaftskonzerne sind keine materiellen Unterschiede im Vergleich zum einstufigen unmittelbaren Fall erkennbar.[2017] In einem mehrstufigen Organschaftskonzern ist zu beachten, dass der OT die Steuerschuldnerschaft für sämtliche OG übernimmt. Ein (direkter) Gewinnabführungsanspruch gegenüber der OG besteht jedoch nicht. Insofern werden Steuerumlagen ausschließlich von der OG an ihre ZG bzw. von dieser an den OT geleistet.[2018]

Bei Unterstellung einer **Mehrmütterorganschaft** ist ebenfalls der Problembereich einer Steuerumlage existent. Die dazu benötigte GbR stellt entgegen der zivilrechtlichen Handhabe aus steuerlicher Sicht sowohl im Rahmen einer gewerbe- als auch körperschaftsteuerlichen Organschaft den OT bzw. Abschlusspartner des EAV selbst dar (§§ 2 Abs. 2 S. 3 GewStG, 14 Abs. 2 Nr. 3 KStG). Während im ersten Falle m. E. keinerlei Unterschiede zur Einmutterorganschaft erkennbar sind, sind die Steuern, welche auf das von den GbR-Gesellschaftern

---

2014 Die gleichen Grundsätze gelten sinngemäß für den OT.

2015 Gleicher Ansicht: MARX, FRANZ J. (1996), S. 957.

2016 Vgl. zur allgemeinen Ermittlung des Ertragsteuersatzes BIEG, HARTMUT/KUSSMAUL, HEINZ (2000a), S. 186.

2017 Dem hier häufig zitierten BGH-Urteil vom 1.3.1999, S. 724 ff., lag ein direktes Organschaftsverhältnis zwischen Mutter- und Urenkelgesellschaft zugrunde.

2018 Vgl. Urteil des OLG Oldenburg vom 28.11.2000 (n.rkr.), S. 413.

anteilige zu versteuernde Einkommen der OG entfallen, m. E. nicht auf die OG weiterbelastbar.[2019] In diesem Kontext ist der Vergleich zu der vom BFH ehemals erwogenen Lehre der mehrfachen Abhängigkeit zu ziehen. Würde jeder GbR-Gesellschafter auch für steuerliche Zwecke als OT anerkannt werden, dürfte zumindest die auf Kapitalgesellschaften entfallende Steuer der OG in Rechnung gestellt werden. Insofern wird die **Steuerumlage bei einer körperschaftsteuerlichen Mehrmütterorganschaft durch die Rückkehr zur alten Rechtslage behindert** und das Ergebnis der OG zu hoch ausgewiesen.

5. Bilanzielle Behandlung von Steuerumlagen

Die bilanzielle Behandlung von Steuerumlagen im **ertragsteuerlichen Organschaftskonzern** ist m. E. von der Interpretation der Umlage als solcher abhängig. Eine Sichtweise stellt auf die Betrachtung des Umlagebetrages als fiktiven originären Steueraufwand der OG i.S. einer verursachtungsgerechten (aufwandsgleichen) Kostenaufteilung ab (Steuer i.e.S.), wobei sich die Umlage alternativ auch als ausschließlich im Innenverhältnis vorherrschende Steuer (i. w. S.) interpretieren lässt, die aufgrund mangelnder direkter Leistungsbeziehung zwischen OG und Finanzamt den Betrag der Gewinnabführung kürzt.

Für das Bejahen der wirtschaftlichen Betrachtungsweise (**Steuerdefinition i.e.S.**) spricht die betriebswirtschaftliche Zielsetzung von Steuerumlagen, denen auch in bilanzieller Hinsicht Rechnung getragen werden sollte.[2020] Insofern kann in der **GuV des OT** entweder ein „davon"-Vermerk bei der Position „Steuern vom Einkommen und Ertrag" (§ 275 Abs. 2 Nr. 18 bzw. Abs. 3 Nr. 17 HGB) erfolgen[2021] oder in Erweiterung der GuV-Gliederung ein zusätzlicher Posten „Steuerumlagen" eingefügt werden (§ 265 Abs. 5 HGB)[2022], wobei diese Position auf Ebene des OT wegen der in dieser Arbeit ausschließlich als sachgerecht erachteten Verteilungsmethode ex definitione einen Ertrag ausweist. In der **GuV der OG** sind die Steuerumlagen bei wirtschaftlicher Betrachtungsweise unter der Position „Steuern vom Einkommen und Ertrag" einzuordnen.[2023] Ob diese imaginäre Interpretation als sachgerecht einzustufen ist, muss m. E. bezweifelt werden, da unter „Steuern vom Einkommen und Ertrag" ausschließlich die **tatsächlich** geschuldeten Steuern einordenbar sind.[2024]

Für Vertreter der **Steuerdefinition i.w.S.** stellt kein fiktiver Steuertatbestand, sondern vielmehr der EAV den Rechtsgrund für die Steuerumlage dar.[2025] In der **GuV des OT** entsteht diesbezüglich ein Dilemma. Da sich der EAV nach dieser Ansicht als ursächlich für die Steuerumlage gestaltet, wäre der unter der gewöhnlichen Geschäftstätigkeit i.S.v. § 275 Abs. 2 Nr. 14 bzw. Abs. 3 Nr. 13 HGB zu subsumierende Ertrag aus Gewinnabführung als Größe nach einer Steuerumlage auszuweisen. Anhand der gesetzlich vorgeschriebenen Reihenfolge des GuV-Gliederungsschemas ist allerdings im Umkehrschluss ableitbar, dass das Ergebnis

---

[2019] Vgl. zur Begründung die Ausführungen in Fn. 1874 (S. 340).
[2020] Vgl. LANGER, KLAUS (1995), § 278 HGB, Rn. 10.
[2021] Diese Anmerkung könnte bspw. „davon an Organgesellschaft weiterbelastet" bzw. „davon dem Organträger erstattet" lauten. Vgl. LANGER, KLAUS (1995), § 278 HGB, Rn. 11.
[2022] Vgl. BULLINGER, MICHAEL (1986), S. 845 und BULLINGER, MICHAEL (1988), S. 717.
[2023] Vgl. BULLINGER, MICHAEL (1988), S. 718.
[2024] Vgl. GLADE, ANTON (1995), § 275 HGB, Tz. 333.
[2025] Vgl. WÜNDISCH, FRITZ (1970), S. 411.

der gewöhnlichen Geschäftstätigkeit ein Bruttoergebnis (vor Steuern) darstellt.[2026] Dem wäre zu entgegen, dass die Steuerumlage nach dieser Sichtweise eine vorweggenommene Gewinnabführung darstellt. Demnach bietet sich der Ausweis des Umlagebetrages entweder als „davon"-Vermerk der Position „Ertrag aus Gewinnabführung"[2027] oder als unmittelbar darauf folgender Posten „Ertrag aus Steuerumlage an Organgesellschaft" an (§ 265 Abs. 5 HGB).[2028] Auch ein Ausweis als sonstiger betrieblicher Ertrag wird für möglich erachtet.[2029] M. E. ist die letzte Variante abzulehnen, da die Steuerumlage die Kürzung des Betrages der Gewinnabführung bewirkt hat und dementsprechend eine unmittelbare Verbindung bzw. Zugehörigkeit zwischen beiden Posten aufzuzeigen ist. Das Prinzip der Erfolgsquellentrennung aufgreifend[2030], wäre in diesem Fall m. E. unbegründbar das Betriebsergebnis (Umlage) und das Finanzergebnis (Gewinnabführung) tangiert. Letztlich wird den Prinzipien der Klarheit und Vergleichbarkeit Genüge getan (§§ 243 Abs. 2, 265 Abs. 6 HGB), da keine Aufnahme in einen Sammelposten erfolgt.[2031] In der **GuV der OG** bietet sich ein „davon"-Vermerk bzw. ein Zusatzposten im Rahmen der vor dem Jahresergebnis auszuweisenden Position „Aufwand aus Gewinnabführung" an. Der alternative Ausweis unter „sonstigen betrieblichen Aufwendungen" wird ebenfalls erwogen, wobei es aus denselben obigen Gründen die erste Alternative zu präferieren gilt.[2032]

Zusammenfassend bleibt abzuwägen, ob der Steuercharakter oder die vorweggenommene Gewinnabführung als ausschlaggebendes Moment anzusehen ist. M.E. erweist sich eine **„Mischvariante" zwischen beiden Steuerdefinitionen** als **sachgerecht**. Dazu ist die in Kapitel D.II.4 (ab S. 358) gestellte Frage dahingehend zu beantworten, dass sich die zivilrechtliche Anspruchsgrundlage bei der GewSt aufgrund der Betriebstättenfiktion der OG aus § 426 BGB ableitet, wonach die Umlage im Rahmen einer Gesamtschuldnerschaft zwischen OT und OG mit Hilfe eines Innenausgleichs vorzunehmen ist. Dies entspricht der Steuerdefinition i.w.S. Demgegenüber wird bei der körperschaftsteuerlichen Organschaft aufgrund der Zurechnungstheorie in die Rechtsposition der OG eingegriffen, wobei §§ 812, 818 BGB maßgeblich sind und sich die Steuerdefinition i.e.S. vertreten lässt.[2033]

Während die Aufwands- und Ertragswirksamkeit von Steuerumlagen in der Handelsbilanz m. E. unabhängig von der Interpretationsvariante der Umlage modifikationslos für steuerbilanzielle Zwecke zu übernehmen ist, führt deren Behandlung auf Ebene des zu versteuernden Einkommens zwar zum gleichen Endergebnis, wobei strukturelle Unterschiede erkennbar

---

2026 Vgl. FÖRSCHLE, GERHART (1999), § 275 HGB, Anm. 253.

2027 Diese Anmerkung könnte bspw. „davon an Organgesellschaft weiterbelastete Steuerumlage" bzw. „davon dem Organträger erstattete Steuerumlage" lauten.

2028 Vgl. ADLER, HANS/DÜRING, WALTHER/SCHMALTZ, KURT (1997), § 275 HGB, Tz. 192 und FÖRSCHLE, GERHART (1999), § 275 HGB, Anm. 258.

2029 Vgl. ADLER, HANS/DÜRING, WALTHER/SCHMALTZ, KURT (1997), § 275 HGB, Tz. 192; PALITZSCH, WERNER (1983), S. 433 und TUBACH, FRIEDRICH (1970), S. 2398.

2030 Vgl. zu den einzelnen Erfolgsschichten im GKV und UKV BIEG, HARTMUT/KUSSMAUL, HEINZ (1998), S. 140.

2031 Wird eine Umlage unzulässigerweise nicht erhoben, bedarf es einer Erläuterung im Anhang, da anderenfalls ein falsches Bild von der Ertragslage des OT vermittelt wird. Vgl. GELHAUSEN, WOLF D. (2000b), Tz. 475.

2032 Vgl. ADLER, HANS/DÜRING, WALTHER/SCHMALTZ, KURT (1997), § 275 HGB, Tz. 194; FÖRSCHLE, GERHART (1999), § 275 HGB, Anm. 257; LANGER, KLAUS (1995), § 278 HGB, Rn. 11.

2033 Vgl. nochmals Kapitel D.II.3 (ab S. 353).

sind. Nach der Steuerdefinition i.w.S. werden sämtliche der OG in Rechnung gestellte Steuerumlagen als vorweggenommene Gewinnabführungen erachtet, die gem. § 8 Abs. 3 S. 1 KStG außerbilanziell zu neutralisieren sind. Gem. der Steuerdefinition i.e.S. dürften ausschließlich die KSt und der SolZ als abzugsfähige Betriebsausgaben zu behandeln sein. Die „Mischvariante" orientiert sich an der Vorgehensweise der Steuerdefinition i.w.S.

Unter Bezugnahme auf das Zahlenbeispiel in Kapitel D.II.4 (ab S. 358) gilt auf Ebene der OG:[2034]

		Steuer-definition i.w.S.	**Steuer-definition i.e.S.**	**„Misch-variante"**
	handelsbilanzieller Jahresüberschuss	*0*	*0*	*0*
±	*steuerliche Korrekturen*	*0*	*0*	*0*
=	***steuerbilanzieller Jahresüberschuss***	***0***	***0***	***0***
+	*nicht abziehbare Aufwendungen (KSt und SolZ der OG)*	–	*21.979*	*21.979*
+	*an den OT abgeführter Gewinn*	*61.354*	*61.354*	*61.354*
+	*Umlagenbetrag (vorweggenommene Gewinnabführung)*	*38.646*	–	*16.667*
=	***dem OT zuzurechnendes Einkommen***	***100.000***	***83.333***	***100.000***
–	*dem OT zuzurechnendes Einkommen*	*100.000*	*83.333*	*100.000*
=	***verbleibendes Einkommen der OG***	***0***	***0***	***0***

Der OT ermittelt sein zu versteuerndes Einkommen wie folgt:[2035]

		Steuer-definition i.w.S.	**Steuer-definition i.e.S.**	**„Misch-variante"**
	handelsbilanzieller Jahresüberschuss	*92.031*	*92.031*	*92.031*
±	*steuerliche Korrekturen*	*0*	*0*	*0*
=	***steuerbilanzieller Jahresüberschuss***	***92.031***	***92.031***	***92.031***
+	*nicht abziehbare Aufwendungen (KSt und SolZ des Organkreises)*	*32.969*	*32.969*	*32.969*
–	*steuerfreie Erträge (KSt- und SolZ-Umlage)*	–	*21.979*	*21.979*
–	*von der OG erhaltener Gewinn*	*61.354*	*61.354*	*61.354*
–	*Umlagenbetrag (vorweggenommene Gewinnabführung)*	*38.646*	–	*16.667*
+	*zuzurechnendes Einkommen der OG*	*100.000*	*83.333*	*100.000*
=	***zu versteuerndes Einkommen des OT***	***125.000***	***125.000***	***125.000***

Während sich das zu versteuernde Einkommen des OT bei sämtlichen Interpretationsvarianten auf (sachgerechte) 125.000 EUR beläuft, ist das zuzurechnende Einkommen der OG im Falle der Steuerdefinition i.e.S. um 16.667 EUR kleiner. Diese Differenz entspricht der Höhe der GewSt-Umlage, da bei einer Steuerdefinition i.w.S. und der „Mischvariante" der gesamte Umlagenbetrag (inkl. GewSt) im Endergebnis außerbilanziell hinzuzurechnen ist. Auf Ebene des OT gleicht sich diese Unstimmigkeit wieder aus, da bei der Steuerdefinition i.w.S. sämtliche der OG in Rechnung gestellten Steuerarten als vorweggenommene Gewinnabführung

2034 Vgl. Tabelle 7 (S. 189 ff.).

2035 Vgl. Tabelle 8 (S. 206 f.).

einkommensneutral zu behandeln sind, während im Falle einer Steuerdefinition i.e.S. ausschließlich die KSt und der SolZ als Erstattungen von nicht abziehbaren Aufwendungen – mithin steuerfreie Erträge – kürzungsfähig sind.

Zusammenfassend ist die „Mischvariante" aus bilanziellen Gründen schon deswegen vorzuziehen, weil sie sich harmonisch in den Gesamtkontext insofern einordnet, als dass eine Übereinstimmung zu der in dieser Arbeit präferierten Verteilungsmethode sowie zu den jeweiligen zivilrechtlichen Anspruchsgrundlagen des BGB besteht.[2036]

Unerwähnt bleibt die Situation, bei der **temporäre Diskrepanzen zwischen Gewinnabführung und Einkommenszurechnung** auftreten mit der Folge, dass einem Ertrag aus Gewinnabführung ein (verteilbarer) Steueraufwand gegenübergestellt wird, der mit jener Größe in keinem kausalen Zusammenhang steht.[2037] In diesem Falle wäre m. E. der Ausweis des Umlagebetrages unter der Position „sonstiger betrieblicher Ertrag" auf Seiten des OT in Erwägung zu ziehen, um diese fehlende Korrespondenz aufzuzeigen. Gleiches gilt für die OG.

Auch im Rahmen einer **umsatzsteuerlichen Organschaft** wird der Steuerschuldner durch den OT verkörpert. Jener hat ausschließlich seine eigens erzielten (Außen-)Umsatzerlöse in seiner GuV auszuweisen (§ 275 Abs. 2 Nr. 1 bzw. Abs. 3 Nr. 1 HGB). Dem Grunde nach legalisiert § 277 Abs. 1 HGB den Ausweis der Nettoumsatzerlöse, wobei alternativ ein offenes Absetzen der USt von den Bruttoumsatzerlösen möglich ist[2038]. Der Höhe nach ist ausschließlich die auf originäre (Außen-)Umsatzerlöse entfallende USt kürzungsfähig. Der den originären (Außen-)Umsätzen der OG zuordenbare Teil der USt ist unter den „sonstigen Steuern" auszuweisen. Mittels der Umlage findet eine dementsprechende Neutralisierung des Postens statt.[2039] In der **GuV der OG** ist die weiterbelastete USt von deren originären (Außen-) Umsatzerlösen in Abzug zu bringen.[2040]

III. Ausgewählte Tendenzen grenzüberschreitend strukturierter Organschaftskonzerne

Das derzeit geltende Organschaftsrecht sieht keine „echte" grenzüberschreitende Organschaft vor. Aufgrund der bereits in Abbildung 2 (S. 10) angedeuteten eingeschränkten Ansässigkeitskriterien können insofern keine Verluste von ausländischen Tochtergesellschaften im Inland steuerlich geltend gemacht werden. Durch das UntStFG wurde dieser Mangel zwar nicht beseitigt, aber die Entwicklungstendenzen in Richtung einer grenzüberschreitend strukturierten Organschaft zumindest verstärkt. Die ausschließlich im Ertragsteuerbereich stattgefundenen relevanten Neuerungen, die entweder in direktem oder indirektem Zusammenhang zu den Ansässigkeitskriterien stehen, sowie die damit einhergehenden Rechtsfolgen werden im letzten Kapitel dieser Arbeit aufgezeigt, kritisch analysiert und in den Gesamtkontext eingebettet. Die jüngsten Gesetzesentwicklungen zum Anlass nehmend, soll auch die Ansässig-

---

2036 Vgl. nochmalig Kapitel D.II.2.a)(2) (ab S. 349) und Kapitel D.II.3 (ab S. 353).

2037 Vgl. Kapitel C.I.3.a) (ab S. 208).

2038 Vgl. SIGLE, HERMANN (1995), § 277 HGB, Rn. 41.

2039 Vgl. Stellungnahme HFA 1/1985, S. 258.

2040 Vgl. ADLER, HANS/DÜRING, WALTHER/SCHMALTZ, KURT (1997), § 275 HGB, Tz. 198.

keit von ausländischen Gesellschaftern einer OT-Personenhandelsgesellschaft Gegenstand der Untersuchungen sein.[2041] Keinen Untersuchungsgegenstand, sondern einen Vergleichsmaßstab bilden die Regelungen bzgl. einer inländischen Betriebstätte eines ausländischen OT i.S.v. § 18 KStG, da durch die veränderten Ansässigkeitskriterien jene ohnehin in der Praxis kaum vorkommende Konstruktion noch weiter eingeschränkt werden wird.[2042] Ferner werden ebenfalls keine Gestaltungen betrachtet, bei denen der OT und/oder die OG eine (organkreisexterne) ausländische Betriebstätte unterhalten bzw. an einer ausländischen Tochtergesellschaft beteiligt sind.[2043] Die organschaftsunspezifischen steuerlichen Folgen eines Wegzuges aus bzw. eines Zuzuges nach Deutschland werden den Überlegungen ebenso außen vor gelassen.

1. Ertragsteuern

a) Kritische Beurteilung der Ansässigkeitskriterien nach dem UntStFG und Reformüberlegungen

(1) Ansässigkeit des Organträgers

Mit dem Wortlaut des § 14 Abs. 1 Nr. 2 KStG i.d.F. des UntStFG[2044] wurde eine „Karussellfahrt" hinsichtlich der vom OT zu erfüllenden Ansässigkeitskriterien beendet. Der bisherige doppelte Inlandsbezug von Personenhandelsgesellschaften und infrage kommenden juristischen Personen, welcher sich nach deren Sitz und Geschäftsleitung im Inland bemaß, weicht einem nur noch **einfachen Inlandsbezug mit notwendiger inländischer Geschäftsleitung** (i.S.v. § 10 AO). Als Begründung wurde die Erleichterung von grenzüberschreitenden Organschaften mit Blick auf die internationale Verflechtung von Unternehmen angeführt.[2045] Ferner wird betont, das Besteuerungsrecht Deutschlands werde durch die Beibehaltung der unbeschränkten Steuerpflicht weiterhin aufrechterhalten.[2046]

Aus historischer Sicht ist jene Neufassung als weniger bahnbrechend zu beurteilen. Vielmehr ordnete HÜBL bereits im Jahre 1972 nach ausländischem Recht gegründete Gesellschaften in den Kreis möglicher OT ein.[2047] Jene Meinung fand durch die Finanzverwaltung Bekräftigung und wurde auch praktiziert.[2048] In seinem Beschluss vom 13.11.1991 kam der BFH zu dessen

---

2041 Vgl. Kapitel D.III.1.a)(3)(a) (ab S. 377).

2042 Vgl. FEDDERSEN, DIETER (1986), S. 130 und S. 145 sowie ORTH, MANFRED (2002), S. 3*. Vgl. bereits zu dem UntStFG DREISSIG, HILDEGARD (2000), S. 898.

2043 Vgl. hierzu ausführlich KUSSMAUL, HEINZ/RICHTER, LUTZ (1999c), S. 807 ff.

2044 Vgl. Art. 2 Nr. 6 des „Gesetzes zur Fortentwicklung des Unternehmenssteuerrechts (Unternehmenssteuerfortentwicklungsgesetz – UntStFG)" vom 20. Dezember 2001, S. 3864.

2045 Vgl. Begründung zum „Entwurf eines Gesetzes zur Fortentwicklung des Unternehmenssteuerrechts (Unternehmenssteuerfortentwicklungsgesetz – UntStFG)" vom 17. August 2001, S. 39. Vgl. auch FENZL, BARBARA/HAGEN, CHRISTIANE (2000), S. 298, die von der Schaffung einer „echten Organschaft über die Grenze" sprechen.

2046 Vgl. Begründung zu Art. 2 Nr. 6 des „Entwurfs eines Gesetzes zur Fortentwicklung des Unternehmenssteuerrechts (Unternehmenssteuerfortentwicklungsgesetz – UntStFG)" vom 17. August 2001, S. 39.

2047 Vgl. HÜBL, LEO (1972), S. 83 f.

2048 Vgl. MEILICKE, WIENAND (2002), S. 911.

Abkehr, indem er gesetzestreu die Pflicht zur doppelten Inlandsbindung bejahte.[2049] Ob bzw. inwieweit durch die sog. **„Centros"-Entscheidung** des EuGH[2050] eine nochmalige Kehrtwende für das Organschaftsrecht eingeleitet wurde, ist im nachstehenden Kapitel zu untersuchen.

(a) Materielle und räumliche Folgewirkungen der „Centros"-Entscheidung für das Organschaftsrecht

In dem vom EuGH zu beurteilenden Sachverhalt gründeten dänische Eheleute eine Kapitalgesellschaft in Großbritannien, deren Eintragung ins dortige Register erfolgte, wobei der Verwaltungssitz nach Dänemark verlegt wurde. Mittels dieser Gestaltung sollten die in Dänemark existenten strengeren Mindestkapitalvorschriften umgangen werden. Der EuGH widersprach den dänischen Behörden, die eine Eintragung mit der Begründung auf die in Art. 43 und 48 EGV geregelte Niederlassungsfreiheit verweigerten.[2051]

In Deutschland schaffte die **„Centros"-Entscheidung** eine bis dato bestehende **Ungewissheit über deren generelle Reichweite**. Die Formulierung der Urteilsbegründung gab Anlass zu der Diskussion, ob die in Deutschland und überwiegend in anderen kontinentaleuropäischen Staaten bislang angewendete **Sitztheorie** als Personalstatut noch materielle Bedeutung erlangt.[2052] Nach jener beurteilt sich die Rechtsfähigkeit einer nach ausländischem Recht gegründeten Gesellschaft, die ihren tatsächlichen Verwaltungssitz[2053] (nicht Satzungssitz!) nach Deutschland verlagert, nach deutschem Recht.[2054] Sie verkörpert keinen Träger von Rechten und Pflichten, da es an einer deutschen HR-Eintragung bzw. Eintragung ins Genossenschaftsregister mangelt (§§ 41 Abs. 1 AktG, 11 Abs. 1 GmbHG, 13 GenG).[2055] Der ausländische Gründungsakt wird für deutsche Zwecke quasi negiert, weswegen eine Neugründung nach

2049 Vgl. BFH-Beschluss vom 13.11.1991, S. 338 f. Gleicher Ansicht war auch die Vorinstanz, die eine analoge Anwendung von § 18 KStG auf unbeschränkt Steuerpflichtige mit einer einfachen Inlandsbindung ausschloss. Vgl. ausführlich Beschluss des FG Köln vom 30.5.1990 (n.rkr.), S. 362 ff., s.b.S. 364. Derselbe Sachverhalt wurde nochmals im Jahre 1998 zugunsten der doppelten Inlandsbindung entschieden. Vgl. Urteil des FG Köln vom 16.9.1998 (n.rkr.), S. 309 ff. und BFH-Zwischenurteil vom 9.6.1999, S. 666 f. Als erwähnenswert gilt dabei dessen These, bei einem unbeschränkt steuerpflichtigen OT mit einfacher Inlandsbindung fließe das gesamte „Welteinkommen" und somit auch ein möglicher „Weltverlust" in den Organkreis ein. Dies ist selbstverständlich auch im Falle der doppelten Inlandsbindung gegeben. Vgl. Urteil des FG Köln vom 16.9.1998 (n.rkr.), S. 310.

2050 Vgl. EuGH-Urteil vom 9.3.1999, S. 625 ff.

2051 Vgl. EuGH-Urteil vom 9.3.1999, S. 625 f.

2052 Dies bejahend: EBKE, WERNER F. (1999), S. 661; ULMER, PETER (1999), S. 662 sowie ALTMEPPEN, HOLGER (2000), S. 1061, für den das Urteil lediglich besagt, dass die Niederlassungsfreiheit nicht von einer Geschäftstätigkeit im Gründungsstaat der in einem Mitgliedstaat errichteten Kapitalgesellschaft abhängig sein darf. So muss einer ausländischen Gesellschaft ermöglicht werden, ihre Geschäftsleitung in Deutschland zu besitzen.

2053 Vgl. die an späterer Stelle erfolgenden Ausführungen zur Definition des Verwaltungssitzes.

2054 Vgl. BFH-Beschluss vom 13.11.1991, S. 339; BGH-Urteil vom 30.1.1970, S. 183 und BFH-Urteil vom 23.6.1992, S. 973 f. Die im Ausland erworbene Rechtsfähigkeit setzt sich nicht ohne Weiteres in Deutschland fort. Es ist maßgebend, ob die Gesellschaft nach dem Recht des Gründungsstaates weiterhin fortbesteht und ob ihr in Deutschland die Rechtsfähigkeit anerkannt wird. Vgl. BGH-Urteil vom 21.3.1986, S. 271 f.

2055 Nach ausländischem Recht gegründete Personenhandelsgesellschaften mit Geschäftsleitung im Inland werden nachstehend nicht weiter betrachtet, da sie in der Praxis bislang noch nicht aufgetreten sind und die Rechtsfolgen der Verlegung der Geschäftsleitung ins Inland nach internationalem Privatrecht ungeklärt sind. Vgl. MEILICKE, WIENAND (2002), S. 912 und ORTH, MANFRED (2002), S. 4*.

deutschem Recht notwendig ist.[2056] Die Sitztheorie beruht auf dem Gedankengang, dass das Recht desjenigen Staates heranzuziehen sei, dessen wirtschaftliche und politische Belange am stärksten berührt werden.[2057] Ihre Hauptfunktion besteht im Wirken als **Missbrauchsvorschrift**, da sich ansonsten mit der Wahl des Gründungsortes die entsprechende erwünschte Rechtsordnung bestimmen ließe, anhand derer die Schutzbedürfnisse der Gläubiger bzw. außen stehender Gesellschafter schwächer ausgerichtet wären als nach dem Recht des Staates, in dem sich der tatsächliche Verwaltungssitz befindet.[2058] Zwei bedeutende Ausnahmen stellen dabei der Freundschafts-, Handels- und Schifffahrtsvertrag zu den USA sowie der Niederlassungsvertrag zu Spanien dar.[2059] Nach jenen Abkommen wird die Sitztheorie Deutschlands durch die nachfolgend erläuterte Gründungstheorie überlagert.

Demgegenüber stellt die „Centros"-Entscheidung für Stimmen in der Literatur „den Garaus"[2060] bzw. die Überlagerung der Sitztheorie in Deutschland dar.[2061] Es ist vielmehr auf das Personalstatut der **Gründungs- oder Inkorporationstheorie**[2062] abzustellen. Nach jener im anglo-amerikanischen Raum[2063], in den skandinavischen Ländern sowie in den Niederlanden, der Schweiz und Japan vorherrschenden Doktrin bemisst sich die Rechtsfähigkeit einer Gesellschaft mit den damit einhergehenden Folgen unabhängig von ihrem Verwaltungssitz nach dem Recht des Gründungsstaates.[2064] Im Gegensatz zur Sitztheorie besteht **kein Abwehrgedanke**, sondern die Intention, die Rechtsordnung des jeweiligen Staates auf andere Staaten zu transferieren.[2065]

Nach meinem Dafürhalten ist der letzten Ansicht zuzustimmen. Bei der Zerlegung des Begriffes der „Niederlassungsfreiheit" in seine Einzelwortbestandteile, wird für nicht juristisch ausgebildete Personen (wie der Verfasser dieser Arbeit) deutlich, dass sich jede im EU-Raum

---

2056 Vgl. BGH-Urteil vom 21.3.1986, S. 272. Dies wird m.E. durch §§ 14 AktG, 7 Abs. 1 GmbHG, 10 Abs. 1 GenG untermauert, wonach die HR-Eintragung am Satzungssitz der Gesellschaft stattzufinden hat. Vgl. auch ALTMEPPEN, HOLGER (2000), S. 1062, der von einem „unrichtig gegründeten Gebilde" spricht.

2057 Vgl. FEDDERSEN, DIETER (1986), S. 135 und GÖRK, STEFAN (1999), S. 794.

2058 Vgl. BFH-Beschluss vom 13.11.1991, S. 339 sowie Urteil des FG Köln vom 16.9.1998 (n.rkr.), S. 310. Vgl. auch HÖFLING, BARBARA (1999), S. 1206, die von einem „innereuropäischen Wettstreit der Gesellschaftsrechte" spricht.

2059 Vgl. Art. VII Nr. 1 und Art. XI des „Gesetzes zu dem Freundschafts-, Handels und Schiffahrtsvertrag vom 29. Oktober 1954 zwischen der Bundesrepublik Deutschland und den Vereinigten Staaten von Amerika" vom 7. Mai 1956, S. 491 und S. 493 sowie Art. 15 Abs. 2 des „Gesetzes zu dem Niederlassungsvertrag vom 23. April 1970 zwischen der Bundesrepublik Deutschland und dem Spanischen Staat" vom 7. September 1972, S. 1049.

2060 So MEILICKE, WIENAND (1999), S. 627.

2061 Vgl. EILERS, STEPHAN/WIENANDS, HANS-GERD (1999), S. 291; MEILICKE, WIENAND (1999), S. 627 und SEDEMUND, JOCHIM/HAUSMANN, LUDWIG (1999), S. 810.

2062 Auch **Vermischungen** zwischen Sitz- und Gründungstheorie sind insofern möglich, als dass für die Rechtsfähigkeit der Gesellschaft sowie die Rechtsbeziehungen der Gesellschafter untereinander das Recht des Gründungsstaates und für die Betätigung der Gesellschaft und den Schutz ihrer Gläubiger das Recht des Sitzstaates maßgeblich ist. Vgl. hierzu ablehnend und m. w. N. BFH-Beschluss vom 30.3.2000, S. 1064, der jene theoretische und isolierte Abgrenzung für praktisch nicht umsetzbar hält.

2063 Als „Gesellschaftsrechtsoase" sei der US-Bundesstaat Delaware zu nennen, der einfache Gründungsvorschriften für Unternehmen bereithält und simultan Dritten gesellschaftsrechtlich nur wenig Schutz bietet. Vgl. EIDENMÜLLER, HORST (2002), S. 83 und GROSSFELD, BERNHARD (1995), S. 45 f.

2064 Vgl. FEDDERSEN, DIETER (1986), S. 134. Vgl. auch KOBLENZER, THOMAS (1999), S. 419, der prägnant formuliert: „Einmal anerkannt – überall anerkannt."

2065 Vgl. GROSSFELD, BERNHARD (1995), S. 53.

befindliche (ausländische) Gesellschaft in einem anderen Mitgliedstaat „frei niederlassen" kann. Diese Privilegierung tritt dann nicht ein, falls der Staat des Zuzuges die Sitztheorie vertritt und die Rechtsfähigkeit erst nach der HR-Eintragung mit damit vorgeschalteten geänderten gesellschaftsrechtlichen Gründungvorschriften anerkennt. Diese Meinung findet m.E. implizit durch die „Centros"-Entscheidung Bestätigung, da der EuGH die den Missbrauch von gesellschaftsrechtlichen Umgehungsmöglichkeiten bezweckende **Sitztheorie als subsidiär zum Gemeinschaftsrecht** einstuft.[2066] Die Versagung der Niederlassung durch das Argument, die Gesellschaftsrechte seien in den einzelnen Mitgliedstaaten nicht (vollständig) miteinander harmonisiert, kann nicht hervorgebracht werden.[2067]

Einem neuen Urteil lag ein ähnlicher Sachverhalt wie bei der „Centros"-Entscheidung – allerdings nun unter deutscher Beteiligung – zugrunde.[2068] Angesichts der unsicheren Rechtslage hat der BGH dem EuGH folgende Fragen zu Vorabentscheidung vorgelegt: Ist die nach wie vor vom BGH befürwortete Anwendung der **Sitztheorie** auch nach der „Centros"-Entscheidung noch **mit der Niederlassungsfreiheit vereinbar**? Falls nein, ist die Rechtsfähigkeit nach dem Recht des Gründungsstaates zu beurteilen?[2069] Der BGH stellt dabei v.a. die oben genannten Missbräuche bei Anwendung der Gründungstheorie heraus. Ferner befürchtet er die Durchsetzung der Rechtsordnung mit dem schwächsten Interessenschutz von Dritten (sog. **„race to the bottom"**).[2070]

Eine Beantwortung dieser Fragen durch die europäische Gerichtsbarkeit steht zum Zeitpunkt der Fertigstellung dieser Arbeit noch aus. Allerdings wurde bereits vom Generalanwalt COLOMER am 4.12.2001 zu der Anfrage Stellung bezogen.[2071] Nach seiner Meinung vermag **das Gemeinschaftsrecht keinen direkten Einfluss auf die Mitgliedstaaten** auszuüben, sondern nur die Einhaltung seiner Grundsätze zu verlangen.[2072] Beschränkungen der Niederlassungsfreiheit dürfen „...als solche nicht diskriminierend sein [...], aus zwingenden Interessen des Allgemeininteresses gerechtfertigt sowie im Hinblick auf das angestrebte Ziel geeignet und verhältnismäßig sein...".[2073] Der Generalanwalt verneint dabei die Kriterien der Geeig-

---

2066 „Nach der Rechtsprechung des Gerichtshofs ist ein Mitgliedstaat zwar berechtigt, Maßnahmen zu treffen, die verhindern sollen, daß sich einige seiner Staatsangehörigen unter Mißbrauch der durch den EGV geschaffenen Möglichkeiten der Anwendung des nationalen Rechts entziehen; die mißbräuchliche oder betrügerische Berufung auf Gemeinschaftsrecht ist nicht gestattet...". EuGH-Urteil vom 9.3.1999, S. 626, Nr. 24 (Teilpassagen im Originaltext fett), Nr. 27 und Nr. 29.

2067 Vgl. EuGH-Urteil vom 9.3.1999, S. 626, Nr. 28.

2068 Eine niederländische B.V. hatte ihren Verwaltungssitz nach Deutschland verlegt, wobei ihr die Rechts- und Parteifähigkeit versagt wurden.

2069 Vgl. BGH-Beschluss vom 30.3.2000, S. 1064 f.

2070 Vgl. BGH-Beschluss vom 30.3.2000, S. 1065. Ob der Wettbewerb der Gesellschaftsrechte eher einen sog. „race to the top" auslöst, wie EIDENMÜLLER behauptet, ist fraglich. Vgl. EIDENMÜLLER, HORST (2002), S. 83 f.

2071 Diesem Gutachten ist erhöhte Aufmerksamkeit zu schenken, da sich die EuGH-Rechtsprechung in einer Vielzahl von bisherigen Fällen den Schlussanträgen des Generalanwaltes anschloss. Vgl. FORSTHOFF, ULRICH (2002), S. 318, Fn. **.

2072 Vgl. Schlussanträge des Generalanwaltes DÁMASO RUIZ-JARABO COLOMER vom 4.12.2001, S. 2644, Nr. 39 f.

2073 Schlussanträge des Generalanwaltes DÁMASO RUIZ-JARABO COLOMER vom 4.12.2001, S. 2645, Nr. 43.

netheit und der Verhältnismäßigkeit.[2074] Die zweite Frage ließ er unbeantwortet, tendierte jedoch eher zu deren Verneinung.[2075]

Zusammenfassend ist folgendes bemerkenswerte Ergebnis abzuleiten: **Die Niederlassungsfreiheit zwingt nicht zu einer Aufgabe der Sitztheorie, wobei deren Rechtsfolgen wiederum mit den Grundsätzen der Niederlassungsfreiheit in Einklang stehen müssen.**[2076] Die einfachste Maßnahme bestünde in einem konsequenten Übergang zur Gründungstheorie, wobei dem BGH-Beschluss eine deutliche Abneigung zu dieser Doktrin anzumerken ist.[2077] Daraus folgend wird m. E. vermutlich ein „Hintertürchen" i.S. einer Kompromisslösung zur Rettung der Sitztheorie zu suchen sein[2078] (im Folgenden „eingeschränkte Sitztheorie" genannt). Eine ihren Verwaltungssitz verlagernde ausländische Kapitalgesellschaft könnte in Deutschland bei Betreiben eines Handelsgewerbes gem. § 1 HGB (kraft Betätigung) im Zuge einer juristisch sinnvollen Einordnung als eine **rechts- und parteifähige OHG** angesehen werden (§ 124 HGB).[2079] Insofern ist von einem völlig fehlenden Gründungsvorgang nicht zu sprechen.[2080] Dem ist die Haftungsfrage entgegenzuhalten, die von einer beschränkten in eine unbeschränkte transferiert würde.[2081] Ferner könnten im Innenverhältnis getroffene Vereinbarungen durch den „Formwechsel" unwirksam werden oder zum Zeitpunkt ihres Abschlusses nicht bedachte Rechtsfolgen annehmen.[2082] Wie wäre bei einer bisherigen Einmann-Kapitalgesellschaft zu verfahren, die plötzlich mind. zwei Gesellschafter benötigt? Dennoch ist jener im Schrifttum präferierten Kompromisslösung m. E. zuzustimmen. Deutschland **ermöglicht EU-Gesellschaften im Generellen**, ihre Rechtsfähigkeit – wenn auch unter einer anderen gesellschaftsrechtlichen Bezeichnung sowie Behandlung – fortzuführen. Es wird einer jeden ausländischen Gesellschaft in deren Ermessen gestellt, ob sie ihr neues Personalstatut akzeptiert oder ob sie den ungewollten „Formwechsel" mittels Erfüllung der deutschen Gründungsvorschriften zur deutschen Kapitalgesellschaft gewollt berichtigt.

Der Ausgang der Diskussion sowie die Frage, ob die „Hintertür" und das damit verbundene Anreizsystem Deutschlands mit der Niederlassungsfreiheit in Konflikt steht, ist mit Spannung zu erwarten. Folgt der EuGH den Schlussanträgen, bleibt abzuwarten, ob bzw. wie der BGH

2074 Vgl. Schlussanträge des Generalanwaltes DÁMASO RUIZ-JARABO COLOMER vom 4.12.2001, S. 2646, Nr. 52 ff., insb. Nr. 56 f., wo von einer „Beraubung des rechtlichen Besitzstandes" der ausländischen Gesellschaft gesprochen wird. Eine Diskriminierung der ausländischen Gesellschaft wird verneint, da eine deutsche Gesellschaft, die ihren Verwaltungssitz ins Ausland verlegt hätte, genauso behandelt worden wäre. Vgl. Schlussanträge des Generalanwaltes DÁMASO RUIZ-JARABO COLOMER vom 4.12.2001, S. 2645, Nr. 49. Dies impliziert die Anwendung der Sitztheorie im ausländischen Staat.

2075 Vgl. Schlussanträge des Generalanwaltes DÁMASO RUIZ-JARABO COLOMER vom 4.12.2001, S. 2647, Nr. 66 und Nr. 70.

2076 Vgl. EIDENMÜLLER, HORST (2002), S. 83.

2077 Vgl. BGH-Beschluss vom 30.3.2000, S. 1064.

2078 Vgl. bzgl. der Formulierung FORSTHOFF, ULRICH (2002), S. 320. A.A.: STADLER, RAINER/ELSER, THOMAS (2002), S. 42, die mit dem Fall der Sitztheorie rechnen.

2079 Vgl. ALTMEPPEN, HOLGER (2000), S. 1063 und ORTH, MANFRED (2002), S. 9*. Vgl. innerhalb der jüngsten Rechtsprechung den Beschluss des OLG Frankfurt a. M. vom 4.12.2001, S. 317, der eine portugiesische GmbH als deutsche OHG anerkannte.

2080 Vgl. Beschluss des OLG Frankfurt a. M. vom 4.12.2001, S. 317.

2081 Vgl. EIDENMÜLLER, HORST (2002), S. 84.

2082 Vgl. FORSTHOFF, ULRICH (2002), S. 321. Es sind deutliche Parallelen zu dem in einem Entwurf des StSenkG vorgesehenen umgekehrten Fall – der Option von Personenhandelsunternehmen zu Kapitalgesellschaften – erkennbar. Vgl. dazu näher KUSSMAUL, HEINZ/SCHÄFER, RENÉ (2000), S. 902.

die Sitztheorie an das Gemeinschaftsrecht anpassen wird oder ob er seine Rechtsprechung an der Gründungstheorie ausrichtet. Zu welchem Schluss er auch kommen mag, Deutschland wird um die künftige Harmonisierung seines Gesellschaftsrechts gem. Art. 44 Abs. 2 Buchstabe g EGV nicht herumkommen.

Mit der „Centros"-Entscheidung – Verlegung des Verwaltungssitzes einer nach ausländischem Recht gegründeten Gesellschaft nach Deutschland – würden auch **steuerrechtliche Konsequenzen** einhergehen. Bislang wurde eine ausländische Gesellschaft im Falle der einer deutschen Kapitalgesellschaft ähnlichen Strukturierung wie eine **nicht rechtsfähige Personenvereinigung** behandelt.[2083] Die GewSt-Pflicht entsteht kraft gewerblicher Betätigung oder kraft wirtschaftlich eingerichteten Geschäftsbetriebes.[2084] Bei einem kompletten Übergang zur Gründungstheorie seitens Deutschland wäre § 1 Abs. 1 Nr. 1 KStG einschlägig.[2085]

Hinsichtlich der räumlichen Entscheidungsreichweite bleiben **außerhalb der EU** gegründete Gesellschaften **von der EuGH-Entscheidung unberührt.**[2086] Als zweifelhaft erweist sich die These von KOBLENZER und MEILICKE, die den BFH-Beschluss vom 13.11.1991[2087] als unvereinbar mit der „Centros"-Entscheidung ansehen, obwohl es sich bei der, den Verwaltungssitz verlagernden Kapitalgesellschaft um eine solche US-amerikanischen Rechts handelte, welcher der Schutzbereich des Gemeinschaftsrechts vorbehalten ist.[2088] Hier wurde anscheinend die EU-Niederlassungsfreiheit mit dem obigen Freundschaftsvertrag zu den USA verwechselt.

Aus Sicht von international umstrukturierenden Unternehmen ist der **einfache Inlandsbezug zu begrüßen.** Eine Gesellschaft mit Sitz und Geschäftsleitung im Ausland wird im Zuge der Aufnahme einer Geschäftstätigkeit in Deutschland zunächst dort eine Betriebstätte gründen, die gem. § 18 KStG als OT fungieren kann. Zu späterer Zeit werden immer mehr Funktionsbereiche ins Inland verlagert, so dass sich irgendwann die Geschäftsleitung im Inland befinden wird. Vor Ergehen des UntStFG endete die OT-Eigenschaft bereits vor der letzten Maßnahme abrupt.[2089]

Kritisch ist einzuwenden, dass die auf der Niederlassungsfreiheit basierende einfache Inlandsbindung ausschließlich für im EU-Raum ansässige Gesellschaften ihre Wirkung entfaltet. Dem wäre zu entgegnen, dass sich Deutschland nach § 14 Abs. 1 Nr. 2 KStG ohne gemeinschaftsrechtlichen Zwang über das „Centros"-Urteil hinaus auch dritten Auslandsstaaten öffnen möchte. Diese gewollte **Liberalisierung läuft m.E. durch die Sitztheorie ins Leere.**

2083 „Die ausländische Gesellschaft soll (beschränkt) körperschaftsteuerpflichtig sein, wenn eine Gesamtwürdigung der maßgebenden ausländischen Bestimmungen über die Organisation und Struktur der Gesellschaft ergibt, daß diese rechtlich und wirtschaftlich einer inländischen Kapitalgesellschaft [...] gleicht." BFH-Urteil vom 23.6.1992, S. 974 und §§ 1 Abs. 1 Nr. 4, 3 Abs. 1 KStG i.V.m. Abschn. 2 Abs. 1 Sätze 7-9 KStR. Daran vermag die obige mögliche **gesellschaftsrechtliche** Qualifikation als Personen(handels-)unternehmen nichts zu ändern.

2084 Vgl. § 2 Abs. 1 S. 2 und Abs. 3 GewStG i.V.m. Abschn. 13 Abs. 2 S. 6 GewStR.

2085 Vgl. KOBLENZER, THOMAS (1999), S. 419.

2086 Vgl. EILERS, STEPHAN/WIENANDS, HANS-GERD (1999), S. 291 sowie GÖRK, STEFAN (1999), S. 797 und S. 800. Vgl. Art. 299 EGV bzgl. des räumlichen Geltungsbereiches.

2087 Vgl. BFH-Beschluss vom 13.11.1991, S. 338 f.

2088 Vgl. KOBLENZER, THOMAS (1999), S. 420 und MEILICKE, WIENAND (1999), S. 628.

2089 Vgl. primär WILLBURGER, ANDREAS (1999), S. 2065 sowie EBENROTH, CARSTEN TH./WILLBURGER, ANDERAS (1995), S. 7 f.

Verlagert bspw. eine japanische Gesellschaft ihre Geschäftsleitung nach Deutschland, ist jene gem. der weiterhin geltenden Sitztheorie dort neu zu gründen, so dass sich im Endeffekt ihr Sitz[2090] und ihre Geschäftsleitung in Deutschland befinden werden. Somit sollte für Nicht-EU-Staaten weiterhin eine doppelte Inlandsbindung gefordert werden. Dieses auf den ersten Blick als diskriminierend erscheinende Ergebnis ist auch in anderen steuerlichen Bereichen existent. Beispielhaft seien die Mutter-Tochter-Richtlinie sowie § 1 Abs. 3 EStG genannt.

Als denkbare Gestaltungsempfehlung ist vor der Beseitigung der obigen Unstimmigkeiten bzw. generell für in Nicht-EU-Staaten gegründete Gesellschaften die **ausschließliche Verlagerung des Ortes der Geschäftsleitung** und nicht diejenige des Verwaltungssitzes nach Deutschland auszusprechen.[2091] Die Geschäftsleitung i.S.v. § 10 AO befindet sich dort, wo der **maßgebliche Wille** des Vorstandes bzw. der Geschäftsführung **gebildet und beschlossen** wird.[2092] Der Verwaltungssitz stellt als unbestimmter Rechtsbegriff entgegen § 10 AO nicht darauf ab, an welchem Ort die Entscheidungen gebildet, sondern „...wo die grundlegenden Entscheidungen der Unternehmensleitung **effektiv** in laufende Geschäftsführungsakte umgesetzt [und wirksam, d. Verf.] werden...".[2093] Im Folgeschluss wäre die Konzernleitungszentrale der ausländischen Gesellschaft in Deutschland anzusiedeln, wobei die die Weitergabe und Umsetzung vermittelnden Handlungsorgane (z.B. Controlling-Abteilung) im Ausland verbleiben. Wie sich vermuten lässt, ist jene denkbare Divergenz zwischen Geschäftsleitung und Verwaltungssitz **praktisch nur selten** gegeben (Anwendbarkeitsbereich besteht insb. bei Holdinggesellschaften).[2094]

Im Umkehrschluss vermögen deutsche Gesellschaften mit Geschäftsleitung im Ausland kein OT zu sein. Aus rein fiskalischen Gesichtspunkten lassen sich ohne Bestehen eines DBA keine zu rechtfertigenden Erklärungsansätze finden, da die unbeschränkte Steuerpflicht Deutschlands unvermindert gesichert ist. Dagegen enthält Art. 4 Abs. 3 OECD-MA im Falle eines DBA eine Spezialregelung für doppelt ansässige Kapitalgesellschaften, wonach diese in dem Staat als „ansässig" gelten, in dem sich ihre tatsächliche Geschäftsleitung befindet. Jener zwar autonom auszulegende abkommensrechtliche Begriff ist mit demjenigen der Geschäftsleitung gem. § 10 AO zu vergleichen.[2095] Ob zusätzliche gesellschaftsrechtliche Restriktionen dem entgegenstehen, wird in Kapitel D.III.1.b) (ab S. 389) untersucht.

2090 Der gesellschaftsrechtliche Sitz i.S.v. §§ 14 AktG, 7 Abs. 1 GmbHG, 10 Abs. 1 GenG sowie der steuerrechtliche Sitz gem. § 11 AO sind identisch.

2091 Vgl. auch BFH-Urteil vom 23.6.1992, S. 973, wonach beide Begriffe „im Wesentlichen" identisch sind. In diesem Falle wäre stets eine unbeschränkte KSt-Pflicht i.S.v. § 1 Abs. 1 Nr. 1 KStG gegeben, da kein Verlust der Rechtsfähigkeit eintritt. Vgl. EILERS, STEPHAN/WIENANDS, HANS-GERD (1999), S. 293.

2092 Vgl. dazu BIRK, DIETER (1994), § 10 AO, Rz. 14.

2093 BGH-Urteil vom 21.3.1986, S. 272 (Hervorhebung im Originaltext nicht fett).

2094 Vgl. ORTH, MANFRED (2002), S. 6* f. Vgl. auch DIETRICH, HOLGER (2001), S. 60 und DREISSIG, HILDEGARD (2000), S. 893, für die beide Begriffe identisch sind. Gleicher Ansicht: LÖWENSTEIN, ULRICH/MAIER, JOCHEN (2002), S. 186. Nachstehend wird von einer Kongruenz zwischen Geschäftsleitung und Verwaltungssitz ausgegangen.

2095 Vgl. LEHNER, MORIS (1996), Art. 4 OECD-MA, Rz. 104 und WASSERMEYER, FRANZ (2001), Art. 4 OECD-MA, Rz. 99.

(b) Identität der Ansässigkeit im Körperschaftsteuerrecht und Gewerbesteuerrecht?

Eine weitere **Rechtsunsicherheit** ist hinsichtlich der Frage der **Identität der personellen OT-Eigenschaft im GewStG und KStG** gegeben. Während § 2 Abs. 2 S. 2 GewStG i.d.F. des StSenkG explizit auf § 14 Nr. 3 KStG i.d.F. des StEntlG 1999/2000/2002 Bezug nahm und eine Übereinstimmung vom Gesetzeswortlaut her eindeutig zu bejahen war[2096], ist der Verweis in § 2 Abs. 2 S. 2 GewStG i.d.F. des UntStFG entfallen. Ob der in Abbildung 2 (S. 10) dargelegte „klassische" Personenkreis nach wie vor seine Relevanz für die GewSt entfaltet, ist fraglich, da Letztere an das Bestehen eines Gewerbebetriebes im Inland anknüpft (§ 2 Abs. 1 S. 1 GewStG).[2097] Abschn. 14 Abs. 1 S. 2 GewStR sieht eine Identität der OT-Eigenschaft bei KSt und GewSt vor, so dass eine Beantwortung zugunsten der ersten Alternative zu treffen wäre. Als Gegenargument wäre die Beeinflussung einer Objektsteuer durch Tatbestandsmerkmale einer Personensteuer anzuführen.

Legt man den Untersuchungen **Personenhandels- und Kapitalgesellschaften** zugrunde, wäre eine Maßgeblichkeit des KStG nur dann gegeben, wenn sich „Geschäftsleitung" und „Gewerbebetrieb" stets im gleichen Staat befinden würden. Dieser Folgeschluss ist m.E. nicht zwingend notwendig. Der Gewerbebetrieb knüpft an den Ort der Ausübung der gewerblichen Tätigkeit bzw. in örtlicher Hinsicht an die (inländische) Gemeinde an, in der er betrieben wird (§ 4 Abs. 1 GewStG). Zusätzlich zu den im vorangegangenen Kapitel getroffenen Ausführungen kann es sich bei der Geschäftsleitung aufgrund des Gesetzeswortlautes nur um einen **einzigen** Ort handeln. Werden die kaufmännische und technische Leitung an verschiedenen Orten ausgeübt, ist derjenige der kaufmännischen Leitung für § 10 AO maßgebend.[2098] Jener kann mit der Gemeinde des Gewerbebetriebes insofern auseinanderfallen, als dass zwei Staaten betroffen sind. Summa summarum bestehen bei der GewSt wegen ihres Objektcharakters vergleichsweise so große Unterschiede, die eine voneinander differenzierte Behandlung rechtfertigen.[2099]

Besondere Bekräftigung erfährt die hier vertretene Meinung bei einem gewerblichen **Einzelunternehmen**. In § 14 Abs. 1 S. 1 KStG i.d.F. des UntStFG wurde das die Gewinnabführung empfangende „inländische gewerbliche Unternehmen" durch ein „gewerbliches Unternehmen" substituiert.[2100] Im Umkehrschluss ist das Betreiben des Unternehmens im Ausland ebenfalls für die OT-Eigenschaft zulässig, falls der Einzelunternehmer in Deutschland unbeschränkt steuerpflichtig ist.[2101] Bei Anwendung des besagten Abschn. 14 Abs. 1 S. 2 GewStR läge gleichzeitig auch ein gewerbesteuerlicher OT vor. Dessen Gewerbeergebnis ist in Deutschland nicht steuerbar. M.E. sollte insofern vom Einzelunternehmen als GewSt-Subjekt über die „Hintertür" der gewerbesteuerlichen Organschaft ein im Inland betriebener Gewerbebetrieb gefordert werden.

2096 Vgl. zu diesem Rechtsstand kritisch KUSSMAUL, HEINZ/RICHTER, LUTZ (1999b), S. 1065.

2097 Vgl. bereits BFH-Urteil vom 10.11.1998, S. 541 und Urteil des FG Rheinland-Pfalz vom 9.6.1997 (n.rkr.), S. 1129.

2098 Vgl. BIRK, DIETER (1994), § 10 AO, Rz. 14 und Rz. 41 f.

2099 A.A.: BRÖNNER, HERBERT/BAREIS, PETER (1999), Teil F, RdNr. 444.

2100 Dadurch wird anscheinend der „Centros"-Entscheidung Genüge getan.

2101 Gleicher Ansicht: ORTH, MANFRED (2002), S. 3*.

(2) Ansässigkeit der Organgesellschaft

Warum für die OG **nach wie vor ein doppelter Inlandsbezug** gefordert wird (§ 14 Abs. 1 S. 1 KStG), ist nur schwerlich nachzuvollziehen. Nach dem status quo wären ausschließlich **ausländische EU-Gesellschaften im Inland in Form von herrschenden Unternehmen nicht diskriminiert**. Nach meiner Meinung ist ein Verstoß gegen das Gemeinschaftsrecht i.S.v. Art. 43 und 48 EGV gegeben. Es besteht ein **Korrekturbedarf** seitens des Steuergesetzgebers dahingehend, auch einer nach dem Recht eines EU-Mitgliedstaates gegründeten OG einen einfachen Inlandsbezug zu gewähren[2102], zumal ein Steuerausfall nicht entstünde, weil die (möglichen) Ausgleichszahlungen als originäres zu versteuerndes Einkommen der OG nach wie vor der unbeschränkten KSt-Pflicht unterworfen wären.[2103]

Die in Kapitel D.III.1.a)(1)(b) (ab S. 374) vorgenommene Diskussion ist ebenso auf die personellen Voraussetzungen einer OG zu projizieren. Vor Ergehen des UntStFG war es für **gewerbesteuerliche** Zwecke **nicht** erforderlich, dass die OG ihren Sitz **und** ihre Geschäftsleitung im Inland besitzen musste. Vielmehr wurde aufgrund von deren Objektsteuercharakter die Unterhaltung eines Gewerbebetriebes im Inland gefordert[2104], so dass Gesellschaften mit Sitz im Ausland und Geschäftsleitung im Inland als OG fungieren konnten.[2105] Als Begründung wurde angeführt, dass ein im Inland betriebener Gewerbebetrieb dann vorliegt, wenn für ihn eine im HR eingetragene inländische Betriebstätte begründet wird, die Ausdruck für die Geschäftsleitung ist.[2106] Da die GewSt eine Objektsteuer verkörpert, ist es ohne Belang, von wo aus der inländische Gewerbebetrieb betrieben wird, da eine inländische Betriebstätte eines Ausländers die betroffenen Gemeinden ebenso wie die eines Inländers belastet.[2107] Die sprachliche Neugestaltung des § 2 Abs. 2 S. 2 GewStG im Zuge des UntStFG stellt eine – im Gegensatz zum OT – eindeutige (subjektive) Merkmalsidentität der OG im Bereich der Ertragsteuern sicher. Die gewerbesteuerliche OG hat ebenfalls die doppelte Inlandsgebundenheit zu beachten. Jene zwar formal zu begrüßende **Harmonisierung widerspricht** materiell eklatant **den generellen Rechtfertigungsgründen für die GewSt** („Bußgeldcharakter", Äquivalenzprinzip sowie Leistungsfähigkeitsprinzip).[2108] Die Beeinflussung des Objektes „Gewerbebetrieb" durch personelle Gegebenheiten ist auch hier als nicht sachgerecht zu erachten.

Zusammenfassend ließe sich durch die **Abschaffung des doppelten Inlandsbezuges** bei der OG eine **Harmonisierung mit den Ansässigkeitskriterien des OT** im Hinblick auf das Gemeinschaftsrecht erreichen. Ferner würde durch eine inländische Geschäftsleitung eine inländische Betriebstätte begründet werden, der eine indizielle Wirkung für das Bestehen eines inländischen Gewerbebetriebs beizumessen ist.

2102 Bzgl. Nicht-EU-Gesellschaften gelten die in Kapitel D.III.1.a)(1)(a) (ab S. 368) getroffenen Aussagen analog.

2103 Vgl. weiterführend Kapitel D.III.1.b) (ab S. 389).

2104 Vgl. BFH-Urteil vom 10.11.1998, S. 541 und Urteil des FG Rheinland-Pfalz vom 9.6.1997 (n.rkr.), S. 1129.

2105 Vgl. BFH-Urteil vom 28.3.1979, I R 81/76, S. 447 f. und BFH-Urteil vom 28.7.1982, S. 78.

2106 Vgl. BFH-Urteil vom 28.7.1982, S. 78.

2107 Vgl. BFH-Urteil vom 28.7.1982, S. 78 f.

2108 Vgl. KUSSMAUL, HEINZ (2000), S. 375.

(3) Ansässigkeit der Gesellschafter des Organträgers

Hinsichtlich einer **OT-Kapitalgesellschaft** entstehen aufgrund deren notwendiger unbeschränkter KSt-Pflicht in diesem Kontext keinerlei Probleme, da die **Ansässigkeit der Gesellschafter** aufgrund des Trennungsprinzips von Irrelevanz ist. Die Besteuerung des Einkommens von OT und OG durch den deutschen Fiskus ist stets gewährleistet.

Wird ein **OT im Rechtskleid einer Personenhandelsgesellschaft** herangezogen, müssen **sämtliche** an dieser beteiligten Gesellschafter „...mit dem auf sie entfallenden Teil des zuzurechnenden Einkommens im Geltungsbereich dieses Gesetzes der Einkommensteuer oder der Körperschaftsteuer unterliegen."[2109] Im Umkehrschluss zu § 14 Abs. 1 Nr. 2 S. 3 KStG wird im Rahmen der ESt nicht nur die „klassische" unbeschränkte Steuerpflicht (§ 1 Abs. 1 EStG) tangiert, sondern m.E. auch der Tatbestand der kraft supranationalen Rechts[2110] notwendig gewordenen und durch das Jahressteuergesetz 1996[2111] umgesetzten „fiktiven" unbeschränkten Steuerpflicht (§ 1 Abs. 3 EStG)[2112], auf welche noch näher einzugehen sein wird[2113].[2114] Ist mind. einer der Gesellschafter beschränkt einkommensteuerpflichtig, muss die finanzielle Eingliederung „...im Verhältnis zur Personengesellschaft selbst erfüllt sein"[2115]. Gleiches gilt für KSt-Subjekte, die ihre Geschäftsleitung nicht im Inland haben.[2116] Hier lässt sich eine **Ungleichbehandlung von Mitunternehmern** erkennen, da die KSt-Pflicht je nach dem Ort des Sitzes beschränkt bzw. nach wie vor unbeschränkt sein kann.[2117]

Natürliche Personen als Mitunternehmer aufgreifend, impliziert diese Regelung, dass sich bei einer beschränkten Steuerpflicht auch nur **eines** Gesellschafters die **Anteile aller stets im Gesamthandsvermögen** der Personenhandelsgesellschaft befinden müssen. Diese Regelung steht m.E. mit der bereits erläuterten Prämisse in **Widerspruch**, dass nicht sämtliche, sondern nur einige (unbeschränkt steuerpflichtige) Gesellschafter direkte Anteile an der OG im SBV halten können. Verlagert der in Abbildung 4 (S. 38) nicht an der OG beteiligte Gesellschafter B seinen Wohnsitz und gewöhnlichen Aufenthalt ins Ausland, besteht die **Notwendigkeit**

2109 § 14 Abs. 1 Nr. 2 S. 2 KStG.

2110 Vgl. EuGH-Urteil vom 14.2.1995, S. 126 ff., das unter dem Namen „Schumacker-Urteil" bekannt ist und in dem unter Bezugnahme auf den EWG-Vertrag Steuerausländer mit Steuerinländern bzgl. der Berücksichtigung persönlicher Verhältnisse gleichzustellen sind, falls Erstere im Wesentlichen Einkommen aus dem Inland beziehen.

2111 Vgl. Art. 1 Nr. 1a des „Jahressteuergesetzes 1996" vom 11. Oktober 1995, S. 1250 f.

2112 Zustimmend: SCHMIDT, LUDWIG/MÜLLER, THOMAS/STÖCKER, ERNST E. (1999), Rz. 54 und Rz. 911 sowie WITT, GEORG (1999), Tz. B29. Erfolgt dagegen eine Auslegung nach Sinn und Zweck, ist diese Zwischenform eher an die beschränkte Steuerpflicht gem. § 1 Abs. 4 EStG angelehnt, welche in diesem Kontext gerade vermieden werden soll. Vgl. hierzu – jedoch nicht im Kontext von Organschaftskonzernen – GROSSE, SANDRA/KUDERT, STEPHAN (1999), S. 738. Die BFH-Rechtsprechung spricht sich für die erstgenannte Möglichkeit aus, da es unbefangen unterschiedlicher Tatbestandsvoraussetzungen nur **eine** unbeschränkte Steuerpflicht gibt (§ 1 Abs. 1 und Abs. 3 EStG). Vgl. BFH-Beschluss vom 16.3.1994, S. 852.

2113 Vgl. Kapitel D.III.1.a)(3)(b) (ab S. 385).

2114 § 1 Abs. 2 EStG (ins Ausland entsendete deutsche Staatsangehörige, die Diplomaten oder Konsulatsangehörige sind), der zwar ebenfalls eine unbeschränkte Steuerpflicht auslöst, ist in dem betrachteten Kontext als wenig sinnvoll zu erachten und wird deshalb nicht weiter betrachtet.

2115 § 14 Abs. 1 Nr. 2 S. 3 KStG.

2116 § 14 Abs. 1 Nr. 2 S. 3 und 4 KStG.

2117 Somit müsste § 14 Abs. 1 Nr. 2 S. 4 KStG für KSt-Subjekte weder den Sitz noch die Geschäftsleitung im Inland vorsehen. Gleicher Ansicht: ORTH, MANFRED (2002), S. 5*.

der Übertragung sämtlichen im SBV befindlicher Anteile in das Gesamthandsvermögen des OT, um die Organschaft nicht als verunglückt anzusehen[2118], obwohl alle zur Sicherung der finanziellen Eingliederung maßgebenden Gesellschafter weiterhin ihre unbeschränkte Steuerpflicht beibehalten.

Das Hauptinteresse des Steuergesetzgebers besteht im ertragsteuerlichen Zugriff auf das Einkommen des Organkreises. Die mögliche beschränkte Steuerpflicht der natürlichen Mitunternehmer als Steuersubjekte hinsichtlich des originären Gewinnanteils des OT[2119] und des (anteiligen) zu versteuernden Einkommens der OG indiziert bereits den möglichen Zugriff seitens des deutschen Fiskus. Bekräftigend wirkt die Meinung des BFH im Urteil vom 28.4.1983, nach der „...ein bei der Veräußerung der Organbeteiligung entstehender Steueranspruch [nicht, d. Verf.] ohne weiteres durch Zugriff auf den Veräußerungserlös realisiert werden kann"[2120] und Besteuerungskonflikte zwischen dem Wohnsitzstaat der Gesellschafter der Personenhandelsgesellschaft und Deutschland eher vermieden werden können, wenn sich die Anteile im Gesamthandsvermögen der Personenhandelsgesellschaft befinden.[2121] Diese These liefert die Motivation zu der Untersuchung, inwieweit der deutsche Fiskus einen Steuerzugriff auf Gewinnanteile bzw. auf Veräußerungsgewinne aus Beteiligungen besitzt. Ferner ist als zusätzlicher Aspekt darauf einzugehen, ob bei einem Beibehalten der Anteile im SBV II ebenfalls ein entsprechender deutscher Zugriff gewährleistet wäre.

(a) Steuerzugriff des deutschen Fiskus auf Gewinnanteile des Organträgers bzw. auf anteiliges zu versteuerndes Einkommen der Organgesellschaft bei einer Mitunternehmerschaft und beschränkt einkommensteuerpflichtigen Gesellschaftern?

Vorweg ist festzuhalten, dass der Gewinnanteil und das **anteilige zuzurechnende Einkommen** im Einkommensermittlungsschema auf **zwei verschiedenen Ebenen** positioniert sind.[2122] Die zuletzt genannte Größe bereitet dabei v.a. im internationalen Kontext **Qualifikationsschwierigkeiten**.

Zwecks einer detaillierten und allgemeingültigen Untersuchung ist danach zu differenzieren,

- ob Deutschland mit dem Wohnsitzstaat des Gesellschafters ein **DBA** abgeschlossen hat;
- inwiefern eine **deutsche Personenhandelsgesellschaft** im DBA-Fall **im Ausland** auch als solche anerkannt wird;
- wie **das anteilige zuzurechnende Einkommen der OG im internationalen Kontext** steuerlich einzuordnen ist.

Es wird nicht untersucht, welche unilateralen bzw. abkommensrechtlichen Maßnahmen der Ansässigkeitsstaat des Gesellschafters ergreift, um eine drohende (rechtliche internationale)

2118 Dieser Folgeschluss lässt sich analog aus Abschn. 52 Abs. 2 KStR ableiten, welcher mit „Personengesellschaft mit nur unbeschränkt steuerpflichtigen Gesellschaftern als Organträger" überschrieben ist.

2119 Nachstehend sind die Begriffe „OT" und „Personenhandelsgesellschaft" als Synonyme aufzufassen.

2120 BFH-Urteil vom 28.4.1983, S. 692.

2121 Vgl. BFH-Urteil vom 28.4.1983, S. 692 f.

2122 Vgl. die Ausführungen in Fn. 1267 (S. 207).

Doppelbesteuerung[2123] zu vermeiden; es soll ausschließlich die Möglichkeit des Steuerzugriffes von Seiten Deutschlands in den Mittelpunkt gestellt werden. Ferner ist es von Irrelevanz, ob der Mitunternehmer an der deutschen Personenhandelsgesellschaft eine natürliche Person, eine weitere Personenhandelsgesellschaft oder eine Kapitalgesellschaft verkörpert, weil das zum gewerblichen Betriebsvermögen eines Mitunternehmers gehörende Vermögen als SBV anzusehen ist; dies gilt im Speziellen für eine Kapitalgesellschaft als Mitunternehmerin[2124].[2125]

Im Falle **keines Abschlusses eines DBA** ist der dem beschränkt steuerpflichtigen Gesellschafter zuzurechnende Gewinnanteil des OT ggf. unter den Einkünften aus Gewerbebetrieb i.S.v. § 49 Abs. 1 Nr. 2a EStG zu subsumieren. Die Erfüllung dieser Norm ist von der Unterhaltung einer Betriebstätte i.S.v. § 12 S. 2 Nr. 1 AO durch den OT in Deutschland abhängig zu machen. Unter Rückgriff auf § 14 Abs. 1 Nr. 2 S. 1 KStG besitzt dieser seine **Geschäftsleitung im Inland**, wobei er **stets** für alle an ihm beteiligten Gesellschafter gem. ihres Mitunternehmeranteils eine **anteilige Betriebstätte** begründet.[2126]

Entgegen dieses eindeutigen deutschen Zugriffsrechts befindet sich die **Erfassung des anteiligen zuzurechnenden Einkommens der OG** im Dunkeln. Jene Größe wird formal zwischen den Positionen „Summe des Einkünfte“ und „Gesamtbetrag der Einkünfte“ zugerechnet (R 3 Abs. 1 EStR i.V.m. Abschn. 24 Abs. 1 S. 2 KStR). **§ 49 EStG** nennt abschließend sämtliche, der beschränkten Steuerpflicht unterliegende Einkünfte. Der Norm kommt darüber hinaus **keine steuerbegründende Wirkung** zu.[2127] Auch § 50 EStG lassen sich keine Anhaltspunkte diesbezüglich entnehmen. Ein Vergleich mit an derselben Position abziehbaren Beträgen liefert keine gewinnbringenden Erkenntnisse, da der Freibetrag für Land- und Forstwirte (§ 13 Abs. 3 EStG) entgegen dem Altersentlastungsbetrag (§ 24a EStG) bei beschränkter Steuerpflicht in Abzug zu bringen ist (§ 50 Abs. 1 S. 4 EStG). Dem Einkommen der OG wird im Rahmen der beschränkten Steuerpflicht kein Platz zuteil. Dennoch ist nicht vorstellbar, dass der deutsche Gesetzgeber diese Größe steuerlich unerfasst lässt. Zu diesem Bereich sollte eindeutig Stellung bezogen werden. M.E. ist per teleologischer Reduktion eine entsprechende Einordnung unter § 49 Abs. 1 Nr. 2a EStG zu vertreten, unabhängig davon, ob die Anteile im SBV oder Gesamthandsvermögen gehalten werden.[2128]

2123 Unter diesem Begriff ist die Besteuerung ein und desselben Steuerobjektes bei demselben Steuersubjekt durch zwei Staaten mittels einer gleichartigen Steuer zu verstehen. Vgl. hierzu KUSSMAUL, HEINZ (2000), S. 679.

2124 Vgl. GLANEGGER, PETER (2002), § 6 EStG, Rz. 530.

2125 Vgl. BFH-Urteil vom 18.7.1979, S. 753; BFH-Urteil vom 18.5.1983, S. 773 und BFH-Urteil vom 31.5.1995, S. 684.

2126 Vgl. BFH-Urteil vom 18.7.1979, S. 752 und BFH-Urteil vom 26.2.1992, S. 938 f. Vgl. auch DEBATIN, HELMUT (1992), S. 1183. Aus Sicht des deutschen Steuergesetzgebers ist es irrelevant, ob die Struktur der Einkünfte des OT ausschließlich aus inländischen oder auch aus ausländischen Quellen, d.h. aus dem Wohnsitzstaat des Gesellschafters oder aus einem Drittland stammen. Der im Ausland ansässige Gesellschafter kann bei der Existenz solcher Einkünfte einer Doppelbesteuerung unterliegen, falls z.B. der OT Zinsen aus einem Drittland bezieht und diese bereits aufgrund des Quellenprinzips der Besteuerung unterlegen haben. Vgl. hierzu JACOBS, OTTO H. (1999), S. 368 f.

2127 Vgl. HEINICKE, WOLFGANG (2002), § 49 EStG, Rz. 3.

2128 Diese Ansicht könnte mittels § 18 S. 1 KStG Bestätigung erfahren, wonach das Einkommen der OG bei Bestehen eines ausländischen OT den beschränkt steuerpflichtigen Einkünften aus der inländischen Betriebstätte zuzurechnen ist.

Bei Vorliegen eines **DBA** ist die durch das Abkommensrecht bewirkte Einschränkung bzw. Aufhebung des § 49 Abs. 1 Nr. 2a EStG zu ermitteln.[2129] **Erfolgt die Qualifikation des OT auch im Ausland als nichtselbstständiges Steuersubjekt**, betreibt der ins Ausland gezogene Gesellschafter kraft seines Anteils an der Personenhandelsgesellschaft ein Unternehmen i.S. dieses völkerrechtlichen Vertrages (Art. 3 Abs. 1 Buchstabe c OECD-MA i.V.m. Art. 3 Abs. 1 Buchstabe a OECD-MA).[2130] Insofern wäre der Gewinnanteil[2131] des OT generell im Ansässigkeitsstaat des Gesellschafters steuerlich zu erfassen (Art. 7 Abs. 1 S. 1 1. Halbs. OECD-MA). Dieser Grundsatz wird durch den 2. Halbs. derselben Rechtsvorschrift dahingehend relativiert, als dass der Gewinnanteil auch in Deutschland besteuert werden kann und i. d. R. auch wird, falls der OT eine dort gelegene Betriebstätte unterhält und der auf die Beteiligung am OT entfallende Gewinnanteil ihr zuzurechnen ist.[2132] Es finden die Grundsätze der zwecks Gewinnabgrenzung notwendigen fiktiven Selbstständigkeit der Betriebstätte (sog. „dealing at arm's length-Prinzip“) Anwendung, die in dieser Arbeit nicht Gegenstand der Betrachtungen sind.[2133] In diesem Fall ist das Kriterium der Zurechnung zur Betriebstätte aufgrund deren rechtlicher Selbstständigkeit als eindeutig erfüllt anzusehen.

Wird der **OT** hingegen (isoliert) im Ausland anlässlich eines Typenvergleiches aus steuerlicher Sicht **als selbstständiges Steuersubjekt qualifiziert**, werden die Gewinnanteile entsprechend zu den Ausführungen im vorangegangenen Absatz gem. Art. 7 Abs. 1 S. 1 2. Halbs. OECD-MA in Deutschland steuerlich erfasst.[2134] Der ausländische Staat besitzt keine gesetzliche Grundlage zur Besteuerung der Gewinne, solange diese – aus ausländischer Sicht – **thesauriert** werden.

Im Falle einer **Gewinnausschüttung** aus Sicht des ausländischen Staates ist dessen Beurteilung als ein Adressat des DBA und nicht diejenige Deutschlands maßgeblich.[2135] Art. 10

2129 Vgl. JACOBS, OTTO H. (1999), S. 87.

2130 Vgl. BFH-Urteil vom 17.10.1990, I R 16/89, S. 212, welches explizit vom Gewinn eines Unternehmens eines Gesellschafters spricht, der seine Tätigkeit durch eine in Deutschland belegene Betriebstätte ausübt. Folglich erzielt nicht der OT, sondern der Gesellschafter Unternehmensgewinne i.S.v. Art. 7 OECD-MA. Vgl. allgemein SCHAUMBURG, HARALD (1998), Rz. 18.61. Hierbei ist eine abkommensrechtliche Gleichstellung mit einem Einzelunternehmer erkennbar. Vgl. dazu KÖHLER, FRANZ (1991), S. 1028 f.

2131 Die folgenden Aussagen gelten auch für den Verlustfall. Vgl. BFH-Urteil vom 12.3.1983, S. 384.

2132 Vgl. z.B. HEMMELRATH, ALEXANDER (1996), Art. 7 OECD-MA, Rz. 28 f. Somit hat das ausländische Unternehmen (Gesellschafter) seinen Gewinnanteil in seiner deutschen Betriebstätte (OT) zu versteuern. Vgl. dazu auch SCHAUMBURG, HARALD (1998), Rz. 18.58. Der naheliegende Folgeschluss von § 14 Abs. 1 Nr. 2 S. 1 KStG auf Art. 7 Abs. 1 OECD-MA ist m.E. im Rahmen dieser Untersuchungen als richtig zu erachten, wobei im Musterabkommen keine Betriebstätte i.S.v. § 12 AO, sondern gem. Art. 5 OECD-MA angesprochen ist und eine vollkommene Deckungsgleichheit beider Begrifflichkeiten nicht zwingend notwendig ist. In dem zu betrachtenden Fall ist ein begrifflicher Zusammenhang zwischen § 12 S. 2 Nr. 1 AO („Stätte der Geschäftsleitung“) und Art. 5 Abs. 2 Buchstabe a OECD-MA („Ort der Leitung“) erkennbar, wobei der abkommensrechtliche Terminus den Oberbegriff für die nationale Regelung darstellt. Vgl. WASSERMEYER, FRANZ (2001), Art. 5 OECD-MA, Rz. 64.

2133 Vgl. BMF-Schreiben vom 24.12.1999, S. 1083 ff.

2134 Vgl. JACOBS, OTTO H. (1999), S. 373 sowie SCHAUMBURG, HARALD (1998), Rz. 18.58.

2135 Vgl. anschaulich und sinngemäß WASSERMEYER, der konstatiert, dass eine argentinische Gesellschaft, welche nach argentinischem Handelsrecht der deutschen GmbH entspricht, aber in Argentinien nach dem Mitunternehmerkonzept besteuert wird und somit kein eigenständiges Steuersubjekt verkörpert, abkommensrechtlich in Deutschland wie eine Kapitalgesellschaft mit all ihren steuerlichen Folgen, insb. der Geltung des Trennungsprinzips, zu behandeln ist. Somit wird für die Qualifizierung zunächst fiktiv unterstellt, dass gar kein DBA existent ist. Vgl. WASSERMEYER, FRANZ (1995), S. 49 f. sowie allgemein KLUGE, VOLKER

Abs. 1 OECD-MA, der die Dividendenausschüttungen regelt, ist nicht anwendbar, da der OT abkommensrechtlich gesehen nicht in Deutschland ansässig ist.[2136] Darauf aufbauend existieren zwei gegensätzliche Meinungen: JACOBS spricht sich für eine Einordnung der Gewinnausschüttung zu den Unternehmensgewinnen i.S.v. Art. 7 Abs. 1 OECD-MA aus, wobei eine Freistellung im Wohnsitzstaat des Gesellschafters erfolgt.[2137] Für PILTZ und WASSERMEYER ergibt sich eine Zuordnung der Gewinnausschüttung zu den sonstigen Einkünften gem. Art. 21 Abs. 1 OECD-MA, was eine Besteuerung im Wohnsitzstaat des Gesellschafters impliziert.[2138]

Ebenfalls ungeklärt ist die **Einordnung des anteiligen zu versteuernden Einkommens der OG im Abkommensrecht**. Werden die Anteile an der OG ausschließlich im Gesamthandsvermögen des OT gehalten, sind die gerade angeführten Grundsätze m. E. sinngemäß anzuwenden.

Würde hingegen ein beschränkt steuerpflichtiger Gesellschafter seine Anteile auch weiterhin im SBV belassen, wäre m. E. eine **sinngemäße Zuordnung zu den Sonderbetriebseinnahmen** bzw. – bei negativem zuzurechnenden Einkommen – zu den Sonderbetriebsausgaben zu erwägen. Dafür spricht ebenfalls die Qualifikation des Abkommenrechts als eigenständiges Recht, wonach die Einordnung von Einkünften losgelöst vom deutschen Recht erfolgt.[2139] Sonderbetriebseinnahmen unterliegen im Abkommensrecht derselben steuerlichen Behandlung wie **Sondervergütungen** i.S.v. § 15 Abs. 1 S. 1 Nr. 2 EStG, für die der BFH[2140] zur Be-

---

(2000), Rn. S80; KNOBBE-KEUK, BRIGITTE (1993), S. 540 f.; KÖHLER, FRANZ (1991), S. 1027, S. 1034 und S. 1037 f. sowie PILTZ, DETLEV J. (1998), Rz. F11.

2136 Hierzu bedarf es einer detaillierten Subsumtion im Abkommensrecht. Art. 10 Abs. 1 OECD-MA greift nur dann ein, wenn es sich um eine in einem Vertragsstaat ansässige Gesellschaft handelt. Der Begriff der „Gesellschaft" steht der Anwendung der Rechtsvorschrift nicht im Weg, da er in Art. 3 Abs. 1 Buchstabe b OECD-MA als juristische Person oder Rechtsträger, der steuerlich wie eine juristische Person behandelt wird, definiert ist und der Sichtweise des ausländischen Staates entspricht. Somit ist die abkommensrechtliche „Gesellschaft" auch eine abkommensrechtliche „Person", die gem. Art. 3 Abs. 1 Buchstabe a OECD-MA als Oberbegriff für eine „Gesellschaft" fungiert. In einem zweiten Schritt ist der in Art. 4 OECD-MA geregelte Begriff der „Ansässigkeit der Person" zu untersuchen. Hierzu muss die „Person" in einem der beiden Vertragsstaaten einer unbeschränkten Inländerbesteuerung unterliegen, was eine Qualifikation als selbstständiges Steuersubjekt impliziert. Da eine deutsche Personenhandelsgesellschaft nicht als solches anerkannt wird, ist die „Ansässigkeit" zu verneinen. Die GewSt-Subjekteigenschaft in Deutschland vermag diesen Mangel nicht zu kompensieren. Vgl. bzgl. des Begriffes der „Ansässigkeit" WASSERMEYER, FRANZ (2001), Art. 1 OECD-MA, Rz. 7.

2137 Vgl. JACOBS, OTTO H. (1999), S. 373 f.

2138 Vgl. PILTZ, DETLEV J. (2000), Art. 7 OECD-MA, Rz. 129, Beispiel 2 sowie WASSERMEYER, FRANZ (1995), S. 50 f.

2139 Vgl. FÖRSTER, HARTMUT (1999), S. 96.

2140 Vgl. BFH-Urteil vom 27.2.1991, I R 15/89, S. 444 ff.; BFH-Urteil vom 14.7.1993, S. 92 f.; BFH-Urteil vom 31.5.1995, S. 684; BFH-Urteil vom 30.8.1995, S. 564 und BFH-Urteil vom 21.7.1999, S. 149 sowie der Rechtsprechung zustimmend PILTZ, DETLEV J. (2000), Art. 7 OECD-MA, Rz. 109 und BMF-Schreiben vom 24.12.1999, S. 1082 f. Der dem ursprünglichen Urteil zugrunde liegende Fall betraf einen Steuerinländer, der Sondervergütungen von einer ausländischen Personenhandelsgesellschaft erhalten hatte. Da ein DBA regelmäßig von zwei Staaten angewendet wird, gelten die Grundsätze auch für den hier relevanten umgekehrten Fall. Vgl. dazu auch GÜNKEL, MANFRED/LIEBER, BETTINA (2001), S. 132 und FISCHER-ZERNIN, JUSTUS (1991), S. 493. A.A.: KRABBE, der gegen eine analoge Anwendung der BFH-Rechtsprechung argumentiert, weswegen die Betriebstättengrundsätze des DBA auf Sondervergütungen an ausländische Gesellschafter nach wie vor anwendbar sind. Vgl. KRABBE, HELMUT (2001), S. 129.

seitigung bisher möglicher Qualifikationskonflikte[2141] festlegte, dass diese selbstständig unter den Einkünftekatalog des jeweiligen DBA zu subsumieren sind. Die im deutschen Steuerrecht vorgesehene untrennbare Verflechtung mit dem Gewinnanteil entfällt durch die **Subsidiaritätsvorschrift** des Art. 7 Abs. 7 OECD-MA.[2142] Die steuerliche Zuordnung der Sondervergütungen zu einem der beiden Vertragstaaten ist von der jeweiligen Einkunftsart abhängig. Sehr restriktiv ist dabei der Betriebstättenvorbehalt der einzelnen Spezialartikel (Art. 10 Abs. 4, Art. 11 Abs. 4 und Art. 12 Abs. 3 OECD-MA) auszulegen, da Forderungen und Rechte der Gesellschafter nicht der Betriebstätte gehören.[2143] Die durch den BFH gesprochenen Urteile deuten auf eine sehr zivilrechtliche Betrachtungsweise hin, da eine Analogie zu den dort anerkannten schuldrechtlichen Rechtsbeziehungen zwischen einer Personenhandelsgesellschaft und ihren Gesellschaftern unübersehbar ist.[2144]

DEBATIN, KÖHLER und VOGEL bedienen sich als Ausgangspunkt ihrer Kritik an der Rechtsprechung der Anwendung des Betriebstättenprinzips auf Gewinnanteile (Art. 7 Abs. 1 OECD-MA). Da zwischen Betriebstätte und Stammhaus (ausländischer Gesellschafter) keine vertraglichen Leistungsbeziehungen existieren können, gilt Gleiches für Beziehungen zwischen der Personenhandelsgesellschaft und ihren Gesellschaftern mit dem Ergebnis, dass Sonder-

---

2141 Die aufgrund des Aufeinandertreffens von Wohnsitzprinzip und Quellenprinzip hervorgerufene Kontroverse ist nur dann präsent, wenn die von der Personenhandelsgesellschaft an ihre Gesellschafter gezahlten Sondervergütungen in deren Ansässigkeitsstaat als abzugsfähige Betriebsausgaben angesehen werden. Von Zinszahlungen einer deutschen Personenhandelsgesellschaft an deren ausländische Gesellschafter ausgehend, wurden die Zinsen vor der BFH-Rechtsprechung gem. deutschem Recht als Sondervergütungen und somit als Teil der Unternehmensgewinne i.S.v. Art. 7 Abs. 1 OECD-MA angesehen und in Deutschland steuerlich erfasst. Im Ansässigkeitsstaat des Gesellschafters erfolgte die Erfassung der Zinsen nach dem Wohnsitzprinzip, also im ausländischen Staat. Die rechtliche Doppelbesteuerung konnte durch ein Verständigungsverfahren gem. Art. 25 OECD-MA gemildert bzw. beseitigt werden; eine zwingende Einigung beider Anwenderstaaten des DBA bestand nicht. Die BFH-Rechtsprechung hatte sich in diesem Fall für eine Besteuerung im Ansässigkeitsstaat des Gesellschafters entschieden. Vgl. hierzu KNOBBE-KEUK, BRIGITTE (1993), S. 546 f. sowie PILTZ, DETLEV J. (1993), S. 41 und S. 44 f.

2142 Eine Ausnahme hinsichtlich der abkommensrechtlichen Behandlung von Sondervergütungen ist im DBA mit der Schweiz enthalten. Dort ist Art. 7 Abs. 7 OECD-MA in Art. 7 Abs. 8 DBA-Schweiz umgesetzt worden. In Art. 7 Abs. 7 DBA-Schweiz werden Sondervergütungen einer deutschen Personenhandelsgesellschaft an einen in der Schweiz ansässigen Gesellschafter explizit dem Betriebstättengewinn zugeordnet mit der Folge, dass zum einen die anderen im DBA enthaltenen Einkunftsarten keine Relevanz erlangen und zum anderen Sondervergütungen im Betriebstättenstaat, d.h. Deutschland, besteuert werden. Vgl. dazu ausführlich SCHERER, THOMAS B. (2000), Art. 7 DBA-Schweiz, Rz. 406 ff. sowie BFH-Urteil vom 17.10.1990, I R 16/89, S. 212.

2143 Vgl. im Speziellen BFH-Urteil vom 27.2.1991, I R 15/89, S. 446 f., in dem näher spezifiziert wird, dass die Darlehensforderung in dem zu beurteilenden Fall deshalb nicht in der Betriebstätte gehalten werden kann, da sie in der Gesamthandsbilanz der Personenhandelsgesellschaft als Verbindlichkeit ausgewiesen wird. Vgl. hierzu ebenfalls BFH-Urteil vom 27.2.1991, I R 96/89, S. 386; BFH-Urteil vom 26.2.1992, S. 939; HEMMELRATH, ALEXANDER (1996), Art. 7 OECD-MA, Rz. 150, der auf Art. 7 Abs. 7 OECD-MA verweist, falls der Betriebstättenvorbehalt außer Kraft gesetzt ist sowie SCHAUMBURG, HARALD (1998), Rz. 16.231, Rz. 16.261 und Rz. 16.485.

2144 Die Geltung des Betriebstättenvorbehaltes wird von der BFH-Rechtsprechung dahingehend ausgelegt, dass **nicht auf die rechtliche** (§ 15 Abs. 1 Nr. 2 EStG), sondern auf die **tatsächliche Zugehörigkeit** des betreffenden Wirtschaftsgutes zur Betriebstätte abgestellt wird. Der BFH hat in seinem Urteil vom 26.2.1992 spezifiziert, dass eine tatsächliche Zugehörigkeit dann zu bejahen ist, wenn die Beteiligung in einem sog. **funktionalen Zusammenhang** zu der in der Betriebstätte ausgeübten Unternehmenstätigkeit steht. Weiterhin müssen die Beteiligungserträge als Nebenerträge der aufgrund der Haupttätigkeit der Betriebstätte erzielten Gesamterträge zu qualifizieren sein. Vgl. BFH-Urteil vom 26.2.1992, S. 939.

vergütungen die gleiche steuerliche Behandlung wie Gewinnanteile erfahren sollten.[2145] Als Rechtsfolge ergäbe sich eine analoge Besteuerung in Deutschland.[2146, 2147]

Mittels der Einwände erfolgt eine **unzulässige Vermengung** zwischen einer zivilrechtlichen und wirtschaftlichen Betrachtungsweise. Während vertragliche Leistungsbeziehungen zwischen Betriebstätte und Stammhaus **zivilrechtlich** als sog. Insichgeschäfte[2148] nicht möglich sind, lässt sich diese Fallkonstellation mittels Vertragsverhältnissen zwischen einer Personenhandelsgesellschaft und ihren Gesellschaftern bewirken[2149]. Umgekehrt behandelt das sog. „dealing at arm's length-Prinzip" **für steuerliche Zwecke** per Fiktion die Betriebstätte und das Stammhaus wie zwei selbstständige Gesellschaften; die nationale Regelung der Sondervergütungen gem. § 15 Abs. 1 Nr. 2 EStG fasst hingegen Gesellschaft und Gesellschafter im Endergebnis als eine Einheit auf.[2150]

Meiner Meinung nach gilt es, die Konfliktsituation einheitlich **zu Gunsten der zivilrechtlich orientierten Rechtsprechung** zu bereinigen.[2151] Weiterhin gehen bei einem Konkurrenzverhältnis völkerrechtliche Verträge nationalen Regelungen vor (Art. 7 Abs. 7 OECD-MA i.V.m. § 2 AO).[2152] Durch die Subsidiaritätsvorschrift des Art. 7 Abs. 7 OECD-MA wird die bereits erwähnte[2153] mögliche Doppelbesteuerung etwaiger Sondervergütungen bei unterschiedlicher steuerlicher Behandlung im Quellen- und Ansässigkeitsstaat vermieden.

Fraglich ist, ob die Subsidiaritätsvorschriften der Spezialartikel nicht durch die in diesen geregelten Betriebstättenvorbehalte an die Grundvorschrift des Art. 7 OECD-MA zurückverwiesen werden. Die zu untersuchende **tatsächliche Zugehörigkeit der Organbeteiligung zur**

2145 Vgl. DEBATIN, HELMUT (1992), S. 1186 und S. 1188; KÖHLER, FRANZ (1991), S. 1032 sowie VOGEL, KLAUS (1996), Art. 1 OECD-MA, Rz. 27 f. Gleicher Ansicht: FÖRSTER, HARTMUT (1999), S. 96 f.

2146 So die vor dem BFH-Urteil vom 27.2.1991 ergangene Rechtsprechung. Vgl. BFH-Urteil vom 18.5.1983, S. 775 und BFH-Urteil vom 10.11.1983, IV R 62/82, S. 606 f.

2147 Zum selben Ergebnis, jedoch in präzisierenderer Weise gelangt KNOBBE-KEUK, die insofern Bedenken äußert, weil das auf dem DBA-USA beruhende BFH-Urteil die in den USA geltende steuerliche Abzugsfähigkeit der Sondervergütungen vom Gewinn trotz übereinstimmender Subjektqualifikation der Personenhandelsgesellschaft mit Deutschland unterstellt. Anders wäre hingegen die Lage zu beurteilen, wenn der ausländische Staat Sondervergütungen ebenfalls steuerlich als nicht abzugsfähig betrachtet, wie es in vom deutschen Steuerrecht geprägten Staaten (Österreich, Luxemburg oder Niederlande) der Fall ist. Hier müsste auch abkommensrechtlich eine untrennbare Verflechtung gegeben sein, indem Sondervergütungen unter den Unternehmensgewinnen zu subsumieren seien. Vgl. KNOBBE-KEUK, BRIGITTE (1993), S. 549 f.

2148 Vgl. BFH-Urteil vom 20.7.1988, S. 142.

2149 So auch GÜNKEL, MANFRED/LIEBER, BETTINA (2000), S. 854 und GÜNKEL, MANFRED/LIEBER, BETTINA (2001), S. 132.

2150 Vgl. FISCHER-ZERNIN, JUSTUS (1991), S. 494 f. sowie DEBATIN, HELMUT (1992), S. 1182, S. 1184 und kritisch auf S. 1186.

2151 Vgl. BFH-Urteil vom 31.5.1995, S. 685. Im Rahmen der bspw. abkommensrechtlichen Erfassung von Zinsen, welche mit „Einkünften aus Forderungen jeder Art" umschrieben sind (Art. 11 Abs. 3 OECD-MA), wird auf zivilrechtliche Forderungen abgestellt. Vgl. PILTZ, DETLEV J. (1998), Rz. F38. Somit ist eine homogene (zivilrechtliche) Behandlung sowohl im Abkommensrecht als auch im nationalen Recht erkennbar.

2152 Dies wird m.E. auch durch das BFH-Urteil vom 27.2.1991, I R 15/89, S. 446 belegt, in dem die abkommensrechtliche Einkünftequalifikation von derjenigen nach nationalem Recht getrennt wird. A.A.: KRABBE, HELMUT (2001), S. 130, der z.B. Österreich als Staat mit einer analogen nationalen Behandlung von Sondervergütungen wie Deutschland herausgreift und moniert, dass in solchen Fällen abweichend zu den nationalen Steuerrechtssystemen beider Vertragsstaaten Sondervergütungen schlagartig den jeweiligen einzelnen DBA-Einkunftsarten zugeordnet werden müssen. KRABBE räumt jedoch ein, dass bei einer Vielzahl von Vertragsstaaten Sondervergütungen nach deren nationalem Recht anders qualifiziert werden.

2153 Vgl. die Ausführungen in Fn. 2141 (S. 381).

Betriebstätte (OT) ist bei kumulativer Erfüllung von zwei, durch die BFH-Rechtsprechung geforderten Tatbestandsmerkmale[2154] erfüllt. Die im SBV gehaltene Organbeteiligung steht insofern in einem **funktionalen Zusammenhang** zu der von der inländischen Betriebstätte ausgeübten Tätigkeit, als dass sie sowohl zur möglichen als auch zur tatsächlichen Willensdurchsetzung des OT in der OG dienlich bzw. notwendig ist. Ferner ist die indizielle Wirkung erlangende wirtschaftliche Eingliederung der OG in den OT beachtlich, was auch nach deren (formalem) Wegfall weiterhin anzunehmen ist. Bekräftigend kann auf die BFH-Rechtsprechung zurückgegriffen werden, für die das betrachtete Wirtschaftsgut selbst bei einem Transfer vom SBV ins Gesamthandsvermögen den Funktionszusammenhang nicht verlässt[2155] und dem OT mittels der Anteile im SBV nicht nur die rechtliche, sondern auch die tatsächliche Stellung gegenüber der OG überlassen wird[2156]. Die als zweite Bedingung geforderte Qualifikation der aus der Beteiligung resultierenden Erträge (anteiliges zuzurechnendes Einkommen der OG) als **Neben**erträge ist m. E. nicht erfüllt. Bekräftigend spricht gegen die Anwendung des Betriebstättenvorbehaltes, dass das zu versteuernde Einkommen der OG die Höhe des **eigentlichen** Unternehmensgewinnes der Betriebstätte nicht beeinflusst.[2157] Resümierend ist die im SBV II befindliche Organbeteiligung **nicht der Betriebstätte tatsächlich zuzurechnen.**[2158]

Anschließend ist die Frage der Zuordnung des Einkommens der OG zu einem Spezialartikel (Art. 7 Abs. 7 OECD-MA) zu klären. Die Erfassung als „Dividende" i.S.v. Art. 10 OECD-MA kommt schon deshalb nicht in Betracht, da das Gesellschaftsrecht des Quellenstaates für dessen Beurteilung maßgeblich ist.[2159] Ob die durch das SBV gewährleistete Gewinnabführung bei **wirtschaftlicher** Betrachtungsweise auch unter „Dividenden" zu subsumieren wäre, ist fraglich, würde aber der hier vertretenen zivilrechtlichen Auslegung widersprechen. Im Umkehrschluss zu Art. 10 Abs. 3 OECD-MA, der u.a. Einkünfte aus Rechten – ausgenommen Forderungen – mit Gewinnbeteiligung als „Dividende" qualifiziert, böte sich eine Einordnung als Zinsen („Einkünfte aus Forderungen jeder Art") an (Art. 11 Abs. 3 OECD-MA). Auch für deren Beurteilung ist das deutsche Recht maßgebend, wobei wegen einer fehlenden Kapitalüberlassung von der Anwendung des Art. 11 abzusehen ist.[2160]

Aufgrund fraglicher spezieller Zuordnung ist das zuzurechnende Einkommen der OG m. E. als „Unternehmensgewinn" i.S.v. Art. 7 OECD-MA einzustufen. Dessen Definition ist nicht eng auszulegen, da unter ihm der Gewinnanteil eines Gesellschafters einer Personenhandelsgesellschaft oder „gleichartiger Gebilde" zu verstehen ist.[2161] Art. 7 Abs. 2 S. 2 OECD-MA ordnet das Besteuerungsrecht Deutschland zu, wenn der Unternehmensgewinn der Betrieb-

---

2154 Vgl. Fn. 2144 (S. 381).

2155 Vgl. BFH-Urteil vom 29.7.1997, S. 655.

2156 Vgl. BFH-Urteil vom 12.1.1977, I R 204/75, S. 358.

2157 Vgl. BFH-Urteil vom 30.8.1995, S. 565.

2158 Eindeutiger wäre die Beurteilung von **gewillkürtem SBV** gewesen, wonach aufgrund der subjektiven Bestimmtheit und des einhergehenden Wahlrechts der Widmung eine **tatsächliche** Zugehörigkeit zum Betriebstättenvermögen **stets zu verneinen** ist. Vgl. PILTZ, DETLEV, J. (1996), S. 460; SCHAUMBURG, HARALD (1998), Rz. 16.485 und WASSERMEYER, FRANZ (2001), Art. 21 OECD-MA, Rz. 82.

2159 Vgl. TISCHBIREK, WOLFGANG (1996), Art. 10 OECD-MA, Rz. 184 und Rz. 186.

2160 Vgl. PÖLLATH, REINHARD (1996), Art. 11 OECD-MA, Rz. 60.

2161 Vgl. HEMMELRATH, ALEXANDER (1996), Art. 7 OECD-MA, Rz. 28.

stätte zuzurechnen ist. Unter Zuhilfenahme des „dealing at arm's length-Prinzips" ist dies eindeutig zu bejahen. Der Vergleich zu § 18 KStG ist dabei offensichtlich. „Über Umwegen" gelangt man bei beiden Alternativen zu der Zuweisung des Besteuerungsrechts zu Deutschland. **Die Gewinnanteile des OT und das zuzurechnende Einkommen der OG werden abkommensrechtlich identisch behandelt.**

Letztlich ist auf die steuerliche Erfassung der hinter den Gewinnanteilen befindlichen **Vermögenswerte** abzustellen. Im **Nicht-DBA-Fall** werden Veräußerungserfolge von Gesellschaftsanteilen und SBV – sei es notwendiges oder gewillkürtes, sei es von der Kategorie I oder II – unter § 49 Abs. 1 Nr. 2a EStG subsumiert und unterliegen der beschränkten Steuerpflicht.[2162, 2163]

Bei Unterstellung eines **DBA-Falles** ist unabhängig vom Veräußerungsgegenstand Art. 13 OECD-MA[2164] einschlägig, wobei innerhalb dieser Vorschrift unterschiedliche Absätze mit daran unterschiedlichen anknüpfenden Besteuerungsrechten zu betrachten sind. Bei der Zuordnung zum **SBV** wurde gem. obiger Diskussion eine tatsächliche Zugehörigkeit zum Betriebsvermögen verneint. Insofern findet Art. 13 Abs. 4 OECD-MA Anwendung, der das Besteuerungsrecht dem Ansässigkeitsstaat des Gesellschafters zuweist. Diese Gesetzessystematik widerspricht dem Sinn und Zweck des Art. 13 OECD-MA, der eine Gleichbehandlung hinsichtlich des Besteuerungsrechts von Früchten aus einem Vermögensstamm und dem Vermögensstamm selbst beabsichtigt.[2165] Insofern ist Deutschland folgerichtig das Besteuerungsrecht zuzuweisen.[2166] Gleiches gilt für eine im **Gesamthandsvermögen** des OT gehaltene Organbeteiligung. Ob der OT im Ausland als selbstständiges oder unselbstständiges Steuersubjekt anerkannt wird, ist dabei meiner Ansicht nach ohne Belang.

Gewerbesteuerlich besitzt Deutschland im **Nicht-DBA-Fall** gem. § 7 S. 1 GewStG stets die Steuerhoheit auf sämtliche Steuergüter. Im **DBA-Fall** erfährt die GewSt in Art. 2 Abs. 2 OECD-MA ihre Abkommensberechtigung. Da keine weiterführenden Normen existieren, die das Besteuerungsrecht explizit einem bestimmten Vertragsstaat zuteilen, wird sich an den hier aufgezeigten Grundsätzen orientiert.[2167]

Die gewonnenen Ergebnisse lassen sich wie in Abbildung 43 (S. 385) zusammenfassen.

2162 Vgl. KUMPF, WOLFGANG (1982), S. 207 f. und BFH-Urteil vom 18.5.1983, S. 772.

2163 Die Beteiligung an einer Personenhandelsgesellschaft stellt kein selbstständiges Wirtschaftsgut dar, so dass auf die dahinter stehenden Wirtschaftsgüter aus steuerlicher Sicht Bezug zu nehmen ist. Vgl. BFH-Urteil vom 19.2.1981, S. 731.

2164 PILTZ formuliert treffend: „Art. 13 OECD-MA betrifft die Veräußerung des Baums, Art. 7 OECD-MA die Veräußerung der Früchte." PILTZ, DETLEV J. (1996), S. 458.

2165 Vgl. VOGEL, KLAUS (1996), Art. 13 OECD-MA, Rz. 5.

2166 Das Gesagte gilt ebenso für Veräußerungsverluste. Vgl. WASSERMEYER, FRANZ (2001), Art. 13 OECD-MA, Rz. 46. Vgl. auch BFH-Urteil vom 18.5.1983, S. 775, welches das Besteuerungsrecht im Rahmen der Beteiligungsveräußerung einer in den Niederlanden ansässigen Kapitalgesellschaft an einer deutschen KG Deutschland zuwies.

2167 Vgl. KLUGE, VOLKER (2000), Rn. T19 und VOGEL, KLAUS (1996), Art. 2 OECD-MA, Rz. 63. Wird das Besteuerungsrecht dem Ausland zugewiesen und existiert dort keine GewSt, läuft der DBA-Verweis ins Leere.

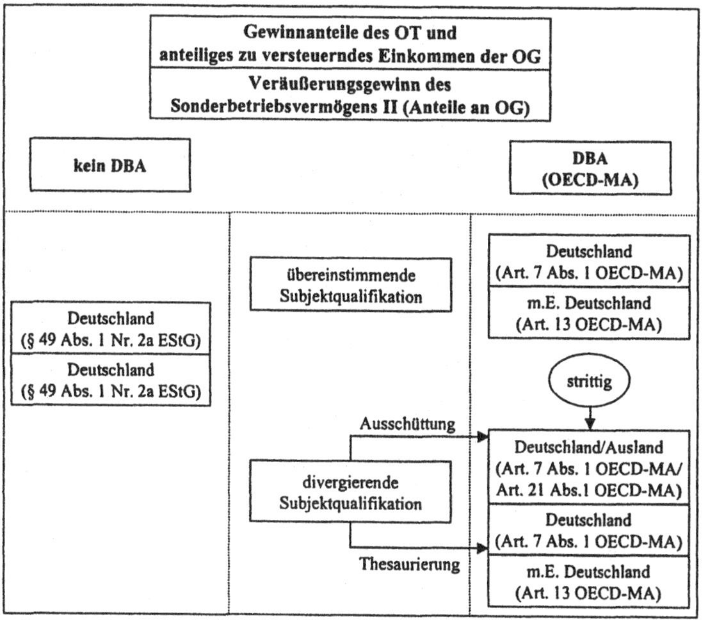

Abbildung 43: Steuerzugriffsmöglichkeiten des deutschen Fiskus bei beschränkt einkommensteuerpflichtigen Gesellschaftern einer Organträger-Personenhandelsgesellschaft

(b) „Fiktive" unbeschränkte Steuerpflicht als zusätzliches Gestaltungsinstrumentarium?

Wie sich aus Abbildung 43 ersehen lässt, ist der in § 14 Abs. 1 Nr. 2 S. 3 KStG geregelte Wortlaut i. d. R. nicht mehr zeitgerecht. Ohne DBA sowie bei Bestehen eines DBA mit einer Strukturhomogenität einer Personenhandelsgesellschaft in beiden Vertragsstaaten besitzt Deutschland das uneingeschränkte Besteuerungsrecht hinsichtlich der organschaftsspezifischen Parameter. Strittig ist die Rechtslage bei strukturellen Unterschieden. Gleiches würde auch bei einem fortwährenden Halten der Organschaftsbeteiligung im SBV gelten. Das Argument des BFH[2168], die Voraussetzung der finanziellen Eingliederung im Inland nachprüfen zu wollen, ist als weniger schlagkräftig zu beurteilen.[2169]

Unbenommen dessen hat **ein Transfer in das Gesamthandsvermögen des OT nach geltendem Recht** stattzufinden. Die Übertragung kann auf vierfache Art erfolgen:

- Unentgeltliche Übertragung;
- Übertragung gegen Gewährung von Gesellschaftsrechten;

[2168] Vgl. BFH-Urteil vom 28.4.1983, S. 692.
[2169] Vgl. auch Kapitel D.III.2.b) (ab S. 404).

- entgeltliche Übertragung (wie unter fremden Dritten) und
- teilentgeltliche Übertragung.

Die unentgeltliche Übertragung von Wirtschaftsgütern (verdeckte Sacheinlage) erfolgt zwingend zum Buchwert, falls deren stille Reserven steuerlich sichergestellt sind (§ 6 Abs. 5 S. 3 Nr. 2 EStG).[2170] Die Übertragung von Wirtschaftsgütern gegen Gewährung von Gesellschaftsrechten (offene Sacheinlage) löste in der Vergangenheit Diskussionen aus, da nicht ersichtlich war, ob eine analoge Buchwertübertragung oder die Regelungen eines Tauschgeschäftes bzw. tauschähnlichen Geschäftes gem. § 6 Abs. 6 S. 1 EStG Anwendung finden sollten.[2171] Das BMF stellte hinsichtlich der Auslegung auf eine Buchwertübertragung ab[2172], die in § 6 Abs. 5 S. 3 Nr. 2 EStG i.d.F. des UntStFG eine klarstellende Erwähnung findet[2173]. Gleichzeitig wurde durch § 6 Abs. 6 S. 4 EStG geregelt, dass die Vorschriften über das Tauschgeschäft subsidiär zu § 6 Abs. 5 EStG wirken.[2174, 2175] Mittels § 6 Abs. 5 S. 3 EStG werden keine Veräußerungsgeschäfte erfasst, so dass hier zwingend die stillen Reserven aufzudecken sind.[2176] Bei teilentgeltlichen Übertragungen ist der Umfang der Entgeltlichkeit nach dem Verhältnis des Kaufpreises zum Verkehrswert des übertragenen Wirtschaftsgutes zu bemessen.[2177]

2170 Vor dem 31.12.2000 stattgefundene Übertragungen wurden erfolgswirksam behandelt, d.h., der Entnahme des Wirtschaftsgutes in der Sonderbilanz zum Teilwert stand ein adäquater Ansatz in der Gesamthandsbilanz der Mitunternehmerschaft gegenüber. Vgl. z.B. RITZROW, MANFRED (1999), S. 328. Durch das StSenkG wurde teilweise zu den Regelungen des sog. Mitunternehmererlasses zurückgekehrt (Buchwertübertragung), wobei dieser auch den Teilwert- oder einen Zwischenwertansatz erlaubte. Vgl. BMF-Schreiben vom 20.12.1977, S. 11. Kritisch zu § 6 Abs. 5 S. 3 EStG äußert sich REISS, der auf eine zivilrechtliche Betrachtungsweise und insofern auf zwei verschiedene Rechtsträger abstellt. Vgl. REISS, WOLFRAM (2000), S. 1969.

2171 Vgl. BFH-Urteil vom 28.3.1979, I R 194/78, S. 776 und BFH-Urteil vom 19.10.1998, S. 510 ff. Für ein tauschähnliches Geschäft plädierten GLANEGGER, PETER (2000), § 6 EStG, Rz. 551; HERRMANN, HANS J./NEUFANG, BERND (2000), S. 2602; SCHMIDT, LUDWIG (2000), § 15 EStG, Rz. 664 und SEIFRIED, CAROLA (2001), S. 242. REISS vertrat die Ansicht, dass eine unterschiedliche Behandlung zwischen offenen und verdeckten Sacheinlagen nicht zu rechtfertigen sei und subsumierte die offenen Sacheinlagen ebenfalls unter § 6 Abs. 5 S. 3 EStG. Vgl. REISS, WOLFRAM (2000), S. 1967 f.

2172 Vgl. BMF-Schreiben vom 7.6.2001, S. 1073 und Verfügung der OFD Berlin vom 18.1.2001, S. 108.

2173 Vgl. Art. 1 Nr. 3 des „Gesetzes zur Fortentwicklung des Unternehmenssteuerrechts (Unternehmenssteuerfortentwicklungsgesetz – UntStFG)“ vom 20. Dezember 2001, S. 3859.

2174 Vgl. Begründung zu Art. 6 Nr. 3 des „Entwurfs eines Gesetzes zur Fortentwicklung des Unternehmenssteuerrechts (Unternehmenssteuerfortentwicklungsgesetz – UntStFG)“ vom 17. August 2001, S. 50 f.

2175 § 6 Abs. 5 S. 4 EStG sieht eine Missbrauchsvorschrift vor, die rückwirkend auf den Übertragungszeitpunkt genau dann eine Aufdeckung der stillen Reserven unwiderlegbar vorsieht, falls das übertragene Wirtschaftsgut innerhalb von drei Jahren nach Abgabe der Steuererklärung für den VZ, in dem die Übertragung stattgefunden hat, veräußert bzw. entnommen wurde. In diesem Falle wird keine Übertragung, sondern eine Vorbereitung zur Veräußerung bzw. Entnahme angenommen. Vgl. GLANEGGER, PETER (2002), § 6 EStG, Rz. 531a. Alternativ zum rückwirkenden Teilwertansatz besteht die Möglichkeit der Einstellung der zum Übertragungszeitpunkt vorhandenen stillen Reserven in eine negative Ergänzungsbilanz bei simultanem Teilwertansatz des übertragenen Wirtschaftsgutes in der Gesamthandsbilanz. Vgl. WESSELBAUM-NEUGEBAUER, CLAUDIA (2002), S. 165 f.

2176 Das Wirtschaftsgut verlässt zwar nicht die wirtschaftliche Einheit. Dennoch wird mittels eines Kaufvertrages der Willen beider Kaufparteien als Bekundung des Austausches von Leistung und Gegenleistung angesehen. Vgl. RITZROW, MANFRED (1999), S. 323. Vgl. kritisch bzgl. der Auslegung des gesetzlichen Wortlautes „Übertragung“ im Hinblick auf Veräußerungsgeschäfte SEIFRIED, CAROLA (2001), S. 242.

2177 Vgl. BMF-Schreiben vom 7.6.2001, S. 1073.

Während bzgl. offenen und verdeckten Sacheinlagen keine unmittelbaren Steuerfolgen eintreten, wird gegen das sog. **Subjektprinzip**[2178] verstoßen, da die zu einem späteren Zeitpunkt aufgedeckten übertragenen stillen Reserven nicht bei den übertragenden Gesellschaftern in voller Höhe, sondern aufgrund der für einkommensteuerliche Zwecke transparenten Personenhandelsgesellschaft nur anteilig versteuert werden. Die Missbrauchsvorschrift des § 6 Abs. 5 S. 4 EStG („Drei-Jahres-Regelung") relativiert die Aussagen.

Eine weitere Alternative, die **keinen Wirtschaftsguttransfer** bewirkt, stellt m. E. die auf Antrag[2179] zu wählende **„fiktive" unbeschränkte Steuerpflicht** dar, wonach ein Gesellschafter des OT seine Anteile an der OG im Falle der Verlagerung seines Wohnsitzes und seines gewöhnlichen Aufenthaltes ins Ausland (z.B. aufgrund von Heirat oder günstigeren Grundstückspreisen) unter **bestimmten Voraussetzungen** trotzdem im SBV belassen kann. Durch den Ansässigkeitsbegriff des § 1 Abs. 3 EStG wird derjenige in Art. 4 OECD-MA nicht erweitert, so dass die Regelungen des DBA und die Ausführungen in Kapitel D.III.1.a)(3)(a) (ab S. 377) davon unberührt bleiben.[2180]

Das wesentliche Tatbestandsmerkmal besteht in der **Besteuerung von mind. 90%**[2181] der weltweiten Einkünfte **im Inland**. § 1 Abs. 3 S. 1 EStG stellt dabei auf die steuerliche Erfassung der inländischen Einkünfte i.S.v. § 49 EStG ab.[2182] Dieses Erfordernis ist bei ausschließlicher Betrachtung der Organschaftsanteile des Gesellschafters **sowohl im Nicht-DBA-Fall als auch im DBA-Fall bei zumindest übereinstimmender Subjektqualifikation erfüllt** (vgl. Abbildung 43 (S. 385)). Insb. die abgelehnte Behandlung des zuzurechnenden Einkommens der OG als Dividende bzw. Zinsen sorgt für eine Unanwendbarkeit des § 1 Abs. 3 S. 3 EStG, wonach ein teilweiser Steuerzugriff nicht für eine inländische Qualifikation ausreichend ist.

Für eine Entscheidung eines fiktiven Gesellschafters zur „fiktiven" unbeschränkten Steuerpflicht spricht zusätzlich die im Vergleich zur beschränkten Steuerpflicht **bessere Berücksichtigung des subjektiven Nettoprinzips**, falls der Gesellschafter Staatsangehöriger[2183] ei-

---

2178 Unter dem Subjektprinzip versteht REISS, dass Einkünfte von demjenigen Subjekt zu versteuern sind, das diese Einkünfte auch erwirtschaftet hat. Vgl. REISS, WOLFRAM (2000), S. 1968.

2179 Die Ausübung der Option bindet den Steuerpflichtigen für ein Kalenderjahr. Vgl. GROSSE, SANDRA/KUDERT, STEPHAN (1999), S. 738 und SCHULZE ZUR WIESCHE, DIETER (1996), S. 106. Mittels des Antrages wird **unwiderlegbar** impliziert, dass der unbeschränkt Steuerpflichtige wegen der geringen nicht-inländischen Einkünfte nicht in seinem Ansässigkeitsstaat veranlagt wird und somit die ihm in Deutschland gewährten persönlichen Vergünstigungen nicht doppelt in Anspruch nehmen kann.

2180 Vgl. allgemein KISCHEL, DIETER (1995), S. 369 und LÜDICKE, JÜRGEN (1997), S. 655.

2181 Die angeführten Grenzen sind bei Gesellschaftern von Personenhandelsgesellschaften auch **personenbezogen** anzuwenden. Vgl. HEINICKE, WOLFGANG (2002), § 1 EStG, Rz. 53 und Rz. 66. Sollte die 90%-Grenze unterschritten werden, kann § 1 Abs. 3 EStG nur dann angewandt werden, falls die ausländischen Einkünfte nicht größer als die Bagatellgrenzen von 6.136 EUR bzw. 12.272 EUR unter den Voraussetzungen des § 1a EStG sind. Eine landesspezifische Kürzung hat auf 2.045,33 EUR bzw. 4.090,67 EUR zu erfolgen, wenn der gesetzliche Betrag nach den Lebens- und Einkommensverhältnissen des Wohnsitzstaates als zu hoch empfunden wird. Vgl. BMF-Schreiben vom 27.2.1996, S. 115. Es ist eine Bescheinigung des Finanzamtes des Ansässigkeitsstaates beizufügen, welche die Höhe der ausländischen Einkünfte beglaubigt. Vgl. FISCHER, LUTZ/WARNEKE, PERYGRIN (1998), S. 179 f.

2182 Würde das Welteinkommen steuerlich erfasst werden, entstünde das Kuriosum, dass Deutschland ein Besteuerungsrecht für ausländische Einkünfte einer im Ausland ansässigen Person besäße. Vgl. KISCHEL, DIETER (1995), S. 369. Dies würde m.E. dem Souveränitätsprinzip widersprechen.

2183 Vgl. hierzu kritisch LÜDICKE, JÜRGEN (1996), S. 113.

nes Mitgliedstaates der EU oder des EWR, zu dem Island, Norwegen und Liechtenstein gehören, ist, da insb. § 1a Abs. 1 Nr. 2 EStG **auf Antrag** das Splitting-Verfahren gem. §§ 26 Abs. 1, 26b, 32a Abs. 5 EStG für anwendbar erklärt, falls der Ehegatte seinen Wohnsitz oder gewöhnlichen Aufenthalt in einem anderen Staat der EU oder des EWR innehat.[2184] Mit einer etwaigen Zusammenveranlagung geht auch die Verdoppelung einiger Steuervergünstigungen einher.[2185]

Demgegenüber existiert die verschärfende Regelung des § 32b Abs. 1 Nr. 3 EStG, die einen Einbezug der **insgesamt positiven** (und nach den Vorschriften des deutschen Steuerrechts ermittelten) **nicht in Deutschland steuerbaren ausländischen Einkünfte** in die Bemessung des Einkommensteuersatzes anordnet (positiver Progressionsvorbehalt)[2186]. Im Kontext eines Organschaftsverhältnisses entstehen keine materielle Folgen. Während im Nicht-DBA-Fall keine Probleme eintreten, konkurriert der nationale Progressionsvorbehalt gem. § 32b Abs. 1 Nr. 3 EStG im **DBA-Fall** mit dem abkommensrechtlichen Progressionsvorbehalt gem. Art. 23A Abs. 3 bzw. Art. 23B Abs. 2 OECD-MA. Letzterer richtet sich i. Allg. allein nach dem Ansässigkeitsstaat[2187], wobei als Voraussetzung an „die in einem Vertragsstaat ansässige Person" angeknüpft wird. Gem. Art. 4 Abs. 1 OECD-MA muss das Steuersubjekt seinen Wohnsitz oder ständigen Aufenthalt in Deutschland haben, an dem es aufgrund § 1 Abs. 3 EStG gerade mangelt. **Deutschland** ist **abkommensrechtlich** nicht als Ansässigkeitsstaat, sondern als **Quellenstaat** zu behandeln. Der **nationale Progressionsvorbehalt läuft** im Abkommensfall aufgrund § 2 AO **ins Leere.**[2188]

Wie sich die **Gesamtwirkungen** im konkreten Fall quantitativ auswirken, kann nicht pauschalisiert werden, da dies von der Höhe der inländischen und ausländischen Einkünfte sowie von den im Rahmen der „fiktiven" unbeschränkten Steuerpflicht zusätzlich zu berücksichti-

2184 Für den einen Ehegatten gilt das Nationalitätsprinzip, für den anderen das Ansässigkeitsprinzip. KUMPF und ROTH bezeichnen die Anwendung des Splitting-Tarifes als „unbeschränkte Steuerpflicht zweiter Klasse", da die zusätzlichen Voraussetzungen des § 1a Abs. 1 Nr. 2 EStG zu erfüllen sind. Vgl. KUMPF, WOLFGANG/ROTH, ANDREAS (1996), S. 262. Als weitere Vergünstigungen stehen die steuerliche Berücksichtigung von Unterhaltsleistungen und des Haushaltsfreibetrages zu (§ 1a Abs. 1 Nr. 1 und Nr. 3 EStG). Vgl. mit Beispielen PLENKER, JÜRGEN (1995), S. 2136 und SCHULZE ZUR WIESCHE, DIETER (1996), S. 107 f.

2185 So z.B. der Werbungskostenpauschbetrag und der Sparer-Freibetrag bei Einnahmen aus Kapitalvermögen (§§ 9a S. 1 Nr. 2, 20 Abs. 4 EStG), die Höchstbeträge bei Vorsorgeaufwendungen (§ 10 Abs. 3 EStG), der Sonderausgaben-Pauschbetrag sowie die Vorsorgepauschale (§ 10c Abs. 1 und Abs. 2 EStG).

2186 Durch den ausschließlich positiven Progressionsvorbehalt soll vermieden werden, dass ein Steuerpflichtiger, der bspw. in Deutschland Gewinne erzielt und in seinem Ansässigkeitsstaat in derselben Höhe Verluste erleidet, in Deutschland einerseits aufgrund eines negativen Progressionsvorbehaltes keine Steuern zu zahlen hat und andererseits in seinem Ansässigkeitsstaat zusätzlich die Vorschriften über den Verlustabzug in Anspruch nehmen kann. Vgl. KAEFER, WOLFGANG (1995), S. 1619. Kritisch äußert sich LÜDICKE, der anscheinend einen positiven Progressionsvorbehalt angesichts des geringen Anteils der ausländischen Einkünfte an den gesamten Einkünften generell für vermeidbar hält sowie – bei Bejahung seiner Beibehaltung – aus Gleichheitsgründen einen entsprechenden negativen Progressionsvorbehalt fordert. Vgl. LÜDICKE, JÜRGEN (1997), S. 654 f. und S. 664 f. Vgl. auch BFH-Beschluss vom 16.3.1994, S. 852.

2187 Vgl. BFH-Urteil vom 23.10.1985, I R 274/82, S. 134; KLUGE, VOLKER (2000), Rn. S341; MÖSSNER, JÖRG M. (1997), S. 228 sowie VOGEL, KLAUS (1996), Art. 23 OECD-MA, Rz. 206 und Rz. 209.

2188 Vgl. hierzu ebenfalls das Urteil des FG München vom 26.6.1986 (rkr.), S. 82, in dem ein Quellenstaat, dem das Recht auf einen Progressionsvorbehalt abkommensrechtlich nicht zusteht, dieses Recht nicht aufgrund eigener Gesetzgebung begründen kann. A.A.: PROBST, ULRICH (2002), § 32b EStG, Anm. 46, für den § 32b Abs. 1 Nr. 3 EStG lex specialis gegenüber der DBA-Regelung darstellt, welche wiederum lex specialis gegenüber den nationalen Vorschriften ist. Eine solche Ausnahme ist m.E. nicht zu rechtfertigen.

genden Abzügen abhängig ist.[2189] Zusammenfassend wird deutlich, dass der nachträglich eingeführte § 1 Abs. 3 EStG **nicht vollständig** mit den Organschaftsregelungen **harmoniert**.

b) Besonderheiten bei grenzüberschreitenden Unternehmensverträgen

Bis zum Ergehen des UntStFG waren ausschließlich (gesellschaftsrechtlich auch anerkannte) grenzüberschreitende BHV mit einer inländischen AG als beherrschtem Unternehmen in der Praxis verbreitet.[2190, 2191] Mit der Aufgabe des doppelten Inlandsbezuges beim OT werden aus steuerrechtlicher Motivation zukünftig auch grenzüberschreitende EAV in den Mittelpunkt der Unternehmensvertragspraxis rücken. Aufgrund möglicher gesellschaftsrechtlicher Kollisionen stellt sich die Frage, welches dementsprechende Recht von welchem Staat in welchem Umfang Anwendung findet. Grundsätzlich bestünde die Möglichkeit, das auf einen Unternehmensvertrag anzuwendende Recht nach privatautonomen Grundsätzen zu gestalten. Allerdings ist der Abschluss von Unternehmensverträgen einer Satzungsänderung bzw. gesellschaftsvertraglichen Änderung gleichgestellt[2192], die keinen Raum für Individualitäten eröffnet. Bekräftigend ist der mittels des grenzüberschreitenden Unternehmensvertrages gefährdete **Schutz der Gläubiger und außen stehenden Gesellschafter** der OG anzuführen, der eine Parteiautonomie verbietet und das Walten objektiver Kriterien rechtfertigt.[2193]

Die Begründung zum Regierungsentwurf des UntStFG hegt auf **Ebene des OT** die Ungewissheit, ob jene ausländische Unternehmen, die ihren Verwaltungssitz nach Deutschland verlagern, aufgrund der bis dato angewandten Sitztheorie **zivilrechtlich überhaupt Unternehmensverträge abschließen können**. Dennoch scheut der Steuergesetzgeber nicht davor zurück, „...die Begründung von Organschaftsverhältnissen zu einem ausländischen Rechtsträger jedenfalls in den Fällen [zu ermöglichen, d. Verf.], in denen keine zivilrechtlichen Hindernisse bestehen."[2194] Um dem Leser ein diesbezügliches Anwendungsbeispiel zu präsentieren, wird sich der nicht notwendigen Deckungsgleichheit zwischen der Geschäftsleitung und dem Verwaltungssitz bedient.[2195] Hierbei sei – wie an früherer Stelle –[2196] auf die als **gering einzustufende Praxisrelevanz** dieses Aspekts zu verweisen.

Bzgl. alternativer Szenarien entzieht sich der Steuergesetzgeber geschickt der unsicheren Rechtslage, indem er anführt: „Im übrigen öffnet sich das Steuerrecht insoweit für künftige

---

2189 Vgl. GROSSE, SANDRA/KUDERT, STEPHAN (1999), S. 741. A.A.: KUMPF, WOLFGANG/ROTH, ANDREAS (1996), S. 262, die das auszuübende Wahlrecht als „Dummen-Vorschrift" bezeichnen, von der nur Steuerpflichtige aus Unkenntnis keinen Gebrauch machen werden.

2190 Vgl. primär FEDDERSEN, DIETER (1986), S. 130 f. und S. 141 sowie BÄRWALDT, ROMAN/SCHABACKER, JOACHIM (1998), S. 185 f.

2191 Unbenommen der Unternehmensverträge ist eine grenzüberschreitende aktienrechtliche Eingliederung nicht möglich, da sich der Sitz der Hauptgesellschaft (OT) zwingend im Inland befinden muss (§§ 319 Abs. 1 S. 1, 320 Abs. 1 S. 1 AktG).

2192 Vgl. die Ausführungen in Kapitel B.IV.2.a) (ab S. 69).

2193 Vgl. FEDDERSEN, DIETER (1986), S. 133.

2194 Begründung zu Art. 2 Nr. 6 des „Entwurfs eines Gesetzes zur Fortentwicklung des Unternehmenssteuerrechts (Unternehmenssteuerfortentwicklungsgesetz – UntStFG)" vom 17. August 2001, S. 59.

2195 Vgl. Begründung zu Art. 2 Nr. 6 des „Entwurfs eines Gesetzes zur Fortentwicklung des Unternehmenssteuerrechts (Unternehmenssteuerfortentwicklungsgesetz – UntStFG)" vom 17. August 2001, S. 59.

2196 Vgl. Kapitel D.III.1.a)(1)(a) (ab S. 368).

Entwicklungen des Zivilrechts."[2197] Damit dürfte die noch ausstehende EuGH-Entscheidung gemeint sein.

Wird vom Eingang der reinen Gründungstheorie in die deutsche Rechtsprechung abstrahiert[2198], müsste dem ausländischen Unternehmen insofern **in Deutschland die Rechtsfähigkeit zugebilligt werden**, was mit der hier präferierten Anerkennung als eine OHG in Einklang steht.[2199] Demgegenüber wird dem in einem **Nicht-EU-Staat** gegründeten OT im Falle der Verlagerung des Verwaltungssitzes nach Deutschland die zum Abschluss eines Unternehmensvertrages notwendige **Rechtsfähigkeit versagt**. Zu dessen Erlangung hat eine Neugründung nach deutschem Gesellschaftsrecht stattzufinden, wobei sich letztlich Sitz und Geschäftsleitung im Inland befinden werden.

Auf **Ebene der OG** wäre zu überlegen, inwieweit der in Kapitel D.III.1.a)(2) (ab S. 375) geforderte einfache Inlandsbezug (inländische Geschäftsleitung!) mit einem grenzüberschreitenden Unternehmensvertrag in Einklang steht. Unter Zugrundelegung der eingeschränkten Sitztheorie wäre die Rechtsfähigkeit in Deutschland erlangt und das deutsche Gesellschaftsrecht nach h.M. als maßgeblich anzusehen.[2200] Dem steht unter Bezugnahme auf Kapitel D.III.1.a)(1)(a) (ab S. 368) die gesellschaftsrechtliche Einordnung als eine Personenhandelsgesellschaft gegenüber, die allerdings der unbeschränkten KSt-Pflicht unterliegt.[2201] Jene „Mischform" ist m. E. für das Organschaftsrecht im Hinblick auf die Niederlassungsfreiheit als hinnehmbar zu erachten, zumal die Besteuerung etwaiger Ausgleichszahlungen mit KSt gesichert ist. Für in **Nicht-EU-Staaten** gegründete OG würde bei einer Verlagerung des Verwaltungssitzes weiterhin die Sitztheorie Geltung erlangen, so dass eine Neugründung nach deutschem Recht zur Erlangung der Rechtsfähigkeit erforderlich wäre. Der Sitz und die Geschäftsleitung befänden sich im Inland.

Letztlich gilt es, die (fiktiven) Rechtsfolgen im umgekehrten Fall – Verlagerung des Verwaltungssitzes von Deutschland ins Ausland – zu analysieren. Hierbei ist zu differenzieren: Ist der **Zuzugsstaat ein EU-Mitglied**, müsste er aufgrund der Schlussanträge von Generalanwalt COLOMER die Gründungstheorie bzw. die eingeschränkte Sitztheorie anwenden. Auf jeden Fall ist die Rechtsfähigkeit auch weiterhin anzuerkennen, weswegen das Unternehmen als „deutsch" zu qualifizieren sein müsste. Gleiches gilt für den Fall, dass der **Zuzugsstaat ein Nicht-EU-Mitglied** und ein Vertreter der **Gründungstheorie** ist.[2202] **Folgt der Zuzugsstaat** hingegen der **Sitztheorie**, würde sowohl dem OT als auch der OG die Rechtsfähigkeit seitens Deutschlands aberkannt werden (sog. **„Daily-Mail"-Entscheidung** des EuGH).[2203] Zum Abschluss eines Unternehmensvertrages müssten sie die Rechtsfähigkeit im anderen Staat erlan-

---

2197 Vgl. Begründung zu Art. 2 Nr. 6 des „Entwurfs eines Gesetzes zur Fortentwicklung des Unternehmenssteuerrechts (Unternehmenssteuerfortentwicklungsgesetz – UntStFG)" vom 17. August 2001, S. 59.

2198 So die Ansicht des BGH-Beschlusses vom 30.3.2000, S. 1064 f.

2199 Vgl. Kapitel D.III.1.a)(1)(a) (ab S. 368).

2200 Vgl. ALTMEPPEN, HOLGER (2000), Einl. §§ 291 ff. AktG, Rn. 36 und Rn. 50.

2201 Vgl. bzgl. des OT ORTH, MANFRED (2002), S. 9*.

2202 Vgl. sinngemäß DREISSIG, HILDEGARD (2000), S. 893 und S. 899.

2203 Vgl. EuGH-Urteil vom 27.9.1988, S. 385 f., das explizit keinen Verstoß gegen die Niederlassungsfreiheit des EGV sieht. Vgl. dazu bekräftigend auch GROSSFELD, BERNHARD/LUTTERMANN, CLAUS (1989), S. 386 f.

gen. Beide Gesellschaften wären gesellschaftsrechtlich als „ausländische Unternehmen“ zu qualifizieren. In diesem Falle ist der sog. **kollisionsrechtliche Ansatz** des Internationalen Privatrechts heranzuziehen, nach dem ein konkreter Sachverhalt zunächst der davon wesentlich betroffenen Rechtsordnung[2204] unter Ausschluss der anderen Rechtsordnung zuzuordnen und ggf. zu modifizieren ist.[2205]

Ist nur der OT „ausländisch“, gilt das in Kapitel B (ab S. 6) bislang **Ausgeführte** über den EAV und BHV **für die OG sinngemäß**. Der OT und dessen Gesellschafter unterstehen nicht dem Schutz Deutschlands, sondern dem des ausländischen Staates. Insofern ist **§ 293 Abs. 2 AktG (analog) nicht anwendbar.**[2206, 2207] Als alternatives Argument lässt sich der notwendige inländische Satzungssitz i.S.v. § 11 AO als notwendige Voraussetzung des § 293 Abs. 2 AktG hervorbringen, an dem es aufgrund der Sitztheorie hier gerade mangelt.

Stellt die OG ein „ausländisches Unternehmen“ dar, wäre das jeweilige **Gesellschaftsrecht des ausländischen Staates** nach Internationalem Privatrecht **maßgebend**. In Deutschland ist ein notwendiger Zustimmungsbeschluss der Haupt- bzw. Gesellschafterversammlung des OT nach § 293 Abs. 2 AktG (analog) zu verneinen, da die mit ihm bezweckte Informationsfunktion vor unternehmerischen Risiken i.S.v. §§ 302 ff. AktG (analog) aufgrund der Dominanz des ausländischen Rechts grundsätzlich ins Leere läuft.[2208] Eine Ausnahme besteht dann, wenn nach ausländischem Recht den aktienrechtlichen Normen entsprechende Verpflichtungen bestehen oder freiwillige, vertraglich geregelte entsprechende Verpflichtungen vereinbart werden.[2209] Im ersten Fall ist ein **formfreier Unternehmensvertrag in Deutschland** aufzustellen. Anderenfalls sind die formellen Erfordernisse für den OT einzuhalten.

Zusammenfassend bleibt festzuhalten, dass für den OT **und** die OG ein einfacher Inlandsbezug in Form der **inländischen Geschäftsleitung** zu fordern ist, da sich als anzuwendendes Unternehmensvertragsrecht für beide Gesellschaften dasjenige von Deutschland als maßgebend erweist (Sitztheorie!)[2210].[2211]

2204 Dies ist das deutsche Gesellschaftsrecht.

2205 Vgl. BÄRWALDT, ROMAN/SCHABACKER, JOACHIM (1998), S. 186.

2206 Vgl. BÄRWALDT, ROMAN/SCHABACKER, JOACHIM (1998), S. 187 sowie BÖHMER, MICHAEL (1991), S. 194 f. und S. 217 f. Somit ist die Niederschrift des Zustimmungsbeschlusses der Hauptversammlung der Mutter nicht zur HR-Eintragung beizufügen. Ob ein nach ausländischem Recht entsprechender Zustimmungsbeschluss zu fassen ist, hängt von der Befugnis des ausländischen Vorstandes ab, Unternehmensverträge autonom abzuschließen. Vgl. ALTMEPPEN, HOLGER (2000), § 293 AktG, Rn. 119.

2207 Gleiches gilt m.E. auch für § 18 KStG, wonach der EAV unter der Firma der Zweigniederlassung abgeschlossen sein muss. Die steuerrechtliche OT-Funktion der Betriebstätte wird gesellschaftsrechtlich nicht aufrechterhalten. Hier tritt ausschließlich die ausländische Gesellschaft als Vertragspartner auf. Nur sie ist aus dem Unternehmensvertrag berechtigt bzw. verpflichtet. Vgl. BÄRWALDT, ROMAN/SCHABACKER, JOACHIM (1998), S. 185 und BÖHMER, MICHAEL (1991), S. 221. Da jene beschränkt steuerpflichtig ist respektive weder Sitz noch Geschäftsleitung im Inland besitzt, ist eine Kategorisierung als „ausländisch“ ebenfalls gegeben.

2208 Vgl. BÄRWALDT, ROMAN/SCHABACKER, JOACHIM (1998), S. 187 und bezweifelnd ALTMEPPEN, HOLGER (2000), § 293 AktG, Rn. 121.

2209 Vgl. FEDDERSEN, DIETER (1986), S. 143 und S. 147. A.A.: BÄRWALDT, ROMAN/SCHABACKER, JOACHIM (1998), S. 187.

2210 Vgl. dazu allgemein BÄRWALDT, ROMAN/SCHABACKER, JOACHIM (1998), S. 186.

2211 Aus steuerrechtlicher Sicht behalten beide Gesellschaften ihre unbeschränkte Steuerpflicht und gelten im DBA-Fall als in Deutschland ansässig (Art. 4 Abs. 3 OECD-MA).

Der ausschließliche inländische Sitz einer OG im Falle der Verlagerung des Verwaltungssitzes in einen Nicht-EU-Staat mit Sitztheorie ist aus gesellschaftsrechtlicher Sicht als nicht hinreichende Tatbestandsvoraussetzung anzusehen, da der deutsche Fiskus bereits sämtliche ausländischen gesellschaftsrechtlichen Grundlagen einer mit dem deutschen Gesellschaftsrecht qualitativen Gleichwertigkeitsüberprüfung unterziehen müsste, um die Notwendigkeit des Zustimmungsbeschlusses auf Ebene der Mutter zu beurteilen und damit letztlich auch eine körperschaftsteuerliche Organschaft zu bejahen. Dem in sämtlichen Fällen als unbedenklich einzustufenden ausschließlichen Sitz des OT in Deutschland sind v.a. im DBA-Fall aufgrund Art. 4 Abs. 3 OECD-MA fiskalische Gründe entgegenzuhalten.

c) Vermeidung eines „Double Dip"

Im Zuge der Einführung der Doppelansässigkeit wurde durch das UntStFG ein neuer § 14 Abs. 1 Nr. 5 KStG[2212] geschaffen, der folgenden Wortlaut trägt: „Ein negatives Einkommen des Organträgers bleibt bei der inländischen Besteuerung unberücksichtigt, soweit es in einem ausländischen Staat im Rahmen einer der deutschen Besteuerung des Organträgers entsprechenden Besteuerung berücksichtigt wird." Als Begründung werden im Falle doppelt ansässiger Gesellschaften die **doppelte Verlustnutzung im In- und Ausland** (sog. **„double dip"**) oder die stets zu Lasten Deutschlands gehende Verlustberücksichtigung angeführt.[2213, 2214] Die Aufarbeitung und Interpretation jener „nebulösen" und bei „mehrfachem Lesen unklaren Vorschrift"[2215] steht bis dato aus. Dieses Kapitel bezweckt eine systematische Analyse der Neuregelung.

Hinsichtlich der Gesetzeslogik ist zunächst verwunderlich, weshalb der als **Einkommensermittlungsvorschrift** fungierende § 14 Abs. 1 Nr. 5 KStG in einen, organschaftliche Tatbestandsmerkmale aufzählenden Paragraphen Eingang gefunden hat. Eine Aufnahme in § 15 KStG wäre als sachgerechter zu beurteilen[2216], zumal eine materielle Ähnlichkeit mit dem Abzugsverbot vororganschaftlicher Verluste der OG gegeben ist (§ 15 Nr. 1 KStG).

Darüber hinaus setzt sich der Wortlaut des § 14 Abs. 1 Nr. 5 KStG aus zahlreichen unbestimmten Rechtsbegriffen zusammen. Als Erster sei die Bestimmung des „negativen Einkommens" des OT zu klären. Von TÖBEN und SCHULTE-RUMMEL werden nachstehende vier Auslegungsmöglichkeiten unterbreitet:[2217]

- Originäres negatives Einkommen des OT (vor einer Zurechnung des eigenen Einkommens der OG);

2212 Vgl. Art. 2 Nr. 6 des „Gesetzes zur Fortentwicklung des Unternehmenssteuerrechts (Unternehmenssteuerfortentwicklungsgesetz – UntStFG)" vom 20. Dezember 2001, S. 3864.

2213 Vgl. Begründung zu Art. 2 Nr. 6 des „Entwurfs eines Gesetzes zur Fortentwicklung des Unternehmenssteuerrechts (Unternehmenssteuerfortentwicklungsgesetz – UntStFG)" vom 17. August 2001, S. 59.

2214 Für die Anwendung des § 14 Abs. 1 Nr. 5 KStG trägt die Finanzverwaltung die objektive Beweislast, d.h., sie muss beweisen, dass dasselbe negative Einkommen auch in einem anderen Staat tatsächlich steuerlich verwertet wird. Vgl. ORTH, MANFRED (2002), S. 17*.

2215 So die Formulierung von HEY, FRIEDRICH E. F. (2002), S. 915.

2216 Gleicher Ansicht: ORTH, MANFRED (2002), S. 10*.

2217 Vgl. TÖBEN, THOMAS/SCHULTE-RUMMEL, BJÖRN (2002), S. 429 f.

- derivatives negatives Einkommen des OT (ausschließlich zugerechnetes negatives Einkommen der OG);
- derivatives negatives Einkommen des OT, soweit dieses nicht durch positives Einkommen des OT (vollständig) im gleichen Jahr und/oder durch Verlustabzug in anderen Jahren ausgeglichen wird;
- negatives Einkommen des Organkreises.[2218]

Die sich anschließenden Berechnungen der beiden Autoren führen bedauerlicherweise zu keiner eindeutigen und aussagekräftigen Lösung.[2219] M. E. ist eine rein qualitative Analyse als ausreichend anzusehen, wobei die erste und vierte Variante als „negatives Einkommen des OT" in Betracht zu ziehen sind. Im Falle der Bejahung des negativen Einkommens des Organkreises als maßgebliche Größe wäre der rechtlichen Selbstständigkeit beider Gesellschaften sowie der Zurechnungstheorie insofern widersprochen, als dass jedes Mitglied des Organkreises sein eigenes Einkommen selbst zu ermitteln hat.[2220] Hätte der Steuergesetzgeber tatsächlich den Organkreis gemeint, müsste er vom **addierten** negativen Einkommen des OT bzw. vom zu versteuernden Einkommen sprechen. Dagegen wendet MEILICKE das (vom Verfasser dieser Arbeit nicht ganz nachvollziehbare) Argument der Positionierung der Rechtsvorschrift in § 14 Abs. 1 KStG ein.[2221] ENDRES und THIES berufen sich auf das Einkommensermittlungsschema i.S.v. Abschn. 24 Abs. 1 S. 2 KStR, wonach das Einkommen der OG **vor** der Ermittlung des Einkommens des OT zugerechnet wird.[2222] Jene von der Finanzverwaltung nicht nachvollziehbare und m. E. in Widerspruch zu der Zurechnungstheorie stehende Positionierung wurde bereits an früherer Stelle diskutiert.[2223] Nach gegenseitigem Abwägen beider Meinungen ist der letzten Ansicht beizupflichten. § 14 Abs. 1 Nr. 5 KStG stellt eine ausschließlich das Organschaftsrecht tangierende Norm dar. Weswegen sollte das eigentliche Charakteristikum jenes Rechtsinstitutes – die Einkommenszurechnung – in diesem Kontext außer Acht gelassen werden?

Das negative Einkommen des OT ist in Deutschland nur dann nicht berücksichtigungsfähig, soweit es in einem ausländischen Staat steuerlich verwertbar ist. In **sachlicher Hinsicht** ist dabei nicht auf eine mögliche, sondern auf die **tatsächliche Geltendmachung** abzustellen. Eine periodengleiche Minderung des positiven Einkommens im ausländischen Staat verkörpert eine hinreichende, nicht jedoch notwendige Prämisse.[2224] Insofern müssten konsequen-

---

2218 Eine weitere infrage kommende Interpretationsvariante – Abstellung auf den (handelsbilanziellen) Jahresfehlbetrag –, welche sich aus der unscharfen Gesetzesbegründung ableiten ließe, ist aufgrund der eindeutigen Wortwahl des § 14 Abs. 1 Nr. 5 KStG zu verwerfen.

2219 Vgl. TÖBEN, THOMAS/SCHULTE-RUMMEL, BJÖRN (2002), S. 429 ff., s.b.S. 434 f.

2220 Vgl. ORTH, MANFRED (2002), S. 13* sowie sich dann doch entscheidend TÖBEN, THOMAS/SCHULTE-RUMMEL, BJÖRN (2002), S. 435.

2221 „Anderenfalls wäre nämlich nicht ersichtlich, warum die Regelung sich innerhalb des § 14 KStG befindet." MEILICKE, WIENAND (2002), S. 914. Dagegen sind Einkünfte bzw. Einkommen von Mitunternehmern einer OT-Personenhandelsgesellschaft folgerichtig nicht in den Anwendungsbereich des § 14 Abs. 1 Nr. 5 KStG einzubeziehen, da zweifelsohne weder originäres noch derivatives Einkommen des OT vorliegt.

2222 Vgl. ENDRES, DIETER/THIES, ANGELIKA (2002), S. 277. Vgl. dazu auch STADLER, RAINER/ELSER, THOMAS (2002), S. 43, die den KStR widersprechen.

2223 Vgl. Fn. 1267 (S. 207).

2224 Vgl. LÖWENSTEIN, ULRICH/MAIER, JOCHEN (2002), S. 191 f. und ORTH, MANFRED (2002), S. 14*.

terweise im Ausland entstandene und nur zeitlich begrenzt vortragbare Verluste bei ihrem Verfall rückwirkend in Deutschland steuerliche Anerkennung erlangen.[2225] Neben jenen unmittelbaren Verlustberücksichtigungsmöglichkeiten könnte eine nur mittelbare Beachtung des negativen Einkommens über einen **ausländischen (negativen) Progressionsvorbehalt** ebenfalls als „berücksichtigt" i.S.d. Gesetzeswortlautes gelten. Dies wird einerseits verneint, weil diese Art der Verlustverwertung nicht im Rahmen einer der deutschen Besteuerung entsprechenden Besteuerung vorgesehen ist.[2226] Andererseits wird aufgrund unbilliger Härte für eine teleologische Auslegung des Wortlautes plädiert.[2227] Den schlüssigen Einwänden ist zu entgegnen, dass im Falle der Unmaßgeblichkeit eines ausländischen Progressionsvorbehaltes für die inländische Berücksichtigung des negativen Einkommens des OT der Gesetzesintention (teilweise) Widerspruch geleistet wird, da jene Größe direkten **und** indirekten Eingang in die in- und ausländische Steuerermittlung findet. Eine **Berücksichtigung des negativen Einkommens** fände insofern **mehr als einmal** statt.

Eine Schlüsselrolle ist der Art und Weise der Verlustverwertung im Ausland in **personeller Hinsicht** beizumessen. Ist für deren Versagung in Deutschland eine Steuersubjektidentität des OT vonnöten[2228] oder erscheint es als ausreichend, dass die Verluste des OT im Ausland von einem anderen Subjekt geltend gemacht werden können, was dem Prinzip der Subjektidentität widerspricht? Für die Befürworter der letzten Alternative sind zusätzlich (ausländische) Ansätze von Konzernbesteuerungen über die Grenze in den Untersuchungsbereich mit einzubeziehen.[2229] Hiergegen ist kritisch einzuwenden, dass bei solchen Konstruktionen der Zugriff auf negatives Einkommen des OT auch dann erfolgt, wenn dieser seinen Sitz **und** seine Geschäftsleitung in Deutschland hat. Folglich ist die Frage zu gestatten, ob in den Anwendungsbereich des § 14 Abs. 1 Nr. 5 KStG womöglich nicht nur doppelt ansässige OT, sondern auch OT mit doppeltem Inlandsbezug mit einzubeziehen sind. Jene Befürchtung ist unter Zuhilfenahme des Wortlautes der Gesetzesbegründung, nicht aber aus der betreffenden Rechtsnorm selbst, als unbegründet zurückzuweisen. Bekräftigend für diese Annahme wirkt die zeitgleiche Aufgabe des doppelten Inlandsbezuges i.S.v. § 14 Abs. 1 Nr. 2 KStG.[2230] Als Zwischenresümee ist festzuhalten, dass § 14 Abs. 1 Nr. 5 KStG nicht in reine inländische Fälle einzugreifen bezweckt. Des Weiteren spricht für eine Subjektidentität die Geltung von § 14 Abs. 1 Nr. 5 KStG für ausschließlich doppelt ansässige OT, die die Verluste aufgrund ihrer

2225 Der Steuerbescheid gegen den OT wäre insofern zu ändern. Die Rechtsgrundlage bildet § 175 Abs. 1 S. 1 Nr. 2 AO.

2226 Vgl. ORTH, MANFRED (2002), S. 14*. Deutschland kennt ebenfalls einen negativen Progressionsvorbehalt in § 32b Abs. 1 Nr. 3 EStG. Diese, nur deklaratorischen Charakter innehabende Vorschrift findet bei Verlusten von ausländischen Betriebstätten deutscher Investoren Anwendung, falls zwischen beiden Staaten ein DBA mit Freistellungsmethode nach dem Vorbild des Art. 23A Abs. 1 OECD-MA besteht und die ausländische Betriebstätte eine aktive Tätigkeit (Umkehrschluss zu § 2a Abs. 1 EStG) ausübt. Vgl. GLANEGGER, PETER (2002), § 32b EStG, Rz. 15 und Rz. 22 sowie JACOBS, OTTO H. (1999), S. 412 f. Der negative Progressionsvorbehalt in Deutschland greift nicht bei einer doppelansässigen Gesellschaft.

2227 Vgl. MEILICKE, WIENAND (2002), S. 914. Als „unbillig" empfindet er die nur indirekte Nutzung des negativen Einkommens.

2228 So die Ansicht von ENDRES, DIETER/THIES, ANGELIKA (2002), S. 277; HEY, FRIEDRICH E. F. (2002), S. 915 sowie von LÖWENSTEIN, ULRICH/MAIER, JOCHEN (2002), S. 190 und S. 192.

2229 Vgl. ORTH, MANFRED (2002), S. 15* und STADLER, RAINER/ELSER, THOMAS (2002), S. 43. Einen Überblick über Gruppenbesteuerungen in ausgewählten Staaten liefert JACOBS, OTTO H. (1999), S. 779 f.

2230 Vgl. HEY, FRIEDRICH E. F. (2002), S. 916, der § 14 Abs. 1 Nr. 2 und Nr. 5 KStG als „ein Paket" auffasst.

Ansässigkeitskriterien sowohl im In- als auch im Ausland geltend machen können.[2231] Gleichzeitig ist § 14 Abs. 1 Nr. 5 KStG im Bereich des deutschen Organschaftsrechts anzusiedeln. Würde eine andere, sich außerhalb des Organkreises befindliche Gesellschaft die Verluste geltend machen, läge ein Widerspruch in sich vor.[2232, 2233] Bei Vertretung einer **Subjektidentität** werden **Gestaltungspotentiale** dann eröffnet, wenn der OT Mitglied einer ausländischen Gruppenbesteuerung ist, welche die Verluste von aus ihrer Sicht ausländischen Tochtergesellschaften (=OT) berücksichtigen darf („echte" grenzüberschreitende Organschaften[2234]). Ferner wäre eine Doppelverwertung bei sog. „check-the-box"-Konstruktionen denkbar (vgl. Abbildung 44). Letztere ist im Folgenden genauer zu erläutern.

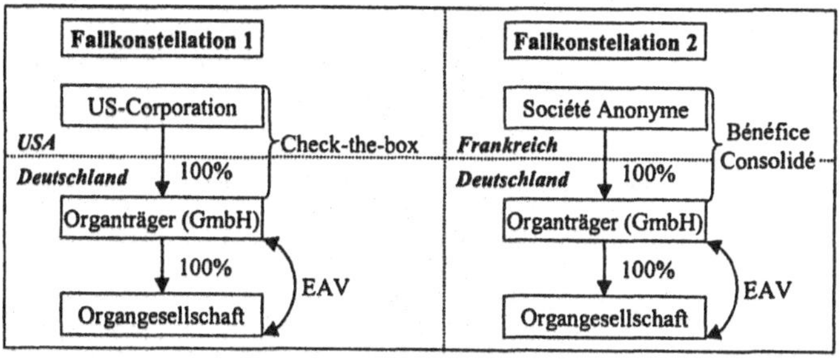

Abbildung 44: Gestaltungsmöglichkeiten zur doppelten Verlustberücksichtigung[2235]

Die US-amerikanischen **„check-the-box"-Regeln**[2236] wurden am 1.1.1997 durch den IRS (US-amerikanische Finanzverwaltung) eingeführt.[2237] Danach kann ein Unternehmen größtenteils selbst bestimmen, ob es für Zwecke der US-Besteuerung wie eine Kapitalgesellschaft

2231 Vgl. ENDRES, DIETER/THIES, ANGELIKA (2002), S. 277.

2232 In Anlehnung an die Ausführungen bei LÖWENSTEIN, ULRICH/MAIER, JOCHEN (2002), S. 188.

2233 Bezugnehmend auf die vorangegangene Diskussion über die Sitz- und Gründungstheorie ist § 14 Abs. 1 Nr. 5 KStG nicht auf OT anwendbar, die ihren Verwaltungssitz aus einem Nicht-EU-Staat nach Deutschland verlegen.

2234 Soweit ersichtlich, gibt es ausschließlich in Dänemark und Frankreich eine grenzüberschreitende Organschaft, wobei in letzterem Staat ein Antrag beim Ministerium für Wirtschaft und Finanzen zu stellen ist. Vgl. FENZL, BARBARA/HAGEN, CHRISTIANE (2000), S. 290, Fn. 7.

2235 Abbildung 44 bezieht sich nicht ausschließlich auf rein inländische, sondern auch auf doppelt ansässige Fälle. Der OT wurde lediglich aus Transparenzgründen Deutschland zugeordnet.

2236 Der terminus technicus dieses allgemein bekannten Ausdruckes lautet „Entity Classification Election". Vgl. Internet: www.unclefed.com/AuthorsRow/TaxBusProf/Box.html (Stand: 1.7.2002).

2237 Bis dahin wurde die Abgrenzung zwischen einer Personen- und Kapitalgesellschaft anhand von vier Kriterien beurteilt: Beschränkte Haftung, beschränkte Lebensdauer, zustimmungsunabhängige Übertragbarkeit der Anteile und zentrales Management. Bei Erfüllung von mind. drei Merkmalen wurde die US-Besteuerung einer Kapitalgesellschaft durchgeführt. Jene missbrauchsanfällige Klassifizierung ließ sich auch durch gesellschaftsvertragliche Gestaltungsmöglichkeiten erreichen. Vor diesem Hintergrund wurde das „check-the-box"-Verfahren eingeführt, nach dem der Gesellschaftstyp in einem Formular von den gesetzlichen Vertretern einfach anzukreuzen ist. Die Wahl ist für eine Dauer von fünf Jahren bindend. Vgl. FLICK, HANS F. W. (1998), S. 110 und SMALL, DAVID G. (1996), S. 280 f. Das Wahlrecht gilt mit dem Datum des Umqualifizierungsantrages als ausgeübt. Bei keiner Datumsangabe ist die Option bereits mit dem Tag der Formularausfüllung ausgeführt. Vgl. hierzu MIRRILL, LISA C./ROSE, IAN N. (1997), Internet: www.gcwf.com/articles/quart/quart_spring97_4.html (Stand: 1.7.2002).

oder eine Personenhandelsgesellschaft behandelt werden möchte.[2238] Der Adressatenkreis umfasst neben US-amerikanischen Gesellschaften auch ausländische Gesellschaften, deren (teilweisen) Steuerobjekte von den USA erfasst werden.[2239] Ausnahmen bestehen hinsichtlich bestimmter Rechtsformen, die das „check-the-box"-Verfahren nicht in Anspruch nehmen können. Dazu zählt die **deutsche AG**, die **unwiderlegbar als Kapitalgesellschaft** in den USA zu besteuern ist.[2240] Liegt wie in Abbildung 44 (S. 395) eine **deutsche GmbH als OT** vor, kann jene in den USA für steuerliche Zwecke nach dem „check-the-box"-Verfahren als **transparente Personenhandelsgesellschaft** behandelt werden, die ihre Geschäftsleitung in Deutschland besitzt und dort eine Betriebstätte unterhält. Das negative Einkommen des OT findet zum einen in Deutschland steuerliche Berücksichtigung. Zum anderen sind die aus Sicht der USA entstandenen Betriebstättenverluste auch in diesem Staat geltend zu machen, ohne dass die Rechtsfolgen des § 14 Abs. 1 Nr. 5 KStG eintreten. Das „check-the-box"-Verfahren ist bereits seit 1997 existent. Deshalb ist nicht ersichtlich, weswegen der Steuergesetzgeber unvermutet im Jahre 2001 auch bei einem doppelten Inlandsbezug eine doppelte Verlustverwertung versagen möchte. Gleiches gilt für den Fall des „Bénéfice Consolidé".

Da § 14 Abs. 1 Nr. 5 KStG von einem „Organträger" spricht, ist an jenem Wortlaut der **persönliche Anwendungsbereich** der Norm zu manifestieren. Während Kapitalgesellschaften darunter einhellig erfasst werden, unterliegen bei Unterstellung einer **Personenhandelsgesellschaft** deren in- oder ausländische Gesellschafter aufgrund des Transparenzprinzips der Einkommen- bzw. Körperschaftbesteuerung. Insofern ist eine Anwendbarkeit wegen des fehlenden Prinzips der Subjektidentität sowie der mangelnden DBA-Abkommensberechtigung[2241] **ausgeschlossen**.[2242] Ein alternativer Erklärungsansatz besteht in der fehlenden Gruppenbesteuerung des zugewiesenen Gewinnanteils bzw. anteiligen zu versteuernden Einkommens der OG vom OT zu seinen Gesellschaftern.[2243]

Ungeachtet der bisherigen Diskussion lässt sich aus der Berücksichtigung des negativen Einkommens im Ausland nicht notwendigerweise der Folgeschluss einer völligen Ignoranz für deutsche Besteuerungszwecke ziehen. Als Grund ist die Ermittlung des im Ausland berücksichtigten negativen Einkommens nach dessen **nationalen Vorschriften** anzuführen. Aufgrund von dort abweichenden Bilanzierungs-, Bewertungs- und Einkommensermittlungsvorschriften können das negative Einkommen nach ausländischem und dasjenige nach deutschem Recht voneinander divergieren. Hierbei ist zwischen zwei, aus verschiedenen Blickwinkeln

---

2238 Dies entspricht der in einem Entwurf zum StSenkG geplanten (und verworfenen) Optionsmöglichkeit von Personenunternehmen zu Kapitalgesellschaften. Vgl. Fn. 2082 (S. 371).

2239 Vgl. JACOBS, OTTO H. (1999), S. 423 f.

2240 Als US-amerikanische Personengesellschaft werden ausländische (deutsche) Gesellschaften **widerlegbar** eingestuft, die mehr als einen Gesellschafter haben und wo mind. ein Gesellschafter der unbeschränkten Haftung unterliegt. Jene Qualifizierung kann mittels des „check-the-box"-Verfahrens geändert werden. Besitzt die deutsche Gesellschaft nur einen Gesellschafter, wird diese **widerlegbar** wie eine Betriebstätte des Gesellschafters behandelt.

2241 Vgl. Kapitel D.III.1.a)(3)(a) (ab S. 377).

2242 Vgl. LÖWENSTEIN, ULRICH/MAIER, JOCHEN (2002), S. 191 und MEILICKE, WIENAND (2002), S. 913.

2243 Analoges gilt für eine Betriebstätte eines ausländischen Unternehmens i.S.v. § 18 KStG. Für ORTH, der die in dieser Arbeit abgelehnte These einer Gruppensteuerung bejaht, besteht als Ausnahmefall die Einbeziehung der Personengesellschafter selbst bzw. des Stammhauses in eine Gruppenbesteuerung. Vgl. ORTH, MANFRED (2002), S. 16* f.

betrachtenden Sichtweisen zu differenzieren. Bei Vertretung einer **globalen Betrachtungsweise** wird im Zuge eines nach ausländischen Vorschriften ermittelten höheren negativen Einkommens[2244] eine darüber hinaus gehende Berücksichtigung in Deutschland ausgeschlossen. Im Umkehrfall müsste der das negative „ausländische" Einkommen übersteigende „deutsche" Teil steuermindernd in Deutschland wirken.[2245] Im Rahmen einer **komponentenweisen Sicht** sind ausschließlich die im In- und Ausland anerkannten und gleichzeitig (betragsmäßig) **identischen** Komponenten im Rahmen der Einkommensermittlung berücksichtigungsfähig.[2246] Die Unterschiede werden an einem Beispiel verdeutlicht:

> *Ein doppelt ansässiger OT erwirtschaftet ein negatives Einkommen i.H.v. 120.000 EUR, das nach deutschem Recht ermittelt wurde. Nach dem Recht des Auslandsstaates würde sich ein negatives Einkommen i.H.v. 119.500 EUR ergeben. Für die Unterschiede sind folgende Geschäftsvorfälle ursächlich: Im Inland wurde eine steuerfreie Rücklage von 3.500 EUR gebildet sowie Zuschreibungen in Höhe von 5.000 EUR vorgenommen, die im Ausland unbekannt sind. Ferner erhält der OT im Ausland einen steuerpflichtigen Ertrag von 2.000 EUR, der in Deutschland steuerfrei gestellt wird.*

Nach der globalen Betrachtungsweise wird dem OT die Geltendmachung eines negativen Einkommens i.H.v. 119.500 EUR versagt („...soweit es in einem ausländischen Staat [...] berücksichtigt wird"). Die übersteigenden 500 EUR sind mithin in Deutschland steuerlich verwertbar. Bei Abstellung auf die komponentenweise Sicht werden dagegen ungleichartige in- und ausländische Komponenten eliminiert. So würde sich das um im Ausland nicht anerkannte Ergebnis- und Einkommensminderungen bereinigte deutsche negative Einkommen auf 116.500 EUR (steuerfreie Rücklage ist ergebnis- und einkommenserhöhend fiktiv aufzulösen) belaufen.[2247] Die Rücknahme der Zuschreibungen von 5.000 EUR mindert das Einkommen und insofern die Zwischensumme von 116.500 EUR für diese Zwecke nicht, da auf identische Komponenten, mithin auf das **Maximum**, abgestellt wird. Berücksichtigungsfähig ist ebenfalls der im Ausland steuerpflichtige Ertrag von 2.000 EUR, der zwecks Neutralisierung das negative ausländische Einkommen kürzt, was einer Hinzurechnung zum deutschen negativen Einkommen entspricht. Der unter § 14 Abs. 1 Nr. 5 KStG fallende Betrag beläuft sich auf 114.500 EUR.[2248] Allgemein ist wie in Tabelle 19 zu verfahren:

	negatives Einkommen nach deutschem Recht[2249]
+	in Deutschland, aber nicht im Ausland anerkannte Ergebnis- und Einkommens**minderungen**
+	im Ausland, aber nicht in Deutschland anerkannte Ergebnis- und Einkommens**erhöhungen**
=	**maßgebliches zu berücksichtigendes Einkommen nach § 14 Abs. 1 Nr. 5 KStG, falls negativ**

Tabelle 19: Ermittlung des von § 14 Abs. 1 Nr. 5 KStG erfassten zu versteuernden Einkommens bei komponentenweiser Betrachtung

---

2244 Z.B. aufgrund höherer Abschreibungsmöglichkeiten oder höherer nicht abzugsfähiger Aufwendungen.
2245 Vgl. LÖWENSTEIN, ULRICH/MAIER, JOCHEN (2002), S. 191.
2246 Vgl. MEILICKE, WIENAND (2002), S. 915 f.
2247 = −120.000 + 3.500.
2248 = −116.500 + 2.000.
2249 Das negative Einkommen wird hier nicht betragsmäßig dargestellt, sondern ist mit einem Minuszeichen zu versehen.

Der Unterschied zwischen beiden Varianten besteht in der **Aufrechnung von länderspezifischen Ergebnis- und Einkommensermittlungsvorschriften**. Während bei der globalen Betrachtungsweise eine Saldierung zwischen sämtlichen positiven und negativen Abweichungen erfolgt, besteht die Technik der komponentenweisen Sicht letztlich darin, länderspezifische Hinzurechnungen zu tätigen, um das Maximum, das gleichzeitig betragsmäßig identische Komponenten impliziert, zu ermitteln. Zwecks einer abschließenden Beurteilung ist sich des Wortlautes des § 14 Abs. 1 Nr. 5 KStG zu bedienen, wonach „es" – das negative Einkommen des OT – in einem ausländischen Staat Berücksichtigung findet. Hierzu bedarf es der Klärung, auf der Ermittlung welchen Rechts das „negative Einkommen" basiert. Da es bei der inländischen Besteuerung u.U. unberücksichtigt bleiben soll, ist das deutsche Recht als maßgebend anzusehen. Demgegenüber kann eine Berücksichtigung von negativem Einkommen im Ausland nur auf Basis der ausländischen Ermittlungsvorschriften stattfinden, woraus die **Richtigkeit der komponentenweisen Sicht** resultiert.

Diskussionswürdig ist der **Grenzsachverhalt**, bei dem das negative Einkommen des OT nach deutschem Recht in ein positives Einkommen nach ausländischem Recht mündet et vice versa. Hierbei kommt es nach meiner Ansicht zu einer vollständigen Berücksichtigung in Deutschland, zudem keine doppelte Verlustnutzung stattfindet. Wird nach deutschem Recht ein positives und nach ausländischem Recht ein negatives Einkommen erzielt, entzieht sich dieser Tatbestand dem Anwendungsbereich des § 14 Abs. 1 Nr. 5 KStG gänzlich.

Gem. des pauschalen Verweises in § 2 Abs. 2 S. 2 GewStG auf § 14 KStG ließe sich die **Übertragung des § 14 Abs. 1 Nr. 5 KStG auf eine gewerbesteuerliche Organschaft** vertreten. Aus dem Wortlaut jener gewerbesteuerlichen Norm ist m. E. ableitbar, dass sich die Maßgeblichkeit des § 14 KStG ausschließlich auf die personellen und sachlichen Voraussetzungen reduziert. § 14 Abs. 1 Nr. 5 KStG ordnet dagegen eine Rechtsfolge an.[2250] Ferner existiert eine der GewSt entsprechende Steuer nur in wenigen Auslandsstaaten, so dass § 14 Abs. 1 Nr. 5 KStG hinsichtlich negativer Gewerbeerträge des OT zumeist ins Leere läuft.[2251]

Auf die Gesetzesintention berufend, lässt sich die **doppelte Nutzung** ein und desselben Verlustes aufgrund von in zwei Staaten bestehenden und miteinander u.U. kollidierenden unbeschränkten Steuerpflichten anführen.[2252] Gleichzeitig geht damit eine **doppelte Ungleichbehandlung** einher. Zum einen ist uneinsichtig, warum ausschließlich eine den Steuerpflichtigen begünstigende Regelung eine Einschränkung erfährt, zumal bei einer Doppelansässigkeit auch eine potenzielle Doppelbesteuerung von Gewinnen droht. Zum anderen findet die Versagung einer doppelten Verlustnutzung aufgrund der Positionierung der Vorschrift im KStG zweifelsohne nur für das Bestehen einer Organschaft Anwendung.[2253] Die Antwort, warum jene, eine Organschaft diskriminierende Regelung „schlagartig" im Gesetz auftaucht, bleibt der Steuergesetzgeber schuldig. Dass jene Vorschrift zugleich rückwirkend ab dem Veranla-

---

2250 Vgl. ORTH, MANFRED (2002), S. 18*.

2251 Vgl. LÖWENSTEIN, ULRICH/MAIER, JOCHEN (2002), S. 192 f. Vgl. bzgl. der Existenz der GewSt in anderen Staaten JACOBS, OTTO H. (1999), S. 12, Fn. 9 und S. 133 f.

2252 Das aus der Sichtweise eines jeden Staates ausgeübte Universalitätsprinzip findet nur dann Anwendung, wenn zwischen beiden Staaten entweder kein DBA oder ein DBA mit Anrechnungsmethode nach Vorbild des Art. 23B OECD-MA besteht.

gungszeitraum 2001 Geltung erlangt (§ 34 Abs. 6 Nr. 2 KStG), ist als anmaßend zu bezeichnen. Nach meiner Meinung wird dem Gleichheitsgrundsatz gem. Art. 3 Abs. 1 GG sowie dem Grundsatz der Besteuerung nach der Leistungsfähigkeit Widerspruch geleistet, da keine zu rechtfertigenden Gründe bzw. besonderen Umstände existieren, die jene Ungleichbehandlung hervorrufen könnten[2254], zumal das negative Einkommen nicht entsprechend § 10d EStG vor- bzw. zurücktragbar ist, sondern unwiderbringlich verfällt. Zugleich ist der Bezug zur „Centros"-Entscheidung[2255] herzustellen. Wie dargelegt, wird eine doppelt ansässige Kapitalgesellschaft ungleich zu einer solchen mit doppeltem Inlandsbezug behandelt. Jenes Vorgehen des § 14 Abs. 1 Nr. 5 KStG verstößt bei doppelansässigen Gesellschaften in zwei EU-Mitgliedstaaten gegen das Diskriminierungsverbot.[2256] Zu guter Letzt kann sich das negative Einkommen des OT aus Inlands- und/oder Auslandsverlusten zusammensetzen. Da der ausländische Staat Zugriff auf das Welteinkommen besitzt, können sich diese auch bei ihm steuerlich auswirken. Dabei entsteht als Kuriosität, dass inländische Verluste von der inländischen Besteuerung u.U. ausgenommen werden. Ob der Gesetzgeber dazu überhaupt berechtigt ist, deutsche Verluste der deutschen Besteuerung nur deswegen zu entziehen, weil bereits ein ausländischer Staat ihm hinsichtlich der Berücksichtigung zuvorgekommen ist, muss stark bezweifelt werden.[2257]

Letztlich bleibt festzustellen, dass § 14 Abs. 1 Nr. 5 KStG den Verfasser dieser Arbeit an das Dilemma im Zuge der Einführung des ebenfalls mit unbestimmten Rechtsbegriffen gespickten § 2b EStG erinnert. Das BMF sollte zu den hier dargelegten unterschiedlichen Auslegungsmöglichkeiten in einem entsprechenden Schreiben Stellung beziehen. Als noch besser wäre die **komplette Streichung dieser Norm** zu erachten, die verfassungsmäßig nicht tragbar ist. Diese Aktion würde einerseits ein Eingeständnis eines Fehltritts durch den Steuergesetzgeber bedeuten; andererseits würde dieser dadurch Haltung und Größe wahren.

Bis zur wünschenswerten Abschaffung des § 14 Abs. 1 Nr. 5 KStG werden resümierend durch jene Norm addierte negative Einkommen einer doppelt ansässigen OT-Kapitalgesellschaft, die von ihr in Deutschland sowie in einem ausländischen Staat unmittelbar (kein negativer Progressionsvorbehalt!) und tatsächlich steuerlich verwertet werden, erfasst unter der Prämisse, dass das nach deutschem Recht ermittelte Einkommen das nach ausländischem Recht ermittelte Einkommen nicht übersteigt.

2253 Vgl. ENDRES, DIETER/THIES, ANGELIKA (2002), S. 275 f.

2254 ENDRES und THIES mutmaßen, dass mittels der Vorschrift die Weiterleitung eines etwaigen negativen Einkommens der OG ins Ausland verhindert werden soll, da der OT nun doppelt ansässig sein kann. Vgl. ENDRES, DIETER/THIES, ANGELIKA (2002), S. 277.

2255 Vgl. EuGH-Urteil vom 9.3.1999, S. 625 ff.

2256 Vgl. HEY, FRIEDRICH E. F. (2002), S. 916.

2257 Vgl. bzgl. dieser Überlegung TÖBEN, THOMAS/SCHULTE-RUMMEL, BJÖRN (2002), S. 436.

2. Verkehr- und Verbrauchsteuern

a) Umsatzsteuer

(1) Abgrenzung des Organkreises von inländischen Unternehmensteilen und einhergehende Rechtsfolgen

Die Rechtsgrundlage einer möglichen grenzüberschreitend angelegten umsatzsteuerlichen Organschaft ist § 2 Abs. 2 Nr. 2 S. 1 UStG entnehmbar, wonach der OT sowie die OG **keine bestimmten Ansässigkeitskriterien** zu erfüllen haben. Satz 2 und Satz 3 konkretisieren diese Allgemeinbestimmungen dahingehend, dass die **Wirkungen der Organschaft auf Innenleistungen zwischen den im Inland gelegenen Unternehmensteilen beschränkt** sind.[2258] Unter „inländisch" wird dabei zum einen eine im Inland befindliche Geschäftsleitung verstanden (Umkehrschluss aus § 2 Abs. 2 Nr. 2 S. 4 UStG, Abschn. 21a Abs. 4 S. 1 UStR). Zum anderen deutet der Begriff „im Inland gelegen" auf eine feste ortsgebundene Einrichtung hin, die von gewisser Dauer ist, entsprechend zu dem in § 12 AO definierten Betriebstättenbegriff.[2259] Insofern wurde zumindest **für den OT eine Harmonisierung des Ansässigkeitskriteriums durch das UntStFG** geschaffen.

Besitzt der OT seine Geschäftsleitung im Ausland, gilt der wirtschaftlich bedeutendste inländische Unternehmensteil als umsatzsteuerlicher Unternehmer (§ 2 Abs. 2 Nr. 2 S. 4 UStG). Jener kann eine im Inland ansässige OG oder eine im Inland unterhaltene Betriebstätte des OT verkörpern. Was als „bedeutend" zu beurteilen ist, wird i. d. R. anhand der getätigten Umsätze bemessen, falls sich die maßgeblichen Finanzämter auf Antrag des bedeutsamsten Unternehmensteils nicht über einen anderen Maßstab verständigen (Abschn. 21a Abs. 7 S. 3 und S. 4 UStR). Eine andere Ansicht möchte die Umsätze nur hilfweise verwenden und stellt (ohne nähere Begründung) auf die Maßgeblichkeit des Gewinns ab.[2260] Stellt man den Vergleich zur Kleinunternehmerregelung oder der Besteuerung nach vereinnahmten Entgelten (§§ 19 f. UStG) an, ist auf den ersten Blick verwunderlich, warum der Gewinn im UStG als Beurteilungsgröße herangezogen wird. Ganz abgesehen davon wäre zu hinterfragen, ob bei einer Verlustsituation beider Konstrukte dasjenige mit dem geringsten Verlust als wirtschaftlich „bedeutsam" anzusehen wäre. Diese Ansicht ist m. E. abzulehnen.

Keine umsatzsteuerlichen Organschaftswirkungen bestehen im Verhältnis zu den im Ausland gelegenen Unternehmensteilen sowie zwischen diesen selbst (Abschn. 21a Abs. 1 S. 2 UStR), so dass bspw. eine **ausländische OG als eigenständige Unternehmerin** i.S.v. § 2 Abs. 1 UStG fungiert.

Zusammenfassend ist strikt zwischen dem umsatzsteuerlichen Organkreis einerseits und den Organschaftswirkungen, repräsentiert durch die Qualifikation als inländischer Unternehmensteil, andererseits zu differenzieren. Abbildung 45 (S. 401) verdeutlicht die Zusammenhänge,

2258 Vgl. auch BFH-Urteil vom 19.10.1995, V R 71/93, S. 274.
2259 Vgl. SCHLIENKAMP, A. (1986), S. 50.
2260 Vgl. m. w. N. SCHMIDT, LUDWIG/MÜLLER, THOMAS/STÖCKER, ERNST E. (1999), Rz. 1564.

indem sie die in Abschn. 21a Abs. 3, 6, 7 und 8 UStR verteilten Aussagen der Finanzverwaltung zusammenfasst.

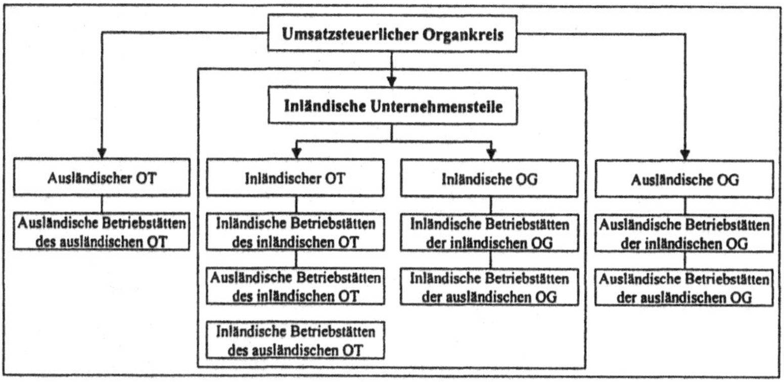

Abbildung 45: Zusammenhang zwischen dem umsatzsteuerlichen Organkreis und seiner im Inland gelegenen Unternehmensteile[2261]

Eine grenzüberschreitende umsatzsteuerliche Organschaft ist somit möglich, wobei die materiellen (begünstigenden) Auswirkungen ausschließlich bei Umsätzen zwischen inländischen Unternehmensteilen stattfinden. Eine „echte" grenzüberschreitende Organschaft, d.h. die Behandlung von grenzüberschreitenden Umsätzen innerhalb eines multinationalen Organkreises als nichtsteuerbare Innenumsätze, war in Deutschland bis zum Eintritt der Rechtsfolgen des Steuerbereinigungsgesetzes 1986[2262] am 1.1.1987[2263] existent.[2264] Für dessen Abschaffung

[2261] Bzgl. der Abgrenzung inländischer Unternehmensteile sind im Schrifttum vielfach Wirrungen erkennbar. Vgl. SCHMIDT, LUDWIG/MÜLLER, THOMAS/STÖCKER, ERNST E. (1999), Rz. 1561 f., die **ausländische Betriebstätten einer inländischen OG** als Unternehmensteile werten, was eindeutig Abschn. 21a Abs. 6 S. 7 UStR widerspricht. Gleicher Ansicht: VÖLKEL, DIETER/KARG, HELMUT (2001), S. 291, Beispiel 7 und dessen Lösung auf 604 f. Hiernach hatte ein inländischer OT eine inländische OG und jene eine Betriebstätte in Prag. Die Umsätze zwischen den letzten beiden Konstrukten wurden als nicht steuerbare Innenumsätze gewertet und sich dabei auf Abschn. 21a Abs. 8 S. 1 UStR berufen. Abgesehen davon, dass die Verwaltungsvorschrift mit „Organträger im Ausland" überschrieben ist, wird ein Innenumsatz zwischen ausländischer Betriebstätte und inländischer OG explizit verneint. Entsprechendes gilt für einen OT im Inland (Abschn. 21a Abs. 6 S. 7 UStR). Diametral hierzu werden Leistungsbeziehungen zwischen einem **inländischen OT und seiner ausländischen Betriebstätte** betrachtet. BIRKENFELD nimmt ein innergemeinschaftliches Verbringen an, das gem. § 3 Abs. 1a UStG umsatzsteuerbar, aber als objektiv steuerbefreit anzusehen ist (§§ 4 Nr. 1b, 6a Abs. 2 UStG). Entgegen dieser Situation sind im umgekehrten Falle materielle Unterschiede insoweit zugegen, da nach BIRKENFELD ein innergemeinschaftlicher Erwerb gegen Entgelt fingiert werden würde (§ 1a Abs. 2 UStG). Vgl. BIRKENFELD, WOLFRAM (1996), S. 171 f. Auch VÖLKEL und KARG äußern sich zu diesem Themenbereich missverständlich. Während sie nicht steuerbare Innenumsätze zwischen dem inländischen OT und seiner ausländischen Betriebstätte bejahen, fingieren sie gleichzeitig ein innergemeinschaftliches Verbringen. Dies ist abzulehnen, da § 3 Abs. 1a UStG nicht als lex specialis gegenüber § 2 Abs. 2 Nr. 2 S. 2 UStG anzusehen ist. Vgl. VÖLKEL, DIETER/KARG, HELMUT (2001), S. 291, Beispiel 5 und dessen Lösung auf S. 604.

[2262] Vgl. Art. 14 Nr. 2 des „Steuerbereinigungsgesetzes 1986" vom 19.12.1985, S. 2454.

[2263] Auf Antrag konnte eine rückwirkende Anwendung auf nach dem 31.12.1979 ausgeführte Umsätze stattfinden. Vgl. BMF-Schreiben vom 29.6.1987, S. 626.

[2264] Vgl. BFH-Urteil vom 29.4.1987, S. 742 ff. und BMF-Schreiben vom 10.7.1980, S. 421.

zeichnete sich die 6. EG-Richtlinie als verantwortlich, die im Zuge der Harmonisierung der Umsatzsteuern eine grenzüberschreitende Organschaft explizit nicht zuließ.[2265]

Durch den BMF wird (m. E. überflüssigerweise) klargestellt, dass Warenbewegungen zwischen den im Inland und im übrigen Gemeinschaftsgebiet gelegenen Unternehmensteilen steuerbare (Außen-)Umsätze darstellen.[2266] Im Falle des Bezuges einer **Warenlieferung** eines in Deutschland ansässigen OT von seiner OG, die ihre Geschäftsleitung bspw. in Österreich hat, liegt ein (umsatzsteuerbarer) innergemeinschaftlicher Erwerb gegen Entgelt vor (§§ 1 Abs. 1 Nr. 5, 1 Abs. 2a, 1a Abs. 1, 3d S. 1 UStG), der in Deutschland auch umsatzsteuerpflichtig ist. Bei Annahme der umgekehrten Konstellation ist die Lieferung in Deutschland umsatzsteuerbar (§§ 1 Abs. 1 Nr. 1 S. 1, 3 Abs. 5a, 3c Abs. 1 S. 1 UStG), aber objektiv umsatzsteuerbefreit (§§ 4 Nr. 1b, 6a Abs. 1 S. 1 UStG).

Fraglich ist, warum ausschließlich Lieferungen innerhalb des Gemeinschaftsgebietes und **nicht auch unter Bezug auf das Drittlandsgebiet**[2267] Gegenstand des erwähnten BMF-Schreibens sind. Hierbei gelten sinngemäße Aussagen für Warenlieferungen zwischen einem in Deutschland ansässigen OT und seiner OG mit einer beispielhaften Geschäftsleitung in den USA. Im ersten Fall erfolgt eine Einfuhr von Gegenständen aus dem Drittlandsgebiet (gem. §§ 1 Abs. 1 Nr. 4, 1 Abs. 2a, 3 Abs. 8 UStG umsatzsteuerbar und -pflichtig)[2268], im zweiten Fall eine Ausfuhrlieferung (gem. §§ 1 Abs. 1 Nr. 1 S. 1, 1 Abs. 2a, 3 Abs. 8 UStG umsatzsteuerbar, aber gem. §§ 4 Nr. 1a, 6 Abs. 1 S. 1 Nr. 1 UStG objektiv umsatzsteuerbefreit).

Auch **sonstige Leistungen** i.S.v. § 3 Abs. 9 UStG zwischen den Unternehmen des Organkreises bleiben dem BMF-Schreiben außen vor. M. E. gilt eine dementsprechende Prüfung analog. Wird eine sonstige Leistung von der OG an den OT erbracht, ist hinsichtlich der Rechtsfolgen zu differenzieren: Während die sonstige Leistung unter der Annahme der Regelung des § 3a Abs. 3 und Abs. 4 UStG kein umsatzsteuerbares Geschäft in Deutschland darstellt, ist dies bei Annahme der Geltung der Grundregel des § 3a Abs. 1 S. 1 UStG gerade der Fall. Gleiches gilt für die sonstige Leistung des OT an die OG.

2265 Art. 4 Abs. 4 Unterabsatz 2 der 6. EG-Richtlinie lautet: „Vorbehaltlich der Konsultation nach Art. 29 steht es jedem Mitgliedstaat frei, im Inland ansässige Personen, die zwar rechtlich unabhängig, aber durch gegenseitige finanzielle, wirtschaftliche und organisatorische Beziehungen eng miteinander verbunden sind, zusammen als einen Steuerpflichtigen zu behandeln." Abgedruckt bei TÜCHELMANN, FRED (1989), S. 110.

2266 Vgl. BMF-Schreiben vom 5.8.1993, S. 1005 und den Wortlaut übernehmend Abschn. 15b Abs. 8 UStR. Das „übrige Gemeinschaftsgebiet" ist abgegrenzt als sämtliche EU-Mitgliedstaaten ohne das Inland (§ 1 Abs. 2a S. 1 UStG), wobei unter Letzterem das Gebiet der Bundesrepublik Deutschland ohne bestimmte Inseln, Häfen etc. gemeint ist (§ 1 Abs. 2 UStG).

2267 Drittlandsgebiet ist das Gebiet, das nicht Gemeinschaftsgebiet ist (§ 1 Abs. 2a S. 3 UStG).

2268 Eine entscheidende Bedeutung ist § 3 Abs. 8 UStG beizumessen, wonach der Ort der Lieferung durch die Person des Schuldners der Einfuhrumsatzsteuer abhängig gemacht wird. Ist der Lieferant Schuldner, ist – wie hier angenommen – der Lieferungsort Deutschland. Im Falle der Steuerschuldnerschaft des Abnehmers gilt § 3 Abs. 6 S. 1 UStG als Lieferungsort (Drittland). Die Steuerschuldnerschaft bemisst sich nach den Lieferbedingungen. Lauten diese auf „verzollt und versteuert", ist § 3 Abs. 8 UStG maßgebend. Vgl. HOFFRICHTER-DAHL, GABRIELE/MOECKER, UDO (2000), S. 95.

(2) Gestaltungsempfehlungen durch Betriebstättenkonstruktionen

In besonderen Fällen lassen sich mittels Betriebstättenkonstruktionen dergestalt Verringerungen der USt-Zahllast des OT erzielen, als dass – bezugnehmend auf Abbildung 45 (S. 401) – der **umsatzsteuerliche Organkreis um inländische Unternehmensteile erweitert** wird. Die Begünstigungen liegen dann vor, wenn der OT steuerfreie Umsätze ausführt und von ausländischen OG in unmittelbarem wirtschaftlichem Zusammenhang zu diesen stehende Leistungen empfängt, die einen Ausschluss des Vorsteuerabzuges bewirken (§ 15 Abs. 2 S. 1 Nr. 1 UStG). Mittels Errichtung einer Betriebstätte in Deutschland durch die ausländische OG bzw. durch den OT im Ausland können die bislang von der OG erbrachten Leistungen auf diese ausgelagert und der **Umsatz von einem steuerpflichtigen Außenumsatz in einen nicht steuerbaren Innenumsatz transformiert** werden. Dazu seien zwei beispielhafte Konstruktionen unterbreitet.

Die in Frankreich ansässige OG baut für den OT in Deutschland Häuser, wobei Letzterer diese an Nichtunternehmer vermietet. Die OG erbringt dem OT eine in Deutschland umsatzsteuerbare und -pflichtige (Werk-)Lieferung (§§ 1 Abs. 1 Nr. 1, 3 Abs. 4, 3 Abs. 5a, 3 Abs. 7 S. 1 UStG). Da der OT umsatzsteuerfreie Mietleistungen erbringt (§ 4 Nr. 12a UStG), ist er nicht zum Vorsteuerabzug aus der Werklieferung berechtigt, da er die Lieferung zur Ausführung steuerfreier Umsätze verwendet (§ 15 Abs. 2 S. 1 Nr. 1 UStG). Die dem OT in Rechnung gestellte USt wird für ihn zum Definitivkostenfaktor. Als Strategie könnte die OG eine Betriebstätte in Deutschland errichten, welche dieselbe Werklieferung an den OT erbringt. Nach Abbildung 45 (S. 401) läge kein umsatzsteuerbares Geschäft vor, da der inländische OT und die inländische Betriebstätte einer ausländischen OG Unternehmensteile i.S.v. § 2 Abs. 2 Nr. 2 S. 2 und S. 3 UStG darstellen. Der oben entstehende Kostennachteil ließe sich vermeiden.[2269] Alternativ wäre zu prüfen, ob die OG durch ihre Bauausführung nicht bereits originär eine Betriebstätte in Deutschland begründet (§ 12 S. 2 Nr. 8 AO), falls jene länger als 6 Monate dauert.[2270]

Bei einem inländischen Kreditinstitut als OT und einer dessen Datenverarbeitung übernehmenden und in Frankreich ansässigen OG sind jene sonstige Leistungen in Deutschland umsatzsteuerbar und -pflichtig, da sie im Inland ausgeführt werden (§§ 1 Abs. 1 Nr. 1, 3 Nr. 9 S. 1, 3a Abs. 3 S. 1 UStG i.V.m. § 3a Abs. 4 Nr. 4 UStG). Aufgrund des unmittelbaren wirtschaftlichen Zusammenhanges mit den steuerfreien Umsätzen des OT (§ 4 Nr. 8a UStG) ist ein Vorsteuerabzug wie im Vorbeispiel ausgeschlossen (§ 15 Abs. 2 S. 1 Nr. 1 UStG). Würde der OT in Frankreich eine Betriebstätte errichten, die anstelle der OG 2 die Datenverarbeitung übernimmt, lägen zwei inländische Unternehmensteile (inländischer OT und ausländische Betriebstätte des inländischen OT) und somit aufgrund Abschn. 21a Abs. 6 Satz 2 UStR keine steuerbaren Innenumsätze vor. Die Umsatzsteuerbelastung des OT würde insofern vermieden werden. Das gleiche Endergebnis ließe sich erzielen, wenn die OG eine Betriebstätte in

---

2269 In Anlehnung an Beispiel 2 bei TÜCHELMANN, FRED (1989), S. 111 f.

2270 Dabei wird nach dem Gesetzeswortlaut unter dem „6-Monatszeitraum“ nicht unbedingt nur eine, sondern auch mehrere ohne Unterbrechung aufeinander folgende Bauausführungen verstanden.

Deutschland errichtet, welche mit der Übernahme der Datenverarbeitung betraut wird (analog Fallkonstruktion 1).[2271, 2272]

Ferner ist einem rein inländischen Organkreis, der ein Auslandsengagement in Form einer Betriebstätte plant, zu raten, dass diese als Betriebstätte des OT und nicht der OG ausgestaltet wird, da die ausländische Betriebstätte des OT entgegen einer solchen der OG einen Unternehmensteil darstellt, der die umsatzsteuerlichen organschaftlichen Wirkungen über die Grenze gewährleistet.

b) Grunderwerbsteuer

Da das GrEStG auf die Definition des umsatzsteuerlichen OT und der OG zurückgreift, sind keinerlei Ansässigkeitskriterien zu erfüllen. Jene werden entgegen den umsatzsteuerlichen Vorschriften auch nicht näher konkretisiert bzw. eingegrenzt. Deswegen kann auch eine ausländische Gesellschaft als OT sowie als (zwischengeschaltete) OG fungieren. Die **Geschäftsleitung** hat sich **nicht notwendigerweise im Inland** zu befinden. Gleiches gilt für die grundstücksbesitzende Gesellschaft, deren Anteile transferiert werden, soweit zu ihrem Betriebsvermögen mind. ein **inländisches** Grundstück gehört.[2273] Für die Anteilsübertragung ist dabei ein im Ausland geschlossener Vertrag, an dem ausschließlich Ausländer beteiligt sind, ausreichend.[2274] Dabei ist GROTHERR zuzustimmen, der im Zuge von Konzernumstrukturierungen bei ausländischen Beteiligten latent die Begehung einer Steuerordnungswidrigkeit mangels deutscher Steuerkenntnisse befürchtet.[2275] Dabei sind ebenfalls Schwierigkeiten für die deutsche Finanzverwaltung bzgl. der Überprüfung von Eingliederungskriterien im Ausland präsent, die überraschenderweise keine Rolle spielen. Eine konsequente Handhabe – auch im Hinblick auf die gewonnenen Ergebnisse in Kapitel D.III.1.a)(3) (ab S. 376) – wäre wünschenswert.

2271 In Anlehnung an Beispiel 3 bei TÜCHELMANN, FRED (1989), S. 112.

2272 Gem. § 3a Abs. 1 S. 2 UStG gilt bei einer von einer Betriebstätte ausgeführten sonstigen Leistung die Betriebstätte als solche als Ort der sonstigen Leistung. Allerdings wird die Vorschrift ebenso durch § 3a Abs. 3 S. 1 UStG verdrängt.

2273 Vgl. BFH-Urteil vom 29.7.1998, S. 518 f.; Urteil des FG Hamburg vom 28.2.2000 (n.rkr.), S. 697 f. sowie die Beispielsfälle bei GROTHERR, SIEGFRIED (1994), S. 1971 ff.

2274 Vgl. VISKORF, HERMANN-ULRICH (1997), § 2 GrEStG, Rn. 23.

2275 Vgl. GROTHERR, SIEGFRIED (1994), S. 1973.

E. Schlussbetrachtung

Die an mannigfaltigen Stellen dieser Arbeit geübte Kritik am geltenden Organschaftsrecht soll im Rahmen der Schlussbetrachtung dergestalt komprimiert werden, dass eine Bereinigung des bestehenden Gesetzeswortlautes vorgenommen wird, wobei ausschließlich in der Arbeit aufgegriffene und diskutierte Themenbereiche darin Eingang finden. Hierzu werden in Tabelle 20 die Korrekturbedarf zu erfahrenden Gesetzespassagen i.d.F. des UntStFG herausgegriffen und an die in dieser Arbeit vertretene Meinung angepasst. Als Hauptverbesserungsvorschläge sind die Anpassungen an das Aktienrecht anzuführen. Ein vom Verfasser formulierter § 14a KStG behandelt den organschaftlichen Ausgleichsposten. § 14 Abs. 1 Nr. 5 KStG wurde ersatzlos gestrichen. Zum besseren Vergleich mit dem bisherigen Wortlaut sind in Anlage 13 des Anhangs (ab S. xxxvi) die für dieses Kapitel relevanten Gesetzespassagen nach dem UntStFG wiedergegeben.

Körperschaftsteuergesetz		
§ 14 KStG	*Abs. 1*	Verpflichtet sich eine Aktiengesellschaft oder Kommanditgesellschaft auf Aktien mit Geschäftsleitung im Inland (Organgesellschaft) durch einen Gewinnabführungsvertrag im Sinne des § 291 Abs. 1 des Aktiengesetzes, ihren ganzen handelsbilanziellen Jahresüberschuss an ein einziges anderes gewerbliches Unternehmen im Sinne des § 15 Abs. 2 des Einkommensteuergesetzes abzuführen, so ist das Einkommen der Organgesellschaft, soweit sich aus § 16 nichts anderes ergibt, dem Träger des Unternehmens (Organträger) zuzurechnen, wenn die folgenden Voraussetzungen erfüllt sind:
	Nr. 1	Organträger und Organgesellschaft stellen vorbehaltlich den nachfolgenden Nummern Konzernunternehmen im Sinne des § 18 Abs. 1 des Aktiengesetzes dar, wobei § 17 Abs. 2 sowie § 18 Abs. 1 Satz 3 oder § 18 Abs. 1 Satz 2 des Aktiengesetzes als erfüllt gelten.
	Nr. 2	Der Organträger muss eine unbeschränkt steuerpflichtige natürliche Person mit im Inland belegenen Gewerbebetrieb oder eine unbeschränkt steuerpflichtige Körperschaft, Personenvereinigung oder Vermögensmasse im Sinne des § 1 oder eine Personengesellschaft im Sinne des § 15 Abs. 1 Nr. 2 des Einkommensteuergesetzes mit Geschäftsleitung oder Sitz im Inland sein.
	Nr. 3	[1] Der Organträger muss an der Organgesellschaft vom Beginn ihres Wirtschaftsjahres an ununterbrochen in einem solchen Maße beteiligt sein, dass ihm eine Mehrheit der Stimmrechte aus den Anteilen an der Organgesellschaft in Höhe von mindestens 75 Vomhundert zusteht. [2] Mittelbare Beteiligungen sind zu berücksichtigen, wenn die Beteiligung an jeder vermittelnden Gesellschaft mindestens 75 Vomhundert der Stimmrechte gewährt. [3] § 16 AktG bleibt im Übrigen unberührt. [4] Bei einer Personengesellschaft im Sinne von Nr. 2 ist die finanzielle Eingliederung auch erfüllt, wenn die die Stimmrechte vermittelnden Anteile nicht zum Vermögen der Personengesellschaft, sondern zum Vermögen einzelner Gesellschafter der Personengesellschaft gehören. [5] Die Mehrheit der Stimmrechte aus den Anteilen an der Organgesellschaft in Höhe von mindestens 75 Vomhundert kann ausschließlich den Gesellschaftern oder den Gesellschaftern und der Personengesellschaft zustehen. [6] Die die Stimmrechte vermittelnden Anteile an der Organgesellschaft, die nicht zum Vermögen der Personengesellschaft gehören, stellen bei der Anerkennung der Organschaft notwendiges Sonderbetriebsvermögen der Gesellschafter der Personengesellschaft dar. [7] Die Sätze 4 bis 6 gelten unabhängig davon, ob ein oder mehrere Gesellschafter der Personengesellschaft beschränkt oder unbeschränkt steuerpflichtig sind.

§ 14 KStG	*Nr. 4*	[1] Ein etwaiger Beherrschungsvertrag im Sinne des § 291 des Aktiengesetzes oder eine etwaige Eingliederung nach den Vorschriften der §§ 319 bis 327 des Aktiengesetzes müssen von dem in Nummer 3 Satz 1 bezeichneten Zeitpunkt an ununterbrochen bestehen. [2] Der Beherrschungsvertrag muss tatsächlich durchgeführt werden. [3] Einem Beherrschungsvertrag steht ein Teilbeherrschungsvertrag gleich, wenn er die einheitliche Leitung im Sinne des § 18 Abs. 1 Satz 1 des Aktiengesetzes zu begründen vermag.
	Nr. 5	[1] Der Gewinnabführungsvertrag muss bis zum Ende des Wirtschaftsjahres der Organgesellschaft, für das Satz 1 erstmals angewendet werden soll, auf mindestens fünf Wirtschaftsjahre abgeschlossen und bis zum Ende des folgenden Wirtschaftsjahres wirksam werden. [2] Er muss während seiner gesamten Geltungsdauer tatsächlich durchgeführt werden. *[Sätze 3 bis 4 des gültigen § 14 Abs. 1 Nr. 3 KStG gelten unverändert]*
	Nr. 6	Die Organgesellschaft darf Beträge aus dem Jahresüberschuss nur insoweit in die Gewinnrücklagen (§ 272 Abs. 3 des Handelsgesetzbuchs) mit Ausnahme der gesetzlichen Rücklage und der Rücklage für eigene Anteile einstellen, als dies bei vernünftiger kaufmännischer Beurteilung wirtschaftlich begründet ist.
	Abs. 2	Abweichend von Absatz 1 können sich mehrere gewerbliche Unternehmen im Sinne des § 15 Abs. 2 des Einkommensteuergesetzes im Verhältnis zur Organgesellschaft lediglich zum Zwecke der einheitlichen Willensbildung zusammenschließen, wenn zusätzlich zu den Voraussetzungen nach Absatz 1
	Nr. 1	jedes Unternehmen an der Organgesellschaft vom Beginn ihres Wirtschaftsjahres an ununterbrochen beteiligt ist und den Unternehmen die Mehrheit der Stimmrechte im Sinne des Abs. 1 Nr. 3 an der Organgesellschaft zustehen;
	Nr. 2	ein etwaiger Beherrschungsvertrag mit jedem Unternehmen abgeschlossen ist und für jedes Unternehmen die Voraussetzungen des Abs. 1 Nr. 4 erfüllt sind;
	Nr. 3	der Gewinnabführungsvertrag mit jedem Unternehmen abgeschlossen ist und für jedes Unternehmen die Voraussetzungen des Abs. 1 Nr. 5 erfüllt sind.
§ 14a KStG	***Abs. 1*** *Nr. 1*	[1] Ist der Betrag des abzuführenden handelsbilanziellen Jahresüberschusses der Organgesellschaft kleiner als der Betrag des steuerbilanziellen Jahresüberschusses (handelsrechtliche Minderabführung), ist in der Steuerbilanz des Organträgers ein aktiver Ausgleichsposten einkommensneutral in der Höhe des Differenzbetrages zu bilden, der dem Verhältnis der Beteiligung des Organträgers am gezeichneten Kapitel der Organgesellschaft entspricht. [2] Der aktive Ausgleichsposten stellt nachträgliche Anschaffungskosten auf die Beteiligung an der Organgesellschaft dar. [3] Die Sätze 1 und 2 gelten für zu übernehmende handelsbilanzielle Jahresfehlbeträge der Organgesellschaft sinngemäß. [4] Entfällt der Grund für die in Satz 1 angeführte Divergenz vollständig oder teilweise in organschaftlicher Zeit, ist der (verbleibende) aktive Ausgleichsposten einkommensneutral aufzulösen. [5] Wird die Beteiligung an der Organgesellschaft vor der vollständigen Auflösung des aktiven Ausgleichspostens veräußert, gilt Satz 4 entsprechend, falls der Veräußerungsgewinn nach § 8b Abs. 2 begünstigt ist. [6] Liegt eine Begünstigung nach § 3 Nr. 40 Buchstabe a des Einkommensteuergesetzes vor, ist der verbleibende aktive Ausgleichsposten zur Hälfte einkommensneutral aufzulösen.
	Nr. 2	[1] Ist der Betrag des abzuführenden handelsbilanziellen Jahresüberschusses der Organgesellschaft größer als der Betrag des steuerbilanziellen Jahresüberschusses (handelsrechtliche Mehrabführung), ist in der Steuerbilanz des Organträgers ein passiver Ausgleichsposten einkommensneutral in der Höhe des Differenzbetrages zu bilden, der dem Verhältnis der Beteiligung des Organträgers am gezeichneten Kapitel der Organgesellschaft entspricht. [2] Dieser stellt eine Minderung der Anschaffungskosten der Organbeteiligung dar. [3] Die Sätze 1 und 2 gelten für zu übernehmende handelsbilanzielle Jahresfehlbeträge der Organgesellschaft sinngemäß. [4] Nr. 1 Sätze 4 bis 6 gelten sinngemäß.

§ 14a KStG	***Abs. 2***	[1] Eine in organschaftlicher Zeit stattfindende handelsrechtliche Mehrabführung, für die ein Geschäftsvorfall vor Begründung des Organschaftsverhältnisses ursächlich ist, stellt eine offene Gewinnausschüttung dar. [2] Eine in organschaftlicher Zeit stattfindende handelsrechtliche Minderabführung, für die ein Geschäftsvorfall vor Begründung des Organschaftsverhältnisses ursächlich ist, stellt eine Einlage des Organträgers in die Organgesellschaft dar.
§ 17 KStG		[1] Die §§ 14 bis 16 gelten entsprechend, wenn eine andere als die in § 14 Abs. 1 Satz 1 bezeichnete Kapitalgesellschaft oder eingetragene Genossenschaft mit Geschäftsleitung im Inland sich wirksam verpflichtet, ihren ganzen Gewinn an ein anderes Unternehmen im Sinne des § 14 abzuführen.
	Nr. 2	eine Verlustübernahme entsprechend den Vorschriften des § 302 Abs. 1 des Aktiengesetzes vereinbart wird.
§ 27 KStG	***Abs. 6***	Handelsrechtliche Minderabführungen im Sinne des § 14a Abs. 1 Nr. 1 erhöhen das Einlagekonto, handelsrechtliche Mehrabführungen im Sinne des § 14a Abs. 1 Nr. 2 vermindern vorrangig das Einlagekonto einer Organgesellschaft, wenn sie ihre Ursache in organschaftlicher Zeit haben.
§ 34 KStG	***Abs. 11b***	In § 16 wird für den Veranlagungszeitraum 2003 der Multiplikator „$^{4}/_{3}$“ durch den Multiplikator „1,36“ ersetzt.
Gewerbesteuergesetz		
§ 2 GewStG	***Abs. 2***	[2] Ist eine Kapitalgesellschaft Organgesellschaft im Sinne der §§ 14, 17 oder 18 des Körperschaftsteuergesetzes, so gilt sie als Betriebstätte des Organträgers, der einen Gewerbebetrieb im Sinne dieses Gesetzes betreibt. [3] § 14 Abs. 2 des Körperschaftsteuergesetzes gilt sinngemäß. [4] Gewerbeverluste des Organträgers aus vororganschaftlicher Zeit dürfen während der Dauer der gewerbesteuerlichen Organschaft ausschließlich mit eigenen Gewerbeerträgen des Organträgers verrechnet werden.
Einkommensteuergesetz		
§ 35 EStG	***Abs. 3***	[1] Im Rahmen einer Organschaft im Sinne des § 2 Abs. 2 Sätze 2 und 3 des Gewerbesteuergesetzes gilt als Gewerbesteuer-Messbetrag im Sinne von Abs. 1 derjenige Betrag, der sich unter Einbezug der Gewerbeergebnisse sämtlicher mittel- und unmittelbarer Organgesellschaften ergibt. [2] Die zuzurechnenden Einkommen der Organgesellschaften gelten dabei als gewerbliche Einkünfte im Sinne von Absatz 1 Satz 1.
§ 49 EStG	***Abs. 1 Nr. 2a***	*[Satz 1 des gültigen § 49 Abs. 1 Nr. 2a EStG gilt unverändert]* Darunter wird auch das anteilige zuzurechnende Einkommen einer Organgesellschaft im Sinne des § 14 des Körperschaftsteuergesetzes verstanden.
Umsatzsteuergesetz		
§ 2 UStG	***Abs. 2*** *Nr. 2*	...wenn zwischen einer juristischen Person und dem Unternehmen des Organträgers die Voraussetzungen des § 14 Abs. 1 Nr. 1 des Körperschaftsteuergesetzes erfüllt sind (Organschaft). [2] § 14 Nr. 3 Sätze 1 bis 3 des Körperschaftsteuergesetzes gelten ohne zeitliche Restriktionen ebenso wie § 14 Nr. 4 Sätze 2 und 3 sowie § 14 Abs. 2 des Körperschaftsteuergesetzes sinngemäß. *[Sätze 2 bis 4 des gültigen UStG gelten unverändert]* [6] Der wirtschaftlich bedeutendste Unternehmensteil bemisst sich nach der Höhe der im betreffenden Kalenderjahr getätigten Umsätze.

Grunderwerbsteuergesetz		
§ 1 GrEStG	***Abs. 4*** *Nr. 2b*	…als abhängig juristische Personen, die zu einem Unternehmen nach Maßgabe des § 2 Abs. 2 Nr. 2 Sätze 1 bis 2 des Umsatzsteuergesetzes in Verbindung stehen.
	Abs. *7*	Sind an einem Rechtsvorgang im Sinne der Absätze 1 bis 3 nur solche Unternehmen beteiligt, zwischen denen § 1 Abs. 4 Nr. 2 Buchstabe b anwendbar ist, gilt dies nicht als Erwerb eines Grundstücks im Sinne dieses Gesetzes, falls das Grundstück nicht anschließend innerhalb von fünf Jahren zusammen mit dem grundbesitzenden Unternehmen aus dem Verbund ausscheidet.

Tabelle 20: Verbesserungsvorschläge in Gestalt einer Neuformulierung ausgewählter organschaftsrelevanter Gesetzespassagen

Das UntStFG wurde am Heiligen Abend des Jahres 2001 im Bundesgesetzblatt veröffentlicht. Ob sich jene bedeutende Reformierung des Organschaftsrechts als Geschenk für die betroffenen Unternehmen werten lässt[2276], ist differenziert zu betrachten. Einerseits ist eine weitere Abkehr von einer einheitlichen Rechtsordnung zu verzeichnen. Ein Vorschlag zu dessen Rückkehr wurde unterbreitet. Andererseits wird der bislang ohnehin große Anwendungskreis der Organschaft als Gestaltungsinstrumentarium zunehmen, worüber sich die steuerberatenden Berufe freuen dürfen.

[2276] In Anlehnung an die Formulierung von HEY, FRIEDRICH E. F. (2002), S. 915, Fn. 2.

Anhang

Anlage 1: Fallbeispiel zur Dotierung der gesetzlichen Rücklage und zur Gewinnabführung gem. §§ 300 f. AktG

Die allgemeine Diskussion in Kapitel C.I.1.a)(1)(a) (S. 171) in ein Zahlenbeispiel überführend, wird zum 1.1.02 ein Organschaftsverhältnis begründet. Die OG in der Rechtsform einer AG existierte bereits vor dieser für steuerliche Zwecke eingegangenen Verbindung. Die relevanten Positionen ihres bilanziellen Eigenkapitals i.S.v. § 266 Abs. 3 A. HGB lauten zum 31.12.01:

- Grundkapital: 500.000 EUR;
- vorvertraglich gebildete gesetzliche Rücklage: 13.000 EUR;
- Kapitalrücklagen i.S.v. § 272 Abs. 2 Nr. 1-3 HGB: 5.000 EUR;
- Verlustvortrag: 5.000 EUR.

Weiterhin sind folgende Prämissen zu beachten:

- Sowohl der OT als auch die OG besitzen ein kalenderidentisches Wirtschaftsjahr.
- Die Grenze i.S.v. § 300 Nr. 1 AktG beträgt 10%, d.h., es treten keine satzungsbedingten Verschärfungen ein.
- Es finden innerhalb des betrachteten Zeitraums keine Veränderungen der Kapitalrücklage i.S.v. § 272 Abs. 2 Nr. 1-3 HGB statt. Ferner wird von der Dotierung anderer Gewinnrücklagen abgesehen.

Während der Laufzeit des EAV von fünf Jahren erzielt die OG folgende Jahresergebnisse ohne Berücksichtigung der Gewinnabführung:

Jahr	**Jahresergebnisse vor Gewinnabführung in EUR**
02	135.000
03	100.000
04	5.000
05	50.000
06	75.000

Innerhalb der einzelnen Jahre der Vertragsdauer hat jeweils ein Vergleich zwischen der Dotierungshöhe nach § 300 Nr. 1 AktG und der nach § 150 Abs. 2 AktG stattzufinden. Dabei ist stets der höhere der beiden Beträge anzusetzen. Als Restriktion darf die Einstellung des maßgeblichen Betrages zu keinem Bilanzverlust führen.

(1) Wirtschaftsjahr 02

(a) Rücklage gem. § 300 Nr. 1 AktG

Die gesetzliche Rücklage zzgl. den oben genannten Kapitalrücklagen müssen nach fünf Jahren zusammen 10% des Grundkapitals erreichen (50.000 EUR). Hiervon sind bereits die vorvertragliche gesetzliche Rücklage sowie die vorvertraglichen Kapitalrücklagen anzurechnen. Der verbleibende Betrag ist linear auf fünf Jahre zu verteilen. Die Dotierungshöhe beträgt:

$$\frac{50.000 - 13.000 - 5.000}{5} = 6.400\,\text{EUR}.$$

(b) Rücklage gem. § 150 Abs. 2 AktG

Aus der Berechnung des Zuführungsbetrages nach § 150 Abs. 2 AktG resultiert folgendes Ergebnis:

$$(135.000 - 5.000) \cdot 0{,}05 = 6.500\,\text{EUR}.$$

Aus dem Vergleich resultiert ein maßgeblicher Rücklagenzuführungsbetrag von 6.500 EUR. An den OT sind 123.500 EUR (135.000–5.000–6.500) abzuführen und als Aufwand in der GuV der OG zu verbuchen.

Stand der gesetzlichen Rücklage am 31.12.02: 19.500 EUR (13.000+6.500).

(2) Wirtschaftsjahr 03

(a) Rücklage gem. § 300 Nr. 1 AktG

Da im Vorjahr § 150 Abs. 2 AktG den relevanten Betrag determinierte, ist m.E. ein neuer gleichmäßiger Betrag zu ermitteln, welcher der gesetzlichen Rücklage der OG unter Berücksichtigung der Ergebnisse aus dem Wirtschaftsjahr 02 in den restlichen vier Jahren linear zuzuführen ist:

$$\frac{50.000 - 13.000 - 5.000 - 6.500}{4} = 6.375\,\text{EUR}.$$

(b) Rücklage gem. § 150 Abs. 2 AktG

$$100.000 \cdot 0{,}05 = 5.000\,\text{EUR}$$

Der gesetzlichen Rücklage sind im Wirtschaftjahr 03 6.375 EUR zuzuführen, wobei 93.625 EUR (100.000–6.375) an den OT abzuführen sind.

Stand der gesetzlichen Rücklage am 31.12.03: 25.875 EUR (19.500+6.375).

(3) Wirtschaftsjahr 04

(a) Rücklage gem. § 300 Nr. 1 AktG

6.375 EUR (siehe Vorjahr)

(b) Rücklage gem. § 150 Abs. 2 AktG

$5.000 \cdot 0{,}05 = 250\,\text{EUR}$

Der Jahresüberschuss der Periode reicht nicht vollständig aus, die gesetzliche Rücklage mit dem maßgeblichen Betrag von 6.375 EUR aufzufüllen. Somit sind 5.000 EUR der Rücklage zuzuführen, die Gewinnabführung beträgt 0 EUR.

Stand der gesetzlichen Rücklage am 31.12.04: 30.875 EUR (25.875+5.000).

(4) Wirtschaftsjahr 05

(a) Rücklage gem. § 300 Nr. 1 AktG

$$\frac{50.000 - 30.875 - 5.000}{2} = 7.062{,}50\,\text{EUR}$$

(b) Rücklage gem. § 150 Abs. 2 AktG

$50.000 \cdot 0{,}05 = 2.500\,\text{EUR}$

Die Dotierung der gesetzlichen Rücklage beträgt 7.062,50 EUR, der abzuführende Gewinn mithin 42.937,50 EUR (50.000−7.062,50).

Stand der gesetzlichen Rücklage am 31.12.05: 37.937,50 EUR (30.875+7.062,50).

(5) Wirtschaftsjahr 06

(a) Rücklage gem. § 300 Nr. 1 AktG

7.062,50 EUR (siehe Vorjahr)

(b) Rücklage gem. § 150 Abs. 2 AktG

$75.000 \cdot 0{,}05 = 3.750\,\text{EUR}$

Die Dotierung der gesetzlichen Rücklage beträgt 7.062,50 EUR, der abzuführende Gewinn mithin 67.937,50 EUR (75.000−7.062,50).

Stand der gesetzlichen Rücklage am 31.12.06: 45.000 EUR (37.937,50+7.062,50). Unter zusätzlicher Berücksichtigung der Kapitalrücklagen ergibt sich eine Summe von 10% des Grundkapitals.

Zusammenfassend stellen sich die Entwicklungen wie folgt dar (alle Beträge in EUR):[2277]

Jahr	**Jahresergebnisse vor Gewinnabführung**	**Rücklagen-zuführung gem. § 300 Nr. 1 AktG**	**Rücklagen-zuführung gem. § 150 Abs. 2 AktG**	**Stand der gesetzlichen Rücklage zzgl. Kapitalrücklagen am Jahresende**	**Betrag der Gewinn-abführung**
01	-	-	-	18.000,00	-
02	135.000	6.400,00	**6.500**	24.500,00	123.500,00
03	100.000	**6.375,00**	5.000	30.875,00	93.625,00
04	**5.000**	6.375,00	250	35.875,00	0
05	50.000	**7.062,50**	2.500	42.937,50	42.937,50
06	75.000	**7.062,50**	3.750	50.000,00	67.937,50

Wäre die vollständige Auffüllung aufgrund geringer bzw. gar keiner Jahresüberschüsse bis zum 31.12.06 ausgeschlossen, treten im Wirtschaftsjahr 07 nicht ausschließlich die außervertraglichen Wirkungen des § 150 Abs. 2 AktG in Kraft. Vielmehr ist der fehlende Betrag in voller Höhe zu Lasten der Gewinnabführung bzw. -ausschüttung in die gesetzliche Rücklage solange einzustellen, bis die 10%-Grenze erreicht ist. Aus dem Gesetzeswortlaut ist abzuleiten, dass diese Aussage unabhängig davon gilt, ob der Vertrag am 31.12.06 verlängert wird oder nicht.

[2277] Die für die Rücklagendotierung maßgeblichen Beträge sind fett markiert.

Anlage 2: Fallbeispiel zur Ergebnis- und Einkommensermittlung sowie zur Abführung und Zurechnung bei voneinander divergierenden Wirtschaftsjahren von Organträger und Organgesellschaft

Die allgemeinen Ausführungen in Kapitel C.I.1.a)(2)(a)(iii) (ab S. 183 und in Kapitel C.I.3.a) (ab S. 208) miteinander kombinierend, wird in Abbildung 46 ein Organschaftsverhältnis betrachtet, das annahmegemäß am 1.1.01 beginnt und am 31.12.02 endet.[2278] Dabei befindet sich die OG in der Rechtsform einer AG in völligem Besitz des OT. Aufgrund der gewählten Konstellation der beiden Wirtschaftsjahre fallen Einkommenszurechnung und Gewinnabführung temporär auseinander (vgl. nochmals Tabelle 9 (S. 209)):

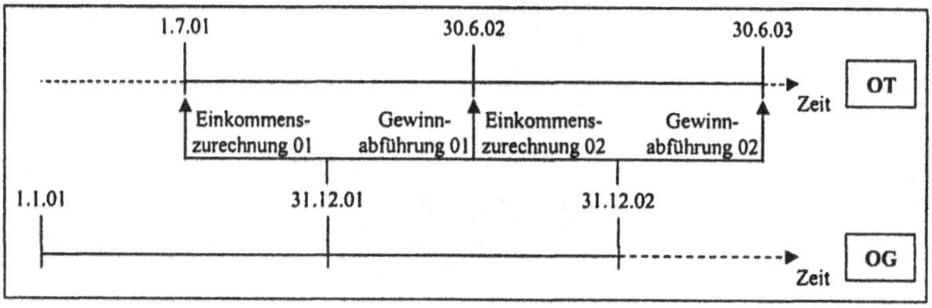

Abbildung 46: Ausgangssituation des Fallbeispiels in Anlage 2

Für die OG sind folgende Daten für ihre Wirtschaftsjahre 01 und 02 gegeben (alle Beträge in EUR). Im Wirtschaftsjahr 01 erweitert sie ihre Produktpalette, wobei Aufwendungen i.H.v. 60.000 EUR anfallen und das Wahlrecht gem. § 269 HGB in Anspruch genommen wird.

	Wirtschaftsjahr 01	**Wirtschaftsjahr 02**
(handelsbilanzieller) Jahresüberschuss vor aufwandswirksamer Berücksichtigung der Gewinnabführung	170.000	230.000
Einstellung in die gesetzliche Rücklage	20.000	20.000
Einstellung in die „anderen Gewinnrücklagen"	30.000	–
Entnahme aus den vertraglichen „anderen Gewinnrücklagen"	–	15.000
Aufwendungen für die Erweiterung des Geschäftsbetriebs i.S.v. § 269 HGB	60.000	–

2278 Für eine Laufzeit von zwei Jahren könnte eine Kündigung aus wichtigem Grund auf den 31.12.02 angeführt werden (§§ 297 Abs. 1, 14 Abs. 1 Nr. 3 S. 3 AktG).

Im ersten Schritt ist in einer Vorberechnung der an den OT abzuführende Gewinn der OG zu ermitteln:

		Wirtschaftsjahr 01	Wirtschaftsjahr 02
	fiktiver (handelsbilanzieller) Jahresüberschuss	170.000	230.000
–	Einstellung in die gesetzliche Rücklage (§ 300 Nr. 1 AktG)	20.000	20.000
=	**Höchstbetrag der Gewinnabführung (§ 301 S. 1 AktG)**	**150.000**	**210.000**
–	Einstellung in die „anderen Gewinnrücklagen" (§ 301 S. 2 AktG)	30.000	–
+	Entnahme aus vertraglichen „anderen Gewinnrücklagen" (§ 301 S. 2 AktG)	–	15.000
=	**tatsächlicher Betrag der Gewinnabführung**	**120.000**	**225.000**

Die Ergebnisermittlung und -verwendung bei der OG stellt sich wie folgt dar:

		Wirtschaftsjahr 01	Wirtschaftsjahr 02
	fiktiver (handelsbilanzieller) Jahresüberschuss	170.000	230.000
–	Aufwendungen aus Gewinnabführung an verbundene Unternehmen (§ 275 Abs. 2 Nr. 9 bzw. Abs. 3 Nr. 8 HGB)	120.000	225.000
=	**(handelsbilanzieller) Jahresüberschuss (§ 275 Abs. 2 Nr. 20 bzw. Abs. 3 Nr. 19 HGB)**	**50.000**	**5.000**
+	Entnahme aus vertraglichen „anderen Gewinnrücklagen" (§§ 158 Abs. 1 Nr. 3d, 301 S. 2 AktG)	–	15.000
–	Einstellung in die gesetzliche Rücklage (§§ 158 Abs. 1 Nr. 4a, 300 Nr. 1 AktG)	20.000	20.000
–	Einstellung in die „anderen Gewinnrücklagen" (§§ 158 Abs. 1 Nr. 4d, 301 S. 2 AktG)	30.000	–
=	**Bilanzgewinn (§ 158 Nr. 5 AktG)**	**0**	**0**

In einem zweiten Schritt wird das dem OT zuzurechnende Einkommen ermittelt.

		Wirtschaftsjahr 01	Wirtschaftsjahr 02
	(handelsbilanzieller) Jahresüberschuss (§ 275 Abs. 2 Nr. 20 bzw. Abs. 3 Nr. 19 HGB)	50.000	5.000
±	steuerliche Korrekturen (§§ 269, 282 HGB)[2279]	60.000	15.000
=	**steuerbilanzieller Jahresüberschuss**	**– 10.000**	**20.000**
+	an den OT abgeführter Gewinn (§ 8 Abs. 3 S. 1 KStG)	120.000	225.000
=	**dem OT zuzurechnendes Einkommen (§ 14 S. 1 KStG)**	**110.000**	**245.000**
–	dem OT zuzurechnendes Einkommen	110.000	245.000
=	**verbleibendes Einkommen der OG**	**0**	**0**

Beim OT werden drei Jahresabschlüsse durch das Organschaftsverhältnis tangiert. Dabei gelten folgende Daten für ihn (alle Beträge in EUR):

	Wirtschaftsjahr 00/01	Wirtschaftsjahr 01/02	Wirtschaftsjahr 02/03
(handelsbilanzieller) Jahresüberschuss vor ertragswirksamer Berücksichtigung der Gewinnabführung	230.000	300.000	250.000

Am 30.6.02 hat der OT handelsrechtlich die Gewinnabführung der OG aus deren Wirtschaftsjahr 01 erfolgswirksam in seiner GuV zu erfassen. Zum anderen wird ihm für steuerliche Zwecke das Einkommen der OG aus deren Wirtschaftsjahr 02 zugerechnet. Durch diese Phasenverschiebung bleibt bei den beiden anderen zeitlichen „Eckpunkten" der Organschaft zum einen die Gewinnabführung (1.7.01) und zum anderen die Einkommenszurechnung (30.6.03) unberücksichtigt.

		Wirtschaftsjahr 00/01	Wirtschaftsjahr 01/02	Wirtschaftsjahr 02/03
	(handelsbilanzieller) Jahresüberschuss (§ 275 Abs. 2 Nr. 20 bzw. Abs. 3 Nr. 19 HGB)	230.000 *(keine Abführung!)*	420.000	475.000
=	**steuerbilanzieller Jahresüberschuss**	**230.000**	**420.000**	**475.000**
–	von der OG erhaltener Gewinn (§ 8 Abs. 3 S. 1 KStG)	–	120.000	225.000
=	**Einkommen des OT**	**230.000**	**300.000**	**250.000**
+	zuzurechnendes Einkommen der OG	110.000 *(Wirtschaftsjahr 01!)*	245.000 *(Wirtschaftsjahr 02!)*	0 *(keine Zurechnung!)*
=	**vom OT zu versteuerndes Einkommen**	**340.000**	**545.000**	**250.000**

2279 Im Wirtschaftsjahr 02 wird von einer Abschreibung der aktivierten Erweiterungsaufwendungen i.H.v. 25% ausgegangen (§ 282 HGB).

Anlage 3: Fallbeispiel zur Konkurrenz zwischen Verbindlichkeits- und Drohverlustrückstellungen in der Handelsbilanz des Organträgers bei von der Organgesellschaft divergierendem Wirtschaftsjahr

Das handelsbilanzielle Zusammenwirken der sich betragsmäßig gegenseitig ausschließenden Verbindlichkeits- und Drohverlustrückstellung (Kapitel C.I.2.a)(1)(a) (ab S. 192) sowie Kapitel C.I.2.a)(1)(b) (ab S. 198)) wird anhand der in Abbildung 47 dargestellten Ausgangssituation verdeutlicht.

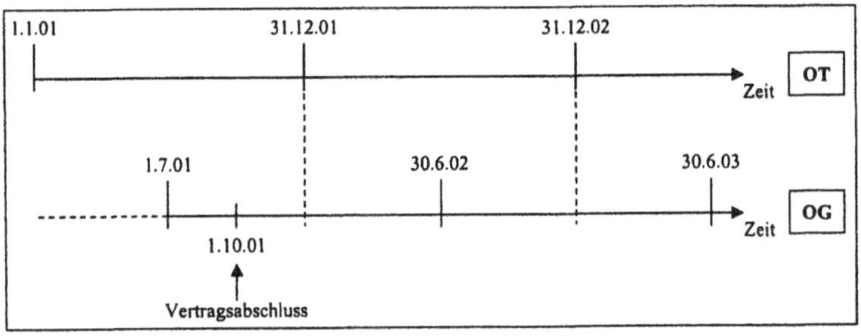

Abbildung 47: Ausgangssituation des Fallbeispiels in Anlage 3

Um die Erläuterungen zu verkürzen, wird davon ausgegangen, dass das Organschaftsverhältnis zwei Jahre Bestand hat (bis zum 30.6.03).[2280] Ferner soll von einer Kündigungsmöglichkeit innerhalb der zwei Jahre abstrahiert werden.

Aus Sicht des Bilanzstichtages des OT (31.12.01) stellt sich die Ergebnissituation der OG wie folgt dar (alle Beträge in EUR):

Zeitraum	**Jahresfehlbetrag**	
	prognostiziert	effektiv
1.7.01-31.12.01	–	50.000
1.1.02-30.6.02	80.000	–
1.7.02-31.12.02	60.000	–
1.1.03-30.6.03	40.000	–

Die relevanten Buchungssätze des OT lauten im Zuge der Trennung vergangener von zukünftigen Aufwendungen am 31.12.01 wie folgt:[2281]

2280 Beispielsweise wegen einer Kündigung aus wichtigem Grund (§§ 297 Abs. 1, 14 Abs. 1 Nr. 3 S. 3 AktG).

2281 Im Folgenden werden aus Gründen der Übersichtlichkeit beide Rückstellungsarten explizit mit ihrem Namen genannt. Bei mittelgroßen und großen Kapitalgesellschaften (§ 267 Abs. 2 und Abs. 3 HGB) sind sie (einheitlich) unter der Bilanzposition „sonstige Rückstellungen" gem. § 266 Abs. 3 B. 3. HGB zu erfassen. Falls sie von nicht unerheblichem Umfang sind, besteht eine Erläuterungspflicht im Anhang gem. § 285 Nr. 12 HGB. Bei kleinen Kapitalgesellschaft i.S.v. § 267 Abs. 1 HGB bietet sich trotz Geltung des vereinfachten Bilanzschemas und keinen notwendigen weiteren Angaben im Anhang (§§ 266 Abs. 1 S. 3, 288 S. 1 HGB) ebenfalls eine gesonderte Aufführung an. Mangels Anhang sollte ein differenzierter Bilanzausweis

(a) Aufwendungen aus Verlustübernahme an verbundene Unternehmen 230.000 an Verbindlichkeitsrückstellung 50.000
Drohverlustrückstellung 180.000

Am nächsten Bilanzstichtag des OT (31.12.02) wird deutlich, dass die am 31.12.01 prognostizierten Jahresfehlbeträge nicht in der geschätzten Höhe tatsächlich entstanden sind. Darüber hinaus hat sich der neu zu schätzende Jahresfehlbetrag vom 1.1.03 - 30.6.03 auf 45.000 EUR erhöht. Die Ergebnissituation der OG stellt sich nunmehr wie folgt dar (alle Beträge in EUR):

Zeitraum	Jahresfehlbetrag	
	prognostiziert	effektiv
1.7.01-31.12.01	–	50.000
1.1.02-30.6.02	80.000	45.000
1.7.02-31.12.02	60.000	80.000
1.1.03-30.6.03	45.000	–

Der OT hat zunächst eine Verbindlichkeit gegenüber verbundenen Unternehmen i.H.v. 95.000 EUR für die Verlustübernahme des Wirtschaftsjahres 01/02 der OG zu passivieren. Die Gegenbuchung betrifft zum einen die Verbindlichkeitsrückstellung vom 1.7.01 - 31.12.01 und zum anderen den „ex post" bekannten tatsächlichen Jahresfehlbetrag der „ex ante" gebildeten Drohverlustrückstellung vom 1.1.02 - 30.6.02.

(b) Verbindlichkeitsrückstellung 50.000 an Verbindlichkeiten gegenüber verbundenen Unternehmen 95.000
Drohverlustrückstellung 80.000
Aufwendungen aus Verlustübernahme an verbundene Unternehmen 35.000

Ferner ist ein weiterer „ex ante" gebildeter Jahresfehlbetrag „ex post" zu korrigieren, der allerdings nicht das betreffende Wirtschaftsjahr der OG tangiert, sondern den Zeitraum vom 1.7.02 - 31.12.02.

(c) Drohverlustrückstellung 60.000 an Verbindlichkeitsrückstellung 80.000
Aufwendungen aus Verlustübernahme an verbundene Unternehmen 20.000

Zu guter Letzt ist der Jahresfehlbetrag vom 1.1.03 - 30.6.03 zu korrigieren.

(d) Aufwendungen aus Verlustübernahme an verbundene Unternehmen 5.000 an Drohverlustrückstellung 5.000

Am 31.12.03 ist der Jahresfehlbetrag des Wirtschaftsjahres 02/03 der OG vom OT auszugleichen. Unter der Annahme, dass die am 31.12.02 prognostizierte Größe auch tatsächlich eintritt, ist buchhalterisch wie folgt zu verfahren:

(e) Verbindlichkeitsrückstellung 80.000 an Verbindlichkeiten gegenüber verbundenen Unternehmen 125.000
Drohverlustrückstellung 45.000

auch bei Personenhandelsunternehmen erfolgen. Unterliegen diese den Vorschriften des PublG, ist § 266 HGB bindend (§ 5 Abs. 1 S. 2 PublG).

Anlage 4: Fallbeispiel zur Wirkungsweise der Verlustantizipation in der Steuerbilanz des Organträgers bei Verbindlichkeitsrückstellungen aus künftigen Verlustübernahmen bei von der Organgesellschaft divergierendem Wirtschaftsjahr

Zur Verdeutlichung der in Kapitel C.I.2.a)(2) (ab S. 205) geführten Argumentation sei ein Zahlenbeispiel aufgeführt, für das das Ausgangsbeispiel in Anlage 3 (ab S. XLIV) dient. Auf Ebene der OG wird deren negatives Einkommen zum 30.6.02 bzw. 30.6.03 dem Einkommen des OT zum 31.12.02 bzw. 31.12.03 zugerechnet. Der OT erzielt annahmegemäß jeweils einen handelsbilanziellen Jahresüberschuss vor Berücksichtigung der Verlustübernahme i.H.v. 500.000 EUR. Am 31.12.01 (Buchungssatz (a) in Anlage 3 (ab S. XLIV)) ist die Drohverlustrückstellung aufgrund § 5 Abs. 4a EStG zu versagen, weswegen sich der steuerbilanzielle Jahresüberschuss um 180.000 EUR erhöht. Im darauf folgenden Jahr ist die Auflösung bzw. Dotierung der Drohverlustrückstellung in den Buchungssätzen (b) bis (d) obsolet, so dass der steuerbilanzielle Jahresüberschuss per Saldo um 135.000 EUR zu verringern ist. Dementsprechendes gilt für den 31.12.03 (Buchungssatz (e) und Verminderung um 45.000 EUR).

		Jahr 01	Jahr 02	Jahr 03
	vorläufiger (handelsbilanzieller) Jahresüberschuss	500.000	500.000	500.000
±	Aufwendungen aus Verlustübernahme an verbundene Unternehmen	230.000	10.000	0
=	**(handelsbilanzieller) Jahresüberschuss**	**270.000**	**510.000**	**500.000**
±	steuerliche Korrekturen	180.000	135.000	45.000
=	**steuerbilanzieller Jahresüberschuss**	**450.000**	**375.000**	**455.000**
+	von der OG übernommener Verlust	–	95.000	125.000
=	**zu versteuerndes Einkommen des OT**	**450.000**	**470.000**	**580.000**

Zusammenfassend wird in der Totalperiode vom OT ein Gesamtverlust von 220.000 EUR vertraglich übernommen. Die antizipierten Aufwendungen aus Verlustübernahme besitzen einen Vorleistungscharakter. Jene belaufen sich im Jahre 01 auf 230.000 EUR, wobei im Jahre 02 eine Korrektur um 10.000 EUR erfolgt, um die Vorleistungen an die tatsächliche Verlustübernahme anzugleichen.

Anlage 5: Steuerliche Behandlung von Ausgleichszahlungen[2282]

Unter Zuhilfenahme der Einkommensschemata von OT und OG gem. Tabelle 7 (S. 189 ff.) und Tabelle 8 (S. 206 f.) wird nachstehend die Technik der steuerlichen Behandlung von Ausgleichszahlungen anhand eines Zahlenbeispiels erläutert, wobei deren Zahlung alternativ durch den OT (Kapitalgesellschaft) bzw. die OG erfolgt. Folgende Daten bzw. Prämissen sind gegeben:

- Betrag der Gewinnabführung: 400.000 EUR;
- Betrag der Ausgleichszahlungen: 120.000 EUR;
- Jahresüberschuss des OT ohne Ergebnisabführung: 500.000 EUR;
- keine Rücklagenbewegungen bei der OG;
- keine Abweichungen zwischen Handels- und Steuerbilanz.

Leistet die OG die Ausgleichszahlungen, gilt für sie nach dem Schema in Tabelle 7 (S. 189 ff.):

	handelsbilanzielles bzw. steuerbilanzielles Jahresergebnis	0
+	nicht abziehbare Aufwendungen	
	– Ausgleichszahlungen	120.000
	– KSt auf Ausgleichszahlungen (1/3 · 120.000)	40.000
=	**Zwischensumme**	**160.000**
+	an den OT abgeführter Gewinn	400.000
–	Ausgleichszahlungen an außen stehende Gesellschafter inkl. KSt	160.000
=	**dem OT zuzurechnendes Einkommen**	**400.000**
–	dem OT zuzurechnendes Einkommen	400.000
=	**verbleibendes Einkommen der OG**	**0**

Das eigene zu versteuernde Einkommen der OG beträgt mithin 160.000 EUR.

Für den OT ergeben sich gem. Tabelle 8 (S. 206 f.) nachstehende Konsequenzen:

	handelsbilanzielles bzw. steuerbilanzielles Jahresergebnis	900.000
–	von der OG erhaltener Gewinn	400.000
=	**Einkommen des OT**	**500.000**
+	zuzurechnendes Einkommen der OG	400.000
=	**vom OT zu versteuerndes Einkommen**	**900.000**

[2282] Die folgenden Berechnungen sind den Ausführungen bei SAUTER, THOMAS/HEURUNG, RAINER (2001a), S. 757 ff. sowie bei TESDORPF, WERNER (1984), S. 162 f. nachempfunden.

Leistet der OT die Ausgleichszahlungen, ist der Betrag der Gewinnabführung um 120.000 EUR zu erhöhen. Demgegenüber bleibt das handels- und steuerbilanzielle Jahresergebnis des OT unverändert, da sein originärer Jahresüberschuss gleichzeitig um 120.000 EUR geringer wird. Demzufolge gilt auf Ebene der OG:

	handelsbilanzielles bzw. steuerbilanzielles Jahresergebnis	0
+	nicht abziehbare Aufwendungen – KSt auf Ausgleichszahlungen (1/3 · 120.000)	40.000
=	**Zwischensumme**	**40.000**
+	an den OT abgeführter Gewinn	520.000
+	vom OT geleistete Ausgleichszahlung	120.000
–	Ausgleichszahlungen an außen stehende Gesellschafter inkl. KSt (davon 120.000 EUR vom OT übernommen)	160.000
=	**dem OT zuzurechnendes Einkommen**	**520.000**
–	dem OT zuzurechnendes Einkommen	520.000
=	**verbleibendes Einkommen der OG**	**0**

Der OT hat folgende Schritte zu vollziehen:

	handelsbilanzielles bzw. steuerbilanzielles Jahresergebnis	900.000
+	nicht abziehbare Aufwendungen – Ausgleichszahlungen	120.000
=	**Zwischensumme**	**1.020.000**
–	von der OG erhaltener Gewinn	520.000
=	**Einkommen des OT**	**500.000**
–	der OG zuzurechnendes Einkommen	120.000
+	zuzurechnendes Einkommen der OG	520.000
=	**vom OT zu versteuerndes Einkommen**	**900.000**

Anlage 6: Analytischer Vergleich des Ermäßigungspotenzials mit der Ermäßigungsquote i.S.v. § 35 EStG bei isolierter gewerbesteuerlicher Organschaft

Da das Minimum zwischen Ermäßigungspotential und Ermäßigungsquote für die GewSt-Anrechnung maßgeblich ist[2283], bietet sich einer Untersuchung hinsichtlich deren Entscheidungsrelevanz im Rahmen einer isolierten gewerbesteuerlichen Organschaft an.

Das **Ermäßigungspotenzial** i.S.v. § 35 Abs. 2 S. 1 EStG lässt sich bei einer Unterstellung der Identität von (vorläufigem) Jahresüberschuss, zu versteuerndem Einkommen und Gewerbeertrag wie folgt in Variablenschreibweise darstellen:[2284]

$$1{,}8 \cdot \frac{\overbrace{\left(JÜ_{OT} + JÜ_{OG}\right) \cdot s_{GewSt}^{eff}}^{GewSt}}{h} \cdot \frac{JÜ_{OT}}{JÜ_{OT} + JÜ_{OG}}$$

Die **Ermäßigungsquote** beim Einzelunternehmer resultiert aus der auf den Quotienten der gewerblichen Einkünfte und dem zu versteuernden Einkommen entfallenden tariflichen ESt.[2285]

$$\frac{JÜ_{OT} - GewSt + 0{,}368125 \cdot JÜ_{OG}}{JÜ_{OT} - GewSt + 0{,}368125 \cdot JÜ_{OG} + B} \cdot \left(JÜ_{OT} - GewSt + 0{,}368125 \cdot JÜ_{OG} + B\right) \cdot s_{ESt}^{g}$$

Um eine Entscheidungsrelevanz entfalten zu können, muss die Ermäßigungsquote kleiner als das Ermäßigungspotenzial sein. Mittels Kürzen innerhalb beider Terme folgt:

$$1{,}8 \cdot \frac{s_{GewSt}^{eff}}{h} \cdot JÜ_{OT} > \left(JÜ_{OT} - GewSt + 0{,}368125 \cdot JÜ_{OG}\right) \cdot s_{ESt}^{g}$$

$$\Leftrightarrow 1{,}8 \cdot \frac{s_{GewSt}^{eff}}{h} \cdot JÜ_{OT} > \left(JÜ_{OT} - \underbrace{JÜ_{OT} \cdot s_{GewSt}^{eff} - JÜ_{OG} \cdot s_{GewSt}^{eff}}_{GewSt} + 0{,}368125 \cdot JÜ_{OG} \right) \cdot s_{ESt}^{g}$$

$$\Leftrightarrow 1{,}8 \cdot \frac{s_{GewSt}^{eff}}{h} \cdot JÜ_{OT} > \left(1 - s_{GewSt}^{eff}\right) \cdot JÜ_{OT} \cdot s_{ESt}^{g} + \left(0{,}368125 - s_{GewSt}^{eff}\right) \cdot JÜ_{OG} \cdot s_{ESt}^{g}$$

$$\Leftrightarrow 1{,}8 \cdot \frac{s_{GewSt}^{eff}}{h \cdot s_{ESt}^{g}} > 1 - s_{GewSt}^{eff} + \left(0{,}368125 - s_{GewSt}^{eff}\right) \cdot \frac{JÜ_{OG}}{JÜ_{OT}}$$

$$\Leftrightarrow s_{ESt}^{g} < \frac{1{,}8 \cdot s_{GewSt}^{eff}}{\left[1 - s_{GewSt}^{eff} + \left(0{,}368125 - s_{GewSt}^{eff}\right) \cdot \frac{JÜ_{OG}}{JÜ_{OT}}\right] \cdot h} \quad \text{für } h > 0$$

2283 Vgl. Kapitel C.II.2 (ab S. 244).

2284 Ferner ist vom gewerbesteuerlichen Freibetrag sowie dem Staffeltarif abzusehen.

2285 Der Koeffizient „$0{,}368125 \cdot JÜ_{OG}$" charakterisiert die hälftige Bardividende. Er berechnet sich als $\left(JÜ_{OG} - 0{,}25 \cdot JÜ_{OG} - 0{,}25 \cdot JÜ_{OG} \cdot 0{,}055\right) \cdot 0{,}5$

Um die Relevanz der Ermäßigungsquote zu bewirken, muss der durchschnittliche ESt-Satz des Einzelunternehmers kleiner als der dargestellte Quotient sein. Der Nenner hat dabei möglichst klein zu sein, was einen geringen Hebesatz (mit gegenläufigem Effekt im Zähler), einen geringen Jahresüberschuss der OG bzw. einen großen Jahresüberschuss des OT impliziert. Werden z.B. ein Hebesatz von 100 %, ein Jahresüberschuss der OG von 1.000 EUR sowie ein Jahresüberschuss des OT von 1.000.000 EUR unterstellt, ergibt sich ein Wert von 9 %, der durch den durchschnittlichen ESt-Satz im Regelfall überschritten wird. Demzufolge wird die **Entscheidungsrelevanz der Ermäßigungsquote** als **gering** einzustufen sein.

Anlage 7: Analytischer Vergleich des Ermäßigungspotenzials mit der Ermäßigungsquote i.S.v. § 35 EStG bei gewerbe- und körperschaftsteuerlicher Organschaft

In Anlehnung an die Ausführungen in Anlage 6 (ab S. XLIX) ermittelt sich das **Ermäßigungspotenzial** bei einer gewerbe- und körperschaftsteuerlichen Organschaft als

$$1{,}8 \cdot \frac{\overbrace{\left(JÜ_{OT} + JÜ_{OG}\right) \cdot s_{GewSt}^{eff}}^{GewSt}}{h}$$

Die **Ermäßigungsquote** lautet:

$$\frac{JÜ_{OT} - GewSt + JÜ_{OG}}{JÜ_{OT} - GewSt + JÜ_{OG} + B} \cdot \left(JÜ_{OT} - GewSt + JÜ_{OG} + B\right) \cdot s_{ESt}^{gk}$$

Eine Gegenüberstellung beider Terme liefert:

$$1{,}8 \cdot \frac{\left(JÜ_{OT} + JÜ_{OG}\right) \cdot s_{GewSt}^{eff}}{h} > \left[JÜ_{OT} - \overbrace{\left(JÜ_{OT} + JÜ_{OG}\right) \cdot s_{GewSt}^{eff}}^{GewSt} + JÜ_{OG}\right] \cdot s_{ESt}^{gk}$$

$$\Leftrightarrow 1{,}8 \cdot \frac{\left(JÜ_{OT} + JÜ_{OG}\right) \cdot s_{GewSt}^{eff}}{h} > \left[\left(JÜ_{OT} + JÜ_{OG}\right) \cdot \left(1 - s_{GewSt}^{eff}\right)\right] \cdot s_{ESt}^{gk}$$

$$\Leftrightarrow s_{ESt}^{gk} < 1{,}8 \cdot \frac{s_{GewSt}^{eff}}{h \cdot \left(1 - s_{GewSt}^{eff}\right)}$$

Wird der effektive Gewerbesteuersatz in Steuermesszahl und Hebesatz ausgedrückt, lässt sich die letzte Ungleichung wie folgt formulieren:

$$s_{ESt}^{gk} < 1{,}8 \cdot \frac{\frac{m \cdot h}{1 + m \cdot h}}{h \cdot \left(1 - \frac{m \cdot h}{1 + m \cdot h}\right)}$$

$$\Leftrightarrow s_{ESt}^{gk} < 1{,}8 \cdot \frac{\frac{m}{1 + m \cdot h}}{\frac{1 + m \cdot h - m \cdot h}{1 + m \cdot h}}$$

$$\Leftrightarrow s_{ESt}^{gk} < 1{,}8 \cdot m$$

Insofern darf sich der durchschnittliche ESt-Satz zwecks einer Entscheidungsrelevanz der Ermäßigungsquote bei der maximalen Steuermesszahl von 5 % hebesatzunabhängig auf höchstens 9 % belaufen, was im Regelfall unerfüllt bleibt.

Anlage 8: Kasuistische Veranlagungssimulation eines zweistufigen (Organschafts-)Konzerns ohne Jahresergebnis der zwischengeschalteten Organgesellschaft/Tochter

Um Kapitel C.III.2.a)(1)(b) (ab S. 259) von Berechnungen zu entlasten, wird ein Zahlenbeispiel an dieser Stelle geliefert. Bei der Unterstellung eines kalenderidentischen Wirtschaftsjahres aller drei Gesellschaften lässt sich der im Jahre 2002 erwirtschaftete (vorläufige) Jahresüberschuss der Enkelgesellschaft ohne körperschaftsteuerliche Organschaft erst im Jahre 2004 bei der Mutter als Beteiligungsertrag realisieren.

Ohne Bestehen **eines Organschaftskonzerns** gilt auf Ebene der Enkelgesellschaft:

ohne Organschaftskonzern (Enkelkapitalgesellschaft)			
Kj. 2002		vorläufiger Jahresüberschuss	100.000
	–	(effektive) GewSt	16.667
	=	**zu versteuerndes Einkommen**	**83.333**
	–	definitive KSt-Belastung von 25 %	20.833
	–	SolZ von 5,5 % auf KSt	1.146
	=	**Bardividende**	**61.354**
Kj. 2003	–	KapESt von 20 %	12.271
	–	SolZ von 5,5 % auf KapESt	675
	=	**vorläufige Nettodividende**	**48.408**

Bei der **Tochterkapitalgesellschaft**, welche annahmegemäß keinen eigenen Jahresüberschuss erzielt, ergeben sich im Jahre 2002 keine steuerlichen Folgen. Der Beteiligungsertrag wird erst im Jahre 2003 realisiert.

ohne Organschaftskonzern (Tochterkapitalgesellschaft)			
Kj. 2002			
Kj. 2003		Jahresüberschuss (direkt realisierter Beteiligungsertrag von der Enkelgesellschaft)	61.354
	–	außerbilanzielle Kürzung (§ 8b Abs. 1 KStG)	61.354
	–	(effektive) GewSt[2286]	0
	=	**zu versteuerndes Einkommen**	**0**
	→	**definitive KSt-Belastung**	**0**
	→	**KSt-Zahllast (0 – 12.271)**	**– 12.271**
	→	**SolZ-Zahllast (0 – 675)**	**– 675**

[2286] Vgl. § 8b Abs. 1 KStG i.V.m. § 7 GewStG.

Kj. 2004	→	**Bardividende**	**61.354**
	–	KapESt von 20%	12.271
	–	SolZ von 5,5% auf KapESt	675
	=	**vorläufige Nettodividende**	**48.408**

Beim Einzelunternehmen bzw. Einzelunternehmer verhält sich die steuerliche Situation folgendermaßen:

ohne Organschaftskonzern (Muttereinzelunternehmen bzw. Einzelunternehmer)			
Kj. 2002		vorläufiger Jahresüberschuss	200.000
	–	(effektive) GewSt	25.250
	=	**Einkünfte aus Gewerbebetrieb (zu versteuerndes Einkommen)**	**174.750**
	→	Modifikationen (§ 32a Abs. 2 EStG)	174.762
	→	**tarifliche ESt für 2002 lt. Grundtabelle**	**74.887**
	–	Steuerermäßigung (§ 35 Abs. 1 Nr. 1 EStG)[2287]	11.363
	=	**festzusetzende ESt**	**63.524**
	→	**festzusetzender SolZ von 5,5% auf die festzusetzende ESt**	**3.494**
Kj. 2003			
Kj. 2004		Jahresüberschuss (indirekt realisierter Beteiligungsertrag von der Enkelgesellschaft)	61.354
	–	hälftige außerbilanzielle Kürzung (§ 3 Nr. 40d EStG)	30.677
	–	GewSt[2288]	0
	=	**Einkünfte aus Gewerbebetrieb (zu versteuerndes Einkommen)**[2289]	**30.677**
	→	**tarifliche ESt für 2004 (§ 52 Abs. 41 Nr. 1 EStG)**	**6.487**
	→	**festzusetzender SolZ von 5,5% auf die tarifliche ESt**	**357**
	→	**ESt-Zahllast (6.487 – 12.271)**	**– 5.784**
	→	**SolZ-Zahllast (357 – 675)**	**– 318**

Der mittels 5,5% auf den Zeitpunkt 31.12.2002 bezogene Kapitalwert der Steuerzahlungen beträgt

$$130.914 + 0 \cdot 1{,}055^{-1} + 6.844 \cdot 1{,}055^{-2} = 137.062 \text{ EUR.}$$

2287 $= 1{,}8 \cdot 25.250 \div 4.$

2288 Der hälftige Beteiligungsertrag erhöht mittels § 7 S. 1 GewStG den Gewerbeertrag, wobei gleichzeitig eine Neutralisierung gem. § 9 Nr. 2a GewStG stattfindet.

2289 Die Rundungsvorschriften des zu versteuernden Einkommens entfallen ab dem VZ 2004 (§ 52 Abs. 42 EStG).

Bei Unterstellung einer **isolierten gewerbesteuerlichen Organschaft** entfällt auf Ebene der Enkel-OG deren GewSt-Subjektivität:

isolierter gewerbesteuerlicher Organschaftskonzern (Enkel-Organgesellschaft)			
Kj. 2002		vorläufiger Jahresüberschuss	100.000
	–	(effektive) GewSt (Organschaft!)	0
	=	**zu versteuerndes Einkommen**	**100.000**
	–	definitive KSt-Belastung von 25%	25.000
	–	SolZ von 5,5% auf KSt	1.375
	=	**Bardividende**	**73.625**
Kj. 2003	–	KapESt von 20%	14.725
	–	SolZ von 5,5% auf KapESt	810
	=	**vorläufige Nettodividende**	**58.090**

Gleiches gilt auch für die Tochterkapitalgesellschaft, welche simultan als OT und als OG fungiert, da in der mehrstufigen Organschaftskette der OT der ersten Stufe (Einzelunternehmen) sämtliche Gewerbeerträge der untergeordneten Gesellschaften im Jahre 2002 miteinander vereint und versteuert.

isolierter gewerbesteuerlicher Organschaftskonzern (Tochter-Organträger bzw. Tochter-Organgesellschaft)			
Kj. 2002			
Kj. 2003		Jahresüberschuss (direkt realisierter Beteiligungsertrag von der Enkelgesellschaft)	73.625
	–	außerbilanzielle Kürzung (§ 8b Abs. 1 KStG)	73.625
	–	(effektive) GewSt[2290]	0
	=	**zu versteuerndes Einkommen**	**0**
	→	**definitive KSt-Belastung**	**0**
	→	**KSt-Zahllast (0 – 14.725)**	**– 14.725**
	→	**SolZ-Zahllast (0 – 810)**	**– 810**
Kj. 2004	→	**Bardividende**	**73.625**
	–	KapESt von 20%	14.725
	–	SolZ von 5,5% auf KapESt	810
	=	**vorläufige Nettodividende**	**58.090**

2290 Vgl. § 8b Abs. 1 KStG i.V.m. § 7 GewStG.

Die steuerliche Situation des Mutter-OT bzw. des Einzelunternehmers folgt aus nachstehenden Berechnungen:

isolierter gewerbesteuerlicher Organschaftskonzern (Mutter-Organträger bzw. Einzelunternehmer)			
Kj. 2002		vorläufiger Jahresüberschuss	200.000
	–	(effektive) GewSt bzgl. der addierten Gewerbeerträge	41.917
	=	**Einkünfte aus Gewerbebetrieb (zu versteuerndes Einkommen)**	**158.083**
	→	Modifikationen (§ 32a Abs. 2 EStG)	158.094
	→	**tarifliche ESt für 2002 lt. Grundtabelle**	**66.803**
	–	Steuerermäßigung (§ 35 Abs. 2 EStG)[2291]	12.575
	=	**festzusetzende ESt**	**54.228**
	→	**festzusetzender SolZ von 5,5% auf die festzusetzende ESt**	**2.983**
Kj. 2003			
Kj. 2004		Jahresüberschuss (indirekt realisierter Beteiligungsertrag von der Enkelgesellschaft)	73.625
	–	hälftige außerbilanzielle Kürzung (§ 3 Nr. 40d EStG)	36.812
	–	GewSt[2292]	0
	=	**Einkünfte aus Gewerbebetrieb (zu versteuerndes Einkommen)**	**36.812**
	→	**tarifliche ESt für 2004 (§ 52 Abs. 41 Nr. 1 EStG)**	**8.737**
	→	**festzusetzender SolZ von 5,5% auf die tarifliche ESt**	**481**
	→	**ESt-Zahllast (8.737 – 14.725)**	**– 5.988**
	→	**SolZ-Zahllast (481 – 810)**	**– 329**

Der Kapitalwert der Steuerzahlungen beträgt – bezogen auf den 31.12.2002 –

$$125.504 + 0 \cdot 1{,}055^{-1} + 9.218 \cdot 1{,}055^{-2} = 133.785 \text{ EUR}.$$

Bei einer **gewerbe- und körperschaftsteuerlichen Organschaft** ist der Jahresüberschuss der Enkel-OG sofort gewerbe- und einkommensteuerlich dem Mutter-OT bzw. dem Einzelunternehmer zuzurechnen. Da auch die Tochter nur einen durchlaufenden Posten darstellt, reduzieren sich die Betrachtungen auf den Mutter-OT bzw. den Einzelunternehmer.

[2291] $= 1{,}8 \cdot 41.917 \div 4 \cdot 200.000 \div 300.000$.

[2292] Der hälftige Beteiligungsertrag erhöht mittels § 7 S. 1 GewStG den Gewerbeertrag, wobei gleichzeitig eine Neutralisierung gem. § 9 Nr. 2a GewStG stattfindet.

gewerbe- und körperschaftsteuerlicher Organschaftskonzern (Mutter-Organträger bzw. Einzelunternehmer)			
Kj. 2002		addierte vorläufige Jahresüberschüsse	300.000
	–	außerbilanzielle Kürzung des von der OG erhaltenen Gewinns	100.000
	–	(effektive) GewSt bzgl. der addierten Gewerbeerträge	41.917
	=	**Einkünfte aus Gewerbebetrieb**	**158.083**
	+	zuzurechnendes Einkommen der OG	100.000
	=	**zu versteuerndes Einkommen**	**258.083**
	→	Modifikationen (§ 32a Abs. 2 EStG)	258.066
	→	**tarifliche ESt für 2002 lt. Grundtabelle**	**115.290**
	–	Steuerermäßigung (§ 35 Abs. 1 Nr. 1 EStG)[2293]	18.863
	=	**festzusetzende ESt**	**96.427**
	→	**festzusetzender SolZ von 5,5 % auf die festzusetzende ESt**	**5.303**

Die undiskontierten Steuerzahlungen in 2002 belaufen sich auf 143.647 EUR.

[2293] $=1{,}8 \cdot 41.917 \div 4$.

Anlage 9: Kasuistische Veranlagungssimulation eines dreistufigen (Organschafts-)Konzerns mit Jahresüberschuss der zwischengeschalteten Organgesellschaft/Tochter

In Ergänzung zu den in Anlage 8 (ab S. LII) gegebenen Daten wird von einem eigenen (vorläufigen) Jahresüberschuss der Tochtergesellschaft im Jahre 2002 i.H.v. 50.000 EUR ausgegangen.

Die steuerlichen Folgen **ohne Bestehen einer Organschaft** sind:

ohne Organschaftskonzern (Enkelkapitalgesellschaft)			
Kj. 2002		vorläufiger Jahresüberschuss	100.000
	–	(effektive) GewSt	16.667
	=	**zu versteuerndes Einkommen**	**83.333**
	–	definitive KSt-Belastung von 25 %	20.833
	–	SolZ von 5,5 % auf KSt	1.146
	=	**Bardividende**	**61.354**
Kj. 2003	–	KapESt von 20 %	12.271
	–	SolZ von 5,5 % auf KapESt	675
	=	**vorläufige Nettodividende**	**48.408**

ohne Organschaftskonzern (Tochterkapitalgesellschaft)			
Kj. 2002		(eigener) vorläufiger Jahresüberschuss	50.000
	–	(effektive) GewSt	8.333
	=	**zu versteuerndes Einkommen**	**41.667**
	–	definitive KSt-Belastung von 25 %	10.417
	–	SolZ von 5,5 % auf KSt	573
	=	**Bardividende**	**30.677**
Kj. 2003	–	KapESt von 20 %	6.135
	–	SolZ von 5,5 % auf KapESt	337
	=	**vorläufige Nettodividende**	**24.205**
		Jahresüberschuss (direkt realisierter Beteiligungsertrag von der Enkelgesellschaft)	61.354
	–	außerbilanzielle Kürzung (§ 8b Abs. 1 KStG)	61.354
	–	(effektive) GewSt[2294]	0
	=	**zu versteuerndes Einkommen**	**0**
	→	**definitive KSt-Belastung**	**0**
	→	**KSt-Zahllast (0 – 12.271)**	**– 12.271**
	→	**SolZ-Zahllast (0 – 675)**	**– 675**

2294 Vgl. § 8b Abs. 1 KStG i.V.m. § 7 GewStG.

Kj. 2004	→	**Bardividende**	**61.354**
	–	KapESt von 20%	12.271
	–	SolZ von 5,5% auf KapESt	675
	=	**vorläufige Nettodividende**	**48.408**

ohne Organschaftskonzern (Muttereinzelunternehmen bzw. Einzelunternehmer)			
Kj. 2002		vorläufiger Jahresüberschuss	200.000
	–	(effektive) GewSt	25.250
	=	**Einkünfte aus Gewerbebetrieb (zu versteuerndes Einkommen)**	**174.750**
	→	Modifikationen (§ 32a Abs. 2 EStG)	174.762
	→	**tarifliche ESt für 2002 lt. Grundtabelle**	**74.887**
	–	Steuerermäßigung (§ 35 Abs. 1 Nr. 1 EStG)[2295]	11.363
	=	**festzusetzende ESt**	**63.524**
	→	**festzusetzender SolZ von 5,5% auf die festzusetzende ESt**	**3.494**
Kj. 2003		Jahresüberschuss (direkt realisierter Beteiligungsertrag von der Tochtergesellschaft)	30.677
	–	hälftige außerbilanzielle Kürzung (§ 3 Nr. 40d EStG)	15.338
	–	GewSt[2296]	0
	=	**Einkünfte aus Gewerbebetrieb (zu versteuerndes Einkommen)**	**15.338**
	→	Modifikationen (§ 32a Abs. 2 EStG)	15.354
	→	**tarifliche ESt für 2003 (§ 52 Abs. 41 Nr. 1 EStG)**	**1.948**
	→	**festzusetzender SolZ von 5,5% auf die tarifliche ESt**	**107**
	→	**ESt-Zahllast (1.948–6.135)**	**-4.187**
	→	**SolZ-Zahllast (107–337)**	**-230**
Kj. 2004		Jahresüberschuss (indirekt realisierter Beteiligungsertrag von der Enkelgesellschaft)	61.354
	–	hälftige außerbilanzielle Kürzung (§ 3 Nr. 40d EStG)	30.677
	–	GewSt[2297]	0
	=	**Einkünfte aus Gewerbebetrieb (zu versteuerndes Einkommen)**	**30.677**
	→	**tarifliche ESt für 2004 (§ 52 Abs. 41 Nr. 1 EStG)**	**6.487**
	→	**festzusetzender SolZ von 5,5% auf die tarifliche ESt**	**356**
	→	**ESt-Zahllast (6.487–12.271)**	**-5.784**
	→	**SolZ-Zahllast (356–675)**	**-319**

Der auf den 31.12.2002 bezogene Kapitalwert der Steuerzahlungen beläuft sich auf

$$150.237 + 2.055 \cdot 1{,}055^{-1} + 6.843 \cdot 1{,}055^{-2} = 158.333 \text{ EUR.}$$

2295 $=1{,}8 \cdot 25.250 \div 4$.

2296 Der hälftige Beteiligungsertrag erhöht mittels § 7 S. 1 GewStG den Gewerbeertrag, wobei gleichzeitig eine Neutralisierung gem. § 9 Nr. 2a GewStG stattfindet.

2297 Vgl. die Ausführungen in Fn. 2296 (S. LVIII).

Bei einer **isolierten gewerbesteuerlichen Organschaft** gilt:

isolierter gewerbesteuerlicher Organschaftskonzern (Enkel-Organgesellschaft)			
Kj. 2002		vorläufiger Jahresüberschuss	100.000
	–	(effektive) GewSt (Organschaft!)	0
	=	**zu versteuerndes Einkommen**	**100.000**
	–	definitive KSt-Belastung von 25 %	25.000
	–	SolZ von 5,5 % auf KSt	1.375
	=	**Bardividende**	**73.625**
Kj. 2003	–	KapESt von 20 %	14.725
	–	SolZ von 5,5 % auf KapESt	810
	=	**vorläufige Nettodividende**	**58.090**

isolierter gewerbesteuerlicher Organschaftskonzern (Tochter-Organträger bzw. Tochter-Organgesellschaft)			
Kj. 2002		(eigener) vorläufiger Jahresüberschuss	50.000
	–	(effektive) GewSt (Organschaft!)	0
	=	**zu versteuerndes Einkommen**	**50.000**
	–	definitive KSt-Belastung von 25 %	12.500
	–	SolZ von 5,5 % auf KSt	687
	=	**Bardividende**	**36.813**
Kj. 2003	–	KapESt von 20 %	7.363
	–	SolZ von 5,5 % auf KapESt	405
	=	**vorläufige Nettodividende**	**29.045**
		Jahresüberschuss (direkt realisierter Beteiligungsertrag von der Enkelgesellschaft)	73.625
	–	außerbilanzielle Kürzung (§ 8b Abs. 1 KStG)	73.625
	–	(effektive) GewSt[2298]	0
	=	**zu versteuerndes Einkommen**	**0**
	→	**definitive KSt-Belastung**	**0**
	→	**KSt-Zahllast (0 – 14.725)**	**– 14.725**
	→	**SolZ-Zahllast (0 – 810)**	**– 810**
Kj. 2004	→	**Bardividende**	**73.625**
	–	KapESt von 20 %	14.725
	–	SolZ von 5,5 % auf KapESt	810
	=	**vorläufige Nettodividende**	**58.090**

2298 Vgl. § 8b Abs. 1 KStG i.V.m. § 7 GewStG.

isolierter gewerbesteuerlicher Organschaftskonzern (Mutter-Organträger bzw. Einzelunternehmer)			
Kj. 2002		vorläufiger Jahresüberschuss	200.000
	–	(effektive) GewSt bzgl. der addierten Gewerbeerträge[2299]	50.250
	=	**Einkünfte aus Gewerbebetrieb (zu versteuerndes Einkommen)**	**149.750**
	→	Modifikationen (§ 32a Abs. 2 EStG)	149.742
	→	**tarifliche ESt für 2002 lt. Grundtabelle**	**62.752**
	–	Steuerermäßigung (§ 35 Abs. 2 EStG)[2300]	12.921
	=	**festzusetzende ESt**	**49.831**
	→	**festzusetzender SolZ von 5,5 % auf die festzusetzende ESt**	**2.741**
Kj. 2003		Jahresüberschuss (direkt realisierter Beteiligungsertrag von der Tochtergesellschaft)	36.813
	–	hälftige außerbilanzielle Kürzung (§ 3 Nr. 40d EStG)	18.406
	–	GewSt[2301]	0
	=	**Einkünfte aus Gewerbebetrieb (zu versteuerndes Einkommen)**	**18.406**
	→	Modifikationen (§ 32a Abs. 2 EStG)	18.414
	→	**tarifliche ESt für 2003 (§ 52 Abs. 41 Nr. 1 EStG)**	**2.783**
	→	**festzusetzender SolZ von 5,5 % auf die tarifliche ESt**	**153**
	→	**ESt-Zahllast (2.783 – 7.363)**	**– 4.580**
	→	**SolZ-Zahllast (153 – 405)**	**– 252**
Kj. 2004		Jahresüberschuss (indirekt realisierter Beteiligungsertrag von der Enkelgesellschaft)	73.625
	–	hälftige außerbilanzielle Kürzung (§ 3 Nr. 40d EStG)	36.812
	–	GewSt[2302]	0
	=	**Einkünfte aus Gewerbebetrieb (zu versteuerndes Einkommen)**	**36.812**
	→	**tarifliche ESt für 2004 (§ 52 Abs. 41 Nr. 1 EStG)**	**8.737**
	→	**festzusetzender SolZ von 5,5 % auf die tarifliche ESt**	**480**
	→	**ESt-Zahllast (8.737 – 14.725)**	**– 5.988**
	→	**SolZ-Zahllast (480 – 810)**	**– 330**

Der Kapitalwert der Steuerzahlungen beträgt

$$142.384 + 2.936 \cdot 1{,}055^{-1} + 9.217 \cdot 1{,}055^{-2} = 153.448 \text{ EUR.}$$

[2299] Hiermit wird die Summe der Gewerbeerträge von sämtlichen Gesellschaften angesprochen.

[2300] $= 1{,}8 \cdot 41.917 \div 4 \cdot 200.000 \div 300.000$.

[2301] Der hälftige Beteiligungsertrag erhöht mittels § 7 S. 1 GewStG den Gewerbeertrag, wobei gleichzeitig eine Neutralisierung gem. § 9 Nr. 2a GewStG stattfindet.

[2302] Vgl. die Ausführungen in Fn. 2301 (S. LX).

Bei einer gewerbe- und körperschaftsteuerlichen Organschaft sind die Betrachtungen wiederum ausschließlich auf den Mutter-OT bzw. den Einzelunternehmer zu richten. Die steuerliche Situation stellt sich wie folgt dar:

gewerbe- und körperschaftsteuerlicher Organschaftskonzern (Mutter-Organträger bzw. Einzelunternehmer)			
Kj. 2002		addierte vorläufige Jahresüberschüsse	350.000
	–	außerbilanzielle Kürzung des von der OG erhaltenen Gewinns	100.000
	–	(effektive) GewSt bzgl. der addierten Gewerbeerträge	50.250
	=	**Einkünfte aus Gewerbebetrieb**	**199.750**
	+	zuzurechnendes Einkommen der OG	100.000
	=	**zu versteuerndes Einkommen**	**299.750**
	→	Modifikationen (§ 32a Abs. 2 EStG)	299.754
	→	**tarifliche ESt für 2002 lt. Grundtabelle**	**135.508**
	–	Steuerermäßigung (§ 35 Abs. 1 Nr. 1 EStG)[2303]	22.613
	=	**festzusetzende ESt**	**112.895**
	→	**festzusetzender SolZ von 5,5 % auf die festzusetzende ESt**	**6.209**

Der Kapitalwert der Steuerzahlungen beläuft sich zum 31.12.2002 auf 169.354 EUR.

2303 $=1{,}8 \cdot 41.917 \div 4$.

Anlage 10: Steueroptimale organkreisinterne Verlustumstrukturierungen im Kontext des § 2 Abs. 3 EStG bei insg. Jahresfehlbetrag des Organträgers

Anlage 10 liefert die Berechnungen zu Abbildung 33 (S. 281) in Kapitel C.III.3.b) (ab S. 275). Dabei erleidet das OT-Einzelunternehmen insg. einen Jahresfehlbetrag. Hierzu sind die in Kapitel C.III.3.b) (ab S. 275) gegebenen Daten zu modifizieren. Aus Sparte 1 resultiert ein Jahresfehlbetrag i.H.v. 90.000 EUR, der aus Sparte 2 beläuft sich auf 70.000 EUR (insg. Jahresfehlbetrag: 160.000 EUR). Die OG erzielt einen Jahresüberschuss von 100.000 EUR. Der Jahresfehlbetrag aus Sparte 1 wird auf die OG transferiert. Die Summe der anderen positiven Einkunftsarten des Einzelunternehmers beläuft sich auf insg. 95.000 EUR.

Wird die Untersuchung des Bereiches I in Tabelle 13 (S. 276) mit umgekehrten Vorzeichen durchgeführt, gilt:

Organschaft vor Umstrukturierung $SdE_{(+)}$ und $\lvert JFB_{OT}\rvert > 51.500$		**Fallsituation 1 (Bereich I)**	**Organschaft nach Umstrukturierung** $SdE_{(+)}$ und $\lvert JFB_{OT}\rvert > 51.500$
-160.000		gewerbliche Einkünfte (§ 15 Abs. 1 Nr. 1 EStG)	-70.000
-160.000	=	**Einkünfte aus Gewerbebetrieb**	**-70.000**
95.000	+	Summe der positiven Einkunftsarten	95.000
95.000-73.250=21.750	=	**Summe der Einkunftsarten (vertikaler Verlustausgleich)**[2304, 2305]	**95.000-70.000=25.000**
100.000	+	Einkommen der OG	10.000
121.750	=	**zu versteuerndes Einkommen**	**35.000**
160.000-73.250=86.750	→	Verlustabzug (§ 10d EStG)	–

Analog zur Situation in Kapitel C.III.3.b) (ab S. 275) ist zu konstatieren, dass eine Verbesserung i.S. eines verminderten Verlustabzugbetrages genau dann eintritt, wenn der **Jahresfehlbetrag vor der Umstrukturierung** durch das gesetzliche max. Verlustausgleichsvolumen **nicht vollständig beseitigt** wird, mithin ein **Mindestbesteuerungsbetrag** gegeben ist. Formal gilt:

$$\underbrace{51.500 + 0{,}5 \cdot \left(SdE_{(+)} - 51.500\right)}_{\substack{\text{max. Verlustausgleichsvolumen} \\ \text{vor Umstrukturierung}}} < \left|JFB_{OT}\right|$$

2304 $=51.500+0{,}5\cdot(95.000-51.500)$.

2305 Das maximale Verlustausgleichsvolumen nach der Umstrukturierung i.H.v. 73.250 EUR ermittelt sich wie folgt: $51.500+0{,}5\cdot(95.000-51.500)$. Da es größer als die Summe der negativen Einkünfte ist, ist der niedrigere Betrag anzusetzen.

$$\Leftrightarrow \left|JFB_{OT}\right| > 0{,}5 \cdot SdE_{(+)} + 25.750.$$

Beläuft sich der gesamte Jahresfehlbetrag des OT vor der Umstrukturierung in diesem Beispiel betragsmäßig auf max. 73.250 EUR, ist eine Divergenz hinsichtlich der Verlustabzugshöhe ausgeschlossen.

Weitere materielle Auswirkungen treten sinngemäß im Bereich V ein, da durch die Verlustumstrukturierung der Wegfall des Systems der Mindestbesteuerung erfolgt. Dazu erleidet der OT abweichend zu obigen Daten aus Sparte 2 einen Jahresfehlbetrag i.H.v. 40.000 EUR, so dass sich der saldierte Jahresfehlbetrag auf 130.000 EUR beläuft.

Organschaft vor Umstrukturierung $SdE_{(+)} > 51.500$ und $\left\|JFB_{OT}\right\| > 51.500$		**Fallsituation 2 (Bereich V)**	**Organschaft nach Umstrukturierung** $SdE_{(+)} > 51.500$ und $\left\|JFB_{OT}\right\| \leq 51.500$
−130.000		gewerbliche Einkünfte (§ 15 Abs. 1 Nr. 1 EStG)	−40.000
−130.000	=	**Einkünfte aus Gewerbebetrieb**	**−40.000**
95.000	+	Summe der positiven Einkunftsarten	95.000
95.000−73.250=21.750	=	**Summe der Einkunftsarten (vertikaler Verlustausgleich)**[2306]	**55.000**
100.000	+	Einkommen der OG	10.000
121.750	=	**zu versteuerndes Einkommen**	**65.000**
130.000−73.250=56.750	→	Verlustabzug (§ 10d EStG)	–

Mittels der Verlustumschichtung gelingt ein Übergang unter die „51.500 EUR-Grenze". Der vor der Umstrukturierung definitive Mindestbesteuerungsbetrag entfällt. Die steuerliche Besserstellung tritt jedoch nur dann ein, wenn der **Jahresfehlbetrag vor der Umstrukturierung** durch das gesetzliche max. Verlustausgleichsvolumen **nicht vollständig beseitigt** wird. Das zu Fallsituation 1 Angeführte gilt analog.

Ähnlich wie in Abbildung 31 (S. 278) wird in Abbildung 48 (S. LXIV) die Beziehung zwischen den betragsmäßigen Verlustabzügen und dem zuzurechnenden Einkommen der OG vor Umstrukturierung grafisch dargestellt, wobei die Annahme eines Verlusttransfers i.H.v. 90.000 EUR getroffen wird.

[2306] $=51.500+0{,}5\cdot(95.000-51.500)$.

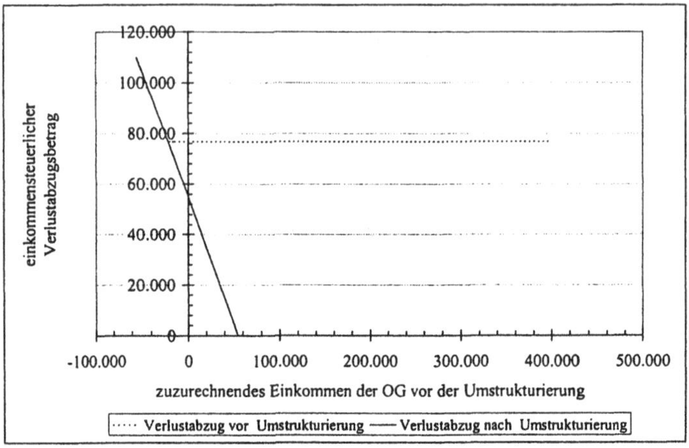

Abbildung 48: Betragsmäßige einkommensteuerliche Verlustabzugsbeträge vor und nach einer Verlustumstrukturierung in Abhängigkeit vom zuzurechnenden Einkommen der Organgesellschaft bei insg. Jahresfehlbetrag des Organträgers (Bereich V)

Auch hier sollen die bereits entwickelten Grundsätze zu einem **zweistufigen allgemeinen Entscheidungsmodell** an die geänderte Situation angepasst werden. Mit steigendem vertikalen Verlustausgleich (sinkendem Betrag an Mindestbesteuerung) vor der Umstrukturierung findet grafisch gesehen eine Parallelverschiebung der Halbgeraden „vor Umstrukturierung" zur Abszisse hin statt. Eine Übereinstimmung mit dieser ist erzielt, wenn das max. Verlustausgleichsvolumen i.S.v. § 2 Abs. 3 S. 3 EStG mit der Summe der negativen Einkünfte identisch ist oder diese übersteigt. Diese Formel wurde bereits abgeleitet.

Überschreitet diese Größe die kritische Marke (73.250 EUR), was in Fallsituation 2 gegeben ist, **können** Unterschiede existent sein. Eine endgültige Klärung ist nur mittels der Berechnung des „Knickpunktes" in Abbildung 48 möglich. Die Höhe des vertikal nicht ausgleichsfähigen Teils der Summe der negativen Einkünfte **vor der Umstrukturierung** bemisst sich als

$$|JFB_{OT}| - [51.500 + 0{,}5 \cdot (SdE_{(+)} - 51.500)].$$

Der nicht ausgleichsfähige Teil **nach der Umstrukturierung** lautet:

$$(|JFB_{OT}| - |VT|) - SdE_{(+)} - (JÜ_{OG} - |VT|).$$

Um sich durch die Umstrukturierung nicht schlechter zu stellen, muss der Verlustabzug vor dem Verlusttransfer mindestens so groß sein, wie derjenige nach dem Verlusttransfer.

$$|JFB_{OT}| - [51.500 + 0{,}5 \cdot (SdE_{(+)} - 51.500)] \geq (|JFB_{OT}| - |VT|) - SdE_{(+)} - (JÜ_{OG} - |VT|)$$

$$\Leftrightarrow \; -0{,}5 \cdot SdE_{(+)} - 25.750 \geq -SdE_{(+)} - JÜ_{OG}$$

$$\Leftrightarrow \; JÜ_{OG} \geq 25.750 - 0{,}5 \cdot SdE_{(+)}.$$

Bezogen auf das Beispiel lautet dieser Wert:

$$J\ddot{U}_{OG} = 25.750 - 0{,}5 \cdot 95.000 = -21.750\,\text{EUR}.$$

Da das zuzurechnende Einkommen der OG 100.000 EUR beträgt, tritt durch die Umstrukturierungsmaßnahme die erstrebte steuerliche Besserstellung ein.

Anlage 11: Kasuistische Veranlagungssimulation eines (Organschafts-)Konzerns bei positiven und negativen Einkommen bzw. Gewerbeergebnissen und juristischer Person als Organträger bzw. Muttergesellschaft (Fall 1)

Die zu Abbildung 34 (S. 283) in Kapitel C.III.3.c) (ab S. 282) führenden Berechnungen sollen an einem Beispielfall erläutert werden. Während sich der (vorläufige) Jahresüberschuss der OG/Tochter im Jahre 2002 auf 100.000 EUR beläuft, erleidet der OT/die Mutter einen Jahresfehlbetrag i.H.v. 40.000 EUR. Im darauf folgenden Jahr erzielt sie einen (vorläufigen) Jahresüberschuss i.H.v. 250.000 EUR. In den folgenden Berechnungen soll aus Gründen der Übersichtlichkeit von der KapESt sowie des auf sie erhobenen SolZ als „durchlaufende Positionen" abgesehen werden.

Ohne Organschaftsverhältnis verhält sich die Situation auf Ebene der ausschüttenden Gesellschaft wie folgt:

ohne Organschaftskonzern (Tochterkapitalgesellschaft)		
	vorläufiger Jahresüberschuss	100.000
–	(effektive) GewSt	16.667
=	**zu versteuerndes Einkommen**	**83.333**
–	definitive KSt-Belastung von 25 %	20.833
–	SolZ von 5,5 % auf KSt	1.146
=	**Bardividende**	**61.354**

Bei der Mutterkapitalgesellschaft gilt für die Jahre 2002 und 2003:

ohne Organschaftskonzern (Mutterkapitalgesellschaft)			
Kj. 2002		Jahresfehlbetrag	40.000
	+	realisierter Beteiligungsertrag	61.354
	–	außerbilanzielle Kürzung (§ 8b Abs. 1 KStG)	61.354
	=	**negatives Einkommen**	**40.000**
	→	Verlustvortrag i.S.v. § 10a GewStG	40.000
	→	Verlustvortrag i.S.v. § 10d Abs. 2 EStG i.V.m. § 8 Abs. 1 KStG	40.000
Kj. 2003		vorläufiger Jahresüberschuss	250.000
	–	(effektive) GewSt unter Berücksichtigung des Verlustvortrages	35.000
	=	**zu versteuerndes Einkommen unter Berücksichtigung des Verlustvortrages**	**175.000**
	–	definitive KSt-Belastung von 26,5 %	46.375
	–	SolZ von 5,5 % auf KSt	2.551
	=	**Bardividende**	**126.074**

Der Kapitalwert der Steuerzahlungen beträgt zum 31.12.2002

$$38.646 + 83.926 \cdot 1{,}055^{-1} = 118.197 \text{ EUR.}$$

Wird eine **isolierte gewerbesteuerliche Organschaft** unterstellt, gilt bei der OG:

isolierter gewerbesteuerlicher Organschaftskonzern (Organgesellschaft)		
	vorläufiger Jahresüberschuss	100.000
–	(effektive) GewSt (Organschaft!)	0
=	**zu versteuerndes Einkommen**	**100.000**
–	definitive KSt-Belastung von 25%	25.000
–	SolZ von 5,5% auf KSt	1.375
=	**Bardividende**	**73.625**

Der OT wird steuerlich wie folgt behandelt:

isolierter gewerbesteuerlicher Organschaftskonzern (Organträger)			
Kj. 2002		Jahresfehlbetrag	40.000
	+	realisierter Beteiligungsertrag	73.625
	–	außerbilanzielle Kürzung (§ 8b Abs. 1 KStG)	73.625
	–	(effektive) GewSt bzgl. der addierten Gewerbeergebnisse	10.000
	=	**negatives Einkommen**	**50.000**
	→	Verlustvortrag i.S.v. § 10d Abs. 2 EStG i.V.m. § 8 Abs. 1 KStG	50.000
Kj. 2003		vorläufiger Jahresüberschuss	250.000
	–	(effektive) GewSt	41.667
	=	**zu versteuerndes Einkommen unter Berücksichtigung des Verlustvortrages**	**158.333**
	–	definitive KSt-Belastung von 26,5%	41.958
	–	SolZ von 5,5% auf KSt	2.308
	=	**Bardividende**	**114.067**

Der Kapitalwert der Steuerzahlungen zum 31.12.2002 beläuft sich auf

$$36.375 + 85.933 \cdot 1{,}055^{-1} = 117.828 \text{ EUR.}$$

Unter Zugrundelegung einer **gewerbe- und körperschaftsteuerlichen Organschaft** gilt auf Ebene des OT für die Jahre 2002 und 2003:

gewerbe- und körperschaftsteuerlicher Organschaftskonzern (Organträger)			
Kj. 2002		addierte vorläufige Jahresergebnisse	60.000
	–	(effektive) GewSt bzgl. der addierten Gewerbeergebnisse	10.000
	=	**zu versteuerndes Einkommen**	**50.000**
	–	definitive KSt-Belastung von 25%	12.500
	–	SolZ von 5,5% auf KSt	688
	=	**Bardividende**	**36.812**

Kj. 2003		vorläufiger Jahresüberschuss	250.000
	–	(effektive) GewSt	41.667
	=	**zu versteuerndes Einkommen**	**208.333**
	–	definitive KSt-Belastung von 26,5%	55.208
	–	SolZ von 5,5% auf KSt	3.036
	=	**Bardividende**	**150.089**

Der Kapitalwert der Steuerzahlungen lautet

$$23.188 + 99.911 \cdot 1{,}055^{-1} = 117.890 \text{ EUR}.$$

Anlage 12: Kasuistische Veranlagungssimulation eines (Organschafts-)Konzerns bei positiven und negativen Einkommen bzw. Gewerbeergebnissen und juristischer Person als Organträger bzw. Muttergesellschaft (Fall 3)

Gleiches wie in Anlage 11 (ab S. LXVI) soll für Abbildung 36 (S. 285) durchgeführt werden. Hierzu wird im Jahre 2002 eine (vorläufiger) Jahresüberschuss des OT/der Mutter von 100.000 EUR sowie einen Jahresfehlbetrag der OG/Tochter von 20.000 EUR unterstellt. Im Jahre 2003 beträgt der (vorläufige) Jahresüberschuss des OT/der Mutter wiederum 100.000 EUR und derjenige der OG/Tochter 250.000 EUR.

Ohne Organschaftsverhältnis verhält sich die Situation auf Ebene der ausschüttenden Gesellschaft wie folgt:

ohne Organschaftskonzern (Tochterkapitalgesellschaft)			
Kj. 2002		Jahresfehlbetrag	20.000
	→	Verlustvortrag i.S.v. § 10a GewStG	20.000
	→	Verlustvortrag i.S.v. § 10d Abs. 2 EStG i.V.m. § 8 Abs. 1 KStG	20.000
Kj. 2003		vorläufiger Jahresüberschuss	250.000
	–	(effektive) GewSt unter Berücksichtigung des Verlustvortrages	38.333
	=	**zu versteuerndes Einkommen unter Berücksichtigung des Verlustvortrages**	**191.667**
	–	definitive KSt-Belastung von 26,5 %	50.792
	–	SolZ von 5,5 % auf KSt	2.794
	=	**Bardividende**	**138.081**

Die Muttergesellschaft sieht sich folgender steuerlicher Situation gegenübergestellt:

ohne Organschaftskonzern (Mutterkapitalgesellschaft)			
Kj. 2002		vorläufiger Jahresüberschuss	100.000
	–	(effektive) GewSt	16.667
	=	**zu versteuerndes Einkommen**	**83.333**
	–	definitive KSt-Belastung von 25 %	20.833
	–	SolZ von 5,5 % auf KSt	1.146
	=	**Bardividende**	**61.354**
Kj. 2003		vorläufiger Jahresüberschuss	100.000
	–	(effektive) GewSt	16.667
	=	**zu versteuerndes Einkommen**	**83.333**
	–	definitive KSt-Belastung von 26,5 %	22.083
	–	SolZ von 5,5 % auf KSt	1.215
	=	**Bardividende**	**60.035**

Der Kapitalwert der Steuerzahlungen zum 31.12.2002 beträgt

$$38.646 + 131.884 \cdot 1{,}055^{-1} = 163.655 \text{ EUR.}$$

Bei einer **isolierten gewerbesteuerlichen Organschaft** gilt für die OG:

isolierter gewerbesteuerlicher Organschaftskonzern (Organgesellschaft)			
Kj. 2002		Jahresfehlbetrag	20.000
	→	Verlustvortrag i.S.v. § 10a GewStG (Organschaft!)	0
	→	Verlustvortrag i.S.v. § 10d Abs. 2 EStG i.V.m. § 8 Abs. 1 KStG	20.000
Kj. 2003		vorläufiger Jahresüberschuss	250.000
	–	(effektive) GewSt (Organschaft!)	0
	=	**zu versteuerndes Einkommen unter Berücksichtigung des Verlustvortrages**	**230.000**
	–	definitive KSt-Belastung von 26,5 %	60.950
	–	SolZ von 5,5 % auf KSt	3.352
	=	**Bardividende**	**165.698**

Der OT hat zu versteuern:

isolierter gewerbesteuerlicher Organschaftskonzern (Organträger)			
Kj. 2002		vorläufiger Jahresüberschuss	100.000
	–	(effektive) GewSt bzgl. der addierten Gewerbeergebnisse	13.333
	=	**zu versteuerndes Einkommen**	**86.667**
	–	definitive KSt-Belastung von 25 %	21.667
	–	SolZ von 5,5 % auf KSt	1.192
	=	**Bardividende**	**63.808**
Kj. 2003		vorläufiger Jahresüberschuss	100.000
	–	(effektive) GewSt bzgl. der addierten Gewerbeerträge	58.333
	=	**zu versteuerndes Einkommen**	**41.667**
	–	definitive KSt-Belastung von 26,5 %	11.042
	–	SolZ von 5,5 % auf KSt	607
	=	**Bardividende**	**30.018**

Der Kapitalwert der Steuerzahlungen zum 31.12.2002 beläuft sich auf

$$36.192 + 134.284 \cdot 1{,}055^{-1} = 163.475 \text{ EUR.}$$

Bei Zugrundelegung einer **gewerbe- und körperschaftsteuerlichen Organschaft** gilt beim OT:

gewerbe- und körperschaftsteuerlicher Organschaftskonzern (Organträger)			
Kj. 2002		addierte vorläufige Jahresergebnisse	80.000
	–	(effektive) GewSt bzgl. der addierten Gewerbeergebnisse	13.333
	=	**zu versteuerndes Einkommen**	**66.667**
	–	definitive KSt-Belastung von 25%	16.667
	–	SolZ von 5,5% auf KSt	917
	=	**Bardividende**	**49.083**
Kj. 2003		addierte vorläufige Jahresüberschüsse	350.000
	–	(effektive) GewSt bzgl. der addierten Gewerbeerträge	58.333
	=	**zu versteuerndes Einkommen**	**291.667**
	–	definitive KSt-Belastung von 26,5%	77.292
	–	SolZ von 5,5% auf KSt	4.251
	=	**Bardividende**	**210.124**

Der entsprechende Kapitalwert lautet

$$30.917 + 139.876 \cdot 1{,}055^{-1} = 163.501 \text{ EUR.}$$

Anlage 13: Zusammenstellung von ausgewählten organschaftsspezifischen Gesetzeswortlauten nach dem UntStFG

In Tabelle 21 ist der als Vergleichsmaßstab zu Tabelle 20 (S. 405 ff.) fungierende Gesetzeswortlaut ausgewählter organschaftsspezifischer Passagen nach dem UntStFG wiedergegeben.

Körperschaftsteuergesetz		
§ 14 KStG	***Abs. 1***	Verpflichtet sich eine Aktiengesellschaft oder Kommanditgesellschaft auf Aktien mit Geschäftsleitung und Sitz im Inland (Organgesellschaft) durch einen Gewinnabführungsvertrag im Sinne des § 291 Abs. 1 des Aktiengesetzes, ihren ganzen Gewinn an ein einziges anderes gewerbliches Unternehmen abzuführen, so ist das Einkommen der Organgesellschaft, soweit sich aus § 16 nichts anderes ergibt, dem Träger des Unternehmens (Organträger) zuzurechnen, wenn die folgenden Voraussetzungen erfüllt sind:
	Nr. 1	[1] Der Organträger muss an der Organgesellschaft vom Beginn ihres Wirtschaftsjahrs an ununterbrochen in einem solchen Maße beteiligt sein, dass ihm eine Mehrheit der Stimmrechte aus den Anteilen an der Organgesellschaft zusteht (finanzielle Eingliederung). [2] Mittelbare Beteiligungen sind zu berücksichtigen, wenn die Beteiligung an jeder vermittelnden Gesellschaft die Mehrheit der Stimmrechte gewährt.
	Nr. 2	[1] Der Organträger muss eine unbeschränkt steuerpflichtige natürliche Person oder eine nicht steuerbefreite Körperschaft, Personenvereinigung oder Vermögensmasse im Sinne des § 1 mit Geschäftsleitung im Inland oder eine Personengesellschaft im Sinne des § 15 Abs. 1 Nr. 2 des Einkommensteuergesetzes mit Geschäftsleitung im Inland sein. [2] An der Personengesellschaft dürfen nur Gesellschafter beteiligt sein, die mit dem auf sie entfallenden Teil des zuzurechnenden Einkommens im Geltungsbereich dieses Gesetzes der Einkommensteuer oder der Körperschaftsteuer unterliegen. [3] Sind ein oder mehrere Gesellschafter der Personengesellschaft beschränkt einkommensteuerpflichtig, so muss die Voraussetzung der Nummer 1 im Verhältnis zur Personengesellschaft selbst erfüllt sein. [4] Das Gleiche gilt, wenn an der Personengesellschaft eine oder mehrere Körperschaften, Personenvereinigungen oder Vermögensmassen beteiligt sind, die ihre Geschäftsleitung nicht im Inland haben.
	Nr. 3	[1] Der Gewinnabführungsvertrag muss bis zum Ende des Wirtschaftsjahres der Organgesellschaft, für das Satz 1 erstmals angewendet werden soll, auf mindestens fünf Jahre abgeschlossen und bis zum Ende des folgenden Wirtschaftsjahres wirksam werden. [2] Er muss während seiner gesamten Geltungsdauer durchgeführt werden. [3] Eine vorzeitige Beendigung des Vertrags durch Kündigung ist unschädlich, wenn ein wichtiger Grund die Kündigung rechtfertigt. [4] Die Kündigung oder Aufhebung des Gewinnabführungsvertrags auf einen Zeitpunkt während des Wirtschaftsjahrs der Organgesellschaft wirkt auf den Beginn dieses Wirtschaftsjahrs zurück.
	Nr. 4	Die Organgesellschaft darf Beträge aus dem Jahresüberschuss nur insoweit in die Gewinnrücklagen (§ 272 Abs. 3 des Handelsgesetzbuchs) mit Ausnahme der gesetzlichen Rücklagen einstellen, als dies bei vernünftiger kaufmännischer Beurteilung wirtschaftlich begründet ist.
	Nr. 5	Ein negatives Einkommen des Organträgers bleibt bei der inländischen Besteuerung unberücksichtigt, soweit es in einem ausländischen Staat im Rahmen einer der deutschen Besteuerung des Organträgers entsprechenden Besteuerung berücksichtigt wird.

§ 14 KStG	***Abs. 2***	[1] Schließen sich mehrere gewerbliche Unternehmen im Sinne des Absatzes 1 Nr. 2, die gemeinsam im Verhältnis zur Organgesellschaft die Voraussetzungen des Absatzes 1 Nr. 1 erfüllen, in der Rechtsform einer Personengesellschaft lediglich zum Zwecke der einheitlichen Willensbildung gegenüber der Organgesellschaft zusammen, ist die Personengesellschaft als gewerbliches Unternehmen anzusehen, wenn jeder Gesellschafter der Personengesellschaft ein gewerbliches Unternehmen unterhält. [2] Der Personengesellschaft ist das Einkommen der Organgesellschaft vorbehaltlich des § 16 zuzurechnen, wenn zusätzlich zu den Voraussetzungen nach Absatz 1
	Nr. 1	jeder Gesellschafter der Personengesellschaft an der Organgesellschaft vom Beginn ihres Wirtschaftsjahres an ununterbrochen beteiligt ist und den Gesellschaftern die Mehrheit der Stimmrechte im Sinne des Absatzes 1 Nr. 1 an der Organgesellschaft zusteht,
	Nr. 2	die Personengesellschaft vom Beginn des Wirtschaftsjahrs der Organgesellschaft an ununterbrochen besteht,
	Nr. 3	der Gewinnabführungsvertrag mit der Personengesellschaft abgeschlossen ist und im Verhältnis zu dieser Gesellschaft die Voraussetzungen des Absatzes 1 Nr. 3 erfüllt sind und
	Nr. 4	durch die Personengesellschaft gewährleistet ist, dass der koordinierte Wille der Gesellschafter in der Geschäftsführung der Organgesellschaft tatsächlich durchgesetzt wird.
§ 17 KStG		[1] Die §§ 14 bis 16 gelten entsprechend, wenn eine andere als die in § 14 Abs. 1 Satz 1 bezeichnete Kapitalgesellschaft mit Geschäftsleitung und Sitz im Inland sich wirksam verpflichtet, ihren gesamten Gewinn an ein anderes Unternehmen im Sinne des § 14 abzuführen. [2] Weitere Voraussetzung ist, dass
	Nr. 1	eine Gewinnabführung den in § 301 des Aktiengesetzes genannten Betrag nicht überschreitet und
	Nr. 2	eine Verlustübernahme entsprechend den Vorschriften des § 302 des Aktiengesetzes vereinbart wird.
§ 27 KStG	***Abs. 6***	[1] Minderabführungen erhöhen und Mehrabführungen vermindern das Einlagekonto einer Organgesellschaft, wenn sie ihre Ursache in organschaftlicher Zeit haben. [2] Eine Minderabführung liegt insbesondere dann vor, wenn Beträge aus dem Jahresüberschuss in die Rücklagen eingestellt werden (§ 14 Abs. 1 Nr. 4). [3] Die Auflösung dieser Rücklagen führt zu einer Mehrabführung. [4] Satz 1 gilt für andere Mehrabführungen und Minderabführungen entsprechend.
Gewerbesteuergesetz		
§ 2 GewStG	***Abs. 2***	[2] Ist eine Kapitalgesellschaft Organgesellschaft im Sinne der §§ 14, 17 oder 18 des Körperschaftsteuergesetzes, so gilt sie als Betriebsstätte des Organträgers. [3] Im Fall des § 14 Abs. 2 des Körperschaftsteuergesetzes ist die Personengesellschaft Organträger.

Einkommensteuergesetz		
§ 35 EStG	*Abs. 2*	[1] Im Rahmen einer Organschaft im Sinne des § 2 Abs. 2 Satz 2 und 3 des Gewerbesteuergesetzes gilt als Gewerbesteuer-Messbetrag im Sinne von Absatz 1 der Anteil am Gewerbesteuer-Messbetrag, der dem Verhältnis des Gewerbeertrags des Organträgers vor Zurechnung der Gewerbeerträge der Organgesellschaften und vor Anwendung des § 11 des Gewerbesteuergesetzes zur Summe dieses Gewerbeertrags des Organträgers und der Gewerbeerträge aller Organgesellschaften entspricht. [2] Dabei sind negative Gewerbeerträge von dem Organträger oder einer Organgesellschaft mit null Deutsche Mark anzusetzen. [3] Der Anteil am Gewerbesteuer-Messbetrag ist als Vomhundertsatz mit zwei Nachkommastellen gerundet zu ermitteln und gesondert festzustellen. [4] Die Sätze 1 bis 3 sind nicht anzuwenden, wenn auch eine Organschaft im Sinne der §§ 14, 17 oder 18 des Körperschaftsteuergesetzes besteht.
Umsatzsteuergesetz		
§ 2 UStG	*Abs. 2 Nr. 2*	...wenn eine juristische Person nach dem Gesamtbild der tatsächlichen Verhältnisse finanziell, wirtschaftlich und organisatorisch in das Unternehmen des Organträgers eingegliedert ist (Organschaft). [2] Die Wirkungen der Organschaft sind auf Innenleistungen zwischen den im Inland gelegenen Unternehmensteilen beschränkt. [3] Diese Unternehmensteile sind als ein Unternehmen zu behandeln. [4] Hat der Organträger seine Geschäftsleitung im Ausland, gilt der wirtschaftlich bedeutendste Unternehmensteil im Inland als der Unternehmer.
Grunderwerbsteuergesetz		
§ 1 GrEStG	*Abs. 4 Nr. 2b*	...als abhängig juristische Personen, die nach dem Gesamtbild der tatsächlichen Verhältnisse finanziell, wirtschaftlich und organisatorisch in ein Unternehmen eingegliedert sind.

Tabelle 21: Formulierung ausgewählter organschaftsrelevanter Gesetzespassagen nach dem UntStFG

Literaturverzeichnis

Buchwerke, Sammelreihen und Zeitschriftenaufsätze

ADLER, HANS/DÜRING, WALTHER/SCHMALTZ, KURT (1997): Kommentierungen zu §§ 15, 16, 17, 18, 58, 300 und 311 AktG, in: Rechnungslegung und Prüfung der Unternehmen: Kommentar zum HGB, AktG, GmbHG, PublG nach den Vorschriften des Bilanzrichtlinien-Gesetzes, Teilband 4, 6. Aufl., Stuttgart 1997.

ADLER, HANS/DÜRING, WALTHER/SCHMALTZ, KURT (1997): Kommentierungen zu §§ 272, 274, 275 und 277 HGB, in: Rechnungslegung und Prüfung der Unternehmen: Kommentar zum HGB, AktG, GmbHG, PublG nach den Vorschriften des Bilanzrichtlinien-Gesetzes, Teilband 5, 6. Aufl., Stuttgart 1997.

ADLER, HANS/DÜRING, WALTHER/SCHMALTZ, KURT (1997): Kommentierungen zu §§ 243, 246 und 249 HGB, in: Rechnungslegung und Prüfung der Unternehmen: Kommentar zum HGB, AktG, GmbHG, PublG nach den Vorschriften des Bilanzrichtlinien-Gesetzes, Teilband 6, 6. Aufl., Stuttgart 1997.

ADLER, HANS/DÜRING, WALTHER/SCHMALTZ, KURT (1997): Kommentierung zu § 316 HGB, in: Rechnungslegung und Prüfung der Unternehmen: Kommentar zum HGB, AktG, GmbHG, PublG nach den Vorschriften des Bilanzrichtlinien-Gesetzes, Teilband 7, 6. Aufl., Stuttgart 1997.

AHA, CHRISTOF (1996): Welche Fakten müssen in den Unternehmensvertragsbericht?, in: Europäische Hochschulschriften: Reihe 2, Rechtswissenschaft, Bd. 1831, Frankfurt a. M. u.a. 1996.

AHMANN, KARIN-RENATE (1988): Der gespaltene Erfinder, DStR 1988, S. 595-600.

ALBROD, PETER (1991): Umstellung des Wirtschaftsjahres der Organgesellschaft bei der Begründung einer körperschaftsteuerlichen Organschaft, StBp 1991, S. 234-236.

ALTENDORF, KLAUS (2001): Die steuerliche Behandlung von Beteiligungen an anderen Körperschaften und Personenvereinigungen nach § 8b KStG n.F., NWB, Fach 4, S. 4419-4430.

ALTFELDER, STEFAN (2000): Mindestbesteuerung – Chaos mit System?, FR 2000, S. 18-43.

ALTFELDER, STEFAN (2001): Ist die „Mindestbesteuerung“ verfassungswidrig?, DB 2001, S. 350-355.

ALTMEPPEN, HOLGER (1998): Zum richtigen Verständnis der neuen §§ 293a-293g AktG zu Bericht und Prüfung beim Unternehmensvertrag, ZIP 1998, S. 1853-1866.

ALTMEPPEN, HOLGER (1999): Zur Entstehung, Fälligkeit und Höhe des Verlustausgleichsanspruchs nach § 302 AktG, DB 1999, S. 2453-2457.

ALTMEPPEN, HOLGER (2000): Kommentierungen zu „Einl. §§ 291 ff." sowie zu §§ 291, 293, 293a, 293b, 293c, 293d, 293e, 293f, 293g, 294 und 301 AktG, in: Münchener Kommentar zum Aktiengesetz, hrsg. von BRUNO KROPFF und JOHANNES SEMLER, Band 8 (§§ 278-328 AktG), 2. Aufl., München 2000.

ALTMEPPEN, HOLGER (2000): Parteifähigkeit, Sitztheorie und „Centros", DStR 2000, S. 1061-1063.

ALTMEPPEN, HOLGER (2002): Der Verlustausgleichsanspruch nach § 302 AktG: Noch ein Kunstfehler im „modernen" Verjährungsrecht, DB 2002, S. 879-880.

ASSEYER (1941): Zweifelsfragen auf dem Gebiet der Körperschaftsteuer, DStZ 1941, S. 339-345.

AUTENRIETH, KARLHEINZ (1984): Die Haftung für Darlehen der abhängigen Gesellschaft an die Konzernmutter im faktischen GmbH-Konzern, GmbH 1984, S. 198-201.

AUTENRIETH, KARLHEINZ (1989): Die Durchbrechung einer Organschaftskette im Konzern, DStZ 1989, S. 199-205.

BACHER, HANNS/BRAUN, HANS-ARTHUR (1978): Zeitpunkt der steuerlichen Wirksamkeit eines Gewinnabführungsvertrags, BB 1978, S. 1177-1181.

BACHMANN, GREGOR/VEIL, RÜDIGER (1999): Grenzen atypischer stiller Beteiligung an einer Aktiengesellschaft, ZIP 1999, S. 348-355.

BADER, AXEL (1996): Gestaltungsüberlegungen beim Aufwandsabzug für ausländische Schachtelbeteiligungen, INF 1996, S. 652-657.

BÄRWALDT, ROMAN/SCHABACKER, JOACHIM (1998): Wirksamkeitserfordernisse grenzüberschreitender Unternehmensverträge i.S.d. § 291 AktG, AG 1998, S. 182-189.

BAETGE, JÖRG/FEY, DIRK/FEY, GERD (1995): Kommentierung zu § 243 HGB, in: Handbuch der Rechnungslegung, hrsg. von KARLHEINZ KÜTING und CLAUS-PETER WEBER, Band Ia, 4. Aufl., Stuttgart 1995.

BALLERSTEDT, KURT (1973): Schranken der Weisungsbefugnis aufgrund eines Beherrschungsvertrags, ZHR 1973, S. 388-403.

BAREIS, PETER (2000): Das Halbeinkünfteverfahren im Systemvergleich, StuW 2000, S. 133-143.

BARZ, CARL H. (1972): Die vertragliche Entnahmeregelung bei OHG und KG, in: Festschrift für Alexander Knur, hrsg. von WERNER FLUME und RICHARD HAMM, München 1972.

BAUDENBACH, CARL/OETTINGHAUS, SUSANNE (1985): Anmerkungen zum Mehrstimmrecht im deutschen Genossenschaftsrecht, AG 1985, S. 269-274.

BAUER, MATHIAS/EGGERS, JÖRG (1999): Verlustausgleich im Rahmen der neu eingeführten Mindestbesteuerung, StuB 1999, S. 397-401.

BAUMANN, KARL-HERMANN (1995): Kommentierung zu § 274 HGB, in: Handbuch der Rechnungslegung, hrsg. von KARLHEINZ KÜTING und CLAUS-PETER WEBER, Band Ia, 4. Aufl., Stuttgart 1995.

BAUMS, THEODOR (1990): Höchststimmrechte, AG 1990, S. 221-242.

BAYER, WALTER (2000): Kommentierungen zu §§ 16 und 17 AktG, in: Münchener Kommentar zum Aktiengesetz, hrsg. von BRUNO KROPFF und JOHANNES SEMLER, Band 1 (§§ 1-53 AktG), 2. Aufl., München 2000.

BAYER, WILHELM F. (1975): Mehrstufige Unternehmensverträge, in: Beiträge zum Zivil- und Wirtschaftsrecht, Festschrift für Kurt Ballerstedt zum 70. Geburtstag am 24. Dezember 1975, hrsg. von WERNER FLUME, PETER RAISCH und ERNST STEINDORFF, Berlin 1975, S. 157-183.

BECKMANN, KLAUS (1999): Grunderwerbsteuer bei Umstrukturierungen, GmbHR 1999, S. 217-225.

BEECKES, WILLI (1962): Berücksichtigung des Gewerbe- und des Umsatzsteueraufwands bei Organschaft, DB 1962, S. 1122-1124.

BERÁNEK, AXEL (1992): Zur Berechnung der effektiven Gewerbeertragsteuer nach dem neuen Staffeltarif des § 11 Abs. 2 Nr. 1 GewStG, BB 1992, S. 1832-1834.

BERGEMANN, ACHIM (2000): Unternehmenssteuerreform 2001: Schwerpunkte des Steuersenkungsgesetzes, DStR 2000, S. 1410-1419.

BEUTHIEN, VOLKER (1991): Die eingetragene Genossenschaft als verbundenes Unternehmen, in: Das Gesellschaftsrecht der Konzerne im internationalen Vergleich, in: Wirtschaftsrecht und Wirtschaftspolitik, hrsg. von ERNST-JOACHIM MESTMÄCKER und PETER BEHRENS, Band 110, Baden-Baden 1991, S. 133-168.

BEUTHIEN, VOLKER (1996): Die eingetragene Genossenschaft als Holdinggesellschaft, AG 1996, S. 349-357.

BEUTHIEN, VOLKER (2000): Kommentierungen zu §§ 1, 7, 7a und 43 GenG, in: Genossenschaftsgesetz mit Umwandlungsrecht, hrsg. von VOLKER BEUTHIEN, 13. Aufl., München 2000.

BEZZENBERGER, TILMAN (1991): Vorzugsaktien ohne Stimmrecht, in: Abhandlungen zum deutschen und europäischen Handels- und Wirtschaftsrecht, hrsg. von GOETZ HUECK, MARCUS LUTTER und WOLFGANG ZÖLLNER, Band 74, Köln u.a. 1991.

BIEG, HARTMUT (1977): Schwebende Geschäfte in Handels- und Steuerbilanz, Frankfurt a. M. u.a. 1977.

BIEG, HARTMUT/KUSSMAUL, HEINZ (1998): Externes Rechnungswesen, 2. Aufl., München/ Wien 1998.

BIEG, HARTMUT/KUSSMAUL, HEINZ (2000a): Investitions- und Finanzierungsmanagement, Band I: Investition, München 2000.

BIEG, HARTMUT/KUSSMAUL, HEINZ (2000b): Investitions- und Finanzierungsmanagement, Band II: Finanzierung, München 2000.

BIEG, HARTMUT/KUSSMAUL, HEINZ (2000c): Investitions- und Finanzierungsmanagement, Band III: Finanzwirtschaftliche Entscheidungen, München 2000.

BILSDORFER, PETER (2001): Anmerkung zum BFH-Beschluss vom 7.8.2000, GrS 2/99, SteuerStud 2001, S. 35.

BIRK, DIETER (1994): Kommentierung zu § 10 AO, in: Kommentar zur Abgabenordnung und Finanzgerichtsordnung, begr. von WALTER HÜBSCHMANN, ERNST HEPP und ARMIN SPITALER, bearb. von HARTMUT SÖHN, Band II, 10. Aufl., Köln 1995 ff. (Loseblatt), Stand: April 2002.

BIRKENFELD, WOLFRAM (1996): Umsatzbesteuerung im Binnenmarkt, 3. Aufl., Berlin 1996.

BIRKHOLZ, HANS (1971): Die Betriebsaufspaltung im Steuerrecht, DStZ 1971, Ausgabe A, S. 158-161.

BIRKHOLZ, HANS (1979): Organschaft zwischen einer KG und ihrer Komplementät-GmbH?, UR 1979, S. 5-6.

BLAUM, ULF/KESSLER, HARALD (2000): Das Ende der phasengleichen Vereinnahmung von Beteiligungserträgen in der Steuerbilanz?, StuB 2000, S. 1233-1246.

BLUMERS, WOLFGANG/SCHMIDT, GERHARD (1989): Eintragungspflicht von Gewinnabführungsverträgen im GmbH-Recht und Anerkennung der körperschaftsteuerlichen Organschaft bei „Altverträgen", DB 1989, S. 31-32.

BLUMERS, WOLFGANG/SCHMIDT, GERHARD (1991): Die körperschaftsteuerlichen Konsequenzen des „Supermarkt-Beschlusses" des BGH – eine Bestandsaufnahme, GmbHR 1991, S. 32-34.

BÖDEFELD, AXEL/KREBS, HANS-JOACHIM (1996): Dauer des Gewinnabführungsvertrags bei körperschaftsteuerlicher Organschaft, FR 1996, S. 157-160.

BÖHMER, MICHAEL (1991): Die deutsche Besteuerung grenzüberschreitender Unternehmensverträge, in: Schriften des Instituts für Ausländisches und Internationales Finanz- und Steuerwesen der Universität Hamburg, Band 14, Baden-Baden 1991.

BOGENSCHÜTZ, EUGEN/STRIEGEL, ANDREAS (2000): Gewerbesteuerliche Behandlung der Veräußerung von Anteilen an Kapitalgesellschaften durch Personengesellschaften, DB 2000, S. 2547-2553.

BONDI, ARTHUR (1930): Die Rechte der Aktionäre, Berlin 1930.

BRÄNDEL, OLIVER C. (1991): Mehrstimmrechtsaktien – ein in Vergessenheit geratenes Instrument der Beherrschung und des Minderheitenschutzes?, in: Festschrift für Karlheinz Quack zum 65. Geburtstag am 3. Januar 1991, hrsg. von HARM P. WESTERMANN und WOLFGANG ROSENER, Berlin/New York 1991, S. 175-188.

BRANDES, HELMUT (1991): Grundsätze der Kapitalerhaltung im Vertragskonzern, in: Festschrift für Alfred Kellermann zum 70. Geburtstag am 29. November 1990, ZGR 1991, Sonderheft 10, hrsg. von REINHARD GOERDELER u.a., Berlin/New York 1991, S. 25-35.

BRANDMÜLLER, GERHARD (1997): Die Betriebsaufspaltung nach Handels- und Steuerrecht, 7. Aufl., Heidelberg 1997.

BREUNINGER, GOTTFRIED E./PRINZ, ULRICH (1995): Organschaft bei fehlendem Beherrschungsvertrag und mittelbarer Beteiligung, DB 1995, S. 2085-2090.

BREZING, KLAUS (1975): Verrechnungsentgelte und Umlagen zwischen Kapitalgesellschaften und ihren Gesellschaftern im Steuerrecht, Köln 1975.

BRÖNNER, HERBERT/BAREIS, PETER (1999): Die Besteuerung der Gesellschaften, des Gesellschafterwechsels und der Umwandlungen, 17. Aufl., Stuttgart 1999.

BUDDE, WOLFGANG D./KARIG, PETER (1999): Kommentierung zu § 269 HGB, in: Beck'scher Bilanzkommentar, begr. von MAX PANKOW und MANFRED SARX, 4. Aufl., München 1999.

BUDDE, WOLFGANG D./MÜLLER, HEINZ-PETER (1999): Kommentierung zu § 277 HGB, in: Beck'scher Bilanzkommentar, begr. von MAX PANKOW und MANFRED SARX, 4. Aufl., München 1999.

BULLINGER, MICHAEL (1986): Der Ausweis von „Steuererträgen" in der Gewinn- und Verlustrechnung von Kapitalgesellschaften nach dem Bilanzrichtlinien-Gesetz, BB 1986, S. 844-845.

BULLINGER, MICHAEL (1988): Der Ausweis von Steuerumlagen in der Gewinn- und Verlustrechnung von Kapitalgesellschaften, DB 1988, S. 717-718.

BUNGERT, HARTWIN (1995): Unternehmensvertragsbericht und Unternehmensvertragsprüfung gemäß §§ 293a ff. AktG, DB 1995, S. 1384-1392 und S. 1449-1456.

BUNGERT, HARTWIN (2000): Anmerkung zum Beschluss des BayObLG vom 4.11.1999, 3 Z BR 333/99, NZG 2000, S. 167-168.

CAHN, ANDREAS (2000): Zur Anwendbarkeit der §§ 311 ff. AktG im mehrstufigen Vertragskonzern, BB 2000, S. 1477-1483.

CATTELAENS, HEINER (2000): Steuersenkungsgesetz: Die Steuerermäßigung für gewerbliche Einkünfte bei der Einkommensteuer nach § 35 EStG, WPg 2000, S. 1180-1189.

CATTELAENS, HEINER/NIERMANN, WALTER/TAUSCH, WOLFGANG (2000): Gesetz zur Senkung der Steuersätze und zur Reform der Unternehmensbesteuerung (Steuersenkungsgesetz – StSenkG), Düsseldorf 2000.

CLAUSSEN, CARSTEN P. (1998): Wie ändert das KonTraG das Aktiengesetz?, DB 1998, S. 177-186.

CLEMM, HERMANN (1977): Die Grenzen der Weisungsfolgepflicht des Vorstands der beherrschten AG bei bestehendem Beherrschungsvertrag, ZHR 1977, S. 195-208.

CLEMM, HERMANN/ERLE, BERND (1999): Kommentierung zu § 249 HGB, in: Beck'scher Bilanzkommentar, begr. von MAX PANKOW und MANFRED SARX, 4. Aufl., München 1999.

COMMANDEUR, DIRK (1995): Kommentierung zu § 269 HGB, in: Handbuch der Rechnungslegung, hrsg. von KARLHEINZ KÜTING und CLAUS-PETER WEBER, Band Ia, 4. Aufl., Stuttgart 1995.

CONRAD, HANS-GEORG (1974): Finanzielle Eingliederung als Problem bei Organschaften zu Personengesellschaften, DB 1974, S. 60-63.

CREZELIUS, GEORG (1997): Faktischer Konzern und Organschaft, in: Aktien- und Bilanzrecht, Festschrift für Bruno Kropff, hrsg. von KARL-HEINZ FORSTER u.a., Düsseldorf 1997, S. 37-52.

CREZELIUS, GEORG (2001): Dogmatische Grundstrukturen der Unternehmenssteuerreform, DB 2001, S. 221-229.

CURTIUS-HARTUNG, RUDOLF (1991): Zur Ausschaltung körperschaftsteuerlicher Doppelerfassung bei Organschaft – zugleich eine Auseinandersetzung mit der Rechtfertigung besonderer Ausgleichsposten beim Organträger, in: Betriebswirtschaftliche Steuerlehre und Steuerberatung, hrsg. von NORBERT HERZIG, Wiesbaden 1991, S. 311-323.

DANTZER, VOLRAD (1983): Sind die besonderen Ausgleichsposten nach Abschnitt 59 KStR 1977 erforderlich?, StBp 1983, S. 176-181.

DANTZER, VOLRAD (1984): Die besonderen Ausgleichsposten nach Abschnitt 59 KStR 1977, StBp 1984, S. 149-152.

DEBATIN, HELMUT (1992): Zur Behandlung von Beteiligungen an Personengesellschaften unter den Doppelbesteuerungsabkommen im Lichte der neueren Rechtsprechung des Bundesfinanzhofs, BB 1992, S. 1181-1188.

DECHER, CHRISTIAN E. (1990): Personelle Verflechtungen im Aktienkonzern, in: Abhandlungen zum Arbeits- und Wirtschaftsrecht, hrsg. von WOLFGANG HEFERMEHL u.a., Band 61, Heidelberg 1990.

DEHMER, HANS (1987): Die Betriebsaufspaltung, 2. Aufl., München 1987.

DEPENBROCK, HARTWIG (1975): Zur Entwicklung und Bedeutung der Vorzugsaktien in den Aktienrechten der USA und im deutschen Aktienrecht – Eine vergleichende Untersuchung –, Gütersloh 1975.

DETTEN, KNUT VON (1994): Die eingetragene Genossenschaft im Recht der verbundenen Unternehmen, in: Marburger Schriften zum Genossenschaftswesen, Band 79, Göttingen 1995.

DIENER, ROGER/SCHULTE, WILFRIED (2000): Kommentierung zu § 35 EStG, in: Reform der Unternehmensbesteuerung, hrsg. von BERND ERLE und THOMAS SAUTER, Köln 2000.

DIETLEIN, JOHANNES (2000): Anmerkung zum BGH-Urteil vom 1.3.1999, II ZR 312/97, JR 2000, S. 285.

DIETRICH, HOLGER (2001): Sitzverlegung im Binnenmarkt und ihre Besteuerung, in: Europäische Hochschulschriften: Reihe 2, Rechtswissenschaft, Bd. 3161, Frankfurt a. M. u.a. 2001.

DÖLLERER, GEORG (1974): Die Rechtsprechung des Bundesfinanzhofs zum Steuerrecht der Unternehmen, ZGR 1974, S. 343-369.

DÖLLERER, GEORG (1975): Aktuelle Fragen der Organschaft im Körperschaftsteuerrecht, BB 1975, S. 1073-1078.

DÖLLERER, GEORG (1976): Der Einfluß des Steuerrechts auf die GmbH-Konzern-Praxis, in: Der GmbH-Konzern, in: Rechtsfragen der Handelsgesellschaften, Heft 34, Köln 1976, S. 154-169.

DÖLLERER, GEORG (1983): Zur Rechtsnatur der neuen Körperschaftsteuer, BB 1983, S. 1-5.

DÖLLERER, GEORG (1987): Die Maßgeblichkeit des Zivilrechts für das Ertragsteuerrecht in der neueren Rechtsprechung des Bundesfinanzhofs, in: JbFStR 1986/1987, hrsg. vom Deutschen Anwaltsinstitut e.V., Herne/Berlin 1987, S. 37-54.

DÖRING, ULRICH (1984): Kostensteuern, in: Betriebswirtschaftliche Abhandlungen, Band 60, Stuttgart 1984.

DÖRNER, BERNHARD M. (1996): Verlustverlagerung von Betriebs-GmbH auf Besitzunternehmen bei Betriebsaufspaltungen, INF 1996, S. 587-591.

DÖRNER, BERNHARD M. (2000): Die laufende Besteuerung der Kapitalgesellschaften und ihrer Gesellschafter nach dem StSenkG, INF 2000, S. 545-553.

DÖRNER, BERNHARD M. (2001): Die Steuern der GmbH und ihrer Gesellschafter, 4. Aufl., Freiburg i. Br. 2001.

DÖTSCH, EWALD (1991a): Organschaft und verdeckte Gewinnausschüttung, GmbHR 1991, S. 121-125.

DÖTSCH, EWALD (1991b): Stellungnahme zu Hübel, Wolfgang: Organschaft – Auswirkungen bei Beendigung des Gewinnabführungsvertrags auf den besonderen Ausgleichsposten (Abschn. 59 KStR), GmbHR 1991, S. 477.

DÖTSCH, EWALD (1993): Die besonderen Ausgleichsposten bei der Organschaft – Ein kompliziertes Regelungsgebäude ohne Rechtsgrundlage, DB 1993, S. 752-756.

DÖTSCH, EWALD/PUNG, ALEXANDRA (2000a): Die geplante Reform der Unternehmensbesteuerung, DB 2000, Beilage 4/2000.

DÖTSCH, EWALD/PUNG, ALEXANDRA (2000b): Steuersenkungsgesetz: Die Änderungen bei der Körperschaftsteuer und bei der Anteilseignerbesteuerung, DB 2000, Beilage 10/2000.

DÖTSCH, EWALD/JOST, WERNER F. (1996): Die Körperschaftsteuer-Richtlinien 1995, DB 1996, Beilage 4/1996.

DÖTSCH, EWALD/SINGBARTL, HANS (1991): Die Körperschaftsteuer-Änderungsrichtlinien 1990, DB 1991, S. 355-361 und S. 406-412.

DÖTSCH, EWALD/WITT, GEORG (1996): Organschaft und Anrechnungsverfahren, DB 1996, S. 1592-1598.

DÖTSCH, EWALD u.a. (2002): Körperschaftsteuer, in: Finanz und Steuern, Band 5, 13. Aufl., Stuttgart 2002.

DÖTSCH, FRANZ (2001): Kommentierung zu § 95 BewG, in: Kommentar zum Bewertungsgesetz und Vermögensteuergesetz, begr. von LORENZ GÜRSCHING und ALFONS STENGER, Band II, 9. Aufl., Köln 1998 ff. (Loseblatt), Stand: November 2001 (88. Erg.-Lfg.).

DONLE, CHRISTIAN (1995): Der faktische GmbH-Konzern: Resümee aus der bisherigen Rechtsprechung und Lösungsansatz für noch nicht geklärte Probleme, DStR 1995, S. 1918-1923.

DORNFELD, ROBERT E. (1969): Stellt die wirtschaftliche Eingliederung ein überflüssiges Tatbestandselement der körperschaftsteuerlichen Organschaft dar?, FR 1969, S. 349-351.

DREISOW, RUDOLF (1977): Zu den Stimmverboten für die Komplementäre einer KGaA, DB 1977, S. 851-854.

DREISSIG, HILDEGARD (1992): Organschaftsausgleichsposten bei Beendigung von Ergebnisabführungsverträgen, BB 1992, S. 816-819.

DREISSIG, HILDEGARD (2000): Verlegung der Geschäftsleitung einer deutschen Kapitalgesellschaft ins Ausland, DB 2000, S. 893-899.

DRYGALA, TIM (1993): Verhaltenshaftung im faktischen GmbH-Konzern, GmbHR 1993, S. 317-329.

DRYGALA, TIM (1995): Betriebsaufspaltung und Haftungsausschluß doch keine Illusion?, NJW 1995, S. 3237-3239.

EBENROTH, CARSTEN TH./PARCHE, ULRICH (1989): Konzernrechtliche Beschränkungen der Umstrukturierung des Vertragskonzerns, BB 1989, S. 637-648.

EBENROTH, CARSTEN TH./WILKEN, OLIVER (1993): Beweislast und Gesellschafterhaftung im qualifizierten faktischen Konzern, ZIP 1993, S. 558-562.

EBENROTH, CARSTEN TH./WILLBURGER, ANDREAS (1995): Die Organträgerfähigkeit US-amerikanischer Kapitalgesellschaften im deutschen Körperschaftsteuerrecht, RIW 1995, Beilage 3/1995.

EBKE, WERNER F. (1999): Das Schicksal der Sitztheorie nach dem Centros-Urteil des EuGH, JZ 1999, S. 656-661.

ECKERT, KARL-HERMANN (1999): Das Steuerschuldverhältnis bei der umsatzsteuerlichen Organschaft nach der Rechtsprechung des BFH, StuB 1999, S. 922-927.

ECKHARDT, WALTER (1969): Die Regelung der körperschaftsteuerlichen Organschaft, BB 1969, S. 925-928.

EDER, ULRICH (1994): Die Grunderwerbsteuer im Konzern, DStR 1994, S. 735-739.

EHMANN, HORST (2000): Kommentierung zu § 432 BGB, in: Bürgerliches Gesetzbuch, hrsg. von HARM P. WESTERMANN, Band I, 10. Aufl., Köln 2000.

EICHHOLZ, RAINER (1993): Das Recht konzerninterner Darlehen, in: Konzern, Konzernrecht und Konzernfinanzierung, in: Untersuchungen über das Spar-, Giro- und Kreditwesen, hrsg. von WALTHER HADDING und UWE H. SCHNEIDER, Band 85, Berlin 1993.

EICKER, KLAUS (2000): Anmerkung zum BFH-Beschluss vom 7.8.2000, GrS 2/99, IWB 2000, Fach 3a, Gruppe 1, S. 1176-1178.

EIDENMÜLLER, HORST (2002): Anmerkung zu den Schlussanträgen des Generalanwaltes DÁMASO RUIZ-JARABO COLOMER vom 4.12.2001, Rs. C-208/00, ZIP 2002, S. 82-84.

EILERS, STEPHAN/WIENANDS, HANS-GERD (1999): Neue steuerliche und gesellschaftsrechtliche Aspekte der Doppelansässigkeit von Kapitalgesellschaften nach der EuGH-Entscheidung vom 9.3.1999, IStR 1999, S. 289-296.

EILERS, STEPHAN/WIENANDS, HANS-GERD (2000): Steuersenkungsgesetz: Besteuerung der Dividendeneinnahmen von Körperschaften nach der Neufassung von § 8b Abs. 1 KStG, GmbHR 2000, S. 957-964.

EISGRUBER, THOMAS (2000): Unternehmenssteuerreform 2001: Das Halbeinkünfteverfahren auf der Ebene der Körperschaft, DStR 2000, S. 1493-1498.

EKKENGA, JENS (1999): Anmerkung zum BFH-Beschluss vom 16.12.1998, I R 50/95, BB 1999, S. 1212-1214.

„el.“ (1974): Zur Rücklagebildung bei Gewinnabführungsverträgen, DB 1974, S. 799.

ELLERICH, MARIAN/KÜTING, KARLHEINZ (1980): Zur Widerlegung der aktienrechtlichen Konzernvermutung (§ 18 Abs. 1 Satz 3 AktG) durch den Bund, DB 1980, S. 1973-1977.

ELLROTT, HELMUT/SCHMIDT-WENDT, DIETRICH (1999): Kommentierung zu § 255 HGB, in: Beck'scher Bilanzkommentar, begr. von MAX PANKOW und MANFRED SARX, 4. Aufl., München 1999.

EMMERICH, VOLKER (1976): Das GmbH-Konzernrecht, in: Der GmbH-Konzern, in: Rechtsfragen der Handelsgesellschaften, Heft 34, Köln 1976, S. 3-24.

EMMERICH, VOLKER (1999): Anmerkung zum BGH-Urteil vom 1.3.1999, II ZR 312/97, JuS 1999, S. 1132-1133.

EMMERICH, VOLKER (2001): Kommentierungen zu §§ 293a, 293b, 293c, 293d, 293e, 293f und 293g AktG, in: Kommentar zum Aktien- und GmbH-Konzernrecht, hrsg. von VOLKER EMMERICH und MATHIAS HABERSACK, 2. Aufl., München 2001.

EMMERICH, VOLKER/GANSWEID, WOLFGANG (1975): Die Problematik der Gemeinschaftsunternehmen – BGHZ 62, 193, JuS 1975, S. 294-299.

EMMERICH, VOLKER/SONNENSCHEIN, JÜRGEN/HABERSACK, MATHIAS (2001): Konzernrecht, 7. Aufl., München 2001.

„en.“ (1975): Organschaftsverhältnis und Betriebsaufspaltung, DB 1975, S. 2107-2108.

ENDRES, DIETER/THIES, ANGELIKA (2002): Bekämpfung doppelter Verlustnutzung im UntStFG – Oder: Wer danebenschießt, muss eine Strafrunde laufen, RIW 2002, S. 275-280.

ENSTHALER, JÜRGEN (1999): Kommentierungen zu §§ 116, 119, 120 und 121 HGB, in: Gemeinschaftskommentar zum Handelsgesetzbuch, hrsg. von JÜRGEN ENSTHALER, 6. Aufl., Neuwied/Kriftel/Berlin 1999.

ENSTHALER, JÜRGEN/KREHER, MARKUS (1995): Verlustausgleichspflicht im qualifizierten faktischen Konzern, BB 1995, S. 1422-1430.

EVERSBERG, HORST (2001): Mehrmütterorganschaft im Körperschaftsteuer-, Gewerbesteuer- und Verfahrensrecht, in: StbJb 2000/2001, hrsg. von NORBERT HERZIG, MANFRED GÜNKEL und URSULA NIEMANN, Köln 2001, S. 311-324.

EXNER, WERNER (1984): Beherrschungsvertrag und Vertragsfreiheit, in: Europäische Hochschulschriften: Reihe 2, Rechtswissenschaft, Bd. 388, Frankfurt a. M. u.a. 1984.

FABIAN, SUSANNE (1997): Inhalt und Auswirkungen des Beherrschungsvertrags, in: Europäische Hochschulschriften: Reihe 2, Rechtswissenschaft, Bd. 2192, Frankfurt a. M. u.a. 1997.

FALKHAUSEN, JOACHIM FREIHERR VON (1995): § 57 Die Ergebnisbeteiligung, in: Münchener Handbuch des Gesellschaftsrechts, hrsg. von BODO RIEGGER und LUTZ WEIPERT, Band 1: BGB-Gesellschaft, Offene Handelsgesellschaft, Partnerschaftsgesellschaft, Patenreederei, EWIV, München 1995.

FAULHABER, MARKUS (2000): Neuerungen im Bereich der Organschaft nach dem Steuersenkungsgesetz, INF 2000, S. 609-613.

FEDDERSEN, DIETER (1986): Beherrschungs- und Gewinnabführungsverträge über die Grenze, in: Beherrschungs- und Gewinnabführungsverträge in der Praxis der GmbH, in: Beiträge zum Wirtschafts- und Bankrecht, hrsg. von UWE H. SCHNEIDER, Band 1, Frankfurt a. M. 1989, S. 127-158.

FEDDERSEN, DIETER (2000): Gewerbesteuerumlage im faktischen Konzern, ZGR 2000, S. 523-534.

FELDER, BERND (2000): Kommentierung zu Kapitel A. VI., in: Verdeckte Gewinnausschüttung, verdeckte Einlage, hrsg. von BERND FELDER u.a., Stuttgart 2000 (Loseblatt), Stand: Januar 2000.

FELIX, GÜNTHER/STRAHL, MARTIN (1996): Ausschüttungen aus dem EK 04 bei wesentlicher Beteiligung i.S. des § 17 EStG oder Beteiligung im Betriebsvermögen, DStR 1996, S. 1514-1517.

FELIX, GÜNTHER/STRECK, MICHAEL (1976): Neues Ertragsteuerrecht der Mitunternehmerschaften, DStR 1976, S. 243-251.

FENZL, BARBARA/HAGEN, CHRISTIANE (2000): Überlegungen zur Organschaft im Hinblick auf die geplante Unternehmenssteuerreform, FR 2000, S. 289-298.

FICHTELMANN, HELMAR (1999): Betriebsaufspaltung im Steuerrecht, 10. Aufl., Heidelberg 1999.

FISCHER, KLAUS K. (1999): § 4: Die Beschlußfassung der Gesellschafter, in: Beck'sches Handbuch der GmbH, hrsg. von WELF MÜLLER und BURKHARD HENSE, 2. Aufl., München 1999.

FISCHER, LUTZ/WARNEKE, PERYGRIN (1998): Internationale Betriebswirtschaftliche Steuerlehre, 4. Aufl., Berlin 1998.

FISCHER, PETER (1989): Kommentierung zu § 39 AO, in: Kommentar zur Abgabenordnung und Finanzgerichtsordnung, begr. von WALTER HÜBSCHMANN, ERNST HEPP und ARMIN SPITALER, bearb. von HARTMUT SÖHN, Band II, 10. Aufl., Köln 1995 ff. (Loseblatt), Stand: April 2002.

FISCHER, PETER (1997): Kommentierung zu § 1 GrEStG, in: Grunderwerbsteuergesetz, begr. von ERNST P. BORUTTAU und OTTO KLEIN, 14. Aufl., München 1997.

FISCHER-ZERNIN, JUSTUS (1991): Sondervergütungen und DBA, RIW 1991, S. 493-497.

FLEISCHER, HEINRICH (1996): Die Vermeidung von Grunderwerbsteuer durch steuergünstige Gestaltungen bei der Umstrukturierung von Unternehmen, DStR 1996, S. 1390-1397.

FLICK, HANS F. W. (1998): Wer wird zuletzt lachen? Revolutionäre Steuervereinfachung durch die US-Finanzverwaltung: Die „Check the Box“ Regeln, IStR 1998, S. 110-111.

FLOHR, ECKHARD (1983): Rückstellungen für drohende Verluste aus Verlustübernahme, INF 1983, S. 296-302.

FLUME, WERNER (1989): Der Gewinn- und Verlustübernahmevertrag im GmbH-Recht, DB 1989, S. 665-670.

FÖRSCHLE, GERHART (1999): Kommentierungen zu §§ 275 und 277 HGB, in: Beck'scher Bilanzkommentar, begr. von MAX PANKOW und MANFRED SARX, 4. Aufl., München 1999.

FÖRSCHLE, GERHART/KOFAHL, GÜNTHER (1999): Kommentierung zu § 272 HGB, in: Beck'scher Bilanzkommentar, begr. von MAX PANKOW und MANFRED SARX, 4. Aufl., München 1999.

FÖRSTER, GUIDO (2001): Anwendungsregelungen beim Systemwechsel zum neuen Körperschaftsteuerrecht, DStR 2001, S. 1273-1279.

FÖRSTER, HARTMUT (1999): Praxis der Besteuerung von Auslandsbeziehungen, Neuwied/Kriftel 1999.

FÖRSTER, URSULA (2000): Problembereiche der Anrechnung der Gewerbesteuer auf die Einkommensteuer gem. § 35 EStG 2001, FR 2000, S. 866-870.

FORSTER, KARL-HEINZ (1985): Überlegungen zur Bildung von Rückstellungen für drohende Verluste aus Gewinnabführungsverträgen, in: Festschrift für Walter Stimpel zum 68. Geburtstag am 29. November 1985, hrsg. von MARCUS LUTTER, HANS-JOACHIM MERTENS und PETER ULMER, Berlin/New York 1985, S. 759-770.

FORSTHOFF, ULRICH (2002): Abschied von der Sitztheorie, BB 2002, S. 318-321.

FROTSCHER, GERRIT (2001a): Die Ausgabenabzugsbeschränkung nach § 3c EStG und ihre Auswirkung auf Finanzierungsentscheidungen, DStR 2001, S. 2045-2054.

FROTSCHER, GERRIT (2001b): Organschaftliche Ausgleichsposten in der Betriebsprüfungspraxis – Bilanz und Gliederungsrechnung –, in: Handbuch der steuerlichen Betriebsprüfung, hrsg. von JOHANNES SCHRÖDER und HARRO MUUSS, 1. Band, Berlin 1977 ff. (Loseblatt), Stand: November 2001 (58. Erg.-Lfg.), Kennzahl 2680, S. 1-22.

FUCHS, MICHAEL (1994): Zum steuerlichen Erfordernis der Vereinbarung einer Verlustübernahme entsprechend § 302 AktG im Gewinnabführungsvertrag mit einer Organ-GmbH (§ 17 Nr. 2 KStG n.F.), WPg 1994, S. 755-762.

FUCHS, MICHAEL/LIEBER, BETTINA (2000): Grunderwerbsteuer bei Organschaft – Inflation von Grunderwerbsteuertatbeständen?, DStR 2000, S. 1333-1337.

GÄBELEIN, WOLFGANG (1989): Unternehmensverträge mit abhängigen GmbH, GmbHR 1989, S. 502-508.

GAIL, WINFRIED u.a. (1999): Aktuelle Entwicklungen des Unternehmenssteuerrechts, DB 1999, Beilage 14/1999.

GANSKE, JOACHIM (1978): Das Zweite gesellschaftsrechtliche Koordinierungsgesetz vom 13. Dezember 1978, DB 1978, S. 2461-2465.

GANSWEID, WOLFGANG (1976): Gemeinsame Tochtergesellschaften im deutschen Konzern- und Wettbewerbsrecht, in: Wirtschaftsrecht und Wirtschaftspolitik, hrsg. von ERNST-JOACHIM MESTMÄCKER, Band 46, Baden-Baden 1976.

GASSNER, BRUNO/LEMPENAU, GERHARD (1974), Ausgewählte bilanzsteuerliche Fragen, DStZ 1974, Ausgabe A, S. 134-141.

GELHAUSEN, WOLF D. (2000a): Kommentierung zu Abschnitt E, in: Wirtschaftsprüfer-Handbuch 2000, hrsg. vom Institut der Wirtschaftsprüfer in Deutschland e.V., Band I, 12. Aufl., Düsseldorf 2000.

GELHAUSEN, WOLF D. (2000b): Kommentierung zu Abschnitt F, in: Wirtschaftsprüfer-Handbuch 2000, hrsg. vom Institut der Wirtschaftsprüfer in Deutschland e.V., Band I, 12. Aufl., Düsseldorf 2000.

GESERICH, STEPHAN (2000): Die Ermittlung des Gesamtbetrags der Einkünfte nach dem Steuerentlastungsgesetz 1999/2000/2002, DStR 2000, S. 845-851.

GESSLER, ERNST (1974): Besprechung der Entscheidung BGHZ 62, 193, ZGR 1974, S. 476-482.

GESSLER, ERNST (1975): Abgrenzungs- und Umgehungsprobleme bei Unternehmensverträgen, in: Beiträge zum Zivil- und Wirtschaftsrecht, Festschrift für Kurt Ballerstedt zum 70. Geburtstag am 24. Dezember 1975, hrsg. von WERNER FLUME, PETER RAISCH und ERNST STEINDORFF, Berlin 1975, S. 219-237.

GESSLER, ERNST (1976): Bestandsschutz der beherrschten Gesellschaft im Vertragskonzern?, ZHR 1976, S. 433-441.

GESSLER, ERNST (1979): Atypische Beherrschungsverträge, in: Festschrift für Günther Beitzke zum 70. Geburtstag am 26. April 1979, hrsg. von OTTO SANDROCK, Berlin/New York 1979, S. 923-936.

GESSLER, ERNST (1985a): Einberufung und ungeschriebene Hauptversammlungszuständigkeiten, in: Festschrift für Walter Stimpel zum 68. Geburtstag am 29. November 1985, hrsg. von MARCUS LUTTER, HANS-JOACHIM MERTENS und PETER ULMER, Berlin/New York 1985, S. 771-789.

GESSLER, ERNST (1985b): Rücklagenbildung bei Gewinnabführungsverträgen, in: Beiträge zum Zivil-, Steuer- und Unternehmensrecht, Festschrift für Heinz Meilicke, hrsg. vom Fachinstitut der Steuerberater e.V., Berlin u.a. 1985, S. 18-30.

GESSLER, ERNST (1985c): Rücklagenbildung im Konzern, AG 1985, S. 257-263.

GLADE, ANTON (1995): Kommentierung zu § 275 HGB, in: Praxishandbuch der Rechnungslegung und Prüfung, 2. Aufl., Herne/Berlin 1995.

GLANEGGER, PETER (2000): Kommentierung zu § 6 EStG, in: Einkommensteuergesetz, hrsg. von LUDWIG SCHMIDT, 19. Aufl., München 2000.

GLANEGGER, PETER (2002): Kommentierungen zu §§ 6, 32b und 35 EStG, in: Einkommensteuergesetz, hrsg. von LUDWIG SCHMIDT, 21. Aufl., München 2002.

GLASER, ERHARD (1982): Grenzen des Weisungsrechts im Vertragskonzern, Söcking bei Starnberg 1982.

GÖBEL, REINHARD (1990): Mehrheitsentscheidungen in Personengesellschaften, o.O., 1990.

GÖRLING, HELMUT (1993): Die Verbreitung zwei- und mehrstufiger Unternehmensverbindungen, AG 1993, S. 538-547.

GÖRK, STEFAN (1999): Das EuGH-Urteil in Sachen „Centros" vom 9. März 1999: Kein Freibrief für Briefkastengesellschaften!, GmbHR 1999, S. 793-800.

GOETTE, WULF (1993): Haftungsvoraussetzungen im qualifiziert faktischen Konzern, DStR 1993, S. 568-572.

GRÄSER, BERND (2001): Kommentierungen zu §§ 27, 43 und 44 GenG, in: Genossenschaftsgesetz, begr. von EDUARD HETTRICH und PETER PÖHLMANN, 2. Aufl., München 2001.

GRASHOFF, DIETRICH (1997): Registerrechtliche Eintragungsfähigkeit von GmbH-Ergebnisabführungsverträgen unter der aufschiebenden Bedingung der vollen Berücksichtigung des Verlustvortragsvolumens nach § 10d EStG, BB 1997, S. 1647-1653.

GREWER, CHRISTOPH (1997): Rückwirkung von Ergebnisabführungsverträgen, DStR 1997, S. 745-747.

GRIEGER (1957): Anmerkung zum BFH-Urteil vom 25.6.1957, I 119/56 U, BB 1957, S. 884-885.

GROH, MANFRED (1988): Verbindlichkeitsrückstellung und Verlustrückstellung: Gemeinsamkeiten und Unterschiede, BB 1988, S. 27-33.

GROH, MANFRED (1989): Die Betriebsaufspaltung in der Selbstauflösung, DB 1989, S. 748-752.

GROH, MANFRED (1998): Der Fall Tomberger – Nachlese und Ausblick, DStR 1998, S. 813-819.

GROH, MANFRED (2000): Kein Abschied von der phasengleichen Bilanzierung, DB 2000, S. 2444-2446.

GROSS, GERHARD/SCHRUFF, LOTHAR (1986): Der Jahresabschluß nach neuem Recht, 3. Aufl., Düsseldorf 1986.

GROSSE, SANDRA/KUDERT, STEPHAN (1999): Beschränkte versus fiktiv unbeschränkte Steuerpflicht, IStR 1999, S. 737-741.

GROSSFELD, BERNHARD (1975): Genossenschaft und Eigentum, in: Schriften zur Kooperationsforschung, hrsg. von ERIK BOETTCHER, Band 4, Tübingen 1975.

GROSSFELD, BERNHARD (1995): Internationales und europäisches Unternehmensrecht, 2. Aufl., Heidelberg 1995.

GROSSFELD, BERNHARD/BERNDT, JOACHIM (1998): Die eingetragene Genossenschaft im Konzern, AG 1998, S. 116-123.

GROSSFELD, BERNHARD/LUTTERMANN, CLAUS (1989): Anmerkung zum EuGH-Urteil vom 27.9.1988, Rs. 81/87, JZ 1989, S. 386-387.

GROTHERR, SIEGFRIED (1994): Grunderwerbsteuerliche Probleme bei der Umstrukturierung von Unternehmen und Konzernen, BB 1994, S. 1970-1982.

GROTHERR, SIEGFRIED (1995): Kritische Bestandsaufnahme der steuersystematischen und betriebswirtschaftlichen Unzulänglichkeiten des gegenwärtigen Organschaftskonzepts, StuW 1995, S. 124-150.

GROTHERR, SIEGFRIED (1996): Die unterschiedlichen Konzernbesteuerungssysteme in den Mitgliedstaaten der Europäischen Union – Eine steuersystematische Analyse im Hinblick auf Reformüberlegungen beim steuerlichen Organschaftskonzept, StuW 1996, S. 356-378.

GROTHERR, SIEGFRIED (2000a): Änderungen bei der Besteuerung der Inlandsbeziehungen von Steuerausländern durch das Steuersenkungsgesetz, IWB, Fach 3, Gruppe 1, S. 1721-1736.

GROTHERR, SIEGFRIED (2000b): Das neue Körperschaftsteuersystem mit Anteilseignerentlastung bei der Besteuerung von Einkünften aus Beteiligungen, BB 2000, S. 849-861.

GROTHERR, SIEGFRIED (2001): Gewerbesteuerliche Auswirkungen der mit steuerfreien Dividenden im Zusammenhang stehenden nicht abzugsfähigen Betriebsausgaben, BB 2001, S. 597-603.

GSCHWENDTNER, HUBERTUS (1995a): Anmerkung zum BFH-Urteil vom 19.7.1994, VIII R58/92, DStR 1995, S. 527.

GSCHWENDTNER, HUBERTUS (1995b): Ausschüttungen aus dem EK 04 einer Körperschaft, DStZ 1995, S. 293-294.

GSCHWENDTNER, HUBERTUS (1998): Anmerkung zum BFH-Urteil vom 3.3.1998, VIII R 66/96, DStR 1998, S. 677.

GÜNKEL, MANFRED/FENZL, BARBARA (1999): Ausgewählte Fragen zum Steuerentlastungsgesetz: Bilanzierung und Verlustverrechnung, DStR 1999, S. 649-660.

GÜNKEL, MANFRED/FENZL, BARBARA/HAGEN, CHRISTIANE (2000): Diskussionsforum Unternehmenssteuerreform: Steuerliche Überlegungen zum Übergang auf ein neues Körperschaftsteuersystem, insbesondere zum Ausschüttungsverhalten bei Kapitalgesellschaften, DStR 2000, S. 445-453.

GÜNKEL, MANFRED/LIEBER, BETTINA (2000): Abkommensrechtliche Qualifikation von Sondervergütungen, FR 2000, S. 853-858.

GÜNKEL, MANFRED/LIEBER, BETTINA (2001): Duplik zu H. Krabbe, Abkommensrechtliche Behandlung von Sondervergütungen, FR 2001, S. 132.

HAAS, WOLFGANG (2002): Die Gewerbesteuerpflicht von Dividenden aus Streubesitz nach § 8 Nr. 5 GewStG und ihre Auswirkungen auf 100%ige Beteiligungen, DB 2002, S. 549-553.

HABERSACK, MATHIAS (2001): Kommentierungen zu §§ 311 und 312 AktG, in: Kommentar zum Aktien- und GmbH-Konzernrecht, hrsg. von VOLKER EMMERICH und MATHIAS HABERSACK, 2. Aufl., München 2001.

HAEP, GÜNTER/NACKE, ALOYS (2001): Kommentierung zu § 3c EStG, in: Steuerreform 1999/2000/2002, hrsg. von CARL HERRMANN, HERMANN HEUER und ARNDT RAUPACH, Band 20, 21. Aufl., Köln 2001.

HALACZINSKY, RAYMOND (2002): Aktuelle Änderung des Grunderwerbsteuergesetzes, NWB, Fach 8, S. 1507-1512.

HAMBITZER, ROLF (1993): Verdeckte Gewinnauschüttung – Verdeckte Einlage, Hamburg 1993.

HARLE, GEORG/KULEMANN, GRIT (2001): Unternehmenssteuerreform, Herne/Berlin 2001.

HAUBER, BRUNO (2000): Systematik der verdeckten Gewinnausschüttungen, in: Verdeckte Gewinnausschüttungen und verdeckte Einlagen, hrsg. von Ernst & Young, begr. von PETER WOCHINGER, Fach 3, Berlin 2000.

HAVERMANN, HANS (1966): Die verbundenen Unternehmen und ihre Pflichten nach dem Aktiengesetz 1965, WPg 1966, S. 90-99.

HECKSCHEN, HERIBERT (1989a): Gelöste und ungelöste zivilrechtliche Fragen des GmbH-Konzernrechts, DB 1989, S. 29-31.

HECKSCHEN, HERIBERT (1989b): Probleme des Unternehmensvertrags zwischen AG und GmbH, DB 1989, S. 1273-1276.

HEIDEMANN, O. (1988): Betriebsaufspaltung als umsatzsteuerliche Organschaft, INF 1988, S. 195-199.

HEIDER, KARSTEN (1998): Einführung der nennwertlosen Aktie in Deutschland anläßlich der Umstellung des Gesellschaftsrechts auf den Euro, AG 1998, S. 1-10.

HEIDER, KARSTEN (2000): Kommentierungen zu §§ 3 und 12 AktG, in: Münchener Kommentar zum Aktiengesetz, hrsg. von BRUNO KROPFF und JOHANNES SEMLER, Band 1 (§§ 1-53 AktG), 2. Aufl., München 2000.

HEIDNER, HANS-HERMANN (1988): Grundzüge der Organschaft im Körperschaft-, Gewerbe- und Umsatzsteuerrecht, DStR 1988, S. 87-90.

HEIDNER, HANS-HERMANN (2000): Kommentierung zu § 2 UStG, in: Umsatzsteuergesetz (Kommentar), begr. von JOHANN BUNJES und REINHOLD GEIST, 6. Aufl., München 2000.

HEIGL, ANTON (1996): Unternehmensbesteuerung, 2. Aufl., München/Wien 1996.

HEINE, KURT (1999): Anteilsgeschäfte nach § 1 Abs. 3 Grunderwerbsteuergesetz, UVR 1999, S. 282-293.

HEINE, KURT (2000): Auch die GmbH im Visier der Grunderwerbsteuer, GmbHR 2000, S. 850-864.

HEINE, KURT (2001a): Die Organschaft im Grunderwerbsteuerrecht, UVR 2001, S. 349-355.

HEINE, KURT (2001b): Keine Verwertungsmöglichkeit an Grundstücken der Gesellschaft durch den Alleingesellschafter § 1 Abs. 2 GrEStG, UVR 2001, S. 105-108.

HEINICKE, WOLFGANG (2002): Kommentierungen zu §§ 1, 3c und 49 EStG, in: Einkommensteuergesetz, hrsg. von LUDWIG SCHMIDT, 21. Aufl., München 2002.

HEMMELRATH, ALEXANDER (1996): Kommentierung zu Art. 7 OECD-MA, in: Doppelbesteuerungsabkommen, hrsg. von KLAUS VOGEL, 3. Aufl., München 1996.

HERING, THOMAS/OLBRICH, MICHAEL (2001): Zur Bewertung von Mehrstimmrechten, ZfbF 2001, S. 20-38.

HERLINGHAUS, ANDREAS (2000): StSenkG: Änderung der Eingliederungsvoraussetzungen bei Organschaften (§ 14 KStG und § 2 Abs. 2 S. 2 GewStG), FR 2000, S. 1105-1114.

HERRMANN, CARL/WINTER, WILLI (1982): Der Gewinnabführungsvertrag einer GmbH als Organgesellschaft in zivil- und steuerrechtlicher Sicht, FR 1982, S. 262-268.

HERRMANN, HANS J./NEUFANG, BERND (2000): Übertragung von einzelnen Wirtschaftsgütern zwischen Gesellschafterbetriebsvermögen und Mitunternehmerschaften, BB 2000, S. 2599-2605.

HERZIG, NORBERT (1996): Anmerkung zum EuGH-Urteil vom 27.6.1996, Rs. C-234/94, DB 1996, S. 1401-1402.

HERZIG, NORBERT (2000): Anmerkung zum BFH-Beschluss vom 7.8.2000, GrS 2/99, BB 2000, S. 2252-2253.

HERZIG, NORBERT/BRIESEMEISTER, SIMONE (1999): Systematische und grundsätzliche Anmerkungen zur Einschränkung der steuerlichen Verlustnutzung, DStR 1999, S. 1377-1383.

HERZIG, NORBERT/LOCHMANN, UWE (2000a): Das Grundmodell der Besteuerung von Personenunternehmen nach der Unternehmenssteuerreform, DB 2000, S. 540-545.

HERZIG, NORBERT/LOCHMANN, UWE (2000b): Die Steuerermäßigung für gewerbliche Einkünfte bei der Einkommensteuer nach dem Entwurf zum Steuersenkungsgesetz, DB 2000, S. 1192-1202.

HERZIG, NORBERT/LOCHMANN, UWE (2000c): Steuersenkungsgesetz: Die Steuerermäßigung für gewerbliche Einkünfte bei der Einkommensteuer in der endgültigen Regelung, DB 2000, S. 1728-1735.

HERZIG, NORBERT/RIECK, ULRICH (1997): Saldierungsbereich bei Drohverlustrückstellungen im Gefolge der Apothekerentscheidung, DB 1997, S. 1881-1885.

HEURUNG, RAINER/HEINSEN, OLIVER/SPRINGER, MASCHA (2001a): Anwendungs- und Zweifelsfragen im Rahmen der Steuerreform, BB 2001, S. 181-186.

HEURUNG, RAINER/HEINSEN, OLIVER/SPRINGER, MASCHA (2001b): Kurzdarstellung des Berichts zur Fortentwicklung des Unternehmenssteuerrechts, BB 2001, S. 1605-1613.

HEY, FRIEDRICH E. F. (2002): Organschaft und Verlustberücksichtigung im Ausland – Adressatenkreis von § 14 Abs. 1 Nr. 5 KStG n.F., BB 2002, S. 915-916.

HIDIEN, JÜRGEN W. (2000): Steuerreform 2000 – Anmerkungen zum gewerbesteuerlichen Anrechnungsmodell, BB 2000, S. 485-487.

HILDESHEIM, CARL-ULRICH (2001): Der Grundsatz der Maßgeblichkeit – Eine Betrachtung unter Berücksichtigung der neueren BFH-Rechtsprechung –, StBp 2001, S. 1-7.

HIRTE, HERIBERT (1994): Grenzen der Vertragsfreiheit bei aktienrechtlichen Unternehmensverträgen, ZGR 1994, S. 644-664.

HÖFLING, BARBARA (1999): Die Centros-Entscheidung des EuGH – auf dem Weg zu einer Überlagerungstheorie für Europa, DB 1999, S. 1206-1208.

HÖNLE, BERND M. (1979): Der außeraktienrechtliche Gewinnabführungsvertrag in gesellschaftsrechtlicher und körperschaftsteuerlicher Sicht, DB 1979, S. 485-490.

HÖNLE, BERND M. (1986): Gewerbesteuerliche Organschaft, Konzernrecht der Personengesellschaften und Ungleichheiten im Gewerbesteuerrecht, DB 1986, S. 1246-1251.

HÖTZEL, OLIVER (2000): Teilkommentierung zu § 3c EStG, in: Unternehmenssteuerreform 2001, hrsg. von HARALD SCHAUMBURG und THOMAS RÖDDER, München 2000.

HOFFMANN, WOLF-DIETER (1999a): Die vermeintliche Verlustantizipation als Mutter des Verbots von Teilwertabschreibungen, DStR 1999, S. 1545-1549.

HOFFMANN, WOLF-DIETER (1999b): Ein Zwischenbescheid des BFH zur phasengleichen Dividendenvereinnahmung, DB 1999, S. 503-505.

HOFFMANN, WOLF-DIETER (1999c): Tomberger rediviva – Die phasengleiche Aktivierung im Spannungsfeld von BGH, EuGH und BFH, DStR 1999, S. 788-792.

HOFFMANN, WOLF-DIETER (2000a): Anmerkung zum BFH-Beschluss vom 7.8.2000, GrS 2/99, GmbHR 2000, S. 1113-1115.

HOFFMANN, WOLF-DIETER (2000b): Anmerkung zum BMF-Schreiben vom 1.11.2000, IV A 6 – S 2134 – 9/00, DStR 2000, S. 1997-1999.

HOFFMANN, WOLF-DIETER (2000c): Die Unmaßgeblichkeit der GoB für die Steuerbilanz, StuB 2000, S. 1039-1040.

HOFFMANN, WOLF-DIETER (2000d): Steuersenkungsgesetz: Die Bilanzierung von Beteiligungen an Kapitalgesellschaften, DB 2000, S. 1931-1937.

HOFFMANN, WOLF-DIETER (2000e): Von der phasengleichen Dividendenvereinnahmung zu den Grundsätzen ordnungsmäßiger steuerlicher Bilanzierung, DStR 2000, S. 1809-1816.

HOFFMANN, WOLF-DIETER (2001a): Anmerkung zum BFH-Urteil vom 20.12.2000, I R 50/95, DB 2001, S. 736-737.

HOFFMANN, WOLF-DIETER (2001b): Anmerkung zum BFH-Urteil vom 28.2.2001, I R 48/94, DB 2001, S. 1067.

HOFFMANN, WOLF-DIETER (2001c): Nochmals: Bilanzierungsfragen bei verdeckten Einlagen in Kapitalgesellschaften, StuB 2001, S. 1224-1227.

HOFFMANN, WOLF-DIETER/GROH, MANFRED (2000): Kein Abschied von der phasengleichen Bilanzierung, DB 2000, S. 2557-2558.

HOFFMANN-BECKING, MICHAEL (1986): Vorstands-Doppelmandate im Konzern, ZHR 1986, S. 570-584.

HOFFMANN-BECKING, MICHAEL (1994): Gelöste und ungelöste Fragen zum Unternehmensvertrag der GmbH, WiB 1994, S. 57-63.

HOFFRICHTER-DAHL, GABRIELE/MOECKER, UDO (2000): Umsatzsteuer, 5. Aufl., München 2000.

HOFMANN, RUTH (1996): Kommentierung zu § 1 GrEStG, in: Grunderwerbsteuergesetz (Kommentar), 6. Aufl., Herne/Berlin 1996.

HOLLATZ, ALFRED (1994): Wirtschaftliche Eingliederung bei der Organschaft, DB 1994, S. 855-856.

HOLTKAMP, WERNER (1994): Die Genossenschaft als herrschendes Unternehmen im Konzern, in: Europäische Hochschulschriften: Reihe 2, Rechtswissenschaft, Bd. 1495, Frankfurt a. M. u.a. 1994.

HOMMELHOFF, PETER (1982): Die Konzernleitungspflicht, Köln u.a. 1982.

HOMMELHOFF, PETER (1984): Eigenkapital-Ersatz im Konzern und in Beteiligungsverhältnissen, WM 1984, S. 1105-1118.

HOMMELHOFF, PETER (1987): Der Verlustausgleich im Mehrmütter-Vertragskonzern, in: Festschrift für Reinhard Goerdeler zum 65. Geburtstag, hrsg. von HANS HAVERMANN, Düsseldorf 1987, S. 221-239.

HOMMELHOFF, PETER/FREYTAG, LARS F. (1996): Wechselseitige Einflüsse von GmbH- und Aktienrecht, DStR 1996, S. 1367-1372 und S. 1409-1416.

HOPT, KLAUS J. (1986): Die Haftung des Wirtschaftsprüfers, WPg 1986, S. 461-466 und S. 498-506.

HORSTMANN, RALF/WICHTERICH, RAOUL (2001): Beteiligungsmanagement nach neuem Körperschaftsteuerrecht, INF 2001, S. 97-101 und S. 138-141.

HOYOS, MARTIN/FISCHER, NORBERT (1999): Kommentierung zu § 274 HGB, in: Beck'scher Bilanzkommentar, begr. von MAX PANKOW und MANFRED SARX, 4. Aufl., München 1999.

HÜBEL, WOLFGANG (1984a): Die besonderen Ausgleichsposten nach Abschnitt 59 KStR 1977, StBp 1984, S. 11-15.

HÜBEL, WOLFGANG (1984b): Mehr- und Minderabführung aufgrund von Geschäftsvorfällen aus vorvertraglicher Zeit, StBp 1984, S. 78-84.

HÜBEL, WOLFGANG (1991): Organschaft – Auswirkungen bei Beendigung des Gewinnabführungsvertrags auf den besonderen Ausgleichsposten (Abschn. 59 KStR), GmbHR 1991, S. 475-477.

HÜBL, LEO (1969): Die gesetzliche Regelung der körperschaftsteuerlichen Organschaft, DStZ 1969, Ausgabe A, S. 290-295.

HÜBL, LEO (1972): Gedanken zum neuen Organschaftserlaß, DStZ 1972, Ausgabe A, S. 81-95.

HUECK, ALFRED/FASTRICH, LORENZ (2000): Kommentierung zu § 1 GmbHG, in: GmbH-Gesetz, begr. von ADOLF BAUMBACH, fortgeführt von ALFRED HUECK, 17. Aufl., München 2000.

HÜFFER, UWE (1979): Harmonisierung des aktienrechtlichen Kapitalschutzes, NJW 1979, S. 1065-1070.

HÜFFER, UWE (1991): Der korporationsrechtliche Charakter von Rechtsgeschäften – Eine hilfreiche Kategorie bei der Begrenzung von Stimmverboten im Recht der GmbH?, in: Festschrift für Theodor Heinsius zum 65. Geburtstag am 25. September 1991, hrsg. von FRIEDRICH KÜBLER, HANS-JOACHIM MERTENS und WINFRIED WERNER, Berlin/New York 1991, S. 337-356.

HÜFFER, UWE (2002): Kommentierungen zu §§ 16, 17, 41, 133, 134, 138, 140, 159, 216, 285, 291, 293, 293a, 293b, 293c, 293d, 293e, 293f, 293g, 294, 301, 311 AktG, in: Aktiengesetz, 5. Aufl., München 2002.

HÜSING, SILKE (2000): Die Verlustverrechnung nach neuem Recht, DB 2000, S. 1149-1152.

HUMBECK, JOCHEN (1995): Die Prüfung der Unternehmensverträge nach neuem Recht, BB 1995, S. 1893-1898.

HUNDSDOERFER, JOCHEN (2001): Beteiligungsaufwendungen im Halbeinkünfteverfahren, BB 2001, S. 2242-2250.

IdW (2000a): IdW-Stellungnahme zum Gesetz Senkung der Steuersätze und zur Reform der Unternehmensbesteuerung (Steuersenkungsgesetz – StSenkG) i. d. F. der Beschlussempfehlung des Finanzausschusses Entwurf (BT-Drs. 14/3366 vom 16.5.2000), WPg 2000, S. 570-571.

IdW (2000b): IdW-Stellungnahme zur Rechnungslegung: Zweifelsfragen zum Ansatz und zur Bewertung von Drohverlustrückstellungen (IDW RS HFA 4), FN-IDW 2000, S. 290-297.

IdW (2001): IdW-Stellungnahme zum Entwurf eines Gesetzes zur Fortentwicklung des Unternehmenssteuerrechts, FN-IDW 2001, S. 571-585.

IdW-Facharbeit (1993): Ertragsteuerliche Fragen im Zusammenhang mit schadstoffbelasteten Wirtschaftsgütern, Geschäftszeichen IV B 2 – S 2137 – 6/93, WPg 1993, S. 250-252.

IdW-Facharbeit (1998): Zur phasengleichen Vereinnahmung von Erträgen aus Beteiligungen an Kapitalgesellschaften nach dem Urteil des BGH vom 12. Januar 1998, WPg 1998, S. 427-429.

IdW-Steuerfachausschuss (1992): Reform der körperschaftsteuerlichen und gewerbesteuerlichen Organschaft, WPg 1992, S. 133-134.

IdW-Steuerfachausschuss (1995): Entwurf der Körperschaftsteuer-Richtlinien 1995, FN-IdW 1995, S. 429-432.

IdW-Steuerfachausschuss (2000a): Entwurf eines Gesetzes zur Reform der Unternehmensbesteuerung und zur Senkung der Steuersätze (Unternehmenssteuerreform- und Steuersenkungsgesetz – URefSenkG), WPg 2000, S. 243-251.

IdW-Steuerfachausschuss (2000b): Entwurf eines Gesetzes zur Senkung der Steuersätze und zur Reform der Unternehmensbesteuerung (Steuersenkungsgesetz – StSenkG, BT-Drs. 14/2683), WPg 2000, S. 441-448.

IdW-Steuerfachausschuss (2002): Körperschaft- und gewerbesteuerliche Zweifelsfragen zum Gesetz zur Fortentwicklung des Unternehmenssteuerrechts (Unternehmenssteuerfortentwicklungsgesetz – UntStFG), FN-IdW 2002, S. 157-159.

IHRIG, HANS-CHRISTOPH/STREIT, GEORG (1998): Aktiengesellschaft und Euro, NZG 1998, S. 201-207.

IMMENGA, ULRICH (1975): Grenzen einer nachträglichen Einführung von Stimmrechtsbeschränkungen, BB 1975, S. 1042-1045.

IMMENGA, ULRICH (1976): Bestandsschutz der beherrschten Gesellschaft im Vertragskonzern?, ZHR 1976, S. 301-316.

JACOBS, OTTO H. (1999): Internationale Unternehmensbesteuerung, 4. Aufl., München 1999.

JAKOBS, NORBERT/WITTMANN, HANS-JÖRG (2000): Steuersenkungsgesetz: Besteuerung von Anteilserwerben, GmbHR 2000, S. 1015-1022.

JANSEN, KARL/STÜBBEN, DIRK (1984): Organschaftsverhältnisse bei Anteilsbesitz im Sonderbetriebsvermögen – Aufteilungsproblematik, DB 1984, S. 1499-1501.

JONAS, BERND (1998): Aktuelle Streitfragen zur Organschaft, in: Steuerrecht und steuerorientierte Gestaltung im Konzern, hrsg. von HARALD SCHAUMBURG, Köln 1998, S. 271-291.

JONAS, MARTIN (1994): Die Bilanzierung verlustbringender Organbeteiligungen, DB 1994, S. 1529-1534.

JÜNGER, PAUL (1976): Überblick über das Körperschaftsteuer-Reformgesetz in der vom Bundestag verabschiedeten Fassung, DB 1976, S. 1122-1130.

JULA, ROCCO/BREITBARTH, CARMEN (1997): Liquiditätsausgleich im Konzern durch konzerninterne Darlehen, AG 1997, S. 256-265.

JURKAT, WERNER (1977): Die körperschaftsteuerliche Organschaft nach dem KStG 77, in: JbFStR 1977/78, hrsg. vom Deutschen Anwaltsinstitut e.V., Herne/Berlin 1977, S. 344-378.

KAEFER, WOLFGANG (1995): Neuregelung der Besteuerung Nichtansässiger im Grenzpendlergesetz II, BB 1995, S. 1615-1622.

KAMPRAD, BALDUIN (1986): Ausgleichszahlungen nach § 304 AktG in einem mehrstufigen Konzern, AG 1986, S. 321-327.

KAMPRAD, BALDUIN/RÖMER, HANS-JÜRGEN (1990): Die Abfindung der außenstehenden Aktionäre bei der Eingliederung durch Mehrheitsbeschluß nach § 320 AktG, AG 1990, S. 486-489.

KANTZAS, IOANNIS (1988): Das Weisungsrecht im Vertragskonzern, in: Europäische Hochschulschriften: Reihe 2, Rechtswissenschaft, Bd. 727, Frankfurt a. M. u.a. 1988.

KARL, GÜNTER (1995): Das Auskunfts- und Einsichtsrecht des GmbH-Gesellschafters nach § 51a GmbHG, DStR 1995, S. 940-944.

KARSTEN, KLAUS (1991): Die körperschaftsteuerliche Organschaft, DStR 1991, S. 893-898.

KEMPERMANN, MICHAEL (1999a): Anmerkung zum BFH-Beschluss vom 16.12.1998, I R 50/95, FR 1999, S. 374.

KEMPERMANN, MICHAEL (1999b): Erste Entscheidung des BFH zur phasengleichen Aktivierung von Gewinnansprüchen nach der „Tomberger"-Entscheidung, DStR 1999, S. 408-409.

KEMPERMANN, MICHAEL (2000): Anmerkung zum BFH-Beschluss vom 7.8.2000, GrS 2/99, FR 2000, S. 1130-1131.

KESSLER, HARALD (1995): Teilkommentierung zu § 249 HGB, in: Handbuch der Rechnungslegung, hrsg. von KARLHEINZ KÜTING und CLAUS-PETER WEBER, Band Ia, 4. Aufl., Stuttgart 1995.

KESSLER, HARALD (1997a): Die Wahrheit über das Vorsichtsprinzip?!, DB 1997, S. 1-7.

KESSLER, HARALD (1997b): Rückstellungen in der Finanzrechtsprechung, BBK 1997, Fach 13, S. 4065-4100.

KESSLER, HARALD (1999a): Neues zur Drohverlustrückstellung, StuB 1999, S. 820-825.

KESSLER, HARALD (1999b): Phasengleiche Gewinnvereinnahmung: Abkopplung des nationalen Steuerrechts vom harmonisierten Gemeinschaftsrecht?, StuB 1999, S. 371-372.

KESSLER, HARALD (1999c): Phasengleiche Gewinnvereinnahmung im Fokus von Realisations- und Stichtagsprinzip, StuB 1999, S. 257-260.

KESSLER, WOLFGANG/SCHMALZ, ANDREA/SCHMIDT, WOLFGANG (2001): Die Verschärfung, Verbesserung und Verkomplizierung der Besteuerung von Beteiligungserträgen nach der geplanten Neufassung des § 8b KStG, DStR 2001, S. 1865-1875.

KEUK, BRIGITTE (1975): Zur verdeckten Gewinnausschüttung und zur Organschaft, StuW 1975, S. 61-66.

KIEHNE, HANS-ERICH (2001): Beschluß des Großen Senats des BFH zur phasengleichen Dividendenvereinnahmung – eine Fehlentscheidung, StB 2001, S. 246-250.

KIETHE, KURT (2000): Ansprüche der Aktiengesellschaft bei Schädigung durch herrschende Unternehmen und Leitungsorgane, WM 2000, S. 1182-1190.

KIETHE, KURT/GROESCHKE, PEER (1994): Darlegungs- und Beweislast für die Haftung im qualifizierten faktischen Konzern, BB 1994, S. 2149-2152.

KILLINGER, WOLFGANG (1999): Berücksichtigung von Betriebsausgaben bei der Anwendung der Kürzungsvorschriften des § 9 Nr. 2a und 7 GewStG, BB 1999, S. 500-503.

KIRCHHOF, PAUL/RAUPACH, ARNDT (2001): Die Unzulässigkeit einer rückwirkenden gesetzlichen Änderung der Mehrmütterorganschaft, DB 2001, Beilage 3/2001.

KISCHEL, DIETER (1995): Die Umsetzung des Schumacker-Urteils vom 14.2.1995, Rs. C-279/93 im Jahressteuergesetz 1996, IStR 1995, S. 368-372.

KLEIN, GABRIELE (1981): Vorzugsaktien in der Bundesrepublik Deutschland und den Vereinigten Staaten von Amerika – Darstellung und Vergleich –, Köln 1981.

KLEINDIEK, DETLEV (1992): Haftung, freie Beweiswürdigung und Beweiserleichterung im qualifizierten faktischen GmbH-Konzern, GmbHR 1992, S. 574-584.

KLEINDIEK, DETLEV (2000): Steuerumlagen im gewerbesteuerlichen Organkreis – Anmerkungen aus aktienrechtlicher Perspektive, DStR 2000, S. 559-564.

KLEMPT, WALTER/WINTER, WILHELM (1970): Die Organschaft im Körperschaftsteuerrecht (§ 7a KStG), StBp 1970, S. 49-58.

KLEY, KARL-LUDWIG (1986): Die Rechtsstellung der außenstehenden Aktionäre bei der vorzeitigen Beendigung von Unternehmensverträgen, in: Rechtswissenschaftliche Forschung und Entwicklung, hrsg. von MICHAEL LEHMANN, Band 81, München 1986.

KLOSE, ANDREAS (1985): Zur mittelbaren Beteiligung bei der Mehrmütterorganschaft, BB 1985, S. 1847-1849.

KLUGE, VOLKER (2000): Das Internationale Steuerrecht, 4. Aufl., München 2000.

KNEPPER, KARL HEINZ (1982): Bedeutung, Anwendungsformen und steuerliche Wirkungen von Unternehmensverträgen, BB 1982, S. 2061-2065.

KNEPPER, KARL HEINZ (1993): Die körperschaftsteuerrechtliche Organschaft – Nahtstellen zwischen Handels- und Steuerrecht –, in: Ertragsbesteuerung, Festschrift für LUDWIG SCHMIDT zum 65. Geburtstag, hrsg. von ARNDT RAUPACH und ADALBERT UELNER, München 1993, S. 725-740.

KNEPPER, KARL HEINZ (1994): Wirksamkeit von Unternehmensverträgen, DStR 1994, S. 377-381.

KNOBBE-KEUK, BRIGITTE (1993): Bilanz- und Unternehmenssteuerrecht, 9. Aufl., Köln 1993.

KNOP, WOLFGANG (1995): Teilkommentierung zu § 268 HGB, in: Handbuch der Rechnungslegung, hrsg. von KARLHEINZ KÜTING und CLAUS-PETER WEBER, Band Ia, 4. Aufl., Stuttgart 1995.

KNOP, WOLFGANG/KÜTING, KARLHEINZ (1995): Kommentierung zu § 255 HGB, in: Handbuch der Rechnungslegung, hrsg. von KARLHEINZ KÜTING und CLAUS-PETER WEBER, Band Ia, 4. Aufl., Stuttgart 1995.

KNOPPE, HELMUT (1985): Betriebsverpachtung, Betriebsaufspaltung, 7. Aufl., Düsseldorf 1985.

KOBLENZER, THOMAS (1999): Die Auswirkungen der „Centros"-Entscheidung des EuGH auf das deutsche Körperschaftsteuerrecht, EWS 1999, S. 418-421.

KÖHLER, FRANZ (1991): Das Betriebsstättenprinzip im Recht der deutschen Doppelbesteuerungsabkommen bei Mitunternehmerschaftsgebilden, RIW 1991, S. 1024-1038.

KÖHLER, HELMUT (1985): Rückabwicklung fehlerhafter Unternehmenszusammenschlüsse (Unternehmensvertrag, Eingliederung, Verschmelzung, Gemeinschaftsunternehmen), ZGR 1985, S. 307-337.

KÖLLING, LARS (2000): Der qualifizierte faktische GmbH-Konzern, NZG 2000, S. 8-16.

KÖPLIN, MANFRED/NIGGEMEIER, OLIVER (2001): Steuerermäßigung bei Einkünften aus Gewerbebetrieb nach §35 EStG, NWB, Fach 3, S. 11479-11484.

KOERFER, ROLF/SELZNER, HARALD (1997): Minderheitenschutz beim Abschluss von GmbH-Beherrschungsverträgen, GmbHR 1997, S. 285-292.

KÖSTER, BEATE-KATRIN (2000): StSenkG: Befreiung innerkonzernlicher Beteiligungserträge, FR 2000, S. 1263-1269.

KÖSTER, THOMAS (2001): Kommentierung zu § 27 KStG, in: Steuerreform 1999/2000/2002, hrsg. von CARL HERRMANN, HERMANN HEUER und ARNDT RAUPACH, Band 21, 21. Aufl., Köln 2001.

KOHLHAAS, KARL-FRIEDRICH (2001): Anmerkung zum BFH-Beschluss vom 9.5.2001, XI B 151/00, BB 2001, S. 1665-1668.

KOLB, SUSANNE/PÖLLER, RALF (1998): Das Gesetz über die Zulassung von Stückaktien, DStR 1998, S. 855-861.

KOLLRUSS, THOMAS (2001a): Die Organschaft nach dem Steuersenkungsgesetz, StB 2001, S. 82-85.

KOLLRUSS, THOMAS (2001b): Neuerungen bei der Organschaft durch die Unternehmenssteuerreform 2001, StBp 2001, S. 132-138.

KOPPENSTEINER, HANS-GEORG (1985): Über wirtschaftliche Abhängigkeit, in: Festschrift für Walter Stimpel zum 68. Geburtstag am 29. November 1985, hrsg. von MARCUS LUTTER, HANS-JOACHIM MERTENS und PETER ULMER, Berlin/New York 1985, S. 811-824.

KOPPENSTEINER, HANS-GEORG (1987): Kommentierungen zu „Vor § 291 AktG" sowie zu §§ 300 und 302 AktG, in: Kölner Kommentar zum Aktiengesetz, hrsg. von WOLFGANG ZÖLLNER, Band 6 (§§ 291-328 AktG), 1. Lieferung, 2. Aufl., Köln u.a 1987.

KOPPENSTEINER, HANS-GEORG (1988): Kommentierung zu § 17 AktG, in: Kölner Kommentar zum Aktiengesetz, hrsg. von WOLFGANG ZÖLLNER, Band 1 (§§ 1-75 AktG), 2. Aufl., Köln u.a 1988.

KOREZKIJ, LEONID (2001a): Anrechnung der Gewerbesteuer nach § 35 EStG, BB 2001, S. 333-344 und S. 389-394.

KOREZKIJ, LEONID (2001b): Umfang des Begriffs „gewerbliche Einkünfte" in § 35 Abs. 1 EStG, DStR 2001, S. 1642-1644.

KORN, KLAUS (1996): Erwünschte und unerwünschte Organschaft bei Betriebsaufspaltungen, Stbg 1996, S. 443-446.

KORT, MICHAEL (1986): Der Abschluß von Beherrschungs- und Gewinnabführungsverträgen im GmbH-Recht, in: Abhandlungen zum deutschen und europäischen Wirtschaftsrecht, hrsg. von GÖTZ HUECK, MARCUS LUTTER und WOLFGANG ZÖLLNER, Band 49, Köln u.a. 1986.

KORT, MICHAEL (1988a): Die konzerngebundene GmbH in der Insolvenz, ZIP 1988, S. 681-689.

KORT, MICHAEL (1988b): Zur Vertragsfreiheit bei Unternehmensverträgen, BB 1988, S. 79-84.

KORT, MICHAEL (1989): Rechtsfortbildung im GmbH-Konzernrecht, ZIP 1989, S. 1309-1312.

KOSSOW, BERND H. (1999): Neuregelung des Verlustausgleichs und Verlustabzugs auf dem Prüfstand, StuB 1999, S. 573-584.

KOWALSKI, ANDRÉ (2000): Eingliederung: Abfindung durch Ausnutzung genehmigten Kapitals, AG 2000, S. 555-558.

KRABBE, HELMUT (2001): Abkommensrechtliche Behandlung von Sondervergütungen – Eine Replik, FR 2001, S. 129-131.

KRAFT, ALFONS (1987): Probleme im Zusammenhang mit der Leistung von Einlagen bei Gründung einer Aktiengesellschaft, in: Gedächtnisschrift für Dietrich Schultz, hrsg. von GÜNTHER JAHR, Köln u. a. 1987, S. 193-207.

KRAFT, ALFONS (1988): Kommentierung zu § 36a AktG, in: Kölner Kommentar zum Aktiengesetz, hrsg. von WOLFGANG ZÖLLNER, Band 1 (§§ 1-75 AktG), 2. Aufl., Köln u. a 1988.

KRAFT, GERHARD (1999): Anmerkung zum BFH-Beschluss vom 16.12.1998, I R 50/95, DStRE 1999, S. 256-257.

KRAUSS, LUTZ (1988): Der Begriff der außenstehenden Aktionäre i.S.d. § 304 AktG und seine Auswirkungen auf das Steuerrecht, BB 1988, S. 528.

KREBS, HANS-JOACHIM (1977): Die körperschaftsteuerliche Organschaft nach dem KStG 77 – Korreferat zum Referat Jurkat, in: JbFStR 1977/78, hrsg. vom Deutschen Anwaltsinstitut e.V., Herne/Berlin 1977, S. 379-388.

KREBS, HANS-JOACHIM (1996a): Die Höhe des Ausgleichspostens bei steuerlicher Organschaft, BB 1996, S. 1301-1305.

KREBS, HANS-JOACHIM (1996b): Zum aktiven Ausgleichsposten bei körperschaftsteuerlicher Organschaft, FR 1996, S. 857-859.

KREBS, HANS-JOACHIM (2001): Die ertragsteuerliche Organschaft, BB 2001, S. 2029-2036.

KREBS, HANS-JOACHIM/BÖDEFELD, AXEL (1996): Gewerbliche Tätigkeit eines Organträgers durch Beteiligung an einer Personengesellschaft, BB 1996, S. 668-670.

KREBS, KARSTEN/WAGNER, JENS (1998): Der Leistungszeitpunkt von Sacheinlagen nach § 36a Abs. 2 AktG, AG 1998, S. 467-473.

KREBÜHL, HANS-HERBERT (1995): Reform der körperschaftsteuerlichen und gewerbesteuerlichen Organschaft, DB 1995, S. 742-748.

KREBÜHL, HANS-HERBERT (2001): Zur Reform und Reformnotwendigkeit der deutschen Konzernbesteuerung, DStR 2001, S. 1730-1741.

KREILE, REINHOLD (1968): Der Gesetzesentwurf zur Regelung der körperschaftsteuerlichen Organschaft, FR 1968, S. 456-460.

KREUZER, RAINER (1981): Die Mehrmütterorganschaft, FR 1981, S. 398-401.

KRIEGER, GERD (1992): Inhalt und Zustandekommen von Beherrschungs- und Gewinnabführungsverträgen im Aktien- und GmbH-Recht, DStR 1992, S. 432-436.

KRIEGER, GERD/JANNOTT, DIRK (1995): Änderung und Beendigung von Beherrschungs- und Gewinnabführungsverträgen im Aktien- und GmbH-Recht, DStR 1995, S. 1473-1479.

KROPFF, BRUNO (1984): Zur Konzernleitungspflicht, ZGR 1984, S. 112-133.

KROPFF, BRUNO (1988): Rückstellungen für künftige Verlustübernahmen aus Beherrschungs- und/oder Gewinnabführungsverträgen?, in: Handels- und Steuerrecht, Festschrift für Georg Döllerer, hrsg. von BRIGITTE KNOBBE-KEUK, FRANZ KLEIN und ADOLF MOXTER, Düsseldorf 1988, S. 349-367.

KROPFF, BRUNO (1993a): Das TBB-Urteil und das Aktienkonzernrecht, AG 1993, S. 485-495.

KROPFF, BRUNO (1993b): Der GmbH-Beherrschungsvertrag: Voraussetzung für den Vorrang von Konzerninteressen?, in: Festschrift für Johannes Semler zum 70. Geburtstag am 28. April 1993, hrsg. von MARCUS BIERICH, PETER HOMMELHOFF und BRUNO KROPFF, Berlin/New York 1993, S. 517-540.

KROPFF, BRUNO (2000): Anhang zu § 311 AktG: Mehrstufige Abhängigkeit, in: Münchener Kommentar zum Aktiengesetz, hrsg. von BRUNO KROPFF und JOHANNES SEMLER, Band 8 (§§ 278-328 AktG), 2. Aufl., München 2000.

KROSCHEL, JÖRG/WELLISCH, DIETMAR (1999): Das Rechtsinstitut der Betriebsaufspaltung, SteuerStud 1999, S. 400-407.

KROSCHEWSKI, ROBERT (2001): Zur Steuerbarkeit der unmittelbaren Anteilsvereinigung bei beherrschten Gesellschaften gemäß § 1 Abs. 3 GrEStG, BB 2001, S. 1121-1126.

KÜBLER, FRIEDRICH (1991): Haftungsstreuung und Gläubigerschutz im Recht der Kapitalgesellschaften, in: Festschrift für Theodor Heinsius zum 65. Geburtstag am 25. September 1991, hrsg. von FRIEDRICH KÜBLER, HANS-JOACHIM MERTENS und WINFRIED WERNER, Berlin/New York 1991, S. 397-424.

KÜTING, KARLHEINZ (1987): Verbundene Unternehmen nach HGB und AktG, DStR 1987, S. 347-357.

KÜTING, KARLHEINZ (1994): Stimmrechtsmehrheit versus Anteilsmehrheit, WiSt 1994, S. 285-289.

KÜTING, KARLHEINZ (1995): Teilkommentierung zu § 272 HGB, in: Handbuch der Rechnungslegung, hrsg. von KARLHEINZ KÜTING und CLAUS-PETER WEBER, Band Ia, 4. Aufl., Stuttgart 1995.

KÜTING, KARLHEINZ (1996): Die phasengleiche Dividendenvereinnahmung nach der EuGH-Entscheidung „Tomberger", DStR 1996, S. 1947-1952.

KÜTING, KARLHEINZ/GARNIER, SEBASTIAN VON (2001): Das Handelsbilanzrecht im Umbruch, BBK 2001, Fach 18, S. 453-482.

KÜTING, KARLHEINZ/KAISER, THOMAS (2000): Aufstellung oder Feststellung: Wann endet der Wertaufhellungszeitraum?, WPg 2000, S. 577-596.

KÜTING, KARLHEINZ/KESSLER, HARALD (1989a): Die Problematik der „anderen Zuzahlungen" gem. § 272 Abs. 2 Nr. 4 HGB, BB 1989, S. 25-37.

KÜTING, KARLHEINZ/KESSLER, HARALD (1989b): Handels- und steuerbilanzielle Rückstellungsbildung: Fragen zur Abzinsung von Rückstellungen, DStR 1989, S. 723-729.

KÜTING, KARLHEINZ/WEBER, CLAUS-PETER (2001a): Der Konzernabschluß, 7. Aufl., Stuttgart 2001.

KÜTING, KARLHEINZ/WEBER, CLAUS-PETER (2001b): Die Bilanzanalyse, 6. Aufl., Stuttgart 2001.

KUGEL, BIRGIT/MÜLLER, URSULA (1986): Die Bilanzierung latenter Steuern nach § 274 HGB, WPg 1986, S. 210-217.

KUHSEL, RAINER (1998): Problembereiche der kapitalistischen Betriebsaufspaltung, DB 1998, S. 2194-2196.

KULEMANN, GRIT/HARLE, GEORG (1999): Der Verlustausgleich ab 1999 im Bereich der Körperschaftsteuer, StBp 1999, S. 202-205.

KUMPF, WOLFGANG (1982): Besteuerung inländischer Betriebstätten von Steuerausländern, in: Praxis des Internationalen Steuerrechts, hrsg. von ARNDT RAUPACH, Band 2, Köln 1982.

KUMPF, WOLFGANG/ROTH, ANDREAS (1996): Wahlbesteuerung für beschränkt Einkommensteuerpflichtige?, StuW 1996, S. 259-266.

KUPSCH, PETER/EDER, DIETER (1988): Anmerkungen zu Grundsatzfragen der Steuerabgrenzung, WPg 1988, S. 521-528.

KURZWELLY, JENS-PETER (2000): Die Rechtsprechung des Bundesgerichtshofes zur Aktiengesellschaft in den Jahren 1998 und 1999, AG 2000, S. 337-342.

KUSSMAUL, HEINZ (1994): Konzern und Konzernorganisation, StB 1994, S. 99-102, S. 143-149 und S. 187-191.

KUSSMAUL, HEINZ (1995): Kommentierung zu § 246 HGB, in: Handbuch der Rechnungslegung, hrsg. von KARLHEINZ KÜTING und CLAUS-PETER WEBER, Band Ia, 4. Aufl., Stuttgart 1995.

KUSSMAUL, HEINZ (2000): Betriebswirtschaftliche Steuerlehre, 2. Aufl., München/Wien 2000.

KUSSMAUL, HEINZ (2001): Betriebswirtschaftslehre für Existenzgründer, 3. Aufl., München/Wien 2001.

KUSSMAUL, HEINZ/BECKMANN, STEFAN (2001): Die Dividendenbesteuerung im nationalen und internationalen Kontext, DB 2001, S. 608-614.

KUSSMAUL, HEINZ/KLEIN, NICOLE (2001a): Die Verbuchung verdeckter Einlagen aus handels- und steuerrechtlicher Sicht, StuB 2001, S. 1045-1050.

KUSSMAUL, HEINZ/KLEIN, NICOLE (2001b): Maßgeblichkeitsprinzip bei verdeckter Einlage und verdeckter Gewinnausschüttung?, DStR 2001, S. 189-194.

KUSSMAUL, HEINZ/KLEIN, NICOLE (2001c): Replik: Bilanzierungsfragen bei verdeckten Einlagen in Kapitalgesellschaften, StuB 2001, S. 1227-1228.

KUSSMAUL, HEINZ/RICHTER, LUTZ (1999a): Der aktive und passive Ausgleichsposten in körperschaftsteuerlichen Organschaftsfällen, DStR 1999, S. 1717-1721.

KUSSMAUL, HEINZ/RICHTER, LUTZ (1999b): Wesenszüge einer gewerbe- und umsatzsteuerlichen grenzüberschreitenden Organschaft, StuB 1999, S. 1065-1068.

KUSSMAUL, HEINZ/RICHTER, LUTZ (1999c): Wesenszüge einer körperschaftsteuerlichen grenzüberschreitenden Organschaft, StuB 1999, S. 807-815.

KUSSMAUL, HEINZ/RICHTER, LUTZ (2001): Die Ersetzung des körperschaftsteuerlichen Vollanrechnungsverfahrens durch das sog. Halbeinkünfteverfahren im Rahmen eines Steuersenkungsgesetzes, in: Arbeitspapiere zur Existenzgründung, hrsg. von HEINZ KUSSMAUL, Band 11, Saarbrücken 2001.

KUSSMAUL, HEINZ/SCHÄFER, RENÉ (2000): Die Option eines Personenunternehmens für die Körperschaftsteuer, BB 2000, S. 901-904.

KUSTERER, STEFAN (1996): Passivierung von Drohverlustrückstellungen bei Gewinnabführungsverträgen, DStR 1996, S. 114-119.

LANG, BIANCA (2001): Körperschaftsteuererhöhung und –minderung bei offenen und verdeckten Gewinnausschüttungen während der fünfzehnjährigen Übergangszeit, DB 2001, S. 2110-2115.

LANG, JOACHIM (2002): § 4, in: Steuerrecht, hrsg. von KLAUS TIPKE und JOACHIM LANG, 17. Aufl., Köln 2002.

LANGER, KLAUS (1983): Einige Anmerkungen zum Ausweis latenter Steuern nach dem Entwurf des Bilanzrichtlinie-Gesetzes, WPg 1983, S. 393-399.

LANGER, KLAUS (1995): Kommentierung zu § 278 HGB, in: Handbuch der Rechnungslegung, hrsg. von KARLHEINZ KÜTING und CLAUS-PETER WEBER, Band Ia, 4. Aufl., Stuttgart 1995.

LAUDAN, DIETHER (2000): Problemfelder der verdeckten Gewinnausschüttungen, in: Verdeckte Gewinnausschüttungen und verdeckte Einlagen, hrsg. von Ernst & Young, begr. von PETER WOCHINGER, Fach 4, Organschaft, Berlin 2000.

LEFFSON, ULRICH (1988): Das Gebot der Stetigkeit im europäischen Bilanzrecht, WPg 1988, S. 441-446.

LEHMANN, JÜRGEN (1993): Der qualifizierte faktische Konzern – ein Phantom?, in: Festschrift für Karl Beusch zum 68. Geburtstag am 31. Oktober 1993, hrsg. von HEINRICH BEISSE, MARCUS LUTTER und HERIBALD NÄRGER, Berlin/New York 1993, S. 479-493.

LEHNER, MORIS (1996): Kommentierung zu Art. 4 OECD-MA, in: Doppelbesteuerungsabkommen, hrsg. von KLAUS VOGEL, 3. Aufl., München 1996.

LEMBKE, HANNO (1973): Der maßgebliche Anknüpfungspunkt für die Bemessung des Stimmrechts in der eingetragenen Genossenschaft, Erlangen 1973.

LIESER, JOACHIM/JUNG, CHRISTIAN (1972): Marginalien zur „kleinen“ Reform des Genossenschaftsgesetzes, DB 1972, S. 907-912.

LIPKE, PETER (2000): Zur gewerbesteuerlichen Behandlung von Kosten bei sog. Schachtelerträgen, StBp 2000, ,S. 338-339.

LÖWENSTEIN, ULRICH/MAIER, JOCHEN (2002): Organschaft und eingeschränkte Verlustnutzung bei doppelt ansässigen Organträgern, IStR 2002, S. 185-193.

LOHSE, W. CHRISTIAN (1988): Umsatzsteuerrechtliche Organschaft bei Betriebsaufspaltung?, DStR 1988, S. 567.

LOHSE, W. CHRISTIAN/MADLE, ULRICH (2001): Rechtsprechungsänderungen des BFH bei Ertragsteuern und Umsatzsteuer im Jahre 2000, S. 730-735.

LORENZ, STEPHAN/RIEHM, THOMAS (2002): Lehrbuch zum neuen Schuldrecht, München 2002.

LÜDICKE, JÜRGEN (1996): Merkwürdigkeiten bei der Umsetzung des Schumacker-Urteils des EuGH, IStR 1996, S. 111-114.

LÜDICKE, JÜRGEN (1997): Die Besteuerung Nichtansässiger im Spannungsverhältnis zwischen Gemeinschaftsrecht und Doppelbesteuerungsabkommen, in: Gedächtnisschrift für Brigitte Knobbe-Keuk, hrsg. von WOLFGANG SCHÖN, Köln 1997.

LUTTER, MARCUS (1973): Zur Herrschaft mehrerer Unternehmen über eine Aktiengesellschaft, NJW 1973, S. 113-118.

LUTTER, MARCUS (1974): Teilfusionen im Gesellschaftsrecht, in: Wirtschaftsfragen der Gegenwart, Festschrift für Carl Hans Barz zum 65. Geburtstag am 6. Dezember 1974, hrsg. von ROBERT FISCHER, PHILIPP MÖHRING und HARRY WESTERMANN, Berlin/New York 1974, S. 199-218.

LUTTER, MARCUS (1988): Zur Vorbereitung und Durchführung von Grundlagenbeschlüssen in Aktiengesellschaften, in: Festschrift für Hans-Joachim Fleck zum 70. Geburtstag am 30. Januar 1988, hrsg. von REINHARD GOERDELER u.a., Berlin/New York 1988, S. 169-190.

LUTTER, MARCUS/HOMMELHOFF, PETER (2000): Kommentierungen zu §§ 1, 47 und 53 GmbHG und Anhang zu §§ 13, 42 GmbHG, in: GmbH-Gesetz – Kommentar, 15. Aufl., Köln 2000.

LUTTERMANN, CLAUS (1999): Gemeinsame Anmerkung zum BFH-Beschluss vom 16.12.1998, I R 50/95 und BFH-Urteil vom 26.11.1998, IV R 52/96, FR 1999, S. 378-380.

LUTTERMANN, CLAUS (2000): Anmerkung zum BFH-Beschluss vom 7.8.2000, GrS 2/99, FR 2000, S. 1131-1133.

LWOWSKI, HANS-JÜRGEN/GROESCHKE, PEER (1994): Die Konzernhaftung der §§ 302, 303 AktG als atypische Sicherung?, WM 1994, S. 613-621.

MARCHAND, GERHART (1985): Abhängigkeit und Konzernzugehörigkeit von Gemeinschaftsunternehmen, in: Schriften zum Wirtschaftsrecht, Band 52, Berlin 1985.

MARX, FRANZ J. (1996): Rechtfertigung, Bemessung und Abbildung von Steuerumlagen, DB 1996, S. 950-958.

MAUL, SILJA (1999): Anmerkung zum BGH-Urteil vom 1.3.1999, II ZR 312/97, NZG 1999, S. 660-661.

MAYER, DIETER (1990a): Der Leistungszeitpunkt bei Sacheinlageleistungen im Aktienrecht, ZHR 154 (1990), S. 535-544.

MAYER, DIETER (1990b): Die Zulässigkeit von Stimmrechtsvereinbarungen im GmbH-Recht, GmbHR 1990, S. 61-65.

MAYER-WEGELIN, EBERHARD (1995): Teilkommentierung zu § 249 HGB, in: Handbuch der Rechnungslegung, hrsg. von KARLHEINZ KÜTING und CLAUS-PETER WEBER, Band Ia, 4. Aufl., Stuttgart 1995.

MEILICKE, WIENAND (1971): Eigentumsschutz für Stimmrechtsbeschränkungen, DB 1971, S. 1145-1148.

MEILICKE, WIENAND (1999): Anmerkung zum EuGH-Urteil vom 9.3.1999, Rs. C-212/97, DB 1999, S. 627-628.

MEILICKE, WIENAND (2002): Die Neuregelung der ertragsteuerlichen Organschaft über die Grenze, DB 2002, S. 911-917.

MEISTER, BURKHARDT W. (1976): Der Ausgleichsanspruch nach § 302 Abs. I AktG bei Beherrschungs- und Gewinnabführungsverträgen als Kreditsicherheit, WM 1976, S. 1182-1192.

MELCHIOR, JÜRGEN (2001): Gesetzgebung: Entwurf eines Gesetzes zur Fortentwicklung des Unternehmensteuerrechts (Unternehmenssteuerfortentwicklungsgesetz – UntStFG), DStR 2001, S. VI-XVI.

MERLE, WERNER (1979): Die eingetragene Genossenschaft als abhängiges Unternehmen, AG 1979, S. 265-274.

MICHALSKI, LUTZ/ZEIDLER, FINN (1996): Die Ausgleichshaftung im qualifiziert faktischen Konzern – eine Analyse für die Praxis, NJW 1996, S. 224-229.

MILATZ, JÜRGEN E. (1995): Eintragungserfordernis bei der Verlängerung eines Unternehmensvertrags?, GmbHR 1995, S. 369-372.

MILDE-BÜTTCHER, MANFRED (1999): Mehrstimmrechte bei Kapitalerhöhungen aus AG-Gesellschaftsmitteln – Opfer der heißen Nadel des Gesetzgebers?, BB 1999, S. 1073-1075.

„MK" (2000): Anmerkung zum BFH-Urteil vom 24.2.2000, IV R 62/98, DStR 2000, S. 818.

MÖHRING, PHILIPP (1974): Vertraglicher Ausschluss von Abhängigkeit und Konzernvermutung, in: Festschrift für Harry Westermann zum 65. Geburtstag, hrsg. von WOLFGANG HEFERMEHL, RUDOLF GMÜR und HANS BROX, Karlsruhe 1974, S. 427-441.

MÖSSNER, JÖRG M. (1997): Die Neuregelung der temporären Steuerpflicht durch die Jahressteuergesetze 1996 und 1997, IStR 1997, S. 225-228.

MOXTER, ADOLF (1999): Bilanzrechtsprechung, 5. Aufl., Tübingen 1999.

MOXTER, ADOLF (2000): Phasengleiche Dividendenaktivierung: Der Große Senat des BFH im Widerstreit zu den handelsrechtlichen GoB, DB 2000, S. 2333-2336.

MÜCK, RAINER (1994): Behandlung von Einlagen des Minderheitsgesellschafters in eine verlustbringende Organschaft, DB 1994, S. 752-756.

MÜLLER, HANS-PETER (1969): Satzungsregelungen für die Bildung von Rücklagen durch die Hauptversammlung, WPg 1969, S. 245-248.

MÜLLER, HANS-PETER (1987): Zur Gewinn- und Verlustermittlung bei aktienrechtlichen Gewinnabführungsverträgen, in: Festschrift für Reinhard Goerdeler zum 65. Geburtstag, hrsg. von HANS HAVERMANN, Düsseldorf 1987, S. 375-396.

MÜLLER, MICHAEL A. (1997): Ertragsteuerliche Behandlung der Grunderwerbsteuer in Umstrukturierungsfällen, DB 1997, S. 1433-1436.

MÜLLER, WELF (1997a): Bilanzierungsfragen bei der Beendigung von Unternehmensverträgen, in: Festschrift für Bruno Kropff, hrsg. von KARL-HEINZ FORSTER u.a., Düsseldorf 1997, S. 517-531.

MÜLLER, WELF (1997b): Die Begrenzung der Zulässigkeit von Steuerumlagen im Aktienkonzern durch die Vorschriften des Aktiengesetzes, in: Handelsbilanzen und Steuerbilanzen, Festschrift für Heinrich Beisse zum 70. Geburtstag, hrsg. von WOLFGANG D. BUDDE, ADOLF MOXTER und KLAUS OFFERHAUS, Düsseldorf 1997, S. 363-375.

MÜLLER, WELF (2000a): Kommentierung zu Abschnitt T, in: Wirtschaftsprüfer-Handbuch 2000, hrsg. vom Institut der Wirtschaftsprüfer in Deutschland e.V., Band I, 12. Aufl., Düsseldorf 2000.

MÜLLER, WELF (2000b): Ausschüttungen aus der Kapitalrücklage, DB 2000, S. 533-537.

NACKE, ALOYS/INTEMANN, JENS (2002): Ausgewählte Probleme des Halbeinkünfteverfahrens, DB 2002, S. 756-762.

NEININGER, MONIKA/MAIER-FRISCHMUTH, MARKUS (2001): (Fragwürdige) Entlastungswirkungen der GewSt-Anrechnung nach § 35 EStG, StuB 2001, S. 1215-1223.

NEU, NORBERT (2000): Unternehmenssteuerreform 2001: Die pauschalierte Gewerbesteueranrechnung nach § 35 EStG, DStR 2000, S. 1933-1939.

NEUFANG, BERND (1988): Die Betriebsaufspaltung im Blickwinkel der neuesten Rechtsprechung, StBp 1988, S. 156-163.

NEUFANG, BERND (2000): Steuersenkungsgesetz aus Sicht der Praxis, BB 2000, S. 1913-1923.

NIEMANN, OTTO (1977): Die Organschaft zu einer Personengesellschaft und die Organschaft zu mehreren Unternehmen, Köln 1977.

„ng“ (1977): Vorzeitige Beendigung von Gewinnabführungsverträgen, GmbHR 1977, S. 96.

NOLL, BERND/RÖDDER, THOMAS (1992): Das neue Umsatzsteuerrecht des Exports und Imports, Düsseldorf 1992.

NOWAK, PETER (1990): Keine umsatzsteuerliche Organschaft – mangels wirtschaftlicher Eingliederung – bei Vermietung eines Gebäudes an eine finanziell und organisatorisch eingegliederte GmbH, UVR 1990, S. 272-273.

OBERNDORFF, FRANK (1996): Reform der Konzernbesteuerung, Hamburg 1996.

ORTH, MANFRED (2002): Schritte in Richtung einer „Grenzüberschreitenden Organschaft", IStR 2002, Beihefter 9/2002.

OSER, PETER (1994): Bilanzrechtliche Implikationen qualifiziert faktischer Konzernierung im Spiegel des „TBB"-Urteils des BGH, WPg 1994, S. 312-321.

OTT, HANS (2000): Unternehmenskauf, in: Saarbrücker Handbuch der Betriebswirtschaftlichen Beratung, hrsg. von KARLHEINZ KÜTING, 2. Aufl., Herne/Berlin 2000, S. 1061-1092.

OTT, MAX (1978): Verdeckte Gewinnausschüttung an Minderheitsaktionäre bei Organschaft mit Ergebnisabführungsvertrag, DB 1978, S. 1515-1516.

OTTERSBACH, JÖRG H. (2000): Ertragsteuerliche Behandlung der Mehrmütterorganschaft, NWB, Fach 5, S. 1457-1466.

OTTERSBACH, JÖRG H. (2001): Unternehmenssteuerreform 2001: Gewerbesteueranrechnung nach § 35 EStG, StB 2001, S. 242-245.

o. V. (1976): Diskussion – Grundsatzfragen des GmbH-Konzerns – Das GmbH-Konzernrecht in der Praxis, in: Der GmbH-Konzern, in: Rechtsfragen der Handelsgesellschaften, Heft 34, Köln 1976, S. 175-191.

o. V. (1987): Beherrschung der GmbH durch Stimmenmehrheit – steuerliche Relevanz, GmbHR 1987, GmbH-Report, R 93-R 94.

o. V. (1988): Mehrmütterorganschaft, GmbHR 1988, GmbH-Report, R 13-R 14.

o. V. (2001): Anmerkung zum BFH-Urteil vom 26.4.2001, IV R 75/99, StBp 2001, S. 242-244.

PACHE, SVEN (1995): Der Eingliederungstatbestand im Recht der körperschaftsteuerlichen Organschaft, GmbHR 1995, S. 712-718.

PACHE, SVEN (1997): Der Tatbestand der wirtschaftlichen Eingliederung im Ertragsteuer- und im Umsatzsteuerrecht unter besonderer Berücksichtigung der Fallgruppen der Betriebsaufspaltung und der Holdinggesellschaften, GmbHR 1997, S. 926-932.

PAHLKE, ARMIN (1999): Kommentierung zu § 1 GrEStG, in: Grunderwerbsteuergesetz (Kommentar), hrsg. von ARMIN PAHLKE und WILLY FRANZ, 2. Aufl., München 1999.

PALITZSCH, WERNER (1978): Ausgleichszahlungen durch Organgesellschaft oder Organträger beim Anrechnungsverfahren nach dem Körperschaftsteuergesetz 1977, BB 1978, S. 952-954.

PALITZSCH, WERNER (1983): Konzernsteuerumlagen im Blickwinkel der neueren Rechtsprechung, BB 1983, S. 432-435.

PASCHKE, MARIAN (1988): Rechtsfragen der Durchgriffsproblematik im mehrstufigen Unternehmensverbund, AG 1988, S. 196-206.

PAUKA, DIETMAR (2000): Änderungen des Körperschaftsteuergesetzes und des Umwandlungssteuergesetzes durch das Steuersenkungsgesetz, NWB, Fach 4, S. 4375-4392.

PAUKA, DIETMAR (2001): Die Körperschaftsteuer, NWB, Fach 4, S. 4467-4580.

PELTZER, MARTIN (1975): Die Haftung der Konzernmutter für die Schulden ihrer Tochter, mit der sie durch Ergebnisabführungs- und/oder Beherrschungsvertrag verbunden ist, insbesondere im Falle der Insolvenz der Tochter, AG 1975, S. 309-313.

PELTZER, MARTIN (1997): Die Abschaffung von Mehrstimmrechten und Stimmrechtsbeschränkungen im KonTraG-Entwurf, AG 1997, Sonderheft August, S. 90-99.

PENTZ, ANDREAS (1994): Die Rechtsstellung der Enkel-AG in einer mehrstufigen Unternehmensverbindung, in: Europäische Hochschulschriften: Reihe 2, Rechtswissenschaft, Bd. 1593, Frankfurt a. M. u.a. 1994.

PENTZ, ANDREAS (1996): Die verbundene Aktiengesellschaft als außenstehender Aktionär, AG 1996, S. 97-111.

PENTZ, ANDREAS (2000): Kommentierung zu § 36a AktG, in: Münchener Kommentar zum Aktiengesetz, hrsg. von BRUNO KROPFF und JOHANNES SEMLER, Band 1 (§§ 1-53 AktG), 2. Aufl., München 2000.

PENTZ, ANDREAS (2000): Schutz der AG und der außenstehenden Aktionäre in mehrstufigen faktischen und unternehmensvertraglichen Unternehmensverbindungen, NZG 2000, S. 1103-1109.

PEZZER, HEINZ-JÜRGEN (2002): § 11, in: Steuerrecht, hrsg. von KLAUS TIPKE und JOACHIM LANG, 17. Aufl., Köln 2002.

PEZZER, HEINZ-JÜRGEN (2000): Anmerkung zum BFH-Urteil vom 9.6.1999, I R 43/97, FR 2000, S. 158-159.

PEZZER, HEINZ-JÜRGEN (2001): Anmerkung zum BFH-Urteil vom 28.2.2001, I R 48/94, FR 2001, S. 643.

PFLÜGER, HANS-JÖRG (2000): Phasengleiche Dividendenaktivierung: Das Ende der Konzernrechtsprechung, PIStB 2000, S. 261-266.

PILTZ, DETLEV J. (1993): Qualifikationskonflikte im internationalen Steuerrecht unter besonderer Berücksichtigung von Personengesellschaften, in: Besteuerung internationaler Konzerne, hrsg. von LUTZ FISCHER, in: Forum der Internationalen Besteuerung, Band 3, Köln 1993, S. 21-47.

PILTZ, DETLEV J. (1996): Veräußerung von Sonderbetriebsvermögen unter den Doppelbesteuerungsabkommen (OECD-Musterabkommen und DBA-Schweiz), IStR 1996, S. 457-462.

PILTZ, DETLEV J. (1998): Kapitel F: Inlandsaktivitäten ausländischer Unternehmen, Unterkapitel I: Inländische Personengesellschaften mit ausländischen Gesellschaftern, in: Steuerrecht international tätiger Unternehmen, hrsg. von JÖRG M. MÖSSNER u.a., 2. Aufl., Köln 1998, S. 792-833.

PILTZ, DETLEV J. (2000): Kommentierung zu Art. 7 OECD-MA, in: Doppelbesteuerung, hrsg. von HELMUT DEABTIN und FRANZ WASSERMEYER, Band I, München (Loseblatt), Stand: September 2000.

PIRNER, BARBARA (1993): Beteiligungen von Genossenschaften an Unternehmen anderer Rechtsform unter besonderer Berücksichtigung der Kompetenzen von Vorstand und Generalversammlung, in: Veröffentlichungen des Forschungsinstituts für Genossenschaftswesen an der Universität Erlangen-Nürnberg, Band 32, Nürnberg 1993.

PLENKER, JÜRGEN (1995): Jahressteuergesetz 1996: Neuregelung der persönlichen Steuerpflicht beschränkt steuerpflichtiger Arbeitnehmer, DB 1995, S. 2135-2137.

PÖHLMANN, PETER (2001): Kommentierung zu § 7 GenG, in: Genossenschaftsgesetz, begr. von EDUARD HETTRICH und PETER PÖHLMANN, 2. Aufl., München 2001.

PÖLLATH, REINHARD (1996): Kommentierung zu Art. 11 OECD-MA, in: Doppelbesteuerungsabkommen, hrsg. von KLAUS VOGEL, 3. Aufl., München 1996.

PRAËL, CHRISTOPH (1978): Eingliederung und Beherrschungsvertrag als körperschaftliche Rechtsgeschäfte, in: Schriften zum Wirtschaftsrecht, Band 28, Berlin 1978.

PREISSER, MICHAEL/SEELIGER, THOMAS (1999): Die organschaftliche Behandlung vorvertraglich veranlaßter Mehrabführungen nach neuer Verwaltungsauffassung, BB 1999, S. 393-398.

PRIESTER, HANS-JOACHIM (1986): Bildung und Auflösung des GmbH-Vertragskonzerns, ZGR 1986, Sonderheft 6 (Entwicklungen im GmbH-Konzernrecht), hrsg. von PETER HOMMELHOFF u.a., Berlin/New York 1988, S. 151-186.

PRIESTER, HANS-JOACHIM (1989a): Bestimmungen zum Unternehmensvertrag in der Satzung der GmbH, DB 1989, S. 1013-1018.

PRIESTER, HANS-JOACHIM (1989b): Liquiditätsausstattung der abhängigen Gesellschaft und unterjährige Verlustdeckung bei Unternehmensverträgen, ZIP 1989, S. 1301-1308.

PRIESTER, HANS-JOACHIM (2001): Rücklagenauskehrung beim Gewinnabführungsvertrag, ZIP 2001, S. 725-729.

PRINZ, ULRICH (1993): Aktuelle Entwicklung und Beratungsfragen im steuerlichen Organschaftsrecht, FR 1993, S. 725-735.

PRINZ, ULRICH (1999a): Steuerentlastungsgesetz 1999/2000/2002: Auswirkungen auf den Holdingstandort Deutschland, FR 1999, S. 356-362.

PRINZ, ULRICH (1999b): Unternehmenssteuerreform: Auch die Organschaft gehört auf den Prüfstand!, FR 1999, S. 646-650.

PRINZ, ULRICH (2000): Unternehmenssteuerreform 2001: Organschaftsbesteuerung im Wandel, FR 2000, S. 1255-1262.

PRINZ, ULRICH (2001): Leitgedanken zum Übergang des verwendbaren Eigenkapitals auf das neue Körperschaftsteuersystem und zur Ausschüttungspolitik, GmbHR 2001, S. 125-133.

PRINZ, ULRICH/OMMERBORN, FRANK (1999): Neue „Organschaftsfalle" bei Verlusten: Abschn. 68 Abs. 5 GewStR 1998, FR 1999, S. 993-997.

PRINZ, ULRICH/OMMERBORN, FRANK (2000): Nochmals: Verwaltungsseitige „Organschaftsfalle" zu Recht beseitigt!, FR 2000, S. 708.

PROBST, ULRICH (2002): Kommentierung zu § 32b EStG, in: Kommentar zum Einkommensteuer- und Körperschaftsteuergesetz, hrsg. von CARL HERRMANN, HERMANN HEUER und ARNDT RAUPACH, Band 12, 21 Aufl., Köln 1996 ff. (Loseblatt), Stand: Juni 2002.

PYSZKA, TILLMANN (1999a): Gewerbesteuerumlage im faktischen Konzern, GmbHR 1999, S. 812-813.

PYSZKA, TILLMANN (1999b): Verdeckte Gewinnausschüttungen bei Gewerbesteuerumlagen im Organkreis, GmbHR 1999, S. 646-650.

RAISER, GÜNTHER H. (1995): Betriebsaufspaltung und Haftungsausschluß eine Illusion?, NJW 1995, S. 1804-1805.

RAISER, THOMAS (2001): Recht der Kapitalgesellschaften, 3. Aufl., München 2001.

RANFT, ECKART (1969): Gesetz zur Änderung des Körperschaftsteuergesetzes und anderer Gesetze – Organschaftsgesetz –, FR 1969, S. 331-338.

RANFT, ECKART (1988): Grenzfälle der Betriebsaufspaltung, DStZ 1988, Ausgabe A, S. 79-85.

RAUPACH, ARNDT (1974): Anmerkung zum BFH-Beschluss vom 20.6.1974, I B 77/73, BB 1974, S. 1240-1241.

RAUPACH, ARNDT (1996): Holding- und Organschaftsfragen, Fall 7: Abgrenzungsfragen: Personengesellschaft als Organträger (§ 14 Nr. 3 KStG) – Mehrmütterorganschaft, in: JbFStR 1995/96, hrsg. vom Deutschen Anwaltsinstitut e.V., Herne/Berlin 1996, S. 444-452.

RAUPACH, ARNDT/CLAUSEN, UWE (1974): Rückstellungen für drohende Verluste aus schwebenden Geschäften, BB 1974, S. 689-694.

RAUPACH, ARNDT/KLOTZ, SIMONE (1994): Die Mehrmütterorganschaft – Rechtsinstitut zwischen Konzernrecht und Konzernsteuerrecht, WiB 1994, S. 137-143.

REHBINDER, ECKARD (1977): Gesellschaftsrechtliche Probleme mehrstufiger Unternehmensverbindungen, ZGR 1977, S. 581-649.

REHBINDER, ECKARD (1976): Treuepflichten im GmbH-Konzern, ZGR 1976, S. 386-399.

REINHARD, HERBERT (1995): Kommentierung zu § 247 HGB, in: Handbuch der Rechnungslegung, hrsg. von KARLHEINZ KÜTING und CLAUS-PETER WEBER, Band Ia, 4. Aufl., Stuttgart 1995.

REINHARD, ISABEL/WLAD KATRIN (2002): Anmerkung zum BFH-Urteil vom 7.11.2001, I R 57/00, DStR 2002, S. 584-585.

REIS, MONIQUE (2000): Zeitpunkt der Aktivierung von Dividendenansprüchen nach der Entscheidung des Großen Senats vom 7.8.2000, INF 2000, S. 705-708.

REISS, WOLFRAM (1979): Die umsatzsteuerliche Organschaft – eine überholte Rechtsfigur, StuW 1979, S. 343-346.

REISS, WOLFRAM (2000): Die Revitalisierung des Mitunternehmererlasses – keine gesetzestechnische Meisterleistung, BB 2000, S. 1965-1974.

REISS, WOLFRAM (2001): Fortentwicklung des Unternehmenssteuerrechtes bei Mitunternehmerschaften – Bemerkungen zu den Vorschlägen des BMF, BB 2001, S. 1225-1232.

REUL, ADOLF (1997): Das Konzernrecht der Genossenschaften, in: Wirtschaftsrecht und Wirtschaftspolitik, hrsg. von ERNST-JOACHIM MESTMÄCKER, WERNHARD MÖSCHEL und MANFRED E. STREIT, Band 147, Baden-Baden 1997.

REUTER, DIETER (1985): Genuß ohne Reue?, AG 1985, S. 104-107.

REUTER, HANS-PETER (1970): Die Besteuerung der verbundenen Unternehmen, München 1970.

REUTER, HANS-PETER (1982): Die heutige Bedeutung der steuerlichen Organschaft, DStR 1982, S. 155-156.

RICHTER, WOLFGANG/STENGEL, ARNDT (1993): Anforderungen an die Zustimmung der Gesellschafter der abhängigen GmbH zum Abschluß eines Beherrschungs- und/oder Gewinnabführungsvertrags – Genügt die satzungsändernde Mehrheit?, DB 1993, S. 1861-1866.

RIEGGER, BODO/KRAMER, ANDREAS (1994): Sind Ausgleichszahlungen an außenstehende Aktionäre wegen der Senkung der Körperschaftsteuerausschüttungsbelastung zu erhöhen?, DB 1994, S. 565-567.

RISTHAUS, ANNE/PLENKER, JÜRGEN (1999): Steuerentlastungsgesetz 1999/2000/2002 – Geänderte Verlustverrechnungsmöglichkeiten im Rahmen der Einkommensteuerfestsetzung, DB 1999, S. 605-610.

RITTNER, FRITZ (1976): Die Beteiligung als Grund der Abhängigkeit einer Aktiengesellschaft, DB 1976, S. 1465-1470 und S. 1513-1515.

RITZER, CLAUS J./STANGL, INGO (2000): Anwendungsprobleme der Steuerermäßigung für gewerbliche Einkünfte von Einzelunternehmen und Personengesellschaften nach § 35 EStG, INF 2000, S. 641-646.

RITZROW, MANFRED (1999): Übertragung eines Wirtschaftsguts aus dem Sonderbetriebsvermögen eines Mitunternehmers in das Gesamthandsvermögen derselben Mitunternehmerschaft, StBp 1999, S. 322-328.

RIX, REINHARD (1986): Gesellschaftsrechtliche Probleme von Gewinnabführungsverträgen bei der GmbH, MittRhNotK 1986, S. 29-44.

„RK" (1992): Primärgenossenschaften, in: Genossenschafts-Lexikon, hrsg. von EDUARD MÄNDLE und WALTER SWOBODA, Wiesbaden 1992, S. 509.

RÖDDER, THOMAS (1998): Wann ist die Begründung eines Organschaftsverhältnisses sinnvoll?, Stbg 1998, S. 291-297.

RÖDDER, THOMAS (2000): Kommentierung zu § 14 KStG, in: Unternehmenssteuerreform 2001, hrsg. von HARALD SCHAUMBURG und THOMAS RÖDDER, München 2000.

RÖDDER, THOMAS/SCHUMACHER, ANDREAS (2000a): Unternehmenssteuerreform 2001 – Eine erste Analyse des Regierungsentwurfs aus Beratersicht, DStR 2000, S. 353-368.

RÖDDER, THOMAS/SCHUMACHER, ANDREAS (2000b): Unternehmenssteuerreform 2001: Wesentliche Änderungen des Steuersenkungsgesetzes gegenüber dem Regierungsentwurf und Regeln zu seiner erstmaligen Anwendung, DStR 2000, S. 1453-1460.

RÖDDER, THOMAS/SCHUMACHER, ANDREAS (2001): Der Regierungsentwurf eines Gesetzes zur Fortentwicklung des Unternehmenssteuerrechts, DStR 2001, S. 1634-1641 und S. 1685-1693.

RÖDDER, THOMAS/SCHUMACHER, ANDREAS (2002): Unternehmenssteuerfortentwicklungsgesetz: Wesentliche Änderungen des verkündeten Gesetzes gegenüber dem Regierungsentwurf, DStR 2002, S. 105-113.

RÖDDER, THOMAS/SIMON, STEFAN (2002): Folgen der Änderung der gewerbesteuerlichen Organschaftsvoraussetzungen für die steuerrechtliche Beurteilung von Steuerumlagen im Konzern, DB 2002, S. 496-497.

ROMANI, BRIGITTE/MAIER, JOCHEN (2000): Vororganschaftlich verursachte handelsrechtliche Mehrabführungen: Behandlung der Körperschaftsteuer-Änderung in Steuer- und Handelsbilanz, DStR 2000, S. 1944-1948.

ROSE, GERD (1960): Die Berücksichtigung verlustbringender Ergebnisabführungsverträge in den Bilanzen des Organträgers, DB 1960, S. 1164-1167.

ROSE, GERD (2000): Grundzüge des Internationalen Steuerrechts, in: Betrieb und Steuer, 5. Buch, 5. Aufl., Wiesbaden 2000.

ROSENBACH, GEORG (1999): § 17: Die GmbH im Konzern, in: Beck'sches Handbuch der GmbH, hrsg. von WELF MÜLLER und BURKHARD HENSE, 2. Aufl., München 1999.

ROSENBERG, OLIVER (2000): Kommentierung zu § 35 EStG, in: Reform der Unternehmensbesteuerung – Steuersenkungsgesetz, hrsg. von Oppenhoff & Rädler, Linklaters & Alliance, Stuttgart 2000, S. 127-140.

ROSER, FRANK (1996): Gedanken zum Gesellschafterverzicht, DB 1996, S. 1303-1306.

ROSER, FRANK (2001): Personengesellschaften als gewerbesteuerliche Organgesellschaften?, FR 2001, S. 628-630.

ROTTNAUER, ACHIM E. (1991): Vertragsgestaltungsproblematik bei „Mehrmütterorganschaft" im GmbH-Konzernrecht, DB 1991, S. 27-31.

ROTTNAUER, ACHIM E. (1999): Kompetenzielle Schranken der Leitungsmacht im GmbH-Vertragskonzernrecht – Anm. zu OLG Stuttgart, NZG 1998, 601, NZG 1999, S. 337-340.

SÄCKER, FRANZ J. (1987): Zur Problematik von Mehrfachfunktionen im Konzern, ZHR 1987, S. 59-71.

SÄCKER, FRANZ J. (1988): Die Rechte der Aktionäre bei konzerninternen Umstrukturierungen gemäß §§ 304 f. AktG, DB 1988, S. 271-277.

SAENGER, INGO (1997): Mehrstimmrechte bei Aktiengesellschaften, ZIP 1997, S. 1813-1820.

SAURE, HERMANN (1999): Phasengleiche Erfassung von Dividendenerträgen in der Steuerbilanz, StBp 1999, S. 298-302.

SAUTER, THOMAS/HEURUNG, RAINER (2001a): Ausgleichszahlungen i.S.d. § 16 KStG i.V.m. § 304 AktG und vororganschaftliche Gewinnausschüttungen nach dem Systemwechsel, GmbHR 2001, S. 754-763.

SAUTER, THOMAS/HEURUNG, RAINER (2001b): Errichtung steuerlicher Organschaften aufgrund der Unternehmenssteuerreform, GmbHR 2001, S. 165-171.

SAUTER, THOMAS/HEURUNG, RAINER/OBLAU, MARKUS (2001): Anwendungs- und Zweifelsfragen zum Gesetzesentwurf zur Fortentwicklung des Unternehmenssteuerrechts, BB 2001, S. 2448-2451.

„sch" (1996): Anmerkung zum BFH-Urteil vom 24.7.1996, I R 41/93, DStR 1996, S. 1731.

„sch" (2002): Anmerkung zum BFH-Urteil vom 8.8.2001, I R 25/00, DStR 2002, S. 309-310.

SCHAUHOFF, STEPHAN (2001): Steuerumlagen im Konzern nach der BGH-Rechtsprechung, in: StbJb 2000/2001, hrsg. von NORBERT HERZIG, MANFRED GÜNKEL und URSULA NIEMANN, Köln 2001, S. 325-338.

SCHAUMBURG, HARALD (1998): Internationales Steuerrecht, 2. Aufl., Köln 1998.

SCHAUMBURG, HARALD/SCHULTE, CHRISTOPH (2000): Die KGaA: Recht und Steuern in der Praxis, Köln 2000.

SCHERER, THOMAS B. (2000): Kommentierung zu Art. 7 DBA-Schweiz, in: Doppelbesteuerung, hrsg. von HELMUT DEABTIN und FRANZ WASSERMEYER, Band V, München (Loseblatt), Stand: September 2000.

SCHEUCHZER, MARCO (1994): Konzernbesteuerung in der Europäischen Union, in: Steuerberatung, Betriebsprüfung, Unternehmensbesteuerung, hrsg. von WILHELM H. WACKER, Bielefeld 1994.

SCHIFFERS, JOACHIM (1997): Gewerbesteuerliche Organschaft als steuerliches Gestaltungsinstrument, GmbHR 1997, S. 883-886.

SCHIFFERS, JOACHIM (2000): Entlastung der Personengesellschaften, Rechtsformvergleich und Option zur Körperschaftsteuer nach dem Gesetzentwurf eines „StSenkG", GmbHR 2000, S. 253-259.

SCHLAGHECK, MARKUS (2000a): Die Auswirkungen der Steuerreform auf die „Internationale Organschaft", PIStB 2000, S. 267-275.

SCHLAGHECK, MARKUS (2000b): Die ertragsteuerliche Organschaft nach dem Steuersenkungsgesetz, StuB 2000, S. 1246-1252.

SCHLIENKAMP, A. (1986): Änderungen des Umsatzsteuergesetzes durch das Steuerbereinigungsgesetz 1986, UR 1986, S. 49-51.

SCHLÖGELL, CHRISTIAN (1995): Die Beendigung von Unternehmensverträgen im GmbH-Konzern, GmbHR 1995, S. 401-412.

SCHMIDT, ANDREAS (1996): Organschaft ohne Beherrschungsvertrag und Personalunion, GmbHR 1996, S. 175-180.

SCHMIDT, EBERHARD (1982): Bildung freier Rücklagen bei Organgesellschaften, FR, S. 139-140.

SCHMIDT, KARSTEN (1983): Die konzernrechtliche Verlustübernahmepflicht als gesetzliches Dauerschuldverhältnis, ZGR 1983, S. 513-534.

SCHMIDT, KARSTEN (1984): Zwingend gesamtschuldnerischer Verlustausgleich bei der Mehrmütterorganschaft?, DB 1984, S. 1181-1184.

SCHMIDT, KARSTEN (1993): „Konzernhaftung" nach dem TBB-Urteil – Versuch einer Orientierung, ZIP 1993, S. 549-554.

SCHMIDT, KARSTEN (1997): Gesellschaftsrecht, 3. Aufl., Köln u. a 1997.

SCHMIDT, LUDWIG (1971): Die Personengesellschaft als Organträger im Körperschaftsteuerrecht, GmbHR 1971, S. 233-240.

SCHMIDT, LUDWIG (1976): Anmerkung zum BFH-Urteil vom 31.3.1976, I R 123/74, FR 1976, S. 360-361.

SCHMIDT, LUDWIG (1980): Anmerkung zum BFH-Urteil vom 1.8.1979, I R 111/78, FR 1980, S. 51.

SCHMIDT, LUDWIG (1989): Anmerkung zum BFH-Urteil vom 25.10.1988, VIII R 339/82, FR 1989, S. 19.

SCHMIDT, LUDWIG (2000): Teilkommentierung zu § 15 EStG, in: Einkommensteuergesetz, hrsg. von LUDWIG SCHMIDT, 19. Aufl., München 2000.

SCHMIDT, LUDWIG (2002): Teilkommentierung zu § 15 EStG, in: Einkommensteuergesetz, hrsg. von LUDWIG SCHMIDT, 21. Aufl., München 2002.

SCHMIDT, LUDWIG/MÜLLER, THOMAS/STÖCKER, ERNST E. (1999): Die Organschaft, 5. Aufl. 1999, Herne/Berlin 1999.

SCHMULEWITZ, MAXIMILIAN (1927): Die Verwaltungsaktie, in: Rechtsvergleichende Abhandlungen, hrsg. von HEINRICH TITZE und MARTIN WOLFF, Band III, Berlin 1927.

SCHNECK, HORST/HIRSCH, CHRISTOPH J. (1999): Mehrabführungen aufgrund vorvertraglicher Geschäftsvorfälle in der Organschaft, GmbHR 1999, S. 898-902.

SCHNEELOCH, DIETER (1986): Probleme der Steuerabgrenzung im Einzelabschluß, WPg 1986, S. 517-528.

SCHNEELOCH, DIETER (1991): Betriebsaufspaltung – Voraussetzungen und Steuerfolgen, DStR 1991, S. 761-765 und S. 804-810.

SCHNEIDER, JOSEF (1999): Verlustausgleich und Verlustabzug, SteuerStud 1999, S. 393-399.

SCHNEIDER, NORBERT (2000): Sonderbetriebsvermögen – Rechtsgrundlage und Umfang, in: Steuerfragen der Wirtschaft, Band 11, Köln 2000.

SCHNEIDER, UWE H. (1984): Das Recht der Konzernfinanzierung, ZGR 1984, S. 497-537.

SCHNEIDER, UWE H. (1986a): Beherrschungs- und Gewinnabführungsverträge mit einer GmbH, in: Beherrschungs- und Gewinnabführungsverträge in der Praxis der GmbH, in: Beiträge zum Wirtschafts- und Bankrecht, hrsg. von UWE H. SCHNEIDER, Band 1, Frankfurt a. M. 1989, S. 7-36.

SCHNEIDER, UWE H. (1986b): Die Fortentwicklung des Handelsregisters zum Konzernregister, WM 1986, S. 181-189.

SCHNEIDER, UWE H. (1990): Gesetzliches Verbot für Stimmrechtsbeschränkungen bei der Aktiengesellschaft?, AG 1990, S. 56-63.

SCHNEIDER, UWE H./REUSCH, PETER (1989): Die Vertretung und die Mitwirkung der Gesellschafter bei der Gründung einer GmbH&Still, DB 1989, S. 713-716.

SCHÖN, WOLFGANG (2001): Die Abzugsschranken des § 3c EStG zwischen Verfassungs- und Europarecht, FR 2001, S. 381-392.

SCHÖNEBERGER, PETER (1978): Haftung des Organträgers nach Beendigung des Gewinnabführungsvertrags, BB 1978, S. 1646-1648.

SCHÖNWALD, STEFAN (2001): Darstellung der Sonderregelungen zur Umgliederung des verwendbaren Eigenkapitals, SteuerStud 2001, S. 116-121.

SCHRÖDER, SIEGFRIED (1975): Der besondere Ausgleichsposten in der Steuerbilanz des Organträgers, StBp 1975, S. 149-153 und S. 176-182.

SCHRÖDER, SIEGFRIED (1986): Körperschaftsteuerrechtliche Behandlung vorvertraglicher versteuerter stiller Rücklagen von Organgesellschaften, StBp 1986, S. 269-275.

SCHUBERT, WERNER/KÜTING, KARLHEINZ (1974a): Recht der verbundenen Unternehmen und Abhängigkeitsbericht, WiSt 1974, S. 569-573.

SCHUBERT, WERNER/KÜTING, KARLHEINZ (1974b): Recht der verbundenen Unternehmen und Abhängigkeitsbericht (WiSt-Klausur), WiSt 1974, S. 595-598.

SCHUBERT, WERNER/KÜTING, KARLHEINZ (1981): Unternehmungszusammenschlüsse, München 1981.

SCHÜPPEN, MATTHIAS (1999): Anmerkung zum Urteil des OLG Köln vom 10.3.1999, 5 U 43/97, NZG 1999, S. 1115-1116.

SCHÜRMANN, THOMAS (1998): Euro und Aktienrecht, NJW 1998, S. 3162-3165.

SCHUHMANN, HELMUT (1989): Betriebsaufspaltung und umsatzsteuerliche Organschaft, GmbHR 1989, S. 380-385.

SCHUHMANN, HELMUT (1997): Die umsatzsteuerliche Organschaft und die Betriebsaufspaltung, UVR 1997, S. 68-71.

SCHUHMANN, HELMUT (1999): ABC der verdeckten Gewinnausschüttung, 4. Aufl., Stuttgart u.a. 1999.

SCHUHMANN, HELMUT (2001): Die Organschaft, 3. Aufl., Bielefeld 2001.

SCHULZE ZUR WIESCHE, DIETER (1973): Die Rücklagenbildung innerhalb einer Organschaft, DB 1973, S. 1417-1420.

SCHULZE ZUR WIESCHE, DIETER (1989): Die umgekehrte Betriebsaufspaltung, BB 1989, S. 815-818.

SCHULZE ZUR WIESCHE, DIETER (1996): Die Besteuerung von unbeschränkt Steuerpflichtigen und beschränkt Steuerpflichtigen nach dem Jahressteuergesetz 1996, IStR 1996, S. 105-110.

SCHULZE-OSTERLOH, JOACHIM (1993): Vermeidung der Konzernhaftung nach dem TBB-Urteil durch ordnungsmäßige Buchführung, ZIP 1993, S. 1838-1843.

SCHULZE-OSTERLOH, JOACHIM (2000): Kommentierung zu § 41 GmbHG, in: GmbH-Gesetz, begr. von ADOLF BAUMBACH, fortgeführt von ALFRED HUECK, 17. Aufl., München 2000.

SCHUMACHER, ANDREAS (2000): Kommentierung zu § 27 KStG, in: Unternehmenssteuerreform 2001, hrsg. von HARALD SCHAUMBURG und THOMAS RÖDDER, München 2000.

SCHWARK, EBERHARD (1987): Die Haftung des herrschenden Unternehmens im qualifizierten faktischen GmbH-Konzern – BGHZ 95, 330 („Autokran"), JuS 1987, S. 443-451.

SCHWARK, EBERHARD (1993): Zur Rechtsposition der Mehrstimmrechtsaktionäre, in: Festschrift für Johannes Semler zum 70. Geburtstag am 28. April 1993, Unternehmen und Unternehmensführung im Recht, hrsg. von MARCUS BIERICH, PETER HOMMELHOFF und BRUNO KROPFF, Berlin/New York 1993, S. 367-385.

SCHWARZ, OLIVER (1994): Änderung und Beendigung von Unternehmensverträgen – insbesondere in handelsregisterlicher Sicht –, MittRhNotK 1994, S. 49-77.

SCHWEDA, JOACHIM (1974): Abhängigkeit im Sinne des § 17 Abs. 1 AktG von mehreren Unternehmen?, DB 1974, S. 1993-1996.

SCHWEND, GEORG/HALL, ANITA (1984): Voraussetzungen für die Anerkennung der gewerbesteuerlichen Organschaft, DStR 1984, S. 99-102.

SEDEMUND, JOCHIM/HAUSMANN, FRIEDRICH, L. (1999): Anmerkung zum EuGH-Urteil vom 9.3.1999, Rs. C-212/97, BB 1999, S. 810-811.

SEEGER, SIEGBERT F. (2000): Die verdeckte Gewinnausschüttung und das Halbeinkünfteverfahren, StuB 2000, S. 667-669.

SEETZEN, UWE (1999): Spruchverfahren und Unternehmensbewertung im Wandel, WM 1999, S. 565-574.

SEIBERT, ULRICH (1998): Die Umstellung des Gesellschaftsrechts auf den Euro, ZGR 1998, S. 1-19.

SEIBT, CHRISTOPH H. (2000): Unternehmenskauf und -verkauf nach dem Steuersenkungsgesetz, DStR 2000, S. 2061-2076.

SEIFRIED, CAROLA (2001): Unternehmenssteuerreform 2001: Ausgewählte Zweifelsfragen, DStR 2001, S. 240-245.

SEITRICH, PETER (1989): Mittelbare finanzielle Eingliederung und umsatzsteuerliche Organschaft, BB 1989, S. 189-193.

SELCHERT, FRIEDRICH. W. (1977): Wirtschaftliche Begründung der Zuführung zu freien Rücklagen in der Organgesellschaft – Zu § 7a Abs. 1 Ziff. 5 KStG, DB 1977, S. 27-33.

SELCHERT, FRIEDRICH. W. (2002): Einführung in die Betriebswirtschaftslehre, 8. Aufl., München 2002.

SELLE, BETTINA (1993): Gewinnverteilung bei der OHG – Eine ökonomisch gerechte Regelung?, DB 1993, S. 2040-2043.

SEMLER, JOHANNES (1987): Doppelmandats-Verbund im Konzern, in: Festschrift für Ernst C. Stiefel zum 80. Geburtstag, hrsg. von MARCUS LUTTER u.a., München 1987, S. 719-762.

SEMLER, JOHANNES/PERLITT, JOHANNES (2000): Kommentierungen zu §§ 280 und 285 AktG, in: Münchener Kommentar zum Aktiengesetz, hrsg. von BRUNO KROPFF und JOHANNES SEMLER, Band 8 (§§ 278-328 AktG), 2. Aufl., München 2000.

SEMMLER, ERNST (2001): Die Körperschaftsteuerminderung und -erhöhung sowie die Einlagenrückgewähr nach dem StSenkG, DStR 2001, S. 1337-1341.

SIEGEL, THEODOR u. a. (2000): Verteidigt das Anrechnungsverfahren gegen unbedachte Reformen!, BB 2000, S. 1269-1270.

SIEPE, GÜNTER (1998): Kommentierung zu Abschnitt A, in: Wirtschaftsprüfer-Handbuch 1998, hrsg. vom Institut der Wirtschaftsprüfer in Deutschland e.V., Band II, 11. Aufl., Düsseldorf 1998.

SIGLE, HERMANN (1995): Teilkommentierung zu § 277 HGB, in: Handbuch der Rechnungslegung, hrsg. von KARLHEINZ KÜTING und CLAUS-PETER WEBER, Band Ia, 4. Aufl., Stuttgart 1995.

SIMON, STEFAN (2000a): Zulässigkeit von Gewerbesteuerumlagen nach der Belastungsmethode im Lichte der zivilrechtlichen Rechtsprechung, DStR 2000, S. 431-436.

SIMON, STEFAN (2000b): Zur Ausgestaltung von Gewerbesteuerumlagen, DStR 2000, S. 537-544.

SINA, PETER (1991): Grenzen des Konzerns-Weisungsrechts nach § 308 AktG, AG 1991, S. 1-10.

SINA, PETER (1993): Zur Abhängigkeit im GmbH-Konzern, GmbHR 1993, S. 643-645.

SKIBBE, MANFRED (1976): Der Einfluß des Steuerrechts auf die GmbH-Konzern-Praxis (Koreferat), in: Der GmbH-Konzern, in: Rechtsfragen der Handelsgesellschaften, Heft 34, Köln 1976, S. 170-174.

SLAPIO, URSULA (2000): Gestaltungsmöglichkeiten bei umsatzsteuerlicher Organschaft, DStR 2000, S. 999-1001.

SMALL, DAVID G. (1996): USA: Das neue Wahlrecht zur Klassifizierung von Kapital- und Personengesellschaften, IStR 1996, S. 280-282.

SÖFFING, GÜNTER (1983): Die faktische Betriebsaufspaltung, DStZ 1983, Ausgabe A, S. 443-444.

SÖFFING, GÜNTER (1990): Die Betriebsaufspaltung, 2. Aufl., Stuttgart 1990.

SÖFFING, GÜNTER (2001): Die Betriebsaufspaltung, 2. Aufl., Herne/Berlin 2001.

SÖFFING, GÜNTER (1994): Anmerkung zum BFH-Urteil vom 24.2.1994, IV R 8-9/93, FR 1994, S. 471-472.

SÖFFING, GÜNTER (1996): Gedanken zur Rechtfertigung der Betriebsaufspaltung, DStR 1996, S. 1225-1228.

SÖFFING, GÜNTER (2000): Die Mängel im Entwurf des § 35 EStG, DB 2000, S. 688-692.

SOMMER, KARL (2000): Fallstudie zum Verlustausgleich und Verlustabzug, SteuerStud 2000, S. 227-237.

SONNENSCHEIN, JÜRGEN (1975): Die Eingliederung im mehrstufigen Konzern, BB 1975, S. 1088-1094.

SONNENSCHEIN, JÜRGEN (1976): Der Gewinnabführungsvertrag zugunsten Dritter im Gesellschaftsrecht und Steuerrecht, AG 1976, S. 147-151.

SONNENSCHEIN, JÜRGEN (1981): Der aktienrechtliche Vertragskonzern im Unternehmensrecht, ZGR 1981, S. 429-454.

STADIE, HOLGER (1988): Anmerkung zum BFH-Urteil vom 15.7.1987, X R 19/80, UR 1988, S. 19.

STADIE, HOLGER (1996): Anmerkung zum BFH-Beschluss vom 28.2.1996, IX R 25/94, UR 1996, S. 335-336.

STADLER, RAINER/ELSER, THOMAS (2002): Teil IX: Änderungen bei der Organschaft, in: Linklaters Oppenhoff & Rädler: Steueränderungen zum 1.1.2002 im Unternehmensbereich, DB, Beilage 1/2002.

STADLER, RAINER/NOWLAN, JACKIE (2000): Kommentierungen zu §§ 14 und 16 KStG, in: Reform der Unternehmensbesteuerung – Steuersenkungsgesetz, hrsg. von Oppenhoff & Rädler, Linklaters & Alliance, Stuttgart 2000, S. 273-283.

STARKE, PETER (1996): Anpassung der Handelsbilanz an die Steuerbilanz bei körperschaftsteuerlicher Organschaft, DB 1996, S. 1490-1492.

STARKE, PETER (2000): Änderung der Gewerbesteuerumlagepraxis wegen Schadensersatzpflicht des herrschenden Unternehmens?, FR 2000, S. 378-382.

STARKE, PETER (2001): Ungeliebte Abzugsbeschränkungen des neuen § 3c EStG, FR 2001, S. 25-26.

STEFFAN, BERNHARD/SCHMIDT, VOLKER (1998): Die Änderungen des Gesellschaftsrechts durch das geplante Gesetz zur Einführung des Euro (EuroEG), DB 1998, S. 559-567.

Stellungnahme HFA 1/1985: Zur Behandlung der Umsatzsteuer im Jahresabschluß, WPg 1985, S. 257-258.

Stellungnahme HFA 3/1991: Zur Aufstellung und Prüfung des Berichts über Beziehungen zu verbundenen Unternehmen (Abhängigkeitsbericht nach § 312 AktG), WPg 1992, S. 91-94.

Stellungnahme SABI 3/1988: Zur Steuerabgrenzung im Einzelabschluß, WPg 1988, S. 683-684.

Stellungnahmen der Bundessteuerberaterkammer (1985), DStR 1985, S. 290.

STEPPERT, HELMUT (1994): Die umsatzsteuerliche Organschaft – ein nicht mehr zeitgemäßes Relikt?, UR 1994, S. 343-346.

STORCK, ALFRED (1976): Die Zurechnung des Organeinkommens und die Bildung einer Rückstellung für drohende Organverluste, StuW 1976, S. 217-227.

STORG, PETER (2001): Grunderwerbsteuer durch organisatorische Maßnahmen im Konzern, UVR 2001, S. 139-142.

STOSCHEK, UWE (1997): Übertragung aller Geschäftsanteile auf eine vom Veräußerer zu 100% beherrschte AG grunderwerbsteuerpflichtig, BB 1997, S. 1929-1930.

STRASSBERGER, CLAUS P. (1965): Der Beherrschungsvertrag in der Aktienrechtsreform, München 1965.

STRECK, MICHAEL/BINNEWIES, BURKHARD (2001): Der faktische Konzern als hinreichende Voraussetzung für eine organisatorische Eingliederung im Rahmen einer umsatzsteuerlichen Organschaft, DB 2001, S. 1578-1583.

STRECK, MICHAEL/SCHWEDHELM, ROLF (1988): Zwei aufeinanderfolgende Rumpfwirtschaftsjahre – stets zulässig?, BB 1988, S. 679.

STREYL, ANNEDORE (1992): Zur konzernrechtlichen Problematik von Vorstands-Doppelmandaten, in: Abhandlungen zum Arbeits- und Wirtschaftsrecht, hrsg. von WOLFGANG HEFERMEHL u.a., Band 68, Heidelberg 1992.

STRUNK, GÜNTHER (2001): Mittelbare Beteiligung an der Kapitalgesellschaft über eine Personengesellschaft?, BB 2001, S. 857-860.

STÜTZLE, RUDOLF (1986): Zur Finanzierung, Haftung und Verlustausgleichspflicht der GmbH bei Bestehen eines Beherrschungs- und Gewinnabführungsvertrags, in: Beherrschungs- und Gewinnabführungsverträge in der Praxis der GmbH, in: Beiträge zum Wirtschafts- und Bankrecht, Band 1, hrsg. von UWE H. SCHNEIDER, Frankfurt a. M. 1989, S. 81-97.

STUHRMANN, GERD (2000): Unternehmenssteuerreform: Einkommensteuerminderung durch Berücksichtigung der Gewerbesteuerbelastung als Basismodell, FR 2000, S. 550-553.

SÜNNER, ECKART (1989): Grenzen der Gewinnabführung von AG und GmbH aufgrund Gewinnabführungsvertrag nach dem Inkrafttreten des Bilanzrichtlinien-Gesetzes, AG 1989, S. 414-420.

TELKAMP, HEINZ-JÜRGEN (1969): Die wirtschaftliche Eingliederung als Tatbestandsmerkmal der steuerlichen Organschaft, DB 1969, S. 669-675.

TESDORPF, WERNER (1979): Die besonderen Ausgleichsposten bei der körperschaftsteuerlichen Organschaft, DStR 1979, S. 524-526.

TESDORPF, WERNER (1981): Rücklagen, Ausgleichsposten und verwendbares Eigenkapital bei der körperschaftsteuerlichen Organschaft, StBp 1981, S. 82-87.

TESDORPF, WERNER (1984): Ausgleichszahlungen bei der Organschaft, StBp 1984, S. 162-163.

THEISEN, MANUEL R. (2000): Der Konzern, 2. Aufl., Stuttgart 2000.

THIEL, JOCHEN (1992): Einlagen in Kapitalgesellschaften – Aktuelle Steuerfragen bei der Gesellschaft und beim Gesellschafter, DStR 1992, S. 1-7.

THIEL, RUDOLF (1960): Die Überführung von Rücklagen vom Organ auf den Organträger, BB 1960, S. 735-738.

THURMAYR, GEORG (2001): Kommentierungen zu §§ 36 und 37 KStG, in: Steuerreform 1999/2000/2002, hrsg. von CARL HERRMANN, HERMANN HEUER und ARNDT RAUPACH, Band 21, 21. Aufl., Köln 2001.

TIEVES, JOHANNES (1998): Der Unternehmensgegenstand der Kapitalgesellschaft, in: Rechtsfragen der Handelsgesellschaften, Band 93, Köln 1998.

TILLMANN, BERT (1994): Steuerlich wirksame aufschiebende Bedingung in einem Organschaftsvertrag als Eintragungshindernis, GmbHR 1994, S. 798.

TIMM, WOLFRAM (1980): Die Aktiengesellschaft als Konzernspitze, in: Abhandlungen zum deutschen und europäischen Wirtschaftsrecht, hrsg. von GÖTZ HUECK, MARCUS LUTTER und WOLFGANG ZÖLLNER, Band 30, Köln u.a. 1986.

TIMM, WOLFRAM (1981): Der Abschluß des Ergebnisabführungsvertrags im GmbH-Recht, BB 1981, S. 1491-1497.

TIMM, WOLFRAM (1986): Anmerkung zum Zwischenurteil des LG Bochum vom 20.5.1986, 12 O 67/86, ZIP 1986, S. 1387-1389.

TIMM, WOLFRAM (1989): Unternehmensverträge im GmbH-Recht, GmbHR 1989, S. 11-19.

TIMM, WOLFRAM (1990): „Gegenstandslose" Hauptversammlungsbeschlüsse?, ZIP 1990, S. 361-364.

TIMM, WOLFRAM (1991): Rechtsfragen der Änderung und Beendigung von Unternehmensverträgen, in: Festschrift für Alfred Kellermann zum 70. Geburtstag am 29. November 1990, ZGR 1991, Sonderheft 10, hrsg. von REINHARD GOERDELER u.a., Berlin/New York 1991, S. 461-484.

TIMM, WOLFRAM/SCHICK, WERNER (1994): Die Auswirkungen der routinemäßigen Geltendmachung der Abfindung durch die Depotbanken auf die Rechte der außenstehenden Aktionäre bei der Mehrheitseingliederung, WM 1994, S. 185-192.

TISCHBIREK, WOLFGANG (1996): Kommentierung zu Art. 10 OECD-MA, in: Doppelbesteuerungsabkommen, hrsg. von KLAUS VOGEL, 3. Aufl., München 1996.

TISCHER, FRANK (1985): Zur umsatzsteuerlichen Organschaft bei Gesellschafteridentität, UR 1985, S. 77-79.

TÖBEN, THOMAS (2002): Keine Gewerbesteuer auf Dividenden und auf Gewinne aus der Veräußerung von Anteilen an Kapitalgesellschaften bei Zwischenschaltung einer Personengesellschaft, FR 2002, S. 361-373.

TÖBEN, THOMAS/SCHULTE-RUMMEL, BJÖRN (2002): Doppelte Verlustberücksichtigung in Organschaftsfällen mit Auslandsberührung, FR 2002, S. 425-437.

TUBACH, FRIEDRICH (1970): Die Gewerbesteuerumlage bei Organschaften, DB 1970, S. 2396-2398.

TÜCHELMANN, FRED (1989): Zur grenzüberschreitenden Organschaft im Umsatzsteuerrecht, UR 1989, S. 109-113.

UELNER, ADALBERT (1994): Kommentierung zu Kapitel C: Besteuerung der gewerblichen Einkünfte einschließlich der Personengesellschaften, in: Wirtschaftsprüfer-Handbuch der Unternehmensbesteuerung, hrsg. vom Institut der Wirtschaftsprüfer in Deutschland e.V., 2. Aufl., Düsseldorf 1994.

UHRMANN, KARL (1993): Probleme bei der steuerlichen Behandlung der Gewinnabführung an Gesellschafter im Falle der Mehrmütterorganschaft, StBp 1993, S. 175-180.

ULMER, PETER (1977): Gemeinsame Tochtergesellschaften im deutschen Konzern- und Wettbewerbsrecht, ZHR 1977, S. 466-477.

ULMER, PETER (1986): Verlustübernahmepflicht des herrschenden Unternehmens als konzernspezifischer Kapitalerhaltungsschutz, AG 1986, S. 123-130.

ULMER, PETER (1989): Fehlerhafte Unternehmensverträge im GmbH-Recht, BB 1989, S. 10-19.

ULMER, PETER (1997): Kommentierungen zu §§ 705 und 709 BGB, in: Bürgerliches Gesetzbuch (Münchener Kommentar), hrsg. von KURT REBMANN, FRANZ JÜRGEN SÄCKER und ROLAND RIXECKER, Band 5 (§§ 705-853; PartGG; ProdHaftG), 3. Aufl., München 1997.

ULMER, PETER (1999): Schutzinstrumente gegen die Gefahren aus der Geschäftstätigkeit inländischer Zweigniederlassungen von Kapitalgesellschaften mit fiktivem Auslandssitz, JZ 1999, S. 662-665.

UNVERICHT, WILLI (1989): Beweisanzeichen für die Annahme einer personellen Verflechtung bei Eheleuten als Voraussetzung einer Betriebsaufspaltung, DB 1989, S. 995-999.

URBANS, RÜDIGER (2001): Die gewerbesteuerliche Organschaft unter besonderer Berücksichtigung der Verlustverrechnung, INF 2001, S. 581-586.

UTESCHER, TANJA/BLAUFUS, KAY (2000): Unternehmenssteuerreform 2001: Begrenzung des Betriebsausgabenabzugs bei Beteiligungserträgen, DStR 2000, S. 1581-1586.

VEIGEL, G. (1986): Die Organschaft im Steuerrecht, INF 1986, S. 435-441.

VEIT, KLAUS-RÜDIGER (1974a): Die obligatorische Rücklagenbildung einer gewinnabführenden im Vergleich zu der einer selbständigen Aktiengesellschaft, DB 1974, S. 1245-1249.

VEIT, KLAUS-RÜDIGER (1974b): Unternehmensverträge und Eingliederung als aktienrechtliche Instrumente der Unternehmensverbindung, Düsseldorf 1974.

VENROOY, GERD J. VAN (1981): Weisungen im Rahmen von Geschäftsführungs- und Gewinnabführungsverträgen, DB 1981, S. 675-681.

VENROOY, GERD J. VAN (1986): Isolierte Unternehmensverträge nach § 291 AktG?, BB 1996, S. 612-616.

VENZMER, KURT J. (1990): Zur Wirksamkeit alter Gewinnabführungsverträge zwischen Gesellschaften mit beschränkter Haftung, WPg 1990, S. 305-313.

VETTER, EBERHARD (1993): Die Geltung von § 293 Abs. 2 AktG beim Unternehmensvertrag zwischen herrschender AG und abhängiger GmbH, AG 1993, S. 168-173.

VETTER, EBERHARD (1994): Eintragung des Unternehmensvertrages im Handelsregister des herrschenden Unternehmens?, AG 1994, S. 110-115.

VISKORF, HERMANN-ULRICH (1997): Kommentierung zu § 2 GrEStG, in: Grunderwerbsteuergesetz, begr. von ERNST P. BORUTTAU und OTTO KLEIN, 14. Aufl., München 1997.

VÖLKEL, DIETER/KARG, HELMUT (2001): Umsatzsteuer, in: Finanz und Steuern, Bd. 2, 11. Aufl., Stuttgart 2001.

VOGEL, KLAUS (1970): Noch einmal zum Thema: Organschaft und „Wirtschaftliche Eingliederung“, FR 1970, S. 129-133.

VOGEL, KLAUS (1996): Kommentierungen zu Art. 1, 2, 13 und 23 OECD-MA, in: Doppelbesteuerungsabkommen, hrsg. von KLAUS VOGEL, 3. Aufl., München 1996.

VOGEL, WOLFGANG (1986): Gesellschafterbeschlüsse und Gesellschafterversammlung, in: Rechtsfragen der Handelsgesellschaften, Heft 17, 2. Aufl., Köln 1986.

VOSS, BERND W. (1973): Zur Einheitsbesteuerung verbundener Unternehmen aus betriebswirtschaftlicher Sicht, AG 1973, S. 326-329.

WAGNER, KLAUS-R. (2000): Verdeckte Gewinnausschüttungen und verdeckte Einlagen bei Kapitalgesellschaften, in: Schriften des Betriebs-Beraters, Band 107, Heidelberg 2000.

WALPERT, KLAUS (1999): Die Vereinbarung der Verlustübernahme nach § 17 Satz 2 Nr. 2 KStG im Rahmen eines Gewinnabführungsvertrages mit einer GmbH, DStR 1999, S. 1684-1686.

WALTER, WOLFGANG (1995): Organschaft und Mindestlaufzeit des Ergebnisabführungsvertrags, GmbHR 1995, S. 649-650.

WALTER, WOLFGANG (1999): Die Verlustübernahme im Gewinnabführungsvertrag, GmbHR 1999, S. 1017-1019.

WALTER, WOLFGANG (2000): Handlungsbedarf bei Mehrmütterorganschaft noch im Jahr 2000, GmbHR 2000, S. 1089-1090.

WALTER, WOLFGANG/GROSCHUPP, MATTHIAS (2000): Umsatzsteuerliche Mehrmütterorganschaft als Gestaltungsinstrument für Körperschaften des öffentlichen Rechts, FR 2000, S. 449-455.

WALTHER, GOTTFRIED (1976): Zur Gewinnverwendung beim abhängigen Partner eines Unternehmensvertrags, DB 1976, S. 661-664.

WANNER, SIBYLLE (1998): Konzernrechtliche Probleme mehrstufiger Unternehmensverbindungen im Aktienrecht, in: Konstanzer Schriften zur Rechtswissenschaft, Band 130, Konstanz 1998.

WASSERMEYER, FRANZ (1995): Merkwürdigkeiten bei der Auslegung von DBA durch die Finanzverwaltung, IStR 1995, S. 49-51.

WASSERMEYER, FRANZ (2001): Kommentierungen zu Art. 1, 4, 5, 12, 13 und 21 OECD-MA, in: Doppelbesteuerung, hrsg. von HELMUT DEABTIN und FRANZ WASSERMEYER, Band I, München (Loseblatt), Stand: Oktober 2001.

WASSERMEYER, FRANZ (2000): Anmerkung zum BFH-Beschluss vom 7.8.2000, GrS 2/99, GmbHR 2000, S. 1111-1113.

WATERMEYER, HEINRICH J. (2001): Kommentierung zu § 8b KStG, in: Steuerreform 1999/2000/2002, hrsg. von CARL HERRMANN, HERMANN HEUER und ARNDT RAUPACH, Band 21, 21. Aufl., Köln 2001.

WEBER-GRELLET, HEINRICH (2000): Aktuelle bilanzsteuerliche Probleme nach dem Steuerentlastungsgesetz, BB 2000, S. 1024-1029.

WEBER-GRELLET, HEINRICH (2001): Rechtsprechung des BFH zum Bilanzsteuerrecht im Jahr 2000, BB 2001, S. 35-40.

WEBER-GRELLET, HEINRICH (2002): Teilkommentierung zu § 15 EStG, in: Einkommensteuergesetz, hrsg. von LUDWIG SCHMIDT, 21. Aufl., München 2002.

WEHRHEIM, MICHAEL (2001): Die Betriebsaufspaltung im Spannungsfeld zwischen wirtschaftlicher Einheit und rechtlicher Selbstständigkeit, BB 2001, S. 913-914.

WEIGEL, THEODOR (1991): Wirksamkeitserfordernisse für den Abschluß von Unternehmensverträgen zwischen Gesellschaften mit beschränkter Haftung, in: Festschrift für Karlheinz Quack zum 65. Geburtstag am 3. Januar 1991, hrsg. von HARM P. WESTERMANN und WOLFGANG ROSENER, Berlin/New York 1991, S. 505-517.

WEILBACH, DIETRICH (2001): Grunderwerbsteuerfreiheit bei Konzernumstrukturierungen, UVR 2001, S. 389-390.

WEIMAR, ROBERT (1988): Die typische Betriebsaufspaltung – ein Unterordnungskonzern?, ZIP 1988, S. 1525-1529.

WEIPERT, LUTZ (1995): § 51 Das Stimmrecht, in: Münchener Handbuch des Gesellschaftsrechts, hrsg. von BODO RIEGGER und LUTZ WEIPERT, Band 1: BGB-Gesellschaft, Offene Handelsgesellschaft, Partnerschaftsgesellschaft, Patenreederei, EWIV, München 1995.

WEISS, EBERHARD (1979): Das Ende der Unternehmereinheit und des organschaftsähnlichen Verhältnisses, UR 1979, S. 97-102.

WEISS, EBERHARD (1980): Anmerkung zum BFH-Urteil vom 2.8.1979 – V R 111/77, UR 1980, S. 51-52.

WELLENSIEK, JOBST (1984): Risiken von Beteiligungen in (durch) Insolvenzverfahren der Muttergesellschaften, ZIP 1984, S. 541-545.

WELLKAMP, LUDGER (1993): Die Haftung von Geschäftsleitern im Konzern, WM 1993, S. 2155-2159.

WENDT, KARL F. (1975): Die Betriebsaufspaltung nach dem Beschluß des Großen Senats vom 8.11.1971, GmbHR 1975, S. 18-20.

WENDT, MICHAEL (2000): StSenkG: Pauschale Gewerbesteueranrechnung bei Einzelunternehmen, Mitunternehmerschaft und Organschaft, FR 2000, S. 1173-1182.

WERNER, INGO (2001): Anmerkung zum Beschluss des FG Münster vom 7.9.2000, 4 V 1612/00 E und 4 V 1617/99 E, BB 2001, S. 659-661.

WERNER, WINFRIED (1972): Ausgewählte Fragen zum Aktienrecht, AG 1972, S. 93-99, S. 137-143 und S. 167-169.

WERNER, WINFRIED (1988): Bekanntmachung der Tagesordnung und bekanntmachungsfreie Anträge, in: Festschrift für Hans-Joachim Fleck zum 70. Geburtstag am 30. Januar 1988, hrsg. von REINHARD GOERDELER u.a., Berlin/New York 1988, S. 401-421.

WESSELBAUM-NEUGEBAUER, CLAUDIA (2000): Unternehmenssteuerreform 2001: Auswirkungen der Umstrukturierung der Eigenkapitalgliederung auf die Gesamtsteuerbelastung des Anteilseigners und der ausschüttenden Gesellschaft, DStR 2000, S. 1896-1902.

WESSELBAUM-NEUGEBAUER, CLAUDIA (2002): Die Übertragung von Einzelwirtschaftsgütern nach dem Unternehmenssteuerfortentwicklungsgesetz (UntStFG), StB 2002, S. 162-166.

WESTERMANN, HARM P. (1976): Grundsatzfragen des GmbH-Konzerns, in: Der GmbH-Konzern, in: Rechtsfragen der Handelsgesellschaften, Heft 34, Köln 1976, S. 25-49.

WESTERMANN, HARM P. (1993): Das TBB-Urteil – ein Neuansatz bei der Haftung wegen qualifizierter faktischer Konzernierung?, ZIP 1993, S. 554-558.

WESTERMANN, HARRY (1972): Die unternehmerische Leitungsmacht des Vorstandes der Genossenschaft nach geltendem und zukünftigem Genossenschaftsrecht im Vergleich zur Leitungsmacht des Vorstandes der AG, in: Festschrift für Rudolf Reinhardt zum 70. Geburtstag am 7. Juni 1972, hrsg. von KLEMENS PLEYER, DIETRICH SCHULTZ und ERICH SCHWINGE, Köln-Marienburg 1972, S. 359-373.

WIECHMANN, JOST (1985): Verlustausgleich bei „Mehrmütter-Organschaft“, DB 1985, S. 2031-2033.

WIEDEMANN, HERBERT/FLEISCHER, HOLGER (2000): Anmerkung zum BGH-Urteil vom 1.3.1999, II ZR 312/97, JZ 2000, S. 159-161.

WIEDEMANN, HERBERT/STROHN, LUTZ (1979): Die Zulässigkeit einer Konzernumlage im Aktienrecht, AG 1979, S. 113-120.

WIENANDS, HANS-GERD (1997): Grunderwerbsteuer und konzerninterne Restrukturierungen, DB 1997, S. 1362-1365.

WILHELM, HERMANN (1976): Die Beendigung des Beherrschungs- und Gewinnabführungsvertrags, in: Abhandlungen zum deutschen und europäischen Handels- und Wirtschaftsrecht, hrsg. von GOETZ HUECK, MARCUS LUTTER und WOLFGANG ZÖLLNER, Band 14, Köln u.a. 1976.

WILLBURGER, ANDREAS (1999): Die Organträgerfähigkeit unbeschränkt steuerpflichtiger Kapitalgesellschaften, DStR 1999, S. 2064-2066.

WILLENBERG, UDO/WELTE, THOMAS (1994): Ausschüttung vororganschaftlicher Gewinnrücklagen nach Abschluß eines Ergebnisabführungsvertrags – Anwendung des sog. „Leg-ein-Hol-zurück-Verfahrens“, DB 1994, S. 1688-1691.

WINTER, HANS-WERNER (1992): Zentralgenossenschaft, Begriff, in: Genossenschafts-Lexikon, hrsg. von EDUARD MÄNDLE und WALTER SWOBODA, Wiesbaden 1992, S. 750.

WINTER, WILLI (1993): Verdeckte Gewinnausschüttungen einer Organ-GmbH i.S. des § 17 KStG, GmbHR 1993, S. 418-420.

WINTER, WILLI (2002): Kommentierung zu § 14 KStG, in: Kommentar zum Einkommensteuer- und Körperschaftsteuergesetz, hrsg. von CARL HERRMANN, HERMANN HEUER und ARNDT RAUPACH, Band 17, 21 Aufl., Köln 1996 ff. (Loseblatt), Stand: Juni 2002.

WITT, GEORG (1999): Die Organschaft im Ertragsteuerrecht, Stuttgart 1999.

WOCHINGER, PETER (1995): Verdeckte Gewinnausschüttungen und verdeckte Einlagen, 3. Aufl., Bonn 1995.

WÖHE, GÜNTER (1997): Betriebswirtschaftliche Steuerlehre II/2: Der Einfluß der Besteuerung auf Unternehmenszusammenschlüsse und Standortwahl im nationalen und internationalen Bereich, 4. Aufl., München 1997.

WÖHE, GÜNTER (2000a): Einführung in die Allgemeine Betriebswirtschaftslehre, 20. Aufl., München 2000.

WÖHE, GÜNTER (2000b): Treuhandverhältnisse in rechtlicher und wirtschaftlicher Sicht, in: Saarbrücker Handbuch der Betriebswirtschaftlichen Beratung, hrsg. von KARLHEINZ KÜTING, 2. Aufl., Herne/Berlin 2000, S. 1183-1209.

WÖHE, GÜNTER/KUSSMAUL, HEINZ (2000): Grundzüge der Buchführung und Bilanztechnik, 3. Aufl., München 2000.

WOERNER, LOTHAR (1974): Mitunternehmerbegriff und Bilanzbündeltheorie bei der Gewerbesteuer, BB 1974, S. 592-598.

WOERNER, LOTHAR (1986): Neues zur Betriebsaufspaltung, DStR 1986, S. 735-741.

WÜNDISCH, FRITZ (1970): Zur Problematik der Erhebung einer „Konzernumlage für Gewerbesteuer" in einem GewSt-Organkreis, DB 1970, S. 410-413.

WÜRDIGER, HANS (1972): Zur Vermögensverfügung bei der Eingliederung und beim Beherrschungsvertrag, DB 1972, S. 1565-1566.

WÜSTEMANN, JENS (2001): Anmerkung zum BFH-Urteil vom 20.12.2000, I R 50/95, BB 2001, S. 877.

ZEIDLER, FINN (1999): Ausgewählte Probleme des GmbH-Vertragskonzernrechts, NZG 1999, S. 692-698.

ZIMMERMANN, DORIS (1994): Unternehmensverträge und körperschaftsteuerliches Anrechnungsverfahren – Zur Auswirkung der Senkung der Ausschüttungsbelastung auf die Ausgleichszahlung nach § 304 AktG und zur Behandlung der Körperschaftsteuerminderung bei Ausschüttung vororganschaftlicher Rücklagen –, in: Bilanzrecht und Kapitalmarkt, Festschrift für ADOLF MOXTER zum 65. Geburtstag, hsrg. von WOLFGANG BALLWIESER, Düsseldorf 1994, S. 1503-1533.

ZIMMERMANN, WERNER (1986): Steuerbereinigungsgesetz 1986: Änderungen des Umsatzsteuergesetzes, DB 1986, S. 295-296.

ZINTZEN/LÜTHGEN (1957): Auswirkungen der Organschaftslehre auf Vermögensverwaltungsunternehmen bei Betriebsaufspaltungen, BB 1957, S. 1177-1178.

ZÖLLNER, WOLFGANG (1963): Die Schranken mitgliedschaftlicher Stimmrechtsmacht bei den privatrechtlichen Personenverbänden, in: Schriften des Instituts für Wirtschaftsrecht an der Universität Köln, hrsg. von H. C. NIPPERDEY, Band 15, München/Berlin 1963.

ZÖLLNER, WOLFGANG (1985): Kommentierung zu § 134 AktG, in: Kölner Kommentar zum Aktiengesetz, hrsg. von WOLFGANG ZÖLLNER, Band 1 (§§ 1-147 AktG), Köln u.a 1985.

ZÖLLNER, WOLFGANG (1988): Kommentierung zu § 12 AktG, in: Kölner Kommentar zum Aktiengesetz, hrsg. von WOLFGANG ZÖLLNER, Band 1 (§§ 1-75 AktG), 2. Aufl., Köln u.a 1988.

ZÖLLNER, WOLFGANG (1989): Die formellen Anforderungen an Beherrschungs- und Gewinnabführungsverträge bei der GmbH, DB 1989, S. 913-914.

ZÖLLNER, WOLFGANG (1992): Inhalt und Wirkungen von Beherrschungsverträgen bei der GmbH, ZGR 1992, S. 173-202.

ZÖLLNER, WOLFGANG (2000): Die GmbH im Unternehmensverbund (GmbH-Konzernrecht), in: GmbH-Gesetz, begr. von ADOLF BAUMBACH, fortgeführt von ALFRED HUECK, 17. Aufl., München 2000.

ZÖLLNER, WOLFGANG (2000): Kommentierung zu § 53 GmbHG, in: GmbH-Gesetz, begr. von ADOLF BAUMBACH, fortgeführt von ALFRED HUECK, 17. Aufl., München 2000.

ZÖLLNER, WOLFGANG/HANAU, HANS (1997): Die verfassungsrechtlichen Grenzen der Beseitigung von Mehrstimmrechten bei Aktiengesellschaften, AG 1997, S. 206-219.

ZÖLLNER, WOLFGANG/NOACK, ULRICH (1991): One share – one vote?, AG 1991, S. 117-131.

ZWINGMANN, LORENZ (2002): Möglichkeiten zur Abbildung personeller Verflechtungen im Konzernabschluss, DB 2002, S. 231-234.

Beschlüsse der Amtsgerichte

Beschluss des AmtsG Erfurt vom 2.10.1996, HRB 8340, GmbHR 1997, S. 75.

Beschluss des AmtsG Duisburg vom 18.11.1993, HRB 319, DB 1993, S. 2522.

Beschlüsse und Urteile der Landgerichte

Beschluss des LG Bonn vom 27.4.1993, 11 T 2/93, GmbHR 1993, S. 443.

Beschluss des LG Dortmund vom 19.7.1995, 20 AktE 10/95, AG 1995, S. 518-519.

Beschluss des LG Dortmund vom 13.5.1996, 20 AktE 2/95, AG 1996, S. 426-427.

Beschluss des LG Dortmund vom 11.3.1998, 20 AktE 4/97, GmbHR 1998, S. 941.

Beschluss des LG Frankfurt a. M. vom 23.9.1992, 3/3 O 11/89 und 20/92, DB 1992, S. 2336-2337.

Beschluss des LG Frankfurt a. M. vom 23.5.1997, 3 – 11 T 30/97, GmbHR 1997, S. 799.

Beschluss des LG Hamburg vom 25.4.1984, 64 T 6/84, ZIP 1984, S. 838.

Beschluss des LG Kassel vom 15.11.1995, 12 T 10/95, AG 1997, S. 239-240.

Beschluss des LG Konstanz vom 26.11.1992, 3 HT 1/92, GmbHR 1993, S. 443-445.

Beschluss des LG Mannheim vom 9.12.1993, 24 T 4/93, AG 1995, S. 142-143.

Urteil des LG Berlin vom 13.11.1995, 99 O 126/95, AG 1996, S. 230-233.

Urteil des LG Berlin vom 28.3.2001, 23 U 170/99, NZG 2001, S. 1084-1085.

Urteil des LG Essen vom 8.2.1999, 44 O 249/98, AG 1999, S. 329-333.

Urteil des LG Frankfurt a. M. vom 8.1.1990, 3/1 O 144/89, DB 1990, S. 624.

Urteil des LG Frankfurt a. M. vom 16.11.1998, 3/1 O 114/98, AG 1999, S. 238-239.

Urteil des LG Hamburg vom 15.8.1986, 3 O 288/84, ZIP 1987, S. 232-240.

Urteil des LG Hamburg vom 29.1.1991, 402 O 121/90, AG 1991, S. 365-366.

Urteil des LG Ingolstadt vom 12.6.1990, HKO 0763/89, ZIP 1990, S. 1128-1133.

Urteil des LG Mainz vom 16.10.1990, 10 HO 57/89, AG 1991, S. 30-33.

Urteil des LG Oldenburg vom 14.3.1991, 15 O 478/88, ZIP 1991, S. 1632-1637.

Teilurteil des LG Bochum vom 1.7.1986, 12 O 67/86, GmbHR 1987, S. 24-26.

Zwischenurteil des LG Bochum vom 20.5.1986, 12 O 67/86, ZIP 1986, S. 1386-1387.

Beschlüsse und Urteile der Finanzgerichte

Beschluss des FG Düsseldorf vom 18.12.1986, III 334/86 A (U), EFG 1987, S. 264-265.

Beschluss des FG Düsseldorf vom 12.3.1999, 6 V 5207/98 A (K), EFG 1999, S. 579-581.

Beschluss des FG Hamburg vom 9.9.1996, II 53/96, EFG 1997, S. 253-254.

Beschluss des FG Köln vom 30.5.1990, 13 V 300/90, RIW 1991, S. 362-364.

Beschluss des FG Münster vom 7.9.2000, 4 V 1612/00 E und 4 V 1617/99 E, BB 2001, S. 656-659.

Urteil des FG Baden-Württemberg vom 27.9.1972, I b 1/72, EFG 1972, S. 606-607.

Urteil des FG Baden-Württemberg, Außensenate Stuttgart, vom 20.3.1975, VI 209 – 210/73, EFG 1975, S. 392-394.

Urteil des FG Baden-Württemberg, Außensenate Freiburg, vom 30.3.1978, III 41/77, EFG 1978, S. 461-462.

Urteil des FG Baden-Württemberg vom 2.9.1986, I 453/82, EFG 1987, S. 111.

Urteil des FG Baden-Württemberg vom 10.5.1994, 1 K 262/89, EFG 1994, S. 1021-1022.

Urteil des FG Baden-Württemberg vom 18.4.1996, 10 K 68/94, EFG 1998, S. 148-149.

Urteil des FG Baden-Württemberg, Außensenate Stuttgart, vom 22.4.1996, 9 K 236/92, EFG 1996, S. 943-944.

Urteil des FG Baden-Württemberg vom 14.11.1996, 6 K 7/94, EFG 1997, S. 532-533.

Urteil des FG Berlin vom 13.5.1998, 6 K 6294/93, EFG 1999, S. 82-84.

Urteil des FG des Saarlandes vom 9.7.1993, 1 K 192/92, EFG 1994, S. 175-176.

Urteil des FG Düsseldorf vom 24.2.1988, 15 K 361/83 G, EFG 1988, S. 379-380.

Urteil des FG Düsseldorf vom 2.12.1991, 6 K 307/86, EFG 1992, S. 415-416.

Urteil des FG Düsseldorf vom 23.4.1993, 5 K 531/90 U, EFG 1993, S. 747-748.

Urteil des FG Düsseldorf vom 25.11.1993, 8 K 319/90 F, EFG 1994, S. 482-483.

Urteil des FG Düsseldorf vom 14.8.1998, 3 K 7808/93 GE, EFG 1998, S. 1661-1662.

Urteil des FG Düsseldorf vom 27.9.2000, 7 K 3425/97 GE, EFG 2001, S. 90-91.

Urteil des FG Düsseldorf vom 20.3.2001, 6 K 5206/98 K, EFG 2001, S. 917-919.

Urteil des FG Hamburg vom 28.11.1985, II 118/83, EFG 1986, S. 414-415.

Urteil des FG Hamburg vom 6.12.1985, II 60/83, EFG 1986, S. 415-416.

Urteil des FG Hamburg vom 20.8.1986, II 115/84, EFG 1987, S. 42-43.

Urteil des FG Hamburg vom 25.1.1989, II 351/86, EFG 1989, S. 428-429.

Urteil des FG Hamburg vom 4.9.1997, II 28/96, EFG 1998, S. 131-132.

Urteil des FG Hamburg vom 4.6.1998, II 179/96, GmbHR 1998, S. 1188-1193.

Urteil des FG Hamburg vom 14.9.1999, VI 103/98, EFG 2000, S. 150-152.

Urteil des FG Hamburg vom 28.2.2000, I 10/99, EFG 2000, S. 696-698.

Urteil des FG Köln vom 28.6.1995, 1 K 327/91, EFG 1995, S. 1045-1046.

Urteil des FG Köln vom 23.9.1997, 13 K 5160/96, EFG 1998, S. 689-690.

Urteil des FG Köln vom 16.9.1998, 13 K 1558/95, EFG 1999, S. 309-312.

Urteil des FG Köln vom 11.3.1999, 13 K 6548/96, DStRE 1999, S. 835-836.

Urteil des FG Köln vom 11.4.2000, 13 K 2707/96, DStRE 2000, S. 1088-1089.

Urteil des FG München vom 26.5.1972, V 287/71 E, EFG 1972, S. 513-514.

Urteil des FG München vom 26.6.1986, X 118/83 E, 144/82 E, EFG 1987, S. 81-82.

Urteil des FG München vom 18.3.1987, III 280/79 U1 U2, EFG 1987, S. 480-481.

Urteil des FG München vom 17.9.1987, III (XIV) 275/81 U, EFG 1988, S. 90.

Urteil des FG München vom 9.12.1987, III 233/85 U, EFG 1988, S. 389.

Urteil des FG München vom 8.2.1993, 7 K 3788/90, EFG 1993, S. 545-546.

Urteil des FG München vom 20.1.1994, 14 K 3745/90, EFG 1994, S. 1020-1021.

Urteil des FG München vom 12.3.1997, 7 K 2114/95, EFG 1997, S. 1036-1037.

Urteil des FG Münster vom 24.9.1980, II 4242/78 G, EFG 1981, S. 138.

Urteil des FG Münster vom 25.3.1994, 15 V 896/94 U, EFG 1994, S. 590-591.

Urteil des FG Münster vom 24.1.1995, 15 K 485/94 U, EFG 1996, S. 294-295.

Urteil des FG Münster vom 6.2.1996, 15 K 2744/93 U, EFG 1996, S. 612-613.

Urteil des FG Münster vom 20.5.1996, 1 K 66/91 G, EFG 1996, S. 998-1000.

Urteil des FG Münster vom 25.7.1996, 3 K 5462/93 E, 3 K 5463/93 G, DStRE 1997, S. 97-99.

Urteil des FG Münster vom 4.5.2001, 9 K 4668/98, K, F, EFG 2001, S. 1319-1321.

Urteil des FG Niedersachsen vom 13.3.1970, V 28/66, EFG 1970, S. 633-634.

Urteil des FG Niedersachsen vom 8.7.1975, VI Kö 11/73, EFG 1976, S. 146-147.

Urteil des FG Niedersachsen vom 5.9.1979, IV 10/76, EFG 1979, S. 614-615.

Urteil des FG Niedersachsen vom 7.6.1990, VI 626/88, GmbHR 1991, S. 290-292.

Urteil des FG Niedersachsen vom 21.6.1991, VI 434/90, GmbHR 1992, S. 393-394.

Urteil des FG Niedersachsen vom 13.6.1996, XIV 99/89, EFG 1997, S. 479-480.

Urteil des FG Niedersachsen vom 8.7.1998, IX 504/93, EFG 1998, S. 1516-1518.

Urteil des FG Niedersachsen vom 1.6.1999, VII (III) 14/96, EFG 2000, S. 1087.

Urteil des FG Niedersachsen vom 31.7.2001, 6 K 821/97, DStRE 2002, S. 232-234.

Urteil des FG Nürnberg vom 22.2.1990, II 169/86, EFG 1990, S. 543-544.

Urteil des FG Nürnberg vom 6.10.1998, I 243/96, EFG 1998, S. 1693-1695.

Urteil des FG Rheinland-Pfalz vom 28.10.1985, 5 K 69/85, EFG 1986, S. 255-256.

Urteil des FG Rheinland-Pfalz vom 12.3.1987, 3 K 246/86, EFG 1987, S. 430.

Urteil des FG Rheinland-Pfalz vom 16.11.1992, 5 K 1237/91, EFG 1993, S. 497-498.

Urteil des FG Rheinland-Pfalz vom 19.10.1994, 1 K 2207/92, EFG 1995, S. 685-686.

Urteil des FG Rheinland-Pfalz vom 28.11.1996, 6 K 3100/94, EFG 1997, S. 567-569.

Urteil des FG Rheinland-Pfalz vom 9.6.1997, 5 K 2307/95, EFG 1997, S. 1128-1130.

Urteil des Hessischen Finanzgerichts vom 6.5.1987, IV 600 – 601/82, EFG 1987, S. 580-582.

Urteil des Hessischen Finanzgerichts vom 3.5.2000, 6 K 2640/97, DStRE 2001 S. 205-206.

Urteil des Schleswig-Holsteinischen Finanzgerichts vom 11.2.1971, III 131/69, EFG 1971, S. 248-249.

Urteil des Schleswig-Holsteinischen Finanzgerichts vom 16.9.1987, IV 43/82 (I), EFG 1988, S. 249-252.

Urteil des Schleswig-Holsteinischen Finanzgerichts vom 28.6.2000, V 870/98, DStRE 2001, S. 626-629.

Beschlüsse und Urteile der Oberlandesgerichte

Beschluss des BayObLG vom 8.2.1985, BReg. 3 Z 12/85, GmbHR 1985, S. 261-262.

Beschluss des BayObLG vom 16.6.1988, BReg. 3 Z 62/88, BayObLGZ 1988, S. 201-212.

Beschluss des BayObLG vom 24.3.1998, 3 Z BR 236/96, BayObLGZ 1998, S. 85-94.

Beschluss des OLG Celle vom 1.7.1980, 9 Wx 9/79, BB 1981, S. 8-9.

Beschluss des OLG Celle vom 19.10.1987, 1 W 26/87, WM 1988, S. 47-48.

Beschluss des OLG Düsseldorf vom 30.1.1979, 19 W 17/78, AG 1979, S. 318-320.

Beschluss des OLG Düsseldorf vom 7.6.1990, 19 W 13/86, DB 1990, S. 1394-1399.

Beschluss des OLG Düsseldorf vom 4.9.1991, 3 Wx 66/91, AG 1992, S. 60-62.

Beschluss des OLG Düsseldorf vom 27.10.1995, 19 W 7/95 AktE, DB 1995, S. 2412.

Beschluss des OLG Düsseldorf vom 1.7.1997, 19 W 3/96 AktE, AG 1997, S. 522-523.

Beschluss des OLG Düsseldorf vom 22.8.1997, 3 Wx 302/95, AG 1997, S. 578.

Beschluss des OLG Düsseldorf vom 26.9.1997, 19 W 1/97 AktE, AG 1998, S. 37-39.

Beschluss des OLG Düsseldorf vom 15.3.1999, 17 W 18/99, AG 1999, S. 418-422.

Beschluss des OLG Frankfurt a. M. vom 24.1.1989, 20 W 291/87, AG 1989, S. 444-445.

Beschluss des OLG Frankfurt a. M. vom 12.6.1996, 20 W 440/94, GmbHR 1996, S. 859.

Beschluss des OLG Frankfurt a. M. vom 4.12.2001, 20 W 31/01, DB 2002, S. 316-317.

Beschluss des OLG Hamburg vom 6.10.1989, 11 W 91/89, AG 1991, S. 23-24.

Beschluss des OLG Hamm vom 8.12.1993, 15 W 291/93, AG 1994, S.376-378.

Beschluss des OLG Hamm vom 4.3.1999, 8 W 11/99, AG 1999, S. 422-426.

Beschluss des OLG Karlsruhe vom 12.10.1993, 11 Wx 48/93, GmbHR 1994, S. 810-811.

Beschluss des OLG Nürnberg vom 20.2.1996, 12 W 3317/95, AG 1996, S. 229-230.

Beschluss des OLG Zweibrücken vom 2.12.1998, 3 W 174/98, AG 1999, S. 328-329.

Urteil des OLG Celle vom 28.6.1972, 9 U 155/71, WM 1972, S. 1004-1015.

Urteil des OLG Düsseldorf vom 21.6.1976, 6 U 276/75, WM 1976, S. 1045-1048.

Urteil des OLG Düsseldorf vom 20.3.1980, 6 U 143/79, WM 1981, S. 1315-1316.

Urteil des OLG Düsseldorf vom 26.11.1998, 6 U 57/97, GmbHR 1999, S. 123-128.

Urteil des OLG Frankfurt a. M. vom 21.11.1995, 27 U 60/94, AG 1998, S. 139-141.

Urteil des OLG Frankfurt a. M. vom 7.2.1997, 24 U 88/95, GmbHR 1997, S. 346-349.

Urteil des OLG Frankfurt a. M. vom 29.6.1999, 5 U 251/97, NZG 2000, S. 603-606.

Urteil des OLG Frankfurt a. M. vom 4.4.2000, 5 U 224/98, NZG 2000, S. 838-839.

Urteil des OLG Hamburg vom 24.7.1987, 11 U 182/86, ZIP 1987, S. 977-989.

Urteil des OLG Hamburg vom 13.7.1990, 11 U 30/90, WM 1990, S. 1741-1745.

Urteil des OLG Karlsruhe vom 30.5.1972, 8 U 231/71, DB 1972, S. 1572-1573.

Urteil des OLG Karlsruhe vom 7.12.1990, 15 U 256/89, AG 1991, S. 144-149.

Urteil des OLG Koblenz vom 30.11.1990, 2 U 317/89, AG 1991, S. 142-144.

Urteil des OLG Köln vom 20.7.1998, 5 U 256/93, NZG 1999, S. 82-84.

Urteil des OLG Köln vom 10.3.1999, 5 U 43/97, NZG 1999, S. 1112-1115.

Urteil des OLG München vom 14.6.1991, 23 U 4638/90, AG 1991, S. 358-362.

Urteil des OLG München vom 17.3.1993, 7 U 5382/92, AG 1993, S. 430-431.

Urteil des OLG Nürnberg vom 13.11.1996, 12 U 2180/96, AG 1997, S. 136.

Urteil des OLG Oldenburg vom 23.3.2000, 1 U 75/99, NZG 2000, S. 1138-1141.

Urteil des OLG Oldenburg vom 28.11.2000, 5 U 84/00, NZG 2001, S. 413-414.

Urteil des OLG Saarbrücken vom 22.9.1992, 7 U 4/92, ZIP 1992, S. 1623-1628.

Urteil des OLG Stuttgart vom 29.10.1997, 20 U 8/97, AG 1998, S. 585-587.

Beschlüsse und Urteile des Bundesarbeitsgerichtes

BAG-Beschluss vom 18.6.1970, 1 ABR 3/70, DB 1970, S. 1595-1596.

BAG-Beschluss vom 30.10.1986, 6 ABR 19/85, WM 1987, S. 1551-1556.

BAG-Beschluss vom 16.8.1995, 7 ABR 57/94, NJW 1996, S. 1691-1693.

BAG-Urteil vom 3.9.1998, 8 AZR 189/97, NJW 1999, S. 740-743.

Beschlüsse und Urteile des Bundesgerichtshofes/Reichsgerichtshofes

RGH-Urteil vom 21.10.1921, II 113/21, RGZ 103, S. 64-68.

BGH-Beschluss vom 24.10.1988, II ZB 7/88, BGHZ 105, S. 324-346.

BGH-Beschluss vom 30.1.1992, II ZB 15/91, AG 1992, S. 192-194.

BGH-Beschluss vom 21.7.1994, II ZR 82/93, DB 1994, S. 1868-1869.

BGH-Beschluss vom 4.3.1998, II ZB 5/97, WM 1998, S. 867-870.

BGH-Beschluss vom 30.3.2000, VII ZR 370/98, DStR 2000, S. 1064-1065.

BGH-Urteil vom 18.10.1952, II ZR 313/51, BGHZ 7, S. 263-268.

BGH-Urteil vom 14.7.1954, II ZR 342/53, BGHZ 14, S. 264-274.

BGH-Urteil vom 14.5.1956, II ZR 229/54, BGHZ 20, S. 363-371.

BGH-Urteil vom 25.2.1965, II ZR 287/63, BGHZ 43, S. 261-269.

BGH-Urteil vom 17.1.1966, II ZR 8/64, NJW 1966, S. 826-827.

BGH-Urteil vom 30.1.1970, V ZR 139/68, BGHZ 53, S. 181-184.

BGH-Urteil vom 19.11.1971, V ZR 103/69, NJW 1972, S. 152-154.

BGH-Urteil vom 4.3.1974, II ZR 89/72, BGHZ 62, S. 193-204.

BGH-Urteil vom 27.5.1974, II ZR 109/72, AG 1974, S. 320-324.

BGH-Urteil vom 28.11.1974, II ZR 176/72, NJW 1975, S. 212-213.

BGH-Urteil vom 11.12.1974, VIII ZR 186/73, DB 1975, S. 248-250.

BGH-Urteil vom 5.6.1975, II ZR 23/74, BGHZ 65, S. 15-21.

BGH-Urteil vom 3.11.1975, II ZR 67/73, DB 1976, S. 38-40.

BGH-Urteil vom 18.11.1975, VI ZR 153/73, DB 1976, S. 234-235.

BGH-Urteil vom 13.10.1977, II ZR 123/76, BGHZ 69, S. 334-347.

BGH-Urteil vom 19.12.1977, II ZR 136/76, BGHZ 70, S. 117-127.

BGH-Urteil vom 7.5.1979, II ZR 139/78, AG 1979, S. 289-290.

BGH-Urteil vom 16.2.1981, II ZR 168/79, BGHZ 80, S. 69-76.

BGH-Urteil vom 25.2.1982, II ZR 174/80, NJW 1982, S. 1703-1708.

BGH-Urteil vom 20.1.1983, II ZR 243/81, NJW 1983, S. 1910-1911.

BGH-Urteil vom 26.3.1984, II ZR 171/83, WM 1984, S. 625-633.

BGH-Urteil vom 16.9.1985, II ZR 275/84, NJW 1986, S. 188-192.

BGH-Urteil vom 21.3.1986, V ZR 10/85, BGHZ 97, S. 269-273.

BGH-Urteil vom 30.9.1986, KVR 8/85, BGHZ 99, S. 1-9.

BGH-Urteil vom 6.4.1987, II ZR 101/86, WM 1987, S. 689-691.

BGH-Urteil vom 14.12.1987, II ZR 170/87, ZIP 1988, S. 229-233.

BGH-Urteil vom 19.9.1988, II ZR 255/87, ZIP 1988, S. 1248-1254.

BGH-Urteil vom 20.2.1989, II ZR 167/88, NJW 1989, S. 1800-1804.

BGH-Urteil vom 14.5.1990, II ZR 122/89, AG 1990, S. 459-460.

BGH-Urteil vom 23.9.1991, II ZR 135/90, NJW 1991, S. 3142-3146.

BGH-Urteil vom 11.11.1991, II ZR 287/90, NJW 1992, S. 505-507.

BGH-Urteil vom 15.6.1992, II ZR 18/91, BGHZ 119, S. 1-20.

BGH-Urteil vom 22.10.1992, IX ZR 244/91, DB 1993, S. 368-371.

BGH-Urteil vom 29.3.1993, II ZR 265/91, NJW 1993, S. 1200-1205.

BGH-Urteil vom 5.4.1993, II ZR 238/91, ZIP 1993, S. 751-761.

BGH-Urteil vom 20.6.1994, II ZR 90/93, BB 1994, S. 2228.

BGH-Urteil vom 30.1.1995, II ZR 45/94, NJW 1995, S. 1027-1029.

BGH-Urteil vom 20.3.1995, II ZR 205/94, BGHZ 129, S. 135-177.

BGH-Urteil vom 12.2.1996, II ZR 279/94, NJW 1996, S. 1283-1284.

BGH-Urteil vom 25.11.1996, II ZR 352/95, NJW 1997, S. 943-945.

BGH-Urteil vom 20.3.1997, VII ZR 205/96, NJW 1997, S. 2244-2246.

BGH-Urteil vom 12.1.1998, II ZR 82/93, DB 1998, S. 567-569.

BGH-Urteil vom 30.3.1998, II ZR 12/97, AG 1998, S. 481-482.

BGH-Urteil vom 1.3.1999, II ZR 312/97, DStR 1999, S. 724-727.

BGH-Urteil vom 30.9.1999, IX ZR 139/98, DStRE 2000, S. 55-56.

BGH-Urteil vom 11.10.1999, II ZR 120/98, DB 1999, S. 2457-2458.

BGH-Urteil vom 17.9.2001, II ZR 178/99, DStR 2001, S. 1853-1857.

BGH-Urteil vom 5.11.2001, II ZR 119/00, BB 2002, S. 7-9.

Beschlüsse und Urteile des Bundesfinanzhofes

BFH-Beschluss vom 3.2.1969, GrS 2/68, BStBl. 1969 II, S. 291-294.

BFH-Beschluss vom 8.11.1971, GrS 2/71, BStBl. 1972 II, S. 63-65.

BFH-Beschluss vom 20.6.1974, I B 77/73, BB 1974, S. 1238-1240.

BFH-Beschluss vom 18.6.1980, I B 88/79, BStBl. 1980 II, S. 733-735.

BFH-Beschluss vom 25.6.1984, GrS 4/82, BStBl. 1984 II, S. 751-770.

BFH-Beschluss vom 31.8.1987, V B 53/87, BFH/NV 1988, S. 201-202.

BFH-Beschluss vom 14.1.1988, V B 115/87, BFH/NV 1988, S. 471-473.

BFH-Beschluss vom 25.5.1988, I B 8/88, BFH/NV 1989, S. 454-455.

BFH-Beschluss vom 4.7.1990, GrS 2 – 3/88, BStBl. 1990 II, S. 817-830.

BFH-Beschluss vom 5.7.1990, I B 38/90, BFH/NV 1991, S. 121-123.

BFH-Beschluss vom 2.10.1990, V B 80/90, BFH/NV 1991, S. 417-418.

BFH-Beschluss vom 31.10.1990, I R 90/88, BStBl. 1991 II, S. 371-372.

BFH-Beschluss vom 24.4.1991, II B 99/90, HFR 1991, S. 577-578.

BFH-Beschluss vom 27.9.1991, V B 78/91, BFH/NV 1992, S. 346-347.

BFH-Beschluss vom 13.11.1991, I B 72/91, RIW 1992, S. 339-339.

BFH-Beschluss vom 12.8.1993, V B 230/91, BFH/NV 1994, S. 277-278.

BFH-Beschluss vom 16.3.1994, I B 155/93, BFH/NV 1994, S. 852.

BFH-Beschluss vom 24.3.1994, IV S 1/94, BStBl. 1994 II, S. 398-401.

BFH-Beschluss vom 17.8.1994, V B 147/92, BFH/NV 1995, S. 749-752.

BFH-Beschluss vom 28.2.1996, XI R 25/94, UR 1996, S. 334-335.

BFH-Beschluss vom 5.6.1996, I B 113/96, BFH/NV 1996, S. 928-929.

BFH-Beschluss vom 23.6.1997, GrS 2/93, BStBl. 1997 II, S. 735-739.

BFH-Beschluss vom 26.2.1998, V B 97/97, BFH/NV 1998, S. 1267-1268.

BFH-Beschluss vom 6.3.1998, V B 35/97, BFH/NV 1998, S. 1268-1269.

BFH-Beschluss vom 24.3.1998, I R 43/97, BStBl. 1998 II, S. 447-450.

BFH-Beschluss vom 1.4.1998, V B 108/97, BFH/NV 1998, S. 1272-1273.

BFH-Beschluss vom 24.7.1998, I B 7/98, BFH/NV 1999, S. 373-374.

BFH-Beschluss vom 25.8.1998, V B 11/98, BFH/NV 1999, S. 334.

BFH-Beschluss vom 12.11.1998, V B 119/98, BFH/NV 1999, S. 684-685.

BFH-Beschluss vom 16.12.1998, I R 50/95, DStRE 1999, S. 249-257.

BFH-Beschluss vom 24.2.1999, X R 171/96, BStBl. 1999 II, S. 450-466.

BFH-Beschluss vom 7.8.2000, GrS 2/99, DStR 2000, S. 1682-1687.

BFH-Beschluss vom 9.8.2000, I R 36/99, IStR 2000, S. 725-726.

BFH-Beschluss vom 9.5.2001, XI B 151/00, BB 2001, S. 1665.

BFH-Urteil vom 8.3.1955, I 73/54 U, BStBl. 1955 III, S. 187-192.

BFH-Urteil vom 25.6.1957, I 22/55 U, BStBl. 1958 III, S. 174-181.

BFH-Urteil vom 25.6.1957, I 119/56 U, BStBl. 1957 III, S. 303-306.

BFH-Urteil vom 5.11.1957, I 163/56 U, BStBl. 1958 III, S. 24-25.

BFH-Urteil vom 5.8.1958, I 70/57 U, BStBl. 1958 III, S. 392-394.

BFH-Urteil vom 9.9.1958, I 324/56 U, BStBl. 1958 III, S. 432.

BFH-Urteil vom 26.2.1959, V 209/56 U, BStBl. 1959 III, S. 204-207.

BFH-Urteil vom 23.4.1959, V 66/57 U, BStBl. 1959 III, S. 256-258.

BFH-Urteil vom 23.7.1959, V 47/56 U, BStBl. 1959 III, S. 394-395.

BFH-Urteil vom 23.7.1959, V 176/55 U, BStBl. 1959 III, S. 376-377.

BFH-Urteil vom 25.10.1960, I 62/59 S, BStBl. 1961 III, S. 69-71.

BFH-Urteil vom 7.3.1961, I 251/60 S, BStBl. 1961 III, S. 211-212.

BFH-Urteil vom 13.4.1961, V 81/59 U, BStBl. 1961 III, S. 343-344.

BFH-Urteil vom 18.4.1961, I 210/60 S, BFHE 73, S. 278-285.

BFH-Urteil vom 12.10.1961, V 255/58, HFR 1962, S. 144.

BFH-Urteil vom 6.12.1962, V 27/60 U, BStBl. 1963 III, S. 107-108.

BFH-Urteil vom 25.7.1963, IV 417/60 S, BStBl. 1963 II, S. 505-506.

BFH-Urteil vom 24.10.1963, V 24/61, HFR 1964, S. 143-144.

BFH-Urteil vom 23.4.1964, V 184/61 U, BStBl. 1964 III, S. 346-347.

BFH-Urteil vom 27.8.1964, V 101/62 U, BStBl. 1964 III, S. 539-540.

BFH-Urteil vom 19.11.1964, V 245/61 S, BStBl. 1965 III, S. 182-184.

BFH-Urteil vom 20.1.1965, I 12/62 U, BStBl. 1965 III, S. 296-298.

BFH-Urteil vom 28.1.1965, V 126/62 U, BStBl. 1965 III, S. 243-244.

BFH-Urteil vom 16.3.1965, I 9/63 U, BStBl. 1965 III, S. 386-388.

BFH-Urteil vom 16.12.1965, V 82/60 S, BStBl. 1966 III, S. 300-302.

BFH-Urteil vom 1.2.1966, I 121/63, BStBl. 1966 III, S. 285-287.

BFH-Urteil vom 16.3.1966, II 26/63, BStBl. 1966 III, S. 254-255.

BFH-Urteil vom 26.4.1966, I 44/64, BStBl. 1966 III, S. 376-378.

BFH-Urteil vom 26.4.1966, I 102/63, BStBl. 1966 III, S. 426-427.

BFH-Urteil vom 11.8.1966, IV 219/64, BStBl. 1966 III, S. 601.

BFH-Urteil vom 25.10.1966, I 26/64, BStBl. 1967 III, S. 92-95.

BFH-Urteil vom 17.11.1966, V 113/65, BStBl. 1967 II, S. 103-104.

BFH-Urteil vom 18.1.1967, I R 130/66, BStBl. 1967 III, S. 259.

BFH-Urteil vom 2.2.1967, V 35/64, BStBl. 1967 III, S. 499-502.

BFH-Urteil vom 13.4.1967, V 18/64, BStBl. 1967 III, S. 543-545.

BFH-Urteil vom 22.6.1967, V R 89/66, BStBl. 1967 III, S. 715-716.

BFH-Urteil vom 12.7.1967, I 204/64, BStBl. 1967 III, S. 781-782.

BFH-Urteil vom 24.1.1968, I 95/65, BStBl. 1968 II, S. 315-317.

BFH-Urteil vom 25.1.1968, V 25/65, BStBl. 1968 II, S. 421-422.

BFH-Urteil vom 24.4.1968, I R 50/67, BStBl. 1968 II, S. 544-545.

BFH-Urteil vom 7.5.1968, II 94/62, BStBl. 1968 II, S. 617-619.

BFH-Urteil vom 5.9.1968, V 153/65, BStBl. 1969 II, S. 55-57.

BFH-Urteil vom 25.9.1968, I 52/64, BStBl. 1969 II, S. 18-26.

BFH-Urteil vom 8.1.1969, I R 91/66, BStBl. 1969 II, S. 347-349.

BFH-Urteil vom 7.2.1969, VI R 88/67, BStBl. 1969 II, S. 337-338.

BFH-Urteil vom 17.4.1969, V 44/65, BStBl. 1969 II, S. 413-414.

BFH-Urteil vom 17.4.1969, V R 123/68, BStBl. 1969 II, S. 505-508.

BFH-Urteil vom 18.6.1969, I R 110/68, BStBl. 1969 II, S. 569-570.

BFH-Urteil vom 3.7.1969, IV R 171/66, BStBl. 1969 II, S. 555-556.

BFH-Urteil vom 23.7.1969, I R 135/66, BStBl. 1969 II, S. 666.

BFH-Urteil vom 23.9.1969, I R 22/66, BStBl. 1970 II, S. 104-107.

BFH-Urteil vom 17.12.1969, I 252/64, BStBl. 1970 II, S. 257-262.

BFH-Urteil vom 21.1.1970, I R 90/67, BStBl. 1970 II, S. 348-349.

BFH-Urteil vom 15.4.1970, I R 122/66, BStBl. 1970 II, S. 554-556.

BFH-Urteil vom 23.7.1970, V R 77/67, BStBl. 1970 II, S. 774-776.

BFH-Urteil vom 31.3.1971, I R 111/69, BStBl. 1971 II, S. 536-538.

BFH-Urteil vom 21.4.1971, I R 97/68, BStBl. 1971 II, S. 694-696.

BFH-Urteil vom 8.12.1971, I R 3/69, BStBl. 1972 II, S. 289-291.

BFH-Urteil vom 26.1.1972, I R 171/68, BStBl. 1972 II, S. 358-359.

BFH-Urteil vom 15.6.1972, V R 15/69, BStBl. 1972 II, S. 840-842.

BFH-Urteil vom 21.6.1972, I R 82/70, BStBl. 1972 II, S. 722-723.

BFH-Urteil vom 2.8.1972, IV 87/65, BStBl. 1972 II, S. 796-798.

BFH-Urteil vom 12.8.1972, II 81/65, BStBl. 1972 II, S. 913-914.

BFH-Urteil vom 18.10.1972, I R 184/70, BStBl. 1973 II, S. 27-29.

BFH-Urteil vom 26.10.1972, I R 219/70, BStBl. 1973 II, S. 383-385.

BFH-Urteil vom 23.11.1972, IV R 63/71, BStBl. 1973 II, S. 247-249.

BFH-Urteil vom 21.2.1973, I R 148/71, BStBl. 1973 II, S. 509-510.

BFH-Urteil vom 7.3.1973, I R 119/71, BStBl. 1973 II, S. 562-563.

BFH-Urteil vom 11.4.1973, I R 172/72, BStBl. 1973 II, S. 568-570.

BFH-Urteil vom 18.4.1973, I R 120/70, BStBl. 1973 II, S. 740-742.

BFH-Urteil vom 19.7.1973, V R 157/71, BStBl. 1973 II, S. 764-765.

BFH-Urteil vom 20.9.1973, IV R 41/69, BStBl. 1973 II, S. 869-871.

BFH-Urteil vom 20.12.1973, V R 87/70, BStBl. 1974 II, S. 311-312.

BFH-Urteil vom 9.1.1974, I R 141/72, BStBl. 1974 II, S. 238-240.

BFH-Urteil vom 20.3.1974, II R 185/66, BStBl. 1974 II, S. 769-772.

BFH-Urteil vom 21.5.1974, VIII R 57/70, BStBl. 1974 II, S. 613-616.

BFH-Urteil vom 12.6.1974, I R 247/72, BStBl. 1975 II, S. 21-22.

BFH-Urteil vom 14.8.1974, I R 136/70, BStBl. 1975 II, S. 112-113.

BFH-Urteil vom 18.9.1974, I R 118/73, BStBl. 1975 II, S. 124-126.

BFH-Urteil vom 9.10.1974, I R 5/73, BStBl. 1975 II, S. 179-181.

BFH-Urteil vom 23.10.1974, I R 182/72, BStBl. 1975 II, S. 46-47.

BFH-Urteil vom 29.10.1974, I R 240/72, BStBl. 1975 II, S. 126-129.

BFH-Urteil vom 26.2.1975, II R 130/67, BStBl. 1975 II, S. 456-457.

BFH-Urteil vom 19.3.1975, I R 137/73, BStBl. 1975 II, S. 722-723.

BFH-Urteil vom 15.5.1975, IV R 89/73, BStBl. 1975 II, S. 781-784.

BFH-Urteil vom 19.6.1975, II R 86/67, BStBl. 1976 II, S. 27-28.

BFH-Urteil vom 14.8.1975, IV R 30/71, BStBl. 1976 II, S. 88-93.

BFH-Urteil vom 21.1.1976, I R 21/74, BStBl. 1976 II, S. 389-390.

BFH-Urteil vom 31.3.1976, I R 123/74, BStBl. 1976 II, S. 510-512.

BFH-Urteil vom 26.5.1976, II R 128/71, BStBl. 1976 II, S. 724-726.

BFH-Urteil vom 29.7.1976, IV R 145/72, BStBl. 1976 II, S. 750-753.

BFH-Urteil vom 12.1.1977, I R 157/74, BStBl. 1977 II, S. 439-441.

BFH-Urteil vom 12.1.1977, I R 204/75, BStBl. 1977 II, S. 357-359.

BFH-Urteil vom 26.1.1977, I R 101/75, BStBl. 1977 II, S. 441-442.

BFH-Urteil vom 5.5.1977, IV R 186/72, BStBl. 1977 II, S. 701-703.

BFH-Urteil vom 2.11.1977, I R 143/75, BStBl. 1978 II, S. 74-75.

BFH-Urteil vom 21.12.1977, I R 20/76, BStBl. 1978 II, S. 346-347.

BFH-Urteil vom 9.3.1978, V R 90/74, BStBl. 1978 II, S. 486-487.

BFH-Urteil vom 1.6.1978, IV R 152/73, BStBl. 1978 II, S. 545-547.

BFH-Urteil vom 8.11.1978, II R 82/73, BStBl. 1979 II, S. 153-154.

BFH-Urteil vom 7.12.1978, V R 22/74, BStBl. 1979 II, S. 356-358.

BFH-Urteil vom 14.12.1978, V R 85/74, BStBl. 1979 II, S. 288-289.

BFH-Urteil vom 8.2.1979, V R 101/78, BStBl. 1979 II, S. 362-364.

BFH-Urteil vom 16.2.1979, III R 37/77, AG 1980, S. 309.

BFH-Urteil vom 28.3.1979, I R 81/76, BStBl. 1979 II, S. 447-448.

BFH-Urteil vom 28.3.1979, I R 194/78, BStBl. 1979 II, S. 774-777.

BFH-Urteil vom 18.7.1979, I R 199/75, BStBl. 1979 II, S. 750-754.

BFH-Urteil vom 1.8.1979, I R 111/78, FR 1980, S. 49-51.

BFH-Urteil vom 2.8.1979, V R 111/77, UR 1980, S. 50-51.

BFH-Urteil vom 28.11.1979, II R 117/78, BStBl. 1980 II, S. 357-359.

BFH-Urteil vom 28.11.1979, I R 141/75, BStBl. 1980 II, S. 162.

BFH-Urteil vom 16.1.1980, II R 52/76, BStBl. 1980 II, S. 360-361.

BFH-Urteil vom 16.1.1980, II R 83/74, BStBl. 1980 II, S. 359-360.

BFH-Urteil vom 2.4.1980, I R 75/76, BStBl. 1980 II, S. 702-704.

BFH-Urteil vom 30.4.1980, II R 133/77, BStBl. 1980 II, S. 521-522.

BFH-Urteil vom 29.10.1980, I R 61/77, BB 1981, S. 481-482.

BFH-Urteil vom 3.12.1980, I R 125/77, BStBl. 1981 II, S. 184-186.

BFH-Urteil vom 17.12.1980, I R 220/78, BStBl. 1981 II, S. 383-385.

BFH-Urteil vom 19.2.1981, IV R 41/78, BStBl. 1981 II, S. 730-731.

BFH-Urteil vom 13.3.1981, II R 132/79, BStBl. 1981 II, S. 600-601.

BFH-Urteil vom 23.7.1981, IV R 103/78, BStBl. 1982 II, S. 60-62.

BFH-Urteil vom 28.1.1982, IV R 100/78, BStBl. 1982 II, S. 479-481.

BFH-Urteil vom 16.6.1982, I R 118/80, BStBl. 1982 II, S. 662-665.

BFH-Urteil vom 28.7.1982, I R 196/79, BStBl. 1983 II, S. 77-80.

BFH-Urteil vom 10.11.1982, I R 178/77, BStBl. 1983 II, S. 136-138.

BFH-Urteil vom 16.11.1982, VIII R 95/81, BStBl. 1983 II, S. 361-364.

BFH-Urteil vom 2.3.1983, I R 85/79, BStBl. 1983 II, S. 427-428.

BFH-Urteil vom 12.3.1983, I R 90/79, BStBl. 1983 II, S. 382-384.

BFH-Urteil vom 28.4.1983, IV R 152/80, BStBl. 1983 II, S. 690-693.

BFH-Urteil vom 18.5.1983, I R 5/82, BStBl. 1983 II, S. 771-775.

BFH-Urteil vom 7.7.1983, IV R 209/80, BStBl. 1984 II, S. 53-56.

BFH-Urteil vom 19.7.1983, VIII R 160/79, BStBl. 1984 II, S. 56-59.

BFH-Urteil vom 9.11.1983, I R 174/79, BStBl. 1984 II, S. 212-213.

BFH-Urteil vom 10.11.1983, IV R 56/80, BStBl. 1984 II, S. 150-152.

BFH-Urteil vom 10.11.1983, IV R 62/82, BStBl. 1984 II, S. 605-607.

BFH-Urteil vom 30.11.1983, II R 130/81, BStBl. 1984 II, S. 158-159.

BFH-Urteil vom 7.12.1983, I R 70/77, BStBl. 1984 II, S. 384-388.

BFH-Urteil vom 25.1.1984, I R 32/79, BStBl. 1984 II, S. 382-384.

BFH-Urteil vom 1.8.1984, I R 88/80, BStBl. 1985 II, S. 44-47.

BFH-Urteil vom 1.8.1984, I R 99/80, BStBl. 1985 II, S. 18-19.

BFH-Urteil vom 29.8.1984, I R 154/81, BStBl. 1985 II, S. 160-162.

BFH-Urteil vom 5.12.1984, I R 62/80, BStBl. 1985 II, S. 311-313.

BFH-Urteil vom 30.7.1985, VIII R 263/81, BStBl. 1986 II, S. 359-361.

BFH-Urteil vom 23.10.1985, I R 247/81, BStBl. 1986 II, S. 195-200.

BFH-Urteil vom 23.10.1985, I R 274/82, BStBl. 1986 II, S. 133-136.

BFH-Urteil vom 6.11.1985, I R 56/82, BStBl. 1986 II, S. 73-76.

BFH-Urteil vom 12.11.1985, VIII R 240/81, BStBl. 1986 II, S. 296-299.

BFH-Urteil vom 12.11.1985, VIII R 342/82, BStBl. 1986 II, S. 299-301.

BFH-Urteil vom 27.11.1985, I R 115/85, BStBl. 1986 II, S. 362-364.

BFH-Urteil vom 18.2.1986, VIII R 125/85, BStBl. 1986 II, S. 611-613.

BFH-Urteil vom 21.5.1986, I R 190/81, DB 1986, S. 1953-1955.

BFH-Urteil vom 21.5.1986, I R 199/84, BStBl. 1986 II, S. 794-798.

BFH-Urteil vom 24.7.1986, IV R 98 – 99/85, BStBl. 1986 II, S. 913-916.

BFH-Urteil vom 20.8.1986, I R 150/82, BStBl. 1987 II, S. 455-459.

BFH-Urteil vom 20.8.1986, I R 151/82, BFH/NV 1987, S. 469-471.

BFH-Urteil vom 20.8.1986, I R 152/82, BFH/NV 1987, S. 471-472.

BFH-Urteil vom 9.9.1986, VIII R 198/84, BStBl. 1987 II, S. 28-30.

BFH-Urteil vom 9.9.1986, VIII R 20/85, BFH/NV 1987, S. 442-445.

BFH-Urteil vom 9.9.1986, VIII R 159/85, BStBl. 1987 II, S. 257-259.

BFH-Urteil vom 8.10.1986, I R 65/85, BFH/NV 1988, S. 190-191.

BFH-Urteil vom 22.10.1986, I R 180/82, DB 1987, S. 360-361.

BFH-Urteil vom 17.3.1987, VIII R 36/84 BStBl. 1987 II, S. 858-861.

BFH-Urteil vom 29.4.1987, X R 20/81, BFH/NV 1987, S. 742-744.

BFH-Urteil vom 15.7.1987, X R 19/80, UR 1988, S. 15-19.

BFH-Urteil vom 26.8.1987, I R 28/84, BStBl. 1988 II, S. 76-78.

BFH-Urteil vom 14.10.1987, I R 26/84, BFH/NV 1989, S. 192-193.

BFH-Urteil vom 9.12.1987, I R 260/83, BStBl. 1988 II, S. 460-463.

BFH-Urteil vom 21.1.1988, IV R 100/85, BStBl. 1988 II, S. 456-457.

BFH-Urteil vom 30.3.1988, II R 81/85, BStBl. 1988 II, S. 682-683.

BFH-Urteil vom 20.4.1988, X R 3/82, BStBl. 1988 II, S. 792-795.

BFH-Urteil vom 20.5.1988, III R 86/83, BStBl. 1988 II, S. 739-741.

BFH-Urteil vom 20.7.1988, I R 49/84, BStBl. 1989 II, S. 140-143.

BFH-Urteil vom 14.9.1988, II R 116/85, BStBl. 1989 II, S. 52-54.

BFH-Urteil vom 12.10.1988, X R 5/86, BStBl. 1989 II, S. 152-155.

BFH-Urteil vom 21.10.1988, III R 258/84, GmbHR 1989, S. 385-386.

BFH-Urteil vom 25.10.1988, VIII R 339/82, FR 1989, S. 18-19.

BFH-Urteil vom 22.11.1988, VIII R 62/85, BStBl. 1989 II, S. 359-363.

BFH-Urteil vom 15.12.1988, IV R 36/84, DB 1989, S. 759-761.

BFH-Urteil vom 26.1.1989, IV R 151/86, BStBl. 1989 II, S. 455-456.

BFH-Urteil vom 8.3.1989, X R 9/86, BStBl. 1989 II, S. 714-718.

BFH-Urteil vom 26.4.1989, I R 152/84, BStBl. 1989 II, S. 668-670.

BFH-Urteil vom 28.6.1989, I R 86/85, BStBl. 1990 II, S. 550-553.

BFH-Urteil vom 24.8.1989, IV R 135/86, BStBl. 1989 II, S. 1014-1016.

BFH-Urteil vom 25.8.1989, III R 95/87, BStBl. 1989 II, S. 893-896.

BFH-Urteil vom 13.9.1989, I R 105/86, BFH/NV 1990, S. 326-327.

BFH-Urteil vom 13.9.1989, I R 110/88, BStBl. 1990 II, S. 24-28.

BFH-Urteil vom 8.11.1989, I R 174/86, BStBl. 1990 II, S. 91-92.

BFH-Urteil vom 1.12.1989, III R 94/87, BStBl. 1990 II, S. 500-503.

BFH-Urteil vom 17.1.1990, II R 97/85, BStBl. 1990 II, S. 448-450.

BFH-Urteil vom 24.1.1990, I R 133/86, BFH/NV 1990, S. 669-670.

BFH-Urteil vom 1.2.1990, IV R 91/89, BFH/NV 1990, S. 562-563.

BFH-Urteil vom 11.4.1990, I R 80/89, BFH/NV 1991, S. 440-441.

BFH-Urteil vom 11.4.1990, I R 167/86, BStBl. 1990 II, S. 772-775.

BFH-Urteil vom 16.5.1990, I R 96/88, BStBl. 1990 II, S. 797-799.

BFH-Urteil vom 27.6.1990, I R 62/89, BB 1990, S. 2246-2248.

BFH-Urteil vom 27.6.1990, I R 158/87, BFH/NV 1991, S. 116-118.

BFH-Urteil vom 27.6.1990, I R 183/85, BStBl. 1990 II, S. 916-919.

BFH-Urteil vom 17.10.1990, I R 16/89, BStBl. 1991 II, S. 211-213.

BFH-Urteil vom 17.10.1990, II R 55/88, BFH/NV 1991, S. 556-558.

BFH-Urteil vom 7.11.1990, I R 68/88, BStBl. 1991 II, S. 177-181.

BFH-Urteil vom 5.12.1990, I R 116/84, BStBl. 1991 II, S. 372-374.

BFH-Urteil vom 12.12.1990, I R 18/89, BStBl. 1991 II, S. 485-488.

BFH-Urteil vom 12.12.1990, I R 153/86, BStBl. 1991 II, S. 479-484.

BFH-Urteil vom 23.1.1991, X R 47/87, BStBl. 1991 II, S. 405-408.

BFH-Urteil vom 19.2.1991, VIII R 97/87, BFH/NV 1991, S. 808.

BFH-Urteil vom 27.2.1991, I R 15/89, BStBl. 1991 II, S. 444-448.

BFH-Urteil vom 27.2.1991, I R 96/89, BFH/NV 1992, S. 385-387.

BFH-Urteil vom 27.2.1991, XI R 25/88, BFH/NV 1991, S. 454-455.

BFH-Urteil vom 27.3.1991, II R 82/87, BStBl. 1991 II, S. 731-734.

BFH-Urteil vom 11.4.1991, V R 126/87, BFH/NV 1992, S. 140-141.

BFH-Urteil vom 16.4.1991, VIII R 63/87, BStBl. 1991 II, S. 832-833.

BFH-Urteil vom 24.4.1991, X R 84/88, BStBl. 1991 II, S. 713-716.

BFH-Urteil vom 31.7.1991, II R 157/88, BFH/NV 1992, S. 57-58.

BFH-Urteil vom 5.9.1991, IV R 113/90, BStBl. 1992 II, S. 349-351.

BFH-Urteil vom 12.9.1991, IV R 8/90, BStBl. 1992 II, S. 347-348.

BFH-Urteil vom 29.10.1991, VIII R 77/87, BStBl. 1992 II, S. 334-335.

BFH-Urteil vom 29.10.1991, VIII R 78/87, BFH/NV 1992, S. 247-248.

BFH-Urteil vom 12.12.1991, IV R 28/91, BStBl. 1992 II, S. 600-604.

BFH-Urteil vom 9.1.1992, V R 82/85, BFH/NV 1993, S. 63-66.

BFH-Urteil vom 23.1.1992, XI R 47/89, BStBl. 1992 II, S. 630-632.

BFH-Urteil vom 12.2.1992, XI R 18/90, BStBl. 1992 II, S. 723-725.

BFH-Urteil vom 20.2.1992, V R 80/85, BFH/NV 1993, S. 133-135.

BFH-Urteil vom 26.2.1992, I R 85/91, BStBl. 1992 II, S. 937-940.

BFH-Urteil vom 25.3.1992, I R 69/91, BStBl. 1992 II, S. 1010-1012.

BFH-Urteil vom 26.3.1992, IV R 50/91, BStBl. 1992 II, S. 830-831.

BFH-Urteil vom 14.4.1992, VIII R 149/86, BStBl. 1992 II, S. 817-819.

BFH-Urteil vom 3.6.1992, X R 50/91, BFH/NV 1992, S. 741-744.

BFH-Urteil vom 23.6.1992, IX R 182/87, BStBl. 1992 II, S. 972-975.

BFH-Urteil vom 7.7.1992, VIII R 2/87, BStBl. 1993 II, S. 328-331.

BFH-Urteil vom 27.8.1992, IV R 13/91, BStBl. 1993 II, S. 134-136.

BFH-Urteil vom 17.9.1992, IV R 49/91, BFH/NV 1993, S. 95-97.

BFH-Urteil vom 14.10.1992, I R 1/91, BStBl. 1993 II, S. 189-191.

BFH-Urteil vom 26.11.1992, IV R 15/91, BStBl. 1993 II, S. 876-878.

BFH-Urteil vom 10.12.1992, XI R 34/91, BStBl. 1994 II, S. 158-162.

BFH-Urteil vom 3.2.1993, I R 90/88, BStBl. 1993 II, S. 516-517.

BFH-Urteil vom 11.2.1993, VI R 66/91, BStBl. 1993 II, S. 450-451.

BFH-Urteil vom 17.2.1993, I R 19/92, BStBl. 1993 II, S. 679-682.

BFH-Urteil vom 30.3.1993, VIII R 8/91, BStBl. 1993 II, S. 864-867.

BFH-Urteil vom 14.4.1993, I R 128/90, BStBl. 1994 II, S. 124-127.

BFH-Urteil vom 26.5.1993, X R 72/90, BStBl. 1993 II, S. 855-861.

BFH-Urteil vom 26.5.1993, X R 78/91, BStBl. 1993 II, S. 718-720.

BFH-Urteil vom 14.7.1993, I R 71/92, BStBl. 1994 II, S. 91-93.

BFH-Urteil vom 9.9.1993, V R 124/89, BStBl. 1994 II, S. 129-131.

BFH-Urteil vom 19.10.1993, VIII R 14/92, BStBl. 1993 II, S. 891-894.

BFH-Urteil vom 20.10.1993, II R 116/90, BStBl. 1994 II, S. 121-123.

BFH-Urteil vom 12.1.1994, II R 130/91, BStBl. 1994 II, S. 408-409.

BFH-Urteil vom 2.2.1994, I R 10/93, BStBl. 1994 II, S. 768-771.

BFH-Urteil vom 24.2.1994, IV R 8-9/93, FR 1994, S. 470-471.

BFH-Urteil vom 16.3.1994, I R 70/92, BStBl. 1994 II, S. 527-529.

BFH-Urteil vom 19.7.1994, VIII R 58/92, DStR 1995, S. 525-527.

BFH-Urteil vom 19.7.1994, VIII R 75/93, BFH/NV 1995, S. 597-598.

BFH-Urteil vom 27.7.1994, II R 67/91, BFH/NV 1995, S. 269-271.

BFH-Urteil vom 16.8.1994, V B 146/92, UVR 1995, S. 340-342.

BFH-Urteil vom 16.9.1994, III R 45/92, BStBl. 1995 II, S. 75-79.

BFH-Urteil vom 7.12.1994, I K 1/93, BStBl. 1995 II, S. 175-180.

BFH-Urteil vom 17.1.1995, VII R 28/94, BFH/NV 1995, S. 580-583.

BFH-Urteil vom 25.1.1995, IV R 73/93, BStBl. 1995 II, S. 589-592.

BFH-Urteil vom 5.4.1995, I R 156/93, DB 1995, S. 1593-1594.

BFH-Urteil vom 18.5.1995, V R 46/94, BFH/NV 1996, S. 84-85.

BFH-Urteil vom 31.5.1995, I R 74/93, BStBl. 1995 II, S. 683-685.

BFH-Urteil vom 25.7.1995, VIII R 54/93, BStBl. 1995 II, S. 794-797.

BFH-Urteil vom 26.7.1995, II R 68/92, BStBl. 1995 II, S. 736-738.

BFH-Urteil vom 30.8.1995, I R 112/94, BStBl. 1996 II, S. 563-566.

BFH-Urteil vom 19.10.1995, V R 71/93, BFH/NV 1996, S. 273-275.

BFH-Urteil vom 19.10.1995, V R 128/93, BFH/NV 1996, S. 275-276.

BFH-Urteil vom 19.1.1996, VI R 77/94, BFH/NV 1996, S. 541-542.

BFH-Urteil vom 30.1.1996, VIII B 20/95, BFH/NV 1996, S. 524-526.

BFH-Urteil vom 7.3.1996, IV R 12/95, BFH/NV 1996, S. 736-737.

BFH-Urteil vom 29.5.1996, I R 15/94, BStBl. 1997 II, S. 57-60.

BFH-Urteil vom 29.5.1996, I R 21/95, BStBl. 1997 II, S. 63-68.

BFH-Urteil vom 29.5.1996, I R 167/94, BStBl. 1997 II, S. 60-63.

BFH-Urteil vom 24.7.1996, I R 41/93, DStR 1996, S. 1729-1731.

BFH-Urteil vom 18.9.1996, I B 31/96, BFH/NV 1997, S. 378-380.

BFH-Urteil vom 18.9.1996, I R 44/95, BStBl. 1997 II, S. 181-183.

BFH-Urteil vom 18.9.1996, I R 69/95, BFH/NV 1997, S. 408-409.

BFH-Urteil vom 18.12.1996, XI R 25/94, BStBl. 1997 II, S. 441-443.

BFH-Urteil vom 29.1.1997, XI R 23/96, BStBl. 1997 II, S. 437-439.

BFH-Urteil vom 2.4.1997, X R 6/95, BStBl. 1998 II, S. 25-27.

BFH-Urteil vom 29.7.1997, VIII R 57/94, BStBl. 1998 II, S. 652-657.

BFH-Urteil vom 30.7.1997, I R 7/97, BStBl. 1998 II, S. 33-35.

BFH-Urteil vom 29.10.1997, II R 36/95, BStBl. 1998 II, S. 27-29.

BFH-Urteil vom 3.3.1998, VIII R 66/96, DStR 1998, S. 674-677.

BFH-Urteil vom 22.4.1998, I R 132/97, BStBl. 1998 II, S. 687-689.

BFH-Urteil vom 13.5.1998, VIII R 58/96, DStRE 1999, S. 5-7.

BFH-Urteil vom 15.7.1998, I R 24/96, DStR 1998, S. 1461-1464.

BFH-Urteil vom 29.7.1998, II R 71/96, BFH/NV 1999, S. 517-519.

BFH-Urteil vom 19.10.1998, VIII R 69/95, BB 1999, S. 510-512.

BFH-Urteil vom 10.11.1998, I R 91, 102/97, DStR 1999, S. 540-542.

BFH-Urteil vom 19.11.1998, VIII R 24/98, BFH/NV 1999, S. 708-709.

BFH-Urteil vom 26.11.1998, IV R 52/96, DB 1999, S. 508-510.

BFH-Urteil vom 20.1.1999, XI R 69/97, BFH/NV 1999, S. 1136-1137.

BFH-Urteil vom 28.1.1999, V R 32/98, BFH/NV 1999, S. 890-891.

BFH-Urteil vom 20.4.1999, VIII R 38/96, BStBl. 1999 II, S. 647-650.

BFH-Urteil vom 9.6.1999, I R 37/98, BFH/NV 2000, S. 347-349.

BFH-Urteil vom 9.6.1999, I R 43/97, FR 2000, S. 155-158.

BFH-Urteil vom 21.7.1999, I R 71/98, IStR 2000, S. 149-151.

BFH-Urteil vom 24.2.2000, IV R 62/98, DStR 2000, S. 816-818.

BFH-Urteil vom 1.3.2000, II R 53/98, DStR 2000, S. 1088-1089.

BFH-Urteil vom 29.3.2000, I R 43/99, BFH/NV 2000, S. 1250-1251.

BFH-Urteil vom 27.4.2000, I R 58/99, BB 2000, S. 2136-2138.

BFH-Urteil vom 23.5.2000, VIII R 11/99, BFH/NV 2000, S. 1540.

BFH-Urteil vom 29.8.2000, VIII R 1/00, DStR 2001, S. 164-166.

BFH-Urteil vom 31.10.2000, VIII R 85/94, DB 2001, S. 412-414.

BFH-Urteil vom 20.12.2000, I R 50/95, DB 2001, S. 734-736.

BFH-Urteil vom 24.1.2001, I R 103/99, DStRE 2001, S. 985-986.

BFH-Urteil vom 28.2.2001, I R 48/94, DB 2001, S. 1066-1067.

BFH-Urteil vom 27.6.2001, I R 45/97, BB 2001, S. 1893-1897.

BFH-Urteil vom 8.8.2001, I R 25/00, DStR 2002, S. 307-309.

BFH-Urteil vom 7.11.2001, I R 57/00, DStR 2002, S. 583-584.

BFH-Urteil vom 22.11.2001, V R 50/00, DStR 2002, S. 214-215.

BFH-Urteil vom 28.11.2001, X R 50/97, DStR 2002, S. 260-262.

BFH-Zwischenurteil vom 9.6.1999, I R 6/99, BStBl. 1999 II, S. 666-667.

Urteile des Bundesverfassungsgerichtes

BVerfG-Beschluss vom 12.3.1985, 1 BvR 571/81 u.a., BStBl. 1985 II, S. 475-482.

BVerfG-Beschluss vom 2.4.1996, 1 BvR 2604/95, UVR 1996, S. 212.

Urteile des Europäischen Gerichtshofes

EuGH-Urteil vom 27.9.1988, Rs. 81/87, JZ 1989, S. 384-386.

EuGH-Urteil vom 14.2.1995, Rs. C-279/93, IStR 1995, S. 126-129.

EuGH-Urteil vom 27.6.1996, Rs. C-234/94, DB 1996, S. 1400-1401.

EuGH-Urteil vom 10.7.1997, Rs. C-234/94, DB 1997, S. 1513.

EuGH-Urteil vom 9.3.1999, Rs. C-212/97, DB 1999, S. 625-627.

Verwaltungsanweisungen, Erlasse und Verfügungen der Oberfinanzdirektionen

BMF-Schreiben vom 20.12.1977, IV B 2 – S 2241 – 231/77, BStBl. 1978 I, S. 8-16.

BMF-Schreiben vom 29.2.1980, IV B 2 – S 2143 – 3/80, BStBl. 1980 I, S. 134.

BMF-Schreiben vom 10.7.1980, IV A 2 – S 7104 – 14/80, BStBl. 1980 I, S. 421.

BMF-Schreiben vom 10.1.1981, IV B 7 – S 2820 – 5/80, BStBl. 1981 I, S. 44-48.

BMF-Schreiben vom 24.8.1983, IV B 7 – S 2770 – 9/83, BB 1983, S. 1650-1651.

BMF-Schreiben vom 18.11.1986, IV B 2 – S 2240 – 25/86 II, BStBl. 1986 I, S. 537-538.

BMF-Schreiben vom 9.1.1987, IV B 2 – S 2143 – 24/86, BStBl. 1987 I, S. 171.

BMF-Schreiben vom 13.8.1987, IV A 2 – S 7105 – 11/87, BStBl. 1987 I, S. 624-626.

BMF-Schreiben vom 17.2.1987, IV B 7 – S 2770 – 3/87, DB 1987, S. 558-559.

BMF-Schreiben vom 31.10.1989, IV B 7 – S 2770 – 31/89, GmbHR 1989, S. 531.

BMF-Schreiben vom 17.11.1989, IV B 7 – S 2770 – 29/89, DB 1989, S. 2512.

BMF-Schreiben vom 2.1.1990, IV B 7 – S 2770 – 40/89, DB 1990, S. 200.

BMF-Schreiben vom 8.3.1990, IV B 7 – S 2770 – 6/90, GmbHR 1990, S. 192.

BMF-Schreiben vom 18.5.1990, IV B 7 – S 2770 – 11/90, DB 1990, S. 1164.

BMF-Schreiben vom 11.10.1990, IV B 7 – S 2770 – 21/90, DB 1990, S. 2142.

BMF-Schreiben vom 5.8.1993, IV A 2 – S 7100 a – 20/93, BStBl. 1993 I, S. 1004-1007.

BMF-Schreiben vom 24.3.1994, IV B 7 – S 2770 – 24/94, DB 1994, S. 708-709.

BMF-Schreiben vom 25.7.1994, IV B 7 – S 2770 – 37/94, DB 1994, S. 1546.

BMF-Schreiben vom 20.9.1994, IV B 7 – S 2770 – 40/94, DB 1994, S. 2111.

BMF-Schreiben vom 27.2.1996, IV B 6 – S 2365 – 4/96, BStBl. 1996 I, S. 115.

BMF-Schreiben vom 24.6.1996, IV B 7 – S 2770 – 30/95, BStBl. 1996 I, S. 695.

BMF-Schreiben vom 20.1.1997, IV C 5 – S 1300 – 176/96, BStBl. 1997 I, S. 99-100.

BMF-Schreiben vom 28.10.1997, IV B 7 – S 2770 – 29/97, BStBl. 1997 I, S. 939-940.

BMF-Schreiben vom 24.12.1999, IV B 4 – S 1300 – 111/99, BStBl. 1999 I, S. 1076-1083.

BMF-Schreiben vom 10.1.2000, IV D 3 – S 1300 – 217/99, BStBl. 2000 I, S. 71-72.

BMF-Schreiben vom 1.11.2000, IV A 6 – S 2134 – 9/00, DStR 2000, S. 1997.

BMF-Schreiben vom 4.12.2000, IV A 2 – S 2770 – 3/00, BStBl. 2000 I, S. 1571.

BMF-Schreiben vom 15.12.2000, IV D 2 – S 1551 – 188/00, BStBl. 2000 I, S. 1532-1546.

BMF-Schreiben vom 7.6.2001, IV A 6 – S 2241 – 52/01, DStR 2001, S. 1073.

BMF-Schreiben vom 22.11.2001, IV A 2 – S 2770 – 33/01, DStR 2001, S. 2116-2117.

BMF-Schreiben vom 15.5.2002, IV A 5 – S 2296a – 16/02, BStBl. 2002 I, S. 533-537.

BMF-Schreiben vom 28.5.2002, IV A 2 – S 2742 – 32/02, BStBl. 2002 I, S. 603-609.

Erlass betr. körperschaftsteuerrechtliche und gewerbesteuerrechtliche Behandlung von Organschaftsfällen vom 23.10.1959, S 2526a – 4640/59 VA – 2, BStBl. 1959 II, S. 161-165.

Erlass betr. körperschaftsteuerrechtliche und gewerbesteuerrechtliche Behandlung von Organschaften vom 18.4.1961, S 2526a A – 1/58, BStBl. 1961 II, S. 79-80.

Erlass betr. die Belastung mit Gewerbesteuer bei Organschaft vom 14.4.1958, 52 – L 1402 – 4, DB 1958, S. 530.

Erlass betreffend die Belastung von Organschaften mit Gewerbesteuer und Umsatzsteuer vom 14.12.1964, S 2526a –, DB 1965, S. 13.

Erlass betreffend die Belastung von Organgesellschaften mit Gewerbesteuer und Umsatzsteuer vom 19.2.1964, S 2526a/L 1402, DB 1964, S. 314.

Erlass des Finanzministeriums Baden-Württemberg vom 6.11.1995, S 4500/43, DB 1995, S. 2294-2295.

Erlass des Finanzministeriums Baden-Württemberg vom 14.2.2000, 3– S 4500/43, GmbHR 2000, S. 351.

Erlass des Finanzministeriums Nordrhein-Westfalen vom 2.12.1999, S 4501 – 9 – V A 2, GmbHR 2000, S. 101-102.

Erlass des Niedersächsischen Finanzministeriums vom 23.9.1992, S 4501 – 34 – 36, DStR 1992, S. 1513.

Gleich lautende Erlasse der obersten Finanzbehörden der Länder vom 14.12.1999, BStBl. 1999 I, S. 1134.

Verfügung der OFD Berlin vom 26.3.1997, St 411 – G 1425 – 3/95, DStR 1997, S. 1046.

Verfügung der OFD Berlin vom 18.1.2001, St 122 – S 2241 – 1/01, NWB, Fach 1 S. 108.

Verfügung der OFD Düsseldorf vom 24.6.1980, S 2770 A – St 13 H und Verfügung der OFD Köln vom 30.6.1980, S 2770 – 3 –St 132, StEK, § 6 Abs. 1 Ziff. 1 EStG Nr. 52, bearb. von GÜNTHER FELIX, Band 10, Köln 1962/68 ff. (Loseblatt), Stand: März 1983.

Verfügung der OFD Düsseldorf vom 12.2.1992, S 2143 A – St 11 H, FR 1992, S. 181-182.

Verfügung der OFD Frankfurt a.M. vom 6.11.1986, S 2770 A – 9 –St II 10, WPg 1987, S. 141.

Verfügung der OFD Frankfurt a.M. vom 27.10.1987, S 7105 A – 8 –St IV 11, UR 1988, S. 199.

Verfügung der OFD Frankfurt a.M. vom 15.7.1992, S 2143 A – 43 – St II 2a, DStR 1993, S. 203-204.

Verfügung der OFD Frankfurt a. M. vom 23.2.2000, G 1427 A – 7 – St II 22, FR 2000, S. 482.

Verfügung der OFD Frankfurt a.M. vom 17.4.2000, S 2143 A – 36 – St II 20, DStR 2000, S. 1093-1094.

Verfügung der OFD Hannover vom 29.1.1992, S 2741 – 647 – StH 231 / S 2143 – 32 – StO 221, BB 1992, S. 466-467.

Verfügung der OFD Hannover vom 3.2.1992, S 2770 – 41 – StH 231 / S 2770 – 30 – StO 231, FR 1992, S. 183.

Verfügung der OFD Kiel vom 3.2.2000, G 1427 A – St 261, GmbHR 2000, S. 351.

Verfügung der OFD Koblenz vom 17.11.1986, S 7527 A – St 51 1/St 51 2/St 51 3, UR 1987, S. 243-244.

Verfügung der OFD Koblenz vom 30.12.1987, S 7527 A – St 51 1/St 51 2/St 51 3, UR 1988, S. 396-397.

Verfügung der OFD Koblenz vom 1.9.1989, S 7527 A – St 51 1/St 51 2/St 51 3, UR 1990, S. 30-31.

Verfügung der OFD Münster vom 7.12.2000, S 4500 – 49 – St 24 – 35 –, UVR 2001, S. 366-368.

Verfügung der OFD Nürnberg vom 9.6.2000, S 2749 – 1/St 31, FR 2000, S. 788.

Sonstige Quellen

Antrag der PDS-Fraktion zur Wiedererhebung der Vermögensteuer vom 17.5.2001, BT-Drs. 14/6112.

DG Bank (2000): Mittelstand im Mittelpunkt, Herbst/Winter 2000, Sonderthema: Kooperationen im Mittelstand, Frankfurt a. M. 2000.

Schlussanträge des Generalanwaltes DÁMASO RUIZ-JARABO COLOMER vom 4.12.2001, Rs. C-208/00, DB 2001, S. 2642-2647.

Statistisches Bundesamt (2000): Gewerbesteuer 1995, in: Finanzen und Steuern, hrsg. vom Statistischen Bundesamt, Fachserie 14, Reihe 10.2, Stuttgart 2000.

Statistisches Bundesamt (1998): Körperschaftsteuer 1992, in: Finanzen und Steuern, hrsg. vom Statistischen Bundesamt, Fachserie 14, Reihe 7.2, Stuttgart 1998.

Statistisches Bundesamt (2000): Körperschaftsteuer 1995, in: Finanzen und Steuern, hrsg. vom Statistischen Bundesamt, Fachserie 14, Reihe 7.2, Stuttgart 2000.

Statistisches Bundesamt (1999): Umsatzsteuer 1997, in: Finanzen und Steuern, hrsg. vom Statistischen Bundesamt, Fachserie 14, Reihe 8, Stuttgart 1999.

Statistisches Bundesamt (2000): Umsatzsteuer 1998, in: Finanzen und Steuern, hrsg. vom Statistischen Bundesamt, Fachserie 14, Reihe 8, Stuttgart 2000.

Internetquellen

Einladung zur Hauptversammlung 2002 der BASF AG, www.basf.de/de/corporate/investor/hv/tagesordnung.htm (Stand: 1.7.2002).

Einladung zur Hauptversammlung 2002 der DaimlerChrysler AG, www.daimlerchrysler.com/investor/meeting2002/download/tophv2002_g.pdf (Stand: 1.7.2002).

Einladung zur Hauptversammlung 2002 der Dresdner Bank AG, www.beraterbank.de/hauptversammlung_neu/pub_download/TO_dt.pdf (Stand: 1.7.2002).

Einladung zur Hauptversammlung 2002 der Merck KGaA, www.merck.de/german/investor_and_media_relations/to_hv_2002.pdf (Stand: 1.7.2002).

MIRRILL, LISA C./ROSE, IAN N. (1997): Check It Out: „Check the Box" Entity Classification, www.gcwf.com/articles/quart/quart_spring97_4.html (Stand: 1.7.2002).

www.bff-online.de/ust/useg/usegeg.html (Stand: 1.7.2002).

www.rts-d.net/euexp/eulieferschwelle.htm (Stand: 1.7.2002).

www.rwe.com/de/investor_relations/aktie/aktie.jsp (Stand: 1.7.2002).

www.unclefed.com/AuthorsRow/TaxBusProf/Box.html (Stand: 1.7.2002).

Gesetzesentwürfe

Bericht des 7. Finanzausschusses zu dem Gesetzesentwurf der Bundesregierung – Entwurf eines Gesetzes zur Fortentwicklung des Unternehmenssteuerrechts (Unternehmenssteuerfortentwicklungsgesetz – UntStFG)" vom 8. November 2001, BT-Drs. 14/7344.

Beschlussempfehlung des 7. Finanzausschusses zu dem Gesetzesentwurf der Bundesregierung – Entwurf eines Gesetzes zur Fortentwicklung des Unternehmenssteuerrechts (Unternehmenssteuerfortentwicklungsgesetz – UntStFG), BT-Drs. 14/7343.

Entwurf eines Gesetzes zur Entlastung der Familien und zur Verbesserung der Rahmenbedingungen für Investitionen und Arbeitsplätze (Steueränderungsgesetz 1992 – StÄndG 1992) vom 3. September 1991, BT-Drs. 12/1108.

Entwurf eines Gesetzes zur Fortentwicklung des Unternehmenssteuerrechts (Unternehmenssteuerfortentwicklungsgesetz – UntStFG) vom 17. August 2001, BR-Drs. 638/01.

Entwurf eines Gesetzes zur Senkung der Steuersätze und zur Reform der Unternehmensbesteuerung (Steuersenkungsgesetz – StSenkG) vom 15. Februar 2000, BT-Drs. 14/2683.

Gesetze, Verordnungen und Richtlinien

Abgabenordnung (AO) vom 16.3.1976 (BGBl. 1976 I, S. 613, ber. BGBl. 1977 I, S. 269), zuletzt geändert durch Art. 2 Steuerverkürzungsbekämpfungsgesetz (StVBG) vom 19.12.2001 (BGBl. 2001 I, S. 3922).

Aktiengesetz vom 6.9.1965 (BStBl. 1965 I, S. 1089), zuletzt geändert durch Art. 7 Gesetz zur Regelung von öffentlichen Angeboten zum Erwerb von Wertpapieren und von Unternehmensübernahmen vom 20.12.2001 (BGBl. 2001 I, S. 3822).

Betriebsverfassungsgesetz 1952 vom 11. Oktober 1952, BGBI. 1952 I, S. 681-695.

Bewertungsgesetz (BewG) vom 1.2.1991 (BGBl. 1991 I, S. 231), zuletzt geändert durch Art. 14 Steueränderungsgesetz 2001 (StÄndG 2001) vom 20.12.2001 (BGBl. 2001 I, S. 3794).

Einführungsgesetz zum Aktiengesetz vom 6.9.1965 (BGBl. 1965 I, S. 1185), zuletzt geändert durch Art. 2 Gesetz zur Namensaktie und zur Erleichterung der Stimmrechtsausübung (Namensaktiengesetz – NaStraG) vom 18.1.2001 (BGBl. 2001 I, S. 123).

Einkommensteuergesetz (EStG) vom 16.4.1997 (BGBl. 1997 I, S. 823), zuletzt geändert durch Art. 11 Versorgungsänderungsgesetz 2001 vom 20.12.2001 (BGBl. 2001 I, S. 3926).

Einkommensteuer-Durchführungsverordnung (EStDV) vom 10.5.2000 (BGBl. 2000 I, S. 718), zuletzt geändert durch Art. 2 Steueränderungsgesetz 2001 (StÄndG 2001) vom 20.12.2001 (BGBl. 2001 I, S. 3794).

Einkommensteuer-Richtlinien 2001 (EStR 2001) vom 23.11.2001 (BStBl. 2001 I, Sondernummer 2; BAnz. Nr. 233a).

Elftes Gesetz zur Änderung des Umsatzsteuergesetzes vom 16. August 1961, BStBl. 1961 I, S. 609-614.

Gesetz betreffend die Gesellschaften mit beschränkter Haftung vom 20.4.1892 (RGBl. 1892, S. 477), zuletzt geändert durch Art. 28 Gesetz zur Anpassung der Formvorschriften des Privatrechts und anderer Vorschriften an den modernen Rechtsgeschäftsverkehr vom 13.7.2001 (BGBl. 2001 I, S. 1542).

Gesetz betreffend die Erwerbs- und Wirtschaftsgenossenschaften vom 19.8.1994 (BGBl. 1994 I, S. 2202), zuletzt geändert durch Art. 4 Gesetz zur Anpassung bilanzrechtlicher Bestimmungen an die Einführung des Euro, zur Erleichterung der Publizität für Zweigniederlassungen ausländischer Unternehmen sowie zur Einführung einer Qualitätskontrolle für genossenschaftliche Prüfungsverbände (Euro-Bilanzgesetz – EuroBilG) vom 10.12.2001 (BGBl. 2001 I, S. 3414).

Gesetz über die Mitbestimmung der Arbeitnehmer (Mitbestimmungsgesetz – MitbestG) vom 4. Mai 1976, BGBI. 1976 I, S. 1153-1165.

Gesetz über die Mitbestimmung der Arbeitnehmer in den Aufsichtsräten und Vorständen der Unternehmen des Bergbaus und der Eisen und Stahl erzeugenden Industrie (Montan-Mitbestimmungsgesetz) vom 21. Mai 1951, BGBl. 1951 I, S. 347-350.

Gesetz über die Zulassung von Stückaktien (Stückaktiengesetz – StückAG) vom 25. März 1998, BGBl. 1998 I, S. 590-595.

Gesetz zu dem Freundschafts-, Handels und Schiffahrtsvertrag vom 29. Oktober 1954 zwischen der Bundesrepublik Deutschland und den Vereinigten Staaten von Amerika vom 7. Mai 1956, BGBl. 1956 II, S. 487-504.

Gesetz zu dem Niederlassungsvertrag vom 23. April 1970 zwischen der Bundesrepublik Deutschland und dem Spanischen Staat vom 7. September 1972, BGBl. 1972 II, S. 1041-1053.

Gesetz zur Änderung steuerrechtlicher Vorschriften und zur Errichtung eines Fonds „Aufbauhilfe" (Flutopfersolidaritätsgesetz) vom 19. September 2002, BGBl. 2002 I, S. 3651-3653.

Gesetz zur Bereinigung des Umwandlungsrechts (UmwBerG) vom 28. Oktober 1994, BGBl. 1994 I, S. 3210-3278.

Gesetz zur Entlastung der Familien und zur Verbesserung der Rahmenbedingungen für Investitionen und Arbeitsplätze (Steueränderungsgesetz 1992 – StÄndG 1992) vom 25. Februar 1992, BStBl. 1992 I, S. 146-184.

Gesetz zur Fortentwicklung des Unternehmenssteuerrechts (Unternehmenssteuerfortentwicklungsgesetz – UntStFG) vom 20. Dezember 2001, BGBl. 2001 I, S. 3858-3878.

Gesetz zur Kontrolle und Transparenz im Unternehmensbereich (KonTraG) vom 27. April 1998, BGBl. 1998 I, S. 786-794.

Gesetz zur Modernisierung des Schuldrechts vom 26. November 2001, BGBl. 2001 I, S. 3138-3218.

Gesetz zur Senkung der Steuersätze und zur Reform der Unternehmensbesteuerung (Steuersenkungsgesetz – StSenkG) vom 23. Oktober 2000, BGBl. 2000 I, S. 1433-1466.

Gesetz zur Verbesserung der Wettbewerbsfähigkeit deutscher Konzerne an Kapitalmärkten und zur Erleichterung der Aufnahme von Gesellschafterdarlehen (Kapitalaufnahmeerleichterungsgesetz – KapAEG) vom 20. April 1998, BGBl. 1998 I, S. 707-709.

Gewerbesteuergesetz vom 19.5.1999 (BGBl. 1999 I, S. 1011, ber. S. 1491), zuletzt geändert durch Art. 11 Solidarpaktfortführungsgesetz (SFG) vom 20.12.2001 (BGBl. 2001 I, S. 3955).

Gewerbesteuer-Richtlinien 1998 (GewStR 1998) vom 21.12.1998 (BStBl. 1998 I, S. 91, Sondernummer 2).

Grunderwerbsteuergesetz (GrEStG) vom 26.2.1997 (BGBl. 1997 I, S. 419, ber. S. 1804), zuletzt geändert durch Art. 13 Steueränderungsgesetz 2001 (StÄndG 2001) vom 20.12.2001 (BGBl. 2001 I, S. 3794).

Grundgesetz für die Bundesrepublik Deutschland (GG) vom 23.5.1949 (BGBl. 1949 I, S. 1), zuletzt geändert durch Gesetz zur Änderung des Grundgesetzes vom 26.7.2002 (BGBl. 2002 I, S. 2863).

Handelsgesetzbuch vom 10.5.1897 (RGBl. 1897, S. 219), zuletzt geändert durch Art. 1 Gesetz über elektronische Register und Justizkosten für Telekommunikation (ERJuKoG) vom 10.12.2001 (BGBl. 2001 I, S. 3422).

Investitionszulagengesetz 1999 (InvZulG 1999) vom 18. August 1997 in der Fassung der Bekanntmachung vom 11. Juni 2001 (BGBl. 2001 I, S. 1018).

Jahressteuergesetz 1996 vom 11. Oktober 1995, BGBl. 1995 I, S. 1250-1413.

Körperschaftsteuergesetz (KStG 1968) vom 13. Oktober 1969, BStBl. 1969 I, S. 633-642.

Körperschaftsteuergesetz (KStG) vom 22.4.1999 (BGBl. 1999 I, S. 818), zuletzt geändert durch Art. 10 Solidarpaktfortführungsgesetz (SFG) vom 20.12.2001 (BGBl. 2001 I, S. 3955).

Körperschaftsteuer-Richtlinien 1995 (KStR 1995) vom 15.12.1995 (BStBl. 1996 I, Sondernummer 1; BAnz. 1996, Nr. 4).

OECD-Musterabkommen 2000 zur Vermeidung der Doppelbesteuerung auf dem Gebiet der Steuern vom Einkommen und Vermögen (OECD-MA 2000) vom Dezember 2000 (BStBl. 2001 I, S. 72).

Solidaritätszuschlagsgesetz (SolZG) vom 23.6.1993 (BGBl. 1993 I, S. 944 und S. 975), zuletzt geändert durch Art. 5 Steueränderungsgesetz 2001 (StÄndG 2001) vom 20.12.2001 (BGBl. 2001 I, S. 3794).

Steuerbereinigungsgesetz 1986 vom 19.12.1985, BGBl. 1985 I, S. 2436-2459.

Steuerentlastungsgesetz 1999/2000/2002 vom 24. März 1999, BStBl. 1999 I, S. 304-398.

Umsatzsteuergesetz (UStG) vom 9.6.1999 (BGBl. 1999 I, S. 1271), zuletzt geändert durch Art. 1 Steuerverkürzungsbekämpfungsgesetz (StVBG) vom 19.12.2001 (BGBl. 2001 I, S. 3922).

Umsatzsteuer-Richtlinien 2000 (UStR 2000) vom 10.12.1999 (BStBl. 1999 I, Sondernummer 2).

Umwandlungsgesetz (UmwG) vom 28.10.1994 (BGBl. 1994 I, S. 3210, ber. BGBl. 1995 I, S. 428, zuletzt geändert durch Art. 5 Abs. 17 Gesetz zur Modernisierung des Schuldrechts vom 26.11.2001 (BGBl. 2001 I, S. 3138).

Vertrag zur Gründung der Europäischen Gemeinschaft, zuletzt geändert durch Art. 2 des Vertrages von Nizza zur Änderung des Vertrages über die Europäische Union, der Verträge zur Gründung der Europäischen Gemeinschaften sowie einiger damit zusammenhängender Rechtsakte i.V.m. Gesetz zum Vertrag von Nizza vom 21. Dezember 2001 (BGBl. 2001 II, S. 1666).

Kolibri 360 GmbH
Ferdinand-Jühlke-Straße 7
99095 Erfurt, Deutschland
produktsicherheit@kolibri360.de

Druck:
CPI Druckdienstleistungen GmbH
im Auftrag der
Kolibri 360 GmbH
Ferdinand-Jühlke-Str. 7
99095 Erfurt